谢 杰 刘海清●著

中国刑法的规范解释

各罪问题、实践争议与理论辨析

上海人民出版社

目　录

第一章　中国刑法各罪规范的功能与构造

中国刑法分则设定具体犯罪的罪状和法定刑，即各罪规范或者条文，其本质上是对犯罪行为性质与应得刑罚的界定。传统刑法理论通常认为刑法总则覆盖了绝大部分具有挑战性的刑法理论难题、具有趣味性的逻辑思辨与哲学反思，但这非常有可能是对刑法分则及其承载的疑难问题与争议性解释的偏见。[①]刑法分则的问题与争议不仅复杂、精致、疑难，而且需要依托于经济、社会、心理乃至科学技术等跨学科的分析框架与知识体系，才能有效地进行规范解释，从而界定与解决具体的犯罪及其刑罚裁量问题。

一、刑法分则与刑法总则之间的规范关系

刑法分则研究与实践应用的第一个问题便是其与刑法总则之间的关系。刑法总则是犯罪与刑罚的一般原理，包括犯罪的基本概念与特征、犯罪构成、正当化事由、犯罪形态、量刑原则、刑罚执行等，其适用于所有犯罪行为或者至少一系列犯罪行为，[②]而刑法分则是特定犯罪与刑罚的概念规定与内容描述，只适用于具体犯罪行为。可见，刑法总则与分则之间关系的逻辑起点实际上起始于刑法分则，提炼与修缮于刑法总则，两者必须共同适用于犯罪性质的认定与刑罚的配置——刑法分则是犯罪行为及其刑罚直接与最初的界定，刑法分则中的具体条文及其解释是对特定犯罪行为进行性质判断与刑罚裁量的规范基础。一系列乃至全部犯罪类型与刑罚裁量规则，经过历史实践与理论推演提炼出与犯罪和刑罚问题有关的整体性、原则性规定及其解释。一旦这些刑法总则原理被刑法典规范化，刑法分则就没有必要在相同类型的具体犯罪与刑罚的规定中进行赘述，这就意味着刑法分则将部分犯罪定义与刑罚适用的法律条件留存于刑法总则之中，交由刑法总则在定罪量刑中予以补充与调整。

---

① Leo Zaibert, The Richness of the Special Part of the Criminal Law, 10 New Criminal Law Review 470, 471(2007).

② Herbert Wechsler, Codification of Criminal Law in the United States: The Model Penal Code, 68 Columbia Law Review 1425, 1429(1968).

刑法分则与总则之间的这种在定罪量刑理论实践中的动态关系,更为深刻地体现于复杂疑难案件的司法判断过程。

争议案例:2015年11月10日晚9时许,四川宜宾一名富豪章某在回家途中被人绑架至一居民屋内,并被胁迫参与将一名陌生女性杀害,绑匪全程录像并勒索该富豪交付巨额赎金一亿元。

对于章某是否应当以及如何追究刑事责任问题,刑法理论与实践中存在非常巨大的争议。有学者认为,法律不能将普通人置于两难境地,如果当事人在"要么她死、要么你亡"的要挟之下被迫杀人,可以考虑适用紧急避险的理论,并且在可能的情形下,应当将被胁迫人"非罪化"。因为如果认定为故意杀人罪,则在犯罪故意层面存在疑问。主观恶性是故意杀人罪的构成要件,在面临自己和他人生命的两难选择时,法律不能强行将公民置于要么死亡、要么犯罪的两难处境之中。刑法不能用最绝对、最铁面无私的法律理性,去要求这种极端案例中的个人,更需要考虑法律的谦抑性和它的人性特点。超出了故意杀人罪的立法本意,就不能用这个罪名去追究个人的责任。也有观点认为,法律不赞同为保全自己生命牺牲他人的生命。即使是受到胁迫而杀人,也必定构成故意杀人罪,这一点在各大法系的法律中都没有任何疑问。在法律保护的所有权利之中,生命权是最重要的,并且所有人的生命等值,为保全自己而牺牲别人没有任何的合理合法性。在这一前提下,可以根据受胁迫的具体情况、主动投案自首等情节,讨论章某是否属于胁从犯,是否可以从轻处罚。章某被索要一亿元赎金,在被威胁下杀害了被害人,实际上没有信息表明章某是否受到了生命的威胁,如果是为保全较次要的金钱利益而损害了他人的生命权,即便认定可以从轻处罚,其从轻幅度都十分有限。紧急避险在法律上指的是"两害相权取其轻",只有当要保护的利益比被牺牲的利益更重要时才能成立,但剥夺他人的生命绝不属于紧急避险。更有学者指出,此类案件难以判断,应看具体情况衡量,对章某的刑事责任判断,其关键在于有没有选择或回避杀人的余地。这种情况很难免责,但杀人罪责主要还应由绑匪承担,章某涉嫌胁从犯罪。这类案例虽不常见,但因其伦理价值的两难,争议极大,最高人民法院可考虑出台司法解释。①

司法实践中还发生过具有可比性的类似争议案例:2008年10月某天晚上10时许,女大学生王某独自行走时,一辆面包车悄悄跟在其身后,8名犯罪分子强行将其拉入车中。2008年11月8日,警方在废弃矿井内发现了这

① 张杰:《富豪被胁迫杀人是否有罪》,《河南法制报》2015年11月20日第11版。

名女大学生的尸体。尸体全身缠满铁丝。经尸检该女生前被人强暴后勒死。经侦查后发现，为敲诈钱财，一个8人犯罪团伙劫持政法工作人员夏某，强迫其与被绑架的女生王某发生性关系并用绳子勒死王某。该犯罪团伙对该过程拍照后试图敲诈夏某。案发后，该团伙8名嫌疑人被警方抓获。经过侦查和双方的口供，基本证实整个过程夏某都是被蒙着眼，强暴时也是有人按着他进行的。勒王某脖子时，夏某的脖子也被绳子套着，后面有两个人勒他。据嫌疑人交代，如果夏某不勒王某，就要勒死他。由于夏某当时眼睛被蒙，不知道王某是否死亡，认为当时可能把王某勒晕了，但结果是王某被勒致死。

第一种观点认为，夏某的行为构成犯罪，属于胁从犯，但可以免除处罚。即使被强迫做某事，也只是被强迫而已，做不做仍是自己的选择，不能因为被强迫了，就可以不假思索做任何事，歹徒的目的只是想敲诈夏某的钱财，却逼他去强奸、杀人，而夏某却真去做了，那么歹徒和夏某就是共同犯罪，只是在量刑时，夏某作为被胁迫者，可以适当从轻。夏某是受犯罪分子捆绑强制的，身不由己，但是，我们可以想象，如果犯罪分子让他强暴和勒死女生王某时，即便他自己被犯罪分子勒死，也不屈服的话，恐怕是达不到犯罪分子的目的的。夏某在这一点上是有私心的，为了自己活命而没考虑他人的安危。所以，虽然受胁迫，但夏某还是犯下强奸与故意杀人的罪行，不过根据当时的处境，法律可以免除对夏某的处罚。

第二种观点认为，夏某不构成胁从犯，不应当负刑事责任。因为我国《刑法》对于共同犯罪，按照犯罪分子在犯罪中所起的作用，分为主犯、从犯、胁从犯。胁从犯是指在共同犯罪中，被胁迫参加犯罪的人。胁从犯是在暴力威胁下参加了犯罪，但他被胁迫参加犯罪时，并非完全丧失意志自由，而是具有不完全自愿的、尚有选择的自由。在刑事犯罪中，主观要件的分析是罪与非罪重要的标准，预见并能控制自己行为是最基本的两个要素。胁从犯在犯罪中，虽然受到胁迫，但其主观上还有一定程度的选择，他的身份还是犯罪分子一方成员，他并不面临实际具体的或达到危及生命的威胁，属于能预见自己行为后果，也能一定程度控制自己行为的状况，所以法律仍对胁从犯追究刑事责任。从本案来看，夏某所谓的“强暴”也好，“勒死女生”也罢，完全是在他人强迫和控制之下，客观上自身一点反抗的能力也没有，在主观上没有不实施犯罪的意志自由，他的身体完全受到外在的暴力强制，完全丧失了选择行动的自由。夏某同属被害人一方，他能预见到自己的行为是犯罪行为，但其不能控制自己的行为，他对自己的行为没有选择的余地。我国《刑法》第十六条规定：“行为在客观上虽然造成了损害结果，但是不是出于故意或者过失，而是由于不能抗拒或者不能预见的原因所引起的，不是犯罪。”控制夏某身体并强迫他实施强暴和勒死女生的8名犯罪嫌疑人，在理论上称为间接正犯，这8名嫌疑人把夏某作为犯罪工具利用，进行了强奸和杀人行为，他们应当对强奸和死亡的后果负全部的刑事责任。因此，夏某的行为是不可抗力或者紧急避险，其不负刑事责任。

第三种观点认为，夏某属于“被挟持者”，其被迫行为不负刑事责任因为从我国《刑法》对胁从犯的规定看，胁从犯首先是罪犯，其在犯罪中，虽然受到犯罪分子胁迫，但其主观上还有一定程度的选择，也能在一定程度上控制自己的行为，他并不面临实际具体的或者达到危及生命的威胁，属于能预见自己行为后果的人，所以法律仍对胁从犯追究刑事责任。而“被挟持者”是犯罪分子用暴力强迫其服从的人，也就是说“被挟持者”在犯罪过程中一切行为都必须按照犯罪分子的要求做，不能像胁从犯那样能在一定程度上控制自己的行为。所以，其犯罪罪行应全部算在挟持者的身上。

第四种观点认为，夏某是间接正犯，不构成犯罪。根据我国相关法律的规定，间接正犯又可以称为间接实行犯，是指把他人作为工具利用的情况。利用者与被利用者不成立共同犯罪。夏某受到犯罪分子的胁迫，虽然对王某实施了强奸和杀人行为，但从主观上没有强奸和杀人的故意或者过失，客观上他的行为完全是在他人强迫和控制之下，没有选择的余地，是被犯罪分子作为工具实施强奸和杀人的行为。我国《刑法》第十六条规定：“行为在客观上虽然造成了损害结果，但是不是出于故意或者过失，而是由于不能抗拒或者不能预见的原因所引起的，不是犯罪。”在这种情况下，被胁迫者只不过是胁迫者利用的工具，胁迫者构成间接实行犯，而被胁迫者不构成犯罪。夏某只是一个工具而已，其他歹徒才是杀人和强奸罪真正应当归责的主体。依据刑法期待性原理，夏某应是无罪的。法律赋予夏某的义务不等同于警察，因此在夏某所受环境限制下要求夏某履行义务显然对夏某要求过于苛刻。夏某在“法律不强人所难”的原理下不宜定为犯罪，在这里亦不适用紧急避险原则。①

上述理论分歧与实践争议的根本原因在于我国刑法并没有对于此类胁迫情境下实施符合刑法分则规定的构成要件行为设置完整的规范评价框架。基于胁迫实施法律规定的犯罪行为，这一刑法问题最为合理的规范定位应当是作为正当化事由的胁迫抗辩。但在我国刑法总则的规定中，只有正当防卫与紧急避险这两种排除犯罪性事由，显然均无法适用于胁迫的情

---

① 孙燕：《受人胁迫强奸杀人如何定罪》，《河南法制报》2009年9月2日第13版。

境。胁从犯是从共犯的角度分配刑事责任，不能起到阻却犯罪性质的功能，而基于胁迫实施犯罪行为往往在很多情况下是应当排除犯罪性质的。笔者认为，在我国刑法总则与分则的规范框架下解决胁迫抗辩问题，可以通过刑法总则立法完善与刑法分则解释规则优化的路径进行处理。

其一，在刑法总则中增设胁迫抗辩这一正当化事由。刑法总则可以规定："行为人基于非其本人过错而受到严重的人身或者生命威胁，实施符合本法分则规定的犯罪行为，造成的损害并未超过其遭受威胁可能导致的损害的，是受胁迫犯罪。受胁迫实施犯罪行为的，不承担刑事责任，但故意杀人、强奸、绑架等极其严重的暴力犯罪行为除外。"

其二，在刑法分则中可以通过司法解释、判例解释等形式丰富与完善故意杀人、故意伤害、强奸、绑架等个罪的刑法解释，从犯罪主观故意的角度排除受胁迫犯罪者的犯罪故意，并设置外部的客观平衡条件与例外情形。受胁迫的本质实际上就是在部分极端情况下丧失意志自由，胁迫的力量超过了行为人自由意志足以抵抗的程度。在这种意志状态下实施的符合客观构成要件的犯罪行为实际上不符合犯罪故意要件，因为行为人放弃抵抗胁迫力量实施犯罪行为根据正常的社会标准看来具有合理性，可以从主观责任的角度排除犯罪性质。同时，受胁迫实施犯罪所造成的损害不应当超过受胁迫者本人所面临的损害风险。同理，故意杀人、强奸、绑架等极其严重的暴力犯罪行为不适用胁迫抗辩。

那么，在生命利益冲突的情境下出现极端的符合刑法分则相关犯罪构成要件的行为，如何从期待可能性的角度进行解释呢？

我国刑法犯罪构成逻辑结构显著区别于大陆法系刑法"构成要件该当性—违法性—有责性"的层进型模式，期待可能性着实难以在我国刑法中确定规范上的体系性地位。即使在对期待可能性研究极为深入的德国与日本刑法中，期待可能性的体系性地位仍然存在极大争议。理论的困惑导致实践的迷茫。刑事司法实务中频繁出现的刑法规范与道德情感的冲突，不断提醒着我们去深思期待可能性的实用性价值。

类似的案例在实践中均有发生：昆明市人民检察院对两名受到生命胁迫而实施故意杀人的女性犯罪嫌疑人作出了相对不起诉的处理决定，引起了各方争议——犯罪嫌疑人袁某、周某图谋以胁迫卖淫女作案的方法，来达到控制卖淫女为其牟利之目的。2007 年 3 月 20 日晚，袁某、周某驾车先后将卖淫女何某、李某、方某以嫖宿为名从发廊骗出拉至乡下的农田边。袁某、周某告诉何某、李某、方某，三人中必须要死一人，袁某拿出三张扑克牌给何某、李某、方某抽，说抽到黑桃 K 的人要死。结果，方某抽到了黑桃 K，何某、李某在被逼迫下，先由周某握住何某、李某的手刺杀方某，再由两人分别刺杀方某。为了保留“杀人证据”，达到日后控制两人的目的，袁某用手机对杀人过程进行了拍摄。次日中午，何某、李某从袁某的租住处逃出后向公安机关报案。23日中午，民警将袁某、周某抓获。2008年3月5日，昆明市人民检察院对两名参与故意杀人犯罪的女性犯罪嫌疑人作出了相对不起诉的处理决定。①

刑法理论与实务部门必须再一次近似痛苦地面对情法冲突下的刑法适用难题。期待可能性究竟能否在生命利益冲突的情况下进行权衡？在刑法规范的框架内，法益权衡下的期待可能性的一般性规则表现为：(1)程序性利益与实体性利益冲突的情况下，减免行为人实施程序合法行为的期待可能性；(2)人格身份利益与财产利益冲突的情况下，减免行为人实施符合财产利益保护要求行为的期待可能性；(3)人格身份利益与生命利益冲突的情况下，减免行为人实施符合人格身份利益保护要求行为的期待可能性。然而，一旦涉及处于危险共同体状态下的不同主体生命利益的权衡问题，期待可能性理论仿佛走到了终点，一如其在犯罪论体系内难以寻求定位那般困顿与迷茫。

经典的英国判例（救生艇在海上漂泊，幸存者面临饿死的危险，部分幸存者杀死濒临死亡的年轻男孩，靠着他的血和肉维持生命，最后等到了援救的船只）与受迫杀人案一样，都反映出行为人在与他人形成共同危险关系的环境下，刑法实际上无法期待行为人不通过剥夺他人脆弱的生命的方法以挽救自己同样犹如风中孤烛的生命。只不过英国经典判例中生命危险的来源是不可抗力，而受迫杀人案中生命危险的来源是歹徒置行为人于死地的暴力胁迫。如果要求行为人以“英雄主义”的态度面对本人生命与他人生命的利益冲突，宁可自己死亡也不去杀害别人，刑法规范显然与人性及本能脱节。但如果肯定行为人在生命利益冲突的危险共同体状态下没有或者弱化了实施合法行为的期待可能性，就等于承认生命在某种特定情况下是允许量化或者进行一定有价值倾向的评价的。这显然又与法律面前人人平等相悖，同样也是无人性和不人道的。

生命利益的不可权衡性原理能否在共同危险关系中予以合理缩减？在行为人无法用其他手段保护多数人生命的情况下，刑法规范能否不予禁止其实施减小生命数量损失的行为？

在当前的受迫杀人案中，被害人方某抽到黑桃K，在凶残的歹徒及其

① 王海天：《办案人员：罪可确定　情有可原》，《检察日报》2008年4月16日第3版。

“抽到黑桃 K 的人要死”的“规则”面前,已经没有了继续活下去的前景。犯罪嫌疑人何某与李某不仅无法拯救方某,两人的生命同样掌握在歹徒手中。理性的刑法是否应当允许行为人在走投无路的情况下选择用一个人的生命拯救两个人的生命?毕竟是胁迫他人杀人的歹徒使得三名无辜的女性处于死亡的边缘。在规范上似乎有必要赋予犯罪嫌疑人何某与李某的受迫杀人行为不具有期待可能性的正当化因素。

然而,期待可能性终究应当拒绝对生命利益进行权衡。杀害一个濒临死亡的人去挽救一个或者几个濒临死亡的人,本质上是在违反自然规律的前提下对生命利益的强制性与任意性的缩减。刑法规范在期待可能性层面承认这种杀人行为的正当性或者部分正当性,实际上是放弃了对弱势生命的保护,这显然不合乎法理。但生命利益的冲突在特定的艰难条件下是无法摆脱的。值得极度同情的杀人者如何在期待可能性这一滴“对在强有力的国家法规面前喘息不已的国民的脆弱人性倾注同情之泪”中寻求刑罚宽恕的出路?

既然期待可能性不仅在犯罪论的规范内部难以谋求生存地位,而且在生命利益冲突时难以摆脱适用性障碍,那么将之定位成超越犯罪论规范的免罚根据——在承认共同危险关系下杀人行为的具有罪责的基础上放弃刑罚——不失为一种理性的选择。超越犯罪论规范免罚的期待可能性,相对于诉诸犯罪论规范免责或者减责的期待可能性,具有能够有效解决刑法规范评价与道德情感标准分裂窘境的方案优势。作为免罚条件之一的期待可能性,可以在不超越刑法规范文本的前提下原谅或者宽容符合犯罪构成的行为人。

我国《刑法》第三十七条规定了对犯罪的非刑罚性处遇措施:对于犯罪情节轻微不需要判处刑罚的,可以免予刑事处罚,但是可以根据案件的不同情况,予以训诫或者责令具结悔过、赔礼道歉、赔偿损失,或者由主管部门予以行政处罚或者行政处分。将期待可能性丧失或减弱归纳为“犯罪情节显著轻微”的事由之一,在解释论上具有可行性。

在生命危险共同体状态下选择杀人行为如何认定的司法难题,其实并不是一个责任问题,而是一个刑罚问题。因此,争议的要点并不在于能否期待行为人实施除杀人决策之外的其他行为。在没有真正的生命危险的情况下,行为人是能够实施合法行为的。在面对生命危急的超重压力下,必须承认期待可能性的缺失。司法机关应当从犯罪性质认定的阵线上撤离,从刑罚目的的角度对期待可能性阙如条件下的刑事可罚性进行思考。同样面对死亡威胁的数个生命,牺牲其中一个生命是挽救其他生命的唯一办法,虽然无法排除犯罪性，但必须肯定的是，极端条件下的杀人行为并不是蔑视生命的，而具有保存生命的目的倾向与人性本能。将受迫杀人案件中的何某与李某替换为普通社会成员（既非懦夫亦非英雄），我们同样难以或者不忍心期待其放弃杀人。这就证明应当取消刑事处罚的必要性。如果有责行为能够被社会道德情感所容忍，并且行为主体本身不具有再犯危险性的，此时，刑罚是多余的。绝望状态下的非法行为，能够在公众的情感与期待中得到免予刑罚的最终宽容。

保护生命的法益诉求强制公民对剥夺或者缩减他人生命的行为保持一种原则性的绝对禁忌。这决定了生命利益不可权衡的命题在危险共同体案件中必须被贯彻到底。不容撼动的有罪评价包含了对生命利益权衡的否定。期待可能性从排除非法性的正当化事由，转化为阻却罪责的构成要素，直至发展到免除刑罚的额外条件，应当是一种可以预期的解决刑法规范适用尴尬的演进道路。

可见，上述争议案件中的行为实际上都是全部或者部分符合刑法分则中关于故意杀人罪、强奸罪构成要件的规范描述，但判断其究竟是否构成犯罪，不但需要依据刑法分则中的犯罪定义进行定性，还需要结合刑法总则中的期待可能性、紧急避险、共犯等一般原理进行全面解析。

二、刑法分则规范的功能

刑法分则的功能就在于通过刑法规范的适用确定具体犯罪行为的定罪与量刑问题。定罪意指基于刑法分则条款对具体犯罪行为界定准确的罪名。例如，对于致人死亡的行为，应当定故意杀人罪或者故意伤害罪还是过失致人死亡罪；对于驾车致人死亡的行为，应当定以危险方法危害公共安全罪还是交通肇事罪；对于诈骗他人财物的行为，应当定诈骗罪、合同诈骗罪还是其他金融诈骗罪。当然，定罪的过程还包括相关行为是否不构成犯罪的判断，行为的性质确定结果包括定罪与不定罪两种情形。量刑意指如何根据犯罪行为及其伴随的一切主客观情节确定合理的刑罚。

我们可以结合两个案例来理解：（1）2007 年 4 月 1 日晚下晚读后，韦某某被班某某和黄某某殴打，韦某某起意报复。下晚自习后韦某某到其叔的房间内拿得一把小刀，到校内寻找班某某、黄某某。当韦某某见到黄某某后，即持刀朝黄某某的身上乱捅，刺中黄某某的背部、胸部等处。其中一刀刺中黄某某右心室，导致黄某某心脏破裂死亡。（2）2014 年 7 月 18 日 16 时许，犯罪嫌疑人尹某同前妻裴某到秦皇岛一马路边与裴某现任男友梁某见面，商量解决感情纠葛问题。见面后，尹某问梁某："想怎么解决？"梁某回答说："你想怎么解决？"于是尹某一把拽住梁某的衣领子说："你想咋的，找死啊?”梁某说:“你啥意思啊,想干啥?”尹某拽住梁某衣领子推了梁某一把,把梁某摔倒在地,梁某马上又站了起来。在双方撕扯过程中,尹某掏出随身携带的刀刃长达10厘米左右的折叠刀,连续两次扎向梁某。被扎后梁某发现腰上都是血,就赶紧边跑边报警,尹某趁机逃之夭夭。经鉴定,梁某的损伤构成轻伤一级。①

上述两个案例都涉及故意杀人罪与故意伤害罪的定性问题,相对而言,第一个案例争议更大,第二个案例定性难度更低,因为从行为人打击的部位、次数乃至发现血后的逃跑、最后的轻伤结果等因素分析,第二个案例应当认定为故意伤害罪。尽管有“找死”这样的言语表现,但客观上不存在置人于死地的行为,主观上没有其他能够锁定其具有杀人故意的证据。但对于第一个案例而言,由于出现了死亡结果,且打击行为涉及致命部位,在实践中经常会产生故意杀人罪与故意伤害罪之间的定罪争议。此外,在量刑方面,定罪显然会直接影响量刑结果,认定为故意杀人罪的法定刑显然重于故意伤害罪。当然,在实践中也会出现由于定性争议过大而通过量刑予以调整的量刑“协调”定罪争议现象。

争议案例:2009年7月23日,成都市中级人民法院对发生在2008年的孙伟铭无行驶证且醉酒驾车造成四死一重伤案进行公开宣判。法院一审认定孙伟铭的行为已构成以危险方法危害公共安全罪,且情节特别恶劣、后果特别严重,故依法判处其死刑,剥夺政治权利终身。孙伟铭不服一审判决提出上诉,2009年9月8日上午,四川省高级人民法院作出二审判决,改判无期徒刑,剥夺政治权利终身。②

孙伟铭案在犯罪主观罪过、交通犯罪法条关系等问题上存在极大争议,一审判处死刑的结果更是引发各界观点交锋,该案应当认定为交通肇事罪还是以危险方法危害公共安全罪存在很大的认识分歧。最终以以危险方法危害公共安全罪定罪但在造成四人死亡一人重伤的情节下改判为无期徒刑,应当说在很大程度上体现了量刑“协调”定罪争议。对于这种实践现象,实际上仍然缺乏系统性的分析,有待今后更为深入的研究。

上述都是涉及刑法分则定罪量刑功能的案例,我们在后续具体犯罪类型的分析过程中将进行细致分析。概括地分析,刑法分则的功能就是解决各种犯罪行为概念、构成要件、罪与非罪的界限、此罪与彼罪的界限、罪数以

① 陈宝生、王立佳:《此案为故意伤害还是故意杀人》,《河北法制报》2015年5月20日第7版。

② 程璞:《从孙伟铭案到醉驾入刑　成都律师推动法治进程》,《成都晚报》2012年6月29日第25版。

及如何进行刑事处罚等问题。需要强调的是,除了刑法典中的分则条款对具体犯罪行为进行了规范描述之外,立法解释、司法解释、判例解释(权威判例中论理部分对于司法判断规则的阐释)等将具体犯罪行为的构成要件及其刑罚适用进行了更为具体的解释,是刑法分则解决定罪量刑问题的重要依据。尤其是刑法分则个罪或者类罪的司法解释,本质上均是为了解决刑事司法实践中缺乏法律明确规定、各方争议极大的疑难问题而颁布实施的,应当成为刑法分则研究至关重要的对象与内容。

三、刑法分则规范的价值

刑法分则是对各种具体犯罪行为定罪量刑问题的解释与分析,覆盖了国家与公共安全、市场经济、公民人身与财产权益、社会治理、反腐败等社会与经济生活方方面面的刑事法律保护,基于刑法分则规范应运而生的安全刑法、经济刑法、财产犯罪、暴力犯罪、职务犯罪等理论构成了刑法理论中极为重要的组成部分,并且,刑法分则随着社会与经济的发展而不断更新,具有很强的前沿性与发展性,显著地推动着刑事立法与司法。

刑法分则具有推动刑事立法的价值。刑法分则中的各个罪名几乎覆盖了社会经济的所有领域。经济社会的迅猛发展会在动态中凸显了刑事立法与社会现实之间的缺漏、矛盾或者冲突。这就需要刑法分则研究结合刑事法律实践中的新情况、新问题推动刑事立法。以近年的一次刑法修正为例,《刑法修正案(九)》于 2015 年 11 月 1 日实施,医闹、袭警、替考、虐童等一系列曾引发舆论关注的违法行为,被正式纳入刑法制裁的范畴。《刑法修正案(九)》增加对有影响力的人行贿罪、组织考试作弊罪、扰乱国家机关工作秩序罪、帮助信息网络犯罪活动罪、虚假诉讼罪等 20 项罪名。刑法修正案增设或者修改的罪名均需要刑法分则研究提供重要的理论支撑。

刑法分则具有推动刑事司法的价值。刑法分则的研究包括了具体犯罪行为的构成要件、罪与非罪的界限、此罪与彼罪的区分、犯罪情节的把握等,这都为刑事司法实践提供了必要的定罪量刑标准。同时,最高人民法院、最高人民检察院每年均会根据司法实践中亟须解决的问题颁布刑法司法解释,其中绝大部分都是刑法分则中的个罪、类罪的法律适用意见。例如,2016 年 4 月 18 日,最高人民法院、最高人民检察院联合发布《关于办理贪污贿赂刑事案件适用法律若干问题的解释》(以下简称《贪污贿赂解释》),调整了贪污罪、受贿罪、行贿罪、挪用公款罪、利用影响力受贿罪乃至职务侵占罪、非国家工作人员受贿罪、对非国家工作人员行贿罪等一系列犯罪的定罪量刑数额标准,并就贿赂犯罪中的“财物”、“为他人谋取利益”、受贿犯罪故意、行贿犯罪情节较轻等诸多贪污贿赂犯罪司法实践中的疑难问题制定了认定规则,为惩治腐败犯罪、统一法律适用标准、规范司法办案提供了司法规范指引。①刑法分则中的职务犯罪理论为刑法司法解释的颁布与执行提供了重要的理论动力与智力支持。

四、刑法分则规范的体系

刑法分则的体系意指刑法分则条款所规定的各种犯罪的分类与排序。各国刑法实际上都是基于一定的客体或者法益及其侵害程度划分标准对犯罪进行分类与排序。我国刑法分则所规定的四百余个罪名是根据犯罪客体(犯罪行为侵害的社会关系)进行划分,共有十大类犯罪。我国刑法分则设置的十章犯罪依次是:第一章"危害国家安全罪"、第二章"危害公共安全罪"、第三章"破坏社会主义市场经济秩序罪"、第四章"侵犯公民人身权利、民主权利罪"、第五章"侵犯财产罪"、第六章"妨害社会管理秩序罪"、第七章"危害国防利益罪"、第八章"贪污贿赂罪"、第九章"渎职罪"和第十章"军人违反职责罪"。处于同一章下的同一类犯罪,在客体或者法益层面具有共同性。在排序上越靠前,则表明其客体或者法益侵害程度越严重或者重要。值得强调的是,客体或者法益及其危害程度的认识与理解,以及由此带来的犯罪分类在刑法分则中的体系化展示,都是不同国家基于不同政策定位、历史认知而形成的立法例。例如,美国各州刑法典以及对其具有指导意义的美国《模范刑法典》,对于犯罪大类的划分与依次的排序是:人身安全犯罪、侵犯财产犯罪、经济犯罪、侵害家庭犯罪、侵害公共管理犯罪、侵害公共秩序犯罪、侵害社会风化犯罪。②

同一章犯罪分类下,还可以进一步划分为节。例如,我国刑法分则第三章"破坏社会主义市场经济秩序罪"和第六章"妨害社会管理秩序罪"下面分别还设有八节、九节犯罪。因为经济与社会是人们最为重要的行为领域,经济与社会秩序实际上构成了刑法保护的主要领域,所以,这两章犯罪的种类也最为繁多,罪名的设置也就相应最多,占全部刑法分则十章条文总数的50%以上。

五、刑法分则的法条构造

法律条文是刑法分则的规范基础。刑法分则的条文由罪状和法定刑两大结构组成。罪状是对犯罪构成要件及其具体情节、状况的法律规定和规范描述,是对构成要件的集中阐释、宣示与说明。法定刑是对各种具体犯罪

---

① 徐日丹:《统一法律适用标准严肃查处贪污贿赂犯罪案件》,《检察日报》2016 年 4 月 19 日第 1 版。

② Paul H.Robinson, University of Pennsylvania, Criminal Law: Cases and Controversies, Wolters Kluwer, 2012, p.39.

所规定的刑罚种类和刑罚幅度。需要注意的是,罪名,即对具体犯罪的名称提炼与规定,实际上也应该构成刑法分则法律条文的一部分,但是我国《刑法》的文本中并没有直接规定罪名,而是由最高人民法院、最高人民检察院根据刑法典、单行刑法、刑法修正案等内容来单独或联合发文确定相应法条的罪名。

(一) 罪状

由于罪状对具体犯罪状况进行规范描述,所以其决定了行为的定性问题。罪状基本分类为基础罪状与调整(加重或者减轻)罪状。前者是对基础犯罪构成的规范描述,而后者是指对适用加重或者减轻法定刑的罪状的描述。例如,我国《刑法》第二百三十九条绑架罪就完整规定了基础罪状以及调整(加重或者减轻)罪状。基础罪状:以勒索财物为目的绑架他人的,或者绑架他人作为人质的,处十年以上有期徒刑或者无期徒刑,并处罚金或者没收财产;减轻罪状:情节较轻的,处五年以上十年以下有期徒刑,并处罚金。加重罪状:犯前款罪,杀害被绑架人的,或者故意伤害被绑架人,致人重伤、死亡的,处无期徒刑或者死刑,并处没收财产。

基础罪状还可以进一步类型化为简单罪状、叙明罪状、引证罪状和空白罪状。

简单罪状只概括犯罪的名称,而不对具体犯罪构成特征予以进一步的描述。例如,《刑法》第二百三十三条过失致人死亡罪规定:"过失致人死亡的,处三年以上七年以下有期徒刑;情节较轻的,处三年以下有期徒刑。本法另有规定的,依照规定。"简单罪状在财产犯罪、人身犯罪等传统犯罪类型中较为普遍,采用简单罪状主要的实用性价值在于简练刑法条文,在伦理道德、社会一般观念对于犯罪行为的具体含义已经形成了稳定判断的情况下,确实没有必要过于复杂地描述一些众所周知的犯罪行为。当然,简单罪状也可能因为过于简练而引发解释上的争议。

叙明罪状则详细规定具体犯罪构成特征。例如,《刑法》第一百八十条内幕交易、泄露内幕信息罪、利用未公开信息交易罪规定:"证券、期货交易内幕信息的知情人员或者非法获取证券、期货交易内幕信息的人员,在涉及证券的发行,证券、期货交易或者其他对证券、期货交易价格有重大影响的信息尚未公开前,买入或者卖出该证券,或者从事与该内幕信息有关的期货交易,或者泄露该信息,或者明示、暗示他人从事上述交易活动,情节严重的,处五年以下有期徒刑或者拘役,并处或者单处违法所得一倍以上五倍以下罚金;情节特别严重的,处五年以上十年以下有期徒刑,并处违法所得一倍以上五倍以下罚金。单位犯前款罪的,对单位判处罚金,并对其直接负责的主管人员和其他直接责任人员，处五年以下有期徒刑或者拘役。内幕信息、知情人员的范围，依照法律、行政法规的规定确定。证券交易所、期货交易所、证券公司、期货经纪公司、基金管理公司、商业银行、保险公司等金融机构的从业人员以及有关监管部门或者行业协会的工作人员，利用因职务便利获取的内幕信息以外的其他未公开的信息，违反规定，从事与该信息相关的证券、期货交易活动，或者明示、暗示他人从事相关交易活动，情节严重的，依照第一款的规定处罚。”叙明罪状对具体犯罪构成要件及其核心特征作出了十分详尽的规定，对犯罪主体、客观行为模式、结果等构成要素进行了全面的描述。罪状对构成要件特征进行细致描述主要取决于具体犯罪类型的复杂性程度与技术性要求较高。这在经济犯罪、职务犯罪以及各种新型犯罪类型中表现得比较突出。刑法理论与实践中一般认为，叙明罪状对构成特征进行了详细的描述，因而便于理解和掌握，也有利于司法实践对罪与非罪、此罪与彼罪的正确认定。但从另一个侧面分析，各种构成要件要素的详细描述在纷繁复杂的刑事司法实践中仍然存在争议性的理解，需要进一步厘定规范含义。所以，罪状描述程度的细致化与否实际上并不完全、直接地影响定罪实践的清晰化程度。

引证罪状是指刑法分则法律条文没有直接规定某一犯罪的构成特征，而是引用其他条款来说明某一犯罪的构成特征。例如，《刑法》第一百八十三条规定：“保险公司的工作人员利用职务上的便利，故意编造未曾发生的保险事故进行虚假理赔，骗取保险金归自己所有的，依照本法第二百七十一条的规定定罪处罚。国有保险公司工作人员和国有保险公司委派到非国有保险公司从事公务的人员有前款行为的，依照本法第三百八十二条、第三百八十三条的规定定罪处罚。”第一百八十四条规定：“银行或者其他金融机构的工作人员在金融业务活动中索取他人财物或者非法收受他人财物，为他人谋取利益的，或者违反国家规定，收受各种名义的回扣、手续费，归个人所有的，依照本法第一百六十三条的规定定罪处罚。国有金融机构工作人员和国有金融机构委派到非国有金融机构从事公务的人员有前款行为的，依照本法第三百八十五条、第三百八十六条的规定定罪处罚。”

空白罪状是指条文指出需要参照其他法律或者法规中的有关规定来具体说明具体犯罪的特定构成特征。例如，《刑法》第二百二十五条非法经营罪规定：“违反国家规定，有下列非法经营行为之一，扰乱市场秩序，情节严重的，处五年以下有期徒刑或者拘役，并处或者单处违法所得一倍以上五倍以下罚金；情节特别严重的，处五年以上有期徒刑，并处违法所得一倍以上五倍以下罚金或者没收财产：（一）未经许可经营法律、行政法规规定的专营、专卖物品或者其他限制买卖的物品的;(二)买卖进出口许可证、进出口原产地证明以及其他法律、行政法规规定的经营许可证或者批准文件的;(三)未经国家有关主管部门批准非法经营证券、期货、保险业务的,或者非法从事资金支付结算业务的;(四)其他严重扰乱市场秩序的非法经营行为。"空白罪状规定的犯罪行为的违法性,均由前置性行政法律法规予以界定。在前置性规范已经充分规定的情况下,刑法条文则采用空白罪状的方式予以援引。空白罪状同样也存在引证的特征,但其引证的对象是前置性法律法规而非刑法条文本身。关于空白罪状中前置性行政法律法规在刑事司法认定过程中的具体适用问题,我们将在后续的具体犯罪论述中予以详细解释。

在研究罪状的过程中还应当关注罪状结构的问题。罪状结构顾名思义就是刑法分则法律条文在搭建规范时所采取的构造。如同住房的结构会影响其功能一样,相应的,罪状结构会影响刑法分则具体犯罪条文的功能。尤其是那些相对复杂的罪状结构,会直接影响刑法分则具体条款的解释规则。

例如,《刑法》第三百八十五条受贿罪规定:

国家工作人员利用职务上的便利,索取他人财物的,或者非法收受他人财物,为他人谋取利益的,是受贿罪。

国家工作人员在经济往来中,违反国家规定,收受各种名义的回扣、手续费,归个人所有的,以受贿论处。

该条第一款规定的是受贿罪的定义,第二款规定的是"以受贿论"的构成要件特征,从罪状结构的角度分析,这两款究竟是完全独立的罪状,还是具有递进关系的罪状? 如果是前者,那么"受贿罪"的构成要件与"以受贿论"的构成要件实际上是互相独立的;如果是后者,那么"以受贿论"的构成要件实际上应当在符合前款规定的前提下,进一步满足"以受贿论"罪状描述的法律条件。

再如,《刑法》第一百八十二条操纵证券、期货市场罪规定:

有下列情形之一,操纵证券、期货市场,情节严重的,处五年以下有期徒刑或者拘役,并处或者单处罚金;情节特别严重的,处五年以上十年以下有期徒刑,并处罚金:

(一) 单独或者合谋,集中资金优势、持股或者持仓优势或者利用信息优势联合或者连续买卖,操纵证券、期货交易价格或者证券、期货交易量的;

(二) 与他人串通,以事先约定的时间、价格和方式相互进行证券、期货交易,影响证券、期货交易价格或者证券、期货交易量的;

(三) 在自己实际控制的账户之间进行证券交易,或者以自己为交易对象，自买自卖期货合约，影响证券、期货交易价格或者证券、期货交易量的；

（四）以其他方法操纵证券、期货市场的。

该条总体上的罪状结构为总分结构，即“操纵证券、期货市场”的总体定义下可以分为四种不同的行为模式或者类型。但该条规定的四种行为模式之间构成何种逻辑关系？是并列关系还是递进关系？尤其是对于“以其他方法操纵证券、期货市场”这一兜底条款的解释问题而言，罪状结构的解释直接影响其内涵与外延的确定。

对于上述罪状结构引发的刑法分则具体犯罪解释问题，我们将在对应的具体犯罪分析中予以详细阐释。

（二）法定刑

刑法分则中的量刑，其实践价值在于确定犯罪与刑罚之间具有某种的关系。而法定刑就是设置具体犯罪行为的刑罚区间，从而使得刑罚裁量能够在与其他犯罪人及其犯罪行为的比较过程中合理确认特定犯罪人的相对位置。每个刑事案件的刑罚以法定刑设置的区间中的某个点告终。

刑罚连续区间在理论上可以是两端之内的无穷点。例如，我们可以将监禁刑以年、月、时、分、秒等单位为基准进行计算。但在实践中刑罚连续区间是有限的，因为以时或分为区分单位的自由刑对于人们而言是没有可供体会的刑罚差异与意义的。事实上，刑罚连续区间中越是上层的部分，刑罚强度增加的幅度需要更高，才能被视为有意义的刑罚差异。例如，以日为基准的区分单位对于四天或者五天短期自由刑而言是有意义的，对于四个月与四个月零一天监禁而言在刑罚差异上是没有实际意义的。当刑罚强度进一步攀升到十年监禁时，有意义的刑罚区分单位就可能需要调整为数月。这种动态关系将刑罚连续区间调整至有限的可区分单元。实践中具有可区分性的案件数量可能等于或者超过可区分刑罚单位的数量，为了从不同的可责性认知中区分特定案件，就必须将每个案件置于刑罚连续区间中的特定点。

我们所说的法定刑设置的刑罚区间，实际上就是传统刑法概念中的相对确定的法定刑，即对某种犯罪规定一定的刑种与刑度，并明确规定最低刑与最高刑。例如，刑法分则规定特定犯罪的法定刑是“三年以上七年以下有期徒刑”，这就代表着一个确定的刑罚范围或者区间，但具体案件中的特定犯罪行为应当判处多大程度的刑罚则是相对确定的，也意味着其具有相对不确定性，对于行为人而言是一种刑罚风险，对于裁判者而言是一种刑罚裁量权。绝大部分的刑法分则条文中的法定刑都是采取相对确定的法定刑设置。

法定刑设置刑罚区间的例外就是绝对确定的法定刑。这意味着刑法分则特定的犯罪只规定单一的刑种和固定的刑度。例如,我国《刑法》第二百四十条拐卖妇女、儿童罪规定:“拐卖妇女、儿童的,处五年以上十年以下有期徒刑,并处罚金;有下列情形之一的,处十年以上有期徒刑或者无期徒刑,并处罚金或者没收财产;情节特别严重的,处死刑,并处没收财产。”这里的情节特别严重处死刑便是只有一种刑种和一个刑度。在刑事立法上绝对确定的法定刑实际上只限于少数犯罪,并且局限于情节特别严重的情况,其实用性价值在于对于特定严重犯罪行为的高度震慑。①

与法定刑对应的概念是宣告刑,即审判机关根据法律规定的刑罚和具体的犯罪情节而实际判处的刑罚。宣告刑就是量刑的结果,是在法定刑的幅度内对法定刑的实践适用。宣告刑原则上应当在法定刑以及法律规定的框架内作出刑罚裁量结果,但在特殊情况下亦有例外。《刑法》第六十三条规定:“犯罪分子具有本法规定的减轻处罚情节的,应当在法定刑以下判处刑罚;本法规定有数个量刑幅度的,应当在法定量刑幅度的下一个量刑幅度内判处刑罚。犯罪分子虽然不具有本法规定的减轻处罚情节,但是根据案件的特殊情况,经最高人民法院核准,也可以在法定刑以下判处刑罚。”

中国刑事司法历史上具有相当代表性意义的许霆案的最后处理结果就是通过最高人民法院的核准而在法定刑以下判处刑罚。许霆基于ATM故障取款并占有17万余元,一审认定许霆“盗窃金融机构,数额特别巨大的”,判处无期徒刑;二审经最高人民法院核准最后改判为有期徒刑五年。对照盗窃罪的法定刑可以看到,许霆案最后的宣告刑相对法定刑而言下行了至少四个量刑档次。其中体现出宣告刑在司法实践中自由裁量权之大,引起了理论与实务部门的反思,②也值得我们进一步思考量刑的裁量空间问题。关于许霆案更为深入的探讨,将在后续盗窃罪的分析中予以阐释。

（三）罪名

罪名,即犯罪名称,是对特定犯罪的本质提炼或者核心特征的高度概括。如同前文所述,我国刑法分则并未直接规定罪名,而是由最高司法机关在刑事立法之后发布罪名的规定。这就会产生罪状开始实施而尚未出台正式罪名的脱节问题。例如,《刑法修正案(五)》、《刑法修正案(六)》分别于2005年2月28日、2006年6月29日颁布,而最高人民法院、最高人民检察

① 刑法历史上也曾出现过绝对不确定的法定刑,即不规定具体的刑种和刑度,只笼统规定对某种犯罪应判处刑罚。这种法定刑没有明确应适用的刑种和限度,不符合现代刑法的罪刑法定原则或者基本的合法性要求,实际上各国刑法已经不再采用。

② 陈瑞华:《脱缰的野马——从许霆案看法院的自由裁量权》,《中外法学》2009年第1期。

院《关于执行〈中华人民共和国刑法〉确定罪名的补充规定(三)》于 2007 年 11 月 6 日公布并施行,罪状与罪名脱节近两年零九个月、一年零六个月。

由于刑法修正案自公布之日起即施行,罪名与罪状适用并不存在缓冲期,在罪名补充规定出台前,对于《刑法修正案(五)》、《刑法修正案(六)》中的新设罪状与重大修改罪状,司法实践中普遍存在罪名确定不统一的问题。例如,《刑法》原第三百一十二条窝藏、转移、收购、销售赃物罪属于常用罪名,《刑法修正案(六)》第十九条就对象要件与行为要件进行重要修改之后,在公安机关移送审查起诉、检察机关提起公诉、审判机关定罪量刑等环节出现罪名适用严重混乱的情况,在较长时间无法得以有效解决。

罪名适用混乱问题一直困扰着实践部门。新《刑法》自 1997 年 10 月 1 日施行后,最高人民法院于 1997 年 12 月 16 日施行《关于执行〈中华人民共和国刑法〉确定罪名的规定》,最高人民检察院于 1997 年 12 月 25 日施行《关于适用刑法分则规定的犯罪的罪名的意见》。两个罪名适用规范性文件不仅滞后于刑法典,而且罪名提炼存在冲突,造成罪名适用不统一,影响刑法运行的权威性与严肃性。

1999 年 12 月 25 日、2001 年 8 月 31 日、2001 年 12 月 29 日连续公布三个《刑法修正案》,最高人民法院与最高人民检察院通过联合发布《关于执行〈中华人民共和国刑法〉确定罪名的补充规定》的形式统一适用刑法分则罪名,但该规定的施行日期为 2002 年 3 月 26 日。前三个《刑法修正案》罪名真空时间最短为近三个月,最长达两年零三个多月。2002 年 12 月 28 日《刑法修正案(四)》罪名规范真空也有近八个月时间。

纵观上述司法解释的沿革过程,我国刑法罪名适用的规定经历了由最高人民法院与最高人民检察院分别发布到最高司法机关联合发布的过程,在很大程度上缓解了罪名适用混乱问题。但由于罪状与罪名之间存在文件颁布的时间差,导致实践部门无法正确操作刑法分则。适用刑法分则离不开罪名,罪名真空严重影响办案规范。在保障刑法典相对稳定的前提下,我国刑事立法采取修正案的形式解决法律规范滞后于社会现实发展问题。每次刑法修正案出台都有可能出现罪状与罪名脱节的现象。为了避免再度出现罪名适用不规范的现象,罪状与罪名应当同时施行。基于最高司法机关提炼罪名的实践惯例,可以采取最高立法机关颁布刑法修正案,最高司法机关公布罪名适用意见,两者同日施行的操作办法。《刑法修正案(九)》的实施时间为 2015 年 11 月 1 日,而根据《刑法修正案(九)》的全新规定,最高人民法院、最高人民检察院《关于执行〈中华人民共和国刑法〉确定罪名的补充规定(六)》的出台便非常及时,并且规定实施时间为 2015 年 11 月 1 日,实现了罪状与罪名的同时执行。

罪名可以划分为类罪与个罪。个罪就是每一个具体犯罪的名称,而类罪是指基于一定的特征与范围将一系列犯罪归为一类罪名。例如,我国刑法分则规定的十章犯罪,个别章的犯罪还下设节,那么章罪名、节罪名就是类罪。除了基于刑法分则规定对罪名进行归类外,刑法理论与实践中还可以根据犯罪行为的特征进行理论类罪的归纳。例如,《刑法》第一百八十条至第一百八十二条,理论上可以称之为证券期货犯罪或者资本市场犯罪。再如,2008 年最高人民法院、最高人民检察院《关于办理商业贿赂刑事案件适用法律若干问题的意见》第一条规定:商业贿赂犯罪涉及刑法规定的以下八种罪名:(1)非国家工作人员受贿罪(刑法第一百六十三条);(2)对非国家工作人员行贿罪(刑法第一百六十四条);(3)受贿罪(刑法第三百八十五条);(4)单位受贿罪(刑法第三百八十七条);(5)行贿罪(刑法第三百八十九条);(6)对单位行贿罪(刑法第三百九十一条);(7)介绍贿赂罪(刑法第三百九十二条);(8)单位行贿罪(刑法第三百九十三条)。这就是以司法解释的形式在刑事司法实践中将一系列刑法分则中的罪名归为商业贿赂犯罪这一类罪。本书在研究刑法分则各个罪名的过程中,采用刑法分则章罪名的基本框架并对其核心特征进行理论提炼,同时将章罪名下的各个犯罪以类型化的方式进行归纳,基于共同的犯罪实质特征在类罪名的项下展开研究。

罪名还可以划分为单一罪名与选择性罪名。选择性罪名是指包括数个互相联系的有关不同行为或对象的亚罪名,在适用中必须针对具体行为确定使用某个亚罪名或包容罪名。[①]选择罪名所包含的犯罪构成要素的内容相对复杂,有多种行为、对象,既可概括使用,也可分解拆开使用。正是由于这种选择上的复杂性,导致实践中会出现一定的疑难或者争议问题。

《刑法》原第三百一十二条窝藏、转移、收购、销售赃物罪是选择性罪名,只要具备构成要件行为之一的,即成立犯罪。对《刑法修正案(六)》第十九条的罪状进行分析可知,掩饰、隐瞒犯罪所得、犯罪所得收益罪在构成要件层面存有一定可供选择的范围,应当仍属选择性罪名。然而,实践中对于如何分解适用该罪名出现较大争议。

第一种意见认为:掩饰、隐瞒犯罪所得、犯罪所得收益罪的对象要件与行为要件均为选择关系,根据排列组合,本罪可以根据案件具体情况拆分为:(1)掩饰犯罪所得罪;(2)掩饰犯罪所得收益罪;(3)隐瞒犯罪所得罪;

① 林维、王充:《选择性罪名适用的探讨》,《人民检察》1997 年第 8 期。

(4)隐瞒犯罪所得收益罪;(5)掩饰、隐瞒犯罪所得罪;(6)掩饰、隐瞒犯罪所得收益罪;(7)掩饰、隐瞒犯罪所得、犯罪所得收益罪。

第二种意见认为:"明知是犯罪所得及其产生的收益"的文义表述说明犯罪所得与犯罪所得收益之间属于并列关系,并不存在或此或彼的选择可能;"窝藏、转移、收购、代为销售"与"以其他方法掩饰、隐瞒"之间使用"或者"进行连接,表明行为要件具有可选择性。故可将本罪拆分为:(1)掩饰犯罪所得、犯罪所得收益罪;(2)隐瞒犯罪所得、犯罪所得收益罪;(3)掩饰、隐瞒犯罪所得、犯罪所得收益罪。

第三种意见认为:"掩饰、隐瞒"属于对本罪行为模式的总体性概括,在逻辑上无法区分,不能选择适用;而犯罪所得与犯罪所得收益在规范上具有实质性区别。所以,司法机关应在以下范围内进行罪名选择:(1)掩饰、隐瞒犯罪所得罪;(2)掩饰、隐瞒犯罪所得收益罪;(3)掩饰、隐瞒犯罪所得、犯罪所得收益罪。

笔者认为,司法机关应当以"可区分性"为核心判断选择性罪名的拆分方式,对掩饰、隐瞒犯罪所得、犯罪所得收益罪进行正确分解,体现罪名适用的权威性与严肃性。明确选择性罪名的分解方式,不仅有利于统一实践操作,而且能够更加深入地理解本罪相关构成要件之间的实体联系。

首先,构成要件的多种表现形式具有独立性,能够互相脱离地对犯罪行为进行区分评价的,才存在选择适用的空间。有学者认为,选择性罪名分为行为选择、对象选择、行为与对象同时选择三种类型。[①]也有观点认为,选择性罪名还应当包括主体选择、主体与行为同时选择、手段选择、手段与对象同时选择等四种类型。[②]虽然对选择性要件范围的理解有差异,但应当肯定的是,选择性罪名的主体、对象、行为要件等包含多种形态,要件内部既有联系又有区别,不仅在罪质上具有社会危害的相当性,而且在评价上具有判断标准的独立性。例如,《刑法》第一百六十条欺诈发行股票、债券罪,对象要件可以概括使用,亦可分解使用。然而,这并不意味着罪名结构中使用顿号连接同质要件或要素的,就因具有可区分性而存在选择适用的空间。例如,《刑法》第四百零六条国家机关工作人员签订、履行合同失职被骗罪,严重不负责任的签订合同行为与履行合同行为是导致被骗的共同原因,在事实上不可区分,在规范上合并归于同一行为要件,不属于选择性罪名。

---

① 张明楷:《刑法学(第二版)》,法律出版社2003年版,第513页;乔璐:《如何确定刑法第312条之罪名》,《人民法院报》2007年10月31日第6版。

② 黄京平、彭辅顺:《论选择性罪名》,《山东公安专科学校学报》2004年第2期。

其次,“掩饰、隐瞒”是对本罪行为要件若干表现形式的高度抽象,不具有可区分性。实践中有观点主张分解使用“掩饰、隐瞒”,其规范依据主要在于:(1)最高人民法院、最高人民检察院《关于执行〈中华人民共和国刑法〉确定罪名的补充规定(三)》在罪名抽象上将行为要件表述为并列形式,原则上应当具有可选择性;(2)《刑法修正案(六)》第十九条用“或者”区分行为要件,含有行为要件可选择性的立法意图。但若摆脱静态法条解释的束缚,以实质判断与文义分析的动态视角分析条文,我们可以发现:(1)窝藏、转移、收购等行为要件在犯罪构成的层面显然具有独立性与可选择性,但并不能由此证明掩饰、隐瞒在罪名适用的层面具有可选择性;(2)“以其他方法”是对本罪行为方式的兜底概括,只要涉案行为具备掩饰、隐瞒的本质属性,均符合本罪行为要件;(3)“掩饰、隐瞒”在逻辑上属于同义反复,具有一元性的规范含义,即遮盖真相,在事实上无法对掩饰行为与隐瞒行为之间的区别进行解释;(4)对《刑法》原第三百一十二条窝藏、转移、收购、销售赃物罪进行修正的目标价值之一,在于拓展本罪的行为要件,将具有遮盖犯罪所得、犯罪所得收益性质的行为纳入归责范围,与洗钱罪联动截断犯罪经济利益的流动路线。因此,“掩饰、隐瞒”只能并列使用,一并概括本罪的行为特征,而不能对行为要件进行选择。

再次,“犯罪所得”与“犯罪所得收益”具有截然不同的内涵与外延,具有可区分性,可以在罪名适用中予以选择。犯罪所得意指从事刑事犯罪活动所获取的财物或者利益,是财产、经济犯罪等直接指向的犯罪结果。例如,行为人通过不正当手段获取权利人的客户名单及相关销售信息。该项商业秘密属于犯罪所得。犯罪所得收益意指行为人获取犯罪所得后经由继续运作所产生的经济利益。例如,行为人使用商业秘密有针对性地降低销售价格、联系客户,实现了销售量的增长。销售增长额便属于犯罪所得收益。所以,犯罪所得是犯罪既遂的当然利益,犯罪所得收益是在犯罪所得基础上进行后续操作的派生利益,两者在逻辑上具有前后衍生的联动关系,在掩饰、隐瞒犯罪所得、犯罪所得收益罪的罪名表述上呈现为规范并列关系,在事实上具有明确的可区分性,适用罪名过程中可以根据案件的具体情况进行对象选择。

(四)法条竞合

刑法分则规定的各个罪名之间最为基本的法条关系就是法条竞合关系,即一个犯罪行为同时符合数个刑法分则的条款规定,在法律适用上发生竞合。

法条竞合是一种刑法分则典型的结构性现象,其不可避免性是由刑事立法与社会现实的复杂性所决定的。以过失致人死亡为例,在社会发展的初期,由于行为人的过失行为导致他人死亡结果的发生,这种现象的形成模式相对简单化、形态相对单一化,概括性的过失致人死亡罪即可相对完整地评价这种犯罪行为。然而,随着社会生活的发展,交通工具、房地产建设、高危物品的使用等各种容易引发他人死亡结果的风险不断增加,刑事立法考虑到不同风险来源的特殊情况,又增设了交通肇事罪、重大飞行事故罪、重大责任事故罪等全新的犯罪类型,将基于不同行为模式导致他人死亡结果发生的行为放置于不同的罪名项下进行评价,从而形成刑法分则条文之间构成了普通法条与特殊法条的关系。相应的,同一种行为构成特殊法条的构成要件,显然也符合普通法条的构成要件,也就符合法条竞合的特征。再如,我国刑法分则规定了诈骗罪、合同诈骗罪、集资诈骗罪、贷款诈骗罪、票据诈骗罪、金融凭证诈骗罪、信用证诈骗罪、信用卡诈骗罪、有价证券诈骗罪以及保险诈骗罪。利用合同实施集资诈骗的行为,显然同时构成集资诈骗罪、合同诈骗罪以及诈骗罪,从而引发了法条竞合的问题。

对于法条竞合的处理原则而言,大陆法系刑法理论都坚持只能选择一个法条适用的原则,即只选择数个法条中的一条定罪处罚,而排斥其他法条的适用。但只选择一个法条适用并非先在性与绝对性的处理模式,英美刑法实际上采用同时适用多个法条的原则。这意味着同一行为基于刑法分则条文之间的复杂关系而构成两个以上罪的,对各罪均应追诉。例如,行为人使用暴力殴打妇女并将其强行带至住所进行强奸,在美国刑法上构成殴打、绑架、强奸三项罪名。再如,两个行为人共谋抢劫便利店,在商量完毕后共同实施抢劫行为,构成共谋抢劫罪与抢劫罪两罪。传统刑法理论会认为英美刑法的这种法条竞合处理原则过于严厉,大陆法系对于法条竞合采取适用一个法条的原则更为合理。但这种看法实际上并不全面。英美刑事司法系统大量地采取辩诉交易解决犯罪的定罪量刑问题,检察官在与辩方进行协商的过程中往往会取消绝大多数罪名的指控,而选择一个或者少数罪名进行指控,以此交换行为人的认罪与供述。这实际上就通过刑事程序法的实践应用消弭了法条竞合采取数罪并罚原则所带来的过于严厉的疑问,甚至正是因为法条竞合数罪并罚的存在才使得刑事诉讼中的辩诉交易存在更多的协商空间。所以,刑法分则中的诸多问题很大程度上都隐含着系统化的思维与逻辑,这种体系性关系未必如同刑法总则那样显明与缜密,却具有更为广阔的拓展空间,也更值得深入地探索与推敲。

在我国刑法规范解释理论框架下,法条竞合的处理通常采用特别法优先普通法,同时以重法优于轻法作为补充。但司法实践中大量地存在重法优于轻法的规定。例如,2009 年最高人民法院、最高人民检察院《关于办理非法生产、销售烟草专卖品等刑事案件具体应用法律若干问题的解释》第五条规定:行为人实施非法生产、销售烟草专卖品犯罪,同时构成生产、销售伪劣产品罪、侵犯知识产权犯罪、非法经营罪的,依照处罚较重的规定定罪处罚。此外,法条竞合与想象竞合的界限也是刑法理论与实务中存在很大争议的问题。对于如何解释法条竞合适用在实践中出现的这些现象,我们会在后续章节中进行深入论述。

六、结论

刑法分则的法律规定十分浩瀚,法律条文之间的逻辑关系在形式上并不像刑法总则那样具有很强的体系性、紧密性与规律性。刑法分则最为显著的特征在于其与社会经济生活之间具有密切且务实的联系,在类罪、个罪层面深刻凸显着法律与经济、社会、道德、伦理、政治、科学技术等领域的交叉、刑法与其他部门法之间的交叉。因此,在刑法分则的研究过程中应当始终秉持刑法研究的开放性、交叉性、纵深性与实务性,在有效覆盖类罪、个罪核心构成特征的基础上,了解各个罪名的基本内容,掌握常见罪名的定罪量刑规则,深刻解析疑难争议罪名的刑法解释原理与司法判断规则。

第二章　风险刑法：公共、商品及人身安全犯罪的刑法规制

社会是由人构成的有机组织体。相较于传统社会由自然构成的风险而言，现代社会的风险更多源于社会迅猛发展下的人为风险，这在公共、商品以及人身安全犯罪事件中显得尤为突出。风险概念与风险社会理论受到了高度关注和肯定，相应的，通过刑法分则设置相关罪名来应对公共、商品、人身安全领域的犯罪风险，即风险刑法，成了风险社会中控制风险的核心举措之一。风险社会的概念最初由乌尔里希·贝克于1985年出版的《风险社会——通往另一个现代的路上》一书中提出。贝克在反思、批判现代社会科技高度发达而引起日益突出的社会现象的基础上认为，风险社会在整体而言属于世界风险社会，就其轴心原则而论，无论是在时间还是在空间上都是从社会的角度无法界定的现代文明所制造的危险，进而主张风险社会中的风险应与现代化的反思相结合。在风险社会中，风险不同于传统社会中源于自然的风险，而是主要来自人为制造的风险，此外还具有全球性、不可感知性和难以预料性的特征。①由此演进的风险刑法则表现出刑法规制范围的扩张，刑法规制时间的提前，刑法功能从单纯注重法益保护到重视风险防范等特征。保护法益是刑法重要的功能，但当步入风险社会时，风险增多且后果多具有严重危害性，刑法开始逐渐变革，不再单一惩罚具有实际法益侵害的行为，而同时关注社会安全防范，由此导致危险犯随之增加。传统刑法理论中，仅在法益受到实际侵害时才追究行为人刑事责任，在风险社会背景下，刑法增加危险犯的规定，不仅处罚具体危险犯，也应惩处抽象危险犯。刑法基本原则并不代表深闭固拒的边界，而是法律运作的决策，只要必需、可行并且能带来更佳结果，任何原则都可以存在例外。对原则与例外之间的关系作这样的处理，将是风险社会刑法发展的合理选择。②传统刑法系统

① ［德］乌尔里希·贝克：《世界风险社会》，吴英姿、孙淑敏译，南京大学出版社2004年版，第2页。

② 劳东燕：《公共政策与风险社会的刑法》，《中国社会科学》2007年第3期。

将面临着由罪责刑法到风险刑法的变革,风险刑法视安全为基本的价值取向而倾向于刑法规制的前置化和犯罪预防。

从广义上分析,刑法分则的所有罪名都是对犯罪风险的震慑,因此,刑法的所有规范都可以被解释为风险刑法的组成部分。但如果从刑法分则具体规定的角度分析,风险刑法主要是对国家安全、公共安全、商品安全、人身安全等典型安全的刑法保护。因此,与风险刑法紧密相关的刑法分则罪名主要包括:(1)危害国家安全罪,即故意危害中华人民共和国的主权、领土完整与安全,破坏国家统一,颠覆国家政权、推翻社会主义制度及其他危害国家安全利益的依照刑法应予刑罚处罚的行为。刑法规定危害国家安全罪,是为了保护国家安全,即中华人民共和国的主权、领土完整与安全,人民民主专政政权和社会主义制度。具体包括:危害国家政权和分裂国家方面的犯罪,即背叛国家罪,分裂国家罪,煽动分裂国家罪,武装叛乱、暴乱罪,颠覆国家政权罪,煽动颠覆国家政权罪,资助危害国家安全犯罪活动罪。叛变、叛逃方面的犯罪,即投敌叛变罪,叛逃罪。间谍、资敌的犯罪,即间谍罪,为境外窃取、刺探、收买、非法提供国家机密、情报罪,资敌罪。(2)危害公共安全罪,即故意或者过失地实施危害不特定多数人的生命、健康或者重大公私财产安全的行为。危害公共安全罪是危险性最大、最为严重的一类刑事犯罪之一,其危险性在所有犯罪中仅次于危害国家安全犯罪。危害公共安全罪可以分为以下几种类型:一是以危险方法危害公共安全犯罪。包括放火罪,失火罪,决水罪,过失决水罪,爆炸罪,过失爆炸罪,投放危险物质罪,过失投放危险物质罪,以危险方法危害公共安全罪,过失以危险方法危害公共安全罪。二是破坏公用工具、设施危害公共安全的犯罪。包括破坏交通工具罪,过失破坏交通工具罪,破坏交通设施罪,过失破坏交通设施罪,破坏电力设备罪,破坏易燃易爆设备罪,过失破坏电力设备罪,过失破坏易燃易爆设备罪,破坏通信设施罪,过失破坏通信设施罪。三是恐怖主义、极端主义犯罪。包括组织、领导、参加恐怖组织罪,帮助恐怖活动罪,准备实施恐怖活动罪,宣扬恐怖主义、极端主义、煽动实施恐怖活动罪,利用极端主义破坏法律实施罪,强制穿戴宣扬恐怖主义、极端主义服饰、标志罪,非法持恐怖主义、极端主义物品罪,劫持航空器罪,劫持船只、汽车罪,暴力危及飞行安全罪。四是危险物品犯罪。包括非法制造、买卖、运输、邮寄、储存枪支、弹药、爆炸物罪,非法制造、买卖、运输、储存危险物质罪,违规制造、销售枪支罪,盗窃、抢夺枪支、弹药、爆炸物、危险物质罪,抢劫枪支、弹药、爆炸物、危险物质罪;非法持有、私藏枪支、弹药罪,非法出租、出借枪支罪,丢失枪支不报罪,非法携带枪支、弹药、管制刀具、危险物品危及公共安全罪。五是事故犯罪。包括重大飞行事故罪,铁路运营安全事故罪,交通肇事罪,危险驾驶罪,重大责任事故罪,重大劳动安全事故罪,危险物品肇事罪,工程重大安全事故罪,教育设施重大安全事故罪,消防责任事故罪。(3)商品犯罪。这类犯罪主要就是指生产、销售伪劣商品罪,具体包括生产、销售伪劣产品罪,生产、销售假药罪,生产、销售劣药罪,生产、销售不符合卫生标准的商品罪,生产、销售有毒、有害商品罪,生产、销售不符合标准的医用器材罪,生产、销售不符合安全标准的产品罪,生产、销售伪劣农药、兽药、化肥、种子罪,生产、销售不符合卫生标准的化妆品罪。(4)其他人身安全犯罪。在风险刑法语境下,这类犯罪主要是指社会发展过程中基于人为风险而造成的危及公民人身安全、创制人身安全风险的犯罪。本章主要对公共、商品、人身安全犯罪进行深入分析。

第一节 交通安全犯罪

交通安全犯罪是非常重要的犯罪类型,特别是近年来发生的一系列醉驾、飙车等高危驾车肇事案件,有关问题不仅成为社会热点话题,而且成为刑法理论和司法实务界的争议焦点。因此,有必要结合热点疑难案件,深入分析交通安全犯罪中的刑法问题。

一、危险驾驶罪

危险驾驶罪是《刑法修正案(八)》增设的危害公共安全犯罪类型。根据《刑法修正案(八)》第二十二条规定,在《刑法》第一百三十三条后增加一条,作为第一百三十三条之一:“在道路上驾驶机动车追逐竞驶,情节恶劣的,或者在道路上醉酒驾驶机动车的,处拘役,并处罚金。”《刑法修正案(九)》面临社会生活中日益突出的交通安全风险,通过刑法制度创新,发挥风险社会时代刑法对公共安全的保障作用,对本罪进行了修订。《刑法》新的第一百三十三条之一规定:“在道路上驾驶机动车,有下列情形之一的,处拘役,并处罚金:(一)追逐竞驶,情节恶劣的;(二)醉酒驾驶机动车的;(三)从事校车业务或者旅客运输,严重超过额定乘员载客,或者严重超过规定时速行驶的;(四)违反危险化学品安全管理规定运输危险化学品,危及公共安全的。”可见,危险驾驶罪的处罚范围进一步拓展,在原有的追逐竞驶和醉酒驾车两种犯罪行为类型的基础上,增加严重超载、严重超速与违法运输危险化学品三种危险驾驶犯罪行为类型。

高某某危险驾驶案①就是一起比较引人关注的典型案件:2011年5月9日22时许,被告人高某某醉酒后驾驶英菲尼迪牌小型越野客车,行驶至北京市东城区东直门外大街十字坡路口东50米处时发生交通事故,致四车追尾、三人受伤。他人报警后,被告人高某某在案发现场等候处理。经司法鉴定,被告人高某某血液内酒精含量为243.04 mg/100 ml。公诉机关提请法院依照《刑法》第一百三十三条之一,以危险驾驶罪追究被告人高某某的刑事责任。被告人高某某对公诉机关指控其犯危险驾驶罪的事实及罪名均不持异议。辩护人的主要辩护意见为:高某某认罪、悔罪,积极赔偿被害人损失;由于高某某是公众人物,请求法庭依法作出公正的判决,建议法庭对其从轻处罚,并宣告缓刑。北京市东城区人民法院认为:被告人高某某违反法律规定,在道路上醉酒驾驶机动车,致四车追尾、三人受伤,其行为危害了公共安全,已构成危险驾驶罪,依法应予刑罚处罚。北京市东城区人民检察院对被告人高某某的指控成立。法院为严肃国法,维护公共安全,根据被告人犯罪的事实、性质、情节和对于社会的危害程度,对被告人高某某依照《刑法》第一百三十三条之一、第五十二条、第五十三条,判决:被告人高某某犯危险驾驶罪,判处拘役六个月,并处罚金人民币四千元。一审宣判后,公诉机关未提出抗诉,被告人高某某未上诉,一审判决已经发生法律效力。该案在法律适用上争议并不明显,但其在危险驾驶罪设置之后较早地通过社会高度关注的案例,在司法实务层面设定了没有特殊情节的情况下不适用缓刑的判例,应当说对社会与司法具有标杆性的影响。实际上,在本罪的实践适用中还存在很多争议性问题。

(一)"情节显著轻微危害不大"能否成为出罪事由

从《刑法修正案(八)》于2011年5月1日正式实施后的初期情况来看,公安部门对经核实属于醉酒驾驶机动车的一律刑事立案。仅截至2011年5月15日,全国就已查处醉驾2 038起,646件醉驾案件移送审查起诉,占案件总数32%。②最高人民检察院相关负责人表示,对公安机关移送至检察机关的醉驾案件,查明醉驾事实清楚、证据确凿充分,一律按照法律程序批捕与起诉。对醉驾情节轻微案件依法起诉,不存在选择性。③

基于追究刑事责任慎重稳妥的考量,最高人民法院在其下发的通知中则指出,对醉驾要避免不加区别地一律入罪,在道路上醉酒驾驶机动车辆的

① 北京市东城区人民法院(2011)东刑初字第296号。

② 邢世伟:《公安部:对醉酒驾驶一律刑事立案》,《新京报》2011年5月18日A7版。

③ 邢世伟:《醉驾案证据充分一律起诉》,《新京报》2011年5月24日A4版。

行为需要追究刑事责任的,应是具有较恶劣情节、较严重社会危害性的情形。①最高人民法院相关负责人在全国法院刑事审判工作座谈会上表示,醉驾并非一律构成犯罪,醉驾入罪标准应受到《刑法》总则第十三条的制约。根据《刑法》第十三条的规定,情节显著轻微危害不大的行为,不认为是犯罪。在把握刑法分则规定的各种具体犯罪的构成条件时,都必须受这个总则条款规定的制约。不应仅从文意理解《刑法修正案(八)》的规定,认为只要达到醉酒标准驾驶机动车的,就一律构成犯罪。危险驾驶罪最高只能判处六个月拘役,显属轻罪,认定醉酒驾驶犯罪,更应考虑具体情节和危害,醉酒驾驶需要达到情节严重才构成犯罪。②刑法理论中不乏支持上述最高人民法院通知以及负责人观点的意见。学者们从刑法总则与分则的关系以及刑法与道路交通安全法的关系③、危险犯的犯罪构成与"情节显著轻微危害不大不作为犯罪处理"不矛盾④、危险驾驶罪的立法本意⑤、醉酒驾驶犯罪严重社会危害性的本质特征⑥等角度论证醉驾并非一律入罪观点的正确性。

然而,醉酒驾驶并非一律入罪的观点引发了广泛的批判性反应。有学者认为,车辆驾驶人员血液中的酒精含量大于或等于 80 mg/100 ml 的属于醉酒驾驶。故意在醉酒状态下驾驶机动车,即符合本罪的犯罪构成,无需司法人员具体判断醉驾是否具有公共危险。⑦更有学者直指刑法"但书"规定内涵的社会危害性评价标准模糊,"情节轻微"没有量化界定可能,缺乏可操作性。⑧同时,以刑法总则指导、制约刑法分则为由主张醉酒驾驶可以基于《刑法》第十三条"情节显著轻微危害不大"出罪亦非刑法理论共识。因为刑法总则指导与制约刑法分则的意见无法概括出总则与分则法条关系的全部。刑法分则对总则不仅具有例外与协调作用,⑨也有阐释、补充和修改作用。⑩

① 邢世伟、朱燕、陈博:《多家法院收到醉驾入刑案指导精神》,《新京报》2011 年 5 月 17 日 A4 版。

② 杨维汉:《理性看待醉驾入罪标准 依法惩治醉酒驾车行为》,《人民法院报》2011 年 5 月 12 日第 1 版。

③ 参见赵秉志:《醉驾"似罪非罪"应是极特殊情况》,《新京报》2011 年 5 月 18 日 A9 版。

④ 参见卢建平:《一个刑法学者关于醉驾入刑的理性审视》,《法制日报》2011 年 5 月 25 日第 10 版。

⑤ 参见曹坚:《并非在醉酒状态下驾车即构成醉酒驾车罪》,《检察日报》2011 年 4 月 27 日第 3 版。

⑥ 参见赵秉志、张伟珂:《醉驾入罪的法理分析》,《检察日报》2011 年 5 月 17 日第 3 版。

⑦ 张明楷:《危险驾驶罪及其与相关犯罪的关系》,《人民法院报》2011 年 5 月 11 日第 6 版。

⑧ 参见杜晓:《消弭醉驾入刑执法争议亟需细化法律》,《法制日报》2011 年 5 月 14 日第 4 版。

⑨ 参见张明楷:《刑法分则解释原理》,中国人民大学出版社 2004 年版,第 30—60 页。

⑩ 龚培华:《刑法法条关系研究》,上海交通大学出版社 2011 年版,第 34 页。

刑法分则醉酒驾驶犯罪的规定完全有理由成为对刑法总则规定的例外与修正。更重要的是,在《刑法修正案(八)(草案)》征求意见过程中,立法机关正是基于预防犯罪、保护民生、法律对醉驾零容忍等司法精神的考量而没有采纳增加"情节严重"等限制性的入罪条件的意见。①从危险驾驶罪的立法意旨解读层面分析,在立法明确认可醉酒驾驶构成犯罪标准清晰的情况下,在司法适用时重提醉酒驾驶构成犯罪需要情节严重这一限制,明显存在刑法解释与立法目的冲突的问题。

(二) 刑事违法的实质解释:从社会危害中求证犯罪构成内含的可罚性基础

醉驾是否一律构罪问题之所以出现如此激烈的观点冲撞,根本上是由于我国刑法理论对《刑法》第十三条犯罪概念以及社会危害性与犯罪构成关系问题的认知一直存在严重分歧。只有在刑法理论上厘清这一问题,才可能准确框定醉酒驾驶犯罪构成的规范边界。

我国刑法理论一般认为,从《刑法》第十三条犯罪概念的规范表述分析,犯罪概念是形式与实质内涵的结合。犯罪概念的形式内涵表现为"依照法律应当受刑罚处罚",其唯一指向便是犯罪构成;实质内涵表现为"危害社会",即社会危害性。作为犯罪概念实质内涵的社会危害性具有定量化出罪功能——"情节显著轻微危害不大的,不认为是犯罪"。可见,混合性犯罪概念将犯罪的形式与实质特征拆分,形成以犯罪构成为核心的形式判断与以社会危害性为核心的实质判断组成二元化犯罪判断标准,社会危害性的实质判断标准置于犯罪构成的形式标准之外。基于此,我国刑法理论中的代表性意见指出——罪与非罪的判定,不仅受犯罪构成的形式制约,而且受社会危害性的实质限定。犯罪认定分两步:第一步,看是否符合犯罪构成,不符合则直接排除其犯罪性(形式判断);第二步,如果符合犯罪构成,再看是否情节显著轻微危害不大,若是则不认为是犯罪;若非才认为是犯罪(实质判断)。②这意味着罪与非罪的区分不是犯罪构成所能单独完成的。刑法"但书"规定对所有具体犯罪之罪与非罪的区分都有制约作用,这是一个社会危害性与刑事违法性共同发挥评价标准作用的过程。③考察某种行为是否构成犯罪,需要同时进行刑法条文分析与社会危害性认定,对情节显著轻微危害不大、不认为是犯罪的

① 黄太云:《〈刑法修正案(八)〉解读》,《人民检察》2011年第8期。

② 参见储槐植、张永红:《善待社会危害性观念——从我国刑法第13条但书说起》,《法学研究》2002年第3期。

③ 参见赵秉志、陈志军:《社会危害性与刑事违法性的矛盾及其解决》,《法学研究》2003年第6期。

行为，可在宣告无罪判决的法律文书中，同时引用《刑法》第十三条和《刑事诉讼法》第十五条第一项的规定作为法律根据。①醉酒驾驶在情节显著轻微危害不大的情况下可以出罪的观点，正是以这种刑法基础理论为支撑。

作为犯罪概念具体化的犯罪构成是追究刑事责任的唯一根据。然而，根据上述代表性意见，行为即使满足犯罪构成，若其危害程度尚未超出"但书"规定的限度，仍不能以犯罪论处。犯罪构成退化为认定犯罪的标准之一且不具最终决定性；社会危害性成为把握犯罪构成的量度与追究刑事责任的实质根据。由于社会危害性的规范内涵难以被清晰地界定，出罪与入罪将完全受制于含混、模糊、粗糙的综合情节考察，势必导致以实质判断的价值标准替代形式判断的规范标准，从而撼动甚至颠覆罪刑法定原则。因此，我国刑法理论中长期存在一种批判性意见，认为犯罪认定中犯罪构成的形式判断与社会危害性的实质判断之间存在的冲突，严重影响罪刑法定原则的贯彻，②应将社会危害性标准逐出犯罪认定的刑法解释过程。③按照批判理论的意见，在社会危害性标准与犯罪构成规范标准存在冲突时，应坚守犯罪构成而放弃社会危害性判断；行为是否具有犯罪性质的认定问题，社会危害性标准应让位于犯罪构成的规范标准。犯罪构成是认定犯罪根本且唯一的标准。根本不能将犯罪概念中的社会危害性及其定量标准作为犯罪构成之外的出罪机制；不能根据"情节显著轻微危害不大"认定相关行为不构成犯罪，除非个罪的犯罪构成明确配置了情节等危害性量化要素。如果坚持社会危害性批判理论，醉驾罪与非罪只能在危险驾驶罪的犯罪构成中寻找依据，以刑法"但书"规定否定某种醉驾的犯罪性，将会出现符合犯罪构成的行为不是犯罪的法理紊乱。

社会危害性批判理论的合理性在于通过驳斥以犯罪构成外的社会危害性标准判断行为罪与非罪的传统理论捍卫罪刑法定主义，却在实用性、逻辑性、精确性等三方面存有疑问——(1)实用价值疑问。社会危害性批判理论是一种颠覆性、毁灭性观点而非解释性、建构性理论，无法在刑法规范框架内为实践提供操作标准。在《刑法》第十三条明确规定社会危害性及其量化尺度且没有任何规范修正动议的前提下，主张在刑法解释过程完全剔除社会危害性的实质判断，根源性地否定刑法"但书"规定的合理性，只能停留于理论评判而无法指导实践。社会危害性批判理论的实用性阙如在当前醉驾是否一律入罪问题的激烈探讨中显得尤为突出。醉酒驾驶犯罪案件的司法

① 参见高铭暄、马克昌：《刑法学(上编)》，中国法制出版社1999年版，第81页。

② 参见樊文：《罪刑法定与社会危害性的冲突——兼析新刑法第13条关于犯罪的概念》，《法律科学》1998年第1期。

③ 参见陈兴良：《社会危害性理论：一个反思性检讨》，《法学研究》2000年第1期。

者面对的是刑法规范的现实冲突：达到醉酒标准的状态下驾驶机动车即符合危险驾驶罪状的规范描述，而刑法条文又同时明确地要求情节显著轻微危害不大的不能认为是犯罪。任何司法者均不可能以社会危害性标准动摇罪刑法定原则需要重构为由无视《刑法》第十三条。(2)逻辑前提疑问。社会危害性批判理论自身的合理性建筑在其辩驳对象混合性犯罪概念成立的基础之上。但是，犯罪构成与社会危害性是否存在动态交互关系？能否通过刑法解释原理打通犯罪构成的规范判断与社会危害性的实质判断之间的逻辑脉络？形式判断与实质判断是否只能冲突而无法整合于犯罪构成的一元框架之内？上述问题在刑法理论上远未形成共识。这意味着不能绝对化地将我国《刑法》第十三条解释为混合性犯罪概念。社会危害性批判理论的逻辑前提实际上并不坚实，选择将社会危害性逐出刑法注释学的“休克疗法”实无必要。(3)批判准度疑问。社会危害性批判理论指出，对社会危害性判断的功能不加以限制，会强化社会危害性的入罪功能，形成对法治的破坏；主张否定社会危害性，主要是因为作为超规范的实质标准，社会危害性理论潜藏着侵犯人权的危险。①但《刑法》第十三条规定的社会危害性及其量化尺度只具有单向性功能——出罪。在刑事犯罪圈不断拓张、国家刑罚权持续延伸的情势下，超规范的出罪空间与其说是对规范的背叛，不如说是对人性的关怀。社会危害性标准的致命伤在于其游离犯罪构成之外设置“情节显著轻微危害不大”的出罪空间。批判理论在强行赋予社会危害性出罪与入罪双向性功能的基础上对其进行否定，表明其批判精准度不高与论证严密度不强。

社会危害性理论与批判理论在不断交锋中互显不足。与此同时，我国刑法理论逐渐生成了一种在现有规范框架内探索解释性方案的分析进路。有学者提出，刑事违法性是犯罪的唯一特征，社会危害性及其程度是判断刑事违法性应予考虑的因素。《刑法》第十三条关于犯罪的总则性规定，是犯罪概念，也是犯罪认定的指导规定；在判断行为是否符合刑法分则条文规定时，不能仅从形式上观察，必须从社会危害性的实质方面考量。②这种观点正确地认识到我国刑法中的犯罪概念并非社会危害性与刑事违法性的静态综合，而是社会危害性经由犯罪构成类型化为刑事违法性这一唯一特征的动态过程。犯罪概念是动态的概念，是对危害行为分析与犯罪性质判断过程的高度抽象。《刑法》第十三条“危害社会的行为，依照法律应当受刑罚处罚

---

① 参见陈兴良：《社会危害性理论：进一步的批判性清理》，《中国法学》2006 年第 4 期。

② 参见黎宏：《罪刑法定原则下犯罪的概念及其特征——犯罪概念新解》，《法学评论》2002 年第 4 期。

的,都是犯罪”的规定表明危害行为根据法律判断属于犯罪的唯一条件是符合犯罪构成,故刑事违法性就是构成犯罪的危害行为的法律类型。危害行为之所以被评价为犯罪,其理由只能是法律将其类型化为犯罪。“情节显著轻微危害不大的,不认为是犯罪”实际上不是犯罪概念的反向界定,而是使用刑事违法性标准判断危害行为是否构成犯罪的一种解释方法与判断尺度。“显著”、“不大”、“不认为”等规范表述分别说明这种解释方法离不开价值判断、量化判断、主观判断。根据实质解释理论,构成要件的解释必须使符合构成要件的行为具有应受刑罚处罚程度的社会危害性,字面上符合构成要件、实质上不具有可罚性的行为应当排除于构成要件之外。①刑法“但书”规定能在对刑法分则规定的具体犯罪构成要件进行实质解释的过程中发挥指导作用,补充说明行为的社会危害性程度,使犯罪构成整体说明犯罪本质以及行为的社会危害性达到了应追究刑事责任的程度。②

实质解释论准确地界定了刑法“但书”规定根植于犯罪构成框架之内但并非构成要件的基础定位。“情节显著轻微危害不大”是一种实质解释的标准、视角与方法。刑法分则部分犯罪配置了“情节严重”、“情节恶劣”、“数额较大”、“后果严重”等与“情节显著轻微危害不大”对接的构成要件(处罚条件),此时,构成要件实质解释的内在方法已经部分外化为构成要件的实体内容,但《刑法》第十三条所树立的宏观性、指导性的实质解释方法本身并没有消失。因为那些没有配置“情节严重”等限制条件的犯罪,社会危害性及其量化标准不能直接成为具体犯罪的构成要件,或以实质解释的名义为增设此类综合性的犯罪构成要件。《刑法》第十三条所代表的社会危害性及其量化标准要求解释犯罪构成的过程以及形成是否构成犯罪的结论都必须经历对行为是否具有实质上的可罚性的判断流程。刑法“但书”规定明显是单向性实质解释的规范依据——即使根据刑法条文字面含义可以得出相关行为构成犯罪的结论,仍应分析该种特定犯罪的立法原旨与保护的社会利益及其量度;形式上符合构成要件但实质上没有对特定犯罪所保护的社会利益形成具有刑罚处罚必要的侵害,不能认为构成犯罪。③

---

① 参见张明楷:《实质解释论的再提倡》,《中国法学》2010 年第 4 期。

② 参见王志祥、姚兵:《论刑法第 13 条但书的功能》,载赵秉志主编:《刑法论丛(总第 18 卷)》,法律出版社 2009 年版,第 135 页。

③ 有一种实质解释的观点认为,当某种行为并不处于刑法用语的核心含义之内,但具有处罚的必要性与合理性时,应在符合罪刑法定原则的前提下,对刑法用语作出不利于被告人的扩大解释,从而实现处罚的妥当性。参见张明楷:《罪刑法定与刑法解释》,北京大学出版社 2009 年版,第 68 页。这种指向入罪的实质解释是没有刑法规范依据的。

《刑法》第十三条并非刑法分则具体犯罪的构成要件体系之外的出罪机制,亦非具体犯罪的构成要件可以直接无视的所谓不合理、极度模糊、动摇罪刑法定原则根基的不科学概念。《刑法》第十三条所树立的社会危害性及其量化考察标准为犯罪构成还原特定行为的可罚性依据提供了规范上的方法论。对于醉酒驾驶犯罪而言,"在道路上醉酒驾驶机动车"不仅以规范用语的形式界定了构成要件的形式边界,而且蕴含着与可罚性相呼应的实质内容。所以,根据《刑法》第十三条形成的实质解释的观点分析危险驾驶罪的本质,不是简单地将"情节显著轻微危害不大"转置为没有醉酒驾驶犯罪具体刑法规范依据的情节性限制条件,而是从社会危害的角度深度挖掘案件事实(醉酒驾驶行为)经过犯罪构成解释而能够被评价为犯罪的实质理性。

(三)法律禁止的风险:醉酒驾驶行为被评价为犯罪的实质根据

《刑法》第十三条树立了实质解释标准:犯罪构成是社会危害的法律类型,行为在表面上符合犯罪构成的字面表述,但不具有犯罪构成内含的社会危害,本质上不符合犯罪构成。对于醉酒驾驶犯罪而言,确立其犯罪构成类型化的社会危害,必须从醉酒驾驶抽象危险犯定位的形成及其正当性中予以探究。

以行为形成的危害形态为标准,可将犯罪划分为实害犯与危险犯。实害犯是指行为人必须对犯罪构成要件中的行为客体产生实际损害,才具有成立犯罪的可能。①危险犯是指某一犯罪在构成要件设计上无需实际损害结果的发生,只要行为人使对象处于危险状态即成立犯罪。②危险犯表现为具体危险犯与抽象危险犯两种形态。具体危险犯要求设置犯罪所保护的社会利益存在客观的危险。而抽象危险犯则是法律认为特定社会利益具有典型性危险,直接把行为类型化为犯罪构成要件,不需要在具体案件中出现作为结果的危险。对抽象危险犯而言,危险是立法者根据社会风险量化评估后的法律拟制,代表强化社会利益保护的立法动机与社会危害提前控制的政策考量。

抽象危险犯是将特定行为本身作为一般而言包含着侵害社会危险的行为而加以禁止的犯罪类型,③是立法者根据社会利益保护与社会风险控制需要,将某些普遍被认为是对法益具有典型危险的行为抽离出来,直接对行为

① Roxin, Strafrecht, Allgemeiner Teil, 3. Aufl., 1997, S.281.

② Kindhäuser, Gefährdung als Straftat, Rechtstheoretische Untersuchungen zur Dogmatik der abstrakten und konkreten Gefährdungsdelikte, 1999, S.126.

③ [日]西原春夫:《犯罪实行行为论》,戴波等译,北京大学出版社2006年版,第107页。

内容而非作为结果的危险进行规范勾勒。只要符合构成要件所描述的行为要件,行为即被假设为具有危险性。抽象危险犯属于立法推定的一种表现形式——抽象危险犯的行为与风险之间在立法上无法划清界限,因此直接认为"行为本身就带有抽象的危险性"。①

抽象危险犯的存在具有强烈的目标价值驱动。抽象危险犯的构成要件可以对社会利益进行周延且提前的风险控制,是一种对法益的前置化保护措施。尤其是被认为具有典型风险或风险范围难以被控制的公共危险行为,如果必须等待行为已经导致他人生命、健康、财产形成实际损害或具体危险的程度才能进行刑法惩治,刑法介入完全失去了预防作用,不符合现代风险社会法益脆弱的现实。立法者使用抽象危险犯保护社会利益,本质上是超越了刑法规范报应理念的局限性制度设计,使刑法规范、刑法适用、刑罚执行附加预防与震慑的动态意义。如果个罪的犯罪构成只能前进至具体损害情节或具体损害危险的程度,必须等待法律所保护的社会利益处于高度风险的状况下才能允许刑法介入,显然将使刑法的设置与适用成为一种对社会利益保护而言消极且迟延的规范应对。

《刑法修正案(八)》在充分认识抽象危险犯以及设立危险驾驶犯罪的正当性基础之后,深刻反思我国交通刑法尚未通过抽象危险犯的立法例对道路交通安全进行充分保护,最终对醉酒驾驶犯罪的刑法设置进行了制度选择。《刑法》第一百三十三条危险驾驶罪明确宣示,行为人在酒精的作用下醉酒驾驶机动车,对道路交通安全制造了普遍的风险,至于行为人在个案中是否形成具体危险以及是否具有其他严重情节等在所不问。即使危险驾驶行为没有造成任何损害,只要酒精测量检测出了行为人的酒精含量超标,即被认定为醉酒驾驶行为具有可罚性。立法者在对作为危险驾驶罪之一的醉酒驾驶犯罪设置罪状过程中,没有在刑法条文结构内附加一个足以导致危险的客观要件,明确为醉酒驾驶犯罪确立了抽象危险犯的基础定位。由于单纯从醉酒驾驶行为本身就足以认定其对法律保护的社会利益具有典型的危险性或者制造了不被允许的风险,立法者认为没有必要附加更为明确的具体危险情况以及其他一切补充证明其危害社会利益的情节作为判断依据。在醉酒驾驶犯罪的构成要件中,危险并非犯罪构成要件要素,控方无需在具体个案中证明醉酒驾驶行为对法律保护的社会利益制造了不被允许的风险。但是,法律禁止的风险仍然在实质上界定着醉酒驾驶犯罪的规

---

① [日]小野清一郎:《犯罪构成要件理论》,王泰译,中国人民公安大学出版社2004年版,第187页。

范边界，只是这种风险已经由立法完成了推定任务，省却了司法上的证明工作。

抽象危险犯的可罚性实质在于行为制造了法律禁止的风险，立法者出于保护制度性利益的需要而对于破坏制度性利益的行为进行扩张性的风险控制与损害结果预防，直接拟制某些特定行为具有破坏制度的危险与潜在性损害，通过刑法规范严格地加以提前保护。醉酒驾驶犯罪构成类型化的社会危害显然就是法律禁止或者不能容忍的交通安全风险。醉酒驾驶犯罪就是从醉驾行为的刑法控制出发，对道路交通安全的制度性利益进行提前保护。通过刑法的最高强制力保障禁止醉酒驾驶行为的法律控制效果，刑法能够控制基于醉驾行为而极有可能引发的交通事故、交通肇事甚至更为严重的以危险驾驶的方式危害公共安全的行为。

醉酒驾驶犯罪以抽象危险犯的形式保护超越个人法益的制度性建构的立法例，着眼于“超个人法益”本身所具有的独立性特征。生命、健康、自由、财产、家庭等个人法益的核心内容，固然是传统刑法必须予以全面保护的对象。不特定人的上述生活利益，虽然具有复数性，却仍旧是个人利益的机械叠加，属于累积的个人法益，无法超越个人法益这一基础性定位。由于交通成为人与人之间进行社会交往的公共性工具，对于公共交通安全这一制度性建构，其存在本身就被视为“对个人法益得以具体实现的条件与保证”①，是主体之间进行社会交互活动的基础平台。因此，刑法固然应当强调对于个人生命、健康、财产等法益进行全面保护，但不能保持一种静态且孤立的利益保护状态，而必须积极且合理地从制度性建构的角度控制风险，对使个人利益得以具体实现的制度进行扩张性的刑法保护。因此，运用醉酒驾驶抽象危险犯的构成要件结构对道路交通安全制度进行前置化保护，并不是一种过度的刑法介入模式，而是充分保护与个人法益紧密相关且高于个人法益（累加）的制度性利益。

以人的安全、自由、财产为价值的利益保障，如果没有实现的机会和条件，势必处于风险之中；个体法益以及集合的个人法益，如果没有制度性的保障，则不可能持久而真实地存在于社会生活中。对于作为个人法益得以实现且不断发展的机会、条件及可能，必须通过刑法规范的制度化措施为其提供强制性保障。醉酒驾驶犯罪构成的设置拓展至道路交通安全的制度性建构，避免个人利益的支配可能性得以实现与发展的条件陷入危险，从而实

① Kindhäuser, Rationaler Rechtsgüterschutz durch Verletzungs-und Gefährdungsverbote, in Aufgeklärte Kriminalpolitik oder Kampf gegen das Böse? BD. I, 1998, S.264.

现控制风险的目标。刑法将超出社会容忍边界的高度风险行为犯罪化是风险社会的合适选择。①风险的合理控制促进个人对于自身利益实现的安全感与确信感。在道路交通安全事故由于醉酒驾驶行为而频发的情况下,醉酒驾驶抽象危险犯的规范设置与有效运用,有利于弱化个人对刑法规范控制风险的不确信感与日常道路交通使用生活的不安全感。

抽象危险犯对社会风险高度且灵敏的控制,不仅具有实现社会利益提前保护的功能,而且有效地执行了社会行为规范的指引功能。无论是基于统计学证明,还是社会经验法则,抑或是政策需要,立法者将醉驾直接犯罪化,通过抽象危险犯的形式对醉酒驾驶行为的危险性加以明确规范,可以彰显一种重要的社会示范作用。国外的相关实证研究表明,对于极其危险的醉驾行为,刑事立法将其设定为抽象危险犯,能够有效警示并引导或塑成公众在风险社会中的行为模式。例如,德国犯罪学家以犯罪学中的学习理论为假设基础进行实证考察,得出的结论是:醉驾屡禁不止,行政处罚以及产生实际损害后的民事赔偿难以有效控制醉酒驾驶的危险行为,但使用刑事立法设定抽象危险犯——醉酒驾驶犯罪——能够有效地维持规范效力,强化从事交通运输的行为主体遵从规范的行为意志。②刑法规范绝非局限于对过往犯罪行为的报应,还应具有防止风险演变为具体危险甚至演变为现实损害的预防功能,以及控制公众在风险社会中的心理恐慌的功能。由于风险社会中“危险行为——危险——实害后果”的传递流程涉及社会系统自我维持的安全问题,故通过抽象危险犯的形式进行风险控制与危机管理是政治国家确保社会稳定的必要选择。风险是包括醉酒驾驶在内的一切抽象危险犯成立犯罪的实质根据。

(四)可反驳的风险推定:醉酒驾驶并非一律构罪的法理出口

从上述对抽象危险犯构成特点以及醉酒驾驶犯罪实质可罚性的分析中可以看出,醉酒驾驶构成犯罪的实质根据在于醉驾制造了法律禁止的道路交通安全风险。这种风险就是醉酒驾驶犯罪构成所内含的社会危害;这种风险的量度经由立法推定已经超过了“情节显著轻微危害不大”指向的刑法所能容忍的社会危害量度。所以,实施醉酒驾驶行为原则上构成危险驾驶罪,不仅是根据刑法规范表面意思形成的形式判断结论,也是符合醉酒驾驶犯罪构成实质解释的实然命题。

---

① 参见叶良芳:《危险驾驶罪的立法证成和规范构造》,《法学》2011年第2期。

② Schünemann, Moderne Tendenzen in der Dogmatik der Fahrlässigkeits und Gefährdungsdelikte, JA 1997, S.798.

然而,是否有可能存在例外情况——行为人醉酒驾驶却没有制造危害道路交通安全的风险?笔者认为,这种假设在法律逻辑与实践经验上均是成立的。由于抽象危险犯不以法律所保护的社会利益受到实际侵害或存在具体危险为要件,行为的危险性由立法者拟制,一旦该种法律拟制与事实情况不符,且行为人有证据证明实际上不存在任何风险,完全可能产生形式上符合抽象危险犯的构成要件但实质上没有制造成立抽象危险犯所要求的法律禁止的风险。作为抽象危险犯构成要件形式化表现的法条与作为实质内涵的风险便无法形成统一解释。与此同时,危险行为在社会现实中也会出现拟制风险与实际风险的明显背离。以醉酒驾驶为例——行为人在酒吧畅饮之后准备醉酒驾驶车辆回家,此时警察正在酒吧外例行检查防止醉酒驾车,行为人发动车辆起步后尚未行驶多远即被警察拦下,经检测超过醉酒标准;行为人在夜间空旷的道路上醉酒驾驶车辆,其醉酒行驶经过之处均为人迹罕至、车辆极为稀疏的地段。对于实践中的上述情形,醉驾行为不可能对道路交通安全制造风险。既然法律禁止的风险是醉酒驾驶成立犯罪的实质根据,那么,在风险阙如的情况下,无论是在刑法理论上还是在司法实践中,理应否定没有实质风险的醉酒驾驶行为符合犯罪构成。

刑事立法推定危险行为具有侵犯制度性利益的实质风险但实际却没有发生——这种立法推定与行为实际之间的矛盾深刻根植于抽象危险犯本体之中。刑法的归责原则原本是以结果犯与实害犯的犯罪构成要件架构为出发点的,抽象危险犯的处罚基础不以具有社会危害性的结果为要件,而是从行为无价值的观点出发,在立法上将某种行为模式直接评价为对社会利益具有典型侵害性与高度风险性。根据证明责任原理,法律推定实际上就是排除难以证明的要件。①成立抽象危险犯不以结果或具体危险为必要,其犯罪构成要件的归责结构在立法上被简单化处理。既然没有结果,更没有必要审查因果关系,极大地缩减了犯罪构成要件的证明成本。并且,抽象危险犯还影响犯罪停止形态的认定,犯罪预备、未遂、既遂的界限因抽象危险犯的存在而变得模糊,将未遂等未完成行为以既遂犯的形式进行处罚,明显扩大了刑法处罚范围。正因为如此,德国刑法理论中有观点感叹:抽象危险犯不合理地成为最节省司法认定成本的刑法架构。②犯罪构成要件证明难度的降低与司法认定成本缩减显然是一种效率化的实践,通过抽象危险犯发挥作用的刑法势必在极短的时间内对特定的社会利益进行强化保护。抽象危

---

① [德]罗森贝克:《证明责任论》,庄敬华译,中国法制出版社2002年版,第216页。

② Hassemer, Kennzeichen und Krisen des modernen Strafrechts, ZRP, 2002, S.382.

险犯显示出刑法规范已经成了控制风险与预防危害简易且便捷的工具。刑事司法必须对抽象危险犯的具体适用设置合理的节制机理,防止刑法工具滥用。

纵观刑法典所有条文,《刑法》第十三条是能够对抽象危险犯进行适用性限制的唯一根据。刑事司法实践以情节显著轻微危害不大不认为是犯罪为规范依据,将没有制造实质风险的醉酒驾驶行为排除在危险驾驶罪的犯罪构成之外,是符合抽象危险犯构成要件实质解释原理的结论。围绕《刑法》第十三条对醉酒驾驶犯罪构成进行实质解释的方法与进路是明确的,但实质解释的实体标准是模糊的。因为以危险行为风险阙如为条件推论社会危害不大的行为不构成犯罪,并不存在解释上的障碍——表面上符合醉酒驾驶犯罪的罪状却没有制造实质风险,这实际上就是醉酒驾驶"情节显著轻微危害不大",理应根据社会危害的实质解释标准认为醉酒驾驶行为本质上不符合危险驾驶罪的犯罪构成。然而,实践性难题是如何在醉酒驾驶犯罪的语境下将"情节显著轻微危害不大"的社会危害性量化标准进行类型化规定,从而在醉酒驾驶的行为状态中抽象出没有实质风险的行为类型。这种类型化规定不能与抽象危险犯的规范标准相抵触,同时必须是明确反映相关行为没有制造法律禁止风险的因素与特征,而非其他与行为风险性无关的评价指标。

刑法"但书"规定所谓的情节显著轻微危害不大不认为是犯罪,只是应当对犯罪构成进行实质解释的导向性规范,从刑法"但书"规定出发不可能在实质理性层面具体地发现情节轻微与危害不大的类型化事由。刑法理论上有观点鲜明地指出,醉驾等危险驾驶行为在何种情况下属于"情节显著轻微危害不大",显然是一个罪与非罪的模糊地带,目前为止没有形成切实可行的判断标准。①实务中却仍有观点试图对醉酒驾驶情节显著轻微情形进行类型化归纳:(1)行为人一贯表现良好,属于初次醉酒驾驶;(2)行为人是在他人力劝下醉酒,事后因未找到代驾者而自己醉酒驾驶;(3)行为人醉酒驾驶直至被警察拦下时尚未造成追尾等任何事故;(4)行为人醉驾后追悔莫及;(5)血液酒精含量检测略微超过醉酒标准,等等。②但是,上述情节显著轻微的类型化意见将醉酒驾驶行为所导致的结果性因素与醉酒驾驶者的人身危险性指标纳入抽象危险犯的实质判断标准,不仅与醉酒驾驶犯罪构成相

---

① 刘宪权:《醉驾入刑应杜绝"模糊地带"》,《法制日报》2011年5月17日第11版。

② 参见杨维汉:《理性看待醉驾入罪标准 依法惩治醉酒驾车行为》,《人民法院报》2011年5月12日第1版;杜晓、谷艳东:《消弭醉驾入刑执法争议亟需细化法律》,《法制日报》2011年5月14日第4版。

抵触,而且脱离了法律禁止的风险这一醉酒驾驶之所以构罪的实质根据。

司法实践实际上无法按照一个固定的原则性实体标准对醉酒驾驶行为是否制造法律禁止的风险进行实质判断,更为合理的路径是根据道路交通安全常识、经验法则以及公平正义理念进行个案分析。如果根据道路交通安全常识等能够认为行为人所实施的醉酒驾驶行为没有对公共交通安全制造法律禁止的风险,应认定个案中的醉酒驾驶行为不构成危险驾驶罪。同时,醉酒驾驶犯罪构成要件实质判断的实体过程与结论,必须植入程序性的规范内容。醉酒驾驶是立法推定其制造法律禁止风险的危险驾驶犯罪行为。这种法律推定风险的本质是立法者从社会经验中推断出醉驾行为存在可反驳的、成立犯罪所必备的实质根据。控方只要证明血液酒精含量超过法定标准的驾驶员在道路上驾驶机动车辆即已履行证明责任,但允许行为人对醉酒驾驶抽象危险犯的立法推定进行反驳,通过反证的方式证明立法推定的醉酒驾驶危险行为实际上在个案中并不存在或者明显低于法律禁止的风险,进而主张从轻、减轻、免除处罚或不应以犯罪论处。法院应针对行为人提出的醉驾行为无实质风险的反驳意见,集中分析个案中的醉酒驾驶行为是否具有危险驾驶罪犯罪构成要求的实质可罚性,从而得出罪与非罪的结论。

以行为风险判断的证明责任分配机制为视角分析醉酒驾驶犯罪构成实体规范的特征,能够充分地廓清醉酒驾驶抽象危险犯的构成界限,合理控制危险驾驶罪对道路交通安全风险进行刑法控制的尺度。社会生活模式的迅猛变迁决定了作为社会控制手段之一的刑法规范同样处于持续调整的状态。实害犯、具体危险犯、抽象危险犯、行为犯以不同的犯罪构成特质围绕社会风险的性质与强度调整刑法控制模式。行为犯是"行为等于风险"的实体规定,不允许反驳;抽象危险犯是行为被立法者推定具有风险的法律推定,风险无需控方证明但允许行为人反驳;具体危险犯是行为被司法者根据基础事件推定具有风险的事实推定,风险需要控方证明且允许行为人反驳;实害犯是行为风险被证明已经形成实际损害,控辩双方由行为与风险的存在论辩证转向行为与结果的因果论辩证。对醉酒驾驶这一抽象危险犯而言,作为构罪实质的醉驾行为制造不允许的风险虽然已被法律推定,但仍不排除行为人反驳推定的法律权利与现实可能。行为人以优势证据反驳风险推定是醉酒驾驶行为在实质上不符合危险驾驶罪构成的程序出路;没有制造风险是醉酒驾驶行为并非一律构成犯罪的实体出口。

允许行为人反驳抽象危险犯对行为风险的法律推定,是合理控制抽象危险犯过度处罚无风险行为的有效路径。德国刑事法治实践与理论已经进行了尝试。德国刑法理论与实务长期以来对如何合理适用放火罪、醉酒驾驶罪等抽象危险犯的刑法规范存在极大争议，证成或否定从危险行为是否制造实质风险的角度对抽象危险犯构成进行实质解释的观点冲突异常激烈。①在经过充分的理论探讨与判例解释之后，德国立法机关通过修正刑法的方式，在《德国刑法典》第三百零六条 a 款加重放火罪中增设了第三项的规定：对于并不具有严重危险的放火行为，所判处的刑罚可以减轻至六个月以上、五年以下监禁的幅度。②德国风险刑法理论在反思刑法保护社会利益过度提前的过程中，逐步认可行为人证明法律规定的危险行为没有制造不允许的风险，可以减轻或者免除处罚。③基于《德国刑法典》第四十六条"罪责是决定刑罚的基础，量刑应当平衡各种对刑罚产生影响的因素"④的规定，判例实践根据罪责原则减轻或免除无实质风险的危险行为的刑罚，⑤理论上亦普遍不承认抽象危险犯关于罪责的推定具有不可反驳性。⑥德国刑法理论与实践没有在犯罪论体系中探索控制抽象危险犯的处罚范围，而是采取相对保守的实质解释路径，通过允许反驳风险推定减免危险驾驶等抽象危险犯刑罚控制风险刑法的规制强度，主要是因为《德国刑法典》中没有任何无实质风险的危险行为阻却违法性的规范依据，在实质违法性层面难以就反驳风险推定与抽象危险犯构成之间的关系问题形成逻辑缜密的论证。

我国《刑法》第十三条为在犯罪构成的架构内否定无风险的危险行为的实质违法性提供了规范依据，可以直接在犯罪论体系中塑成限制抽象危险犯定罪范围的实质解释方法。醉酒驾驶构成犯罪的违法性实质在于该种危险行为对道路交通安全制造了法律禁止的风险。法律推定的醉驾危险行为没有实质风险一旦被证明，实际上就属于"情节显著轻微危害不大"，其实体结果应当是不符合危险驾驶罪的犯罪构成。醉驾并非一律入罪的论断是正确的，但是，通过制定醉酒驾驶犯罪司法解释或者发布指导案例，对醉酒驾驶"情节显著轻微危害不大"的具体情形予以类型化是不可能完成的实体法任务。切实可行的思路是：在实体上肯定犯罪构成实质解释的合法性与合理性，确认风险是醉驾构罪的实质根据；在程序上肯定抽象危险犯风险推定的可反驳性，设置允许行为人通过优势证据反驳风险推定的操作机制。

---

① Hillenkamp, 40 Probleme aus dem Strafrecht, Besonderer Teil, 9. Aufl., 2001.

② StGB § 306a Schwere Brandstiftung(3).

③ Hillenkamp, 40 Probleme aus dem Strafrecht, Besonderer Teil, 9. Aufl., 2001, S.67.

④ StGB § Grundsätze der Strafzumessung.

⑤ BVerfGE 26, 286(295); BVerfGE 49, 187(253); BVerfGE 75, 218(355).

⑥ Graul, Abstrakte Gefährdungsdelikte und Präsumtionen im Strafrecht, 2001, S.232.

二、交通肇事罪

交通肇事罪是指违反交通运输管理法规,因而发生重大事故,致人重伤、死亡或者使公私财产遭受重大损失的行为。交通肇事罪的适用范围是公路和水上交通肇事,不包括航空和铁路交通肇事。交通工具一般是指机动性交通工具,但如果非机动性交通工具在从事交通运输过程中发生重大事故的,也符合本罪客观行为的特征。交通运输的场所,必须是公共交通管理范围内的公路、城镇道路以及水路上。如果发生在机关、厂矿、学校、封闭的住宅小区等没有实行公共交通管理的范围内,因使用交通工具致人伤亡或者造成财产损失,构成犯罪的,应分别依照重大责任事故罪、重大劳动安全事故罪或者过失致人死亡罪定罪处罚。行为人必须有违反交通运输管理法规(包括保证公路、水上交通运输安全而制定的各种规章制度)的行为。必须有重大事故的发生,即必须造成他人重伤、死亡或者公私财产遭受重大损失的后果。在结果加重过程中的"因逃逸致人死亡"也要求逃逸行为与被害人死亡之间有因果关系。本罪主观方面表现为过失,其既可以是疏忽大意的过失,也可以是过于自信的过失。需要强调的是,风险刑法中的过失是对结果的过失,即对风险或者损害结果的疏忽或者过于自信。对于违反交通法律法规,完全可能是明知故犯。

(一) 交通安全犯罪中的主观罪过认定

交通肇事罪的主观罪过是过失,而以危险方法危害公共安全罪的行为人主观上则表现为故意,例如,故意以驾车撞击行人的方式危害公共安全。但在具体案例中,交通安全犯罪中的主观罪过认定往往存在极大的争议。例如,在前述孙伟铭案中,其被认定为以危险方法危害公共安全罪的核心基础在于审判机关认定其构成故意。因为行为人醉酒后驾车行驶于车辆、人群密集之处,发生追尾事故后,仍继续驾车高速逃逸,说明行为人无视不特定多数人的生命、健康和财产安全,放任危害结果的发生,具有犯罪故意。但是,醉酒驾驶、无证驾驶、驾车逃逸等实际上都是故意违反交通法律法规的行为证据,而非对造成损害结果具有主观故意的证据。在交通安全犯罪中,故意与过失的界限集中表现为对损害结果的心态,如果是肯定的,就应当认定为故意;如果是否定的,就应当认定为过失。

但是,在司法实践中,交通安全犯罪的结果往往多种多样,很多情况下严重的损害结果会影响到主观罪过的认定。在前述孙伟铭案件中,行为人造成四人死亡、一人重伤的结果,正是由于这种非常严重的犯罪结果,导致司法机关将此类案件认定为过失的交通肇事罪、适用相对较低的法定刑,会引发社会压力,最终影响到案件的性质认定。而在另外一起广受社会关注的胡斌交通肇事案中，行为人的违法性情节实际上并没有比孙伟铭更轻微，但其造成的损害结果相对而言更轻，对其定性造成了一定影响——被告人胡斌驾驶经非法改装的三菱轿车，与同伴驾驶的车辆从杭州市江干区机场路出发，前往西湖区文二西路西城广场。途经文晖路、文三路、古翠路、文二西路路段时，被告人胡斌与同伴严重超速行驶并时有互相追赶的情形。当晚被告人胡斌驾驶车辆至文二西路德加公寓西区大门口人行横道时，未注意观察路面行人动态，致使车头右前端撞上正在人行横道上由南向北行走的男青年谭某。谭某被撞弹起，落下时头部先撞上该轿车前挡风玻璃，再跌至地面。事发后，胡斌立即拨打急救电话和交通事故报警电话。谭某经送医院抢救无效，于当晚因颅脑损伤而死亡。事发路段标明限速为每小时50公里。经鉴定，胡斌当时的行车速度在每小时84.1至101.2公里之间，对事故负全部责任。法院认为，被告人胡斌违反道路交通安全法规，驾驶机动车辆在城市道路上严重超速行驶，造成一人死亡并负事故全部责任，其行为构成交通肇事罪。被告人胡斌案发后虽未逃避法律追究，其亲属也能积极赔偿被害人家属的经济损失。但胡斌无视交通法规，案发时驾驶非法改装的车辆在城市主要道路上严重超速行驶，沿途时而与同伴相互追赶，在住宅密集区域的人行横道上肇事并致人死亡，造成恶劣的社会影响，犯罪情节严重，应从重处罚。依照《中华人民共和国刑法》第一百三十三条、第六十一条和最高人民法院《关于审理交通肇事刑事案件具体应用法律若干问题的解释》第二条第一款第（一）项之规定，西湖区人民法院作出一审判决，判处胡斌有期徒刑三年。

但是，刑法理论与实务应当坚持的是，危害后果严重不能改变故意或者过失的罪过界限。从司法实践中的角度分析，过失犯罪导致的危害结果可能非常严重，而故意犯罪导致的危害结果可能并不如此严重。损害结果的严重程度影响故意与过失犯罪的认定将严重撼动犯罪主观构成要件的基石。因此，危害结果再严重，只要是行为人对结果持有否定的态度，就应当认定为过失犯罪，应当在过失犯罪的框架下，根据其严重的损害结果适用加重或者从重情节。如果过失犯罪的法定刑框架确实难以覆盖如此严重的损害后果，则可以通过提升过失犯罪法定刑的方式解决罪刑相适问题。

（二）交通肇事后逃逸

在交通肇事刑事案件中，相当部分的犯罪嫌疑人并没有在肇事后当场逃跑，而是协助警方救助被害人或者直接护送被害人至医院抢救，但得知被害人抢救无效死亡等严重后果之后，选择在接受事故调查之前趁机逃跑。

典型案例：2005年3月18日11时许，犯罪嫌疑人张景言在驾车时将顾某撞倒,随后在现场等候交警至现场处警。交警令张景言至医院协助处理伤者救治事宜并于当日下午到公安机关接受事故调查。张景言至医院得知顾某经救治无效死亡后随即逃跑。2007 年 3 月 3 日,犯罪嫌疑人张景言在家乡被当地警方抓获。《交通事故认定书》认定犯罪嫌疑人张景言负事故全部责任。犯罪嫌疑人张景言因涉嫌交通肇事罪,于 2007 年 3 月 7 日被上海市公安局南汇分局刑事拘留,同年 4 月 2 日经南汇区人民检察院批准逮捕,翌日由上海市公安局南汇分局执行逮捕。本案由上海市公安局南汇分局侦查终结,于 2007 年 5 月 9 日移送南汇区人民检察院审查起诉。2007 年 7 月 5 日,南汇区人民检察院向南汇区人民法院提起公诉,指控被告人张景言涉嫌交通肇事罪并具有逃逸情节。2007 年 8 月 21 日,南汇区人民法院判处被告人张景言有期徒刑二年,判决书中未认定张景言具有肇事后逃逸情节。针对本案判决是否属于适用法律不当以及对该判决应否提出抗诉,检察机关认为,刑法意义上"交通运输肇事后逃逸"的地点包含但不限于事故现场,被告人张景言交通肇事后的一系列行为完全符合《刑法》第一百三十三条中的"交通运输肇事后逃逸"。依照《中华人民共和国刑法》第一百三十三条之规定,交通运输肇事后逃逸,应处三年以上七年以下有期徒刑。

由于刑法解释理论对交通肇事逃逸问题的认识分歧较大,实务部门对于此类情况的处理极不统一。有的将之认定为"交通运输肇事后逃逸",有的基于行为人未逃避救治被害人而认为其逃跑行为不属于交通肇事罪中的逃逸行为。笔者认为,解决上述实践分歧的关键在于合理确定"交通运输肇事后逃逸"规范解释的实质内容。

最高人民法院《关于审理交通肇事刑事案件具体应用法律若干问题的解释》(以下简称《交通肇事刑事案件解释》)第三条对"交通运输肇事后逃逸"的实质解释是为逃避法律追究而逃跑,即逃逸行为本质上是对法律责任的逃避。

但是,实践中有较多意见质疑《交通肇事刑事案件解释》第三条的实质合理性,主张对"交通运输肇事后逃逸"的实质内容进行限制性解释,认为交通肇事罪中的逃逸行为的核心在于逃避救助处于危险困境中的被害人。

上述质疑意见的主要理由在于:(1)刑法设置逃逸加重处罚规定的立法原意是被害人因行为人逃跑而得不到及时救助造成残疾或者死亡案件较多,有必要对此进行严惩,但不能进一步扩大到将为逃避法律制裁而逃跑的行为认定为逃逸;(2)救助被害人后接受事故调查前逃跑,主观恶性相对当场逃跑的行为人而言较轻,应当进行区别对待,有利于鼓励交通肇事后的行为人及时减轻危害后果。

笔者支持《交通肇事刑事案件解释》的观点，补充若干刑法解释的合理性根据以回应实践中的质疑——(1)目的解释的核心在于探求立法原旨，但立法原旨的实际内容相对模糊的情况下，应当坚持一种全面的分析进路，充分考虑设置刑法规范的原意。交通肇事逃逸加重处罚不仅在于严格要求肇事者履行救助被害人的先行行为产生的法律义务，而且在于保证在事故处理过程中存在明确的责任者，使被害人在民事程序中获得合理的赔偿。因此，《交通肇事刑事案件解释》将交通肇事逃逸的本质内容定位为逃避法律责任是具有合理性的，司法实践中应当予以坚持；(2)交通运输属于具有高度危险的风险行为，社会基于经济运行的效用考虑承受了这一风险，在赋予交通运输者道路通行权的同时要求其履行肇事后接受责任的义务。行为人逃避法律责任的，理应承担更为严厉的惩罚；(3)在事故现场逃逸与救助后接受事故调查前逃避法律责任的行为人，具有区别分配刑罚强度的必要性，但其适用方式应当是，在认定交通肇事逃逸提升法定型档次的前提下，对后者处以较前者更轻的处罚，而非直接将后者排除在交通肇事逃逸行为的范围之外。

因此，逃逸的空间范围不应限定在肇事现场，时间范围应当设定在肇事者处于事故处理机关控制之前。行为人在救助被害人之后至接受公安机关事故调查之前逃跑的，应当认定为交通运输肇事后逃逸。

第二节　其他公共安全犯罪：危险犯的视角

刑法分则的个罪设置以实害犯为犯罪结构的制定原则。所谓实害犯(Verletzungsdelikte)，是指行为人必须对犯罪构成要件所设定的行为客体实施实际的损害，才具有成立犯罪的可能。①与实害犯相对立的概念即为危险犯(Gefährdungsdelikte)，是指某一犯罪在构成要件的设计上，无需实际损害结果的发生，只要行为人使得行为客体处于危险状态即可成立犯罪。②危险犯只要实施了刑法规定的行为，并出现某种法定危险状态即构成犯罪，而不要求有实害结果。例如放火罪，破坏交通工具罪，非法携带枪支、弹药、管制刀具、危险物品危及公共安全罪，等等。由于这类行为社会危险性很大，其

---

① Roxin, Strafrecht, Allgemeiner Teil, 3. Aufl., 1997, S.281.

② Kindhäuser, Gefährdung als Straftat, Rechtstheoretische Untersuchungen zur Dogmatik der abstrakten und konkreten Gefährdungsdelikte, 1999, S.126.

本身就包含着造成重大人身伤亡和财产损失的可能性，因此尽管其没有造成严重后果，仍构成危害公共安全罪。这里需要说明的是，危险犯无需以严重实害后果为要件并不意味着其不存在危害结果。如破坏交通工具的行为虽然没有造成火车颠覆或者人员伤亡，但交通工具被破坏这种结果是客观存在的，但这种结果属实施危险行为的客观结果状态，与实害结果是无法比拟的。

危险犯在立法模式上表现为两种形态：具体危险犯（Konkrete Gefährdungsdelikte）与抽象危险犯（Abstrakte Gefährdungsdelikte）。具体危险犯的犯罪形态要求，只有行为客体或者设置犯罪所保护的法益事实上存在客观的危险，才能构成犯罪。而抽象危险犯则是立法者将若干类型的行为在法律上认定为对法益具有"典型性危险"①，直接把此类行为类型化为犯罪构成要件，不需要在具体的案件中出现作为结果的危险。这就意味着在抽象危险犯的语境下，行为对法益是否真正造成危险，是否可能制造危险，并不重要，危险是立法者根据社会风险量化评估后的法律拟制，代表着一种利益保护的立法动机。

危险犯的存在价值在于为风险社会设置必要的刑罚保障。但是，由于社会生活风险的质与量一直处于变动状态，危险犯的基础理论与司法实践及立法需求出现了一定程度的脱节，形成了较多争议问题或者批判性反思。在具体危险犯部分，集中表现为遗弃罪的解释论障碍；在抽象危险犯部分，表现为社会防卫的正当性证成、预期风险的合理控制等立法论难题。尤其是在公共安全犯罪类型中，风险的实质判断与作为结果要素的危险认定经常处于混乱与困惑之中。有必要以风险控制为导向，着重就危险犯的基础理论及其现实应用的若干问题进行研究，对具体危险犯、抽象危险犯的刑法解释与立法设计进行反思与完善。

一、公共安全犯罪风险预防的扩张性需求

实害犯与具体危险犯在理论上均属于结果犯。具体危险犯之所以具有应罚性，除了行为人实际实施了法律所不允许的行为之外，还必须产生损害个人法益或者社会法益的结果，即对法律所保护的社会利益创设了不被允许的风险。②这就决定了，对于具体危险犯而言，不仅需要严格考察行为与结果要件，而且必须重视行为与结果之间的因果关系。

---

① Kindhäuser, Zur Legitimität der abstrakten Gefährdungsdelikte im Wirtschaftsstrafrecht, in Schünemann(Hrsg.), Bausteine des europäischen Wirtschaftsstrafrechts, 2004, S.125.

② 参见 Schmoller, Fremdes Fehlverhalten im Kausalverlauf, Triffterer-Fs, 1998, S.228。

但是，与具体危险犯互为对应的抽象危险犯却是完全不同的犯罪类型。根据德国、日本等大陆法系刑法理论的诠释，抽象危险犯将特定行为本身作为一般而言包含着法益侵害危险的行为而加以禁止的犯罪类型。①但上述概括无法得到整体上的认同，刑法理论上一直认为难以从正面诠释抽象危险犯，相当数量的观点主张从反面描述抽象危险犯的特征。②凡是对于构成要件所保护的法益，既没有实际损害结果，也没有具体危险结果的危险犯，即属抽象危险犯。③在抽象危险犯的构成要件中，"危险"并非犯罪构成要件要素，司法机关无需在具体个案中判断涉案行为是否对法益制造了不被允许的风险。由此可见，抽象危险犯的构成要件行为是立法者根据社会利益保护与社会风险控制需要，将某些普遍被认为是对法益具有典型危险的行为抽离出来，并直接对行为内容而非作为结果的危险进行规范勾勒。只要符合构成要件所描述的行为要件，行为即可被假设为具有危险性。因此，抽象危险犯可以被认为属于立法推定的一种表现形式，立法者认为抽象危险犯的行为与风险之间无法划清界限，便在规范上直接选择认定"行为本身就带有抽象的危险性"。④

由于抽象危险犯没有对结果要件进行任何特定形式的限定及区别于典型的犯罪构成要件的结构特征，因此，即使是当代的刑法理论，也一直有观点对抽象危险犯的正当性基础进行质疑。⑤但我国刑法理论通常认为危害结果不是犯罪的共同构成要件要素，⑥且主张"没有发生结果时，并不等于没有侵犯法益"⑦的对实质性违法性的诠释，故我国刑法理论并未对抽象危险犯的可罚性理由提出持续性的质疑。然而，无需附加结果的行为单独究竟能否对法益造成损害？抽象危险犯是否一定对法益进行危险现实化的侵害？

---

① 参见［日］西原春夫：《刑法总论（上卷）》，成文堂 1995 年版，第 133 页；［日］西原春夫：《犯罪实行行为论》，戴波等译，北京大学出版社 2006 年版，第 107 页。

② Ahn, Zur Dogmatik abstracter Gefährdungsdelikte, Diss. München, 1995, S.27; W.Frisch, An den Grenzen des Strafrechts, Stree/Wessels FS, 1993, S.69.

③ 主张从反面进行描述的代表性德语文献，参见 Graul, Abstrakte Gefährdungsdelikte und Präsumtionen im Strafrecht, 2001, S.140；中文论述参考林东茂：《危险犯的法律性质》，载《危险犯与经济刑法》，台湾五南出版公司 2008 年版，第 27 页。

④ ［日］小野清一郎：《犯罪构成要件理论》，王泰译，中国人民公安大学出版社 2004 年版，第 187 页。

⑤ 参见 Kindhäuser, Rationaler Rechtsgüterschutz durch Verletzungs-und Gefährdungsverbote, in Aufgeklärte Kriminalpolitik oder Kampf gegen das Böse? BD. I, 1998；［日］山口厚：《刑法总论》，有斐阁 2001 年版，第 45 页。

⑥ 杨春洗、杨敦先主编：《中国刑法论》，北京大学出版社 1998 年版，第 81 页。

⑦ 张明楷：《刑法学（第二版）》，法律出版社 2003 年版，第 36 页。

上述问题并未在理论上予以明确的论证与解决。[①]所以,有必要就抽象危险犯的正当性基础进行深刻思考,从而加深刑法解释的合理性,并反思抽象危险犯的现状,把握其发展动向。

对于抽象危险犯的可罚性理由,刑法理论上主要存在三种观点。第一种观点可以被概括为“典型风险理论”。该种较为普遍的意见认为,某些行为之所以通过抽象危险犯的方式进行立法,在于此类行为对于被保护的法益制造了一般性、典型性或者普遍性的风险;这种风险的形成并非来自统计学数据基础与行为科学的技术支撑,而是立法者根据人们日常生活的经验积累所作出的判断。[②]第二种观点通常被称为“假设风险理论”。该种看法主张,某些行为被立法者假设为对法益具有风险,本质上是一种社会治理的政策选择,其根据是否合理并不是考察重点。[③]第三种观点属于“混合风险理论”。该种见解指出,对于抽象危险犯的可罚性说明没有必要精确地区分是基于典型的风险还是假设的风险,将抽象危险犯的处罚理由严格区别为上述两种理论,对于实务操作并没有任何意义,因此,在危险犯的定义上混合地使用典型风险与假设风险并不存在实际障碍。[④]

理解各国刑法基于不同需要而设置的抽象危险犯,不仅能够深入认识抽象危险犯的正当性基础,而且有利于进一步思考我国刑法相关条文尚未通过抽象危险犯的立法例进行法益保护所存在的问题与可改良的空间。

放火罪是最典型的抽象危险犯。根据《德国刑法典》第三百零六条 a 款放火重罪、[⑤]《日本刑法典》第一百零八条对现住建筑物等放火罪、第一百零九条第一款对非现住建筑物等放火,[⑥]以及我国《刑法》第一百一十四条放火罪的规定,放火罪所保护的法益是作为生命、健康、财产安全集合体的个人法益,特别是在德国、日本的刑法中,对于有人使用或者居住的住宅、建筑物进行放火,不管火势发展或者燃烧范围如何,均不影响放火罪的成立,都被认为对所保护的法益具制造了风险,因而通过刑法规范进行明确且严厉的禁止。可见,立法者对于放火(包括爆炸、投毒、决水等)行为设置抽象危险犯,显然着眼于对法益的提前保护,具有明确的风险管理的政策意图,对风

---

① 参见[日]西原春夫:《犯罪实行行为论》,戴波等译,北京大学出版社 2006 年版,第 107 页。

② 参见林东茂:《危险犯的法律性质》,载《危险犯与经济刑法》,台湾五南出版公司 2008 年版,第 32 页。

③ 参见 Graul, Gefährlichkeits Präsumtionstheorie, a. a. O.(Fn. 10), S.155 ff。

④ 参见 Maurach/Schröder/Maiwald, Strafrecht BT, Teilband 2, 8. Aufl., 1999, § 50 Rn. 36。

⑤ StGB § 306a Schwere Brandstiftung.

⑥ 参见《日本刑法典》,张明楷译,法律出版社 2006 年版,第 44 页。

险进行扩张性控制。

我国刑法仅规定了交通肇事罪,但德国、英国、我国台湾地区等刑法均在公共危险犯罪中规定了与危险驾驶行为有关的犯罪。根据《德国刑法典》第三百一十六条醉酒驾驶罪的规定,行为人基于醉酒而无法保证行驶安全时驾驶车辆的,处以一年以下监禁;过失者同样根据前款予以处罚。①英国《1991年道路交通法》第一条规定,以远未达到令人满意的、谨慎的司机所被期待的程度进行驾驶,构成危险驾驶罪。②我国台湾地区刑法第一百八十五条之三重大违背义务致交通危险罪规定,服用毒品、麻醉药品、酒类或其他相类之物,不能安全驾驶动力交通工具而驾驶者,处一年以下有期徒刑、拘役或科或并科十五万元以下罚金。因此,上述国家或地区的刑法制定者认为,行为人在酒精或者麻醉药物的作用下驾驶机动车,对于道路交通安全而言制造了普遍的风险,至于行为人在个案中是否形成具体危险在所不问。即使危险驾驶行为尚未形成任何风险,只要相关路口的摄像装置固定了危险驾驶的行为、酒精测量检测出了行为人的酒精含量超标,即被认定为危险驾驶行为具有可罚性。

在刑法中使用抽象危险犯的处罚结构并不局限于为了保护不特定多数人生命、身体、财产安全法益的政策需要,除了刑法分则危害公共安全犯罪章节之外,抽象危险犯会被更频繁地运用于以有效且深度地保护司法制度、国家公权力正常运行、产权交易制度、证券期货及金融衍生产品的交易秩序等超越个人法益的制度性建构。

在妨害司法罪中,我国刑法规定的伪证罪、妨害作证罪等在规范表述上均应当被解释为抽象危险犯,即使没有发生司法机关采信虚假证言、妨害证人出具真实证言等实际结果或者危害可能,亦应当追究行为人的刑事责任,不影响伪证罪、妨害作证罪等的定性。③但是,在司法实践中,不仅是辩护方,甚至侦查机关、检察机关内部长期以来存在反对意见认为,行为人提供的伪证没有可能被采信,完全没有制造妨害司法风险的,不具有可罚性,应当在解释论上将之诠释为具体危险犯。我们认为,立法者将伪证罪、妨害作证罪等刑法规范设定为抽象危险犯具有重大意义,能够以一种较强的保障力维护司法权威,确保司法制度的正常运行,强化证人、利益关系人、律师等进入司法程序的行为主体杜绝妨碍司法行为的意识。从各国刑法的规定上来

① StGB § 316 Trunkenheit im Verkehr.

② [英]J.C.史密斯、B.霍根:《英国刑法》,李贵方等译,法律出版社2000年版,第546页。

③ 参见赵秉志:《妨害司法罪》,中国人民公安大学出版社2003年版,第112页。

看,不论是英美法系还是大陆法系,对于伪证罪等妨害司法犯罪,均采用了抽象危险犯的立法例,对国家司法制度进行了高强度的提前性保护。例如,《美国模范刑法典》第二百四十一条之一对伪证罪的定义是:在公务程序中,如果陈述具有重要性而行为人不相信其真实性,且经过宣誓或者类似的确认作出虚假陈述的,构成三级伪证重罪。①《德国刑法典》第一百五十三条规定,普通证人或者专家证人向法院或者其他有权询问证人的机构提供虚假证词的,处三个月以上、五年以下监禁。②可见,在国家司法活动安全运行这一制度性利益层面,各国刑法普遍采取抽象危险犯的风险控制路径,此种立法模式具有保护到位的规范优势,不应拓展性地解释为具体危险犯。

在公务犯罪中,我国《刑法》第三百八十五条受贿罪的立法例长期以来受到诟病,刑法理论与实务部门不断有观点主张,被动收受型的受贿罪以“为他人谋取利益”为构成要件,造成受贿罪打击不力。③根据1996年修改后的《俄罗斯联邦刑法典》第二百九十条的规定,公职人员基于为行贿人的利益而实施职务行为,或者根据职务地位促成此种行为,或者利用职务便利进行庇护或纵容,从而自己或者通过中间人接受金钱、有价证券、财产性利益等形式贿赂的,构成受贿罪。④可见,我国刑法受贿罪的规定与俄罗斯联邦刑法典存在相同的问题。我们认为,刑法将“为他人谋取利益”设定为受贿罪的客观构成要件要素,实质上是为受贿罪选择了具体危险犯的个罪定位。因为“为他人谋取利益”实际上包括承诺、开始谋取、实际谋取等不同阶段,对法益的侵犯由具体危险转化为现实危险,最后变成实际损害。构成受贿罪以“为谋取他人利益”为前提,等于是将刑法启动安置于接受财物行为可能成为职务行为对价这一具体危险存在的时间,导致刑法的风险防范能力显著降低,使我国刑法受贿罪规范片面强调职务行为的廉洁性,从而弱化了对社会、对职务行为及其公正性信赖的保护。德国、日本刑法对于受贿罪的条文设计采取了抽象危险犯的立法例。根据《德国刑法典》第三百三十一条

---

① Model Penal Code § 241. 1.

② StGB § 153 Falsche uneidliche Aussage.

③ 代表性观点参见游伟、肖晚祥:《论受贿罪构成要件中的“为他人谋取利益”——现行立法及其与理论、司法的冲突研究》,《政治与法律》2000年第6期;朱建华:《受贿罪“为他人谋取利益”要件取消论》,《现代法学》2001年第4期;王作富、但未丽:《〈联合国反腐败公约〉与我国贿赂犯罪之立法完善》,《法学杂志》2005年第4期;周振晓:《受贿罪“为他人谋取利益”要件应予取消》,《检察日报》2007年12月13日第3版,等等。

④ Уголовный Кодекс Российской Федерации, Статья 290. Получение взятки.

受贿罪的规定,公务员、法官、仲裁员在职务上自己或者由第三人承诺收受、收受他人好处,公务员处三年以下监禁,法官或者仲裁员处五年以下监禁。①《日本刑法典》第一百九十七条第一款受贿罪规定,公务员,在其职务上,收受、要求或者约定贿赂的时候,处五年以下有期徒刑。②日本刑法理论与实务均主张,公务员收受贿赂,社会将丧失对公务员及其职务行为的信赖,公务活动的正常开展就会受到侵害,或者产生妨害公务正常开展的危险。③因此,根据德日刑法的规定,无论公务员是否接受、实施请托事项,只要存在受贿行为,即成立受贿罪。我国刑法规定成立受贿罪不要求以"为他人谋取利益"、"以放弃义务为对价"、"违背职务行为"等客观结果或者具体危险为要件,加强了对公职人员的规范要求,高度控制公权力非正常运行的国家与社会风险,适应了"从严治吏"的现实需要。采用抽象危险犯的立法例,能够保证职务行为纯粹是根据客观的法律秩序进行公正操作,不允许任何人以金钱或者其他不正当好处加以影响公权力,以确保社会一般大众信赖国家行政、司法等公权力的决定和执行是公正客观的,职务行为不可收买性与纯粹性被腐蚀的风险得以由作为抽象危险犯的受贿罪规范进行提前控制。

在证券金融犯罪中,我国《刑法》第一百八十条没有将内幕交易罪规定为抽象危险犯,而是通过"情节严重"要件将之设定为情节犯。根据最高人民检察院、公安部《关于经济犯罪案件追诉标准的补充规定》第三条的规定,实施内幕交易行为涉嫌下列情形之一的,应予追诉:(1)买入或者卖出证券,成交额累计在五十万元以上的;(2)买入或者卖出期货合约,占用保证金数额累计在三十万元以上的;(3)获利或者避免损失数额累计在十五万元以上的;(4)多次进行内幕交易、泄露内幕信息的;(5)有其他严重情节的。可见,我国刑法并没有对内幕交易罪所侵犯的法益进行扩张性的提前保护。而美国、日本的经济刑法均对内幕交易行为进行了严格规制,通过抽象危险犯的形式设定构成要件。根据《美国证券交易法》第十条 b 款的规定,掌握重要且未公开的内幕信息的行为主体利用该内幕信息从事与证券买卖的欺诈活动,构成内部人交易罪(insider trading)。④根据《日本证券交易法》第一百六

① StGB § 331 Vorteilsannahme.

② [日]大谷实:《刑法讲义各论(新版第 2 版)》,黎宏译,中国人民大学出版社 2008 年版,第 580 页。

③ [日]大谷实:《刑法讲义各论(新版第 2 版)》,黎宏译,中国人民大学出版社 2008 年版,第 574 页;日本最高裁判所判决平成七年 2 月 22 日,《最高裁判所刑事判例集》,第 49 卷第 2 号,第 1 页;日本最高裁判所判决昭和三十四年 12 月 9 日,《最高裁判所刑事判例集》,第 13 卷第 12 号,第 318 页。

④ The Securities Exchange Act of 1934 Section 10(b).

十六条的规定,公司有关人员知道上市公司业务重要事实,在涉及该业务的事实公开之前,买卖或者有偿转让该上市公司特定有价证券的,构成内幕交易罪;公司原有关人员知道上市公司重要事实,从离职起一年以内买卖或者有偿转让该上市公司特定有价证券的,构成内幕交易罪。①根据抽象危险犯的立法模式设定内幕交易罪,能够确保证券期货交易的公正、公平、公开运作,防止出现利用不平等的信息优势获取不正当利益的风险,以较为严厉的手段预防损害证券期货市场投资者信心的交易行为。

二、公共安全犯罪风险的合理控制

在大陆法系刑法中,无论是古典型的核心刑法典,还是现代型的经济刑法、环境刑法等特别刑法,充斥着抽象危险犯的立法模式。英美法系刑法原本就以行为设定犯罪,虽然不存在抽象危险犯的概念,但以大陆法系刑法抽象危险犯的标准考察英美法系刑法,会发现其中存在大量本质上属于抽象危险犯的个罪立法例。只是英美法系刑法并不从犯罪类型的角度进行分类设置,而是通过缩减因果关系归责限制的方法诠释危险理论。②我国刑法也规定了一定数量的抽象危险犯。然而,尚未改造为抽象危险犯的个罪是否能够适应风险预防的实践需要?当前设立的抽象危险犯是否合理?今后抽象危险犯的走向如何?对什么犯罪设置抽象危险犯的构成要件才是必要的?这均是值得反思的问题。

如果说我国刑法在危害公共安全犯罪、公务犯罪、妨害司法犯罪、金融犯罪等领域适用抽象危险犯的立法模式略显不足的话,我国刑法中的环境犯罪的立法则存在重大隐患。作为我国刑法环境犯罪中最重要的个罪,《刑法》第三百三十八条污染环境罪规定:违反国家规定,排放、倾倒或者处置有放射性的废物、含传染病病原体的废物、有毒物质或者其他有害物质,严重污染环境的,处三年以下有期徒刑或者拘役,并处或者单处罚金;后果特别严重的,处三年以上七年以下有期徒刑,并处罚金。这就意味着其从实际损害结果角度设定罪状,只有在严重污染环境的情况下,才能够追究刑事责任。我国刑法不仅没有能够从环境污染行为的角度定义环境犯罪中最重要的罪名,而且未从具体危险的环节控制环境污染风险——必须等待出现环境污染结果之后才能以事故类犯罪的形式追究环境污染刑事责任,刑法规范风险控制的滞后显而易见。环境污染结果具有潜伏性与发展性的特点,

---

① 参见[日]野村:《证券、金融犯罪》,载西原春夫主编:《日本刑事法的重要问题(第二卷)》,法律出版社、成文堂2000年版,第60页;顾肖荣、张国炎:《证券期货犯罪比较研究》,法律出版社2003年版,第339页。

② H.L.A.Hart & Tony Honoré, Causation in the Law, Oxford University Press, 1985, p.325.

因果关系的认定极其复杂,这就决定了以结果犯的犯罪结构设置环境污染犯罪在实践操作中容易形成两种不良后果:(1)为强行认定犯罪而降低司法认定的规范性与技术性标准;或者(2)虚置污染环境罪。德国刑法理论在较早的时候就提出:对环境犯罪确立孕育着危险行为的抽象危险犯的犯罪构成是适当的,这种行为构成可以包括具有危险性的各种典型行为,对于这种行为的责任,不要求产生具体的损害或发生有害后果的现实可能性的具体危险。①《德国刑法典》第二十九章环境犯罪中规定的水污染罪、无授权处理危险废物罪、无授权处理核装置罪、无授权处理辐射物罪、无授权处理危险物品罪等均为抽象危险犯,②直接将此类典型的环境危险行为作为犯罪处理,根本无需考虑与环境污染相关的任何要素。

随着社会生活模式的变迁,作为社会控制手段之一的刑法规范同样处于不断变迁的状态。从古典的核心刑法典到分散于经济法、行政法等部门法中的特别刑法,从在个罪比例中占绝对多数的自然犯到逐渐取得多数地位的行政犯,从单纯的实质犯到以抽象危险犯为代表的形式犯……刑法规范形式、刑罚惩治难点、犯罪构成结构均随着社会风险的性质及其强度而改变。在分析抽象危险犯控制风险的原理及效果的同时,进一步反思其在立法论上的争议点,有利于改进抽象危险犯在古典刑法理论层面的先天性不足,从而在我国刑法规范上强化风险控制手段的合理性。

抽象危险犯通常被批判为与行为犯不存在实质性区别,并且,在刑法解释上,完全没有独立存在的必要性。③由于抽象危险犯并不以法益受到侵害或者存在具体危险为要件,行为的危险性由立法者拟制,一旦该种拟制与实际情况不符,且行为人有证据证明实际上不存在任何风险,根据抽象危险犯的静态构成要件,仍旧构成犯罪,但这显然缺乏合理性。例如,确实有很大部分的酒后驾驶行为发生在夜间空旷的高速公路上,没有任何其他车辆或者行人,完全不可能侵害其他道路通行者的利益、行人的人身安全、道路的交通状况。对此,采取抽象危险犯立法例的国家的刑法典,在刑法解释论上很难给出完满的处理办法。再如,在有的伪证案件中,证人的证言荒谬至

---

① 参见[德]萨姆松:《德国环境刑法的基本原理和问题》,《外国法译评》1994年第4期;[德]福格尔:《德意志联邦共和国环境的刑事法律保护》,《法学译丛》1981年第4期。

② StGB § 324 Gewässerverunreinigung; § 326 Unerlaubter Umgang mit gefährlichen Abfällen; § 327 Unerlaubtes Betreiben von Anlagen; § 328 Unerlaubter Umgang mit radioaktiven Stoffen und anderen gefährlichen Stoffen und Gütern.

③ 相关重要文献参见 Horn, Konkrete Gefährdungsdelikte, Köln, 1993, S. 27; Ostendorf, grundzüge des Gefährdungsdelikts, JuS, 1992, S.429。

极,导致司法机关完全没有可能予以采信,故伪证行为对案件事实的发现完全没有影响,是否仍然有必要按照抽象危险犯的规定予以定罪处罚?可见,抽象危险犯控制风险的不合理性在于“罪责推定具有不可反驳性”。①

应当予以重点考虑的是,在部分抽象危险犯的实体性规范中植入程序性内容。为了合理控制抽象危险犯的处罚不以危险存在为必要所导致的处罚范围过大问题,应当允许行为人进行对立法推定进行反驳,通过反证的方式证明立法推定的危险行为实际上在个案中并不存在危险,进而予以减轻、免除处罚。例如,在放火罪、危险驾驶罪等危害公共安全罪中明确规定,行为人能够以优势证据证明放火行为不会造成任何危险的,可以减轻或者免除处罚。

在抽象危险犯的实体规范中设定举证责任的分配内容,不仅能够合理控制抽象危险犯对社会风险进行刑法介入的“度”,而且能够进一步有效地廓清行为犯、抽象危险犯、具体危险犯之间的界限,使处于中间模糊地带的抽象危险犯获得更加清晰的实体法定位。从刑事程序的角度分析,对行为犯的认定只需控方以确实充分的证据证明存在犯罪构成要件设定的行为;对抽象危险犯的认定应当先由控方证明存在危险行为,再由辩方进行反驳,提出优势证据证明行为不具有典型危险性的,不构成抽象危险犯;对具体危险犯的认定不仅需要控方证明存在危险行为,而且要提出确实充分的证据证明存在具体危险。因此,在刑法上,行为犯属于不可反驳的法律推定,抽象危险犯属于可以反驳的法律推定,具体危险犯属于需要利用事实推定才能证明构成犯罪的犯罪类型。

三、具体危险犯

在具体危险犯中,危险是犯罪构成要件要素之一,涉案行为是否符合犯罪构成要件,必须就具体个案的行为状况逐一考察行为客体是否存在实际危险。具体危险犯与实害犯之间的差异并不在于归责标准的不同,而是在于前者虽然没有制造一个实际损害结果,却对需要进行保护的法益制造了一个“可能导致实际损害发生的危险结果”。②因此,在具体危险犯的个案认定过程中,司法机关应当根据危害结果发生之前的某些具体情况,客观地判断涉案行为是否可能形成实害风险。行为人实施属于具体危险犯的构成要件行为,通常可能导致实际损害结果的发生;如果结果没有发生,则是出于偶然——这就形成了具体危险犯的归责基础。在刑法理论上,具体危险犯

① Graul, Abstrakte Gefährdungsdelikte und Präsumtionen im Strafrecht, 2001, S.232.在更早的文献中,亦有德国学者提出过类似观点。参见 Kaufmann, Unrecht und Schuld beim Delikt der Volltrunkenheit, JZ, 1963, S.432; Schröder, Die Gefährdungsdelikte im Strafrecht, ZStW 81(1969), S.16。

② Hefendehl, Zur Vorverlagerung des Rechtsgüterschutzes usw., JR 1996, S.353.

与实害犯均被归类于结果犯项下，[①]前者重在控制危险结果的发生，后者重在控制实害结果的发生。

具体危险犯的罪状模式通常表现为“足以使……发生……危险”、“足以严重危害……”、“足以造成……”、“引起……严重危险的”等。例如，《刑法》第一百一十六条破坏交通工具罪规定，破坏火车、汽车、电车、船只、航空器，足以使火车、汽车、电车、船只、航空器发生倾覆、毁坏危险，尚未造成严重后果的，处三年以上十年以下有期徒刑；《刑法》第一百四十三条生产、销售不符合安全标准的食品罪规定，生产、销售不符合食品安全标准的食品，足以造成严重食物中毒事故或者其他严重食源性疾患的，处三年以下有期徒刑或者拘役，并处罚金；《刑法》第三百三十条妨害传染病防治罪规定，违反传染病防治法的规定，有下列情形之一，引起甲类传染病传播或者有传播严重危险的，处三年以下有期徒刑或者拘役；后果特别严重的，处三年以上七年以下有期徒刑；等等。

立法者在设置罪状过程中，之所以在上述列举的刑法条文结构内附加一个导致危险的客观要件，其原因主要在于单纯从某些行为本身尚不足以或者难以直接认定对所保护的法益具有典型的危险性或者制造了不被允许的风险，必须附加更为明确的具体危险情况作为判断依据。在强调实质违法性判断的大陆刑法理论中，具体危险犯中的具体危险要件被认为是用以判断涉案行为是否具有实质违法性的标准之一。[②]对于部分行为，如果没有对刑法所要保护的法益或者行为客体制造实际危害结果的可能，则应当否定此类行为的不法内涵，否定使用刑法加以追究此类行为从而预防社会风险的正当性。局限于构成要件的文本表述认定具体危险显然具有局限性，因为刑法规范的文本审查标准缺乏明确性，容易与案件的具体事实相互脱离。所以，除了静态考察具体危险犯核心构成要件（行为）的规范内涵以外，司法机关必须针对个案进行具体判断，分析涉案行为是否制造了尚未达到实害程度，但对所要保护的法益具有相当且不被允许的风险，即具体危险。

第三节　商品安全犯罪

商品安全犯罪已经构成了人民社会日常生活中非常典型的一种风险形

① Roxin, Strafrecht, Allgemeiner Teil, 3. Aufl., 1997, S.352.

② Roxin, Strafrecht, Allgemeiner Teil, 3. Aufl., 1997, S.353.

态。尤其是食品安全犯罪，严重威胁人们的身心健康。面对食品安全事件的暴增以及危害后果愈加严重，全国人大常委会于1993年通过了《关于惩治生产、销售伪劣商品犯罪的决定》，从完善立法的角度看具有承上启下作用。经过1997年《刑法》的修订，数个涉及食品安全的独立的犯罪得以明文规定，如生产、销售不符合卫生标准的食品罪和生产、销售有毒有害食品罪。为解决司法适用问题，最高人民法院、最高人民检察院于2001年联合发布《关于办理生产、销售伪劣商品刑事案件具体应用法律若干问题的解释》（以下简称《伪劣商品解释》）。《伪劣商品解释》详细规定了上述两个罪名的客观方面。“两高”又于2002年发布《关于办理非法生产、销售、使用禁止在饲料和动物饮水中使用的药品等刑事案件具体应用法律若干问题的解释》以应对当时频发的瘦肉精事件，弥补了刑法关于动物养殖领域内犯罪规定的空白。随着2011年《刑法修正案（八）》系统地对食品安全犯罪进行了修改和补充，将“生产、销售不符合卫生标准的食品罪”变更为“生产、销售不符合安全标准的食品罪”，不仅拓宽了犯罪圈而且相应地提高了刑罚。对于具有监管职责的工作人员，通过增设“食品监管渎职罪”予以规制，进行从多元角度完善食品安全的刑法规制。另外，从刑罚的视角观察，食品安全犯罪的起刑点由拘役上升至有期徒刑，同时取消了单处罚金的规定，以避免单处罚金刑而从轻发落现象的发生。食品安全犯罪的法定情节得以扩大，从而增加了判处死刑的几率。还有，罚金刑数额的改变，即由依据销售金额的倍比判处罚金变更为取消罚金额度的上限，体现了对食品安全犯罪绝不姑息的态度。①2013年最高人民法院、最高人民检察院联合发布了《关于办理危害食品安全刑事案件适用法律若干问题的解释》，为依法严惩危害食品安全犯罪提供了有力的法律武器。我国商品安全犯罪刑法规制的法律发展进程显现出由传统刑法向风险刑法的转变，即以犯罪圈扩张、刑法规制前置化为主，从而应对处于风险社会下频发的商品安全问题。但商品安全犯罪案件的司法实践中仍然存在很多争议与容易引发误解的难题，有必要予以深入分析。由于食品安全犯罪是商品安全犯罪中最为严重且最易引发社会公众关注，下文着重分析食品安全犯罪中的实践疑难问题。

一、食品安全标准

存在食品安全问题是追究食品安全犯罪的事实基础和法律根据。《食品安全法》第一百五十条对食品安全进行界定：“食品安全，指食品无毒、无害，符合应当有的营养要求，对人体健康不造成任何急性、亚急性或者慢性

---

① 张明楷：《刑事立法的发展方向》，《中国法学》2006年第4期。

危害。”根据《食品安全法》的释义，食品安全标准是为了保证食品安全，对食品生产经营过程中影响食品安全的各种要素以及各关键环节所规定的统一技术要求。

分析相关法律规定内容，食品安全标准具有以下几个特征：其一，食品安全国家标准由国务院卫生行政部门公布、执行，并由标准化部门提供国家标准编号。其二，食品安全标准是唯一的食品强制性规定。即“除食品安全标准外，不得制定其他的食品强制性标准”。其三，《食品安全法》第三十四条的“所谓禁止性规定”不是食品安全标准。

食品安全标准是食品违法犯罪案件中唯一的认定依据。2009 年颁布的《食品安全法》第三章将卫生标准改为食品安全标准。《食品安全法》第十九条规定：食品安全标准是强制执行标准，除食品安全标准外，不得指定其他任何食品强制性标准。该法第二十二条进一步明确，国务院卫生行政部门应当对现行的食用农产品质量安全标准、食品卫生标准、食品质量标准和有关食品的行业标准中强制执行的标准予以整合，统一公布为食品安全国家标准。根据上述规定，食品安全标准是食品违法犯罪案件中唯一的认定依据，在此类案件中不再存在食品卫生标准的说法。因此，《刑法修正案（八）》颁布后，在刑事司法领域，对食品的审查要严格坚持《食品安全法》规定的食品安全标准。遇到新情况、新问题，需要明确新食品安全标准的，由国务院卫生行政部门负责制定和公布，国务院标准化行政部门提供国家标准编号。

《食品安全法》第三十四条“禁止生产经营的食品”不等于“不符合安全标准的食品”，两者属于不同概念，在适用刑事案件时不能混淆。如果回收的食品及半成品不存在质量安全问题，且又在保质期内，行为人虽有将其加工生产、销售的行为，但因回收食品及半成品不存在有毒、有害性质，则不构成生产、销售有毒、有害食品罪；有前述情形，虽无有毒、有害性质但违反食品安全标准的，可依法构成生产、销售不符合安全标准的食品罪；有前述情形，但是回收食品或者半成品既不存在有毒、有害性质，也没有违反食品安全标准的，则仅追究行为人相应的行政责任。违反《食品安全法》第三十四条之行为本身并不是违反食品安全标准的行为。

二、刑法中的“不合格产品”

认定相关商品安全事件是否构成犯罪，其中有一个关键因素，即涉案产品是否属于《刑法》第一百四十条项下的不合格产品。

（一）《产品质量法》的规定是判断不合格产品的依据

不合格品的认定必须严格依照《产品质量法》的相关规定进行判断。根据《伪劣商品解释》第一条的规定，《刑法》第一百四十条规定的“不合格产品”是指不符合《产品质量法》第二十六条第二款规定的质量要求的产品。《产品质量法》第二十六条第二款的规定为:“产品质量应当符合下列要求:(一)不存在危及人身、财产安全的不合理的危险,有保障人体健康和人身、财产安全的国家标准、行业标准的,应当符合该标准;(二)具备产品应当具备的使用性能,但是,对产品存在使用性能的瑕疵作出说明的除外;(三)符合在产品或者其包装上注明采用的产品标准,符合以产品说明、实物样品等方式表明的质量状况。”也即判断产品是否合格,应当严格依照《产品质量法》第二十六条第二款的三项内容进行判定。总体而言,如果某一个食品产品有国家标准、行业标准,产品符合这些标准,且产品在没有添加任何指标以外的恶意违禁添加物(指各项指标中没有涵盖的,但是存在危害和不安全性的违禁添加物)的情况下,就可以说食品产品不具有《产品质量法》第二十六条下的不合理危险。此外,产品具备应当具备的使用性能。具有使用性能主要体现在两方面:一方面是在产品标准、合同等文件中明确规定的使用性能;另一方面是隐含需要的使用性能,即消费者的合理期望。产品符合在产品或者其包装上注明采用的产品标准,符合以产品说明、实物样品等方式表明的质量状况。

产品标准与产品生产过程标准性质上完全不同。产品标准实际上是生产保证产品质量的明示担保义务,即产品的生产者对产品质量性能的一种明示的自我声明或者陈述,由生产者根据事实自愿作出,多见于生产者证明产品符合某一标准、某些状态要求的产品说明、实物样品、广告宣传之中。所谓“在产品或者包装上注明采用的产品标准”,是“表明产品质量符合自身标注的产品标准中规定的质量指标,判定产品是否合格,则以该项明示的产品标准作为依据。当然,生产者明示采用的产品标准不得与强制性的国家标准、行业标准相抵触”。通过上述释义不难看出,违反该项规定应当是指违反产品自身所标注的标准中质量方面的客观指标,而不是标准中的任意规定,更不是说违反了标准所引用的其他标准也可以构成不合格品。以食品为例,《食品生产通用卫生规范》是一种过程性的规范,并不是具体的产品质量规范。《食品生产通用卫生规范》共有 14 大项的规定,涵盖了食品生产企业日常经营的方方面面,细微到要求员工不应化妆喷香水、地板保持干净、光线保持充足、定期记录设备维护、记录产品销售情况等,因此,该通用生产卫生规范是一种过程性的规范,而不是具体的产品质量规范。

(二)《食品安全法》的禁止性规定不是“不合格产品”的判断标准

根据《食品安全法》第四章“食品生产经营”第三十四条规定:“禁止生产经营下列食品、食品添加剂、食品相关产品:(一)用非食品原料生产的食品或者添加食品添加剂以外的化学物质和其他可能危害人体健康物质的食品,或者用回收食品作为原料生产的食品;(二)致病性微生物,农药残留、兽药残留、生物毒素、重金属等污染物质以及其他危害人体健康的物质含量超过食品安全标准限量的食品、食品添加剂、食品相关产品;(三)用超过保质期的食品原料、食品添加剂生产的食品、食品添加剂;(四)超范围、超限量使用食品添加剂的食品;(五)营养成分不符合食品安全标准的专供婴幼儿和其他特定人群的主辅食品;(六)腐败变质、油脂酸败、霉变生虫、污秽不洁、混有异物、掺假掺杂或者感官性状异常的食品、食品添加剂;(七)病死、毒死或者死因不明的禽、畜、兽、水产动物肉类及其制品;(八)未按规定进行检疫或者检疫不合格的肉类,或者未经检验或者检验不合格的肉类制品;(九)被包装材料、容器、运输工具等污染的食品、食品添加剂;(十)标注虚假生产日期、保质期或者超过保质期的食品添加剂;(十一)无标签的预包装食品、食品添加剂;(十二)国家为防病等特殊需要明令禁止生产经营的食品;(十三)其他不符合法律、法规或者食品安全标准的食品、食品添加剂、食品相关产品。"

《食品安全法》第三十四条的禁止性规定不是判断是否属于"不合格产品"的标准,即使违反了上述禁止性规定,并不能当然得出行为人生产的是刑法上的不合格产品,更不能当然认为,数额巨大就可以刑法第一百四十条的生产、销售伪劣产品罪追究刑事责任。主要理由如下:

第一,违反《食品安全法》中的禁止性规定并非一定是刑法中的"不合格产品"。

《食品安全法》第三十四条的立法目的在于从行为规范角度对食品生产经营者提出的要求,但是不是"不合格产品"属于实体上的判断,即产品质量上的判断,必须经过检验检疫或者鉴定等才能得出结论。《食品安全法》中有很多禁止性或强制性要求,如原第二十七条对食品生产经营的场所、设备设施、工艺流程、经营人员的卫生等提出了总体上的要求,此外,如第三十四条规定"禁止患有痢疾、伤寒、病毒性肝炎等消化道传染病的人员从事接触直接入口食品的工作",即从生产主体的角度对食品生产者进行规范。如果有生产者违反该条禁止性规定,其理应受到行政处罚,但我们不能当然地认为只要有违反该三十四条禁止性规定所生产出来的食品就是刑法中的"不合格产品",更不能简单地认为金额达到5万元以上就构成刑事犯罪。"禁止生产经营的食品"与"不符合安全标准食品"、"不合格产品"不能简单等同,"食品安全标准"与"食品安全要求"不能简单等同,不能认为违反《食品安全法》第三十四条禁止性规定所生产经营的食品就是"不合格产品"。

第二,《食品安全法》第三十四条项下禁止性规定不能当然成为判断刑法中“不合格产品”的标准和依据。

《食品安全法》第三十四条的经营规范要求的内容很多与食品安全或者说食品安全标准并没有直接关系。根据《食品安全法》第九十九条的规定，食品安全是指食品无毒、无害，符合应当有的营养要求，对人体健康不造成任何急性、亚急性或者慢性危害。仔细审视第三十四条的规范内容，可以看出很多规范要求根本不涉及食品安全标准或者食品安全问题，很多内容其实与“不合格产品”并没有直接关系。例如，该条第(9)项禁止生产经营无标签的预包装食品。也即，无标签的预包装食品被立法明确禁止生产经营，但我们不能当然认为无标签的预包装食品属于刑法中的“不合格产品”。

第三，违反《食品安全法》第三十四条禁止性规定的法律责任不同。违反《食品安全法》第三十四条禁止性规定的行为在行政法律责任上差异明显，也充分说明违反该条的相关行为只能视为不同程度的行政违法行为，是否构成刑事犯罪还需要刑法的独立判断。

从单个法律责任的条文分析，以第一百二十三条“以回收食品作为原料生产食品”为例，其法律责任具体为：“货值金额不足 1 万元的，并处 10 万元以上 15 万元以下罚款；货值金额 1 万元以上的，并处货值金额 15 倍以上 30 倍以下罚款”。该条并未对涉案货值设定 5 万的上限。这说明，当违法者“以回收食品作为原料生产食品”且金额达到 5 万时，应当追究的还是其行政责任，只有在该行为同时满足刑法一百四十条或一百四十三条要求的其他犯罪构成要件时，才可追究违法者的刑事责任。换言之，单纯的“以回收食品作为原料生产食品”加“货值金额达到 5 万”不足以认定为刑事犯罪。同理亦可分析第一百二十四条“生产经营超过保质期食品”行为的法律责任。

与对“以回收食品作为原料生产食品”处罚不同的是，在“用超过保质期的食品原料生产食品”的情形中，“货值金额 1 万元以上的，并处货值金额 10 倍以上 20 倍以下罚款”，即对其的处罚力度略低于前者。在“生产经营无标签的预包装食品”的情形中，“货值金额在 1 万以上的，并处货值金额 5 倍以上 10 倍以下罚款”，对该种情形的处罚又更低一些。由此可见，虽然上述三种行为都是新《食品安全法》第三十四条中所禁止，但立法者显然认为三者的危害程度不同。从上述对相关行为的行政处罚差异中我们可以看出，《食品安全法》第三十四条项下所列食品对社会的危害实际存在一定差异。既然对项下行为的行政处罚都有差异，我们当然就不能得出这样的结论：行为人生产经营了该项下任何产品，只要达到货值金额巨大的，就必然构成刑事犯罪。

第四,涉食品违法与犯罪存在有质上的区别。由于生产、销售伪劣产品罪属于法定犯(或称行政犯),而法定犯必须具有“两次违法”的特征,根据罪刑法定的要求,在行政违法的基础上是否构成刑事犯罪,一般均应由相关行政法规作出“构成犯罪的,依法追究刑事责任”的规定。而现行刑法和司法解释中都没有任何要求将“回收”或“超保”行为按照刑法追究刑事责任的规定。相反,现有司法解释对第三十四条项下部分内容则明确规定追究刑事责任的情况予以了限定。

涉及食品违法与食品犯罪是否仅仅只有量上而无质上的区别?结论当然是否定的,两者之间不仅有量上的区别,而且还有质上的区别。在刑法中生产销售伪劣产品罪中的“5万元”只是量上的要求,而刑法中的不合格产品的含义显然不会也不应该等同于行政违法中的不合格产品的含义,特别是在质的判定标准上,刑事犯罪中的不合格产品当然应该高于行政违法中的不合格产品。

综上,《食品安全法》第三十四条只是对食品生产经营的禁止性规范要求。对于不合格产品、不符合食品安全标准的食品判定的依据只能是《食品安全法》第三章规定的“食品安全标准”,除了司法解释或国家、地方有明确规定的以外,对是否符合食品安全标准的食品的判定应通过鉴定认定,而非单纯根据《食品安全法》第三十四条的条文本身直接作出认定。也即,违反《食品安全法》第三十四条的禁止性规定不能直接得出涉案产品属于不合格产品这一结论。

(三)“不合格产品”的认定应当进行鉴定

根据《关于办理生产、销售伪劣商品刑事案件具体应用法律若干问题的解释》、《关于审理生产、销售伪劣商品刑事案件有关鉴定问题的通知》、《关于公安机关管辖的刑事案件立案追诉标准的规定(一)》等多部司法解释规定,对“不合格产品”难以确定的,应当委托法律、行政法规规定的产品质量检验机构进行鉴定。上海市高级人民法院等在2006年专门就此问题发布了《关于办理生产、销售伪劣产品刑事案件中如何认定“以不合格产品冒充合格产品”的意见》,强调“关于‘以不合格产品冒充合格产品’的认定问题,应当根据产品质量检验机构出具‘该产品系不合格产品’的鉴定结论结合司法机关的审查予以认定。产品质量检验机构出具鉴定结论时,应当同时提供出具鉴定结论的参数依据或理由。司法机关根据该鉴定结论的参数依据或理由进行审查。如‘不合格产品’的鉴定结论是针对产品的内在质量而言的,则可认为该‘不合格产品’系伪劣产品;如鉴定结论仅针对产品的外在包装的,一般不能认为该‘不合格产品’系伪劣产品。”

第四节 人身安全犯罪

风险刑法语境下的人身安全犯罪，区别于下文民生刑法意义上的危害公民人身权益的犯罪。本节分析的人身安全犯罪，主要是因为社会发展过程中出现的人为制造的风险导致他人人身权益陷入危险状态甚至发生实际损害的犯罪行为，也可以在理论上称为风险创制型犯罪。

例如，我国《刑法》的规定，过失致人死亡的，处三年以上七年以下有期徒刑；情节较轻的，处三年以下有期徒刑。同时，过失犯罪是指应当预见自己的行为可能发生危害社会的结果，因为疏忽大意而没有预见，或者已经预见而轻信能够避免，以致发生这种结果。①相应地，美国《模范刑法典》规定：轻率或者疏忽造成他人死亡的，构成过失杀人。②这些在中国与美国刑法中看似简单且普通的风险创制型犯罪③(例如，过失杀人或者过失致人死亡犯罪)定义实际上隐含着一系列复杂且互为关联的风险问题。与之相反的是，传统刑法中的遗弃罪，随着社会福利制度的完善，丧失了部分原有的对被害人造成的风险因素。因此，风险社会条件下的安全保护目标与过失犯罪类型多样化发展④更是促使我们有必要反思风险创制型犯罪的设置模式与规范建构优化问题。

一、风险社会与出现致人死亡结果的犯罪类型

风险与人身安全犯罪中的过失要素紧密关联的疑问是：其一，禁止的风险问题，即行为人是否创制了法律禁止的风险从而造成危害结果？社会生活中的众多风险即使造成了诸如他人死亡等严重的危害结果，仍然在特定情况下为刑法所容忍，例如，驾车、建筑等社会行为所固有的风险引起结果的发生。其二，主体的有责性问题，即根据行为人的意志与能力，其对于自身所创设的风险是否显示出有意识的轻率(过于自信)与无意识的疏忽大意，这种主观上

① 我国《刑法》第二百三十三条、第十五条。

② Model Penal Code § § 210.1(1), 210.3(1)(a), 210.4(1).

③ 本书所称风险创制型犯罪是指制造国家与公共安全风险、实体经济与金融市场安全风险、公民人身与财产安全风险、社会管理安全风险的一系列刑法所规定的犯罪类型，包括风险行为本身、形成具体危险的风险行为、产生实际危害结果的风险行为。例如，我国《刑法》第一百三十三条之一规定的危险驾驶罪，只要具备法律规定的酒驾或者追逐竞驶标准，就构成犯罪；出现人损、物损等法律规定的肇事结果，则构成交通肇事罪。这一系列犯罪类型中的风险是指交通风险。再如，故意实施放火行为，危害公共安全，尚未造成损害结果的，构成放火罪，适用我国《刑法》第一百一十四条规定的第一档法定刑；造成严重后果的，适用第二档法定刑。这一系列犯罪类型中的风险是指火灾风险。

④ 刘崇亮：《风险社会视野下过失犯构成设置模式之思考》，《中国人民公安大学学报》2010年第4期。

不正当的自信或者疏忽是否足以触发刑事责任的谴责？但是,从中美刑法规范比较解释的视角分析,风险创制型犯罪的标准化犯罪构成均没有区分上述两个独立的问题,从而导致规范文本无法有效且全面地实现刑法功能。

作为客观结果的风险在构成要件体系中价值的不确定性是另一大困惑与难题。现实制造禁止的风险在刑事责任性质评估与划定量刑等级时是否具有相关性与重要性？行为人主观性的事实认知是否构成创设禁止风险的唯一性相关依据？不同的结果与主观状态的定位,意味着不同的刑事责任最低标准以及不同的刑罚量化原则。同样的,中国与美国刑法风险创制型犯罪的构成体系,在客观风险定位问题上存在内在矛盾——风险无价值性与风险有价值性之间的冲突。

犯罪过失作为犯罪构成主要构成要件中的类型之一,长期是刑法理论与实务中的重大疑难问题。传统刑法理论通常从主观化内容阐释的角度出发论证犯罪主观故意、主观过失等,司法实务在证据标准的把控上则要求一定程度上的主观构成要件的客观化证明。有必要尝试从客观化的风险角度解释主观化的构成要件要素,以过失犯罪、过失致人死亡罪等角度为基点切入,探索一个具体且直观的分析路径。

(一)风险创制型犯罪刑法规范的功能紊乱:禁止的风险与有责的自信与疏忽

在风险创制型犯罪的规范框架下,刑法两大功能表现为:其一,为了清晰地阐释行为规则,刑法规范明确宣示法律禁止与允许的风险。其二,为了设定行为规则违反情形的裁判原理,刑法规范描述各项责任要素,从而为判断特定行为主体对于风险所秉持的过于自信或者疏忽大意是否足以触发刑事责任的否定性评价。

第一项功能的实现(宣示刑法禁止的风险)无疑是异常艰难的。刑法规范简单地表述为"禁止实施可能造成他人人身或者财产损害的行为"显然是不明智的。社会生活中的特定风险行为即使造成了人身或者财产损害,仍然属于刑法所容忍的风险。刑法禁止与处罚的仅仅是特定情形下制造特定损害可能与特定程度现实损害的风险类型。工厂生产加工处理危险物品(厂房爆炸、坍塌风险)[①]、驾驶车辆(撞击行人风险)或者撑开雨伞(尖锐边缘触伤他人风险)确实制造了行为之前并不存在的风险,但是,在预防危害

① 例如,2014年8月2日上午7时许,江苏昆山中荣金属制品有限公司汽车轮毂抛光车间发生爆炸。下午5时,昆山市委市政府召开新闻发布会称,初步调查该事故疑似因粉尘爆炸引起,初步判明是一起安全生产责任事故。截至3日下午7时,已有71人遇难,近200人受伤。参见王心禾:《昆山爆炸:三级安监何以形同虚设》,《检察日报》2014年8月4日第4版。

结果发生的前提下，当代社会毫无疑问地容忍且必须接受这些风险，因为这是现代生活为人类提供便利条件的代价。

轻微损害的重大风险与重大损害的轻微风险都为刑法所容忍。损害严重性与作为发生概率的风险要素之间处于动态调整状态：风险实际发生的可能性愈低，入罪起点所要求的损害程度愈高。除了可能性与危害性之外，承载风险所对应的社会利益亦与犯罪化紧密相关。如果风险承担之后所获取的社会利益具有充分价值，刑法会容忍一定的风险。驾驶车辆行为所内含的风险对于交通运输活动而言具有正当性，但对于飙车俱乐部等娱乐活动①而言，其蕴含的危险显然归属于不正当风险。特定风险是否具有正当性的判断本质上是社会相对价值选择的结果。因此，每次风险创制的分配不仅需要进行可能性与潜在危害性的判断，而且需要对竞争性社会利益予以权衡。②尽管法律无法对每一种情形下的每一种禁止的风险作出精确的描述，但其至少能够为社会公众提供与风险有关的要素以及要素之间的关系，使得公民能够在风险创制过程中了解需要三思而后行的内容。

尽管风险描述的现实需求是极为强烈的，但中国和美国刑法规范基本上没有任何条款对禁止风险的类型、界定禁止风险的要素进行规定或者作出原则性概括。刑法典通常只对过于自信或者疏忽大意等过失责任要素进行界定。再度审视中美刑法标准化的风险创制型过失杀人（过失致人死亡）犯罪的规范表述——“过失致人死亡”、“轻率或者疏忽造成他人死亡的，构成过失杀人”。可见，作为责任的决定性因素，死亡结果是否源于过于自信（轻率）或者疏忽大意（疏忽）的判断依据建筑于过失犯罪定义③的基础之上。

---

①　新闻媒体经常报道各地均存在超级跑车、改装车深夜聚会飙车，警察闻讯出警拦堵、制止的事件。杭州胡斌“飙车夺命案”等引起社会各界广泛关注。参见赵仁伟、卢国强：《城市飙车惨剧频发，交警称整治难》，《新华每日电讯》2013年9月12日第5版；张立：《杭州飙车夺命案：刑法如何规制》，《检察日报》2009年5月19日第3版。

②　特定情形下的特定风险在过去的社会实践中是否通常被予以容忍，可以成为社会公众的行为指引。

③　我国《刑法》第十五条；Model Penal Code § 2.02(2)(c)&(d)。中国刑法理论对过失犯罪中的过于自信、疏忽大意等主观要素内容进行了广泛的解释，此处不再赘述。参见赵秉志、高铭暄主编：《过失犯罪的理论基础》，法律出版社2002年版；苏雄华：《犯罪过失理论研究》，法律出版社2012年版；王海涛：《过失犯罪中信赖原则的适用及界限》，中国人民公安大学出版社2011年版。美国《模范刑法典》中的过失内涵择要阐释如下：(1)轻率。特定主体针对犯罪类型中的重大要素轻率地实施行为是指其有意识地漠视重大要素发生的实质性与非正当风险或者由其行为所造成的现实结果。该风险必须具备的属性与达到的程度：考虑到特定主体所实施行为的性质与目的及其主观上所实际了解的情况，行为主体的漠视严重偏离相同情形下一般守法公民所能够遵从的行为标准。(2)疏忽。特定主体针对犯罪类型中的重大要素疏忽地实施行为是指其应当知道但事实上没有意识到重大要素发生的实质性与非正当风险或者由其行为所造成的现实结果。该风险必须具备的属性与达到的程度：考虑到特定主体所实施行为的性质与目的及其主观上所实际了解的情况，行为主体未能认识风险严重偏离相同情形下正常人所能够遵从的注意标准。

相对于中国刑法过失犯罪条款整体聚焦于行为主体对待结果要素的认知与意识而言,美国《模范刑法典》过失定义并未完全忽视法律禁止风险的关联要素。风险的属性和程度与承载风险所带来的社会利益高度相关。这些要素应当根据一般守法公民的社会观念或者正常人注意标准进行评估。尽管《模范刑法典》使用了这些元素,但其建构的刑法规范却模糊了禁止风险的定义。《模范刑法典》没有明确法律所禁止的风险创制,而是界定了针对特定风险所应当承担责任的轻率与疏忽。①但风险与责任是完全不同的问题。《模范刑法典》对有意识的轻率与无意识的疏忽的程度作出了制度设计——造成法律禁止结果的风险或者犯罪行为伴随的风险②导致行为具有刑事可谴责性。可是,行为规则问题(法律究竟禁止何种风险创制行为③)仍然没有得到解决。《模范刑法典》固然建构了有效的裁判规则,但同中国刑法过失犯罪规定一样,并未对社会公众自主地管控其未来行为提供清晰的行为规则。行为人是否过于自信或者疏忽大意(刑法上有责的漠视或者缺乏认识)的法律判断标准,对于普通民众分析与理解法律禁止的风险基本没有或者毫无指引价值。中国刑法中的疏忽大意过失是应当预见危害结果而没有预见从而实施行为导致结果发生,完全没有从风险性角度指引人们关注自己实施的行为所内涵的风险。而美国刑法过失规范也只能在诉讼环节提供被告人在其特定的认知、能力以及其他伴随条件下是否因为对风险持有的轻率或者疏忽态度而具有责任的实体裁判指引。

行为规则通常旨在向社会公众宣示,未来相似情形下应当选择避免法律禁止的风险,但行为人有充分的理由创制法律禁止的风险,因为其可以基于行为目的、本人已知条件、特定情形(其宽泛的含义决定了在内容上可以包括行为人的部分个性④)而不具备轻率或者疏忽的主观要素而无需承担责

---

① Paul H.Robinson, Rules of Conduct and Principles of Adjudication, 57 University of Chicago Law Review 729, 745—49(1990).

② 疏忽不仅要从与产生法律禁止结果风险的角度进行界定,而且需要从特定主体所实施的犯罪行为所牵涉的具体情形负载的风险角度予以解释。

③ 行为规则问题只存在于风险创制型犯罪。禁止的风险只能通过特定情形下的行为进行界定,这种情形只有存在与不存在的问题。行为人不能创造特定情形的风险,其只能在特定情形存在的情况下承担风险或者冒险行为。判断行为人是否处于主观上的风险过失状态则属于责任功能问题。

④ 《模范刑法典》注释对此问题的说明是:模范刑法典中的疏忽概念值得进一步关注。疏忽的判断标准需要考察"相同情形下正常人所能够遵从的注意标准"。其中,"情形"的含义显然是模糊的。如果行为人失明、哮喘或者患有心脏病,这些事实肯定需要在刑事责任判断中予以评估。但是,行为人的遗传基因、智力、脾气性格等在疏忽判断中并不具有重要性,否则判断标准将完全失去客观性。《模范刑法典》在立法上无意对此类个体特质进行歧视,而是倾向于将此类事实问题留给司法实践进行具体裁断。Model Penal Code § 2.02 cmt. 4 at 242.

任。或者在特定情形下,行为主体的过于自信与疏忽大意具有一定的罪错性,但这种罪错并没有严重偏离相同情形下一般守法公民所能够遵从的行为标准或正常人所能够遵从的注意标准,从而不足以对之进行刑事谴责。所以,在行为人创制了一种禁止的风险之后,可能在法律上不具备过于自信或者疏忽大意的要素。无刑事责任的裁判结果实际上释放出逆向行为规则信号。由于实践中既存在创制禁止的风险但不具备轻率或者疏忽要素,也存在创制非法律禁止风险但具备轻率或者疏忽,刑法规范框架下的责任经常会释放逆向行为规则信号。

即使社会公众与司法实务部门能够仔细分析轻率与疏忽及其关联要素(风险的性质、程度、正当性以及正常人判断标准中的社会理念平衡),并以此为核心建构禁止风险的定义,美国《模范刑法典》仍然未能完成界定法律禁止风险的功能。因为《模范刑法典》规定的轻率与疏忽仅适用于在规范上使用这些主观要素概念的风险创制型犯罪。①但更为常见的是,《模范刑法典》在不同的犯罪类型中使用产生特定危害结果的"风险"、"实质性风险"、"危险"等不同的规范表述从而界定风险。②法律禁止的风险及其关联元素在刑法解释上会出现很大的空间与不确定性。"风险"的概念可能将任何形式的风险犯罪化,"实质性风险"可能集中于风险程度或者部分风险属性的粗略描述,但这样的刑法规范表述完全无法评价风险创制的正当性或者分析竞争性利益的平衡问题。

刑法规范未有效界定禁止风险的负面效果形式上可能会因为其通过设置实害结果要件的方式禁止大多数风险创制型犯罪行为而被稀释。一种表面上合理的论辩是,如果实害结果是特定犯罪类型的构成要件,可以有效地避免刑事风险界定问题。然而,实际危害结果要件并不能解决刑事风险界定的现实需求。③例如,死亡结果是过失致人死亡罪的要件,但这未能有效回

① 如果行为人疏忽地造成他人死亡结果,其构成过失杀人罪。Model Penal Code § 210.1(1) & 210.4(1).

② 例如,《模范刑法典》第211条1(2)(a)项禁止可能造成死亡结果的"实质性风险",第210条(3)项规定了死亡的"危险"或者死亡的"实质性风险",第224条13项规定了信托财产损失的"实质性风险",第220条1(2)(b)项规定了房屋损坏或者损毁的"危险",第211条第3项禁止导致恐怖或者严重公共不便的"风险",第212条2(2)项禁止制造可能造成"实质性死亡风险"的"风险",第220条2(2)项禁止可能造成重大灾难的"风险"。

③ 配置实际危害结果要件不仅无法避免刑事风险界定问题,而且其本身会产生一些特殊问题。在危险犯与实害犯均独立构成犯罪的犯罪类型中,不同的犯罪界定对应着不同的风险。对于部分风险创制型犯罪而言,创制风险的行为仅仅在产生实际危害结果的情况下才具有可罚性,但危害结果是否发生在行为人实施风险行为过程中并不为其所了解。Paul H. Robinson, Rules of Conduct and Principles of Adjudication, 57 University of Chicago Law Review 729, 748—49(1990).

答行为人造成死亡结果的行为是否创设了刑法禁止的风险问题。如果造成死亡结果的风险创制并不为法律所禁止,法律究竟基于何种正当性依据追究过失致人死亡罪的责任?

实际上刑法规范亟须建构清晰的禁止风险评估规则。这对于实害犯而言甚至更为重要。因为人们在风险发展成为实际危害结果时更倾向于夸大这种风险并将之理解为法律禁止的风险。实证研究表明,如果损害风险实际发生,普遍的现象是过高评估风险程度。[①]这会导致将事实上不具有刑事犯罪属性的风险创制认定为犯罪。风险创制充分低下的社会行为所产生的死亡结果不存在责任或者刑事可谴责性,但是,如果没有法律禁止风险的界定或者标准,显然无法形成这种判断的依据。

刑法偏向性地依赖于过于自信与疏忽大意的主观要素定义,而未有效界定法律禁止的风险,不仅阻碍了刑法规范事前指引功能的发挥,而且会在风险创制型犯罪中滥用责任规则,从而扭曲刑法应有的裁判原理启示功能。具体而言,犯罪构成的主观化——并不以创制法律禁止的风险为中心进行犯罪化,而是依赖于行为主体针对特定风险的轻率或者疏忽等主观要素追究责任——会造成在法律禁止风险缺失的情况下以过失犯罪追究行为人刑事责任的后果。

(二)法律禁止风险的界定

刑法规范完全可以在适当优化的基础上实现行为规则与裁判原理的阐释功能。法律禁止风险的基础界定表现为:行为人针对法律禁止产生的结果制造了显著与不正当的风险;显著与不正当的风险是指在充分考量风险属性、程度以及其他情形的基础上,风险创制偏离正常人的注意标准。例如,立法者在对作为危险驾驶罪之一的醉酒驾驶犯罪设置罪状过程中,没有在刑法条文结构内附加一个足以导致危险的客观要件,明确为醉酒驾驶犯罪确立了抽象危险犯的基础定位。由于单纯从醉酒驾驶行为本身就足以认定其对法律保护的社会利益具有典型的危险性或者制造了不被允许的风险,立法者认为没有必要附加更为明确的具体危险情况以及其他一切补充证明其危害社会利益的情节作为判断依据。醉酒驾驶行为制造了法律禁止的风险。[②]因此,法律禁止风险的定义可以是:特定情形下正常人会将之判断为不正当损害危险或者实际损害的不确定性。

---

① Baruch Fischoff, Hindsight Does Not Equal Foresight: The Effect of Outcome Knowledge on Judgment under Uncertainty, 1 Journal of Experimental Psychology 288, 298(1975).

② 谢杰:《"但书"是对抽象危险犯进行适用性限制的唯一根据》,《法学》2011 年第 7 期。

相应的,风险创制型杀人犯罪(过失致人死亡犯罪)可以被界定为:行为人创制死亡结果的禁止风险,过于自信或者疏忽大意地造成他人死亡。当然,我们也能够以设置风险创制证明责任的方式避免上述构成模式中的不自然或者不顺畅的要素:风险创制型犯罪的成立,必须以证明行为人创制了法律禁止的风险为前提;本条规范的适用并不阻却未遂等未完成犯罪的责任认定。

基于上述禁止风险的原理与定义,我们能够以标准化的形式界定风险创制型犯罪的构成模式,从而实现"一般守法公民的社会观念或者正常人注意标准"等主观化规范表述所无法完成的刑法功能。

总之,刑法应该在原有规范表述的基础上完成更多的功能与使命;刑法应当重视禁止风险与有责过失的独立性问题,在界定过于自信或者疏忽大意时有必要针对禁止风险提出更为有效的行为规则指引。

(三) 风险的体系性定位

建构风险创制型犯罪相当困难的另一个原因源自行为、责任以及作为结果的风险之间的关系定位。风险的体系性定位在不同的刑法典中存在极大的差异。美国《模范刑法典》秉持"责任仅与行为有关、结果与责任无关"。《模范刑法典》的条文总体上与其减持的理念保持一致。结果整体上的非价值性导致风险要素在犯罪构成体系中的极度弱化。中国《刑法》则采用实际损害结果与责任高度相关的立法模式。例如,过失犯罪的定义显然是以实际损害结果为导向的,无认识、违背结果注意义务的构成疏忽大意的过失犯罪,有认识的、违背结果避免义务的构成过于自信的过失犯罪。再如,中国《刑法》第二十三条第二款规定,对于未遂犯,可以比照既遂犯从轻或者减轻处罚。犯罪构成体系如何才能够防止风险创制型犯罪构成的系统性紊乱是必须反思的问题。

《模范刑法典》中最能体现结果实际发生不具有重要性、刑事责任建筑于行为以及行为主观责任基础之上观点的条文表述为:除了本条明示的情形之外,未遂、帮助、共谋具有相同的犯罪等级与程度。死刑犯罪、一级重罪的未遂、帮助、共谋行为属于二级重罪。①因此,除了谋杀未遂与重度强奸未遂之外,所有的未遂(例如,纵火未遂、性攻击未遂等)均应当处以与完成犯罪一样的刑事处罚。《模范刑法典》共犯条款中的部分内容同样可以进一步说明结果要素的非重要性:未完成的帮助行为或者未遂的帮助行为应当与实行行为承担相同的实体责任。②

---

① Model Penal Code § 5.05(1).

② Model Penal Code § 2.06(3)(a)(ii).

《模范刑法典》规定的未遂原则上应当与完成犯罪归咎相同刑事责任的观点,与其定罪量刑聚焦于行为与主观心态的理念保持着很强的一致性。这深刻地体现了《模范刑法典》高度关注行为主体的危险性。人身危险性并不因为其意图造成的有害结果或者风险意外地没有发生而降低。①这种评价体系所依托的刑法原理是非常纯粹的。刑事处罚取决于行为人的反社会倾向与经过法律证明的矫正必要。犯罪行为的现实完成或者犯罪计划的最终失败对于刑事措施的介入及其程度不具有实质性影响。②未遂犯并不因为犯罪行为的失败(例如,被害人碰巧在子弹发射之前移动位置等意志外因素)而导致其危险性的降低。类似的,在共犯的情况下,未完成的共犯行为并不因为其没有实际完成帮助行为而导致其危险性的降低。

尽管《模范刑法典》的制定者可以充分论证结果在刑事责任认定过程中的非重要性,并且《模范刑法典》在立法实践中对美国各州当代刑法典具有极为重要的影响,③但是,大多数美国州刑法典如同上述中国《刑法》规定一样,在损害没有实际发生的情况下,选择降低行为主体的责任。④强调实际损害结果的重要性与大多数人接受的可谴责性原理是一致的,法律所禁止结果的实际发生,显然提升了行为人的可谴责性。采用可谴责性原理的刑事立法会针对未完成犯罪设置相对于完成犯罪而言更为轻缓的处罚。⑤

否定《模范刑法典》主张的结果无价值理念的观点通常源自直觉、经验而非规范逻辑。这在评估行为人可谴责性时尤为明显。结果影响刑罚的观念深刻根植于大众意识。既遂犯罪的行为人与未遂的行为人不应当具有同等的责任。既遂犯罪意味着行为人犯罪目的的实现、对他人造成了不公正或者不正当的影响、犯罪行为产生了客观的危害结果、行为人积极地损害了他人财产或者人身利益。从行为角度分析,既遂犯罪行为相对于未完成犯

① Stephen J.Schulhofer, Harm and Punishment: A Critique of Emphasis on the Results of Conduct in the Criminal Law, 122 University of Pennsylvania Law Review 1497, 1514—16(1974).

② Model Penal Code § 5.05(2) cmt. at 490.

③ Cal. Penal Code § 664a(West 1999); Ill. Comp. Stat. Ch. 38, § 8-4(b); N.J. Stat. Ann. § 2C: 3-11; N.Y. Penal Law § 10.00(11); Wash. Rev. Code Ann. § 9A.08.020(West 1988).

④ Paul H.Robinson, The Role of Harm and Evil in Criminal Law: A Study in Legislative Deception?, 5 Journal of Contemporary Legal Issues 299, 305 n.18(1994); Paul H.Robinson, Fundamentals of Criminal Law, Aspen Publishers, 1995, p.488—89.

⑤ 共犯实施帮助行为但未能实际完成仅承担未遂责任。美国各州中有相当数量的司法区采纳了《模范刑法典》的观点,取消或者实质性地修改了这种未遂共犯的传统立法例。Model Penal Code § § 2.06(3)(a)(ii) & 5.05(1); Colo. Rev. Stat. § 18-1-603(1990); Minn. Stat. Ann. § 609-05(1987); Wash. Rev. Code Ann. § 9A.08.020(1988).

罪行为产生更大损害，从行为人角度分析，既遂犯罪的行为人相对于未完成犯罪的行为人更为恶劣。这是在现有法律规范体系下形成的直觉性判断。①同时，这种直观的描述具有一定的实证研究支持。②

作为结果无价值例外情形的一级重罪③似乎与《模范刑法典》坚持的理念相互矛盾。如果未遂犯罪与完成犯罪或者既遂犯罪应当具有同等责任的观点具有坚实的依据，又为何不能适用于一级重罪?④ 一种推论是，《模范刑法典》的制定者基于政治性因素的考量规定了这种例外。谋杀与重度强奸可能是两种最为严重的犯罪类型，因而会受到社会公众最大程度的关注。在此类案件中对未完成犯罪与完成犯罪处以同等程度的刑事谴责，等于是在最大限度地表现《模范刑法典》严重偏离基本社会理念。《模范刑法典》制定者担心死亡结果发生与否并不影响谋杀犯罪刑事责任性质与处罚等级的理念被社会公众理解为法律专家对基本常识的嘲讽，进而使得社会公众产生失望情绪并最终影响刑法的犯罪控制有效性。⑤

一级重罪例外毕竟只适用于极其少数的案件。《模范刑法典》形式上基本能够贯彻结果不影响责任原则。但事实上《模范刑法典》在这个问题上充斥着不一致性。例如，《模范刑法典》与中国《刑法》一样设置了大量的危险犯与实害犯均构成同一罪名的犯罪类型。再如，出现死亡结果的过失杀人构成二级重罪，未出现死亡结果的致人危险处境构成轻罪；⑥轻率地造成严重灾难构成三级重罪；实施同样的轻率行为但严重灾难未发生的，构成轻罪。⑦在上述场合，行为人的犯罪行为与主观责任可能完全相同，但其犯罪属

① John H.Mansfield, Hart and Honoré, Causation in the Law—A Comment, 17 Vanderbilt Law Review 487, 494—495(1964).

② Paul H.Robinson & John M.Darley, Justice, Liability, and Blame: Community Views and the Criminal Law, Studies 1 & 17, at 14—28, 181—89(1995).

③ Model Penal Code § 5.0 5(1).

④ 《模范刑法典》的注释意见从震慑效率的角度对此问题进行解释：刑事立法通过刑事处罚震慑未完成犯罪从而显著提升完成犯罪震慑效率的立法意图在实践中很难得以实现。因此，适用刑罚措施经济性原则决定了有必要限制对未完成犯罪进行最为严厉的刑事处罚。二级重罪的刑事处罚强度已经足以惩罚与控制未完成犯罪行为所能制造的各种危险。参见：Model Penal Code § 5.05(2) cmt. at 490。然而，如果刑罚经济性原则适用于一级重罪未遂犯，为何不能统一适用于所有未完成犯罪？刑事处罚震慑效率、刑罚经济性等概念存在极大的不确定性，此类宏观控制原则本身极为抽象且难以获得实证检验，以此为依据论证具体的观点实际上缺乏坚实的逻辑支撑。

⑤ Paul H.Robinson & John M.Darley, The Utility of Desert, 91 Northwestern University Law Review 453(1997).

⑥ Model Penal Code § 210.3(1)(a)&(2) to § 211.2.

⑦ Model Penal Code § 220.3(1) to § 220. 3(2).

性与刑罚强度会随着风险是否实际转化为实际危害结果而发生实质改变。例如，中国《刑法》第一百一十四条规定，放火、决水、爆炸以及投放毒害性、放射性、传染病病原体等物质或者以其他危险方法危害公共安全，尚未造成严重后果的，处三年以上十年以下有期徒刑；第一百一十五条规定，放火、决水、爆炸以及投放毒害性、放射性、传染病病原体等物质或者以其他危险方法致人重伤、死亡或者使公私财产遭受重大损失的，处十年以上有期徒刑、无期徒刑或者死刑。可见，核心的危害公共安全类犯罪基于风险由可能性转化为现实性的结果变迁决定了责任强度的配置。

为何结果的出现经常会导致犯罪属性与刑罚强度的提升？这一疑问能够以刑事立法具有政治导向的观点进行解释。刑事立法过程中忽视实际危害结果对定罪量刑的影响，会导致社会公众明显觉察到刑法规范的反直觉特点。这将严重削弱刑法在社会中的可信赖程度。为了避免社会公众高度关注且对专家立法中出现的反常识性意见形成激烈的反感情绪，立法者通常会选择在若干特定情形就结果不影响责任的理念进行妥协。

有学者指出，刑事司法系统只有在控辩双方以及居中裁判者等诉讼参与者合作与顺从时才能够有效地运作，而这种合作与顺从只能建立在刑法具有公平性与正义性的基础之上。[①]也有学者认为，最为有效的刑法遵从机制并不是剥夺自由或者金钱处罚的强制，而是道德谴责的威胁与实施正确行为的引导；刑法规范得到社会成员遵从的力量源自其本身的道德可信赖程度。[②]作为社会控制最后防线的刑法应当守住底线、理性应对社会生活，才能拯救社会道德。[③]偏离社会公众的正义观念意味着刑法获取公民未来行为遵从能力的损耗。实践中最为有效的未然犯罪控制措施在于根据行为人偏离社会观念的程度分配责任。

《模范刑法典》精准地创制了犯罪结果对定罪量刑具有重要影响的幻象，但事实上又以潜在与微妙的方式削减结果的体系性价值，从而意图实现获得公众认同与坚持专家认知的平衡。例如，《模范刑法典》在结构上区分了既遂与未遂，在表面上充分关照了社会一般认知层面对既遂与未遂予以区别性理解与差异化归责倾向，但实际上在《模范刑法典》中取消了既遂与

---

① Louis Michael Seidman, Soldiers, Martyrs, and Criminals: Utilitarian Theory and the Problem of Crime Control, 94 Yale Law Journal 315(1984).

② Paul H.Robinson & John M. Darley, Justice, Liability, and Blame: Community Views and the Criminal Law, studies 1 & 17, 181—89(1995); Paul H.Robinson & John M.Darley, The Utility of Desert, 91 Northwestern University Law Review 453(1997).

③ 俞飞：《"道德恐慌"阴影下，刑法不能承受之重》，《东方法学》2012 年第 2 期。

未遂的处罚等级差异。①这种刑事立法政策选择的风险在于，一旦欲盖弥彰的专家观点与社会观念明显抵触的事实被深度解剖与高度关注，整个刑事法律体系将受到损害、刑事法律权威将被撼动。②

(四) 风险创制型犯罪中风险体系性价值的困惑

1. 基于仅有的主观风险承担而忽视客观的风险创制(轻率)

当前的归责模式根植于承担所有风险创制型犯罪界定功能的轻率概念。《模范刑法典》中的过失杀人罪只需要证明行为人轻率地造成他人死亡的结果；③类似的，构成轻率致人危险处境罪只需要证明轻率地致人或者可能置人于危险处境。中国《刑法》过失致人死亡罪只需要证明行为人基于过于自信造成他人死亡的结果。过失的定义并不要求行为人实际上制造了法律禁止的风险。中国《刑法》和美国《模范刑法典》在建构犯罪类型时体现出了主观化偏好。因此，有证据表明行为人基于轻率的主观心态正在创制法律禁止的风险，就能够符合轻率内涵中最低程度的客观性判断标准。至于这种风险是否切实存在，则不是审查的内容。行为人确实有意识地漠视了重大且非正当的风险，并且其行为本身可能造成法律禁止的结果，例如他人人身的重大伤害或者死亡，无论客观上是否创制了法律禁止的风险，均需要承担过于自信(轻率)的法律后果。

一种合理的论辩是，刑法规范以主观构成要件为核心设置有意识地漠视显著且不正当风险的判断标准用以推定事实上存在的风险。但是，我们完全能够感知社会生活中出现的死亡或者伤害等有形的实际危害结果，却很难认可风险本身是有形的。风险只能作为损害概率的事前认知而存在，并且风险只存在于认知能力有限的观察者的事前认知的情形之中。

实践中从各种不同的有限性认知视角对风险展开评估，例如，人类所能认知的视角④，正常人观察特定时空环境下的客观物体或者客观事件的视角等。我们究竟应当采用怎样的视角诠释风险呢？中国《刑法》没有对风险问题进行回应，而《模范刑法典》通过设置行为人所处特定情形下的正常人判断标准评估其有意识漠视风险是否构成有责任的轻率。行为人所处特定情形属于个体化的客观标准，忽视了另一种界定风险的视角，即行为人当时所

---

① Model Penal Code § 5.05(1).

② Paul H.Robinson, The Role of Harm and Evil in Criminal Law: A Study in Legislative Deception?, 5 Journal of Contemporary Legal Issues 299, 315—322(1994).

③ Model Penal Code § 210. 3(1)(a); Model Penal Code § 211.2.

④ 人类无法认知社会实践中的所有事物，例如，超越人类理解能力的复杂事物，超越人类计算能力的随机事件等。

能认知的视角。

同样的分析适用于更为常见的社会生活——行为人驾车经过校区道路,高峰时间会有较多学生在道路上步行或者频繁穿越道路。道路标示牌清晰地警示了行为规则:高峰时间车辆行驶限速每小时15公里;非高峰时间车辆限速每小时50公里。该行为规则的设立依据在于,经过科学计算,高峰时间以超过每小时15公里的速度在校区道路行驶,严重偏离一般守法公民对步行学生安全的注意标准。行为人以每小时50公里的速度穿越校区道路且认为当时属于高峰时间的,在《模范刑法典》的规范框架下,构成致人危险处境罪。行为人高速飙车且途经校区道路时车速相当,其认为当时属于高峰时间的,在中国《刑法》的规范框架下,构成危险驾驶罪。但是,假定行为主体在行为时并不全面知悉当时的具体情况——全校学生并没有在高峰时间在校区频繁步行,绝大部分同学参加了学校组织的、所有学生必须出席的室内集体课程,道路上的步行者流量事实上并不足以导致时速50公里的驾驶行为对行人造成危险——行为人是否仍然构成轻率致人危险处境罪或者危险驾驶罪?根据中国《刑法》危险驾驶罪的规定,答案是肯定的。因为危险驾驶罪只对行为的抽象危险性作出了要求,即构成本罪只要求飙车的行为符合从特定环境中抽象出的道路交通与人损、财损风险,而不需要证明现实风险的实际情况。根据《模范刑法典》的规定,答案也是肯定的。如果行为人偶然地撞到并导致正在步行的逃课学生死亡,其是否构成交通肇事罪(过失杀人罪)?根据中国《刑法》和美国《模范刑法典》的规定,答案依然是肯定的。中国《刑法》过失犯罪框架下的交通肇事罪从已经发生的结果以及行为人对结果的主观心态避免对风险的予以正面界定;美国《模范刑法典》通过有意识地漠视显著且不正当的规范概念,从有责任的轻率这一主观要件的角度顺带地对风险进行界定,行为人显然具有责任,即使其事实上根本没有创制法律禁止的风险。

如果我们以客观行为规则为中心建构法律禁止风险的判断标准,就能够清晰且明确地阐释:法律禁止风险的缺失意味着特定死亡结果并不存在对应的过失责任。而在当前的归责模式下,脱离客观风险的行为会因为意外出现的结果而承担刑事责任。

2. 基于仅有的风险意识缺失而忽视客观的风险创制(疏忽)

相对于过于自信(轻率)型过失犯罪而言,疏忽大意(疏忽)型犯罪的规定存在相似却略有差异的问题。对前文所述校区高速驾车案例的部分条件进行调整:通过校区道路的驾驶员车辆上的计速器失灵,将每小时20公里的实际驾驶速度显示为每小时40公里;当驾驶员进入校区时,其误认为正以时速40公里通过校区道路;驾驶员完全没有注意当时是否属于高峰时间。

如果行为人真的是以时速40公里通过校区道路,没有注意到高峰时间以及频繁穿越道路的学生,一旦撞到并且导致学生死亡,当然需要承担交通肇事或者过失杀人犯罪的责任。然而,行为人只是误认为其驾驶速度为每小时40公里而事实上的车速仅为略超过限速的每小时20公里,在出现驾车撞击学生且出现死亡结果的情况下,行为人是否应当承担交通肇事或者过失杀人犯罪的刑事责任?

对于中国《刑法》交通肇事罪的规定而言,在计速器已经显示为明显超过特定路段高峰车速的情况下,行为人应当而实际上却没有认识到超过高峰时间特定路段的限速规定会造成交通事故的结果,肇事结果一旦出现,行为人显然构成疏忽大意的过失犯罪。根据《模范刑法典》个体化正常人注意标准的规定,即使行为人事实上没有创制法律禁止的风险,只要其基于疏忽造成了他人死亡的结果,就应当承担过失杀人的责任。行为人应当认识到基于个体化客观标准判断之下的风险,实际上却未意识到对正在校区道路步行的学生形成的显著且不正当的风险,基于行为人当时的认知——以时速40公里的驾车速度通过校区道路——显著且不正当的风险确实是存在的,行为人应当注意当时是否属于高峰时间、道路上是否有学生频繁步行。行为人没有注意到高峰时间与道路步行者等情况使得其符合疏忽的构成要件。因此,如果行为人偶然地撞到且导致步行学生的死亡,即使没有创制客观上的法律禁止风险,仍然构成疏忽杀人犯罪。

然而,如果能够以行为规则为核心建构法律禁止风险的判断标准,在上述案例中,行为人显然可以基于不存在禁止风险提出抗辩意见,而坚持主观化犯罪构成的刑法典排除了这种可能性。

3. 结果与客观风险的体系性定位及其影响

中国《刑法》和美国《模范刑法典》的过失责任体系可能具有相当的合理性。实践中几乎没有理由直接基于行为人缺乏特定事实的个体性认知(例如,缺乏客观性禁止风险的认知)而降低其可归责性。在行为人所认知的特定场合,有意识地漠视他人死亡这一禁止风险意味着轻率,无意识地忽视他人死亡这一禁止风险则决定了其应当承担疏忽的责任。为什么各种机缘巧合促成的禁止风险缺失或者风险程度下降(而非行为人主观恶性褪去或者降低)能够排除或者降低责任?在主观责任与客观行为相同的条件下,有什么理由基于事实上没有创制风险而弱化评估行为人的刑事责任?

中国《刑法》基本上不关注客观禁止风险是否真实存在。因为中国《刑法》过失犯罪归责基础排他性地聚焦于主观责任与客观行为及其实际损害结果。美国《模范刑法典》总体上不认可结果对责任的影响,这意味着根据客观风险或者结果是否存在而调整责任属性与程度很难存在正当性基础。《模范刑法典》的制定者可能无法整体否定有形危害结果切实发生对于犯罪化的影响,但对于作为无形结果的风险而言,其选择完全忽视行为人是否创制或者改变风险程度对责任的影响。

4. 客观风险与结果之间的关系

风险(即使是客观的风险)并非损害,因此没有理由在风险与损害之间进行类比。但是,风险是一种结果,更为重要的是,风险应当为法律所禁止,并且对风险的处罚应当在与损害处罚的对比中体现出比例性。

在限速为时速 15 公里的情况下,相对于时速 20 公里的违规行为而言,行为人在高峰时间以时速 40 公里通过校区道路提升了学生受害(伤害或者死亡)的概率。这种概率的提升足以跨越容忍风险与禁止风险的边界。客观风险的概率提升并不仅仅是行为人的主观认知问题,而且是现实情状的事实呈现。增加的风险并非物理上的损害,而是事前损害概率的估计,或者一种常见的刑法中的无形"损害"。如果 1 000 名驾驶员以时速 40 公里通过,另外 1 000 名驾驶员以时速 20 公里通过,我们能够合理预期:前一种情形下会有更多的学生遭受人身伤害或者死亡。在前一种行为所建构的社会环境中,生活境遇明显更不安全。如果以时速 20 公里通过校区道路的驾驶员误认为其正以时速 40 公里驾车行进,学生的风险没有增加,社会生活的境遇没有因为行为人的行为变得更不安全——尽管整个行为与意志的组合以及行为人本身的主体危险性使得我们感到应当对之施加一定的谴责,但这种形成错误认识的驾驶员对于可预期的社会整体损害而言不会产生任何影响。所以,这种行为本质上不应当作为犯罪处理。①

正是因为客观风险使得社会生活环境更为危险决定了法律应当制定规则降低这种风险(设置各种风险创制型犯罪),例如,刑法禁止在特定区域以

① 在因果关系原理的适用过程中,可以进一步论证作为结果的客观风险。我们通过特定因果关系限制客观风险创制的责任。否定客观风险构成结果会阻却因果条件的适用,并导致不合理的责任归咎。以行为人计划在一个空旷的区域中倾倒有毒生产垃圾为例——该区域临近学校,倾倒有毒垃圾会对学生的安全生活产生重大风险,根据美国《模范刑法典》的规定,应当构成致人危险处境罪;根据中国《刑法》第三百三十八条的规定,应当构成污染环境罪。行为人选择在夜深人静时分倾倒有毒垃圾,但在驾车过程中搞错了行进方向,其认为倾倒地点临近学校并会对学生安全造成风险,但事实上倾倒区域远离学校以及其他社区,有毒垃圾不会对包括学生在内的任何人制造风险或者制造污染环境的危险。可是,突然而至的飓风将有毒垃圾卷离实际倾倒区域并带至学校附近区域。在这种情况下能否认定行为人致人危险处境罪或者污染环境罪的刑事责任?答案应当是否定的。因为针对学生所创制的客观风险事实上在因果关系层面远离倾倒有毒垃圾行为或者是倾倒有毒垃圾行为实施之后出现的偶发性事件。

超过特定时速的方式驾驶机动车,否则行为人将构成致人危险处境罪或者各种特定化的风险犯罪。此类犯罪禁止与处罚的是客观风险的创制。

5. 风险创制与犯罪化

美国《模范刑法典》忠于犯罪构成主观化的规范建构理念,尝试将结果对定罪量刑的影响降至最低,并明确在构成要件中剔除了客观风险创制的体系性位置。中国《刑法》则以结果过失为导向建构过于自信与疏忽大意的主观构成要件,同样排除了客观风险创制在构成要件中的体系性地位。

表1概括了采用中国《刑法》、美国《模范刑法典》立法例,排除客观风险创制对构成要件影响之后,制造风险致人死亡行为的犯罪化与犯罪定级模式。

表1 风险创制型过失致人死亡犯罪化模式(排除风险创制影响性)

责任 结果	主观风险承担 (过于自信、轻率)	无主观风险承担、有责任的缺乏认识 (疏忽大意、疏忽)	无责任的缺乏认识 (无责任)
创制禁止风险死亡结果	(1) 过失致人死亡罪(中国) 过失杀人二级重罪(美国)	(2) 过失致人死亡罪(中国) 疏忽过失杀人三级重罪(美国)	无责任
没有创制禁止风险死亡结果	(3) 过失致人死亡罪(中国) 过失杀人二级重罪(美国)	(4) 过失致人死亡罪(中国) 疏忽过失杀人三级重罪(美国)	无责任
创制禁止风险没有死亡结果	(5) 无责任(中国) 致人危险处境罪(轻罪)(美国)	(6) 无责任	无责任
没有禁止风险没有死亡结果	(7) 无责任(中国) 致人危险处境罪(轻罪)(美国)	(8) 无责任	无责任

上表横向指标揭示了《模范刑法典》框架下不同风险所对应的责任水平:轻率、疏忽或者无责任。纵向指标列举了两种结果条件:是否创制了禁止的风险以及风险是否导致了死亡结果。标注号码的方框说明了中国《刑法》和美国《模范刑法典》配置的刑事责任属性与等级。第(1)、(2)项分别代表了标准的过于自信(轻率)与疏忽大意(疏忽)过失致人死亡;第(3)、(4)项的责任属性以及等级与前者相同,但事实上并不存在法律禁止的风险——禁止风险在中国《刑法》和美国《模范刑法典》的规范框架下不影响责任属性以及等级。在前文所述的案例中,以时速40公里通过校区道路且误

认为当时属于高峰时间（事实上不是）符合第（3）项方框描述的责任类型；以时速20公里通过校区道路但误认为本人驾驶速度为40公里且对于是否属于高峰时间、学生是否安全等没有形成有效认识，符合第（4）项方框描述的责任类型。（以上两种情形均假定驾驶员撞到并导致在道路上行走的学生死亡。）

在致人危险处境但没有发生死亡结果的情形下，第（5）、（7）项方框体现了相同的责任分配，[①]涉案行为事实上是否创设风险不影响犯罪属性判断及其等级确定——《模范刑法典》明确规定致人危险处境罪的定性与法律禁止风险是否发生无关。[②]因此，在校区附近倾倒有毒物质从而针对学生制造人身健康安全风险，与误认为其在校区附近倾倒有毒物质从而误认为对学生创制了安全风险一样，均构成相同性质的犯罪且承担相同等级的刑事处罚。由于在中国《刑法》规定中尚未明确出现追究过失实施风险行为[③]且未造成他人死亡结果的犯罪类型，故没有出现死亡结果的情况下，无论风险是否客观存在，均不存在刑事责任问题。

在同为轻率的罪过模式下，[④]过失杀人犯罪的犯罪等级重于致人危险处境罪，其原因与《模范刑法典》区分谋杀罪与谋杀未遂罪的刑事责任等级一样：在死亡结果确实发生时，死亡结果本身会引发社会公众的高度关注，并且社会一般理念绝无可能认同死亡结果出现与否不影响责任的刑事立法或者刑事司法实践。

尽管同样属于过失的罪过模式，[⑤]但疏忽大意（疏忽）地制造死亡风险，对于中国《刑法》与美国《模范刑法典》而言，都是只有在结果实际发生时，才会触发刑事责任。实际危害结果的发生具有极为重要的犯罪论价值，它是行为人承担刑事责任的构成要件之一。这意味着中国《刑法》、美国《模范刑法典》不区分具体情形地将实害结果直接作为疏忽大意型过失犯罪的定罪要件，而整体忽略制造法律禁止风险的实质意义。

《模范刑法典》的刑事责任与犯罪定级模式同样彰显出其意图限制结果

---

① 表1第（6）、（8）项亦然。

② Model Penal Code § 211.2.

③ 应当看到，中国刑法理论对危险驾驶罪主观方面究竟为故意还是过失问题，出现了比较明显的理论解释分歧。参见刘宪权、周舟：《危险驾驶罪主观方面的刑法分析》，《东方法学》2013年第1期；李翔：《危险驾驶罪主观方面新论》，《法商研究》2013年第6期。笔者支持将危险驾驶罪界定为抽象危险犯的观点。所以，在刑法理论并未全面承认中国《刑法》中存在过失危险犯的情况下，不宜主张中国《刑法》将基于过失的风险行为犯罪化。因此，没有死亡危害结果时，无论风险行为是否客观上制造风险，只要行为人的主观内容是过失，在既有的法律框架下就不存在责任问题。当然这并不否定改革的必要性，甚至通过过失危险犯完善风险犯罪规制体系本身就是改革的方向。

④ 表1第（1）、（3）、（5）、（7）项。

⑤ 表1第（2）、（4）、（6）、（8）项。

的重要性。比较第(7)项与第(6)项——在前一种责任与结果条件设置下，行为人事实上没有却误认为自己制造导致他人死亡的禁止风险，需要承担刑事责任；在后一种情形下，行为人制造了死亡风险，但其主观上是对风险无认识而非有意识漠视，不需要承担刑事责任。可见，对于《模范刑法典》的制定者而言，误认为创制风险比基于疏忽实际创制风险更具刑事可归责性。

正是这种以主观风险承担为核心的刑事归责理论造成事实上不存在风险创制的过于自信(轻率)犯罪的责任界定过重，以及实际创制风险的疏忽大意(疏忽)犯罪的刑事责任直接排除。真正反映社会一般理念对于结果在刑事处罚中定位的刑事立法，显然会与表1所描述的责任分配与犯罪分级模式不同——表1第(3)项与第(4)项将不存在刑事责任或者至多为轻微的不能犯未遂责任，从而反映禁止风险的缺失对于定罪量刑的影响；第(6)项应当承担刑事责任，从而体现禁止风险的存在对于责任的影响，但其犯罪等级应当轻于风险创制且导致实际危害结果的第(2)项；第(7)项应当体现禁止风险的缺失对责任的影响。

因此，在作为结果的客观风险对责任具有重要影响的前提预设下，对既有的中国《刑法》与美国《模范刑法典》进行调整，风险创制型过失致人死亡犯罪的责任与分级模式呈现为表2所示的内容：

表2 风险创制型过失致人死亡犯罪化模式(肯定风险创制影响性)

责任 / 结果	主观风险承担(轻率)	无主观风险承担、有责任的缺乏认识(疏忽)	无责任的缺乏认识(无责任)
创制禁止风险死亡结果	(1) 过失致人死亡罪(中国，量刑基准上浮) 过失杀人二级重罪(美国)	(2) 过失致人死亡罪(中国，量刑基准下调) 疏忽过失杀人三级重罪(美国)	无责任
创制禁止风险没有死亡结果	(3) 过失致人危险处境罪(中国，建议增设) 轻率致人危险处境罪(一级轻罪)(美国)	(4) 过失致人危险处境罪(中国，建议增设) 疏忽致人危险处境罪(二级轻罪)(美国)	无责任
没有禁止风险死亡结果或无死亡结果	(5) 无责任	(6) 无责任	无责任

表2纵向列举了三种结果形态:禁止风险导致危害结果、禁止风险、无结果。表2横向内容与要素与表一相同。

基于疏忽行为导致死亡结果具有发生的可能性,但实际上没有创制风险,①在表2第(6)项设定的条件下不承担刑事责任,在中国《刑法》、美国《模范刑法典》的框架下需要承担刑事责任。②表2第(4)项列举的疏忽制造禁止风险但未导致死亡结果的,应当承担刑事责任,但《模范刑法典》排除表1第(6)项列举的相同情形的刑事可谴责性,中国《刑法》目前并没有明确认可(疏忽大意)过失危险犯的存在性。

表2描述的犯罪定级根据主观责任与客观结果轻重有序降低等级:第(1)项与第(2)项之间的差距在于过于自信的主观风险承担转变为疏忽大意的无风险意识,在美国刑法的框架下,需要降低一个犯罪等级;在中国刑法框架下,需要于量刑过程中体现出有意识过失与无意识过失之间的刑罚配置差异。第(1)项与第(3)项之间的差距在于前者的风险创制造成死亡结果而后者没有实际危害结果,在美国刑法的框架下,需要降低两个犯罪等级;在优化后的中国刑法框架下,建议设置过失致人危险处境罪。第(5)项、第(6)项由于没有创制禁止的风险,故不应当配置刑事责任。

值得指出的是,尽管致人危险处境罪刑事责任合理边界问题并非本节主题,但该罪主观过失、创制法律禁止风险且没有实际危害结果的规范构造,决定了应当严格地限制其刑事归责范围。如果采纳致人危险处境行为犯罪化的意见,刑法有必要在刑罚配置上为疏忽致人危险处境罪设计非常轻缓的处罚机制。

(五) 重视客观风险在责任认定中的地位

通过中国《刑法》与美国《模范刑法典》的纵深性比较分析可见,现有的刑法规范体系没有区分行为规则问题(刑法禁止怎样的风险)与裁判原理问题(如何根据刑法认定行为人对于特定情形下的风险构成具有刑事可罚性的过于自信或者疏忽大意),而只是通过建构主观构成要素界定规则的方式单方面强调裁判原理问题,最终导致刑法无法提供判断禁止风险的行为规则。

过失犯罪、过于自信(轻率)与疏忽大意(疏忽)的概念困境在于其不足以替代法律禁止风险的界定。案件事实的判断者无法根据刑法提供的法律标准裁断究竟何种风险属于禁止的风险,即无法给予客观正常人的标准,从

① 假定导致死亡结果的风险并不为法律所禁止。

② 表1第(4)项。

而有效分析风险对应结果的发生概率以及危险的损害程度等问题。

更为重要的是，以主观责任概念为中心建构刑法规范会导致法律禁止风险法律界定的主观化。①在相同的情形下，特定行为主体是否符合过于自信或者疏忽大意构成特征的判断结论，具有非常大的差异性。相对于从客观风险的角度界定行为规则而言，主观化的犯罪构成排除了刑法规范引导社会公众行为认知的功能发挥。

现有的风险创制型犯罪刑法规范建构逻辑的问题在于更为全面的结果概念（包括法律禁止风险在内）与责任之间的关系过于疏远。刑法典在制定与优化的过程中应当考虑到，风险是否创制与过失罪过类型认定同等重要。在风险缺失或者减弱的条件下，应当取消或者调低犯罪的定性或者量刑定级水平。

刑法未区分行为规则与裁判原理以及风险有价值与无价值的定位困惑是互为关联的。既有的刑法规范体系未能建构独立化的行为与裁判规则，导致司法实践很难注意到风险以及风险犯罪刑法规范主观化的问题。采用模糊性的主观责任要素（过于自信与疏忽大意）建构风险创制型犯罪与作为结果的风险有价值的理念存在内在冲突。系统化的分离行为规则与裁判原理有助于刑事立法重视风险界定并且避免以主观责任要素为核心建构风险创制型犯罪刑法规范。

二、社会福利条件改善（风险弱化）背景下的遗弃罪

“婴儿安全岛”是指收容被遗弃婴儿的保护设施，受到广泛关注。2011年6月，石家庄市社会福利院在全国率先设立“婴儿安全岛”。就是在福利院门口，配备一间有小床、空调、保温箱、远红外报警装置等设备的温馨小屋。对于弃婴，家长大多经历激烈思想斗争后选择在夜间悄悄遗弃。远红外报警装置能灵敏捕捉到有人进入的信息，迅速报警，以便工作人员赶来救助，此举避免了弃婴的二次伤害。虽然无法改变遗弃行为，但可以改变遗弃的结果。2013年7月，民政部下发通知，要求在全国开展“婴儿安全岛”试点工作。2014年1月，河北、天津、江苏等多地已建立“婴儿安全岛”，还有19个省、自治区、直辖市正积极筹建。2014年1月28日，农历腊月二十八，设在广州市社会福利院门外的广东省首个“婴儿安全岛”投入使用。广州“婴儿安全岛”投入使用仅15天已接收了79名弃婴，这些弃婴几乎全是残疾，大部分患重度疾病。对一般家庭来说，病重儿童的负担是异常沉重的，客观上

---

① 过于自信、疏忽大意这两个过失罪过类型是刑法总则概念，会影响所有风险创制型犯罪的法律判断。

导致不少家庭被迫放弃孩子。截至2014年，东莞市社会福利中心共有弃婴800多名。仅2013年，东莞市社会福利中心就接收了约200名孩子。这些被遗弃的孩子，85%以上都有残疾。推广“婴儿安全岛”的做法，一度引起社会争论。持异议者认为，此举可能变相鼓励弃婴现象。但更多声音持肯定意见。遗弃行为无法改变，但国家和社会的努力，可以改变遗弃的结果。减少弃婴现象，法律只是最后不得已的遏制手段，“婴儿安全岛”也只是雾霾中的一缕微风。刑法必要的追责也许是对社会和死亡弃婴的一种安慰，但当法律面对婴儿生命的消逝、孩子父母身陷囹圄的现实，却显得那么苍白无力。如何避免类似的悲剧再次发生，拷问着我们的社会保障体制。①

在福利体系日益完善语境下，确实有必要反思遗弃罪的风险刑法控制路径问题。对于遗弃罪而言，有的国家的刑法条文明确出现“足以……”、“导致……危险”等典型罪状表述，当然属于具体危险犯。例如，《德国刑法典》第一百七十条第一款规定，逃避法定扶养义务，导致被扶养人生命健康具有危险的，处三年以下监禁。②有的国家的刑法条文并未使用此类典型文义表述，但在刑法理论上具有解释为具体危险犯的显著空间。在日本刑法理论中，主流观点认为遗弃罪属于具体危险犯。③上述意见均主张，在具体案件中，遗弃行为使被害人生命或者健康陷入危险状态才能够进行归责。当然，这种将遗弃罪解释为具体危险犯的观点受到了不同程度的质疑。较有代表性的反对意见指出，遗弃罪以不履行义务的不作为而成立犯罪，对于被害人实际上处于什么状态的客观事实，无需予以专门考量，属于抽象危险犯；只要行为人单纯地违背义务即可成立犯罪，具体危险并非构成要件要素。④因此，父母将婴儿遗弃在医院、居委、派出所等对被害人生命健康难以构成危险的处所，也应当构成遗弃罪。

由于我国《刑法》第二百六十一条为遗弃罪设定了“情节恶劣”的客观处罚条件，故有学者认为在我国刑法的规范框架内，遗弃罪属于实害犯。⑤但笔者认为，从“情节恶劣”这一客观处罚条件无法直接推出我国刑法中的遗弃

---

① 参见丁黑丁、黄彩华：《东莞弃婴案——一名90后父亲的善与恶》，《人民法院报》2014年4月14日第3版。

② StGB § 170 Verletzung der Unterhaltspflicht.

③ 参见[日]平野龙一：《刑法总论Ⅰ》，有斐阁1972年版，第120页；[日]野村禾念：《刑法总论》全理其、何力译，法律出版社2001年版，第332页；[日]西原春夫：《犯罪实行行为论》，戴波等译，北京大学出版社2006年版，第112页。

④ 参见许玉秀：《被利用人之禁止错误堕胎加重结果罪》，《台湾本土法学杂志》总第27期。

⑤ 参见肖中华、陈洪兵：《“危险概念是一个危险的概念”——关于狭义危险犯的理论及立法检讨》，《中国刑事法杂志》2005年第6期。

罪属于实害犯。“情节恶劣”并非仅指后果严重，其不仅可以包括遗弃行为所产生的严重后果，而且能够涵盖除实际损害之外的遗弃行为本身所具有的严重社会危害。遗弃行为没有造成实际的人身伤亡后果，但行为在独立评价后对被害人形成伤亡风险，或者多次遗弃、遗弃多人的，均可认定为“情节恶劣”。因此，我国刑法中的遗弃罪代表着一个相对宽泛的犯罪形态，整合了危险犯与实害犯的双重内容。

然而，“情节恶劣”始终是一个不确定概念、价值判断概念、待填充概念。如何根据当前的社会风险合理解释遗弃罪及其“情节恶劣”的客观处罚条件，是必须予以深思的问题——是继续停留在宽泛的遗弃罪的框架中，还是将之明确解释为具体危险犯，抑或是基于风险控制的要求拓展解释为抽象危险犯？

笔者主张在解释论上将遗弃罪定位为具体危险犯。基于现阶段社会救助条件的不断发展，具有扶养义务的行为人实施的遗弃行为所创设的风险具有可区分性，并非所有的遗弃行为都具有可罚性。负有扶养义务的行为人不尽扶养义务，而事实上被遗弃者仍然有他人主动或者社会福利机构予以及时保护，对于被遗弃人而言并不会发生伤亡危险，应当认为没有通过遗弃罪处以刑罚的必要性。行为人不履行扶养义务是否构成遗弃罪，有必要就具体个案审查行为人对无独立生活能力的被扶养人的放任行为，是否事实上已经制造了危害生存或者健康的风险。

对于近亲属之间的遗弃案件，我国司法实务坚持以宽泛的内容填充“情节恶劣”客观处罚条件，对于遗弃行为本身并未直接制造被害人具体的伤亡风险的行为，仍然采取抽象危险犯的见解，将之纳入遗弃近亲属“情节恶劣”的刑事处罚范围。典型案例表现为：王某与吴某系登记结婚的夫妻。婚后吴某身患红斑狼疮病，经治疗好转。但吴某生育一女后病情加重，王某带其就治于固始县人民医院，经确诊为系统性红斑狼疮和肾脏病。王某见吴某病情严重，且难以治愈，产生逃避心理，将吴某交由吴某的父母照看，以外出打工为名离开吴某。吴某在病重期间和死亡后，其父母将王某遗弃妻子的情况反映到固始县妇联等单位，在社会上产生较大影响。法院审理认为，被告人王某作为完全民事行为能力人，明知其妻吴某身患重病，生活不能自理，却以打工为名外出。其主观上有不愿承担法定扶养义务的故意，客观方面表现为在吴某病重、病危及死亡期间，王某实施了不管不问的遗弃行为，且情节恶劣，构成遗弃罪，判处有期徒刑一年。①可见，根据我国刑法遗弃罪

① 吕志豪、祁长琴：《妻子患绝症不管不问，丈夫被判遗弃罪罪名成立》，《人民法院报》2006 年9月30日第3版。

“情节恶劣”要件的刑法解释与司法实务操作，成立遗弃罪并非必须置被害人于孤立无援的危险境地，更无需证明遗弃行为与被害人的人身危险之间形成因果关系，只要行为人以遗弃的意思对于无力自助的被扶养人拒绝履行扶养义务，造成严重的社会影响，即可成立遗弃罪。易言之，我国刑法遗弃罪可罚性的落脚点直接且明确地落位于被害人因遗弃罪承受风险及其严重程度，而在于遗弃行为所背弃的扶养义务及其恶劣程度。

但是，遗弃行为情节恶劣还是情节不恶劣，在司法实践中始终是难以量化把握的实质违法性标准，控方认为恶劣的情节，辩方完全可以给出种种否定性理由认为情节不恶劣。故对于遗弃罪的刑法解释采取使用“情节恶劣”的模糊标准作为罪与非罪的界限，而不去进一步地检验行为人的遗弃行为是否对被害人的生命健康法益，完全无法排除刑法从保护生命健康法益的主体性观点转移至保护扶养关系与社会道德的规范性观点的价值选择倾向。而以集体性的法律关系保护代替个体性的人身权益保护的风险控制路径选择，显然存在被遗弃人生命健康风险控制不明确、不突出、不具体的疑问。根据当前遗弃罪的规范文本及其刑法解释，对实施遗弃行为的犯罪主体进行归责的原因并不在于其对应当保护的人的生命或者健康法益制造了风险，而是责难其不履行扶养义务以及该种行为所造成的社会影响。采取这样的路径进行风险控制，其力度是单薄且不合理的，不仅可能无法重点凸显刑法对个人法益的重视，而且极有可能导致将一种原本不必然或者不直接具有典型性危险的遗弃行为，基于其恶劣的社会影响，拟制成具有可罚性的严重刑事犯罪。

在社会福利制度严重缺失的时代背景下，将遗弃罪的实质性定罪标准确定为“情节恶劣”或许在正当性上存在可以理解的理由。因为不管遗弃行为使被害人置于怎样的环境，实际上都无法合理期许被害人能够接受充分且制度性的政府机构援助、福利救助或者医疗措施。但在当前社会福利制度与医疗体系日趋完善的时代，性质恶劣、受到社会普遍谴责的遗弃行为并非当然地对被害人的生命健康法益制造了不被允许的风险。单纯从遗弃行为本身推断其情节是否恶劣，无法对被遗弃者的生命健康利益给予明确化的刑法保护，同时，模糊的“情节恶劣”客观处罚条件逐渐无法适应刑法解释精确化的要求。

遗弃罪司法实践中经常出现父母将婴儿遗弃在医院一走了之的案例，主要是基于婴儿先天残疾、未婚先孕无力养育、重男轻女等原因。笔者认为，将此类案件定性为遗弃罪并进行刑事处罚的处理方法，值得进行反思。在医院已经接受孕妇帮助其生产并对婴儿提供延续生命、维持健康的必要医疗措施的情况下,父母抛弃婴儿的行为并没有对无力自救的婴儿制造风险。父母将婴儿遗弃在医院,固然没有支付其医疗费用,并且可以根据遗弃婴儿的行为推断其意图完全逃避日后的扶养义务,但其行为显然只是在合同法上构成了对医院的债务不履行以及在亲属法上构成了对婴儿的扶养义务的不履行。遗弃行为所导致的多重债务不履行显然应当承担民事责任并接受道德上的重大非难,却不影响其他医疗机构、社会福利机构基于社会福利制度安排或者社会伦理规范对被遗弃的婴儿进行医疗、扶助、寻找收养人等持续保护被害人使其免受生命健康风险的事实。也就是说,在新的社会福利条件下,遗弃行为原本存在的部分风险业已经由相对完善的福利制度提供社会援助而予以抵消,导致部分遗弃行为缺乏使被遗弃人处于危险状态的可能,从而弱化了刑事归责的必要性,留存的仅仅是民法上的继续履行扶养义务和道德上的强烈谴责。因此,根据当前的社会风险状况调整遗弃罪的刑法解释,将其确定为只有在符合具体危险犯的前提下才具有归责可能的风险控制路径,不仅符合刑法适度介入、罪责刑相适等刑法原理,而且能够在遗弃罪这一个罪层面具体地填充"情节恶劣"的认定标准(对被遗弃人的生命健康产生危险),为在刑法分则部分逐步剔除"情节严重"、"情节恶劣"等模糊标准在解释论上创造基础,为立法变革提供准备。长期以来,在遗弃罪的案件中,行为人多数属于无力扶养近亲属的贫穷、弱势、无知的社会边缘化群体,此类行为主体遗弃被扶养人,其背后可能存在不得已的苦衷或者是出于经济、社会、生理条件不允许而遗弃被扶养人。在现今社会福利体系相对完善的情况下,只要行为人没有将被扶养人置于无人关护或者无处谋生的境地,没有对被扶养人制造生存或者健康风险,则不应当根据未履行扶养义务、社会影响严重、情节恶劣等理由,将之纳入遗弃罪的犯罪圈。

第三章　经济刑法(一):融资犯罪的刑法规制

融资犯罪是指,非法从事融资活动,严重侵害金融市场机制与投资者权益,根据刑法规定应当予以刑事处罚的犯罪行为。根据非法融资犯罪行为形式以及融资犯罪所侵害的金融市场机制进行区分,融资犯罪包括直接融资犯罪与间接融资犯罪两种类型。直接融资犯罪是融资者与投资者直接就资金吸收与交付非法达成协议,侵犯直接融资市场机制的犯罪行为。关于直接金融或者间接金融的问题,我们将在互联网金融犯罪中进行更为深入的分析,本章着重从融资的角度系统性地解释刑法分则中与社会融资环节紧密关联的相关犯罪行为类型。根据我国刑法分则的规定,融资犯罪可以进一步类型化为以下层次:(1)非法集资犯罪,包括非法吸收公众存款罪、集资诈骗罪,通过变相吸收公众存款的方式汇集资金是间接融资的表现形式。(2)非法发行证券犯罪,包括《刑法》第一百六十条①欺诈发行股票、债券罪、第一百六十一条违规披露、不披露重要信息罪、第一百七十九条②擅自发行股票、债券罪、第二百二十五条③非法经营罪,通过发行证券的方式获取资金

① 《刑法》第一百六十条规定:"在招股说明书、认股书、公司、企业债券募集办法中隐瞒重要事实或者编造重大虚假内容,发行股票或者公司、企业债券,数额巨大、后果严重或者有其他严重情节的,处五年以下有期徒刑或者拘役,并处或者单处非法募集资金金额百分之一以上百分之五以下罚金。单位犯前款罪的,对单位判处罚金,并对其直接负责的主管人员和其他直接责任人员,处五年以下有期徒刑或者拘役。"

② 《刑法》第一百七十九条规定:"未经国家有关主管部门批准,擅自发行股票或者公司、企业债券,数额巨大、后果严重或者有其他严重情节的,处五年以下有期徒刑或者拘役,并处或者单处非法募集资金金额百分之一以上百分之五以下罚金。单位犯前款罪的,对单位判处罚金,并对其直接负责的主管人员和其他直接责任人员,处五年以下有期徒刑或者拘役。"

③ 《刑法》第二百二十五条规定:"违反国家规定,有下列非法经营行为之一,扰乱市场秩序,情节严重的,处五年以下有期徒刑或者拘役,并处或者单处违法所得一倍以上五倍以下罚金;情节特别严重的,处五年以上有期徒刑,并处违法所得一倍以上五倍以下罚金或者没收财产:(一)未经许可经营法律、行政法规规定的专营、专卖物品或者其他限制买卖的物品的;(二)买卖进出口许可证、进出口原产地证明以及其他法律、行政法规规定的经营许可证或者批准文件的;(三)未经国家有关主管部门批准非法经营证券、期货、保险业务的,或者非法从事资金支付结算业务的;(四)其他严重扰乱市场秩序的非法经营行为。"

是直接融资的表现形式。(3)贷款犯罪,包括《刑法》第一百七十五条之一[①]骗取贷款罪、第一百九十三条[②]贷款诈骗罪等,贷款显然是资金融通手段(主要适用于公司等机构)。(4)信用卡犯罪,包括妨害信用卡管理罪、信用卡诈骗罪等,信用卡是个人的主要短期融资工具。

第一节 融资犯罪的基本问题

一、非法占有目的

分析融资犯罪刑法规范体系的纵深结构可知,欺诈发行、擅自发行证券犯罪以及非法吸收公众存款罪、骗取贷款罪系不具有非法占有目的且在行为上表现为欺诈的直接或者间接非法集资犯罪;集资诈骗罪、贷款诈骗罪是基于非法占有目的且使用欺诈方法的直接或者间接非法集资犯罪。欺诈与诈骗、非法融资目的与非法占有目的分别从客观与主观构成要件的角度确定了融资欺诈犯罪与融资诈骗犯罪的界限。只有符合诈骗行为与非法占有目的的主客观双重核心要件的非法融资行为才能认定为集资诈骗犯罪,而其中的非法占有目的显然应当是一个主观见之于客观的证明过程,故理论上非法集资犯罪客观构成要件的证明压力应当略强于主观构成要件。然而,就现阶段非法集资犯罪刑法理论与实践中的争议焦点来看,各方观点集中于非法占有目的的推定与反驳问题,[③]对于诈骗行为的论证存在明显不足,这实际上导致非法集资犯罪主观构成要件证明压力过大。这在所有的融资犯罪中都有体现。

---

① 《刑法》第一百七十五条之一规定:"以欺骗手段取得银行或者其他金融机构贷款、票据承兑、信用证、保函等,给银行或者其他金融机构造成重大损失或者有其他严重情节的,处三年以下有期徒刑或者拘役,并处或者单处罚金;给银行或者其他金融机构造成特别重大损失或者有其他特别严重情节的,处三年以上七年以下有期徒刑,并处罚金。"

② 《刑法》第一百九十三条规定:"有下列情形之一,以非法占有为目的,诈骗银行或者其他金融机构的贷款,数额较大的,处五年以下有期徒刑或者拘役,并处二万元以上二十万元以下罚金;数额巨大或者有其他严重情节的,处五年以上十年以下有期徒刑,并处五万元以上五十万元以下罚金;数额特别巨大或者有其他特别严重情节的,处十年以上有期徒刑或者无期徒刑,并处五万元以上五十万元以下罚金或者没收财产:(一)编造引进资金、项目等虚假理由的;(二)使用虚假的经济合同的;(三)使用虚假的证明文件的;(四)使用虚假的产权证明作担保或者超出抵押物价值重复担保的;(五)以其他方法诈骗贷款的。"

③ 参见侯婉颖:《集资诈骗罪中非法占有目的的司法偏执》,《法学》2012年第3期。

尽管最高司法机关制定的司法解释[①]在很大程度上强调通过客观事实推定非法占有目的,但融资者主观上的犯罪目的更倾向于一个基于个案具体情形下的区别化判断规则论证问题,司法解释有关非法占有目的的规定仍然存在过于原则、过于依赖实质判断或者价值判断、以客观结果机械化反推主观目的等重重弊端,有必要从非法集资犯罪的角度切入进行深入解释,尝试解决这一实践难题。

中国非法集资犯罪相关刑法条文本身实际上对融资欺诈犯罪与融资诈骗犯罪之间的界限设定了确定的主观与客观构成要件标准,刑事司法实践应当充分运用准确的司法解释予以深入阐释,不能异化非法集资犯罪构成要件的应有之义。

其一,是否存在诈骗犯罪行为是界分融资欺诈犯罪与融资诈骗犯罪的第一层甄别机制。

刑法理论与司法实践中一般认为,贷款诈骗罪,集资诈骗罪与欺诈发行股票、债券罪,非法吸收公众存款罪,骗取贷款罪之间在客观上的差异并不明显,均表现为不同欺骗形式的非法融资行为,区别的关键在于行为人是否具有非法占有的目的。但是,中国《刑法》非法集资犯罪条文实际上严格区分诈骗方法与欺诈(欺骗)方法。对于侵害间接融资市场机制的贷款诈骗罪而言,中国《刑法》第一百九十三条明确将诈骗行为类型化为编造引进资金、项目等虚假理由的、使用虚假的经济合同的、使用虚假的证明文件的、使用虚假的产权证明作担保或者超出抵押物价值重复担保的以及其他与上述行为手段具有同质性的贷款诈骗行为,疑难问题表现为中国《刑法》第一百九十二条以及近期司法解释均未细化规定或者解释的集资诈骗罪中的“诈骗方法”。[②]1996年最高人民法院《关于审理诈骗案件具体应用法律的若干问

① 司法解释是中国最高人民法院、最高人民检察院对法律、法规具体应用问题所作出的解释与说明。1981年全国人民代表大会常务委员会《关于加强法律解释工作的决议》第二条规定:凡属于法院审判工作中具体应用法律、法令的问题,由最高人民法院进行解释。凡属于检察院检察工作中具体应用法律、法令的问题,由最高人民检察院进行解释。最高人民法院和最高人民检察院的解释如果有原则性的分歧,报请全国人民代表大会常务委员会解释或决定。2007年最高人民法院《关于司法解释工作的规定》第二条规定:人民法院在审判工作中具体应用法律的问题,由最高人民法院作出司法解释。2006年《最高人民检察院司法解释工作规定》第二条规定:对检察工作中具体应用法律的问题,由最高人民检察院进行解释。

② 2010年最高人民法院《关于审理非法集资刑事案件具体应用法律若干问题的解释》第二条规定:“实施下列行为之一,符合本解释第一条第一款规定的条件的,应当依照刑法第一百七十六条的规定,以非法吸收公众存款罪定罪处罚:(一)不具有房产销售的真实内容或者不以房产销售为主要目的,以返本销售、售后包租、约定回购、销售房产份额等方式非法吸收资金的;(二)以转让林权并代为管护等方式非法吸收资金的;(三)以代种植(养殖)、租种植(养殖)、联合种植(养殖)(转下页)

题的解释》(以下简称《诈骗解释》)第三条尽管将集资诈骗罪中的“诈骗方法”规定为“行为人采取虚构集资用途,以虚假的证明文件和高回报率为诱饵,骗取集资款的手段”。但是,由于《诈骗解释》内容上的原则性以及诈骗犯罪司法解释文本上的频繁更迭性,造成集资诈骗犯罪司法实践习惯性忽视该司法解释对“诈骗方法”的规范解释,从而导致部分不符合《诈骗解释》规定的情形在没有经过充分法理论辩的情况下被直接认定为构成集资诈骗犯罪中的诈骗行为。①

笔者认为,融资诈骗犯罪在客观行为上的实质特征在于编造不存在或者无法成立的资本运作项目或者资金经营计划,以给付高额融资利益为诱饵骗取融资款项。其中,贷款诈骗方法具体表现为隐瞒确定坏账或者高度坏账风险,骗取金融机构贷款;集资诈骗方法具体表现为虚构根本不存在的集资用途或者完全不可能盈利的投资计划,骗取社会公众集资款。因此,司法解释有必要对集资诈骗罪中的诈骗方法予以类型化,建议将以下行为方式认定为诈骗方法:虚构投资项目,以后续投资者资金作为盈利给付先前投资者;②严重资不

(接上页)等方式非法吸收资金的;(四)不具有销售商品、提供服务的真实内容或者不以销售商品、提供服务为主要目的,以商品回购、寄存代售等方式非法吸收资金的;(五)不具有发行股票、债券的真实内容,以虚假转让股权、发售虚构债券等方式非法吸收资金的;(六)不具有募集基金的真实内容,以假借境外基金、发售虚构基金等方式非法吸收资金的;(七)不具有销售保险的真实内容,以假冒保险公司、伪造保险单据等方式非法吸收资金的;(八)以投资入股的方式非法吸收资金的;(九)以委托理财的方式非法吸收资金的;(十)利用民间‘会’、‘社’等组织非法吸收资金的;(十一)其他非法吸收资金的行为。”第4条规定:“以非法占有为目的,使用诈骗方法实施本解释第二条规定所列行为的,应当依照刑法第一百九十二条的规定,以集资诈骗罪定罪处罚。”可见,尽管该司法解释明确了“诈骗方法”是集资诈骗罪的构成要件,但仅对非法集资行为的主要表现形式进行了细化规定,并未对“诈骗方法”进行实质性的解释。

① 例如,在“吴英案”中,吴英在融资过程中并没有伪造虚假的证明文件,没有编造实际上并不存在的企业或项目,其借款时只是称做生意,或者称缺少资金,在行为特征上并不符合1996年《诈骗解释》的规定,故不能直接认定其实施了虚构事实或隐瞒真相的行为。参见“吴英案”一审判决书:(2009)浙金刑二初字第1号;“吴英案”二审刑事裁定书:(2010)浙刑二终字第27号。

② 这种诈骗方法实际上就是“庞氏骗局”。“庞氏骗局”是美籍意大利裔投机商查尔斯·庞兹(Charles Ponzi)于1919年“发明”的一种诈骗手段。庞兹欺骗他人向一个子虚乌有的企业投资,虚构该企业购买欧洲的邮政票据再转卖至美国,许诺投资者将在三个月内得到40%的巨额利润回报。实际上,庞兹是把新投资者的钱作为快速盈利付给最初投资人,以诱使更多人上当。庞兹欺骗了数万名投资者,诈骗数额高达1 500万美元。参见Robert Sobel, The Great Bull Market: Wall Street in the 1920's, New York: Norton, 1968, p.17。尽管“以新还旧”、“拆东补西”的“庞氏骗局”是一种传统的诈骗方法,但至今仍是一种最为主要的集资诈骗犯罪行为模式。2008年,纳斯达克股票市场公司前董事会主席伯纳德·麦道夫因其运营的同名证券投资公司涉嫌500亿美元的证券欺诈(Securities Fraud)而被逮捕,最后美国纽约南区联邦法院认定麦道夫编制“庞氏骗局”,利用没有断裂的后期资金滚动支付前期投资,判处其150年监禁。参见Jack Healy, Madoff Sentenced to 150 Years for Ponzi Scheme, The New York Times, June 29, 2009。

抵债,编造经营项目,以集资款项归还债务;[①]恶意建构投资或者经营项目,诱使投资者购买不具有使用价值或者交换价值的实物资产或者金融资产。[②]

其二,应将客观行为作为核心依据分析融资者是否具有非法占有目的。

根据2010年最高人民法院《关于审理非法集资刑事案件具体应用法律若干问题的解释》(以下简称《非法集资解释》)第四条的规定:“使用诈骗方法非法集资,具有下列情形之一的,可以认定为‘以非法占有为目的’:(一)集资后不用于生产经营活动或者用于生产经营活动与筹集资金规模明显不成比例,致使集资款不能返还的;(二)肆意挥霍集资款,致使集资款不能返还的;(三)携带集资款逃匿的;(四)将集资款用于违法犯罪活动的;(五)抽逃、转移资金、隐匿财产,逃避返还资金的;(六)隐匿、销毁账目,或者搞假破产、假倒闭,逃避返还资金的;(七)拒不交代资金去向,逃避返还资金的;(八)其他可以认定非法占有目的的情形。”司法实践中对于第三项至第七项规定的非法占有目的情形争议不大,疑难问题集中于在集资款无法返还的情况下,如何根据融资者的资金使用情况推定非法占有目的。

对此,笔者认为,司法实践中首先应当避免根据事后造成的损失来倒推“非法占有目的”,从而倾向于将造成较大损失的案件认定为集资诈骗罪,而损失较小的案件认定为非法吸收公众存款罪。其次,资金无法归还与明显非法占有资金行为之间应当具有因果关系,基于市场风险、经营判断失误等原因造成集资款无法收回的,不能推定其具有非法占有目的,而应当通过民事诉讼程序予以追偿。再次,推定融资者具有非法占有目的的基础事实应当具有典型性与明确性,用于生产经营活动与筹集资金规模明显不成比例以及肆意挥霍情形中的“明显”、“肆意”等应当综合个案事实予以重点分析,不能简单地根据“不成比例”、“挥霍”等基础事实对非法占有目的进行推定。最后,应当充分允许涉嫌融资诈骗犯罪的行为人就其不具有非法占有目的进行反驳。应当看到,2001年《全国法院审理金融犯罪案件工作座谈会纪要》不仅从正面规定了非法占有目的的客观表现形式,即推定行为人具有非法占有目的的客观行为类型,而且从反面强调了应当谨慎认定或者不认定非法占有目的的两个要点:一是不能仅凭较大数额的非法集资款不能返还的结果,推定行为人具有非法占有的目的;二是行为人将大部分资金用于投

① 例如,向被害人编造、虚构募集资金是因为公司经营或者对外投资缺少资金,同时隐瞒公司的实际经营状况为严重资不抵债的事实以及所募集资金的真实用途,以支付高额利息为诱饵,公开募集大量资金并支付前期债务。

② 例如,设立完全不具有资产价值或者股权流动性的空壳公司,在美国纳斯达克OTCBB、OTCQX等自动报价系统挂牌,诱使投资者购买此类公司股权。

资或生产经营活动,而将少量资金用于个人消费或挥霍的,不应仅以此便认定具有非法占有的目的。但 2010 年《非法集资解释》只是从正面强调了推定非法占有目的的情形,并没有从反面论证或者突出反驳非法占有目的的行为事实类型,在实体规范层面存在一定程度弱化非法占有目的推定与反驳对抗性的问题。故在司法实践中有必要彰显非法占有目的反驳的作用与意义,防止非法集资犯罪司法解释出现技术性倒退。

二、刑事违法性认定问题

超越金融机构垄断存贷款业务框架寻求融资渠道,很大程度上具有融资市场竞争与多层次金融市场创新探索的性质,但是,在中国《证券法》、《商业银行法》等法律法规明确禁止违反证券发行核准制度与存贷款业务审批制度的情况下,违反法律规定的融资行为符合刑事处罚标准的,即构成非法集资犯罪。可见,非法集资犯罪刑事违法性认定,即合法融资(合法民间融资、私募等)与非法融资(非法发行证券、非法集资等)判断问题,是划分非法集资犯罪的罪与非罪界限的基础。但是,非法集资犯罪刑事司法实践对于合法融资与非法融资的界限认定问题一直没有摆脱司法机制扭曲的状态。

在刑事司法规范建构与适用层面,非法集资犯罪司法实践始终难以明晰地梳理融资自由与金融安全两种法律所保护的社会利益的关系,最终导致司法规范文本受制于行政调控为主导的金融政策。一方面,刑事司法实践通过严厉打击非法集资等非法集资犯罪稳定金融秩序与维护金融垄断;另一方面,通过不同程度地认可民间融资的合法性保障民间资本最低限度的流动性。在融资自由与金融安全两种价值不断冲突与企图调试的过程中,现有金融体系稳定在持续处于优先保护价值地位的同时,深刻地凸显刑事司法规范文本的摇摆性与非独立性。1995 年全国人大常委会《关于惩治破坏金融秩序犯罪的决定》设立非法吸收公众存款罪和集资诈骗罪之后,基于对国有垄断金融机构的保护需要,刑事司法实践对非法集资案件持续进行严厉打击。①尤其是在通过大量投资推动增长的经济过热时期,刑事司法解释文本对于非法集资犯罪的刑事控制尤为严厉。例如,2004 年宏观调控时期,中国政府提出严格控制新开工项目,认真清理在建项目,加强金融调控和信贷管理,适度控制货币信贷增长等针对性调控措施。②2004 年 11 月最高人民法院发布《关于依法严厉打击集资诈骗和非法吸收公众存款犯罪活

---

① 参见彭冰:《治理之道更在法律之外》,《财经》2012 年第 6 期。

② 参见新华社北京 4 月 11 日电:《继续加强宏观调控 控制投资过快增长 保持经济平稳较快发展》,《人民日报》2004 年 4 月 12 日第 1 版。

动的通知》(以下简称《严打非法集资通知》)。《严打非法集资通知》第二条提出:坚决贯彻依法严惩集资诈骗和非法吸收公众存款犯罪的方针,加大对集资诈骗和非法吸收公众存款犯罪的打击力度。法院要积极配合有关部门,开展严厉打击这类犯罪的专项行动,切实维护金融市场秩序和社会政治稳定。贯彻依法严惩的方针,保持对犯罪的高压态势,以有效震慑不法分子,保护人民群众利益。对集资诈骗数额特别巨大并且给国家和人民利益造成特别重大损失,罪行极其严重的犯罪分子,依法应该判处死刑的,要坚决判处死刑,决不手软。

在非法集资犯罪行为刑事违法性实践判断层面,以行政主管部门行为违法性认定为主导的实体性判断结论与程序性运作流程更是实际控制了合法融资与非法融资的界限甄别。尽管2011年最高人民法院《关于非法集资刑事案件性质认定问题的通知》(以下简称《非法集资性质认定通知》)明确规定:行政部门对于非法集资的性质认定,不是非法集资案件进入刑事程序的必经程序。行政部门未对非法集资作出性质认定的,不影响非法集资刑事案件的审判;对于案情复杂、性质认定疑难的案件,人民法院可以在有关部门关于是否符合行业技术标准的行政认定意见的基础上,根据案件事实和法律规定作出性质认定。但是,《非法集资性质认定通知》又规定,非法集资刑事案件的审判工作涉及领域广、专业性强,法院在审理此类案件当中要注意加强与有关行政主(监)管部门以及公安机关、人民检察院的配合。这实际上意味着司法机关在坚守非法集资犯罪行为刑事违法性认定独立判断的同时,仍然基于权力配置、技术条件、影响领域等各方面障碍与困惑而出现摇摆。

实践中,对于侵害间接融资市场机制的非法吸收公众存款、集资诈骗行为违法性认定,现阶段形成了以中国银监会牵头成立的处置非法集资部际联席会议①以及以省级人民政府为核心进行判断的行政控制模式,此类非法集资犯罪行为刑事违法性的司法审查对于行政认定程序与结论具有实质性的依赖。根据《处置非法集资部际联席会议制度》的规定,处置非法集资部际联席会议组织有关部门对涉嫌非法集资案件进行性质认定,由有关部门依法作出认定结论。重大案件的认定意见按程序报批。同时,根据《处置非法集资部际联席会议工作机制》的规定,事实清楚、证据确凿、政策界限清晰

① 处置非法集资部际联席会议是经国务院同意建立,由中国银监会牵头,国家发改委等18个部门参加,负责处置非法集资活动组织协调的工作机制。其主要职责是,在国务院的领导下,组织协调有关部门和省级人民政府,建立“疏堵并举、防治结合”的综合治理长效机制,切实有效地贯彻落实党中央、国务院处置非法集资的方针和政策。

的，由案发地省级人民政府组织当地银监、公安、行业主管或监管等部门进行认定。性质认定后，由当地省级人民政府组织进行查处和后续处置。重大案件，跨省（自治区、直辖市）且达到一定规模的案件，前期调查取证事实清楚且证据确凿、但因现行法律法规界定不清而难以定性的，由省级人民政府提出初步认定意见后按要求上报，由联席会议组织认定，由有关部门依法作出认定结论。同样，对于侵害直接融资市场机制的擅自发行证券、非法经营证券业务等非法集资犯罪行为的违法性认定，司法机关通常将中国证监会对涉案经营行为的性质所出具的书面结论（一般以复函的形式出现），作为认定涉案直接融资行为或者非法经营证券融资业务行为违法性的核心依据。

犯罪的违法性始终被认为是理所当然的特征。①非法集资犯罪行为刑事违法性的认定不能仅仅是对《商业银行法》《证券法》等相关行政法律规定的静态援引，而是必须对整个融资过程中行为的刑事违法性进行全面的证明，即司法机关通过严格的司法审查，论证非法集资犯罪行为的违法事实及其规范依据。司法机关自主性地对非法集资犯罪行为刑事违法性问题进行论证与分析的能动性作用受到了明显的限制，不仅是源于外部性行政力量与金融利益的压制，而且在一定程度上是因为司法机关在面对金融专业性问题时主动采取"司法克制"的态度，转而依托专业性行政部门的力量判断非法集资犯罪行为的刑事违法性。实际操作中，中国银监会负责非法集资的认定、查处和取缔及相关的组织协调工作；中国人民银行、公安部、工商总局、中国证监会、中国保监会等有关部门及非法集资行为发生地的地方政府密切配合中国银监会开展有关工作。具体而言，涉及银行业金融机构的，由中国银监会负责认定、查处、取缔；涉及证券期货、保险机构、工商企业的，由中国银监会会同中国证监会、中国保监会、工商总局以及有关部门负责认定、查处、取缔。②但是，犯罪行为的刑事违法性与违法行为的行政违法性明显是处于两种实体性质与两种程序判断下的法律判断问题，在非法集资犯罪行为刑事违法性认定程序中，以中国银监会主导形成的处罚决定、书面复函、调查笔录、认定函等文件材料，只能在行政处罚程序中具有行政法律效力，在刑事司法程序中不具有司法效力，不应当以此为依据认定非法集资犯罪行为的刑事违法性。

---

① ［德］李斯特：《德国刑法教科书（修订译本）》，徐久生译，法律出版社2006年版，第202页。

② 参见2005年中央机构编制委员会办公室《关于明确认定、查处、取缔非法集资部门职责分工的通知》。

同时,基于涉案行为刑事违法性认定而产生的争议、困惑、分歧等频繁见诸非法集资犯罪案件司法实践:其一,融资行为违法性认定证据合法性争议。非法集资犯罪实践中,辩方经常提出的一种辩护意见是,中国证监会出具的《认定函》等文件不属于中国《刑事诉讼法》规定的七种证据之一,证据形式不合法,不能作为定案依据。但是,控方通常坚持认为中国证监会出具的《认定函》等从形式上看属于公文书证,具备证据能力,依法可以采信作为定案的依据。其二,非法集资犯罪二次违法性认定障碍与矛盾。根据犯罪二次违法性理论,刑法具有二次性规范的属性,犯罪具有二次性违法的基本特征。①在认定犯罪的过程中,涉案行为的违法性依据根植于前置性规范,违法行为只有在超越其他法律规范的情况下,才能通过刑法规范进行二次评价与检讨。故中国证监会对涉案融资行为提出的行政违法认定意见尽管在刑事违法性证明环节没有司法效力,却是非法集资犯罪行为二次违法性判断中不可或缺的第一次违法性判断基础。《非法集资性质认定通知》规定的行政部门对于非法集资的性质认定不是非法集资案件进入刑事程序的必经程序,实际上明显违背犯罪二次性违法原理。这就导致非法集资犯罪行为刑事违法性判断出现重大的内部冲突与矛盾:在部分案件中,行政违法认定程序与实体结论完全替代刑事违法判断;在部分案件中,司法机关在没有行政违法认定意见的基础上直接判定相关行为构成非法融资。②

笔者认为,融资行为违法是认定非法集资犯罪刑事违法性的基础,行政程序中的融资行为违法认定意见可以直接作为非法集资犯罪第一次违法性判断的依据。但是,对于非法集资、非法发行证券等直接或者间接非法集资犯罪案件中相关行为的刑事违法性认定问题,司法机关必须进行独立且全面的司法审查与判断。金融监管部门制作的行政处罚决定书、行政复函等可以作为涉案行为刑事违法性司法判断的证据,但不能直接作为定案依据,而应当对此类证据的合法性、关联性等进行刑事转化、综合论证、分析以及司法释理。

---

① 参见杨兴培:《犯罪的二次性违法理论探究》,载《社会转型时期的刑事法理论》,法律出版社 2004 年版,第 415 页。

② 例如,在中富证券有限公司、彭军等非法吸收公众存款案中,中富证券在从事资产管理过程中具有资质,对与此类有资产管理资质的证券机构吸收资金的行为(明知从事资产管理业务不得向客户作出保证其资产本金不受损失或者取得最低收益的情况下,故意采取上述方法吸收存款)是否可认定为非法吸收公众存款,显然应当由中国银监会先行认定其行政违法性。但该案在未经行政确认涉案行为违法性的情况下,一审、二审均认定非法吸收公众存款罪成立。参见中富证券有限责任公司、彭军等非法吸收公众存款案一审判决书:(2005)沪二中刑初字第 117 号;中富证券有限责任公司、彭军等非法吸收公众存款案二审刑事裁定书:(2005)沪高刑终字第 160 号。

其一,金融监管部门提供的书面文件可以作为公文书证纳入非法集资犯罪全案的证据体系,具有可采性。国家机关在法定职权范围内行使职权所制作的书面文件,包括各种命令、决定、通告、指示、信函、证明文书等,属于公文书证,可以作为刑事案件的证据。中国银监会、中国证监会等作为国务院银行业、证券业等监督管理机构,依照中国相关金融行政法律规定,具有认定非法融资行为的法定职权。中国银监会、中国证监会等根据稽查的事实、证据,并结合《商业银行法》、《证券法》的有关规定出具《认定函》、《批复》等,对涉案行为的行政违法性进行说明,符合法律规定,应当作为非法集资犯罪第一次违法性的直接认定依据以及第二次违法性(刑事违法性)的判断基础。

其二,金融监管机构在行政程序中形成的相关证据及其在刑事程序中出具的文书具有证据可采性,并不意味着司法机关可以直接按照公文书证中的结论性意见认定案件事实与相关行为的刑事违法性。金融监管机构认定非法融资的法定职权限于行政程序,其对融资行为违法性进行确认的行政法律文件具有的既定效力仅覆盖行政程序环节,是一种行政违法性的认定,金融监管机构无权对涉案融资行为的刑事违法性进行认定。所以,在金融监管机构出具认定函件等公文书证的情况下,司法机关必须对其所阐释的理由与结论进行独立分析,不能直接按照中国证监会提供的意见认定案件事实与法律性质。司法机关不得以节省司法资源、金融技术性知识能力低于金融监管机构等理由直接将行政文件作为认定非法集资犯罪行为刑事违法性的依据。

其三,金融监管机构在查处融资违法案件过程中形成的证据材料,经过合法性认定与转化之后,可以作为刑事案件的证据使用。司法实践中,非法集资犯罪案件通常由行政执法部门在调查结束后移送司法机关。非法集资犯罪行为刑事违法性司法审查必然滞后于行政调查。大量的能够证明非法集资犯罪行为刑事违法性的证据势必都由中国证监会等行政执法部门先行调取、采集、固定、制作。①对于非法集资犯罪涉及大量融资数据、资金流动、账户信息、被害人证言等证据材料,司法机关只能在经过审查认可这些证据合法性的基础上,对涉案行为的刑事违法性进行判断,不可能作为取证主体重新收集与固定非法集资犯罪的证据。因此,认定非法集资犯罪行为刑事违法性的具体依据只能是金融监管机构移送司法机关的证据。此类能够证

① 在非法集资犯罪案件中,涉案的融资行为通常涉及相关地区甚至是全国投资者,涉案投资者动辄成百上千人,涉案金额动辄千万元甚至上亿元,金融监管机构移送司法机关的资金流向、投资者证言等证据繁多。参见王晓林:《集资诈骗罪和非法吸收公众存款罪的构成及异同》,载陈辐宽主编:《金融证券犯罪疑难问题解析》,中国检察出版社 2009 年版,第 275—284 页。

明非法集资犯罪行为刑事违法性的依据进一步可以区分为直接依据与间接依据:金融监管机构向证券公司、证券交易所、银行、工商行政执法机构等调取的记录资金走向、账户资料、工商登记等信息的书证、物证、电子证据等客观性材料,经司法机关确认具备证据合法性的,可以直接作为司法机关判断非法集资犯罪行为刑事违法性的依据。金融监管机构在办案过程中形成的涉案人员供述、证人证言、调查笔录等主观性材料,在刑事司法中不具有证据合法性,必须经过司法机关依法转换为刑事诉讼证据,从而成为判断非法集资犯罪行为是否刑事违法的间接依据。

第二节 非法集资犯罪

“吴英集资诈骗案”在中国引发了一场跨越市民社会与政治国家、普通民众与金融精英、自由市场与金融垄断、规范现实与制度改革、生存与死亡的广泛讨论。相关法治论辩涉及金融犯罪刑法适用与完善、民间金融与法律规制、金融体制改革等一系列问题。应当看到,“吴英集资诈骗案”实际上是在信息互动高度发达时代背景下,通过个案将现有金融监管制度下的投资冲动、融资困境以及法律控制之间的冲突问题予以极度放大,民间融资、非法吸收公众存款罪以及集资诈骗罪的规范界限模糊在中国刑法理论与实务长期存在并持续形成争议。随着社会经济的发展,近年来非法集资犯罪数量与危害持续攀升。根据上海市人民检察院发布的《2015 年上海金融检察白皮书》统计,非法集资犯罪持续增长。2015 年,非法金融活动犯罪加剧,特别是非法集资案件连续四年出现增长,非法吸收公众存款案 101 件、集资诈骗案 37 件。案件还呈现出以下特点:非法集资犯罪主体多为投资管理类公司,采用多层级、跨区域、集团化运作的新模式;销售产品多为性质模糊的“理财产品”,多借用保障安置房、养老产业等国家政策扶持项目等名义混淆视听;传播手段仍使用常见手段,部分借助公众媒体传播集资虚假信息。

一项针对 1995 年至 2008 年间中国 311 起非法集资案件的实证研究指出,个人集资与“债权”型财产关系的高度重合,反映的实质问题是刑法对待非法集资和民间借贷的界限问题所持的模糊态度。由于现行刑法及其配套规定缺乏区分民间借贷和非法集资的明确且具有可操作性的标准,导致司法裁量权呈现滥用的趋势,使各地处理非法集资案件的实践极为混乱。①同

① 王开元、施东沂、骆梅婷:《非法集资实证研究》,《金融法苑》2010 年第 1 期。

时,近十年来中国接连发生的数额特别巨大的非法集资个案也深刻地体现出民间融资事前与事中监管机制阙如与事后刑法规制严苛的法律监管错位状态。

例如,“孙大午非法吸收公众存款案”:河北省响水县孙大午创办的民营农业企业大午集团向银行贷款遇到困难,孙大午动员本企业职工及附近的乡镇村民将钱存在大午集团,用于企业经营。2003 年 7 月 5 日,徐水县检察院以涉嫌非法吸收公众存款罪批准逮捕孙大午。法院审理认定,大午集团未经人民银行批准,经孙大午决策,大午集团招收代办员,设立代办点,于 2001 年 1 月至 2003 年 5 月间,以高于银行同期存款利率、承诺不交利息税等方式,向社会公众变相吸收存款 1 627 单,共计 1 300 多万元,涉及 611 人。2003 年 11 月 17 日法院以非法吸收公众存款罪判处孙大午有期徒刑三年,缓刑四年。①但是,提供存款者与大午集团从未发生信用纠纷,甚至在孙大午案发后也没有出现储户挤兑,储户非但没有出现投资损失反而有相当数量的投资者获利。由于孙大午吸收存款的利息、用途均不存在违法情形,加之吸收存款对象是否具有不特定性较难明确,导致其行为是构成非法吸收公众存款罪还是属于合法的民间借贷存在极大争议。

再如,“曾成杰集资诈骗案”:原湖南三馆房地产开发集团有限公司(以下简称“三馆公司”)总裁曾成杰以非法占有为目的,采用诈骗方法非法集资总金额 34.5 亿余元,集资诈骗金额近 8.3 亿元,金额特别巨大,且情节严重,被告人曾成杰犯集资诈骗罪,于 2012 年 1 月 19 日被湖南省高级人民法院判处死刑。②然而,在剔除已退本息及集资奖励的情况下,三馆公司实际可以用于生产经营活动的融资总额是 7.1 亿元,且经湖南省华信司法鉴定所出具的司法会计鉴定意见书鉴定书显示,三馆公司的资产总计 7.7 亿元,即实际投入生产活动的资金就是 7.7 亿元,所以,在三馆公司实际投入生产活动的资金大于可以使用的资金将近 0.6 亿元的情况下,认定其非法占有集资款存在疑问。同时,该案集资行为是以三馆公司等单位的名义实施的,集资款项用于单位经营、建设项目,符合单位犯罪的两个构成要件;三馆公司具有合法的公司主体资格,从事的经营活动合法,对外集资的决策由公司集体作出或者公司负责人依据公司决策程序作出,集资所得款归单位使用,认定为自然人集资诈骗犯罪同样存在争议。

---

① 邱伟:《孙大午案一审落定》,《21 世纪经济报道》2003 年 11 月 3 日第 5 版。

② 张力、万涛:《湘西曾成杰“集资诈骗”获死刑 类“吴英案”再引争议》,《21 世纪经济报道》2012 年 3 月 19 日第 9 版。

可见,以"吴英案"为典型代表的与民间融资有关的犯罪案件在凸显出中国金融监管不力(金融法律规范不明确、融资监管信息收集与披露机制缺失、民间融资风险预警与防控不健全)的同时,均不同程度地体现出刑法控制过度与刑法规范适用不明确的问题。在面对民间融资合法与非法的界限、非法集资犯罪构成要件的解释、违法吸收资金故意与诈骗故意的判断等疑难问题时,刑法理论往往难以通过全面且有效的论证在刑法规范条文与民间融资现实冲突之间化解个案争议或者弥合制度断裂。对此,笔者认为,刑法理论有必要超越民间融资、非法吸收公众存款、集资诈骗等非法集资犯罪案件的传统规范思维框架,从此类案件频发的金融动因,即市场融资需求的角度出发,拓展刑法规范分析视野。深度反思刑法分则非法集资犯罪的规范文本、理论探索以及司法实践,不仅对于参与中国金融市场的交易者将起到重要的规范指引作用,而且对于非法集资犯罪刑法理论亦有重大意义。

《非法集资解释》第四条规定:"以非法占有为目的,使用诈骗方法实施本解释第二条规定所列行为的,应当依照刑法第一百九十二条的规定,以集资诈骗罪定罪处罚。"可见,集资诈骗罪与非法吸收公众存款罪的唯一界限在于是否具有非法占有目的,而上文已对此进行论述,故在非法集资犯罪的解释部分我们集中论述非法吸收公众行为。

一、非法集资犯罪中社会公众性的界定

《非法集资解释》第一条规定:"违反国家金融管理法律规定,向社会公众(包括单位和个人)吸收资金的行为,同时具备下列四个条件的,除刑法另有规定的以外,应当认定为刑法第一百七十六条规定的'非法吸收公众存款或者变相吸收公众存款':(一)未经有关部门依法批准或者借用合法经营的形式吸收资金;(二)通过媒体、推介会、传单、手机短信等途径向社会公开宣传;(三)承诺在一定期限内以货币、实物、股权等方式还本付息或者给付回报;(四)向社会公众即社会不特定对象吸收资金。未向社会公开宣传,在亲友或者单位内部针对特定对象吸收资金的,不属于非法吸收或者变相吸收公众存款。"

根据2014年最高人民法院、最高人民检察院、公安部《关于办理非法集资刑事案件适用法律若干问题的意见》第二条关于"向社会公开宣传"的认定问题的规定,《最高人民法院关于审理非法集资刑事案件具体应用法律若干问题的解释》第一条第一款第二项中的"向社会公开宣传",包括以各种途径向社会公众传播吸收资金的信息,以及明知吸收资金的信息向社会公众扩散而予以放任等情形。

结合上述法律与司法解释的规定可知,如果没有证据证明行为人向社会进行公开宣传，其只是向少量客户或者长期交往的朋友吸收资金，也没有证据证明行为人进一步利用这些客户或者朋友扩散募资信息，应当认为募资行为是非公开、特定的。

并且，非法吸收公众存款罪要求的社会公众性表明，公众是由自然人构成的公众，而不包括公司、企业等法人或者单位。2015 年 8 月 6 日最高人民法院《关于审理民间借贷案件适用法律若干问题的规定》第十一条规定："法人之间、其他组织之间以及它们相互之间为生产、经营需要订立的民间借贷合同，除存在合同法第五十二条、本规定第十四条规定的情形外，当事人主张民间借贷合同有效的，人民法院应予支持。"第十二条规定："法人或者其他组织在本单位内部通过借款形式向职工筹集资金，用于本单位生产、经营，且不存在合同法第五十二条、本规定第十四条规定的情形，当事人主张民间借贷合同有效的，人民法院应予支持。"第二十六条规定："借贷双方约定的利率未超过年利率 24%，出借人请求借款人按照约定的利率支付利息的，人民法院应予支持。借贷双方约定的利率超过年利率 36%，超过部分的利息约定无效。借款人请求出借人返还已支付的超过年利率 36%部分的利息的，人民法院应予支持。"1999 年 1 月 26 日最高人民法院《关于如何确认公民与企业之间借贷行为效力问题的批复》规定："公民与非金融企业之间的借贷属于民间借贷，只要双方当事人意思表示真实即可认定有效。"可见，法律法规对于自然人与单位之间借贷的法律规制是并无明显限制。所以，向公司、企业等单位募集资金并不涉及非法吸收公众存款的刑事法律风险问题。

二、资产管理、财富管理、委托理财与非法吸收公众存款

当前金融市场中存在名目繁多的资产管理、财富管理、委托理财等业务，各种金融机构、类金融机构基于合法的牌照从事相关业务。例如，中国证监会《基金管理公司特定客户资产管理业务试点办法》第二条规定："基金管理公司向特定客户募集资金或者接受特定客户财产委托担任资产管理人，由托管机构担任资产托管人，为资产委托人的利益，运用委托财产进行投资的活动，适用本办法。"中国证监会《关于规范证券公司受托投资管理业务的通知》第一条规定："受托投资管理业务是指证券公司作为受托投资管理人，依据有关法律、法规和作为投资委托人客户的投资意愿，与客户签订受托资产管理合同，把客户委托的资产在证券市场上从事股票、债券等金融工具的组合投资，以实现委托资产收益最优化的行为。"可见，基金公司、证券公司可以代理客户进行资产管理，由公司通过向客户提供投资方法和投资时机的建议，让客户参考建议自己操盘或者由客户全权委托公司操盘等形式进行投资理财,以实现客户资产保值、增值的业务。但是,实践中也存在大量的公司不具有资管资质,而以委托理财等名义从事非法集资行为。

笔者认为,资管业务、委托理财的本质在于合法建立委托关系,基于客户利益代理客户从事金融交易,风险由客户自行承担,而非法吸收公众存款实际上是违法从事本质上应当由银行实施的吸存、揽储业务,违反法律规定与社会公众约定或者承诺本金与利息(收益)。

在没有资管、委托理财等资质的情况下,实践中一般很容易即可辨识承诺本息的非法吸收公众存款行为,疑难问题在于部分有资管、理财牌照的机构,以各种形式客观上保本付息从事资产管理、财富管理、委托理财行为,对此究竟能否认定为非法吸收公众存款犯罪行为?

刑法理论与实务中通常认为,保本付息的所谓委托理财活动,已经脱离了委托理财的内在含义,与委托理财的本质特征也不相符合,其实质是变相的非法吸收公众存款行为。因为在保本付息的活动中不存在有委托关系。保本付息的行为虽然形式上也存在所谓的委托,但是,资管公司与客户之间实质上不存在委托代理关系。公司与客户之间签订的资产管理合同不是真正的委托代理协议,其实质是公司向客户约定到期兑现的承诺书。正因为资管公司与客户之间不存在委托关系,因此,保本付息活动不具有委托理财的最本质的特征。同时,在保本付息活动中的投资行为并未体现客户的意愿。保本付息的活动中,公司在取得客户投资的资产后,完全是以自己名义进行对外投资的,投资方法和投资时机等都是由资管公司自己决策或决定的,这种活动体现的是公司的意愿,而并没有体现客户的意愿。客户关注的是公司向其所作出的承诺,但并不关心公司如何使用其投入的资产。由于体现客户意愿是委托理财内在的应有之意,因此,保本付息活动难以归入正常的委托理财业务范围之中。此外,客户在保本付息活动中并不承担投资风险。委托理财的重要特征之一在于客户须承担投资风险,但是,在保本付息活动中,由于公司无论盈亏情况如何,都要在约定期限内兑现承诺保本付息,即客户投入资产的风险不是由客户而完全是由公司承担的。①

然而,主张委托理财保本付息就是非法吸收存款的理论观点在司法实践中很容易被各种形式的合约安排所架空,从而丧失据此追究非法吸收公众存款罪刑事责任的空间。从当前的各类资管产品合约安排分析,所谓的承诺利息实际上都是关于预期收益(率)的合约设计。从法律属性上讲,预期收益就是一种不确定性,显然是客户自己应当承担的风险,不能据此否定

① 王拓:《P2P网贷平台非法吸收公众存款行为的司法认定》,《中国检察官》2016年第2期。

资管机构与客户之间的委托代理关系。资管公司通过各种历史收益数据或者刚性兑付巧妙地淡化合约中具有法律效力的“预期”收益，强化客户认为其肯定会保本付息的预期。在这个过程中，资管机构在法律层面规避了承诺保本付息的非法集资风险，在商业上也没有因此造成客户的顾虑而损失客源。所以，将证券公司、基金公司等金融机构实施的保本付息行为定性为吸收公众存款并无实际意义，实践中也鲜见具有合法资管牌照的机构因此而被认定为非法吸收公众存款罪。更为合理的规制路径应当是通过强化金融监管控制这种变相吸收公众存款行为。同时，刑法规制的重点应当是那些并无资管资质的机构承诺保本付息的行为。

三、私募与非法吸收公众存款

近年来私募基金行业发展迅速，截至2016年4月26日，登记备案的私募基金2.58万家，运作产品2.8万只，其中，机构数量多、增数快，但质量不高，100亿元以上管理规模的94家，50亿元以上的有216家，20亿元以上的有538家。2万多家私募管理人有产品的是8 500家，平均规模是6.7亿元。与此同时，私募基金行业暴露出很多问题，尤其是私募基金变相公募，向不特定对象公开推介，变相降低投资者门槛，“跑路”事件时有发生，最突出的问题表现在非法集资的风险。从2016年第一季度发生的私募基金非法集资来看，涉案的备案登记的私募基金规模有5.7亿元，涉及投资者1 700多人。①

私募的宣传范围有限、宣传对象有限。这种有限性是启动民间资本又同时防范民间炒作，最大限度防范法律风险的应有之义。然而，目前私募基金为募集资金所雇用的投资理财顾问、咨询平台无疑打破了这种限制。制作私募基金网站、理财讲座、投资研讨会等宣传形式无形当中把私募基金资金募集行为推向了犯罪的边缘。同时，“代持”是私募基金在资金募集过程中常见的现象。所谓“代持”是指受托人（股东）以本人名义代替多名投资人出资。代持股人为显名投资人，出资人为隐名投资人。实践中，某些私募基金为了扩大“资金池”规模，同时规避我国对私募基金投资数额的最低门槛限制以及投资人数量的上限限制，采用“代持股”的方式，汇集小额资金参与私募投资。实质上，“代持股”行为改变了投资人结构的一元化状态，形成了投资人群体的二元化多层次的结构。形式上的投资人为发起人、有限合伙人，实质上还包含不特定的实际投资人。这种看似平淡无奇的行为，实则隐藏着巨大的形成非法集资犯罪的风险。“代持股”现象产生于发起人邀约有

① 李丹丹：《私募基金行业暴露四大问题　非法集资高发态势未根本扭转》，《上海证券报》2016年4月30日第2版。

限合伙人参与投资阶段,由于缺乏对投资资金来源的合法性保障机制,实践中主要依靠商业银行的客户信誉保障。对于部分股东的出资行为是否存在非法集资行为的可能性难以作出准确的判断,无形当中为私募基金带来了产生非法集资犯罪的风险。以委托方式募集集资的行为容易产生“代持股”现象。我国现行法律并未明文承认“代持股”行为。因此,代位持股在给当事人带来便利的同时,也给代持股带来某些麻烦。虽然国家发展与改革委员会 2009 年发布的《加强创业投资企业备案管理严格规范创业投资企业募资行为的通知》明确规定,存在代持股方式的将不予备案。但目前尚无法律法规将私募基金中的“代持股”行为界定为违规甚至非法行为,仅仅在备案门槛中加以限制。“代持股”也就成为投资人与发起人以暂时性规避法律为代价,实现增资扩容与保本增值的有效途径。实践中,某些私募发起人为了获取注册,默许甚至明示投资能力不足的投资者,借助“代持股”的方式进入企业作为隐名股东,募集对象的实际人数远超过特定投资人人数的标准。特定投资人以显名方式参与投资,而不特定投资人以隐名方式参与投资或者通过“保本付息”的方式获取收益,无形中为非法集资犯罪的生成创造了空间。①可见,通过私募有限合伙等形式公开宣传并违反监管规则超越人数限制地吸收投资,以行公募之实的,应当认定为非法吸收公众存款。

然而,应当看到,司法实践中并非所有参与私募环节的行为人都对于整个利用私募平台公开推介的事实具有明确认知。例如,私募基金在推介金融产品过程中,除了通过公司内部的自有销售团队进行推介之外,还大量通过外部中介机构、独立中介人员等中间渠道进行销售,而这些外部销售渠道实际上并不知悉其募集资金的模式。对于这些外部行为人的刑事责任问题,就应当进行谨慎的分析。

中介渠道并不明知或者应知本案中的募资模式涉嫌利用有限合伙的形式非法吸收公众存款,其在行为过程中一直认为从事的是私募的推介与中介行为,不能认定为非法吸收公众存款罪的共犯。如果没有证据能够证明中间渠道人对假借私募形式实质进行公开发行的行为模式、经营方式、管理结构、吸收资金的具体操作等信息具有任何形式、程度的知悉,没有任何书证能够证明其参与了公司内部的特定环节,没有任何证人证言能够证明其对公司及其相关人员的行为本质与具体内容具有明知或者应知,就不能认定其具有实施非法吸收公众存款罪的共同故意。

从行为角度分析,一般而言,参与中介的有限合伙私募合同,实际上都

① 王荣芳:《合法私募与非法集资的界定标准》,《政法论坛》2014 年第 6 期。

是审阅过合法的律师事务所拟定的协议,相关财务信息也是经过会计师事务所审计的,同时也会通过实地考察对私募资金所投入的项目进行评估,基于其行业经验与合理的审慎调查,认为其行为是在推介、中介合法的私募。在这种情况下,不能认定中介渠道人利用私募有限合伙非法吸收公众存款。

从合规性的角度分析,中介渠道人的行为符合《证券投资基金法》、《合伙企业法》、《私募投资基金监督管理暂行办法》等法律法规规章对以有限合伙形式进行私募的规定,则并不具备非法性,不应当认定为非法吸收公众存款。《证券投资基金法》第八十七条规定:"非公开募集基金应当向合格投资者募集,合格投资者累计不得超过二百人。前款所称合格投资者,是指达到规定资产规模或者收入水平,并且具备相应的风险识别能力和风险承担能力、其基金份额认购金额不低于规定限额的单位和个人。合格投资者的具体标准由国务院证券监督管理机构规定。"2014 年 6 月 30 日《私募投资基金监督管理暂行办法》第十二条规定:"私募基金的合格投资者是指具备相应风险识别能力和风险承担能力,投资于单只私募基金的金额不低于 100 万元且符合下列相关标准的单位和个人:(一)净资产不低于 1 000 万元的单位;(二)金融资产不低于 300 万元或者最近三年个人年均收入不低于 50 万元的个人。"如果中介业务的对象基本上都是高净值的合格投资者,符合私募投资的法律法规规章的规定,则无论私募基金公司本身公开募集了多少数额、向多少不特定人吸收资金,中介渠道者推介成功的相关数额不应当认定为非法吸收公众存款数额。因为这与实践中典型的利用有限合伙形式向不具有合格的投资资质与风险承担能力的人非法吸收 50 万元或者 100 万元以下投资款的行为存在明显的差异。《合伙企业法》第六十一条规定:"有限合伙企业由二个以上五十个以下合伙人设立。"根据《私募投资基金监督管理暂行办法》第十三条的规定:"以合伙企业、契约等非法人形式,通过汇集多数投资者的资金直接或者间接投资于私募基金的,私募基金管理人或者私募基金销售机构应当穿透核查最终投资者是否为合格投资者,并合并计算投资者人数。"市场中的独立中间人,在履行合理审查义务的前提下,如果并未发现公司存在汇集多数投资者资金投资于有限合伙,规避 50 人人数上限的法律规定。同时,其本人推介的投资者也不存在汇集资金投资有限合伙的问题,则显然并不存在通过其中介行为默认、协助等汇集多人资金投资于有限合伙企业(公司)。

对非公开募集基金(私募)进行推介、中介,与非法吸收公众存款罪中的公开募集公众资金存在本质区别。《证券投资基金法》第九十一条规定:"非公开募集基金,不得向合格投资者之外的单位和个人募集资金,不得通过报刊、电台、电视台、互联网等公众传播媒体或者讲座、报告会、分析会等方式向不特定对象宣传推介。”如果并无证据表明中介渠道人向合格投资者之外的单位和个人募集资金,也无证据表明其通过公开宣传方式向不特定人募集资金,则推介、中介完全局限于非公开募资的范畴。

中介渠道人向特定的、合格的投资者推介、中介的私募基金,如其合同内容是符合法律规定的,不应当认定为非法吸收公众存款。根据《证券投资基金法》第三条的规定,通过非公开募集方式设立的基金的收益分配和风险承担由基金合同约定。实践中,作为中介人参与的、相关投资者签署的有限合伙投资协议,其所审阅的合同一般均是经过合法的律师事务所出具的文本,相关财务资料都是合法的会计师事务所出具的信息内容,相关收益和风险承担均由基金合同按照意思自治原则进行约定。在中介渠道人已履行中介人合理的注意义务、审查义务的情况下,不能基于基金投资出现风险、私募公司及其负责人、业务员等存在涉嫌非法吸收公众存款罪的问题等原因,而对中介人追究非法吸收公众存款罪的刑事责任。

四、非法吸收公众存款罪与非罪的界定及其数额边界

《非法集资解释》第三条对非法吸收公众存款罪的数额边界进行了量化规定:“非法吸收或者变相吸收公众存款,具有下列情形之一的,应当依法追究刑事责任:(一)个人非法吸收或者变相吸收公众存款,数额在 20 万元以上的,单位非法吸收或者变相吸收公众存款,数额在 100 万元以上的;(二)个人非法吸收或者变相吸收公众存款对象 30 人以上的,单位非法吸收或者变相吸收公众存款对象 150 人以上的;(三)个人非法吸收或者变相吸收公众存款,给存款人造成直接经济损失数额在 10 万元以上的,单位非法吸收或者变相吸收公众存款,给存款人造成直接经济损失数额在 50 万元以上的;(四)造成恶劣社会影响或者其他严重后果的。具有下列情形之一的,属于刑法第一百七十六条规定的‘数额巨大或者有其他严重情节’:(一)个人非法吸收或者变相吸收公众存款,数额在 100 万元以上的,单位非法吸收或者变相吸收公众存款,数额在 500 万元以上的;(二)个人非法吸收或者变相吸收公众存款对象 100 人以上的,单位非法吸收或者变相吸收公众存款对象 500 人以上的;(三)个人非法吸收或者变相吸收公众存款,给存款人造成直接经济损失数额在 50 万元以上的,单位非法吸收或者变相吸收公众存款,给存款人造成直接经济损失数额在 250 万元以上的;(四)造成特别恶劣社会影响或者其他特别严重后果的。非法吸收或者变相吸收公众存款的数额,以行为人所吸收的资金全额计算。案发前后已归还的数额,可以作为量刑情节酌情考虑。非法吸收或者变相吸收公众存款,主要用于正常的生产经

营活动，能够及时清退所吸收资金，可以免予刑事处罚；情节显著轻微的，不作为犯罪处理。”

五、集资诈骗罪

集资诈骗犯罪活动严重危害市场经济秩序、损害人民群众利益、影响社会稳定，属于典型的涉众型金融诈骗犯罪，具有极为严重的社会危害性。重大的集资诈骗刑事案件，涉案金额大，受害人数多，作案周期长，案发后大部分集资款已被挥霍、转移、隐匿，资金返还率低，集资群众损失惨重，频频引发聚众上访等大规模群体性事件和受害群众自杀等恶性事件。当前集资诈骗犯罪活动持续高发，涉及各个领域，形势严峻。统计数据显示，2005 年至 2010 年 6 月，非法集资类案件共计超过 1 万起，涉案金额 1 000 多亿元，每年约以 2 000 起、集资额 200 亿元的规模快速增加。特别是自 2008 年以来，受全球金融危机影响，国内资金供需紧张，不但引发催生了各种新型集资诈骗犯罪活动，原有的集资诈骗犯罪活动也在加速暴露。犯罪分子往往依托合法注册的公司、企业，以响应国家产业政策、支持新农村建设、项目投资、委托理财等为幌子，巧妙伪装，故意混淆非法集资与合法融资的界限；新的非法集资手法层出不穷，利用经营投资、商品销售、电子商务、基金运作、风险投资、新能源开发、外汇交易、消费返利、黄金期货交易等形式的非法集资纷纷涌现，并不断由传统的种植业、养殖业向房地产、商贸、金融、旅游、医疗卫生、教育等行业渗透，极具隐蔽性和欺骗性。①对于各种集资诈骗犯罪活动，实践中其他相关的法律规定不够明确、具体，政策法律界限不易把握，法律适用疑难问题较多，有必要研究集资诈骗犯罪的法律适用问题。

（一）数额标准问题

对于数额较大的起点，《非法集资解释》起草过程中存在两种不同意见：一种意见主张降低集资诈骗罪数额较大的起点标准，理由是：与其他诈骗的数额标准协调平衡；有利于司法机关及早介入，“打早打小”。另一种意见主张调高数额较大的起点标准，理由是：多数集资诈骗犯罪属于单位犯罪，有一定的生产经营规模；有利于重点打击严重犯罪，控制打击面。经研究，确定入罪门槛，既要考虑与其他诈骗犯罪的平衡，更要考虑与非诈骗类集资犯罪如非法吸存罪的内在平衡。鉴于当前集资诈骗案件涉案金额动辄上千万元这一实际情况，降低追诉标准所希望的“打早打小”的初衷能否如愿，会不会因标准降低而导致罪刑失衡，均不无疑问。同时考虑到上调的空间已经

① 刘为波：《〈关于审理非法集资刑事案件具体应用法律若干问题的解释〉的理解与适用》，《人民司法》2011 年第 5 期。

极为有限,故两种意见均未采纳。同时,考虑到实践中在集资诈骗数额的具体认定上存在各种意见分歧,《非法集资解释》明确规定:"集资诈骗的数额以行为人实际骗取的数额计算,案发前已归还的数额应予扣除。行为人为实施集资诈骗活动而支付的广告费、中介费、手续费、回扣,或者用于行贿、赠与等费用,不予扣除。行为人为实施集资诈骗活动而支付的利息,除本金未归还可予折抵本金以外,应当计入诈骗数额。"①

在适用集资诈骗犯罪的定罪量刑标准过程中,应当注意对集资诈骗犯罪数额的认定。实践中,有的观点认为,诈骗数额指犯罪行为获取的全部数额,但也有观点认为,诈骗数额包括犯罪行为所指向的数额。实际上,集资诈骗罪属于目的犯,应当从非法占有目的实现的角度来认定诈骗数额。非法集资的规模或者非法集资的标的数额可以作为量刑情节适当予以考虑,但是,集资诈骗数额应以行为人实际骗取的数额计算。据此,集资诈骗犯罪当中已返还部分没有实际占有,也难以根据客观情形认定行为人具有非法占有目的,不应计入诈骗数额。

(二) 集资诈骗犯罪的规范界限把握

总体上,集资诈骗犯罪表现为行为人使用诈骗的方法非法集资,数额较大的行为。所谓集资,是指在社会上募集资金。集资诈骗,就是使用诈骗的方法募集资金,例如虚构集资单位、集资用途,或者许诺高利率汇报等,使他人轻易交付资金,以至于上当受骗。集资诈骗犯罪主观方面表现为故意的罪过性质,即行为人是明知而故犯,并且具有非法占有的目的。

集资诈骗犯罪的典型案例表现为:2003 年 10 月至 2010 年 8 月,明大公司等八家单位经工商行政管理局批准先后成立,上述单位实际均由被告人林某控制并负责经营。林某为筹措资金,先于 2004 年起,以金冠公司、早木公司等单位名义分别购买或租赁多处房产,并开设相应的 24K 连锁酒店及明大商业广场,后于 2005 年 2 月至 2007 年 12 月通过报刊刊发信息、组织展览会、现场咨询等方式称,只要出资人购买、承租上述房产,便可通过林某控制的其他关联单位回租、受托经营等获取 8% 至 36% 不等的高额年息作回报。其间,林某就以明大公司、明大市场等单位名义分别向上海、浙江等地 800 名个人筹集资金计 2.38 亿余元。该款除 1 351 万元被林某以个人名义投资浙江某医疗设备公司和某物资公司外,其余主要用于返还出资人本金、支付出资人高额利息和所在单位购房、租房、经营等。至案发,仍有 1.6 亿余

① 刘为波:《〈关于审理非法集资刑事案件具体应用法律若干问题的解释〉的理解与适用》,《人民司法》2011 年第 5 期。

元无法归还出资人。2008 年 3 月,林某已无资金支付前述出资人的高额回报,为了继续筹措资金,其通过朋友介绍与某业发展公司实际控制人龙某相识,并有意购买该公司名下的北京京港城市大厦地下一层和地上一至六层的商业用房,以便改成商铺对外销售。2009 年 4 月 1 日,林某与龙某签订了《框架协议书》,以 7.2 亿元价格购买上述房产,但林某在未取得招商资格的情况下,于同年 4 月至 5 月擅自以金冠公司作担保,以明大市场名义先后与杨某等 34 名被害人签订了《商铺预订单》,获取资金计 1 300 余万元,且承诺预订保留期满后将退还本金并以本金额的 12.5% 至 30% 支付回报。后林某将所获资金中的 600 万余元作为购买北京京港城市大厦定金支付给龙某,9 万余元支付其个人房产典当综合费,189 万余元作为回报支付给前述出资人,其余资金用于所在单位还债、经营等。明大公司等单位违反国家规定,以支付高额利息为名,向社会不特定人员变相吸收资金 2.38 亿余元,扰乱金融秩序,作为上述单位直接负责的主管人员林某的行为已构成非法吸收公众存款罪,且数额巨大;明大市场还以非法占有为目的,使用诈骗方法非法集资 1 300 余万元,作为该单位直接负责的主管人员林某的行为又构成集资诈骗罪,且数额特别巨大,故对林某应两罪并罚予以惩处。此外,林某以明大公司、明大市场等单位名义对外签订涉案合同,所获资金又主要用于公司支付高额回报、购房、经营等,因此,明大公司等单位的行为已构成犯罪,林某应以单位犯罪中直接负责的主管人员承担刑事责任。

在认定集资诈骗罪时,应该注意以下问题:一是集资诈骗犯罪的罪质界限。这主要是指本罪与集资借贷的民事纠纷之间的区别。如果为了正常的经济需要,临时性集资借贷,后因客观原因无力归还或未能及时按约归还而发生纠纷,应通过民法调整加以解决;二是集资诈骗犯罪的罪量界限。集资诈骗罪和欺诈发行股票、债券罪、非法吸收公众存款罪在客观上均表现为向社会公众非法募集资金。区别的关键在于行为人是否具有非法占有的目的。对于以非法占有为目的而非法集资,或者在非法集资过程中产生了非法占有他人资金的故意,均构成集资诈骗罪。但是,在处理具体案件时要注意以下两点:一是不能仅凭较大数额的非法集资款不能返还的结果,推定行为人具有非法占有的目的;二是行为人将大部分资金用于投资或生产经营活动,而将少量资金用于个人消费或挥霍的,不应仅以此便认定具有非法占有的目的。同时,要区分本罪与非法吸收公众存款罪的区别。两者的区别主要表现在:(1)主观方面的目的内容不同:本罪具有非法占有的目的,而非法吸收公众存款罪则不具有如此目的;(2)客观方面的行为表现不同:本罪具有诈骗的特征,而非法吸收公众存款罪,则是违法吸收公众的存款。

在处罚上,还应当注意,金融诈骗犯罪是图利型犯罪,惩罚和预防此类犯罪,应当注重同时从经济上制裁犯罪分子。刑法对金融诈骗犯罪都规定了财产刑,人民法院应当严格依法判处。罚金的数额,应当根据被告人的犯罪情节,在法律规定的数额幅度内确定。对于具有从轻、减轻或者免除处罚情节的被告人,对于本应并处的罚金刑原则上也应当从轻、减轻或者免除。单位金融犯罪中直接负责的主管人员和其他直接责任人员,是否适用罚金刑,应当根据刑法的具体规定。刑法分则条文规定有罚金刑,并规定对单位犯罪中直接负责的主管人员和其他直接责任人员依照自然人犯罪条款处罚的,应当判处罚金刑,但是对直接负责的主管人员和其他直接责任人员判处罚金的数额,应当低于对单位判处罚金的数额;刑法分则条文明确规定对单位犯罪中直接负责的主管人员和其他直接责任人员只判处自由刑的,不能附加判处罚金刑。

第三节　非法发行证券犯罪

通过发行股票、债券的方式募集资金是直接融资的重要模式,为了保护融资市场的效率与投资者的权益,刑法对证券发行市场设置了相关犯罪类型。其中,擅自发行股票、债券罪,欺诈发行股票债券罪,违规披露、不披露重要信息罪等各自从不同的侧面对证券发行市场提供了刑法保护。

一、擅自发行股票、公司、企业债券罪

擅自发行股票、债券罪在相当长的一段时间是与非法集资犯罪同时存在的融资犯罪行为类型,前者主要侵害直接融资市场,后者主要侵害间接融资市场。擅自发行股票、债券罪主要是通过编造公司即将在境内外上市或股票发行获得政府批准等虚假信息,以转让股份的面目出现,通过中介机构以各种公开方式向社会公众销售所谓"原始股"。

2008 年最高人民法院、最高人民检察院、公安部、中国证监会四部门联合下发《关于整治非法证券活动有关问题的通知》(以下简称《非法证券通知》),严打非法证券活动。《非法证券通知》规定:公司、公司股东违反有关规定,擅自向社会公众转让股票,应当追究其擅自发行股票的责任,公司与其股东合谋实施上述行为的,公司与其股东共同承担责任。擅自发行证券的,根据犯罪事实,依照刑法分别追究擅自发行股票罪、非法吸收公众存款罪、集资诈骗罪等;未经批准经营证券业务,涉嫌犯罪的,以非法经营罪追究刑事责任;未构成犯罪的,依照证券法和有关法律的规定给予行政处罚。关

于非法证券活动受害人的救济途径问题,通知明确规定,如果非法证券活动仅是一般违法行为而没有构成犯罪,当事人符合民事诉讼法规定的起诉条件的,可以通过民事诉讼程序请求赔偿。据不完全统计,非法证券活动中90%以上都涉嫌犯罪,而最终被追究刑事责任的只占很小一部分。2007年中国证监会协助公安部督办的8起重点案件均已侦查终结,8起案件共抓获犯罪嫌疑人48人,取缔非法中介机构19家。由于非法证券行为具有智能性、专业性、隐蔽性、手段多样性的特点,实践中仍然存在查处案件难、法律适用理解难、监管部门等行政机关与司法机关协调难等问题,这在一定程度上影响了对非法证券活动的打击力度,损害了法律的权威。①

《非法证券通知》实施后,随着刑事规制力度的强化,擅自发行股票、债券罪的构成要件与刑事违法性边界也在司法实践中不断明晰。

擅自发行股票、债券罪,是指未经国家有关主管部门批准,擅自发行股票或者公司、企业债券,数额巨大、后果严重或者有其他严重情节的行为。在客观方面,本罪表现为未经国家有关主管部门批准,擅自发行股票或者公司、企业债券,数额巨大、后果严重或者有其他严重情节的行为。根据国家的有关规定,发行股票、债券的主体必须具有法定的资格;发行股票、债券必须具备国家规定的条件;发行股票、债券必须获得国家主管部门的批准。擅自发行股票、公司、企业债券的行为就是违法的行为,数额巨大、后果严重或者具有其他严重情节的行为,就构成了刑法规定的犯罪。最高人民检察院、公安部《关于经济犯罪案件追诉标准的规定》第二十八规定:"未经国家有关主管部门批准,擅自发行股票或者公司、企业债券,涉嫌下列情形之一的,应予追诉:1.发行数额在五十万元以上的;2.不能及时清偿或者清退的;3.造成恶劣影响的。"根据《刑法》第一百七十九条的规定,犯擅自发行股票、公司、企业债券罪的,处五年以下有期徒刑或者拘役,并处或者单处非法募集资金金额百分之一以上百分之五以下罚金。单位犯前款罪的,对单位判处罚金,并对其直接负责的主管人员和其他直接责任人员,处五年以下有期徒刑或者拘役。

典型案例:2001年12月至2007年8月期间,被告人郑戈担任被告单位安基公司的董事长、法定代表人,为了给单位募集资金,经股东会集体决定,在未经证券监管部门批准的情况下,擅自委托中介公司与个人代理,向社会不特定公众转让安基公司自然人股东的股权,共计向260余人发行股票322万股,募集资金人民币1 109万余元,用于单位的经营活动及支付代理费用。

① 肖中华:《〈通知〉强调严惩非法证券违法犯罪》,《中国证券报》2008年1月10日第A2版。

上述案件中,非上市股份有限公司为筹集经营资金,在未经证券监管部门批准的情况下,委托中介机构向不特定社会公众转让公司股东的股权,其行为属于未经批准擅自发行股票的行为,数额巨大、后果严重或者有其他严重情节的,应当以擅自发行股票罪定罪处罚。①

本罪司法实践中还存在一个疑难问题是非法发行销售非上市公司股票涉嫌共同犯罪如何确定罪名。《非法证券通知》第二条第三项"关于非法经营证券业务的责任追究"规定,非上市公司和中介机构共谋擅自发行股票,构成犯罪的,以擅自发行股票罪的共犯论处。运用刑法共犯原理对该条规定进行解析,不仅有利于在司法实践中正确贯彻执行《非法证券通知》,而且能够有效解决非法公开发行销售非上市公司股票共同犯罪的罪名确定难题。

司法实践中存在两个规制非法发行销售非上市公司股票行为的重要文件,即国务院办公厅《关于严厉打击非法发行股票和非法经营证券业务有关问题的通知》和国务院《关于同意建立整治非法证券活动协调小组工作制度的批复》。相当一部分公开发行销售非上市公司股票案件进入了刑事司法程序。此种破坏社会主义市场经济秩序的犯罪行为通常由非上市公司与中介销售机构经事先约定后分步实施,涉及刑法分则擅自发行股票罪与非法经营罪两个罪名。司法机关对于如何确定不同行为主体的犯罪性质问题存在较大争议。

否定共同犯罪的观点认为,非上市公司与中介销售机构虽有事先约定,却非犯意联络,行为双方存在不同的犯罪故意内容,应当分别认定为擅自发行股票罪与非法经营罪。肯定共同犯罪中有观点认为,非上市公司制作发行股票、向不特定对象转让股权,属于中介公司公开销售股票的准备行为与实现销售收益的必经环节,其行为构成擅自发行股票罪实行犯与非法经营罪共犯的想象竞合。所以,行为双方均应当按照重罪即非法经营罪定性。但也有观点认为,应当根据犯罪事实支配理论确定公开发行销售股票共同犯罪的性质。非上市公司发行股票在共犯结构中处于核心地位、实施核心行为,代理公司是实现利益的一个中间环节。故应当以擅自发行股票罪追究行为双方的刑事责任。

《非法证券通知》出台后,实践中有观点指出,公开发行销售非上市公司股票共同犯罪性质确定问题已有操作规则,司法机关应当统一按照擅自发

---

① 上海市浦东新区人民检察院诉上海安基生物科技股份有限公司、郑戈擅自发行股票案,载《最高人民法院公报》2010年第9期。

行股票罪定性。笔者认为,《非法证券通知》对非法发行销售非上市公司股票共犯定性问题作出了定分止争的规定,但并没有涵盖此类共同证券犯罪罪名确定的全部问题。以擅自发行股票罪共犯论处的前提是非上市公司与中介机构进行"共谋",且犯意联络的内容是"擅自发行股票"。因此,适用擅自发行股票罪追究共犯刑事责任具有高度限定性,只有在行为主体共同策划向社会公众擅自转让非上市公司股票的情况下才能按照擅自发行股票罪共犯定罪处罚。

实践中非上市公司与中介机构共谋的内容并不限定于发行股票,司法机关需要区分情况进行定性。(1)非上市公司与中介机构共谋向社会公众发行股票募集资金进行投资活动的,构成非法吸收公众存款罪共犯;(2)非上市公司与中介机构共谋发行销售虚假股票,利用空壳公司骗取公众投资股票,或者募集资金后卷款潜逃的,构成集资诈骗罪共犯;(3)非上市公司与中介机构共谋,通过编造即将在国外上市或公司良好业绩等虚假陈述的方式欺诈不特定对象,诱使其购买非上市公司股票的,股权交易价格严重偏离公司股票实际价值的,应当以非法经营罪共犯论处;(4)非上市公司与中介机构事先约定,前者每股收取固定价款,后者自行处理销售股票剩余利润的,应当分别以擅自发行股票罪与非法经营罪论处。上述情形在某种程度上均对非法发行销售非上市公司股票进行了共谋,但由于意思联络的内容不同,能否以及如何按照共犯论处在实体上应当具有不同的处理结果。

此外,随着互联网金融的发展,利用互联网擅自发行证券的问题在实践中有所展现。中国证监会于 2013 年 5 月 24 日通报了淘宝网上部分公司涉嫌擅自发行股票的行为。作为首次利用网络平台向社会公众非法发行股票的案例,中国证监会提示投资者提高对网络非法证券活动的风险防范意识和识别能力,自觉远离非法证券活动。互联网上出现了一种新的非法证券活动模式,部分公司利用淘宝网等平台,擅自向社会公众转让股权。如北京某文化传播公司在淘宝网上开设"会员卡在线直营店",公开销售"凭证登记式会员卡"。2013 年 1 月先后两次以销售会员卡附赠股权的方式转让其"原始股"。据统计,其通过淘宝网公开转让原始股共 161 笔,涉及 153 人,累计获得转让款 18 万余元。几乎与此同时,另有一家公司在微博上声称将通过淘宝网募集资金,组成私募股权投资基金。查明情况后,中国证监会立即约谈该文化传播公司负责人,告知其行为涉嫌擅自发行股票,要求其立即停止违法行为并及时纠正,责令其按照募资说明承诺的条款主动退还所募集资金,通过互联网对其行为进行公开澄清并消除不良影响。随后,该公司通过微博公开发表声明,称认识到其募资行为的错误性,并及时组织退款。截至

4月底,已将所获转让款全部退还投资者。对于另一家公司的募资行为,中国证监会及时协调淘宝网叫停该业务,直接删除相关商家和商品信息,由于处理及时,没有交易成交。淘宝网承诺,以后将加强对包含“股权”“股票”等关键字商品的监控,禁止该类商品上架销售。①

应当看到,由于互联网行为先在性地具有受众不特定的特点,通过网络平台发布证券发行信息,其潜在受让人的不特定性非常明确。当然,通过互联网发行证券并非完全都属于擅自发行。私募机构通过有条件的网页宣传,设置投资者的选择程序、承担风险能力与人数等因素综合分析,不通过相关筛选,网民无法浏览发行信息的,就不能一概认定为擅自公开发行。因为网络筛选机制已经甄别了合适的投资人,审查投资人的资产价值与申报财产内容的真实性、是否具备识别并承担风险能力等内容,明确提示投资风险,有明确的人数和资金总量的限制。这种情况实际上就属于私募互联网化,并不能认定为擅自发行证券犯罪。

二、虚假陈述犯罪:欺诈发行股票、债券罪与违规披露、不披露重要信息罪

欺诈发行股票、债券罪与违规披露、不披露重要信息罪具有一个共性,那就是都属于直接融资市场中的虚假陈述行为,在证券发行或者交易过程中对财务、资产交易等重大信息进行虚假、欺诈或者不实披露,严重损害融资市场信息效率、严重侵害投资者权益。

其中,欺诈发行股票、债券罪,是指违反公司管理法规,在招股说明书、认股书,公司、企业债券募集办法中隐瞒重要事实或者编造重大虚假内容,发行股票或者公司、企业债券,数额巨大,后果严重或者有其他严重情节的行为。在客观方面,违反《公司法》、《证券法》等上市公司管理法律法规,在招股说明书、认股书,公司、企业债券募集办法中隐瞒重要事实或者编造重大虚假内容、发行股票或者公司、企业债券,数额巨大,后果严重或者有其他严重情节的行为。公司经核准向社会公开发行证券,必须公告新股说明书和财务会计报表及附属明细表,并制作认股书。发行公司、企业债券的申请经核准后,应当公告公司、企业债券募集办法。欺诈发行公司、企业股票、债券的行为,首先违反了国家对公司、企业发行股票、债券的有关规定。同时,欺诈发行的行为集中表现为在招股说明书、认股书、公司、企业债券募集办法中隐瞒重要事实或者编造重大虚假事实。

根据最高人民检察院、公安部《关于公安机关管辖的刑事案件立案追诉

① 袁定波:《证监会叫停借淘宝网擅发股票》,《法制日报》2013年11月28日第5版。

标准的规定(二)》第五条的规定:“在招股说明书、认股书、公司、企业债券募集办法中隐瞒重要事实或者编造重大虚假内容,发行股票或者公司、企业债券,涉嫌下列情形之一的,应予立案追诉:(一)发行数额在五百万元以上的;(二)伪造、变造国家机关公文、有效证明文件或者相关凭证、单据的;(三)利用募集的资金进行违法活动的;(四)转移或者隐瞒所募集资金的;(五)其他后果严重或者有其他严重情节的情形。”

违规披露、不披露重要信息罪,指依法负有信息披露义务的公司和企业,向股东和社会公众提供虚假的或者隐瞒重要事实的财务会计报告,或者对依法应当披露的其他重要信息不按照规定披露,严重损害股东或者其他人利益的行为。根据最高人民检察院、公安部《关于经济犯罪案件追诉标准的补充规定二》第六条　的规定,依法负有信息披露义务的公司、企业向股东和社会公众提供虚假的或者隐瞒重要事实的财务会计报告,或者对依法应当披露的其他重要信息不按照规定披露,涉嫌下列情形之一的,应予立案追诉:(一)造成股东、债权人或者其他人直接经济损失数额累计在五十万元以上的;(二)虚增或者虚减资产达到当期披露的资产总额百分之三十以上的;(三)虚增或者虚减利润达到当期披露的利润总额百分之三十以上的;(四)未按照规定披露的重大诉讼、仲裁、担保、关联交易或者其他重大事项所涉及的数额或者连续十二个月的累计数额占净资产百分之五十以上的;(五)致使公司发行的股票、公司债券或者国务院依法认定的其他证券被终止上市交易或者多次被暂停上市交易的;(六)致使不符合发行条件的公司、企业骗取发行核准并且上市交易的;(七)在公司财务会计报告中将亏损披露为盈利,或者将盈利披露为亏损的;(八)多次提供虚假的或者隐瞒重要事实的财务会计报告,或者多次对依法应当披露的其他重要信息不按照规定披露的;(九)其他严重损害股东、债权人或者其他人利益,或者有其他严重情节的情形。

因欺诈发行、违规披露重大信息等虚假陈述犯罪行为而被追究刑事责任的融资犯罪案例在我国极为鲜见。

早期的代表性案例:2005 年 3 月 28 日,山东省潍坊市奎文区人民法院刑事判决,山东巨力因虚增利润骗取配股资格,犯欺诈发行股票罪,判处罚金 160 万元。公司原董事长犯欺诈发行股票罪,被判处有期徒刑二年缓刑三年。财务处原副处长犯欺诈发行股票罪,判处有期徒刑一年缓刑二年,成为国内首例上市公司及其高管因欺诈配股而被追究刑事责任的案件。①

① 徐玉海:《山东巨力及原高管被判欺诈发行股票罪》,《中国证券报》2005 年 3 月 29 日第 A5 版。

近年受到市场各界高度关注的绿大地虚假陈述犯罪案:2004年至2009年间,绿大地在不具备首次公开发行股票并上市的情况下,未达到在深圳证券交易所发行股票并上市的目的,经过被告人何学葵、蒋凯西、庞明星的共谋、策划,由被告人赵海丽、赵海艳登记注册了一批由绿大地实际控制或者掌握银行账户的关联公司,并利用相关银行账户操控资金流转,采用伪造合同、发票、工商登记资料等手段,少付多列,将款项支付给其控制的公司组成人员,虚构交易业务、虚增资产、虚增收入。其中,在上市前的2004年至2007年6月间,绿大地使用虚假的合同、财务资料,虚增马龙县旧县村委会960亩荒山使用权、马龙县马鸣乡3 500亩荒山使用权以及马鸣基地围墙、灌溉系统、土壤改良工程等项目的资产共计7 011.4万元。绿大地还采用虚假苗木交易销售,编造虚假会计资料,或通过绿大地控制的公司将销售款转回等手段,虚增营业收入总计2.96亿元。绿大地的招股说明书包含了上述虚假内容。绿大地欺诈发行股票一案曾经由昆明官渡区人民法院审理,官渡区人民法院判决何学葵有期徒刑三年,缓期四年,判决宣布后市场普遍认为量刑过轻,这一结果随后引发检方抗诉。2012年3月,昆明市中级人民法院作出裁定,撤销了官渡区人民法院对绿大地案的刑事判决,发回重审。2013年云南省昆明市中级人民法院对云南绿大地生物科技股份有限公司欺诈发行股票一案进行宣判。法院认定被告单位云南绿大地公司犯欺诈发行股票罪、伪造金融票证罪、故意销毁会计凭证罪,对其判处罚金1 040万元。被告人何学葵被判处有期徒刑十年,被告人蒋凯西、庞明星、赵海丽、赵海艳等分别被判处相应刑期及罚金。①

虚假陈述犯罪在司法实践中之所以较少出现刑事判例,一方面是因为证券发行环节受控于监管机构的审批与信息披露监管,刑事司法大规模查处虚假陈述犯罪等于是说明证券监管的失控,融资市场的证券监管与金融司法主要或者也只能聚焦于内线交易、市场操纵等交易环节的犯罪类型。另一方面,虚假陈述犯罪的构成要素与抗辩事由的刑法解释缺乏广度与深度。

“信息公开是现代工业社会综合治理的良方;阳光是最好的防腐剂;黑夜中的明灯是最好的警察。”②上市公司信息全面公开与强制性披露义务是证券市场监管最为重要的组成部分。所以,虚假陈述犯罪应当成为最普遍的证券刑事诉讼案由。虚假陈述犯罪包括虚假陈述与隐瞒信息两种行为方

① 王翁阳、魏文静:《云南绿大地公司欺诈发行股票案一审宣判》,《人民法院报》2013年2月8日第3版。

② Louis Brandeis, Other People's Money, Harper Torch Books, 1967, p.92.

式。前者属于积极作为——发布重要且失实的证券信息误导投资者;后者属于消极不作为——具有信息披露义务的上市公司及其高级管理人员掩盖重要证券信息,导致投资者在非透明的情况下进行证券交易。在虚假陈述犯罪的构成要素中,犯罪故意、重要性标准、连带责任等问题的具体认定值得深入分析。我国融资市场正逐步走向成熟,为了获取更为广阔的发展空间,国内公司也不断寻求在境外证券市场上市,以图筹集资金、大展宏图。所以,有必要细致分析虚假陈述犯罪的构成要素与抗辩事由,为规范我国融资市场信息披露、完善刑事罚则的制度设计提供借鉴思路,同时为已经或期望上市公司提供刑法指导、及早考虑进行证券犯罪风险控制。

(一) 虚假陈述犯罪的构成要件

1. 犯罪故意

犯罪故意虽然隐藏于行为主体的内心世界,但在司法判断层面,可以从行为人一系列客观行为进行证券犯罪故意的法律推断:上市公司错误的经营判断是经济行为的普遍风险,不能因此认定被控公司及其管理者具有犯罪故意;上市公司执行会计准则时的计算误差、财务记录混乱等不规范行为属于业务疏忽,不具欺诈证券投资者的意图;上市公司执行官、运营官或财务总监伪造文件影响证券价格,明显属于蓄意欺诈。特定的犯罪性认识并不是虚假陈述犯罪的故意内容,但控方必须证明行为人对涉嫌证券犯罪行为的概括认识。行为人只有认识到涉嫌犯罪的虚假陈述或隐瞒信息行为的违法性质才构成犯罪。但事实上部分主体对于行为的违法性认识可能出现偏差,会在非法行为与犯罪行为、此罪与彼罪、重罪与轻罪之间产生模糊。因此,控方无需证明行为人认识到了涉嫌证券犯罪行为的违法性,证明概括性地认识到自己从事的行为偏离了证券从业制度的规范性要求即可。

2. 重要性标准

上市公司虚假陈述或隐瞒的信息只有在达到重要性标准时才构成证券犯罪。重要性信息的基本界定为正常且理性的投资者在其从事证券投资行为时应当被适度告知的事件。当然,抽象的法律规则势必无法应对证券犯罪司法实践所面对的层出不穷的案例。审查证券信息是否满足重要性犯罪要素的要求,首先需要根据客观标准精确地估算一个理性的投资者在当时的情况下基于相关信息所能作出的合理推论,进而评价该推论对理性投资者的影响及其与其他证券信息组合的互动性作用。如果理性的投资者认为某证券信息决定了其是否补仓,该信息便具有重要性;①上市公司公布失实

① United States v.Cannistraro, 800 F.Supp. 30(D.N.J. 1992).

的合同交易费用,对投资者的证券交易行为而言不属于重要信息。①

首先,准确区分并梳理完整性、误导性、重要性三大衡量尺度的关系是最为重要的。并不是所有与买卖证券相关的信息都必然满足重要性标准——仅欠缺完整性而非误导性的信息,纵然可能引起投资者建仓或抛售,却不属于重要性信息。其次,证券市场上市公司业绩预期分析汗牛充栋,部分预期报告涉嫌虚假陈述犯罪,因此,实践中,区分"概览式的乐观前景估计"②与"数据性的特定业绩预报"③是分辨一般侵权行为与犯罪的关键。"概览式的乐观前景估计"是一种上市公司远期发展的模糊叙述,通常在罗列盈利项目的同时作出投资风险提示,对证券投资决策而言属于非重要性信息。偏离事实的"概览式的乐观前景估计"充其量是上市公司对经营状况的鼓吹,面对诸如"显著的销售额增长预期"、"零售业最优质的管理之一"、"具有高附加值及高增长率的新兴业务"等措辞,资本市场的一般投资者能够进行理性分析与风险判断。"数据性的特定业绩预报"以细化且具有表面说服力的数据与事实对上市公司财务状况进行乐观预期,暗示了证券价格变化的动向与脉络,属于重要性信息。除去基本面的宏观考察,以上市公司财务数据为核心的技术面分析是证券市场投资者从事风险行为的基础,若对此类预期予以虚假陈述,必然撼动广大投资者正确决策的理性依据。

3. 相关性判断

在因果关系层面刑法理论一般坚持"But For"规则:如果没有必要条件中的一个因素的存在,另一个事件便不会发生,那么这个事件就是由那个因素造成的。虚假陈述犯罪相关性要素是检验上市公司虚假陈述或隐瞒信息行为与投资者财产损失之间因果关系的法律标准,整体上亦遵循"But For"规则的要义,强调控方无需证明投资者买卖证券行为与上市公司违反信息披露义务行为特定且直接的相关性,但必须证明虚假陈述或隐瞒信息对证券投资者的实质影响。由于证券价格走向的多变性与证券交易行为的特殊性,控方在实践中根本无法直接证明最低程度的实质性影响,可能导致虚假陈述犯罪刑事条款整体虚置的尴尬局面。故美国联邦最高法院通过判例建构了市场欺诈理论,并以此为中心形成了虚假陈述犯罪可辩驳的相关性推定规则。

① Feinman v.Dean Witter Reynolds, 84 F.3d 539(2d Cir. 1996).

② Pension Trust Fund v.Clorox Co. 353 F.3d 1125, 1132(9th Cir. 2004).

③ Brody v.Transitional Hospitals Co., 280 F.3d 997, 1006(9th Cir. 2002).

美国判例在此可供参考：在列文森案件①中，美国联邦最高法院认为：证券投资者即使没有依靠误导性陈述进行具体的决策行为，上市公司在事实上仍然对投资者进行了欺骗。经过大量判例②的实践总结，可以将适用可辩驳的相关性推定的前提条件归纳为：(1)存在公开的虚假陈述行为或者隐瞒应当进行披露的证券信息；(2)违反公开披露义务的信息符合重要性标准；(3)误导性或被隐瞒的信息可能促使投资者错误判断证券价格；(4)涉及的相关证券在市场上进行了交易；(5)证券交易发生的时间在涉嫌犯罪的信息发布或隐瞒行为之后、真实信息被公开之前。对于充分公开且成熟稳健的高效率证券市场环境而言，证券价格由上市公司的业绩与市场信息决定，因此误导性信息应当被推定为投资行为的影响力要素。可见，可辩驳的相关性推定规则得以产生并不断发展的基础是存在一个高效率证券市场环境——其高效性主要体现在：(1)巨大的交易量；(2)数量可观的证券分析机构的信息报告；(3)充沛的证券交易经纪体系；(4)根据公司业绩与财政情况发布而同步启动的证券价格运行机制；(5)证券价格对上市公司信息敏锐的反应能力。

4. 上市公司与市场分析机构虚假陈述的连带责任

为了强化上市公司与市场分析机构的财务状况、业绩前景预期信息发布的管理，有必要运用连带责任理论追究虚假陈述的刑事责任。根据传统证券犯罪判例，上市公司及其高级管理人员仅可基于自身的虚假陈述或者隐瞒信息行为承担刑事责任，相关证券市场管理条例规定的信息披露文件若是由他人制作，并不存在对上市公司及其高级管理人员进行归责的客观基础。但是，美国联邦第二巡回上诉法院的判例③提出了充分卷入判断规则，缔造了虚假陈述证券犯罪连带责任的归责模式，可以供我们参考：当上市公司及其高管在呈递公司利润预期过程中明知、纵容、漠视预期业绩报告分析机构的行为时，上述所有当事人均应当对此承担虚假陈述的刑事责任。

充分卷入判断规则的法理依据在于：上市公司及其高管在公司业绩预期报告发布前，应当知晓业绩预期对证券价格波动的影响，有义务对报告结论进行谨慎审查，对疑惑问题进行必要询问。上市公司有责任纠正分析报告的明显错误，应对过度乐观的利润预期进行评注或者风险警示。考虑到

---

① Basic Inc. v.Levinson, 485 U.S. 224(1988).

② Bell v.Ascendant Solutions, 422 F.3d 307(5th Cir. 2005); Molecular Tech. Corp. v.Valentine, 925 F.2d 910(6th Cir. 1991); Freeman v.Laventhol & Horwath, 915 F.3d 193(6th Cir. 1990).

③ Albind v.Cigmetty & Myners Co., 635 F.2d 156, 163(2d Cir. 1995).

充分卷入判断规则所设定的连带责任打击范围过度,美国联邦法院系统通过判例①对充分卷入适用的前提条件作出解释。追究虚假陈述证券犯罪连带责任的基础是:公司内部人与报告实际披露人之间存在双向信息交流;或上市公司明示采纳由他方制作的证券披露文件;或发行证券的公司在先地、不计后果地向财务报告的制作者提供失实的分析性信息。这意味着容易引起市场虚假信息本身并不能直接导致上市公司证券犯罪连带责任,控方还须证明:(1)上市公司向证券分析机构提供了易误解的初步材料;(2)上市公司旨在将分析机构以上述初步材料为基础作出的业绩预期传达至资本市场;(3)上市公司在相关信息披露前对分析机构的失实报告传递至证券市场存在明知或者不计后果的犯罪意图;(4)上市公司高级管理人员在虚假报告公布之前或之后认可或核准其"真实性"。

(二) 虚假陈述犯罪的抗辩

1. 故意抗辩

实践中行为人通常会辩解对证券市场管理规则要求报送的信息披露文件的性质没有认识。实际上,因无知而脱卸罪责的前提是行为人无需对认识对象承担"真实性的正确认识义务"②。故意无视信息披露文件的真实性或应当审查而不予审查,不能作为虚假陈述的抗辩事由;行为人在已经意识到待披露文件存在虚假可能性的情况下人为地避免知悉虚假文件的性质,不得在事后的指控中以欺诈故意缺失为由进行辩护。并且,证券欺诈的故意不必完全通过直接证据予以证明,间接证据亦可推断出行为人的欺诈意图。

如果行为人证明其对证券市场规则产生认识错误,并且基于此违反了对应的证券市场规则,行为人对此不受自由刑的刑事处罚。行为人不受自由刑处罚,但必须接受罚金刑。③传统刑法理论认为,法律认识错误原则上不阻却犯罪故意,所以不能基于法律认识错误脱卸罪名。对此,应当认识到,对证券市场规范性法律文件的认识错误虽然不能作为无罪的犯罪性抗辩,却可作为不受自由刑处罚的刑罚性抗辩。④但此类实践拓展在实体与程序上仍旧存在前后关联的疑问:(1)对证券市场规则的认识错误抗辩是否完全阻却犯罪故意?(2)该抗辩究竟是属于否定性抗辩还是肯定性抗辩?(3)在刑

---

① Eisenstadt v.Allen, 1997 WL 2113(9th Cir.1999); In re Syntex Corp., 95 F.3d 922(9th Cir.1997).

② United States v.Mabrook, 301 F.3d 503, 508(7th Cir. 2002).

③ United States v.Peltz, 433 F.2d 48, 54(2d Cir. 1970); United States v.Schaefer, 299 F.2d 625, 629(7th Cir. 1962).

④ United States v.Dixon, 536 F.2d 1388, 1395(2d Cir. 1996).

事诉讼中由谁对此承担证明责任？一种解决方案是,刑罚性抗辩的存在基础是被告人承认其行为满足了受控罪名的所有犯罪构成要素,故证券市场法律规则认识错误本质上属于肯定性抗辩,并不是对犯罪故意的直接否定,应当由辩方承担达到优势证据的证明标准。①证券市场规则认识错误抗辩要求被告人证明确实不知其行为与证券法律规则相悖——而非仅证明其对于特定的证券市场规范缺少认识。

2. 善意抗辩

成功的善意抗辩可以直接阻却虚假陈述的犯罪故意。善意是指行为人诚恳地相信由其提供的误导性证券信息是真实的。②如果行为人基于其所处的环境无从怀疑上市公司相关报告的真实性进而作出相关陈述,即使客观上误导了上市公司的股东,但在本质上仍然不存在欺诈证券市场投资者的犯罪故意。行为人未能承担正当的勤勉义务对证券信息真实性进行审查的事实将否定善意抗辩的有效性;不计后果地漠视公众证券信息是否准确,无法符合善意的标准。由于善意抗辩与故意犯罪要素属于一个问题的两个方面,控方对行为人在实施虚假陈述行为过程中不存在善意承担排除一切合理怀疑的证明责任。

由于证券市场涉及众多专业性的技术规定,上市公司及其高级管理人员无法完全知悉所有的技术性规范,聘用顾问负责专项证券业务的操作成为普遍现象。事实上,相当部分的上市公司及其高级管理人员是在毫无认识的情况下听从了顾问的建议,实施了涉嫌证券犯罪的行为。采纳顾问建议是一种特殊的善意抗辩。③有效的采纳顾问建议抗辩要求被告人提供以下事实的优势证据:(1)曾就涉案行为的合法性征求过顾问意见;(2)向被询问的顾问披露了所有相关的事实;(3)顾问确信涉案行为合法;(4)基于顾问提供的解释合理地采纳了建议。对于顾问显然非法的证券信息披露或者证券交易建议,被告人无权提出抗辩。如果提供建议的顾问与证券交易具有利害关系,则行为人根本不应当予以采纳,所以不存在适用采纳顾问建议抗辩的基础。

3. 市场真实规则

市场欺诈理论认为,在有效率的资本市场中,证券欺诈行为直接影响证券价格,但证券投资者基于可信赖的证券交易市场并不怀疑证券价格受到

---

① United States v.O'Hagan, 139 F.3d 641, 647(8th Cir. 1998).

② United States v.Mabrook, 301 F.3d 503, 509(7th Cir. 2002).

③ United States v.Surgical Supply Corp., 989 F.2d 1390, 1403(4th Cir. 1993).

虚假陈述或者隐瞒信息行为的不正当影响,从而自愿地从事证券交易。当上市公司及其高级管理人员进行虚假陈述或者隐瞒信息行为时,证券价格产生波动,投资者根据价格变化改变投资策略。这说明涉嫌犯罪的证券信息欺诈行为与投资者财产损失之间存在因果关系。市场欺诈理论诞生于美国联邦第九巡回上诉法院1975年巴瑞克案。①该案的法院意见主张:证券投资者间接从股票价格所依据的市场信息或上市公司陈述进行证券交易,无论其是否确切意识到了虚假陈述或隐瞒信息行为对其产生的因果作用,存在证券欺诈行为与证券投资损失之间的普适性推定。在此之后,各巡回上诉法院纷纷采纳市场欺诈理论;美国联邦最高法院于1988年列文森案②予以全面确认。

市场欺诈理论所建构的是相关性的可辩驳推定,从判例中发展而成的市场真实规则可以成为相关性的否定性抗辩事由。美国联邦第七巡回上诉法院在维尔古斯案③中首次提出了市场真实的概念。有效的市场真实抗辩必须证明:(1)虚假陈述或隐瞒信息行为与证券交易价格变动之间的相关性切断;或者(2)虚假陈述或隐瞒信息行为与投资者证券交易决定之间的相关性切断;或者(3)证券投资者进行的交易与证券价格之间的相关性切断。当行为人提供信息以纠正原始的虚假陈述时,证券市场即可通过真实渠道获取决定证券价格变动方向的可信资讯,以切断证券欺诈与投资者损害之间的相关性。例如,美国联邦第九巡回上诉法院在苹果公司案④中判决,稀释虚假陈述所导致的损害影响,行为人必须证明证券市场接受了由其事后提供的相当正确的纠正信息。如果行为人披露的虚假信息或者隐瞒的重要信息经由自己通过其他透明且畅通的市场渠道予以撤回或纠偏,市场欺诈状态便被市场真实状态所代替,证券市场从虚假陈述与隐瞒信息中恢复,相关性随之被切断。部分联邦巡回上诉法院在新近的判例中主张拓展市场真实规则:行为人若能呈递客观上已经向证券市场披露了与虚假陈述相反的信息的证据(不要求业已纠正虚假陈述的负面效果),就有权根据市场真实理论作出有效的相关性抗辩。⑤若能证明投资者从事证券交易时并没有依据证券价格的变动,那么市场真实规则能够对抗市场欺诈理论的相关性推定。

---

① Blackie v.Barrack, 524 F.2d 891, 907(9th Cir. 1975).

② Basic Inc. v.Levinson, 485 U.S. 224(1988).

③ Wielgos v.Commonwealth Edison Co., 892 F.2d 509, 516(7th Cir. 1989).

④ In re Apple Computer Sec. Litig., 886 F.2d 1109, 1115(9th Cir. 1989).

⑤ Edwards v.ETS Payphones, Inc., 408 F.3d 727(11th Cir. 2005); United States v.Ginsburg, 362 F.3d 1292,(9th Cir. 2004).

因为虚假陈述等欺诈行为并未对上市公司的股东产生影响。

4. 预期警示

上市公司预期是证券市场不可分割的组成部分。在对预期行为进行严格规范的同时,联邦法院同样允许被告人以预期警示为由作出否定重要性的抗辩。有权主张预期警示抗辩事由的主体限定在处于证券发行阶段的公司及其高级管理人员,应当证明业已通过明示的方法警示投资者关注以下事实——证券发行人无法保证预期性陈述完全兑现。预期性虚假陈述若在发布时附带了警示式的措辞,能够实质性地削减证券信息的重要性。

司法实践中发展出两套模式认定预期警示抗辩的有效性。(1)直接模式。预期警示措辞直接否定了行为人虚假陈述证券信息的重要性,使该犯罪构成要素不再成为需要控辩双方论证的法律争点。证券信息本身可能符合重大虚假的客观标准,但警示性语言揭示了业经披露信息的风险,消解了虚假陈述行为的严重性。格罗斯曼案①采用了直接模式:被告公司宣布收购一家软件行业的领头企业并在此过程中发行新股。在向证券交易委员会披露的登记文件中,被告公司预告了两家公司成功整合的高度可能性、被告公司本身在软件制造市场并无相对竞争优势、并购目标公司的财务困境等信息。后被告公司因该项收购出现资金缺口,不仅影响主营业务的增长,而且需要承担被收购的软件公司的高额债务,加之软件开发不见起色,证券价格顺势大幅下挫。法院认为,被告公司在陈述企业整合效果的层面纵然属于不计后果的乐观预期,但同时附带了相当细致与客观的风险预期。这些预期警示不应当被任何理性的投资者忽略。所以,虚假陈述的重要性因明示的风险提示而降低,未能达到构成证券犯罪的标准。(2)间接模式。当发行证券的公司所明示的预期警语的强度足以认定虚假陈述对于理性的投资者将不产生误导性效应时,行为人的虚假陈述行为就无法构成犯罪。间接模式通过排除虚假陈述的误导性间接消解虚假证券信息的重要性。在星泰克斯药业集团公司案②中,被告公司在发行新股过程中接到了美国食品药品局的调查令。星泰克斯药业集团公司在年度报告内预期此次调查将不会对上市公司的业绩产生负面影响,但明示投资者关注调查的进程、重视可能出现的处罚决定。后星泰克斯药业被查出从事商业贿赂,承受巨额罚款,股票价格下跌。法院判决被告公司的年度报告构成预期警示,因为其明确表达了调查结果及其负面影响的不确定性,不可能具有误导性。

---

① Grossman v.Novell Inc., 120 F.3d 1112(10th Cir. 1997).

② In re Syntex Corp. Securities Litigation, 95 F.3d 922(9th Cir. 1996).

第四节 贷款犯罪

贷款犯罪主要包括贷款诈骗罪与近年来增设的骗取贷款罪。根据《刑法》第一百九十三条的规定,贷款诈骗罪,是指诈骗银行或者其他金融机构的贷款,数额较大的行为。贷款诈骗犯罪在客观方面表现为诈骗银行或者其他金融机构的贷款,数额较大的行为。具体的犯罪行为形式有:(1)编造引进资金、项目等虚假理由的;(2)使用虚假的经济合同的;(3)使用虚假的证明文件的;(4)使用虚假的产权证明作担保或者超出抵押物价值重复担保的;(5)以其他方法诈骗贷款的。根据《刑法》第一百七十五条之一的规定,骗取贷款、票据承兑、金融票证罪在客观方面表现为以欺骗手段取得银行或者其他金融机构贷款、票据承兑、信用证、保函等,给银行或者其他金融机构造成重大损失或者有其他严重情节。

如何区分贷款诈骗与骗取贷款犯罪的界限,同时,如何明确贷款诈骗犯罪与一般贷款欺诈行为的界限,一直是司法实践中的难点,需要在刑法适用上探索解释规则。

一、改变贷款用途是否构成贷款诈骗犯罪

实践中经常出现行为人获取贷款后改变贷款用途并造成重大损失的案件,这种获取贷款后的事后行为是否影响贷款诈骗犯罪的认定,实践中一直存在争议。一般而言,这种行为在理论上归属于"事后骗贷"。所谓"事后骗贷",指行为人取得银行或者其他金融机构的贷款以后,产生非法占有的目的,企图占有贷款的情形。

对事后骗贷是否构成贷款诈骗罪,理论上主要有以下两种不同的观点:一种意见认为,非法占有的目的产生于贷款交付之前且符合贷款诈骗罪的其他要件的,才能按贷款诈骗罪论处。①反对意见认为,如果行为人在贷款的初期并无非法占有贷款的目的,而随着后来情况的变化,产生了非法占有目的,因而拒不归还贷款的,仍是贷款诈骗罪。这意味着作为本罪主观方面的非法占有目的,既可以形成于事前,也可以形成于事中。②

实际上,贷款诈骗犯罪的本质在于通过虚构事实、隐瞒真相的方式非法占有贷款,这决定了诈骗行为与诈骗目的必须具有同时性,或者至少具有同

---

① 刘远:《金融诈骗罪研究》,中国检察出版社 2002 年版,第 362 页。

② 周振想主编:《金融犯罪的理论与实务》,中国人民公安大学出版社 1998 年版,第 410 页。

阶段性。所谓的“事后骗贷”实际上出现了主观故意与客观行为的分离，因此，不能认定为贷款诈骗罪。如果肯定事后骗贷成立贷款诈骗，将割裂“行为”的主客观两个方面。这是因为，非法占有目的是金融诈骗犯罪的一部分，行为人具有诈骗的目的，同时实施了诈骗的行为，才构成贷款诈骗，如果行为人只具有主观或者客观的一个方面，就不能是诈骗行为。同时，应当明确以行为人的事后行为推定行为人的主观目的与行为人的主观目的产生时间的区别。例如，行为人在设定抵押获取贷款后，减少或者隐匿、转移抵押财产，实现诈骗贷款的目的，一般可以认定行为人具有非法占有的目的，但不能认为行为人的非法占有目的产生于取得贷款之后，因为主观目的实际上决定了行为的性质。

二、骗取贷款罪与贷款诈骗罪的规范界限

《刑法》第一百七十五条之一规定的骗取贷款罪是《刑法修正案（六）》增设的信贷犯罪。根据刑法规定，骗取贷款罪是指以欺骗手段取得银行或者其他金融机构贷款、票据承兑、信用证、保函等，给银行或者其他金融机构造成重大损失或者有其他严重情节的行为，应当追究刑事责任。当骗取金融机构信用罪的行为人实施了骗贷行为，且给金融机构造成严重损失时，与贷款诈骗罪较难区分。

两罪侵犯的客体虽然不同，骗取贷款罪侵犯的客体是国家的信贷管理制度，贷款诈骗罪侵犯的客体是资金市场秩序和公共财产所有权，但在实践中，这些方面都是相互交织，难以区分的。客观方面也是如此，从条文规定上看，贷款诈骗仅包括法定的五种方式，骗取贷款的方式并没有限制，实质上，实践中表现出来的骗取的方式都在这五种方式之内（贷款诈骗的第五种方式为兜底性规定）。因此，骗取贷款罪与贷款诈骗罪最主要的区别仍在于主观方面，前者为过失，或间接故意，而后者是直接故意，且具有非法占有的目的。司法实践中在认定主观故意时，不能仅凭行为人的供述和辩解，因为从趋利避害的角度，行为人都会选择处罚较轻的骗取贷款罪，而不是贷款诈骗罪，因此还要结合案件的实际情况表现作具体的分析。

第五节　信用卡犯罪

信用卡本质上是金融机构对个人或者企业消费行为的短期融资，因此，信用卡犯罪也是融资犯罪的主要类型之一。信用卡犯罪是指针对信用卡而实施的伪造、盗窃、妨害信用卡管理等犯罪以及利用信用卡实施的诈骗犯罪,主要罪名包括《刑法》第一百七十七条之一妨害信用卡管理罪、窃取、收买、非法提供信用卡信息罪、第一百九十六条信用卡诈骗罪。

一、妨害信用卡管理罪

全国人大常委会于2005年2月28日颁布了《刑法修正案(五)》,在《刑法》第一百七十七条后增加一条,作为第一百七十七条之一,明确增设规定了妨害信用卡管理罪。经修正后的《刑法》第一百七十七条之一规定:有下列情形之一,妨害信用卡管理的,处三年以下有期徒刑或者拘役,并处或者单处一万元以上十万元以下罚金;数量巨大或者有其他严重情节的,处三年以上十年以下有期徒刑,并处二万元以上二十万元以下罚金:(1)明知是伪造的信用卡而持有、运输的,或者明知是伪造的空白信用卡而持有、运输,数量较大的;(2)非法持有他人信用卡,数量较大的;(3)使用虚假的身份证明骗领信用卡的;(4)出售、购买、为他人提供伪造的信用卡或者以虚假的身份证明骗领的信用卡的。

2009年最高人民法院、最高人民检察院联合发布《关于办理妨害信用卡管理刑事案件具体应用法律若干问题的解释》(以下简称《信用卡犯罪解释》)对本罪的量化标准进行了规定。《信用卡犯罪解释》第二条规定:"明知是伪造的空白信用卡而持有、运输10张以上不满100张的,应当认定为刑法第一百七十七条之一第一款第(一)项规定的'数量较大';非法持有他人信用卡5张以上不满50张的,应当认定为刑法第一百七十七条之一第一款第(二)项规定的'数量较大'。有下列情形之一的,应当认定为刑法第一百七十七条之一第一款规定的'数量巨大':(一)明知是伪造的信用卡而持有、运输10张以上的;(二)明知是伪造的空白信用卡而持有、运输100张以上的;(三)非法持有他人信用卡50张以上的;(四)使用虚假的身份证明骗领信用卡10张以上的;(五)出售、购买、为他人提供伪造的信用卡或者以虚假的身份证明骗领的信用卡10张以上的。违背他人意愿,使用其居民身份证、军官证、士兵证、港澳居民往来内地通行证、台湾居民来往大陆通行证、护照等身份证明申领信用卡的,或者使用伪造、变造的身份证明申领信用卡的,应当认定为刑法第一百七十七条之一第一款第(三)项规定的'使用虚假的身份证明骗领信用卡'。"

二、信用卡诈骗罪

信用卡诈骗罪是实践中最为多发的金融诈骗犯罪,实际上也是数量最多的金融犯罪行为类型。根据《2015年度上海金融检察白皮书》的统计,2015年,上海市检察机关共受理金融犯罪审查逮捕案件1 387件1 725人,金融犯罪审查起诉案件2 140件2 684人。案件共涉及6类28个罪名,包括金融诈骗类犯罪 1 793 件 1 933 人,破坏金融管理秩序类犯罪 296 件 684 人,扰乱市场秩序类犯罪 31 件 46 人,金融从业人员犯罪 29 件 52 人。信用卡诈骗案件连续七年居金融犯罪首位,计 1 701 件,占总量的 79.5%。

我国 1997 年《刑法》将信用卡诈骗罪作为一个独立的罪名明确规定在《刑法》中,只是在原第三档法定刑中增加了"并处五万元以上五十万元以下罚金"的规定,并对"恶意透支"进行了解释。刑法生效实施后,由于在涉及信用卡犯罪领域的司法实践中又出现了一些新的现象,全国人大常委会于 2005 年 2 月 28 日通过的《刑法修正案(五)》对信用卡诈骗罪进行了一些修正。《刑法修正案(五)》第二条在《刑法》第一百九十六条第一款第一项中增加了"使用以虚假的身份证明骗领的信用卡"的行为方式。修正以后的《刑法》第一百九十六条第一款规定:"有下列情形之一,进行信用卡诈骗活动,数额较大的,处五年以下有期徒刑或者拘役,并处二万元以上二十万元以下罚金;数额巨大或者有其他严重情节的,处五年以上十年以下有期徒刑,并处五万元以上五十万元以下罚金;数额特别巨大或者有其他特别严重情节的,处十年以上有期徒刑或者无期徒刑,并处五万元以上五十万元以下罚金或者没收财产:(一)使用伪造的信用卡,或者使用以虚假的身份证明骗领的信用卡的;(二)使用作废的信用卡的;(三)冒用他人信用卡的;(四)恶意透支的。"为了明确条款中"恶意透支"的内容,《刑法》第一百九十六条第二款还专门为其下了一个定义:"前款所称恶意透支,是指持卡人以非法占有为目的,超过规定限额或者规定期限透支,并且经发卡银行催收后仍不归还的行为。"针对实践中发生盗窃他人信用卡后并加以使用的案件在定罪问题上的分歧意见,该条第三款还明确规定:"盗窃信用卡并使用的,依照本法第二百六十四条的规定定罪处罚。"随着信用卡犯罪案件在实践中呈现数量激增与类型多样的发展态势,《信用卡犯罪解释》解决了当前实务部门办案中遇到的困惑,有利于进一步规范各种新类型的信用卡犯罪案件的司法认定。但由于司法实践中信用卡犯罪案件具有一定复杂性,有必要结合具体案件深入分析《信用卡犯罪解释》相关规定并提出操作办法,从而为实务部门切实把握信用卡犯罪案件定罪量刑规则与尺度、准确适用最新信用卡犯罪司法解释提供对策。

(一) 信用卡诈骗犯罪司法解释的法律适用规范基础

《信用卡犯罪解释》的出台是司法机关贯彻落实中央部署,为国家大局服务的重要方面,也是保民生、保增长、保稳定,从司法工作实际出发,切实解决群众反映强烈的突出问题的重要举措。《信用卡犯罪解释》的公布施行,将对打击伪造信用卡、信用卡诈骗、信用卡套现等信用卡犯罪活动,保障金融市场秩序和人民群众财产安全,产生积极的影响。一般认为《信用卡犯罪解释》的主要特点是:(1)填补了空白,在司法层面实现了对信用卡犯罪全流程的刑法规制;(2)完善了标准,明确了使用虚假身份证明骗领信用卡的认定条件;(3)明确了信用卡非法套现行为的刑事责任。①

《信用卡犯罪解释》所传递出的刑事政策的导向亦十分明显,其一便是严格规制伪造信用卡犯罪。伪造信用卡行为不仅严重扰乱国家的金融管理秩序,而且严重威胁持卡人的财产安全,兼具妨害信用卡管理、侵犯持卡人财产安全两种社会危害性,对此必须予以设置"零容忍"的司法实践规则,即使伪造一张信用卡也应当追究刑事责任。同时,伪造空白信用卡和伪造他人实际使用的信用卡具有同样的危害效应,行为人只要把个人信用卡磁条信息输入,就是一张可以使用的信用卡,社会危害性同样严重。伪造信用卡是信用卡犯罪过程中的一个极为重要的环节,司法机关对这类犯罪行为必须坚持依法予以严厉打击。

《信用卡犯罪解释》对"恶意透支"、"非法套现"构成犯罪的条件作了严格界定,既突出刑事打击重点,又严格控制刑事打击面,充分体现了"宽严相济"刑事政策的要求。透支是信用卡的基本功能,持卡人与发卡行之间存在民事借贷关系,有必要在符合刑法规定的前提下,明确从轻处罚的事由。严格按照《刑法》第十三条情节显著轻微危害不大的、不认为是犯罪的规定以及《刑法》第三十七条犯罪情节轻微不需要判处刑罚、可以免予刑事处罚的规定,对恶意透支等行为设置出罪机制,不仅有利于挽回经济损失,又能严格控制刑事制裁面。《信用卡犯罪解释》明确要求贯彻宽严相济刑事政策,规定对持卡人在人民法院判决宣告前和公安机关立案前已偿还全部透支款息的,可以从轻处理或者不追究刑事责任。当然,不追究刑事责任的规定仅适用于恶意透支数额较大的情形,即恶意透支一万元以上不满十万元的。对于恶意透支数额巨大或者数额特别巨大的,不能适用不追究刑事责任的规定。②

《信用卡犯罪解释》对利用信用卡从事非法经营的犯罪,采取了严厉震慑与适度打击并重的策略。利用信用卡非法套现本质上属于非法经营金融业务,容易滋生地下金融活动,扰乱国家金融秩序,进而威胁社会正常经济秩序。同时,套现行为制造的虚假交易会导致虚假的经济统计数据和虚假

---

① 刘涛:《〈关于办理妨害信用卡管理刑事案件具体应用法律若干问题的解释〉的理解与适用》,《人民司法》2010年第1期。

② 陈国庆、韩耀元、吴峤滨:《〈关于办理妨害信用卡管理刑事案件具体应用法律若干问题的解释〉理解与适用》,《人民检察》2010年第2期。

的经济繁荣景象，容易误导经济决策。非法经营型信用卡犯罪侵犯金融机构信用卡业务的正常秩序，给发卡银行带来巨大的信贷风险，并导致部分个人及中小企业处于高度负债状态，威胁社会安定和谐。为了防止信用卡套现行为将金融机构资金置于高度风险之中，《信用卡犯罪解释》合理确定非法套现的数额标准，既能有效地惩治已造成严重危害的套现商户，对社会上其他潜在的套现商户形成极大的威慑，又避免因刑事打击面过宽而引起不良影响。

（二）为持卡人办理信用卡套现业务并收取手续费行为的司法认定

为他人非法办理信用卡套现业务从中收取手续费谋利的行为，属于当前司法实践中较为多发的新型信用卡犯罪案件。由于其行为模式、结果牵涉信用卡诈骗罪、妨害信用卡管理罪、非法经营罪等多个经济犯罪罪名，且实务部门对于上述个罪之间的法条关系存有不同认识，造成案件定性困难，有必要结合案例进行细致分析，为如何准确适用《信用卡犯罪解释》第七条认定此类信用卡犯罪案件提供参考。

非法信用卡套现的典型案例表现为：犯罪嫌疑人乔某、董某以上海文吉信息咨询有限公司的名义申领 POS 机 4 台，以此为他人提供信用卡套现服务。操作流程为：持卡人将信用卡交给乔某、董某，由后者在上述 POS 机上进行虚假的刷卡消费，根据持卡人的现金需求输入消费金额。扣取 1% 至 5% 不等的套现手续费后，乔某、董某将刷卡数额与手续费之间的差额及信用卡交还持卡人，并于结算日向相关银行结算信用卡消费资金。由于部分套现的持卡人构成信用卡诈骗罪，公安机关根据其提供的线索将乔某、董某抓获，当场查获信用卡 500 余张、现金 16 万余元。侦查后固定的证据证明，两名犯罪嫌疑人共为 1 847 张信用卡提供套现服务 2 200 余次，收取手续费 10 万余元。上述虚假刷卡消费套取现金行为造成 200 余万元透支金额逾期且未能追回。

《信用卡犯罪解释》第七条规定："违反国家规定，使用销售点终端机具（POS 机）等方法，以虚构交易、虚开价格、现金退货等方式向信用卡持卡人直接支付现金，情节严重的，应当依据刑法第二百二十五条的规定，以非法经营罪定罪处罚。"但是，对于非法办理信用卡套现业务并收取手续费的行为如何定性，司法实践中仍然存在认识分歧。比如，关于上述案件的定性问题，实务部门主要提出以下几种观点：

第一种意见认为，乔某、董某构成信用卡诈骗罪（共犯）。行为人虚构消费事实、隐瞒信用卡消费的真相，在没有任何基础消费关系的情况下，利用本人申领的 POS 机为他人套取现金，谋取非法利益，造成巨额透支金额无法追回,应当与恶意透支的持卡人共同认定为信用卡诈骗罪。

第二种意见认为,乔某、董某构成妨害信用卡管理罪。案发时,行为人非法持有500余张信用卡从事非法套现业务,完全符合妨害信用卡管理罪"非法持有他人信用卡,数量较大"的犯罪行为要件,客观上扰乱了信用卡管理秩序、破坏银行金融安全,应当认定为妨害信用卡管理罪。

第三种意见认为,乔某、董某构成非法经营罪。行为人虚构基础性消费事实,利用信用卡短期贷款的特点进行套现服务,本质上属于非法从事银行结算业务,符合《刑法修正案(七)》第五条增设的"非法从事资金支付结算业务"的行为要件,构成《刑法》第二百二十五条非法经营罪。

我们支持第三种意见,具体理由在于:

第一,为他人办理信用卡套现业务是否构成信用卡诈骗罪,关键在于判断帮助套现的行为人与持卡人之间是否存在共同诈骗故意。

持卡人以非法占有为目的,利用虚构的消费事实刷卡消费套现,超过规定期限透支经催收后不还的,属于恶意透支行为,构成信用卡诈骗罪。毋庸置疑,利用本单位申领的POS机帮助持卡人虚拟消费关系、向持卡人支付扣除手续费的消费金额后向银行另行结算,结果造成巨额透支逾期的,客观上应当评价为信用卡诈骗的帮助行为。但提供套现服务的行为主体是否构成信用卡诈骗罪共犯不能一概而论,仍然应当重点考察其主观故意。行为人与持卡人形成非法占有套现款各自获利(手续费、挥霍透支额)意思联络的,属于信用卡诈骗罪共犯。

上述案件中,乔某、董某对于部分持卡人通过套现行为恶意透支的目的应当说是具有明知或者应知的认识要素,其客观上对持卡人的信用状况、刷卡意图、支付能力等不予询问的行为也证实了上述主观心态。但是,这些证据只能证明乔某、董某放任持卡人恶意透支及其巨额透支逾期,属于间接故意的范畴,没有证据进一步证实其与持卡人形成意思联络的共犯关系,并不符合直接故意的信用卡诈骗罪的主观要件。事实上,从本案相关的交易记录来看,部分非法套现人员还是按时还款的。因此,基于行为人放任他人非法占有套现金额、恶意透支的主观故意,尚且无法认定其构成信用卡诈骗罪共犯。

第二,申领POS机的商户或者借用他人POS机非法为他人办理信用卡套现业务收取手续费谋利的,本质上属于非法从事资金支付结算业务,应当认定为非法经营罪。

《刑法修正案(七)》第五条在《刑法》第二百二十五条第三项中增加了"非法从事资金支付结算业务"的规定。资金支付结算属于金融业务,是指通过银行账户资金转移实现收款支付的金融行为，即银行接受客户委托代收代付，从付款单位存款账户划出款项，转入收款单位存款账户，以此完成经济主体之间债权债务的清算或者资金调拨。根据中国人民银行《支付结算办法》第三条的规定，支付结算方式包括使用汇票、本票、支票等票据、信用卡、汇兑、委托收款、托收承付等形式进行货币给付或者资金清算。同时，《商业银行法》第三条、第十一条明确规定，国内外结算、银行卡业务属于商业银行业务，未经国务院银行业监督管理机构批准，任何单位或者个人不得从事商业银行业务。

可见，申领 POS 机的商户或者非法借用他人 POS 机的行为主体基于虚假的消费事实利用信用卡套现收取手续费的行为，违反了《商业银行法》等国家规定，具备了经济犯罪违反前置性法律规范的违法性要素，实际上属于非法从事只有商业银行才能开展的信用卡资金支付结算业务，应当定性为非法经营行为。在没有真实的基础性交易关系的基础上利用 POS 机刷卡直接套现，是《信用卡犯罪解释》第七条明确规定的以虚构交易的方式向持卡人直接支付现金的非法经营犯罪行为。

上述案件中，乔某、董某的行为明确构成"非法从事资金支付结算业务"，违法所得数额 10 万余元，达到情节严重的标准，应当认定为非法经营罪。

第三，作为妨害信用卡管理罪实行行为的非法持有信用卡与作为非法经营罪实行行为的非法从事信用卡结算业务之间形成吸收关系，应根据吸收犯处断原则，对为他人办理信用卡套现并收取手续费行为以吸收之罪（非法经营罪）论处。

《刑法修正案（七）》施行前，以非法经营罪论处的非法从事金融行为并不包括非法从事资金支付结算业务。所以，司法实践中倾向于将没有诈骗故意的办理信用卡套现业务收取手续费行为认定为妨害信用卡管理罪。这主要是基于办理信用卡套现业务必定持有信用卡，符合妨害信用卡管理罪的行为要件之一，即"非法持有他人信用卡，数额较大的"。在《刑法修正案（七）》第五条已经明确规定非法经营罪的实行行为包括非法从事资金支付结算业务的情况下，妨害信用卡管理罪中的非法持有数量较大信用卡行为实际上成为非法经营信用卡结算行为的当然过程。《信用卡犯罪解释》将使用销售点终端机具（POS 机）以虚构交易、虚开价格、现金退货等方式向信用卡持卡人直接支付现金的行为规定为非法经营犯罪行为具有坚实的法理依据。基于行为之间的吸收关系可知，非法持有信用卡属于被吸收行为，利用信用卡非法套取现金属于吸收行为；妨害信用卡管理罪属于被吸收之罪，非法经营罪属于吸收之罪。

上述案件中,乔某、董某共为 1 847 张信用卡提供套现服务 2 200 余次,势必持有大量信用卡,显然构成妨害信用卡管理罪,但后续信用卡非法套现行为吸收非法持有行为,应当以吸收之罪即非法经营罪定性。

(三) 骗领信用卡诈骗与恶意透支均达“数额较大”行为的认定

根据《信用卡犯罪解释》第五条与第六条的规定,使用伪造的信用卡、以虚假的身份证明骗领的信用卡、作废的信用卡或者冒用他人信用卡,进行信用卡诈骗活动,数额在 5 000 元以上不满 5 万元的,属于“数额较大”。恶意透支,数额在 1 万元以上不满 10 万元的,属于“数额较大”;数额在 10 万元以上不满 100 万元的,属于“数额巨大”。

由于恶意透支行为与骗领信用卡实施诈骗等行为是信用卡诈骗罪中独立的犯罪行为类型,根据社会危害性不同设置不同的数额标准。对于行为人实施数额标准不同的信用卡诈骗行为的,司法机关在计算数额时应当予以认定,现阶段存在较多争议。在《信用卡犯罪解释》出台后最新的信用卡诈骗犯罪案件的认定中,各方观点相持不下。例如,2008 年 4 月起,被告人陈庆宝先后在中国民生银行上海分行与广东发展银行上海分行申领两张信用卡,明知没有还款能力,先后透支取款、消费人民币 5.7 万元,经发卡行多次催收后仍不归还。2008 年 9 月至 12 月,被告人张磊、俞春晓、陈庆宝结伙,经预谋,张磊、俞春晓利用银行工作人员的工作便利获取客户资料,分别冒用客户和某、武某、张某名义至光大银行办理三张信用卡,由被告人陈庆宝谎称申请人系其公司职员,通过银行核卡程序。张磊、俞春晓、陈庆宝以非法占有为目的,共从上述三张信用卡中套取现金人民币 4.8 万元,陈庆宝分得 2 000 元,其余赃款被张磊、俞春晓分赃挥霍。案发后张磊、俞春晓全额退赔赃款。另查明,被告人陈庆宝、张磊、俞春晓在接到公安机关电话传唤后主动到案,并如实交待上述犯罪事实。

本案犯罪事实相对简单,被告人陈庆宝等三人构成信用卡诈骗罪不存在疑问,在审理过程中,核心争点在于对被告人陈庆宝的信用卡诈骗行为如何量刑。由于《信用卡犯罪解释》对以虚假身份证明骗领信用卡进行诈骗与恶意透支本人信用卡规定了不同数额认定标准,司法实践中对于陈庆宝的行为如何量刑问题争议极大:

第一种意见认为,应认定陈庆宝信用卡诈骗“数额巨大”,法定刑为“五年以上十年以下有期徒刑,并处五万元以上五十万元以下罚金”。虽然陈庆宝恶意透支数额与骗领信用卡诈骗数额均属“数额较大”,未达“数额巨大”,但其连续信用卡诈骗数额累计已达 10.5 万元,超过恶意透支“数额巨大”标准，根据罪刑均衡原理，有必要认定为“数额巨大”。

第二种意见认为，应认定陈庆宝信用卡诈骗“数额较大”，法定刑为“处五年以下有期徒刑或者拘役，并处二万元以上二十万元以下罚金”。不能类推适用“数额巨大”标准，只能选择情节较重的骗领信用卡诈骗数额确定法定刑，将恶意透支数额作为酌定从重量刑要素。

第三种意见认为，应当区分认定陈庆宝恶意透支数额“数额较大”与骗领信用卡诈骗数额“数额较大”，并通过同种数罪并罚的方式合并量刑。恶意透支与骗领信用卡进行诈骗属于信用卡诈骗罪中的两种独立行为模式，无法累计或者统一认定信用卡诈骗数额，只能通过同种数罪一般不予并罚例外规则进行量刑。

笔者同意第三种意见，具体理由在于：

第一，以性质不同的行为类型实施信用卡诈骗罪，各种犯罪数额不能经过累计统一认定为“信用卡诈骗数额”。

实践中有观点认为，对于连续实施信用卡犯罪行为的连续犯而言，其信用卡诈骗数额应予以累计计算，根据数额较大、数额巨大、数额特别巨大确定法定刑档次。但是，笔者认为，以性质不同的行为类型实施信用卡诈骗罪，各种犯罪数额不能经过累计统一认定为“信用卡诈骗数额”。

诚然，连续犯数额累计计算完全正确，但关键问题是多次连续实施信用卡诈骗罪行为并不必然是连续犯。连续犯是指基于同一或者概括故意，连续数次实施犯罪行为，触犯同一罪名的情形。①其中的连续犯罪行为必须具有同质性或者一致性，而触犯同一罪名并不必然决定其连续犯罪行为具有同一性。行为人必须多次实施同一的、符合刑法构成要件规定的构成要件行为要素，才能够认定为连续犯罪行为。对于信用卡诈骗罪而言，《刑法》第一百九十六条规定了恶意透支、以虚假的身份证明骗领信用卡进行诈骗等不同的构成要件行为要素，且司法解释就此设定了不同的犯罪数额标准。因此，行为人实施恶意透支行为后又实施骗领信用卡诈骗行为的，不属于信用卡诈骗罪的连续犯，不能直接认定其不同信用卡犯罪行为类型所对应的犯罪数额可以累计。

上述案件中，陈庆宝恶意透支信用卡5.7万元，伙同他人以虚假的身份证明骗领信用卡套取现金4.8万元，实际上属于实施不同行为类型的信用卡诈骗行为，不能根据连续犯原理以累计的方式统一认定信用卡诈骗数额，或者在定罪阶段只认定一种信用卡诈骗数额较大行为模式，将另一种信用卡

① 张明楷：《刑法学（第三版）》，法律出版社2007年版，第376页。

诈骗数额较大行为模式作为量刑基准确定后的量刑调整要素,而是应当严格按照《信用卡犯罪解释》规定分别认定恶意透支数额与骗领信用卡诈骗数额。

第二,同种数罪原则上不应进行并罚,但在数个犯罪行为形式上触犯同一罪名但实质上具有异种数罪核心特征的情况下,可以例外地进行同种数罪并罚。

刑法理论上对于同种数罪是否能够并罚存在不同看法。肯定说认为,刑法只规定了数罪并罚,并没有规定只有异种数罪并罚。否定说认为,一人多次实施犯罪触犯同一罪名,本身就是从重或加重情节,没有必要通过同种数罪并罚处理。折中说认为,同种数罪原则上应在该罪条文规定的法定刑中解决刑罚问题,但如果不并罚不能体现数罪从重原则,应当进行同种数罪并罚。①

笔者认为,同种数罪原则上不应进行并罚,但在数个犯罪行为形式上触犯同一罪名但实质上具有异种数罪核心特征的情况下,可以例外地进行同种数罪并罚。

行为人重复实施同一种犯罪构成要件行为,原则上没有必要多次重复援引同一条文、定同一罪名、多次量刑、最后通过并罚确定刑罚,完全可以在个罪条文的框架中,在确定量刑基准的情况下,考虑多次犯罪的从重、加重量刑要素。但是,行为人虽然多次触犯同一罪名,但其实施的犯罪构成要件行为存在本质区别,并且,根据法律或者司法解释的规定,不同的犯罪构成要件行为具有不同的量刑标准的,实质上已经符合了异种数罪的核心特征,可以数罪并罚。例如,信用卡诈骗罪规定了骗领信用卡诈骗与恶意透支两种截然不同的犯罪构成行为要素,两种行为模式所对应的数额标准也并不相同,行为人先后实施恶意透支行为与骗领信用卡诈骗行为,符合实质数罪的特征。只是刑法根据集中打击信用卡诈骗犯罪的现实需要,才将其统一归入信用卡诈骗罪项下进行认定。再如,刑法分则中规定了大量单位犯罪中的自然人与个人触犯相同罪名区别处罚的犯罪,例如,走私普通货物罪,行为人既是单位走私普通货物罪的直接负责的主管人员,又个人犯走私普通货物罪的,虽然行为人所犯数罪的罪名同一,但从实质上分析,两个行为的犯罪构成特征及其量刑标准均有明显区别,故符合实质上异种数罪的基本特征,应当分别定罪,实行数罪并罚。

当然,有的经济犯罪刑法条文也区分不同的行为类型,例如,贷款诈骗

---

①　陈兴良:《刑法适用论(上卷)(第二版)》,中国人民大学出版社2006年版,第481页。

罪规定了编造虚假理由、使用虚假合同、使用虚假证明文件等多种犯罪行为类型，但由于这些犯罪行为类型均使用同样的数额计算标准，即使行为人连续实施不同行为类型的贷款诈骗罪，也不具有实质意义上的异种数罪特征，没有必要进行并罚。可见，正是由于信用卡诈骗罪恶意透支行为数额较大、数额巨大、数额特别巨大标准的特殊性，决定了先后实施恶意透支行为与其他信用卡诈骗行为应当进行同种数罪并罚。

上述案件中，陈庆宝多次行为虽然只触犯信用卡诈骗罪一个罪名，但由于其犯罪构成要件行为类型存在实质性区别，异种行为对应的犯罪数额标准不同，通过同种数罪并罚例外规则进行处理，在刑法解释论上具有合理性。

第三，先后实施恶意透支、骗领信用卡进行诈骗等不同构成要件行为但触犯同一罪名的，以同种数罪并罚的方式进行量刑，符合罪刑均衡的要求。

应当承认，在信用卡诈骗罪中，以虚假的身份证明骗领信用卡后进行诈骗活动，其社会危害性显然较恶意透支行为更为严重。这也是《信用卡犯罪解释》第五条、第六条区分情况设置数额标准的原因。如果从静态的刑法规范层面进行分析，恶意透支 5.7 万元、骗领信用卡诈骗 4.8 万元，其信用卡诈骗犯罪行为的社会危害性显然重于恶意透支信用卡 10.5 万元(即两次犯罪数额相加总额)。按照分别认定犯罪数额的方法进行量刑，两次信用卡诈骗数额均属于“数额较大”，即使并罚，也只能在五年以下有期徒刑的幅度内予以量刑。如果将骗领信用卡诈骗数额与恶意透支数额相加，参照恶意透支 10 万元以上属于“数额巨大”，则应在五年以上十年以下有期徒刑的档次量刑。

基于上述考虑，实践中有观点认为，同种数罪并罚的司法操作似乎存在重行为轻处理的罪刑失衡疑问。但也有反对意见认为，先后实施恶意透支、骗领信用卡进行诈骗等不同构成要件行为但触犯同一罪名的，以同种数罪并罚的方式进行量刑，符合罪刑均衡的要求。

笔者认为，在构成要件行为与对应的量刑标准不同的情况下，同种数罪并罚能够根据具体案件的情况准确地确定量刑基准与各种量刑要素，实现罪刑均衡。虽然刑法对信用卡诈骗罪设置了数额较大、数额巨大、数额特别巨大三档法定刑，但由于骗领信用卡诈骗等行为与恶意透支行为的数额标准不同，在行为人先后实施骗领信用卡诈骗行为与恶意透支行为且均达到数额较大的情况下，如果不进行同种数罪并罚，在直接确定数额较大的法定刑档次后酌定从重，无法在量刑过程中对社会危害性所应当对应的刑罚进行精确评价。

同时,本案中,陈庆宝在骗领信用卡进行诈骗活动中属于从犯,虽然应当对共犯数额承担全部责任,但如果直接将陈庆宝共同骗领信用卡诈骗4.8万元的数额加上其个人恶意透支数额一并作为信用卡诈骗数额按照数额巨大的法定刑档次进行量刑,等于是在提升法定刑档次的基础上再考虑从犯的从轻型量刑因素,反而出现量刑失衡结果。并且,在司法解释已经明确对骗领信用卡诈骗与恶意透支设置不同数额标准的情况下,按照类推规则累计计算信用卡诈骗罪数额,得出不利于被告人结论的,不能坚持类推解释。

因此,本案合法且合理的量刑方法是:首先,认定陈庆宝恶意透支数额较大,于"处五年以下有期徒刑或者拘役,并处二万元以上二十万元以下罚金"法定刑档次确定刑罚。根据《人民法院量刑指导意见(试行)》,数额型犯罪,以犯罪数额比对相应的法定刑幅度确定量刑基准。恶意透支1万元以上不满10万元的,属于数额较大。陈庆宝恶意透支5.7万元,量刑基准可以确定为三年有期徒刑。此节犯罪事实除自首以及认罪态度较好外,没有其他量刑因素,在量刑基准的基础上调整为有期徒刑二年六个月。其次,认定陈庆宝共同骗领信用卡诈骗数额较大,在"处五年以下有期徒刑或者拘役,并处二万元以上二十万元以下罚金"法定刑档次上确定量刑基准为四年六个月,加入从犯、自首的法定从轻量刑情节,确定该行为对应的刑罚为二年。最后,将上述两个刑罚根据数罪并罚规则确定最后刑罚,自由刑部分确定为四年有期徒刑应当是适当的。

(四) 冒用他人信用卡取现后返还被害人损失行为的认定

随着信用卡犯罪的手段不断翻新,防范和打击难度进一步加大,现有的法律难以满足实践中信用卡犯罪活动的需要。《信用卡犯罪解释》的出台强化了对信用卡犯罪的打击力度。①但是,笔者认为,在数额相对较低且具有自首情节的信用卡犯罪案件中,司法机关在依法履行司法职能过程中应当综合把握信用卡犯罪案件情况,区别对待行为事实,特别注重社会效果,要从有利于恢复社会关系出发合理实现轻微信用卡越轨犯罪行为的非刑罚化。虽然被害人对公诉案件是否作出不起诉决定没有建议权,但是,检察机关在轻微信用卡犯罪案件中应当积极考虑被害人的态度,充分重视被害人对信用卡犯罪案件的实体处分权。对于构成信用卡犯罪但行为人实际通过返还钱款弥补被害人损失的案件,应当积极适用相对不起诉。

实践中发生如下案例:某日下午5时许,李某在使用ATM机时发现潘某

---

① 徐日丹:《〈信用卡犯罪解释〉为打击信用卡犯罪提供坚强后盾》,《检察日报》2009年12月16日第3版。

遗忘在机器内的信用卡(余额20 000元)后,从卡内取现6 300元。当晚7时许李某致电银行服务热线咨询还款方式,并于次日上午9时许将6 300元现金存回被害人潘某信用卡账户,并留下真实电话以备联系。公安机关根据存款人电话联系李某,后其主动到案并交代上述事实。公安机关仍然按照信用卡诈骗罪的罪名予以立案侦查,并将案件移送检察机关审查起诉。检察机关案件承办人在审查案件过程中,认为行为人的基本犯罪事实符合信用卡诈骗罪的构成要件,但由于社会危害性较为轻微,存在适用不起诉的可能性,遂向被害人征求意见,由此作为是否适用不起诉的基本考察条件。被害人潘某向检察机关表示不希望追究李某刑事责任。

对于此类冒用信用卡取现后归还被害人财物的行为,实践中存在不同的司法认定观点。有的办案人员认为:李某冒用他人信用卡,数额较大,构成信用卡诈骗罪。取款后的归还行为属于退赃,主动到案交待罪行属于自首,是刑罚裁量过程中的从宽情节,不影响定罪,应当依法提起公诉。但也存在反对意见:根据《刑法》第十三条的规定,李某冒用他人信用卡取款后存回被害人账户的行为属于情节显著轻微危害不大,可以不认为是犯罪。应当根据《刑事诉讼法》第一百七十三条第二款的规定,对李某作出不起诉决定。

笔者同意第二种意见。具体理由在于:

第一,犯罪嫌疑人李某的信用卡诈骗行为属于情节显著轻微。李某在此之前没有任何犯罪前科,并非蓄意冒用他人信用卡取款,而是无意中发现信用卡留在取款机内,案件的发生具有较大的偶发性。李某的信用卡诈骗行为表现为占有并使用他人遗忘在ATM机内的信用卡,这与采用秘密窃取、伪造信用卡等方式非法占有他人信用卡内财物的行为存在明显区别。在完全可以分次、分日提取卡内全部钱款的前提下,李某在查询卡内余额后仅提取了部分钱款。李某在全额归还钱款后不仅留下了真实的电话,而且经公安机关联系,李某在第一时间到案并交待全部事实。其及时地自首有助于司法机关全面掌握犯罪事实,有效地节省了司法资源。

第二,上述案件中的信用卡诈骗行为危害不大。《信用卡犯罪解释》第五条规定,冒用他人信用卡,进行信用卡诈骗活动,数额在5 000元以上不满5万元,应当认定为《刑法》第一百九十六条规定的“数额较大”。李某冒用他人信用卡所提取钱款的数额略超起刑点,说明其社会危害相对不大。根据最高人民法院《关于审理盗窃案件具体应用法律若干问题的解释》第六条的规定,对盗窃数额较大超过起刑点,但是情节轻微,并具有全部退赃、退赔、主动投案等规定情形的,可不作为犯罪处理。虽然上述司法解释是针对盗窃罪的规定,但并不绝对排斥在信用卡诈骗案件中予以合理参照。本案中,李某在取款 2 个多小时后即通过手机向银行热线咨询还款事宜,并在次日将 6 300 元悉数存回被害人账户并主动留下真实电话,客观上没有造成任何经济损失,尽力将社会危害控制在最小范围内。本案相关事实及情节完全可以参照上述盗窃罪司法解释中不作为犯罪处理的情形。

第三,潘某向检察机关表示并不希望追究李某的刑事责任,更是从被害人的角度证明本案属于情节显著轻微危害不大。在数额相对较低且具有自首情节的信用卡犯罪案件中,检察机关在依法履行法律监督职能过程中应当综合把握案件情况,区别对待行为事实,特别注重社会效果,要从有利于恢复社会关系出发合理实现轻微越轨行为的非刑罚化。虽然被害人对公诉案件是否作出不起诉决定没有建议权,但检察机关在轻微刑事案件中应当积极考虑被害人的态度。上述案件中,被害人事后提出了不追究犯罪嫌疑人李某刑事责任的想法,证明李某已经通过案发后积极的悔罪表现、全额退赔赃款等行为取得了被害人的谅解。根据《刑法》第十三条的规定,认定李某信用卡诈骗行为不是犯罪并适用绝对不起诉,更能达到教育挽救、修复被侵害的社会关系等刑法规范的适用目的。

第四,对于信用卡刑事案件的犯罪人真诚悔过尽其全力赔偿被害人损失,与被害人要求存在差距但并无极度偏离的,不妨碍对犯罪人适用相对不起诉或者免予刑事处罚。司法实践中,并非所有案件的被害人均对信用卡犯罪人的行为有所谅解,经常出现被害人对犯罪人的赔偿损失不满意的状况。笔者认为,如果数额没有极度偏差的,并不直接排除适用绝对不起诉或者相对不起诉,但司法机关应当做好协调工作,向被害人说明情况并督促犯罪人在有条件的情况下全面弥补被害人损失。对于被害人提出过高赔偿金额要求的,应当耐心做好疏导工作,确实无法解释清楚的,可以由司法机关确定合理的赔偿数额并要求犯罪人先期全额履行,对于与被害人要求存在差距的部分,在协议中予以明确,告知被害人对于此部分的请求可以另行通过民事诉讼解决。

(五)盗取支付宝账号与密码后使用绑定信用卡行为的性质认定

典型案例:2014 年 8 月 8 日,何先生在顺德区某饭店吃饭,临走时将背包遗留在包房内,该饭店员工廖某捡到包后藏了起来,待下班后查看发现包内有被害人手机,手机上装有支付宝软件且无需密码,绑定着一个银行卡,廖某遂使用被害人手机从该银行卡内转出 8 000 元人民币至其本人账户。2014 年 2 月,佛山市顺德区人民检察院以涉嫌盗窃罪对廖某提起公诉,顺德法院审理后认为控方指证的罪名成立。鉴于廖某归案后如实供述犯罪事实并以退赃退赔取得谅解，一审判处其拘役六个月并处罚金人民币一千元。宣判后，廖某提起上诉，认为其行为并非秘密窃取，不应构成盗窃罪。佛山中院审理后作出终审裁定，维持原判。①2012年8月，被告人李某在移动营业厅购买到了被害人姚某已放弃使用的手机卡号，使用过程中发现该手机号绑定着姚某的支付宝和银行信用卡账号，被告人李某遂利用该手机号重置了支付宝账户密码，并利用支付宝账号与信用卡的绑定关系，通过支付宝账号进行网上消费或转账取现，被害人姚某支付宝账号所绑定的两张信用卡共计被李某消费、转账15 000余元。上海市金山公安分局以李某涉嫌盗窃罪移送审查起诉，金山区检察院以信用卡诈骗罪对李某提起公诉，法院采纳检察机关意见，以信用卡诈骗罪判处李某有期徒刑七个月，并处罚金人民币二万元。

对于利用支付宝所绑定的银行卡消费的行为应否认定为信用卡诈骗罪的问题，司法实践中主要存在如下两种意见：第一种意见认为，此类案件应定性为盗窃罪。理由是：行为人掌握被害人支付宝账户密码后，由于被害人在事先绑定银行卡时已经输入银行卡密码，故行为人仅需要输入支付密码就可以支取所绑定的银行卡资金，支付密码并非银行卡密码，支付密码撬动的指令是支付宝公司，通过该公司之前和银行绑定信用卡时的协议，银行卡会当然地支付。因为原先绑定时原卡主已经输入过银行卡密码，授权完成。在此种情况下，行为人擅自冒用他人的支付宝账户，违反支付宝的使用规则，而银行根据先前的绑定协议，确认账户密码正确后再向支付宝账户进行支付，并不存在任何错误认识，也就不存在被骗，而且让银行支付的指令来自支付宝公司，并不是犯罪分子直接跟银行卡进行关联，未妨害银行对银行卡的管理，所以不能认定为信用卡诈骗罪，应当以盗窃罪进行处理。第二种意见认为，此类案件认定为信用卡诈骗罪。因为使用支付宝账号所绑定的银行卡进行支付消费时与仅使用支付宝账户原有余额在流程上有明显的区别。被告人李某是在被害人姚某不知情的情况下，因购买、使用手机卡号，无意中获悉姚某先前绑定使用的支付宝账号，继而进行消费、提现，造成被害人姚某与该支付宝账号绑定的建设银行信用卡、招商银行信用卡上的现金损失，系采用冒用他人信用卡的手段，进行信用卡诈骗活动，符合信用卡诈骗罪的犯罪特征，构成信用卡诈骗罪。

笔者认为，利用支付宝账号与银行卡的绑定关系从银行卡中支付消费的行为应认定为信用卡诈骗罪。

---

① 佛山市中级人民法院(2015)佛中法刑二终字第100号。

我国《刑法》第一百九十六条第三款中的“盗窃他人信用卡并使用”,是指盗窃他人信用卡后使用该信用卡购买商品、在银行或者自动柜员机上支取现金以及接受用信用卡进行支付结算的各种服务,诈骗财物的行为。根据该款规定,对这种犯罪行为应当以盗窃罪定罪处罚。一般认为,该款规定属于法律拟制而非提示性规定,否则,以欺骗手段获取他人信用卡并加以使用的,就应当以诈骗罪定罪处罚。而事实上,根据2009年12月最高人民法院、最高人民检察院《关于办理妨害信用卡管理刑事案件具体应用法律若干问题的解释》第五条第二款第(二)项的规定,骗取他人信用卡并使用的,属于“冒用他人信用卡”,如果骗取财物数额较大的,构成信用卡诈骗罪。此外,“盗窃他人信用卡并使用”中的“信用卡”,仅限于他人的真实有效的信用卡,不包括伪造或者作废的信用卡,而且还要求是有形的信用卡卡片。2010年《非金融机构支付服务管理办法》将包括支付宝在内的第三方支付平台定位为非金融机构。而2004年全国人大常委会通过的《关于〈中华人民共和国刑法〉有关信用卡规定的解释》中规定:信用卡是指由商业银行或者其他金融机构发行的具有消费支付、信用贷款、转账结算、存取现金等全部功能或者部分功能的电子支付卡。因此,由于支付宝的开发公司不是金融机构等原因,支付宝不属于刑法中的信用卡。

有观点提出,虽然支付宝的“发卡单位”不属于金融机构,但考虑到支付宝确实发挥了类似银行卡的功能,如消费支付、转账结算,且随着支付宝的功能完善,其中的蚂蚁花呗、余额宝等新“产品”更是具有了类似信用贷款、存取现金的功能。故可以对信用卡诈骗罪中的信用卡作扩大解释,将支付宝作为信用卡看待。笔者认为,信用卡诈骗罪属于我国《刑法》分则第三章第五节金融诈骗罪中的罪名,其保护的共同客体为金融机构的管理秩序,非侵犯金融机构管理秩序的行为不宜适用本节罪名。如将支付宝也解释为这里的信用卡,明显忽略了“金融机构”这一法定限定条件,突破了扩大解释的边界,有延伸至类推解释之嫌。

虽然不能将支付宝认定为银行卡,但利用支付宝账号与银行卡的绑定关系从银行卡中支付消费的行为应当认定为信用卡诈骗罪。2009年“两高”《关于办理妨害信用卡管理刑事案件具体应用法律若干问题的解释》将“窃取、收买、骗取或者以其他非法方式获取他人信用卡信息资料,并通过互联网、通讯终端等使用的”认定为“冒用他人信用卡”。冒用他人的信用卡是指,非持卡人以非法占有为目的,未经持卡人同意或者授权,擅自以持卡人的名义使用信用卡,进行信用卡业务内的购物、消费、提取现金等诈骗行为。前文案例中被告人均系掌握被害人支付宝账户密码后,冒用被害人名义使用支付宝账户所绑定的银行卡并进行消费和取现的行为。案例中,被害人作为银行卡持卡人,被告人在未经被害人同意或授权的情况下,擅自以持卡人的名义使用信用卡,将信用卡钱款划入其实际控制的支付宝账号内并进行消费和取现,符合冒用他人信用卡的行为特征。

从支付宝账户的运作流程来看,从支付宝账户所绑定的银行卡中支付消费有这样的一个过程:即首先是从银行卡中划出钱款,然后入账到支付宝账号,再从支付宝账号中支出消费金额。前文案例中,被告人利用非法手段掌握了被害人的支付宝账号及密码后,支付宝账号已处于其实际控制之下,将被害人所绑定的银行卡内的钱款划入支付宝账号后,被告人至此已实际完成财产转移,之后使用支付宝账号进行消费和取现的行为,只是其对赃款的一个后续处理行为,实际上并未再侵犯新的法益,可以从事后不可罚行为的角度予以看待。从支付宝利用银行卡支付消费的过程可以看出,被告人真正实现获利的是冒充持卡人从银行卡中划款的欺骗行为,此行为符合信用卡诈骗罪的构成要件,理应以信用卡诈骗罪定罪处罚。

从行为属性的角度分析,盗取支付宝账号及密码并使用其中绑定的银行卡的行为,完全符合刑法中规定的冒用行为的特征。尽管在这种情况下,支付宝是真实的,信用卡是真的,密码也是真的,但实际使用者却是虚假的。支付宝、银行对于行为人冒用他人信用卡无法加以识别,是因为行为人掌握了他人支付宝的密码,而支付宝又绑定了银行卡,在这种实际使用者冒充持卡人的虚假情况下,支付宝、银行等结算机构以为是信用卡的主人而"自觉自愿"实施付款行为。其中,银行是最终信用卡的支付渠道,处于被骗者的地位是显而易见的,至于在整个行为过程中支付宝、银行是否要承担监管资金过失的民事责任则不是刑法评断过程中需要考虑的问题。事实上在司法实践中被骗者与民事责任承担者并非一定要求一致,而且谁是被害人的问题不应该成为行为人构成犯罪的障碍。就刑法而言,认定犯罪主要是看行为人的行为和主观方面,而不在于分析当事人之间的法律关系。信用卡诈骗罪属于广义上的诈骗犯罪。在诈骗犯罪中,只要行为人实施了虚构事实、隐瞒真相的行为,被骗者是谁(有可能是财产所有人,也有可能是财产持有者,甚至可能是与财产所有人或持有人有联系的其他人)其实对于行为人诈骗行为的认定并没有多少决定意义,对行为人而言,被骗者无论是谁,只要其实施了诈骗行为,均可能构成诈骗类的犯罪。至于最终谁是实际损失的承担者,则应该由民法理论加以研究。

控制支付宝及密码并不等于已经获取了绑定信用卡上的资金。这是因为,信用卡与支付宝具有一定的联系,但信用卡充其量只是记载财产为内容的一种载体,其本身并不等于财产,如果要转化为财产必须有兑现的过程,即使用支付宝。正如司法实践中,对于盗窃信用卡后并加以使用的,以盗窃罪论处,而认定盗窃的数额则是以行为人实际使用占有(即兑现)的数额作为依据,并非是以信用卡上存在的数额作为标准。可见,支付宝中绑定的信用卡与支付宝余额不能完全等同。同样的情况,在有关盗窃罪的司法解释中曾明确规定,盗窃能兑现的金融票证(包括信用卡),而行为人不兑现或予以销毁的,则不能计算数额。以此分析,如果行为人盗窃了他人的钱款而加以销毁的话,当然不可能不计算数额的。正因为如此,笔者认为,控制支付宝和密码并不等于已经获取了支付宝绑定信用卡上的资金,虽然这种情况要比没有知悉密码的情况离获取财产距离更近,但无论如何,行为人要真正占有财产还必须通过冒用行为。所以,窃得支付宝及其密码后使用绑定信用卡的行为,构成冒用他人信用卡,认定为信用卡诈骗罪是符合刑法规定的。

三、恶意透支型信用卡诈骗犯罪的反思

随着近年来信用卡风险问题日益突出,信用卡违法犯罪活动不断增多,其中恶意透支型信用卡诈骗占据主要部分。其中亦不乏情节较为严重、社会危害性较大的恶意透支行为。但仍然有相当数量的恶意透支犯罪行为,实际上并没有明显的严重情节,本质上就是基于对本人还款能力的错误预期而导致其欠下发卡机构巨额债务,甚至在很多案件中,家人已经帮助行为人全部归还了本金与利息,行为人仍然被处以实刑。对于本质上属于“欠债不还”的行为以金融诈骗犯罪这种非常严厉的犯罪进行评价,似乎存在疑问。

刑法理论与实务中一直有观点认为,有必要为恶意透支信用卡行为提供出罪机制。但也有观点认为,在立法上“一刀切”式将恶意透支型信用卡诈骗罪予以出罪并不具有正当性。稳妥的做法是,在遵循立法的前提下,通过司法非犯罪化的方式对特定恶意透支型信用卡诈骗行为予以出罪。除了司法解释中明确规定的司法上的犯罪化与非犯罪化之情形,还存在司法解释之外、自由裁量权之内的刑事诉讼活动中的犯罪化与非犯罪化。①但长期以来,恶意透支仍然是金融犯罪的最为主要的类型,可见,传统刑法理论并没有提供充分的理由说服立法机关或者司法机关对恶意透支进行非犯罪化,甚至刑事司法体系没有能够提供明显较轻的刑事处罚框架。或者说以

① 张建、俞小海:《恶意透支型信用卡诈骗罪出罪之实践反思与机制重构》,《中国刑事法杂志》2013 年第 6 期。

信用卡发卡机构为核心的既有的金融市场架构足够强大，以至于作为金融消费者的恶意透支者必须因为其损害发卡机构的行为而承担严重的刑事责任。

笔者认为，在传统刑法解释框架难以提供充分逻辑供给的情况下，有必要使用不同的分析视角尝试探索。从行为心理的角度分析，使用信用卡支付比传统现金支付会使得消费者花费更多的钱。例如，实证研究表明，信用卡持有人会在百货商场花更多的钱。①在面对具有融资功能的信用卡与直接现金支付时，消费者于前者的情景下更具有消费意愿，也合理地解释了广大商户宁可向信用卡机构支付结算手续费，也情愿接受顾客进行信用卡支付。②为了让客户更多地激活并使用信用卡，信用卡机构提供多种免费商品或者服务作为奖品引导消费者办卡，并设计林林总总的刷卡奖励，例如，特定商品、商铺、地区的刷卡返现、折扣活动等。当然，多数消费者能够全额还款，但也有相当数量的人变得入不敷出，从而需要支付相当高的信用卡使用成本（支付最低还款额后承担高昂利息、分期手续费等），最后形成无法还款后的恶意透支犯罪风险。信用卡构成了个人高负债甚至破产的主要原因。③可见，信用卡本身的诞生、发行、使用等就是导致人们容易出现财务管理不善的重要诱因，信用卡机构本身的市场行为系统化地对金融消费者的行为心理进行了操纵。在这样的情况下，刑事立法与司法完全有理由重新评价信用卡在刑法上的意义以及恶意透支行为应当在刑法上配置的罪名与法定刑。

---

① Elizabeth C.Hirschman, Differences in Consumer Purchase Behavior by Credit Card Payment System, 6 Journal of Consumer Research 58(1979).

② Richard A.Feinberg, Credit Cards as Spending Facilitating Stimuli, 13 Journal of Consumer Research 349(1986).

③ Michelle J.White, Bankruptcy Reform and Credit Cards, 21 Journal of Economic Perspectives 178(2007).

第四章　经济刑法(二):资本市场犯罪的刑法规制

第一节　资本市场效率的刑法保护

资本市场的高效与稳定运行、资源公正分配以及可持续发展,对于全球金融市场的繁荣与实体经济的增长具有重要影响。资本市场刑法的规范建构与适用,具有保障资本市场的运作机制与正常监管,维护金融市场与经济基础稳定的制度价值。资本市场具有高速技术创新、发展变革迅猛、覆盖范围广泛的特点,客观上决定了资本市场法律规范具有调适性且趋于多元化。对于具有最后手段性与规范谦抑性的资本市场刑法保障措施而言,为了有效且适度地规制资本市场犯罪,资本市场刑法在规范建构与司法适用上,具有区别于普通刑法以及经济刑法中其他规范的重要特征。例如,犯罪行为类型复杂、多层授权立法、多重兜底条款等。

德国刑法理论对资本市场刑法原理进行了最早且精致的论证分析,德国刑法实践对资本市场刑法规范的制定与应用进行了相对全面的探索。尽管中国资本市场的发展以及相关法律规范保障,相对于德国资本市场操作与法律实践,在规模、阶段、速度、水平等方面存在较大差异,但是,以批判性的理论视角,深入分析德国资本市场刑法的保护法益、犯罪类型、构成特征、核心罪名刑法适用等问题,对于中国资本市场刑法具有重大的理论与实践价值。在比较、批判、互动的过程中,理性吸收、借鉴德国刑法优质的逻辑思辨与实用的实践内核,有助于深度思考中国资本市场刑法的规范建构与优化、刑事司法适用、刑法理论升华以及刑法学科细分等问题。

一、资本市场犯罪与资本市场刑法逻辑起点

(一) 概念整合

资本市场是金融市场的组成部分,是指证券融资或中长期(一年期以

上)资金借贷市场。[①]资本市场区别于短期债券、外汇、商品期货等其他类型金融市场的关键特征在于,公司或者主权实体基于融资需要而在资本市场发行并供投资者交易的股票、债券等证券产品是一种中长期资金需求与供给关系。[②]资本市场向公司或者主权实体提供融资平台,使其在承担融资成本的前提下,通过证券发行实现资金获取;资本市场向市场参与者提供投资平台,使其在承担市场价格变动风险的前提下,通过证券交易实现盈利或者规避风险。因此,资本市场实际上是作为金融商品类型之一的证券商品与市场资金之间的资源优化配置机制。

资本市场犯罪是以违反证券、期货、衍生品等金融法律法规的手段,人为控制市场发行、交易、信息效率,直接影响金融商品交易价格、交易量,或者间接影响投资于特定资本市场或者特定金融商品交易的资金流向,或者利用信息优势、信息操纵谋取不正当交易利润,阻碍或者排斥资本市场正常运行机制,情节严重且根据刑法规范应当通过刑事处罚的方式进行惩治与预防的市场行为。根据我国《刑法》的规定,资本市场犯罪包括内线交易(《刑法》第一百八十条内幕交易、泄露内幕信息罪和利用未公开信息交易罪)、市场操纵(《刑法》第一百八十一条编造并传播证券、期货交易虚假信息罪和诱骗投资者买卖证券、期货合约罪、第一百八十二条操纵证券、期货市场罪)以及虚假陈述(《刑法》第一百六十一条违规披露、不披露重要信息罪)。

资本市场法(Kapitalmarktrecht)是德国法律理论与实践中的一个重要范畴。资本市场法并非一部特定的法律文本,而是对规范资本市场运行相关法律法规的总称。美国以及欧盟其他国家在法律理论层面也会使用资本市场法的概念,但主要还是在公司法、证券法、金融法等范畴下建构规范文本、适用法律规则以及研究资本市场法律制度。从德国资本市场立法实践来看,德国《证券交易法》(Wertpapierhandelsgesetz—WpHG)是资本市场法律规范体系中最基础且最重要的法律,对资本市场上证券产品发行、交易以及与此相关的金融服务、投资者权益问题进行了全面的规定。

资本市场刑法(Kapitalmarktstrafrecht)是以刑罚措施规制与震慑资本市场犯罪行为的刑法规范总称。在德国公司、证券、基金、银行、保险、信托等经济与金融法律规范中,存在大量危害资本市场融资与投资机制的刑事罚则,故德国资本市场刑法规范相当部分表现为相关资本市场法(主要是《证券交易法》)的刑事罚则,还有部分则集中于《德国刑法典》(Strafgesetzbuch—StGB)

---

① Steven M.Sheffrin, Economics: Principles in Action, Pearson Prentice Hall, 2003, p.283.

② Creifeld, Rechtswöterbuch, 20. Auflage, Verlag C.H.Beck, 1992, S.636.

证券犯罪以及其他侵犯资本市场投资秩序犯罪的刑法法条之中。根据德国资本市场刑法理论的界定,资本市场刑法覆盖所有直接或间接与资本市场以及资本市场行为相关的刑事实体规范。①可见,资本市场刑法同样并非一部法典或者一项特定的法律文本,而是刑法规范保障体系;资本市场刑法原理并非一种单一化的概念界限,而是从刑法的角度对资本市场进行的法律理论观察。

资本市场刑法是德国刑法理论与实践中的一个非常年轻却发展迅猛的概念。随着2008年全球金融危机、2010年欧债危机、2011年欧元动荡等一系列金融市场系统性风险爆发与稳定性基础动摇,严重危害金融市场可持续发展的资本市场违法犯罪行为受到德国刑法理论的高度关注。在金融风险频繁触发的时代背景下,资本市场犯罪成为经济犯罪法律实践中热点与难点集中的犯罪类型,资本市场刑法相应地成为经济刑法体系下的一个重点领域,甚至在学科建设上构造经济刑法的子学科——资本市场刑法学。

资本市场刑法的概念整合可谓德国刑法理论的创新,但其意义显然不局限于单纯的理论研究。资本市场刑法概念整合的实践价值在于将所有保护资本市场的刑法规范进行系统性分析,其目的是为了更加清晰地阐释与说明刑法规定的这一类犯罪所预期保护的社会利益的内容,从而针对资本市场的运行机制与监管特点配置具有效率的刑法规范或者进行符合资本市场经济规律的刑法适用。

(二)法益保护

根据德国资本市场刑法理论,资本市场刑法最重要的目的在于保护投资者权益与资本市场的健全性,而健全的资本市场显然服务于投资者权益保障。②对于资本市场投资者权益保护的具体内涵,在德国资本市场刑法理论上,主要有"投资者财产权论"、"投资者市场信赖论"以及"投资者信息平等论"三种观点。

"投资者财产权论"认为,资本市场刑法在宏观上或抽象上保护的是一种超个体法益,但是,将这种抽象解释具体化到资本市场犯罪的每个刑法规范本身,实际上都聚焦于投资者财产权益的个体法益。③上市公司的高级管理人员以及其他与上市公司具有关联的主体,以牺牲外部投资者利益的代

---

① Park, Kapitalmarktstrafrecht, 2. Auflage, Nomos Verlagsges. Mbh Co, 2008, S.2.

② Schmitz, Derstrafrechtliche Schutz des Kaplitalmarkts, ZStW 115(2003), S.508.

③ Park, Kapitalmarktstrafrecht und Anlegerschutz, NStZ 2007, S.370.

价进行大规模的市场操纵与内线交易，这种犯罪行为对投资者购买相关证券所形成的财产权益形成极大的损害风险。尤其是在全球资本市场吸引各种类型的保险资金与养老基金参与投资的背景下，资本市场犯罪行为对民生产生严重威胁。资本市场刑法对此进行震慑和规制，是对投资者财产权益真实且具体的制度保障。

“投资者市场信赖论”认为，资本市场刑法并非直接且简单地保护投资者财产权益，而是实质性地保护投资者对资本市场机制的信赖。①资本市场刑法通过刑罚强制措施惩治与震慑内线交易、市场操纵等滥用资本市场机制的犯罪行为，从而促使投资者始终信任资本市场能够在分配公正与公平的基础上实现优化资源配置的市场机制。这种观点实际上是信赖保护理论在资本市场刑法中的具体化展开。资本市场赖以存在与发展的基础在于证券产品发行后的资金融通与证券产品投资与交易过程中的资金增值。资金持有者或者投资者基于对不受法律控制的证券犯罪的担忧而对资本市场丧失信任，资金供给方便会将资本资源转移至其他市场，不仅撼动资本市场的基础，而且会因为可能出现的资本盲目配置而造成资源使用低效与浪费。故资本市场刑法旨在维护投资者对市场效率与公平的信赖。

“投资者信息平等论”认为，资本市场刑法保护的重点在于保障投资者得以在公开、平等、正确、完整的信息披露与传播机制下对证券产品的购买与交易作出决策，防止上市公司内部人以及资本市场上具有信息优势的人员基于信息失衡损害投资者利益。②资本市场信息是对证券商品供求关系以及市场参与者态度等各种事实的表达或认知，是理性投资者参与资本市场交易的基础。虚假陈述、内线交易、市场操纵等资本市场犯罪行为基本上都是基于行为主体的信息优势而实施与完成的，故资本市场刑法保障外部投资者的信息平等权，能够在很大程度上概括投资者权益保护的实然内涵。

应当认识到，深度分析与精准确定资本市场刑法的法益，不仅是对其立法价值的理论追问，更有利于立法与司法实务部门从宏观上把握资本市场犯罪的实质。以批判性的视角分析德国经济刑法理论有关资本市场法益的论辩，其有益之处在于较为全面地阐述了资本市场中需要刑法规范予以强化保护的有效竞争机制与各种合法权益，其不足之处在于未能明确把握资本市场刑法保护的根本价值，也没有合理确定与这种价值紧密关联的各种法律权益与规范秩序在法益保护序列中的位阶。笔者认为，资本市场刑法

---

①② Park, Kapitalmarktstrafrecht und Anlegerschutz, NStZ 2007, S.370.

保护的法益是社会资金与证券商品之间资源优化配置的市场机制,投资者财产权、市场信赖、信息公平等实际上都是资本市场刑法中规定的某种特定犯罪所侧重保护的社会利益,这些资本市场犯罪个罪层面的具体法益构成了完整的资本市场刑法的整体法益。

市场的建构与发展都指向资源优化配置的价值追求。资本市场作为市场类型之一,显然不能脱离市场的本质特征。公平、公正、公开的资本与证券商品之间的交易,能够为实体经济发展筹措大规模资金,根据市场资本自由流动的实际效果反映金融资产的供求关系,实现价格发现功能,指导投资者理性配置资产。理论上,一个没有证券犯罪、秩序井然的资本市场能够最大限度地降低交易成本且最大程度地发挥资本市场体系融资、配置资源、服务实体经济等功能。但是,金融实践中始终存在内线交易与市场操纵等资本市场犯罪。从经济学的视角分析,内线交易等资本市场犯罪增加了证券发行者筹集资本与各类市场主体参与融资和投资竞争的成本,扰乱了金融交易机制,从而阻碍了实体经济的增长。①资本市场刑法就是要恢复这种受到证券犯罪破坏的资本与证券商品之间资源优化配置的市场机制,保障资本市场本身的健康与完整。资本市场资源优化配置是充分竞争的结果,资本市场刑法应当通过刑法的最终手段性保障有效监管框架下市场竞争的资源分配,公正对待处于不同竞争水平的融资者与投资者。

以中国《刑法修正案(七)》新增的证券犯罪类型——利用未公开信息交易罪为例,证券公司、基金公司等金融机构在资本市场中扮演者金融服务者、交易参与者等多重角色,由于这些金融机构具有信息优势,刑法禁止金融机构从业人员利用职务获取对金融交易价格具有重大影响的未公开信息,有针对性地提前于外部市场投资者买卖相关证券。利用未公开信息交易的刑事违法性形式上表现为这种行为使得投资者蒙受了财产损失、动摇了资本市场的诚信基础、体现出信息失衡下的市场资源滥用等,但从实质上分析,利用未公开信息交易犯罪的危害本质在于,各类社会资本不是通过充分且公平的价格竞争方式获取或出售证券商品,而是破坏资本市场竞争,即具有资源优势的市场参与者事先建仓,通过滥用外部投资者的资金扭曲证券商品价格,先于市场资本平仓获利。

再以中国《刑法》第一百八十二条操纵证券、期货市场罪(也是本章所研究的证券犯罪类型)为例,刑法虽然禁止单独或者合谋集中资金优势、持股

---

① Utpal Bhattacharya & Hazem Daouk, The World Price of Insider Trading, The Journal of Finance, Vol.LVII, No.1, 2002.

优势或者利用信息优势联合或者连续买卖，操纵证券交易价格或者证券交易量的行为，但并不干涉资本市场中的资金、持股、信息优势以及利用资源优势从事连续交易的行为。只要资本市场参与者没有人为制造相关证券的价量水平，无论竞争过程中投资者产生多少损失或者竞争双方实力如何悬殊，资金、持股、信息等优势只是资本市场中资金与证券商品等资源持有者之间充分竞争的起始状态或者终了结果，并非刑法规制的对象。因此，资本市场刑法保护的市场机制归根结底是竞争的效率性与公平性。

包括投资者权益保护、金融行业秩序、从业人员诚信等价值，实际上都是资本市场效率发挥与有序竞争机制保障下所表现出的不同层次的效果，而非资本市场刑法作为一个整体发挥其保障功能的作用对象，更不能将上述价值之一内化为资本市场刑法规范的一元化追求，否则，就会偏离资本市场的基础，从而在法律制度层面不合理地增加融资合规成本与阻碍投资竞争效率。资本市场存在与发展的正当性基础在于通过合理控制风险使得市场参与者获取利润，其前提显然在于认可投资风险。这意味着资本市场刑法应当对风险具有较强的容忍度，不应当以积极介入的理念管控资本市场风险或者个别性风险。资本市场刑法只有设定其许可的投资风险边界，才能实现对资本市场系统性与制度性风险的防范与惩治，规制通过不正当手段规避资本市场风险获取巨额利润的行为，维护市场价格形成与发现机制的有效性。当然，应当强调的是，资本市场刑法整体保护资本市场运行机制的立法价值并不排斥其中的部分犯罪类型重点规制损害投资者权益的证券犯罪行为。这实际上是由资本市场刑法保护法益的层次性所决定的——资本市场刑法规范中的个罪或类罪完全可以侧重或全部以投资者权益为保护法益。例如，德国资本市场刑法中的虚假陈述罪以及中国刑法中的欺诈发行股票罪、违规披露、不披露重要信息罪等，都是以禁止证券欺诈犯罪行为为基础建构刑法规范，其保护法益明确地体现为投资者权益。

二、资本市场刑法规范框架

（一）资本市场犯罪的行为类型

德国刑法理论与实践通常将资本市场犯罪划分为两大部分：一是资本市场法刑事罚则规定的犯罪类型；二是《德国刑法典》规定的与资本市场相关的犯罪类型。[①]前者主要包括德国《证券交易法》规定的金融工具发行与交易过程中的虚假陈述、内线交易以及市场操纵等犯罪。[②]后者主要包括《德国

---

① Park, Kapitalmarktstrafrecht, 2. Auflage, Nomos Verlagsges. Mbh Co, 2008.

② WpHG § 38 Strafvorschriften.

刑法典》规定的普通欺诈罪①、资本投资欺诈罪②、信用欺诈罪③、背信罪④、破产罪⑤等与证券或者证券发行人(上市公司)直接或间接关联的犯罪。尽管资本投资欺诈罪与信用欺诈罪的罪名在各国刑法上极少出现,但这两项罪名所规制的犯罪行为却是各国刑法所普遍关注的。根据《德国刑法典》的相关规定,在证券发行、承销以及公司增资扩股过程中,在招股说明书等文件中进行失实的利好陈述或隐瞒利空事实,或者虚构与证券价值关联的资产,影响证券投资决策的,构成资本投资欺诈罪,处三年以下监禁或罚金。在信贷、票据等任何形式的融资信用授予、展期、条款修改等过程中实施下列行为的,构成信用欺诈罪,处三年以下监禁或罚金:(1)提交失实或不完整的资产负债表、资产评估报告等文件;(2)在信用申请中就特定的商业项目进行失实或不完整的书面陈述;明知财务状况恶化而不在信用申请文件或者书面陈述中予以说明。可见,德国刑法中的资本投资欺诈罪相当于有关欺诈发行证券的犯罪;信用欺诈罪相当于有关贷款、票据欺诈的犯罪。

中国刑法规定了相当数量的证券期货犯罪,刑法理论上主要也是使用证券期货犯罪的概念,⑥当然也有个别学者提出资本市场犯罪的概念。⑦从刑法理论上看,中国学者关于证券期货犯罪或者资本市场犯罪的类型化解释主要有以下四种观点:“广义论”认为,证券期货犯罪是严重破坏证券期货管理秩序的犯罪,包括危害证券期货发行、交易、管理秩序的犯罪以及与证券期货有关的(金融)诈骗犯罪、非法经营犯罪、职务犯罪等。“广义论”的实质内容与德国资本市场刑法理论的主流观点是一致的。“修正的广义论”认为,资本市场犯罪是违反资本市场法律且严重破坏资本市场秩序的犯罪,包括资本市场发行环节犯罪、交易环节犯罪、管理环节犯罪、公司犯罪、贪污贿赂犯罪以及财产犯罪。⑧“修正的广义论”用资本市场犯罪的理论性概念替换证券期货犯罪的规范性表述,在资本市场犯罪类型界定层面与“广义论”不存在实质性差异,故“修正的广义论”与德国资本市场刑法理论的主流观点具有完全一致性。“狭义论”认为,证券期货犯罪是与证券期货投资紧密关

---

① StGB § 263 Betrug.

② StGB § 264 a Kapitalanlagebetrug.

③ StGB § 265 b Kreditbetrug.

④ StGB § 266 Untreue.

⑤ StGB § 283 Bankrott.

⑥ 刘宪权:《证券期货犯罪理论与实务》,商务印书馆2005年版,第1页。

⑦ 王晨:《证券期货犯罪的认定与处罚》,知识产权出版社2008年版,第22—23页。

⑧ 刘建:《资本市场安全与刑法规制》,中国人民公安大学出版社2009年版,第126—127页。

联的犯罪，包括欺诈发行股票、债券罪、违规披露、不披露重要信息罪、背信损害上市公司利益罪、背信运用受托财产罪等与证券期货投资直接关联的犯罪以及内幕交易罪、操纵证券、期货市场罪等完全属于证券期货投资领域的犯罪。①"严格的狭义论"认为，证券期货犯罪只能是完全发生在证券期货市场上的犯罪类型，故只有内幕交易、泄露内幕交易罪、利用未公开信息交易罪、编造并传播证券、期货虚假信息罪、诱骗投资者买卖证券、期货合约罪、操纵证券、期货市场罪等五种犯罪，才属于证券期货犯罪。②"严格的狭义论"以"整体性"标准界定证券期货犯罪类型，将违规信息披露、欺诈发行证券、伪造、变造证券、滥用证券管理职权等部分涉及公司管理或其他金融监管的犯罪严格排除在证券期货犯罪类型之外。

由于德国《证券交易法》将金融工具界定为证券（股票、债券）、期货、期权、互换等金融资产或者金融衍生品，③德国资本市场刑法所规定的犯罪类型与中国刑法中的证券期货犯罪以及与证券期货具有一定关联的犯罪大部分是相同的，④只是具体理论阐释上，德国刑法理论对于将与资本市场直接或间接关联的犯罪集中在资本市场刑法项下进行分析，形成了相对一致的看法，而中国刑法理论尚未形成相对统一的认识。

笔者认为，德国资本市场刑法理论与中国证券期货犯罪理论对于犯罪类型的把握均存在结构性缺陷，导致刑法解释理论模糊了资本市场刑法保护的重点以及现有资本市场犯罪法律规范的关系，从而严重阻碍了资本市场刑法立法完善与刑事司法精准化的理论驱动。

德国资本市场刑法原理与中国证券期货犯罪理论中的"广义论"、"修正的广义论"、"狭义论"基本的缺陷在于将普通欺诈犯罪、金融诈骗犯罪、背信犯罪、破产犯罪等并非（主要）侵犯资本市场机制的犯罪纳入资本市场刑法范畴进行解释。正如上文所述，资本市场就是资金与证券商品之间进行资源优化配置的机制，而证券发行与交易（资金配置与流动）又是资本市场功能实现的具体执行。欺诈、背信等犯罪行为是传统经济刑法领域中主要侵犯他人合法产权的犯罪类型，并不涉及或主要涉及对证券发行与交易机制的危害。在上述刑法理论中，即便是犯罪类型范围最小的"狭义论"，也同样

---

① 最高人民检察院法律政策研究室、中国证券监督管理委员会法律部编著：《证券期货犯罪司法认定指南》，中国人民公安大学出版社 2009 年版，第 1 页。

② 刘宪权：《金融犯罪刑法学专论》，北京大学出版社 2010 年版，第 337 页。

③ WpHG § 2 Begriffsbestimmungen.

④ 由于我国金融市场衍生品交易的发展与创新相对落后，相关金融法律法规尚未对金融衍生品进行系统性法律监管，导致刑法远未达到设置金融衍生品犯罪的立法条件。

陷入了将犯罪行为对象或者犯罪涉及的因素为证券这一表象性特征作为资本市场犯罪类型化解释标准的误区——本质根源在于忽略了资本市场的现实作用。因为,从资本市场主要作用的角度进行分析,资本市场就是发行市场与交易市场的基本组合,发行市场承担证券产品发行者按照法律规定和发行程序向投资者首次出售或者增发出售全新证券的功能;交易市场承担投资者向其他投资者转让证券或证券等金融产品在投资者之间不断买卖的功能。[①]资本市场刑法是对发行与交易机制的保障,故资本市场犯罪类型只能限定在侵犯证券发行与交易机制的范围之内,脱离资本市场基本价值的犯罪类型解释理论将会造成法益保护失去焦点,从而影响资本市场刑事立法完善的科学性以及资本市场犯罪在司法实践中实质解释的准确性。当然,中国证券期货犯罪理论中"严格的狭义论"则存在资本市场犯罪过度收窄的问题。尽管违规披露、不披露重要信息罪、欺诈发行股票、债券罪以及擅自发行股票、债券罪部分涉及非上市公司管理制度等问题,但这些罪名都是规制证券发行与交易环节中的信息披露、逃避监管等行为的犯罪类型,并且在美国、欧盟等全球重要资本市场法律规范框架下均属于虚假陈述犯罪,理应纳入资本市场刑法所规定的犯罪类型之中。

（二）资本市场犯罪的构成特征

德国资本市场刑法与中国证券期货犯罪在刑事立法实践上共同存在的根本缺陷在于,两者都将严重侵害证券、期货以及衍生品市场机制的犯罪行为集中在完全相同的犯罪构成内进行刑法评价——德国《证券交易法》将证券、期货、期权以及相关衍生品整合为金融工具,并在刑事罚则中将针对这些金融工具的犯罪行为统一规定为资本市场刑法项下的虚假陈述、内线交易、市场操纵等犯罪;中国刑法尽管在部分犯罪的罪名上区分证券犯罪与期货犯罪(例如操纵证券、期货市场罪),但两者除了行为对象不同之外,其他构成要件完全相同。

笔者认为,不区分证券犯罪、期货犯罪以及衍生品犯罪的独立性特征而将其整体纳入资本市场刑法规范体系,或者在完全相同的犯罪构成要件中仅根据行为对象差异而简单区分证券犯罪与期货犯罪的罪名,深刻地体现出资本市场刑事立法科学性阙如,其实践结果便是司法适用的简单化、机械化,最终导致资本市场刑法规制能力的不足。

德国资本市场刑法与中国证券期货犯罪立法实践未能针对证券、期货以及其他衍生品的特点区分配置各种资本市场犯罪类型的构成要件,其根

① B.J.Foley, Capital Markets, London: Macmillan, 1991, p.6.

本原因在于未能精确把握金融市场的基本结构和证券、期货、衍生品等各类细分市场及其各自的金融产品功能。正如前文所述，根据融资与投资是否具有中长期性为标准，金融市场可以分为资本市场（中长期资金市场）与货币市场（短期资金市场）。资本市场刑法就是保护中长期资金优化与各种证券类商品之间资源优化配置市场机制的具有最高强制力的法律规范。证券市场、期货市场、衍生品市场则是以可供交易的金融商品类型为标准对金融市场进行的市场细分。因此，在逻辑上，显然不能将针对证券、期货以及衍生品市场的犯罪全部纳入资本市场刑法规范体系，在技术上，更不能对同种犯罪类型但行为对象存在证券、期货、衍生品之别的犯罪规定实质相同的犯罪构成。

资本市场刑法规范将证券、期货、衍生品等犯罪混同于资本市场犯罪进行规制，客观上将部分完全不具有侵害资本市场机制因素的犯罪进行错误归类与定位，影响了资本市场刑法规范结构的科学性与金融犯罪刑法规制的针对性。例如，商品期货（期权）、外汇期货（期权）以及与此相关的所有金融衍生品市场完全不具有资本市场的属性，与证券发行和交易完全无关，根本不具有中长期融资与投资的市场作用，而是承担对冲商品、外汇等现货价格风险与价格发现功能。侵犯商品、外汇期货及其衍生品市场机制的犯罪行为，其社会危害性集中体现为扰乱正常的风险对冲与价格发现机制。因此，商品、外汇期货及相关衍生品市场犯罪不属于资本市场刑法的规制领域。在期货以及衍生品市场整体架构中，只有以证券为基础资产的期货（例如，股票期货、股指期货、国债期货等）、期权（例如，股票权证等）及衍生品（例如，股票互换、债券互换等）的发行与交易，才属于资本市场的范畴，相关期货、期权及衍生品犯罪才属于资本市场犯罪。

资本市场刑法规范将证券、期货、衍生品等犯罪的构成要件进行实质上的等同化处理，实际上过度低估了针对不同金融商品实施金融犯罪的差异性，客观上造成了刑法规制的严重偏向，并且会导致对跨越不同类型金融市场实施犯罪行为的法律监管空白。

严重侵害证券、期货或衍生品市场机制的犯罪行为存在显著的区别，单一性的虚假陈述、内线交易或市场操纵的犯罪构成难以对其进行有效规制。中国1997年《刑法》只规定了证券犯罪，1999年《刑法修正案》仅仅是直接在内幕交易、市场操纵等犯罪构成中加入了期货犯罪的形式，完全没有针对期货犯罪在行为实质上的特殊性制定充分且完整的立法对策，并且，中国刑法时至今日没有对金融衍生品市场中的内线交易、市场操纵犯罪进行立法思考。德国资本市场刑法将证券、期货以及衍生品统一规定为金融工具，与其说是资本市场犯罪行为对象的规范整合,不如说是忽略金融市场结构性差异的简单叠加。可见,无论是处于发展过程中的中国金融市场法律规范,还是处于相对成熟阶段的德国金融市场法律规则,都没有能够在刑法层面深刻分析证券、期货、衍生品犯罪的本质差异。事实上,正是金融市场类型与金融产品属性的不同,决定了证券、期货、衍生品犯罪的行为模式在具有共性的同时更存在实质性区别。以市场操纵犯罪为例——洗售、相对委托、连续买卖、“抢帽子”交易、虚假申报、开市(尾市)交易操纵等都是证券、期货市场以及部分场内集中交易的衍生品市场共有的操纵犯罪行为模式,但刑法不应当局限于这些共有的操纵行为类型而对证券市场操纵与期货市场操纵的犯罪构成进行等同化处理。商品期货市场中就存在囤积(corner)、轧空(squeeze)等完全区别于证券市场操纵的典型行为方式,这些期货市场操纵违法犯罪行为的核心在于利用商品期货市场中特有的现货与期货市场的价格关系以及交割、保证金交易等制度谋取现货市场控制下期货仓位的巨额利润。同时,基于商品期货交易所对于投机仓位的持仓数量限制以及套期保值交易的审批性监管,证券市场中常见的洗售、相对委托、连续买卖等并非商品期货市场中的基础或典型的操纵犯罪类型。所以,将完全基于证券市场违法犯罪行为分析而形成的犯罪构成不加修正地适用于侵犯商品期货等市场机制犯罪的刑法评价,基本脱离了刑法所保护的市场本身的逻辑与现实。笼统地建构资本市场刑法规范而未能形成独立的商品期货、外汇期货等非资本市场犯罪刑法规范体系,其法律规制偏向性的实践结果实际上是显而易见的:根据德国金融监管局(Bundesanstalt für Finanzdienstleistungsaufsicht—BaFin)有关证券交易与投资业务的数据统计,2008 年至 2010 年,德国法院共判处 27 人构成内线交易罪,26 人构成市场操纵罪,上述有罪判决全部发生于证券市场而非期货、衍生品市场;①根据中国市场公开材料,至今未审判过一起期货市场中的内线交易与市场操纵犯罪案件。

同时还应当看到,证券、期货、衍生品市场及其各类金融商品之间存在高度的关联性,行为人完全可以利用不同金融市场及其金融产品之间的价格影响关系进行跨市场犯罪。中国刑法在形式上区分证券犯罪与期货犯罪的罪名,在实质上又以证券犯罪为基础对所有资本市场犯罪构成进行等同化处理从而忽略期货市场的特殊性,不仅与德国资本市场刑法存在相同的偏向性规制问题(期货犯罪惩罚与预防法律依据不足),而且会出现对跨市

① Jahresbericht der BaFin 2010—Kapitel VI: Aufsicht über den Wertpapierhandel und das Investmentgeschäft.

场犯罪(尤其是市场操纵)法律监管的紊乱与失效。例如,JSYH系同时在中国A股与H股上市的股票,同时属于香港市场新华富时中国25指数期货合约的成分股。行为人在A股市场针对JSYH股票进行连续交易造成价格波动,基于A股与H股市场的关联度,JSYH的H股价格波动继而引起新华富时中国25指数期货合约。行为人通过事先建构的中国25指数期货合约仓位在股指期货价格波动中谋取巨额利润。可见,行为人连续交易影响股价的行为发生在A股市场,H股市场相关股票价格波动作为中继,最终在相关股指期货市场谋取利润,整个行为过程涉及两个证券市场与一个股指期货市场。由于中国刑法在形式上将市场操纵犯罪分为操纵证券市场罪与操纵期货市场罪两个罪名,而上例中的影响股价行为发生在证券市场,股指期货波动结果出现在期货市场,证券市场影响行为与期货市场谋利结果分离,导致中国刑法既不能将之评价为操纵证券市场犯罪,也不能评价为操纵期货市场犯罪。加之中国刑法没有明确规定影响证券市场行为与控制期货市场结果之间可以合并构成所谓的操纵证券、期货市场罪,故中国刑法实际上根本无法规制跨市场操纵犯罪。

产生上述问题的症结仍然在于刑事立法理论与实践对于资本市场概念以及金融产品互动关系的认识存在模糊。证券是资本市场的基础商品,但这并不排斥一系列基于证券而建构的证券期货、证券期权、证券互换等产品成为资本市场衍生商品的现实性。发达资本市场早已成熟操作且中国曾经试行、正在运作或者逐步探索的国债期货、股票权证、股指期货、股权互换等建构与证券这一基础金融资产之上的证券衍生商品,充分体现了资本市场与期货市场、衍生品市场的关联。资本市场法律规范一方面应当深刻认识资本市场与其他金融市场之间的差异,另一方面必须把握基础金融资产与衍生资产之间依托与被依托的关系,灵活地建构以证券为核心的基础性资本市场与衍生性资本市场法律监管体系。对于资本市场刑事立法而言,在建构资本市场犯罪构成的过程中,既不能概括地将犯罪行为对象统一设定为所谓的金融工具,也不能机械地将其简单区分为证券、期货等,而是应当细致地将资本市场犯罪行为对象规定为证券、以证券为基础的期货(期权)以及其他以证券为基础的衍生工具(远期、互换等)。

分析至此我们可以清楚地看到,并非所有发生于资本市场,或者以资本市场中的金融商品或投资者为行为对象的犯罪都可以归属于资本市场犯罪类型,只有严重侵犯资本市场发行与交易机制的犯罪类型才属于资本市场刑法的规制对象。同时,资本市场系中长期资金融通与投资平台的基础定位及其与期货、衍生品市场的联动关系决定了,刑法界定资本市场犯罪的行为对象应当注重限定性与关联性。限定性意味着资本市场犯罪必须针对资本市场中的证券产品而实施;关联性意味着资本市场中的证券产品并不局限于狭义的证券,而应当包括以证券为基础的期货(期权)以及其他以证券为基础的衍生工具(远期、互换等)。所以,资本市场犯罪应当分为三大类型:虚假陈述、内线交易以及市场操纵。同时,所有类型的资本市场犯罪的核心都在于对资本市场机制的滥用,因此,资本市场犯罪的本质就是市场滥用,或者说资本市场犯罪就是市场滥用犯罪。结合我国现行刑法的规定来看,虚假陈述犯罪类型具体包括:欺诈发行股票、债券罪(《刑法》第一百六十条)、违规披露、不披露重要信息罪(《刑法》第一百六十一条)、擅自发行股票、公司、企业债券罪(《刑法》第一百七十九条)、编造并传播证券、期货交易虚假信息罪、诱骗投资者买卖证券、期货合约罪(《刑法》第一百八十一条);内线交易犯罪类型具体包括:内幕交易、泄露内幕信息罪、利用未公开信息交易罪(《刑法》第一百八十条);市场操纵犯罪类型具体包括:操纵证券、期货市场罪(《刑法》第一百八十二条)。此外,我国刑法规定的上述虚假陈述、内线交易、市场操纵犯罪实际上是证券犯罪与期货犯罪的简单叠加,即不区分商品、证券、外汇、利率等不同基础资产的本质性差异而将所有针对期货合约的犯罪均纳入期货犯罪体系并直接规定在相关证券犯罪之后,并且,我国刑法长期没有对衍生品犯罪进行任何规制。因此,在刑事立法上逐渐将针对以证券为基础资产的期货实施的犯罪从期货犯罪中分离,并且制定以证券为基础资产的衍生品犯罪,应当成为今后资本市场刑法规范对资本市场犯罪类型进行完善的重要方向。

明确了资本市场刑法规定的犯罪类型范围,可以进一步通过考察这些资本市场犯罪在构成上的特征,明确刑事立法与司法适用上需要选择与阐释的重要问题。

第二节　内幕交易犯罪

内幕交易犯罪的实质危害均聚焦于行为人触犯资本市场竞争规则而制造不公平的信息优势,即违反资本市场法律规范利用尚未公开的信息的经济价值从事相关金融交易、损害其他市场参与者合法权益。资本市场中的重大未公开信息的经济价值表现为其能够有效地揭示金融商品市场价格与实际价值之间的价差。法律并不一般性地禁止利用私有信息从事金融交易,也不禁止基于对市场公开信息获取能力差异形成竞争优势而获取金融交易利润，而是禁止滥用信息优势与资本市场信息的经济价值并从价差发现与相关金融交易中获取利益的行为。有效的信息传递与公平的信息竞争是资本市场参与者投入资本参与金融商品价格发现的市场基础。内幕交易犯罪滥用了应及时向市场所有参与者披露的信息的经济价值，通过资本市场刑法规制内幕交易犯罪，其价值在于保障与提升资本市场的信息效率。

我国刑法对内幕交易犯罪的刑事规制经历了一个从无到有、从立法探索到司法实践的艰难过程，我国资本市场上不仅客观上存在着严重的内幕交易、泄露内幕信息的行为，而且这类行为对资本市场管理秩序和投资者合法权益的危害越来越严重，犯罪数额越来越巨大，资本市场中滋生内幕交易犯罪的环节越来越多样，上市公司资产重组、并购、财务状况显著变化、重大合同等环节都存在内幕交易、泄露内幕信息违法犯罪行为。这意味着司法实践中内幕交易犯罪的认定问题越来越疑难与复杂。内幕交易犯罪与法律实践应对在互相博弈中，深刻体现着内幕交易犯罪刑法理论研究的价值。

由于内幕交易等证券、期货欺诈行为为相关内幕信息知悉人员提供了不正当的信息优势，严重撼动市场交易的公正性，对证券期货交易市场具有灾难性危害，各国政府继美国之后都纷纷对内幕交易行为进行法律规制。尤其是在资本国际流动的金融全球化背景下，建构与维护一个具有全球信息交流通畅与公平的资本市场势必成为现实要求。因此，如何在资本市场国际化的同时加强法律监管，以有效遏止和抑制证券期货内幕交易违法犯罪活动，已成为摆在世界各国和地区面前的一项紧迫任务。

我国刑法针对内幕交易、泄露内幕信息犯罪行为建构相对完整的刑事规范框架，最终确定于 2009 年 2 月 28 日第十一届全国人民代表大会常务委员会第七次会议通过的各界广泛关注的《刑法修正案（七）》。《刑法修正案（七）》对内幕交易、泄露内幕信息罪的犯罪构成进行了重要的补充与完善。

原《刑法》第一百八十条内幕交易罪的行为构成比较单一，主要是指内幕信息知情者或者非法获取者，在涉及证券的发行，证券、期货交易或者其他对证券、期货交易价格有重大影响的信息尚未公开前，买入或者卖出该证券，或者从事与该内幕信息有关的期货交易。《刑法修正案（七）》在内幕交易罪中增加了“明示、暗示他人从事上述交易活动”这种行为模式，完善了内幕交易犯罪行为的刑法规制。

经《刑法修正案（七）》完善后的《刑法》第一百八十条内幕交易、泄露内幕信息罪规定：“证券、期货交易内幕信息的知情人员或者非法获取证券、期货交易内幕信息的人员，在涉及证券的发行，证券、期货交易或者其他对证券、期货交易价格有重大影响的信息尚未公开前，买入或者卖出该证券，或者从事与该内幕信息有关的期货交易,或者泄露该信息,或者明示、暗示他人从事上述交易活动,情节严重的,处五年以下有期徒刑或者拘役,并处或者单处违法所得一倍以上五倍以下罚金;情节特别严重的,处五年以上十年以下有期徒刑,并处违法所得一倍以上五倍以下罚金。单位犯前款罪的,对单位判处罚金,并对其直接负责的主管人员和其他直接责任人员,处五年以下有期徒刑或者拘役。内幕信息的范围,依照法律、行政法规的规定确定。知情人员的范围,依照法律、行政法规的规定确定。"

一、内幕交易犯罪的构成要件与刑法解释

内幕交易犯罪与其他资本市场犯罪一样,其主要侵犯的客体理应是资本市场的管理秩序,而其中最主要的是对资本市场的公平、公开和公正三大原则的破坏。当然,内幕交易犯罪也必然侵害广大投资者的合法权益,其中主要是侵害了投资者在资本市场上对有关投资信息享有的平等知情权。同时,这两方面是有着密切联系的,因为投资者一旦丧失了平等的知情权,其在市场所处的地位就必然极为不利,在这种环境下从事证券、期货交易必然产生混乱的局面,从而扰乱资本市场的管理秩序。内幕交易、泄露内幕信息罪的犯罪对象是内幕信息,其实行行为包括直接利用该信息从事相关证券期货交易、泄露内幕信息或者建议他人从事相关交易活动三种方式,犯罪主体包括内幕信息知情人员、非法获取内幕信息人员两种类型,本罪的主观方面表现为故意。由于我国《刑法》规定的内幕交易、泄露内幕信息罪各个构成要素与证券期货实践具有紧密联系,从刑法的角度进行准确把握存在一定的疑难,故有必要对本罪的构成特征进行论证与分析,为司法实践提供一个精准的内幕交易、泄露内幕信息罪的法律规格。

(一) 内幕交易犯罪的行为对象:有价信息(内幕信息)

根据我国《刑法》第一百八十条内幕交易、泄露内幕信息罪的规定,内幕信息的范围,依照法律、行政法规的规定确定。因此,同上述世界各国有关内幕信息的法律规定一样,我国刑法规定的内幕交易、泄露内幕信息罪的犯罪对象也是由相关证券期货行政法律法规进行具体界定。

根据我国《证券法》第七十五条的规定,证券交易活动中,涉及公司的经营、财务或者对该公司证券的市场价格有重大影响的尚未公开的信息,为内幕信息。同时,根据《证券法》第六十七条、第七十五条的具体规定,内幕信息主要包括以下内容:一是与上市公司重大事件相关的信息。具体包括:(1)公司的经营方针和经营范围的重大变化。(2)公司的重大投资行为和重大的购置财产的决定。(3)公司订立重要合同,可能对公司的资产、负债、权益和经营成果产生重要影响。(4)公司发生重大债务和未能清偿到期重大

债务的违约情况。(5)公司发生重大亏损或者重大损失。(6)公司生产经营的外部条件发生的重大变化。例如,新公布的法律、法规、规章、行业政策可能对公司产生重大影响。(7)公司的董事、三分之一以上监事或者经理发生变动。(8)持有公司百分之五以上股份的股东或者实际控制人,其持有股份或者控制公司的情况发生较大变化。(9)公司减资、合并、分立、解散及申请破产的决定。(10)涉及公司的重大诉讼,股东大会、董事会决议被依法撤销或者宣告无效。例如,法院裁决禁止控股股东转让其所持股份;任一股东所持公司5%以上股份被质押、冻结、司法拍卖、托管、设定信托或者被依法限制表决权;主要资产被法院查封、扣押、冻结等。(11)公司涉嫌犯罪被司法机关立案调查,公司董事、监事、高级管理人员涉嫌犯罪被司法机关采取强制措施。董事、监事、经理、副经理或者其他高级管理人员执行公司职务时违反法律、行政法规或者公司章程的规定,给公司造成损害的,应当承担赔偿责任,对上市公司证券交易价格势必产生影响。尚未公开的公司的董事、监事、经理、副经理或者其他高级管理人员的损害赔偿责任,是内幕信息。二是与上市公司重要决策或行为相关的信息。主要包括:(1)有关公司分配股利或者增资的信息。公司分配股利信息是指公司将弥补亏损和提取法定公积金、法定公益金后所余利润如何分配给股东的计划。公司增资信息是指公司增加注册资本的计划,包括增加多少注册资本、如何增加注册资本的计划。公司分配股利或者增资的计划涉及公司的财务、经营,或者会对该公司证券的市场价格产生重大影响,因而属于内幕信息。(2)有关公司债务担保、相关资产重大变动的信息。公司在经营过程中,因某种原因而承担债务时,可以向债权人提供担保,以保证债权人的债权得到实现。如果公司债务担保发生了重大变化,那么,债权人为保证其债权能够得到实现,可能会对公司采取一些重大措施,从而对公司的经营、财务产生重大影响。公司营业用主要资产的抵押、出售或者报废一次超过该资产的30%,应当认定为内幕信息。抵押是指公司以其用于经营的主要资产向债权人提供担保,主要资产的出售是指公司将其用于经营的主要资产卖给他人,以获取一定数量的资金。公司营业用主要资产的抵押或者出售,必然会对公司的经营、财务产生重大影响,而对该公司证券的市场价格产生影响。(3)有关公司收购的信息。上市公司收购是投资者公开收购股份有限公司已依法发行上市的股份以达到对该股份有限公司控股或者兼并目的的行为。收购某一股份有限公司的股票,必然对该公司股票的市场供求产生重大影响,也会对公司的经营、财务产生重大影响。因此,上市公司收购的有关方案在公开以前,是内幕信息。三是国务院证券监督管理机构认定的对证券交易价格有显著影响的其他重要信息。由于《证券法》第七十五条对内幕信息的界定设置了兜底条款,规定国务院证券监督管理机构认定的对证券交易价格有显著影响的其他重要信息同样构成内幕信息。因此,中国证监会根据《证券法》、《公司法》和中国证监会发布的《上市公司信息披露办法》等一系列行政法律、法规、规章等法律规范依法认定的与上市公司有关的内幕信息,都可以使刑法内幕交易、泄露内幕信息罪中作为犯罪对象意义上的证券内幕信息。

根据《期货交易管理条例》第八十五条的规定,期货内幕信息,是指可能对期货交易价格产生重大影响的尚未公开的信息,包括:国务院期货监督管理机构以及其他相关部门制定的对期货交易价格可能发生重大影响的政策,期货交易所做出的可能对期货交易价格发生重大影响的决定,期货交易所会员、客户的资金和交易动向以及国务院期货监督管理机构认定的对期货交易价格有显著影响的其他重要信息。可见,期货内幕信息的具体内容上与证券内幕信息存在很大差异,主要表现为期货监管部门以及相关行政部门对于期货及其对应的现货所指定的政策以及与期货供求关系有关的重大交易信息。

对于内幕交易、泄露内幕信息罪的犯罪对象内幕信息应当具有哪些特征,我国刑法理论上观点基本相同,但在具体表述上又颇不一致。有学者认为,内幕信息的特征具有两个特征:一是秘密性,二是重要性。①也有学者认为,内幕信息的特征,一是未公开性,二是敏感性。②还有学者认为,内幕信息有三个基本要素:一是应为内幕人员所知悉;二是应为未公开的信息,即公众尚未获取或经合法渠道无法获取的信息;三是应具有价格敏感性,即有可能引起公司证券价格的波动。③另有学者认为,内幕信息具有以下特征:一是相关性。即该信息与证券发行及证券、期货交易等活动相联系。二是未公开性。即有关的重要信息和资料尚未通过法定的方式向社会公众和投资者公开,该信息尚处于保密状态。三是重要性。即该信息公开后能对资本市场价格、产生下跌或上扬的实质性影响,从而能使资本市场合约的持有人获利或遭受损失。④更有学者认为,内幕信息应该具备四个条件:一必须是尚未公开的信息;二必须是真实、准确的信息;这样就将内幕交易与利用谣传的

---

① 赵秉志主编:《破坏金融管理秩序犯罪疑难问题司法对策》,吉林人民出版社 2000 年版,第 186 页;胡启忠等:《金融犯罪论》,西南财经大学出版社 2001 年版,第 268 页。

② 薛瑞麟主编:《金融犯罪研究》,中国政法大学出版社 2000 年版,第 262 页。

③ 郭立新、杨迎泽主编:《刑法分则适用疑难问题解》,中国检察出版社 2000 年版,第 86 页。

④ 马长生、张惠芳:《论内幕交易、泄露内幕信息罪》,载赵秉志主编:《新千年刑法热点问题研究与适用》,中国检察出版社 2001 年版,第 825—826 页。

证券、期货操纵行为或虚假陈述的欺诈行为区分开来；三必须是与可转让证券发行人或可转让证券有关的信息；四必须是影响资本市场价格波动的信息。[①]实际上，从《刑法》第一百八十条内幕交易、泄露内幕信息罪的规定来看，刑法禁止的是内幕信息知情人员或非法获取内幕信息人员在涉及证券的发行，证券、期货交易或者其他对证券、期货交易价格有重大影响的信息尚未公开前，从事相关证券期货交易或者泄露内幕信息。可见，刑法文本中对内幕信息进行特征限定的要素集中表现为"对证券、期货交易价格有重大影响"与"尚未公开"。同时，从《证券法》、《期货交易管理条例》等法律法规的规定分析，这些前置性法律规定同样是明确地从对证券期货交易价格的重大影响与信息本身尚未公开两个角度对内幕信息的特征进行限定。结合特征表述法定性、简洁性与金融实务惯例的考虑，笔者认为，作为内幕交易、泄露内幕信息罪犯罪对象的内幕信息，具有两个特征：未公开性与价格敏感性。

（二）内幕交易犯罪的客观行为：信息价值滥用

根据《刑法》第一百八十条的规定，内幕交易、泄露内幕信息罪在客观行为上表现为在涉及证券的发行，证券、期货交易或者其他对证券、期货交易价格有重大影响的信息尚未公开前，买入或者卖出该证券，或者从事与该内幕信息有关的期货交易，或者泄露该信息，或者明示、暗示他人从事上述交易活动。从罪状结构的角度分析，本罪客观行为要素可以进一步解构为两大部分：一是行为条件，即内幕交易、泄露内幕信息行为的实施前提和基础是内幕信息形成且尚未公开；二是行为模式，具体包括本人或者由本人实际控制的人实施相关证券、期货交易，或者泄露内幕信息，或者建议他人实施相关证券、期货交易。

在内幕交易罪客观行为特征的实践把握上，最突出的疑难问题体现在如何理解行为条件要素，即证明行为人实施内幕交易犯罪行为，控方是否必须证明行为人"利用"内幕信息？这里所谓的"利用"，就是指行为人在涉及证券、期货的发行、交易或者其他对证券、期货交易价格有重大影响的信息尚未正式公开前，利用自己所知道的内幕信息，掌握有利的条件和时机，进行证券、期货的买入或者卖出。

对于利用内幕信息是否为构成内幕交易罪的必要要件，美国证券期货法律立法与司法实际上存在一定的分歧。从美国联邦法律的规定分析，指

---

① 孙昌军、易建华：《关于内幕交易罪几个问题的研究》，载赵秉志主编：《新千年刑法热点问题研究与适用》，中国检察出版社 2001 年版，第 842—844 页。

控内幕交易犯罪无需证明“利用”内幕信息。例如,美国《证券法》、《证券交易法》、《内部人交易与证券欺诈执行法》都建筑在戒绝交易理论的基础之上。根据戒绝交易理论,内幕消息知情人员或者非法获取人员,完全不能从事与内幕信息相关的任何证券期货交易。①因此,上述美国联邦法律均否定“利用”要件是构成内幕交易的必备要件,内部人员只要在交易时知道“内幕信息”,不管交易是否利用了这些信息,都应受惩罚。但是,美国判例实践中坚持禁止私用理论。根据禁止私用理论,内幕信息知情人员或者非法获取者,禁止利用内幕信息进行证券期货交易谋取私利,但刑法并不绝对地禁止不利用内幕信息进行相关交易的行为。②所以,美国联邦法院的相关判例依然要求控方对利用内幕信息进行证明。

对于内幕交易行为是否必须具有“利用”要件,我国相关法律法规的规定并不完全一致。例如,《上市公司信息披露管理规定》第四条规定:在内幕信息依法披露前,任何知情人不得公开或者泄露该信息,不得利用该信息进行内幕交易。可见,《上市公司信息披露管理规定》明确禁止利用内幕信息从事相关证券交易,内幕交易客观行为明确包括“利用”这一法律要素。但是,现行《刑法》第一百八十条的规定中则并未出现“利用”的提法。在刑法理论上,对于本罪的构成是否必须具备利用内幕信息要件的问题,各方面的观点也存在较大的分歧。

“利用”要件肯定论认为,从刑法规范的表面文义进行分析,只要内幕信息知情人员或者非法获取者在内幕信息公开之前进行了与该信息相关的证券期货交易,就已经符合了内幕交易罪的构成要件,不需要实际利用内幕信息的证明。例如,有学者认为,利用内幕信息并不是构成内幕交易、泄露内幕信息罪的必要条件。③这是因为,如认定内幕交易、泄露内幕信息罪的成立必须以内幕信息的利用为前提必将给指控带来极大困难。在实践中,很难证明内幕交易者的哪笔交易利用了内幕信息,哪笔交易又未利用内幕信息。在很多情况下,只要行为人否认利用内幕信息,即使其已进行了交易,也会使指控搁浅。相反,免去控方的一些证明责任,对内幕交易、泄露内幕信息罪的指控将大为有利。我国刑法规定,证券、期货交易的内幕信息的知情人员,在获悉内幕信息后,买入或者卖出证券、期货合约,即可定罪科刑。这实质上是一种严格责任。禁止知情人员在信息未公开前买入或卖出证券、期

① Nasser Arshadi, Insider Trading Liability and Enforcement Strategy, 27 Financial Management 2 (1998).

② *United States v. O'hagan*, 521 *U.S.* 642(1997).

③ 庞良程:《证券内幕交易罪的构成及认定》,《中央检察官管理学院学报》1998 年第 1 期。

货合约。只要知情人员在知情后进行交易,就构成犯罪。应当指出的是,如果有确凿的证据证明知情人员所知悉的内幕信息与其所为的交易行为并无必然联系时,对其交易行为也不能定罪。①

"利用"要件否定论认为,行为人必须实际利用内幕信息从事相关交易活动,才属于内幕交易罪的实行行为。利用内幕信息进行证券、期货交易是成立内幕交易并构成犯罪的必要条件之一。②是否利用内幕信息进行证券交易是划分罪与非罪的标准之一。因此,在认定某一行为是否构成内幕交易、泄露内幕信息罪,应首先确定其是否利用或依据内幕信息。即使是内幕人员,如果没有利用内幕信息或依据内幕信息所实施的买卖或建议行为,均不构成该罪。在实践中应摒弃法定内幕人员中心论,即只要是内幕人员实施的诸如买卖、建议等行为,均认为是内幕交易的片面做法。③有的学者进一步指出,《刑法》第一百八十条虽然没有明文规定"利用内幕信息"的文字,但其表述方法实际上包含有"利用内幕信息"之意。只要对内幕信息"知情",或非法获悉内幕信息,又在信息未公开前买卖或使人买卖该证券,也就是利用内幕信息进行交易,而不需要再规定利用内幕信息,以免产生歧义。其主要理由是:首先,从本条的立法精神来看,法律之所以要禁止证券内幕交易行为,其根本原因就在于防止内幕信息的知情人员以及非法获取内幕信息的人员在该信息公开之前,利用其持有内幕信息的优势进行证券、期货交易,非法获取利益或避免损失。因为这种交易违反了市场经济及证券、期货交易的公开竞争规则,是对上市公司以及其他不知情的投资者的一种证券、期货欺诈,具有明显的非公开性和不正当性。如果知悉内幕信息的人员并没有利用该信息优势进行交易,则属于正当合法的公平交易,是资本市场的健康运行状态,法律也就失去了对其进行规制的基础和必要性。其次,从法条的表述上看,第一,本条对犯罪主体表述为"证券、期货交易内幕信息的知情人员或者非法获取证券、期货交易内幕信息的人员"。对于第一类主体,即知情人员,《刑法》及《证券法》都没有指明是"应当知情人员"抑或是"实际知情人员",如果没有"利用内幕信息"这一实质条件的限制,则对于"应当知情"而实际上却因某种特殊情况的确不知情的人员在内幕信息公开之前买卖证券、期货合约的行为也会被认定为内幕交易罪、泄露内幕信息罪,对行

① 邢怀柱:《资本市场犯罪及其立法评述》,载陈兴良主编:《刑事法评论(第3卷)》,中国政法大学出版社1999年版,第120页。

② 周道鸾主编:《刑法的修改与适用》,人民法院出版社1997年版,第396页;孙际中主编:《新刑法与金融犯罪》,西苑出版社1999年版,第145页。

③ 薛瑞麟主编:《金融犯罪研究》,中国政法大学出版社2000年版,第268页。

为人来讲,法律岂非过于苛刻?同样,对于第二类主体中通过亲友关系或同事关系而被动接受内幕信息者而言,法律也失之于严苛。另外,以非法手段获取证券、期货内幕信息的人员,其不惜代价非法获取内幕信息的目的当然即在于利用内幕信息进行证券、期货交易,从而非法牟利或避免损失。第二,在行为的时间条件上,本条将证券、期货交易行为限制在"涉及证券的发行、交易或者其他证券的价值有重大影响的信息尚未公开前",这一规定实质上也隐含着行为人掌握并利用持有内幕信息的优势,从而通过该信息公开的时间差进行不公开交易,以非法牟利或避免损失,表明了内幕信息和内幕交易之间具有一定的因果关系。否则,有违刑法立法之基本精神。"①理论上也有相关观点在否定"利用"要件的基础上,特别强调知悉内幕信息与进行证券、期货合约买卖之间的因果关系的重要性。例如,有学者指出,在我国有关内幕交易的行政法规中,比较强调利用内幕信息这个要件。这说明内幕交易罪与利用内幕信息是不可分的。但是,在刑法中这一点并未得到明显体现。根据《刑法》第一百八十条的规定,知悉内幕信息的人员,在内幕信息尚未公开前买卖证券、期货合约的,即构成内幕交易、泄露内幕信息罪。法律禁止内幕交易的目的,在于维护公开、公平的资本市场秩序和公众投资人的平等交易权,防止以不公平的方式获取利益或者避免损失。行为人虽然知悉内幕信息,但并非基于该信息买卖证券、期货合约,这时的交易行为与其他投资人的交易行为性质相同,没有不公平的事实存在。如果有事实证明,知悉内幕信息的行为人买卖证券、期货合约,不是因为知道了内幕信息,而是出于其他原因或目的,则不能认定已构成内幕交易、泄露内幕信息罪。当然,要查清行为人是利用内幕信息,还是基于其他原因买卖证券、期货合约,是相当困难的。在这种情况下,一般只要证明他在买卖证券、期货合约时是知悉内幕信息的,即可认定构成本罪,除非行为人能够证明他买卖证券期货合约没有利用内幕信息。②

笔者认为,从我国《刑法》第一百八十条的规定分析,我们不难发现该条文并未将利用内幕信息作为构成要件,其立法原意一方面是因为司法实践中判断行为人是否利用内幕信息确实有相当大的困难,如果将此作为必要要件,可能给许多实施内幕交易的行为人提供一个逃避刑事责任的借口,同时也必然会又制造一个司法认定的难题。从资本市场犯罪司法实践的现实

---

① 董丽静、龚卫:《证券内幕交易、泄露内幕信息罪的司法认定》,载赵秉志主编:《新千年刑法热点问题研究与适用》,中国检察出版社2001年版,第864页。

② 周振想主编:《金融犯罪的理论与实务》,中国人民公安大学出版社1998年版,第346—347页。

角度分析，查证内幕信息知情人员、非法获取、在特定的时间节点从事相关证券期货交易等事实已经存在极大的操作障碍，如果还需要控方进一步举证行为人主观上具有利用内幕信息的故意，客观上实施了利用内幕信息从事交易的行为，则内幕交易罪的定罪难度过大，严重影响刑法规范的适用效率。另一方面，刑法之所以规定内幕交易、泄露内幕信息罪，无非是想从根本上禁止知情人员或者非法获取内幕信息的人员从事证券、期货交易，从而使资本市场的"三公"原则得以真正实现。这是因为，只要有知情人员或者非法获取内幕信息的人员从事证券、期货交易，就不可能有真正的"三公"环境存在。正因为如此，《刑法》第一百八十条才只是从时间上（即在涉及证券、期货的发行、交易或者其他对证券、期货的价格有重大影响的信息尚未公开前）对本罪的构成作出规定，而没有从是否"利用内幕信息"上提出要求，这显然也是刑事立法的初衷。当然，由于本罪的构成是以情节严重为前提的，所以，尽管利用内幕信息并非是本罪的构成要件，但这并不意味着行为人的交易行为和泄露行为可以与内幕信息无关，相反，行为人如果构成犯罪，其交易和泄露行为应该与内幕信息具有关联性。

从证券期货交易信息平等、内幕信息人对上市公司承担的信义义务等角度分析，内幕交易罪对涉案交易行为的司法认定不能忽略行为人利用内幕信息与买卖证券期货之间的关联性。内幕信息知情人员或者非法获取者利用内幕信息从事交易，损害了证券期货投资与交易的公平性，具有刑事可罚性。但是，如果行为人并没有实际利用内幕信息，即使其属于内幕信息知情人员或者非法获取者，只要其确实按照事先制定的证券期货交易计划、既定的投资习惯或者对市场的判断分析进行证券期货交易，就不存在相对其他投资者的不平等的信息优势，不能认定其符合内幕交易罪行为要件的法律特征。因此，虽然《刑法》第一百八十条并没有直接列出实际利用内幕信息买卖证券期货这一要件，但要求内幕信息知情人员、非法获取内幕信息人员从事的相关证券、期货交易必须与内幕信息具有关联，应当是符合刑法规范目的界限的解释论意见。内幕信息知情人员或者非法获取者必须以该内幕信息作为其是否买卖证券期货的重要因素，才符合以内幕交易罪进行刑事处罚的规范目的。

笔者认为，"利用"内幕信息不是内幕交易犯罪的构成要件，但是，这并不意味着分析行为人是否利用内幕信息本身对于本罪的司法实践没有意义。这是因为，辩方提供证据证明其没有利用内幕信息从事相关证券期货交易是内幕交易犯罪重要的抗辩事由。如果内幕信息知情人员或者非法获取人员，在内幕消息尚未公开期间，掌握利好消息时购买证券期货，掌握利空消息时卖出证券期货,必须举证证明买卖证券期货的交易行为并非基于内幕信息而实施。行为人无法通过证据切断其持有内幕信息与买卖证券期货行为之间的关联性的,推定其实际使用内幕信息,承担不利的刑事诉讼后果。对于内幕交易罪实际利用内幕信息从事交易这一行为而言,在个罪举证责任分配合理性原则的视野下,由行为人承担举证责任属于刑法对其的合理期待与公平要求。对于控方有证据表明买卖证券期货的行为人,于相关交易之前掌握内幕信息,对于在这样极度敏感的时间阶段实施的相关证券期货交易行为,刑法应当可以合理推定该节买卖证券期货的交易行为利用了内幕信息。行为人有义务提出未实际利用内幕信息这一免除内幕交易罪刑事归责的证据。2011 年最高人民法院《关于审理证券行政处罚案件证据若干问题的座谈会纪要》第五条以司法解释性文件的形式认可了内幕交易行政诉讼中被处罚人对其未利用内幕信息从事相关证券交易承担证明责任:"监管机构提供的证据能够证明以下情形之一,且被处罚人不能作出合理说明或者提供证据排除其存在利用内幕信息从事相关证券交易活动的,人民法院可以确认被诉处罚决定认定的内幕交易行为成立:(一)证券法第七十四条规定的证券交易内幕信息知情人,进行了与该内幕信息有关的证券交易活动;(二)证券法第七十四条规定的内幕信息知情人的配偶、父母、子女以及其他有密切关系的人,其证券交易活动与该内幕信息基本吻合;(三)因履行工作职责知悉上述内幕信息并进行了与该信息有关的证券交易活动;(四)非法获取内幕信息,并进行了与该内幕信息有关的证券交易活动;(五)内幕信息公开前与内幕信息知情人或知晓该内幕信息的人联络、接触,其证券交易活动与内幕信息高度吻合。"由于利用内幕信息并非《刑法》第一百八十条规定的内幕交易罪构成要件,因此,刑事诉讼中完全可以将上述法律要素作为控方证明内幕信息知情人员、非法获取内幕信息人员从事内幕交易的基本法律规格。

在内幕交易、泄露内幕信息罪客观行为特征的总体把握上,还需要研究的问题就是"不作为"的内幕交易是否属于本罪客观行为一种表现形式。理论上和实践中存在这种情况:即行为人原先准备买入某一证券或期货合约,或者准备卖出手中的某一证券或期货合约,但是,在获知有关内幕信息后却停止了原来准备实施的买入或卖出行为,从而获取了利益或者避免了可能遭受的损失。对于这种行为应如何认定?从形式上分析,这种情况中的行为人在事实上利用了自己所获知的内幕信息获取了利益或者避免了可能遭受的损失,与行为人利用内幕信息实施积极交易行为的实际效果是一样的。因此,刑法理论上有观点认为,应当存在不作为型内幕交易罪,这是因为,内幕信息的知情人员负有一个法律的义务，即不利用内幕信息进行谋取利益或转移风险。而且，这一证券法上的义务已经被刑法通过规定内幕交易罪所承认，应当能成为不作为犯罪中的作为义务。不过，与一般的不作为犯罪相比，不作为型内幕交易罪存在有一个鲜明的特色，即在应当交易时（亦即若不利用内幕信息，则行为人必定会进行交易），却利用内幕信息所带来的信息优势，不进行有关交易。这种利用内幕信息不交易或延迟交易的行为与传统的内幕交易行为所造成的危害结果相比，前者除了比后者更隐性化或者说因果关系没那么显而易见外，本质上没有什么差别。①

笔者认为，这种所谓"不作为"的行为不能构成内幕交易罪，具体理由实际上是比较充分的：

第一，从罪刑法定原则的角度出发，这种所谓"不作为"的行为不能构成内幕交易罪。《刑法》第一百八十条明确规定"在涉及证券的发行，证券、期货交易或其他对证券、期货交易价格有重大影响的信息尚未公布前，买入或卖出该证券，或从事与该内幕信息有关的期货交易"，据此规定，"买入、卖出或从事其他交易"等行为均只能以作为的方式进行，不作为的方式根本不可能实现"买入、卖出或从事其他交易"。虽然行为人在知悉内幕信息后，根据内幕信息没有买入或者卖出原打算买入或者卖出的股票，获得了一定的非法利益或避免了一定的必要损失，有失公平，具有一定的社会危害性，但有关的行政法规和法律都没有规定此种"不作为"为违法或者犯罪行为。因而，应当严格遵循罪刑法定的原则，不将其作为犯罪处理。

第二，内幕交易犯罪必须有交易行为存在，从某种程度上说，交易是内幕交易犯罪的本质所在，如果没有交易也就不会有内幕交易犯罪。这是因为，内幕交易犯罪中，行为人掌握内幕信息本身并不能成为遭到刑罚惩罚的理由，也即如果行为人没有因此而进行证券、期货交易，就不可能对社会带来任何危害。由此可见，在资本市场上，内幕交易当然应该有实际"交易"行为的存在，没有"交易"行为存在，也就无所谓有内幕交易犯罪的存在。而在资本市场上的交易行为均表现为是一种积极的买入或卖出的行为方式，实际上不可能存在所谓消极的"不作为"形式的买入或卖出的行为方式。

第三，虽然在理论上和实践中确实可能存在行为人在获知有关内幕信息后停止了原来准备实施的买入或卖出行为的不作为型内幕交易罪，但从司法实践和证据角度出发，由于在不作为型的内幕交易罪中，并不存在见诸客观的作为以及显性的危害结果，并且由于作为义务的成立仅仅基于行为

① 陈柱钊：《不作为型内幕交易罪》，《长春工程学院学报（社会科学版）》2007年第2期。

人有要进行交易的设想,证据搜集难度较大,证明难度很大,无法在法庭上形成前后衔接的、有力的证据链来证明不作为型内幕交易罪。况且,如果当行为人的“要进行交易的想法”有过波动或这种想法不太确定不太坚决时,那么将使证明变得更加复杂。因此,这种行为在实践中根本无法适用内幕交易罪。①

第四,刑法中不作为均应该以特定的作为义务的存在为前提,没有这种特定的作为义务也就不应该有不作为犯罪的存在。在资本市场上,行为人在获知内幕信息后,只有不进行交易的义务,而根本就不存在有所谓必须进行交易的义务,其作为证券市场的自由人,有权自主进行交易,市场并不因为他们知晓了内幕信息而强制他们进行交易,或因为知晓了内幕信息,强制他们不得进行交易。虽然从自身的优势地位出发,他们利用了这种不对等的信息优势,转移了风险或者获取了由这种信息优势带来的利益,但由于没有现实的交易行为,并且由于义务的缺失,这种不交易的行为不构成刑法中的“不作为”。也即在某种程度上,行为人在获知内幕信息后,不进行交易是其应该做的,即使其从中得到了利益或实际避免了损失,也无可厚非。在资本市场上,我们不应该期待投资者(包括内幕人)只能亏损不能获利,这种要求是不符合市场规律的。因此,虽然行为人的行为可能具有所谓“隐性”的社会危害性,即其获取了由信息优势转化而来的经济利益或转移了本应遭受的风险,但绝不能因此而认定其构成内幕交易罪。

第五,内幕交易犯罪的危害性不仅仅在于行为人违反公平竞争的原则,获得了不正当利益或使自己避免了损失,更重要的是在于行为人的这种行为从根本上破坏了资本市场的正常交易秩序。而行为人在获知内幕信息后不买或不卖,仅仅只是行为人自己得到了利益或者避免了可能遭受的损失(且这种利益并不是通过交易行为得到的),资本市场的秩序并未遭受不良影响,公平竞争的原则也并未遭受直接的破坏。

第六,所谓不作为型内幕交易罪有主观归罪或惩罚思想犯的嫌疑。刑法的发展经历了中世纪或封建时期的“主观主义刑法”,到古典刑法学派的“行为刑法”,再到实证法学派的“行为人刑法”,最后发展到今天的取“行为刑法”和“行为人刑法”之长并将其融合的现代主义刑法,其间主观归罪或惩罚思想犯的刑法,由于其非人道性和不可证明性,已经被扔进了历史的垃圾桶。由于不作为内幕交易缺乏客观的行为和有形的危害结果,而且利用信息优势作出不交易决定的过程完全无需借助外部的行为,甚至不需要有物

① 参见刘宪权:《金融犯罪刑法学专论》,北京大学出版社 2010 年版,第 361 页。

理意义上的身体动静。因此，惩治“不作为型内幕交易罪”的行为有主观归罪或惩罚思想犯的嫌疑，有悖于今天的刑法理念。

第七，将不作为型内幕交易行为犯罪化有悖于法律不强人所难的原则和人的趋利避害的本性。一个人原来具有从事某项活动的主观计划，但后来因外部因素的改变，其基于趋利避害的本能而不再按原计划进行活动，这是非常合情合理的。然而，如果我们刑法将此种情形也予以犯罪化，无疑使人处于一个两难的境地。因为如果行为人原本是计划卖出的，在获知内幕信息后其不卖出就可能构成内幕交易罪，卖出则必须承担不能获利甚至亏损的结果，而如果行为人原本是计划买进的，在获知内幕信息后其不买进就可能构成内幕交易罪，买进则必须承担亏损的苦果。而且，从行为人的主观方面来看，其在获取内幕信息之前只具有进行一般商业交易的故意，获取内幕信息后也不过是一种盈利或避损的想法，而这些应该是市场经济社会中任何一个正常人的做法，在道德上都不应受到谴责，更何况予以法律制裁了。

综上所述，虽然行为人利用内幕信息实施消极交易的“不作为”行为与行为人利用内幕信息实施积极交易行为的实际效果相当，但两者具有本质的差异，前者并不是刑法中的“不作为”，也即不属于刑法意义上的行为，不构成犯罪，因而由其产生的实际效果也就不作刑法评价了，而后者则是刑法意义上的客观行为，该行为可能构成内幕交易罪，由其产生的实际效果则是犯罪严重程度的考量依据。

二、内幕交易犯罪的司法判断规则

内幕交易犯罪在司法实务中存在一系列的司法认定疑难问题。尤其是在近几年司法实践中出现的内幕交易犯罪案件中，对于如何认定内幕信息的形成时间，如何判断内幕交易犯罪的行为主体，如何认定内幕信息知情人员建议他人实施相关证券、期货交易行为，如何把握本罪的主观故意等众多难点问题，刑法理论与实践中存在相当大的争议与分歧。有必要综合运用资本市场犯罪刑法原理与金融知识论证上述疑难问题的司法判断规则，为本罪的司法认定提供理论支撑。

（一）内幕交易行为违法性

资本市场犯罪是法定犯，构成资本市场犯罪的前提是相关行为违反行政法律法规，内幕交易犯罪显然不能例外。因此，在内幕交易犯罪的司法认定中，首要的问题就是要判断涉案的交易行为是否违法。内幕交易罪刑事违法性的司法认定不能仅仅是对证券法相关规定的静态援引，而是必须对整个内幕交易过程中行为的刑事违法性进行全面的证明，即司法实务部门通过严格的司法审查,论证内幕交易行为的违法事实及其规范依据。

然而,在当前的资本市场犯罪刑事司法实践中,司法实务部门自主性地对内幕交易罪刑事违法性问题进行论证与分析的能动性作用受到了明显的限制。并且,该种限制并非源于外部性力量的压制,而是司法实务部门面对证券期货专业性问题主动采取"司法克制"的态度,转而依托专业性证券期货行政监管部门的力量判断内幕交易罪的刑事违法性。在以内幕交易罪为典型代表的涉及证券期货专业知识的刑事案件中,对于涉案行为违法性判断的依据,主要是中国证监会的行政处罚决定书、违法行为认定函以等行政法律文书以及中国证监会在行政程序中搜集的书证、物证、证言等证据。例如,在非法经营类资本市场犯罪案件中,司法机关通常将中国证监会对非法经营证券期货业务的性质所出具的书面结论、复函等作为认定行政违法性的核心依据甚至是唯一依据。

刑法理论上有观点认为,以中国证监会行政程序中形成的处罚决定、书面复函、调查笔录、认定函等文件材料,在刑事司法程序中不具有司法效力,不应当以此为依据认定内幕交易等资本市场犯罪行为的违法性。①在近期的司法实践中,相当数量内幕交易犯罪案件中的辩护意见就直接反对控方将行政机构违法认定函等文件材料作为指控涉案行为违法的依据。

争议案例:上海祖龙公司成立于2001年7月,陈榕生系该公司法定代表人、董事长,利用该公司从事投资理财业务。创兴科技系上海证券交易所A股市场挂牌上市公司。2007年,陈榕生通过上海祖龙等公司控制了创兴科技近45%的股权,是该公司的实际控制人。陈榕生是创兴科技法定代表人、董事长,2008年6月辞去该公司董事长职务。

2007年2月至3月间,陈榕生计划将其控股的上海振龙公司的资产注入创兴科技,并为此咨询湘财证券福州五四路营业部总经理黄某某;同时指令创兴科技董秘李某某联系相关券商,以解决创兴科技资产注入问题。同年4月初,李某某与华欧国际的项目承揽人檀某在创兴科技见面,双方就创兴科技资产注入的可行性问题进行沟通。檀某于4月16日将草拟的《创兴科技再融资建议书》通过电子邮件发给李某某。

同年4月17日,被告人陈榕生召集创兴科技董秘李某某、副总经理苏某某、郑某某在上海与华欧国际的檀某、王某某见面,共同探讨有关上海振龙公司的资产注入创兴科技的可行性方案。陈榕生要求华欧国际事先拿出资

---

① 吕蕾:《资产注入遭遇"暗礁"行政认定函能否推定其罪——专家热议证券内幕交易的"罪与非罪"》,《上海法治报》2010年7月9日A8版。

产注入方案，并让檀某、王某某找李某某、苏某某了解相关财务数据。后经双方多次沟通，华欧国际于4月23日、25日向李某某提交了《创兴科技资产置换和再融资建议书》初步方案。4月29日，华欧国际的檀某、程某与陈榕生再次就创兴科技资产注入事项进一步沟通，而后指派王某某、冯某某于次日到厦门对创兴科技的资产注入事项进行摸底。5月1日至8日，创兴科技与华欧国际继续就再融资及资产注入方案进行研究论证。其间，陈榕生还聘请评估人员对其所要注入的资产进行预评估；5月8日评估数据出来后，创兴科技便确定了资产注入方案并上报中国证监会。5月9日，创兴科技股票因连续三个交易日累计涨幅超过20%，创兴科技经咨询控股股东和实际控制人未答复，故停牌一天。5月10日，创兴科技发布公告称："公司经询问控股股东和实际控制人，其表示计划将所持有的资产注入本公司。相关方案尚未最终确定。为防止公司股票异常波动，公司股票于5月10日继续停牌，到重大事项公告之日起复牌。"5月10日、11日，陈榕生带领创兴科技高管郭某某、李某某、苏某某和华欧国际的冯某某等人到北京，就创兴科技拟向控股股东定向增发事项向中国证监会上市部作了预沟通报告。中国证监会上市部告知，注入的资产必须产权明晰，并要求自查买卖创兴科技股票情况。之后，陈榕生因其所要注入的上海振龙公司的部分资产权属不清，且其本人及一致行动人违规买入创兴科技股票，触犯了要约收购，便决定取消定向增发事项。5月24日，创兴科技发布公告称："控股股东和实际控制人注入资产的具体实施条件尚不具备，现决定取消相关资产注入方案，公司股票于5月24日10:30起复牌。"

2007年1月至4月间，被告人陈榕生先后将上海祖龙公司、上海振龙公司等公司的资金5 090万元陆续转入上海祖龙公司控制的北京百立讯在湘财证券福州五四路营业部的资金账户和厦门缘合物业在湘财证券福州五四路营业部的资金账户。2007年4月17日至5月8日，陈榕生及其妻子关某某利用上述二资金账户及厦门缘合物业在光大证券上海张杨路营业部开设的资金账户大量买卖创兴科技股票，共计买入创兴科技股票48万余股，实际支付资金6 000余万元；操作卖出140余万股，实际收回资金2 000余万元；截至5月9日，上述三个股票账户在该时间段内买入的创兴科技股票还有33万余股未卖出，该部分股票市值以5月8日的收盘价每股16.54元计算，扣除0.4%交易税费后计5 000余万元；在该时间段内，累计买卖创兴科技股票共计600余万股，交易额共计8 000余万元，账面盈利近2 000万元。

中国证监会出具《关于上海祖龙景观开发有限公司涉嫌内幕交易案有关问题的认定函》（以下简称《认定函》）确认，创兴科技实际控制人将其控制的资产注入上市公司的事项会对公司股票价格产生重大影响,属于我国《证券法》规定的内幕信息;内幕信息的价格敏感期为2007年4月17日至5月9日;上海祖龙公司是创兴科技的实际控股股东,陈榕生是上海祖龙公司和创兴科技的董事长及实际控制人,组织和知悉创兴科技以定向增发方式注入资产事项,是内幕信息的法定知情人。

在上述上海祖龙公司、陈榕生内幕交易案中,辩方提出中国证监会出具的《认定函》不具有证据可采性。[①]但是,审判实践中一般不予采纳这样的辩护意见。

笔者认为,对于内幕交易罪等资本市场犯罪案件中相关行为的刑事违法性认定问题,司法实务部门必须进行独立且全面的司法审查与判断。证券期货监管部门制作的行政处罚决定书、行政复函等可以作为司法审查的证据,但不能直接作为定案依据,而应当对此类证据的合法性、关联性等进行刑事转化、综合论证、分析以及司法释理。

首先,证券期货监管部门提供的书面文件可以作为公文书证纳入全案的证据体系,具有可采性。国家机关在法定职权范围内行使职权所制作的书面文件,包括各种命令、决定、通告、指示、信函、证明文书等,属于公文书证,可以作为刑事案件的证据。中国证监会作为国务院证券监督管理机构,依照我国《证券法》有关规定,具有认定内幕信息的法定职权。中国证监会根据稽查的事实、证据,并结合《证券法》的有关规定出具《认定函》,对涉案行为的违法性进行说明,符合法律规定。

其次,中国证监会在行政程序中形成的相关证据及其在刑事程序中出具的文书具有证据可采性,并不意味着司法机关可以直接按照公文书证中的结论性意见认定案件事实与相关行为的刑事违法性。中国证监会认定内幕信息的法定职权限于行政程序,其对内幕交易行为违法性进行确认的行政法律文件具有的既定效力仅覆盖行政程序环节,中国证监会无权对涉案内幕交易行为的刑事违法性进行认定。所以,在中国证监会出具认定函件等公文书证的情况下,司法机关必须对其所阐释的理由与结论进行独立分析,不能直接按照中国证监会提供的意见认定案件事实与法律性质。司法机关不得以节省司法资源、金融技术性知识能力低于证券期货执法部门等理由直接将行政法律文件作为认定内幕交易行为刑事违法性的依据。

再次,证券期货行政监管部门在查处内幕交易违法案件过程中形成的证据材料,经过合法性认定与转化之后,可以作为刑事案件的证据使用。司

① (2009)厦刑初字第109号。

法实践中，资本市场犯罪案件通常由行政执法部门在调查结束后移送司法机关。内幕交易罪的司法审查必然滞后于行政调查。大量的能够证明资本市场犯罪行为刑事违法性的证据势必都由中国证监会等行政执法部门先行调取、采集、固定、制作。①内幕交易等资本市场犯罪涉及大量交易数据、资金流动、账户信息等证据材料，司法机关只能在经过审查认可这些证据合法性的基础上，对涉案行为的违法性进行判断，不可能作为取证主体重新采集资本市场犯罪的证据。因此，认定内幕交易行为刑事违法性的具体依据只能是证券期货执法部门移送公安机关的证据。此类能够证明内幕交易行为刑事违法性的依据进一步可以区分为直接依据与间接依据——(1)证券期货执法机构向证券期货公司、证券期货交易所等机构调取的记录证券期货交易流水数据、资金走向、账户资料等信息的书证、物证、电子证据等客观性材料，经司法机关确认具备证据合法性的，可以直接作为司法机关判断内幕交易行为刑事违法性的依据。(2)证券期货执法机构在办案过程中形成的涉案人员供述、证人证言、调查笔录等主观性材料，在刑事司法中不具有证据合法性，必须经过司法机关依法转换为刑事诉讼证据，从而成为判断利用内幕交易行为是否刑事违法的间接依据。

综上所述，在内幕交易犯罪案件中，涉案行为的违法性是一个必须通过证据予以证明的问题，这也是构成内幕交易犯罪的违法性基础。在行为违法性具体认定层面，司法实务部门应当进行独立的司法分析，而不能直接依据内幕交易行政处罚过程中的行政法律文件直接认定涉嫌内幕交易行为的违法性。

（二）内幕信息

内幕信息未公开性是指该信息尚未公开，尚未为资本市场上的有关证券、期货投资者所获悉。根据《刑法》第一百八十条的规定，内幕信息知情人员、非法获取内幕信息的人员只有在涉及证券的发行，证券、期货交易或者其他对证券、期货交易价格有重大影响的信息尚未公开这一时间节点之前本人、建议他人从事相关证券期货交易或者泄露内幕信息，才构成内幕交易、泄露内幕信息罪。可见，任何信息一旦被公开披露，便由内幕走向公开，内幕人员利用这种信息进行证券、期货交易就成为法律所容许的行为。因此，明确一个信息是否属于未公开的信息就成为界定内幕信息的关键所在，

---

① 例如，在朱耀明操纵证券市场犯罪案件中，涉案的交易行为涉及全国48家证券营业部、273个资金账户、6 509个证券账户，中国证监会总共制定了58卷证据材料移送公安机关，办案工作量极大。参见吴卫军：《操纵证券市场罪的理论与实务难点分析》，载陈辐宽主编：《金融资本市场犯罪疑难问题解析》，中国检察出版社2009年版，第22页。

而内幕信息是否公开的认定问题又直接决定着相关行为是否构成犯罪的判断结果。

对于如何判断相关内幕信息是否实际公开,国外学者提出了一种非常重要的理论,即有效资本市场理论(Efficient Capital Markets Theory)。根据有效资本市场理论的观点,在一个有效的资本市场中,价格充分地反映了与上市公司有关的市场上的可获取信息。①由于资本市场中所有的有价值信息都体现在证券价格上,因此,以最快的速度对这些价格反应信息进行操作,可以实现利润最大化。②特定证券价格等同于投资者对信息的观察结果。③某项消息一旦被相当数量的投资者知悉时,相关公司的证券、期货价格便会很快地发生变动,或涨或跌,从而来反映证券、期货公司对市场这种消息的感受与反应。也就是说,当某项消息对资本市场能产生有效影响时,该消息便被认为已经属于公开的消息。反之,则仍属于尚未公开。可见,有效资本市场理论强调从市场信息实际公开的角度判断内幕信息是否仍旧处于秘密状态,将这种理论应用于内幕交易犯罪的司法实践,必须建筑在对涉案证券特定时间段内的交易价格、交易量以及历史交易数据进行统计与比对。美国证券期货法律实践中比较倾向于运用有效资本市场理论,有的联邦巡回上诉法院的判例中明确采用经济学分析方法,对涉案的证券进行数据分析,从证券价格反应的角度判断涉案内幕信息是否实际公开。④由于我国资本市场犯罪理论与实践对于有效资本市场理论的理解尚不深入,同时,对于该理论所依托的经济分析,金融理论上仍然存在一定的认识分歧,直接应用于司法实践并不稳妥,所以,我国法律规定以及司法解释并没有采纳有效资本市场理论的观点判断内幕信息是否实际公开。

我国证券法理论中有观点认为,信息公开的标准有三个:其一为全国性的新闻媒介上公布该信息;其二为通过新闻发布会公布信息;其三为市场消化了该信息,即市场对该信息已作出反应。⑤在上述时间节点之前的内幕信息始终处于尚未公开的状态。我国资本市场犯罪理论中有较多观点指出,

---

① Eugene F.Fama, Efficient Capital Markets: A Review of Theory and Empirical Work, 25 Journal of Finance 383, 384(1970).

② Eugene F.Fama, Foundations of Finance: Portfolio Decisions and Securities Prices, Basic Books, 1976, p.136.

③ Ronald J.Gilson & Reinier H.Kraakman, The Mechanisms of Market Efficiency, 70 Virginia Law Review 549, 552(1984).

④ United States v.Nacchio, 573 F.3d 1062, (10th Cir. 2009).

⑤ 陈晓:《论对内幕交易的法律规制》,梁慧星主编:《民商法论丛(第五卷)》,法律出版社1996年版,第89页。

从信息公布时起到市场传播、消化、分析，从而引起资本市场价格变动的一段时间，都应属于信息尚未达到公开化的程度。内幕人员在此期间利用该信息进行相关证券、期货合约买卖或建议未知该信息的他人买卖相关证券、期货合约，也应当认定为内幕交易罪。[①]实际上，我国《证券法》对于信息公开进行了明确规定。《证券法》第七十条规定："依法必须披露的信息，应当在国务院证券监督管理机构指定的媒体发布，同时将其置备于公司住所、证券交易所，供社会公众查阅。"可见，内幕信息的公布和公开应以有关信息和文件刊登在中国证监会指定的报刊上为准。显然，我国法律对于证券二级市场信息公开的标准采取的是形式公开的标准，即信息公开的标准是在报刊或其他形式的公报上公布之日。未经合法途径向公众披露的仅为内幕人员知悉的信息，均为内幕信息。所以，只要证实行为人的交割单所载日期先于其交易行为所利用的信息的合法公开日期，就认定为利用的信息属于"未公开"的信息。

当然，采用形式公开的标准在公平性方面确实存在一定的疑问。这是因为，资本市场上的内幕信息一旦公布于众后，一般的投资者事实上需要一定的时间进行消化和理解，而在此之前，掌握内幕信息的人员可能早已提前消化和理解了信息的内容。如果有关信息一公布就允许知情人员进行证券、期货交易的话，对措手不及的广大投资者而言，同样也是极不公平的。[②]这里存在的问题便是，内幕信息公开之后多久才算是实际公开？对此，美国司法实践提出了一些具体标准，比如，"新闻发布会后十分钟内"、"股票行情信息出现在股票行情显示器上之后两分钟内"等。目前我国有关证券法律中对此没有专门规定。我国刑法理论上有观点认为，应当根据本地社会实际情况作出相应的规定。凡是发行人内部人员或者其他知悉内幕信息的内幕人员，必须在重大信息通过传媒公布后的一定时段以后才被允许进入该种股票的交易，否则，或者其利润归公司所有，或者构成内幕交易。[③]也有学者认为，可以五日为限，即规定当消息公布后经过五日，就认为市场已消化了该信息。[④]相对而言，后一种观点在一定程度上具有证券期货法律法规的

---

① 董丽静、垄卫:《证券内幕交易、泄露内幕信息罪的司法认定》，载赵秉志主编:《新千年刑法热点问题研究与适用》，中国检察出版社 2001 年版，第 868 页；孙昌军、易建华:《关于内幕交易罪几个问题的研究》，载赵秉志主编:《新千年刑法热点问题研究与适用》，中国检察出版社 2001 年版，第 842—844 页；张军主编:《破坏金融管理秩序罪》，中国人民公安大学出版社 1999 年版，第 267 页。

② 参见刘宪权:《金融犯罪刑法学专论》，北京大学出版社 2010 年版，第 346 页。

③ 张军主编:《破坏金融管理秩序罪》，中国人民公安大学出版社 1999 年出版，第 270 页。

④ 魏东:《关于内幕交易、泄露内幕信息罪司法认定的若干问题再研究》，载赵秉志主编:《新千年刑法热点问题研究与适用》，中国检察出版社 2001 年版，第 852 页。

规范性基础。例如,《证券法》第四十五条规定,为上市公司出具审计报告、资产评估报告或者法律意见书等文件的证券服务机构和人员,自接受上市公司委托之日起至上述文件公开后五日内,不得买卖该种股票。可见,在证券期货法律法规的规范逻辑体系内,相关审计报告在形式公开五日之后,可以认为市场充分了解了相关信息。当然,以此推论内幕信息公开五日之后应当认定为市场已经消化该信息确实比较牵强。所以,法律应对此作出一定的规定,以使知情人员在参加交易前让广大投资者有一定的时间对信息加以消化和理解。这样最起码可以在形式上能保证证券、期货交易中对信息利用的公平。

(三) 泄露内幕信息行为

刑法理论上一般认为,泄露内幕信息的行为是指行为人将处于保密状态的内幕信息公开化,通过明示、暗示、书面或口头等方式,透露、提供给不应知悉该信息的人员,使信息受领人据此而进行证券、期货买卖。泄露内幕信息的行为既包括公开范围上的泄露,即将内幕信息告知不应或无权知道该信息的人员;也包括时间范围上的泄露,即在保密期届满前解密,让可以知悉或有权知悉的人员提前知悉。泄露的内容是使受领人得知可以作为证券、期货交易依据的内幕信息的全部或主要事实,如果只是透露一点风声,不能作为受领人进行证券、期货交易依据的,就不构成泄露行为。泄露内幕信息行为通常有“泄密”和“再泄密”之分。

“泄密”是指内幕人员直接将其掌握的内幕信息泄露给他人。对于泄露内幕信息行为应从法律上加以惩治,其中严重者应按犯罪处理,这已经成为世界各国和地区的共识。之所以将泄露内幕信息作为犯罪处理,原因在于与掌握内幕信息者直接进行证券、期货交易相比,虽然泄露内幕信息者本人不一定有直接的证券、期货买卖行为,但通过为他人提供内幕信息,完全可能间接地参与了证券、期货交易,并从中获得利益或避免损失。另外,与掌握内幕信息者直接进行证券、期货交易相比,泄露内幕信息的行为对资本市场、投资者及发行人所造成的损害往往更为严重。这是因为,内幕信息的知悉人员一般范围较小,不仅人数较少而且财力有限,他们买卖证券、期货的数量不会太大;而泄露内幕信息则可能在受领人之间辗转告知,使得参与证券买卖的人数和交易量剧增,从而引起严重后果。同时,只要相关证据能够进行合法且准确的固定,“泄密”行为在司法实践中一般不存在认定上的疑难。

“再泄密”是指非内幕人员在获取内幕信息后,又将该内幕信息泄露给他人。应该看到,在传播面广泛的内幕交易中,“再泄密”往往扮演着相当重要的角色。

美国"IBM 收购莲花公司内幕交易案"是全球内幕交易判例史上"再泄密"最"经典"的案例:1995 年,IBM 是当时全球最大的 IT 公司,而莲花公司(LOTUS)是美国最优秀的软件公司之一,其在办公软件市场占据统治地位。IBM 看中了莲花公司的技术优势,于 1995 年 3 月向莲花公司提出友好兼并的建议。不过莲花公司 CEO 吉姆·曼兹坚信莲花的困难是暂时的,不必出售公司,故资本市场对此一直无法作出判断,在合并消息公布前,莲花股价一直徘徊在 30 美元至 35 美元。经过 IBM 与莲花公司的谈判,最后双方对合并达成了共识,1995 年 6 月 5 日,IBM 宣布正式收购莲花,收购价高达每股 60 美元。6 月 11 日,IBM 最终以每股 64 美元收购了莲花 97%以上的股票,总金额 35.2 亿美元,消息令人震惊。在收购的过程中,内幕信息实际上一直处于泄露的状态。1995 年 4 月底,IBM 公司的一位女秘书劳瑞娅·卡萨诺在复印材料时,得知 IBM 正考虑收购莲花,于是她一直关注着事态的进展。IBM 与莲花达成原则协议后,劳瑞娅知道收购项目已成功,IBM 公司将于 6 月 5 日左右对外宣布。劳瑞娅便将此信息告诉了丈夫罗伯特·卡萨诺。但是,夫妇俩此前从未进行证券交易,没有股票账户,便将消息告诉好友格林,由格林购买一些莲花公司的股票和期权,在消息公布后抛出,共获利 1.7 万美元,并付给女秘书夫妇 3 500 美元作为提供内幕消息的报答。与此同时,罗伯特曾打电话给其另一好友杰瑞·曼佐尼,后者根据内幕信息购买了莲花公司的股票和看涨期权,净赚 2.75 万美元,并以 4 000 美元作为回报。杰瑞·曼佐尼又将该内幕信息告知其表弟彼德·曼佐尼和两位同事理查德·科夫兰斯克与约翰·麦伟利。理查德·科夫兰斯克又将内幕信息告知其亲属多梅尼克·阿尔巴和三个商业伙伴詹姆斯·里贝里诺、杰拉德·威尔斯以及拉尔夫·塞佩。其中,多梅尼克·阿尔巴再将信息告知朋友约瑟夫·德斯科以及商业伙伴斯皮涅利;斯皮涅利进一步将信息告知其哥哥克劳迪奥。这一内幕信息通过上述人员进行的信息传递共有 6 层之多,相关人员都购买了一定数量的莲花公司股票或看涨期权。美国证监会最终发现,共有 25 人根据 IBM 公司女秘书的内幕消息在 6 月 2 日购买了莲花股票和期权,共获利超过 100 万美元。这起内幕交易案件中涉及的 25 名被告,只有一人是内幕信息的直接来源者,即劳瑞娅·卡萨诺,其他均通过再泄密获得内幕信息。最终,上述被告全部被法院判决构成证券欺诈或者以证券欺诈与美国证券交易委员会达成和解。①

---

① Securities and Exchange Commission v. Lorraine K. Cassano, et al., Civil Action No.99-CV-3822 (S.D.N.Y.).

我国刑法理论对于非内幕人员获取内幕信息后建议他人买卖或"再泄密"的行为如何处理的问题颇有争议。有观点认为,对非内幕人员获取内幕信息后建议他人买卖和再泄密不作区分,只要有建议他人买卖或再泄密的行为都有可能构成犯罪,区分是否构成犯罪的标准是非内幕人员获取内幕信息究竟是主动的还是被动的。如果非内幕人员自己积极、主动地获取内幕信息,不论行为人采取的具体手段是自己盗取,还是设法从内幕人员那里探听(例如通过向内幕人员行贿而获取内幕信息),不管行为人事后根据该信息是建议他人买卖证券、期货合约,还是向他人泄露该内幕信息从而使他人利用该信息买卖证券、期货合约,都一律按内幕交易认定。如果证实非内幕人员是被动的信息接收者,不论后来实施了建议行为还是泄露内幕信息行为,就不宜认定为内幕交易罪。这是因为,在主动获取的情况下,非内幕人员对获取的内幕信息负有不得利用该信息并保密的义务。不论事后建议还是泄露内幕信息,都是对该义务的违反,承担责任理所应当。在被动知悉的情况下,非内幕人员因为是消极的内幕信息的知情者,不存在承担保密的义务,因而即使第三人根据该信息进行了交易,也不应当认定为内幕交易。① 但也有不同意见认为,对非内幕人员获取内幕信息后建议他人买卖证券、期货合约与再泄密进行区分,认为非内幕人员获取内幕信息罪后建议他人买卖证券、期货合约的构成犯罪,但再泄密的,不应作为犯罪。因为,根据我国《刑法》第一百八十条的规定,内幕信息知情人员的范围,依照法律、行政法规的规定确定。由此可以推出,法律、行政法规没有限制的行为,即使行为具有社会危害性,也不应用刑罚加以制裁。②理论上还有观点认为,非内幕人员获取内幕信息的手段,有的很难说到底是合法获取还是非法获取。因为在合法获取和非法获取中间可以有一个中性行为——既不合法也不非法的情形。对这种行为也应犯罪化。因为内幕交易、泄露内幕信息的可责性表现在这种行为对市场和投资者危害,这种危害是从交易行为中体现出来。不论什么人,只要从事这样的利用、泄露行为,特定的社会危害性就已体现出来。③

笔者认为,非内幕人员在获取内幕信息后建议他人买卖或再泄密的行为是否有可能构成犯罪,应该严格根据刑法规定具体问题具体分析。对于非内幕人员在获取内幕信息后再泄密的情况,有可能构成犯罪。理由是,

---

① 张军主编:《破坏金融管理秩序罪》,中国人民公安大学出版社 1999 年版,第 277—278 页。

② 薛瑞麟主编:《金融犯罪研究》,中国政法大学出版社 2000 年版,第 269 页。

③ 郦毓贝:《内幕交易、泄露内幕信息罪主体特征研析》,载赵秉志主编:《新千年刑法热点问题研究与适用》,中国检察出版社 2001 年版,第 821—822 页。

《刑法》第一百八十条规定，非法获取证券、期货交易内幕信息的人员（即非内幕信息知情人员）……泄露该信息，情节严重的，应构成泄露内幕信息罪。可见，刑法条文并未将非内幕人员再泄密行为排除在犯罪之外。非内幕人员再泄密行为之所以可以构成泄露内幕信息罪，最重要的三点理由在于：其一，不应知悉内幕信息的人员从获取内幕信息的那时起就应承担保密的义务。因为不管其获取内幕信息的途径怎样，最终的结果是得知了内幕信息的内容。当得知了内幕信息后，相关人员也就具有了保密的义务。其二，从行为人的主观故意来看，当行为人在明知自己通过非法手段获得的是证券、期货交易内幕信息之后，还故意泄露给他人，其主观恶性程度与证券、期货交易内幕信息的知情人员的泄露行为并无不同。其三，从泄露内幕信息罪的后果来看，这一犯罪的后果主要是由泄密行为引起的，没有行为人的泄密行为，也就不可能产生其后的内幕交易后果。

（四）建议行为

《刑法》原第一百八十条内幕交易、泄露内幕信息罪明确规定了两种行为方式：其一，内幕交易行为；其二，泄露内幕信息行为。《刑法修正案（七）》为《刑法》第一百八十条增加了一种行为模式：建议行为，即行为人在其获知内幕信息的基础上，通过明示或暗示的方式建议他人进行证券、期货交易的行为。例如，提出交易时机、交易证券、期货合约的种类、交易证券、期货的价位、交易量的大小等。

在《刑法修正案（七）》修改内幕交易、泄露内幕信息罪构成要件之前，对于内幕人员根据内幕信息建议他人进行证券、期货买卖是否应当属于本罪的行为方式的问题，刑法理论与司法实践中颇有争议。这主要是因为，我国《刑法》原第一百八十条虽然没有将建议行为规定在内幕交易犯罪行为之中，但是，《证券法》第七十六条规定：证券交易内幕信息的知情人和非法获取内幕信息的人，在内幕信息公开前，不得买卖该公司的证券，或者泄露该信息，或者建议他人买卖该证券。可见，颁布于《刑法》之后的我国《证券法》明确将“建议他人买卖证券”的行为归入内幕交易行为的范畴之中。基于此，刑法理论上有观点认为，建议行为属于内幕交易、泄露内幕信息罪的行为方式。本罪的客观行为应该表现为三个方面：一是行为人利用内幕信息进行证券、期货买卖。二是行为人泄露内幕信息。三是行为人根据内幕信息建议他人进行证券、期货买卖。即内幕信息的知悉者根据内幕信息对他人的证券、期货交易提出倾向性的意见。[①]还有意见认为，将建议他人买卖证

① 张军主编：《破坏金融管理秩序罪》，中国人民公安大学出版社 1999 年版，第 264 页。

券不作为犯罪处理的观点是不妥的。因为从理论上讲,内幕交易中的买卖证券、期货合约应该包括知情人员自己买卖证券、期货合约和建议他人买卖证券、期货两种情况;从实践中看,这种行为具有社会危害性,对于情节严重的,应以犯罪论处。[①]当然,理论上也有意见指出,对建议行为需要区别对待。若接受建议者不知情,也没有依据该建议进行证券、期货交易,则建议者不构成内幕交易、泄露内幕信息罪。除此之外,行为人明确将内幕信息告知他人,并建议他人买卖该种证券、期货合约;或者行为人虽未明确将内幕信息告知他人,但其建议他人买卖证券、期货合约的方式却能使他人心领神会该建议与内幕信息有关,则属于泄露内幕信息罪。[②]

然而,对此持否定意见的学者认为,作为行政处罚对象的内幕交易行为并非都可能成为犯罪行为。《刑法》第一百八十条规定的作为犯罪的内幕交易行为,并没有包括行政法规所指的所有内幕交易行为,而只是部分行为。即只是限于内幕人员利用内幕信息自己买卖证券、期货合约或者非法获取内幕信息的人员自己买卖证券、期货合约。其中并没有包含行政法规中的其他内幕交易行为。如内幕人员根据内幕信息建议他人买卖证券、期货合约及非内幕人员通过其他途径获得内幕信息,并根据该信息买卖证券、期货合约或者建议他人买卖证券、期货合约的行为,不能作为犯罪认定,只能作行政处罚。内幕人员向他人泄露内幕信息,使他人利用该信息进行内幕交易的行为,只能以泄露内幕信息罪认定。[③]

应该看到,在《刑法修正案(七)》实施之前,尽管我国证券法明确将建议他人买卖证券的行为纳入内幕交易罪中,但是,当时的刑法中并未将建议行为纳入犯罪范围,虽然刑法颁布在先而证券法颁布在后,但是在有关刑事责任的问题上,刑法当然要比证券法效力大。可见,将建议他人买卖证券的行为纳入内幕交易罪中并不是刑事立法的原意,没有将建议行为纳入内幕交易罪也并非是刑事立法的疏漏。在当时的资本市场现实条件下,我国刑法之所以作如此规定,究其原因无非是:如果将建议行为纳入犯罪范围,可能涉及面太广,同时,由于建议行为本身较为复杂,当时的司法实践尚未积累起一定程度的反内幕交易犯罪经验,立即将建议行为纳入内幕交易、泄露内幕信息罪的规制体系并不符合当时的司法实务现实。

---

① 魏东:《关于内幕交易、泄露内幕信息罪司法认定的若干问题再研究》,载赵秉志主编:《新千年刑法热点问题研究与适用》,中国检察出版社2001年版,第854页。

② 董丽静、垄卫:《证券内幕交易、泄露内幕信息罪的司法认定》,载赵秉志主编:《新千年刑法热点问题研究与适用》,中国检察出版社2001年版,第866页。

③ 胡启忠等:《金融犯罪论》,西南财经大学出版社2001年版,第268页。

然而,不容置疑的是,建议行为利用的是行为人掌握的未公开的内幕信息,这在客观上完全应当成为一种促使他人利用内幕信息进行相关证券、期货交易的情形,在通常情况下,由于实施建议行为者是在掌握内幕信息的情况下建议他人进行证券、期货交易的,因此,行为人的建议往往起到鼓励、推动和指导的作用。这种情况中虽然行为人可能自己并没有直接从事证券、期货交易,有些甚至可能没有直接从中获利,但是,从实质上分析,建议者客观上是借他人之手进行相关证券、期货交易,这必然导致利用内幕信息进行证券、期货交易范围的扩大并对资本市场造成更加严重的破坏,其社会危害性是显而易见的。因此,《刑法修正案(七)》将建议行为作为内幕交易、泄露内幕信息罪的一种行为方式,具有合理性。当然,从动态的刑法规范适用层面考察,《刑法修正案(七)》增加了明示、暗示他人从事内幕交易的行为要件,确实容易导致司法认定困难与混乱。这主要是由于内幕信息知情人员或非法获取人员明示、暗示他人从事相关交易的行为本身具有特殊性,并不像内幕交易罪中典型的内幕信息知情人员或者非法获取者直接进行的证券期货交易行为一般容易认定。

根据司法实践中的情况来看,通过明示、暗示的方式建议他人从事相关交易的行为具有多种表现形式:(1)信息获悉者明示、暗示他人从事相关交易,被对方采纳并实施;(2)信息获悉者进行明示、暗示,没有被他人采纳并实施;(3)在透露内幕信息内容的基础上,信息获悉者明示、暗示他人从事交易;(4)在没有透露信息内容的情况下,信息获悉者建议他人从事交易,他人基于其专业金融知识及具有相关从业背景等原因,无需信息获悉者提供进一步的信息内容与交易理由,等等。

正是由于明示、暗示他人从事相关交易行为及其后续结果的复杂性,以及行为与结果排列组合后样态的进一步复杂化,决定了在判断内幕交易罪明示、暗示他人进行相关交易这一行为要件的同时,必须查实并明确以下问题是否影响建议他人从事相关交易行为要件的认定——(1)在内幕信息知情人员、非法获取人员仅仅提出建议,被建议者没有采纳信息获悉者的意见进而从事相关证券期货交易,能否成为阻却内幕交易、泄露内幕信息罪成立的事由?(2)明示、暗示他人从事相关交易构成犯罪是否以透露内幕信息为必要,即建议者没有透露内幕信息,被建议者接受其明示或者暗示而从事相关证券期货交易,能否成为阻却内幕交易、泄露内幕信息罪成立的事由?

对于上述第一个问题,即被建议者是否从事相关证券、期货交易行为是否阻却纯粹建议行为的犯罪性,笔者持肯定的观点。因为单纯的明示、暗示行为既没有泄露内幕信息本身的内容,也没有进一步产生后续的内幕交易行为,与内幕交易打击利用内幕信息从事非法证券期货交易行为的本质存在较大距离,不应当作为本罪打击的对象。主要理由是:其一,他人没有依据内幕信息获悉者的明示或者暗示从事相关交易的,已经缺失了内幕交易罪语境下行为的"交易性",不应当认为其符合内幕交易罪的行为要件;其二,内幕信息知情人员、非法获取人员没有透露任何内幕信息的内容,显然也不构成泄露内幕信息罪。

对于上述第二个问题,即内幕信息的知情人员或非法获取人员是否必须将内幕信息告知被建议者,才能构成《刑法》第一百八十条规定的明示、暗示他人从事相关交易,刑法理论上的一种具有代表性的观点认为,构成建议行为不以告知被建议者内幕信息为前提。因为在现实生活中,内幕信息知情人员往往受过严格的法律、金融等专业知识的培训,对自己所实施的行为性质以及由此所可能造成的后果,一般都是明知的。而相当一部分内幕人员,为规避法律,在知悉某一证券、期货交易的内幕信息后,不是将内幕信息直接告知其亲朋好友,而仅仅对其亲友所进行的证券、期货交易提出倾向性的意见。由于行为人职务或者地位的特殊性,使得其根本无需说明提出这一建议的理由,其亲友也是心领神会的。依此建议行事,虽然其亲友不知道内幕信息,但在其所进行的证券、期货交易中所处的地位与其知道内幕信息进行的证券、期货交易几无二致,而后一种情况显然是典型的内幕交易行为,既然如此,与后一种情形神似而仅仅形不同的前一种情形,有何理由不将其认定为内幕交易呢?如果认为,内幕人员仅有建议买卖而并未将内幕信息的具体内容告知被建议者可以不作为内幕交易、泄露内幕信息罪,无疑给犯罪分子留下相当大的隙漏,使相当数量的内幕交易行为难以被纳入刑事制裁的视野,从而在一定程度上宽纵了犯罪分子,不利于证券市场的健康发展。[①]对此,笔者认为,在透露内幕信息的基础上建议他人从事相关证券、期货交易的行为是否具有刑事可罚性,刑法规范本身实际上已经给出了答案。《刑法》第一百八十条已经规定了泄露内幕信息的行为属于犯罪,完全可以结合被建议者是否实际从事相关证券、期货交易的事实提出定性规则:(1)告知他人内幕信息,并明示或者暗示其从事相关交易行为,被建议者没有进行相关证券、期货交易的,应当认定为泄露内幕信息罪;(2)被建议者实际进行相关证券、期货交易的,其行为同时符合泄露内幕信息、内幕交易的构成特征,直接认定行为人构成内幕交易、泄露内幕信息罪。

---

① 张军主编:《破坏金融管理秩序罪》,中国人民公安大学出版社1999年版,第276页。

（五）信息挖掘行为

金融市场中存在的一种现象与行为是，在内幕信息未公开前，有些投资者（投机者），尤其是机构投资者中的金融分析师，利用资本市场公开的信息、资料、对上市公司或其管理人员进行调查所获知的信息等，对资本市场作出分析预测，或者以这种预测结果为依据进行交易，而相关分析结果与未公开的内幕信息相一致，从而使相关人员在证券、期货交易中获取了巨额利润。国外资本市场通常将这种行为称为信息挖掘（Information Snatching）。

对于信息挖掘行为能否构成内幕交易或者泄露内幕信息，理论上存在一些不同的看法。肯定的观点认为，行为人运用公开的信息和资料，对证券市场作出的预测和分析，如果这种预测一向被证实非常准确，并且对市场价格造成严重的影响或者危害，按内幕交易处理不无道理。①相反的意见认为，内幕交易、泄露内幕信息行为之所以为世界各国法律所禁止，其根本原因就在于，这种行为使得内幕交易的行为人与普通投资者所进行的交易不是建立在平等的基础上，而是处于“一明一暗”的交易状态。内幕交易的行为人对于某种股票价格的走势因其对内幕信息的知悉而“心中有数”，而普通投资者则只能借助于一般的技术分析和财务分析乃至于自己的猜测进行交易。借助没有确切消息的猜测显然是投机行为，而这也正是资本市场危机四伏的原因所在。而无论基于这种猜测进行交易所导致的结局如何，这种行为显然是不能论之以内幕交易、泄露内幕信息罪的。而实际上，股评文章的性质也同样如此。股评文章究其实质而言，也是一种猜测，只不过由于这种猜测是由具有丰富证券专业知识、熟悉证券市场运行规律的证券专家，运用科学的分析手段对分开的信息资料进行分析研究后所得出的结论，因而，其正确性一般远高于普通人所作出的猜测。但无论这种预测的准确度多高，都改变不了“猜测”的实质。显然，法律不能因为一个人的预言相当精确就可以剥夺其发表意见的权利。②在现实生活中，具有一定社会危害性的行为是很多的，法律没有必要、也不可能将所有具有社会危害性的行为，都用法律尤其用刑法加以调整。对于股评文章，尽管它可能对证券交易价格有一定的影响，但这种影响和法律规定的内幕信息比较，它的影响较小。因为它所依据的材料、信息已经公开。这种已经公开化的材料、信息对证券价格已经施加了影响，因此，通过这种信息作出的股评实质上就是对已公开的信息进行消化和再消化的过程，已不符合内幕信息的特征。另外，如果将类似

① 参见白建军：《证券欺诈及对策》，中国法制出版社 1996 年版，第 29—30 页。

② 张军主编：《破坏金融管理秩序罪》，中国人民公安大学出版社 1999 年版，第 269—270 页。

的信息都作为内幕信息,势必扩大了内幕信息的范围和内幕人员的范围,不符合刑法的立法本意。①

笔者认为,对于内幕信息未公开前,利用已经公开的信息资料对市场作出分析和预测,并从事有关证券、期货交易的行为,不应该纳入刑法调整的范围之内,但也不应当完全忽视以信息搜集、攫取为名义实际非法获取内幕信息行为存在的可能。首先应当明确的是,市场投资者(投机者)的分析和预测行为,无论对市场有多大的影响,无论与内幕信息本身的内容如何接近甚至完全相同,这毕竟是利用已经公开的市场信息、资料得出的预期,而不是利用尚未公开的内幕信息得出的结果。内幕交易的前提条件是必须有内幕信息存在。如果对利用非内幕信息进行交易的行为加以惩治显然违背了刑法立法的原意。其次,资本市场本身需要有人对市场的发展等作出一定的分析和预测,这些分析和预测纯粹是个人的见解,在某种意义上说,只要有资本市场存在,就必然有人们对资本市场的分析和预测存在。而且,在资本市场上交易者不可能不对市场进行分析和预测,尤其是机构投资者,基于其专业能力与信息搜集实力,其对市场进行分析和预测往往能够为一般投资者提供重要的决策参考。应该承认,有关的分析和预测当然会对市场和人们的交易行为产生一定的影响,这是不可避免的,如果对作出分析和预测并进行交易的行为也要加以惩治,这不符合市场发展的客观要求和规律。最后,需要高度重视的是,信息挖掘行为与内幕交易、泄露内幕信息行为之间的界限存在一定的模糊。在当前的资本市场操作中,包括证券公司、公募基金以及私募在内的很多投资机构或者个人投资者,无视内幕交易、泄露内幕信息的违法性,部分投资机构以上市公司调研为名,实际则是将市场公开信息挖掘行为异化为非法获取内幕信息行为。对于市场分析人员、投资者等主体通过各种手段从上市公司及其内部人员处"拉"、"搞"、"套"内幕信息的行为,司法实践中应当引起关注,对于以信息调研为形式而实质上属于非法获取内幕信息的行为,应当认定为内幕交易或泄露内幕信息。

需要注意的是,《刑法》第一百八十条内幕交易、泄露内幕信息罪并没有直接使用"建议"的表述,而是将建议行为更为明确地规定为"明示、暗示"。"明示、暗示"也就是向他人作出提示或建议,"明示"和"暗示"的行为其实就是对不同表现形式的"建议"行为的表述,两者并无本质区别。②其本质上都是指行为人提示或者建议他人从事证券、期货交易活动,具体是指提示或

---

① 薛瑞麟主编:《金融犯罪研究》,中国政法大学出版社 2000 年版,第 263 页。

② 参见刘宪权:《金融犯罪刑法学专论》,北京大学出版社 2010 年版,第 352—353 页。

建议他人买入或者卖出该证券，或者从事与该内幕信息有关的期货交易。①在早前的司法实践中，有关内幕交易和泄露内幕信息的犯罪都很难取证，而且，内幕人员一般具有较强的反侦察能力，往往自己不从事交易，而是以明示或暗示的方式让他人操作，之后参与分成，而《刑法修正案（七）》修改后的《刑法》第一百八十条规定"明示、暗示他人从事上述交易活动"构成内幕交易犯罪行为，相对来说降低了司法取证的难度，有利于提高执法效率，加强了刑法对资本市场的保护力度。②

从明示与暗示具体的行为内容上分析，所谓"明示"，就是清楚明白地指示，即通过书面或口头的方式明确告知他人买入或者卖出与该内幕信息有关的证券或者期货合约，指示的手段没有限制，可以是命令，也可以是利诱，还可能是胁迫，总之是通过直接表意的方式唆使对方从事交易；所谓"暗示"，就是不明确表示意思，而用含蓄的言语或示意的举动使人领会，这里主要是指行为人以使对方能够推知的方式间接指示，既包括以积极的行为暗示，也包括通过消极的不作为甚至是沉默来暗示。只要该言行能让相对人领会到该交易具有内幕信息背景且能够通过交易相关标的获得利益即可构成"暗示"。因为从事金融交易，尤其是短线交易的市场主体对于此类信息往往十分敏感，对一些含蓄的言行也能够心领神会，产生与明示同样的效果。至于如何确定对方能否领会，则应当根据一般市场主体的理解和判断能力衡量。如内幕信息知情人不明确说明内幕信息的具体内容，只是含蓄地向他人透露"某支股票有重大利空或者利好消息，可以重点关注"，这样的说法就能让人领会到内幕信息的存在，应当认定为"暗示他人从事交易"。但如果只是笼统地说"我觉得买点也没有太大风险"等类似的言语，就难以让人感知到存在重要的、敏感的内幕消息，不应当认定为"暗示他人从事交易"。此外，正如前文所述，还需要进一步分析接收信息的一方是否实际实施了有关的内幕交易行为。正如有的学者所言，如果被建议者没有实施内幕交易，建议者显然不构成内幕交易犯罪，就不存在甄别是否构成"暗示他人从事交易"的必要。③还有必要强调的是，无论是明示还是暗示他人从事相关交易活动，实际上都使对方在某种程度上知悉了相关经营信息，因此，当对方向自己提出咨询意见，行为人只是单纯被动提供不确定的相关交易

---

① 参加谢望原：《简评〈刑法修正案（七）〉》，《法学杂志》2009年第6期。

② 参见葛磊：《新修罪名诠释〈刑法修正案（七）〉深度解读与实务》，中国法制出版社2009年版，第27—28页。

③ 参见刘衍明：《内幕交易罪的理解与适用》，《中国检察官》2009年第6期。

建议,对方根本无从察觉相关经营信息的,即使行为人在提供建议时事先已经知悉相关经营信息,也并不能被认定为明示或暗示他人从事相关交易。①

三、内幕交易犯罪司法解释疑难问题剖析

最高人民法院、最高人民检察院于2012年5月22日联合发布《关于办理内幕交易、泄露内幕信息刑事案件具体应用法律若干问题的解释》(以下简称《内幕交易犯罪解释》)。作为我国首部资本市场犯罪司法解释,《内幕交易犯罪解释》对内幕信息知情人员、非法获取内幕信息人员、内幕信息敏感期、内幕交易、泄露内幕信息定罪处罚标准等资本市场犯罪刑法理论与实践中长期存在争议的刑法适用疑难问题进行了规定。②《内幕交易犯罪解释》的实施对于指导司法实务部门办理资本市场犯罪案件,强化资本市场法律监管力度,有效维护资本市场秩序,保护广大投资者合法权益,具有重大且深远的影响。③《内幕交易犯罪解释》目前是解决我国内幕交易犯罪案件疑难问题的唯一刑法解释,不仅对于参与我国资本市场的金融交易者起到了重要的规范指引作用,而且由于其规定的内幕交易犯罪刑法适用规则具有突出的创新性,在全球金融市场一体化的背景下,研究《内幕交易犯罪解释》对于丰富全球的资本市场犯罪刑法理论亦有重大意义。

但是,由于内幕交易犯罪相关实践问题具有高度复杂性,《内幕交易犯罪解释》在内幕信息知情人员与非法获取内幕信息人员认定、内幕信息重大性判断、内幕交易犯罪行为指控与抗辩、内幕交易犯罪情节认定等重大且疑难实践问题上仍然存在很多争议与困惑。对最新内幕交易犯罪司法解释进行深刻与细致的解析,能够推动资本市场犯罪刑法理论与实践更为冷静地对内幕交易犯罪问题进行审视,持续探索内幕交易犯罪刑法解释不断优化的理论支撑与发展路径。基于此,笔者尝试深度剖析最新内幕交易犯罪司法解释实践运作中的疑难问题并提出司法规则优化建议,以期对惩治与防控内幕交易犯罪的理论探索与司法实践有所裨益。

(一)内幕信息知情人员认定问题

内幕信息知情人员是内幕信息的第一手获取人员,故内幕信息知情人员司法认定是《内幕交易犯罪解释》首先解决的问题。《内幕交易犯罪解释》

---

① 缑泽昆:《〈刑法修正案(七)〉中"老鼠仓"犯罪的疑难问题》,《政治与法律》2009年第12期。

② 参见杨维汉、崔清新:《惩治内幕交易犯罪 维护资本市场秩序——最高人民法院有关负责人就首部资本市场犯罪司法解释答记者问》,《检察日报》2012年5月23日第2版。

③ 参见张先明:《"两高"联合出台司法解释指导司法机关正确办理内幕交易犯罪案件》,《人民法院报》2012年5月23日第1版。

第一条规定:"下列人员应当认定为刑法第一百八十条第一款规定的'证券、期货交易内幕信息的知情人员':(一)证券法第七十四条规定的人员;(二)期货交易管理条例第八十五条第十二项规定的人员。"可见,《内幕交易犯罪解释》罗列内幕信息知情人员司法判断所依据的法律、法规条文。但是,在《刑法》第一百八十条明确规定内幕信息知情人员的范围依照法律、行政法规的规定确定的基础上,刑法理论与实务对于《证券法》第七十四条①、《期货交易管理条例》第八十一条第十二项②分别规定了证券、期货交易内幕信息的知情人员本身并没有疑问。实践中的疑难问题在于,《证券法》《期货交易管理条例》有关内幕信息知情人员的规定各自存在明显的缺陷,导致司法实务部门在认定相关行为主体是否构成证券、期货内幕信息知情人员时会出现困惑与障碍。

在证券内幕信息知情人员法律规定方面,《证券法》第七十四条在明示性地列举了上市公司董事、监事、高级管理人员等六项证券内幕信息知情人员类型之后,通过第七项"兜底条款"将国务院证券监督管理机构规定的其他人整体纳入知情人员范围。尽管上述规定在形式上实现了明确列举与原则概括相结合,但由于缺乏内幕信息知情人员实质标准的界定,造成证券监管机构裁量权过大,最终导致"其他内幕信息知情人员"的范围处于完全不确定的状态。与此相对应,期货内幕信息知情人员法规的规定则更为模糊。尽管《期货交易管理条例》第八十五条第十二项从实质解释的角度将期货内幕信息知情人员的本质界定为基于职务(管理、监督、专业、职业等多方面的职务)可获取内幕信息人员,但其具体列举的知情人员主体类型不仅极为概括,而且使用了大量"其他"人员、"有关"人员等内涵十分模糊的表述,造成期货内幕交易犯罪司法实践难以确定期货内幕信息知情人员。笔者建议,有必要准确梳理证券、期货法律、法规各自的优点与缺点,从内幕交易犯罪主体实质特征与核心类型两方面优化内幕信息知情人员的司法认

① 《证券法》第七十四条规定:"证券交易内幕信息的知情人包括:(一)发行人的董事、监事、高级管理人员;(二)持有公司百分之五以上股份的股东及其董事、监事、高级管理人员,公司的实际控制人及其董事、监事、高级管理人员;(三)发行人控股的公司及其董事、监事、高级管理人员;(四)由于所任公司职务可以获取公司有关内幕信息的人员;(五)证券监督管理机构工作人员以及由于法定职责对证券的发行、交易进行管理的其他人员;(六)保荐人、承销的证券公司、证券交易所、证券登记结算机构、证券服务机构的有关人员;(七)国务院证券监督管理机构规定的其他人。"

② 《期货交易管理条例》第八十一条第十二项规定:"内幕信息的知情人员,是指由于其管理地位、监督地位或者职业地位,或者作为雇员、专业顾问履行职务,能够接触或者获得内幕信息的人员,包括:期货交易所的管理人员以及其他由于任职可获取内幕信息的从业人员,国务院期货监督管理机构和其他有关部门的工作人员以及国务院期货监督管理机构规定的其他人员。"

定规则。

1. 证券内幕信息知情人员

司法实践中应当明确,证券内幕信息知情人员的实质特征是基于职务可获取证券内幕信息。构成《证券法》第七十四条第七项规定的"其他"内幕信息知情人员的行为主体,显然应当与该条前六项规定的内幕信息知情人员主体类型具有同构型特征,在《证券法》本身没有直接且明确规定的情况下,这种同构型特征的归纳正是内幕交易犯罪司法实践应当予以明确的问题。从《证券法》第七十四条明示性规定的证券内幕信息知情人员类型来看,其实质特征都是基于其在上市公司、上市公司控股公司、上市公司实际控制人、证券监管与服务机构等所承担的职责(包括私营部门的业务性岗位与公共部门的职务性岗位)能够获取内幕信息。因此,由于所其承担的职责可以获取证券内幕信息的人员是证券内幕信息知情人员。这样的实质性界定不仅可以将上市公司并购重组参与方及其工作人员、上市公司重大合同交易对方及其工作人员等《证券法》第七十四条没有明示性规定,但在实践中能够基于公务性或者业务性的职责充分接触、管理内幕信息的证券内幕信息知情人员,准确纳入内幕信息知情人员范围,而且能够将上市公司的控股股东、实际控制人控制的其他公司及其董事、监事、高级管理人员等被《证券法》第七十四条所忽略但基于其与上市公司形成持股关系、实际控制关系能够获悉证券内幕信息的人员纳入知情人员范围。

2. 期货内幕信息知情人员

由于我国期货市场运行机制正处于不断完善的阶段,期货交易与期货监管体系相对复杂,导致期货从业人员与监管机构工作人员的主体的定位、辨识、认定等存在一定的模糊与凌乱。有必要通过司法解释明确框定期货内幕信息知情人员的主体范围,从而合理控制期货内幕信息与准确定位期货内幕交易违法犯罪的行为主体。《期货交易管理条例》规定"有关"部门工作人员经国务院机构监管机构的认定可以构成期货内幕信息知情人员。但是,"有关"的含义过于模糊与随意,故笔者建议司法解释应当对此进行细化,将"有关"部门工作人员可以构成期货内幕信息知情人员的类型确定为以下两方面的内容:

(1) 有关监管部门工作人员

有关监管部门包括直接负责金融监管职能的机构,主要是中国人民银行、中国证监会、中国银监会、中国保监会及其各地派出机构。由于我国金融行业具有多头监管的特点,其他承担部分金融监管职能的部委也应当属于有关监管部门。例如,财政部金融司的职责范围涵盖了:协调执行货币政策;拟订并监督执行银行、保险、证券、信托等非银行金融机构的资产与财务管理制度;对主权信用进行评级等。上述金融监管职责不仅直接影响金融政策进而作用于期货市场(尤其是利率期货),而且涉及相关金融机构资产配置信息,相关工作人员利用此类政策信息与监管信息,可以从事相关期货交易谋取个人利益。因此,国家发改委、财政部、审计署及其派出机构等承担部分金融监管职能的机构及其工作人员,也应当规定为期货内幕交易违法犯罪中的"有关"监管部门及其工作人员。

(2) 有关行业协会工作人员

中国证券业、期货业、保险业、银行业、信托业协会及其地区性协会等金融行业协会工作人员应当属于期货内幕信息知情人员。同时,在履行自律监管职能过程中掌握大量期货交易市场(特别是商品期货市场)未公开信息的行业协会(例如,有色金属工业协会等),此类协会工作人员在决定大宗商品期货交易价格变动的行业信息处于保密阶段时,利用行业信息优势从事私利交易或者违规抢先将信息提供给他人,也应构成期货内幕信息知情人员。

此外,应当特别强调的是,期货内幕信息知情人员并非局限于期货行业监管或者从业人员。随着金融交易产品开发日趋成熟,证券与期货交易关联性日趋紧密,证券行业人员或者上市公司人员完全可以构成期货内幕信息知情人员。2010 年 4 月中国金融期货交易所推出沪深 300 股指期货合约的交易品种,我国期货市场正式迈进金融期货时代。由于沪深 300 指数期货合约的涨跌直接与证券现货市场多空信息挂钩。对沪深 300 指数中权重较大的成分股交易价格具有重要影响且尚未公开的信息显然属于证券内幕信息,但其同样对股指期货合约交易价格具有重要影响,这种基于证券现货市场与股指期货市场关联性或者价格传递关系而对金融期货交易价格具有重要影响的未公开信息显然也是期货内幕信息。发行权重股的上市公司的内幕信息知情人员或者其他基于职务便利能够获悉此类内幕信息的金融机构、中介机构工作人员,同样应当构成期货内幕信息知情人员,其在影响权重股交易价格的上市公司内幕信息尚未公开之前,并不直接从事证券交易,而是在股指期货市场上建仓谋取个人利益的,应当构成期货内幕交易犯罪。

(二) 内幕信息非法获取人员认定问题

根据《刑法》第一百八十条的规定,内幕信息非法获取人员是内幕交易犯罪的另一种犯罪主体类型。对于非法获取内幕信息人员的认定,资本市场犯罪刑法理论与实务中长期存在三种不同的观点:"非法手段论"认为,非法获取内幕信息人员只能是利用骗取、套取、偷听、监听或者私下交易等非法手段或者通过非法途径获取证券内幕信息的人员。①“不当获取论”认为,对“非法获取”的理解不能过于狭窄,“非法获得”应指“不该获得而获得”,其中“不该获得”是指行为人与内幕信息之间并无职务或业务上的信赖关系,也即行为人属于禁止接触或获取内幕信息的人员。②“混同认定论”采取淡化非法获取内幕信息人员独立类型特征与模糊上述意见分歧的方式,统一使用“内幕人”的概念将内幕信息知情人员及其近亲属、通过非法手段获取内幕信息的人员以及通过其他途经获取内幕信息的人都纳入内幕犯罪行为主体范围。③

《内幕交易犯罪解释》第二条与第三条通过联动规定非法获取内幕信息人员类型及其异常交易行为特征的创新性刑法解释技术解决上述争议:利用窃取、骗取、套取、窃听、利诱、刺探或者私下交易等手段获取内幕信息的,显然属于非法获取内幕信息人员;内幕信息知情人员的近亲属或者其他与内幕信息知情人员关系密切的人员,或者在内幕信息敏感期内与内幕信息知情人员联络、接触的人员,从事或者明示、暗示他人从事,或者泄露内幕信息导致他人从事与该内幕信息有关的证券、期货交易,相关交易行为明显异常,且无正当理由或者正当信息来源的,应当认定为非法获取内幕信息人员。

之所以将其评价为创新性解释,是因为《内幕交易犯罪解释》极为精巧地解释并未通过非法手段获取内幕信息人员的行为“非法性”,即根据交易行为事实(从事、建议从事、泄露信息导致他人从事)与交易行为评价(明显异常且无正当性事由)逆向证明内幕信息知情人员的近亲属、关系密切人、敏感期的联络、接触人等非法获取内幕信息。《内幕交易犯罪解释》第二条不仅通过限制行为主体类型的方式将偶然、无意地听闻内幕信息人员排除

---

① 参见王作富主编:《刑法分则实务研究(上)》,中国方正出版社2003年版,第546页。

② 参见刘宪权:《金融犯罪刑法学专论》,北京大学出版社2010年版,第365页。

③ 2007年中国证券监督管理委员会《证券市场内幕交易行为认定指引(试行)》第六条规定:“符合下列情形之一的,为证券交易的内幕人:(一)《证券法》第七十四条第(一)项到第(六)项规定的证券交易内幕信息的知情人;(二)中国证监会根据《证券法》第七十四条第(七)项授权而规定的其他证券交易内幕信息知情人,包括:1.发行人、上市公司;2.发行人、上市公司的控股股东、实际控制人控制的其他公司及其董事、监事、高级管理人员;3.上市公司并购重组参与方及其有关人员;4.因履行工作职责获取内幕信息的人;5.本条第(一)项及本项所规定的自然人的配偶;(三)本条第(一)项、第(二)项所规定的自然人的父母、子女以及其他因亲属关系获取内幕信息的人;(四)利用骗取、套取、偷听、监听或者私下交易等非法手段获取内幕信息的人;(五)通过其他途经获取内幕信息的人。”

在内幕交易犯罪行为主体之外，[①]而且在第三条极为详尽地列举了“相关交易行为明显异常”的核心判断指标，[②]实质性地提升了非法获取内幕信息人员基于内幕信息从事内幕交易犯罪行为证明规则的明确性。

对于《内幕交易犯罪解释》第二条第一项规定的以非法手段获取内幕信息人员，实践中并不存在认定障碍，关键问题在于内幕信息知情人员的近亲属、关系密切人、内幕信息敏感期内的联络、接触人等内幕交易犯罪行为主体的判断。《内幕交易犯罪解释》第二条使用了两个非常重要的概念，即近亲属和关系密切的人员。由于刑法上的近亲属概念并不明确，首创于利用影响力受贿罪的关系密切的人员的内涵与外延在刑法理论与实务中存在较大的认识分歧，内幕信息知情人员近亲属、关系密切人认定问题显然受制于这样的现状而容易在内幕交易犯罪司法实践中产生争议。因此，亟须在理论上准确界定内幕信息知情人员近亲属、关系密切人的范围，否则《内幕交易犯罪解释》第二条

---

① 参见颜斐：《无意听到内幕信息不是犯罪》，《北京晨报》2012 年 5 月 23 日第 A7 版。无意听到内幕信息从而实施相关证券交易在国外判例中通常也不认为构成内幕交易犯罪。例如，美国证券交易委员会诉巴里·斯威策尔案。在该案中，美国证券交易委员会指控，斯威策尔在 1981 年 6 月举行的俄克拉荷马州高中运动会上无意中听到他认识的一位上市公司董事及其妻子在谈论将要进行的并购事宜。斯威策尔基于该尚未公开的上市公司并购信息从事证券交易并获利 5 万美元。联邦地区法院判决斯威策尔的行为不构成内幕交易。因为无意听闻内幕信息的行为主体既非内幕信息知情人员，亦非非法获取内幕信息人员，其对于内幕信息的来源并不承担任何形式的信赖（不基于信息从事交易或者泄露信息）义务，不受到披露或者戒绝交易规则的限制，故不应当将偶然听闻的内幕信息并据此从事相关证券交易的行为认定为内幕交易。参见 SEC v.Switzer, 590 F Supp 756(WD Okla 1984)。

② 《内幕交易犯罪解释》第三条规定：“本解释第二条第二项、第三项规定的‘相关交易行为明显异常’，要综合以下情形，从时间吻合程度、交易背离程度和利益关联程度等方面予以认定：（一）开户、销户、激活资金账户或者指定交易（托管）、撤销指定交易（转托管）的时间与该内幕信息形成、变化、公开时间基本一致的；（二）资金变化与该内幕信息形成、变化、公开时间基本一致的；（三）买入或者卖出与内幕信息有关的证券、期货合约时间与内幕信息的形成、变化和公开时间基本一致的；（四）买入或者卖出与内幕信息有关的证券、期货合约时间与获悉内幕信息的时间基本一致的；（五）买入或者卖出证券、期货合约行为明显与平时交易习惯不同的；（六）买入或者卖出证券、期货合约行为，或者集中持有证券、期货合约行为与该证券、期货公开信息反映的基本面明显背离的；（七）账户交易资金进出与该内幕信息知情人员或者非法获取人员有关联或者利害关系的；（八）其他交易行为明显异常情形。”应当看到，在美国内幕交易案件司法实践中，交易模式是判断行为人是否基于内幕信息从事相关证券交易的重要指标。如果控方证明涉案证券交易行为所体现出的模式化特征比较异常，则可以推论从事证券交易的行为主体持有内幕信息或者说相关证券交易依托于内幕信息。从异常交易判断规则上来看，美国联邦第九巡回上诉法院的判例规则比较有代表性：内幕交易案件中的异常证券交易是指行为人从事的证券交易行为显著地区别于其以前的交易模式，在具体判断上应当结合行为人交易相关证券的总量以及比例、交易的时间、相关交易是否与其历史交易记录或者交易习惯吻合等相关要素进行分析。参见：In re Silicon Graphics Inc. Securities Litigation, 183 F.3d 970, 986(9th Cir. 1999); Provenz v.Miller, 102 F.3d 1478, 1491(9th Cir. 1996)。对照上述《内幕交易犯罪司法解释》，我国内幕交易案件中的异常交易判断标准显然更为细致。

第二项将难以在实践中得以有效执行。同时,司法实践中还需要结合现有的证券期货法律解释性文件与反内幕交易实践经验,进一步深度考察《内幕交易犯罪解释》第二条与第三条规定的"相关交易行为明显异常"的判断标准。

1. 内幕信息知情人员近亲属的认定

关于近亲属范围问题,我国《刑法》并没有专门的规定,三大诉讼法及其司法解释的界定也并不一致。[①]法律及相关司法解释对于近亲属的范围界定不一致,必然会导致刑法理论与实务部门对于如何认定内幕信息知情人员近亲属产生较大争议。笔者认为,在我国《刑法》以及刑法司法解释对近亲属概念未作规定的情况下,从诉讼法关于近亲属的规范界定论证刑法上的近亲属范围是无法获取合理解释的。因为诉讼法定义近亲属是为了解决诉讼上的代理、证据效力等程序性问题,刑事诉讼法基于程序严苛性更强的现实要求,设定了相对狭窄的近亲属范围,行政诉讼法与民事诉讼法基于便利诉讼的实用性考量,对近亲属的范围界定更为宽泛。而内幕信息知情人员近亲属是内幕交易犯罪主体要素,其范围界定应当受到近亲属这一法律概念实体法属性的制约,同时更应当与内幕交易犯罪实质相契合。所以,无论是从与刑法关系最为密切的刑事诉讼法中援引近亲属法律概念的内涵与外延,还是从行政诉讼法与民事诉讼法相关规范中进行推断,都会陷入近亲属概念刑法解释上的方向性误区。

笔者认为,社会生活中的近亲属概念要在刑法上探索其合理范围,必须以财产关系作为限制标准对近亲属进行范围限定。财产关系标准不仅具有实体法上的规范性,而且与内幕交易犯罪利用内幕信息从资本市场交易中非法获取利润的行为实质最为契合。因为近亲与远亲之间的界限是模糊与主观的,最为客观的判断标准应当是财产关系上的远近亲疏,即财产继承关系。从《继承法》第十条至第十二条[②]有关财产法定继承的规定来看,除了夫

---

① 根据《刑事诉讼法》第八十二条第六项规定,近亲属是指夫、妻、父、母、子、女、同胞兄弟姊妹。《最高人民法院关于贯彻执行〈中华人民共和国民法通则〉若干问题的意见》第十二条则将近亲属的范围确定为:配偶、父母、子女、兄弟姐妹、祖父母、外祖父母、孙子女、外孙子女。在行政诉讼中,根据2000年《最高人民法院关于执行〈中华人民共和国行政诉讼法〉若干问题的解释》第十一条的规定,《行政诉讼法》第二十四条规定的近亲属,包括配偶、父母、子女、兄弟姐妹、祖父母、外祖父母、孙子女、外孙子女和其他具有抚养、赡养关系的亲属。

② 根据我国《继承法》第十条至第十二条的规定,遗产按照下列顺序继承:第一顺序:配偶、子女、父母。第二顺序:兄弟姐妹、祖父母、外祖父母。继承开始后,由第一顺序继承人继承,第二顺序继承人不继承。没有第一顺序继承人继承的,由第二顺序继承人继承。本法所说的子女,包括婚生子女、非婚生子女、养子女和有扶养关系的继子女。本法所说的父母,包括生父母、养父母和有扶养关系的继父母。本法所说的兄弟姐妹,包括同父母的兄弟姐妹、同父异母或者同母异父的兄弟姐妹、养兄弟姐妹、有扶养关系的继兄弟姐妹。被继承人的子女先于被继承人死亡的,由被继承人的子女的晚辈直系血亲代位继承。代位继承人一般只能继承他的父亲或者母亲有权继承的遗产份额。丧偶儿媳对公、婆,丧偶女婿对岳父、岳母,尽了主要赡养义务的,作为第一顺序继承人。

妻、父母、子女、同胞兄弟姊妹等之外，继承法上的第一顺序、第二顺序和代位继承中具有法律继承权的主体，也应当视为近亲属。以财产继承关系为核心确定近亲属范围，不仅整体涵盖了三代以内直系血亲，而且根据亲缘结构与家庭财产归属的实际情况出发，将非婚生子女、养子女和有扶养关系的继子女，养父母和有扶养关系的继父母，同父异母或者同母异父的兄弟姐妹、养兄弟姐妹、有扶养关系的继兄弟姐妹，以及承担主要赡养义务的丧偶儿媳、女婿等纳入近亲属范围，更能实现内幕交易犯罪主体界定与内幕交易犯罪实质之间的高度契合。因为近亲属之所以能够从内幕信息知情人员处获取内幕信息，根本原因在于其不仅能够基于"近"的家属关系影响内幕信息知情人员对于内幕信息的保密程度，而且能够在内幕信息所可能产生的财产利益方面与内幕信息知情人员形成利益共同体。

2. 内幕信息知情人员关系密切人的认定

其他与内幕信息知情人员关系密切的人员这一概念显然源于《刑法》第三百八十八条利用影响力受贿罪中的"其他与该国家工作人员关系密切的人"。然而，刑法并没有对此类关系密切人进行定义。笔者认为，内幕信息知情人员的关系密切人着眼于该种类型的行为主体与内幕信息知情人员之间的人际关系，强调的是两者之间的人际关系超越普通层面，达到了紧密的联系、黏合、影响程度。这种紧密联系可以是友好关系，也可以是客观中性的利益、利害关系，还可以是并非基于职权而生成的控制、胁迫、制约关系。因此，内幕交易犯罪司法解释既然使用了关系密切人的概念，实际上就应当将其实质内涵明确界定为与内幕信息知情人员人际关系紧密的人。对于内幕信息知情人员关系密切人的具体范围问题，应当根据人际关系的不同侧面予以具体展开：(1)亲属层面的人际关系，主要是指近亲属以外的与内幕信息知情人员关系密切的亲属；(2)利益层面的人际关系，主要是指与内幕信息知情人员有共同利益关系、利害关系的人；(3)情感层面的人际关系，主要是指内幕信息知情人员的情妇(夫)或者其他有情感依恋关系的人；(4)社交层面的人际关系，主要是指与内幕信息知情人员紧密交往的同乡、同事(包括现在和以前的平级与上下级同事)、同学、战友、朋友、商业伙伴、常规工作联系人等。

3. 内幕信息知情人员联络人、接触人的认定

内幕信息的传递一般多发于近亲属以及其他关系密切人之间，但这并不意味着没有证据表明行为人与内幕信息知情人员之间关系密切，就可以直接排除行为人获取内幕信息的可能。内幕信息完全可以在社会关系一般的主体之间进行传递。内幕信息知悉人员基于故意、口风不严、疏忽大意、意图使得信息受领者利用内幕信息牟利、炫耀等各种因素，都可能使得行为人获取内幕

信息。正是因为认识到上述内幕信息传递的实践特征,《内幕交易犯罪解释》第二条第三项规定,在内幕信息敏感期内,与内幕信息知情人员联络、接触,从事或者明示、暗示他人从事,或者泄露内幕信息导致他人从事与该内幕信息有关的证券、期货交易,相关交易行为明显异常,且无正当理由或者正当信息来源的,构成非法获取内幕信息人员。上述规定不仅将内幕信息知情人员近亲属、关系密切人之外的内幕信息敏感期内的联络、接触人纳入内幕交易犯罪主体范围,而且合理地将偶然、无意地听闻内幕信息人员排除在内幕交易犯罪行为主体之外。①行为人实施证券交易之前与内幕信息知悉人员之间的联络和接触是一个沟通联系与内幕信息传递的言语互动过程。这种联络和接触可以是面谈,也可以是电话、短信沟通,更可以是邮件联系;有的是“一语中的”直接点出内幕信息,也有的是“三言两语”传递内幕信息,还有的是在较长时间里讨论内幕信息,更有的是谈论了多个事项过程中包含或者夹杂内幕信息。

4. 交易行为明显异常的认定

内幕信息知情人员的近亲属、关系密切人相对于内幕信息敏感期内知情人员的联络、接触人而言,其社会联系的现实强度与内幕信息内容的知悉程度明显更高,逻辑上合理的推论应当是前者实施的相关交易行为的异常性程度应当明显低于后者,这样才能保证内幕交易犯罪行为静态构成标准与动态证明过程的平衡并最终保证刑事归责的平衡。而《内幕交易犯罪解释》第三条对于上述两种不同的行为主体类型却设置了程度完全相同的“明显异常”指标,即从时间吻合程度、交易背离程度和利益关联程度等方面来看,内幕信息知情人员的近亲属、关系密切人、信息敏感期内的联络、接触人在账户使用、资金配置、交易时间、交易习惯、证券、期货产品基本面等综合要素上与内幕信息的形成、变化和公开时间“基本一致”,都应认定为非法获取内幕信息人员从而承担内幕交易犯罪的刑事责任。

事实上,2011 年最高人民法院《关于审理证券行政处罚案件证据若干问题的座谈会纪要》(以下简称《证券行政处罚纪要》)对上述两种不同类型的主体设置了完全不同的判断标准。根据《证券行政处罚纪要》第五条②的规

---

① 颜斐:《无意听到内幕信息不是犯罪》,《北京晨报》2012 年 5 月 23 日第 A7 版。

② 《证券行政处罚纪要》第五条“关于内幕交易行为的认定问题”规定:“会议认为,监管机构提供的证据能够证明以下情形之一,且被处罚人不能作出合理说明或者提供证据排除其存在利用内幕信息从事相关证券交易活动的,人民法院可以确认被诉处罚决定认定的内幕交易行为成立:(一)证券法第七十四条规定的证券交易内幕信息知情人,进行了与该内幕信息有关的证券交易活动;(二)证券法第七十四条规定的内幕信息知情人的配偶、父母、子女以及其他有密切关系的人,其证券交易活动与该内幕信息基本吻合;(三)因履行工作职责知悉上述内幕信息并进行了与该信息有关的证券交易活动;(四)非法获取内幕信息,并进行了与该内幕信息有关的证券交易活动;(五)内幕信息公开前与内幕信息知情人或知晓该内幕信息的人联络、接触,其证券交易活动与内幕信息高度吻合。”

定，内幕交易行为成立的基础在于，内幕信息知情人员的近亲属、关系密切人的证券交易活动与该内幕信息“基本吻合”，而内幕信息公开前与内幕信息知情人或知晓该内幕信息的人联络、接触，其证券交易活动应当与内幕信息“高度吻合”。对照《内幕交易犯罪解释》第三条与《证券行政处罚纪要》第五条，敏感期内内幕信息知情人员的联络、接触人的交易行为与内幕信息基本一致可以构成刑事犯罪，但构成证券行政违法却要达到“高度吻合”的程度——内幕交易违法与犯罪的法律规格出现明显倒挂。

一种在理论上存在解释空间的理解是，作为最新司法解释的《内幕交易犯罪解释》放弃了《证券行政处罚纪要》规定的区分化处理规则，根据新司法解释效力优先原则，刑事司法实践中应当坚持《内幕交易犯罪解释》第三条的规定。同时，《证券行政处罚纪要》本身以及权威性解读文本确实也没有完成“基本吻合”与“高度吻合”标准的实质性区分，①即《证券行政处罚纪要》没有明确回答何种程度的资金、账户、交易时间、交易模式等指标构成基本吻合或者高度吻合。但是，交易行为明显异常是否确实不具有基本一致（吻合）与高度一致（吻合）的实质可区分性？

笔者对此持否定意见并提出以下建议性规则供司法解释参考——高度一致（吻合）的信息指标表现为：（1）资金流向上，行为人及其控制的证券账户交易记录显示其不惜大额亏损卖出其他股票，然后满仓买入内幕信息涉及的股票；行为人在内幕信息形成之后且尚未公开之前，快速集中明显超过其以往交易记录的操作资金或者以高额资本成本获取融资，买卖内幕信息涉及的证券、期货。（2）交易风格上，行为人以往证券、期货交易风格表现为分散持股（持仓），而在相关内幕信息尚未公开之前集中绝对数量和相对比例显著超过其交易风格的资金配置模式，操作内幕信息涉及的证券、期货合约。（3）交易时间上，行为人在重大利空信息即将公开之前的精准减持，或者在重大利好信息形成之后的突击增持。与之对应，基本一致（吻合）的信息表征是：（1）行为人在其控制账户之间进行无亏损或亏损度一般的调仓；行为人调拨大量自有资金或者以合理成本借贷资金进入证券账户用于买卖与内幕信息有关的证券、期货。（2）在与内幕信息相关的证券、期货合约基本面没有明显变动的情况下，将集中持股（持仓）转换为集中持有内幕信息对应的证券、期货合约。（3）行为人实施的相关证券、期货交易时间完全处于内幕信息形成与公开的范围之内，但买入或者卖出时间节点并非紧接于

① 参见赵大光、杨临萍、蔡小雪、李涛：《〈关于审理证券行政处罚案件证据若干问题的座谈会纪要〉解析》，《人民法院报》2011 年 8 月 31 日第 6 版。

利好信息形成之后或者利空信息公开之前。

(三) 正当交易抗辩认定问题

在排除内幕交易犯罪行为属性的正当化事由层面,《内幕交易犯罪解释》第四条规定了不属于从事与内幕信息有关的证券、期货交易的情形:一是持有或者通过协议、其他安排与他人共同持有上市公司百分之五以上股份的自然人、法人或者其他组织收购该上市公司股份的;二是按照事先订立的书面合同、指令、计划从事相关证券、期货交易的;三是依据已被他人披露的信息而交易的;四是交易具有其他正当理由或者正当信息来源的。①其中最需要进一步细化论证的是第二种情形。根据《内幕交易犯罪解释》第四条第二项的规定,按照事先订立的书面合同、指令、计划从事相关证券、期货交易的,不属于内幕交易犯罪行为。这实际上是内幕交易违法犯罪案件中的一种典型抗辩事由,即预设交易计划抗辩。

例如,在岳某某保荐代表人内幕交易案中,岳某某及其代理人就提出,其买入上市公司三爱富股票是执行事先预定的交易计划,故岳某某实施的相关证券交易行为不具有违法性,不应当认定为内幕交易。②

作为内幕交易违法犯罪的一种肯定性辩护,预设交易计划最早规定于美国证券交易委员会(SEC)2000年监管规则《选择性披露与内幕交易》:控方推定持有重大未公开信息的行为人在从事相关证券交易时使用该未公开信息,但行为人可以提出以下反驳推定的事由:(1)事先存在从事该项交易的有约束力的合同;(2)执行事先存在的第三方交易指令;(3)事先存在的书面计划预先详细说明了该项交易。③该项预设交易计划抗辩在实践中又被称为10b5-1避风港规则,即如果行为人预先计划(包括证券数量、交易价格、交易日期等要素)从事相关证券交易时没有获悉重大未公开信息,随后执行该计划中规定的交易行为,即使届时掌握了该重大未公开信息,亦不能对其提出内幕交易指控。④

从规则内容上分析,我国《内幕交易犯罪解释》第四条第二项规定的预设交易计划抗辩与美国《选择性披露与内幕交易》的10b5-1避风港规则基本一致。《内幕交易犯罪解释》基于保障被告人抗辩权,防止内幕交易适用不当扩大,借鉴成熟资本市场做法,⑤直接规定预设交易计划可以排除内幕交

①⑤　参见张先明:《"两高"联合出台司法解释指导司法机关正确办理内幕交易犯罪案件》,《人民法院报》2012年5月23日第1版。

②　参见许志峰:《证监会查处券商人员内幕交易》,《人民日报》2012年1月20日第10版。

③　17 C.F.R. § 240.10b5-1.

④　Stanley Veliotis, Rule 10b5-1 Trading Plans and Insiders' Incentive to Misrepresent, 47 American Business Law Journal 313, 314(2010).

易犯罪性质,不仅在实体标准与证明程序上对持有内幕信息但并未实际使用该信息从事证券交易的市场主体提供了合法且合理的内幕交易免责空间,而且能够在很大程度上分散内幕交易执法与司法的压力,同时又可以通过允许合法的内部人交易丰富资本市场的流动性。但在内幕交易案件司法实践中还应当注意以下两个问题:

1. 预设交易计划抗辩的实践判断

《内幕交易解释》仅仅原则性规定了预设交易计划抗辩事由,并没有对如何具体操作这种避风港规则作出进一步明确的指引。同时,我国《证券法》、《期货交易管理条例》等行政法律法规均未对预定交易计划的适用范围与运作程序进行明确与系统的规定。而预设交易计划这种内幕交易抗辩事由的本质在于,在允许上市公司内部人员或者内幕信息实际持有人员实施必要的交易行为的同时排除其他基于内幕信息的违规交易。故预设交易计划的法律规则应当是非常复杂的一个规范结构,亟须设置完备的程序规范与实体条件等配套制度,才能在实践中得以有效执行。

所以,笔者建议,预设交易计划纵然应当成为排除内幕交易刑事违法性的正当化事由,但在具体适用时应当明确构成该种抗辩事由应当符合以下法律要素:交易计划在时间上制定于内幕信息形成之前;预定交易计划必须委托证券中介机构进行操作;交易计划应当对证券交易方式、数量、价格、时间等要素,或者计算上述交易数量、价格和时间等要素的具体公式,进行明确约定;针对相关证券设定的交易计划应当向证券监管机构或者交易所备案;个人或者机构在知悉重大未公开信息之后,其本人或者受其委托的未知悉重大未公开信息的个人或者机构,不得对如何、何时、是否执行该交易计划施加后续影响。此外,相关证券、期货行政法律法规应当对资本市场中的预设交易计划问题进行系统性与规范化的界定,为司法实践提供坚实的前置性法律规范基础。

2. 预设交易计划抗辩的滥用风险

作为一种安全港规则,预设交易计划实质上就是为内部人交易提供免责事由,在实践应用中有必要细致评估内部人滥用该项抗辩事由规避内幕交易责任的风险,并提出针对性的规则应对。

在美国资本市场中,基于预先设定的交易计划实施相关证券交易的盈利普遍高于一般证券交易,据此,美国证券监管机构以及资本市场中的有意见认为,这样的数据足以证明实践中普遍存在滥用预先设定的交易计划从事内幕交易的可能,并且10b5-1避风港规则并不能有效地防止内部人通过预先设定的交易计划谋取不正当的利润。①但是,单纯根据上市公司内部人

① Jane Sasseen, The SEC is Eyeing Insider Stock Sales, Business Week, March 19, 2007, p.41.

交易计划收益高于市场一般收益水平只能说明上市公司内部人交易水平高于外部投资者,这显然与上市公司内部人能够获取更为充分的内部信息紧密相关。在没有证据证明此类内部信息具有重大性的情况下,上市公司内部人基于信息能力的优势获取高于资本市场平均水平的收益显然是基于信息差异而产生价格分歧的市场自然现象。因此,评估滥用预设交易计划抗辩的风险还需要更为明确的实证基础。

在一项更为全面且具有针对性的实证研究中,艾伦·加格林泽尔教授对 12 500 家上市公司进行有关内部人交易的调查,其中共有 3 000 余名内部人实施了 10 万余次内部人交易。调查结果显示:上述内部人交易中,基于 10b5-1 避风港规则展开的事先预定的交易计划的收益高于市场平均收益水平 6 个百分点,而其中没有按照 10b5-1 避风港规则展开的内部人交易收益仅高于市场平均收益 1.9 个百分点;上市公司内部人根据事先预定交易计划中的减持行为通常有条不紊地在上市公司发布利空信息之前以及利好信息之后进行,相对于没有基于 10b5-1 避风港规则进行相关交易的上市公司内部人而言,这种减持行为体现出预期的异常准确性;在部分上市公司内部人终止事先预定的卖出证券计划的案例中,上市公司证券交易价格在原计划卖出证券的时间之后出现了明显的上涨。①

尽管这项实证研究仍旧无法确定滥用交易计划是否已经成为规避内幕交易责任且现实地造成证券交易收益差异的直接原因,但其调查结果所反映的问题确实值得我国内幕交易司法实践进行反思——上市公司内部人在相对早期的时间范围内预先设定证券交易计划,在获悉重大未公开信息之后,一旦发现交易计划与重大未公开信息所显示的交易方向不吻合便取消交易计划;上市公司内部人在交易计划设定完毕后,利用其管理职权通过控制上市公司重大事件发展过程的节奏控制重大未公开信息形成与发展的时间,或者控制信息披露的节奏——交易计划流程中的此类操作手法确实可以达到滥用避风港规则从而规避内幕交易责任的效果。

因此,笔者认为,反内幕交易司法规则在规定预先设定的交易计划可以排除内幕交易责任的基础上,应当进一步细化这种抗辩事由的具体适用条件,同时,司法机关在个案中应当加强对交易计划内容与现实交易情况的审查。上市公司内部人尚未掌握重大未公开信息之前,固然随时可以对交易计划进行任何形式的调整。但是,在已经建构交易计划且获悉重大未公开信息之后,上市公司内部人必须按照合同、指令或者计划执行相关交易,即

① Alan D.Jagolinzer, SEC Rule 10b5-1 and Insiders' Strategic Trade, 55 Management Science 224(2009).

不能改变交易计划、在交易计划中增加或者新建与特定证券匹配的对冲交易，否则不能适用预设交易计划抗辩。①

（四）内幕信息价格敏感期认定问题

根据《刑法》第一百八十条的规定，证券、期货交易内幕信息的知情人员或者非法获取证券、期货交易内幕信息的人员，在涉及证券的发行，证券、期货交易或者其他对证券、期货交易价格有重大影响的信息尚未公开前，从事、建议他人从事、泄露内幕信息导致他人从事相关证券、期货交易，情节严重的，构成内幕交易、泄露内幕信息罪；内幕信息的范围，依照法律、行政法规的规定确定。我国《证券法》第六十七条②、第七十五条③、《期货交易管理

① 监管机构应当同步完善强制性信息披露规则，防止上市公司内部人通过控制上市公司重大事件进程来操控重大未公开信息的发展。例如，在上市公司重大合同签订过程中，一般认为交易双方对合同价格要素达成一致时，上市公司重大未公开信息形成，故上市公司内部人在价格要素尚未达成的一致意见的情况下购买上市公司证券，通常可以基于未公开信息尚不具备重大性而认为其不构成内幕交易。但这种对于重大合同交易价格尚未达成一致意见的情形实际上完全可以由上市公司内部人在谈判过程中进行人为控制，比如，负责商谈的高管在对方提出符合上市公司利益预期的价格或者价格幅度时，故意拖延商谈进程，人为造成价格要素未达成一致的状态，并利用这一时间差从事内部人交易，在随后的磋商过程中及时认可之前交易对方提出的价格或者价格幅度。所以，监管机构有必要对上市公司重大信息强制性披露进行更为细致的要求与动态的监管，不断根据实践中的新情况调整监管规则。就上述示例而言，在信息披露监管上应当要求上市公司重大合同首次报价与最终商定价格一致的，以首次报价时间作为重大信息的形成时间，上市公司应当进行披露；基于商业利益考虑延迟披露的，应当予以保密。在首次报价且信息尚未披露时从事证券交易的，构成内幕交易；泄露该首次报价信息的，构成泄露内幕信息。

② 《证券法》第六十七条规定："发生可能对上市公司股票交易价格产生较大影响的重大事件，投资者尚未得知时，上市公司应当立即将有关该重大事件的情况向国务院证券监督管理机构和证券交易所报送临时报告，并予公告，说明事件的起因、目前的状态和可能产生的法律后果。下列情况为前款所称重大事件：（一）公司的经营方针和经营范围的重大变化；（二）公司的重大投资行为和重大的购置财产的决定；（三）公司订立重要合同，可能对公司的资产、负债、权益和经营成果产生重要影响；（四）公司发生重大债务和未能清偿到期重大债务的违约情况；（五）公司发生重大亏损或者重大损失；（六）公司生产经营的外部条件发生的重大变化；（七）公司的董事、三分之一以上监事或者经理发生变动；（八）持有公司百分之五以上股份的股东或者实际控制人，其持有股份或者控制公司的情况发生较大变化；（九）公司减资、合并、分立、解散及申请破产的决定；（十）涉及公司的重大诉讼，股东大会、董事会决议被依法撤销或者宣告无效；（十一）公司涉嫌犯罪被司法机关立案调查，公司董事、监事、高级管理人员涉嫌犯罪被司法机关采取强制措施；（十二）国务院证券监督管理机构规定的其他事项。"

③ 《证券法》第七十五条规定："证券交易活动中，涉及公司的经营、财务或者对该公司证券的市场价格有重大影响的尚未公开的信息，为内幕信息。下列信息皆属内幕信息：（一）本法第六十七条第二款所列重大事件；（二）公司分配股利或者增资的计划；（三）公司股权结构的重大变化；（四）公司债务担保的重大变更；（五）公司营业用主要资产的抵押、出售或者报废一次超过该资产的百分之三十；（六）公司的董事、监事、高级管理人员的行为可能依法承担重大损害赔偿责任；（七）上市公司收购的有关方案；（八）国务院证券监督管理机构认定的对证券交易价格有显著影响的其他重要信息。"

条例》第八十一条第十二项[①]对内幕信息的概念和范围进行了界定。可见，法律禁止特定行为主体在内幕信息形成之后至公开之前从事相关证券、期货交易，故内幕信息的司法判断是准确认定内幕交易犯罪的首要问题。

但内幕信息上市公司重大事件等内容并非单纯且静态的表达，而是一个从信息萌芽、发展、形成、持续影响证券、期货交易价格直至最后公开的动态过程。如何判断内幕信息价格对证券、期货合约交易价格的重大影响性，即价格敏感性，是内幕信息司法实践判断的最大难题。由于《刑法》、《证券法》等均以内幕信息形成与公开作为禁止内幕交易行为的时间节点，故实践中分析相关信息是否具有影响理性投资者的投资行为进而影响证券、期货合约交易价格的特性，实际上就是内幕信息价格敏感期判断问题。《内幕交易犯罪解释》第五条第一款与第四款分别以司法解释的形式正式将“内幕信息敏感期”的概念界定为内幕信息自形成至公开的期间，并明确将内幕信息公开标准规定为内幕信息在国务院证券、期货监督管理机构指定的报刊、网站等媒体披露，在一定程度上解决了部分与内幕信息认定有关的理论分歧与实践争议。[②]

然而，《内幕交易犯罪解释》第五条第二款与第三款[③]规定的内幕信息形成时间司法认定规则在实践适用中仍然存在较多争议与困惑。笔者认为，未公开信息是对与证券、期货交易价格具有重大影响的事件或者行为发展过程与程度的反应，其动态地展现了重大事件或者行为逐步从高度不确定

---

① 《期货交易管理条例》第八十一条第十二项规定：“内幕信息的知情人员，是指由于其管理地位、监督地位或者职业地位，或者作为雇员、专业顾问履行职务，能够接触或者获得内幕信息的人员，包括：期货交易所的管理人员以及其他由于任职可获取内幕信息的从业人员，国务院期货监督管理机构和其他有关部门的工作人员以及国务院期货监督管理机构规定的其他人员。”

② 在《内幕交易犯罪解释》发布前，理论与实践中对内幕信息公开标准的意见并不一致。有的观点主张适用形式公开标准，即尚未被公众知晓的重大信息在证券监管机构制定的媒体予以发布之时，应当认定内幕信息业已公开。参见张小宁：《论内幕交易罪中“内幕信息”的界定》，《昆明理工大学学报(社会科学版)》2009 年第 3 期；顾肖荣、张国炎：《证券期货犯罪比较研究》，法律出版社 2003 年版，第 403—404 页。但也有观点认为应当采纳实质公开标准，即内幕信息按照法定形式披露之后，必须经过一定时间被市场消化，才能认定为内幕信息已经公开。参见陈海鹰、朱卫明、叶建平：《泄露内幕信息罪、内幕交易罪的若干问题探析——由“杭萧钢构案”展开》，《法治研究》2008 年第 3 期；刘宪权：《内幕交易、泄露内幕信息罪若干疑难问题探析》，《犯罪研究》2003 年第 2 期。《内幕交易犯罪解释》采取了形式公开标准，避免了实质公开标准的不确定性。

③ 根据《内幕交易犯罪解释》第四条第二款与第三款的规定，一般情况下，内幕信息形成时间与可能对证券、期货价格产生重大影响的上市公司“重大事件”、“计划”、“方案”以及期货市场“政策”、“决定”的形成时间是一致的；特殊情况下，由于影响内幕信息形成的动议、筹划、决策或者执行人员对其行为所带来的市场影响具有较高的确信度，其动议、筹划、决策或者执行的初始时间，应认定为内幕信息形成之时。

性向可能性乃至现实性的转化。内幕信息是上市公司在业务经营、公司治理等市场活动中或者期货市场政策调整、交易监管中形成的重大未公开信息,内幕信息形成时间认定本质上是对尚未公开信息何时对证券、期货交易价格产生重大影响的量化判断问题。所以,有必要通过基本原理与类型化阐释相结合的方式建构司法判断规则,并通过发布指导性案例细致阐释例外情况补充司法规则文本解释个案中内幕信息形成时间问题时所必然会出现的空缺与不足。

1. 内幕信息形成时间司法判断的基本原理

内幕信息形成时间的司法判断应当秉持分析问题贯通全面性与兼容性的理念,既要根据资本市场现实对内幕信息形成时间进行适度的提前认定,又要在准确评估高风险信息基础上排除其具有重大性的可能。

首先,在判断信息是否对证券、期货交易产生重大影响时,应避免内幕信息重大性认定标准成为保障资本市场投资者权益的障碍。

尚未公开的信息发展到对证券、期货交易价格产生重大影响的程度即可形成内幕信息,信息所对应的事件是否发生以及交易价格现实的关联性变动可以作为信息重大影响的有效验证但非必要条件。例如,有关上市公司收购的未公开信息并不需要等到收购方案成型或者收购交易实施才能认定内幕信息形成,在上市公司收购交易双方启动磋商时,根据基本证券常识足以判断相关投资方拟收购上市公司这一信息可能影响该上市公司股票交易价格,该信息一旦公开或者泄露,上市公司市值势必明显波动,故早在收购磋商初期之前,完全可以得出内幕信息形成的判断。所以,与证券、期货发行与交易有关的事实所蕴含的信息是否具备重大性,应当就该事实的现实发展情况进行分析,而不能机械地将信息具有重大性的时点固定在证券期货法律规范规定的特定重大事件、事实确定发生之时。

其次,内幕交易中未公开信息重大性判断原则上不能与虚假陈述中的未公开信息重大性判断问题进行混同理解。

全球资本市场法律规范对证券欺诈监管设置了一项相同的标准:利用上市公司内部信息从事证券交易,或者违规披露、不披露上市公司信息,只有在该信息具有重大性时,才可能构成内幕交易或虚假陈述。理论上有观点认为,虚假陈述与内幕交易中的信息重大性判断问题适用相同法律规则。①但在实践中,虚假陈述与内幕交易往往又适用不同的信息重大性判断规则。例如,理性投资者规则与市场影响规则是美国联邦法院系统判断虚

① Thomas Lee Hazen, The Law of Securities Regulation(5th ed.), West Group, 2005, p.284.

假陈述案件中信息是否具有重大性的两大重要标准。根据理性投资者规则,信息重大性应当考察虚假陈述的事实对于理性投资者的价值。理性投资者会认为相关事实对于决定如何实施投资行为是重要的,或者对于理性投资者而言,披露相关事实非常可能会显著地改变所能够获取的信息总和所反映的市场认知,则构成重大信息。①相关信息具备重大性并不意味着理性投资者必定会基于该信息的介入而改变投资决策,②而是指上市公司内部人控制的与证券投资有关的重大信息,如果被资本市场中的其他理性投资者掌握,并结合市场中其他与该上市公司有关的信息,该理性投资者可能对证券进行重新估价。③根据市场影响规则,重大性是判断虚假陈述违法犯罪案件是否成立的首要条件,信息重大性应根据信息披露之后上市公司证券交易价格的即时变动或合理时间范围内的变动予以分析。④尽管这两大信息重大性判断标准在司法判断客观性尺度把握层面存在内在冲突,但其均强调构成虚假陈述的前提,即未公开信息的重大性,应当着眼于信息之于市场或者市场参与者的现实或者可预期的效果。而在美国内幕交易判例实践中,尚未公开的信息重大性(也就是内幕信息形成时间)判断主要适用"发生概率—影响程度"规则:相关信息是否具有重大性取决于对特定时间该信息所反映的事件的发生概率以及该事件发生对于上市公司的预期影响程度的具体权衡。即某项尚未披露的信息与法律规定的重大事件等相关,则该信息在特定的时间节点是否对于证券交易价格具有重要影响,应该结合该项事实的发生概率与重大事件实际发生时对上市公司经营活动的影响程度这两个因素进行判断。⑤可见,内幕交易案件信息重大性判断明显突出信息所

---

① TSC Industries, Inc. v.Northway, Inc., 426 U.S. 438, 449(1976).我国台湾地区判例适用相同的规则:相关信息是否构成对股票价格具有重大影响的信息,除了可以参考信息公开后相关公司股票价格变动之外,作为判断该信息是否构成重大信息的依据,应当是某一事件对公司的影响,该未经公开的信息是否在合理投资人于知晓该信息后,非常可能会重大地改变其投资决定,或者该未经公开的信息,与合理投资者已获悉的信息合并观察之后,合理投资人便会对股票价格或者投资与否进行重新评估。参见台湾地区"高等法院"2006 年上诉字第 2706 号刑事判决。

② S.E.C. v.Mayhew, 121 F.3d 44, (2d Cir. 1997).

③ Stefan Padfield, Who Should Do the Math? Materiality Issues in Disclosures that Require Investors to Calculate the Bottom Line, 34 Pepperdine Law Review 927, 933(2007).

④ In re Merck & Co. Inc., Securities Litigation, 432 F.3d 261(3d Cir. 2005).基本案情:原告对默克制药公司及其高管提起证券欺诈集团诉讼,声称被告在 2002 年首次公开发行过程中通过不恰当的财务手段对子公司资产剥离问题进行误导性陈述。美国联邦第三巡回上诉法院认为,默克制药公司重新披露子公司资产问题后证券交易价格并未立即或者及时变动,故不能认定该项信息具有重大性。

⑤ SEC v.Texas Gulf Sulphur Co., 401 F.2d 833, 849(2d Cir. 1968).

对应的事实的质①与量②对于信息是否具有价格敏感性的直接影响，并且这种影响性的判断更侧重于从市场经验与投资心理的主观角度进行衡量。

笔者认为，上市公司重大事件、重大经营行为等是一个持续演进与不断发展的过程，相关信息在反映事件或者行为进程时具有多个发展阶段。在信息发展过程中，禁止从事内幕交易的时间起点，即信息具备重大性的时间，与应依法披露的信息具备重大性的时间，应适用不同司法判断标准——内幕信息形成时间应当早于开始具有披露重大信息义务的时间。因为较早地认定信息具有重大性而强制上市公司进行披露可能会损害上市公司利益（例如，在并购交易初期就要求对磋商情况进行披露，会刺激市场反应，导致投资者或投机者大量购买目标公司证券，从而推高收购成本，甚至造成交易价格所依赖的证券市场价格畸高而取消并购计划），或者误导投资者（例如，披露并购初期信息后，市场预期并购最终将会发生从而大量做多目标公司证券，但由于并购初期磋商远未涉及并购交易核心问题，在后续谈判中由于双方无法达成一致意见、执行困难等原因而出现并购失败，目标公司证券价格暴跌，投资者产生重大损失）。而在上市公司重大事件、经营行为发展阶段的早期就将反应事件内容的信息界定为重大信息，不仅与市场交易行为总是对信息进行提前反应的现实相契合，而且能够通过内幕信息形成时间的提前认定压缩内部人交易时间，相对有效地提升知情人员在未公开信息性质模糊的存续时间进行内部人交易的成本。因此，内幕交易中的重大性标准显然低于虚假陈述，实践中应确立内幕信息形成时间显著早于重大信息披露义务生成时间的基本原理。

最后，与上市公司重大事件、期货交易政策等有关的信息确实处于高度不确定状态的，基于该信息而实施的金融交易具有高度风险，知情人员从事的此类高风险投机交易不应构成内幕交易。

实践中，上市公司可能从事的重大行为或者可能发生的重大事件，早在内幕信息形成之前，通常就已经处于信息保密的范畴，只有一定范围的内部人才有可能接触，市场外部投资者对并购最前期的信息无从知晓。这固然是信息掌控上的客观不平等。但是，反内幕交易法律规范与司法实践没有必要过度放大上市公司内部人与外部投资者之间的信息获取与判断能力落差，从而忽视了内部人员利用高度不确定信息进行交易本身所具有的风险性。资本市场应允许、甚至必须坚持信息能力的差异，否则，如果市场信息

① 例如，事实的具体性质是并购重组还是财务变化。

② 例如，事实的发生概率是25%、50%还是75%。

评估结论完全一样,就不存在价格分歧,资本市场资源优化配置的功能也就受到了根本性冲击。反内幕交易制度规制的应当是利用理性投资者认为会影响证券价格的未公开信息从事交易的行为,因为这种交易被广泛认定为没有风险或风险极低且不公平地局限于内部人才能进行操作。信息尽管与会引发证券价格波动的重大事件相关,但若其处于前期高度不确定状态,这意味着基于此类信息所从事的交易同样蕴含着高度风险,不应认定此类尚未公开的信息已经发展为内幕信息。因此,不应规制资本市场中基于此类信息实施的高风险投资或投机。

2. 内幕信息形成时间的类型化判断规则

内幕信息本身所具有的类型复杂性特点决定了必须选择典型内幕信息归纳类型化内幕信息形成时间判断规则。信息重大性应根据个案中交易行为的特征以及相关事实的进展模式进行具体分析,判断上市公司运作过程中的相关信息何时具备重大性事实上并不存在一元化的法律标准。①这种意见正确地强调了信息重大性判断必须建筑在大量事实分析的基础之上,但在内幕信息形成时间判断实践中,并非不能选择特定的内幕信息类型化特征抽象出一些核心规则。相反,在并购重组、财务信息披露等典型、高发、市场共识较为集中的环节,完全可以对内幕信息形成时间的规律进行类型化阐释。

(1) 并购重组内幕信息形成时间判断

并购重组环节是我国内幕交易犯罪案件的重灾区。②2008 年至 2011 年,在中国证监会调查或者移送公安机关的内幕交易案件中,近一半为并购重组过程中的内幕交易。由于一些并购重组项目决策环节多,直接涉及的知情人员多,内幕信息保密具有相当难度。③故当前实践中行为人主要是利用并购重组过程中形成的内幕信息进行非法交易。在美国资本市场中,SEC 早期查处的比较著名的内幕交易案件④基本上都是在并购环节发生的。在近几十年的金融实务中,由于并购交易中的收购方通常会向目标公司股东支付较高的溢价,并购信息对于目标公司证券交易价格上升预期具有极为

① Radiation Dynamics, Inc v.Goldmuntz, 464 F2d 876, 888(2d Cir 1972).

② 郑晓波:《内幕交易势头得到一定程度遏制》,《证券时报》2011 年 4 月 6 日第 A1 版。

③ 许志峰:《内幕交易颠覆股市根基》,《人民日报》2012 年 5 月 25 日第 10 版。

④ 当时比较有影响的案件是 Ward La France 卡车公司内幕交易案。Ward La France 公司在没有披露其正在进行的公司股权转让磋商的情况下,于磋商首日直至并购双方就交易价格达成口头一致性意见,在场外市场购买本公司证券。SEC 认定上市公司未公开的控制性股权溢价转让或者重大资产交易磋商信息构成内幕信息。参见 Ward La France Truck Corp, 13 SEC 373(1943)。

重要的价值，从中实施内幕交易的利益极为可观，故并购环节的内幕交易是全球资本市场以及司法实践极为关注的主要违法犯罪类型。所以，有必要重点分析并购重组中内幕信息形成的现实规律与判例经验，建构类型化规则，并以此为经验与逻辑基础，逐步研究与重大合同、业绩发布、经营变化等有关的其他内幕信息类型的司法规制规则。

我国上市公司并购重组环节内幕交易案件判例基本上将上市公司及相关并购重组方等拟交易主体确定的时间认定为内幕信息形成之时：在"延边公路"内幕交易案中，非上市公司广发证券拟通过资产注入的方式控股上市公司。广发证券确定收购对象意味着上市公司收购计划即将全面展开，会对收购对象的股票运行价格产生重要影响。该案内幕信息形成时间被认定为广发证券制作借壳上市方案并拟定以辽宁时代、延边公路为备选收购对象之日。①在"天山纺织"内幕交易案中，被告人姚荣江任总经理的凯迪投资拟对上市公司天山纺织进行资产重组。新疆维吾尔自治区国资委、金融办、凯迪投资等召开非正式会议拟定天上纺织重组之日被认定为内幕信息形成之日。②以国有投资主体为主导的引入民营资本重组上市公司，国有资本确认上市公司交易对手方之时，意味着上市公司重大资产重组即将展开。在"高淳陶瓷"内幕交易案中，中国电子科技集团第十四研究所（以下简称研究所）拟通过资产置换及非公开发行等方式对上市公司高淳陶瓷进行重大资产重组。资产重组合作框架第一次以书面化的形式确认研究所作为上市公司资产重组交易方之日被认定为内幕信息形成时间。③在"创新科技"内幕交易案中，上市公司创新科技实际控制人上海祖龙公司董事长陈榕生计划将其控制的上海振龙房产公司有关资产注入创兴科技。由于上市公司资产重组交易双方都处于单一行为主体的实际控制之中，重组是否进行完全取决于实际控制人的意志，故被告人陈榕生会同创兴科技高管以及证券中介商讨资产注入方案之日被认定为内幕信息的形成时间。④在"中山公用"内幕交易案中，上市公司中山公用科技股份公司（以下简称科技公司）的控股股东中山公用事业集团股份公司（以下简称集团公司）计划将集团公司整体资产注入科技公司从而实现集团公司整体上市。由于集团公司系国有资本控股，集团公司重大资产处置需要经过行政审批程序，故集团公司董事长向原

---

① 詹志强：《中国"券商内幕交易第一案"内幕》，《检察日报》2009 年 1 月 22 日第 6 版。

② 周浙玲：《天山纺织重组内幕交易详情曝光》，《中国证券报》2011 年 1 月 18 日第 8 版。

③ 苏江：《涨停王高淳陶瓷内幕交易真相》，《21 世纪经济报道》2011 年 1 月 15 日第 13 版。

④ 吕蕾：《资产注入遭遇"暗礁"行政认定函能否推定其罪——专家热议证券内幕交易的"罪与非罪"》，《上海法治报》2010 年 7 月 9 日第 A8 版。

中山市委领导汇报集团公司资产注入科技公司计划之时被认定为内幕信息的形成时间。①

可见,并购本质上是上市公司股东或其实际控制人与特定交易对手之间的资产交易,股东或实际控制人出让部分股份或者整体退出上市公司,交易对手方支付对价,故并购拟交易双方到位或确定之时,可认定为内幕信息形成。②司法实践在理解该类型化规则时,应注意以下要点:

其一,具有并购意向的公司一般只有在互相直接接触或者通过投行等中介机构协助接触的基础上才有可能确定拟交易对象并进行初步磋商。

从逻辑上分析并购交易的行为过程,接触事实发生在前,交易主体确定在后。因此,原则上不能认为处于"过于初始阶段的接触信息"③具有重大性。因为目标公司与收购方的管理层均极有可能在接触之后直接否定展开初步磋商的必要,即排除对方成为拟交易对手。并购的自然过程通常最先表现为寻求收购或者被收购的行为,即收购方(被收购方)或者其委托的公司官员主动接触被收购方(收购方),在基本排除接触环节相关事实所形成的信息具有重大性的前提下,后续环节中的被接触方的反应对信息重大性认定显得极为关键。一旦被接触方开始对主动接触方的收购提议表现出部分认同倾向时,可认定交易主体已经确定。

其二,结合阶段性市场热点、潜在并购双方股东的持股情况、上市公司股价波动、内部人交易行为等要素,在部分情况下,即使没有证据显示并购重组意向的公司之间有过直接接触,也可根据收购方确定目标公司的事实判断并购重组交易双方已经到位,进而认定内幕信息已经形成。

资本市场不时会出现阶段性的并购交易热点行业或者公司。在对并购重组充满欲望的资本市场或者阶段性市场背景下,任何单方面的并购重组计划都极有可能成为市场关注焦点,并购意向或者规划方案中确定潜在交易对手即使处于交易流程的初步阶段,也不能阻碍该信息具有重大性的判定。④即使潜在的并购交易双方尚未进行明显的或者有证据表明的接触,上市公司证券价格可能已经出现显著波动。同时,潜在并购双方具有同一股

---

① 黄建屏、梁美:《李启红等内幕交易、泄露内幕信息案》,载《刑事审判参考》(2011 年第 6 集·总第 83 集),法律出版社 2012 年版,第 2 页。

② 谢杰:《内幕交易罪若干疑难问题的实践认定》,《吉林公安高等专科学校学报》2011 年第 5 期。

③ Mill Bridge V, Inc. v.Benton, 2010 WL 5186078(E.D. Pa. 2010).该案所涉及的信息由于处在过于初始的并购接触阶段而被法院认定为不具有重大性。

④ 分析资本市场阶段性地高度关注并购交易这一市场环境对于认定内幕信息形成时间影响问题的判例,参见 U.S. v.Teicher, 987 F.2d 112, (2d Cir. 1993)。

东或实际控制人，并且内部人员已经开始从事内部人交易的，尚未公开的并购信息即使处于早期阶段，仍可基于知情人员的态度以及交易行为，推论该信息具有重大性。因为“如果信息知情人员纷纷从事内部人交易并导致证券价格产生异动，意味着内部人已经认识到了信息重大性，这显然可以作为推论信息具有重大性的关键要素”。①在这种市场环境、证券价格、股权关系、内部人交易情况等各项指标已经显示并购重组迹象的情况下，并购交易中具有主动权的一方锁定一个或者多个交易对手方时，可以认为交易双方已经到位或者确定。②对于由上市公司启动的并购重组而言，这种资产交易实际上是上市公司控股股东或实际控制人选择特定对手及其提出的方案，退出上市公司并获取对价的交易过程。上市公司控股股东或实际控制人对于是否进行资产重组具有主动性与选择性。在其通过并购可行性论证等确定主要交易对手的方案时，并购对手方已经处于相对确定状态，可以认为拟交易主体就位。相应的，非公众公司收购上市公司的，其主动性集中于今后可能控制上市公司的母公司，非公众公司通过方案论证等选定借壳上市的壳资源，意味着其后续采取的措施单方面即可影响上市公司股价，故确定壳公司就代表并购重组的交易双方已经确定。

其三，在上市公司与并购交易对手方为同一主体实际控制的情况下，所谓的并购交易双方的接触、确定、启动初步磋商等都是实际控制人的主观意志，客观上难以分离出明显且独立的选择、确定交易对手的事实，只能将内幕信息形成时间顺位推移至与之相隔最近的时间节点——实际控制人、上市公司及相关资产管理人员、证券交易中介等初步磋商的开始时间。③

根据《内幕交易犯罪解释》第五条第三款的规定，影响内幕信息形成的动议、筹划、决策或者执行人员，其动议、筹划、决策或者执行初始时间，应当认定为内幕信息的形成之时。但对于完全由实际控制人操控的并购重组项

---

① S.E.C. v.Geon Industries, Inc., 531 F.2d 39, 47, 48(2d Cir. 1976).

② 在上述“延边公路”内幕交易案中，广发证券于2006年5月10日形成《广发证券股份有限公司借壳上市》这一内部方案，明确将辽宁时代和延边公路作为备选的借壳上市目标公司且制定了详尽的借壳上市推进计划。尽管上市公司延边公路于当日晚间公告称其主要股东和管理层未与广发证券就借壳上市事项有过任何接触；股改工作尚处前期筹备阶段。但从股权关系来看，吉林敖东药业集团股份公司分别为广发证券的股东与上市公司延边公路的控股股东。当时正值券商借壳上市这一市场热点的阶段性爆发阶段。延边公路自2006年4月25日至5月10日收盘，7个交易日累计涨幅达74%；其中，4月26日尾盘触摸涨停之后，4月27日至5月10日连拉五个涨停板。参见余风：《延边公路暴涨谜团深交所彻查广发证券》，《第一财经日报》2006年8月2日第A1版。

③ 在实际控制人为国有资本投资主体的情况下，所谓的初步磋商实际上等同于并购计划向行政负责人进行汇报。

目而言,实际控制人是影响且参与整个内幕信息发展过程的最终决策者,并购程序中的未公开重大信息是否形成,只能着眼于实际控制人的行为而非其他动议者、筹划者或者执行者的行为。美国纽约南区法院①在一起内幕交易判例中指出,当参与计划进行并购的公司管理者本身是公司实际控制人的情况下,由于其有权决定是否使交易程序继续进行、是否推进交易计划等,其实际态度及行动对于判断并购概率具有直接的效果。②然而,具体如何判断实际控制人的"实际态度及行动",该判例并未给出更为细致的规则。笔者认为,实际控制人全局主持下的并购重组本质上是将其本人实际控制的其他资产与上市公司资产之间进行再度配置,实际控制人之外的行为主体进行动议或者筹划,其确定性存在很大的疑问,而实际控制人本人的动议或者筹划,很大程度上是一种主观性的思考,一般不具有外部的、直观的表征。因此,只有在客观化的初步磋商启动时才能确认实际控制人控制下的上市公司的交易对手方。这种认定结论的规则依据仍然是并购重组的交易主体到位,并且是《内幕交易犯罪解释》上述原则性条款的具体化。

(2) 财务类内幕信息形成时间判断

与证券发行人有关的财务信息对于证券交易价格均具有影响,财务报告等信息披露事项是资本市场投资者最为关注的资讯,而财务预期则是在财务信息尚不完全确定时投资者进行资本配置决策的核心参考要素。在财务报告尚未制作完毕之前,基于财务资料形成的上市公司财务预期具有现实的不确定性,但由于财务预期与上市公司盈利与亏损具有直接联系,财务预期对于证券定价而言具有重要参考价值。因此,涉及财务的未公开信息形成时间判断同样是需要重点研究的类型化规则。

我国《证券法》规定了证券交易活动中涉及公司财务的重大未公开信息构成内幕信息,列举了各种构成内幕信息的重大事件以及其他对证券交易价格具有重大影响的信息类型,但并未就涉及公司财务的内幕信息进行内涵界定与类型归纳。对于涉财务内幕信息界定问题,理论上有观点认为,与证券发行公司资产、获利有关的发行公司本身内部变化或者营运情形的未公开信息,属于涉及公司财务的内幕信息,上市公司内部人在此类信息未公开时在相关证券交易中加以利用的,构成内幕交易。③这种广义的界定模式

① 美国纽约南区法院是联邦一审法院中最活跃与最重要的单位,其审理的金融案件通常具有标杆价值。主要是由于其管辖范围覆盖了纽约的主要金融中心。

② S.E.C. v.Wyly, 788 F.Supp. 2d 92(S.D.N.Y. 2011).

③ 参见林俊宏、黄鈵淳、许碧真:《从讯谍案谈内线交易民事赔偿责任之相关问题》,《法官协会杂志》(第7卷第2期)2012年12月。

将除上市公司重大人事变动之外的，包括公司经营、资产、股权变动等在内的几乎所有重大信息均归类为涉财务内幕信息，对财务信息进行了过于宽泛的理解，即将以非财务资料形式呈现的与上市公司经营业绩有关的非财务信息纳入财务信息的范畴。而上市公司财务信息实际上是以货币性数据资料为核心的、呈现公司资本动态的运动的信息，主要包括资产负债表、全面收益表、股东权益变动表、现金流量表。①

因此，笔者认为，涉及财务的内幕信息应当是与上市公司经营业务的收益与亏损直接关联的、以财务资料形式呈现的重大未公开财务信息。结合《证券法》有关内幕信息范围界定的规定、中国证监会或证券交易所关于财务信息披露的规章与规则以及反内幕交易法律实践②，中国大陆资本市场中的上市公司涉财务内幕信息类型具体包括：(1)上市公司年度报告、中期报告、季度报告以及业绩预告③；(2)重大收益、亏损；(3)债务担保、资产抵押、报废的重大变更；(4)重大债务以及违约未能清偿到期重大债务。

利用与证券或者证券发行人财务有关的重大未公开信息从事内幕交易主要表现为两种行为模式：一是通过财务信息造假的方式违规披露重大信息，利用该信息从事相关证券交易。例如，在财务报告中虚构营收等，在财务利好信息发布后卖出相关证券。二是通过不披露重大财务信息或者滥用已知的未公开重大财务信息，从事相关证券交易。例如，明知上市公司月度营收显著降低、明显减产、库存激增、重大亏损，在季报公开前卖出证券避损或者卖空证券获利。对于前一种行为模式而言，虚假、伪造的财务信息生成时间实际上就是内幕信息形成时间，在法律适用上并不存在过多障碍。在后一种行为模式中，由于各种财务资料逐渐累积为财务报告或者重大盈利、亏损结论是一个量变到质变动态发展进程，判断特定时间节点的财务资料或者信息集合具备重大性存在相当困难，需要进行具体分析：

其一，根据我国证券法律、法规、规章以及交易所规则的规定，上市公司

---

① International Accounting Standard 1(ISA 1), Presentation of Financial Statements, International Accounting Standards Board.

② 应当看到，上市公司资产出售、股权变更、收购以及重大合同签订等均与上市公司资产负债表直接关联，此类信息在尚未公开时显然应当属于涉财务内幕信息，但由于反内幕交易法律实践对涉及并购重组、重大合同的内幕信息认定问题已经积累了长期、相对稳定、类型化的法律经验与规则逻辑，基于资本市场监管现实的考量，需要对此类内幕信息类型进行独立分析。

③ 我国《证券法》、《公司法》并未就上市公司季度报告与业绩预告问题做出规定。有关上市公司季报与业绩预告信息披露的规定，参见中国证券监督管理委员会《上市公司信息披露管理办法》、《公开发行证券的公司信息披露编报规则第 13 号〈季度报告内容与格式特别规定〉》以及深圳证券交易所《上市公司信息披露工作指引第 1 号——业绩预告和业绩快报》等。

定期报告(年度、中期、季度报告)应当披露对证券投资决策具有重大影响的信息,①财务信息披露范围②基本覆盖了与上市公司经营与财务有关的所有资讯。相关报告制作完成之时即为内幕信息形成时间,直至报告披露,均应当禁止泄露或者基于该信息从事相关证券交易。应当强调的是,定期财务信息强制性披露只是在特定的时间节点上对已经客观存在的财务事实所进行的事后揭示,无法监管发生在各个定期财务报告公布日期间③发生的重大财务信息披露与内幕交易问题。根据相关信息披露法律规范要求,定期报告空档期出现财务情况重大变动,应当通过业绩预告④、临时报告⑤等方式进行财务信息披露,但对于财务信息知悉人员何时应当禁止从事相关证券

---

① 《上市公司信息披露管理办法》第十九条规定:"上市公司应当披露的定期报告包括年度报告、中期报告和季度报告。凡是对投资者作出投资决策有重大影响的信息,均应当披露。年度报告中的财务会计报告应当经具有证券、期货相关业务资格的会计师事务所审计。"第二十条规定:"年度报告应当在每个会计年度结束之日起4个月内,中期报告应当在每个会计年度的上半年结束之日起2个月内,季度报告应当在每个会计年度第3个月、第9个月结束后的1个月内编制完成并披露。"

② 《上市公司信息披露管理办法》第二十一条规定:"年度报告应当记载以下内容:(一)公司基本情况;(二)主要会计数据和财务指标;(三)公司股票、债券发行及变动情况,报告期末股票、债券总额、股东总数,公司前10大股东持股情况;(四)持股5%以上股东、控股股东及实际控制人情况;(五)董事、监事、高级管理人员的任职情况、持股变动情况、年度报酬情况;(六)董事会报告;(七)管理层讨论与分析;(八)报告期内重大事件及对公司的影响;(九)财务会计报告和审计报告全文;(十)中国证监会规定的其他事项。"第二十二条规定:"中期报告应当记载以下内容:(一)公司基本情况;(二)主要会计数据和财务指标;(三)公司股票、债券发行及变动情况、股东总数、公司前10大股东持股情况,控股股东及实际控制人发生变化的情况;(四)管理层讨论与分析;(五)报告期内重大诉讼、仲裁等重大事件及对公司的影响;(六)财务会计报告;(七)中国证监会规定的其他事项。"第二十三条规定:"季度报告应当记载以下内容:(一)公司基本情况;(二)主要会计数据和财务指标;(三)中国证监会规定的其他事项。"

③ 例如,上市公司上年度财报披露之后、本年度季报制作完成之前;中期报告披露之后、第三季度报告制作完成之前;本会计年度结束、年度财报制作完成之前等。

④ 《上市公司信息披露管理办法》第二十五条规定:"上市公司预计经营业绩发生亏损或者发生大幅变动的,应当及时进行业绩预告。"第二十六条规定:"定期报告披露前出现业绩泄露,或者出现业绩传闻且公司证券及其衍生品种交易出现异常波动的,上市公司应当及时披露本报告期相关财务数据。"

⑤ 《上市公司信息披露管理办法》第三十条规定:"发生可能对上市公司证券及其衍生品种交易价格产生较大影响的重大事件,投资者尚未得知时,上市公司应当立即披露,说明事件的起因、目前的状态和可能产生的影响。"第三十一条规定:"上市公司应当在最先发生的以下任一时点,及时履行重大事件的信息披露义务:(一)董事会或者监事会就该重大事件形成决议时;(二)有关各方就该重大事件签署意向书或者协议时;(三)董事、监事或者高级管理人员知悉该重大事件发生并报告时。在前款规定的时点之前出现下列情形之一的,上市公司应当及时披露相关事项的现状、可能影响事件进展的风险因素:(一)该重大事件难以保密;(二)该重大事件已经泄露或者市场出现传闻;(三)公司证券及其衍生品种出现异常交易情况。"

交易问题，在认定规则层面仍是空白。[①]笔者认为，在所有涉及财务的内幕信息类型中，上市公司债务（违约）、担保等重大财务变动情况信息具有明显的事件指向性，即系列事实以一元化的线性态势按照时间顺序逐步发展为特定事件。故实践中完全可以直接根据事实进程时间轴上的特定节点确定内幕信息形成时间与重大信息披露时间——此类重大财务事件发生后，上市公司应当立即披露；出现明显的债务违约、承担担保义务、担保责任等事实（例如，被担保人资不抵债等）之时，应当认定为内幕信息形成时间，在信息披露之前禁止知悉该信息的人员从事相关证券交易。

其二，对于上市公司重大担保、债务违约之外的其他未公开财务信息，例如，上市公司出现重大亏损或者相对于上一次定期报告出现大幅度盈利增长，由于其并不具有事件指向性或者特定性，而是各种交易累计基础上的经营数据信息，确实难以勾勒出信息初步生成、具备重大性、最终确定发生的线性发展流程。只能将信息披露义务与内幕交易禁止中的信息重大性实质标准进行同一化处理，即未公开的财务资料或者经营数据反映出上市公司重大财务变动时为内幕信息形成时间或者信息披露义务生成时间。[②]对于如何具体把握“重大”财务变动，内幕交易司法实践中有观点认为，由于上市公司内部人能够掌握销售业绩、月度营收、市场动态、税前损益等信息，就上市公司内部对于其证券交易价格具有影响的财务变动情况而言，上市公司内部人主观上处于确知或者应知的状态。在诸如月度营收等财务信息变化之后、财务报告定期发布之前，信息知悉人员从事相关证券交易的，应当以内幕交易进行定罪处罚。这种观点实际上忽略了财务情况变动“重大性”的量化尺度。

---

① 典型情形表现为：2011 年 3 月 18 日，汉王科技发布 2010 年年报，全年总收入突破 12 亿元，较 2009 年增长 112.71%，实现净利润 8 790.16 万元；汉王股价当日最高涨幅逼近 6%。在紧随其后的一个交易日（3 月 21 日），汉王科技 9 名高管合计减持 120 万股该公司股票，股价在 75 元左右。然而，4 月 18 日，汉王股价暴跌 6%，收盘 66.61 元。汉王科技随即公布利空信息，一季报预亏 4 000 万—5 000 万元；4 月 19 日，汉王逼近跌停。4 月 28 日汉王 10 转增 10 股后，股价下跌 4.78%，收盘 25.7 元。4 月 30 日，汉王发布第一季度业绩报告，半年预亏 9 000 万元，股价最低跌至 23.90 元。截至 5 月 20 日收盘，汉王股价跌至 19.89 元。在靓丽的 2010 年报公布之后、第一季度巨亏以及中报预期预亏之前，汉王科技高管紧急且精准减持，资本市场哗然以及法律人士指出汉王高管涉嫌虚假陈述、内幕交易之余，并未及时出现针对上市公司及其高管的虚假陈述民事诉讼以及内幕交易行政调查。参见孙勇杰：《内幕交易撞枪口汉王科技退市疑云》，《时代周报》2011 年第 51 期。

② 由于上市公司出现重大亏损、扭亏为盈、盈利增速等并不具有事件性，故上市公司应当以业绩预告的形式“及时”（而不需要“立即”）披露该重大信息。内幕交易禁止期间为该预期形成时至披露时。

笔者认为,上市公司出现对财务有一定影响的信息(例如订单数量下降、营收减少),信息知悉人员便不能买卖相关证券,或者上市公司应当立即披露该信息,这显然会过度突出信息对于证券定价的价值或者引起资本市场中的投资者对财务信息进行过度反应。同时,上市公司盈利或者亏损是一个财务数据的累积过程而非事件发展进程,盈利增长或者出现亏损完全可能是暂时的(例如,月度亏损),难以涵盖上市公司阶段性的财务结论(例如,季度、半年财务报告),在财务信息定期披露时可能被其他经营数据所稀释。此外,出于维护上市公司商业利益的需要,过于严格地限制内部人交易或者积极地披露短期经营数据,可能导致上市公司在业务开展上出现不利的连锁反应(例如,上市公司披露本月订单数量大幅下降是因为某重要采购商不再续订,可能会引起其他采购商紧张、恐慌甚至直接撤单等)。所以,仅仅出现订单撤销、营收减少等财务动向并不能认为相关信息已经具备了重大性,对于证券交易价格具有重大影响的财务信息应当是重大亏损或者重大盈利信息。而亏损与盈利都是以数据形式出现的财务发展趋势或者财务结论,故关键在于设定一个合理的趋势指标或者数值范围,以此为基础并结合当时资本市场中有关该证券定价的具体认识,确认亏损或盈利信息对于证券交易价格的影响是重大的。

笔者建议,经营数据反映出上市公司财务出现以下情形的,应当认定该数据信息具有重大性,应当禁止知悉人员从事相关证券交易,并及时披露该重大信息:预计本期财务报告期实现扭亏为盈;上期财务报告期盈利,预计本期财务报告期亏损;预计较上年同期相比利润出现超过50%的大幅变动。同时,应注意分析当时的证券交易价格动向、市场预期等因素具体验证财务变动信息对股价的具体影响。如果证券价格等已经在上一轮行情中对盈利或者亏损趋势进行了提前或者超涨(跌)反应,实际上已经形成了利多(空)出尽的市场格局,则原本能够影响证券交易价格上涨或者下跌的未公开财务信息实际上已经钝化,即使达到上述量化标准,也不应认定其具备重大性。

3. 内幕信息形成时间司法判断例外情形的个案论证

内幕信息形成时间司法判断的基本原理与类型化规则并不具有绝对的排他效力,应允许在个案中适用例外情形。因为内幕信息形成时间原则性的判断原理较难针对个案特点进行直观分析。同时,即使是实践中比较成熟的类型化规则,例如并购重组型内幕信息,也不可能绝对地适用于所有与上市公司收购、资产重组有关的内幕信息形成时间判断问题。实践中应正视基本原理与类型化规则的局限性,以更为接近个案情形与专属特征的指导性案例呈现例外性适用规则。①

仍以并购重组以及生成于该环节的内幕交易为例，并购一般表现为具有收购或者出售资产的意向方在市场中寻找交易对手，而从事内幕交易的基本上是并购双方公司中的内部人。然而，部分并购项目并非由交易方为主进行前期接洽，而是由财务顾问牵线搭桥、撮合配对、协助磋商等。以颇受关注的谢风华、安雪梅内幕交易犯罪案②为例，尽管属于并购重组中的内幕交易，却因主体身份及其与上市公司的关系而具有显著的差异性特征——实施交易的行为主体是知悉该信息的财务顾问而非并购公司内部人。但中国证监会向法院提交的认定函并未关注到该项差异而仍将内幕信息形成时间界定为重组交易双方主体确定之时。③

由财务顾问作为证券中介协调并购各方接洽，虽然在形式上出现了确定的并购交易主体，但上市公司或其实际控制人以及交易对手方对于是否以及与何方进行收购、资产重组等问题，具有单方面选择权，不应直接认定经过财务顾问协调确定交易主体的信息会对上市公司证券价格产生重大影响。④就并购重组环节内幕信息形成时间判断而言，在个案认定中必须区分资产交易主体不同的确定途径予以具体分析。

在以财务顾问为主导确定并购重组交易主体的资本操作启动阶段，通常先由财务顾问牵头，撮合具有收购或者出售上市公司股份意见的交易双方并约定初步商谈时间，随后由资产交易双方工作人员进行初步接洽，最终由上市公司控股股东或者实际控制人与资产交易方负责人就并购重组事宜展开初步磋商。在这种证券交易模式中，资产交易双方是完全独立或者不受任何外部资本力量控制的资本市场行为主体，并购重组存在诸多不确定因素。财务顾问拟定资产交易双方时，只能认识到相关公司存在并购重组

---

① “两高”在联合发布《内幕交易犯罪解释》的同时，还公布了黄光裕、杜兰库两起内幕交易犯罪典型案例。参见张先明：《最高人民法院公布两起内幕交易犯罪典型案例》，《人民法院报》2012年5月23日第3版。这种具有创新性质的资本市场犯罪指导性案例探索，有必要通过制度化运作将之明确化、固定化、常规化。在具体操作上，不仅仅是整体公布案件事实与法律适用意见，更应当凸显个案中具体疑难问题的司法规则；不仅仅是完整地发布内幕交易犯罪指导性案例，还可以是归纳司法解释文本无法覆盖但个案判决意见有效解决的疑难问题及相应规则，并将多个此类案件以“组案”的形式进行发布，强化对司法实践中特别疑难问题的权威论证与分析。

② 参见（2011）浦刑初字第2738号刑事判决书；许峰：《保代“神叼侠侣”内幕交易第一案吹响民赔号角》，载《证券时报》2012年2月4日第A4版。

③ 谢风华、安雪梅内幕交易犯罪案中的一节事实是谢风华利用财务顾问职权获取的与上市公司并购重组（天宝矿业借壳万好万家）有关的信息实施相关证券交易。参见（2011）浦刑初字第2738号刑事判决书。

④ 谢杰：《最新内幕交易犯罪司法解释的缺陷与规则优化》，《法学》2012年第10期。

意向,或者根据经验判断相关公司的财务状况与重组意愿比较契合,具有实施并购的现实条件。至于是否启动初步磋商程序、何时进行磋商、磋商规格、谈判框架结构等内容,则完全处于不明朗状态。资产交易双方实现合作的可能性尽管可以基于专业能力与经验进行预期,但财务顾问对于这种可能性的掌控程度较弱,不确定性较大。故不能将经过证券中介引荐并确定上市公司并购重组交易主体之时认定为内幕信息形成,而应将信息具备重大性的时间节点适当延后,界定在并购重组意向双方在证券中介撮合下进入初步磋商阶段之时。财务顾问等证券中介掌握上市公司并购重组有关信息的职务便利,在其引荐资产交易双方之后、相关主体尚未开展初步磋商之前从事相关上市公司股票交易的,由于无法合理预期该阶段的信息对证券交易价格会产生重大影响,内幕信息尚未形成,不能认定其构成内幕交易。

我国资本市场中并购重组环节的内幕交易行为,一般表现为知悉重大未公开信息的行为主体大量买入目标公司证券,在并购信息公开进而引发目标公司证券交易价格大幅上涨之后卖出谋取巨额利润。这种典型的并购环节内幕交易行为在交易模式上可以归纳为做多目标公司股票。但是,全球资本市场中还广泛存在着其他类型的并购环节内部人交易:其一,做多收购方公司股票。行为人在获悉与并购有关的未公开信息之后,看好收购方公司的预期收益,买入收购方公司的股票。其二,做空收购方公司股票。行为人在获悉与并购有关的未公开信息之后,看空收购方公司的预期收益,融券卖空收购方公司的股票。

由于收购方向目标公司股东支付溢价获取股权在全球资本市场中极为普遍,作为资产交易主体的收购方与目标公司一旦确定,此类信息的公开显然会引起目标公司证券价格的上升。因此,并购交易主体确定这一未公开信息对于目标公司证券交易价格具有重大影响,应当认定内幕信息形成。并购交易主体确定时,目标公司证券交易价格上涨固然具有显著的可预期性,但并不能据此推论收购公司的证券价格将会上涨,实践中并购声明发布后收购公司的证券价格出现显著下跌的情形比较常见。①在确定的并购信息

① 资本市场通常对收购方的预期比较谨慎。因为收购意味着扩张,在积极谋求扩张的情况下,收购势必会给收购方带来包括财务风险、公司治理等多方面的更多不确定因素。如果市场认为收购之后没有协调效应或者收购价格过高,收购方股价就会下跌。例如,2012 年 7 月 23 日,中信证券宣布其全资子公司中信证券国际拟以 12.52 亿美元收购里昂证券 100%股权,其中 19.9%股权收购已完成交割,双方有意于 2013 年 6 月 30 日前完成所有资产交易程序。当天中信证券港股跌 5.23%,在日本上市的中信股价更是暴跌 20%左右。参见刘畅:《中信证券:收购里昂反而暴跌》,《北京晨报》2012 年 7 月 24 日 B7 版。

公开后市场仍然会出现收购方公司证券涨跌分歧的情况下,更难以认定并购双方初步接触与磋商信息会对收购方公司证券交易价格产生重大影响。

我国内幕交易司法实践中尚未出现知情人员利用并购环节未公开信息买卖收购方公司证券的案例。美国具有代表性的联邦法院判例意见是:证券市场价格对未公开信息所对应的重大事件潜在反应的不确定性,并非判断未公开信息重大性的必要指标。并购交易中的未公开信息应当在初步磋商这种早前环节就具备重大性。①可见,美国内幕交易判例规则并不认同并购交易主体确定这类早期信息对于收购方公司证券交易价格可能不具有重大影响的观点,或者说不认为收购方证券交易价格在并购初期信息发展过程中的极度不确定性应当影响信息重大性的判断。对此,笔者持不同意见,具体理由是:

其一,将并购交易主体确定这类早期并购信息认定为具有重大性的市场前提不成立。对于发生在并购重组中的内幕交易案件,在信息发生阶段初期就认定其具有重大性,主要是基于资本市场对于并购信息典型的积极反应。并且,资本市场中广泛存在的"噪声交易者"基于对并购信息过度反应而实施的"噪声交易"会进一步炒作或者放大市场交易价格与实际价值之间的短期偏离。②但这种积极或者过度反应的对象实际上只限定于目标公司的证券价格。就收购方公司证券交易价格而言,市场对于并购交易与收购方证券价格之间的关系客观上存在的认识分歧,造成初步磋商阶段存在着各种投机性的做空或者做多的市场反应,并购信息对于收购方公司证券交易价格的影响会淹没在各种市场分歧或者方向相反的投机交易之中,从而弱化了并购初期信息与收购方证券价格的关联性。因此,之所以将并购交易中的内幕信息形成时间节点提前确定在交易双方确定之时,就是考虑到这一初期信息对于目标公司证券价格影响的重要性,既然这个市场前提对于收购方公司证券价格并不成立,就有必要针对知情人员买卖收购方公司证券的行为确定独立的内幕信息形成时间判断标准。

其二,基于并购交易主体等早期未公开并购信息从事收购方公司证券

① U.S. v.Mooney, 425 F.3d 1093(8th Cir. 2005).

② 金融市场中的"噪声交易(者)"是指基于各种不稳定的、非理性的投资决策而实施交易的行为(人)。金融市场中的"噪声交易(者)"造成交易或者风险水平与理性投资者预期的价值产生偏差。在市场非重要事件较多的情况下,噪声交易(者)对于价格的因果影响性远远大于少量的重大事件本身。参见:Fischer Black, Noise, 41 Journal of Finance 529(1985); J.Bradford De Long, Andrei Shleifer, Lawrence H.Summers & Robert J.Waldmann, Noise Trader Risk in Financial Markets, 98 Journal of Political Economy 703(1990)。

交易具有高度风险,属于向市场提供流行性的投机行为而非应承担责任的内幕交易行为。未公开信息只有在对证券交易价格具有重大影响时,才能认定内幕信息。在并购交易双方均为上市公司的情况下,判断内幕信息是否形成应当坚持相对性,即应分别分析相关信息对收购方或者目标公司证券的影响。与并购有关的未公开信息的重大性对于收购方与被收购公司而言各有不同。收购方以明显高于市场的价格收购目标公司,对于目标公司的股价具有重大意义,但对于收购方公司的证券价格不必然具有重大性,反而应当强调此类早期并购信息对于收购方公司证券价格判断的风险性。由于无法预期并购交易主体确定、相关公司官员接触、启动初步磋商等信息对于收购方公司证券交易价格的影响,基于此类未公开信息做多或者做空收购方公司股票承载着显而易见的风险,不能认为与并购有关的初期信息相对于收购方公司证券具有重大性,因而也不能认定内幕信息在上述阶段已经形成。

可见,在个案中判断并购重组环节内幕信息的形成时间,除了应当考察并购交易过程中是否存在证券中介的实质参与外,还应进一步分析知悉未公开并购信息的行为主体所具体从事的金融交易行为,针对的是目标公司证券还是收购方公司证券。如果个案中的交易行为表现为做多或者做空收购方公司证券或相关金融衍生产品,则分析内幕信息是否形成不能以并购交易主体是否确定为标准,而应当显著地延后至初步磋商结果形成之时,即并购交易双方就交易价格与交易结构两大要素①达成原则性共识(合约)。尽管并购交易具体情况千差万别,但交易价格和交易结构始终是任何并购项目中的本质性内容。价格与结构上的共识是并购交易磋商双方互相理解的确定性证据。并购交易磋商双方就价格和结构达成原则性共识固然并非对目标公司证券交易价格产生重大影响的起始时间,却为判断该信息是否开始对收购方公司证券交易价格产生重大影响提供了一个具体的适用标准。在交易价格和交易结构业已确定的情况下,有关并购交易的信息量已经充分且明确,并购交易最终宣布撤销或者误导投资者进行投资决策的可能性都比较小,可以对收购方公司的证券交易价格进行稳定的预期。在信

---

① 其中,交易价格要素具体是指并购所需要支付的现金或者股权价值。实践中,如果不存在固定数字化的价格时,价格的计算一般是基于目标公司证券预期时间的市场价格、收益、净资产进行测算。交易结构主要是指并购交易的法律形式(例如,双方公司合并、子公司合并、资产买卖、现金收购、换股等)以及收购方支付对价的类型(现金、普通股、优先股、权证、信用债券等)。有关并购重组项目磋商中价格与结构要素的详细判例判断,参见 Greenfield v.Heublein, Inc., 742 F.2d 751, 757(3d Cir. 1984)。

息未公开的条件下,知情人员相对市场外部投资者在交易风险控制上具有明显的优势。因此,并购双方就交易价格与结构达成共识时,可以认定对收购方公司证券具有重大影响的内幕信息形成,知情人员据此做多或做空收购方公司证券的,构成内幕交易。

所以,内幕交易犯罪个案中的核心事实差异实质上影响着未公开信息是否具备重大性的判断,在进行内幕信息形成时间司法判断时,应运用指导性案例填补基本原理与类型化规则无法覆盖的例外情形。

(五)内幕交易犯罪情节认定问题

由于内幕信息知情人员、非法获取内幕信息人员从事内幕交易、泄露内幕信息行为,符合“情节严重”标准的,才构成犯罪,只有达到“情节特别严重”的程度,才能适用第二档法定刑,所以,犯罪情节对内幕交易犯罪的定罪量刑实践具有深远的意义。基于对内幕交易犯罪情节问题的高度重视,《内幕交易犯罪解释》通过多达五个条文对此问题设置了细致的司法判断规则:《内幕交易犯罪解释》第六条与第七条对内幕交易犯罪“情节严重”、“特别严重”的量化标准进行了规定;《内幕交易犯罪解释》第八条及第十条对犯罪数额认定这一内幕交易犯罪情节中的核心难题作出了规定。由于犯罪情节直接影响内幕交易的定罪与量刑,故有必要对相关问题展开深入探讨。

1. 内幕交易犯罪情节标准实践适用障碍与难点

由于我国资本市场犯罪司法实践长期以来对内幕交易犯罪“情节严重”标准设置不甚合理,“情节特别严重”标准持续缺位,没有突出从宽情节对于惩治疑难资本市场犯罪案件的重要性,更没有对作为犯罪情节评价核心指标的内幕交易犯罪数额认定规则进行深入分析与论证,导致内幕交易犯罪情节司法认定存在很大的障碍。“两高”最新内幕交易犯罪司法解释尝试对内幕交易犯罪情节相关重要问题进行解决。

根据《内幕交易犯罪解释》第六条的规定,内幕交易犯罪情节严重包括以下情形之一:证券交易成交额在五十万元以上的;期货交易占用保证金数额在三十万元以上的;获利或者避免损失数额在十五万元以上的;内幕交易或者泄露内幕信息三次以上的;具有其他严重情节的。对照 2010 年 5 月 7 日最高人民检察院、公安部《关于公安机关管辖的刑事案件立案追诉标准的规定(二)》(以下简称《经济犯罪追诉标准(二)》)第三十五条的规定,《内幕交易犯罪解释》仅将《经济犯罪追诉标准(二)》中的“多次”内幕交易行为具体化为“三次”,并没有对内幕交易犯罪情节严重的各项指标进行实质性优化。

笔者认为,上述内幕交易犯罪“情节严重”标准较难实现刑法规范对资本市场金融产品交易秩序的保障,内幕交易犯罪"情节严重"标准仍旧处于虚置状态,从而容易产生弱化司法权威的负面效果。从内幕交易犯罪刑法理论研究情况分析,"情节严重"标准过低长期以来颇为理论界质疑。①实践中,中国证监会查处的内幕交易行政处罚案件数额远远超过内幕交易犯罪情节严重标准,但大多都没有进入刑事追诉程序——根据笔者对中国证监会网站公布的 2010 年、2011 年内幕交易违法案件进行的统计分析,中国证监会网站公布的 2010 年内幕交易行政违法案件为 5 起,涉及证券交易成交额累计分别为 70 万余元、88 万余元、110 万余元、135 万余元、210 万余元,超过内幕交易犯罪情节严重标准 2 倍至 7 倍;2011 年内幕交易违法案件为 9 起,其中 4 起案件的内幕交易成交额低于 50 万元,5 起案件成交额累计为 79 万余元、104 万余元、312 万余元、380 万余元、416 万余元,最高超过情节严重标准 8 倍多。可见,刑事司法实践客观上也难以按照如此低的数额标准追究涉案人员的刑事责任。

从司法解释具体规定与资本市场现实对比的层面进行分析,由于不符合资本市场发展的社会现实,内幕交易犯罪"情节严重"的数额标准与细化解释较难得以适用。证券成交额五十万元以上、期货保证金三十万元以上、获利或避损额十五万元以上等情节严重的数额标准严重偏离我国证券期货交易实践。例如,根据中国金融期货交易所《股指期货投资者适当性制度实施办法(试行)》的规定,自然人申请开户时保证金账户可用资金余额不低于人民币 50 万元的,期货公司会员才能为其申请开立股指期货交易编码。同时,根据中国金融期货交易所《股指期货投资者适当性制度操作指引(试行)》的规定,一般法人投资者申请开户,净资产应当不低于人民币 100 万元。将期货内幕交易情节严重标准与股指期货投资者基本财务条件数额标准进行对比,我们可以清晰地看到,内幕交易犯罪"情节严重"中期货交易占用保证金累计三十万元以上的标准竟然低于股指期货最低的开户保证金数额要求,且远远低于法人参与金融期货交易的一般净资产要求。

同时,三次交易、其他情节严重等标准在实践中较难执行。以"三次交易"为例,基于证据获取与证明责任上的现实难度,资本市场犯罪司法实践中证明涉案人员针对特定的证券或者期货交易品种实施一次或者两次内幕交易行为已经异常困难,证明三次内幕交易行为则近乎不现实。再以"具有其他严重情节"为例,这种"兜底规定"实际上根本没有指导实践的司法规范指引功能,没有必要在司法解释中继续建构这种没有具体规范内涵的兜底

---

① 顾肖荣、张国炎:《证券期货犯罪比较研究》,法律出版社 2003 年版,第 416 页。

性司法规则。

更值得重点分析的是，犯罪情节的标准设定应当针对内幕交易这一发生在资本市场的资本市场犯罪行为特点，创造性地探索既能充分反映内幕交易行为危害又能紧密联系内幕交易行为实质特征的情节严重评估标准。内幕交易行为实质上表现为基于内幕信息而实施的相关证券、期货交易，除了与交易行为相关的数额、次数等危害性量化指标之外，内幕信息本身实际上也存在程度上的差异或者可区分性。从这个意义上分析，基于市场反应更为强烈的内幕信息从事相关证券、期货交易的犯罪行为，在情节上应当相对于市场反应一般的内幕交易行为更为严重，司法解释理应将涉案内幕信息对资本市场的实际影响要素纳入情节严重的评价范围。

2. 内幕交易犯罪情节司法判断规则的优化路径

内幕交易犯罪"散户式"的司法解释标准导致"情节严重"无法筛出具有严重社会危害性的非法证券期货交易行为，也会使最高司法机关制定的解释文件束之高阁，最终丧失权威。内幕交易犯罪情节量化指标无法体现出这种资本市场犯罪的行为特质，很大程度上体现出司法解释对于资本市场犯罪缺乏深度与专业化的认知。内幕交易犯罪的主体、行为、对象等要件经由司法解释，实际上已经使其犯罪构成极具张力，故特别需要"情节严重"这一综合性入罪要素通过司法解释的填充有效控制内幕交易犯罪的刑事法网。"情节严重"标准的准确定位，既是盘活内幕交易犯罪刑法规范的实践要求，也是资本市场犯罪刑事司法的政策选择。

由于我国资本市场犯罪普遍存在"情节严重"等定罪标准设置过低、没有针对证券期货交易特点建构实践标准等问题，内幕交易犯罪"情节严重"标准优化应当纳入资本市场犯罪体系进行结构性完善。笔者建议，有必要优化资本市场犯罪司法解释，通过对内幕交易、操纵资本市场等行政处罚案件进行数据统计，分析此类非法证券期货交易中成交资金额、占用保证金数额、获利数额、避损数额等数据信息，将各个主要项目的数额平均值设定为犯罪情节严重的下限。当然，有必要指出的是，对于提高内幕交易犯罪等资本市场犯罪"情节严重"标准（核心显然是提高定罪数额标准）的建议，实践中可能遭遇的一种质疑是，提高定罪标准会向公众传递出对资本市场犯罪的打击力度趋于减弱的信息。这种隐忧也是我国长期以来将资本市场犯罪刑事追诉数额标准设定在一个较低水平的重要原因。但是，从上述"情节严重"标准虚置及其危害的分析中可知，过低的追诉标准势必导致"法不责众"。资本市场投资者空守着严厉的刑事追诉标准这一所谓的坚强后盾，实质上却由于追诉标准的不切实际造成了更严重的后果——资本市场犯罪刑法规范的较少适用。因此,适当提高内幕交易犯罪"情节严重"入罪标准,有利于廓清违法与犯罪的界限,在同步提升证券期货违法案件行政执法能力的情况下,能够实质性地减少刑事司法实践的随意性,本质上是强化了资本市场犯罪的惩治力度与刑法规范的执行力。

同时,司法解释有必要将"其他情节严重的情形"等指标剔除"情节严重"的认定标准之外,转而将内幕交易犯罪行为对资本市场秩序、投资者权益所产生的可量化恶劣影响(例如,内幕交易犯罪行为侵犯股民权益导致大规模证券集团诉讼、引发群体性事件等)、内幕信息公开后证券、期货合约的交易价格产生剧烈波动(例如,内幕信息公开之后连续五个交易日涨停、跌停或者连续十个交易日涨幅或者跌幅超过70%)等作为"情节严重"司法认定的标准。

以涉案内幕信息对资本市场实际影响效果量化指标为例,内幕信息是内幕交易犯罪的核心构成要素,以内幕信息为中心对内幕交易犯罪行为的危害性程度进行评价显然契合内幕交易犯罪在客观行为方面的独立性特征。内幕信息的重要法律特征表现为重大性或者价格敏感性,即内幕信息一旦公开将会对证券、期货合约的交易价格产生显著影响。在资本市场实践中,尽管各类不同的内幕信息对于资本市场均会产生显著影响,但这种显著影响的具体程度是存在很大差别的。

资本市场实践中,有的内幕信息属于短期性的重大事件或者重要情况。例如,上市公司重大诉讼,其对于上市公司经营利润的影响是阶段性或者相对确定的,在上市公司股票交易价格上通常表现为阶段性的下跌。有的内幕信息则属于长期性的重大事件或者重要情况,例如,上市公司经营业绩在经历高速增长之后由于业务限制开始出现巨额亏损且公司财务状况长期难以改善,上市公司股票交易价格在公司业绩亏损披露之后长时间大幅下挫。同时,内幕信息公开后对资本市场的实际效果也存在明显的差异。有的内幕信息公开后导致当日涨停、跌停或者较大幅度的涨跌。有的内幕信息虽然确实具有价格敏感性,但公开后市场反应并不十分激烈,相关证券交易价格只出现了一定幅度的上涨或者下跌。这种内幕信息公开后的资本市场交易实际效果虽然并非内幕交易犯罪的构成要件,但如果将每一个案件中的同类市场反应指标纳入评估体系进行分析,确实能够从直观的价格指标上区分出何种或者哪一个内幕信息对于资本市场公平竞争机制的侵害程度更为显著。从欧盟这样的成熟资本市场反内幕交易犯罪司法实践经验角度分析,欧盟法院在内幕交易法律制裁强度评估环节,高度重视与内幕信息有关的金融工具交易价格事实上的变动情况,并将该要素作为判断内幕交易法律制裁比例性的重要尺度。[①]我国内幕交易犯罪司法解释应当重视此类成熟资本市场司法实践经验。总之,经过实证分析、客观论证或者针对内幕交易行为特征而设置的内幕交易犯罪"情节严重"司法解释标准才能经受刑事司法实践考验。

实践中还应当特别注意的问题是,资本市场犯罪司法实践已经证明,取证难是内幕交易犯罪案件查处中的重大难题。[②]所以,单纯从入罪或者强化惩罚的角度设置内幕交易犯罪的司法规则,其实际效果并不一定能够完全发挥。笔者认为,资本市场犯罪司法解释有必要针对内幕交易案发隐蔽性、封闭性、内部性的特征,植入二元化的情节认定规则,即合理设置从宽情节,对于积极配合调查或者提供相关信息的内幕交易违法犯罪参与者,设置一定的从轻、减轻、免除处罚,从而实现缓释内幕交易犯罪查处压力的目标价值与宽严相济刑事政策在资本市场犯罪案件中的具体适用。笔者建议司法解释可以增加此类规则:内幕交易、泄露内幕信息,具有下列情形之一的,可以依法从轻或者减轻处罚:(1)配合证券期货监管部门或者公安机关调查的;(2)受金融机构高层管理人员逼迫从事内幕交易的;(3)主动消除或者减轻内幕交易行为危害结果的;(4)提供内幕交易违法犯罪行为的策略、方案、违法交易数据、账户信息、资金来源信息等线索材料的,等等。内幕交易、泄露内幕信息犯罪情节略微超过规定标准的,主动投案自首的,可以免除处罚。

3. 内幕交易犯罪数额司法认定规则的实践探索

内幕交易犯罪数额集中表现了此类资本市场犯罪行为的规模及其对资本市场交易秩序的危害性,故准确计算内幕交易犯罪数额是内幕交易犯罪情节认定中极为重要的问题。根据《内幕交易犯罪解释》第六条与第七条的规定,内幕交易犯罪数额表现为证券交易成交额、期货交易占用保证金数额、获利或者避免损失数额三种类型。其中,证券交易成交额与期货交易占用保证金数额可以直接根据从事内幕交易犯罪行为的账户交易数据予以计算,在司法实践中并不存在疑难。而获利或者避免损失数额不仅涉及内幕交易犯罪刑法适用与金融实务中的不少疑难问题,而且对于内幕交易犯罪罚金数额裁量具有直接影响。根据《刑法》第一百八十条的规定,实施内幕

---

① Case C-45/08: Judgment of the Court (Third Chamber) of 23 December 2009 Spector Photo Group NV, Chris Van Raemdonck v.Commissie voor het Bank-, Financie- en Assurantiewezen (CBFA)—Directive 2003/6—Insider dealing—Use of inside information—Sanctions—Conditions.

② 苏江:《世界级难题:"内幕交易"取证难倒监管层》,《21世纪经济报道》2007年4月6日第12版。

交易犯罪行为,情节严重的,处五年以下有期徒刑或者拘役,并处或者单处违法所得一倍以上五倍以下罚金;情节特别严重的,处五年以上十年以下有期徒刑,并处违法所得一倍以上五倍以下罚金。故内幕交易犯罪罚金完全以内幕交易行为的违法所得为依据。同时,《内幕交易犯罪解释》第十条规定:《刑法》第一百八十条第一款规定的"违法所得",是指通过内幕交易行为所获利益或者避免的损失。可见,内幕交易获利或者避损数额是罚金刑的直接裁量依据。但是,对于内幕交易获利数额与避损数额认定问题,《内幕交易犯罪解释》并没有制定针对性的数额计算方法,该问题极有可能在实践过程中出现较多争议与分歧。

笔者建议,内幕交易犯罪司法解释有必要优化与细化违法所得数额司法判断规则,以"正收益"为核心设计内幕交易犯罪数额认定方法。具体而言,在内幕交易犯罪案件中,涉案内幕信息公开会引起证券、期货交易价格上涨或者下跌的,行为人在该信息公开之前建仓谋取价格上涨利益或者平仓规避价格下跌风险的,应当直接根据价格上涨收益与规避风险收益认定违法所得。同时还应当看到,资本市场实践操作中,有的内幕交易者在重大信息未公开之前抢先建仓后并没有全部平仓;除了将实际套现收益认定为违法所得之外,对于未平仓的浮动收益也应当进行刑法评价。所以,内幕交易违法所得"实际正收益"认定规则在实务中应当重视以下细节与重点:

(1) 获利型正收益的认定

对于内幕信息公开后会引发证券、期货交易价格上涨或者下降的,由于相应的做多或者做空交易都可以使行为人谋取实际利润,故其具体的交易方向并不影响违法数额的认定。关键在于判断建仓数额与平仓数额之间的价差。在内幕信息引起价格上涨的情况下,行为人掌握内幕信息直到该内幕信息公开之后的时间里,其建仓买入证券、期货合约且全部平仓卖出的,相关获利价差都是正收益,直接认定为违法所得;如果存在部分没有平仓卖出的证券或者期货合约,由于不存在实际获取的正收益,应当在以下评估正收益环节另行认定。在内幕信息引起价格下跌的情况下,行为人建仓卖空相关证券、期货合约且全部平仓买入了解仓位的,相关获利差价均认定为违法所得;未平仓买入回补部分同样根据评估正收益数额规则另行判定。

(2) 避损型正收益认定

内幕交易正收益显然并不局限于实际获取交易利润,持有的证券或者期货合约应当出现亏损而基于内幕信息抢先交易规避损失,实际规避损失数额也是一种正收益。在内幕信息公开对证券、期货合约交易价格产生下跌影响的情况下,行为人基于内幕信息提前平仓卖出证券或者了解期货头寸的，应当首先计算内幕信息公开之后引发证券、期货合约交易价格下降期间的平均价格，然后计算行为人在信息公开前平仓的平均价格，最后将两者的价差认定为内幕交易规避损失的正收益。没有全部平仓的，不存在规避损失的问题，故不能作为内幕交易违法所得处理。

(3) 评估正收益的认定

评估正收益是内幕信息持有人基于内幕信息从事证券、期货交易但在案发后仍未平仓部分应当通过评估规则认定为违法所得的犯罪数额。由于没有平仓的证券、期货合约仅存在账面价值，没有实际转化为行为人的现实收益，需要通过评估规则准确评价为可归责的内幕交易违法所得数额。内幕信息引起价格上涨的，未平仓正收益应当是内幕信息对市场产生影响期间的证券、期货合约的平均交易价格与行为人实际建仓平均成本价格之间的价差。内幕信息公开引发价格下降，行为人在内幕信息公开前建仓卖空，尚未平仓部分应当在案发后强行平仓，但该未平仓部分的正收益不能根据平仓数额进行评估，而仍然应当根据内幕信息对市场影响期间内平均价格与行为人建仓平均价格之间的价格进行认定。获利正收益与评估正收益相加为内幕交易违法所得总量。

此外，在内幕交易犯罪案件中，内幕信息来源、交易资金供给、证券账户安排、交易实际操作等往往由数个行为人共同实施，内幕交易共犯结构存在很大的差异，有必要建构具有针对性的共犯数额判断规则。根据资本市场犯罪共犯原理，两个以上行为人基于获利目的共同利用内幕信息从事相关证券、期货交易，构成内幕交易共犯。然而，由于金融犯罪共犯数额认定在理论上存在分赃数额、分担数额、参与数额、犯罪总额等不同判断规则，①如何根据内幕交易犯罪行为特点确定共犯数额，刑法理论与司法实践中存在极大的认识分歧。

《内幕交易犯罪解释》第九条实际上采用了"微调的"犯罪总额规则，即内幕交易犯罪构成共犯的，按照共同犯罪行为的成交总额、占用保证金总额、获利或者避免损失总额定罪处罚，但罚金刑处罚上，判处各被告人罚金的总额应掌握在获利或者避免损失总额的一倍以上五倍以下。这意味着内幕交易犯罪案件中的每个共犯在定罪与自由刑裁量层面对内幕交易犯罪总额承担责任，仅在适用罚金刑时，将内幕交易共犯违法所得总额作为所有共犯罚金数额的基准，而非对每个共犯判处罚金的基准。

对此，笔者认为，有必要将"修正的"犯罪总额规则作为内幕交易共犯数

① 刘宪权：《金融犯罪数额问题的刑法分析》，《法学》1998年第11期。

额的认定依据,即原则上将内幕交易犯罪总额认定为共犯数额,例外情况下以参与数额或者个体违法所得数额作为共犯数额。实践中,内幕交易共犯一般共同谋划内幕交易策略、共同分配违法所得、共同抵抗行政调查与刑事侦查,内幕交易共犯结构中的部分行为人及其行为在整体中不具有可区分性,应当以内幕交易犯罪总额认定共犯数额。有的内幕交易共犯尽管存在明确的事先共谋,但行为主体分别出资、独立交易、自负盈亏,在这种情况下,主犯显然仍然应当对总额承担责任,但从犯的行为及其实际作用具有明显的可区分性,即从犯实施的内幕交易行为在总体数额中可以作为一个独立的部分区分出来进行评价,且其对于内幕交易共犯社会危害性的增加与强化并不明显,应当以实际参与数额(证券交易成交额或者期货交易占用保证金额)或者个体违法所得认定其犯罪数额。

第三节　利用未公开信息交易犯罪

财经媒体早在2000年就以"基金黑幕"为题对基金公司滥用资金管理权与信息优势操纵市场、"老鼠仓"交易等进行专题报道,引发市场、学者、监管层强烈关注。①实际上,不仅是基金管理公司,证券期货公司、信托公司、保险公司等同样具有大量自营交易业务与资产管理业务,其从业人员基于职务便利也掌握大量未公开的证券期货投资决策信息。证券、期货交易所、行业协会甚至是相关监管机构人员,其在履行交易服务、行业自律、行政执法等管理性职务过程中同样掌握大量未公开重要信息。但是,对于内幕信息之外的未公开信息的法律监管没有上升到刑法强度,导致利用未公开信息进行违规交易行为惩防效率较低。《刑法修正案(七)》增设利用未公开信息交易罪,与内幕交易罪一起组成了我国证券期货内线交易犯罪刑法规范体系,进一步严密了打击利用未公开信息违规从事金融交易的刑事法网。《刑法》第一百八十条第四款规定的内幕信息之外的其他重大未公开信息,是与金融商品内在价值无直接关联的、由特定市场资金流动变化而影响金融商品市场价格的外发性信息(例如,基金公司管理的客户资金、保险公司管理的年金账户等买入、卖出股票的信息),其经济价值在于发现特定金融商品短期供求关系变动影响下的预期市场价格与当前供求关系影响下的市场价格之间的价差。利用未公开信息是基于资产管理中应当由权益人独享的重

① 参见平湖、李箐:《基金黑幕——基于基金行为的研究报告解析》,《财经》2000年第19期。

大信息谋取交易利润，行为人违法所得的代价是其所供职的机构或者客户的经济利益损害与市场特定信息利益冲突的违反。利用未公开信息交易犯罪刑法规制的价值在于防控资本市场信息利益冲突，保护投资者合法权益。

在中国这样并不成熟的资本市场中，“内幕市”成为最为投资者熟知的“定位”，内线交易相当严重。[①]除了依靠我国金融监管部门立案调查内线交易行为，对内线交易者进行行政处罚，我国刑法内幕交易罪对内线交易犯罪规定了定罪量刑标准。但是，由于资本市场中不仅存在利用内幕信息从事证券期货交易的行为，内幕信息之外的其他未公开信息同样会对金融产品的交易价格产生重要影响，金融机构及监管部门工作人员利用职务便利获取的此类内幕信息之外的重要信息从事违规交易，虽然受到市场广泛谴责，但责任追究不力。

利用未公开信息交易罪是《刑法修正案(七)》增加的罪名。全国人大常委会于2009年2月28日通过《刑法修正案(七)》，增加一款规定作为《刑法》第一百八十条第四款：证券交易所、期货交易所、证券公司、期货经纪公司、基金管理公司、商业银行、保险公司等金融机构的从业人员以及有关监管部门或者行业协会的工作人员，利用因职务便利获取的内幕信息以外的其他未公开的信息，违反规定，从事与该信息相关的证券、期货交易活动，或者明示、暗示他人从事相关交易活动，情节严重的，依照第一款的规定处罚。最高人民法院、最高人民检察院《关于执行〈中华人民共和国刑法〉确定罪名的补充规定(四)》将该条全新刑法规范的罪名提炼为“利用未公开信息交易罪”。司法实务部门也陆续查处了若干利用未公开信息交易犯罪案件。监管层对资本市场中的基金“老鼠仓”违法犯罪案件进行了连续性的查处，但在构成要件的解释与具体司法判断规则层面仍有待深入解析。

一、利用未公开信息交易犯罪的构成要件与刑法解释

利用未公开信息交易罪的犯罪对象是内幕信息之外的其他重大未公开信息，其实行行为包括行为人直接利用未公开信息从事相关证券期货交易或者建议他人从事相关交易活动两种方式，犯罪主体包括金融机构从业人员与监管部门工作人员两种类型，本罪的主观方面表现为故意。由于利用未公开信息交易罪各个构成要素均属于刑法规范体系中的全新表述，有必要对本罪的构成特征进行论证与分析，从而为司法实践提供一个可供操作的利用未公开信息交易罪法律规格。

---

① 参见郭文婧：《“四重拳”严打资本市场内幕交易》，《国际金融报》2010年11月25日第6版。

(一) 利用未公开信息交易犯罪的行为对象:有价信息(其他重大未公开信息)

《刑法》第一百八十条第四款将利用未公开信息交易罪的犯罪对象规定为"内幕信息以外的其他未公开的信息"。未公开信息是证券期货犯罪体系中的一个崭新概念。在立法机关设置利用未公开信息交易罪之前,证券期货违法犯罪语境下的未公开信息并不是一个确定的法律概念。与内幕信息不同,未公开信息的司法认定并没有相关的前置性行政法律、法规、规章等规范基础可以作为判断依据。由于刑法条文仅对未公开信息的外延("内幕信息以外")进行了原则性规定,未公开信息的内容、范围、特征、实质等完全处于不确定状态,极易造成刑法适用上的混乱。

刑法理论上,对于未公开信息的定义主要有以下几种观点:第一种观点认为,"内幕信息以外的其他未公开的信息",主要是指资产管理机构、代客投资理财机构即将用客户资金投资购买某个证券、期货等金融产品的决策信息。①第二种观点认为,未公开信息,是指对证券、期货市场价格变动具有重要影响且在依法披露前限于少数人知悉的未来投资经营信息。②第三种观点认为,未公开信息是指证券期货交易活动中,内幕信息以外的其他对证券、期货的市场价格有重大影响的尚未公开的信息。③

笔者认为,上述意见不同程度地对未公开信息的特征进行了概括,但在核心环节上均没有对未公开信息的实质特性进行重点把握——

第一种观点强调未公开信息是资产管理机构即将用客户资金投资金融产品的决策信息,不仅将其局限于客户资金对应的投资决策信息,而且认为未公开信息是即将产生的信息,具有"未然性"。实际上,未公开信息也可以是金融机构利用自有资金投资金融产品的信息,不必限制于客户资金的狭隘范畴。同时,更重要的是,未公开信息还可以是业已形成的信息,不能否定其亦可具有"实然性"的特点。

第二种观点突出未公开信息属于投资性经营信息的特点。但是,并非

---

① 参见黄太云:《〈刑法修正案(七)〉内容解读(一)》,《人民法院报》2009年4月8日第6版;卢勤忠:《基金犯罪研究》,北京大学出版社2010年版,第279页;卢勤忠:《利用未公开信息交易罪的认定》,《政法论丛》2010年第1期。

② 缑泽昆:《〈刑法修正案(七)〉中"老鼠仓"犯罪的疑难问题》,《政治与法律》2009年第12期。

③ 参见赵秉志:《简析〈刑法修正案(七)〉的若干热点罪名》,《法制日报》2009年10月21日第12版;赵斌、曹云清:《利用未公开信息交易罪若干问题研究》,《江西公安专科学校学报》2009年第4期。

只有投资性信息才能认定为内幕信息以外的其他未公开信息。例如,证券公司研究部工作人员在某公司证券投资分析报告已经制作完毕但尚未公开的情况下,利用职务便利获取其中的分析数据与研究信息,买卖相关公司的股票。此时,该份某公司证券投资分析报告显然属于内幕信息以外的其他未公开信息,但其并不具有投资性,而是属于研究性经营信息。故没有必要将未公开信息框定在投资性经营信息的范围内。此外,由于金融监管部门工作人员利用职务便利获取相关与证券期货相关的执法信息从事证券期货交易同样构成本罪,所以,未公开信息也不局限于经营信息,监管信息也应当纳入未公开信息的范围。

第三种观点模糊地归纳了未公开信息具有未公开性、价格敏感性等特征,实际上等于是重复了刑法条文的规定,属于简单的概念整合,对于司法实务分析判断基本没有指导价值。

笔者认为,未公开信息既可以是金融机构开展金融业务过程中的经营信息,也可以是形成于上市公司内部但相关法律法规没有明文规定将其纳入内幕信息范围且对上市公司股票走向具有重大影响的价格敏感信息,更可以是金融监管部门、证券期货交易所以及行业协会在行政执法、业务指导、交易管理、行业自律监督过程中掌握的监管信息、管理信息或者行业信息,甚至可以是利率、汇率、税收等宏观调控政策信息等。因此,利用未公开信息交易罪中的“内幕信息以外的其他未公开的信息”是指,不为公众所知悉,对相关证券期货交易价格有重要影响,金融机构、监管部门以及行业协会按照规定采取规范管理的投资经营、技术分析、监督管理、行业资讯、调控政策等信息。

（二）利用未公开信息交易犯罪的客观行为:信息利益冲突

根据《刑法》第一百八十条第四款的规定,利用未公开信息交易罪的客观行为表现为,行为人实施了利用职务便利获取的内幕信息以外的其他未公开的信息,违反规定,从事与该信息相关的证券交易活动,或者明示、暗示他人从事相关交易活动,情节严重的行为。

“违反规定,从事与该信息相关的证券交易活动”,不仅包括证券投资基金法等法律、行政法规所规定的禁止基金等资产管理机构的从业人员从事损害客户利益的交易等行为,而且包括所有证券期货市场监管法律法规以及中国证监会发布的禁止金融机构从业人员从事违背受托义务的利用未公开信息交易活动等行为。利用未公开信息交易行为一般表现为,金融机构从业人员或者金融监管部门人员在市场一般投资者买入证券或者其衍生品、期货或者期权合约等金融产品前,自己先行买入,或者在市场一般投资者及其投资的基金卖出前,自己先行卖出等行为。同时,构成利用未公开信息交易罪还可以采用明示或暗示他人从事买卖证券、期货合约的行为。当然,利用未公开信息交易行为必须达到“情节严重”程度,才能构成犯罪。“情节严重”的标准应当根据司法解释规定的追诉标准加以确定。最为重要的是,利用未公开信息交易滥用了应排他性地基于客户利益而使用的信息的经济价值。

二、利用未公开信息交易犯罪的司法判断规则

利用未公开信息交易罪在司法实务中存在一系列疑难问题。例如,如何辨识未公开信息的特点及其与内幕信息的区别?利用未公开信息交易行为是否“违反规定”?行为人是否基于职务便利获取未公开信息?从事的证券期货交易是否与未公开信息相关?有必要综合运用证券期货犯罪刑法原理与金融知识论证上述疑难问题的司法判断规则,使利用未公开信息交易罪不只是停留在理论评价层面,而是在实践中真正得以充分适用。

(一) 未公开信息

未公开信息的认定无疑是利用未公开信息交易罪中最为重要的问题之一。“内幕信息以外的其他未公开的信息”这一刑法语言文字表述在规范解释层面存在明显的不确定性,导致司法实务较难精准地认定行为人从事相关证券期货交易所利用的是否属于未公开信息。因此,在刑法理论上极有必要细致地分析未公开信息的特征,为司法实务部门认定未公开信息提供标准参考。同时,刑法司法解释亦应当尽快对未公开信息的内容与范围进行明确规定。

1. 未公开信息特征的把握

从《刑法》第一百八十条第四款的规定来看,“未公开信息”应具备以下基本特性:一是差别性,即未公开信息必须是内幕信息之外的其他信息;二是未公开性,即“未公开信息”尚未通过法定渠道或其他以公众熟知方式向社会大众和广大投资者公布;三是关联性,即未公开信息必须是与证券、期货合约的市场价格有关的重大信息,而不能是其他一切信息;四是价格敏感性,即未公开信息对于证券、期货合约的价格具有重要影响;五是可利用性,即未公开信息被行为人所掌握后,行为人或其亲友可从中受益之信息。在上述“未公开信息”的五个特性中,尤为值得探讨的是未公开性与价格敏感性。

(1) 未公开性

未公开性是指,金融机构、监管部门以及行业协会按照规定采取规范管理的投资经营、技术分析、监督管理、行业资讯等信息未在公开市场上被公布或者尚未被证券期货投资者知悉。未公开信息处于秘密状态时,该信息

的使用、管理等必须按照规定进行操作。此类信息一旦按照规定进行公布或者被市场人士通过技术分析合法公开,相关人员利用该信息从事相关的证券期货交易并不为法律所禁止,没有戒绝交易的法律义务。

未公开性实际上意味着相关信息处于一种秘密状态,此种状态具体可以分为依法保密与内控保密。依法保密主要是指金融监管部门、行业协会按照法律、法规等规定必须保证相关信息的未公开性,未经许可不得使用、披露相关信息。例如,根据《中国证监会工作人员行为准则》第十八条、第二十一条的规定,中国证监会工作人员公开发表言论和文字材料时,不得涉及证券期货监管未公开信息;内容涉及资本市场信息的,应当真实、客观。非因工作需要,不得与他人谈论证券期货监管未公开信息。中国证监会工作人员应当遵守国家关于证券期货监管机构工作人员不得买卖股票和从事期货交易的规定。可见,金融监管部门、行业协会等单位在执法过程中形成的金融监管未公开信息依法处于保密状态。内控保密主要是指证券公司、期货公司、基金公司、保险公司等金融机构按照中国证监会内部风险控制指引、保守秘密规定等文件的规定保证公司相关经营信息处于秘密状态。例如,中诚信证券评估有限公司是经中国人民银行上海分行核准从事信用评级等业务的非银行金融机构,该公司的《信息保密制度》规定,公司或公司职员在开展证券评级业务活动中获取的国家秘密、关于项目或与项目有关的、关于客户或与客户业务相关的不被公众领域所知的信息、资料、文件,或客户声明必须保密的信息、资料、文件,不论是纸面形式、磁记录形式、光学记录形式、电子记录形式还是其他记录形式都属于保密对象。公司附属组织和分支机构以及职员都有保守前述秘密的义务。接触到前述秘密的员工,例如:管理人员、技术人员、财务人员、销售人员、秘书、保安人员等对保守前述秘密均负有责任。①可见,证券公司、期货公司、保险公司等金融机构在开展业务、经营管理过程中形成的经营性信息按照内控规范处于保密状态。

(2) 价格敏感性

价格敏感性是指,金融机构、监管部门以及行业协会按照规定采取规范管理的投资经营、技术分析、监督管理、行业资讯等信息对证券、期货交易价格有重大影响。对于未公开信息价格敏感性的判断与分析,实践中存在疑问的主要有以下问题:

---

① 《中诚信证券评估有限公司信息保密制度》,http://www.sac.net.cn/newcn/home/info_detail.jsp?info_id=1198548770100&info_type=CMS.STD&cate_id=1198222163100(访问日期:2015年3月1日)。

一是价格敏感性的必备性问题。

《证券法》、《刑法》均明确规定对证券期货交易价格有重大影响的信息才能认定为内幕信息,而《刑法》第一百八十条第四款并没有明确规定未公开信息必须具备价格敏感性的特征。但是,这显然并不意味着未公开信息不必具有价格敏感性。因为如果某金融机构工作人员利用职务便利非法利用不可能对证券期货交易价格产生重要影响或者影响极为有限的未公开信息从事相关交易,其不仅无法实现谋取利益或者规避损失的行为目的,而且也不会对其所在金融机构以及相关客户的利益产生实际损害。此类行为的社会危害性不足以构成利用未公开信息交易罪。

因此,在利用未公开信息交易罪中,价格敏感性是认定未公开信息的重要客观标准。行为人只有在其利用的未公开信息达到可能对证券期货交易价格具有重大影响的客观标准才承担刑事责任。未公开信息可能会影响相关的证券期货的市场价格,进而对资本市场上的投资者是否愿意以当前的价格购买或者出售相关金融资产产生重要影响,并且,投资者的对应性行为会再次反作用于证券期货交易价格。利用符合价格敏感性特征的未公开信息非法从事证券期货交易,才能适用利用未公开信息罪追究非法交易者的刑事责任。

二是价格敏感性的确定性问题。

未公开信息对于相关证券期货交易价格的重要影响存在可能性重要影响与确定性重要影响的区别。有的未公开信息对于有关证券期货交易价格的重要影响表现为一种合理预期,但这种预期会因为其他因素的介入导致其对于证券期货交易价格没有产生重要影响;有的未公开信息的证券期货交易价格的重要影响通过客观交易数据确定地予以显现。这里存在的问题是,利用未公开信息交易罪中的"其他未公开的信息"是否以该信息对证券期货交易价格具有确定性的重要影响为必要?《刑法》第一百八十条第四款对此问题显然没有进行规定,这就需要通过刑法解释理论予以明确。笔者认为,行为人利用的信息只有对相关证券期货交易价格产生确定性的重要影响,才能认定为本罪中的未公开信息。

从刑法体系解释的角度分析,内幕信息与未公开信息在基本特征层面具有等同性,既然构成内幕信息以该信息对证券期货价格有重大影响为必要,则未公开信息应当与其保持一致。由于内幕交易罪与利用未公开信交易罪归属于刑法同一法条内部,两罪的社会危害性相当,内幕交易与利用未公开信息交易犯罪的行为样态、构成要件配置、法定刑设定等均相同,故在内幕信息与未公开信息的基本特征层面,不应当有超越刑法证券期货犯罪中内线交易类犯罪体系一致性的明显差异。在《刑法》第一百八十条第一款已经明确规定内幕信息是"对证券、期货交易价格有重大影响的信息"的情况下，构成未公开信息亦应以对证券期货交易价格产生确定性影响为必要。

从证券期货犯罪违法与犯罪界限的角度分析，利用未公开信息交易违法行为与犯罪行为之间应当有所区别，行为人利用可能对证券期货交易价格产生重要影响的未公开信息从事证券期货交易，可以构成违法，但不能认定为犯罪。构成未公开信息的前提是该信息对于证券期货交易价格具有确定性影响，这不仅是利用未公开信息违法与犯罪之间合理边界的重要体现，而且有利于有效控制利用未公开信息交易罪的刑事法网，避免本罪打击范围过大。

2. 未公开信息与内幕信息的界分

证券期货犯罪刑法理论以及证券法理论通说将内幕信息核心特征概括为秘密性与重大性。①由于秘密性即指内幕信息未公开，重大性是指内幕信息对于证券期货价格有重大影响，故内幕信息的基本特征本质上与未公开信息的未公开性与价格敏感性并无二致。虽然未公开性与价格敏感性在概括的层面属于未公开信息与内幕信息共同具备的基本特征，但必须廓清两者的界限——首先，未公开信息与内幕信息基本特征上的共性只是处于抽象、静止的概括层面，在司法实践具体、动态的分析判断层面，未公开信息与内幕信息在未公开性、价格敏感性问题上的判断标准与法律依据截然不同。其次，未公开信息具有明显区别于内幕信息的独立性特征与差异化标志。在刑法理论上清晰地划定未公开信息与内幕信息之间的边界具有重大意义，其不仅能够精细化地解释"内幕信息以外的其他未公开的信息"的刑法规范含义，梳理未公开信息的外延，而且有利于在司法实务中丰富与深化未公开信息的认定标准。

（1）信息具体内容的差异化表现

内幕信息以外的对证券期货交易价格有重要影响且不为公开市场知悉的信息才属于未公开信息，这就决定了未公开信息与内幕信息在具体内容上具有非此即彼的逻辑关系。

内幕信息的具体内容及其范围具有明确的前置性行政法律、法规、规章、行业规则等作为规范依据，司法机关在实践中可以根据相对确定的行政法律、法规、规章、行业规则等规范所设定的具体要求填充刑法中内幕信息的具体内容。我国《证券法》、《公司法》、《期货交易管理条例》、《上市公司

---

①　参见刘宪权：《证券期货犯罪理论与实务》，商务印书馆2005年版，第320—328页；刘宪权：《内幕交易、泄露内幕信息罪若干疑难问题探析》，《犯罪研究》2003年第2期；刘宪权、卢勤忠：《金融犯罪理论专题研究》，复旦大学出版社2002年版，第436—441页；范健、王建文：《证券法(第二版)》，法律出版社2010年版，第358—360页。

信息披露办法》、《上市公司重大资产重组管理办法》以及上海、深圳证券交易所发布的最新版的《股票上市交易规则》等一系列法律、法规、规章、行业文件等,对各类法定内幕信息、有关公司分配股利或者增资的信息、有关公司债务担保、相关资产重大变动的信息、有关公司收购的信息等不同种类的内幕信息进行了具体规定。上述内幕信息范围之外的其他对对证券期货交易价格具有重大影响且不为公开市场所知悉的信息均为未公开信息。可见,利用未公开信息罪中的未公开信息与内幕交易罪中的内幕信息在具体内容上形成的非此即彼的逻辑关系,在刑法证券期货犯罪体系内共同搭建了互为补充的"未公开的信息"的逻辑范畴与概念结构,使得原本在解释上不甚明确内幕信息兜底性规定"对证券交易价格有显著影响的其他重要信息"①能够用未公开信息进行填充,强化了证券期货犯罪核心概念刑法解释的明确性。

与内幕信息的具体内容具有规范明确界定性截然相反的是,未公开信息的具体内容基本没有前置性法律、法规、规章等规范性文件进行明确规定。因此,具体哪些内容可以划入刑法规定的未公开信息的范畴,是一个需要通过对主要信息内容进行列举的开放性问题。笔者认为,以下对于证券期货交易价格有重要影响的信息可以被纳入刑法未公开信息的范围:一是证券、期货交易所、证券、期货公司的非公开交易业务数据信息。例如,在证券交易中,证券交易所将行情信息、证券指数、成交概况、证券交易排名、会员交易排名等基本数据信息予以公开,但是,对于机构投资者的持仓量、新近建仓量、加仓减仓量、资金进出量等具体交易数据以及相关清算数据按照严格的信息数据管理制度进行保密。此类未公开交易业务数据中对证券期货交易价格有重大影响的信息,属于刑法中的未公开信息。二是证券公司、期货公司在从事自营业务、资产管理业务、投资咨询业务等过程中形成的经营性信息。例如,证券公司在利用自有资金从事自营业务时,证券公司自营业务账户动态、交易席位情况、自营业务规模、资产配置决策等经营过程中形成的信息,实际上对于该信息所指向的证券期货供求关系具有实质性影响,此类信息按照证监会有关证券期货公司业务风险管理指引的规定必须采取信息保密措施进行信息风险控制,属于刑法中的未公开信息。三是基金管理机构等将要利用客户资金进行巨额投资的决策信息。基金管理公司、全国性以及地方性社会保险基金管理机构、托管机构运作管理的基金数量巨大,其对于证券期货市场的影响深远,此类投资性决策信息,属于刑法中的未公开信息。四是商业银行、保险公司、信托公司等金融机构在从事与

① 参见《证券法》第七十五条第二款第(八)项。

证券期货投资相关的经营活动中形成的投资决策、资金动向数据、投资咨询等综合性信息。例如,商业银行中间业务包括了金融期货交易业务、证券投资分析业务、基金托管业务等与证券期货相关的业务,其中涵盖了大量影响证券期货交易价格的决策信息、数据信息、咨询信息;保险公司、信托公司从事的证券回购、基金投资、资产管理等业务涉及影响相关证券产品交易价格的投资信息。五是证券业、基金业、期货业、保险业、银行业等监管部门以及相关行业协会在行政执法与行业管理中形成的执法监管信息、政策信息、经济态势数据信息以及行业管理信息等。例如,中国人民银行调整利率、存款准备金率,或者统计局每月公布物价指数信息等,此类对证券期货交易价格具有极为重要影响的行政部门政策信息与数据信息在公布之前均严格按照国家保密法律规定执行信息数据保密,属于刑法中的未公开信息。

(2) 信息是否公开的区别化判断

利用未公开信息交易罪侵犯法律所保护利益的手段本质上是一种证券期货市场信息的非法获取与使用——行为人利用职务便利获取内幕交易以外的其他"未公开的信息"从而在资本市场中形成不正当信息优势,在信息配置不公平的情况下通过相关证券期货交易攫取巨额利益。故信息是否公开直接决定了利用相关信息从事交易行为是否具有犯罪性。在如何认定证券期货交易价格具有重要影响的信息是否公开的问题上,利用未公开信息罪与内幕信息罪具有不同的司法判断规则。

证券发行人、上市公司必须严格按照《证券法》、《上市公司信息披露管理办法》等规定依法真实、准确、完整地披露信息,所以,在证券发行、交易过程中对证券价格有重大影响的内幕信息的披露规则具有明确的法律规定性。根据《证券法》第六十七条、第七十条、第七十五条的规定,对上市公司股票交易价格产生较大影响的内幕信息,上市公司应当按照规定将有关该重大事件的情况向国务院证券监督管理机构和证券交易所报送临时报告,并予公告,说明事件的起因、目前的状态和可能产生的法律后果。信息公告应当在国务院证券监督管理机构指定的媒体发布,同时将其置备于公司住所、证券交易所,供社会公众查阅。基于《证券法》关于信息披露的规定,刑法理论上一般主张适用内幕信息的形式公开标准,即尚未被公众知晓的重大信息在证券监管机构制定的媒体予以发布之时,应当认定内幕信息业已公开。①实践中也有观点认为应当采纳实质公开标准,即内幕信息按照法定

① 参见张小宁:《论内幕交易罪中"内幕信息"的界定》,《昆明理工大学学报(社会科学版)》2009年第3期;顾肖荣、张国炎:《证券期货犯罪比较研究》,法律出版社2003年版,第403—404页。

形式披露之后,必须经过一定时间被市场消化,才能认定为内幕信息已经公开。①但是,无论是形式公开还是实质公开,判断内幕信息是否公开必须严格围绕重大信息披露的法定时间节点进行法律分析。

相对于内幕信息具有明确的法定披露时间节点而言,未公开信息没有持续信息公开的法定要求,甚至关于未公开信息本身能否公开问题,刑法理论上仍然存在较大争议。有学者认为:"内幕信息是应该到时公开的,而基金从业人员掌握的投资信息则是自始至终都不能公开的,相当于商业秘密,这是两者的根本区别。"②不同意见认为:"在金融市场中,根据相关法律法规,经相关机构采取保密措施的各种信息,有的要求必须对外公布,而有的则要求定期或定时对外披露。"③

笔者认为,未公开信息本身具体内容的复杂性意味着其披露规则具有不同的法律要求,这也决定了司法实务中判断未公开信息是否公开必须综合不同的分析标准并结合不同的信息特点予以认定。

首先,对于按规定进行披露的未公开信息,应以其公布时间作为未公开信息业已公开的初步判断基点。未公开信息显然具有披露的要求。虽然在刑法条文结构与文字表述上,《刑法》第一百八十条第四款并没有采取与本条第一款相同的方式明确规定在信息"尚未公开前"从事相关证券期货交易的行为构成本罪,但这并不代表未公开信息不存在公开的问题。在金融实务中,金融机构以及相关监管部门在证券期货交易以及执法过程中形成的未公开信息,其保密要求只是阶段性的,相当部分未公开信息最终会向市场予以公开。典型适例:基金公司依法定期公布季报、半年报、年报,向基金投资者披露详尽的投资信息;④国家统计局定期公布宏观经济数据;中国人民银行宣布调整利率、存款准备金率,等等。此类信息对于证券期货交易价格

① 参见陈海鹰、朱卫明、叶建平:《泄露内幕信息罪、内幕交易罪的若干问题探析——由"杭萧钢构案"展开》,《法治研究》2008 年第 3 期;刘宪权:《内幕交易、泄露内幕信息罪若干疑难问题探析》,《犯罪研究》2003 年第 2 期。

② 卢勤忠:《利用未公开信息交易罪的认定》,《政法论丛》2010 年第 1 期。

③ 缑泽昆:《〈刑法修正案(七)〉中"老鼠仓"犯罪的疑难问题》,《政治与法律》2009 年第 12 期。

④ 《证券投资基金法》第七十六条规定:"公开披露的基金信息包括:(一)基金招募说明书、基金合同、基金托管协议;(二)基金募集情况;(三)基金份额上市交易公告书;(四)基金资产净值、基金份额净额净值;(五)基金份额申购、赎回价格;(六)基金财产的资产组合季度报告、财务会计报告及中期和年度基金报告;(七)临时报告;(八)基金份额持有人大会决议;(九)基金管理人、基金托管人的专门基金托管部门的重大人事变动;(十)涉及基金财产、基金管理业务、基金托管业务的诉讼或者仲裁;(十一)国务院证券监督管理机构规定应予披露的其他信息。"

具有显著影响，超过保密期限后即向市场公开。故未公开信息的正式公布日期可以作为判断该信息是否公开的时间基准。

其次，在正式公布之前未公开信息已经实际公开的，应当将实际公开日期认定为公开时间。未公开信息并不仅是静态的概念表达与资讯堆砌，其具有明显的动态执行性。未公开信息被执行后所产生的实际效果很可能已经深刻地对证券期货市场的交易价格产生影响。价格的显著变动会引起市场分析人士的关注，从而将信息概括地传递至整个资本市场。例如，2010年二季度，各大基金调仓后新近大量购入的股票中，中天科技、远兴能源和S仪化于2010年7月19日分别大涨6.13%、4.96%和4.61%。同时，基金大幅加仓的浙江龙盛、东方航空和信达地产的当日涨幅也分别达到5.76%、4.85%和3.59%。各大证券媒体对此投资讯息进行了广泛的报道。[①]基金新建仓位的信息经由媒体传播已经被公众所知晓。因此，如果相关信息在有关金融机构、金融监管部门按照法律规定的形式正式公布之前，已经通过价格波动规律被市场分析人士以及投资者所消化，不能以信息正式公布之日作为公开时间，而应当将实质公开时间认定为未公开信息也已公开。

再次，对于金融机构持续保密的未公开信息，不存在按照规定进行披露与公开的问题。保险公司、证券公司等金融机构利用自有资金进行证券期货投资，此类投资经营性决策信息属于公司内部保密信息，在没有泄密的情况下，仅为公司特定人员所掌握，在保密期限内始终处于非公开状态。

综上，判断未公开信息是否已经公开，应当根据未公开信息的不同性质及其披露要求，综合以下标准进行认定：定期按照规定的时间与约定的方式通过公众媒体（新闻发布会、网络、报纸、期刊等）向社会公开；未公开信息执行之后相关证券期货交易价格明显异常波动，已被市场消化公开；证券期货专业分析人员通过技术分析推断相关信息，向客户或者公众公开分析结论的，等等。在未公开信息公开之后从事相关证券期货交易的，不构成利用未公开信息交易罪。对于自始至终不公开的未公开信息，不存在信息正当公开问题，除了未公开信息非法泄露并公开之外，利用此类信息从事证券期货交易的，符合利用未公开信息交易罪的构成要件。

（二）利用未公开信息从事金融交易

金融机构从业人员、有关监管部门工作人员等利用因职务便利获取的未公开信息，自己从事相关证券期货交易，是利用未公开信息交易罪典型的实行行为。实践性难点问题集中体现为利用未公开信息与本人从事证券期

---

① 参见吴倩：《基金骑“牛股”散户慎追捧》，《广州日报》2010年7月24日A17版。

货交易的认定。

1. 利用未公开信息的推定与反驳

由于《刑法》第一百八十条第一款内幕交易罪只规定了证券期货交易行为必须发生在内幕信息公开之前,证券期货犯罪理论对于利用内幕信息这一要素的必备性问题存在争议。①《刑法修正案(七)(草案)》征求意见时,理论上就有观点建议取消"利用"要件。②但最后《刑法》第一百八十条第四款利用未公开信息交易罪仍明确规定构成本罪必须"利用"未公开信息。实践中普遍性的观点是,在证券期货内线交易犯罪案件中,直接证明行为人利用未公开信息、内幕信息具有相当难度,应当通过推定方式进行认定。③内幕交易刑事案件审判实践已经对推定行为人利用内幕信息的有效性予以确认,但司法实务中不乏反对推定的意见。④在利用未公开信息交易罪的语境下,能否对"利用"这一要素进行推定?

笔者认为,在行为人始终不承认利用未公开信息从事相关证券期货交易的情况下,根据一系列形成证据链条的环境证据推定其实际上利用了未公开信息是合法且合理的。

根据证据法原理,"刑事推定本身就是一种证明规则"⑤。在基础事实客观确实的情况下,可以据此作出推定。推定行为人基于未公开信息实施证券期货交易并不意味着在利用未公开信息交易刑事案件中放弃了无罪推定原则。在没有明显的否定性解释、经验所认可的范围内,司法机关可以通过推定对刑事案件的相关事实作出留有余地的保守估计。⑥

根据利用未公开信息交易违法犯罪的实际情况分析,具有接触未公开信息职务便利的金融机构从业人员以及监管部门工作人员本身就具有禁止买卖与未公开信息相关的证券期货的戒绝交易义务,故完全可以基于其违背法定义务的交易事实推定其利用未公开信息。以证券从业人员、证券监

---

① 参见卢勤忠:《基金犯罪研究》,北京大学出版社2010年版,第262—265页;刘宪权:《证券期货犯罪理论与实务》,商务印书馆2005年版,第333—338页。

② 参见顾肖荣:《对〈刑法修正案(七)〉(草案)的建言与求证》,《政治与法律》2009年第1期。

③ 参见赵斌、曹云清:《利用未公开信息交易罪若干问题研究》,《江西公安专科学校学报》2009年第4期;杨冬:《证据推定监管层严打内幕交易》,《证券时报》2010年第2版;最高人民检察院法律政策研究室、中国证券监督管理委员会法律部编著:《证券期货犯罪司法认定指南》,中国人民公安大学出版社2009年版,第54页。

④ 参见苏江:《涨停王高淳陶瓷内幕交易真相》,《21世纪经济报道》2011年1月5日第13版。

⑤ Michael H.Graham, Burden of Proof and Presumptions in Criminal Cases, 45 Criminal Law Bulletin 6(2009).

⑥ 参见邓子滨:《刑事法中的推定》,中国人民公安大学出版社2003年版,第115—118页。

管部门工作人员为例——根据《证券法》第四十三条的规定，证券交易所、证券公司和证券登记结算机构的从业人员、证券监督管理机构的工作人员以及法律、行政法规禁止参与股票交易的其他人员，在任期或者法定限期内，不得直接或者以化名、借他人名义持有、买卖股票，也不得收受他人赠送的股票；根据 2011 年 1 月 1 日实施的《证券公司信息隔离墙制度指引》的规定，在业务经营过程中掌握或知悉内幕信息或者可能对投资决策产生重大影响的尚未公开的其他信息的人员，禁止违规买卖列入观察名单、限制名单的投资产品。可见，证券行业从业人员与证券监管工作人员具有绝对的证券交易戒绝义务；对于其他投资产品的买卖，必须严格按照内控规定进行操作。所以，在证券从业人员、证券监管工作人员掌握未公开信息、从事相关证券期货交易的基础上，推定其交易行为系利用未公开信息实施的结论，不仅处于常理范围之内，而且能够得到合规管理制度的验证。

因此，笔者认为，控方提供证据证明存在符合下列要素的证券期货交易行为，可以推定行为人实际利用了未公开信息——(1)行为主体依职责或者经授权，掌握或知悉可能对证券期货交易价格产生重大影响的尚未公开的信息；(2)行为主体在掌握或知悉上述信息期间、该信息公开之前买卖相关证券期货。必须重视的是，推定可以反驳，当反驳的合理性强度超越推定强度时，可以认定行为主体并非基于未公开信息从事相关证券期货交易。行为人有足够证据证明存在以下情形之一的，推定其利用未公开信息的意见不能成立——(1)在掌握或者知悉未公开信息之前，已经凭借对市场公开资料、数据等信息的分析作出相关投资判断与交易策略；(2)有正当理由相信行为人虽然依职责或经授权能够掌握但客观上确实没有接触未公开信息；(3)根据证券期货市场有关状况、操作规律、发展趋势，按照经验法则与证券期货知识，结合证券期货监管部门组织的专家委员会或者证券期货交易所的专业认定意见，能够得出行为人从事的证券期货投资品种与未公开信息无关等。

2. 本人从事相关证券期货交易的判断规则

金融机构从业人员、有关主管部门、行业协会工作人员以其个人的证券期货交易账户、资金账户自行或者委托经纪人实施金融交易，或者以其近亲属、情妇(夫)等具有共同利益关系人员的交易账户、资金账户从事相关证券期货买卖，当然应当认定为本人从事相关证券期货交易。但是，上述交易样态通过直观判断就能够加以认定，显然属于“低端”的利用未公开信息交易违法犯罪形式，在金融从业人员或者监管工作人员违规案例中较为罕见。

实际上，利用职务便利获取未公开信息的行为主体本人实施相关金融交易,本质上是对与未公开信息有关的证券期货交易行为的一种控制,其不仅是形式控制(以本人名义直接或者委托他人买卖证券、期货合约),而且表现为实质控制(控制他人或者利用他人账户从事相关交易)。以实质控制形态表征的利用未公开信息交易行为多发且较难认定,更有必要研究判断标准。

笔者建议,具有以下情形之一的,可以认定相关证券期货交易受到行为人的实际控制——(1)向他人提供购买证券、期货合约的资金,且他人买卖证券、期货合约的利益或者损失,全部或者部分由本人占有或者承担;(2)对他人的证券期货交易账户、资金账户或者他人所持有的证券、期货合约具有使用、管理、收益、处分等权限;(3)本人的近亲属、情妇(夫)等具有共同利益关系的人从事相关证券期货交易。上述认定标准决定了实务部门在查处利用未公开信息交易案件时,绝不能遗漏任何有关资金走向、人际关系、异动账户等要点的分析。

3. 利用未公开证券市场信息从事金融期货交易行为的性质判断

2010年4月起,随着上海证券交易所推出沪深300股指期货合约,我国资本市场正式进入了金融期货时代。但是,股指期货交易在丰富金融交易品种的同时,对利用未公开信息交易的规范应对提出了全新挑战。由于《证券法》、《证券投资基金法》及相关配套行政法规、规章等文件明确禁止证券公司、基金公司等的从业人员从事证券交易,相关从业人员本人或者利用他人名义从事证券交易必须承担相应的法律责任。同时,根据《期货交易管理条例》、《期货从业人员资格管理办法》等法律文件的规定,期货公司管理人员和技术人员等从业人员不得参与期货交易。但是,现有的法律、法规、规章等文件均没有规定证券公司、基金公司从业人员能否从事股指期货交易。由于沪深300指数期货涨跌直接与证券市场多空信息挂钩,证券公司、基金公司等直接接触证券交易市场的从业人员显然有条件利用其所在公司职务行为掌握的未公开信息,判断沪深300指数期货的涨跌走向,通过多空选择进行套利。尤其是规模极为庞大的基金公司管理人员,其利用投资者基金从事大盘股的操作,对于股指具有实质性影响,其利用基金公司未公开的证券投资信息,在股指期货市场上建仓谋取个人利益,在金融实践中是完全存在实现可能的。

对于利用证券市场未公开信息从事金融期货交易的行为是否构成利用未公开信息交易违法犯罪,实践中有的观点持肯定的态度,但也有不少反对意见认为,沪深300指数期货合约指数标的的广泛性实际上已经在技术上控制了部分证券公司、基金公司等从业人员利用未公开信息从事股指期货交易的非公平性交易风险，利用证券现货市场的未公开投资信息在股指期货市场进行跨市场的交易，虽然具有利用未公开信息交易的行为特征，但基于证券现货市场与股指期货市场的关联度难以论证，这种行为不宜作为犯罪处理。

笔者认为，证券、基金公司、证券交易所等从业人员存在利用未公开信息从事股指期货交易谋取个人利益的行为风险，有必要通过刑法规范进行震慑与规制。在股市呈单边下挫状态下，这种利用未公开信息交易的行为具有严重的社会危害性，容易引发系统性风险。在市场行情不利时，券商、基金公司等从业人员，特别是主要负责人员利用证券现货市场的抛售信息，选择在股指期货交易中做空，容易获取巨额利益。其主要原因在于，此类证券市场从业人员的职务行为决定了其具有交易信息优势，在证券市场通过职务行为抛售股票，同时自己在股指期货做空套利，使交易的公平性荡然无存。所以，坚持股指期货指数标的广泛性能否消解证券从业人员利用未公开信息从事股指期货交易套利风险有待商榷。

同时，我们应当看到，在金融期货交易领域，应当完善相关交易制度，对利用未公开信息交易行为形成完备且一致的法律规制体系。《刑法修正案(七)》全新设置了利用未公开信息交易罪，证券交易所、期货交易所、证券公司、期货经纪公司、基金管理公司、商业银行、保险公司等金融机构的从业人员以及有关监管部门或者行业协会的工作人员，利用因职务便利获取的内幕信息以外的其他未公开的信息，违反规定，从事与该信息相关的证券、期货交易活动，或者明示、暗示他人从事相关交易活动，情节严重的，构成犯罪。对于利用未公开信息从事股指期货交易情节严重的行为，显然构成利用未公开信息交易罪。在刑法已经明确规定利用未公开信息交易罪的情况下，有必要对于此类利用未公开信息交易行为进行规范震慑。当然，由于前置性行政法律、法规、规章等文件没有对股指期货市场中证券公司、基金公司、证券交易所等从业人员利用职务行为获取的未公开信息从事交易行为作出具体的禁止性规定，实际上造成了法律体系一致性阙如。这也是证券期货法律规范应当进行完善的方向。

在明确利用未公开证券市场信息从事金融期货交易行为具有刑事可罚性的基础上，我们也应当注意到，证券现货市场与股指期货市场毕竟只是关联市场而非同一市场，对于跨市场的利用未公开信息交易行为，在司法认定上，显然应当与同一市场的利用未公开信息交易行为有所区别。刑法重在震慑而非积极介入资本市场的监管。关键在于要求证券公司、基金公司、证券交易所等建立有效的内控机制，切实阻断证券从业人员利用未公开信息从事股指期货交易谋取个人利益的风险。在监管部门尚未出台规范从业人员从事股指期货交易的具体细则之前,相关证券业机构应当率先建立严格的内部交易报告制度,要求核心业务部门人员以及技术人员全面向本单位披露其从事的股指期货交易内容;对于高级管理人员,其从事股指期货交易应当接受合规部门的审查,在核准之后才能进行股指期货交易。特别是基金公司,应当通过严格的内控机制防止从业人员违背信义义务利用交易权限,无视基金投资者利益,通过相关股指期货交易谋取私利的行为。

(三) 建议他人从事金融交易

在原来的内幕交易罪刑法规范架构内,并没有规定利用内幕信息建议他人从事相关金融交易的行为构成犯罪,这主要是考虑到建议行为在实践中认定难度很大,建议行为入罪打击面过大。①《刑法修正案(七)》则在利用未公开信息交易罪、内幕交易罪中同步增设了建议行为这种内线交易犯罪新类型。根据《刑法》第一百八十条第四款的规定,行为人利用基于职务便利获取的未公开信息明示、暗示他人从事相关金融交易,同样构成利用未公开信息交易罪。

然而,建议他人从事相关金融交易本质上是一种言语的表达,根据维特根斯坦的"语言游戏"理论,同样的言语完全可以形成截然不同的用法与意义,必须通过静态语言符号发现背后动态人类活动的建设性内容;②建议他人从事相关证券期货交易不可避免地牵涉金融技术性判断问题;刑法规范没有对泄露未公开信息、被建议者实际从事相关交易的必要性问题进行明确规定。这都对实务部门精准认定建议行为制造了障碍,有必要在厘定相关疑难问题的过程中明确"明示、暗示他人从事相关交易活动"的内涵。

1. 关于被建议者是否实际从事相关证券期货交易问题

行为人建议他人从事相关证券期货交易之后,有的被建议者按照意见对相关证券期货品种进行了买卖,有的被建议者却没有实际从事相关金融交易。对于后一种情况,能否认定未公开信息知悉人符合利用未公开信息交易罪"明示、暗示他人从事相关交易活动"的行为标准?

笔者认为,利用职务便利获取未公开信息的行为人明示、暗示他人从事相关金融交易,他人没有从事相关交易的,一般情况下不能认定其构成利用未公开信息交易罪。因为不管是利用未公开信息交易罪,还是内幕交易罪,

---

① 参见刘宪权:《金融犯罪刑法理论与实践》,北京大学出版社2008年版,第331页。

② 参见[德]维特根斯坦:《哲学研究》,汤潮、范光棣译,生活·读书·新知三联书店1992年版,第75页。

本质上都属于证券期货市场中的内线交易犯罪，既然在整个案件的犯罪行为体系中没有客观体现交易属性，就不能认为相关行为符合利用未公开信息交易罪的罪质。同时，由于利用未公开信息交易罪的成立必须符合“情节严重”的标准，而知悉未公开信息的行为人建议他人从事相关交易，他人没有实施证券期货交易行为，客观上不会扰乱资本市场的交易秩序。如果建议行为没有造成未公开信息泄露，建议他人交易行为所产生的恶劣影响处于可控状态，不符合利用未公开信息交易罪“情节严重”的实质标准；如果造成未公开信息泄露甚至大规模泄露，对于利用职务便利获取未公开信息并建议他人从事相关金融交易的行为主体，可以按照侵犯商业秘密罪、故意泄露国家秘密罪等泄密类犯罪进行定罪处罚，没有必要强行通过利用未公开信息交易罪处理。

2. 关于泄露未公开信息问题

行为人在获知未公开信息的情况下，明示或者暗示他人买卖相关证券、期货合约构成利用未公开信息交易罪，是否以实际向对方泄露未公开信息为必要？

刑法理论上有观点认为，明示或者暗示他人买卖相关证券、期货合约，本质上均使他人在一定程度上了解了有关未公开信息；如果金融机构从业人员、监管部门工作人员单纯提供不确定的交易意见，他人没有知悉未公开信息的，也不能认定其行为属于明示或者暗示他人买卖相关证券、期货合约。①可见，上述意见主张没有泄露未公开信息具体内容的建议行为就意味着证券期货交易意见并不确定，故明示或者暗示他人买卖相关证券、期货合约必须以向他人泄露未公开信息为前提。

但是，笔者认为，明示或暗示他人买卖相关证券、期货合约构成利用未公开信息交易罪，不以向对方泄露未公开信息为必要。因为刑法体系解释可以证明泄露未公开信息的非必要性。利用未公开信息交易罪行为要件体系中包含了两种实行行为，一是本人利用未公开信息从事相关金融该交易，二是本人在知悉未公开信息的基础上建议他人从事相关金融交易。既然两种行为同属于利用未公开信息交易罪的实行行为，其在要素配置上应当具有等量性——知悉未公开信息+基于未公开信息发生的相关金融交易；在危害结果层面也具有等量性——基于未公开信息产生的内线交易扰乱了相关证券期货交易市场的公平秩序。两种行为模式的差异性仅仅在于，前一种

---

① 缑泽昆：《〈刑法修正案(七)〉中“老鼠仓”犯罪的疑难问题》，《政治与法律》2009 年第 12 期。

实行行为中违规交易的原因是未公开信息知悉人自己直接实施,后一种实行行为中违规交易的原因是未公开信息知悉人建议他人实施。因此,未公开信息是否泄露并不具有构成要件要素的实体意义,充其量只能作为进一步判断行为人通过何种具体方式建议他人从事相关交易活动的客观情形。

行为人向特定对象泄露未公开信息,应当将其认定为明示行为,还是暗示行为,抑或单纯的泄露未公开信息不符合利用未公开信息交易罪建议行为的特征?

有学者指出,内幕交易罪中的明示就是内幕信息知情人员在知悉内幕信息后直接明确将内幕信息告诉交易者,提示其从事相关证券期货交易;利用未公开信息交易罪中的明示具有相同的含义。①不同意见认为,金融从业人员、监管机构工作人员等故意告知特定对象未公开信息,此种行为本质上属于暗示他人从事相关交易。②更有意见认为,只要具备建议他人从事相关证券期货交易的目的,向他人泄露未公开信息不区分明示与暗示,均构成利用未公开信息交易罪。③

笔者认为,在利用未公开信息交易罪的语境下,知悉未公开信息的行为人向特定对象泄露未公开信息,属于明示还是暗示抑或两者皆非,无法设置一个封闭性的认定标准,必须根据个案中未公开信息的特质进行具体判断。

利用未公开信息交易罪不同于内幕交易罪,在后者的刑法规范与犯罪行为框架中,绝大部分内幕信息都属于上市公司并购重组、资产增减、利润走向等影响特定证券交易价格的重大消息,内幕人员告知特定对象内幕信息的内容,直接等同于提供一个确定且可信的交易策略。因此,在内幕交易罪中,告知特定内幕信息就是明示他人从事相关证券期货交易。利用未公开信息交易罪则不然。有的未公开信息能够直接锁定对应的证券期货交易对象与方法。例如,基金公司对某只特定股票大量建仓或者加仓。有的未公开信息无法明确框定证券期货交易品种,甚至连操作方向都无法确定。例如,金融机构一年期存贷款基准利率上调若干百分点,可能引起股价齐跌,完全也可能属于“利空出尽”反而引发股价齐涨。行为人即使将此信息明确告知特定对象,如果没有告知其在股指期货市场中的操作方向(买还是卖),实际上无法认定其行为属于明示;同时,由于此类金融政策性信息没有

---

① 参见卢勤忠:《基金犯罪研究》,北京大学出版社2010年版,第260页、279页。

② 缑泽昆:《〈刑法修正案(七)〉中“老鼠仓”犯罪的疑难问题》,《政治与法律》2009年第12期。

③ 赵斌、曹云清:《利用未公开信息交易罪若干问题研究》,《江西公安专科学校学报》2009年第4期。

对应的证券交易品种,更不可能认定其明示他人从事相关证券交易。因此,判断行为人向特定对象泄露未公开信息的行为性质,应当在一个原则性与开放性的基本尺度下结合个案情形与当时的证券市场状况作具体分析——未公开信息具有确定的证券期货交易品种指向与操作方向的,向特定对象泄露未公开信息可以认定为明示;根据未公开信息结合证券期货市场知识,基本能够确定交易品种与操作方向的,向特定对象泄露未公开信息可以认定为暗示;向特定对象泄露未公开信息之后,根据资本市场一般投资者知识标准无法确定证券期货交易策略的,不能认为其泄露行为符合利用未公开信息交易罪"明示、暗示他人从事相关交易活动"的特征。

3. 关于明示、暗示的认定问题

在明确被建议者实际从事相关交易、泄露未公开信息等因素如何影响"明示、暗示他人从事相关交易活动"司法判断的基础上,论述明示、暗示司法认定标准问题则相对顺畅。

明示他人从事相关证券期货交易是指,未公开信息知悉者明确告知相关证券交易品种及操作方向,或泄露未公开信息内容且该信息能够明确指向相关证券交易品种及操作方向,或既告知未公开信息又提示相关证券交易品种及操作方向。

暗示他人从事相关证券期货交易具有间接性与互动性,前者表现为未公开信息持有人没有直白地告知确定的证券期货交易策略,后者决定了需要被建议者通过主观能动性的一定发挥来理解如何从事相关证券期货交易。因此,司法实践中认定暗示行为具有一定难度。笔者认为,暗示行为的本质在于心照不宣。根据当时证券期货市场的实际状况与发展规律、证券期货常识以及经验法则进行判断,未公开信息知悉人间接提出的倾向性意见("不宣")能够使资本市场正常投资者领悟相关证券期货交易活动("心照"),可以认定为未公开信息知悉者暗示他人从事相关证券期货交易。

(四) 利用未公开信息交易行为违法性司法判断规则

根据《刑法》第一百八十条第四款的规定,金融机构及有关主管部门工作人员利用通过职务便利获取的未公开信息从事证券期货交易或者建议他人从事证券期货交易,只有在"违反规定"的前提下才构成利用未公开信息交易罪。刑法为利用未公开信息交易罪明确设置"违反规定"的构成要件,决定了违法性分析是司法机关判断涉案行为是否构成本罪极为重要的工作。利用未公开信息交易的违法性判断主要涉及"违反规定"的范围界定、前置性规范的内容分析以及"违反规定"的判断依据等具体问题。

1."违反规定"的范围界定

纵观我国刑法分则的规定,大量个罪的成立以违反相关法律、法规等规范性法律文件为前提,但其空白罪状的表述方式迥异——(1)有的概括地表述为"违反国家规定"(例如,《刑法》第一百三十七条工程重大安全事故罪)。由于《刑法》第九十六条在总则部分对国家规定的范围进行了确定性的解释,"国家规定"的最低法律位阶为国务院制定的法规、决定、命令等。(2)有的直接提示了具体的法律(例如,《刑法》第三百三十条妨害传染病防治罪,"违反传染病防治法"),司法机关可以直接对相关个罪违法性的前置规范进行定位。(3)有的归纳了规范性法律文件的类别与位阶(例如,《刑法》第三百二十五条非法出售、私赠文物藏品罪,"违反文物保护法规"),司法机关同样可以相对明确地确定相关个罪违法性的前置规范。(4)有的则仅规定了前置性规范的类别,但没有明确其法律位阶(例如,《刑法》第一百二十六条违规制造、销售枪支罪,"违反枪支管理规定")。由于法律位阶的明确是司法机关对相关个罪进行违法性判断的前提与依据,刑法即使规定了相关规范性文件从属的类别,也难以清晰界定相关规定的范围。

构成利用未公开信息交易罪的前提是"违反规定"。在我国刑法分则中,以"违反规定"形式出现的空白规范极少,除了利用未公开信息交易罪之外,只有《刑法》第一百八十八条违规出具金融票证罪、第四百零八条违法发放林木采伐许可证罪以及第四百四十二条擅自出卖、转让军队房地产罪采取相同的立法模式。

有学者指出,违规出具金融票证罪中的"违反规定",显然不限于国家法律、行政法规,还应当包括部门规章以及银行或其他金融机构制定的相关规章制度和重要业务规则等行为规范。①由于利用未公开信息交易罪与违规出具金融票证罪的刑法条文同属经济刑法规范体系,加之"违反规定"在法条文字表述上也确实明显区别于"违反国家规定",按照上述经济刑法理论及逻辑展开的一种合理的解释是,利用未公开信息交易罪中的"违反规定"不应当局限于全国人大及其常委会制定的法律和决定、国务院制定的行政法规等规定,还应当覆盖国家有关部门规章、全国性行业协会规则以及相关金融机构、主管部门规章制度、规范指引等内部规范性文件。

笔者认为,利用未公开信息交易罪中的"违反规定",是指违反法律、法规、部门规章、国家政策、全国性行业规范。

---

① 顾肖荣:《论经济刑法中的几个基本问题》,《法学》2008年第8期。

犯罪的违法性始终被认为是理所当然的特征。①"违反规定"只是对利用未公开信息交易罪客观违法行为判断的一种特别提示,而并非刻意强调本罪只须以具有一定规范形式的文件而不需要规范性法律文件对涉案行为进行违法性判断。由于证券期货犯罪合法与违法的界限认定非常困难,必须通过对"违反规定"的细致分析实现利用未公开信息交易违法与犯罪界限的清晰界分。犯罪的成立应当具有统一性,故法律、法规、部门规章等国家统一性规范性法律文件显然可以作为认定利用未公开信息交易罪的前置性规范。国家关于证券期货等金融行业的政策是制定相关法律、法规、规章的指导基础,也可以作为判断相关利用未公开信息交易行为是否违反规定的规范依据。证券、期货、基金、信托、保险、银行等全国性行业协会,是相关法律、法规、规章授权对行业进行管理与业务指导的组织,其指定的行业规范具有指导效力,同样应当作为判断利用未公开信息交易行为是否违反规定的基础。

刑法只允许保护法律所预先设定的利益。②对于利用未公开信息交易罪等证券期货犯罪而言,其违法性判断依据必须通过明显的方式被吸收到犯罪构成的罪状表述之中,故利用未公开信息交易罪必须具有明确的形式违法性。"违反规定"就不可能是一种违规性的、宽泛的、松散的范围指向,而应当是一个违法性的判断问题。根据犯罪二次违法性理论,刑法具有二次性规范的属性,犯罪具有二次性违法的基本特征。③在认定犯罪的过程中,涉案行为的违法性依据根植于前置性规范,违法行为只有在超越其他法律规范的情况下,才能通过刑法规范进行二次评价与检讨。这种违法性判断应当是一种根据广义的法进行的法律评价,而非根据各式各样的规定进行的违规性分析。违法性判断的依据应当具有明显的外部性,单位的内部规章制度不能作为违法性判断的前置性规范基础。因此,利用未公开信息交易罪中"违反规定"的范围不能延展至金融机构、有关主管部门的内部规章制度。

虽然金融机构、相关主管部门、行业协会的内部规章制度不能作为判断

---

① [德]李斯特:《德国刑法教科书(修订译本)》,徐久生译,法律出版社2006年版,第202页。

② [德]克劳斯·罗克辛:《德国刑法学总论(第1卷):犯罪原理的基础构造》,王世洲译,法律出版社2005年版,第12页。

③ 参见杨兴培:《"许霆案"的技术分析及其法理思考》,《法学》2008年第3期;杨兴培:《犯罪构成的三个层面分析》,《法学》2005年第5期;杨兴培:《一起夫妻争吵引起自杀案的刑法思考和伦理思考》,《华东政法学院学报》2004年第6期;杨兴培:《犯罪的二次性违法理论探究》,载本书编辑委员会编:《社会转型时期的刑事法理论》,法律出版社2004年版,第415页。

相关利用未公开信息交易行为是否“违反规定”的依据,但这并不意味着司法机关在对涉案行为进行违法性分析的过程中可以完全忽略内部规章制度。因为法律、法规、规章等对于金融机构、主管部门、行业协会工作人员利用未公开信息提前进行证券期货交易牟利行为的违法性规定,通常是一种原则性、概括性、宣示性的禁止,司法机关很大程度上只能根据此类前置性法律规范对行为的违法性进行一般化的把握。而单位内部规章制度或者合同约定,是一种具体化的规则设计,可以成为司法机关在办案过程中细致分析利用未公开信息交易行为违法性的重要参考资料。在具体适用过程中,司法机关可以先行分析单位内部规章以及合同约定是否与前置性法律规范相抵触。如果单位内部规章及合同约定是前置性法律文件框架下的细化解释与应用,不属于对法律没有明确禁止的违法交易行为设置内部约束,则司法机关可以充分运用内部规定具体性的优势更加精确地分析涉案交易行为的违法性,从而实现利用未公开信息交易罪违法性司法审查的精确化。

2. 前置性法律规范的具体内容

在明确了“违反规定”的范围之后,应当进一步考察“规定”的具体内容。司法机关只有在搜索到“规定”具体内容的基础上,才能根据前置性规范判断利用未公开信息交易行为的违法性。然而,证券、期货、银行、保险、基金等领域的法律、法规、规章、行业规则等前置性规范对于利用未公开信息交易行为的违法性规定实际上处于极度不完善的状态。

在法律这一位阶层面,《证券法》、《保险法》、《社会保险法》、《商业银行法》都没有对证券公司、证券交易所、保险公司、商业银行、社保基金投资管理机构等工作人员利用未公开信息从事证券期货交易的违法性作出明确规定,完全没有相关的禁止性条款,甚至根本没有“未公开信息”的法律概念。《证券投资基金法》、《信托法》只是从禁止背信行为的角度规定基金管理人、受托人不得利用基金财产或者信托财产为基金份额持有人或者信托人之外的其他主体谋取利益,没有明确禁止利用未公开信息交易行为。①在法规这一位阶层面,《期货交易管理条例》只规定了禁止内幕交易,没有设置未公开信息的法律概念,没有禁止利用未公开信息交易行为的任何规定。在部门规章这一位阶层面,证券、期货、保险、基金、银行等金融部门规章对于各类

① 《证券投资基金法》第二十条规定,基金管理人不得利用基金财产为基金份额持有人以外的第三人牟取利益;《证券投资基金法》第五十九条规定,基金财产不得用于从事内幕交易、操纵证券交易价格及其他不正当的证券交易活动。《信托法》第二十六条规定,受托人除依照本法规定取得报酬外,不得利用信托财产为自己谋取利益。受托人违反前款规定,利用信托财产为自己谋取利益的,所得利益归入信托财产。

金融机构及其工作人员的行为规范进行了细致的规定,却在利用未公开信息交易禁止性规定的内容设置上,仍然存在严重的规范缺位问题。尽管修订后的中国证监会《基金管理公司投资管理人员管理指导意见》第二十一条明确规定,投资管理人员应当严格遵守公司信息管理的有关规定以及聘用合同中的保密条款,不得利用未公开信息为自己或者他人谋取利益。这为司法机关根据行政部门规章认定基金公司管理人员利用未公开信息交易行为是否违反规定提供了重要的规范依据。但是,其他金融领域的部门规章存在大面积的空白。例如,在保险规章领域,中国保险监督管理委员会制定的《保险资金运用管理暂行办法》、《保险公司董事、监事和高级管理人员任职资格管理规定》、《保险公司管理规定》、《保险资产管理公司管理暂行规定》等一系列涉及保险资金投资信息管理的规定均未明确提及保险公司工作人员禁止利用未公开信息交易谋取利益的行为。①

可见,现阶段司法机关不可能根据法律、法规、规章等前置性规范设置的相关内容来判断涉嫌利用未公开信息交易的行为是否"违反规定",因为此类前置性法律规范处于集体性阙如状态。利用未公开信息交易罪违法性判断的前置性规范内容真空的原因在于:《刑法修正案(七)》采取能动的立法进路应对资本市场中具有严重社会危害性的行为——金融机构、金融主管部门工作人员利用职务地位优势及其产生的未公开信息优势攫取证券期货市场投资者利益行为。而刑法能动的结果便是:在行政性法律、法规、规章等规范性法律文件没有就利用未公开信息交易行为的违法性设置具体的内容规定之前,利用未公开信息交易罪很大程度上只具有刑法规范的宣示意义,处于无法进行司法适用的法条虚置状态。

前置性规范具体内容真空问题反映了利用未公开信息交易罪存在逆向立法问题。对于一般证券期货犯罪等经济刑法立法而言,前置性行政法律法规的具体规范先行设置证券期货违法行为的禁止性规定,刑法将其中最为严重的部分行为纳入犯罪圈。刑法理论上将这种证券期货犯罪立法模式归纳为"以证券期货法律法规为刑事立法基础原则"②,按照这种正向的刑事立法思路,前置性行政法律法规应当在禁止性规定中明确利用未公开信息交易行为的违法性,或者在罚则中规定利用未公开信息交易行为行政责任与刑事责任的基本条款,刑法随后跟进,配置利用未公开信息交易罪的构成

---

① 只有《保险资金运用管理暂行办法》第二十一条概括性地规定,托管机构从事保险资金托管,不得利用托管资金及其相关信息谋取非法利益。

② 刘宪权:《证券、期货犯罪的刑事立法及其完善》,《法学》2004年第5期。

要件。但是,在利用未公开信息交易罪中,《刑法修正案(七)》先行提出证券期货交易中的未公开信息的概念,并设置利用未公开信息交易犯罪行为的罪状,而相关的行政法律法规在《刑法修正案(七)》施行后的较长时间内没有及时进行调整。“刑法先行”与“行政未变”的立法现状使得利用未公开信息交易罪具有明显的逆向立法特征。由于《刑法修正案(七)》增设的出售、非法提供公民个人信息罪和非法获取公民个人信息罪也具有刑法反逼行政法律法规设置前置性规范的特点,①故以利用未公开信息交易罪逆向立法为代表的非典型经济犯罪立法模式实际上已经成为一种不容忽视的趋势。

在传统刑法理论中,无论是大陆法系刑法理论强调的法益保护的“辅助性”②,还是英美法系刑法认可的刑法的“最后手段性”③,都一致性地主张刑法只能在民法、行政法等损伤性较弱的制裁手段不足以保护法益的情况下才能够予以适用。④利用未公开信息交易罪逆向立法、倒逼前置性法律规范保护法益的刑法能动现象似乎在合理性层面存在极大的疑问。

但是,笔者认为,刑法在前置性规范具体内容缺位的情况下,先行设置利用未公开信息交易罪,是刑法在风险社会中对传统刑法谦抑性原则的一种微调,是在合理的限制中对于经济生活中的出现的严重危害资本市场秩序行为的能动反应。这不仅是理性的呼唤,而且是在更高的层次上符合传统刑法理论的实践性思考。随着经济迅猛发展,金融市场与金融创新已经成为经济社会生活中极为重要的组成部分。风险刑法的政策重心,正从原来的危害公共安全犯罪带来的危险应对,逐渐转置为证券期货犯罪等金融犯罪带来的风险反应。金融创新的指数级增长模式决定了金融违法犯罪行为千变万化。面对金融违法犯罪行为推陈出新及其对资本市场产生的严重风险,刑法在民法、行政法没有及时跟进的情况下迫不得已进行提前反应,促使法律体系全面保护资本市场安全稳定,对具有严重社会危害性的金融违法犯罪行为进行整体性的规范控制。

同时,根据李斯特的违法性理论⑤,作为不法的犯罪是一种违法行为,对

---

① 参见陈晓英:《刑法亮剑“倒逼”个人信息保护法出台》,《法制日报》2008年9月8日第5版。

② 参见[德]克劳斯·罗克辛著:《德国刑法学总论(第1卷):犯罪原理的基础构造》,王世洲译,法律出版社2005年版,第23—24页。

③ Douglas Husak, The Criminal Law as Last Resort, Oxford Journal of Legal Studies, Vol.24, pp.207—235, 2004.

④ 参见[德]约翰内斯·韦塞尔斯:《德国刑法总论》,李昌珂译,法律出版社2008年版,第6页。

⑤ 参见[德]李斯特:《德国刑法教科书(修订译本)》,徐久生译,法律出版社2006年版,第200—201页。

犯罪的法律评价包括形式违法与实质违法。形式违法指向违反法律的禁止性规定;实质违法意味着一种社会危害性或者反社会性。形式违法与实质违法之间可能出现矛盾,即有关行为没有违反现有法制的要求却具有严重的反社会性。对于司法适用而言,司法机关必须严格按照现有的规定认定其是否构成犯罪,包括严格审查前置性规范判断犯罪行为的违法性,没有违反前置性法律法规,就不存在构成相关证券期货犯罪的基础。对于刑法修改而言,完全可以超越现有民法、行政法的制裁范围对危害社会的行为进行理性应对。

经过上述理论分析可知,虽然刑法在前置性规范尚未对利用未公开信息交易行为的违法性进行明确禁止的情况下提前设置了利用未公开信息交易罪的罪状,但其本质上符合风险刑法应对资本市场危害社会行为的现实要求与传统刑法的违法性理论。利用未公开信息交易罪超前立法,同时,采用"违反规定"的空白罪状,强调利用未公开信息交易罪的犯罪性仍然应当以前置性法律规范规定的违法性为前提。这与金融犯罪具有行政违法与刑事违法双重性特征相吻合,也符合经济法律法规与经济刑法之间规范协调性与一致性的要求。①以利用未公开信息交易罪为代表的金融犯罪逆向立法为今后刑法修正应对实践挑战树立了具有重要意义的标杆。对于司法实践而言,《证券投资基金法》、《信托法》等法律已经对背信行为设定概括性禁止规定,中国证监会《基金管理公司投资管理人员管理指导意见》在基金部门规章层面明确禁止利用未公开信息交易行为,司法机关可以将此类前置性规范的具体内容作为考察其违法性的依据。故基金公司、信托公司工作人员利用本单位投资信息从事相关证券期货交易谋取利益的,可以认定为利用未公开信息交易罪。但是,对于《证券法》、《期货管理条例》、《商业银行法》、《保险法》等大部分没有对"违反规定"的具体内容进行填充的金融法律、法规等规范领域,必须尽快制定禁止利用未公开信息交易行为的规定。

3."违反规定"的判断依据

利用未公开信息交易罪中的"违反规定"并不是一个孤立的构成要件要素,其本质上是对利用未公开信息交易行为违法性问题设定一个整体性的法律规格。故"违反规定"的司法认定不能仅仅是对相关规定的援引,而是必须对整个利用未公开信息交易过程中行为的违法性进行全面的证明,即通过严格的司法审查论证利用未公开信息交易行为的违法事实及其规范

① 关于证券期货行政规范与证券期货刑法规范之间关系的详细论述,参见刘宪权:《证券、期货犯罪的刑事立法及其完善》,《法学》2004 年第 5 期。

依据。

在当前的证券期货犯罪司法实践中,对于涉案行为违法性判断的依据主要是中国证监会的行政处罚决定书、违法行为认定函以等行政法律文书以及中国证监会在行政程序中搜集的书证、物证、证言等证据。例如,在非法经营类证券期货犯罪案件中,司法机关通常将中国证监会对非法经营证券期货业务的性质所出具的书面结论、复函等作为认定行政违法性的核心依据甚至是唯一依据。但是,理论界普遍认为,以中国证监会行政程序中形成的处罚决定、书面复函、调查笔录等文件材料,在刑事司法程序中不具有司法效力,不应当以此为依据认定证券期货犯罪行为的违法性。①

实际上,"违反规定"是利用未公开信息交易罪的构成要件,这就决定了司法机关必须对金融机构、相关主管部门等单位的工作人员利用未公开信息从事金融交易行为的违法性进行独立且全面的司法审查与判断,行政处罚决定书、行政复函等只能作为司法审查的参考材料而非判断依据。中国证监会对利用未公开信息交易行为违法性进行确认的行政法律文件具有的既定效力仅覆盖行政程序环节。这意味着司法机关不得以节省司法资源、金融技术性知识能力低于证券期货执法部门等理由直接将行政法律文件作为认定相关利用未公开信息交易行为"违反规定"的依据。

司法实践中,证券期货犯罪案件通常由行政执法部门在调查结束后移送司法机关。利用未公开信息交易罪的司法审查必然滞后于行政调查。大量的能够证明利用未公开信息交易行为违法性的证据势必都由中国证监会等行政执法部门先行调取、采集、固定、制作。证券期货犯罪涉及大量交易数据、资金流动、账户信息等证据材料,司法机关只能在经过审查认可这些证据合法性的基础上,对涉案行为的违法性进行判断,不可能作为取证主体重新采集证券期货犯罪的证据。因此,认定利用未公开信息交易罪"违反规定"的具体依据应当是证券期货执法部门移送公安机关的证据。此类能够证明利用未公开信息交易行为违法性的依据进一步可以区分为直接依据与间接依据——(1)证券期货执法机构向证券期货公司、证券期货交易所等机构调取的记录证券期货交易流水数据、资金走向、账户资料等信息的书证、物证、电子证据等客观性材料,经司法机关确认具备证据合法性的,可以直接作为判断利用未公开信息交易行为违法性的依据。(2)证券期货执法机构在办案过程中形成的涉案人员供述、证人证言、调查笔录等主观性材料,

① 吕蕾:《资产注入遭遇"暗礁"行政认定函能否推定其罪——专家热议证券内幕交易的"罪与非罪"》,载《上海法治报》2010年7月9日A8版。

在刑事司法中不具有证据合法性，必须经过司法机关依法转换为刑事诉讼证据，从而成为判断利用未公开信息交易行为是否违法的间接依据。

4.“违反规定”的规范填充

要求前置性金融法律规范在短时间内系统性地增设利用未公开信息交易行为违法性的具体内容显然是不切实际的。因此，以《证券法》、《保险法》、《信托法》、《证券投资基金法》等为代表的法律应当最先进行原则性修改，为行政法规、部门规章、行业规范等规范性文件的逐步修改提供明确的规范设立依据，进而对利用未公开信息交易行为设置体系性的违法性判断依据。

以《证券法》为例，具体的立法建议是——(1)在总则中概括性地规定禁止利用未公开信息交易行为。将《证券法》第五条修改为，证券的发行、交易活动，必须遵守法律、行政法规；禁止欺诈、内幕交易、利用未公开信息交易和操纵证券市场的行为。(2)在第三章证券交易第四节禁止的交易行为中规定禁止利用未公开信息交易行为的具体内容。在《证券法》第七十六条内幕交易行为与第七十七条操纵市场行为之间增设一条：禁止证券监督管理机构、证券交易所、证券公司、证券交易结算机构等单位工作人员利用内幕信息之外的其他未公开信息从事证券交易活动。证券监督管理机构、证券业协会、证券交易所、证券公司、证券交易结算机构中，涉及证券供求关系、投资经营决策、证券监管等对证券市场价格有重大影响且尚未公开的信息，是内幕信息之外的其他未公开信息。(3)在法律责任部分规定利用未公开信息交易行为的行政违法责任与刑事犯罪责任。

其他金融领域的法律可以参照上述标准与思路增设利用未公开信息交易行为的禁止性规定，从而相对完整地填充利用未公开信息交易罪“违反规定”的具体内容，保证司法机关准确根据前置性规范认定相关利用未公开信息交易行为的违法性。

三、利用未公开信息交易犯罪的量刑情节认定与法定刑适用

利用未公开信息交易犯罪量刑情节与法定刑的认定与适用问题是司法实践中极为突出的争议与难点。充分运用文义解释、体系解释、实质解释等刑法解释原理，层进式地对利用未公开信息交易罪量刑情节配置问题进行分析，可以确认本罪应全部按照内幕交易、泄露内幕信息罪的法定刑条款进行处罚，即具有“情节严重”、“情节特别严重”两档量刑情节及其对应法定刑配置。由于司法解释未规定利用未公开信息交易罪“情节特别严重”量化标准，量刑情节认定依据真空而引发的裁判规则不确定性与法律风险，不应由被告人承担。有必要通过科学的实证调查与规范分析，研究制定利用未公

开信息交易罪的司法解释,合理建构违法与犯罪、"情节严重"与"情节特别严重"的量化界限。

(一) 利用未公开信息交易罪量刑情节解释争议

我国《刑法》第一百八十条规定了内幕交易、泄露内幕信息罪和利用未公开信息交易罪,对伴随着资本市场迅猛发展而滋生的内幕交易、利用未公开信息交易犯罪行为进行了卓有成效的刑法规制。尤其是《刑法修正案(七)》增设的、在实践中被称为"老鼠仓"的利用未公开信息交易犯罪,近年来明显成为资本市场监管与犯罪惩治的焦点。中国证监会 2013 年立案 22 件,仅 2014 年上半年就立案 25 件,共 39 人被移送司法机关追究刑事责任;①2014 年年底更是对"老鼠仓"违法犯罪开展专项治理行动。②与此同时,利用未公开信息交易犯罪案件的理论解释与实践适用争议问题愈发突出——最高人民检察院就我国"最大老鼠仓"马乐利用未公开信息交易案的终审裁定,以"法律适用错误,导致量刑明显不当"为由,按照审判监督程序向最高人民法院提出抗诉,③引发资本市场、法学理论与实务界的高度关注。2015 年 12 月,最高人民法院在深圳第一巡回法庭对原审被告人马乐利用未公开信息交易再审一案作出改判,认定利用未公开信息交易罪具有"情节严重"、"情节特别严重"两档量刑情节,判处原审被告人马乐有期徒刑三年,并处罚金人民币 1 913 万元;违法所得人民币 1 912 万余元依法予以追缴。④

本案的争议焦点在于利用未公开信息交易量刑情节的理解与适用,即本罪是否存在、如何认定"情节特别严重"。

马乐利用未公开信息交易抗诉案的意义显然并不局限于利用未公开信

① 许志峰:《证监会怎样"捉老鼠"》,《人民日报》2015 年 2 月 8 日第 2 版。

② 中国证券监督管理委员会:《证监会对部分涉利用未公开信息交易案件基金公司依法采取行政监管措施》, http://www.csrc.gov.cn/pub/newsite/zjhxwfb/xwdd/201501/t20150130_267378.html(访问日期:2015 年 2 月 17 日)。

③ 马乐在担任证券投资基金经理期间,利用其掌控的未公开信息从事证券交易,累计成交金额 10.5 亿余元,从中非法获利 1 883 万余元。2014 年 3 月,深圳市中级人民法院认为马乐利用未公开信息交易"情节严重",一审判决其有期徒刑三年、缓刑五年,并处罚金 1 884 万元、没收违法所得。同年 4 月深圳市人民检察院提出抗诉;8 月,广东省检察院支持抗诉,认为马乐应认定为"情节特别严重"。10 月,广东省高级法院经审理认为,《刑法》第一百八十条第四款只规定了利用未公开信息交易罪"情节严重"量刑情节,并未规定本罪有"情节特别严重"情形,终审裁定驳回抗诉,维持原判。广东省检察院认为该终审裁定确有错误于 11 月提请最高人民检察院抗诉。2014 年 12 月,最高人民检察院决定按审判监督程序向最高人民法院提出抗诉。参见郑赫南:《"最大老鼠仓"案为何被三级检察机关抗诉》,《检察日报》2015 年 2 月 15 日第 2 版。

④ 刘婧:《最高法院对马乐利用未公开信息交易案再审改判》,《人民法院报》2015 年 12 月 12 日第 2 版。

息交易个案的法律适用与刑罚裁量。通过我国最高司法机关针对资本市场犯罪案件中的重大问题作出标杆性判例，不仅能够明确利用未公开信息交易犯罪司法实践中的类型化疑难问题与典型性复杂问题，而且能够深度考察刑法解释原理与司法解释规则在资本市场犯罪实践中的应用。

我国资本市场在规模持续壮大、层次愈发完善的同时，客观上催生了利用未公开信息交易等违法犯罪的数额节节攀升、不断刷新纪录，实践中涌现出大量交易量10亿元以上、违法所得千万元级别的“老鼠仓”犯罪案件。目前刑罚最重的是李旭利利用未公开信息交易犯罪案，其累计“老鼠仓”成交额5 226万余元、股票交易共计获利899万余元、分得股票红利172万余元，被判处有期徒刑四年，并处罚金1 800万元，违法所得1 071万余元予以追缴。[①]相当数量的“老鼠仓”犯罪的行为人被判处缓刑，且至今无一例被认定为“情节特别严重”。社会公众普遍认为“老鼠仓”频发的主因是惩处力度不够。[②]因此，有必要结合备受关注的最高人民检察院抗诉“老鼠仓”案，对利用未公开信息交易罪量刑情节问题进行审慎的刑法解释，对《刑法》第一百八十条规定的内幕交易、利用未公开信息交易的犯罪实质与经济机理进行本质追问与纵深探索，为公正惩治资本市场犯罪、有效破解实践难题、完善司法解释提供理论支持。

（二）利用未公开信息交易罪量刑情节文义解释

对于利用未公开信息交易，情节严重的，依照《刑法》第一百八十条第一款内幕交易、泄露内幕信息罪的规定处罚，如何进行符合罪刑法定的解释，实践中存在两种截然不同的意见。

“部分依照”论认为，《刑法》第一百八十条第四款利用未公开信息交易罪的条文明确且仅仅规定了“情节严重”唯一的一档量刑标准，即“情节严重”应依照内幕交易、泄露内幕信息罪“情节严重”量刑档次处罚，并没有明示性地规定利用未公开信息交易“情节特别严重”相应地适用内幕交易、泄露内幕信息罪“情节特别严重”的加重量刑情节。[③]

“全部依照”论认为，刑法条文中的“依照前款处罚”是对前款所规定全部内容的包含。具体到《刑法》第一百八十条第四款规定的“依照第一款的规定处罚”，则包含《刑法》第一百八十条第一款的全部规定，而不是其中的某一部分。因此，利用未公开信息交易罪具有“情节特别严重”这一量刑情节。[④]《刑法》同一法条的不同款项在处罚上具有协调性，这种处罚的参照不

① 严晓蝶、李燕：《李旭利案终审：维持一审原判》，《东方早报》2013年10月30日第A32版。

② 张炜：《打击证券犯罪须“执法必严”》，《中国经济时报》2014年4月1日第3版。

③ 参见广东省高级人民法院刑事裁定书（2014）粤高法刑二终字第137号。

④ 参见邹坚贞：《市、省和最高检为何层层抗诉“马乐案”最高检意欲推动老鼠仓判决立新规？》，《中国经济周刊》2014年第49期。

可能只是部分参照,应该是全部参照。《刑法》第一百八十条第一款规定的内幕交易、泄露内幕信息罪,存在"情节严重"和"情节特别严重"的不同情形和两个不同量刑档次,对利用未公开信息交易罪的处罚也存在两个不同情形和量刑档次。①

两种观点在文义解释上的巨大差异与认识分歧,主要是源于《刑法》第一百八十条第四款在文字内涵上具有两种微妙的、截然不同的语意侧重。如果将《刑法》第一百八十条第四款的文字重心置于"情节严重的",该款显然说明利用未公开信息交易行为只有在"情节严重"的情况下才能按照该条第一款的规定"处五年以下有期徒刑或者拘役,并处或者单处违法所得一倍以上五倍以下罚金"——其一,"情节严重"是入罪条件,不符合情节严重标准的利用未公开信息交易行为不是犯罪;其二,"情节严重"是唯一量刑情节,利用未公开信息交易罪不存在"情节特别严重"这一加重法定刑档次。如果将《刑法》第一百八十条第四款的文字重心置于谓语"依照……处罚",那么该款的内涵就非常明了地指向一个简单的结论——利用未公开信息交易罪的刑事处罚标准等同于内幕交易、泄露内幕信息罪。

准确地辨识刑法规范文字内容的重心显然需要遵循刑法条文结构的基本逻辑。刑法条文是一种语言,所以对刑法规范结构的解释首先要符合语法结构的原理。同时,刑法条文是一种法律语言,并且具有刑法这一区别于其他部门法的特有规范结构,因此刑法解释还需要符合罪状解释原理。

以中文语法结构的视角进行解析,"全部依照"论相对而言更具说服力。尽管《刑法》第一百八十条第四款条文内容很长,但在语法上还是非常典型的"主+谓+宾"结构。"证券交易所、期货交易所、证券公司、期货经纪公司、基金管理公司、商业银行、保险公司等金融机构的从业人员以及有关监管部门或者行业协会的工作人员,利用因职务便利获取的内幕信息以外的其他未公开的信息,违反规定,从事与该信息相关的证券、期货交易活动,或者明示、暗示他人从事相关交易活动,情节严重的"整体构成主语,意指利用未公开信息交易犯罪;"依照……处罚"构成谓语;"第一款的规定"构成宾语,意指内幕交易、泄露内幕信息犯罪。语句的重心通常都落位于谓语,没有必要强行割裂稳定的主谓宾结构而特别强调作为主语中的部分内容的"情节严重的"。按照主谓宾的语法结构进行解释,《刑法》第一百八十条第四款的含义就是利用未公开信息交易罪的刑罚依照内幕交易、泄露内幕信息罪的规定进行处罚,利用未公开信息交易罪相应地就必定包括"情节严重"、"情节

---

① 参见广东省高级人民法院刑事裁定书(2014)粤高法刑二终字第 137 号。

特别严重”两档法定刑。

以刑法条文结构的视角进行解析，“全部依照”论同样更符合分则个罪条文“罪+刑”结构。刑法分则中的所有规范在法条结构上都可以分割为犯罪构成（“罪”）与刑事处罚（“刑”）两大部分。具体到《刑法》第一百八十条第四款的分析，“证券交易所……情节严重的”整个属于犯罪构成部分，“依照第一款的规定处罚”则属于刑事处罚部分。基于“罪+刑”的罪状结构与条文逻辑进行解释，《刑法》第一百八十条第四款的含义同样是指符合利用未公开信息交易犯罪构成的行为应当按照内幕交易、泄露内幕信息罪的相关规定进行处罚。所以，利用未公开信息交易罪具有“情节严重”、“情节特别严重”两种量刑情节、两档法定刑配置，是站在罪状结构的整体视角对《刑法》第一百八十条第四款的内在含义所作出的解释，相对于孤立地将条文重心确定在作为利用未公开信息交易犯罪构成要素之一的“情节严重”，并将“处五年以下有期徒刑或者拘役，并处或者单处违法所得一倍以上五倍以下罚金”强调为唯一法定刑配置的意见而言，更具有合理性。

分析视角完全聚焦于《刑法》第一百八十条文义内涵，很大程度上已经能够有效地解释利用未公开信息交易罪量刑情节的配置，即利用未公开信息交易罪的法定刑全部依照内幕交易、泄露内幕信息罪的处罚规定，情节严重的，处五年以下有期徒刑或者拘役，并处或者单处违法所得一倍以上五倍以下罚金；情节特别严重的，处五年以上十年以下有期徒刑，并处违法所得一倍以上五倍以下罚金。但是，如果需要更为确实地证明“全部依照”论能够符合罪刑法定原则，依然有必要在刑法解释上提供更为充分的证据或者使用递进一层的解释规则予以补强。

（三）利用未公开信息交易罪量刑情节体系解释

刑法规范的体系解释不仅能够强化论证利用未公开信息交易罪具有“情节严重”、“情节特别严重”两档量刑情节，而且还能从刑法规范文本在司法适用的具体差异中探究“情节特别严重”能否以及如何实际适用于利用未公开信息交易罪。

由于刑法分则条文众多且部分规范设计采用相同的结构，根据刑法规范的体系性解释规则，特定法条的构成要件或者刑罚配置不明确，可以基于其他内容明确、结构相同、关系密切的法条对其内涵展开解释。纵观我国《刑法》分则条文，与《刑法》第一百八十条第一款内幕交易、泄露内幕信息罪与第四款利用未公开信息交易罪法条关系、条文结构、量刑情节配置问题完全相同的，只有《刑法》第二百八十五条第二款非法获取计算机信息系统数据、非法控制计算机信息系统罪[①]与第 3 款提供侵入、非法控制计算机信息系统程序、工具罪[②]。非法获取计算机信息系统数据、非法控制计算机信息系统罪规定了“情节严重”、“情节特别严重”两种量刑情节,位于同一法条后一款的提供侵入、非法控制计算机信息系统程序、工具罪的刑法条文也使用了“情节严重的,依照前款的规定处罚”的规范设计结构。

内幕交易、泄露内幕信息罪与利用未公开信息交易罪,非法获取计算机信息系统数据、非法控制计算机信息系统罪与提供侵入、非法控制计算机信息系统程序、工具罪,这两组犯罪都是《刑法修正案(七)》修改与增设的资本市场犯罪与信息网络犯罪,《刑法修正案(七)》的立法权威解读对利用未公开信息交易罪与提供侵入、非法控制计算机信息系统程序、工具罪的“情节严重”的分析,也都是强调“情节严重的才构成犯罪”,即“情节严重”是两罪的客观处罚条件,[③]并没有任何证据突出利用未公开信息交易罪与提供侵入、非法控制计算机信息系统程序、工具罪只有“情节严重”这一种法定刑配置。

对于《刑法》第二百八十五条第三款提供侵入、非法控制计算机信息系统程序、工具罪的法定刑配置应当部分还是全部依照《刑法》第二百八十五条第二款非法获取计算机信息系统数据、非法控制计算机信息系统罪的规定处罚,尽管刑法理论并未将之作为问题予以深究,[④]但司法实践无争议地对提供侵入、非法控制计算机信息系统程序、工具罪适用“情节严重”与“情

---

① 《刑法》第二百八十五条第二款非法获取计算机信息系统数据、非法控制计算机信息系统罪规定:“违反国家规定,侵入前款规定以外的计算机信息系统或者采用其他技术手段,获取该计算机信息系统中存储、处理或者传输的数据,或者对该计算机信息系统实施非法控制,情节严重的,处三年以下有期徒刑或者拘役,并处或者单处罚金;情节特别严重的,处三年以上七年以下有期徒刑,并处罚金。”

② 《刑法》第二百八十五条第三款提供侵入、非法控制计算机信息系统程序、工具罪规定:“提供专门用于侵入、非法控制计算机信息系统的程序、工具,或者明知他人实施侵入、非法控制计算机信息系统的违法犯罪行为而为其提供程序、工具,情节严重的,依照前款的规定处罚。”

③ 利用未公开信息交易,情节严重的,才构成犯罪。情节严重主要指多次建立老鼠仓、非法获利数额巨大、对客户资产造成严重损失等情形。提供侵入、非法控制计算机信息系统程序、工具,情节严重的,才构成犯罪。情节严重主要是指大量提供、出售数额较大、提供的程序工具等被大量使用造成严重危害等情况。参见黄太云:《〈刑法修正案(七)〉解读》,《人民检察》2009 年第 6 期。

④ 同属于《刑法修正案(七)》修改与增设的犯罪类型,刑法理论并未像研究内幕交易、泄露内幕信息罪、利用未公开信息交易罪那样深入分析非法获取计算机信息系统数据、非法控制计算机信息系统罪、提供侵入、非法控制计算机信息系统程序、工具罪的法定刑配置与适用问题,可能的原因在于:(1)资本市场犯罪的关注度相对于网络犯罪而言明显更高;(2)网络犯罪条款技术性非常强,对于刑法理论研究领域而言显得比较生僻;(3)网络犯罪案件控辩对抗激烈程度相对比较低,司法实践中即使出现提供侵入、非法控制计算机信息系统程序、工具罪被认定为“情节特别严重”并适用第二档法定刑,在辩方没有激烈法律意见对抗的情况下,刑法理论很难关注到此类非常具体却涉及法律适用准确与否的重要问题。

节特别严重”两个档次的法定刑。

在司法解释中，2011年最高人民法院、最高人民检察院《关于办理危害计算机信息系统安全刑事案件应用法律若干问题的解释》(以下简称《计算机犯罪解释》)对提供侵入、非法控制计算机信息系统程序、工具罪不仅明确规定了“情节严重”的入罪标准，而且规定了“情节特别严重”加重法定刑的量化标准。①这说明最高人民法院与最高人民检察院就此类问题达成过共识——同一刑法条文中的前款罪名规定了“情节严重”、“情节特别严重”两档法定刑，后款罪名按照前款规定处罚，则后款罪名应适用“情节严重”、“情节特别严重”两种量刑情节。

在判例实践中，行为人提供侵入、非法控制计算机信息系统程序、工具被认定为“情节特别严重”，审判机关以加重法定刑“三年以上七年以下有期徒刑，并处罚金”为基准结合其他量刑情节作出判决的案例，实际上并不少见——被告人冯某将其制作的钓鱼网站和木马病毒程序提供给诈骗犯罪被告人王忠某、王鹏某等众多人使用，至少136次，从中获利22 000元，构成提供侵入、非法控制计算机信息系统程序、工具罪，属情节特别严重，被判处有期徒刑三年六个月，并处罚金三万元。②被告人阙某某、陈某某违反国家规定，提供专门用于非法控制计算机信息系统的程序、工具，其中阙某某参与犯罪的违法所得共计94 595.31元，陈某某参与犯罪的违法所得共计28 980.18元，均属情节特别严重，构成提供非法控制计算机信息系统程序、工具罪，且系共同犯罪。在提供非法控制计算机信息系统程序、工具共同犯罪中，阙某某起主要作用，是主犯；陈某某起次要、辅助作用，系从犯，依法应当从轻、减轻处罚。阙某某、陈某某能如实供述自己罪行，并能主动退缴违法所得，依法从轻处罚。结合考虑犯罪情节及悔罪表现，对被告人阙某某从轻处罚，对陈某某减轻处罚并适用缓刑。阙某某犯提供非法控制计算机信息系统程序、工具罪，被判处有

---

① 《计算机犯罪解释》第三条规定：“提供侵入、非法控制计算机信息系统的程序、工具，具有下列情形之一的，应当认定为刑法第二百八十五条第三款规定的‘情节严重’：(一)提供能够用于非法获取支付结算、证券交易、期货交易等网络金融服务身份认证信息的专门性程序、工具五人次以上的；(二)提供第(一)项以外的专门用于侵入、非法控制计算机信息系统的程序、工具二十人次以上的；(三)明知他人实施非法获取支付结算、证券交易、期货交易等网络金融服务身份认证信息的违法犯罪行为而为其提供程序、工具五人次以上的；(四)明知他人实施第(三)项以外的侵入、非法控制计算机信息系统的违法犯罪行为而为其提供程序、工具二十人次以上的；(五)违法所得五千元以上或者造成经济损失一万元以上的；(六)其他情节严重的情形。实施前款规定行为，具有下列情形之一的，应当认定为提供侵入、非法控制计算机信息系统的程序、工具‘情节特别严重’：(一)数量或者数额达到前款第(一)项至第(五)项规定标准五倍以上的；(二)其他情节特别严重的情形。”

② 浙江省宁波市鄞州区人民法院刑事判决书(2012)甬鄞刑再字第2号。

期徒刑四年,并处罚金人民币五万元;陈某某犯提供非法控制计算机信息系统程序、工具罪,被判处有期徒刑二年,缓刑三年,并处罚金人民币一万元。①被告人陆某某向1 145名用户销售具有侵入、非法控制计算机信息系统功能的木马程序,情节特别严重,其行为构成提供、侵入非法控制计算机信息系统程序、工具罪,被判处有期徒刑三年十个月,并处罚金三万元。②

从立法权威解读、最高司法机关共识、判例实践等分析中可以看到,《刑法》第二百八十五条第二款非法获取计算机信息系统数据、非法控制计算机信息系统罪和第三款提供侵入、非法控制计算机信息系统程序、工具罪,与内幕交易、泄露内幕信息罪和利用未公开信息交易罪具有完全相同的规范结构,提供侵入、非法控制计算机信息系统程序、工具罪毫无争议地具备"情节特别严重"的量刑档次,意味着至少在形式的、规范的刑法解释框架下,利用未公开信息交易罪理应具备"情节特别严重"的量刑情节与法定刑配置。然而,有必要强调的是,司法解释是否明确规定"情节特别严重"的具体判断标准,是加重法定刑能够在实践中予以适用的最为重要的客观条件。与《计算机犯罪解释》明确规定非法获取计算机信息系统数据、非法控制计算机信息系统罪、提供侵入、非法控制计算机信息系统程序、工具罪"情节严重"、"情节特别严重"量化认定标准不同,司法解释规定内幕交易、泄露内幕信息罪"情节严重"、"情节特别严重"的量化判断标准,③利用未公开信息交易罪

① 福建省厦门市思明区人民法院刑事判决书(2014)思刑初字第950号。

② 江西省万载县人民法院刑事判决书(2014)万刑初字第86号。

③ 2012年最高人民法院、最高人民检察院《内幕交易犯罪解释》第六条规定:"在内幕信息敏感期内从事或者明示、暗示他人从事或者泄露内幕信息导致他人从事与该内幕信息有关的证券、期货交易,具有下列情形之一的,应当认定为刑法第一百八十条第一款规定的'情节严重':(一)证券交易成交额在五十万元以上的;(二)期货交易占用保证金数额在三十万元以上的;(三)获利或者避免损失数额在十五万元以上的;(四)三次以上的;(五)具有其他严重情节的。"第七条规定:"在内幕信息敏感期内从事或者明示、暗示他人从事或者泄露内幕信息导致他人从事与该内幕信息有关的证券、期货交易,具有下列情形之一的,应当认定为刑法第一百八十条第一款规定的'情节特别严重':(一)证券交易成交额在二百五十万元以上的;(二)期货交易占用保证金数额在一百五十万元以上的;(三)获利或者避免损失数额在七十五万元以上的;(四)具有其他特别严重情节的。"2010年最高人民检察院、公安部《经济犯罪追诉标准(二)》第三十五条规定:"[内幕交易、泄露内幕信息案(刑法第一百八十条第一款)]证券、期货交易内幕信息的知情人员、单位或者非法获取证券、期货交易内幕信息的人员、单位,在涉及证券的发行,证券、期货交易或者其他对证券、期货交易价格有重大影响的信息尚未公开前,买入或者卖出该证券,或者从事与该内幕信息有关的期货交易,或者泄露该信息,或者明示、暗示他人从事上述交易活动,涉嫌下列情形之一的,应予立案追诉:(一)证券交易成交额累计在五十万元以上的;(二)期货交易占用保证金数额累计在三十万元以上的;(三)获利或者避免损失数额累计在十五万元以上的;(四)多次进行内幕交易、泄露内幕信息的;(五)其他情节严重的情形。"

却只有“情节严重”的入罪标准①而没有司法解释对其“情节特别严重”的判断尺度作出规定。这就成为刑法解释论争议之外利用未公开信息交易罪尚无一例生效判决认定为“情节特别严重”的刑法实践与司法规则根源。

（四）利用未公开信息交易罪量刑情节实质解释

文义解释初步建立了利用未公开信息交易罪具有“情节特别严重”量刑情节与罪刑法定原则之间的吻合关系；体系解释补强了这种规范解释的合法性与合理性。但是，真正排除异议地锁定上述刑法解释的正确性，不能止步于条文形式的分析与阐释，应当深入内幕交易、泄露内幕信息罪、利用未公开信息交易罪的实质并由此确认利用未公开信息交易罪量刑情节配置问题。同时，量刑情节与法定刑在立法上完成“出厂设置”之后，实际上并不能够直接且绝对地适用于司法实践，在没有“使用指南”（立法说明或者立法解释）的情况下，必须通过合法且合理的刑法解释将刑法文本落于实处。

利用未公开信息交易罪不具备“情节特别严重”量刑情节这一观点在实质解释层面能够成立，其唯一的可能性在于证明利用未公开信息交易罪的社会危害性没有达到与内幕交易、泄露内幕信息罪相同的水平——如果利用未公开信息交易的犯罪实质危害相对内幕交易犯罪而言更轻，并且这种社会危害性程度上的实质差异足以产生法定刑配置上的区别，则情节特别严重的内幕交易犯罪行为应当适用“五年以上十年以下有期徒刑，并处违法所得一倍以上五倍以下罚金”的基本幅度，而情节特别严重的利用未公开信息交易犯罪行为由于没有制造相同程度的实质危害，适用《刑法》第一百八十条第一款规定的加重法定刑处罚会出现罪刑失衡，只能配置并适用该款规定的第一档次的法定刑。然而，内幕交易犯罪与利用未公开信息交易犯罪事实上具有性质相同且程度相当的实质危害，所以在刑罚配置上不应当出现前者具备“情节特别严重”量刑档次而后者没有的情况。

从比较刑法的角度分析，内幕交易、利用未公开信息交易、市场操纵等都属于全球资本市场刑法规定的核心犯罪行为，通常统一归属于证券欺诈犯罪或者市场滥用犯罪项下适用完全相同的法定刑，彼此之间不存在相对

① 《经济犯罪追诉标准（二）》第三十六条规定：“［利用未公开信息交易案（刑法第一百八十条第四款）］证券交易所、期货交易所、证券公司、期货公司、基金管理公司、商业银行、保险公司等金融机构的从业人员以及有关监管部门或者行业协会的工作人员，利用因职务便利获取的内幕信息以外的其他未公开的信息，违反规定，从事与该信息相关的证券、期货交易活动，或者明示、暗示他人从事相关交易活动，涉嫌下列情形之一的，应予立案追诉：（一）证券交易成交额累计在五十万元以上的；（二）期货交易占用保证金数额累计在三十万元以上的；（三）获利或者避免损失数额累计在十五万元以上的；（四）多次利用内幕信息以外的其他未公开信息进行交易活动的；（五）其他情节严重的情形。”

更重或者更轻的差异。例如,美国《证券交易法》禁止任何人直接或者间接地通过州际商务、邮电通讯、证券交易等设施,使用操纵、欺诈或违反证券监管部门基于保护市场和投资者利益所制定的法规的方式,从事注册证券、非注册证券、以证券为基础的掉期合约等交易,内幕交易、利用未公开信息交易、虚假陈述、市场操纵等都属于证券欺诈;[①]构成犯罪的,适用统一的法定刑——个人单处二十年以下监禁,或单处500万美元以下罚金,或两者并处;单位处2 500万美元以下罚金。[②]再如,欧盟于2014年发布的《市场滥用刑事制裁指令》(以下简称《指令》)将内部人交易与市场操纵等统一称为市场滥用犯罪,要求欧盟成员国将刑罚上限的最低标准规定为四年监禁;[③]根据2014年欧盟《市场滥用监管规章》的规定,内部信息(inside information)包括金融商品及其发行人内幕信息与客户交易、资金配置信息,内部人交易犯罪包括内幕交易与利用未公开信息交易。[④]可见,美国、欧盟等全球成熟资本市场刑事法律制度都将内幕交易、利用未公开信息交易以证券欺诈或者市场滥用犯罪的一种具体行为类型进行定罪处罚,完全没有对两者做出实质危害性的区分。

我国《刑法》中的资本市场犯罪采用了相对精细化的构成要件设计,将内幕交易、利用未公开信息交易、散布虚假信息(《刑法》第一百八十一条第一款编造并传播虚假证券、期货交易信息罪)、欺诈客户(《刑法》第一百八十一条第二款诱骗投资者买卖证券、期货合约罪)、市场操纵(《刑法》第一百八十二条操纵证券、期货市场罪)等行为区分为不同的犯罪类型。内幕交易犯罪与利用未公开信息交易犯罪尽管同属一个条文,但两者之间存在着明确的规范界限:(1)信息内容差异。内幕信息主要是围绕上市公司本身的信息,如公司的重组计划、公司高管人员的变动、公司的重大合同、公司的盈利情况等对该公司证券、期货的市场价格有重大影响、按照有关规定应及时向社会公开但尚未公开的信息;而"重大未公开信息"的主要是所在资产管理机构准备将客户资金投资购买哪只证券、期货的投资交易信息,一般属于单位内部的商业秘密,法律并未要求此类信息应当公开,不属于内幕信息的范围。(2)利益侵害差异。内幕交易更多是损害不特定的社会公众投资者和

---

① 15 U.S.C. § 78j(b).

② 15 U.S.C. § 78ff(a).

③ Directive 2014/57/EU of The European Parliament and of The Council of 16 April 2014 on criminal sanctions for market abuse(market abuse directive), Article 2, 3, 5 & 7.

④ Regulation(EU) No 596/2014 of The European Parliament and of The Council of 16 April 2014 on market abuse(market abuse regulation), Article 7 & 8.

股民的合法权益，利用未公开信息交易更多是损害资产管理机构的客户的利益。[①]然而，上述《刑法修正案（七）》权威解读所揭示的是内幕交易与利用未公开信息交易在犯罪构成上的重要边界，而非两者在犯罪实质危害性层面的本质差异。更值得注意的是，权威解读在分析内幕交易与利用未公开信息交易构成区别与规范边界的过程中，非常准确地指出了评价内幕交易与利用未公开信息交易实质危害的核心方面：市场信息效率与市场参与者权益。而内幕交易与利用未公开信息交易在核心层面的实质危害上具有明确的共性。

内幕交易与利用未公开信息交易的实质危害均聚焦于行为人触犯资本市场竞争规则而制造不公平的信息优势，即违反资本市场法律规范利用尚未公开的信息的经济价值从事相关金融交易、损害其他市场参与者合法权益。资本市场中的重大未公开信息的经济价值表现为其能够有效地揭示金融商品市场价格与实际价值之间的价差。法律并不一般性地禁止利用私有信息从事金融交易，也不禁止基于对市场公开信息获取能力差异形成竞争优势而获取金融交易利润，而是禁止滥用信息优势与资本市场信息的经济价值并从价差发现与相关金融交易中获取利益的行为。有效的信息传递与公平的信息竞争是资本市场参与者投入资本参与金融商品价格发现的市场基础。内幕交易是滥用了应及时向市场所有参与者披露的信息的经济价值，利用未公开信息交易滥用了应排他性地基于客户利益而使用的信息的经济价值，两者都是基于谋取个人交易利益的目的而实施的资本市场信息竞争机制与其他市场参与者利益的严重侵害行为，具有相同的危害实质。

因此，内幕交易与利用未公开信息交易都是滥用信息价值、干扰信息效率、损害其他投资者信息利益的资本市场侵害行为，可以在立法上进行犯罪构成上的区分，但在实质的社会危害性层面具有相当性，并不存在相对重罪与轻罪的差别。分析至此可以确认，利用未公开信息交易罪具有“情节严重”、“情节特别严重”两档量刑情节，两罪具有完全相同的法定刑配置。

进一步的问题在于，如何具体适用利用未公开信息交易罪“情节特别严重”的量刑情节。实践中主要有两种意见：一种观点认为，司法解释并未对利用未公开信息交易罪“情节特别严重”的加重法定刑适用标准做出规定，目前不能在个案中直接适用。但对照《经济犯罪追诉标准（二）》规定的利用未公开信息交易“情节严重”与《内幕交易犯罪解释》规定的内幕交易、泄露内幕信息“情节严重”，两者数值标准相当，据此推算，应当在制定利用未公

① 参见黄太云：《〈刑法修正案（七）〉解读》，《人民检察》2009年第6期。

开信息交易司法解释时按照《内幕交易犯罪解释》设计的标准,将利用未公开交易罪的"情节特别严重"标准设定为证券交易成交额二百五十万元以上、期货交易占用保证金数额一百五十万元以上、获利或者避免损失数额七十五万元以上。另一种观点认为,内幕交易犯罪与利用未公开信息交易犯罪具有相同的实质危害与量刑情节配置,既然《内幕交易犯罪解释》已经明确规定了内幕交易、泄露内幕信息罪"情节严重"、"情节特别严重"的量化标准,利用未公开信息交易罪可以参照适用,诸如马乐案等非法获利数额在千万元级别的利用未公开信息交易犯罪行为完全可以被认定为"情节特别严重"。

然而,由于法官、检察官对个案进行刑法解释的权限缺失与重大疑难复杂问题解释能力的存疑,资本市场犯罪司法实践很大程度上必须依靠司法解释进行指导,尤其是"情节严重"、"情节特别严重"此类裁量空间大的综合性量化标准。在利用未公开信息交易罪"情节特别严重"本身并没有司法解释的情况下,直接参照《内幕交易犯罪解释》,法律依据并不充分。①更为关键的是,犯罪实质危害的相当性决定了内幕交易与利用未公开信息交易犯罪量刑情节与法定刑配置相同,但并不绝对意味着两罪在"情节严重"、"情节特别严重"的判断标准上应然地适用完全相同的量化尺度。相反,由于内幕交易与利用未公开信息交易在具体的犯罪机理上具有截然不同的运作机制,司法解释在制定"情节严重"、"情节特别严重"量化判断标准时需要进行有针对性的布局与调整。《经济犯罪追诉标准(二)》对内幕交易、泄露内幕信息罪与利用未公开信息交易罪的"情节严重"设置完全相同的数额标准,其本身的合理性就值得探讨,更不能以此主张未来制定利用未公开信息交易罪情节标准时完全按照内幕交易犯罪的标准进行等量化处理。

内幕交易与利用未公开信息交易的犯罪机理是指特定交易者滥用重大信息的经济价值、实现个人经济利润或者风险转移以及损害其他市场参与者利益的运作方式及其经济本质。资本市场犯罪的实质是对其社会危害性的本质界定,而资本市场犯罪的机理则是对其经济危害性的量化规定。

其一,从信息价值的角度分析,内幕信息是与金融商品或其发行主体有

---

① 从现阶段已经作出的生效判决的具体情况分析,所有非法获利 1 000 万元以上的利用未公开信息交易犯罪案件都只被审判机关认定为"情节严重"。例如,李旭利累计成交额 5 226 万余元、共计获利 899 万余元,郑拓累计成交额 5 亿余元、获利 1 400 万余元,苏竞累计成交额 7.33 亿余元、获利 3 652 万余元,等等,均没有被法院认定为"利用未公开信息交易情节特别严重"。参见郝洪:《李旭利案终审宣判"股仓硕鼠"为何频现》,《人民日报》2013 年 10 月 30 日第 9 版;严晓蝶:《苏竞"老鼠仓"获刑 2 年 6 个月》,《东方早报》2014 年 10 月 22 日第 A22 版。这也从一个非常重要的侧面证明司法解释对于情节标准量化界定的极大影响。

关的、对金融商品内在价值具有影响并外化为市场价格波动的内生性信息（例如，资产重组、重大合同等与上市公司经营与财务密切关联的信息），其经济价值在于发现基础资产内在价值与金融商品市场价格之间的价差。《刑法》第一百八十条第四款规定的内幕信息之外的其他重大未公开信息，是与金融商品内在价值无直接关联的、由特定市场资金流动变化而影响金融商品市场价格的外发性信息（例如，基金公司管理的客户资金、保险公司管理的年金账户等买入、卖出股票的信息），其经济价值在于发现特定金融商品短期供求关系变动影响下的预期市场价格与当前供求关系影响下的市场价格之间的价差。由于内幕信息公开造成的是金融商品内在价值的客观波动，内幕信息之外的其他重大未公开信息公开引发的是金融商品供求关系的短期波动，通常而言内幕信息对市场价格变动的影响幅度更大。在违法所得相同的条件下，利用未公开信息交易需要动用的交易量规模更大。①

其二，从利益侵害与违法所得的角度分析，内幕交易是利用应当向资本市场披露并由所有市场参与者（包括潜在投资者）共享的重大信息谋取交易利润，行为人违法所得的代价是市场所有参与者的经济利益与市场整体信息效率的损害。而利用未公开信息是基于资产管理中应当由权益人独享的重大信息谋取交易利润，行为人违法所得的代价是其所供职的机构或者客户的经济利益损害与市场特定信息利益冲突的违反。在违法所得相同的条件下，利用未公开信息交易所侵害的市场参与者范围更特定、经济利益更容易量化且数额相对较小。

所以，同属“情节严重”或者“情节特别严重”的量刑情节并适用相应的法定刑幅度，内幕交易与利用未公开信息交易所需要达到的量化标准并不相同，作为评价两种犯罪行为类型最为重要的指标，交易量、违法所得的数额尺度应当合理作出差异化处理。要达到相当的违法所得、市场侵害，利用未公开信息交易的成交量需要更多；要达到相当的投资者权益侵害，利用未公开信息交易的违法所得应当更高。利用未公开信息交易罪“情节严重”、“情节特别严重”所对应的证券交易成交额、期货交易占用保证金数额、获利

① 司法实践中利用未公开信息交易犯罪案件中成交数额普遍极大也验证了这一判断。根据市场公开材料显示，进入刑事诉讼程序的利用未公开信息交易案，最高成交数额超过10亿元，最低成交数额也达到了300万元以上。参见中国证券监督管理委员会：《证监会通报对利用未公开信息交易的执法工作情况》，http://www.csrc.gov.cn/pub/newsite/zjhxwfb/xwdd/201412/t20141226_265701.html（访问日期：2015年2月17日）。利用未公开信息交易的成交额基本上全部超过《内幕交易犯罪解释》“情节特别严重”证券成交额250万元以上的数额标准，如果利用未公开信息交易罪参照《内幕交易犯罪解释》，实际上虚置了“情节严重”标准。

或者避免损失数额等标准应当高于内幕交易、泄露内幕信息罪。在利用未公开信息交易犯罪司法解释具体设计数值时,可以通过对已有的利用未公开信息交易行政处罚与刑事犯罪案件展开数量分析,计算证券交易成交额、期货交易占用保证金额、获利或者避免损失额等关键数据的中位数,取整数后作为"情节严重"的具体数额指标,并按照一定的倍数(《内幕交易犯罪解释》为五倍)制定"情节特别严重"的量化标准。基于目前利用未公开信息交易行政处罚与刑事犯罪案件公开数据资料开展不完全统计与初步测算,①该中位数(取整)约为成交额1亿元、违法所得1 000万元,该数值可供司法解释参考。

在制定利用未公开信息交易犯罪司法解释时,如果按照上述统计数值调整"情节严重"、"情节特别严重"定罪量刑标准,相对目前数额水平而言,显然入罪与处罚标准明显提高。可能遭遇的质疑是,提高定罪量刑标准会向公众传递出对资本市场犯罪的打击力度趋于减弱的信息。这种担心规制弱化的隐忧也是长期以来将资本市场犯罪刑事追诉数额标准设定在一个较低水平的重要原因。但是,过低的追诉标准势必导致"法不责众"、加重法定刑情节难以落实,从而造成真正经济危害极大、犯罪数额极大的利用未公开信息交易犯罪案件适用"情节特别严重"变得异常困难与复杂——截至2014年年底,在已查办的案件中涉案利用未公开信息交易金额累计10亿元以上的有7件,非法获利金额在1 000万元以上的有13件,无一例被认定为"情节特别严重"。②因此,根据资本市场违法犯罪案件的实际情况,适当调整利用未公开信息交易罪"情节严重"、"情节特别严重"的数额标准,不仅有利于廓清违法与犯罪的界限、落实与优化两档法定刑的处罚强度配置,而且有助于发挥行政处罚对于资本市场犯罪主体经济利益、职业资格剥夺的监管效果,以及民事诉讼的损害赔偿机制作用。落到实处的刑罚措施以及通过刑事、行政、民事全方位制度安排震慑利用未公开信息交易犯罪人,才能真正强化资本市场犯罪的震慑效率与刑法规范的执行力。

(五)利用未公开信息交易罪量刑情节的司法适用

充分运用文义解释、体系解释、实质解释等刑法解释原理层进式地对利

---

① 样本范围:黄林、刘海、唐建、涂强、王黎明、张野等利用未公开信息交易行政处罚案件以及许春茂、韩刚、李旭利、季敏波、夏侯文浩、马乐、杨丙卿、杨弈、郑拓、曾宏、厉建超、欧宝林、钱均、苏竞、王劲松、张治民等利用未公开信息交易刑事犯罪案件。

② 中国证券监督管理委员会:《证监会通报对利用未公开信息交易的执法工作情况》,http://www.csrc.gov.cn/pub/newsite/zjhxwfb/xwdd/201412/t20141226_265701.html(访问日期:2015年2月17日)。

用未公开信息交易罪量刑情节配置问题进行分析，可以确认本罪应当全部按照内幕交易、泄露内幕信息罪的法定刑条款进行处罚，即具有“情节严重”、“情节特别严重”两种量刑情节及其对应的法定刑配置。但是，目前只有《经济犯罪追诉标准（二）》对利用未公开信息交易行为“情节严重”的入罪标准作出了规定，司法解释没有对利用未公开信息“情节特别严重”建构量化标准并指导司法实践。内幕交易与利用未公开信息交易在犯罪机理上的实质性差异，利用未公开信息交易执法、司法实践中成交额、违法所得等核心数额指标异常巨大的实际情况，加上司法解释对量刑情节量化把握的权威性以及实务部门对此的依赖性，共同决定了利用未公开信息交易“情节严重”、“情节特别严重”的认定不能参照《内幕交易犯罪解释》相应的量化指标。所以，目前在个案中认定老鼠仓“情节特别严重”缺乏权威与可确信的规则依据。

具体到当前马乐利用未公开信息交易抗诉案，最高人民检察院的抗诉理由实际上已经排除了事实不清的问题，故本案在适用法律上涉及量刑情节认定与刑罚裁量两个核心问题。

其一，关于量刑情节的认定。马乐成交额超过 10 亿元、非法所得超过 1 800 万元，即使对照上述实证调查的建议数值，也已经远超“成交额 1 亿元、违法所得 1 000 万元”的“情节特别严重”标准，从犯罪危害与刑罚裁量幅度之间实质上的均衡性的角度分析，认定其为“情节特别严重”并不会导致事实上的严重失衡或者失当。但是，由于司法解释没有对利用未公开信息交易罪“情节特别严重”的量化标准进行明确规定，这种量刑情节认定标准的依据真空而引发的裁判规则的不确定性与法律风险，不应当由被告人承担。所以，生效判决不予认定马乐“情节特别严重”的量刑情节，其结论是正确的。但是，问题在于生效判决明确指出“《中华人民共和国刑法》第一百八十条第四款规定，证券交易所、期货交易所等金融机构从业人员以及有关监管部门或者行业协会的工作人员，利用未公开信息交易，‘情节严重的，依照第一款的规定处罚’，该条款并未对利用未公开信息交易罪规定有‘情节特别严重’情形”①——这一论证理由与法律解释是错误的，应当予以纠正。

其二，关于量刑适当或者不当的判断。由于本案目前只能认定为“情节严重”并在“五年以下有期徒刑或者拘役，并处或者单处违法所得一倍以上五倍以下罚金”的幅度内进行刑罚裁量，加上自首的从轻处罚情节，判处三年有期徒刑不能认为量刑不当，但能否适用缓刑确实值得探讨。根据《刑

---

① 广东省高级人民法院刑事裁定书（2014）粤高法刑二终字第 137 号。

法》第七十二条缓刑适用条件的规定,同时符合犯罪情节较轻、有悔罪表现、没有再犯罪的危险、宣告缓刑对所居住社区没有重大不良影响等四个条件的,可以宣告缓刑。初审法院判定、二审法院确认本案适用缓刑的理由在于"认罪态度良好,其违法所得能从扣押冻结的财产中全额返还,判处的罚金亦能全额缴纳,确有悔罪表现,符合适用缓刑的条件"。①这些理由均与适用缓刑的人身危险性判断标准(有悔罪表现、没有再犯罪的危险、宣告缓刑对所居住社区没有重大不良影响等)相吻合,但都是与客观发生的犯罪行为及其所对应的已然社会危害无关的要素。对于作为适用缓刑的犯罪危害性判断标准的"犯罪情节较轻"并未予以精确说明,评估缓刑适用的法律要素并不周延。"非法交易股票76只,累计成交金额人民币10.5亿余元,从中获利人民币1 883万余元"②尽管不能认定为"情节特别严重",但与"犯罪情节较轻"似乎完全无法匹配,甚至构成激烈的矛盾与冲撞。《刑法》第七十二条明确将犯罪情节作为判断是否适用缓刑的法定条件、第一百八十条第四款将利用未公开信息交易罪规定为情节犯,所以,成交额、非法获利等犯罪情节在定罪(判断是否构成犯罪)与刑罚裁量(是否适用缓刑)两个环节进行考量,并不违反禁止重复评价原则。

根据审判监督程序抗诉规定,③适用法律错误或者量刑不当,应当撤销判决、依法改判。就量刑情节的适用法律而言,马乐利用未公开信息交易案的生效判决不予认定"情节特别严重",尽管说理错误,但结论正确,属于适用法律方面有瑕疵,应当裁定纠正。就缓刑的适用而言,本案检察官认为对其判处三年到五年的有期徒刑是合理的,但判处有期徒刑三年并适用缓刑

①② 广东省高级人民法院刑事裁定书(2014)粤高法刑二终字第137号。

③ 2012年最高人民法院《关于适用〈中华人民共和国刑事诉讼法〉的解释》第三百八十九条规定:"再审案件经过重新审理后,应当按照下列情形分别处理:(一)原判决、裁定认定事实和适用法律正确、量刑适当的,应当裁定驳回申诉或者抗诉,维持原判决、裁定;(二)原判决、裁定定罪准确、量刑适当,但在认定事实、适用法律等方面有瑕疵的,应当裁定纠正并维持原判决、裁定;(三)原判决、裁定认定事实没有错误,但适用法律错误,或者量刑不当的,应当撤销原判决、裁定,依法改判;(四)依照第二审程序审理的案件,原判决、裁定事实不清或者证据不足的,可以在查清事实后改判,也可以裁定撤销原判,发回原审人民法院重新审判。原判决、裁定事实不清或者证据不足,经审理事实已经查清的,应当根据查清的事实依法裁判;事实仍无法查清,证据不足,不能认定被告人有罪的,应当撤销原判决、裁定,判决宣告被告人无罪。"2012年最高人民检察院《人民检察院刑事诉讼规则》第五百八十四条规定:"人民检察院认为同级人民法院第一审判决、裁定有下列情形之一的,应当提出抗诉:(一)认定事实不清、证据不足的;(二)有确实、充分证据证明有罪而判无罪,或者无罪判有罪的;(三)重罪轻判,轻罪重判,适用刑罚明显不当的;(四)认定罪名不正确,一罪判数罪、数罪判一罪,影响量刑或者造成严重社会影响的;(五)免除刑事处罚或者适用缓刑、禁止令、限制减刑错误的;(六)人民法院在审理过程中严重违反法律规定的诉讼程序的。"

则明显存在犯罪与刑罚之间的不相适应。①应当看到，情节犯中“情节严重”与缓刑条件中“犯罪情节较轻”如何协调适用确实存在争议与疑难。然而，本案在是否正确适用缓刑、量刑是否不当等方面存在极大争议，其症结归根结底在于“情节特别严重”司法解释量化标准的缺位以及由此带来的裁判不确定性。有必要重申司法解释科学地制定利用未公开信息交易“情节严重”、“情节特别严重”认定标准的重要性，一旦“情节特别严重”的量刑标准明确，符合成交额、非法所得数额标准的案件，在没有减轻处罚条件的情况下，直接在“处五年以上十年以下有期徒刑，并处违法所得一倍以上五倍以下罚金”的法定刑幅度内处罚，排除了利用未公开信息交易数额特别惊人却适用缓刑的可能性，从而实现与社会大众的常识判断、司法专业的理性预期相互吻合与协调。没有达到“情节特别严重”标准的，则在“五年以下有期徒刑或者拘役，并处或者单处违法所得一倍以上五倍以下罚金”法定性幅度内按照缓刑适用条件作出刑罚裁量。一方面，将合法且合理的刑罚裁量权限交由司法机关自主行使，另一方面，严格审查缓刑判决的合法性。

对于未来利用未公开信息交易罪量刑情节适用标准的预期，实践中有观点认为，最高人民检察院向最高人民法院抗诉利用未公开信息交易案，有可能促成最高司法机关报请全国人大常委会对现行《刑法》利用未公开信息交易罪量刑情节问题予以解释。②然而，立法解释不仅属于制发概率低、实施成本高的法律解释渊源，而且与目前亟须解决的利用未公开信息交易罪量刑情节标准问题并不匹配。③我国《刑法》分则中有大量犯罪设置了“情节严重”、“情节特别严重”的规范配置，实践中鲜见由立法解释对其量化标准进行填充。立法解释介入利用未公开信息交易罪量刑情节问题的唯一可能性，在于最高人民法院在马乐利用未公开信息交易抗诉案中明确裁定本罪不具备“情节特别严重”这一量刑情节与对应的法定刑配置，与最高人民检察院的意见出现实质性差异，即最高人民法院和最高人民检察院在个案中

---

① 参见郑赫南：《十大法律监督案例解读："最大老鼠仓"案为何被检方抗诉》，《检察日报》2015 年 2 月 15 日第 2 版。

② 参见邹坚贞：《市、省和最高检为何层层抗诉"马乐案" 最高检意欲推动老鼠仓判决立新规?》，《中国经济周刊》2014 年第 49 期。

③ 1981 年《全国人民代表大会常务委员会关于加强法律解释工作的决议》(以下简称《法律解释工作决议》)第一条规定：凡关于法律、法令条文本身需要进一步明确界限或作补充规定的，由全国人民代表大会常务委员会进行解释或用法令加以规定。《刑法》第一百八十条内幕交易、泄露内幕信息罪、利用未公开信息交易罪的法律条文本身并没有亟须立法解释明确界限与补充规定的必要。

的法律解释存在原则性的分歧。①不过根据前文刑法解释原理的运用与分析,以及"两高"在《计算机犯罪解释》中达成的共识,形成利用未公开信息交易罪只有"情节严重"一个量刑情节而无"情节特别严重"裁定结论的概率极低。因此,最高司法机关运用科学的实证调查与规范分析,共同研究制定利用未公开信息交易罪的司法解释,合理建构违法与犯罪、"情节严重"与"情节特别严重"的量化界限,是今后指导司法实践准确适用本罪量刑情节的预期路径。在量化标准具体设定上,建议"情节严重"的核心判断指标为成交额2 000万元以上或者违法所得200万元以上,"情节特别严重"为成交额1亿元以上或者违法所得1 000万元以上。

第四节　市场操纵犯罪:资本市场价格机制干扰的刑法规制

市场操纵犯罪是资本市场犯罪中行为结构最为复杂、理论解释与实践认定最为疑难的犯罪类型。市场操纵等资本市场犯罪不仅是促生与催化资本市场欺诈与非理性繁荣、危机与阶段性崩溃的主要诱因,而且是金融市场固有风险与市场参与者认知偏见的必然产物。市场操纵犯罪的危害实质集中体现在其对资本市场价格机制的干扰。深度评估市场操纵犯罪刑法规制的运作效率,有助于在全球金融一体化加速发展、互联网金融加速"去中心化"的背景下,为中国资本市场参与国际金融市场竞争提供法治制度层面的理论支撑与实践战略建议。

一、市场操纵犯罪的构成要件与刑法解释

对于资本市场而言,金融商品的交易价格与交易量举足轻重,它们直接反映着金融商品的市场供求关系。通常情况下,正常的投资者在资本市场的命运主要由自己投资对象的市场表现和众多的投资者的认可度来决定的,即投资者虽然可以进行心理期待,但却没有左右局势的能力,他们既不能影响股价走向,更不能控制股价走向。资本市场的风险与不确定性,就是意味着这种价格波动风险的变幻莫测。也正是这种风险与不确定性,才使得资本市场具有吸引力,才真正体现证券市场的风险中立与机制公平。而

① 《法律解释工作决议》第二条规定:凡属于法院审判工作中具体应用法律、法令的问题,由最高人民法院进行解释。凡属于检察院检察工作中具体应用法律、法令的问题,由最高人民检察院进行解释。最高人民法院和最高人民检察院的解释如果有原则性的分歧,报请全国人民代表大会常务委员会解释或决定。

操纵资本市场行为通过各种资源优势，阻碍或者排斥市场力量调节证券交易价格或交易量，人为地影响金融商品市场的供求关系，使证券价格与其价值严重脱离内在联系，而操纵者在金融商品价格的变化之中损害他人的利益，以谋求私利，这就必然会对资本市场的正常管理秩序造成损害。但是，由于市场操纵犯罪行为的策略建构与实施方式具有高度的复杂性，一定程度上妨碍了刑法理论对于市场操纵犯罪的解释，模糊了司法实务对市场操纵犯罪的认定。因此，有必要在把握市场操纵犯罪基本法律规格的基础上，深入市场操纵犯罪的核心——行为——从行为实质与运作机理的角度，深刻阐释操纵行为如何对证券市场产生作用，从而达到阻碍或者排斥市场机制发挥的非法结果。只有在对市场操纵犯罪的静态构成与动态机理进行双重把握的前提下，刑法理论与司法实务才有可能对市场操纵犯罪进行准确的解释、分析与判断。对于市场操纵犯罪刑法规制实践而言，只有在刑法理论层面对操纵证券、期货市场罪的构成特征进行准确的把握，才能够正确认定操纵证券、期货市场罪，明确市场投机、市场操纵违法以及市场操纵犯罪之间的基本界限。

（一）市场操纵犯罪的行为对象：资本市场及其价格形成机制

市场操纵犯罪的行为对象显然是资本市场，但是，刑法规定的市场类型决定了资本市场的具体范围。根据我国《刑法》第一百八十二条操纵证券、期货市场罪的规定，市场操纵犯罪的犯罪对象显然就是证券、（以证券作为基础资产的）期货市场。操纵行为所直接针对的特定证券、期货交易品种，并非市场操纵犯罪的对象，而是操纵行为具体实施并持续开展的作用物。对于市场操纵犯罪对象研究而言，需要再次强调的问题是，操纵衍生品市场的行为应否纳入市场操纵犯罪的刑法规范框架之中进行法律规制。

金融衍生品是指其价值依赖于标的资产价值变动的标准化合约或者经由交易对手协商订立条款的合约，包括期权（option）、互换（swap）、零息债券（zero coupon bond）等金融衍生产品。①衍生品市场就是创制并从事金融衍生产品交易的金融市场。虽然衍生品交易的过度投机催生了2008年全球金融危机的爆发，但衍生品市场的合理创新与稳健发展仍旧是全球金融实践的必然走向与发展脉络。然而，由于我国衍生品交易市场的发展滞后，客观上造成立法机关在技术上难以评价衍生品市场中操纵行为的表现形式以及社会危害性，从而无法评估期货及衍生品交易环节操纵行为犯罪化的必要性。衍生品交易实践经验的匮乏也决定了金融犯罪刑法理论对衍生品市场中操

---

① R.L.McDonald, Derivatives markets, Boston: Addison-Wesley, 2006, p.1.

纵行为违法性与入罪必要性分析的研究处于空白状态。

但是,中国的衍生品交易不可能永远处于停滞状态,当我国金融市场通过努力,建立起一定规模的场外与场内衍生品交易市场之时,不能没有反衍生品市场操纵犯罪的刑法条款。从国外的实践经验来看,大型投资银行、基金公司、私募等机构投资者中的核心业务管理人员存在利用信息优势控制衍生品交易谋取巨额利润的嫌疑;衍生品市场高杠杆性交易的放大效应与信息披露规范力度的差强人意,导致市场操纵行为对金融市场合理配置资本功能造成的破坏更大,也更难被监管部门发现。同时,衍生品市场与其基础资产市场密切关联,行为人完全可以通过证券市场与衍生品市场的关联度实施跨市场的操纵犯罪行为。所以,我国反操纵法律实践应当对衍生品市场中的违规行为形成灵活的反应机制。在今后证券市场操纵违法犯罪的规范修正与增补过程中,将市场操纵犯罪对象范围拓展至以证券为基础的衍生品市场,明确操纵衍生品市场行为的违法性与犯罪性,及时将衍生品交易中的操纵行为纳入监管范围,为衍生品市场的公平交易提供充分的法律保障,顺应证券及其相关衍生品市场操纵行为的系统性规制与平衡性惩处的趋势。

资本市场是各种有价证券以及以证券为基础的衍生性金融商品供求关系的总和。从这一表象性定义出发,资本市场就是金融商品的交易价格与交易量,操纵市场就是操纵价量。但是,如果从功能性内涵的角度解析证券市场,就会发现上述理解仅认识到了资本市场中的商品要素,忽略了另一核心要素——资本。根据法律经济学理论的经典分析,市场是提供双赢交易机会的场所,通过资源优化配置实现社会福利最大化。①资本市场实际上就是通过金融商品交易价格与交易量的变动引导资本流动,从而实现资本合理配置的机制。探究证券市场功能性内涵的价值在于发现金融商品要素(证券、期货等交易价格与交易量)之外的资本要素(资本的流动与配置)。

资本对金融商品的定价与配置是资本持有者的决策与行为,即投资者判断市场状况后对资本进行处分。资本要素体现的是投资者的行为状态。在资本市场中,金融商品要素与资本要素相互影响——金融商品交易价格与交易量的变动方向及其量度,释放市场信号,投资者通过资本投入与撤离配置资源;投资者决策与行动下的资本流动反作用于市场,影响金融商品的定价与交易量。代表金融商品要素的金融商品交易价格与交易量是资本市

① Anthony T.Kronman & Richard A.Posner, The Economics of Contract Law, Little, Brown & Company, 1979, p.2.

场的显性部分，由于其依托于有形的金融商品标的，可以从外部直观审视。代表资本要素的投资者行为是支撑或者推动金融商品交易价格与交易量的基础力量，是资本市场隐性部分。

虽然金融理论已经对投资者行为对证券、期货、衍生品等金融商品交易价格的影响及其与资本市场之间的关系进行了深度分析，[①]但由于法律理论缺少量化评价工具，在难以统一观察与评价投资者行为的情况下，往往忽略资本市场中的资本要素。所以，从动态的角度考察，价量操纵是市场操纵的一种行为类型，其通过直接控制证券、期货等金融商品交易价格或交易量的方式，使真实市场信号发生扭曲，形成人为制造的信号，其直接的结果可以是金融商品交易价格或者交易量受到人为控制，其还可以产生间接的结果，即通过受到控制的价格或者交易量信号诱使资本市场投资者从事相应资本运作，达到市场操纵的效果。同时，不能遗漏的是资本操纵亦属一种独立的市场操纵类型，其通过控制、误导投资者的资本决策与行为，阻碍市场资本自由发现价格或投资规模，同样能够达到市场操纵的效果。只是我国现行证券法（包括期货交易管理条例）以及刑法将价量操纵明确规定为操纵证券、期货市场违法犯罪类型，而未对“殊路同归”的资本操纵进行明示的法律禁止。

市场操纵与价量操纵的等同化理解还存在操纵证券、期货市场罪犯罪构成逻辑结构认识偏差问题。我国《刑法》第一百八十二条规定的操纵证券、期货市场罪实际上是一个非常精致且逻辑清晰的罪状建构体系，即操纵证券、期货市场罪的犯罪构成并非平面的主客观要件堆砌，而是内含着一个“行为类型—行为性质—处罚条件”的层进式证明结构。（作为行为类型的）价量操纵之所以不能等同而只能推定（作为行为性质的）市场操纵，根本原因在于资本市场中存在着许可的市场操作的概念。

所谓许可的市场操作，是指证券发行人、证券发行人控股股东或其他市场参与者按照法律法规规定或监管机构许可进行的证券回购、履行法定或约定义务、稳定价格等交易行为。我国及国际证券市场监管规范体系均对许可的市场操作及其非市场操纵的法律性质进行了规定。例如，根据中国证监会2005年《上市公司回购社会公众股份管理办法（试行）》、2008年《关于上市公司以集中竞价交易方式回购股份的补充规定》的规定，上市公司按

---

① 参见 Andre Molière, Investor Behavior: Patterns and Pitfalls, Nova Science Pub Inc, 2011; Richard Lehman, Far from Random: Using Investor Behavior and Trend Analysis to Forecast Market Movement, John Wiley & Sons, 2010; Hendrik S.Houthakker & Peter J.Williamson, The Economics of Financial Markets, Oxford University Press, 1996, pp.141—320.

照中国证监会规定的程序、信息披露规则、交易方式等进行股份回购,不构成操纵证券市场。欧盟《市场滥用指令》、《股份回购与金融工具稳定规章》明确规定,根据欧盟相关规则的程序要求实施证券回购、稳定金融工具交易价格等不构成市场操纵。①许可的市场操作主要是证券发行人或其控股股东等基于履行可转债义务、雇员股权参与计划、向市场提供积极信号等法律规定或监管机构认可的目的,交易自己证券的行为,即使控制了相关证券的交易价格或者占据了当时市场的主要交易量,表面上符合价量操纵特征,但由于严格按照信息披露制度执行交易,不属于市场操纵。我国传统证券期货犯罪刑法理论对市场操纵与价量操纵进行等同化解释,不仅在规范形式上剔除了许可的市场操作在操纵证券市场罪犯罪构成中的体系性位置,而且在实质上剥夺了行为人抗辩其事实上的价量操纵不构成法律上的市场操纵的权利。

所以,价量操纵是法律推定市场操纵的基础,市场操纵并不等同于、局限于价量操纵,资本操纵也是市场操纵的行为内容。基于此,笔者认为,市场操纵犯罪的行为实质是价量操纵与资本操纵的独立进行或者联合展开,即行为主体可以通过价量操纵或资本操纵中的任何一种路径对证券市场及其价格形成机制形成操纵,也可以通过叠加使用价量操纵与资本操纵强化对证券市场的操纵力度。在规范上进行细化理解——我国《刑法》第一百八十二条明示的三种操纵证券、期货市场的行为类型,本质上是一种价量操纵行为,代表了市场操纵犯罪行为体系中非常重要的一部分实质内容。除此之外,通过向证券、期货市场传递信息的手段控制市场资本配置,即资本操纵,是市场操纵的另一部分实质内容。

(二)市场操纵犯罪的客观行为:价量操纵与资本操纵

在明确了市场操纵犯罪的行为对象是价量操纵与资本操纵的独立进行或者联合展开,即对资本市场及其价格形成机制的非法干扰的基础上,我们便能进一步对市场操纵犯罪的客观行为进行深度的阐释。

1. 价量操纵

纵观连续交易、相对委托、洗售等价量操纵行为类型,本质上都是通过扭曲市场真实供求关系的交易行为,人为地控制证券交易价格或交易量。具体而言,联合交易是两个以上行为人合谋在某一时段内一起买入或卖出

---

① Directive 2003/6/EC of The European Parliament and of The Council of 28 January 2003 on insider dealing and market manipulation (market abuse), Article 8; Commission Regulation (EC) No 2273/2003 of 22 December 2003 implementing Directive 2003/6/EC of the European Parliament and of the Council as regards exemptions for buy-back programmes and stabilisation of financial instruments.

某种证券、期货合约；连续交易是行为人单独或两个以上行为人合谋在某一时段内连续买卖某种证券、期货合约；相对委托交易是行为人与他人串通，以事先约定的时间、价格和方式相互进行证券、期货交易；洗售交易是在自己实际控制的账户之间进行证券、期货交易。①

从价量操纵行为类型的特点分析，联合交易与连续交易是集中资金、信息等资源优势的交易行为，控制证券、期货交易价格或者人为制造证券、期货交易量；相对委托交易与洗售交易属于没有实际经济效果或者不转移证券以及资金产权的虚假交易，人为制造不反映证券、期货正常供求关系的虚假价格或者虚假交易量。在价量操纵中，行为人的证券交易（行为手段）与相关证券产品交易价格或交易量（行为结果）之间存在因果关系；交易行为占同期交易量的比例可以被准确统计；在交易行为的资金与证券产品动向被相关证据准确固定的基础上，交易行为与交易价格的关联度完全可以通过数量金融工具予以计算与认定。交易行为与交易价格（量）之间的因果关系奠定了联合（连续）交易、相对委托交易、洗售交易等行为的责任基础。

由此可见，在资本市场中，价量操纵的机理表现为本人及其一致行动人实施的证券、期货等交易，作用于特定金融产品，控制交易价格或交易量。

2. 资本操纵

资本操纵则是一种完全不同的行为机理：通过向市场传递信息，作用于市场投资者，控制其参与特定证券交易，即控制资本要素的配置。资本操纵包括以下要素：(1)目的。行为人意图通过操纵策略获取金融商品交易利益。例如，买入后诱导市场资本拉升金融工具价格后出货（做多型操纵）或卖空金融工具后诱导市场资本打压其价格后平仓（做空型操纵）。(2)手段。制作并向市场传递信息，主导或控制市场资本配置动向。(3)效果。受信息影响的资本市场投资者从事与该信息相关的证券、期货、衍生品等交易。(4)因果关系。抽离行为人发布的信息，相关市场参与者不会从事与该信息有关的证券交易。(5)利益。行为人执行事先建构的交易策略从相关金融商品交易中获取利益。手段、效果、利益、因果关系等均为客观要素，是实现经济利益主观目的的内在逻辑。

尽管价量操纵与资本操纵在目的、手段、效果、因果关系、利益实现等各个机理要素方面均存在明显的不同，但是，两者之间最为重大且最为复杂的机理要素差异，集中体现在因果关系层面。②价量操纵中的交易行为直接与

---

① 参见刘宪权：《操纵证券、期货交易价格罪行为方式之解读》，《法商研究》2005 年第 1 期。

② 相关分析都建立在行为人单纯实施价量操纵或者资本操纵的逻辑前提基础之上。

金融商品交易价格或者交易量发生操纵与被操纵的因果关系,而资本操纵中虽然存在交易行为(通过特定时间段的交易行为买卖证券获取利益),但资本操纵中的相关交易行为本身并不直接与特定金融商品的交易价格或交易量,从而使得交易行为与证券市场之间发生操纵与被操纵的因果关系。

资本操纵中的交易行为是操纵行为实施之前的建仓准备行为以及操纵现实效果发生之后的平仓获利行为。资本操纵中的交易行为,其交易量通常不会达到相关金融商品交易同期总成交量的显著比例,排除流动性极低或者基本无流动性的证券,资本操纵的买卖行为对证券交易价格变动的关联度亦不显著。同时,资本操纵中发布虚假、误导、利益冲突等信息的行为并非意图(实际上也不可能)直接作用于证券交易价格与交易量,而是通过非法信息的传递直接影响资本市场投资者的交易行为,进而间接地引发相关证券交易价格或交易量达到一定受到行为人控制的水平。

3. 价量操纵与资本操纵的动态界限

分析至此我们可以清晰地看到,价量操纵中的核心行为要素是从事交易,资本操纵中的核心行为要素是发布信息。因此,价量操纵就是交易型操纵,资本操纵就是信息型操纵,在这两组概念之中,每一对概念实际上都是市场操纵犯罪最基本的类型化单元,只是每一对概念中的前者是从行为实质的角度进行定义,而后者是从行为形式的角度进行界定。

在价量操纵中,交易行为直接影响金融商品交易价格或者交易量,因此,交易行为与市场波动之间关系的判断结论直接影响市场操纵犯罪是否能够成立。资本操纵中的核心要素是非法信息传递行为,这不是资本市场波动的直接或者第一层次的作用力量,而是影响金融商品交易价格或交易量变动的客观条件。根据刑法因果关系中的条件因果理论,两者之间固然存在客观上的因果关系。但这种理论上的因果关系并无实证依据与证据依托。因为在条件因果理论下,资本操纵与价量变动之间存在两层条件关系——非法的信息制造与信息传递是直接影响资本市场中的投资者从事交易的条件,受影响投资者的交易行为(资本配置)是金融商品价量变动的条件。正常情况下的资本市场是一个流动性高度分散的交易平台,受到操纵者信息发布支配而从事相关金融商品交易的资本市场投资者的数量、交易量、资金流向、交易价格分布等事实状况在实践中根本无法统计,这意味着资本操纵中的操纵行为与所谓受到支配与控制的投资者之间的资本配置行为之间的因果关系难以直接证明。

同时,由于不能排除同时期相关金融交易品种的部分市场参与者没有受到操纵者对于资本投资方向与对象的影响,而是按照正常的供求关系认识配置资本，这就进一步割裂了资本操纵行为对于市场部分投资者的影响。从这个层面分析，即使是资本操纵核心行为——非法信息传递——其与投资者资本配置结果之间的因果关系（第一层次条件因果）实际上也是推定的。在受到资本操纵行为是否影响证券、期货、衍生品市场投资者买入或者卖出相关金融商品的运作行为无法通过证据进行客观化评估的情况下，相关金融商品交易价格或交易量进而受到影响的论断更无从证明，故资本操纵行为与证券价格或交易量受到影响之间的因果关系（第二层条件因果）同样也是推定的。因此，资本操纵行为与相关证券交易价格或者交易量受到控制之间的因果关系在司法实践中实际上是难以甚至无法被证明的，即使我们强行将其视为一种证明，至多也是经过二次条件因果推定之后形成的推论。

刑事证明理论认为，就刑事司法推定规则而言，推定以一次为限，因为推定的基础事实必须是牢固的，二次推定的基础是推定的结论，导致最后的结论无法在刑事上被认为真实可靠。[①]同时，推定本身是一种对事实的盖然性判断，本不应在刑事程序中采纳，只是在基础事实与推断事实之间存在着充分且合理联系的极少数情况下，才允许适用刑事推定。[②]而在盖然性基础上再次推定，后一次推定结论的盖然性成分将会呈现乘数效应，超越刑事证明标准对盖然性的容忍限度。因此，从条件因果的角度进行分析，资本操纵通过影响资本市场投资者的交易行为进而影响证券交易价格或者交易量的论断，充其量只是二次推定下的条件因果，不能成为刑事证明程序下的法律判断，故资本操纵与价量操纵基于行为方式、行为对象以及行为程度的差别，决定了操纵行为与证券市场受到控制之间的因果关系表现为完全两种形态。

所以，掌握市场操纵犯罪行为机理的差异，具有极为重要的实践价值：考察价量操纵的违法性，重点在于分析非法交易行为与证券交易价格或交易量之间的关系，而审查资本操纵的违法性，重点在于判断信息产地行为与证券市场投资者决策（资本流向）之间的关系。

4. 操纵行为的市场属性

根据我国《刑法》第一百八十二条的规定，操纵证券、期货市场罪的客观行为以下四种方式：（1）单独或者合谋，集中资金优势、持股或者持仓优势或者利用信息优势联合或者连续买卖，操纵证券、期货交易价格或者证券、期货交易量；（2）与他人串通，以事先约定的时间、价格和方式相互进行证券、

---

① 邓子滨：《刑事法中的推定》，中国人民公安大学出版社2003年版，第116页。

② Michael H.Graham, Burden of Proof and Presumptions in Criminal Cases, 44 Criminal Law Bulletin 1(2009).

期货交易,影响证券、期货交易价格或者证券、期货交易量;(3)在自己实际控制的账户之间进行证券交易,或者以自己为交易对象,自买自卖期货合约,影响证券、期货交易价格或者证券、期货交易量;(4)以其他方法操纵证券市场。这显然是市场操纵行为的规范且形式的内涵写照。由于犯罪的核心是行为,故市场操纵犯罪的核心是市场操纵行为,加之刑法理论上对于上述操纵证券市场罪的客观行为的理解存在很多不同的看法,实践中也存在许多疑难问题,因此下文会着重就刑法所规定的市场操纵犯罪行为进行细致分析,此处不再赘述。

但是,应当深度挖掘与清醒认识的是,在总体把握市场操纵犯罪构成中的客观行为要件时,应当注意,由于市场操纵犯罪行为直接作用的对象是市场,故纳入市场操纵犯罪刑法条文评价的行为应当是一种市场行为,不具有任何市场因素的行为,不是市场操纵犯罪刑法规制的范畴。传统证券期货犯罪刑法理论与司法实务往往没有对市场操纵犯罪行为的"市场性"要素予以重点关注,从而对于影响证券市场交易价格或者交易量的行为都倾向于认定为市场操纵犯罪行为。笔者认为,应当突破传统证券期货犯罪刑法原理的局限,从市场的角度解构以市场操纵为核心的资本市场犯罪相关刑法规范,建构全新的资本市场刑法理论体系。在市场操纵犯罪的个罪语境下准确诠释资本市场犯罪行为的本质,关键在于确认市场操纵犯罪行为的市场属性。

5. 市场操纵犯罪行为的入罪范围

市场操纵犯罪刑法解释是依托于资本市场刑法规范的论理性阐释,其显然应当对我国《刑法》第一百八十二条规定的操纵证券、期货市场罪所明示列举的三种操纵模式,即联合(连续)交易、洗售交易、相对委托交易等操纵市场犯罪类型进行深度解析。但是,市场操纵犯罪行为的表现形式具有多样性,这意味着操纵犯罪并不局限于这些刑法所明示例举的行为模式。同时,随着近年来资本市场的迅猛发展,实践中不断出现一批完全区别于连续交易、洗售交易、相对委托交易等传统操纵证券、期货市场违法犯罪行为的行为类型,无法为刑法明示的犯罪类型所覆盖。这些刑法条文所没有明确规定的市场操纵违法犯罪行为类型在特定的时间段内甚至构成了市场操纵犯罪案件的主要组成部分,①亟须在理论上对刑法没有明示的操纵行为类

① 这种刑法没有明示规定的犯罪行为类型占据相关案件主要数量构成的现象在经济犯罪、金融犯罪中是比较普遍的。例如,在近几年,证券投资咨询机构抢先建仓,通过发布利益冲突的信息人为影响投资者买卖相关证券并从中进行投机交易盈利的案件占据了市场操纵违法犯罪案件的相当比例。这就意味着无论是行政处罚还是刑事司法,在认定相关行为时,很大程度上需要援引"以其他方法"操纵证券市场的"兜底条款"。

型进行分析与解释。①

正是由于刑法在制定操纵证券市场违法犯罪规制条文的过程中考虑到了资本市场的发展性与操纵违法犯罪模式的更迭性,《刑法》第一百八十二条以“兜底条款”的形式将“以其他方法”操纵证券、期货市场的犯罪行为纳入本罪的处罚范围。但是,对于究竟哪些行为属于《刑法》第一百八十二条规定的“以其他方法操纵证券、期货市场”,刑法解释理论与司法实践对此问题存在极大的争议。这一问题显然是市场操纵犯罪刑法解释的重要内容。

刑法解释理论上有观点认为,“以其他方法操纵证券、期货市场”主要包括:(1)散布谣言,传播虚假信息;(2)采用声东击西的方式,操纵某类型证券、期货合约中的一种,以达到操纵同类型其他证券、期货合约的目的;(3)以暴力、胁迫的方法迫使他人或以某种利益引诱他人买卖证券、期货合约;(4)利用职务的便利人为地抬高或压低证券、期货交易价格;(5)轧空(指证券市场上的某一操纵集团,将证券市场流通股票吸纳集中,致使证券交易市场上的卖空者,除此集团之外,已无其他来源补回股票,只好与操纵者了结,轧空集团借机随意决定证券价格);(6)卖空;(7)技术陷阱。即通过对证券、期货市场价格的波动形式,证券、期货合约约定俗成的成交数量和证券、期货的投资心理等市场因素的分析,帮助投资者选择适当的投资机会和投资方式,对实际的证券、期货投资活动具有重要指导意义,有的操纵者便利用制造虚假的图示的方法,达到引诱投资者买卖证券、期货合约的目的;(8)躲在幕后提供资金供人炒作证券、期货合约操纵市场;(9)封盘炒作。②

也有观点认为,“其他方法”的具体表现形式包括:(1)蛊惑交易,即行为人故意编造、传播、散布虚假信息,误导投资者的投资决策,使市场出现预期中的变动而自己获利。(2)抢先交易,即行为人对相关证券或其发行人、上市公司公开作出评价、预测或者投资建议,自己或建议他人抢先买卖相关证券,以便从预期的市场变动中直接或者间接获取利益的行为。(3)虚假申报,即行为人持有或者买卖证券时,进行不以成交为目的的频繁申报和撤销申报,制造虚假买卖信息,误导其他投资者,以便从期待的交易中直接或间接获取利益的行为。(4)特定价格交易,即行为人通过拉抬、打压或者锁定手段,致使相关证券的价格达到一定水平的行为。(5)特定时段交易,即行

① 后文将对连续交易、洗售、相对委托等刑法明示的操纵证券市场的犯罪行为类型进行集中论述与阐释。本部分重点针对“以其他方法”市场操纵犯罪行为展开解释。

② 杜发全、万兰茹:《操纵证券交易价格行为浅析》,载赵秉志主编:《新千年刑法热点问题研究与适用》(下),中国检察出版社2001年版,第906页。

为人在证券交易中特别容易引起波动的时间段内进行操纵交易,从而影响价格走势的情形。①

还有观点认为,“以其他方法操纵证券、期货市场”应当包括以下行为方式:(1)轧空,即证券市场上操纵者将证券市场流通股票吸纳集中,致使证券交易市场上的卖空者,除此集团之外,已无其他来源得到该种股票,轧空集团借机操纵证券价格的方式。(2)拉抬,即利用资金优势不停地抬高某一股票的报价,以拉升其价格。(3)做尾盘,即以影响某种股票的收盘价为目的,在接近收盘前买卖某种股票。(4)挤榨,即在某种证券短缺时,故意控制其需求,并利用市场的拥挤制造虚假价格。该手法经常出现在利用其他手法操纵证券价格的过程之中,配合其他操纵手法而使用。(5)违反诚信的安定操作,即行为人单独或与他人合谋,违反有关规定,以固定、稳定或者安定有价证券的行情为目的,在有价证券市场上实施一连串的买卖交易行为,且通常在发行证券时实施,如承销商为维持证券价格而回购证券,以制止证券价格的跌势。②

更有观点针对证券与期货市场操纵行为的不同区别性地归纳“以其他方法操纵证券、期货市场”的行为类型——其他证券市场操纵行为应当包括以下内容:(1)散布谣言、传播虚假信息(非自己编造)。(2)轧空,即操纵者将流通股票全部吸纳集中,致使卖空者除从该操纵者处补回股票外别无他法。(3)封盘炒作,即先通过涨停封盘,造成多方攻势凌厉的假象,吸引更多的买盘跟进,然后自己多翻空,撤回买盘资金。(4)上市公司买卖或者与他人串通买卖本公司的股票。(5)采取声东击西的方式进行操纵,即利用版块炒作进行操纵等。其他方式操纵期货市场主要是囤积商品,包括期货商品(期货合约所指商品)和其他替代商品。因为期货交易价格不仅与期货和约的供求关系紧密相关,还与现货市场的期货商品供求关系有关。囤积现货市场的期货商品,必然导致现货市场上该商品价格的涨跌,进而影响期货交易价格的涨跌。③

笔者认为,对于操纵证券、期货市场罪中“其他方法”的解释不能进行随意或者任意的扩张解释。尽管“以其他方法”操纵证券、期货市场是“兜底条款”或者概括性规定,以防止挂一漏万的情况出现,但是,在罪刑法定原则确立的今天,如果一味强调“概括”,则完全可能出现新的“口袋罪”。因此,在

① 鞠曦明:《试论操纵证券市场罪中的“其他方法”》,《犯罪研究》2010年第3期。

② 金泽刚:《操纵证券市场行为的认定及其刑事责任》,载游伟主编:《华东刑事司法评论(第2卷)》,法律出版社2002年版,第113—115页。

③ 周骏如、张雅芳:《证券、期货犯罪法律适用疑难问题研究》,《法治论丛》2009年第2期。

刑法理论上阐释或者在司法实践中认定"以其他方法"操纵证券、期货市场行为,必须进行符合罪刑法定原则的严密法理论证。

刑法"兜底条款"一般是指基于堵截犯罪行为脱逸刑事法网的现实需要而对法条无法穷尽的情形进行概括规定的法律条文。立法机关之所以在刑法中建构"兜底条款",是为了弥补法条与现实之间的脱节,将实质上符合犯罪构成但刑法条文没有明示却已经内含的行为类型纳入刑事规制范畴。刑法"兜底条款"的模糊性与罪刑法定原则所要求的明确性存在一定程度的矛盾。但是,刑法"兜底条款"客观上能够克服因立法者知识有限而造成的立法缺陷及重大遗漏。尤其是在经济犯罪领域,经济刑法规制的犯罪行为生成于发展迅猛的经济生活之中,"兜底条款"通过有效提升刑法规范张力的方式强化了法益保护。因此,在各国刑法广泛使用"兜底条款"并严格以罪刑法定原则为基石对之进行限制性解释的共识下,根源性地否定、排斥刑法"兜底条款"并不理性与现实。应当通过合法的形式对刑法"兜底条款"进行合理解释,还原犯罪构成完整的实质内涵,实现罪刑法定与法益保障的相对平衡。

刑法"兜底条款"的适用应严守刑法谦抑精神,启动"兜底条款"评价相关行为必须秉持谨慎原则,其核心就是对"兜底条款"坚守限制解释的立场。贯彻上述刑法理念的关键是确立"兜底条款"同质性解释原理,即纳入"兜底条款"进行刑法评价的对象应当与该刑法条文业已明确规定的法律类型或者具体犯罪的实质内涵具有相同的性质与特征。对于个罪中的"兜底条款"而言,同质性解释原理更为明确的表述应当是:纳入该罪"兜底条款"进行归责的犯罪行为应当与该罪明示的行为类型或该罪的实质具有相同的特征。

同质性解释原理是理解所有刑法"兜底条款"都必须适用的普遍性理念。在采用"兜底条款"立法技术的刑法分则条文中,个罪的同质性信息理应从该罪的犯罪实质中予以探析。但是,由于"兜底条款"其本身往往就是该罪实质的抽象,两者在字面表述上基本一致,难以直接获取有价值的信息。刑法理论通常从该刑法条文明确规定的行为类型中归纳该罪的同质性特征。①背信损害上市公司利益罪"兜底条款"就属于这种典型情形:背信损害上市公司利益罪以"采用其他方式损害上市公司利益"作为"兜底条款"的规范表述,直接导出了本罪的实质,即"损害上市公司利益"。但由于这一实质比较抽象,需要从具体的行为类型中搜索更为具体、实用的同质性信息。

① 参见阴建峰、万育:《略论非法经营罪堵截条款之界限》,《中国检察官》2011年第2期;张艳丹、马渊杰:《"经济刑法"中的兜底规定初探》,《法学杂志》2010年第9期。

我国《刑法》第一百六十九条之一背信损害上市公司利益罪在规定了本罪主体、职务便利、结果等要素之后,明确列举了向其他单位无偿提供资产、明显不公平交易、向明显不具有清偿能力的单位提供资产或担保、无正当理由放弃债权或承担债务等五种具体的行为类型。上述五种刑法明示的情形虽然表现形式各异,归根到底都是通过明显不正当、不公平的资产运作损害上市公司利益的行为。这为本罪"兜底条款"的理解提供了直观的同质性信息。我们可以确定地将"采用其他方式损害上市公司利益"的具体内容限定为通过明显不正当、不公平的资产运作损害上市公司利益的犯罪行为。

应当看到,上述同质性解释方法的合理性,是完全建筑在特定犯罪的实质与该罪明示的行为类型同质性特征完全等同的基础之上的。但是,个别犯罪的实质特征及其规范抽象("兜底条款")可能并不完全等同于该罪条文明示行为类型的共同特征,这就意味着不能基于同质性解释的惯常思维诠释所有刑法"兜底条款"。否则,就会陷入两种误区:基于刑法未明示的行为方式与明示的行为类型不具共同特征的结论,直接排斥"兜底条款"的适用;牵强解释刑法并未明示的行为方式与明示的行为类型具有共同特征,不当纳入"兜底条款"予以归责。

操纵证券、期货市场罪就是这种情况,即操纵证券、期货市场罪的全部实质特征与刑法条文所明示列举的各种操纵行为之间不是完全等同的关系,而前者包容后者的关系。正如前文所述,市场操纵犯罪的行为实质是价量操纵与资本操纵的独立运行或联合展开。因此,对"以其他方法"市场操纵犯罪的内容进行解释性填充,不能仅仅从价量操纵的角度进行分析,还需要从资本操纵的角度进行理解。只有这样才能对某种新型的、疑似具有操纵性质的行为进行更为全面、深度与准确的考察。

同时,笔者认为,尽管操纵证券、期货市场罪中"以其他方法"操纵证券、期货市场这一"兜底条款"是一种概括性规定,但在对其进行解释时不能进行概括或扩张。尽管同质性解释原理的适用已经起到了"兜底条款"限制解释的一般功能,但仍有必要附加限制启动"兜底条款"同质性解释的"事前"机制与巩固"兜底条款"同质性解释限制入罪功能的"事后"机制。

"事前"机制的具体内容是:在运用我国刑法条文评价之前,先以国际标准的视角考察特定违规行为在全球主要刑法规范体系中是否普遍性地以某种罪名予以规制,以及各国法律如何具体规定此种特定行为。因为刑法"兜底条款"是基于防止"挂一漏万"的实用性考量而制定的法条,其文字表述具有极强的包容性,在司法实务中运用"兜底条款"分析相关行为,容易陷入"越看越像"的评价误区。刑法理论必须对"兜底条款"先天性单一入罪方向解释惯性保持警觉，在“兜底条款”运行之初即予以限制，使其保持一定的评价惰性。而判断本国刑法“兜底条款”是否有必要对一种法律没有明示的行为启动评价机制，相对有效的策略是全面考察其他国家刑法如何规制此类行为。这种方法对于新类型资本市场违法犯罪行为的刑法评价而言更富有价值。当今资本市场呈现出全球化、复杂化、多样化以及整合化的发展格局，各国不仅在证券、期货、衍生品发行与交易的技术性规则上日益趋同，而且在金融法律监管方面不断统一认识与加强国际协作。如果一种新型或者尚未被我国市场全面认知的资本市场违规行为，在国际资本市场犯罪刑法规范体系中普遍被评价为操纵犯罪，启动我国刑法操纵资本市场罪“兜底条款”进行评价的必要性相对较强，反之，则相对较弱。

“事后”机制的具体内容是：特定行为经过刑法解释后被认为符合“兜底条款”构成相关犯罪，应当通过司法解释等正式法律解释形式将该特定行为的犯罪性质予以明确；在构成要素以及处罚条件上，相对于刑法明示的行为类型，也应当在合法且合理的原则下进行更为严格的把握。刑法理论中有观点认为，“兜底条款”是立法者为了防止刑法不能完全涵盖社会生活中需要以刑法规制的所有类型的犯罪行为而特意制定的条文，根据“兜底条款”，行为人实施的行为符合相关犯罪构成的，便可依相应的犯罪论处。①这意味着刑法能够在没有明示刑事违法性的前提下直接通过隐含在法律内部的逻辑将某种行为认定为犯罪，并且在构成要素与处罚条件的定量标准把握层面，不对刑法明示行为类型与以“兜底条款”归责的行为个别化的分析与判断。

然而，笔者认为，刑法“兜底条款”的适用应当在形式层面进行一定限制，即必须通过司法解释以正式的规范形式对“兜底条款”的具体内容进行填充。同时，对于根据“兜底条款”认定为犯罪的非法律明示类型，在其内部构成要素的理解上，应尽量细化归纳不同社会危害程度的具体类型，在罪质判断环节予以分流处理，充分考虑非犯罪化处理的可能；在相关犯罪处罚条件的设置上，应当更严格地判断刑事处罚的必要性，更全面地考量行政处罚的可替代性。因为“兜底条款”与明示条款毕竟存在显著区别，只有附加“事后”限制机制，才能更为全面地抵消刑法“兜底条款”立法模糊性与不确定性对被告人权利可能产生的侵害风险。

综上所述，市场操纵犯罪的全球考察旨在总结资本市场刑法保护的国际标准；操纵证券、期货市场罪“兜底条款”的同质性解释旨在明确个罪规范

---

① 丁华宇：《刑法中的兜底性条款探析》，《黑龙江省政法管理干部学院学报》2009年第4期。

的实质内涵;严格规范"兜底条款"刑法解释的形式要求与实体内容旨在限制刑法介入证券期货监管的程度。附加"事前"与"事后"双重限制的同质性解释规则,不仅提升了对疑似操纵行为刑法属性法律论证的说服力,而且为实务部门深度把握操纵证券、期货市场罪的实质提供了理论铺垫。

二、市场操纵犯罪的司法判断规则

市场操纵犯罪法律规制实践存在一定的障碍,主要症结在于现有的刑事法律规范文本及其实践解释,与金融市场运行机制、金融实务操作经验、金融市场基本原理的脱节。附着于市场操纵犯罪监管理论与实践的法律与金融之间的纠缠与混沌,源自市场操纵犯罪行为模式的技术性阐释不足。具体而言,就是现有的资本市场犯罪法律理论与实践探索,尚未能够充分地以金融市场与金融原理为核心解释与说明市场操纵犯罪行为类型与模式。法律实践意欲超越市场操纵犯罪法律规范文本的桎梏,针对资本市场的现实形势作出能动的解释与反应,但又受困于罪刑法定的严格要求与刑事立法完善的频率与成本限制,而无法实现规范介入与市场机制自由运作的有机结合、协调运行。解决这种反市场操纵犯罪实践困境的关键是聚焦于作为市场行为与经济行为的市场操纵犯罪行为本身,以现有的法律规范文本为基础,以市场操纵犯罪行为为核心,沿着市场操纵犯罪实质、手段、类型、模式这一缜密的逻辑线条,对市场操纵犯罪法律规制实践疑难问题作出符合罪刑法定的细致梳理、合法解释,以及符合逻辑、经验与资本市场实际的规范拓展,系统化地建构合理的市场操纵犯罪法律适用规则与标准。本部分在既有的市场操纵犯罪实质、行为机理、法律实践技术性难题发现及其基本应对政策的宏观阐释与深度论证的基础之上,以虚假交易操纵、实质交易操纵等行为模式为基本框架,进一步纵深性地论证洗售、相对委托、连续交易等市场操纵犯罪行为的实践判断规则。

(一) 洗售操纵

虽然洗售操纵犯罪是一种比较传统的市场操纵犯罪行为,各国资本市场法治实践对洗售操纵犯罪行为已经形成了比较成熟的监管规则,但由于资本市场交易技术与机制的不断创新,加之金融实务中投资者对其实际控制的账户操作存在各种不同的可能性,一部分实际控制账户之间的金融商品交易完全可以是出于合法的目的,因而需要就洗售操纵犯罪的操作方式、正当性目的抗辩、全新信用交易机制下实际控制账户之间的倒仓行为等进行深入解析。

1. 洗售操纵犯罪操作方式的认定

法律规范没有就洗售操纵犯罪的交易时间、价格、数量、方向等要素作出明确规定,洗售操纵行为人在其实际控制的账户之间从事的金融商品交易,在时间、价格、数量等方面究竟是否具有操作方式的法律条件限制,法律理论与实务中存在较大的认识分歧。有观点认为,冲洗买卖是同行为主体实施的相反买卖,数量、价格、时间自然应完全相符。①支持上述意见的学者进一步认为,洗售操纵应当是行为人在同时期以相同价格进行相反方向的委托买进与委托卖出或者申报买进与申报卖出,不仅不能有时间上的间隔,并且在交易纪录上应当实际成交,即时间、价格、数量必须完全相同。因此,从罪刑法定主义的观点出发,应当对洗售操纵的行为方式采取严格解释,不能任意过度扩张意涵。②然而,也有意见认为,由于现代证券交易是在集中交易市场进行的,采用集中竞价撮合成交的交易模式,加上涨跌停板等制度的限制,即使同一个人在同一时间、就同一数量、以同一价格、就同一种证券进行委托买卖,也难免产生偏差,不一定按照行为人委托的内容撮合成交。③持类似观点的学者认为,在对冲洗买卖进行规范适用时,应允许存在时间和价格要素上的差距,但在交易数量上仍然应当坚持完全相同原则——这样才符合冲洗买卖的目的仅仅是为了制造"记录交易"这一本质。如果同一行为主体所实施的相反交易数量不一致,则仅在相同数量范围内成立冲洗买卖。④

笔者认为,尽管中国《刑法》第一百八十二条第一款第三项并未明示性地对洗售操纵犯罪行为的操作方式进行规定,但构成洗售操纵行为应当在方向、价格等核心要素上予以一定限制。同时,资本市场中金融交易以及竞价规则决定了洗售操纵行为的实行在数量、时间等要素上并不需要具有完全或者实质的相同性。

其一,交易方向的相对性或者相反性。洗售操纵犯罪的行为人在自己实际控制账户之间从事金融商品交易,无论动用多少账户,不论占用多少资金或者仓位,金融交易的方向必须是相对或者相反的,即特定金融商品交易账户买入,相对的账户卖出。如果实际控制的交易账户之间不存在相关金融商品一进一出的对应关系,该交易行为在性质上就不属于洗售。

其二,交易价格的相同性。中国大陆资本市场中的证券交易采取集合竞价与连续竞价相结合的竞价交易机制。集合竞价的成交价格是以委托买

---

① 参见吴光明:《证券交易法论》,台湾三民书局2006年版,第242页。

② 参见王志诚:《洗售操纵之认定基准》,《法令月刊》2008年第3期。

③ 参见李开远:《从证券交易法之修正论删除第一五五条第一项第二款有关处罚股价操纵行为——"冲洗买卖"刑事责任之探讨》,《铭传大学法学论丛》2003年11月。

④ 参见于莹:《论以虚伪交易方式操纵证券市场》,《国家检察官学院学报》2003年第5期。

入与委托卖出价格平衡时成交;连续竞价的成交价格是已经受理的委托和新受理的委托价格一致时交易成立。洗售操纵犯罪的行为主体在实际控制账户之间从事证券交易,交易的完成必须建立在买卖指令撮合配对的基础上,而集合竞价与连续竞价中的成交前提就是价格平衡或者价格一致。因此,洗售操纵中方向相反的证券交易应当在价格上具有相同性。

其三,交易数量的相对接近。洗售操纵者控制特定金融商品的交易价格或者交易量,买入与卖出对应金融商品交易账户之间的交易数量应当是相对接近的。之所以无法实现完全相同,主要是因为在开放的金融商品集中电子化交易平台上,市场中存在着众多投资者,完全可能在相同的时间提出与操纵者相同的买入或者卖出价格申报,从而成为撮合成交中的一部分。即使买入或者卖出申报数量完全相同,实际控制金融商品交易账户之间的交易申报并不会在所有情况下全部撮合成功,而是会因为外部投资者介入而在成交数量上与申报数量有所偏差。①

其四,交易时间可以存在先后。根据中国大陆资本市场中的证券交易所的交易规则,在提出申报且无撤单的情况下,委托当日有效。不能成交的申报将等待机会成交;部分成交的申报,剩余部分将处于等待成交状态。投资者的委托如未能全部成交,证券公司在委托有效期内可继续执行,直到有效期满。开盘集合竞价期间未成交的买卖申报,自动进入连续竞价。连续竞价期间未成交的买卖申报,自动进入收盘集合竞价。因此,在洗售操纵犯罪行为的操作中,实际控制账户之间的买入申报与卖出申报并不一定在完全相同或者紧密连续的时间进行,只要在申报有效期间内撮合配对即可。

通过对资本市场交易规则与洗售操纵实际手法的考察可知,洗售操纵中实际控制账户之间的金融交易在时间、数量等要素上并不一定要坚持整体上的绝对相同性或者相近性。只要在交易价格上具有一致性并实际成交,就能够达到影响证券、期货以及相关衍生品交易价格、交易量的操纵性结果。当然,如果稽查机构或者司法机关在实际控制账户的交易记录中发现委托申报的时间、数量、价格完全相吻合或者相对接近,这显然能够成为锁定洗售操纵犯罪行为重要的客观证据。但是,即使不存在严格一致或者大体相近的证据,并不妨碍对于洗售操纵犯罪行为操作机制的把握。

---

①　尽管在洗售交易框架下的实际控制账户金融商品交易数量是相当的,但是,实务部门在分析洗售操纵犯罪实际控制账户交易量的过程中,还需要注意,从事洗售操纵的相关金融商品交易账户中的部分金融商品与资金是用来影响交易价格或者交易量的,仍然可能有部分金融商品与资金是逢高抛售谋利或者实现卖空事后逢低买入平仓获利的。从这个意义上分析,并非所有参与洗售操纵犯罪的实际控制账户中有关特定金融商品的交易数量都是匹配或者相近的。

2. 洗售交易正当目的的抗辩的判断

实践中,由于所有证券、期货交易记录都由证券(期货)交易所、证券(期货)登记结算机构等进行备案,即使是场外衍生品交易,也需要在交易当事人的信息系统中进行数据备份。金融监管机构在锁定实际控制账户的情况下,①完全能够向司法机关出具实际控制账户之间的交易数据并且计算出洗售操纵犯罪的行为细节。

但棘手的问题在于,资本市场中各种投资者交易目的迥异,涉嫌洗售操纵犯罪的行为人通常会提出与正当交易目的有关的各种抗辩——实际控制账户之间的金融商品交易是关联企业之间在证券二级市场中的关联交易,并没有影响市场中特定证券交易价格、交易量的非法目的;本人从事的交易在绝对数量上并不大,但特定证券交易品种处于无量盘整等流动性极低的状态之下,客观上造成本人交易比例在该证券交易总量中占据显著比例,但本人主观上并没有对证券市场价格形成重要影响的目的。

笔者认为,在洗售操纵犯罪案件中,即使相关证券、期货、衍生品交易在行为人实际控制的账户之间现实发生,也应当允许控辩双方就疑似操纵行为是否具有正当目的进行充分论辩,但在具体操作时,应当注意原则上推定操纵目的、具体分析个案目的合理性的基本定位——

其一,洗售交易行为客观存在的事实已足以推定市场操纵的违法犯罪目的。

资本市场中投资者(投机者)从事证券、期货、衍生品交易,无论数量大小,也不论做多还是卖空,正常的市场投资与投机行为都表现为"看多买入与看空卖出",通常情况下不会出现在实际控制账户中将金融商品进行不正常的、空耗交易成本的左右互倒、自我交易。因为这种归属于同一资金与金融商品控制主体的金融商品交易并不会产生价差利润,反而会产生税费等大量交易成本,明显违背经济规律与资本市场常识。基于正当目的从事的投资与投机交易,相对于洗售交易而言,在行为正当性层面是完全对立的。这意味着控方推定洗售交易具有操纵市场目的具有充分的事实与经验基础,而犯罪嫌疑人或被告人提出正当目的的抗辩,如果要达到推翻推定操纵市

① 当然,这一前提与基础的建构在实践中也是相当困难的。在现有的金融违法稽查技术条件下,金融监管机构全面掌握操纵者实际控制的账户仍然存在实质性的执法能力障碍。故中国证监会、公安部证券犯罪侦查局以及检察机关资本市场犯罪专门化办案机构(今后专业化办案发展的方向)应当进行行政稽查、刑事执法、刑事检察的实践平台整合,通过侦查技术的提升锁定实际控制账户、资金来源、操盘网络技术、证券中介机构支持等不同环节的违法犯罪事实,从而为洗售操纵犯罪案件提供坚实的证据基础。

场犯罪目的的强度,就应当具有坚实的事实与合理性基础,并且最低证明程度应当达到优势证据标准。

其二,对于洗售交易正当目的的分析与判断,应当根据犯罪嫌疑人或者被告人提出的具体抗辩要点进行个案分析,具体规则是正当目的所对应的基础事实具有真实性与合理性。

(1) 有关合理避税抗辩。如果犯罪行为人主张洗售交易是为了合理规避资本利得税①,则辩方必须对洗售交易具有合理控制税收的意义与原理进行证明。如果实际控制账户之间的金融商品交易根本没有合理规避税收可能,反而会产生或增加交易税费成本的,显然应当否定正当目的抗辩的合理性。

(2) 有关资本市场行情判断抗辩。如果犯罪嫌疑人或被告人主张实际控制的多个账户执行买入交易时是基于看多行情、卖出交易时是基于看空行情,则辩方必须对每次交易的依据进行合理说明。因为行为人在相对特定的时间范围内,对同一证券、期货、衍生品交易的行情判断发生看多与看空之间截然相反的转换与反复,显然是不符合常理的。同时,从频繁的申报与成交次数、占总交易量的比例以及同期特定证券基本面等综合因素中完全可以准确梳理实际控制账户中每笔证券、期货、衍生品交易是否具有合理依据。

(3) 有关流动性过低抗辩。如果犯罪嫌疑人或被告人主张实际控制账户之间从事特定证券、期货、衍生品买卖的交易量占特定期间内总成交量比例明显较高(例如,超过20%)并非单方面由其交易行为绝对数量较高导致,而是该金融商品流动性本身过低所引发的,则应当在证明规则层面直接排除这种正当目的抗辩及其附带证据的相关性。事实上,通过洗售交易操作流动性极低的证券并控制其交易量或者交易价格本身就是这种操纵犯罪的典型手段。控制流动性低的金融商品交易的操作成本低,并且所有被操纵行为介入后的虚假价格信号驱使跟进的投资者实际上都是洗售操纵犯罪后

① 资本利得税(Capital Gains Tax)是指国家对资本利得(低买高卖资产所获收益)征税。最为常见的资本利税就是对买卖股票、债券、房地产等所获得的收益进行征税。由于资本利得税对于证券市场中的中小投资者等附加了实质性的交易成本,同时也不利于降低公司之间的股权交易成本,并不是所有国家都征收资本利得税。See Jean Eaglesham & John Willman, Final showdown on CGT reforms, Financial Times, Jan. 23, 2008.国家税务总局于2007年11月发布《关于修改年所得12万元以上个人自行纳税申报表的通知》,股票转让所得开始被置于个人所得税纳税申报表。随后,国家税务总局从2010年起对个人转让上市公司限售股所得征收个人所得税。这意味着我国对部分股票交易已经开征了资本利得税。

续交易的对手方,在因果关系上具有犯罪与被害的准确对应性。所以,以流动性过低作为抗辩理由,非但不具有合理性、相关性与可采性,在司法实践中甚至可以作为强化洗售操纵犯罪目的推定效果的基础事实。

(二) 相对委托操纵

实践中,以事先约定时间、价格等要素的方式相互从事证券、期货以及衍生品交易的相对委托行为确实存在排除价量操纵性质的其他可能(尽管操纵之外的相对委托行为也会涉及违规、违法或者犯罪),加之法律理论对于相对委托特殊操作机制、共同犯罪结构以及排除市场操纵犯罪性质的合法抗辩事由等问题未能进行充分探讨,造成相对委托操纵犯罪在司法认定中存在诸多难点与困惑,有必要结合资本市场的实际情况,针对相对委托操纵犯罪实践疑难问题集中分析司法判断规则。

1, 大宗交易平台相对委托行为的认定

大宗交易通常是指交易量、资本金额等远超公开竞价市场平均交易水平的证券交易。[①]交易双方直接在金融商品场内交易当日价格波幅范围内或者收盘价(日内无成交)商定成交价,经交易所确认后完成交易。大宗交易的成交量计入特定金融商品总成交量,但成交价格不计入收盘价以及指数。大宗交易价格不影响场内交易价格、大盘指数等。对照《刑法》第一百八十二条相对委托操纵的规定与上述证券大宗交易的基本规则,大宗交易实际上就是持有大量证券以及资金的证券市场投资者在证券交易所的监管下,以约定的时间、价格、方式相互进行证券交易。单纯从行为上分析,大宗交易具有相对委托的特征。但由于大宗交易不进入指数统计,只是将相关交易量向市场公布,不会直接影响证券市场中的交易价格,法律上并不认为大宗交易构成相对委托操纵违法犯罪。

然而,尽管证券大宗交易平台的相关证券交易具有明确的相互性且一般排除市场操纵属性,但在法律与金融理论上应当进一步辨析是否存在例外情况——不能断言在大宗证券交易平台上实施的这种事先约定的证券交易一律应当排除其市场操纵犯罪性质。

其一,大宗交易价格对于证券市场的影响应当具有现实性。尽管大宗

---

① 以《上海证券交易所大宗交易实施细则》为例,证券单笔买卖达到如下最低限额,可以采用大宗交易方式:A 股交易数量在 50 万股(含)以上,或交易金额在 300 万元(含)人民币以上;B 股交易数量在 50 万股(含)以上,或交易金额在 30 万美元(含)以上;基金交易数量在 300 万份(含)以上,或交易金额在 300 万元(含)人民币以上;债券交易数量在 2 万手(含)以上,或交易金额在 2 000 万元(含)人民币以上;债券回购交易数量在 5 万手(含)以上,或交易金额在 5 000 万元(含)人民币以上。

交易价格并不计入收盘价格,但证券市场中所有的交易实际上都代表着一定的价格信息或者证券供求关系信号而受到证券市场广泛关注。由于单笔大宗交易在数量上远远超过集中竞价市场中的单笔交易水平,建筑在这种大规模交易量上的证券交易价格对于市场是具有现实影响的。①证券市场参与者往往会将大宗证券交易平台上相关证券交易价格作为基准或者参考因素,通过一定的折价或者溢价比例分析集中竞价市场中的证券交易价格。②

其二,市场操纵者通过大宗交易平台实质上的相对委托机制相互从事证券交易,确实是一种现实的违法犯罪风险。一般情况下,在大宗交易平台的证券交易是基于减持、收购甚至税收优惠等财务或者商业目的而进行的,不存在违规、违法、犯罪等情形,不过大宗交易往往也会涉及各种类型的疑似市场操纵。实际操作中,大宗交易证券转让价格具有灵活多变的特点,之前交易日收盘价、当日收盘价以及约定的协议价都有可能成为减持价格,只要最终的价格落在当天的涨跌停板范围内,③都符合证券交易所规则。大宗证券交易平台上约定的证券交易价格一般只接受形式审查,监管机构很少对背后的实质意义进行审查。大宗交易通常折扣率较大且手续费成本低,在实践中容易成为市场操纵者的"吸筹"平台。同时,市场操纵者在集中竞价市场拉升或者打压证券交易价格之后,随即便可在大宗交易市场高位抛售或者低位买入。④大宗交易平台上的市场参与者通过事先约定从事的相对证券交易具有一定的市场操纵违法犯罪风险,大宗平台交易价格对于资本市场具有价格引导作用。所以,行为人通过互相串通的方式,以大宗证券交易规则的正当性规定为掩护,以事先约定的时间、价格、方式等相互从事证券交易,有证据证明对二级市场证券交易价格、交易量产生重大影响的,应

---

① 参见秦洪:《大宗交易折价率提升　A股估值面临压力》,《证券时报》2012年3月27日第C2版。

② 通常情况下,由于大宗证券交易数量极大,卖方会根据二级市场的交易价格进行一定的折让将证券专卖给买方,但是,在特殊情况下,如果证券市场中出现与特定证券有关的利好信息,证券需求方无法在一个交易日吸收到足够的证券,也会在大宗证券交易平台上进行溢价收购。

③ 当然,大宗证券交易机制可能存在变革的可能。上海证券交易所近期发布了《关于征求优化大宗交易机制有关措施意见的函》,拟在现有的大宗交易基础上,在每个交易日的16时至20时,增加一个独立的大宗交易时段。与此同时,上证所还拟大幅放宽大宗交易的门槛从50万股降至10万股,涨跌幅限制也从10%放宽至50%,并相应增加锁定期。大宗交易的锁定期拟分为两档:涨跌幅限制范围为前一交易日收盘价的70%至130%的(涨跌幅在30%以内),锁定期限至少为6个月;涨跌幅限制范围为前一交易日收盘价格的50%至150%,锁定期限至少为1年。参见胡学文:《大宗交易新政或遭遇两难尴尬——摁住短期行为　浮起避税空间》,《证券时报》2012年3月21日第A6版。

④ 参见李保华:《新规剑指股价操纵大宗交易利益格局或受冲击》,《经济观察报》2012年3月19日第15版。

当认定为相对委托操纵犯罪。

2. 相对委托操纵共犯结构的认定

实践中，操纵证券、期货、衍生品市场的行为越来越难以单独犯罪的形式实施。在体量庞大的资本市场上，市场操纵行为主体必须有相当规模的资金、信息、持仓等实力与资源。依靠某一个自然人、某一单位的力量要真正操纵资本市场实际上很难做到。同时，单一主体实施操纵资本市场犯罪，由于资源有限，通常只能使用多个实际控制账户。由于当前中国金融市场稽查监管技术已经得到了实质性地提升，完全可以发现特定账号证券交易的异常情况。单独操纵资本市场所依赖的有限流动的资金与交易账号相对容易被检测。所以，当前的市场操纵行为往往是由违法犯罪分子联手实施，并通过分散资金与交易的方式进行操盘。相对委托操纵犯罪正是充分体现了市场操纵犯罪的共犯结构性特征。从构成要件的角度分析，构成相对委托操纵犯罪的前提在于行为主体之间的"串通"与事先约定。这就要求法律实务部门在处理相对委托操纵犯罪案件时，特别要注意对共同犯罪的认定和处罚。准确认定相对委托操纵共同犯罪，必须对共犯结构进行精准把握，其前提在于确定合法且合理的共同操纵故意与共同操纵行为的司法认定规则。

(1) 相对委托的共同操纵故意

共同操纵故意本质上是共同市场操纵犯罪行为主体认识到他们的共同操纵犯罪行为和由此行为会引发的影响资本市场的危害结果，并希望或者放任这种危害结果发生的心理态度。①对于相对委托共同操纵故意的认定而言，还必须进一步深入探究"串通"、"事先约定"等双向性意思联络。然而，共同操纵故意的类型并不一定局限于双向性犯罪意思联络。在市场操纵犯罪法律实践中，完全存在证券公司等明知对方是市场操纵者并知悉对方从事市场操纵行为而仍向其提供交易账号，从而收取巨额委托交易费用的情况。对于这种市场操纵者(实行犯)与资金、账号、交易条件提供者之间形成的关系，在双方具有合意的情况下，与一般共犯不存在差异。但是，在资金、账号、交易条件提供者知悉相对委托操纵实行犯，而该实行犯并未明知前者知悉操纵事实的情况下，是否成立市场操纵共犯，实践中存在一定疑问。

《刑法》第一百八十二条操纵证券、期货市场罪的法律条文明确使用"串通"、"事先约定"等双向性合意要求十分明确的规范表述对相对委托操纵犯

① 刘宪权、谢杰:《证券期货犯罪刑法理论与实务》，上海人民出版社 2012 年版，第 407—408 页。

罪进行规定,但这只是相对委托等操纵犯罪实行犯的共同犯罪故意内容要求。相对委托市场操纵犯罪类型是必要的共同犯罪,犯罪行为成立的前提就在于行为主体必须达到两人以上,否则也就不能称之为相对委托。但实行行为犯罪者之间必要的双向性合意并不排斥为他们提供资金、账号、交易条件等帮助的证券公司、"人头账户"提供者等必须与实行行为主体形成双向性的市场操纵合意。片面帮助者完全可以在相对委托实行犯不知情的情况下,单纯基于获取手续费、交易回扣、"返点"、劳务费等利益而单方面向市场操纵实行犯提供帮助。

所以,笔者建议,在今后制定市场操纵犯罪司法解释时,有必要在共同市场操纵故意认定部分作出如下规定——证券公司等金融机构或者其他单位或个人,明知行为人操纵证券、期货市场,向其提供资金、账户、交易技术等协助的,以操纵证券、期货市场罪共犯论处。实践中,对于没有与相对委托交易实际操作者进行"串通"、"事先约定"的资金、技术、服务提供者,在明知相关人员从事相对委托操纵犯罪的情况下,可以根据片面共犯原理追究市场操纵犯罪的刑事责任。

(2)相对委托的共同操纵行为

共同的市场操纵犯罪行为是指各共同金融犯罪人在共同的故意支配之下,所实施的具有内在联系的同一性质的市场操纵犯罪行为。[①]对于相对委托操纵犯罪行为而言,这种共同操纵犯罪行为的结构性关系更为紧密,行为主体必须通过周密的安排在实质相同的时间内,以约定的价格、数量以及方式相互进行金融商品交易。

具体而言,相对委托市场操纵犯罪行为可以是共同的实行行为,即每个共同犯罪成员都是实行犯(例如,数个私募基金或者自然人投资者共同集中资金与证券优势,同时在相关账户中以约定的数量、价格等要素从事方向相对的证券交易,拉抬股价引起市场参与者跟进后集中出货谋利);也可以有不同的分工,有的实施实行行为,有的实施帮助行为,而有的则可能是实施组织行为(例如,相对委托操纵市场的组织者联系信息渠道、资金支持、"人头账户"、交易操盘人员等,交易执行者在各自控制的证券账户之间以一定价格和数量相互从事对敲交易)。

相对委托操纵犯罪行为内容中最为关键的部分显然是相互进行的金融商品交易行为。尽管处于市场操纵共同犯罪行为体系中的核心位置,但相对于其他不受金融监管机构技术性监管的共犯行为而言,相互进行的金融

① 谢杰:《操纵资本市场犯罪刑法规制研究》,上海人民出版社2013年版,第176页。

商品交易行为还是能够受到交易所实时监控的。然而,当前金融监管程序主要属于被动性执法,只能在形成市场操纵相关线索的情况下启动调查程序,通过事后追究的方式惩罚市场操纵违法犯罪主体。基于取证难以及执法效率低的现实,被动性监管措施无法应对市场操纵犯罪的挑战。因此,有必要完善市场操纵违法犯罪一线监管制度,确立市场操纵实时监控主动性执法与市场操纵责任追究被动性执法并重的监管格局。完善市场操纵犯罪一线监管与实时监控,必须赋予证券交易所对市场操纵更为广泛、直接、主动的监控权与调查权。交易所配备了远远优于中国证监会的实时监控技术设备,能够主动发现异常交易行为,时时锁定异常交易数据,快速跟踪异常交易资金动向。市场操纵行为经过事后分析往往可以得出交易极度异常的客观数据性结论。事先高度关注异常交易数据往往能够发现并跟踪市场操纵的实际控制力量。有必要细化数据标准,制定异常交易中的价格波动偏离值、换手率等指标,并公告异常交易时段所有会员营业部的名称及交易数额。①相对委托操纵犯罪在技术上的本质特征就是通过分散化的相互性金融交易制造虚假的资本市场交易信息,而市场操纵监管技术的提升对于刑事司法实践认定相对委托操纵犯罪行为提供了重要的制度支撑。

（三）连续交易操纵

连续交易操纵犯罪在行为主体上可以单独操作也可以联合实施,在行为内容上又与正常的连续交易投资或者投机行为具有形式等同性,在行为结果上具有区别于相对委托、洗售操纵不同的危害程度,亟须在法律理论层面对连续交易操纵犯罪构成要件疑难问题进行清晰且有效的规范解释。

1. 联合操纵的主体结构与责任分配

《刑法》第一百八十二条第一款第一项连续交易操纵犯罪的法律条文并未对这种类型的市场操纵犯罪主体设置任何形式条件限制,资本市场中的自然人或者法人投资者以及证券公司等专业投资机构,均可构成连续交易操纵犯罪的行为主体。连续交易操纵犯罪可以单独实施,也可以是联合操作。联合性的连续交易操纵犯罪行为主体是一种复杂的共犯结构形式,有必要予以深入分析。

构成联合性连续交易操纵的两个或者两个以上的行为主体显然必须具有在某一时段内一起买入或卖出特定金融商品的联合意图。形式上的联合

---

① 关于交易所对资本市场违法犯罪的法律监管权限拓展问题更为详细的论述,参见谢杰:《论资本市场内幕交易法律监管的完善路径》,《上海商学院学报》2011 年第 2 期;谢杰:《惩防内幕交易应扩大交易所监控权》,《证券时报》2010 年 7 月 30 日第 3 版。

意图与实质上的一致性行为都可以作为认定联合买卖主观意图的依据。形式上的联合意图是指行为主体之间具有约定或者通过谈判、协商等方式形成决定或协议。实质上的一致行动是指行为主体之间没有具体的决定或协议,但行为主体之间在资金、股权、身份等方面具有关联、控制等一致行动关系。实践中,联合性连续交易操纵犯罪是一种常态,资金提供者或者融资者、账户提供者、金融商品交易操盘者以及交易操纵计划制定与谋划者构成了联合主体结构中的组成部分。

在连续交易操纵犯罪联合主体结构中,承担不同犯罪分工的行为人在责任认定上应当对应着不同的司法规则:

其一,对于在连续交易操纵犯罪行为中专门负责形成或者促成"资金优势"、"持股优势"的行为主体,即融资或者金融商品现货提供者而言,其作用主要在于配合操纵犯罪实行行为人完成一定的资金持有、金融商品持仓量,提供连续交易操纵资金、金融商品等方便的经济支持。只有在其主观上明知他人具有操纵市场故意,且客观上仍然给予资金或者金融商品供操纵实行者进行交易,才构成连续交易操纵犯罪的帮助犯。

其二,对于在连续交易操纵犯罪中提供证券、期货、衍生品等交易账户从而确保相关金融交易可以分散进行从而规避监管与市场关注的行为主体而言,有的表现为提供本人证券、期货、衍生品等交易账户,有的表现为联系、整合、集中大量"人头账户",不能仅仅根据行为人在主观上是否明知而判断其是否构成连续交易操纵犯罪。明知他人连续交易操纵市场的现实需要而提供本人账户供其使用,尽管主观上存在故意且客观上提供了帮助行为,但由于连续交易操纵犯罪实际上是真实的金融商品交易行为,且单个交易账户在操纵账户体系中分担交易数量较少且具有明显的可替代性,并不会直接影响或者人为制造金融市场中的供求关系。因此,从社会危害性的角度分析,偶发性地向连续交易操纵者提供本人交易账户,可以认定为情节显著轻微、危害不大,而不作为连续交易操纵犯罪进行定罪处罚。但是,明知他人从事连续交易操纵犯罪而提供大量证券、期货、衍生品等交易账户,甚至是证券公司等金融机构利用机构掌握的大量账户或者账户管理权力等帮助市场操纵者分散交易仓位,进而降低交易与价格"解码"效应的,其在连续交易操纵犯罪结构中起到了关键性的帮助作用,应当作为联合操纵主体予以认定。

其三,对于根据操纵计划制定者或者谋划者指令具体操盘的行为人而言,应当根据在联合操纵主体结构中的角色定位判断其是否应当作为责任主体承担市场操纵的刑事责任。对于自然人连续交易操纵主体结构而言,操盘者不存在社会劳动分配意义上或者形式上的工作,而是单纯根据指令发布者的安排进行操盘，完全应当根据主观上是否知道或者应当知道本人实施的是连续交易操纵犯罪中的金融交易操盘行为，分析操盘者是否构成共犯结构中的一环。对于机构实施的连续交易操纵犯罪共犯而言，操盘者实际上是公司、企业员工，形式上具有正当的工作人员身份，实质上也从事部分正当且合法的工作任务，不能仅从主观明知与客观参与的角度直接认定相关员工构成市场操纵犯罪。更为合理的判断规则是，对操盘者的责任范围进行一定限制，只有全盘知悉连续交易操纵违法犯罪计划并全程参与连续交易操纵的操盘者，才有必要作为联合性操纵犯罪主体中的责任人员承担市场操纵犯罪的刑事责任。

2. 操纵交易价格与交易量

证券期货犯罪刑法理论对连续交易操纵犯罪行为构成中的利用资源优势、连续交易行为等核心要素已经进行了全面且深入的分析。[①]但是，作为客观构成要件的操纵交易价格、交易量，在司法实践中仍然存在一些难点问题，非常值得关注。

构成连续交易操纵犯罪需要满足“操纵”证券、期货交易价格或者交易量的法定条件。细致对比《刑法》第一百八十二条操纵证券、期货市场罪明示规定的三种市场操纵犯罪行为模式可知，连续交易操纵、相对委托操纵、洗售操纵之间非常重要的区别在于，连续交易操纵在行为结果层面必须达到“操纵”证券交易价格或者交易量的程度，而相对委托操纵、洗售操纵只要达到“影响”证券交易价格或者交易量的程度。“操纵”与“影响”在因果关系强度以及刑事证明程度上的要求显然存在显著的差异，“操纵”的因果强度与证明力度必须超过“影响”。

《经济犯罪追诉标准(二)》在行为程度上设置了一定的量化指标，纯粹从成交量的角度量化“操纵”与“影响”之间的量度差异，并且将这种强度差控制在百分之十(证券)或者百分之二十(期货)的标准。[②]这种客观量度上的差异无法通过技术分析辨别优劣，实际上只是一种基于“常识”判断而形成的政策定位，在资本市场法律理论层面没有必要进行过度的肯定或者批判。但是，“操纵”与“影响”之间的区别，除了从成交量的角度进行理解之外，显然还应当着眼于委托申报量、价格波动等要素设定量化指标。同时，除了客观要素上的标准之外，还可以尝试从主观故意程度上区分操纵性故

---

① 刘宪权、谢杰:《证券期货犯罪刑法理论与实务》，上海人民出版社 2012 年版，第 366—375 页。

② 参见《经济犯罪追诉标准(二)》第三十九条第(一)项至第(四)项。

意与影响性故意,从而丰富"操纵"证券、期货交易价格或者交易量与"影响"证券、期货交易价格或者交易量之间的不同衡量与分析标准。①

三、新型市场操纵犯罪实践疑难问题剖析

在信息型操纵犯罪中,利益冲突市场操纵犯罪的违法性实质并不在于信息本身所具有的虚假性或者欺骗性,而是金融市场中的信息发布者与接受者之间存在利益冲突。正是这种利益冲突决定了特定市场参与者只能在信息发布行为和与该信息有关的金融交易行为之中选择其一。如果特定市场参与者在发布信息的同时实施与该信息有关的金融交易行为,就会基于非法控制信息接收者的资本配置行为而触发市场操纵违法犯罪的法律责任,即构成抢帽子交易操纵。中国资本市场的反市场操纵法律实践之所以对抢帽子交易是否构成市场操纵犯罪存在极大的争议,表面原因是中国法律规范并没有十分明确地对抢帽子交易的法律性质进行界定,但根本原因是对于抢帽子交易利益冲突的法律与金融层面的双重实质缺乏深刻的把握。有必要在利益冲突违法性实质的指引下,对抢帽子交易操纵犯罪法律实践判断中的疑难问题进行深入的审视与洞悉。此外,对于不存在信息披露义务或者利益冲突问题的行为主体而言,其向市场发布信息从而可能触及反市场操纵犯罪条款的前提与基础,应当限定为相关信息具有虚假性、误导性或者欺诈性。这种市场操纵犯罪行为模式在理论上归属于虚假交易操纵,实践中称为蛊惑交易操纵犯罪。法律理论与实践对于虚假交易操纵犯罪并没有进行准确的定位,这在很大程度上造成了实务部门惩治与防控蛊惑交易操纵犯罪时存在一定的规范不明确性或者不确定性。抢帽子交易与蛊惑交易都是新型市场操纵犯罪,亟须通过虚假交易操纵犯罪的法律与金融分析研究蛊惑交易操纵犯罪的细化监管规则。

(一)抢帽子交易操纵犯罪的认定

抢帽子交易操纵犯罪的行为机理决定了在技术层面难以量化性地确认证券、期货投资咨询机构、资产管理公司、财经媒体等行为主体发布的证券、期货信息对于资本市场投资者(投机者)决策行为的影响。因此,在认定抢帽子交易操纵犯罪的过程中,应当坚持相对严格的把控,从而控制抢帽子交易操纵犯罪法律监管的合理边界。

1. 媒体从业人员发布利益冲突信息谋取交易利益行为的认定

抢帽子交易操纵犯罪意图实现谋取证券、期货、衍生品市场中的交易利

① 下文论及的连续交易操纵犯罪主观目的限制性解释就是从主观构成的侧面丰富"操纵"与"影响"在整个市场操纵犯罪构成要件体系中的差异化内容。

润，需要控制特定证券、期货等金融商品所对应的相当数量的资本流动。由于电视、电台、报刊、网络等财经新闻媒体对于证券、期货市场投资者的决策具有重大影响，相当数量的抢帽子交易操纵犯罪中的信息发布需要依靠媒体从业人员的协助予以实施以及实现证券、期货投资信息的大规模推广与传播。在此过程中，确实有一部分媒体从业人员利用发布利益冲突信息谋取证券、期货交易利益。甚至也有部分媒体从业人员在事先持有相关证券、期货仓位的情况下，独立发布或者联合其他媒体共同发布有关上市公司及其发行证券利好或者利空的报道，随后通过实施相关金融商品交易谋取利益。

财经新闻媒体从业人员的这种行为是否能够认定为市场操纵犯罪，法律实务中存在较大的疑难与困惑。尽管财经新闻媒体及其从业人员在我国现有的反市场操纵法律以及司法解释的规范框架下，不能单独构成抢帽子交易操纵犯罪的行为主体，①但在部分成熟资本市场的法律监管框架下，媒体从业人员可以独立构成抢帽子交易操纵违法犯罪的主体。例如，英国《金融服务与市场法》第118A条规定，对于新闻从业人员实施的传播信息行为，应当充分考量其职业准则，一般不作为市场滥用处理，除非其直接或者间接从传播信息中获取任何好处或者利益。②同时，财经新闻媒体从业人员在与证券、期货投资咨询机构通谋的情况下完全可以构成抢帽子交易操纵。所以，分析新闻媒体从业人员利用利益冲突信息从事相关证券交易谋利行为是否能够构成抢帽子交易操纵犯罪，具有重大的实践意义。

笔者认为，在判断财经新闻媒体从业人员是否构成抢帽子交易操纵违法犯罪问题时，应当采取相对严格的司法认定理念与法律判断标准以及具有纵深性的司法判断规则。在司法实务中审慎判断相关新闻媒体从业人员的交易行为是否构成抢帽子交易操纵，应当严格按照明知利益冲突、排除一般违规、附加处罚条件、严格审查信息内容等四个层次的纵深性规则，限制此类行为的入罪范围。

第一，在金融投资咨询机构、资产关机公司等编制具有利益冲突的金融

① 根据《经济犯罪追诉标准(二)》第三十九条第(七)项的规定，证券公司、证券投资咨询机构、专业中介机构或者从业人员，违背有关从业禁止的规定，买卖或者持有相关证券，通过对证券或者其发行人、上市公司公开作出评价、预测或者投资建议，在该证券的交易中谋取利益，情节严重的，应当以操纵证券、期货市场罪立案追诉。所以，根据我国的法律规定，抢帽子交易的犯罪主体只能是“证券公司、证券投资咨询机构、专业中介机构或者从业人员”，媒体及其从业人员不能构成抢帽子交易操纵犯罪的主体。

② Financial Services and Markets Act 2000 § 118A Supplementary Provision about Certain Behaviour.

投资信息,经媒体从业人员审核后在媒体平台发布的情况下,只有新闻媒体机构及其从业人员明知相关金融投资咨询机构在发布信息之前或者同时已经持有与信息所涉及的证券、期货交易仓位的,才具有将媒体机构及其从业人员认定为抢帽子交易操纵犯罪共犯的归责基础。

在媒体机构及其从业人员对金融投资咨询机构拟在媒体平台发布的信息进行必要的审查之后,根本无从知悉证券、期货投资咨询机构在发布信息之前已经持有相关证券、期货仓位的,不能根据操纵证券市场违法犯罪追究法律责任。因为新闻记者、编辑、评论员等媒体从业人员,客观上没有必要的条件判断与审查金融投资咨询机构是否持有其推荐、评价的股票或者债券。媒体只需完成形式审查义务,法律显然不应当强求媒体从业人员对研究报告、金融分析背后的证券、期货投资咨询机构及其从业人员的金融交易情况进行实质审查。因此,认定媒体从业人员构成抢帽子交易操纵犯罪的共犯,应当在主观故意上就上述明知内容进行充分且确实的证明。

第二,媒体机构及其从业人员的行为符合抢帽子交易基本要件的——在事先持有或者建构相关证券、期货、衍生品仓位的情况下,发布与金融商品及其发行人有关的利好或者利空信息,随后进行相对应的卖出或者买入的证券、期货、衍生品交易操作,并且获取巨额利益的——仍然不能直接认定为抢帽子交易操纵犯罪。

资本市场实务操作或者司法实践中,确实存在财经记者、评论员等对投资者具有较大影响力的财经界“意见领袖”,提前买入或者做空相关证券,利用新闻媒体从业的职务便利,针对证券及其发行人的情况发布利好或者利空信息,在随后的证券交易价格上升时抛售股票,在随后的证券交易价格下降时买入,谋取巨额交易利润。传统证券期货犯罪刑法理论上有一种具有代表性的观点认为,这种通过发布信息影响市场并从中赚取价差的行为,应当认定为具有市场操纵的故意与行为。①

然而,在新闻媒体机构及其从业人员根据对市场公开资料的分析发布相关意见或者评论时,只要没有对基本的事实进行虚构或者编造,没有对评论意见进行夸大与扭曲,这种资本市场中的信息传递行为并不属于失实的新闻报道与评论。同时,新闻媒体机构及其从业人员向证券、期货市场投资者发布信息,本身就是要通过这种信息传播的方式进行言论阐释,对于资本市场或者相关投资者的资本配置行为产生影响,显然也是言论自由权利行使的当然结果,不能直接认定具有市场操纵的违法犯罪故意。新闻媒体机

---

① 刘连煜:《新证券交易法案例研习》,元照出版公司2007年版,第453页。

构及其从业人员针对其评论、报道的证券从事相关金融交易，就交易行为本身而言，实际上就是财经媒体人员根据专业知识进行市场投资或者投机，并不具有市场操纵违法犯罪的行为属性。当然，新闻机构及其从业人员没有向市场披露其评论、报道的金融商品相关的交易信息，在法律上应当属于对利益冲突信息的隐瞒，应当根据相关财经新闻媒体证券交易禁止性规定以及新闻职业道德规范，认定其利用利益冲突信息谋取证券交易利益的行为构成违规、违法，但直接不能认定其构成抢帽子交易操纵犯罪。

第三，媒体机构及其从业人员撰写、报道、发表、评论、传播严重背离事实、未经查证、编造的虚假金融投资信息，在事先或者信息发布同时建构相关仓位的情况下，通过发布虚假信息引发资本市场波动，随后从事相关金融商品交易谋取巨额利益的，应当认定为抢帽子交易操纵。

抢帽子交易操纵犯罪的实质在于信息发布者与信息接收者之间的利益冲突，故通常情况下构成抢帽子交易操纵犯罪不需要就信息是否具有虚假性问题进行考察。但是，为了针对新闻媒体这一特殊行业的具体情况施加一定的制度保护，有必要在信息内容要素层面设置一定的附加条件，建构专属于新闻媒体从业人员抢帽子交易操纵犯罪的独立要件。在符合抢帽子交易操纵犯罪基本构成要件的基础上，新闻媒体从业人员构成抢帽子交易操纵的前提是其传递的信息具有虚假性。在认定相关行为是否符合发布、评论虚假金融市场信息时，应当根据案件中的客观情况进行严格的、限定性的解释与分析。因为资本市场中的信息具有极强的专业性，新闻媒体从业人员基于专业知识、经验、判断能力、调查水平等综合情况的限制与差异，不能要求必须对失实报道承担市场操纵违法犯罪的责任。即使传播的信息属于虚假证券、期货信息，但如果媒体机构及其从业人员能够提出失实报道的合理来源与依据，例如，对相关报道或者评论进行采访、对上市公司财务情况进行了调查等，则不能认定为编造并传播虚假证券、期货信息。目前以《经济犯罪追诉标准(二)》为代表的资本市场犯罪司法解释并没有将新闻媒体机构及其从业人员利用利益冲突信息从事证券、期货交易谋利的行为作为市场操纵犯罪处理，主要也是基于对新闻媒体行业的具体情况的考量而在刑法适用层面采取的司法克制定位。所以，在法律实践中，只有对特别严重的虚假证券、期货信息传播媒体机构及其从业人员实施的非法利益特别巨大的证券、期货交易行为，才能以市场操纵犯罪追究其法律责任。

第四，判断新闻媒体从业人员发布金融市场投资信息是否具有虚假性，应当适用独立的标准。

如何确立新闻媒体从业人员发布证券期货投资报道等市场信息的虚假

性判断标准是反市场操纵犯罪司法实践中的疑难问题。我国台湾地区资本市场中发生的劲永公司股票操纵案就是一起典型案例:张锡宽是台湾证券交易所上市部中级专员,负责公司股票上市审查、上市公司财务报告出现异常的项目查核等业务。2004 年 11 月,张锡宽根据证交所主管指示,协助其同事陈旭怡对在台湾证交所上市的劲永公司进行实地查核,在履行职务过程中知悉证交所准备对劲永公司疑似财务造假事件展开调查。张锡宽意图提前卖空劲永公司,利用利空信息造成劲永公司股价下跌,并从股票价差中谋取卖空利润。张锡宽通过林一宏、林明达的信息传递,在没有证据材料依据的情况下,将劲永公司财务造假将被证交所调查的信息转达至"联合报"记者高年亿。基于这一信息渠道,高年亿与其同事张宏业撰写了《劲永财报疑不实两成"灌水"》的财经报道,并发表于"联合报"2005 年 1 月 25 日 A5 版。利空信息经报纸向市场传递之后,劲永公司股价立即下跌 1 元/股。直至 2005 年 3 月中旬,记者高年亿使用类似方法,通过撰写并发表新闻报道的方式向市场散布与劲永公司有关的、没有证据材料依据的利空、利好信息,提前买入劲永公司股票,利用利好信息拉升股价之后,高位卖出获利,或者提前卖空劲永公司股票,利用利空信息压制股价之后,低价买入回补,反复操作共计获利 2 000 余万元新台币。相关报道使用"疑似财务造假"(利空信息)、"目前股价水平属于低估,未来股价下探空间不大,有机会挑战 12 元关口"(利好信息)等措辞;报道中对上市公司的评估、质疑都不符合实际情况。检察官以违反"证券交易法"起诉该记者操纵有价证券,但一审、二审法院均判决被告人无罪。本案的争议焦点在于如何确定记者报道证券信息虚假性的判断标准。主张有罪的核心理由是,记者在没有证据材料的情况下发布与上市公司业绩有关的利空或者利好报道,经查证与事实不符的,应当认定其新闻报道为虚假信息。主张无罪的主要论据是,要求记者一定要在掌握确切证据材料的基础上才能够报道相关财经新闻,否则该信息就是虚假信息,显然严格限制了媒体与记者的言论自由,这种信息虚假性判断标准不应当适用于新闻媒体从业人员抢帽子交易操纵案件。①

笔者认为,金融市场新闻报道信息的虚假性认定应当适用独立的司法判断规则。普通市场信息与实际情况相背离、对特定事件的信息化反应不真实,可以认定为虚假信息。但是,维护媒体与记者的言论自由与保障金融市场参与者产权之间价值平衡的现实需要决定了金融市场中的虚假新闻报

① 参见台湾台北"地方法院检察署"2005 年侦字第 6609 号起诉书、台湾台北"地方法院"刑事判决 2005 年矚诉字第 1 号、台湾"高等法院"刑事判决 2008 年上诉字第 3852 号。

道应当从信息内容、行为主体主观认知等角度进行区别于一般虚假信息认定标准的甄别。其一，在信息内容上，媒体从业人员基于现有的资料对上市公司的财务状况进行猜测、对上市公司基本面进行推论、对上市公司股价发展趋势进行评估，以“看好”、“看空”、“估值较高”、“估值较低”、“疑似”等估计、推断、揣测等意见发表的方式发表信息，均属于常规的新闻报道模式。即使事后将信息内容与事态发展进行比对能够确认报道的信息是错误的，亦不能将该报道认定为虚假信息。因为新闻记者对信息进行发布、对新闻事件进行推测或者评价，本来就不可能形成统一口径或者精准符合事件客观情况。但是，如果媒体从业人员在新闻报道中编造证据、材料支撑其错误的评价与猜测的，该信息则超越了失实报道的界限而具备了虚假信息的客观特征。其二，在媒体从业人员对其进行的新闻报道的主观认识上，即使其不能证明报道、言论所内含的信息是真实的，但只要根据自己拥有的资料和自主判断能够合理相信信息是真实的，就不能认定其散布虚假信息与利益冲突信息进而构成抢帽子交易操纵。媒体从业人员对与特定金融商品市场表现有关的事件进行报道，除了搜集、整理、表述相关事实与材料之外，不可避免地会融入报道主体对事件的认识、评价以及对未来发展趋势的预测。这种新闻报道中的主观判断与趋势揣测是媒体从业人员基于当前有限的材料作出的分析与推论，只要没有严重违反新闻报道的专业标准、写作规范，不仅不受到现行法律规范的禁止，而且没有义务保证报道内容与客观事实及其发展完全吻合。媒体从业人员合理相信新闻报道是真实的，无需达到向市场传递的信息具有客观真实性的证明标准。没有确实与充分的证据排除合理怀疑地证明新闻报道者明知其撰写与发表的信息是虚假的，就不能认定信息具有虚假性。结合上述新闻报道虚假性判断标准，就劲永公司股票操纵案中的新闻报道虚假性判断问题而言，该记者发表的新闻报道具有一定的新闻价值与信息来源渠道，报道所使用的措辞相对普通、保守与克制，没有证据证明其明知信息失实，不应当认定该篇新闻报道构成虚假信息。

2. 抢帽子交易操纵实害结果的认定

抢帽子交易操纵的实际损害结果可以是受到利益冲突信息诱导的投资者在证券交易过程中产生损失，也可以是证券市场中特定证券的交易价格、交易量发生重大异常波动。《经济犯罪追诉标准（二）》只规定了金融投资咨询机构或其从业人员实施抢帽子交易，在“情节严重”的情况下，应以操纵证券市场罪予以立案追诉，①实际上并没有准确界定何种实际损害结果对于抢

① 参见《经济犯罪追诉标准（二）》第三十九条第（七）项。

帽子交易操纵犯罪的构成具有决定性影响,也没有对谋取利益的数额进行量化规定。中国《刑法》第一百八十二条操纵证券、期货市场罪的刑法条文已经设置了“情节严重”这一规范明确性十分有限的规定,司法解释继续在抢帽子交易操纵行为的具体要件中再次规定“情节严重”,会导致实务部门难以准确且有效适用法律与司法解释。

笔者认为,抢帽子交易操纵犯罪的实际损害结果应当以非法获利数额为核心进行评估。同时,抢帽子交易操纵犯罪的起刑点数额标准不仅应当在非法获利金额上明显高于抢帽子交易操纵违法行为,而且应当明显高于与市场操纵犯罪具有相当性的其他资本市场犯罪(例如,内幕交易罪、利用未公开信息交易罪)非法获利入罪标准。所以,笔者建议,作为抢帽子交易操纵犯罪入罪标准的非法获利数额可以界定在一个相对较高的数量层级,例如3 000万元。此外,还有必要增设其他条件,进一步对情节严重予以量化,例如,抢帽子交易操纵行为引起5 000人以上的代表人诉讼或者金融集团诉讼。这种量化性的实际获利、实际衍生损害标准,不仅具有限制资本市场刑法介入程度的效果,而且可以为司法实务部门提供简便且确定的技术性判断尺度。

(二) 蛊惑交易操纵犯罪的认定

蛊惑交易操纵犯罪表现为向资本市场及投资者编造、传播、提供、发布不真实、不准确、不完整或不确定的重大信息,诱导投资者在不了解真实且全面信息的情况下从事相关证券、期货、衍生品交易,从而通过预期的资本市场价格波动谋取金融交易利润。可见,蛊惑交易操纵犯罪在行为机理上是比较复杂的,在实践中通常会涉及多方面的判断难题,亟须厘清虚假信息重大性、信息欺诈行为、上市公司信息操纵行为等问题的司法认定规则。

1. 虚假信息重大性的认定

在蛊惑交易操纵犯罪中,作为行为对象的虚假信息应当具备重大性,即行为人编造、传播、散布不真实、不完整、不确定的欺诈性、虚假性信息,必须可能对资本市场中的投资者造成重大影响,或者可能对特定金融商品市场价格产生重大影响。虚假重大信息是能够对具有一般资本市场知识的普通投资者(投机者)的资本配置决策产生重大影响的事实或事件内容的信息化反映,只是这种反映是资本市场中人为编造、虚幻失实的干扰性价格信号。在认定蛊惑交易操纵犯罪虚假信息重大性的过程中,应当注重从其他资本市场犯罪中与重大信息有关的个罪中,对信息重大性的基本规范标准进行定位。内幕交易、泄露内幕信息罪、利用未公开信息交易罪中涉及内幕信息与内幕信息之外的其他未公开信息。《证券法》、《刑法》中内幕信息与未公开信息所覆盖的证券、期货法律规范，已经内含了相对全面的信息重大性判断规则，完全可以在蛊惑交易操纵犯罪信息重大性的分析中予以适用。①

蛊惑交易操纵犯罪案件中的虚假信息在内容上通常与上市公司资产、财务、经营、管理等重大事项有关，信息重大性判断一般不存在很大的争议。

例如，2012 年“散布网络信息攻击上市公司伊利股份案”是曾在我国资本市场中引发高度关注的编造并传播证券交易虚假信息罪判决。张三林、李希晓、张海军、周讯、姜林等人炮制了名为《内幕惨不忍睹：伊利被这样掏空》的文章并在互联网上广泛传播。虚假信息公开后不到 1 小时就导致市场出现恐慌性抛盘，伊利股份旋即跌停。②信息内容涉及上市公司资产被掏空这样的敏感且重大问题，决定了该案中的虚假信息具备重大性。

再如，1997 年《刑法》实施后我国首例编造并传播虚假证券交易信息罪案件中，被告人李定兴连续向深圳证券交易所、上市公司江苏三山实业股份有限公司（以下简称“三山实业”，现更名为四环生物，股票代码：000518）、《深圳特区报》、《特区证券报》等单位电话告知、邮寄、传真虚假信息，谎称“广西北海正大置业有限公司”共收购三山实业股票 250.33 万股，占三山实业流通股的 5.006%，要求予以信息披露。后《特区证券报》原文刊登了被告人李定兴提供的虚假收购信息。经查证，工商登记系统中并不存在“广西北海正大置业有限公司”的信息，证券交易所交易记录中亦不存在被告人李定兴编造的收购信息与交易数据。③信息内容涉及上市公司收购意味着该案中的虚假信息显然具备重大性。

蛊惑交易操纵犯罪司法实践中相对困难的法律适用问题是：行为人所编造并传播的信息内容虚假性颇为明显、信息所内含的事件发生概率非常

---

① 详细的信息重大性判断规则参见谢杰：《操纵资本市场犯罪刑法规制研究》，上海人民出版社 2013 年版，第 259—270 页；谢杰：《利用未公开信息交易罪的规范解释与实践应用》，载彭东主编：《刑事司法指南（总第 51 集）》，法律出版社 2012 年版，第 99—102 页；谢杰：《内幕信息形成时间判断规则研究》，《证券市场导报》2013 年第 8 期。

② 法院认为，被告人李希晓等四人故意编造并传播影响证券交易的虚假信息，扰乱证券交易市场，造成严重后果，其行为均构成编造并传播证券交易虚假信息罪，分别判处四人八个月至一年零六个月不等的有期徒刑，并处以一万元到三万元罚金。参见李静：《“网络攻击”伊利案 4 人一审获刑》，《新京报》2012 年 1 月 18 日第 B4 版。

③ 法院审理查明，被告人李定兴编造并传播的虚假信息由报纸披露之后，三山实业股票价格随即上涨每股 3.2 元，当日收盘上涨每股 3.1 元，当日成交量约 2 000 万股，超过总流通股 42%，总成交额超 2 亿元。被告人李定兴先后抛售其持有的三山实业股票，共完成交易额近 150 万元。法院判决，被告人李定兴编造并传播虚假证券交易信息，造成三山实业股票价格异常波动，其行为构成编造并传播证券交易虚假信息罪，判处有期徒刑二年零六个月，并处罚金一万元。参见湖南省株洲县人民法院刑事判决书（1997）株法刑初字第 230 号。

低、信息实际上很难令人相信,但是,相当数量的市场参与者受到信息影响改变资本配置决策,相关金融商品市场价格基于虚假信息所指向的方向进行明显调整时,此时应当如何判断虚假信息重大性?

日本金融市场中发生的"占星术操纵股价事件"就是一起非常典型的、由显而易见的虚假信息引发的市场操纵案件:日本的一本博彩类杂志《赌博秘籍》主要发表与赌博、彩票、证券市场投机交易等有关的文章与信息。一个"星座学"(占星术)研究者连续三期在《赌博秘籍》发表文章,以星座分析方法向读者推荐"熊沢制油"等三家上市公司股票。经查证,文章中阐述的内容纯属作者虚构。但文章登载之后,熊沢制油等上市公司股票迅速上涨,该星座研究者卖出相关股票获利。东京简裁法院以传播虚假证券信息判决文章作者罚金 50 万日元。[①]质疑该案判决合理性的观点认为,不能以虚假信息披露之后的股票价格剧烈波动直接认定信息具备重大性,基于星座等毫无根据的分析所形成的证券市场信息,明显是虚假的或者不可信的,投资者应当自担风险,信息发布者不应当承担蛊惑交易操纵犯罪的责任。[②]

笔者认为,信息的重大性确实是受到信息内容虚假性程度现实制约的。虚假信息之所以会对资本市场参与者产生影响进而引发金融商品市场价格波动,本质上是因为信息本身存在不确定性。如果信息内容具有显而易见的荒谬性或者非理性,信息的属性趋向于确定虚假性,或者说丧失了不确定性,理论上也就不应该对资本市场参与者以及金融商品市场价格产生影响。相应的,虚假信息也就丧失了具备重大性的客观基础。但是,正如行为金融理论关于资本市场参与者有限理性所分析的那样,投资者(投机者)在现实的金融市场操作中往往是非理性的,绝大多数市场参与者实施的金融交易通常表现出很强的随机性与混沌性。基于显而易见的、甚至是荒唐的虚假信息而引发的市场参与者关注,并导致金融商品价格波动或者金融资产出现高度的投机性泡沫——这种现实风险也不应当在蛊惑交易操纵犯罪的法律控制规范体系中予以彻底且绝对的排除。资本市场刑法规范将特定的蛊惑交易纳入犯罪化的范围,不仅对行为人施以最为严厉的刑罚震慑,也是对资本市场所有参与者的强化保护,更是对资本市场信息自由竞争环境的介入。在制度安排上,不应当遏制市场淘汰虚假信息的自主化能力,也没有必要为市场参与者的无知、甚至愚蠢而产生的非系统性损害设置蛊惑交易市

---

① (判決)平成 9.1.30(東京簡裁)罰金 50 万円(略式命令);金融庁証券取引等監視委員会『証券取引等監視委員会の活動状況〈平成 15 年〉』国立印刷局、2003 年、154 頁。

② 神山敏雄『日本の経済犯罪ーその実情と法的対応』日本評論社、2001 年、37 頁;张天一:《论证券交易法上散布流言或不实数据操纵价格罪》,《中原财经法学》第 20 期,2008 年 6 月。

场操纵犯罪的赔偿机制。所以，如果基于常识即可认为普通投资者（投机者）接触到相关虚假信息时不会予以关注，也不会基于该信息对金融商品配置决策予以调整的，则该信息不能认定为重大信息。但是，如果蛊惑交易者针对并利用市场参与者的非理性、易受操控性、交易行为的混沌性等金融行为心理，传播显而易见的虚假信息却引发市场参与者高度关注、金融资产价格剧烈波动并具有制造系统性风险危机的，则应当认定相关虚假信息具有重大性。

2. 信息欺诈行为的认定

蛊惑交易操纵犯罪在控制市场行为的实施过程中，客观上至少应当存在编造、传播的行为，其本质就是资本市场信息欺诈。当然，操纵者可以不直接编造资本市场信息，而是明知并预见到虚假证券、期货、衍生工具交易信息对市场的影响，通过向市场传播并利用投资者可能出现的市场反应谋取市场波动之后的利润。

对于如何理解传播证券虚假信息行为，传统证券期货犯罪刑法理论一般认为，传递虚假的证券信息，范围应具有公众性、扩散性与拓展性，信息传播对象必须是不特定多数人。①传播虚假证券市场信息的违法性本质根植于妨碍证券市场信息管理秩序，行为人传递虚假信息的范围如果限定于特定人，难以达到扰乱证券市场信息管理秩序的严重程度。②我国台湾地区有关市场操纵犯罪的刑法理论中也有类似观点认为，传播通常是指将信息散布于众，是对多数人进行信息传递的行为。蛊惑交易操纵中的信息传播行为应当限定于向证券市场中的多数人进行虚假信息传递。③如果仅仅对特定投资者进行虚假陈述、信息诱导，尚且不足以影响证券市场交易价格，所以，向特定证券市场投资者的传播虚假信息行为，可以按照普通证券欺诈犯罪处理，④而不是具有市场整体影响力的市场操纵犯罪。

上述意见具有一定的合理性。因为传播信息的行为就是向社会公众扩散，蛊惑交易操纵犯罪中的传播虚假证券信息行为显然应当包括向资本市场中的多数公众或者不特定投资者（投机者）传递虚假信息。

但是，蛊惑交易操纵犯罪的实质在于通过虚假证券、期货信息的传播诱

---

① 参见李宇先、贺小电：《证券犯罪的定罪与量刑》，人民法院出版社2000年版，第101页。

② 参见王晨：《证券期货犯罪的认定与处罚》，知识产权出版社2008年版，第253页。

③ 参见庄永丞：《论证券价格操纵行为之规范理论基础——从行为人散布流言或不实资料之操纵行为开展》，《东吴法律学报》2008年第1期。

④ 参见林国全：《以散布流言或不实数据方法操纵价格》，《月旦民商法杂志》第7期，2005年3月。

导投资者的行为,从而通过期待的证券、期货市场波动谋取利润。只要能够产生证券、期货市场波动的效果,受到虚假信息欺诈的投资者是否具有公众性、多数性实际上并不是绝对的法律限制条件。这是资本市场信息传播行为区别于普通信息传播行为的重要特点。资本市场信息传播的关键在于实质上的市场价格效果,普通信息传播则侧重于形式上受众的不特定性与多数性。在资本市场中,并非只有公众性、多数性的投资者才能影响金融商品交易价格或者交易量,个别投资者由于持有巨量证券、期货仓位或者掌握巨额资金,个别性的投资者行为负载了巨额交易量或者资金量,完全可以凭借一己之力,引起资本市场金融商品的价格波动。传统证券期货犯罪刑法理论中的部分观点认为,通过信息诱导个别投资者无法引起市场波动,显得比较片面与绝对,与金融实践中真实情况也不尽相符。

例如,投资银行经纪部门向特定客户发布内部邮件,传递虚假证券交易信息,相关持有巨额资金的客户根据邮件中发布的虚假信息从事相关交易,由于资金量巨大引发市场波动,投资银行自营业务部门事先建构仓位,从这种预期的市场效果中谋取巨额交易利润。从这个角度分析,蛊惑交易操纵犯罪中传播行为的实质内涵完全可以区别于刑法其他个罪(传播淫秽物品牟利罪等)的传播行为,即可以不完全等同于向公众、不特定或者多数主体发布虚假信息,而是向特定、个别、少数证券市场投资者进行虚假信息引导。

实际上,《刑法》第一百八十一条第二款诱骗投资者买卖证券、期货合约罪中的一种客观行为,即提供虚假信息,尽管在大多数情况只能产生欺诈特定客户的效果,但是,如果特定客户资金量或者金融商品持仓量特别巨大,对特定客户的欺诈行为完全可能引发资本市场中相关金融商品交易的整体价格或者交易量。作为欺诈特定资本市场投资者的诱骗投资者买卖证券、期货合约罪,完全可能形成对资本市场中特定交易品种的非法控制。所以,根据中国《刑法》第一百八十一条第二款构成诱骗投资者买卖证券、期货合约罪,但具有影响资本市场交易量或者交易价格实质风险或者实害结果,且行为人实施的金融交易从价格波动中的获取利润的,本质上应当归属于蛊惑交易操纵犯罪。

3. 上市公司内部人信息操纵行为的认定

蛊惑交易操纵犯罪的核心在于对与金融市场投资者决策具有重要影响的信息形成非法控制。这种非法控制表现为对虚假信息从无到有的内容控制(编造),以及从暗到明的范围控制(传播)。上市公司内部人对于上市公司的信息具有绝对的控制优势,所以,实施蛊惑交易操纵犯罪在操作上更为便捷,在实践中也比较常见。司法解释也对上市公司内部人信息操纵犯罪或者蛊惑交易操纵犯罪的认定规则进行了说明,但规定的内容并不十分明确[①]——究竟什么是利用信息优势操纵证券交易价格、证券交易量?司法解释并没有进行准确的指引。信息优势是否包括内幕信息的知情优势?如何区分内幕交易行为与蛊惑交易操纵行为?这一系列问题都有必要在上市公司内部人信息操纵行为认定过程中进行阐释。

市场操纵犯罪中的信息优势完全可以包括内幕信息知情优势。蛊惑交易操纵者编造、传播的信息可以是具有欺诈性、虚假性的内幕信息。所以,上市公司内部人通过编造虚假内幕信息实施信息操纵行为,或者利用内幕信息知情优势从事相关证券交易谋利,可能涉及内幕交易犯罪与蛊惑交易操纵犯罪的行为属性辨识。区分两者的关键在于是否存在编造、传播、散布虚假重大信息,诱使投资者实施相关金融商品交易的事实。内幕交易属于"静观其变",即期待内幕信息所指向的事实或者评价得以执行,使相关证券交易价格实现符合自己预期的变动。蛊惑交易操纵属于"兴风作浪",即通过积极行为编造、传播没有实际依据却能够引起证券交易价格波动的信息,诱使投资者在不明真相的情况下作出投资决定并形成期待的市场性效应,从中谋取违规交易利益。当然,内幕交易犯罪与蛊惑交易操纵犯罪完全可能同时进行,在这种特殊情况下应当按照根据刑法原理准确认定行为性质。

其一,上市公司董事、经理、大股东、实际控制人等内部人利用信息优势操纵证券交易价格、交易量,其中的"信息优势"可以解释为明知与上市公司重大事件有关的信息系不真实的信息而仍然予以发布或者传播,并通过子虚乌有的"内幕信息"在市场上发散之后对投资者形成的干扰而影响本公司证券的交易价格、交易量,上市公司内部人利用对真实情况的把握而在虚假内幕信息披露前,买入或者卖出证券。在这种情况下,上市公司内部人即使利用了对真实内幕信息的知情优势,但信息操纵行为是影响证券市场投资者决策并进而引发市场波动的决定性因素,应当认定为蛊惑交易操纵犯罪。

其二,上市公司董事、经理、大股东、实际控制人等内部人利用信息优势操纵证券交易价格、交易量,其中的"信息优势"也可以解释为在市场对于与上市公司有关的重大信息发布后没有引起任何有效反应,而通过新闻媒体进行夸大性宣传,在引起投资者关注与反应之后,通过市场的波动谋取交易利润。这种信息操纵最典型的表现形式就是内幕交易失败之后实施蛊惑交

① 根据《经济犯罪追诉标准(二)》第三十九条的规定,上市公司及其董事、监事、高级管理人员、实际控制人、控股股东或者其他关联人单独或者合谋,利用信息优势,操纵该公司证券交易价格或者证券交易量的,应当以操纵证券市场罪追究刑事责任。

易操纵。实践中,并非所有上市公司重大事件在公开之后都会引起市场的高度关注从而引发证券交易价格、交易量的剧烈变化。此时,上市公司内幕信息知情人员在内幕信息公开前建构的仓位根本无法通过预期的市场波动谋取非法利益。并且,由于在内幕信息公开之前实施的证券交易可能已经支出了较大的融资、融券或者操作成本,如果内幕信息公开之后市场效果产生的证券价格变动利润不足以弥补行为人实施内幕交易的成本,内幕交易者也无法获取非法利润。在这种情况下,有的内幕交易者会通过新闻、网络等各种信息传播平台对与上市公司有关重大事件的效果进行夸大,刺激证券市场投资者对信息进行高度反应,导致证券交易价格、交易量上出现强势波动。例如,做空股票者通过媒体夸大上市公司利空事件的效果,引起投资者恐慌后大量抛售急速打压股价,做空者低位回补获利;做多股票者通过媒体夸大上市公司利好事件的效果,引起投资者跟进买入之后高位抛售获利。对于这种内幕交易获利机制失败之后通过发布不真实的信息夸大重大信息实际效果的,在信息操纵过程中实际上存在内幕交易与蛊惑交易操纵两个性质不同、时间先后的行为,交易量、违法所得等情节标准符合追诉条件的,应当分别认定为内幕交易罪与操纵证券市场罪。

其三,上市公司董事、经理、大股东、实际控制人等内部人利用信息优势操纵证券交易价格、交易量,其中的"信息优势"还可以解释为明知与上市公司重大事件有关的信息系不完整、不确定的信息而仍然予以发布或者传播,并通过证券市场投资者对于信息全貌并不完全知悉的信息劣势影响投资者行为,而上市公司内部人或者其他相关知悉内幕信息的人从期待的市场波动中受益。在这种情况下,内幕交易与蛊惑交易操纵的界限是很模糊的。

典型案例:2011 年末上市公司重庆啤酒"疫苗门"疑似信息操纵事件引起资本市场与社会各界高度关注,①但对于其行为性质究竟属于蛊惑交易操纵还是内幕交易,各方观点并不明确。从重庆啤酒重大信息披露以及停牌

① 市场公开信息显示,2011 年 11 月 23 日晚(周三),重庆啤酒公告称,公司控股的重庆佳辰生物工程公司研发将近 13 年的治疗用(合成肽)乙型肝炎疫苗将于 2011 年 11 月 27 日(周日)召开揭盲工作会议,公司股票将于 11 月 28 日(周一)至 12 月 2 日(周五)停牌,在 12 月 5 日公告揭盲工作会相关信息后复牌。受此消息刺激,重庆啤酒股价 11 月 24 日涨停,11 月 25 日上涨 7.28%,两日累计涨幅达 18%,卖单基本出自机构席位。12 月 7 日晚,重庆啤酒发布揭盲信息:安慰剂组有效反应率为 28.2%;治疗用(合成肽)乙型肝炎疫苗 600 μg 组有效反应率为 30.0%;治疗用(合成肽)乙型肝炎疫苗 900 μg 有效反应率为 29.1%。这组数据意味着疫苗研发几乎等于失败。12 月 8 日重庆啤酒复牌后连续 11 个交易日跌停,市值蒸发逾 260 亿元,包括证券投资基金在内的部分机构者以及个人投资者均造成重大损失。参见谢杰:《动态判断内幕信息的形成》,《财经》2012 年 3 月 19 日;张珈:《重庆啤酒流通股东质疑信息操纵》,《证券时报》2011 年 12 月 15 日 B1 版。

的时间节点来看,2011 年 11 月 27 日(周日)揭盲工作会议是对乙肝疫苗研发情况的分析和讨论,而上市公司重大研发项目信息的具体内容实际上已经客观形成。在没有使用停牌机制对于潜在的内幕交易行为进行限制的情况下,11 月 24 日至 25 日两个交易日出现巨幅上涨,难免引发市场对于乙肝疫苗研发信息可能泄露并引发内幕交易的怀疑。同时,上市公司在 11 月 23 日晚间公开的疫苗研发数据揭盲工作会议将于 12 月 5 日召开,实际上是将一个高度不确定、不完整且极易引发市场猜想的信息留给市场,加之根据之前的市场惯性,在相关研发数据公开之后均会有一个股价的上升性波动,这种模糊、不确定、不完整的信息披露对证券市场中的投资者将会产生重大影响,事实上也确实在两天内连续推高了证券交易量和交易价格。这种利用不完整、不确定信息影响投资者决策的行为同样符合蛊惑交易操纵的行为特征。在知悉内幕信息与不完整信息发布并存的信息优势情况下,相关交易行为在形式上可能出现内幕交易与蛊惑交易操纵的交织。因此,上市公司内部人或者其他明知揭盲数据的行为人,于 11 月 24 日至 25 日两个交易日进行减持重庆啤酒的证券交易,存在内幕交易的问题;由于在减持证券的过程中,行为人通过对信息的绝对控制优势,利用市场投资者对信息知悉存在的不完整性、不确定性,在持续暴涨的市场环境下使其在一个快速拉升的高位进行减持,整个行为过程在客观上又存在蛊惑交易操纵的性质。在根据相关证据以及信息披露规则能够确认上市公司发布不确定、不完整信息以及上市公司内部人利用市场波动效果高位减持的情况下,应当认定其行为同时符合内幕交易犯罪与蛊惑交易操纵犯罪,内幕交易与蛊惑交易操纵互为手段与目的的牵连,应当根据牵连犯原理从一重罪论处。比较内幕交易罪与操纵证券市场罪的法定刑,操纵证券市场罪的罚金刑是无限额罚金,重于内幕交易罪以违法所得为基础的倍比罚金,故操纵证券市场罪应当是重罪。同时,由于市场操纵犯罪中"利用信息优势"整体覆盖了利用内幕信息从事相关交易,应当以构成要件覆盖面更广的操纵证券市场罪认定这种蛊惑交易操纵与内幕交易同时实施的、在结构上相对复杂的上市公司内部人信息操纵犯罪行为。

上市公司内部人员实施的信息操纵行为判断还存在一个疑难问题,即上市公司董事、经理等高级管理人员在没有完整、全面、准确的财务依据的情况下,向市场公布重大盈利预期,意图从市场价格波动中谋取金融交易利润的,能否认定为蛊惑交易操纵。

我国台湾地区资本市场中发生的"台肥股价操纵案"即属典型案例——酉某某是台湾肥料股份有限公司(以下简称"台肥公司")董事长。酉某某认为,台肥公司股票价格过低,因而组织公司定期通过媒体向投资者、社会公众汇报公司经营状况,吸引公众投资,意图提振股价。酉某某本人更是在台肥公司第二十七届第二次临时董监事会议时发表讲话,当年营业额为80亿元新台币,下一年的营业额目标为220亿元新台币,预期营收增长超过2倍。酉某某讲话稿经台肥公司投资者关系与宣传部门完善后形成新闻稿并送交其审核,审核通过后随即发往各大媒体。信息发布后,市场立即将其解读为重大利好,信息公开后的十个交易日内,台肥公司股票从53元新台币上涨至68元新台币。同期,酉某某指示下属以旗下的台堉公司、台胜公司、台庄公司、联生公司等四家子公司名义连续购买台肥公司股票,共计35 469张、19亿余元新台币。信息公开之后的第十二天,酉某某指示下属在不影响股价的情形下将买入的股票分批全部卖出,但由于第二天媒体就披露台肥公司下属子公司私下购买母公司股票等信息,台肥公司股价当即跌停导致之后没有能够继续卖出股票。①

"台肥股价操纵案"在法律适用上的争议比较大:一审判决认为,在没有精确财务数据的情况下向市场传递无法合理验证的巨额营收预期,造成证券市场价格剧烈波动,且同期实施证券交易意图从价格波动中获取利益,应当构成蛊惑交易操纵犯罪。二审判决则认为,预估营业额超过当年营业额数倍的确实具有一定的夸张成分,上市公司董事长等高级管理人员仅仅基于下属部门提供的经营计划就向市场公开提出非常激进的盈利方案和预期,同样非常草率,但并没有证据证明上市公司内部人员的财务预期是虚假的,所以,不能认定这种行为构成蛊惑交易操纵。

笔者认为,上市公司内部人员实施的信息操纵行为,在行为内容上主要表现为不正当地控制与上市公司财务有关的信息向市场公开的方式、时间、表述等。由于上市公司内部人信息操纵属于一个相对广义的行为概念,在判断行为属性时,应当严格区分非法信息披露与蛊惑交易操纵的界限。上市公司内部人员向市场传递夸张的财务预期与虚假的财务报告,都属于对上市公司重大信息的操纵,并且都具有引发证券交易价格剧烈波动的重要影响力,但两者的核心差异在于——财务信息披露不实是对上市公司重大信息进行造假的行为,客观上能够根据财务报告、实际经营数据与会计材料等予以证明。上市公司内部人员通过财务造假并向市场传递虚假财务信息,意图从虚假财务数据引发的市场价格波动中谋取金融交易利润的,应当

① 参见台湾台北"地方法院"刑事判决2002年诉字第1171号、台湾"高等法院"刑事判决2003年上重诉字第1308号。

构成蛊惑交易操纵。而传递夸张财务预期只是对上市公司未来盈利能力、现金流水平的估计,尽管信息操纵者不能提供有效的证据证明其向市场传递的信息具有真实性、准确性、全面性,但指控其构成蛊惑交易操纵的控方实际上也没有能力排除合理怀疑地证明这种预期就是虚假的。在信息真实性与虚假性均无法被彻底或者有效证明的前提下,承担证明责任的控方显然应当承担不利的诉讼结果,即不能认定上市公司内部人员向市场公布夸张的财务预期构成蛊惑交易操纵。

第五章 经济刑法(三):互联网金融犯罪的刑法规制

根据上海市人民检察院发布的《2015年上海金融检察白皮书》统计,互联网金融犯罪骤增,集中表现为涉P2P网络借贷案件集中爆发。如2014年上海市检察机关受理涉P2P网络借贷刑事案件仅1件1人,涉案金额105万余元,投资者20余人。而2015年受理涉P2P网络借贷刑事案件共36件139人,其中集资诈骗罪4件19人,非法吸收公众存款罪32件120人,涉案金额逾12.83亿元。

互联网金融时代的金融犯罪严重阻碍市场信息效率、危害投资者资产安全,亟须针对互联网金融创新与金融犯罪的特征与趋势,以信息效率保障为导向建构刑法保护体系,从保护原则、刑法规制核心措施、司法规则等三个维度切入,为互联网金融市场创新与证券市场深化改革提供刑法制度保障。信息欺诈、信息操纵、信息滥用是金融犯罪损害市场信息效率的主要行为类型。刑事法律制度在保障公民在互联网金融市场、新网络媒体环境下合法享受言论自由权的前提下,有必要进行金融信息风险审查,维护证券市场信息效率与信息安全制度保障体系。金融犯罪刑法规制科学化的核心举措在于确保证券市场信息流动的合规与效率。

第一节 互联网金融犯罪的实质、问题及规制原理

一、互联网金融犯罪的实质

2015年10月29日中国共产党第十八届中央委员会第五次全体会议通过的《中共中央关于制定国民经济和社会发展第十三个五年规划的建议》提出:“加大结构性改革力度,加快转变经济发展方式,实现更高质量、更有效率、更加公平、更可持续的发展。”在金融市场中贯彻落实结构性改革,推进以注册制为核心的股票和债券发行制度改革,提高直接融资比重,规范发展互联网金融是极为重要的内容。12月18日至21日召开的中央经济工作会

议提出，加快金融体制改革，尽快形成融资功能完备、基础制度扎实、市场监管有效、投资者合法权益得到充分保护的股票市场。①12 月 23 日召开的国务院常务会议将完善股票、债券等多层次资本市场，丰富直接融资工具，规范发展网络借贷，强化监管和风险防范，坚决依法依规严厉打击金融欺诈、非法集资等行为，切实保护投资者合法权益等作为推进供给侧结构性改革的重大任务。②12 月 27 日十二届全国人大常委会第十八次会议审议通过《关于授权国务院在实施股票发行注册制改革中调整适用〈中华人民共和国证券法〉有关规定的决定》，明确授权国务院可以根据股票发行注册制改革的要求，调整适用现行《证券法》关于股票核准制的规定，对注册制改革的具体制度作出专门安排。③提高直接融资比重、优化金融结构、推进证券发行注册制等金融市场结构性改革举措为互联网金融市场的规范发展提供了坚实的制度保障。

然而，互联网金融犯罪现实风险的客观存在频繁撕扯着互联网金融市场刑法保护的防线。“e 租宝”涉嫌非法集资犯罪④、泛亚有色金属交易所被公安机关立案侦查⑤、大大集团涉嫌“自融自保”⑥等一系列互联网金融犯罪案件引发各界对互联网金融安全与金融风险监管效率的担忧。互联网金融犯罪案件的接连爆发确实对互联网金融市场的健康发展产生了严重损害。在刑事法律风险已经逐步触发的情况下，金融立法与司法应当面对现实，通过相关互联网金融犯罪案件的办理反思既有的监管框架与法律规则，提出司法判断规则与立法的优化路径。这是规范发展互联网金融市场的必由之路，也是推进结构性改革与制度完善的实践契机。

中国人民银行等十部委于 2015 年 7 月 18 日联合印发《关于促进互联网金融健康发展的指导意见》（以下简称《互联网金融指导意见》）首次以正式法律文件（部门规章）的形式提出了“互联网金融犯罪”的概念。《互联网金融指导意见》指出：“坚决打击涉及非法集资等互联网金融犯罪，防范金融风险，维护金融秩序。打击互联网金融犯罪工作由公安部牵头负责。”同时，根

① 新华社电：《中央经济工作会议在北京举行》，《人民日报》2015 年 12 月 22 日第 1 版。

② 朱宝琛：《国务院敲定资本市场五大任务》，《证券日报》2015 年 12 月 24 日第 A1 版。

③ 程丹：《股票发行注册制改革授权决定获通过》，《证券时报》2015 年 12 月 28 第 A1 版。

④ 杨佼：《21 个月吸金 740 亿：e 租宝的异常生长》，《第一财经日报》2015 年 12 月 7 日第 A6 版。

⑤ 孟凡霞：《泛亚交易所被公安机关立案侦查》，《北京商报》2015 年 12 月 23 日第 7 版。

⑥ 杨子湄：《大大集团被调查　投资者资金无法兑付》，《21 世纪经济报道》2015 年 12 月 16 日第 18 版。

据《互联网金融指导意见》第一条、第二条的规定,互联网金融是传统金融机构或者互联网企业从事的互联网支付、网络借贷、股权众筹融资、互联网基金销售、互联网保险、互联网信托和互联网消费金融等基于互联网技术实现的新型金融业务模式。因此,互联网金融犯罪实际上就是指利用互联网技术和信息通信技术实现资金融通、支付、投资和信息中介服务等新型金融业务过程中的金融犯罪。利用互联网金融工具实施的金融犯罪的社会危害性集中表现为侵害互联网金融市场投资权益与融资秩序。其中,非法集资犯罪是最为典型的互联网金融犯罪行为类型,主要发生在网贷、股权众筹等以互联网为渠道的投资与融资环节。此外,嫁接于互联网技术与金融创新而实施且具有一定新型特征的货币犯罪、金融领域非法经营犯罪、信贷犯罪、金融凭证犯罪、证券期货犯罪、外汇犯罪、金融诈骗犯罪、洗钱犯罪等均属于互联网金融犯罪的范畴。

互联网金融的本质是通过将信息网络技术应用于金融市场后形成的交易成本优势实现的一种金融创新,其金融行为实质基础仍然表现为融资(支付资金成本获取对应资产的使用权益)与投资(承担资本配置风险获取对应的资本收益)行为。①在大数据分析、云计算、网络交易等技术支持与推动下,融资者获取资金的成本得以降低,投资者获取资金的收益率得以上升,金融中介机构进行风险管理的水平得以提升。所以,互联网金融没有颠覆金融市场机制的根本,金融市场可以划分为直接金融市场与间接金融市场,②那么,基于融资端与投资端之间是否直接发生金融交易,互联网金融的核心分类仍然是直接与间接互联网金融。直接互联网金融是指无需通过金融机构或者其他金融中介机构而由融资者直接获取投资者资金、投资者直接完成资本配置的互联网金融模式,其主要形式表现为股权众筹(股票发行)、网络贷款(公司债券发行)、互联网证券(互联网金融公司提供的配资交易、证券交易接入通道、数据分析等服务)。间接互联网金融则是指融资者并不从投资者处直接获取资金,投资者也不直接通过购买金融工具的形式直接向融资者配置资本,而是通过金融机构或者互联网企业作为交易中介,间接完成融资端与投资端联接的互联网金融模式,其主要形式包括了互联网银行、信托、保险、基金、理财等一系列原先主要依托于线下交易,而如今逐步发展为网络操作的金融产品。

---

① Bradford Cornell & R. Gregory Morgan, Using Finance Theory to Measure Damages in Fraud on The Market Cases, 37 UCLA Law Review 833, 834(1990).

② Frederic Mishkin, *The Economics of Money*, *Banking and Financial Markets*, *Pearson Education*, 2012, p.68.

相应的,互联网金融犯罪也可以类型化为直接与间接互联网金融犯罪。直接互联网金融犯罪是指利用互联网金融工具与投资者直接进行非法金融交易,侵害直接金融市场投资者权益与融资秩序的金融犯罪行为。现行《刑法》设置的欺诈发行股票、债券罪,违规披露、不披露重要信息罪,擅自发行股票、债券罪,内幕交易、泄露内幕信息罪,利用未公开信息交易罪,操纵证券、期货市场罪,非法经营罪及集资诈骗罪等,基于保护证券发行与交易制度、证券业务许可经营制度以及投资者免受证券欺诈等目标价值,承担预防与惩治直接互联网金融犯罪的规范功能。间接互联网金融犯罪是指未经国家许可利用互联网金融工具与投资者间接进行非法金融交易,侵害间接金融市场投资者权益与融资秩序的金融犯罪行为。《刑法》规定的非法吸收公众存款罪、非法经营罪、集资诈骗罪等,从保护银行等金融机构的金融业务许可经营制度、投资者免受金融诈骗等方面对间接互联网金融市场进行法律规制。

当前中国市场中出现的互联网金融犯罪,本质上是新型市场创新机制受到传统金融监管与金融刑法压制、正常的融资与投资风险受到扭曲、金融市场本身没有实现有效竞争、金融法律存在盲区等一系列制度安排越位、错位、缺位和制度更新缓慢状态下的刑法规范僭越行为。一方面,对于股权众筹等应当弱化事前管制、强化事后欺诈责任追究的互联网金融领域,金融刑法制度迟迟没有作出立法反应。另一方面,对于网络贷款、互联网证券等与传统非法集资犯罪、证券期货犯罪具有密切关联的互联网金融领域,金融市场刑事立法与司法长期存在比较严重的结构性规范适用障碍与紊乱。加之金融市场行为性质判断过程中的行政违法性与刑事违法性的认定机制与司法规则并不清晰,互联网金融风险控制理念尚未在刑事立法与司法实践中有效根植,这就进一步加深了互联网金融犯罪刑法规制在保护金融市场效率、投资者权益、金融安全与秩序等方面的困惑。所以,在证券发行注册制改革、提高直接融资比重等一系列金融市场结构性改革的背景下,刑事立法与司法有必要以互联网金融犯罪及其刑法规范为整体进行系统化分析,在把握直接与间接互联网金融市场的功能与结构的基础上,对当前互联网金融犯罪的前置性行政监管行为与法律、刑事法治实践存在的问题进行反思性审视,对互联网金融犯罪刑事法治实践优化提出针对性建议,从而加快推进金融体制改革,通过金融市场法律制度安排的完善提高金融服务实体经济效率。

二、互联网金融犯罪刑法规制结构性失衡问题

如果仅仅从形式上对刑法条文进行静态分析,现行《刑法》似乎对互联

网金融市场设置了包括证券发行、吸收公众存款专营、金融业务许可经营、投资者财产权等在内的诸多层次的规范保障机制。然而,一旦将互联网金融犯罪刑法规范放置于当前的司法实践中进行动态考察,就会发现不少结构性失衡的实践困局。

其一,直接与间接互联网金融市场在刑事司法保障上存在不均衡。

统计数据显示:2014 年至 2015 年 4 月,全国公安机关共破获非法集资案件 7 500 余起,为群众挽回经济损失逾 130 亿元。其中,网络借贷等领域案件多发,成为当前非法集资犯罪的重灾区和潜在高发案区。2015 年年末,公安部门大规模调查违规 P2P 平台,中国人民银行等七部门也强调规范民间融资,加大力度打击非法吸收公众存款、集资诈骗等金融违法犯罪活动,维护地方金融秩序和金融稳定。①可见,以保护银行等传统金融机构垄断下的间接金融体系仍然是当前互联网金融犯罪刑事司法的主要实践导向。互联网金融平台的非法吸收公众存款以及被证明具有非法占有目的的集资诈骗行为,由此构成的非法吸收公众存款罪和集资诈骗罪,属于间接互联网金融犯罪行为,是当前互联网金融犯罪刑事处罚的主要对象。反观直接互联网金融市场中的刑事司法保护,除了极少数通过网络擅自发行证券或者以发行证券的方式进行集资诈骗等直接互联网金融违法犯罪行为受到查处之外,直接互联网金融市场中的欺诈发行、擅自发行证券等犯罪行为很少受到定罪处罚。在传统金融市场中,欺诈、擅自发行证券、违规披露、不披露重要信息等犯罪就存在刑事定罪数量少、处罚程度轻②的问题。可见,直接与间接金融的偏向性刑事保护问题进一步延续到了互联网金融犯罪司法实践之中。金融市场刑事立法基于平等保障直接与间接金融而配置的互联网金融犯罪刑法规范在司法实践中发生了偏向保护间接互联网金融市场的结构性失衡现象。

---

① 崔启斌、岳品瑜:《七部门联合打击非法集资》,《北京商报》2015 年 12 月 18 日第 7 版。

② 例如,万福生科在 2008 年至 2011 年累计虚增收入约 7.4 亿元,于 2011 年 9 月 6 日骗取中国证监会股票发行核准,公开发行人民币普通股 1 700 万股,每股发行价 25 元,共计募集资金 4.25 亿元。长沙市中级人民法院判决,原公司董事长龚永福犯欺诈发行股票罪,判有期徒刑三年,犯违规披露重要信息罪,判有期徒刑一年,并处罚金人民币 10 万元,决定执行有期徒刑三年六个月,并处罚金人民币 10 万元。万福生科(湖南)农业开发股份有限公司犯欺诈发行股票罪,判处罚金人民币 850 万元。被告单位湖南里程有限责任会计师事务所常德分所犯欺诈发行股票罪,判处罚金人民币 66 万元。原公司财务总监覃学军犯欺诈发行股票罪,判有期徒刑二年,犯违规披露重要信息罪,判有期徒刑六个月,并处罚金人民币 2 万元,决定执行有期徒刑二年二个月,并处罚金人民币 2 万元;等等。参见湖南省长沙市中级人民法院刑事判决书([2014]长中刑二初字第 00050 号)。这也是近年来极少数以欺诈发行、虚假陈述等犯罪被追究刑事责任的资本市场刑事案件。

其二,在直接互联网金融市场中,网络贷款、股权众筹的刑事法律控制措施与互联网金融行为的经济本质存在逻辑错配。

由于网贷平台行业存在较大风险、问题平台数量较多,①网络贷款领域中的非法集资犯罪是互联网金融犯罪刑事司法的重点规制行为。2015 年 1 月至 4 月,公安机关对约 70 个平台非法集资犯罪问题进行立案侦查。②2015 年 1 月至 10 月,仅深圳市公安机关就立案查处 P2P 平台涉嫌非法集资犯罪案件 44 宗,涉及投资者约 4.5 万人。③而直接互联网金融市场的刑事司法实践中鲜见因股权众筹运作中存在金融犯罪行为受到查处的情形,相关案件几乎无一例外地表现为利用网络非法销售股票、债券、吸收他人入股等非法吸收公众存款、集资诈骗等传统非法集资犯罪行为。这主要是因为既有的金融市场法律框架对证券发行设置了极为严格的监管框架。④根据 2015 年 8 月 3 日中国证监会《关于对通过互联网开展股权融资活动的机构进行专项检查的通知》的规定,未经国务院证券监督管理机构批准,任何单位和个人不得开展股权众筹融资活动。这就导致互联网金融实践中只存在网络私募而无法形成真正意义上的股权众筹市场。因此,无论是能够在中国互联网金融市场中实际开展业务的网络贷款,还是受困于金融法律制度严控的股权众筹,其刑事法律控制措施必须依赖于《刑法》规定的间接互联网金融犯罪条款,但网络贷款、股权众筹的经济行为本质上属于直接互联网金融——金融行为的经济实质与刑法规制依据之间明显出现了错配。

其三,网络贷款市场刑法规制在科学性、效率性层面存在一定缺陷。

互联网金融市场的风险积聚是一个从量变到质变的过程,而充分且有效的信息披露是控制网络贷款平台风险最为关键的监管措施。互联网金融犯罪刑法规制理应高度重视从信息披露的角度进行事中风险控制,通过网

---

① 截至 2015 年 11 月 30 日,零壹研究院数据中心监测到的 P2P 借贷平台共 3 464 家(仅包括有线上业务的平台),其中正常运营的仅有 1 876 家。据银率网统计显示,11 月全国新增问题 P2P 平台 82 家,环比 10 月大幅增加 60.8%,其中,跑路 P2P 平台数共 64 家,环比上月激增 433%。参见傅苏颖:《P2P 监管细则明年落地将实行负面清单制》,《证券日报》2015 年 12 月 14 日第 A2 版。

② 石杨:《公安机关严厉打击非法集资犯罪》,《人民公安报》2015 年 4 月 29 日第 4 版。

③ 李亚坤:《深圳今年已查处 44 宗 P2P 涉非法资金案》,《南方都市报》2015 年 11 月 27 日 SA37 版。

④ 根据《公司法》、《证券法》等有关规定,未经国务院证券监督管理机构批准,任何单位和个人都不得向不特定对象发行证券、向特定对象发行证券累计不得超过 200 人,非公开发行证券不得采用广告、公开劝诱和变相公开方式。根据《证券投资基金法》、《私募投资基金监督管理暂行办法》等有关规定,私募基金管理人不得向合格投资者之外的单位和个人募集资金,不得向不特定对象宣传推介,合格投资者累计不得超过 200 人,合格投资者的标准应符合《私募投资基金监督管理暂行办法》的规定。

络贷款平台风险全面爆发之前的刑法介入有效地保护受到虚假陈述、信息欺诈严重侵害的投资者权益。实践中网络贷款平台对外披露坏账率普遍低于2%,甚至有的平台宣称坏账率为零,而网贷行业内的“龙头”陆金所都承认坏账率在6%左右,[①]整个网贷市场明显存在风险披露与重大经营数据披露上的虚假陈述。如果互联网金融犯罪刑事法治实践能够在信息披露环节就予以介入,在平台风险逐步放大之前进行控制,显然更有利于保护投资者权益。然而,《刑法》第一百六十条欺诈发行股票、债券罪规制范围受限,只能覆盖在债券募集办法中隐瞒重要事实或者编造重大虚假内容而发行债券的行为,《刑法》第一百六十一条违规披露、不披露重要信息罪更是只能介入具有法定信息披露义务的公司财务会计报告等信息披露问题。直接互联网金融犯罪的刑法规范在构成要件配置上的局限性导致其很难科学地控制网络贷款市场风险。在网络贷款平台发生资金链断裂、实际控制人“跑路”、涉众型金融不稳定问题后,触发集资诈骗犯罪等刑事责任追究程序,这种事后刑法介入在互联网金融市场风险控制层面的效率实际上是相对低下的。此外,实践中不乏一些经营风险尚且可控的网络贷款平台因为非法集资犯罪刑事调查的介入而直接陷入危机的情形,这更是刑法规制对互联网金融市场效率负面影响的体现。

其四,互联网金融犯罪刑法规范之间的法条关系错位。

从互联网金融犯罪行为的经济机理层面进行分析,直接互联网金融犯罪的本质在于通过网络实施非法发行证券侵害互联网金融市场投资者权益与融资秩序。直接互联网金融犯罪的基础犯罪类型是非法发行证券犯罪(擅自发行股票、债券罪、欺诈发行股票、债券罪等);实施诈骗行为,具有非法占有目的的,则进一步构成集资诈骗罪。间接互联网金融犯罪的实质内容是通过互联网实施非法吸收资金行为,其基础犯罪类型是非法吸收公众存款罪;基于非法占有目的而使用诈骗方法的,构成集资诈骗罪。尽管具有诈骗故意与行为的直接与间接互联网金融犯罪行为最终都应当构成集资诈骗罪,但其基础犯罪行为模式具有实质性差异,这也是由金融市场的基本类型划分及其差异性功能定位所决定的。但司法解释完全阻断了“非法发行证券”(擅自发行股票、债券罪、欺诈发行股票、债券罪等)搭配“非法占有目的”构成集资诈骗罪的法条关系,将本质上属于直接金融的非法证券发行、非法吸收入股等行为不恰当地纳入非法吸收公众资金这一间接金融行为的范畴——根据2010年最高人民法院《非法集资解释》第一条、第二条、第四

① 俞悦:《网贷平台浓妆艳抹的坏账率》,《证券日报》2015年5月30日第A3版。

条的规定，不具有发行股票、债券的真实内容，以虚假转让股权、发售虚构债券等方式非法吸收资金，或者以投资入股的方式非法吸收资金，符合未经依法批准、公开宣传、承诺回报、不特定等行为特征的，以非法吸收公众存款罪定罪处罚；以非法占有为目的，使用诈骗方法实施上述行为的，以集资诈骗罪定罪处罚。司法解释将非法发行证券行为完全装入非法吸收公众存款罪的客观行为要件中进行规范评价，模糊了直接金融与间接金融的本质区别，导致刑法适用与金融逻辑之间产生严重断裂。金融法理论中有观点注意到了非法吸收公众存款罪规制范围过宽地介入直接融资领域的逻辑失当问题，但其进一步主张通过设立“擅自公开发行证券罪”取代“非法吸收公众存款罪”，①这实际上是走向另一种极端，同样是违背刑法规范对直接与间接金融“分而治之”的法律正当性与金融逻辑的。以互联网金融实践中的违法犯罪行为为例，合理的间接互联网金融犯罪刑法规制的条文结构应当是，未经监管机构许可通过互联网发行股票、债券的，构成擅自发行证券犯罪；在网络发行过程中虚假信息披露的，构成欺诈发行证券犯罪；使用诈骗方法非法占有投资者资金的，构成集资诈骗罪。但《刑法》规定的擅自发行股票、债券罪等本应当适用于直接金融犯罪规制的刑法规范调整范围有限，纵然非法吸收公众存款的罪质显然仅可覆盖非法从事商业银行吸收存款业务的行为，传统刑法理论与司法解释基于“严密法网”的务实需求也只能凭借间接金融犯罪刑法规制范围的过度扩张强行调整直接金融市场。无视直接与间接金融市场区别的司法实践结果便是将非法吸收公众存款罪的罪质解释为非法集资。②可是，由于规制对象（直接融资行为）与规制法条（间接融资犯罪刑法条文）之间存在根本性的不匹配，原本纠缠于非法吸收公众存款罪实践适用的传统金融刑事司法难题将会继续在互联网金融犯罪案件中延伸。

三、互联网金融犯罪刑法规制的基本原理

合理调整互联网金融犯罪刑法规制结构、提升互联网金融市场刑事法律保护效率、理顺互联网金融犯罪刑法条文关系的基础在于，金融刑事立法与司法对直接与间接互联网金融进行平等保护，防止偏向性保护银行等金融中介、间接金融市场的刑事法治实践在互联网金融领域继续延伸，利用推行证券发行注册制、提高直接融资比重、优化金融结构的改革契机，完善直接金融领域相关刑事立法，优化互联网金融犯罪刑事司法判断规则。直接

① 彭冰：《以擅自公开发行证券罪取代“非法集资”罪》，《经济参考报》2014 年 4 月 15 日第 8 版。

② “涉众型经济犯罪问题研究”课题组：《非法吸收公众存款罪构成要件的解释与认定》，《政治与法律》2012 年第 11 期。

与间接互联网金融市场不应当在刑法保护上出现偏向性,这两种类型的互联网金融在融资机理上存在区别,应当在立法条文与司法规则中予以针对性的凸显。同时,互联网金融市场刑事司法保护的资源具有一定的有限性,必须注重金融司法资源配置的效率性。交易机制创新、金融模式转换、信息数量爆发等互联网金融的发展趋势决定了传统以事前许可经营与事后金融诈骗责任追究为核心的刑事司法运作模式已经无法适应互联网金融市场对制度安排的现实需求。互联网金融市场的安全保障、效率促进、风险控制应当立足于对市场信息本身的规范调整。信息披露是互联网金融市场监管的核心,而保护信息披露监管机制的互联网金融犯罪法律规范及其司法实践应当成为刑法介入互联网金融市场的主导性规制模式。

第二节　互联网金融犯罪的刑事法治完善措施

一、证券发行注册制改革与互联网金融犯罪刑事法治实践的动态调整

证券监管机构通过核准权控制证券发行的节奏、规模、价格等本应当由市场机制形成的要素,对于我国建构特定发展阶段的资本市场发挥了重要作用。但作为一种典型的行政干预,证券发行核准权已经难以符合十八届三中全会提出的"使市场在资源配置中起决定性作用和更好发挥政府作用"的全面深化经济体制改革的要求。推进证券发行注册制改革的核心是以信息披露为监管重点,由申请证券发行的市场主体建构合规的公司治理、财务会计报告、股权关系、资信能力等标准从而符合基本发行条件,依法向国务院证券监督管理机构或者其授权的部门进行发行注册。注册制要求证券发行人在证券中介机构的服务与把关下,向投资者披露充分和必要的投资决策信息并对信息真实性负责,证券监管机构不对拟发行证券对应的基础资产质量及其投资价值进行判断但对信息披露文件的齐备性、一致性和可理解性负责。①在证券发行注册制下,政府与市场之间的关系得以进行更为顺畅的梳理——资本市场机制在资本资源优化配置过程中发挥决定性作用,证券监管机构进行信息披露监管、惩防资本市场违法犯罪、保护投资者权益。因此,进入互联网时代的证券发行信息披露的审核将会更为严格,对于欺诈发行等互联网金融违法犯罪的查处和打击会更加有力,对于投资者合

① 朱宝琛:《肖钢:推进注册制改革　继续引导长期资金入市》,《证券日报》2015 年 1 月 17 日第 A1 版。

法权益的保护措施会更加有效，证券发行注册制改革通过实践探索积累经验，还可为《证券法》的修改完善创造更为有利的条件。①

股权众筹等互联网金融工具的兴起更是极大地丰富了证券发行注册制度的内涵与运作规则。从平衡风险外部性与市场效率的角度出发，实行注册制时的监管介入也应当有所区分，对于众筹发行、小额发行、向合格投资者等风险承担能力较强的市场参与者发行等可以适用发行注册豁免。②股权众筹等互联网金融市场中的证券发行注册豁免省却的是证券监管机构管理注册发行的执法成本，但仍然要求证券发行主体按照证券法律规定的程序与信息披露内容要求，在证券中介机构与互联网金融平台的服务与经营下，及时地就发行计划、财务会计报告、资信证明等信息予以真实、准确、完整、充分的披露。互联网金融等适用发行注册豁免的信息披露义务主体在发行过程中实施欺诈行为的，应当承担相应的民事、行政责任或者资本市场犯罪刑事责任。

美国《初创企业推动法案》(Jumpstart Our Business Startups(JOBS) Act)第三章中的众筹豁免条款详细地规定了证券众筹发行人依法向证监会报送并向投资者、潜在投资者、集资平台提供公司及其重要股东、高级管理人员基本情况、业务介绍和未来商业计划、证券发行人的财务状况介绍、证券发行人对发行收益的目的和使用规划的明确介绍、目标发行额、截止日期，集资目标进展情况的定期更新、向公众发行证券的价格或定价方法、所有权和资本结构的介绍等信息披露，适用证券发行注册豁免。同时，证券发行豁免的交易中购买证券的个人，可以在任何有管辖权的法院对证券众筹发行人以重大信息虚假陈述为由提起诉讼，请求退回该证券以追回因购买该证券所支付的对价和相应利息，或者在其不再持有证券的情况下诉请损害赔偿。③

从以上我国证券发行注册制改革、《证券法》修订趋势与成熟资本市场的立法实践来看，股权众筹等互联网金融在证券发行过程中适用注册豁免并强化信息披露监管，是当前互联网金融发挥融资与投资效率、优化市场信息均衡水平的重要制度改革措施。在有效设置众筹发行募资限额与期限、发行人及其股东、实际控制人等资信良好、互联网金融平台合法且受证监会监管、投资者适格以及投资规模合理等众筹发行豁免注册条件的基础上，众

---

① 程丹：《股票发行注册制改革授权决定获通过》，《证券时报》2015年12月28第A1版。

② 毛明江：《证券法修订核心是扩大投融资自主权》，《上海证券报》2014年9月20日第2版。

③ Jumpstart Our Business Startups Act § 302.

筹等互联网金融发行注册豁免能够高效地解决我国创新与初创企业融资难、居民储蓄率高却投资渠道狭窄等融资投资效率低下等问题。

证券发行注册以及互联网金融注册豁免等前置性法律制度改革并不意味着保障证券发行秩序方面的刑事规制措施将单纯地受到严格限制甚至是取消,证券监督管理机构强化证券市场信息披露也不等同于互联网金融犯罪刑法规制措施的单纯扩张。证券发行注册制改革这一资本市场制度结构性改革驱动下的刑事法治完善,应当在立法规范与司法规则的内容上根据互联网金融技术发展、资本市场机制创新与制度全面深化改革的实际需要作出技术性调整与动态性优化,发挥市场机制本身在资源配置中的决定性作用,并且更好地保障行政权力通过信息披露的事中、事后监管维护投资者权益。

其一,在与证券发行市场有关的直接互联网金融犯罪刑事立法与司法解释部分,擅自发行证券犯罪的核心构成要件配置及其解释需要进行重大调整。

现行《刑法》第一百七十九条擅自发行股票、债券罪禁止“未经国家有关主管部门批准”的证券发行行为。这种刑事立法设计显然是对现行《证券法》核准制为核心的证券发行监管制度的刑事法律保障。由于推进证券发行注册制改革已经成为当前金融市场结构性改革最为重要的制度安排发展方向,加之证券发行注册制在包括证券行政监管法律、金融市场犯罪刑事法律等一系列金融市场规范体系中处于“前端”制度的关键环节,作为证券发行制度“后端”保障的擅自发行证券犯罪的罪状必须予以及时修正。在股权众筹等互联网金融工具发行注册豁免的制度改革背景下,作为擅自发行证券犯罪入罪条件的“未经国家有关主管部门批准”已经显得格格不入。因此,有必要将本罪的入罪前提性要件及时修改为“违反国家的证券发行规定”。同理,近年来最高司法机关制定的与融资犯罪、非法集资等有关的司法解释也应当进行相应修改。例如,《非法集资解释》第六条①规定中的“未经国家有关主管部门批准”,届时也应当同步修改为“违反国家的证券发行规定”。

尽管金融市场结构性改革之后的公开发行证券无需行政权力的核准,但公开发行证券必须依法注册或者依法适用注册豁免,非公开发行证券应

---

① 《非法集资解释》第六条规定:未经国家有关主管部门批准,向社会不特定对象发行、以转让股权等方式变相发行股票或者公司、企业债券,或者向特定对象发行、变相发行股票或者公司、企业债券累计超过200人的,应当认定为刑法第一百七十九条规定的“擅自发行股票、公司、企业债券”。构成犯罪的,以擅自发行股票、公司、企业债券罪定罪处罚。

当符合法律、法规、国务院证券监督管理机构或者国务院授权部门的规定，所以利用互联网实施的严重违反国家证券发行规定的擅自发行证券行为仍然受到互联网金融犯罪刑事立法与司法解释的规制，只是在刑事控制范围上呈现非常明显的限缩痕迹。这也是刑事法律制度对缓解融资成本与难度、发挥市场主体自主风险判断与市场价格发现机制、减少权力干预等深化推进金融市场结构性改革措施的应然反应。

其二，擅自发行证券犯罪在行为内容的规定及其理解上，应当予以准确的说明与解释。

对于证券发行注册制较有代表性的理解是，资本市场主体拥有发行股票、债券等筹集资本资源的天然权利，只要不违背国家利益和公众利益，市场主体对于能否发行、何时发行以及发行定价等问题具有充分的自主决定权。①投资与融资之间的平衡性因注册制而加强，企业通过证券发行融资的自主性与便利性将会显著增加。②股权众筹等互联网金融更是适用注册豁免，发行人与证券经营机构按照规定制备发行计划、财务信息等材料便可在网络平台直接实现融资。基于此，互联网金融犯罪刑事立法完善的一种可能建议是，擅自发行证券行为实际上已经不具备刑事可罚性，应当将犯罪行为要件修改为“非法发行”，相应的，罪名亦需要重新提炼为“非法发行证券罪”。因为公开发行证券依法注册以及互联网金融等特殊证券公开发行注册豁免的金融市场结构性改革意味着发行主体自主权的实质性扩大，发行证券只存在是否依照法律框架执行的合法与非法问题，而不存在是否属于“擅自”的经许可或者未经许可发行证券问题。

然而，证券发行注册及其豁免制度并不等于证券发行人在一级市场完全自由操作，其实质仍然是由证券市场法律制度设定的行政许可。只是这种许可模式并非传统的审批或者核准，而是以信息披露为核心的程序性形式审查与实体性内容标准：证券监管机构对于发行证券程序与报送文件是否合规进行事前审查，在事中或者事后发现发行人信息披露内容违规后的触发责任追究机制。违反注册制规定的程序性要件发行证券，即未经注册发行或者未依法报送信息披露文件而通过众筹等模式进行证券发行豁免，属于擅自发行证券行为。违反证券发行注册以及注册豁免制度规定的信息

---

① 参见董登新：《注册制改革是今年资本市场最大看点》，《经济日报》2015年1月19日第8版；潘圣韬：《注册制改革关注“一个核心四个特点”》，《上海证券报》2015年1月19日第2版。

② 左永刚：《注册制授权起始时间与实施时间未必合一》，《证券日报》2015年12月29日第A1版。

披露内容与标准的要求,即虚假陈述,属于欺诈发行或者违规披露重大信息行为。①擅自发行证券犯罪与虚假陈述犯罪之间的实质界限在于前者是证券发行注册制的程序性违反,后者是对注册制所要求的信息披露标准的实体性违反。

所以,一旦证券发行注册制推行、互联网金融适用注册豁免,直接将擅自发行行为要件修正为非法发行并不准确,因为后者还包括了欺诈发行以及证券发行过程中的其他信息披露违法行为。但是,在擅自发行证券犯罪行为要件的理解与适用层面,应当体现出证券发行注册制改革对行为要件解释的影响。现行《刑法》第一百七十九条擅自发行股票、债券罪中"擅自发行"行为的内涵与"未经国家有关主管部门批准"直接关联,是指未经证券监督管理委员会核准发行证券。在证券发行注册制改革实施后,"擅自发行"行为内容的解释亦应与前述"违反国家的证券发行规定"相匹配。"擅自发行"的内涵应当转换为违反证券法律规定的证券发行注册程序或者注册豁免报送文件要求而发行证券。

二、优化融资结构与互联网金融犯罪风险控制的制度完善

在我国引领经济新常态、经济与金融结构优化调整之际,依靠以传统银行体系为主的间接金融机制进行高信贷、高货币投放维系增长的金融模式必须面临转型,优化融资结构需要提高直接金融比例,而互联网金融市场的股权众筹试点与网贷市场规范化发展是实现优化融资结构的重要举措。近年来随着互联网金融市场的快速发展,具有融资需求的实体经济越来越多地通过互联网金融通道获取资金,但横向对比传统间接金融体系,互联网直接融资特别是股权众筹的比例仍然极低,互联网直接金融特别是股权众筹具有十分广阔的发展空间。互联网金融商业模式通过网络平台对市场资本资源的高效聚合能力,利用大数据、云计算、高速金融交易算法等信息网络技术,以技术驱动与市场竞争的路径探索出了充满创意的项目与爆发式增长的利益实现空间,也催生了现行《证券法》、《刑法》等法律制度从未预期到的市场风险与互联网金融违法犯罪风险。当前引领经济新常态下金融市场结构性改革,关键内容是优化市场与政府之间的关系,对于互联网金融市场的制度安排与执行而言,核心在于金融监管转型。在激发互联网金融创新与发挥金融市场价格机制的基础上,一并实现投资者利益的保障,金融监管

① 对于金融市场中的虚假陈述犯罪行为,现行《刑法》第一百六十条欺诈发行股票、债券罪和第一百六十一条违规披露、不披露重要信息罪分别从不同的金融市场层次以及信息披露内容等角度建构了刑法规制网,下文将予以具体阐释。

转型势必要做到削减证券市场准入环节的审批、突出系统性风险控制以及强化互联网金融犯罪惩治。

在互联网金融的投融资渠道创新与强化直接金融市场信息披露监管方面,原本由证券监管机构审批责任承担的行政管控压力,将分散为证券发行人、证券中介机构的信息披露法律责任。我国金融市场之所以长期以来存在公司上市后业绩变脸、财务造假等事件不断但欺诈发行责任追究(尤其是刑事责任)数量相对有限的情况,其根本原因在于内在矛盾深刻地制约了欺诈发行、虚假陈述的行政责任认定与刑事处罚震慑被监管与司法机构动用的可能性——承担证券发行核准的证券监管主体如果大规模追究欺诈发行责任,实际上说明证券监管权限运作失控或者紊乱。因此,监管机构不可能系统化地查处欺诈发行案件从而自证监管无能。互联网金融、小额金融、向适格投资者公开发行等注册豁免的制度突破蓄势待发,一方面极大地缓释了监管机构的"不能承受之重",另一方面强化了发行证券信息披露与持续信息披露的合规标准,明确了证券发行人的主体责任与证券中介服务机构的专业责任。互联网金融创新效率与风险并存,金融监管转型面对着规范市场竞争效率与保护投资者合法权益的双重压力。互联网金融犯罪刑法规制与风险控制在寻找价值平衡点时,有必要对金融监管与事前审批弱化的环节进行非犯罪化修正,对强化信息披露监管的环节提升刑事法律保护强度,加强互联网金融引发系统性风险的刑事控制。

其一,互联网金融将通过众筹发行注册豁免、众筹平台登记注册等制度创新实现融资市场的蓬勃发展,非法集资等刑事立法与司法解释所设定的互联网金融犯罪刑事法律边界需要予以重新制定。

股权众筹与网络贷款的经济机理本质上是证券公开发行、小额发行、债权资产证券化、众多投资者参与的普惠金融。互联网金融时代的制度改革势必要求《证券法》修订取消股权众筹或者网络贷款在公开发行核准、投资者人数、公开宣传上的法律限制。民事司法实践实际上已经肯定了互联网金融平台通过公开宣传的方式从事资金借贷信息服务的市场操作。例如,2015 年最高人民法院《关于审理民间借贷案件适用法律若干问题的规定》第二十二条规定:借贷双方通过网络贷款平台形成借贷关系,网络贷款平台的提供者仅提供媒介服务,当事人请求其承担担保责任的,人民法院不予支持。网络贷款平台的提供者通过网页、广告或者其他媒介明示或者有其他证据证明其为借贷提供担保,出借人请求网络贷款平台的提供者承担担保责任的,人民法院应予支持。可见,互联网金融平台通过网页或者广告公开发布借款人的资金借贷信息并撮合借贷双方形成借贷关系,本质上就是债券网络发行或者债权资产网络证券化的过程。

但是,目前刑事司法实践中正在实施的2014年最高人民法院、最高人民检察院、公安部《关于办理非法集资刑事案件适用法律若干问题的意见》(以下简称《非法集资意见》)、2010年《非法集资解释》、2008年最高人民法院、最高人民检察院、公安部、中国证券监督管理委员会《非法证券通知》等一系列非法集资犯罪、非法证券活动等司法解释大量规定了须经主管部门批准或者核准、禁止网络公开宣传等认定规则。例如,根据《非法证券通知》第二条第二项的规定,未经依法核准,以发行证券为幌子,实施非法证券活动,涉嫌犯罪的,以非法吸收公众存款罪、集资诈骗罪等罪名追究刑事责任。再如,《非法集资解释》将未经有关部门依法批准和向社会公开宣传作为认定现行《刑法》第一百七十六条规定的非法吸收公众存款犯罪行为的条件,①《非法集资意见》更是针对股权众筹等互联网金融形态存在涉嫌非法集资的问题,明确规定"向社会公开宣传"包括以各种途径向社会公众传播吸收资金的信息,以及明知吸收资金的信息向社会公众扩散而予以放任等情形,②确保互联网金融不是非法集资犯罪刑法规制的灰色地带。

因此,亟须做好此类司法解释的清理准备工作,以便在证券发行注册制改革运作过程中配套性地完成刑事司法规则的修改,避免出现金融市场前置性法律制度改革后刑事司法规则紊乱与应对迟缓。建议在相关司法解释中使用"违反国家规定"代替"未经依法核准"、"未经批准"等,并通过"依照法律规定适用公开发行证券注册豁免的吸收资金行为,不是擅自发行证券、非法吸收公众存款行为"等条款明确排除合法互联网直接融资行为的犯罪性。

其二,欺诈发行证券、违规披露、不披露重要信息等犯罪的刑法规范及其解释,需要根据注册制与信息披露改革后的法律要求,加强信息披露文件真实性的刑法保护,并梳理相关虚假陈述犯罪的法条关系。

证券非公开发行、公开发行注册、众筹等发行注册豁免等均需要严格遵

---

① 《非法集资解释》第一条规定:"违反国家金融管理法律规定,向社会公众(包括单位和个人)吸收资金的行为,同时具备下列四个条件的,除刑法另有规定的以外,应当认定为刑法第一百七十六条规定的'非法吸收公众存款或者变相吸收公众存款':(一)未经有关部门依法批准或者借用合法经营的形式吸收资金;(二)通过媒体、推介会、传单、手机短信等途径向社会公开宣传;(三)承诺在一定期限内以货币、实物、股权等方式还本付息或者给付回报;(四)向社会公众即社会不特定对象吸收资金。"

② 根据《非法集资意见》第二条关于"向社会公开宣传"的认定问题的规定,《非法集资解释》第一条第一款第二项中的"向社会公开宣传",包括以各种途径向社会公众传播吸收资金的信息,以及明知吸收资金的信息向社会公众扩散而予以放任等情形。

守证券法律规范规定的信息披露义务向投资者、证券监管机构、证券交易所等披露或者报送相关文件。按照成熟金融市场法律框架的一般规则，证券非公开发行的信息披露要求相对较低，一般只需要依照金融监管要求、融资方与投资方的约定披露或者提供与发行人经营、财务相关的重要信息。众筹发行、小额发行、向特定投资者公开发行等只是豁免注册程序，发行人在信息披露方面相对非公开发行而言适用更为严格的披露标准与义务承担，除了经营与财务资料之外，还需要向证券经营机构或者众筹发行平台等提供发行计划、符合注册豁免条件的证明材料等。公开发行注册则适用最为严格的信息披露标准，需要向负责注册的证券监管机构报送公司治理结构、财务会计报告、招股说明书、发行证券募集说明书等，首次公开发行在证券交易所上市交易的股票，还应当报送保荐人出具的发行保荐书。此外，证券发行后还应当根据《公司法》、《证券法》的规定向投资者持续披露财务会计报告等。

发行人在信息披露过程中虚假陈述，通过欺骗手段骗取发行注册、注册豁免或者发行证券，数额巨大、后果严重或者有其他严重情节的，应当构成欺诈发行证券犯罪。但是，现行《刑法》第一百六十条欺诈发行股票、债券罪禁止的隐瞒重要事实或者编造重大虚假内容行为，其信息披露范围只覆盖“招股说明书、认股书、公司、企业债券募集办法”这三种文件。有必要将公开发行证券募集说明书、发行证券计划等证券发行过程中应当披露的重要文件纳入欺诈发行证券犯罪的规制范畴，填补证券发行注册制改革就位后的刑法规制盲点。

对于欺诈发行证券犯罪没有涉及的发行环节严重信息披露违法行为，以及证券发行之后严重违反持续信息披露义务的行为，可由违规披露、不披露重要信息罪予以规制。《刑法》第一百六十一条违规披露、不披露重要信息罪[①]禁止虚假的或者隐瞒重要事实的信息披露，行为对象范围为“财务会计报告”和“依法应当披露的其他重要信息”。因此，行为人就金融法律法规明确规定的、除财务会计报告、招股说明书、公开发行证券募集说明书、发行证券计划等之外的其他应当披露的重要信息进行虚假陈述，严重损害股东或其他人利益，或者有其他严重情节的，应当认定为违规披露、不披露重要信息罪。

---

① 《刑法》第一百六十一条规定：“依法负有信息披露义务的公司、企业向股东和社会公众提供虚假的或者隐瞒重要事实的财务会计报告，或者对依法应当披露的其他重要信息不按照规定披露，严重损害股东或者其他人利益，或者有其他严重情节的，对其直接负责的主管人员和其他直接责任人员，处三年以下有期徒刑或者拘役，并处或者单处二万元以上二十万元以下罚金。”

在网络贷款、股权众筹等互联网金融模式不断提升直接金融比重的发展趋势下,互联网金融犯罪刑事司法实践应当注重在罪刑法定原则的指引下对违规披露、不披露重要信息罪的规制范围作出全新的解释。作为广义上的金融市场虚假陈述犯罪行为类型之一的违规披露、不披露重要信息罪,其规制范围主要是由信息披露法定义务来源决定的,即《刑法》第一百六十一条规定的"依法"负有信息义务。传统金融犯罪刑法理论与司法实务基本上都将"依法"的范围限定于《公司法》、《证券法》,故实践中构成违规披露、不披露重要信息罪的主要是上市公司财务造假等严重虚假陈述行为。但是,随着互联网金融市场及其配制监管制度的不断完善,在《互联网金融指导意见》设定的"依法监管、适度监管、分类监管、协同监管、创新监管"原则下,中国证监会、中国银监会等监管机构基于监管职责分工正在相应制定股权众筹监管试点规则①、《网络借贷信息中介机构业务活动管理暂行办法》②等部门规章,互联网金融平台等市场主体的信息披露义务是相关监管规则的重要内容。违规披露、不披露重要信息罪中的"依法"应当解释为依照"国家规定",覆盖国家法律、国务院行政法规和部门规章等国家层面的法律制度。所以,在互联网金融市场运行过程中,违反中国证监会、中国银监会等监管规则明确规定的信息披露义务,提供虚假性、误导性信息或者不按照规定进行信息披露,严重损害互联网金融市场投资者利益的,应当纳入违规披露、不披露重要信息罪的刑法规制范围。以网络贷款市场中虚假陈述行为的刑事责任为例,作为信息披露的义务主体,网贷平台应当对信息的真实性、准确性、完整性与及时性负责,充分披露对互联网金融市场参与者投资标的估值、投资决策判断具有影响的必要信息,充分披露风险。在中国银监会《网络借贷信息中介机构业务活动管理暂行办法》等专门监管网贷市场的部门规章实施之后,网络贷款平台就借款人、融资项目、风险评估、核心经营管理数据(交易金额、交易笔数、借贷余额、借款逾期金额、代偿金额、借贷逾期率、借贷坏账率、出借人数量、借款人数量等)、年度报告、公司治理等信息提供虚假文件、隐瞒相关事实或者违规披露,严重损害网贷平台投资者利益的,应当构成违规披露、不披露重要信息罪。

---

① 倪铭娅:《证监会抓紧制定股权众筹融资试点监管规则》,《中国证券报》2015 年 8 月 8 日第 A1 版。

② 孙璐璐:《多部门就〈网络借贷信息中介机构业务活动管理暂行办法〉征求意见》,《证券时报》2015 年 12 月 29 日第 A1 版。

第三节 网络贷款犯罪

P2P 网络贷款(以下简称网贷)的出现,丰富了我国金融市场的组成结构,促进了我国互联网金融业的快速发展。网贷这一新兴行业在中国的热度超过了世界任何一个地方。2009 年年末,中国的网贷公司共有 9 家;根据中国电子商务研究中心的数据显示,截至 2012 年 12 月,全国规模以上的网贷平台超过 200 家;据网贷之家不完全统计,截至 2013 年 9 月末,这个数字已经超过 500 家,整个行业进入了疯狂的扩张阶段。但是,由于网贷的监管措施薄弱与风险控制措施的不完善,网贷在发展过程中逐渐与其创办的初衷渐行渐远,产生了大量的违法犯罪行为,给互联网金融市场的发展带来了负面的影响,甚至诱发了严重的群体性敏感案事件。近年以来,网贷行业积聚已久的风险急剧爆发,网贷的网络经营公司破产、卷款潜逃的事件频发,自融或提现困难的网贷事件时有发生,此外利用网贷非法吸收公众存款、集资诈骗的事件也陆续出现。网贷行业正经历着从极短的鼎盛时期到现今比较混乱的重新洗牌阶段,在这个阶段,对网贷平台加强监管并从严打击利用网贷进行非法集资、集资诈骗等违法犯罪已经刻不容缓,保护人民群众财产安全和维护互联网金融秩序的稳定必须通过刑法控制手段切实予以实现。

一、网贷的经济机理与风险

P2P 是 peer-to-peer 或者 person-to-person 的简称,即点对点,也称"个人对个人"或"人人贷"。2005 年 3 月,理查德·杜瓦、詹姆斯·亚历山大、萨拉·马修斯和大卫·尼克尔等四个英国人在伦敦创建了第一家网贷平台 ZOPA。其最初的运作理念是将有资金并有理财投资意愿投资者手中的闲散资金集聚,通过网贷平台牵线搭桥,通过信用评价体系的甄别,将资金出借给有借款需要并通过信用体系评价的个人。网贷的社会价值体现在提高社会闲散资金利用率、满足投资者资金需求和发展个人信用体系三个方面。在网贷模式运行过程中,网贷网络服务公司主要负责对借款方的还款能力及信用进行调查和甄别,如对借款方的经济收入、经营规模、发展前景及固定资产等情况进行详细调查,并收取相应的管理费和服务费作为其收入来源。现如今,ZOPA 的业务已经遍布欧美,甚至亚洲,平均每日的投资规模达到数百万英镑。

网贷简单来说是由某个网络服务公司搭建一个中介平台,由有贷款需要的人在平台上发布贷款需求,借款人参与竞标,最后由平台撮合借款方与贷款方之间交易的完成,网络服务公司按比例收取一定服务费的一种网络贷款模式。

有的金融专家认为,从网贷模式最初的构建理念出发,网贷系以互联网平台为媒介撮合借贷双方达成借贷合同,免除中间人高昂中介费的互联网融资模式。在此种借贷模式下,出借方可以将手头多余的资金提供给有借款需要的贷款人,促进资本市场的资金流动,产生效益,同时获得比同期银行存款率更高的投资回报。网贷即为借贷中介与互联网相结合的金融服务网站,此种交易模式便是最初,也是目前较为普及的网贷运作模式。这种运作模式促成了当下三赢的局面,贷款人获得急需的资金,出借人获得高于银行利息的借款回报,网贷服务商从交易中获得佣金。

2007 年至今,我国网贷的发展呈现出一边倒闭一边创立的趋势。从网贷在我国发展至今,大致存在以下四种机制:

(1) 一借一单纯中介机制。此种机制主要借鉴的是国外的 PROSPER-MOSHI,采用线上竞标的方式来实现网络借贷过程。借贷利率由出借人和贷款人自由协商确定。网贷平台不提供担保,单纯从事信息交换,将贷款人贷款的原因、金额、预期贷款利率、期限通过网贷平台发布,并标明最高利率,出借人根据自己资金状况结合网贷平台给出的信用等级进行综合判断和投标。如果在资金筹措期内,投标资金的数额达到贷款人的需求,此次借款即告完成。平台将会产生电子借条,贷款人必须按照协议定期向出借人还款付息。如果未能在指定的时间内筹集到所需的资金,此次竞标即为流标。此种模式最为典型的是拍拍贷。单纯中介模式改变了原来都是通过银行等金融机构放贷的贷款模式。

(2) 一借 N 债权转让机制。此种机制的网贷平台为了分散风险,采取将多个出借人的资金中的一小部分集中出借给一个贷款人,并全程掌控网贷全过程,当出借人发出出借信息,网贷平台即为其寻找并挑选适格的贷款人,出借利率由网贷平台审核并决定。此种模式中,网贷将出借人的借款分散为多份借款,以借款合同的方式出借给多人,待出借款到达第三方账户,借贷合同正式生效。网贷平台在此种模式中不但要承担出借和借款的债权债务转移角色,还要承担督促借款人按期还款以及帮助出借人管理资金账户并控制风险的职责。出借人在此过程中有权决定是否出借给网贷平台推荐的借款人,并可以随时了解每一笔债权的收益、偿还情况,并在借贷合同履行完毕后收取本金和利息。网贷平台在此种模式中已经不是简单的中介模式,而是转变为贷款服务平台。此种模式最为典型的代表是宜信。

(3) 担保融资机制。此种机制是将金融机构或者准金融机构的信贷资产通过互联网平台对外销售,相比金融机构更为灵活。此类网贷平台在撮合借贷合同的时候,一般借助其与担保公司合作背景,为出借人提供第三方担保。如陆金所开展的业务是将平安担保的产品证券化,规模的大小由平安担保的规模和能力进行控制,是目前我国网贷平台中最为稳定的一种合作模式。

(4)以网贷为名来实施非法集资、集资诈骗等行为的融资机制。我国最早的网贷平台秉承了外国网贷设立的初衷,即仅从事中介事务。但随着网贷的发展,运作模式逐渐出现了异化,有的甚至利用网贷平台进行违法犯罪。此种模式主要表现为网贷服务公司表面上在网上通过网贷平台收集借款人、出借人的信息,评估借款人的固定资产,如房产、汽车、厂房、设备等,然后进行配对,出借人获取本金及收益,网贷服务商收取中介费。但实际上,此类网贷公司既无任何形式的抵押保证,也没有核实借款人的真实信息,网贷服务公司的账户与出借人资金汇入账户混同,公司经营人可以随时提取出借人的资金"跑路"。如目前出现众多网贷"跑路"事件均是采取了上述模式。

"无门槛、无标准、无监管"是目前我国网贷一边疯狂创立,一边迅速倒闭的原因。几千元买套软件,注册个域名,再去工商登记一下,雇用几个员工便可在网上开办网贷平台,进行网贷服务工作。2011年,号称"中国最严谨的网络借贷平台"的哈哈贷突然倒闭,给出的理由是"基于中国市场的信用问题和运营资金短缺",对于平台参与人交易的本金也仅作了部分补偿。同年9月,中国银监会发布的"人人贷"风险提示,称人人贷网贷公司存在大量潜在风险,要求银行业金融机构采取有效措施,做好风险预警监测与防范。网贷服务公司既没有金融机构一般的法律规制与监管,也没有小额贷款公司的法律政策和相关规定,完全处于失控脱管的状态。在目前没有监管的情况下,网贷平台可以作为资金池自融,也可以虚构标的,挪用投资款,甚至触碰非法集资、非法经营、集资诈骗等法律红线。经过梳理,当前网贷中出现的风险主要有以下四个方面的问题:

第一,行业准入门槛低,导致行业内良莠不齐。目前,网贷平台创立的技术门槛很低,在互联网上兜售网贷平台系统的软件销售商也很多,通过在软件公司购买软件,在网上注册域名,并在公司设立时进行工商登记注册,即可完成网贷公司的创建,且对于此类公司也无资本金的要求。在实际操作中,大量存在着实际控制人与工商注册的法定代表人不一致的情况,这给实际控制人利用平台实施违法犯罪提供了便利条件。

第二,监管处于真空状态,导致倒闭或"跑路"频现。从网贷服务公司经营范围与借贷活动来看,网贷平台的监管职能部门可能涉及人民银行、工商、金融、电信管理、银监等部门,但事实上由于目前网贷服务公司定性为服务性企业,上述任何一个部门都没有将网贷经营纳入其监管范围,网贷行业协会也没形成,无法通过行业协会对其进行规制与管理。

第三,容易触犯“刑法”红线,变异多种犯罪形式。由于网贷服务公司大多缺乏对资金的有效监管,大多中介公司的账户和出借人的汇款账户混同,没有第三方银行介入托管,实践中往往会存在网贷公司从中介业务转变到非法吸收存款、非法融资的情况出现,甚至引发非法集资、集资诈骗行为。有些网贷公司没有尽到勤勉核实贷款人的义务,导致贷款人卷款潜逃,给出借人带来损失,也给网贷公司带来倒闭的风险;有的网贷公司由于缺少相关机构对资金的监管,导致资金底数不清,去向或真实用途不明,为他人诈骗以及洗钱犯罪提供了便利条件。

第四,极易引发敏感性群体性事件,破坏当地金融秩序。以部分网贷现状为例,部分网贷公司由于经营不善,导致公司资金链断裂后,实际控制人或被异地公安机关采取强化子措施、或卷款逃到海外,资金被卷走,人员去向不明,受害群众以千计,人民群众财产损失以千万元计。大量的群体性事件和上访事件随之发生,严重影响了社会稳定,给当地的金融秩序带来严重混乱。从目前“跑路”或倒闭的网贷公司运作周期来看,长则一年,短则两个月,有的甚至创立没几天就宣告破产。

近年来,随着网贷的恶性膨胀,运营网贷平台的服务公司破产、倒闭的事件层出不穷,相关负面新闻屡屡见诸报端。网贷目前只能定位为中介服务性质,而随着恶性竞争的发展,该种中介服务性质已经发生变异,目前大多数网贷服务公司超越了中介服务业务,在异化过程中有的已经触碰了刑法的底线。

网贷经营管理模式,极易引发非法吸收公众存款的问题。行为人或网贷中介公司往往会利用监管存在的漏洞,假借借款人之名,向不特定公众实施非法吸收或变相吸收公众存款的行为,扰乱我国社会金融市场秩序。其主要表现形式有两种:

一是行为人首先创立网贷平台并登记注册公司,继而利用平台及信息不对称的优势,向出借人提供担保,有的网贷公司以网贷中介公司作为担保主体,但往往在注册以后要么不足额缴纳注册资本,要么变相抽出注册资本;有的网贷公司以第三方为担保主体,获取出借人的信任。无论采用何种担保方式,其目的是吸引出借人的资金,为其提供可以信赖的假象,尽可能地招揽出借人。在形成“资金池”完成融资之后,隔绝出借人与借款人的信息交换，网贷公司账户与出借人资金账户混同，形成对资金池的完全支配，要么将资金用于转贷，要么用于自身投资经营，最终形成典型的非法吸收公众存款。

二是行为人在创建网贷中介公司后，通过模糊贷款人信息的方式虚构投资标的，同时在网贷平台上以秒标（虚构一笔借款，投资者竞标并投资，平台在满标后快速运用自有资金还本付息）或拆标（将大额的借款标的拆成小份额以吸引投资者的小标的）的方式宣扬高收益，承诺高回报率，吸引投资者的资金介入，继而形成资金池。在完全支配资金池后或高额转贷或将资金挪作他用，最终构成非法吸收公众存款。例如，天力贷投资者无法提取资金，新理财客位 2 756 人，放贷 1 341 笔，放贷总额 2.93 亿元，而相关的借款人信息却非常模糊，仅以“房地产公司借款”或“金属制造公司借款”的方式发出。天力贷将一些大项目拆成众多个小项，再依靠自身的一些技术手段伪造资料，以达到吸引投资者的目的。这种“拆标模式”很容易将自己套进去。孝感市公安局以“非法吸收公众存款”对天力贷事件进行了立案侦查，这种形式就是典型的非法吸收公众存款罪的表现形式。①

最高人民法院《非法集资解释》中对“非法吸收公众存款或者变相吸收公众存款”的认定条件为：(1)未经有关部门依法批准或者借用合法经营的形式吸收资金；(2)通过媒体、推介会、传单、手机短信等途径向社会公开宣传；(3)承诺在一定期限内以货币、实物、股权等方式还本付息或者给付回报；(4)向社会公众即社会不特定对象吸收资金。据此，行为人利用网贷平台实施了上述行为后，即构成非法吸收公众存款行为。对于利用网贷平台吸收公众存款的行为，若犯罪主体为单位的，吸收数额要达到 100 万元以上或 150 户以上；若犯罪主体为个人的，吸收数额要达到 20 万以上或 30 户以上。

网贷集资诈骗较网贷非法吸收公众存款多了一项要求，即行为人在非法吸收存款时持非法占有的故意。有的学者认为其表现形式有两种，一是利用网络平台服务公司创始人的便利，以非法占有为目的，虚设借款人吸收不特定对象的资金；二是利用他人的网贷平台发布借款信息，将他人的资金据为己有。②

集资诈骗是民间借贷中极为常见的犯罪形式，随着网贷平台的急速普及，网贷平台便成为违法犯罪分子骗取借款人资金的工具。一些不法分子

① 陈白：《天力贷法人卷款在逃》，《新京报》2013 年 10 月 22 日第 B7 版。

② 顾肖荣主编：《经济刑法》，上海社会科学院出版社 2014 年版，第 139—140 页。

有的自己登记注册网贷服务公司,有的实际控制他人的网贷服务公司,以非法占有为目的,骗取借款人的资金,将借款人的资金占为己有,严重损害了借款人的利益,破坏了国家金融市场的管理秩序,极大地危害了网络借贷行业的有序发展。其主要表现方式有两种:

一是行为人通过创立网贷平台进行集资诈骗。实践中,行为人利用网贷平台监管措施不足,人民群众渴望高回报的心理,频频注册网络借贷平台,开展集资诈骗。有的采用将网贷公司账户与借款转存账户混同的方式,将出借人的资金截流,由于出借人与贷款人之间的交易需要一个撮合的过程,在此期间,网贷公司账户可以形成庞大的资金池,并截流大量的资金,违法犯罪人员往往利用这个真空期非法占有出借人的资金,并逃至海外;有的以虚设贷款人的方式,以非法占有为目的通过自己创设或实际控制的网贷平台大量借入资金。通过在网贷平台大量假冒他人借贷需求的方式,同时利用自己对借贷方审核的权利,骗取出借人的资金后携款潜逃。如网贷平台淘金贷,就是在发布短期、高收益借贷需求后,以高额利息为诱饵骗取了几十名投资人的资金后携款潜逃,涉嫌集资诈骗罪。

二是行为人利用他人创办的网贷平台进行集资诈骗。目前,我国的征信体系尚不完善,违法犯罪行为人往往会利用网络借贷平台信用审核机制不完善的漏洞,进行集资诈骗行为。实践中,网贷平台为了争抢客源,对借款人身份的真实性和资产情况无法尽到勤勉的调查义务,对借款的真实用途和流向也无力全面掌控,违法犯罪分子通过虚构借款用途或冒用他人身份很容易骗过网贷平台的审核,若违法犯罪分子在众多个平台发布虚构的借款信息,很容易借得大量资金,并对其非法占有。

《非法集资解释》规定,以非法占有为目的,使用诈骗方法实施非法吸收资金的行为的,以集资诈骗罪定罪处罚,其中"以非法占有为目的"的认定条件为:(1)集资后不用于生产经营活动或者用于生产经营活动与筹集资金规模明显不成比例,致使集资款不能返还的;(2)肆意挥霍集资款,致使集资款不能返还的;(3)携带集资款逃匿的。行为人以上述非法占有为目的,利用网贷平台获取出借人资金后不用于生产经营或肆意挥霍或携款潜逃的,即构成集资诈骗行为。根据最高人民检察院、公安部《经济犯罪追诉标准(二)》,行为人实施上述集资诈骗行为,个人所得数额在10万元以上或单位所得数额在50万元以上的,就构成集资诈骗罪,司法机关应对此行为予以严厉打击,保障出借人的合法权益,维护互联网金融秩序安定有序。

网贷公司在工商行政管理机关登记注册的业务范围为"咨询服务"类,表面上和一般的中介公司没有区别,任何金融方面的管理机关如中国人民银行、中国银监会都无法将其纳入监管范围。但实践中,一旦网贷公司在进行网络借贷过程中涉及担保、理财这类特许经营的行业时,网贷公司就会涉嫌非法经营罪,其主要表现方式有两类:

一是担保性网贷。在当下网贷平台为了吸引客源,一般会向出借人提供资金担保,这些担保形式主要分两类,一类是自发性担保,即网贷平台以自身的资产为限对网上借贷进行担保;另一类是第三方担保,即网贷平台与担保公司结盟,由担保公司为其网上借贷合同提供担保。

根据《融资性担保公司管理暂行办法》的有关规定,任何单位和个人未经监管部门批准不得从事吸收存款、发放贷款、受托发放贷款、受托投资等活动。网贷平台以自身资产为限提供担保,本身就构成非法经营。而很多网贷公司一旦成立,便会抽取实缴注册资本,有的网贷公司根本未缴足注册资本,可想而知,更不可能对其网上上百万元、上千万元的投资进行担保了。而网贷公司与第三方担保公司合作是否就属于合法经营呢?这在理论界仍然存在争议,但有些省份已给出了否定性的评价,如浙江省经济和信息化委员会于2013年12月初下发的《关于加强融资性担保公司与网贷平台相关业务监管的通知》,严禁融资性担保公司涉足网贷平台,以及从事P2P网络贷款业务。虽然类似举措在全国尚属首次,但从一个侧面反映了相关监管机构对担保公司涉足网贷的态度。

二是理财性网贷。目前,部分网贷平台在开展借贷业务的同时,还在平台上发售理财产品。虽然国家未对服务性企业开展销售理财产品作出明确的禁止性规定,但是由于我国金融业属于特许经营的范畴,网贷公司并不具备发售信托、证券、银行等为主体方可发售理财产品的资质。而即使信托、证券、银行等主体发售上述理财产品也需经过严格的备案与审批制度的审核,网贷平台以理财产品之名进行发售属于游走于刑法的边缘,极有可能被列入非法经营的打击范围,而一旦被司法机关予以取缔,相关投资人的资本投入将石沉大海,血本无归。

二、网贷与非法集资犯罪

任何一个新生的金融事物产生初期必然会伴随着大量犯罪的出现。网贷在目前没有监管机构和手段的情况下,司法机关只有不断出重拳打击犯罪并研究网贷交易平台中存在犯罪的环节和情形,才能跨前一步,主动作为,保护人民群众的财产安全,维护我国金融市场秩序的健康稳定。目前网贷触发刑事风险主要涉及非法集资犯罪,判断其是否构成犯罪,关键在于下列证据的把握。

(1) 违法犯罪人员作案使用的网站。不法分子通过网站宣传网贷公司相关材料必然会留下许多登录 IP 地址,这些 IP 地址曾经登录人、登录电脑就是证据来源。司法机关要对涉案电脑和硬盘及时扣押,并获取违法犯罪嫌疑人系上述 IP 地址、移动终端号码唯一使用人的证据,如本人的供述、网络服务提供商的登记证明、网吧的登记记录等。

(2) 使用 QQ、微信、邮箱等网络通信记录。违法犯罪分子使用 QQ、微信与客户沟通或者内部沟通必然会留下许多作案流程,这些痕迹就是还原案件现场的重要资料。不法分子使用的邮箱可能存在许多内部资料可以证明犯罪主观故意。司法机关对上述使用 QQ、微信、邮箱等网络通信记录应及时提取,防止违法犯罪人员时删除、隐匿。必要时可以通过电脑截屏、摄影、摄像等方式,截取、节录有关利用信息网络实施违法犯罪活动的书证、视听资料或者电子数据。

(3) 资金流向。网贷最重要的就是资金痕迹,所有的资金痕迹可以证明钱款去向,不仅能证明主观故意也为追赃奠定基础。司法机关在查证时要与银行加强联系,一旦发现涉案资金,及时予以冻结。

(4) 理财产品、借款标的、债权等交易产品。理财产品、借款标的、债权等交易产品的真实性可以证明不法分子作案的动机和主观故意,为明确案件性质打下坚实基础。司法机关应对上述产品的电子形式及时固定,便于日后举证。

(5) 交易模式、经营模式。交易模式、经营模式是还原作案全貌的依据,只有掌握交易模式、经营模式才能找准违法犯罪行为人非法集资的要点,对其资金池予以控制。

(6) 作案时的各种资料。违法犯罪分子不可能一个人完成所有的交易过程,他必然会招聘部分工作人员协助完成整个犯罪过程,这些遗留的不论是纸质材料还是电子数据都很重要。司法机关要注意对上述材料的收集。

目前,我国网贷平台的监管机制尚未建立,网贷行业乱象在一定时期内仍将继续,但我们欣喜地看到中国银监会等相关政府部门已经在关注这一行业的风险,从保护中小投资者的利益、避免发生区域性、系统性的风险,开展了一些调研工作,并采取了一些工作措施,遏制网贷乱象。但在现行的法律框架下,在相关监管主体没有明确的情况下,司法机关应跨前一步,主动作为,用足用好现有法律资源,一旦发现利用网贷平台进行非法吸收公众存款、集资诈骗、非法经营的,立即予以严厉打击,从而遏制行业乱象,敲山震虎,保护人民群众的合法权益,维护互联金融秩序的安定有序,推动网贷的健康发展。

第四节　“去中心化”互联网金融犯罪

一、“去中心化”互联网金融工具的兴起及其对经济刑法的影响

比特币(Bitcoin)是一种点对点全球通用加密互联网金融系统。与传统货币不同,比特币的发行与交易不依赖中央银行、政府、企业的支持或者信用担保以及传统金融机构的服务,也不与特定商品或者实物挂钩,而是依赖对等式网络中种子文件达成的网络协议,实现单个节点与其他节点的直接交互,比特币地址之间的价值交换,具有“去中心化”特质与相对匿名性。①比特币系统使用整个网络的分布式数据库来进行交易确认,其发行总量固定,并自适应地按照设计预定的速率逐步增加且增速逐步放缓,最终在2140年达到略小于2 100万个的极限值。点对点分布式的时间戳服务器生成依照时间前后排列并加以记录的电子交易证明使得比特币系统能够实现无需第三方支持的数字签名加密、杜绝双重支付(伪造支付工具)。发行的比特币由完成网络运算工作量证明(“挖矿”)的比特币“矿工”获取,借此激励其通过利用计算机硬件为比特币网络进行数学计算从而完成交易验证、提高比特币系统安全性。②

使用比特币不仅可以购买商品或者服务,而且能够在全球各大比特币交易所以市场价格兑换各国和地区的法定货币。尽管比特币与法定货币市

---

① 除了比特币之外,基于网络、密码、算法等技术开发的系统还包括Litecoin(“莱特币”)、Solidcoin(“硬币”)、Namecoin(“名币”)等多种私有市场支付工具。由于互联网金融系统演进与软件技术更新非常迅速,每一种具体的技术或者系统都会被另一种版本或者项目所替代,但互联网金融系统的基本经济机制与法律制度评价体系是相对稳定的。作为最早、目前最成功却远未达到最好的互联网金融系统,比特币的接受度处于绝对领先地位。所以,基于论述便利性考虑,本节仅针对比特币展开法律与经济分析,但相关经济机理解释与法律制度应对均适用于采纳相同与相似机制的互联网金融系统。比特币系统的“去中心化”与匿名性都是相对的。关于“去中心化”问题下文经济机理解释部分会有详细分析。就匿名性而言,下载比特币软件、使用比特币地址进行转账交易等均无需提供本人真实信息,但所有比特币交易记录都是在网络上永久性公开的,因为所有的比特币交易都必须由全网参与运算验证。任何人都能查看任何比特币账号地址内的交易数额及其流转。用户可以使用特殊的信息技术与软件工具隐藏IP位址,或者使用比特币网站提供的公共钱包地址将自己的交易混同于众多交易之中,但基于技术破解或者执法机构调查,比特币交易仍然是具备可追踪性的。

② 比特币基础性技术原理参见Satoshi Nakamoto, Bitcoin: A Peer-to-Peer Electronic Cash System, 2008, http://bitcoin.org/bitcoin.pdf(访问日期:2013年11月30日)。有关比特币的详细信息汇总参见比特币百科网站(en.bitcoin.it)。

场兑换价格阶段性会出现巨幅下跌,但总体上比特币市场价格呈现螺旋式上涨趋势,从 2011 年的 0.3 美元一度拉升至 2013 年历史性高位 1 200 余美元,2014 年年初则在 700 美元至 900 美元区间震荡。根据目前比特币约 1 200 万个发行总量计算,比特币市值处于 50 亿美元至 100 亿美元的波动范围。2013 年 11 月,比特币交易平台"比特币中国"日交易量已经超越原交易规模最大的比特币交易所(日本的 Mt.Gox 以及欧洲的 Bitstamp)从而使得中国成为比特币全球集中交易量最大且最为重要的市场之一。①比特币"挖矿"芯片设计与开发②、比特币"矿机"组装与销售③、各类比特币现货、期货、衍生工具等交易平台运营与比特币市场参与者的投机热潮④等一系列以比特币为中心的经济行为将比特币生态与利益链条进一步延伸。从实体经济发展趋势、集中交易市值、市场参与者认可度等各方面来看,比特币已经度过了初创与萌芽阶段,世界经济与金融历史正在见证"去中心化"互联网金融时代的兴起。

世界各国和地区法律对比特币表现出视为合法货币、直接规定为非法货币或者宣布为自由市场行为而不进行政府介入等不同的制度反应。2013 年 12 月 3 日中国人民银行等五部委《关于防范比特币风险的通知》(以下简称《比特币风险通知》)明确强调比特币虚拟商品属性及其投资风险,禁止金融机构与支付从事与比特币有关的业务,并要求作为比特币交易平台的比特币网站履行非金融机构反洗钱义务。《比特币风险通知》对于控制比特币市场风险、遏制网络经济风险向金融体系与实体经济传导等具有非常积极的价值。但是,由于比特币具有"去中心化"、高度匿名性、全球性、主要法定货币可兑换性、交易成本低廉性等特点,比特币或比特币支付系统不仅可能成为洗钱犯罪、外汇犯罪、货币犯罪、走私犯罪等各类经济犯罪的工具或者渠道,⑤而且比特币资产持有者具有成为侵财犯罪(盗窃、普通诈骗等)、金融犯罪(非法集资、金融诈骗、市场操纵等)、网络犯罪被害人的高度风险,甚至比特币及其经济生态本身都长期受困于是否构成庞氏骗局、金字塔骗局等

---

① 欧昌梅、是冬冬:《比特币价格再创新高"最大交易所已位于中国"》,《东方早报》2013 年 11 月 8 日 A31 版。

② 程振伟:《谁是比特币利益链上的"真正赢家"》,《深圳特区报》2013 年 12 月 3 日 B2 版。

③ 梁敏:《比特币掘金,"挖矿机"商机无限》,《电脑报》2013 年 12 月 16 日第 13 版。

④ 张俊杰:《比特币投资险象环生》,《南方都市报》2013 年 12 月 6 日 GC7 版。

⑤ Lars Hilse, Threat-Assessment: Bitcoin: Danger to the United States? National Security and her Economic & Commercial Interests, Create Space Independent Publishing Platform, 2013, pp.24—40.

集资诈骗犯罪或者传销犯罪的巨大争议之中。①《比特币风险通知》所确立的比特币虚拟商品性与非货币性的属性判断会导致一系列经济与金融犯罪对象与行为的解释与认定陷入困惑与论争，加之当前理论与实务界对利用或者针对比特币的犯罪行为的机理尚且缺乏深入把握，这些因素共同导致比特币的兴起对整个经济刑法体系产生重大却潜藏未现的影响。

在商品与服务贸易中承担交易中介角色的比特币客观上为整个实体经济注入了货币供应量，比特币与各国法定货币之间的低成本兑换亦使得外汇与资本管制效果明显弱化，比特币支付系统的"去中心化"导致现行货币犯罪与外汇犯罪刑法规范完全不具有适用可能。比特币与法定货币在全球集中交易平台供市场参与者在承担风险的同时博取交易利润，市场价格剧烈波动意味着存在诱人的价差利益，比特币现货、期货、衍生交易等实质上具有与证券、期货、衍生品交易市场等同的特征、原理、机制与风险，但特定虚拟商品的属性定位造成比特币不能构成证券期货犯罪的行为对象，非法经营、内线交易、市场操纵等刑法条款无法对未经许可运营比特币金融交易平台、侵害市场参与者合法权益等行为进行有效规制。比特币与法定货币之间的可兑换关系意味着前者事实上能够成为后者的价值存储载体，盗窃、诈骗、利用职务便利收受、获取比特币经济收益不申报纳税、非法向社会公众吸收比特币等行为与相应的财产犯罪、职务犯罪、税务犯罪、融资犯罪等具有同等强度的社会危害性。比特币的非货币属性定位则意味着目前相关经济与金融犯罪刑法条款无法对此类比特币侵害行为作出实质性反应。"去中心化"互联网金融工具兴起对经济刑法形成的现实风险，从法律与经济行为实质、比特币实质属性等层面揭示了重在调整经济与金融关系的行政法律制度意图从规范形式上进行切割但事实上很难有效控制比特币市场风险及其对整个法律制度构成的冲击。以发行与交易系统上的"去中心化"与治理结构、资源分配及经济利益实现平台上的中心化特征为基础深度解构比特币的经济机理，不仅有助于把握比特币系统固有的机制性缺陷与市场风险来源，而且能够揭示比特币所具备的实质性货币与金融投资(投机)

---

① 参见张薇：《比特币淘金热：疯狂过后何去何从》，《光明日报》2013 年 5 月 11 日第 6 版；王彦彬：《比特币：电子黄金还是旁氏骗局？》，《通信产业报》2013 年 11 月 25 日第 27 版；贺颖彦：《比特币是个骗局吗？》，《中华合作时报》2013 年 12 月 6 日 C2 版；Nathaniel Popper, Currency Scheme, New York Times, July 24, 2013, Page B4; Derek A.Dion, I'll Gladly Trade You Two Bits on Tuesday for A Byte Today: Bitcoin, Regulating Fraud in the Economy of Hacker-Cash, 2013 Journal of Law, Technology & Policy 165, 178(2013); Nicholas A. Plassaras, Regulating Digital Currencies: Bringing Bitcoin within the Reach of the IMF, 14 Chicago Journal of International Law 377, 390(2013)。

功能,从而在法律属性上确立比特币在特定情形下的货币与金融商品定位。比特币经济机理解构与法律实质阐释为经济刑法通过制度微调、司法规则与执法机制完善奠定了坚实的理论与实践基础,比特币兴起之后凸显出的绝大部分经济刑法适用性紊乱问题将得以解决。经济刑法证券期货犯罪条款适度拓展"证券"范围可以将比特币金融市场管理秩序与投资者合法权益纳入刑事保障体系,以能够量化的经济与金融犯罪数额标准盘活财产犯罪、职务犯罪、税务犯罪、融资犯罪等刑法规范对相关比特币犯罪行为的可适用性。同时,新型互联网金融系统的"去中心化"机制导致传统货币犯罪、外汇犯罪等货币与资本管制体系事实上无法继续保护既有的非竞争性货币体系。货币、外汇、资本管制刑事保障机制的失灵促使既有货币制度直面货币竞争、反思维护法定货币购买力稳定性的政策优化方向。

二、"去中心化"互联网金融工具对经济犯罪刑法规制体系的风险评估

《比特币风险通知》以"正面定性与反面否定"相结合的方式对比特币属性提出了明确意见,即比特币"应当是一种特定的虚拟商品","不是真正意义的货币","不具有与货币等同的法律地位","不能且不应作为货币在市场上流通使用"。[①]可见,在中国金融市场法律制度及其监管框架下,"真正意义的货币"等同于法定货币,即人民币、美元、欧元、日元等以本国或者其他国家或者地区中央权力信用为基础的、法偿性、强制性货币。比特币不仅不具有货币属性,而且与银行、资本市场、保险市场等金融体系中的金融产品无关,只是一种商品且必须强调其具有虚拟性。

然而,作为非货币性、虚拟性"商品"的比特币能够以极低的交易成本在"商品"与人民币、美元、欧元、日元等国家和地区"货币"之间进行快捷转换,并以集中竞价交易的方式在全球各大比特币交易平台供市场参与者进行投资或者投机,甚至可以附加杠杆、做空、融资、融币等交易机制进行各类远期、期货、期权等衍生性交易。同时,基于对金融市场及其监管秩序全面且有效保护的价值追求,我国经济刑法规范体系设置了货币、外汇、证券、期货等众多具有金融工具属性的行为对象要素。金融监管机构对比特币货币、金融属性的制度性剥离以及对其虚拟商品属性的强调会产生一个不容忽视的经济刑法制度风险:大量利用比特币的货币性或者金融工具性特征的经济犯罪行为将因为比特币的虚拟商品属性限定而脱离经济刑法的规范控制

---

① 《比特币风险通知》第一条"正确认识比特币的属性":比特币具有没有集中发行方、总量有限、使用不受地域限制和匿名性等四个主要特点。虽然比特币被称为"货币",但由于其不是由货币当局发行,不具有法偿性与强制性等货币属性,并不是真正意义的货币。从性质上看,比特币应当是一种特定的虚拟商品,不具有与货币等同的法律地位,不能且不应作为货币在市场上流通使用。

范围，经济刑法会随着比特币市场以及比特币经济行为的逐步繁荣而面临前所未有的系统性冲击。

（一）货币、外汇市场及其监管秩序刑事保护失控风险

比特币不是法定货币、不具货币法律地位、不能且不应作为货币在市场流通的反面否定型属性判断明确指向一个结论：比特币显然不是外币，与人民币则更是毫无关联。这一属性判断在经济刑法上的意义表现为比特币不能构成作为外汇犯罪或者货币犯罪行为对象的外汇、人民币或者其他国家和地区的法定货币。但事实上不仅比特币支付、交易系统可以直接跨越既有的外汇监管制度从事逃汇或购汇行为、经营外汇业务、持有境外资产等，比特币"去中心化"发行机制更是能够在中国市场直接投放"货币"，在脱离央行货币政策的前提下影响中国经济体系中的实际货币供应量。①经济刑法中的外汇犯罪条款②直接面临失灵或者失控的风险，货币犯罪条款③规制效力可能在中长期受到潜在的折损风险。

骗购外汇罪禁止通过使用伪造、编造的海关、外汇管理机关证明文件或者重复使用海关、外汇管理机关证明文件等欺骗方式购买外汇的行为。④而

---

① 从中国市场中比特币持有量及其对应的浮动性市值规模来看，比特币进入中国市场影响国内货币供应量的观点显然只局限于定性判断层面。将目前国内比特币的经济规模与人民币经济总量进行对比，完全可以对前者予以忽略不计。但比特币经济中长期的通缩发展趋势（下文比特币经济机理分析部分予以详细论述）意味着每单位比特币的购买力具有显著的增长空间，同时现阶段并不能预期未来商品与服务提供者对比特币支付的接受程度以及比特币的周转率，所以至少不能忽视或者无视比特币对国内货币供应量的中长期影响。

② 根据1998年全国人大常委会《关于惩治骗购外汇、逃汇和非法买卖外汇犯罪的决定》（以下简称《外汇犯罪决定》）第一条、第三条、第四条的规定，我国外汇犯罪条款主要包括：骗购外汇罪、逃汇罪、非法经营罪（非法买卖外汇）。

③ 我国现行刑法规定的危害货币管理制度犯罪的条款主要包括：伪造货币罪（《刑法》第一百七十条），出售、购买、运输假币罪（《刑法》第一百七十一条第一款），金融工作人员购买假币、以假币换取货币罪（《刑法》第一百七十一条第二款），持有、使用假币罪（《刑法》第一百七十二条），变造货币罪（《刑法》第一百七十三条）。此外，走私犯罪中还专门规定有走私假币罪（《刑法》第一百五十一条）。

④ 《外汇犯罪决定》第一条规定："有下列情形之一，骗购外汇，数额较大的，处五年以下有期徒刑或者拘役，并处骗购外汇数额百分之五以上百分之三十以下罚金；数额巨大或者有其他严重情节的，处五年以上十年以下有期徒刑，并处骗购外汇数额百分之五以上百分之三十以下罚金；数额特别巨大或者有其他特别严重情节的，处十年以上有期徒刑或者无期徒刑，并处骗购外汇数额百分之五以上百分之三十以下罚金或者没收财产：（一）使用伪造、变造的海关签发的报关单、进口证明、外汇管理部门核准件等凭证和单据的；（二）重复使用海关签发的报关单、进口证明、外汇管理部门核准件等凭证和单据的；（三）以其他方式骗购外汇的。伪造、变造海关签发的报关单、进口证明、外汇管理部门核准件等凭证和单据，并用于骗购外汇的，依照前款的规定从重处罚。明知用于骗购外汇而提供人民币资金的，以共犯论处。单位犯前三款罪的，对单位依照第一款的规定判处罚金，并对其直接负责的主管人员和其他直接责任人员，处五年以下有期徒刑或者拘役；数额巨大或者有其他严重情节的，处五年以上十年以下有期徒刑；数额特别巨大或者有其他特别严重情节的，处十年以上有期徒刑或者无期徒刑。"

任何持有人民币的行为主体可以在中国境内的各大比特币交易平台开设资金与交易账户以市场价格购入相应数量的比特币,将比特币提现之后通过比特币客户端转入境外各种以美元、欧元、日元等法定货币为交易币种的比特币交易平台,再以市场价格卖出比特币兑换成需要的法定货币。由于比特币只是特定虚拟商品而非作为一般等价物的货币,利用比特币支付与交易系统能够彻底脱离外汇管理制度以及该制度最具强制力的经济刑法保护机制骗购外汇罪的震慑,将人民币兑换成世界上主要国家和地区法定货币①且完全不需要实施任何欺骗性使用海关、外汇证明文件的行为。因此,比特币支付与交易系统的存在与发展使得传统骗购外汇行为模式、骗购外汇罪对购汇管理制度的保护相当程度上失去意义或者失灵。②逃汇罪禁止单位违反外汇管理法律法规将应当调回境内的外汇存放境外或者将境内外汇非法转移境外的行为。③基于相同的原理,利用比特币支付系统以及全球比特币交易平台能够高效地实现人民币与其他国家和地区法定货币之间的无监管性兑换与转移,但比特币目前只具有特定虚拟商品属性,经济刑法对境内外汇限制转出与境外外汇限制存放的刑事控制力度受到实质性撼动。④此外,

---

① 目前比特币能够在全球各个国家和地区的交易平台兑换为以下币种:阿根廷比索、澳元、巴西雷亚尔、加拿大元、瑞士法郎、人民币、捷克克朗、丹麦克朗、欧元、英镑、以色列新谢克尔、印度卢比、日元、墨西哥比索、挪威克朗、新西兰元、波兰兹罗提、卢布、瑞典克朗、新加坡元、泰铢、美元、南非兰特等。参见比特币数据网站 Bitcoin Chart 的货币统计信息,http://bitcoincharts.com/markets/currencies/(访问日期:2013 年 12 月 19 日)。

② 利用比特币系统免受骗购外汇罪法律风险、逃避外汇监管的购汇行为需要承担的行为成本与经济风险是比特币交易手续费、跨国比特币交易平台价差风险以及比特币市场交易价格风险。其中,手续费成本是有限与可控的,价差风险与价格风险则较难控制。交易成本与经济风险的客观存在决定了骗购外汇罪相当程度上的失灵风险而非彻底的、现实的失灵。

③ 《外汇犯罪决定》第三条规定:"将刑法第一百九十条修改为:公司、企业或者其他单位,违反国家规定,擅自将外汇存放境外,或者将境内的外汇非法转移到境外,数额较大的,对单位判处逃汇数额百分之五以上百分之三十以下罚金,并对其直接负责的主管人员和其他直接责任人员处五年以下有期徒刑或者拘役;数额巨大或者有其他严重情节的,对单位判处逃汇数额百分之五以上百分之三十以下罚金,并对其直接负责的主管人员和其他直接责任人员处五年以上有期徒刑。"

④ 事实上经济刑法中其他与外汇犯罪具有相类似规制功能与规制原理的法律规范同样存在刑事保护效力稳定性降低的风险。例如,《刑法》第三百九十五条第二款隐瞒境外存款罪规定:"国家工作人员在境外的存款,应当依照国家规定申报。数额较大、隐瞒不报的,处二年以下有期徒刑或者拘役;情节较轻的,由其所在单位或者上级主管机关酌情给予行政处分。"刑法设置隐瞒境外存款罪具有保持国家工作人员职务廉洁性、维护公职人员境外财产申报制度、控制具有腐败嫌疑的资产流失境外等制度价值。但是,比特币作为一种资产类型在全球范围内逐步兴起与繁荣,使得愿意支付比特币交易成本、货币兑换价格风险与市场价差风险的国家工作人员,可以选择彻底放弃持有境外存款所产生的构成隐瞒境外存款罪的刑事风险,转而持有比特币资产并在需要时随时转化为相应国家和地区的法定货币资产。

非法经营罪禁止违反外汇交易管理规定在国家许可的交易市场之外从事买卖外汇业务。①中国各大比特币网站推出的比特币网络集中竞价交易平台，其业务内容表现为以市场决定的“兑换率”提供人民币与作为特定虚拟商品的比特币之间的交易，形式上显然无需受制于监管机构外汇交易场所的业务许可。而在实践中比特币交易参与者以及财经媒体一般将这种“兑换率”直接称为“汇率”，②并且比特币事实上可以在全球主要国家和地区兑换当地法定货币、支付当地部分商品与服务。这些比特币交易平台业务现象背后的实质内涵说明人民币兑比特币现货交易至少具有变相外汇即期交易③的疑问，但非法经营罪关于禁止非法从事外汇交易业务的规定对此并无有效的反应能力。

相对于外汇市场显性的刑法保护失控风险而言，比特币对货币市场经济刑法制度的冲击表现得更具隐蔽性与长期性。但货币、货币市场、货币政策与相关法律制度对于实体经济与金融体系的全局性影响决定了比特币对人民币及其法律政策构成的任何潜在风险都不应被低估。经济刑法设置货币犯罪规范功能在于保护货币市场以及央行对货币市场秩序的监管。实现该功能最为基本的要求便是人民币供给只能源于我国央行的货币政策与货币监管行为，刑法禁止并处罚我国央行之外的任何行为主体影响中国经济体系内货币供应的行为。例如，在我国法域内实施的伪造货币、出售、购买、运输、持有、使用假币行为最根本的危害在于脱离央行货币政策与监管增加了货币供应及其周转，刑法设置伪造货币、出售、购买、运输、持有、使用假币等所有货币犯罪的基础性价值就是要保护央行发行货币与管理货币供应量的权力。然而，传统经济刑法货币犯罪条款以遏制假币为核心震慑各种非法增加货币供应的震慑模式，完全无法规制比特币系统影响特定经济体系内货币总量的发行行为与结果。比特币玩家通过“挖矿”（即承担比特币系

---

① 《外汇犯罪决定》第四条规定：“在国家规定的交易场所以外非法买卖外汇，扰乱市场秩序，情节严重的，依照刑法第二百二十五条的规定定罪处罚。单位犯前款罪的，依照刑法第二百三十一条的规定处罚。”

② 陈听雨：《比特币汇率大跌》，《中国证券报》2013 年 5 月 17 日 A5 版。

③ 提出比特币与法定货币现货兑换是否涉及“变相”外汇即期交易的疑问而非直接质疑其是否属于外汇即期交易的原因主要在于：其一，全球货币监管机构对于比特币是否构成货币尚未形成共识，并且我国货币监管机构目前的政策定位明确是将比特币视为特定虚拟商品，所以比特币与相应法定货币之间的交换比率严格意义上只能是“兑换率”而非“汇率”。其二，仅就比特币与相应法定货币的单一交易层次来看，比特币经济生态中并没有实际的商品与服务，接受比特币的商户或者个人所提供的商品与服务本质上仍然是各国和地区法定货币体系下的产物，加之比特币供给量既定，因而比特币与相关法定货币之间的兑换关系是由该法定货币体系下的比特币需求这一单一因素决定的。这与汇率受全球实体经济与货币市场各类复杂影响的事实相去甚远。

统计算与密码验证工作量)获取比特币,其在中国市场使用比特币购买任何商品或者服务的同时就意味着原本人民币垄断下的货币总量中增加了另一种不受央行监管的支付工具或者交易中介。在既定的商品与服务生产效率下,比特币在经济体系中使用规模的增长形式上表现为货币总量的增长,实质上会造成传统法定货币使用规模减小以及单位人民币购买力的下降。从长远的观点来看,如果比特币在国内商品与服务贸易出现规模化增长,则会出现比特币对法定货币的规模化替代,继而显著缩减央行资产负债表以及央行行为对短期利率的影响。随着比特币支付用户人数的不断上升,如果基于比特币支付的经济总量发展到大于法定货币规模的水平,这不仅是对既有货币秩序的冲击,其理论上的结果更是对传统法定货币体系的取代。①而在此过程中,由于比特币系统并不存在中心化的发行主体,外部法律评价体系亦不认可其货币地位,现行货币制度从比特币影响货币总量的伊始便无法使用经济刑法货币犯罪条款对这种与假币投放、使用一样具有货币制度干扰性与对抗性的行为进行制裁。

(二) 金融监管与金融消费者权益刑事保护缺失风险

比特币应当是一种特定虚拟商品的正面定性判断,在确立比特币虚拟性与商品性基础定位的同时亦否定了比特币的现实性(真实性)与金融性内涵。比特币交易只是一种普通民众风险自担的、具有参与自由的网络商品买卖行为。②但现实情况是比特币支付与交易系统在实践运作中不仅能够兑换真实的法定货币、购买真实的商品与服务,而且正以类似于证券、期货、金融衍生工具等投资、投机工具的形式、在类似于证券、期货交易所的比特币交易平台上进行日成交量达到亿元人民币数量级的集中交易。金融监管部门将比特币属性限定于特定虚拟商品并采取严格措施禁止金融机构与支付机构介入比特币关联业务,③有利于有效切割比特币市场向传统金融市场与

① 再次强调,当前比特币的市值以及真正使用比特币支付的商品与服务贸易规模非常有限,短期内不可能对货币总量产生实质性影响。中长期来看,比特币定价(与主要法定货币之间的兑换率)波动性与在经济体系中的接受度均具有高度不确定性,比特币对传统货币市场以及货币制度冲击的相关判断局限于理论层面。

② 中国人民银行等五部委在印发《比特币风险通知》时指出:“比特币交易作为一种互联网上的商品买卖行为,普通民众在自担风险的前提下拥有参与的自由。”参见贾壮:《五部委监管比特币:不能作货币流通用》,《证券时报》2013 年 12 月 6 日 A1 版。

③ 《比特币风险通知》第二条“各金融机构和支付机构不得开展与比特币相关的业务”规定:现阶段,各金融机构和支付机构不得以比特币为产品或服务定价,不得买卖或作为中央对手买卖比特币,不得承保与比特币相关的保险业务或将比特币纳入保险责任范围,不得直接或间接为客户提供其他与比特币相关的服务,包括:为客户提供比特币登记、交易、清算、结算等服务;接受(转下页)

实体经济传导风险的管道，有助于控制比特币经济过热及比特币市场过度投机的风险。但否定比特币真实存在且市场参与者正在实际使用的金融工具价值也必须承受附带性结果：无法在金融监管法律框架下对比特币市场进行特殊且严格的管制；无法以金融消费者的标准对从事比特币投资与投机的市场参与者予以针对性与强化性保护。具体到金融监管与金融消费者权益刑事保护层面，现有的经济刑法对证券、期货市场管理秩序与投资者权益等法益的保护条款均面临严重的缺位风险。

在证券、期货市场管制措施的刑法保护方面，非法经营罪禁止未经国务院期货监督管理部门批准组织他人参与期货交易的行为。[①]而中国市场中的交易者在比特币及其交易平台发展过程中的早期阶段就已经大规模地参与比特币期货交易：比特币交易平台采用一定倍数的杠杆交易模式，由用户向比特币交易平台提供的第三方资金账户汇入人民币或者向比特币账户存入比特币，既能以一定倍数的杠杆买入比特币做多，也能以杠杆

(接上页)比特币或以比特币作为支付结算工具；开展比特币与人民币及外币的兑换服务；开展比特币的储存、托管、抵押等业务；发行与比特币相关的金融产品；将比特币作为信托、基金等投资的投资标的等。此外，2013 年 12 月中旬主要财经媒体陆续披露，中国人民银行约谈银行、支付宝、财付通等银行、支付机构负责人，除了强调严格执行《比特币风险通知》的上述规定之外，进一步提出两大要求：其一，第三方支付公司不得给比特币、莱特币等交易网站提供支付和清算服务；其二，对于已经发生业务的支付机构应解除合作，存量款最迟在春节前完成提现，不得发生新的支付业务。这一举措可能造成人民币以充值方式进入比特币交易平台的资金流动模式受到实质性限制，进而遏制比特币在集中交易平台进行买卖的市场规模。参见岳品瑜：《渠道告急　比特币还能扛多久》，《北京商报》2013 年 12 月 18 日第 7 版；严湘君：《防范比特币风险连出招　央行约谈第三方支付“釜底抽薪”?》，《第一财经日报》2013 年 12 月 17 日 A10 版。

①　根据《刑法》第二百五十二条第(三)项的规定，违反国家规定，未经国家有关主管部门批准，非法经营证券、期货或者保险业务，扰乱市场秩序，情节严重的，处五年以下有期徒刑或者拘役，并处或者单处违法所得一倍以上五倍以下罚金；情节特别严重的，处五年以上有期徒刑，并处违法所得一倍以上五倍以下罚金或者没收财产。同时，2012 年国务院修改后的《期货交易管理条例》第二条规定：任何单位和个人从事期货交易及其相关活动，应当遵守本条例。本条例所称期货交易，是指采用公开的集中交易方式或者国务院期货监督管理机构批准的其他方式进行的以期货合约或者期权合约为交易标的的交易活动。本条例所称期货合约，是指期货交易场所统一制定的、规定在将来某一特定的时间和地点交割一定数量标的物的标准化合约。期货合约包括商品期货合约和金融期货合约及其他期货合约。本条例所称期权合约，是指期货交易场所统一制定的、规定买方有权在将来某一时间以特定价格买入或者卖出约定标的物(包括期货合约)的标准化合约。第四条规定：期货交易应当在依照本条例第六条第一款规定设立的期货交易所、国务院批准的或者国务院期货监督管理机构批准的其他期货交易场所进行。禁止在前款规定的期货交易场所之外进行期货交易。第六条规定：设立期货交易所，由国务院期货监督管理机构审批。未经国务院批准或者国务院期货监督管理机构批准，任何单位或者个人不得设立期货交易场所或者以任何形式组织期货交易及其相关活动。

卖出比特币做空。比特币多空合约根据全球最成熟的比特币交易平台之一 Mt.Gox 即时行情价格进行结算,现金账户金额或者比特币账户市值不足则强制平仓。①标准化交易、现金交割、客户能够从事双向交易、对冲操作、预付资金或者比特币具有杠杆效应、预付款处于警戒线下交易平台有权强制平仓等一系列比特币交易机制完全符合标准化合约、保证金制度、当日无负债结算制度、强制平仓制度等期货交易特征且未经国务院期货管理机构批准,应当构成非法组织期货交易行为。但非法经营罪关于禁止非法从事期货交易业务的规定对经营比特币期货交易平台的行为没有任何实质性应对。②

在金融消费者刑事保护方面,由操纵证券、期货市场罪、内幕交易罪、利用未公开信息交易罪等一系列证券期货犯罪构成的资本市场投资者合法权益保护条款,完全无法适用于比特币集中交易市场中客观存在的市场操纵以及基于未公开信息优势而实施的抢先交易等市场侵害行为。比特币市场核心交易机制、流程、环节与证券、期货市场非常接近:市场参与者选择比特币交易所(比特币交易平台)开设账户,通过银行、第三方支付③或者现金支付方式向账户进行人民币充值,或者通过比特币支付系统向交易平台下设的个人比特币交易账户进行比特币充值;单位比特币(1BTC)以人民币计价,交易者根据其对市场价格的判断提交买入或者卖出申报,按照"时间优先、价格优先"的集中竞价规则由交易系统匹配价格、撮合成交;买入交易生效之后相应数量的比特币计入比特币账户,交易者可提取比特币,卖出交易生

---

① 参见简工博:《监管尚为空白,比特币交易风险大》,《解放日报》2013 年 12 月 4 日第 10 版。

② 与比特币现货交易不受非法经营罪关于禁止非法从事外汇交易条款规制的现实情况有所不同的是,非法经营罪的构成要件实际上是完全适用于未经许可开展比特币期货交易业务行为的。期货合约包括商品期货、金融期货以及其他期货合约。尽管根据《比特币风险通知》比特币不具有货币性、金融性且具有虚拟性,但比特币仍然被认定构成"商品",所以非法从事比特币期货合约交易业务构成非法经营罪中的非法从事商品期货交易行为。目前司法机关没有根据非法经营罪打击非法经营比特币期货交易的行为,更大程度上是因为坚持经济刑法二次违法性判断的基本原理,在行政监管机构尚未确认经营比特币期货交易业务构成违法的前提下,不应直接启动经济刑法的刑事责任追究机制。资本市场行政监管机构目前尚未关注经营比特币期货交易行为违法性判断问题,则主要源于金融监管否定比特币金融属性的关联性政策——《比特币风险通知》第三条"加强对比特币互联网站的管理"规定:依据《中华人民共和国电信条例》和《互联网信息服务管理办法》,提供比特币登记、交易等服务的互联网站应当在电信管理机构备案。电信管理机构根据相关管理部门的认定和处罚意见,依法对违法比特币互联网站予以关闭。可见,金融监管政策坚决否定比特币的金融属性,强调将其整体纳入网络法与网络商品监管框架。

③ 受中国人民银行、中国银监会等金融监管机构管理的银行、支付机构等已经被禁止向比特币交易平台提供支付、结算服务。

效之后相应资金计入资金账户，交易者可提现。①但由于目前比特币流通量有限且市值规模尚未达到百亿元人民币级别的较大规模，市场操纵者使用一定规模的比特币现货或者资金数量就可以通过连续交易、相对委托、洗售等操纵性交易模式打压或者拉抬比特币市场交易价格并中获取巨额价差收益。②同时，比特币交易平台及其工作人员不存在证券、期货交易所、证券公司、期货公司等金融机构及其从业人员受到金融法律法规规章监管的制度约束且比特币网站内部运作技术与规则尚缺乏透明度，比特币市场参与者完全可能面对交易平台及其员工等内部人员利用尚未公开的资金、比特币流动数据等交易信息在普通投资者（投机者）之前抢先完成交易的内线交易风险。比特币市场参与者固然应当根据风险自担原则自行判断市场风险、自行承担因市场价格波动所产生的交易损失，但自担市场风险并不应当包括自担市场操纵、内线交易等市场侵害行为风险。在交易机制与证券、期货市场基本相同但受到市场滥用行为侵害风险明显超过传统资本市场的情况下，在比特币业已成为一种金融投机工具的现实下，比特币只是特定虚拟商品的基本定位导致比特币市场参与者无法作为金融市场参与者或者金融产品消费者得到证券期货犯罪刑法条款保护，一定程度上存在产权非平等性保护的疑问。

（三）金融市场与实体经济刑事保护机制失调风险

比特币金融性或者货币性的真实性能、商品性与虚拟性的制度性状态以及比特币经济在发展过程中的市场价格极度不稳定性，导致由非法集资犯罪、涉税犯罪、财产犯罪、职务犯罪等一系列重要经济犯罪法律条款③所构成的刑法保护机制存在失去调整能力的风险。

---

① 与中国大陆资本市场不同的是，比特币交易所存在激烈的市场竞争，而证券、期货交易所的开设依法受到行政权力的监管。比特币市场参与者直接在交易所开设账户，而证券、期货交易所实行会员制，普通投资者参与证券、期货市场必须通过证券公司、期货公司等经纪环节进行申报与交易。相应的，在交易费用方面，比特币交易平台存在交易手续费（由于市场竞争与市场过热等原因持续处于变动状态，出现过暂停收费、交易额0.3%左右等不同的收费标准）与提现手续费（提现额0.5%至1%左右），证券、期货市场存在税务机关、中国证监会、交易所分别收取的印花税、证管费、经手费等。

② 比特币交易所并未实施证券、期货市场的涨跌停限制且交易24小时开放，日内价格波动超过50%的风险颇为常见，市场操纵行为的收益及其对比特币市场参与者带来的经济损失非常可观。

③ 本节采纳广义的经济刑法与经济犯罪概念，将财产犯罪、职务犯罪等以刑法禁止的行为方式获取经济收益的犯罪类型均纳入经济刑法与经济犯罪的分析框架之中。参见宋远升、谢杰：《经济犯罪对策论》，法律出版社2012年版，第1—7页。即使不认可广义的经济刑法概念，分析比特币的兴起所造成的财产犯罪、职务犯罪等传统刑法规范解释机制的紊乱，对于理解比特币对货币、外汇、证券、期货、融资、税收等经济与金融领域犯罪的冲击依然非常具有价值，因为狭义的经济与金融犯罪在立法机制、规范解释等方面（尤其是行为对象与犯罪数额计算）不可避免地受到财产犯罪等传统刑法的基础性影响。

经济刑法通过设置非法集资犯罪维护特定金融机构吸收存款业务垄断①、投资者与金融机构财产权以及金融安全,保障以银行等金融中介机构为核心的间接融资体系。②违法从事吸收公众存款业务,或者基于非法占有目的,以炒作非上市公司股票、吸收投资款等形式使用诈骗方法获取投资者资金的,分别构成非法吸收公众存款罪与集资诈骗罪。比特币经济体系中同样存在以中介机构为纽带、能够实现比特币存储与借贷信用机制的间接融资体系。中介服务机构支付一定比特币占用成本(存"币"利息)吸收不特定比特币持有者分散的比特币资源,以相对集中的规模对外放贷并收取更高的比特币使用费用(贷"币"利息)。③在投资者愿意承担比特币市场价格波动风险的前提下,只要比特币中介机构提供的存"币"利息显著高于存款利率,民间资金市场完全可能出现将人民币资产兑换成比特币并流入比特币间接融资市场的现象。未经许可的比特币存储业务实质上就是非法吸收以比特币为形式载体的人民币存款,如果相关中介机构(人)被证明具有非法占有比特币的行为故意,实质上就发展为诈骗以比特币为载体的人民币资金。但由于比特币不具有货币属性而是虚拟商品,接受社会公众比特币存储的行为充其量只是吸收或者集合商品,不能认定为具有显著金融行为特征的非法吸收公众"存款"、非法集"资"或者集"资"诈骗行为。因此,现行经济刑法规范难以规制利用比特币实施的非法集"币"行为,这不仅影响投资者资产安全,而且对传统间接融资市场秩序与既有金融垄断利益构成威胁。

纳税人采取欺骗、隐瞒手段进行虚假纳税申报或者不申报,达到刑法规定的数额标准且不适用初犯免责的,构成逃税罪。经济刑法打击逃税犯罪的主要目的是为了维护税收征管秩序、保证国家税收收入、促使纳税义务人依法积极履行纳税义务。④而比特币支付系统在经济领域内的深入应用及其天然的免受税务监控的技术机制将会使得以逃税犯罪为核心的整个经济刑

---

① 根据《商业银行法》等金融法律的规定,商业银行以及城乡信用合作社等非银行金融机构可以经营吸收公众存款业务,证券公司、证券交易所、保险公司等金融机构以及任何非金融机构和个人则不得从事吸收公众存款业务。

② 融资本质上是支付超过现金的资金成本取得相关资产的金融行为。See Bradford Cornell & R.Gregory Morgan, Using Finance Theory to Measure Damages in Fraud on The Market Cases, 37 UCLA Law Review 833, 835(1990).其中,直接融资是不经由银行等金融中介而通过出售股票、债券等形式直接获得投资者资金;间接融资则是通过银行等金融中介机构间接地从金融市场中吸收的投资者资金。

③ 当然,目前比特币间接融资规模非常有限,全球只有"涟漪支付"(Ripplepay)等少数提供开源服务的社区信用网站推出基于比特币的小额信用交易服务。

④ 黄太云:《〈刑法修正案(七)〉内容解读(二)》,《人民法院报》2009年4月15日第6版。

法涉税犯罪体系受到严重影响。[①]比特币在目前的监管框架下属于虚拟商品,接受比特币作为商品、服务的经营性收入,实质上构成"以物易物"。尽管税务实践中认定传统"以物易物"纳税数额具有一定困难,但传统商品与服务具有现实性以及定价上的可固定性,"以物易物"构成特殊购销行为,交易双方应当以各自支付的"物"计算销项税额,以各自接受的"物"核算进项税额。而作为商品的比特币具有虚拟性且与人民币之间不存在一个固定的兑换比例,导致以比特币支付的商品与服务贸易客观上难以计算应纳税额。再以个人所得税为例,以比特币作为劳动、劳务等收入,由于虚拟商品显然不属于具有确定性的货币"所得",难以计算应纳税数额。所以,在逃税犯罪法律适用上,比特币纳税标准的缺失意味着很多原有的涉税行为根本不涉及是否构成"虚假纳税申报或者不申报"逃税行为刑法评价问题,相当数量的比特币资产存在脱离国家税收与纳税义务控制的风险。[②]

如果说比特币在现有监管框架下的非货币性、非金融性、虚拟商品性的基础定位是导致经济刑法难以将其纳入融资市场、税收管理秩序刑事法律保护体系的重要原因,那么盗窃、诈骗、贿赂等犯罪的行为对象都是"财物",显然均可覆盖"商品",盗窃、诈骗比特币等均可认定为相应犯罪,[③]作为全新犯罪行为对象表现形式的比特币理论上似乎不会严重冲击财产权、职务行为廉洁性等传统领域的经济刑法保障机制。但是,盗窃、诈骗、利用职务便利收受传统商品(包括"Q币"等传统虚拟商品)的行为之所以能够被定性与定量,根本原因在于刑事司法实践中的传统商品估价机制相对稳定地支撑了犯罪性质的解释与犯罪数额的认定。而比特币固然可以被制度性、人为化地评价为特定虚拟商品进而符合盗窃、诈骗、贿赂等犯罪类型的行为对象法律特征,但确保传统经济犯罪刑事司法系统得以顺畅运转的商品估价机制与比特币并不兼容——比特币市场价格巨幅波动导致客观上难以确认一

---

① Omri Marian, Are Cryptocurrencies Super Tax Havens?, 112 Michigan Law Review(First Impressions) 38(2013).

② 当然,作为财产转让的比特币交易所得仍然受到目前税务体系的监管,在比特币交易平台买卖比特币的所得应当以比特币转让收入减除获取比特币的成本及其交易费用的余额作为应纳税额进行缴税。对于通过"挖矿"获取初始比特币并获取转让比特币收入的情形,尽管核定财产原值和合理费用具有一定困难,但至少可以将计算机、芯片、电费等主要"挖矿"成本作为财产转让所得的减除项目从而实现税收公平合理。

③ 我国已经出现了诈骗比特币的刑事案例:犯罪嫌疑人刘某、金某、黄某等运营国内第四大比特币交易平台GBL,在吸收客户为参与投机性交易而充值的大量资金与比特币之后潜逃,公安机关已将刘某等逮捕。参见刘珍华:《国内首起比特币交易平台诈骗案近日被侦破》,《新民晚报》2013年12月4日A22版。

个公允的市场价格;"去中心化"的比特币市场事实上也不存在一个权威的、类似于价格事务所或者物价局的价格评估机构。因此,比特币资产很难在传统财产犯罪刑法规范框架下受到刑事保护,围绕着职务行为的给付或者收受比特币行为因难以确认数额而很难作为腐败犯罪处理。

三、"去中心化"互联网金融工具的经济机理解释与刑法属性辨正

信息网络、密码技术、金融创新不断发展推动比特币成为一种全新的经济与社会现象。面对比特币支付系统以及比特币集中交易市场对实体经济与金融体系客观上造成的影响,刑法规范体系中与货币、外汇、证券、期货、融资、税务、财产等经济、金融秩序有关的经济犯罪条款出现刑事保障机制不再稳定与周延的风险。经济刑法在公私产权、实体经济、金融市场刑事保障方面陷入不同程度的困局、被动与迟钝,其根源在于既有的监管框架针对比特币所设定的制度性限制极强的短期风控政策和比特币复杂的经济与金融内涵赋予其的机理性去监管化能力之间的冲突。

由于监管政策最直接调整效果体现在经济、金融等行政性法律法规层面,并且此类法律制度重在调整经济与金融关系,制度性地将比特币的属性限定于网络社会中的虚拟性商品确实能够达到在法律关系上切割比特币与人们社会行为之间的货币关系或者金融关系、控制比特币市场风险传递至实体经济与金融市场的效果。但是,经济刑法重点在于对经济与金融行为在刑法上的实质属性及其刑事责任作出实质判断。与比特币有关的各种经济与金融行为的实质是由比特币的内部性特征(比特币自身的实质功能)与外部性特征(使用比特币或者针对比特币实施一定作为与不作为的人的主体性认知与客观行为)所决定的,不受脱离比特币实质经济机理的比特币属性制度性限制的影响。所以,制度性限制在实现切割比特币的货币与金融属性同时,会因为其与比特币事实上所具备的金融功能之间的冲突而造成经济刑法的规范解释紧张与制度保护不力。

解决经济刑法制度困境的现实出路在于完成两个层进式的制度安排:步骤一,运用法律与经济分析方法对比特币进行实质解构,以功能性内涵发现为核心对比特币在网络、货币、金融、商品等不同层面的经济机理作出全面阐释,确立比特币在现有法律制度与监管框架下符合其经济实质的真实归属。步骤二,以公民产权、实体经济以及金融市场的保障效率为导向对与比特币经济实质匹配的法律属性界定及其配套经济刑法运作进行评估,根据比特币市场风险控制现实需求的动态变化完善监管框架及其经济刑法保障机制,并且进一步反思传统货币与金融监管制度的改革方向。比特币经济机理解释与法律属性界定的价值在于完成步骤一,即通过对比特币"去中心化"、货币性功能、投

机工具现状等核心经济机理的揭示与剖析，回答与比特币法律属性界定有关的三个基本性、纵深性问题：其一，比特币的法律状态是什么（合法、非法抑或其他）？其二，比特币的货币属性判断结论是什么（货币、非货币抑或其他）？其三，比特币在实体经济与金融实务中真正的法律性质是什么？

（一）比特币法律地位评估

比特币在法律上是否具有合法地位，如果其属于非法又究竟构成何种违法类型，是一个存在极大争议的问题。尽管目前比特币在很多国家和地区能够作为商品与服务的支付工具、在比特币交易所进行集中买卖，但亦有部分司法区直接否认比特币的合法地位，并且法律与经济理论、实践中一直有观点指责比特币是庞氏骗局、金字塔骗局且构成洗钱犯罪的核心渠道。

2013 年泰国央行先是以比特币不是货币为由回避了泰国比特币有限公司向其提出的比特币交易许可申请指导。2013 年 7 月 29 日，泰国央行外汇管理与政策部认为，基于现行可适用法律缺失、资本项目管制、比特币跨越多重金融领域的事实等因素，下列比特币行为在泰国司法权构成违法：买卖比特币；以比特币为支付工具的商品或服务贸易；向泰国境外给付比特币；接受来自泰国境外的比特币。①如此宽泛的行为禁止实际上意味着比特币在泰国不具有合法地位。财经与法治媒体普遍将泰国央行规定使用与交易比特币行为系非法等同于禁止比特币，因而泰国也就成为全球首个禁止比特币的国家。②同时，比特币系统发展初期，验证比特币交易的计算工作量证明的竞争强度极低，参与早期"挖矿"的极少数比特币玩家积累了大量比特币。③比特币经过大量推广、炒作并受到网民高度追捧之后，与法定货币之间的兑换率较早期出现巨量飙升，早期"矿工"基于后续投资者的高位接盘而获得高额经济收益。这种利益链条顶端操控者利用后续参与者资金供给而获取过

---

① Bitcoin Co. Ltd., Trading suspended due to Bank of Thailand advisement, July 29, 2013, https://bitcoin.co.th/trading-suspended-due-to-bank-of-thailand-advisement/（访问日期：2013 年 12 月 11 日）.

② 吴家明：《泰国封杀比特币　开全球先河》，《证券时报》2013 年 8 月 1 日 A4 版；蓝洋金融研究中心：《疯狂比特币，全球围剿》，《重庆晨报》2013 年 12 月 11 日第 37 版；李飞：《比特币投机浪潮》，《法治周末》2013 年 11 月 28 日第 196 期；Andrew Trotman, Bitcoins banned in Thailand, The Telegraph, July 29th, 2013, http://www.telegraph.co.uk/finance/currency/10210022/Bitcoins-banned-in-Thailand.html（访问日期：2013 年 12 月 11 日）。

③ 在比特币网络运行初期，任何人都可以通过普通 CPU 找到新交易链块。随着越来越多的人加入采矿队伍，寻找新交易链块的难度系数随之大幅提高。因为创建新比特币的难度系数是随着参与尝试产生新比特币的人数与运算力而变化的。产生链块的可能性是所用计算资源和所有同时在网络上生成链块计算资源的比值。目前用普通 CPU 平均需要几年才能找到一个有效的交易链块。有效采矿方法逐步发展为使用高端显卡、芯片、特殊软件等，并且获取比特币难度持续增大。See Bitcoin.org, Frequently Asked Questions, http://bitcoin.org/en/faq（访问日期：2013 年 12 月 25 日）.

度经济激励的现象被评论者认定为构成庞氏骗局或者金字塔骗局。①

比特币法律地位评估的关键在于准确把握其基于网络密码技术实现的系统"去中心化"在经济上的实质内涵。

比特币的经济生态建筑在点对点网络与密码验证技术的基础之上。②信息、网络、密码技术创新带来的全球性交易便捷、成本降低、隐私保护、抵御通胀等是比特币"去中心化"支付、结算及存储机制在理论上区别于中心化的国家信用与法律制度下法定货币体系的重要特点。"去中心化"意味着比特币的制造与发行不需要依赖于作为央行等金融权力机构,而是由所有使用比特币软件的用户构成点对点网络,并由该网络运算系统创建、交易比特币。"去中心化"是互联网发展过程中形成的数字化支付系统特有的内容与结构形态,是相对于中心化的央行货币发行与流通体系而言的全新网络支付工具的生产与交易系统。支付体系不再是由权力化的监管机构排他性地掌控,而是由全体互联网用户共同参与、权利对等、平等竞争、完全开放的创制、流通与支付过程。③

---

① Jörg Becker, Dominic Breuker, Tobias Heide, Justus Holler, Hans Peter Rauer & Rainer Böhme, Can We Afford Integrity by Proof-of-Work? Scenarios Inspired by the Bitcoin Currency, Workshop on the Economics of Information Security WEIS 2012, Berlin, Germany, p.4.

② 1980年至20世纪90年代初期,大卫·乔姆发表的一系列密码技术论文创造性地提出了互联网金融机制的概念并勾勒了完全匿名性互联网金融体系的基本原理。See David Chaum, Achieving Electronic Privacy, Scientific American, August 1992, pp.96—101; David Chaum, Blind Signatures for Untraceable Payments, 82 Advances in Cryptology Proceedings of Crypto 199(1983). 1998年,解密高手邮件列表(Cypherpunks Mailing List)成员提出了数字化分布式匿名货币的构想,尝试通过这种被称为"比钱"(B-money)的基于网络密码技术的支付机制为无迹可寻的匿名实体相互之间的合作提供一种更具效率的交易中介。See Wei Dai, b-money, 1998, http://www.weidai.com/bmoney.txt(访问日期:2013年12月15日).2008年,化名中本聪(Satoshi Nakamoto)的程序设计员(组)完成了执行这种支付机制的程序以及软件设计,并以信息的最小单位二进制数位(Binary Digit)的缩写比特(Bit)将这种点对点现金支付系统命名为比特币(Bitcoin)。See Satoshi Nakamoto, Bitcoin: A Peer-to-Peer Electronic Cash System, 2008, p.1, http://bitcoin.org/bitcoin.pdf(访问日期:2013年11月30日).应当看到,数字金融工具运作技术非常复杂,脱离信息、网络、密码等学科基础与知识背景很难进行全面与准确的理解。尽管不可能在法律与经济分析范畴和知识边界内系统性地阐释比特币等数字金融工具的技术机制,但对比特币如何通过技术性安排履行其核心经济功能这一问题进行简洁且有效的解释仍然是可以实现的。

③ 新比特币是通过"采矿"这一网络运算与交易验证过程在系统中创建的。新比特币在每个网络节点解决了一定数量且难以复制的数学计算问题与工作量证明(创建新链块)后生成。因此,比特币的发行不受中央系统控制,而是由分布在网络系统中的每一个"矿工"、每秒钟重复百万次的交易链块计算决定的。每一个有效参与比特币发行的用户通过消耗计算能力去寻找有效的链块并创造新的比特币。当比特币发行量达到极值而导致比特币创建终止时,比特币系统的使用与维持仍然依赖于分布于各个网络节点的运算。在对应最后一个比特币的链块之后仍然会有新的链块产生,比特币系统通过提供验证交易手续费的方式激励用户投入运算资源确认比特币交易的有效性。创建新的交易链块所带来的交易费的实际效果类似于创建新比特币。See Bitcoin.org, Frequently Asked Questions, http://bitcoin.org/en/faq(访问日期:2013年12月25日).

但是,比特币系统是相对于传统中心化货币机制与反传统制度束缚的"去中心化",并不具有彻底性。从外部竞争的角度分析,"去中心化"的发行与交易机制能够确保比特币系统在与既有制度的竞争关系中不因中心化机制的可锁定性与可消灭性而被竞争对手直接清除。从内部竞争的实际情况来看,比特币经济生态在治理结构上受控于一个真实存在的中心化管理机构或者利益代理,在经济资源分配上存在明显的非均衡性。比特币发行与流通纵然并不受制于中心化的货币权力机构,但除此之外所有的比特币运作都是由以比特币基金会①为核心架构的治理机制予以主导、维护与发展的。新比特币以及比特币交易验证手续费的获取固然实行全网络开放性竞争,但以比特币系统开发者为核心的早期比特币玩家掌握的先发优势与网络密码技术垄断,客观上造成原本已经存在数量稀缺性问题的有限比特币中的绝大多数被少数人持有。②

比特币发行与交易机制"去中心化"决定了传统法律制度没有能力对比特币这一开放的网络支付系统本身的法律地位作出是非判断。即使没有法律制度对比特币合法地位的确认,比特币依然在全球网络用户的计算资源支持下存在与发展,因为政府不可能切断网络。即使法律制度可以在形式上规定比特币为非法或者禁止一切与比特币有关的交易,但这种纸面上的禁止在实践中不具有执行效力。因为全面禁止比特币无法有效地解决根植

---

① 比特币基金会是致力于标准化、保护和推广比特币的最大的组织。它资助比特币软件维护人员的薪水、组织会议并提供重要资源。比特币基金会将会员席位划分为铂金、黄金、银等机构层级以及终身与年度等个人层级。目前仅比特币在线商品与服务提供商 Bitcoin Store 这一家机构具有铂金席位,比特币交易平台 Mt.Gox 以及由风投公司提供资本支持的比特币在线交易、存储、支付平台 Circle 两家机构持有黄金席位。每个会员层次均有选举相应董事会成员的权利。比特币基金会董事会目前有 5 个席位,其中两名董事由个人会员阶层选举,两名董事由机构会员阶层选举,一名董事由比特币创始人阶层选举。比特币基金会通过资助一个稳定的比特币软件架构与核心开发团队,提高比特币的使用度与信用度。网络密码技术是比特币赖以生存与发展的基石,是防止多重支付、反伪造、反盗窃的核心力量。比特币基金会通过维护、促进、法律保护等多重保护措施确保比特币协议的完整性。同时,比特币基金会认为比特币在发展过程中受到大众以及现有社会人士的错误理解、错误阐释、错误陈述,为了使比特币具有持续稳定的发展目的与技术支持,其有必要以比特币社区的单一化渠道推广比特币技术并优化其声誉。See Bitcoin Foundation, Developing a More Open Economy, https://bitcoinfoundation.org/about/(访问日期:2013 年 12 月 25 日).

② 据测算,世界上大约 28.9%的比特币集中于不到 50 人手中,21.5%的比特币份额由不到 900 人持有,这个极少数人构成的利益群体控制了现有比特币资源的一半。另外 25%的份额由 1 万人控制。只有 25%的比特币由大约 100 万名散户持有。参见魏一平:《比特币江湖》,《三联生活周刊》2013 年第 52 期;Dorit Ron & Adi Shamir, Quantitative Analysis of the Full Bitcoin Transaction Graph, in Ahmad-Reza Sadeghi eds., Financial Cryptography and Data Security, Springer Berlin Heidelberg, 2013, pp.6—24。

于传统中心化货币、政府信用危机、通货膨胀等经济基础与政治建制下的制度有限性而生成的私有金融工具的竞争,而且在操作层面存在诸多障碍。特定国家或者地区的政治权力显然可以轻而易举地关闭比特币集中交易市场。相应的,潜在的比特币使用者亦会逐渐放弃对其交换价值与投资(投机)价值的认可与追求。但依靠校验和密码技术而创建、发行和流通的数字货币具备强大的独立性生态与创造性理念,这种技术创新本身足以保证比特币作为挑战传统法定货币的反思性概念与批判性实践得以在特定的信息网络技术生态圈中持续运作。同时,全球各国和地区禁止比特币的制度建构势必存在判断上的肯定与否定、时间进程上的先与后以及禁止程度上的强与弱。①世界上主要金融市场的比特币监管措施如果存在明显的不平衡,比特币创制与交易的无国界性意味着数字货币使用行为会自然地转向规制范围不周延、制裁措施不严厉的国家或者地区,并利用货币市场关联性将风险传递至所有法定货币。

但是,比特币经济生态中客观上无法规避的中心化治理架构与经济力量意味着比特币不彻底的"去中心化"只是与传统的经济和法律制度存在结构性差异,比特币经济本质上仍然受制于既有的经济制度与法律监管框架。无论是比特币治理架构还是掌控比特币资源的中心化经济力量,比特币经济生态中的利益实现归根结底依托于传统法定货币体系。全球比特币交易平台24小时不间断的比特币集中交易的经济追求是为了通过比特币与相应法定货币的兑换直接获取法定货币体系下的利益;全球接受比特币支付的商品与服务提供者在收取比特币之后仍然需要场外直接交易或者交易平台集中交易兑换为法定货币才能在一定主权国家范围内实现不受比特币经济发展规模限制的利益。可见,全球各大比特币交易平台实际上构成了比特币经济生态中利益交换与实现的中心。②与比特币生态系统中发行与交易环

---

① 例外情况是国际条约对各个成员国关于比特币的监管设定统一的禁止性规则要求。但从目前的发展趋势分析,基于法律监管框架差异与经济利益分化等诸多原因,各国和地区达成禁止比特币国际条约完全没有形成时间表的可预期依据或者迹象。全球重要经济体表现出认可比特币的倾向。例如,德国金融监管局、央行、财政部早在2011年8月就已经将比特币认定为价值单元,同时明确了创制(发行)这种价值单元或者将其作为支付工具进行使用不需要获得法律许可。但是,当这种价值单元自身成为商业或者交易的对象时,经济意义上的价值单元便成为法律意义上的记账单元与金融工具,相关服务或者商业行为就应当接受德国银行法审查与授权。BaFin, Merkblatt—Hinweise zum Zahlungsdiensteaufsichtsgesetz(ZAG)(Stand: Dezember 2011), Hinweise zum Gesetz über die Beaufsichtigung von Zahlungsdiensten, http://www.bafin.de/SharedDocs/Veroeffentlichungen/DE/Merkblatt/mb_111222_zag.html(访问日期:2013年11月6日).

② 各国和地区法定货币的多样性导致比特币交易平台作为利益交换与实现中心以法定货币为基础进行相对分化。同时,各个法定货币体系下的比特币交易平台竞争进一步造成区域性交易中心的细分。

节的个体性参与者（"矿工"与交易者）全球高度分散与相对匿名不同的是，比特币交易平台是在全球各个司法区注册的公司实体，①必须接受相应地区法律的监管。

比特币理论上的"去中心化"与实际上具备的中心化机制说明：法律制度对比特币的地位不具有评价能力，但能够直接决定比特币交易平台以及比特币集中交易行为是否具有合法性。②比特币集中交易环节是法律制度监管比特币以及经济刑法规制与比特币有关的经济与金融犯罪的中心环节。并且，这种交织"去中心化"与中心化的经济机理亦可推导"比特币就是庞氏骗局"等整体否定比特币正当性论断的不合理性。

比特币事实上存在的经济利益中心化使得极少数程序开发者、早期玩家等在比特币交易平台兑换法定货币所获取大量经济收益，而这些收益源自后期投资者的跟进投入。这个过程在经济上近似于庞氏骗局的正反馈循环，③即经济产出（原比特币存储者的增值收益）源于后参与者的经济投入（获取比特币支出的相应法定货币）。但经济特征上的部分重叠显然不能作为法律性质判断上比特币等于庞氏骗局的整体依据。尽管比特币存在中心化的治理机构与利益群体，但这都是在比特币"去中心化"的发行与交易机制下经过技术与经济竞争形成的客观结果，至多存在分配机制不平等与早期参与者为系统创建投入大量计算资源而获得更多利益没有不平等的经济性争议，不能代替法律层面的规范评价。庞氏骗局表现为一个中心化的推动者或者共谋者以高回报、低风险等经济激励或者投资项目为诱饵，通过欺诈性手段骗取投资者资金，而事实上根本不存在具有收益的项目或者仅有少部分资金投入项目，早期投资者收益全部或者绝大部分源于后期投资者的资金，④在我国刑法以及司法解释将这种以非法占有目的的非法融资的行为

---

① 例如，Mt.Gox 是全球交易系统最为成熟的比特币交易平台，由位于日本的 Mt.Gox 有限公司负责运营，Mt.Gox 有限公司的母公司为在日本东京商会注册的 Tibanne 有限公司；再如，比特币中国是目前全球交易规模最大的比特币交易平台，隶属于上海萨图西网络有限公司。

② 从目前全球监管实践来看，除了泰国等极少数司法区实行全面禁止模式，比特币交易平台与集中交易行为经审查符合其既有监管制度的，绝大多数国家和地区均认可其合法性。

③ Burton G.Malkiel, A Random Walk Down Wall Street: The Time-Tested Strategy for Successful Investing(Tenth Edition), W.W.Norton & Company, 2012, p.228; Lars Tvede, The Psychology of Finance: Understanding the Behavioural Dynamics of Markets, John Wiley & Sons, 2002, pp.181—191.

④ U.S. Securities and Exchange Commission, Ponzi Schemes, http://www.sec.gov/answers/ponzi.htm(访问日期：2013 年 12 月 26 日).

纳入集资诈骗罪的规制范围。①比特币经济体系中既不存在能够被证明为构成犯罪主体的中心化诈骗计划推动者与共谋团队,也没有实施欺诈性行为诱骗投资者针对一个虚构的投资项目提供资金,更没有证据表明存在非法占有他人资金的诈骗目的。②因此,庞氏骗局等对比特币提出整体非法性(不正当性)法律判断的理论分析与实践批判并不是一个能够对比特币进行准确解释的框架。这又从经济刑法的层面再次验证了比特币技术系统本身不适合既有法律制度对其进行非此即彼的属性判断。传统法律评估不仅存在误判风险,而且会因为低估比特币经济机制上的复杂性而干扰旨在控制比特币经济系统性风险的宏观政策探索。法律制度聚焦于比特币交易平台及其集中交易行为作出监管安排并规制相应的违法犯罪行为才是更为合理的路径选择。

(二) 比特币货币属性辨析

监管比特币交易平台、比特币集中交易行为、惩治比特币相关违法犯罪行为的前提在于确定基础法律框架,而解决比特币监管架构问题显然无法回避比特币的货币属性判断。如果比特币是货币,则应当将比特币交易纳入货币法律体系予以最为严格的监管,作为相关经济与金融犯罪行为对象的比特币也会因其货币属性的确立而能够使得刑法解释与刑事保护机制恢复相对稳定的原有状态。③但比特币是否属于货币可以说是当前全球比特币

---

① 2010年最高人民法院《非法集资解释》第二条规定:"实施下列行为之一,符合本解释第一条第一款规定的条件的,应当依照刑法第一百七十六条的规定,以非法吸收公众存款罪定罪处罚:(一)不具有房产销售的真实内容或者不以房产销售为主要目的,以返本销售、售后包租、约定回购、销售房产份额等方式非法吸收资金的;(二)以转让林权并代为管护等方式非法吸收资金的;(三)以代种植(养殖)、租种植(养殖)、联合种植(养殖)等方式非法吸收资金的;(四)不具有销售商品、提供服务的真实内容或者不以销售商品、提供服务为主要目的,以商品回购、寄存代售等方式非法吸收资金的;(五)不具有发行股票、债券的真实内容,以虚假转让股权、发售虚构债券等方式非法吸收资金的;(六)不具有募集基金的真实内容,以假借境外基金、发售虚构基金等方式非法吸收资金的;(七)不具有销售保险的真实内容,以假冒保险公司、伪造保险单据等方式非法吸收资金的;(八)以投资入股的方式非法吸收资金的;(九)以委托理财的方式非法吸收资金的;(十)利用民间'会'、'社'等组织非法吸收资金的;(十一)其他非法吸收资金的行为。"第四条规定:"以非法占有为目的,使用诈骗方法实施本解释第二条规定所列行为的,应当依照刑法第一百九十二条的规定,以集资诈骗罪定罪处罚。"

② 事实上比特币基金会等承担比特币经济系统治理功能的组织反复强调比特币是一个实验性项目,作为探索性的发明与尝试,其前景未知且存在巨大风险,提示投资者应当谨慎对待。See Bitocin.org, Some Things You Need to Know, http://bitcoin.org/en/you-need-to-know(访问日期:2013年12月27日).

③ 如果比特币被认定为货币,一种监管模式是直接赋予其与法定货币等同的法律地位,在央行统一监管下形成以金融机构为主体构成的比特币货币交易市场;另一种监管模式是建构与具有货币属性的黄金相同的市场框架,专门设立类似于黄金交易所的比特币交易所或者在其他金融监管控制下的交易所开设专门的比特币交易平台。无论采取何种模式,比特币确立货币属性之后,经济刑法解释上的障碍与困境会在很大程度上得以缓解。例如,未经许可组织比特币集中交易构(转下页)

法律、经济理论与实践领域争议最大的难题。

完全否定比特币货币属性的观点认为,货币是一种制度安排,只有在既有的法律制度下才能对特定的可转移产权作出是否构成货币的判断。纵览全球货币法律体系,就当前且可以预期的未来而言,比特币既不是合法货币,也不是法定货币。①但反对意见认为,在比特币经济关系中,一方提供商品或者服务,交易相对方支付比特币,这与日常生活中的现金使用毫无差异。比特币事实上就是货币,将货币概念限定于法定货币与商品货币并不明智。②美国得克萨斯东区联邦地区法院已在判例中明确指出:比特币显然可以作为货币进行使用。比特币能够用于购买商品、服务以及其他生活性消费项目。比特币唯一的限制在于其只能在接受其作为货币的地方进行使用。同时,比特币可以兑换为美元、欧元、日元、人民币等通常意义上的货币。因此,比特币是货币或者钱的一种表现形式。③还有学者从商品货币、法定货币在非货币性价值、稀缺性原因等方面的差异化特征④切入剖析比特币货币属性,指出比特币与法定货币的相同点在于除了货币性价值之外没有任何价值,其基本属性就是货币,同时比特币的稀缺性综合了商品货币必然性稀缺与法定货币的人为性稀缺,所以比特币是一种非常特殊的人造商品货币。⑤

从货币历史解释的观点来看,货币经历了商品货币(以物易物、黄金等贵金属)、商品支持货币(黄金券、可兑换黄金纸币等)、法定货币的价值形式变迁,完成了具有内在价值、具有一定内在价值、可兑换为具有一定内在价值的商品、不能兑换商品但中央权力基于国家信用保证货币所代表的购买力的价值内容演进。⑥比特币的货币属性分析显然不应脱离货币演变的历史架构。

(接上页)成非法经营,基于非法占有目的骗取投资者比特币融资构成集资诈骗,比特币经营性收益逃避纳税构成逃税,针对比特币实施的财产犯罪的数额根据货币主管机构的规定予以认定。

① Rhys Bollen, The Legal Status of Online Currencies: Are Bitcoins the Future?, 24 Journal of Banking and Finance Law and Practice 272(2013).

② Jerry Brito, Online Cash Bitcoin Could Challenge Governments, Banks, Time Techland, April 16, 2011, http://techland.time.com/2011/04/16/online-cash-bitcoin-could-challenge-governments/(访问日期:2013年12月27日).

③ SEC v.Shavers, 2013 BL 208180(E.D.Tex. Aug. 6, 2013).

④ 商品货币(黄金)除了具有货币性价值之外还具有一定的工业价值与审美价值,其稀缺性是天然与必然的;法定货币(纸币与硬币)不具有任何非货币性价值,其稀缺性是人为性建构、制度性设计、非必然的。

⑤ George Selgin, Synthetic Commodity Money, April 10, 2013, http://ssrn. com/abstract = 2000118(访问日期:2013年12月27日).

⑥ 商品支持货币与基础商品之间具有对应性。商品支持货币本身不具有任何内在价值,但能够兑换成一定数量的基础商品或者基础资产,其主要的历史性优势在于这种支付体系赋予了货币的便携性、提升了大额货币交易的便捷性。法定货币是特定国家或者地区中央权力指定和发(转下页)

比特币与商品货币(黄金)在供应上均具有必然的稀缺性,但前者总量及其停止供应时间是固定的,而后者尽管存在资源枯竭耗尽的可能性,但并不存在一个特定的停止供应时间。更为重要的是,两者在供应量结构上表现出完全不同的经济机理。更具效率的采矿技术的发明不仅提升特定矿企的产量,还会造成黄金采矿行业整体生产力提高、促进行业挖矿效率提升并导致黄金总体产量增长,①而比特币的总产量与生产效率是事先设定的,因芯片技术、算法能力的提升而导致的挖矿效率变动只具有调整比特币分配结构的效果。历史上黄金价格始终受到供应量波动的影响,②而比特币价格在供应量既定的情况下实际上受制于需求度的变化,所以比特币与商品货币存在实质性区别。

比特币与法定货币均不具有对应基础资产或者商品的可赎回性。法定货币存在政府或者法律制度的信用基础,而比特币完全不具有任何信用支持,但这并不是比特币不是货币或者法定货币的真正原因。无论是采纳强制性禁止拒收模式③还是适用无强制接收义务模式,④法定货币本质上是公权力保证履行金融义务的一种法律状态。比特币则是政府权力、既有法律制度之外的私有市场创制的私货币体系,与法定货币完全是两种截然对立的制度、针锋相对的竞争关系。法律制度永远也不可能将比特币纳入以政府权力为保证的法定货币体系。然而,在法律与经济层面是否认可比特币的货币地位则是完全不同的问题。单纯从经济角度分析,任何主体都可以

(接上页)行的、在该国家或者地区必须接受的货币。法定货币与商品支持货币在形式上具有类似性,但实质上存在显著区别。法定货币不具有赎回一定数量商品的效力。支持法定货币的不再是基础商品而是国家或者地区中央权力的信用。人们愿意接受法定货币完全是基于对中央权力的信赖。中央权力信用与使用者信赖分别构成法定货币体系中非常关键的制度性要素与行为心理要素。

① [美]劳伦斯·H.怀特:《货币制度理论》,李杨、周素芳、姚枝仲译,中国人民大学出版社2004年版,第33—34页。

② 例如,14世纪50年代至15世纪40年代,西班牙在南美洲殖民地里科山(Cerro Rico)发现了金银数量极其丰富的矿藏,其大量发掘金银并用以支付战争费用、贵族消费等,从而导致由供应量激增引发的贵金属自身巨幅下跌。See Niall Ferguson, The Ascent of Money: A Fiancial History of the World, The Penguin Press, 2008, pp.25—27.

③ 例如,《人民币管理条例》第三条规定:中华人民共和国的法定货币是人民币。以人民币支付中华人民共和国境内的一切公共的和私人的债务,任何单位和个人不得拒收。

④ 例如,美国《铸币法案》规定:美国纸币与硬币(包括联邦储备券等)是所有债务、公共收费、税费的法定货币。外国金银币等不是法定货币。See 31 USC § 5103—Legal tender.美国货币法律制度并没有规定必须接受法定货币的义务。交易一方可以不接受法定货币,其可以与交易对方协商其他支付方式,或者拒绝为支付法定货币的人提供商品或者服务。美国有多种私有发行货币在一定区域内流通。例如,"伯克夏尔"(BerkShares)是在美国马萨诸塞州伯克郡地区流通的私有货币。"伯克夏尔"于2006年9月29日由同名公司发行,其网站(berkshares.org)提供数百家接受"伯克夏尔"作为支付工具的本地商品与服务供应机构。所以,强制性并非法定货币的必要条件。

发行私货币，只是在绝大多数情况下都不会被人们接受，因为私货币缺乏强大的政府信用与经济保障。规模庞大的经济实体由于具有将私货币按照一定比例兑换为法定货币或者商品货币的承诺与经济担保能力，其发行的私货币存在被广泛接受的可能。但中心化发行、与法定货币关联的风险传递、发行系统内的违法犯罪风险、政府合法的货币监管政策权力等内在缺陷、外部法律管制因素均导致具有一定保障能力的规模化私货币无法与法定货币形成竞争。基于网络密码技术的比特币"去中心化"发行与交易机制历史性地赋予其与全球各个国家和地区的法定货币进行竞争且不被既有法律制度直接管制的经济条件。因此，释疑比特币是否属于私货币的关键在于对其是否具备货币功能进行实质性解析。根据货币理论，交易中介、记账单元（价值尺度）与价值存储是货币的三大核心功能。①准确把握比特币实质的基础是货币的功能性解释而非纠结于货币在现实经济生活或者网络空间的表现形式。

在交易中介功能方面，比特币支付工具的运营范围遍及全球，初步形成了与传统法定货币进行竞争的态势。无论是互联网公司提供的非实物性、无物流需求性数字化产品，还是传统商户提供的实物性或者有形性商品与服务，都有相应商户接受以比特币工具的支付与结算。从 2009 年历史上首次比特币支付商品（1 万个比特币购买一个披萨且供应商不直接接受比特币而需要第三方信用卡支付中介促成）②之后，电子商务、网络与移动支付、比特币集中交易平台法定货币便捷兑换等互联网经济与金融迅猛发展极大地推动比特币实体经济规模增长。③然而，纵然比特币经济增速很快，其经济规模较之于传统电子支付系统仍然显得极其微小。全球最大零售支付网络 VISA 年度支付金额达 4.3 万亿美元、交易数量为 875 亿笔。④比特币实际需求量绝大多数为投机性而非贸易性，旨在博取比特币与法定货币兑换率波动价差利润的投机交易在比特币交易总额中所占比例远超使用比特币系统

---

① Benjamin J.Cohen, The Future of Money, Princeton University Press, 2002, p.1.

② Benjamin Wallace, The Rise and Fall of Bitcoin, 12 Wired Magazine 19(2011).

③ 以全球规模最大的比特币电子商务网站之一 Bitpay 的商品与服务订单统计数据为例，截至 2013 年 12 月，Bitpay 网站月度比特币电子商务贸易数额接近 6 万比特币、数千万美元。在西方传统假日购物高峰感恩节"黑色星期五"当日，Bitpay 处理的订单数量高达 6 296 件，明显体现出比特币电子商务与传统假日经济的高度接轨。See BitPay, BitPay Drives Explosive Growth in Bitcoin Commerce, http://blog.bitpay.com/2013/12/bitpay-drives-explosive-growth-in.html（访问日期：2013 年 12 月 28 日）. 全球接受比特币支付的商品与服务经营者列表参见：https://en.bitcoin.it/wiki/Trade（访问日期：2013 年 12 月 28 日）。

④ 年度统计数据时间跨度为 2012 年 6 月 30 日至 2013 年 6 月 30 日。See VISA, Visa Inc. at a Glance, http://corporate.visa.com/_media/visa-fact-sheet.pdf（访问日期：2013 年 12 月 28 日）.

进行商品与服务贸易支付量。①更为严重的是,违禁品交易、赌博、洗钱等违法犯罪活动构成了比特币交易总量中相当重要的部分。例如,比特币是全球最大黑市交易网站之一"丝路"(Silk Road)唯一接受的结算工具。"丝路"于2013年10月因提供毒品、枪械等违禁品交易平台而被美国联邦调查局(FBI)查禁。涉嫌负责网站运营管理的创始人罗斯·乌尔里希被捕时FBI扣押的比特币(根据案发时汇率计算)价值3 360万美元,②"丝路"能够被查算的月平均交易额保守估计为120万美元。③因此,作为支付工具的比特币存在经济总量有限、经济结构上实体贸易规模相对投机交易比例过低、非法贸易黑数巨大等严重影响其履行货币交易中介功能的制约性因素。

在价值尺度功能方面,德国金融监管局明确认可比特币在自身构成商业、经济、金融服务等交易的对象时具有记账单位、金融工具的法律属性。④德国金融监管局在欧盟金融监管领域的影响力意味着这种观点具有发展成欧盟监管比特币蓝本的潜能。⑤在电子商务与传统交易实践中,比特币确实已经作为标准化的数值单位对多种商品、服务、资产、责任等价值与成本进行计量。问题在于比特币本身需要以法定货币进行定价,比特币的价值尺度功能更多是形式化的表现,人们在交易中归根结底仍然采用当地法定货币定价体系。即使商品与服务贸易标注比特币价格,但由于比特币与法定货币之间的兑换率波动幅度很大,除了极少数商品与服务之外,交易项目的比特币定价几乎都需要根据比特币价格波幅基于一定时间或者价格空间标

---

① 以比特币中国(BTC China)交易平台2013年12月交易量为例,30个交易日的比特币投机性交易总量超过15亿美元。详细统计数据参见:http://bitcoincharts.com/markets/btcnCNY.html(访问日期:2013年12月30日)。

② U.S. Attorney's Office for the Southern District of New York & FBI Public Information Office, Press Release: Manhattan U.S. Attorney Announces Seizure of Additional $28 Million Worth of Bitcoins Belonging to Ross William Ulbricht, Alleged Owner and Operator of "Silk Road" Website, October 25, 2013, http://www.fbi.gov/newyork/press-releases/2013/manhattan-u.s.-attorney-announces-seizure-of-additional-28-million-worth-of-bitcoins-belonging-to-ross-william-ulbricht-alleged-owner-and-operator-of-silk-road-website(访问日期:2013年12月13日).

③ 兑换率为2012年2月至8月的市场平均水平。See Nicolas Christin, Traveling the Silk Road: A Measurement Analysis of a Large Anonymous Online Marketplace, The International World Wide Web Conference, May 13—17, 2013, Rio de Janeiro, Brazil, http://www.andrew.cmu.edu/user/nicolasc/publications/Christin-WWW13.pdf(访问日期:2013年12月28日).

④ Jens Münzer, BaFin, Bitcoins: Aufsichtliche Bewertung und Risiken für Nutzer(*19. Dezember, 2013*), http://www.bafin.de/SharedDocs/Veroeffentlichungen/DE/Fachartikel/2014/fa_bj_1401_bitcoins.html(访问日期:2013年12月29日).

⑤ Karl-Friedrich Lenz「新インターネット通貨Bitcoinの法的問題—EU法・ドイツ法を中心に」(『青山法務研究論集』第7号、2013年)。

准予以调整。

在价值存储功能方面,价格波幅剧烈同样制约了比特币中短期价值存储货币功能的发挥。仅 2011 年至 2013 年上半年比特币交易价格就经历了至少六次超过 50%的跌幅;①伴随着单位比特币价格攀升至历史高位 1 200 余美元,2013 年下半年更是出现了更为密集的、数百美元价格震荡幅度的暴涨暴跌。②比特币中短期价格波动性导致其基本上不具备货币的价值存储功能。然而,从长期趋势来看,全球各种法定货币均呈现出不同程度的通胀水平,法定货币在长期价值存储上存在明显缺陷,而比特币基于发行总量固定、发行增量稳步下降的制度设计构成了与法定货币完全相反的通缩经济,③具有非常强的长期价值存储与增值潜能。

比特币在交易中介、价值尺度、价值存储上分别表现出有用性与限制性、形式功能承担与实质功能萎缩、中短期无能与长期潜能的深刻矛盾,而交易与存储这两大核心货币功能之间的冲突进一步加深了问题的复杂程度。比特币经济生态的发展趋势是逐步增长的,目前越来越多的商品与服务交易使用比特币进行结算。同时,在比特币与商品服务进行交易的经济生态中,一部分储蓄者会基于比特币将长期升值的判断而选择推迟当前的比特币消费、换取远期的比特币消费能力或者购买力。比特币理论上的通缩经济模式与比特币经济生态中的商品与服务供应量增加会共同推动比特币价值长期持续上升,储蓄者因为持有比特币而得到不断增值的经济激励。以比特币交易平台规模最大的中国市场以及比特币实体经济规模最大的美国市场④进行推算——根据世界银行储蓄率统计数据,2009 年至 2012 年中国居民储蓄率平均高达约 50%,同期美国约为 11.5%。⑤即使以全球较低水

① Jerry Brito, Beyond Silk Road: Potential Risks, Threats, and Promises of Virtual Currencies, Testimony on the U.S. Senate Committee on Homeland Security and Governmental Affairs, November 18, 2013, pp.14—15; Derek A.Dion, I'll Gladly Trade You Two Bits on Tuesday for A Byte Today: Bitcoin, Regulating Fraud in the Economy of Hacker-Cash, 2013 Journal of Law, Technology & Policy 165, 189(2013).

② 王力凝:《虚拟货币疯狂　央行紧急收缰》,《中国经营报》2013 年 12 月 23 日 B1 版;唐烨:《比特币狂跌怪谁》,《解放日报》2013 年 12 月 20 日第 7 版;刘琪:《土豪抛售投资者趁机抄底　比特币价格一日回弹 1 390 元》,《证券日报》2013 年 12 月 20 日 C4 版。

③ 比特币发行量实行稳定增长且增量递减的机制,后续实际生产的比特币数量越少,待发行的比特币需求量越高,比特币在后期的价格相应越高;比特币发行总量确定,加之现实中存在比特币因电脑硬盘灭失等而丢失的情况,留存的比特币会进一步由于部分比特币灭失而增值。比特币的持续增值趋势意味着购买商品与服务所需要支出的比特币数量下降,从而形成了比特币的通缩经济。

④ Alyssa Botelho, Bitcoin Value Smashes Records in China and US, 2944 New Scientists 5, 5(2013).

⑤ The World Bank, Gross Savings(% of GDP), http://data.worldbank.org/indicator/NY.GNS.ICTR.ZS(访问日期:2013 年 12 月 2 日).

平的美国储蓄率予以估计,10 年之内绝大多数已供应比特币将处于存储状态而无法流通;如果进一步考量中国市场在全球比特币交易量中的比重以及中国国民超高储蓄率水平,比特币实际上丧失货币交易中介功能的时间还将显著提前。①可见,比特币长期价值存储功能深刻制约其长期支付工具职能的正常履行。

通过上述分析可以看到,比特币客观上具有部分性、限制性的交易中介、记账单元、价值存储等货币功能,在货币职能履行过程中核心功能之间具有内在冲突,所以,比特币不具有全面、完整、彻底、真正的货币属性,但在具体情形中,特定经济行为与行为心理驱动下的比特币能够聚合所有货币功能从而构成实质意义上的货币、与法定货币(政府货币)进行竞争的私货币。在法律制度上机械地对比特币作出是与非的货币属性判断并不契合比特币动态且复杂的经济机理。

(三) 比特币法律属性实质解释

比特币"去中心化"特征延伸下的基本经济原理与比特币的货币属性辨析,不仅充分阐释了比特币支付系统法律规制的困难性、比特币集中交易平台监管的必要性与可行性以及比特币具备实质货币功能但无法直接赋予其货币地位等经济机理与法律属性问题,而且奠定了在现有制度下确立比特币法律属性实质解释基本规则的理论准备。

比特币法律属性局限于普通商品或者特定虚拟商品在制度安排上的结构性瑕疵集中表现为,以经济刑法对经济秩序与金融市场刑事保护功能失控为代价,实现比特币"虚拟商品"市场与实体经济、金融市场在政策或者法律规范上的关联性与风险性切割。直接肯定或者否定比特币货币属性又会面临制度安排上的双重困境——法律肯定比特币属于货币,既有利于快速建构与完善监管机制对比特币集中交易平台实施严格监管,又能够确保比特币在经济犯罪解释上具有确定的属性定位与数额计算规则。但是,赋予比特币货币地位一方面等于承认了法定货币与一种发行与支付系统完全不受政府监管的私货币之间公开且合法的竞争,这与部分法域采取的法律强制政府货币垄断模式相抵触。另一方面,比特币固有的货币功能履行性缺陷导致其在很多情况下都不具备真正的货币功能。法律否定比特币货币地位显然又与比特币在实际

① 比特币系统可以随时修改最小单位从而使得比特币具有无限可分性。理论上比特币在灭失程度接近极端的情况下仍然能够具备功能性。因为即使全球流通比特币数量灭失到仅剩一个甚至不足一个时,剩余的比特币依旧可以通过进一步划分单位进而履行支付、计价、存储等货币功能。但在经济实践中,如果比特币储蓄数量(加上灭失数量)接近流通数量时,比特币商品与服务贸易体系基本上就已经崩溃了。

运作中表现出的支付功能以及潜在、巨大的价值存储能力相悖。

法律制度将比特币属性界定为商品或者货币出现结构性瑕疵、双重困境的根本原因在于：其一，在经济机理上，没有把握比特币经济生态系统中发行、支付、交易等关键环节的链式关系以及比特币在（虚拟）商品、金融工具、货币等表现形态与功能履行上的互动联系。其二，在法律解释上，坚持在法律规范的逻辑框架下抽象出比特币与之相符的法律特征并作出线性且单向的形式判断，未能结合客观行为与主观意志对比特币的现实性影响与主体性反射而形成比特币法律属性的实质解构。①

比特币在发行阶段仍然只是一个普通商品或者虚拟商品的生产过程，但其数量稀缺性、原始取得的成本耗费性、技术上的支付、计价、存储功能等决定了比特币具有发展为一般等价物或者特殊商品的潜能。产品与服务供应商愿意接受比特币，使其在发行并完成初始分配之后进入支付阶段并形成了以比特币为纽带的经济体系。比特币经济体中的经营者提供产品与服务并收取比特币，消费者支付比特币并获取相应商品。但接受比特币支付的产品与服务供应规模有限、市场流动性极低及其较慢的增长速度桎梏了比特币经济规模及其发展。在初始分配中获取优势性比特币资源的中心化利益通过宣传与推广，在实体经济层面提升比特币支付系统的接受度，从而继续增加比特币经济生态中的商品供给，同时通过外部性金融体系建构，即开设比特币与法定货币集中交易平台，直接与法定货币发生定价关系，在拥有巨大经济规模的法定货币市场实现并不断增强比特币市场流动性供给。在比特币与法定货币交易市场，前者就是后者的资产类型，一定数量的比特币根据波动的兑换比率代表着相应数量的法定货币，比特币在被法定货币定价的同时，有效地完成了对法定货币的吸附，通过与全球核心法定货币（主要是美元）之间波动性的价格绑定，实现其全球法定货币资产类型的角色转换。由比特币集中交易平台促成的比特币捆绑法定货币的定价机制帮助比特币由普通（虚拟）商品、到小规模经济体一般等价物发展成为全球经济体中相应的法定货币资产类型。②尽管定价波动造成比特币资产价值严重

---

① 缺乏对比特币经济机理的准确把握显然在法律上对比特币属性进行实质解释的能力。因为将客观行为与主观意志对比特币的作用与影响纳入比特币法律属性评价过程的前提是明确客观行为的经济内涵与行为主体的心理机制。

② 市场流动性提升意味着比特币经济生态中的产品与服务提供者能够以较低的交易成本将比特币兑换为法定货币从而在更大规模的经济市场实现购买力，这显然会实质性地扩大比特币在实体贸易中的接受度、增加比特币经济生态中的商品供应，并在比特币集中交易市场实现法定货币长期定价的波动性、震荡性上升，从而构成了比特币实体贸易与投资（投机）市场之间的经济循环。

不稳定,但在实体经济中履行支付、存储职能的比特币客观上代表着一定数量的法定货币,货币功能的执行及其与法定货币的吸附关系使得比特币在商品与服务贸易行为中褪去了普通(虚拟)商品的痕迹,成为一种具有内在缺陷的货币。但是,在帮助比特币形成货币能力的比特币与法定货币集中交易市场中,比特币只是供市场在参与者承担价格波动风险基础上寻求交易利润的金融商品或者投资(投机)工具,不具有货币的实质功能与属性。所以,商品或者虚拟商品只是比特币运动链条中的初始属性,通过实体经济交易中介等核心货币功能承担与金融商品投资(投机)市场的流动性增强,比特币绑定了法定货币并形成波动性兑换率,在实体经济与金融市场进行货币与金融商品的身份转换。

与传统商品、货币以及证券、期货等金融工具不同的是,比特币在运作流程上覆盖实体经济与金融市场中的不同内容,其履行的多种经济与金融功能之间亦互相影响。这就决定了比特币法律属性判断应当超越既有法律制度对传统商品、货币等进行单一化、形式化、封闭化、对象化界定的局限,转而聚焦于真实经济生活中的比特币行为(针对比特币展开的客观行为与行为心理),根据比特币在客观行为与主观意图控制下的实质内涵与功能进行多元化、开放性的法律解释。在比特币与商品、服务之间进行交易时,消费者的比特币行为是支付商品或者服务对价,经营者的比特币行为是直接获取比特币并最终有权获取该宗比特币所内含的、具体数量存在波动风险的法定货币。比特币实际承担了交易中介与价值存储①功能,法律应当认定其在这种特定情形下构成实质上的货币。在比特币集中交易平台进行比特币与法定货币之间的买卖时,无论是从比特币实体经济流转到比特币集中交易市场进行法定货币套现的市场参与者,还是纯粹的比特币市场投资(投机)者,其比特币行为都是在承担价格波动风险的基础上谋取法定货币利益的最大化。比特币实际承担着套利、投资(投机)、兑现法定货币的金融工具功能,法律应当认定其在这种情况下构成金融商品。

四、"去中心化"互联网金融犯罪的刑法制度反应与货币体系反思

互联网金融系统使得消费者、经营者、金融机构等能够通过网络实施更为安全、快捷、低成本的货币流转、资金融通、投资投机等经济与金融行为。现行的制度安排已经针对互联网金融系统建构了相对完善的货币、金融、网

---

① 比特币存储的就是其代表的、一定数量的法定货币。这种价值存储存在利益上的高度不确定性,在比特币与法定货币价格下跌时,会出现价值损耗,反之,则会出现因存储而带来的增值,但这并不影响比特币存储法定货币的实质功能。

络等领域的法律监管体系。经济刑法的制度价值保障互联网金融系统运作中的公私产权以及相关实体经济与金融市场监管制度的有效执行。"去中心化"支付系统的技术勃兴使得这种比特币等全新支付工具的发行及运作不再受到传统法律监管制度的中心化控制。既有的经济、金融等行政法律法规选择彻底否定"去中心化"支付工具的货币、金融属性并严格限制其与法定货币之间的流通渠道。这在一定程度上管控了比特币投机市场的规模及其风险,同时在规范形式上将比特币以及比特币行为分别固定在(虚拟)商品与普通商品行为、网络行为的范畴之内,从而模糊了比特币经济生态的现实状况与风险累积:比特币仍然以支付工具的形式在实体经济中履行交易中介与价值存储的货币职能,仍然以金融商品的形式供比特币市场参与者从事投资或者投机交易并承担着市场操纵等各种违法犯罪被害风险。由于与比特币有关的各种违法犯罪行为实质上的社会危害性无法在规范形式上完成风险切割,比特币商品性、非货币性、金融性的属性定位导致经济刑法制度受到了最为直观的冲击。一系列经济与金融犯罪难以在刑法规范上对各种比特币行为完成具有规制效果的解释,经济刑法制度所保障的产权以及经济、金融管理秩序便相应地陷入风险境地。

通过比特币经济机理与法律属性实质解构确立比特币在特定情形下所具备的货币与金融商品属性,有助于发现既有经济、金融行政法律体系及其刑事保障机制在管控比特币市场风险上的制度性缺失,并进行针对性强且规范修改成本低的立法调整,及时恢复经济刑法实质解释机制从而有效控制比特币犯罪行为对公私产权以及经济、金融管制秩序造成的风险,同时反思"去中心化"互联网金融技术时代政府货币与私货币之间的竞争对既有货币政策、外汇管制以及保障这种制度执行的货币犯罪、外汇犯罪刑法体系的影响。在政策定位上,经济刑法完成"去中心化"互联网金融市场风险控制的重任,应当有效调配现有法律制度资源及时将比特币交易平台与比特币实际承担金融投资与投机功能的环节纳入系统化规制范围,促进比特币交易市场规范化与保障投资者合法权益,惩防违反金融市场进入许可制度、滥用金融市场资源配置机制的金融犯罪行为。在持续监测数字货币市场发展的基础上,防止比特币经济生态的固有缺陷在中短期内由"去中心化"互联网金融市场结构性风险扩散实体经济与传统金融市场系统性风险,合理解释比特币等新型支付系统在不同经济状态下的实质属性与功能,在经济刑法制度下强化保护公民财产权以及既有的经济管理秩序,反思契合"去中心化"互联网金融市场发展特征、对竞争性货币市场长期性风险具有制度性反应能力、有益于资产保值增值的法律监管机制及其刑事保障体系。

(一) 经济刑法规范完善

比特币经济生态中风险最大的环节就是分布于全球且中国市场占据重要份额的比特币集中交易平台。比特币集中交易平台几乎都存在显而易见的信息不对称与管理不透明,技术原理与市场价格波动机理的复杂性使得普通比特币投资者(投机者)难以理解并形成相对直观的风险认知。在传统货币框架下的金融信用体系中,银行针对法定货币吸收存款、提供贷款,券商等非银行金融机构在证券业务范围内提供融资、融券等信用服务。相应的,在数字货币支付体系中亦存在基于比特币的存储与借贷信用机制,在比特币集中交易平台,同样可以向客户融通比特币("融币")供其卖出做空比特币。信用机制的潜在扩张为比特币经济发展与比特币市场的投资(投机)提供了重要空间,但其金融商品投机属性亦对互联网金融市场的稳定性与风险控制提出了巨大挑战。不仅比特币集中交易平台运营者缺乏传统受监管市场的风险控制能力,市值规模小、金融商品资源分配不均衡、监管制度与执法机制尚未及时介入、金融衍生交易逐步开发之后加倍放大的市场风险等比特币集中交易市场固有缺陷导致市场参与者对抗市场操纵犯罪风险的能力非常有限。

对于比特币集中交易市场参与者而言,其金融行为心理上的"有限理性"①更是加深了这种非监管市场的过度投机性与高度风险性。比特币在集中交易市场的价格波动完全派生于其供求关系且其本身完全不具备任何非货币性价值。人们对比特币的认可仍然建筑在其能够兑换成法定货币的基础之上。在比特币集中交易市场持有或者存储比特币不可能成为长期选择。人们最终会在一定的价格、在特定的交易平台将比特币卖出并获取美元、欧元、人民币等法定货币。比特币阶段性的交易狂热本质上就是行为金融中的博傻心理——市场参与者在从事一项风险很大或者具有较大争议的投资(投机)时,并不以购入资产的价格与资产真实价值之间的关联与偏差作为决策或者评估的基础,而是预期未来能够以更高的价格将资产转让给市场中更"傻"的其他参与者。②正是在博傻心理的驱使下或者在相信会有更傻的投资(投机)者进入市场的心理博弈过程中,比特币交易的参与者从事

---

① 有限理性(Bounded Rationality)是行为经济与金融理论最重要的概念之一。有限理性概念的提出起源于行为心理学,并经由诺贝尔经济学奖获得者赫伯特·西蒙解释为经济决策定义因素而延伸至经济学的概念。有限理性是对传统经济理论理性前提假设的矫正以及更符合现实情形的描述。根据有限理性的阐释,人类选择行为往往不仅不能作出效用最大化的决策,而且会基于认知限制、动机限制及其两者之间的互动关系导致选择行为偏离理性。Daniel Kahneman, Maps of Bounded Rationality: Psychology for Behavioral Economics, 93 The American Economic Review 1449(2003).

② Sandro C. Andrade, Jiangze Bian & Timothy R. Burch, A Practical Anti-bubble Prescription, 9 Economists' Voice 15, 17(2012).

互联网金融工具买卖并不因为其对应的法定货币资产在价值上符合买入价，或者其相信当时的市场价格具有真实性，而是在于其认为能够获得高价卖出的机会。这种泡沫的积累、危机的潜伏、市场的非监管性对于市场参与者资产安全构成了非常严峻的风险。

与比特币整体上的"去中心化"运作不同的是，承担比特币实体经济与金融市场、比特币与法定货币之间核心纽带这一关键作用的比特币交易平台完全处于法律监管能力的控制范围之内，但由于我国现行的金融商品法律监管制度以及经济刑法中的证券期货犯罪条款规制范围受限，导致实际承担金融商品功能的比特币以及从事金融投资(投机)交易的比特币网站并不处于严格的金融监管与经济刑法的规制状态。我国并没有采取制定统一的金融商品(金融工具)交易法或者广义的证券交易法①并将包括狭义证券、期货、衍生品等在内的所有金融工具整合于一部法律之中进行监管，而是通过《证券法》、《期货交易管理条例》、《信托法》等分别对证券及证券衍生品、期货及期货衍生品、金融信托等金融商品进行监管。②由于比特币与法定货

---

① 欧盟《金融工具市场指令》将证券、集合投资单元、货币市场投资工具、金融期货合约、远期利率协议、利率、外汇、股权互换等法律许可的在受监管市场交易的工具统一纳入金融工具的范畴。德国《证券交易法》将证券统称为涵盖股票、债券、期货、期权、互换等金融资产或者金融衍生品类型的金融工具。日本《金融商品取引法》将证券界定为包括国债、地方债、法人根据特别法律发行的证券、有担保的公司债券、根据特别法律设立的法人所发出和出资证券、股票或表示新股承购权的证书、证券投资信托和贷款的受益证书、外国或外国法人发行的证券、资产抵押证券、证券化产品以及金融工具交易权利证明等金融市场中交易的工具。上述法律规定分别参见：Directive 2004/39/EC of the European Parliament and of the Council of 21 April 2004 on markets in financial instruments, Article 4 Definitions 1.17 & Section C of Annex I; Wertpapierhandelsgesetz—WpHG § 2 Begriffsbestimmungen；金融商品取引法(きんゆうしょうひんとりひきほう、昭和23年4月13日法律第25号)第二条　この法律において「有価証券」とは、次に掲げるものをいう。

② 《证券法》第二条规定：在中华人民共和国境内，股票、公司债券和国务院依法认定的其他证券的发行和交易，适用本法；本法未规定的，适用《中华人民共和国公司法》和其他法律、行政法规的规定。政府债券、证券投资基金份额的上市交易，适用本法；其他法律、行政法规另有规定的，适用其规定。证券衍生品种发行、交易的管理办法，由国务院依照本法的原则规定。《证券投资基金法》第二条规定：在中华人民共和国境内，公开或者非公开募集资金设立证券投资基金(以下简称基金)，由基金管理人管理，基金托管人托管，为基金份额持有人的利益，进行证券投资活动，适用本法；本法未规定的，适用《中华人民共和国信托法》、《中华人民共和国证券法》和其他有关法律、行政法规的规定。第四十五条规定：基金合同应当约定基金的运作方式。第四十六条规定：基金的运作方式可以采用封闭式、开放式或者其他方式。采用封闭式运作方式的基金(以下简称封闭式基金)，是指基金份额总额在基金合同期限内固定不变，基金份额持有人不得申请赎回的基金；采用开放式运作方式的基金(以下简称开放式基金)，是指基金份额总额不固定，基金份额可以在基金合同约定的时间和场所申购或者赎回的基金。采用其他运作方式的基金的基金份额发售、交易、申购、赎回的办法，由国务院证券监督管理机构另行规定。《信托法》第二条规定：本法所称信托，是指委托人基于对受托人的信任，将其财产权委托给受托人，由受托人按委托人的意愿以自己的名义，为受益人的利益或者特定目的，进行管理或者处分的行为。有关期货、期权以及期货衍生品的概念，参见上述《期货交易管理条例》第二条。

币之间的现货交易显然不构成商品期货、金融期货合约或者金融信托,我国法律体系内对实际承担金融商品功能的比特币公开且集中交易市场行为有调整与规制可能性的只有以《证券法》、《证券投资基金法》为核心的证券法律制度。然而,我国现行证券法律体系中的证券范围非常狭窄,只能覆盖至股票、公司债、政府债、证券投资基金份额等少数具有投资与投机功能的金融商品,以比特币为典型代表的正在各类网络集中交易平台,作为金融商品供市场参与者进行投资、投机且承载一定法定货币价值的支付工具,无法在证券法律框架下受到监管。相应的,作为证券、期货市场投资者权益以及市场管理秩序最后屏障的证券期货犯罪刑法条款,在通过实质解释将比特币集中交易认定为金融商品交易而非普通(虚拟)商品买卖之后,仍然因为比特币不属于证券、期货合约、比特币集中交易平台不是证券、期货交易所而无法将市场操纵、内线交易、未经许可的经营行为认定为证券期货犯罪。

证券法律规范是控制金融商品交易市场系统性风险、保障投资者合法权益的核心制度安排。在比特币发行与支付"去中心化"导致其难以受到法律制度实际监管以及比特币集中交易平台表现出明显的金融工具投资(投机)性实质特征的前提下,我国法律制度有必要适度调整证券内涵与外延,在证券法律体系的架构下对比特币交易平台及其市场行为进行集中监管。这不仅有助于严格控制比特币网络交易平台过度投机与市场操纵风险,而且能够将比特币与人民币之间的投机性交易对金融市场与实体经济的潜在风险限制于可控程度的同时最大程度地发挥比特币在支付技术变革、金融制度创新、反思既有货币体系等方面的积极因素。

从制度安排成本角度分析,立即着手制定专门的金融商品交易法规制比特币交易平台以及市场交易行为并不现实且没有必要。比特币与证券在核心交易机制上的匹配性决定了既有的证券交易所、证券公司、证券市场行为监管体系完全能够与比特币交易所、比特币金融中介服务商以及比特币金融交易行为进行对接。证券法修改列入十二届全国人大常委会立法规划①更是我国金融商品法律体系针对"去中心化"支付工具全新挑战作出及时制度应对的效果最佳且制度调整成本最低的历史性契机。从制度安排实体正当性角度分析,扩大证券范围、拓展证券概念外延已经成为我国证券法修改意见中非常重要的内容。②证券范围整体覆盖金融商品或者投资(投机)

① 崔清新、王思北:《人大常委会公布五年立法规划》,《人民日报》2013年10月31日第4版。

② 例如,证券法修改专家研讨中有一种代表性观点指出,证券法应当将"证券"拓展至股票、债券、证券投资基金份额等所有"实质证券",并将证券的认定授权证券监督管理机构。参见马婧妤、王宁、郭玉志:《证券法修改要做好顶层设计》,《上海证券报》2013年11月29日F2版。

工具实际上是一种典型的证券法立法例。例如,美国《证券法》规定:证券是指任何票据、股票、库藏股、证券期货、基于证券的掉期、债券、公司债券、债务凭证、权益证明、分红契约参与证明、担保信托证书、认股证书、可转让股份、投资契约、表决权信托证书,石油、天然气或者其他矿业产权的部分不可分割权益,证券、存款证明、证券组合、证券指数(包括其内含或者基于其产生的利息)的购买权、出让权、套期、期权等权利,外汇套期、期权等,或者任何通常称为“证券”的利益或工具,或者上述任何利益或工具的证明、权力参与、临时性证明、收据、保证文件、认购权证等。①这种覆盖内容相对广泛的证券概念界定有助于通过证券法所建构的严格监管机制,最大限度地惩防严重损害市场效率的操纵等欺诈行为,并对处于信息不对称劣势的普通市场参与者提供更为周延的保护。②比特币集中交易市场充斥着参与者的误解与偏见,交易平台因监管缺失而导致透明度存疑,比特币交易(过度)投机与违法犯罪风险损害投资者权益并严重影响资本合理流动至其他具有优化资源配置效果的市场——将比特币等互联网金融工具与法定货币之间的投资契约纳入证券范围,即可由证券监管机构对比特币交易所以及相关市场行为进行集中监管,以交易平台资金存管和监测监控制度保证投资者资金安全,以开户实名制和统一开户制度确保信息安全与有效履行反洗钱机制,以信息披露制度提升比特币市场透明度,以反内线交易、反市场操纵制度震慑市场违法犯罪行为。

作为前置性法律规定的证券法将比特币纳入监管范围实际上意味着经济刑法制度的同步完善。以法定货币定价且在交易所上市交易的比特币金融商品构成作为证券期货犯罪行为对象的“证券”,意味着一系列危害金融商品管理秩序、金融商品消费者合法权益的比特币行为得以接受经济刑法的规制。未经证券监管机构许可运营比特币交易所的,构成非法经营罪中的非法经营证券业务行为;基于资金、比特币持仓、信息等优势实施连续买卖、对敲、自我交易等行为,操纵比特币市场交易价格或者交易量额,构成操纵证券市场罪。经济刑法相关证券期货犯罪条款有效覆盖比特币投资(投机)市场,能够积极震慑比特币投资(投机)契约交易市场中的欺诈行为,提升比特币交易所的透明度管理水平。这种反欺诈、优化市场透明度、信息均衡化等经济刑法的刑事保障效果还能够在经济上促进比特币集中交易市场

---

① 15 U.S.C. 77b(a)(1).

② Donna M.Nagy, Richard W.Painter & Margaret V.Sachs, Securities Litigation and Enforcement (Third Edition), 2012, p.2.

定价的理性化与抗操纵性，进而安全解决易于受到比特币市场参与者非理性行为触发的过度投机风险，遏制比特币市场风险向金融市场与实体经济蔓延。证券期货犯罪刑法条款的规范价值在于为各种参与风险市场的金融商品投资（投机）者资产安全提供制度性保护，使得市场参与者能够通过多元化的金融市场交易渠道实现资本配置决策收益、合理承担市场风险。简单地禁止经营者通过市场竞争设立比特币交易平台或者实际切断投资（投机）者资金安全进入比特币交易所的渠道，只会增加比特币市场现金交易的规范及其风险，影响比特币市场参与者资金安全。所以，经济、金融行政法律以及经济刑法应当积极将比特币风险交易平台以及行为纳入制度性的证券监管范围，而非以公民产权风险为代价在规范上形式化地割裂比特币与金融投资（投机）领域的客观联系。

（二）经济刑法规范解释与执法机制优化

比特币理论建构上的“去中心化”使得没有中央组织者能够破坏系统进而像诈骗、欺诈等犯罪人那样携款潜逃。比特币系统亦没有向市场参与者承诺高额回报或者任何形式的投资收益。比特币经济生态中的实际受益者主要是在比特币与法定货币兑换价格波动中获取价差利益的交易者以及投入计算资源验证比特币交易并在发行环节获取比特币经济激励的技术支持者（“矿工”）。价差投机是比特币作为支付工具存在与发展之后由人类投机心理与行为催化的衍生功能而非制度初衷。比特币投机工具的衍生功能客观上确实促进了支付工具功能的有效运作。比特币集中交易平台中的投机者充当了宝贵的流动性供给。比特币与法定货币兑换市场流动性越高，交易便捷性就越高，相应会提高商品与服务提供商对比特币的接受度，从而形成比特币实体经济的规模化增长。算法技术提供者在比特币经济生态中获益的对价在于其支撑、强化了比特币系统安全、市场信心。因此，根据具有制度评价比特币经济生态利益分配机制无法得出违法性或者犯罪性的结论。但难以在现有法律框架下以庞氏骗局、金字塔骗局等中心化的欺诈犯罪解释整个比特币支付系统，并不意味着比特币等“去中心化”支付系统彻底完成了合法性或正当性的证明。相反，中心化的法律规制不能以及法律性质上的高度不确定性与不稳定性进一步表明，比特币市场风险、比特币市场参与者受到经济与金融犯罪侵害的风险及其潜在的经济崩溃损失风险，远超传统庞氏骗局等大规模欺诈犯罪的程度。通过证券法拓展证券概念的覆盖范围，将比特币集中交易平台及其市场行为整体纳入证券监管法律框架，进而以经济刑法证券期货犯罪条款保障投资者权益以及“去中心化”金融商品投资（投机）市场管理秩序，只是风险控制体系的一个突破点。面对比特币与法定货币集中交易市场之外的实体经济与金融体系中切实存在的比特币关联违法犯罪风险与市场风险,还需要经济刑法在规范实质解释以及配套的刑事风险执法体系进行优化与调整。

在经济刑法解释层面,比特币在商品与服务贸易等环节承担货币功能的实质属性解释与相关融资犯罪、税务犯罪、财产犯罪等经济犯罪行为的实质解释能够进行有效的匹配,与比特币关联的经济与金融犯罪在性质判断上的规范解释障碍得以化解。持有的比特币资产直接代表着一定数量的法定货币,占有比特币不仅能够完成价值的存储,而且可以在经济交换过程中使用比特币支付商品与服务消费,故盗窃、诈骗行为所指向的比特币在对象属性上就是法定货币的数字化载体。行为人基于非法占有一定数量法定货币的目的,实施秘密窃取、骗取等行为,符合盗窃罪、诈骗罪等财产犯罪的行为性质。对于经营商品与服务贸易、提供劳务劳动等获取比特币经济收入却不予申报纳税行为而言,比特币作为一种特定的人民币资产类型,是经济贸易、社会劳动、资本利得的经营性收益、企业或个人所得,达到纳税标准但不予申报的,在行为性质上符合逃税罪的构成要件。既然比特币客观上具有存储法定货币价值的实质功能且能够以极低的交易费用进行占有转移,那么支付一定数量资金从而获取相应期限的比特币使用权,本质上就是支付法定货币使用成本(利息)并享有特定时间内法定货币使用权益的资金借贷行为。行为人以支付高额利息等为手段向不特定社会公众非法吸收比特币的,在行为性质上符合非法吸收公众存款罪的特征,具有非法占有比特币资产的故意且客观上实施了编造比特币投资项目、将比特币套现后进行大肆挥霍等行为的,则应当认定为集资诈骗罪。需要强调的是,上述与比特币有关的行为最终构成相应的财产犯罪、税务犯罪、融资犯罪,必须在犯罪数额上达到相应的追诉标准。与比特币关联的经济与金融犯罪规范解释还需要建构相应的司法定量规则。正是将比特币集中交易置于证券法律制度监管范围,才使得现有的刑事司法实践中的数额认定规则与估价机制得以固定价格剧烈波动的比特币资产数额——应当以财产犯罪、税务犯罪、融资犯罪等行为过程中完成比特币占有时作为计算比特币对应法定货币市场价格的基准时间,以占有行为发生当日证券监管机构许可的比特币交易所 24 小时比特币市场平均交易价格认定比特币资产价值。

除了通过性质判断与数额认定司法规则上的优化与完善将比特币关联经济与金融犯罪纳入经济刑法规制领域之外,刑事执法体系应当以反洗钱机制为核心切断比特币洗钱犯罪对整个经济刑法刑事保护体系的冲击。尽管目前没有也不可能存在准确的统计数据证明比特币与洗钱犯罪之间的关联度,但匿名支付与全球低成本流通的现实特点使得比特币先天性地具备了沦为犯罪非法所得流转渠道的潜在性社会危害。业已查处的“丝路”网站比特币洗钱等重大犯罪案件更是证明了比特币支付系统是天然且便捷的各类非法交易的财务管道。美国联邦司法部在执法评估报告中将比特币称作“理想的洗钱工具”①。比特币实质性地促进洗钱犯罪“效率”的原因在于该支付系统客观上能够实现价值转移的反监测性、匿名性与低(无)成本性。首先,比特币转账与接收过程中的任何环节都不需要依赖于银行、金融机构、非金融机构支付网络等任何形式的既有财富转移机制,这使得比特币完全脱离监管机构基于金融与非金融机构反洗钱义务承担而建构的监测网络。其次,单纯的比特币转账与接收行为只涉及数额与比特币钱包地址的信息公开,与交易者物理、网络地址以及身份有关的信息完全匿名。最后,比特币收付速度快且损耗低,完全不存在传统洗钱渠道的成本投入与风险承担问题。然而,无论比特币支付系统的“去中心化”与匿名性如何促进洗钱犯罪“效率”与“安全性”,目前绝大多数经过洗钱犯罪周转的比特币资产必须通过比特币集中交易平台通过市场买卖行为兑现为法定货币,才能最终且全面实现犯罪行为所指向的经济利益。而将比特币交易平台以及集中交易行为纳入证券法律制度体系进行监管,意味着比特币现货、期货、衍生品交易各个环节的从业机构都必须按照金融机构反洗钱标准履行义务。所以,刑事执法机制应当针对比特币点对点网络发行、管理、交易的特征,避免在“去中心化”互联网金融系统不受法律监管的区域耗费执法资源,而是集中刑事执法力量监测比特币集中交易平台的疑似洗钱犯罪行为并强化比特币交易所洗钱线索报告义务的履行,同时加强与其他比特币重要金融交易平台较为集中的国家和地区的反洗钱犯罪刑事执法联动,探索“去中心化”互联网金融工具反洗钱国际合作机制。

(三) 经济刑法规范结构性失灵催生的货币制度反思

通过低成本的制度调整与经济刑法实质解释能够将与比特币有关的大部分经济与金融犯罪纳入既有的刑事保障机制。但是,在货币与外汇管理秩序方面,旨在保障货币发行体系与既有外汇管制的货币犯罪、外汇犯罪刑法条款依然存在结构性的制度失灵问题——比特币作为商品与服务贸易支付工具所发生的每一笔交易都意味着在实体经济中流动着不受央行控制的

---

① United States Department of Justice (National Drug Intelligence Center), Money Laundering in Digital Currencies [Product No. 2008-R0709-003], p. 1, http://www.justice.gov/archive/ndic/pubs28/28675/28675p.pdf(访问日期:2013 年 12 月 16 日).

货币供应；人民币、各种外汇与比特币之间便捷兑换、以比特币支付系统实现资产全球化转移与法定货币兑现等意味着包括外汇、资本项目、公务人员（海外）财产申报等在内的管制措施随时可能因为比特币市场价格趋于稳定而彻底失控。货币犯罪、外汇犯罪等经济刑法制度在“去中心化”互联网金融时代面临重大且难以调适的危机促使我们不得不对刑法所保护的既有货币体系以及相关管制本身进行反思——当信息网络技术的颠覆性变革导致经济刑法难以有效保障货币领域内的经济与金融管制时，货币体系是否应当进入由市场对资源配置起到决定性的时代，既有的货币政策是否应当为了确保在货币竞争中的优势地位而开始进入制度改革的通道？

在传统市场中，中央政府领导下的央行基于与价格水平与货币总量有关的一系列极为复杂因素对法定货币进行管理，并且实践证明这种中心化的货币政策经常（尤其是在金融危机与后金融危机时代）受到广泛质疑与争议。①而以使用范围最广且争议最大的比特币为代表互联网金融工具市场则脱离了中心化货币政策及其可能诱发的高通胀环境，以密码技术杜绝货币滥发从而吸引人们选择使用与政府货币严格对立的私货币体系——“去中心化”互联网金融工具。交易中介与价值存储是货币的核心定性特征，规模经济与普遍接受是货币的定量特征，所以，货币的实质是经济体系内普遍接受的支付工具。比特币经济生态正处于修正货币功能内在冲突的发展过程之中。特定商户发行的预付卡等具有电子支付工具的定性特征，但这种支付工具只能适用于特定商户所提供的特定商品或者服务，即使经济总量非常庞大，也不具有货币的普遍接受性。特定网站发行的虚拟货币实际上就是商户预付卡的网络化表现，其支付属性仅局限于网站所提供的虚拟商品范围，即使网络用户之间自行或者通过电子商品交易平台撮合将虚拟货币或者虚拟商品兑换为法定货币，本质上仍然是法定货币的周转，完全不会影

---

① 国际上，德国总理默克尔在2009年6月3日于柏林的讲话中批评美联储与英格兰银行的量化宽松计划，其认为这种非同寻常的货币政策实际上播下了另一场金融危机的种子。翌日美联储主席伯南克立即发表声明“恭敬地反对”默克尔的观点。但随后财经媒体又披露了美联储内部对于量化宽松政策通胀风险的疑虑与隐忧。学者认为，传统中心化货币政策争议性事件折射了应当通过更为正式与完善的机制予以制衡从而有效防止央行及其政策承担或者引发大规模潜在风险的必要性。See Franklin Allen & Elena Carletti, New Theories to Underpin Financial Reform, 9 Journal of Financial Stability 242(2013).在国内，2003年政府工作报告中广义货币（M2）增速预设目标为13%，2013年2月末的中国人民银行数据显示，M2余额99.86万亿元，同比增长15.2%。市场中不断出现货币超发质疑，但也学者指出M2偏高是高储蓄率、高间接融资率等综合性因素造成的，货币超发并不严重。参见肖怀洋：《百万亿M2引发五大悬疑四大银行首席预判央行货币政策走向》，《证券日报》2013年3月29日B1版。

响经济体系中的货币总流通量。特定主体所发行的数字货币确实能够兑换法定货币以及经济体系内的大部分现实商品与服务,但由于其具有中心化的特征,垄断法定货币体系的政府在其远达到规模经济时实际上就会对其进行禁止使用、关闭、取缔甚至追究数字货币发行主体刑事责任。①所以,“去中心化”互联网金融之前的所有具备货币属性或者特征的非法定货币完全不具有对法定货币进行替代(甚至达到竞争程度)的可能性,而通过“去中心化”技术机理摆脱传统货币制度监管的比特币等新型互联网金融工具的发展,能够实现只受内在缺陷(价格波动剧烈、市场参与者过度投机等)的自我限制而不受外部制约,这对传统法定货币体系构成了现实挑战与直接竞争。

根据传统经济管制理念与制度,比特币系统未经央行许可向市场投放具有支付中介与价值存储功能的实质货币,不仅严重影响国家货币供应政策,而且直接损害外汇管制与(海外)财产申报制度,应当禁止比特币系统并将发行、经营货币的行为以相关货币犯罪、非法经营犯罪论处。但是,禁止比特币在执法实践中基本上不具有可操作性,只要互联网依然存在,比特币等基于密码技术的数字货币便不可能被禁止。②禁止比特币的特定主权国家政策尝试(例如泰国)与依托于“去中心化”技术原理的互联网金融系统不可全面禁止性之间的巨大落差深刻体现出,传统货币体系控制下的金融思维与法律制度难以有效应对甚至无法准确理解这样的事实:比特币匿名性与“去中心化”的特点决定了其从诞生伊始就很难被与其特征高度对立化的政府彻底禁止或者严格控制。比特币的创制方式与运算体系根本不需要特定的比特币公司(企业)或者相关实际控制自然人操纵比特币的发行,不存在特定的服务器支持比特币支付系统,从而也不可能在特定司法区出现政府强制关闭、执法机构拘留或逮捕、法院传唤比特币发行公司或者实际控制自然人的情况。在金融上,比特币独立于由各主权实体央行构成的既有国际

---

① 例如,电子黄金公司(E-Gold Ltd.)早在1996年就创立了全球首个独立数字黄金货币体系。客户在开设电子黄金在线账户并使用信用卡或者现金充值之后,可以购买电子黄金提供的黄金等贵金属,价格与全球主要贵金属现货交易价格相当。客户就可以通过电子邮件使用这种以金属为基础的电子黄金货币完成商品与服务消费的支付。由于电子黄金货币以真实的黄金存量为基础,该系统用户数量增长非常快。同时,1999年网上交易金额就达到百亿规模。然而,2007年美国联邦检察官以洗钱、无证经营货币兑换业务等罪名起诉电子黄金公司及其创始人道格拉斯·杰克逊等人。经辩诉交易,被告公司支付罚金370万美元,杰克逊被判处300小时社区服务、6个月受电子监控的家庭监禁等刑罚。United States of America v.E-Gold, Ltd., Gold & Silver Reserve, Inc., Douglas L.Jackson, Barry K.Downey & Reid A.Jackson, Case No.07-109(RMC), United States Court of Appeals, District of Columbia Circuit, April 11, 2008.

② Noah Silverman, The E-Penny Opera: Act II, 68 Wilmott Magazine 16, 18(2013).

货币体系；在法律上，比特币不受区域性监管制度覆盖。全球各类利益集团或者特定诉求群体支持下的、被相应国家和地区政府予以负面标签化的组织或者机构能够通过比特币的交易与流通渠道获得运营资金且几乎不会承担被政府处以金钱没收与制裁的风险。所谓禁止比特币充其量至多是禁止建立与运营比特币集中交易平台（交易所、网站等）。除非实行断网，否则特定司法区完全不可能有效地禁止具有交易意愿的经济主体实施比特币的支付与接受、商品或服务的提供与消费。即使在实行资本项目管制的国家，比特币用户仍然可以随时在全球各大比特币交易所实现比特币与该国以及世界各国法定货币之间的自由兑换。

货币犯罪等经济刑法制度无法通过直接铲除"去中心化"支付工具的方式限制其对传统政府货币体系的挑战——这等于是从既有货币体系最后且最强屏障的制度视角揭示了法定货币与私货币不得不正式进行货币竞争的全新时代的开启。哈耶克早在《货币的非国家化》中就已经提出，政府不应当垄断货币发行的观点，私有银行应当基于其自身信用发行不计息凭证。凭证（例如，货币）发行应当公开竞争并以可变汇率的形式进行交易。能够确保购买力稳定的货币将在市场竞争中淘汰其他不稳定的货币。这种购买力稳定的货币生存、货币市场竞争的过程是效率最大化的货币体系。①从中短期的观点来看，法定货币体系总体上仍然具有相当的购买力稳定性，可控的通胀导致的购买力缩减的程度并不足以根本性撼动政府信用。目前尚未出现一种私货币体系能够在与政府信用机制在竞争过程中形成影响后者垄断地位的任何态势。法定货币政策体系主导下的低通胀长远上有利于促进经济增长、效率与稳定性，②而对于比特币等"去中心化"互联网金融工具坚持的持续通缩的经济生态而言，则很难提出令人确信的意见。因为经济史上从未出现过平缓、持续且长期的低通缩，没有充分的经济数据能够有效支撑低通缩前景的判断。"去中心化"互联网金融工具的固有性机制缺陷以及市场参与者的过度投机心理都是严重阻碍其继续生存与发展的重要因素。更存隐忧的是，比特币信用机制可以覆盖互联网金融工具存储、借贷与抵押、信用资产交易、评级与保险、数字货币利率衍生工具交易等多重内容。

---

① Friedrich A.Hayek, Denationalisation of Money: An Analysis of the Theory and Practice of Concurrent Currencies, Institute of Economic Affairs, 1976.

② Ben S.Bernanke, Inflation Expectations and Inflation Forecasting, Speech at the Monetary Economics Workshop of the National Bureau of Economic Research Summer Institute, Cambridge, Massachusetts, July 10, 2007, http://www.federalreserve.gov/newsevents/speech/Bernanke20070710a.htm（访问日期：2013年1月3日）.

经济资源与需求的不断延伸势必逐步凸显数字货币信用体系价值、提升信用市场规模,从而放大互联网金融市场以及实体经济与传统金融市场风险、加速积蓄泡沫与危机。所以,在货币市场竞争中仍然处于压倒性优势的既有货币制度应当从限制货币竞争的经济刑法部分受到“去中心化”互联网金融供给冲击的现实中对传统货币政策进行反思,通过更为科学且旨在维护法定货币持有者购买力稳定性的货币制度安排巩固其竞争优势地位。

第六章 经济刑法(四):知识产权犯罪的刑法规制

知识产权已经成为推动我国经济社会持续、稳定、健康、高速、可持续发展的主要经济与权利形态。随着国家知识产权战略的深入实施及后金融危机时代背景下知识产权的特殊价值的日益显现,惩治与预防侵犯知识产权犯罪的任务越来越重,实践中新情况、新问题层出不穷。有必要细致梳理知识产权犯罪的基本问题,重点把握知识产权司法实践中的难点问题,并在此基础之上提出具有操作性的知识产权犯罪刑事司法规则。

第一节 知识产权犯罪基本问题

以实践性的视角把握知识产权犯罪的规范依据、司法情况、案件特点等基本问题,不仅有助于深度审视知识产权犯罪的最新发展趋势,而且是研究知识产权犯罪法律适用与防控对策的现实基础。

一、知识产权犯罪的法律依据

知识产权属于一种极为重要的产权形态。对知识产品的制作和使用,能够获得巨大的经济效益。有利益的存在,就会有对利益的追逐;有对利益的追逐,就会有甘冒触犯法律也要满足对利益追逐目的的行为。因此,侵犯知识产权的犯罪在当前市场经济条件下还很难避免,有时表现得十分突出。为了预防、遏制和惩治侵犯知识产权的犯罪,我国《刑法》第三章破坏社会主义市场经济犯罪第七节专门规定了侵犯知识产权罪。根据刑法规定,侵犯知识产权罪主要包括以下犯罪类型:

(一) 假冒注册商标罪

假冒注册商标罪是指引为人未经注册商标所有人许可,在同一种商品上使用与其注册商标相同的商标,情节严重的行为。假冒注册商标罪主要表现为行为人未经注册商标所有人许可,在同一种商品上使用与其注册商标相同的商标,情节严重的行为。商标,是指通过文字、图形、色彩或者文字,图形与色彩组合表明某种商品的标记。为了保护注册商标的专有使用权,促进生产者保证商品质量和维护商标信誉,保护消费者的合法权益,国家实行注册商标专用权制度。非法使用他人已经注册商标的行为是一种违法行为,情节严重的,就构成了犯罪。

(二) 销售假冒注册商标的商品罪

销售假冒注册商标的商品罪是指销售假冒注册商标的商品,销售金额数额较大的行为。本罪主要表现为行为人销售假冒注册商标的商品,销售金额数额较大的行为。在司法实践中,销售假冒注册商标的商品罪与假冒注册商标罪具有一定的联系与区别。两者的区别主要在于本罪强调的是销售行为,商品的来源,注册商标是谁假冒的,在所不问。而假冒注册商标罪则强调的是假冒行为,假冒以后的商品由谁销售,在所不问。如果行为人既假冒注册商标,又销售假冒注册商标的商品,则属于刑法上的牵连犯,按从一从重原则处理。

(三) 非法制造、销售非法制造的注册商标标识罪

非法制造、销售非法制造的注册商标标识罪是指伪造、擅自制造他人注册商标标识或者销售伪造、擅自制造的注册商标,情节严重的行为。本罪表现为行为人伪造、擅自制造他人注册商标标识或者销售伪造、擅自制造的注册商标,情节严重的行为。商标标识包括了商标纸、商标标牌、商标织带等标志性识别物品。

(四) 假冒专利罪

假冒专利罪是指行为人违反专利管理法规,假冒他人专利,情节严重的行为。本罪表现为行为人违反专利管理法规,假冒他人专利,情节严重的行为。专利是国家专利机关授予发明人、设计人或者其所在单位对某种发明创造在一定期间内享有的专用权。国家实行专利权保护制度。任何单位或者个人未取得专利权人许可,不得使用其专利。假冒他人专利的行为是一种违法行为,情节严重的,就构成了犯罪。

(五) 侵犯著作权罪

侵犯著作权罪是指行为人以营利为目的,侵犯他人著作权,违法所得数额较大或者有其他严重情节的行为。本罪表现为侵犯他人著作权,违法所得数额较大或者有其他严重情节的行为。著作权是作者(包括单位和个人)依法对文学、艺术和科学作品享有的专有权利,它包括作品的发表权、署名权、修改权、保护作品的完整权以及使用权和获得报酬权。国家实行著作权保护制度,侵犯他人著作权是一种违法行为,违法所得数额较大或者有其他严重情节的,就构成了犯罪。本罪的具体侵犯的行为表现有:(1)未经著作

权人许可,复制发行其文字作品、音乐、电影、电视、录像作品、计算机软件及其他作品的;(2)出版他人享有专有出版权的图书的;(3)未经录音录像制作者许可,复制发行其制作的录音录像的;(4)制作、出售假冒他人署名的美术作品的。侵犯著作权罪与一般著作权侵权行为存在明显的区别。我国《著作权法》规定了较为严重的著作权侵权行为:剽窃、抄袭他人作品的;未经著作权人许可,以营利为目的,复制发行其作品的;出版他人享有出版权的图书的;未经表演者许可,对其表演制作录音录像出版的;未经录音录像者许可,复制发行其制作的广播、电视节目的;未经广播、电视台许可,转播复制发行其制作的广播、电视节目的;制作、出售假冒他人署名的美术作品的。刑法明文规定上述侵权行为中只有四项行为在违法所得数额较大或者有其他严重情节时,才可以构成犯罪,其他三项行为不论情节是否轻重或违法所得不论数额大小,均不属犯罪的范围。这是刑法罪刑法定原则的必然要求。

(六) 销售侵权复制品罪

销售侵权复制品罪是指行为人销售侵犯著作权的复制品的行为。本罪表现为行为人销售侵犯著作权的复制品的行为。这里的复制品既包括侵犯著作权的复制品,也包括侵犯邻接权的复制品。所谓邻接权,是指艺术表演人、录音录像制作人或者广播、影视对其表演、录制或广播、影视智力作品的活动依法享有的权利。

(七) 侵犯商业秘密罪

侵犯商业秘密罪是指行为人采取不正当手段,侵犯他人的商业秘密,给商业秘密的权利人造成重大损失的行为。本罪表现为行为人采取不正当手段,侵犯他人的商业秘密,给商业秘密的权利人造成重大损失的行为。所谓的商业秘密,是指不为公众所知悉,能为权利人带来经济利益,具有实用性并经权利人采取保密措施的技术信息和经营信息。技术信息包括技术水平、技术潜力、技术图纸、技术资料等信息;经营信息包括营销策略、营销计划、营销手段、营销对象、产品市场占有资料、产品的发展方向等信息。商业秘密一旦被盗窃、披露或他人不法使用,就会给商业秘密的权利人带来无可弥补的损失。因此,国家实行商业秘密的保护制度。侵犯他人商业秘密、给商业秘密的权利人造成重大损失的行为被规定为一种犯罪。根据刑法规定,本罪的具体行为涵盖:(1)以盗窃、利诱、胁迫或者其他不正当手段获取权利人的商业秘密的行为;(2)披露、使用或者允许他人使用以上述手段获取的权利人的商业秘密的行为;(3)违反约定或者违反权利人有关保守商业秘密的要求,披露、使用或者允许他人使用其所掌握的商业秘密的行为;(4)明知或者应知上述所列行为,获取、使用或者披露他人的商业秘密的行为。在司法实践中,应当正确区分本罪与一般商业秘密侵权行为的区别。两者的区别主要在于:(1)两者的行为范围有所不同。本罪的行为范围是指刑法明文规定四种严重侵权行为(三种为直接侵权行为,一种为间接侵权行为);而一般商业秘密侵权行为是指这四种侵权行为以外的其他行为,它们只承担民事、经济或行政责任。(2)两者危害的程度要求不同。本罪要求必须给商业秘密的权利人造成重大的损失;一般商业秘密侵权行为则限定在造成一般的损失范围之内。

从上述知识产权犯罪的刑法规定分析可知,1997年《刑法》将知识产权犯罪进行了系统的整合,对知识产权各个领域中的犯罪作出了全面而系统的规定,一定程度上体现了我国对知识产权进行全面保护的刑法体系的建立。

二、知识产权犯罪的情况与特点

由于知识产权犯罪案件的数量比较庞大,分析知识产权犯罪的情况与特点比较实际的方式是采用抽样调查。因此,笔者采取抽样调查的方法,对某市近年来侵犯知识产权犯罪案件立案侦查后各个诉讼环节生效法律文书,随机抽样起诉意见书(302份)、撤销案件决定书(4份)、起诉书(290份)与判决书(299)份,进行统计分析,掌握了知识产权犯罪的基本情况与主要特点。

(一)知识产权犯罪的基本情况

1. 案件数量逐年递增

从该市检察机关受理提请批准逮捕、受理移送起诉的案件数量看,除了2008年略有减少以外,大致呈逐年递增的趋势。

2. 法院有罪判决率高

该市检察机关起诉案件348件583人,法院作出有罪判决的达到336件554人,有罪判决的案件数占起诉案件数的96.6%。其中判处五年以下有期徒刑以及缓刑的为321件532人,占判决总数的95.5%。

3. 涉及罪名相对集中

对照侵犯知识产权犯罪案件涉及的7个罪名,除了假冒专利罪案件数为零,销售假冒注册商标的商品罪案件占到了绝大多数,其次是假冒注册商标罪,涉及的罪名相对比较集中。

4. 涉案人员文化程度较高

涉案人员中,具有中学以上学历的有634人,占到了80.0%,其中大学及以上学历的有117人。涉案主体身份复杂,其中专业技术人员11人,领导人员52人,管理人员96人,无业人员323人,其他人员249人。侵犯知识产权犯罪出现保护伞。在一起销售假冒注册商标的商品案中,先后发现某烟草稽查人员不仅参与销售假烟,而且泄露执法计划,使其销售假烟的行为得以逃避查处。法院以帮助犯罪分子逃避处罚罪和假冒注册商标罪对黄某定罪判刑。

（二）知识产权犯罪的特点

1. 侵犯商标权犯罪案件中，烟草行业受害最大

抽样调查显示，在248件侵犯商标权刑事案件中，假烟类案件有68件，占总数的27.4%。侵犯的注册商标主要是“中华”、“红双喜”、“熊猫”等。

2. 国际知名品牌成为售假主要对象

售假者利用国际知名品牌的影响力及其良好质量和信誉，谋求巨额利润。涉及被假冒的注册商标集中于“THE NORTH FACE”、“Columbia”、“LV”、“GUCCI”、“ROLEX”、“OMEGA”、“CD”、“CHANEL”等十余种。

3. 共同犯罪和单位犯罪现象突出

抽样调查显示，侵犯商标权犯罪案件中，销售假冒注册商标的商品案、假冒注册商标案、非法制造、销非法制造的注册商标标识案中单位犯罪案件数量分别为11件、11件、2件，分别占总数188件、64件、6件的5.9%、17.2%、33.3%。不少犯罪分子注册公司，以单位行为为由规避刑事处罚，有的则通过幕后中间人进货，对上家情况不甚清楚，案件侦破和查获难度增加。不少案件特别是烟草案件，犯罪分子只能以从犯定性处罚。

4. 网络犯罪明显增多

随着网络的迅速发展，犯罪领域已经从物理空间发展到了虚拟空间。当前，有利用网络售假的，有侵犯网络著作权的，后者主要集中在私服、外挂领域，或者是仅通过篡改或复制特定程序、授权许可证等文件侵犯著作权，并出现以“免费下载”为由，规避“以营利为目的”法定条件的现象。

5. 知识产权犯罪案件查处难度较大

由于涉案人员信息灵通，作案地点变动频繁，公安机关或其他行政执法机关往往错过破案最佳时机。制裁门槛太高，多数情况下违法者仅被处以行政罚款，严重者大多判处缓刑。权利人参诉机制不健全，知情人报案意识不强。犯罪主体往往专业化、智能化程度比较高，善于利用监管薄弱环节实施犯罪，导致查处困难。

第二节　商标权类知识产权犯罪

商标权类知识产权犯罪是实践中极为多发的犯罪类型，刑法规定了假冒注册商标罪、销售假冒注册商标的商品罪等犯罪。同时，这类知识产权犯

罪往往与《刑法》分则第三章破坏市场经济秩序犯罪中的伪劣产品犯罪交织,导致司法实践中存在一系列疑难问题,有必要提出具有针对性的司法对策。

一、与注册商标"相同的商标"的认定

在假冒注册商标罪中,一个重要的问题是与注册商标"相同的商标"的判断。最高人民检察院、最高人民法院 2004 年出台的《关于办理侵犯知识产权刑事案件具体应用法律若干问题的解释》(以下简称《知识产权犯罪解释》)第八条规定"相同的商标"是指与被假冒的注册商标完全相同,或者与被假冒的注册商标在视觉上基本无差别、足以对公众产生误导的商标。2011 年最高人民法院、最高人民检察院、公安部《关于办理侵犯知识产权刑事案件适用法律若干问题的意见》(以下简称《知识产权犯罪意见》)对这一标准进一步细化为:"改变注册商标的字体、字母大小写或者文字横竖排列,与注册商标之间仅有细微差别的;改变注册商标的文字、字母、数字之间的间距,不影响体现注册商标显著特征的;改变注册商标颜色的;其他与注册商标在视觉上基本无差别、足以对公众产生误导的商标。"

可见,司法解释中对"相同的商标"的判断标准作出了细致规定,实践中应当予以贯彻。同时,还需要注意的问题是,"相同的商标"的判断主体需要进行确定。司法实践中,行政案件由工商行政部门判断,刑事案件由司法机关判断。但判断标准的一个关键点是"足以对公众产生误导",工商行政机关、司法机关的判断能否代表公众的感受?一种观点认为,工商行政机关、司法机关的判断不能够代表公众的判断,建议由国家商标局或有资质的中介组织承担"相同的商标"判断的鉴定;另一种观点认为要给法官留出足够的判断空间。我们倾向于后一种观点。具体原因在于:首先,国家商标局没有作出是否"相同的商标"鉴定的义务,其次,社会中介组织也有其利益需求,虽然法官的判断也会有分歧,但已有严谨的司法程序来平衡分歧,而社会中介组织的鉴定还没有相关的平衡机制。司法机关理应对于这类价值判断问题行使裁量权。

二、未售出的侵权商品的价值计算

商标权类知识产权犯罪案件中,大量侵权商品实际上并未销售,而是在仓库中被公安机关或者工商行政机关查获。对于此类尚未出售的侵权商品如何计算犯罪数额,实践中存在极大的认识分歧。

根据 2004 年《知识产权犯罪解释》,制造、储存、运输和未销售的侵权产品的价值,按照标价或者已经查清的侵权产品的实际销售平均价格计算;侵权产品没有标价或者无法查清其实际销售价格的,按照被侵权产品的市场中间价格计算。这里首先是“无法查清侵权产品的实际销售价格”如何界定以及如何衡量司法成本的问题。例如，犯罪嫌疑人没有记账或者没有在案发现场搜查到侵权商品的销售账目，但犯罪嫌疑人供述了较低的实际销售价格，能否认定其属于无法查清侵权商品的实际价格？再如，侵权商品的买受公司或个人远在外地，有的甚至在国外，在犯罪嫌疑人辩解不能说清侵权商品买受公司或个人的名称、地址等具体信息但却指出可以辨认的情况下，司法机关是否必须付出成本带其到买受公司所在地去查清销售价格？对此，应当按照刑事司法实践的一般原理以及事实存疑有利于被告人的刑法原则，要求司法机关全面承担侵权商品价值计算的证明责任，不能随意认定相关侵权商品无法查清实际销售价格。

侵权产品没有标价或者无法查清其实际销售价格的，根据司法解释的规定，应按照被侵权产品的市场中间价格计算，但假冒商品与真品之间价格悬殊，特别是假冒国际知名商标的商品与真品（奢侈品）之间售价差额达到十几倍甚至几十倍，案值动辄上百万元、上千万元，有的甚至过亿元，与假冒注册商标的商品的真实售价悬殊过大，量刑时难以选择适当的刑罚，还会造成既遂、未遂犯罪被告人罪刑不均衡，可能出现对未遂犯的量刑反而过重的情况。因此，从这一角度分析，“按照被侵权产品的市场中间价格计算”的方法，既不符合实事求是的基本原则，也不符合罪责刑相适应的刑法原则。笔者认为，在以市场中间价格严重偏离有证据证明的犯罪嫌疑人部分实际销售价格的，有必要以实际销售价格的平均值认定尚未销售侵权商品的价格。

三、知识产权犯罪与其他商品犯罪竞合的法律适用

当侵犯商标类的知识产权犯罪与生产、销售伪劣商品罪出现竞合时如何处理，处理的法律、法理依据是什么？实践中常遇到销售假冒注册商标的商品同时又是伪劣产品的情况，对此《知识产权犯罪意见》明确规定“依照侵犯知识产权犯罪与生产、销售伪劣商品犯罪中处罚较重的规定定罪处罚”。对这一规定的法理依据，一种观点认为行为人实施侵犯知识产权犯罪同时构成生产、销售伪劣商品罪的，这种情况属于法条竞合，应择一重罪处罚；另一种观点认为这属于行为人一个行为触犯数个罪名的想象竞合犯。我们认为，侵犯知识产权犯罪的构成要件不要求是生产、销售伪劣商品，而生产、销售伪劣商品也不以侵犯知识产权为要件，故两罪在法条上并没有重合关系，不属于法条竞合。销售假冒注册商品的伪劣产品，属于一个行为既侵犯他人注册商品专用权，又侵犯了消费者利益，同一行为同时违反了商标法和产品质量法，应属于想象竞合犯，应择一重罪处罚。

四、商标权类知识产权犯罪与其他商品犯罪的规范界限

销售假冒商品属于多发性案件,由于犯罪行为交织知识产权犯罪与商品犯罪,需要根据《药品管理法》、《产品质量法》、《商标法》等前置性法律规范进行多方面与多层次的违法性判断,在刑法适用上涉及较多分则规定,司法实践中定性争议较大。有必要在梳理相关刑法规范之间的法条关系的基础上明确此类行为的定性规则。

司法实践中的典型案例表现为:犯罪嫌疑人盛某为牟取非法利润,未经药品监督管理部门批准、未取得《药品经营许可》、未获得权利人美国辉瑞制药公司授权许可,低价购入假冒的"万艾可"("VIAGRA")药片,先后五次向他人出售药片共计24 730粒,销售金额人民币23万余元。经鉴定,涉案的假冒"万艾可"药片成分与正品"万艾可"无异,具有相当的药理功能。

对于犯罪嫌疑人的行为如何定性,实践中存在以下四种意见:第一种意见认为,盛某构成销售假药罪。根据《药品管理法》,假冒"万艾可"属于未经检验而予以销售的药品,应以假药论处。盛某在明知的情况非法销售,构成销售假药罪。第二种意见认为,盛某构成销售假冒伪劣产品罪。假药可以归入伪劣产品的范畴,盛某销售假药,没有产生危害人体健康危险的,但销售金额达23万余元,构成销售假冒伪劣产品罪。第三种意见认为,盛某构成非法经营罪。在未经药品监督管理部门批准、未取得《药品经营许可证》的情况下,盛某购入假冒"万艾可"并向他人销售,侵犯了药品专营专卖制度,扰乱了药品经营管理秩序,应当以非法经营罪论处。第四种意见认为,盛某构成销售假冒注册商标的商品罪。"万艾可"、"VIAGRA"文字和图形均为注册商标,盛某在明知假冒片剂的表面及其外包装非法使用上述注册商标予以销售,销售金额达23万余元,构成销售假冒注册商标的商品罪。

我们支持第四种意见,具体理由为:

首先,盛某的行为不构成销售假药罪或者销售伪劣产品罪。

根据《药品管理法》第四十八条的规定,必须检验而未经检验即销售的药品,按假药论处。因此,盛某销售未经检验的假冒"万艾可",在行为对象层面符合销售假药罪的要件。但是,销售假药罪属于危险犯,销售假药的行为只有在"足以严重危害人体健康"的情况下才能成立犯罪。根据"两高"《伪劣商品解释》第三条的规定,具有以下三种情况之一,应认定为《刑法》第一百四十一条规定的"足以严重危害人体健康":含有超标准的有毒有害物质的;不含所标明的有效成分,可能贻误诊治的;所标明的适应症或者功能主治超出规定范围,可能造成贻误诊治的;缺乏所标明的急救必需的有效成分的。本案中的假冒"万艾可"药片并不存在《伪劣商品解释》第三条规定的

有毒性、有害性、危险性特征,且具有正品"万艾可"的药理功能,无法认定其危害人体健康。因此,盛某的行为不构成销售假药罪。

本案中的假冒"万艾可"也不属于伪劣产品。根据《刑法》第一百四十条销售伪劣产品罪以及《伪劣商品解释》的规定,伪劣产品具体表现为在产品中掺杂、掺假,或者以假充真,或者以次充好,或者以不合格产品冒充合格产品。在产品中掺杂、掺假,是指在产品中掺入杂质或者异物,致使产品质量不符合国家法律、法规或者产品明示质量标准规定的质量要求,降低、失去应有使用性能的行为。以假充真,是指以不具有某种使用性能的产品冒充具有该种使用性能的产品的行为。以次充好,是指以低等级、低档次产品冒充高等级、高档次产品,或者以残次、废旧零配件组合、拼装后冒充正品或者新产品的行为。不合格产品,根据《产品质量法》第二十六条的规定,是指存在危及人身、财产安全的不合理危险,或者不符合保障人身、财产安全的国家、行业标准,或者不具备相关使用性能,或者不符合产品及包装上注明的标准与质量状况。

可见,销售伪劣产品罪的罪质特征在于销售的产品本身在成分上具有虚假性,在性能上具有缺失性,在使用上具有危险性,在标准上具有不符性,实质上强调的是产品的劣质性。并且,本罪的违法性判断的依据是《产品质量法》。而涉案物品假冒"万艾可"药品虽然属于《药品管理法》上的假药,但实质上是基于应检验而没有检验的事实,被认定为以假药论处。本案中的假冒"万艾可"虽在《药品管理法》上以假药论处,但根据其实质上具备相关成分与药理功能的事实,并不是《产品质量法》上的劣质产品,不能当然地归入《刑法》第一百四十条销售伪劣产品罪意义上"伪劣产品"的范畴。因此,盛某也不构成销售伪劣产品罪。

其次,销售假冒注册商标的商品罪与非法经营罪之间属于包容竞合关系。

未取得《药品经营许可证》以及未经注册商标权利人许可的盛某,非法销售假冒注册商标的商品,应当认定为销售假冒注册商标的商品罪,还是非法经营罪?明确该问题的前提在于梳理两罪之间的法条关系。

笔者认为,销售假冒注册商标的商品罪与非法经营罪之间形成法条竞合关系,并且属于包容竞合。第一,从罪质内涵进行分析,销售假冒注册商标的商品罪具备非法经营罪的整体性质。不具有合法经营特定商品资质的个人或者单位,销售假冒注册商标的商品,违反了国家保护知识产权的法律法规,严重扰乱市场经济秩序,具有明显的非法经营性质。第二,从两罪的客体要件分析,销售假冒注册商标的商品罪所侵犯的客体是他人的商标权以及国家的知识产权管理秩序,非法经营罪侵犯的客体是国家对市场活动的管理秩序,知识产权的管理秩序属于市场秩序的一部分。因此,两罪侵犯的客体具有包容关系。第三,从两罪的行为要件分析,销售行为显然属于非法经营行为,同样具有包容关系。

除了上述理由之外,还有必要从打击假冒注册商标行为刑事司法实践的沿革角度分析销售假冒注册商标的商品罪与非法经营罪之间的法条关系——实务部门对于销售假冒注册商标的商品罪与非法经营罪之间的法条关系经历了认识上的反复,但最终还是认同了包容竞合关系的结论。

销售假冒注册商标的商品罪的前身是1979年《刑法》第一百二十七条假冒商标罪,非法经营罪的前身是1979年《刑法》第一百一十七条投机倒把罪。在新刑法实施前,司法实践中对于假冒商标罪与非法经营罪之间的法条关系就存在极大争议,直接影响相关案件的定性。

根据1985年5月9日最高人民法院《关于个人非法制造、销售他人注册商标标识而构成犯罪的应按假冒商标罪惩处的批复》(以下简称《批复一》)的规定,非法制造、购买名牌产品的商标标识,用于其他产品上,冒充名牌产品出售,均构成对商标专用权的侵犯,可以直接依照假冒商标罪定罪判刑。对此,1985年10月5日最高人民检察院《关于个人非法制造、销售他人注册商标标识而构成犯罪的能否按照假冒商标罪惩处的批复》(以下简称《批复二》)进一步补充:没有营业执照的个人非法制造、销售他人注册商标标识,构成犯罪的,按投机倒把罪追究刑事责任。该批复认为没有营业执照的个人实施的假冒商标行为,侵犯的是专营专卖的市场管理秩序。可见,当时的实践观点认为,假冒注册商标罪与投机倒把罪之间并不是缜密的包容竞合关系,而是存在规制范围的空隙,相关空隙应当由投机倒把罪进行填充。

然而,1988年2月26日最高人民法院《关于假冒商标案件两个问题的批复》(以下简称《两个问题批复》)指出:(1)对于没有营业执照的个人违法商标法规,假冒他人注册商标,包括非法制造或者销售他人注册商标标识,构成犯罪的,今后也应按照假冒商标罪论处。(2)为获取非法利润,假冒他人注册商标,包括非法制造或者销售他人注册商标标识,非法经营或者非法获利的数额巨大,情节严重的,其行为触犯了假冒商标罪,也触犯了投机倒把罪,应当按照其中的重罪即投机倒把罪定罪处刑。暂时抛开从重法处断原则不谈,《两个问题批复》改变了《批复一》与《批复二》的观点,认为假冒商标罪与投机倒把罪属于包容法条竞合关系,销售假冒注册商标的商品行为,同时符合两个犯罪的构成要件。

1997年修订《刑法》时吸收了上述司法解释观点沿革的内容,对投机倒把罪的行为内容予以细化,设置具有相对兜底功能的非法经营罪替代投机倒把罪。假冒商标罪则转置为假冒注册商标罪、销售假冒注册商标的商品罪、非法制造、销售非法制造的注册商标标识罪,与其他侵犯专利犯罪、著作权犯罪并入侵犯知识产权罪。由此可见,销售假冒注册商标的商品罪与非法经营罪之间是特殊法与一般法的法条竞合关系。本案中盛某非法销售假冒"万艾可"的行为同时符合销售假冒注册商标的商品罪与非法经营罪的构成要件。

再次,法条竞合的处断原则应当是特别法优于普通法。

在承认销售假冒注册商标的商品罪与非法经营罪之间属于包容竞合关系的基础上,对于销售假冒"万艾可"行为应当是从重法(非法经营罪)处断,还是从特别法(销售假冒注册商标的商品罪)处断,实践中存在争议。笔者认为,法条竞合犯的处断原则应当是特别法优于普通法,不能将刑罚轻重作为法条竞合犯的择法因素。

从本质上分析,法条竞合犯的处断原则是选择最适合的刑法规范对犯罪行为进行整体评价问题,即在一行为触犯数法条的情况下,为避免重复评价,选择最优法条评价行为。法条评价的充分性、完整性、适当性、贴切性是第一位的考量因素。

在逻辑结构上,特别法不仅能够执行特别评价功能,由于内括于普通法,还能够对涉案行为进行普通评价。而普通法由于缺少针对性,显然无法执行特别评价功能。根据充分评价的法条取舍原则,法条竞合犯的处断原则应当是从特别法论处。特别法的立法意图在于针对特定的犯罪对象、行为模式、犯罪主体,设置严格符合罪刑法定原则的针对性条款进行特别的明确性保护,而非通过普通法进行模糊性规制。这是罪刑法定原则明确性内涵在法条竞合犯语境下的具体展现。既然是一种特别保护,特别法当然处于优先适用的地位,不应当让位于处刑较重的普通法。

法条竞合犯区别于想象竞合犯,后者属于选择最适合的刑法规范对犯罪行为进行定罪量刑以实现罪刑相适的实用性价值问题。故想象竞合犯的处断原则是重法优于轻法。如果法条竞合犯同样选择重法优于轻法的处断原则,特别法将持续处于虚置状态,丧失了规范存在的必要性,显然有悖于立法意图。

实践中有观点强调,适用法定刑明显较轻的新法追究行为人的刑事责任,很大程度上未能有效地惩处犯罪行为,不利于打击与预防犯罪。类似于本案中的销售假冒"万艾可"行为在实践中较为普遍,销售假冒注册商标的商品罪的两档法定刑明显低于非法经营罪。如果不根据非法经营罪予以严惩,此类犯罪行为将愈演愈烈。

笔者认为,实践中部分经济犯罪案发率较高是否可以归结为处罚太轻、打击力度不够,应当属于经过科学调查后的量化分析问题,而不是可以根据司法经验直接作出的定性判断问题。实务部门不能单纯基于尚未经过调查的打击犯罪的必要性考量而突破法条竞合犯的刑法解释规则,按照重法优于轻法原则进行定性。即使经过量化调查确定特别法刑罚过轻,不利于打击犯罪,也不能通过司法权的变通行使而对法条竞合犯适用处罚较重的普通法。定罪量刑的依据应当是刑法规范以及罪刑法定原则下合法性与合理性兼备的刑法解释规则。基于法定刑配置明显失衡而出现犯罪控制不利的,应当通过立法修正的方式协调罪刑关系。

因此,本案中盛某非法销售假冒"万艾可",销售金额达23万余元,同时触犯了销售假冒注册商标的商品罪与非法经营罪,属于法条竞合犯,应当根据特别法优于普通法的规则,认定为销售假冒注册商标的商品罪。

五、诱惑侦查对商标权类知识产权犯罪认定的影响

由于商标权类侵犯知识产权犯罪比较隐蔽,打击查处难度大,取证也更加复杂,实践中存在犯意引诱、数量引诱等侦查手段。例如,权利人发现自己的商品被假冒侵权销售后报案,经公安机关同意后进行数量引诱,双方交易时公安机关当场抓获嫌疑人。此时能否将全部交易额作为定罪量刑的依据?目前司法解释或规范性指导意见中仅对毒品犯罪中的犯意引诱、数量引诱如何适用作出规定,对侵犯知识产权犯罪中能否适用这类诱惑侦查手段则没有规定,司法实践中一般不认可犯意引诱,对数量引诱也仅是作为一个情况加以考虑。应当坚持的是,刑事案件有着严格的证据标准,数量引诱作为一种特殊的侦查手段,在国外也仅适用于特殊案件,并有严格的适用条件加以约束,不能因为取证困难而不受约束地使用,更不能作为定罪依据,应设立适用条件限制,在实践中不断完善。

第三节　著作权类知识产权犯罪

著作权犯罪的司法认定一直是司法实践中的疑难问题,尤其是侵犯著作权罪的发行行为与销售侵权复制品罪的销售行为的认定,以及侵犯著作权罪的帮助犯责任问题,长期困扰实务部门,有必要予以深入解释。

一、侵犯著作权罪中的发行行为

2004年《知识产权犯罪解释》第十一条、2007年最高人民法院、最高人

民检察院《关于办理侵犯知识产权刑事案件具体应用法律若干问题的解释（二）》（以下简称《知识产权犯罪解释二》）第二条以及2011年《知识产权犯罪意见》第十二条分别就信息网络传播是否属于发行行为、“复制发行”的理解以及发行行为的具体认定等问题进行解释。

上述司法解释就发行行为的认定及其实质边界问题建构了层层深入、环环相扣的实践判断规则。但是，由于刑法司法解释与《著作权法》关于“发行”的解释存在明显差异，加之刑法理论与实务中对与“发行”有关的知识产权犯罪系列司法解释的理解存在分歧，导致实践中出现法律适用不统一：对于销售盗版图书、光碟、通过网络传播盗版软件等严重侵犯著作权的行为，有的认定为“发行”而以侵犯著作权罪定罪处罚，有的认定为“销售”而以销售侵权复制品罪定罪处罚。因此，有必要以层进式的逻辑进路对侵犯著作权罪发行行为进行符合罪刑法定原则的刑法解释，在证成发行行为的刑法解释区别于知识产权法规定具有正当性的基础上，阐释发行行为在刑法上的实质内涵，明确侵犯著作权罪发行行为与销售侵权复制品罪销售行为的规范界限，为实务部门准确认定侵犯著作权犯罪行为提供对策。

（一）知识产权法与刑法有关“发行”解释差异的正当性基础

根据《知识产权犯罪解释》第十一条的规定，通过信息网络向公众传播他人文字作品、音乐、电影、电视、录像作品、计算机软件及其他作品的行为，应当视为侵犯著作权罪中的发行或者复制发行。《知识产权犯罪意见》第十二条进一步将信息网络传播明确规定为发行行为。故信息网络传播在刑法上属于发行行为的一种表现形式。而《著作权法》第十条明确将“发行权”与“信息网络传播权”进行区分。对此，知识产权法理论上有观点质疑刑法司法解释的合法性与正当性：网络传播毕竟是与发行在构成上截然不同的行为，按照罪刑法定原则，仅仅适用于“复制发行”行为的侵犯著作权罪根本就不可能被具体应用于网络传播行为。在我国刑法已经废除类推制度的情况下，司法解释将信息网络传播认定为发行，有越权之嫌。惩治严重侵犯网络传播权的行为，其前提在于全国人大或其常委会在广泛征求意见的基础上将此类行为犯罪化。①

同时，根据《著作权法》第十条第（六）项的规定，发行权是指以出售或者赠与方式向公众提供作品的原件或者复制件的权利。基于法律的明确规

① 参见王迁：《论著作权法中“发行”行为的界定——兼评“全球首宗BT刑事犯罪案”》，《华东政法学院学报》2006年第3期。

定,知识产权法理论中的代表性观点认为,发行包括向公众出售或赠与作品原件或复制件两种行为方式,由于以赠与形式或者出售原件形式出现的发行行为在实践中极为罕见,故发行基本上可以等同于销售。①根据法律解释的一般规则,在发行行为具有确定性民事法律定义且刑法没有具体概念解释的情况下,侵犯著作权罪中"发行"的内涵不应与《著作权法》相矛盾,也应当包含销售行为。刑事司法实践中的不少判例也持相同观点,认为《刑法》第二百一十七条中"发行"的含义与《著作权法》第十条中的"发行"是一致的。根据《知识产权犯罪解释二》第二条的规定,侵犯著作权罪中的"复制发行"包括复制、发行或者既复制又发行的行为,即独立的发行行为可以构成侵犯著作权罪"复制发行";根据《知识产权犯罪意见》第十二条的规定,非法出版、复制、发行他人作品,侵犯著作权构成犯罪的,按照侵犯著作权罪定罪处罚,不认定为包括非法经营罪、销售侵权复制品罪等在内的其他犯罪。这就意味着非法发行涵盖非法销售他人作品,按照司法解释统一认定为侵犯著作权罪,销售侵权复制品罪完全丧失了适用空间。

在知识产权法上不能归属于发行的信息网络传播却被刑法评价为发行而将网络传播侵权产品的行为认定为侵犯著作权罪。并且,刑法设置侵犯著作权罪与销售侵权复制品罪的目的在于从不同角度对著作权进行充分的刑事保护。但经由一系列法律解释后,形成了虚置销售侵权复制品罪的结论。理论与实践中出现上述疑问的根源在于刑法与知识产权法关于"发行"的解释存在差异。

刑法解释理论中的主流观点认为,民法和刑法在对行为性质判断上采取的方法有所不同,民法更注重形式判断,刑法则更强调实质判断;刑法司法解释的某些规定可能凸显出民法与刑法的规定冲突,在民刑关系产生"摩擦"时,认定犯罪应当以刑法实质判断为依据。②刑事司法应当谨慎地处理好刑事法律与行政法规的关系,要保障刑法的独立性,刑法与前置性法律法规具有不同的目的,两者即使使用了相同的用语,也可以作不同解释,构成犯罪不以违反行政法律法规的刑事罚则为前提。③在知识产权犯罪认定中,刑法与知识产权法之间也完全可能存在对相同行为的不同法律判断,不能直接根据知识产权法的规定解释知识产权犯罪行为的内涵,而是应当通过刑

---

①　王迁:《论著作权意义上的"发行"——兼评两高对〈刑法〉"复制发行"的两次司法解释》,《知识产权》2008 年第 1 期。

②　参见陈兴良:《惩治受贿犯罪,刑法需要实质判断》,《检察日报》2007 年 12 月 31 日第 3 版。

③　参见张绍谦:《试论行政犯中行政法规与刑事法规的关系——从著作权犯罪的"复制发行"说起》,《政治与法律》2011 年第 8 期。

法及其司法解释进行独立于知识产权法的实质判断。基于上述刑法解释理论的逻辑,侵犯著作权罪中的发行行为不能直接根据《著作权法》的规定解释为可以包含销售行为,而应具有独立的刑法内涵。

笔者认为,以刑法注重实质判断而民法注重形式判断或者刑法独立性为由主张刑法可以超越民事、商事、行政等前置性法律法规对相关行为进行实质判断,其法律理论上的说服力、刑法解释上的准确性、实践认定上的针对性都是存在疑问的。对于特定行为的刑法判断是否应当采用与前置性法律法规相同的规定与理解,不仅应当形成确定的法律解释原则,而且必须根据具体的犯罪类型与法律规定总结明确的司法认定规则。

刑法解释是综合运用现有的法律法规等对特定要素内涵和外延的具体阐释,显然应当遵循法律解释的合法性原则。刑法解释本身应当符合法律规定,不能超越民法、商法、行政法等前置性法律法规的规定。例如,在财产犯罪中,所有动产、不动产的权利及其价值等需要按照民法进行界定;在证券期货犯罪中,金融从业人员的特殊主体身份、金融交易行为等需要根据商法、经济法进行判断;在职务犯罪中,国家工作人员主体身份、职务行为的合法性等问题需要依照行政法进行认定。所以,对于特定要素的解释,刑法判断不能突破既有的民商、经济、行政法律法规以及相关法律理论。只有在非刑事法律规范与刑法所进行解释的具体问题具有实质差异或者解释的角度具有明显区别的情况下,刑法才能够进行独立且合理的解释与判断,以实现刑事司法的公平与效率。

对于侵犯他人著作权这一犯罪类型而言,“作品”、“著作权人”、“许可”、“出版”、“许可”等法律要素的刑事司法认定必须遵循《著作权法》及其配套法规的规定。但是,对于侵犯著作权罪中“发行”的认定问题,由于《著作权法》所规定的具体问题以及解释的视角与刑法存在实质性差异,刑事司法实践具有进行独立刑法判断的正当性基础。知识产权法是权利法,这就决定了《著作权法》第十条应当且事实上是从权利的角度对“发行权”设置法律定义。刑法是行为法,侵犯著作权罪是通过界定国家刑罚权的实体边界禁止包括“复制发行”侵犯他人著作权产品在内的犯罪行为。《著作权法》对发行权的规定,重在把握其与其他类型的著作权之间的边界,而运用刑法解释原理对侵犯著作权罪发行行为进行判断,关键在于形成符合社会一般公众以及公平正义理念有关发行行为本质认识的法律理解。知识产权法与刑法有关“发行”的规定归属于两个问题(发行权与发行)、演绎为两种视角(权利解释与行为解释),这才是刑法及其司法解释超越知识产权法对侵犯著作权罪发行行为作出独立判断的法理基础。

（二）侵犯著作权罪中发行行为的实质解释

在方法论上确立了刑法对侵犯著作权罪中的发行行为进行独立解释的正当性基础之后，应当进一步探求发行行为的实质内涵。根据《知识产权犯罪意见》第十二条的规定，"发行"包括总发行、批发、零售、通过信息网络传播以及出租、展销等活动。据此，实践中有观点认为，《知识产权犯罪意见》在司法解释层面规定了刑法中侵犯著作权罪发行行为的含义，明确了发行是包括批发、零售、出租、展览等在内的传播作品原件或者复制件的行为，即发行包括销售，在司法实务中应当予以执行。司法解释虽然没有直接按照《著作权法》第十条的规定认定侵犯著作权罪中的"发行"，但仍然作出了发行行为整体涵盖销售行为的规定。在这种情况下，单纯销售侵权复制品的行为还是要认定为侵犯著作权罪，依旧不可避免地侵占、甚至消除销售侵权复制品罪的适用空间。①

上述意见仅从表面上理解《知识产权犯罪意见》第十二条，认为该规定就是发行行为在刑法上的实质内涵，并进而主张发行包含批发、零售等销售形式意味着发行行为整体涵盖销售行为。然而，应当注意的是，《知识产权犯罪意见》对"发行"的解释实际上是一种形式定义或者外延列举，即通过罗列发行的具体方式指导司法人员辨识发行行为的各种类别。系统分析《著作权法》第十条可以发现，《知识产权犯罪意见》不仅没有将知识产权法中的"发行权"与刑法中的"发行"进行等同化解释，而是整体考量发行权、信息网络传播权、出租权、展销权等各种具体著作权的规定，将这种向社会发出作品原件或复制件的权利转化为行为方式整体纳入"发行"的范围，统一整合为发行行为的具体手段，并细致地将转移所有权的发出作品行为拆分为"总发行"、"批发"、"零售"。可见，《知识产权犯罪意见》第十二条没有对发行行为的内涵进行实质化限定。从逻辑层面分析，发行包括批发、零售、出租、展览等多种形式，销售包括批发、零售两种形式，在规范解释上只能得出发行形式整体涵盖销售形式的合逻辑结果，而不能臆断侵犯著作权罪中的发行行为包括销售行为。

司法解释并未对侵犯著作权罪中的发行行为进行正式的刑法定义，应当在刑法解释理论上对发行的实质内涵作出界定。根据社会公众的一般理解，发行是指发出新印刷的货币、债券或新出版的书刊、新制作的电影等。②发行的行为内涵是"发出"，行为指向是"新"制成的作品原件或复制件，日常

① 参见张远煌、余浩:《论刑法中"销售"与"复制发行"之关系》,《中国刑事法杂志》2011年第6期。

② 中国社会科学院语言研究所词典编辑室编:《现代汉语词典(修订本)》,商务印书馆2001年版,第340页。

生活中发行行为的本质是“发出”新原件或新复制件。故刑法上侵犯著作权罪发行行为的实质内涵就是将制作完成的侵权复制品发出。侵犯著作权罪发行行为的实质定义包括了以下具体内容:(1)关系性内涵。发行行为与侵权复制品的生产行为紧密联系,使侵权复制品从制作完成到流向市场的中间环节。(2)时间性内涵。发行行为在时间上具有严格的限定性,一旦侵权复制品被发出,发行行为即告终了,即使该批侵权复制品在市场上仍然以与发行行为相同的方式进行流转,侵权复制品发出之后的行为不能再被刑法评价为发行。(3)功能性内涵。在主观功能层面,发行行为是通过发出侵权复制品完成非法制作侵权复制品所意图实现的赢利目的;在客观功能层面,发行行为一方面为侵权复制品生产行为获取非法所得,另一方面为侵权复制品的后续销售等流通行为提供物质基础。

以不同的标准可以将刑法上的发行行为区分为不同类型。以转移产权的形式为标准,可以分为转移产品所有权的发行(批发、零售等)与转移产品使用权的发行(展览、出租等);以权限是否具有排他性为标准,可以分为总发行(统购、包销、独家经销等)与非排他性授权经销(一般经销、定销等);以传播载体为标准,可以分为传统载体发行(纸质、磁带、光盘等)与信息网络传播。所以,《著作权法》虽然规定了发行权包括销售权、信息网络传播权属于独立于发行权之外的著作权之一,但由于批发、零售等销售行为、信息网络传播行为均系侵权复制品被非法制作后流入市场的第一道环节,本质上都是发出新产品,在刑法解释上应当将其整体归入发行的具体表现形式。

（三）侵犯著作权罪发行行为与销售侵权复制品罪销售行为的刑法界限

在刑法解释上明确侵犯著作权罪发行行为的实质是发出侵权复制品,结合《知识产权犯罪意见》第十二条列举的发行行为的六种表现形式,能够确认发行仅在形式上包括销售,不会出现侵犯著作权罪整体覆盖销售侵权复制品罪的情况。但是,知识产权犯罪刑事实践中正确适用侵犯著作权罪与销售侵权复制品罪,不仅需要梳理发行行为与销售行为的形式关系,更为关键的是廓清两者在刑法上的实质界限。

刑法理论与实务中一直有观点认为,应当根据主体类型区分发行行为与销售行为,复制者自己销售侵权复制品,属于发行行为;复制者之外的他人销售侵权复制品,属于销售行为。[①]作为侵犯著作权罪客观方面的发行必

---

① 参见逄锦温、刘福谦、王志广、丛媛:《〈关于办理侵犯知识产权刑事案件适用法律若干问题的意见〉的理解与适用》,最高人民法院刑事审判一至五庭主办:《刑事审判参考·总第78集》,法律出版社2011年版,第162页。

须借助销售行为实现其分散侵权制品的目的,故复制著作权人作品与销售行为构成"发行"这一侵犯著作权罪的客观要件。销售侵权复制品罪中的"销售"在形式上包括批发、零售代销、推销、贩卖等行为,是把发行者制作或出售的作品通过再次出售的方式流向社会,是连接复制著作权人作品者与消费者之间的一个中间环节。①

这种观点以实质的分析视角对发行行为进行限定从而明确发行与销售的界限,其"复制者销售侵权产品系发行"的主张实际上就是否定《知识产权犯罪解释二》第二条的意见,重新解释侵犯著作权罪中的"复制发行",坚持复制且发行的行为属于"复制发行",将独立的发行行为排斥在"复制发行"之外。②质疑《知识产权犯罪解释二》第二条合理性的典型论据是:(1)侵犯著作权罪中的"制作、出售"之间使用顿号而"复制发行"没有,根据刑法规范文义解释与体系解释原理,复制与发行必须同时具备才构成侵犯著作权罪;③(2)《刑法》第二百一十七条第(二)项规定的"出版"本质上就是在编辑加工的基础上对作品进行复制后向公众发行,其内涵等同于复制且发行,相同条文中的"复制发行"不应作不同解释。④单纯对《刑法》第二百一十七条侵犯著作权罪的规范内容进行静态理解,上述刑法解释方法与结论均属合理。但是,局限于单一刑法条文内部的形式化解构必须放置于法律体系之中进行解释的合目的性检验,形式化解构一旦与立法目的冲突,即应让位于符合罪刑法定原则的实质解释。根据《著作权法》第四十八条的规定,未经著作权人许可,复制、发行、表演、放映、广播、汇编、通过信息网络向公众传播其作品,情节严重构成犯罪的,依法追究刑事责任。显然,《著作权法》刑事罚则已经确认了复制或者发行侵权产品的行为构成犯罪,《知识产权犯罪解释二》第二条的规定完全符合立法本意。同时,根据本节前述知识产权法与刑

---

① 参见侯艳芳、何亚军:《侵犯著作权罪界限划定疑难问题探析》,《法学杂志》2008 年第 6 期。

② 刑法理论中一直存在类似观点。参见龚培华:《刑法法条关系研究》,上海交通大学出版社 2011 年版,第 189 页;张绍谦:《试论行政犯中行政法规与刑事法规的关系——从著作权犯罪的"复制发行"说起》,《政治与法律》2011 年第 8 期;朱华:《侵犯著作权罪中"发行行为"宜分解认定》,《检察日报》2010 年 6 月 9 日第 3 版;刘远山:《论我国著作权犯罪的定罪和处罚及其刑法完善》,《河北法学》2006 年第 4 期;刘力、单民:《侵犯知识产权犯罪的定罪与量刑》,人民法院出版社 2001 年版,第 218 页等。在《知识产权犯罪解释二》出台之前,实践中也有采纳此种观点的操作规则。例如,2006 年上海市高级人民法院刑二庭、上海市人民检察院公诉处《关于贩卖盗版光盘案件如何适用法律意见(试行)》第一条规定:对于贩卖光盘的行为应当依照刑法第 218 条的规定,以销售侵权复制品罪定罪处罚;如果行为人同时具有复制盗版光盘行为的,应当依照刑法第 217 条的规定,以侵犯著作权罪定罪处罚。

③ 参见龚培华:《刑法法条关系研究》,上海交通大学出版社 2011 年版,第 189 页。

④ 参见张远煌、余浩:《论刑法中"销售"与"复制发行"之关系》,《中国刑事法杂志》2011 年第 6 期。

法同时对“发行”问题作出规定情况下的法律解释方法论铺垫,《著作权法》第四十八条与侵犯著作权罪刑法规范均属发行行为性质的规定,刑法解释不应当桎梏于刑法条文字面意思从而得出明显违背立法本意的结论。因此,不能从销售侵权产品的主体是否为复制者的角度区分发行行为与销售行为。

实践中也有观点认为,应当根据盗版犯罪行为体系中的等级梯次区分发行与销售,生产商、代理商、批发商等处于盗版链条上位环节的行为主体销售盗版,应当认定为发行行为;处于盗版下位环节或者终端环节的销售商贩卖盗版,应当认定为销售行为。①

这种观点在现有的知识产权犯罪司法解释框架下探究发行与销售的界限,固然值得肯定,但其提出的判断标准不具有可操作性、规范性及逻辑性。盗版犯罪生态的链条冗长、结构复杂,侵权复制品多级代理、多级批发的情况较为普遍,实践中无法区分上位环节与下位环节。如果将分隔标准硬性设置在销售终端,生产商、代理商、批发商的上游分销行为认定为发行,向消费者转让侵权复制品的终端贩卖行为认定为销售,将会导致罪刑关系严重失衡。因为批量销售与终端零售均属销售行为,没有质的区别而仅有单次行为的销量区别,在侵权复制品总销量相同的情况下,批发与零售的社会危害性相当,如果批发盗版构成重罪侵犯著作权罪而零售盗版构成轻罪销售侵权复制品罪,罪刑明显失衡。同时,根据批发、零售分属发行、销售的观点,行为人批发且零售盗版,符合不同性质的行为构成,应当同时构成侵犯著作权罪与销售侵权复制品罪。结合相关司法解释的数额标准举例分析:如果单纯批发盗版违法所得 32 万元,应以侵犯著作权罪判处三年以上七年以下有期徒刑;如果批发盗版违法所得 20 万元、零售违法所得 12 万元,应以侵犯著作权罪判处三年以上七年以下有期徒刑、以销售侵权复制品罪判处三年以下有期徒刑,数罪并罚。按照上述观点,批发数额在被零售分流部分数额后,其社会危害性应轻于总额相同的纯粹批发行为,而其刑罚结果却形成倒挂,明显逻辑混乱。所以,不能从盗版犯罪链条网络上分解发行行为与销售行为。

笔者认为,侵犯著作权罪发行行为与销售侵权复制品罪销售行为的实质界限在于:《刑法》第二百一十七条规定的侵犯著作权的产品被非法复制后的首次销售行为构成“发行”;首次销售后,针对该批侵权复制品的批发、零售行为构成“销售”。

实质性界分“发行”与“销售”的关键在于定位参照系,而“复制”就是符合

---

① 参见左杰:《从一起案例谈如何认定侵犯著作权罪中的“发行行为”——兼论我国侵犯著作权罪法律法规的完善》,《经济与法》2010 年第 10 期。

知识产权犯罪刑法原理与实践操作需求的唯一合理参照——发行是侵权产品被复制后的首次销售行为;销售是该批侵权复制品的后续销售行为。这意味着发行行为的形式范围虽然宽泛,但其实质限定相对严格。在所有以销售方式进行发行的行为形式中,之所以复制后的首次销售行为才能构成发行,是因为"发行"彰显的是"发出"与"新制品"两个概念,而"销售"商品与货币的互换,更多地体现了社会生活中的"交易"与产品的"流通"。发出新制品其所指并非侵权复制品本身的新旧,而是强调复制与销售之间形成紧密联系且该种联系具有首次性或者一级性。侵权复制品首次销售之后的二级、三级等后续批发、零售所承担的显然只是交换、流通功能而不具发出意义。侵犯著作权罪中以销售形式出现的"发行",其具体内容可以是:(1)非法复制者本人直接且统一批量或者零散销售侵权复制品;(2)经过共谋,非法复制者将侵权产品交由他人销售或者与他人共同销售;(3)没有证据证明行为人明知侵权产品直接来源于非法复制者或与非法复制者之间存在共谋,其客观上将该批侵权复制品统一进行销售,或者其客观上将该批侵权复制品的一部分进行销售,其余部分由非法复制者直接销售;(4)非法复制者生产侵权产品后设置多个销售代理,没有证据证明盗版代理商明知该批侵权产品直接来源于非法复制者或与非法复制者之间存在共谋,代理商完成销售,或者代理商完成部分销售,其余部分由非法复制者直接销售。可见,"发行"止步于侵权复制品首次销售,"销售"起始于"发行"结束;"发行"的司法认定无关乎侵权复制品的经销方式、复制者与发行者是否分离以及行为人的主观意图。判断是否完成首次销售的标准只能是侵权产品被复制后是否进行了第一次所有权转移。代理侵权产品复制者销售不转移所有权,无论从复制者开始连续延展成多少层级的代理商,以该批次侵权复制品转移所有权为发行的终了,该链条上的所有代理商均构成发行。名义上为盗版代理商,实际承担包销责任的,侵权复制品非法制造者构成复制发行,包销者构成销售。侵权复制品生产情况无法查清的,即不能证明相关销售行为具有首次性,故不能认定为发行。

二、侵犯著作权犯罪帮助犯的刑事责任

帮助犯,是指帮助正犯的情况。成立帮助犯,要求有帮助的行为与帮助的故意。①网络侵权著作权犯罪的帮助犯,是指在侵犯著作权共同犯罪中,以网络为手段,辅助实施犯罪的行为人。在网络环境中,最为常见的著作权种类就是在网络中传播其作品。本书所探讨的"网络侵权著作权犯罪的帮助犯"限于网络服务提供者,即是为各类开放性网络提供信息传播中介服务的人。②而本书所称"通过网络传播作品"行为是指,登载在互联网上或者通过

---

① 张明楷:《刑法学(第三版)》,法律出版社2007年版,第346页。

② 薛虹:《网络时代的知识产权法》,法律出版社2000年版,第205页。

互联网发送到用户端,供公众浏览、阅读、使用或者下载,在客户端形成新的作品复制件的在线传播行为。从现有的刑事司法实践看,争议焦点主要在于对通过网络传播作品的手段的理解和判定,而最终的分歧点则在于对《刑法》第二百十七条第(三)项“未经录音录像制作者许可,复制发行其制作的录音录像的”中“复制发行”的界定。为了规范法律适用标准,“两高”《知识产权犯罪解释》和《关于办理侵犯著作权刑事案件中涉及录音录像制品有关问题的批复》均明确指出:通过信息网络传播作品的行为,应当视为《刑法》第二百一十七条第(三)项规定的“复制发行”。因此,以营利为目的,通过网络传播作品,违法数额较大或者有其他严重情节的,构成侵犯著作权罪,并不存在司法认定的障碍。但是此类犯罪具有深厚的民商法渊源,有必要在明晰相关民事法律关系的基础上提出符合刑法原理的司法判断规则。本书针对是否应当追究将他人作品置于网络中供用户在线欣赏或下载的网络服务提供者侵犯著作权罪帮助犯的刑事责任问题,从知识产权民事法律关系中的间接侵权入手,对行为性质、犯罪故意、意思联络由等角度展开层进式解析。

（一）间接侵权理论的民商法基础

对于网络服务提供者间接侵权的法律责任,除了刑法的原则性规定外,目前具有针对性的法律规定主要是2006年最高人民法院《关于审理涉及计算机网络著作权纠纷案件适用法律若干问题的解释》(以下简称《网络著作权纠纷解释》)第三条①、第四条②的规定及2006年《信息网络传播权保护条例》第二十三条③的规定,另外《侵权责任法》第三十六条④亦作出了相应规定。其中最具代表性的规定是《网络著作权纠纷解释》第三条、第四条。笔者认为,《网络著作权纠纷解释》第三条规定与《侵权责任法》第三十六条第

---

① 《网络著作权纠纷解释》第三条:“网络服务提供者通过网络参与他人侵犯著作权行为,或者通过网络教唆、帮助他人实施侵犯著作权行为的,人民法院应当根据民法通则第一百三十条的规定,追究其与其他行为人或者直接实施侵权行为人的共同侵权责任。”

② 《网络著作权纠纷解释》第四条:“提供内容服务的网络服务提供者,明知网络用户通过网络实施侵犯他人著作权的行为,或者经著作权人提出确有证据的警告,但仍不采取移除侵权内容等措施以消除侵权后果的,人民法院应当根据民法通则第一百三十条的规定,追究其与该网络用户的共同侵权责任。”

③ 《信息网络传播权保护条例》第二十三条:“网络服务提供者为服务对象提供搜索或者链接服务,在接到权利人的通知书后,根据本条例规定断开与侵权的作品、表演、录音录像制品的链接的,不承担赔偿责任;但是,明知或者应知所链接的作品、表演、录音录像制品侵权的,应当承担共同侵权责任。”

④ 《侵权责任法》第三十六条:网络用户、网络服务提供者利用网络侵害他人民事权益的,应当承担侵权责任。网络用户利用网络服务实施侵权行为的,被侵权人有权通知网络服务提供者采取删除、屏蔽、断开链接等必要措施。网络服务提供者接到通知后未及时采取必要措施的,对损害的扩大部分与该网络用户承担连带责任。网络服务提供者知道网络用户利用其网络服务侵害他人民事权益,未采取必要措施的,与该网络用户承担连带责任。

一款的规定互为补充,前者述及的间接侵权形式是主动参与型,后者则系规定消极的放任,但是两者的主观过错均为故意,且均需为他人的“直接侵权”行为承担责任,即“间接侵权”。

“直接侵权”顾名思义,是指行为人基于其本身计算机系统或其他设施存储和传播的侵权内容承担的侵权责任。直接侵权人往往对信息的初始发送、信息的接收、传输内容的接受享有不同程度的控制力。与“直接侵权”中侵权人为自己的行为承担责任不同,“间接侵权”中的侵权人系替代他人承担责任。“间接侵权”的含义是,行为人没有直接的实施专有权利的控制行为,而是故意引诱、教唆他人实施直接侵权或者是知晓他人侵权或直接侵权时,提供实质性的帮助,那么间接侵权人和直接侵权人承担连带责任。间接侵权人的责任不仅来自其传输平台的作用及系统缓存行为,也来自他人的侵权行为。间接侵权人虽未直接实施侵犯著作权的行为,但是其提供的网络服务帮助他人实施侵权行为,使作品得以在未经著作权人许可的情况下在网络空间向公众传播,因此,间接侵权人在特定条件下,在他人实施的侵权行为中起到了帮助作用,产生被追究侵权责任的可能性。而网络服务提供者是最为典型的间接侵权人。虽然“间接侵权”在1998年美国《跨世纪数字化版权法》(“DCMA”)中已有表述,而在我国是一个新概念,在《侵权责任法》中对“间接侵权”加以引用实为立法的亮点之一。

1.《网络著作权纠纷解释》第三条与《侵权责任法》第三十六条

对《网络著作权纠纷解释》第三条及《侵权责任法》第三十六条第一款加以综合分析:

第一,“明知”表明侵权人的主观心态是出于故意。①在民商法语境下表述为,侵权人侵犯知识产权存在过错,且该过错是故意而非过失。②具体到侵犯网络著作权的行为,不包括预见他人有侵权可能性,却因疏忽或懈怠而未加以应有注意或管理的情形。第二,“利用其网络服务”和“通过网络”表明网络服务提供者在侵权行为中处于帮助地位,即在明知他人将构成著作权侵权的情况下,实质性地帮助他人从事侵权行为。第三,“参与”、“教唆”、“帮助”、“未采取必要措施”这一条件是至关重要的,表明网络服务提供者所

---

① 现阶段,世界范围内判断间接侵权责任的归责原则主要为严格责任和过错责任两种。由于严格责任不需要过错的存在,因而会使间接侵权人责任负担过重,进而可能损害网络服务业及网络的健康发展。因而,大多数国家采用了过错责任的标准。这里体现为对侵权过错的限制,即要求“明知”。

② 过错的基本形态可分为故意和过失,故意体现在法律条文上,通常表达为“已知”、“明知”、“确知”等,过失通常表达为“应知”、“有充分理由应知”等。

承担的责任性质是间接的、替代的，而非直接侵权责任。第四，"连带"责任则意味着在美国被承认的间接侵权是中国法意义上的共同侵权，即《民法通则》第一百三十条的规定。

2.《网络著作权纠纷解释》第四条与《侵权责任法》第三十六条第二款

承接以上分析，《网络著作权纠纷解释》第四条与《侵权责任法》第三十六条第二款表述的是一种具体化情形。鉴于"明知"在实践中存在证明和判断的障碍，因此"DCMA"设计了"通知"规则以证明间接侵权人(网络服务提供者)已知道侵权事实的存在。而《侵权责任法》第三十六条第二款的后半部分仅规定了对"未及时"采取措施而扩大的损失承担连带侵权责任，对间接侵权人(网络服务提供者)的主观心理则未有提及。笔者认为，《信息网络传播权保护条例》第二十三条即是在相关领域对该项空白的补充，即不以"明知"为限，"应知"也当承担连带责任。

3. 我国与美国法律的相关规定比较

以上规定与美国法上间接侵权的相关规定仍存在一定差异。在美国法上，间接侵权分为两种情况。一是因"帮助侵权"(contributory infringement)而承担责任，即如果在明知他人行为将构成著作权侵权的情况下，实质性地帮助他人从事侵权行为，应为他人的侵权行为承担责任。二是"替代责任"(vicarious liability)，即当某人具有监督他人行为的能力和权利，却没有及时发现和制止他人的侵权行为，并从中获得了直接经济利益时，也应为他人的侵权行为承担责任。我国法律规定未就上述情况加以区分，上述现有规定更类似于"帮助侵权"，而对"替代责任"鲜有涉及。以下就具体差异展开分述：

就"帮助侵权"而言：为侵权行为提供"实质性帮助"是客观要件，一方面，我国法律规定的"参与"、"教唆"、"帮助"、"未采取必要措施"在特定条件下可视为"实质性帮助"，主观意图则是一种心理状态，难以认定；另一方面，"未采取必要措施"归类不明，其并非列明的"实质性帮助"形式，但也不宜视为"替代责任"的要件之一。

就"替代责任"而言：一方面，我国法律未规定"直接经济利益"要求；另一方面，我国法律未明确规定间接侵权人(网络服务提供者)"具有监督他人行为的能力和权利"的要求，须在个案中加以具体认定。

从侵权过错的角度深入分析，我国法律规定与美国法的差异反映的是对主观心理认定问题的犹疑不定，也是"间接侵权"从理论回归实践的最大障碍。为此，美国法院通过判例确立了"实质性非侵权用途"标准和"红旗原则"等判断主观心态的标准。将视线放远，如果间接侵权人的侵权行为已达入罪标准,根据前文的论述,其罪名判定已不存在障碍,那么问题的关键就落到了与侵权过错相对应的犯罪行为性质、犯罪故意及意思联络上。同为主观方面的研究,以上从民商法视角对间接侵权的分析,对探讨刑事法领域内的相关问题颇具参考价值。

（二）犯罪行为性质:网络服务提供者系帮助犯

明确犯罪行为性质的前提是明确网络传播行为的实施者。主体的不同将导致犯罪故意的差异。间接侵权为研究网络侵犯著作权犯罪提供了一个全新的视角。基于网络著作权“间接侵权”理论及我国相关法律规定,侵权主体没有直接上传或传播作品。试举两个典型的间接侵权形式加以说明:一是对于并没有把任何侵权作品上传,只是提供链接的搜索引擎来说,网络传播是以数字化形式复制作品,并在互联网上向不特定公众提供作品的行为,搜索引擎提供链接的行为,并没有真正提供侵权作品,只是提供方便找到链接的行为,因此搜索网站行为不是网络传播行为,不构成直接侵权;二是在完全摆脱中心服务器依赖分散式点对点档案文件传输技术中,软件具有直接搜索其他同类软件用户计算机中“共享区”的功能,而无需通过任何中心服务器进行文件搜索,也不是网络传播行为,不构成直接侵权。但是,就第一种情况而言,设链行为直接起到了提供涉案歌曲下载的作用和效果,被链网站起到外置存储器的作用;就第二种情况而言,P2P 网络服务用户下载并安装 P2P 软件,只有在运行 P2P 系统之后才能自动登录到 P2P 网站并在此平台上从事数据传输行为。

从技术层面分析,以上两种情形中的网络服务提供者协助网络传输服务与其网站用户成功地非法传输侵权作品之间形成因果关系,与侵犯著作权罪的帮助行为相吻合。具体来说,虽然间接侵权人的行为对侵权实质内容未有实际参与或有任何实际控制意图,因而并非直接侵权的主体。但在有过错的情况下,以营利为目的,未经著作权人授权,通过各类网络技术传输给其他终端用户,供其下载或者在线视听,在刑法视野内,从行为性质来说,网络用户构成侵犯著作权罪的实行犯,网站经营者或网络服务提供者等民商法意义上的间接侵权人由于提供高速数据传输技术,与第三十六条规定的“利用(通过)网络服务实施侵权行为”是一致的,在刑法上亦符合侵犯著作权罪的帮助犯的行为要素。

（三）犯罪主观方面:网络服务提供者存在帮助故意

追究符合入罪标准的间接侵权行为人帮助犯刑事责任,除了具有帮助犯的行为性质外,关键在于正确辨识帮助故意,而帮助故意又包括两个方面,即犯罪故意和帮助共犯的意思联络。

1. 犯罪故意

以“间接侵权”的情形为出发点，基于帮助通过网络传播侵权作品的主观心态而提供相应网络服务的犯罪故意表现为：

直接故意。此处又可分为两种情况：(1)网络服务提供者明知相关用户通过网络传播侵权作品，决意提供技术支持的(作为的帮助犯)；(2)提供传输服务经营者明知相关用户通过网络传播侵权作品，而不采取必要措施制止犯罪行为(不作为的帮助犯)。从刑法理论来说，帮助行为既可以是作为，也可以是不作为。在法律上，对正犯的犯罪行为具有防止义务的人，故意不履行该义务的，就是不作为的帮助犯。在间接侵权语境下，“未采取必要措施”是法定的客观条件，虽然法无明文规定“未采取必要措施”的前提条件是“具有监督他人行为的能力和权利”，但是运用目的解释和体系解释理论可推知该义务是存在的。因为如果行为人不具有监督能力和权利，其对未采取必要措施就不存在过错，不构成侵权，亦会因缺乏犯罪故意而不构成犯罪。综上，间接侵权人明知网络用户利用其网络服务实施犯罪行为，未采取必要措施的，可构成不作为的帮助犯。

间接故意。即网络服务提供者认为相关用户可能传输侵权复制品，放任侵犯著作权后果的发生。需要注意的是，《侵权责任法》第三十六条规定的侵权过错是“明知”，即只有在明知的情况下方可构成间接侵权。但是在刑法领域，在不“明知”的情况下，亦可构成间接故意。理由如下：根据《刑法》第二百十七条，侵犯著作权罪的构成须“以营利为目的”，如果行为人通过网络传播侵权作品的目的并不存在或不明确，但是由于追求商业利益目的的存在，其对自身的行为客观上帮助了侵权人传播侵权作品仍然是有明确认识的，根据刑法理论，与明知自己的行为可能发生危害社会的结果，并且放任这种结果发生的心理态度是相吻合的。

需要指出的是，《信息网络传播权保护条例》第二十三条系对提供搜索或者链接服务的网络服务提供者提出的“红旗原则”，即如果未收到通知，即使是收到通知后并将侵权内容移除后，只要著作权人可以提供证据证明设链人是明知第三方是侵权的，也一样应该承担侵权责任。根据该原则提供搜索或者链接的网络服务提供者在“应知”的情况下，犯罪的主观方面也是间接故意。

2. 意思联络

作为侵犯著作权犯罪的帮助犯，对共同故意的考察除了犯罪故意外，还需要对意思联络加以探讨，即共犯人认识到自己不是在孤立地实施犯罪，而是在和他人一起共同犯罪。网络环境的客观条件限制使得作为间接侵权人的网络服务提供者与侵犯著作权罪的实行犯无法进行面对面的意思联络，有必要区别情况加以分析。

从间接侵权的情形出发，在意思联络层面上需要探讨的是网络服务提供者"提供网络服务"的正当性和"提供实质性帮助"的主观心态，与上述两点相对应的意思联络理论分别是正当业务行为与片面共犯。以下分述之：

网络服务提供者提供网络服务是否为正当业务行为。美国法院在1976年"环球电影制片公司诉索尼公司"案中提出了"实质性非侵权用途"标准，只要产品"能够具有实质性的非侵权用途"，出售这种产品就不构成"帮助侵权"，因而此标准成为了阻却间接侵权违法性的理由。在刑法领域，我国刑法仅将正当防卫与紧急避险规定为排除犯罪性行为，但刑法理论普遍认可执行命令、正当业务行为等超越规范的正当化事由。正当业务行为是与"实质性非侵权用途"相对应的概念，是阻却犯罪的事由，其范围必须依据客观事实与社会相当性，参考特定职业的知识、技术与经验，根据具体业务的性质、目的与执行方法进行综合判断。因此，正当业务行为并不需要在刑法原理的封闭性框架内加以判断，而是凭借被社会接受与遵守的职业规范进行解释。衡量是否属于正当业务行为的实质标准在于允许的风险，而风险是否具有可允许性必须从业务行为的社会意义进行分析。刑法规范并没有使业务行为在社会相当性与职业相当性层面失去正当效力，而是补充相关概念，使具体化的正当业务行为不会与刑法规范的禁止性内容相抵触。通过正当业务行为排除犯罪性质，对意思联络的存在加以否定，不仅为网络技术服务单位自由从事业务活动松解了犯罪风险桎梏，而且是刑事司法正义对社会关系与生活利益追求的谦抑规制与合理调整。

具体到网络环境下，对网络服务提供者提供网络服务是否为正当业务行为进行展开：提供网络服务确实为侵犯著作权的实行犯创造了条件，但是不论犯罪行为是否存在间接侵权人仍需为不特定的公众提供网络服务，即如果向他人提供既可被用于犯罪，也具有合法用途的网络服务，而且服务实际被用于犯罪，提供者是否可以被推定具有帮助犯罪的意思联络，从而应为提供犯罪手段而承担刑事责任是个颇有研究价值的问题。

(1) 正当业务行为的界定

笔者认为，就以上疑问而言，网络服务经营者能够基于不同形式的推广行为与经营方式而符合侵犯著作权共同犯罪的意思联络，不免引起知识产权犯罪刑事责任范围过度宽泛的疑虑，理应就网络服务中的正当业务行为予以明确，对入罪标准加以限制：

一是筛选促进实行行为的犯罪意图。网络服务行为往往不取决于用户的主体情况与传输情况,网站经营者完全出于自己的目的从事业务行为。网络服务经营者只是在考虑自身利益与市场竞争的前提下执行业务,并非完全具有促进用户非法数据传输行为的意思联络,故仅可抽离具备促进实行犯侵权意思的行为主体。网络传输属于中性技术,网络软件与技术服务本身并没有合法与非法的问题,关键是分析网站经营者怎样使用该项技术,即网络传输如果属于不具有集中帮助促进犯罪作用的中性行为,就没有意思联络。

二是通过刑法实质解释排除犯罪性质。尽管存在合理性争议,《刑法》第十三条的"但书"规定确实在规范层面为犯罪构成要件外的刑法实质解释提供了现实依据。网络服务作为提高传输速度的技术具有正当业务行为的社会相当性,根据利益权衡原则,能够认可其为社会创造的积极利益。网络服务协助快速传输侵权复制品符合侵犯著作权罪的构成要件,却可以通过超越规范的正当业务行为理论进行实质解释,排除犯罪性,亦无意思联络。

(2) 正当业务行为的例外

"实质性非侵权用途"标准几经演变,美国联邦最高法院在 MGM v.Grokster 案中将该标准的适用加上了一个严格的前提——除了产品被实际用于侵权行为之外,没有其他证据能够证明销售者有意教唆和引诱他人侵权。换言之,如果销售者帮助他人侵权的意图已得到了证明,则根本没有"实质性非侵权用途"标准的适用余地。①具体到网络侵犯著作权罪帮助犯中,只有在网络服务提供者帮助他人的意思联络已被证实的情况下,方可排除正当业务行为的适用。其他情况下,应考虑间接侵权行为与犯罪的关联性,并对意思联络的认定加以限制。而网络服务提供者能否主张正当业务行为排除犯罪性,必须依据特定网站的经营形式来认定是否属于从事社会所允许的正当行为或者制造可允许的风险。笔者认为,网络服务提供者在提供网络服务过程中附带性地向用户介绍如何使用软件下载受著作权法保护的录音录像数据文件,可以认为其积极地鼓励用户非法下载或在线视听数据文件,超越了社会相当性的界限,"有意教唆和引诱他人侵权",应认定具有意思联络,进而排除正当业务行为的适用。

网络服务提供者提供网络服务是否为片面共犯。就我国现有的相关法律规定而言,在刑事法律关系中可分为两种情况:一是网络服务提供者与实行犯拥有相同的犯罪故意,存在意思联络;二是网络服务提供者为了招揽用

① 王迁:《P2P 软件提供者的帮助侵权责任——美国最高法院 Grokster 案判决评析》,《电子知识产权》2005 年第 9 期。

户或提高点击率等营利目的,在明知犯罪行为存在的情况下,而对侵犯著作权罪的实行犯加以帮助(或未采取必要措施),实行犯对此不知情。以上两种情况均可认定,作为间接侵权人的网络服务提供者对于侵犯著作权犯罪具有直接故意。除了以上两种情况外,还存在第三种情况,即网络服务提供者在不存在犯罪故意或犯罪意图不明确的情况下,对实行犯提供了网络服务,促成了犯罪结果的产生。在这种情况下,间接侵权人的犯罪故意可能是间接故意。

具体到意思联络层面,不难发现,除了第一种情况可直接认定网络服务提供者具有帮助犯的意思联络外,其他两种情况的意思联络相对复杂,有必要区分情况加以阐述:

对于第二种情况,由于实行犯单方面的意思联络缺乏,笔者认为属于典型的片面共犯,应对知情的作为间接侵权人的网络服务提供者适用共犯的处罚原则,对不知情的实行犯不实行共犯的处罚原则,单独定罪处罚;而对于第三种情况,在存在间接故意的前提下,实行犯与作为间接侵权人的网络服务提供者均无意思联络,不具有共同故意,对实行犯和间接侵权人均应当单独定罪量刑。

具体到司法实践层面,由于网络共同犯罪人之间的意思联络达成无论在方式上还是内容上均较传统共同犯罪远为复杂,意思联络的认定本身就相当困难,需要客观行为的印证。以下笔者列举应用最多的网络服务技术,以期使对间接侵权人的意思联络认定更具可操作性:第一,如果帮助行为的本意在于加快合法数据传输速度,有助于网站合法经营,即使享用网络服务的用户以此技术实现侵犯著作权罪,也能够排除意思联络的存在;第二,如果网络服务提供者的协助数据传输行为是消极的,在接受用户请求的情况下才提供网络服务,帮助行为的规范意义与社会价值就不局限于为实现侵犯著作权罪提供技术条件,由此不存在意思联络;第三,如果网络服务提供者有计划地利用商业广告等各种推广手段吸引网络用户使用其软件下载或在线视听受著作权保护的录音录像制品,或者在网站设置积分回馈机制,鼓励用户下载或者上传侵权音频、视频文件,帮助行为除促成犯罪外没有其他社会意义,则具有意思联络。

第四节　商业秘密类知识产权犯罪

侵犯商业秘密罪是我国现行刑法所设立的唯一的商业秘密类知识产权

犯罪。根据我国《刑法》第二百一十九条的规定,有下列侵犯商业秘密行为之一,给商业秘密的权利人造成重大损失的,处三年以下有期徒刑或者拘役,并处或者单处罚金;造成特别严重后果的,处三年以上七年以下有期徒刑,并处罚金:(1)以盗窃、利诱、胁迫或者其他不正当手段获取权利人的商业秘密的;(2)披露、使用或者允许他人使用以前项手段获取的权利人的商业秘密的;(3)违反约定或者违反权利人有关保守商业秘密的要求,披露、使用或者允许他人使用其所掌握的商业秘密的。明知或者应知前款所列行为,获取、使用或者披露他人的商业秘密的,以侵犯商业秘密论。本条所称商业秘密,是指不为公众所知悉,能为权利人带来经济利益,具有实用性并经权利人采取保密措施的技术信息和经营信息。侵犯商业秘密罪的法律适用难点集中在商业秘密、侵权行为以及损害结果的认定。

一、商业秘密的认定

商业秘密包括技术信息和经营信息。技术信息,是指在产品的生产和制造过程中的技术诀窍或技术秘密、非专利技术成果、专有技术,如各种产品、化学制品、元件、食品、药品的生产方案,产品设计、供给流程、配方、质量控制和管理方面的技术知识等。经营信息是指与生产经营、产品销售有关的保密资料、情报、计划、方法、经营决策等,如未公开的产品推销计划、顾客名单、进货渠道、销售网络、产品价格、供求状况、管理诀窍、招投标中的标底和标书内容等。技术信息和经营信息既可能以文字、图形为载体,也可能表现为实物形态。

商业秘密必须具备以下特征:一是不为公众所知悉(新颖性);二是能够实际投入生产或者经营(实用性);三是能够为权利人带来经济利益(价值性);四是权利人对商业秘密采取保密措施(保密性)。

商业秘密的新颖性表现为“不为公众所知悉”。这里的“公众”,一般是指有可能从该商业秘密的利用中取得经济利益的同业竞争者,而不是泛指所有的自然人。所以,商业秘密的新颖性是相对而言的,有行业和地域的限制。判断商业秘密的新颖性,应当考虑以下因素:(1)技术信息是否在公开发行的出版物上发表。如果在出版物上将商业秘密公开或者将载有商业秘密的资料予以散布,将直接导致其秘密性和新颖性的丧失。当然,权利人只是在公开场合声明自己拥有某一技术,但公开程度极其有限,凭借该信息并不能付诸批量生产的,商业秘密的新颖性并未丧失;(2)技术信息是否被公开使用。商业秘密如果广泛应用于工商、教学或者科研等部门,或被权利人出示、销售或者交换利用,或被个人展览、实施、销售、转让等,原则上属于公开使用,即在可以为公众了解、掌握的条件下使用商业秘密;(3)以其他方式为公众所知悉。包括口头谈话、报告发言、视听报道等方式泄露商业秘密,也包括用模拟演示的方法使公众了解商业秘密的内容。

作为商业秘密的技术信息,不可能在整体上具有新颖性,权利人只能就其关键技术主张新颖性。最高人民法院在公布的侵犯商业秘密民事判决中,就对应当明确界定技术秘密的具体内容和范围这一问题有过指导意见,即法律对技术秘密的保护只能以该具体明确的内容和范围为对象。在司法实践中,不能将某个机器或产品的全部技术都看作商业秘密,商业秘密必须具体表现在产品中的个别部分、机体功能和作用原理。此外,还要注意,权利人就技术秘密的核心部分申请专利的,配套的附属设备一般不具有新颖性,商业秘密不存在。

某一技术信息是否能够成为商业秘密,还必须考虑该技术是否能够被推广使用,或者在经营活动中确实能够发挥作用,能为权利人带来经济利益。所以,商业秘密的价值性,是指技术信息和经营信息具有可确定的应用性,能够为权利人带来经济利益和竞争优势。商业秘密的实用性,是指其必须能够用于生产、贸易或管理,并能产生积极的效益。如果使用特征不具备,价值性就无从谈起,商业秘密自然就不存在。

由于商业秘密对权利人极其重要,为了避免商业秘密被泄露,权利人特别注意对其保密,尽量缩小知密人的范围。所以,要对商业秘密采取保密措施。商业秘密是否具有保密性,关键在于权利人是否采取保密措施。这些措施具体包括:(1)企业制定有关保守企业技术或者信息秘密的有关规定,明确商业秘密的种类、范围、密级、管理职责、违规处罚等;(2)企业与职工签订保密协议,用合同的方式约束知晓商业秘密的人;(3)在合作技术开发合同、技术转让合同中订立保密条款;(4)通过技术手段进行监控,如设立防盗装置、电子监视系统等。

二、侵权行为的认定

根据刑法的规定,侵犯商业秘密的侵权行为,可以概括为四种行为类型:一是采用非法手段获取权利人的商业秘密,既可能是采用不正当手段直接从权利人手中获取,也可能是从侵权行为人那里获取;二是非法披露商业秘密,既可能是采用不正当手段或非法途径获取者披露,也可能是合法知悉者违反保密义务而披露;三是非法使用商业秘密,既可能是采用不正当手段获取者直接使用,也可能是合法知悉者不经权利人许可而使用;四是非法允许他人使用商业秘密。其中的难点在于非法获取的认定。

非法获取商业秘密,是指以盗窃、利诱、胁迫或者其他不正当手段获取权利人的商业秘密。盗窃,一般指通过窃取商业秘密的载体而获取商业秘密,可能是以复印、照相、监听、模拟等先进技术手段窃取权利人的商业秘密,窃取的可以是反映商业秘密的材料原件,也可以是原材料的复制品。在特殊情况下,不窃取商业秘密的有形载体,如私下阅读权利人的商业秘密,然后凭记忆再现也不失为窃取。利诱,是指以物质利益或其他好处诱惑他人,使其告知商业秘密。实践中常见的是以高薪为诱饵,通过挖走知情雇员而获得商业秘密的情形。有观点认为,利诱包括引诱、欺骗两种手段。①还有学者指出,从实践中看,利诱和欺骗的不同,关键在于诱惑的具体内容的真伪,但有时两者很难区分清楚。如果严格按照刑法规定,只能对利诱认定为犯罪,而采用欺骗者不能认定为本罪,这显然是不合适的,也不利于对商业秘密进行保护。虽然在解释方法上,不赞同将欺骗也作为利诱手段之一的观点,但对结论则持肯定看法。②我们认为,通过欺骗方法非法获取商业秘密的,完全可以看作以"其他不正当手段"获取权利人的商业秘密的情形。利诱,是以能满足他人某种物质或者精神需求而进行诱惑;欺骗则是编造谎言或隐瞒真相,以事实上根本不存在或不可能实现的利益进行诱惑,它们之间有实质的不同。胁迫,是指对知悉商业秘密的人进行恐吓、威胁,以达到精神上的强制,从而迫使其提供商业秘密。其他不正当手段,是指盗窃、利诱、胁迫以外的其他非法手段,如侵占、抢劫、抢夺载有商业秘密的技术资料,或者通过虚假陈述、电子侦察、录音录像等手段获取商业秘密。

三、损害结果的认定

根据《刑法》第二百一十九条第一款的规定,侵犯商业秘密罪客观方面的要素之一是犯罪行为给商业秘密的权利人造成重大损失。本罪是结果犯,特定的损害结果不具备,就不成立犯罪。司法实践中,重大损失一般是指被害人由于犯罪人的犯罪行为而遭受的物质损失。依照最高人民法院发布的《关于刑事附带民事诉讼范围问题的规定》第二条的解释,被害人因犯罪行为遭受的物质损失,是指被害人因犯罪行为已经遭受的实际损失和必然遭受的损失。

就侵犯商业秘密罪而言,刑法未对"重大损失"的含义作出界定和说明。最高人民检察院、公安部 2001 年发布的《关于经济犯罪案件追诉标准的规定》指出,侵犯商业秘密,涉嫌下列情况之一的,应予追诉:(1)给商业秘密权利人造成直接经济损失数额在 50 万元以上的;(2)致使权利人破产或者造成其他严重后果的。至于其中的"造成直接经济损失数额在 50 万元以上",

---

① 高晓莹:《侵犯知识产权罪的认定与处理》,中国检察出版社 1998 年版,第 212 页。

② 林亚刚:《侵犯商业秘密罪再探》,《法制与社会发展》2000 年第 1 期。

是指被盗窃商业秘密本身及其载体的价值,还是指商业秘密被侵犯后给权利人造成的实际损失,在该规定中也未明确。从多数国家的立法看,显然应是指后者。刑法通说认为,重大损失,指致使权利人的经营活动受到严重损害的;造成权利人商品滞销,严重积压的;致使权利人的营利性服务严重受挫的;致使权利人经济损失巨大的;致使权利人丧失竞争优势、倒闭、破产的情形。由此可见,我国司法实践中据以认定"重大损失"的标准是很高的,决非一般侵权行为能够达到,这也正是对刑法上的侵犯商业秘密罪和民事侵权行为进行区别的重要标准。

第七章 经济刑法(五):走私、金融诈骗、非法经营犯罪的刑法规制

走私、金融诈骗、非法经营等犯罪都是经济刑法理论与实务中最为典型的犯罪行为。本章将这类典型的经济犯罪中的常见性争议问题予以集中论述。前文中已经分析了金融诈骗、非法经营犯罪中的部分问题,此处不再赘述。

第一节 走私犯罪

随着全球贸易的不断深入发展,进出口管制措施也将逐步放开,进出境货物、资金、人员流动日益频繁。走私违法犯罪活动的内容和方式随之不断翻新,行为人利用价格瞒骗手法进行逃税走私已经成为涉税走私的突出问题。此外,进出境领域侵犯知识产权等非涉税方面的走私违法犯罪活动也会出现新的动向。因此,适应全球贸易新形势,研究走私犯罪的新情况、新动向,寻求有效的应对策略,是牢牢把握住打击走私犯罪主动权的基础。与此同时,走私案件数量逐年上升,所涉及的走私犯罪种类增多,犯罪手法翻新。必须持续关注和研究走私犯罪新情况、新问题,从理论上予以分析、归纳和总结,形成准确的走私犯罪刑法适用规则。

一、走私犯罪基本问题

走私犯罪是一种极为典型的经济犯罪类型,同时又是一种跨国犯罪现象。走私行为的一般含义是指行为人为了牟取非法利润或巨额暴利,违反一国的海关法规,逃避该国对外贸易的垄断和监管,非法运输、携带或者邮寄该国禁止或限制进出口的货物、物品进出国境的行为。

根据我国刑法规定,走私犯罪是指违反海关法规,逃避海关监管,非法运输、携带、邮寄国家禁止进出口或者国家限制进出口的物品进出国边境的行为。可见,走私犯罪是对我国刑法规定的一种犯罪类型的总称。走私罪的本质特征在于对国家既定经济秩序的破坏,在我国是对既定的市场经济

秩序的破坏。走私违反海关法规,逃避海关监管,是走私的行为特征,而走私破坏国家对外贸易垄断、扰乱经济秩序才是它应有的本质特征。

走私作为一种行为人牟取非法利润或巨额暴利为目的的犯罪,有着深刻的社会原因和经济原因。具体表现在两个方面:一是国家与国家、地区与地区之间存在着商品价格的差异;二是国家与地区对本区域的商品进出境活动实行严格的海关监管;三是各国关税税率差异显著且存在贸易保护壁垒。我国刑法在总结国家以往对走私违法犯罪的概念和构成要件的基础上,对走私犯罪的行为作了全面的规定。

1997 年《刑法》对走私犯罪进行了比较全面的规定,相关罪名主要包括走私武器、弹药罪,走私核材料罪,走私假币罪,走私文物罪,走私贵重金属罪,走私珍贵动物、珍贵动物制品罪,走私珍稀植物、珍稀植物制品罪,走私淫秽物品罪,走私普通货物、物品罪,走私固体废物罪。

《刑法修正案(四)》与《刑法修正案(七)》先后对走私犯罪进行了两次修改。《刑法修正案(四)》单独规定了走私废物罪的法定刑,并扩大了走私废物罪的范围,将气态、液态废物的走私也纳入该罪名之中。《刑法修正案(七)》增加了一个新的罪名:走私国家禁止进出口的其他货物、物品罪,主要是针对走私来自疫区的动植物、古无脊椎动物化石、古植物化石等犯罪行为的惩治。

2011 年《刑法修正案(八)》对走私犯罪进行了重大调整:

一是修改完善走私普通货物、物品罪。

走私普通货物、物品,破坏海关监管秩序,偷逃海关关税,给国家税收造成损失,对经济造成危害。我国《刑法》在第一百五十三条中对走私普通货物、物品罪以偷逃应缴税额的多少规定了刑罚,最高刑为死刑。在立法调研中,一些执法机关反映,该条规定在实践中遇到了一些问题,并提出建议:

(1) 建议取消走私普通货物、物品罪的死刑。走私普通货物、物品罪属于非暴力的经济性犯罪,一般情况下不会造成人身或者其他方面的严重损害,不属于社会危害性最严重的犯罪,近年来各地海关普遍加强了监管措施,特大走私案件大幅度下降,需判处死刑的案件更是寥寥无几,建议取消该罪可以判处死刑的规定。

(2) 将小额多次走私行为入罪。《刑法》第一百五十三条规定的走私普通货物、物品罪以偷逃税额五万元为起刑点,一些走私分子为逃避法律制裁,采取"化整为零"、"蚂蚁搬家"式的小额多次走私方式,并有迅速蔓延之势。这类走私活动大多是在走私犯罪集团的操控下进行,分工明确,组织严密,从境外货源组织到境内货物交付,各个环节紧密衔接又相对独立。一些走私分子利用在行李中夹带、将物品捆缚在身体上等手段,携带明显超过合理自用范围的物品走私入境,利用差价牟利,或者充当走私集团的运输工具,将货物搬运至其指定的接收地点后领取报酬。职业化、市场化的"水客"的存在,极大地方便了走私犯罪集团以较低的风险,高效率地实施大规模的走私犯罪活动。

虽然《刑法》第一百五十三条第三款规定"对多次走私未经处理的,按照累计走私货物、物品的偷逃应缴税额处罚",但对已受过行政处罚的行为人,不论其走私次数和累计偷逃税额有多少,都无法再追究刑事责任。从目前执法情况看,行政处罚已经起不到威慑作用,造成"走了罚,罚了再走"的恶性循环局面,建议以刑事制裁打击"蚂蚁搬家"的走私犯罪行为。

(3) 修改完善走私普通货物、物品罪的数额标准。《刑法》第二百零一条逃税罪是以逃税数额和逃税数额占应纳税数额的比例两个标准来规定犯罪标准的,偷逃海关关税也是涉税类犯罪,却没有规定比例标准,只规定以偷逃税额五万元作为起刑点,对于一些对外贸易额大的纳税人来说,以偷逃海关税额五万元人民币作为起刑点没有体现罪刑相适应的原则,建议对该罪的数额标准作适当修改,增设"比例标准"。

立法机关在调查研究的基础上,决定对刑法的相关条文作出修改。《刑法修正案(八)》将《刑法》第一百五十三条第一款修改为"走私本法第一百五十一条、第一百五十二条、第三百四十七条规定以外的货物、物品的,根据情节轻重,分别依照下列规定处罚:(一)走私货物、物品偷逃应缴税额较大或者一年内曾因走私被给予二次行政处罚后又走私的,处三年以下有期徒刑或者拘役,并处偷逃应缴税额一倍以上五倍以下罚金。(二)走私货物、物品偷逃应缴税额巨大或者有其他严重情节的,处三年以上十年以下有期徒刑,并处偷逃应缴税额一倍以上五倍以下罚金。(三)走私货物、物品偷逃应缴税额特别巨大或者有其他特别严重情节的,处十年以上有期徒刑或者无期徒刑,并处偷逃应缴税额一倍以上五倍以下罚金或者没收财产。"

《刑法修正案(八)》对本条主要作了四处修改:

(1) 取消了走私普通货物、物品罪的死刑,最高刑为无期徒刑。

(2) 将小额多次走私行为入罪。针对实践中出现的"蚂蚁搬家"式的走私行为,无法追究刑事责任的情况,将"一年内曾因走私被给予二次行政处罚后又走私的"行为规定为犯罪。

(3) 对构成犯罪的偷逃应缴税额标准不再具体规定数额。将"偷逃应缴税额在五万元以上不满十五万元"改为"偷逃应缴税额较大",将"偷逃应缴税额在十五万元以上不满五十万元"改为"偷逃应缴税额巨大或者有其他严重情节”,将“偷逃应缴税额在五十万元以上”改为“偷逃应缴税额特别巨大或者有其他特别严重情节”。

对于该罪偷逃应缴税额的起刑标准要否增加规定“比例标准”也进行过认真研究。考虑到在进出口贸易环节缴纳海关关税与企业向国税或者地税机关缴纳的营业税等税赋有较大不同,国税、地税大多以一个会计年度计税,比较容易计算出逃税数额占应纳税额的比例,而进出口贸易却是个不定量,有的一年甚至几年只做一单对外贸易,如果以一个会计年度来计算“比例标准”,不仅会使海关的监管难度加大,工作量大增,也使走私犯罪分子可能会利用法律留下的空隙而难以得到及时惩治。因此,没有增加“比例标准”。

(4) 调整处罚顺序。刑罚由原来由重到轻改为由轻到重,并整合处刑档次,将五档刑改为三档刑。①

二是取消部分走私犯罪死刑。

《刑法修正案(八)》取消了四种走私犯罪的死刑刑罚规定,引起了不少业内人士的关注。尤其是走私普通货物、物品罪,此罪名占每年海关缉私案件的90%以上,从1998年至今,多名走私罪犯因此罪命丧刑场,例如,湛江9898走私案、厦门远华走私案等,多名罪犯被判处死刑。如今,其最高刑死刑刑罚的取消,是不是经过十多年的严厉打击,立法机关认为目前形势已经得到根本控制,走私犯罪对国家的危害降低,反走私警报解除?实际上,取消部分走私犯罪死刑,具有深刻的法律基础。

首先,国家此次大规模减少死刑罪名,是刑罚人道的整体体现,而并非单独出于对走私犯罪刑罚轻重的考虑。我国刑法规定的犯罪有421种,死刑罪名有68项,其中暴力犯罪约占30%,非暴力犯罪占70%。取消非暴力犯罪死刑问题由最初的个别学者的观点到如今法律条文的确认,主要考虑是此举能够彰显刑罚人道主义,贯彻少杀慎杀原则,符合国际潮流,是法律社会的进步。走私普通货物、物品等四种走私犯罪虽严重地破坏了社会经济秩序,但当事者罪尚不至死。

其次,取消部分走私犯罪死刑是对审判现实的立法确认。因犯走私普通货物物品罪而被法院判处死刑的犯人在1998年(海关走私犯罪侦查局成立之年)及其后三四年间达到高峰,每年全国都有几十名被告被判处死刑(含死缓),到2002年后死刑个案明显减少,且大部分系死缓。近年来,死刑判决在全国罕有出现。例如,北京地区,2008年、2009年、2010年三年均为

① 黄太云:《〈刑法修正案(八)〉解读》,《人民检察》2011年第7期。

零,部分地区甚至自2000年至今从未出现过一起死刑判决。走私普通货物物品罪的低死刑率反映了整个审判机关对该罪的一种新的认识和断案思路。在现今中国,司法共识上升到立法条文并无太深鸿沟。

再次,严重危害社会的走私个罪依然保留死刑。1997年《刑法》将走私罪单列一节,作为集合罪名集中规定在第三章"破坏社会主义经济秩序罪"中,分别是:走私武器弹药罪、走私核材料罪、走私假币罪、走私文物罪、走私贵重金属罪、走私珍贵动物及其制品罪、走私珍稀植物及其制品罪、走私淫秽物品罪、走私废物罪、走私普通货物、物品罪、武装走私罪等11个个罪。同时,在第六章"妨碍社会管理秩序罪"第七节规定了走私毒品罪和走私制毒物品罪。在《刑法修正案(七)》中规定了走私国家禁止进出口的其他货物、物品罪。因此,现行刑法总共有14个走私个罪。其中最高刑为死刑的个罪除上文所述四种犯罪外还有走私武器弹药罪、走私核材料罪、走私假币罪、武装走私罪、走私毒品罪、走私制毒物品罪,这六个个罪死刑依然保留。

最后,四种走私个罪虽然取消死刑,但走私犯罪刑罚总体上依然相对严厉。世界各国对走私犯罪都规定了严厉的刑罚惩处措施。例如,美国刑法规定对走私犯罪处两年以下监禁,单处或并处5 000美元罚金;法国为三个月以下拘役;韩国稍重,最高刑为十年有期徒刑;俄罗斯更重,最高刑为十二年有期徒刑,且没收财产。相比之下,我国刑法对走私犯罪的惩处是最严厉的。例如,走私普通货物物品罪,最高刑取消死刑之后依然为无期徒刑,远远高于其他国家的有期徒刑;而对于武装走私罪、走私毒品罪等,最高刑仍然为无期徒刑和死刑。

三是调整了走私珍稀植物、珍稀植物制品罪最低法定刑。

走私珍稀植物、珍稀植物制品罪这个罪名在海关缉私实践中出现不少,绝大多数为自然人走私,偶有法人走私。从判决上看,自然人被告判刑一般较轻,法人被告中的责任人判刑较重,在轻重选择上与走私普通货物物品罪迥异。例如,2007年厦门海关缉私局侦办的走私沉香木案,案值人民币27 492元,判决单处罚金三万元,并没收走私货物。南宁海关2006年侦办的走私马鞭草案,案值人民币八万元,两被告被判二缓三,罚金8 000元,没收走私货物。2002年昆明海关侦办的走私紫杉醇案,由于案值较高,主要责任人被判处了十八年到三年不等的有期徒刑。

由于司法办案实践中涉案货值一般不高,法院在量刑时如果认为选择最低刑六个月或一年的有期徒刑仍然偏重,一般会适用缓刑,有的甚至直接适用附加刑。《刑法修正案(八)》在本罪中增加拘役刑,无疑为司法机关多了一种刑罚适用选择,从而有利于真正实现罚当其罪。

二、走私犯罪主体认定

确定走私犯罪主体是走私犯罪法律适用对策的首要问题。由于我国刑法明确规定了单位犯罪且设置了与自然人犯罪完全不同的刑事责任追究制度,因此,如何准确辨识自然人犯罪与单位犯罪主体对于走私犯罪而言具有重大意义,在此基础上,才能进一步追究具体责任人员的走私犯罪刑事责任。

(一) 自然人走私犯罪主体认定

自然人走私犯罪主体的认定一般不存在疑难问题,关键在于自然人设立公司等单位之后,以单位名义从事走私犯罪的,是将其认定为自然人走私犯罪还是单位走私犯罪,理论与实践中存在较大争议。这一问题突出地表现为单一自然人先后或同时以两个或两个以上公司名义从事走私犯罪。

司法实践中,有的行为人作为数个公司的法人代表设立公司,并分别使用不同公司的名义,先后多次采取制作假报关发票的方式向海关低报价格进口一般贸易项下商品。对此,有的观点认为是自然人犯罪;有的观点认为符合单位犯罪特征,应以单位犯罪论处。我们认为,应当严格按照单位犯罪的刑法原理与司法解释,认定这种行为究竟是否具有单位犯罪性质,细致分析其是否属于假借单位名义实施个人犯罪。首先,根据司法解释的规定,自然人设立的公司都是非法成立的,应以个人走私犯罪认定。其次,相关公司均系自然人合法设立并经营,则自然人的意志并不能够直接代表公司的单位意志,应当进一步进行分析。根据司法解释的规定,个人设立公司、企业、事业单位后,以实施犯罪为主要活动的,不以单位犯罪论处。单位是否以实施犯罪为主要活动,应根据单位实施走私行为的次数、频度、持续时间、单位进行合法经营的状况等因素综合考虑认定。走私犯罪不是公司的主要业务,则应当以单位走私犯罪论处,反之则应当以个人犯罪追究刑事责任。再次,相关自然人只是公司股东、实际控制人等,并没有直接将个人意志转化为单位意志,相关走私犯罪利益归属单位的,应当认定为单位走私犯罪。

(二) 单位走私犯罪主体认定

《刑法》第三十条明确规定,公司、企业、事业单位、机关、团体实施的危害社会的行为,法律规定为单位犯罪的,应当负刑事责任。单位走私犯罪涉及的犯罪构成基础性问题区别于自然人走私犯罪;单位走私犯罪的主体、主观故意、行为特质等方面不像自然人走私犯罪可以直观地进行考察。单位走私犯罪的涉案人员更复杂、犯罪数额更惊人、法律适用问题更艰涩。所以,有必要集中分析单位贿赂走私疑难问题,为单位走私犯罪司法认定提供法律适用对策。

第一,认定单位走私犯罪主体的理论基础在于明确单位犯罪主体以及单位走私犯罪的基本特征。

公司、企业、事业单位、机关、团体实施的危害社会的行为,法律规定为单位犯罪的,是单位犯罪。从这一概念中,我们不难发现,单位走私犯罪的主体包括公司、企业、事业单位、机关、团体。

公司是指依法定程序设立,以营利为目的的法人组织,它包括股份有限公司和有限责任公司。有限责任公司是指全体股东以各自的出资额为限对公司债务负清偿责任的公司。股份有限公司是指由一定人数的股东发起设立的,全部资本划分为股份,股东以所购的股份承担财产责任的公司。当然这里所谓的公司理应既包括本国公司,也包括外国公司和多国公司在内。公司是最常见的单位走私犯罪的主体。

企业是指依法成立并具备一定的组织形式,以营利为目的独立从事商品生产经营活动和商业服务的经济组织。在相当长的一段时间里,我们曾将企业划分为全民所有制、劳动群众集体所有制和私人所有制企业等。在社会主义市场经济条件下,尽管目前有些工商登记中仍然存在有这种企业划分,但是,无论是公有企业还是私营企业均可以成为单位走私犯罪的主体。

事业单位是指依照法律或者行政命令成立、从事各种社会公益活动并拥有独立经费或财产的各种社会组织。具体分为国家事业单位和集体事业单位。我国大多数事业单位具有法人资格,因而一般都可以成为单位犯罪的主体。也有少数依附于某个行政机关或其他组织的事业单位,由于不实行独立预算,因而不具有法人资格。但是,这些非法人的事业单位在一定条件下也能成为单位犯罪的主体,条件就是它能以自己的名义从事社会事业活动,并且有一定的经费和收入能够享有某种民事权利和承担一定的民事义务,从而实际上已成为非法定的民事主体。在这种情况下,它虽然不能独立承担民事责任,但却可以独立实施犯罪并独立承担刑事责任,因而可以成为单位犯罪的主体。在单位走私犯罪主体中,事业单位虽然很少直接进行走私犯罪,但也有一些事业单位作为走私共犯参与到走私犯罪过程之中。

机关是指中央和地方各级国家权力机关、国家行政机关、国家军事机关、国家审判机关和国家检察机关。从理论上讲,执政党的机关也可视为国家机关。对于国家机关是否能够成为单位犯罪的主体,刑法理论上争议很大,但是,由于刑法总则中已经明确将机关包含在单位犯罪的主体之中。所以,从已然性立场分析,国家机关显然是单位走私犯罪的主体,当然,其构成单位走私犯罪的可能性较低,一般是国家机关尤其是海关工作人员滥用职权、玩忽职守放纵走私犯罪在实践中比较常见。

单位走私犯罪具有以下基本特征:(1)单位走私犯罪是公司、企业、事业单位、机关、团体犯罪,即是单位本身的犯罪,而不是单位的各个成员的犯罪之集合。单位依赖于其成员而存在,如果没有成员,单位就不可能存在;反之,单位的任何成员,如果脱离了单位,就不具有其在单位中的地位和性质,不再作为单位的成员起作用,只是孤立的个人。而且单位成员之间是按照单位的统一要求和一定秩序,相互联系,相互作用,协调一致,共同形成一个单位整体。也即单位犯罪是指单位本身犯罪,而不是单位中的所有成员共同犯罪。(2)单位走私犯罪必须是以单位名义实施的犯罪。单位名义表现为由单位的决策机构按照单位的决策程序决定的,由直接责任人员实施的。单位走私犯罪虽然是单位本身犯罪,但具体犯罪行为需要决定者与实施者。单位走私犯罪是在单位整体意志支配下实施走私犯罪行为,其不是单位内部某个成员的意志,也不是各个成员意志的简单相加,而是单位的整体意志。从形式上说,这种整体意志就是单位整体的罪过。单位整体意志形成后,便由直接责任人员具体实施。(3)单位走私犯罪是为本单位谋取非法经济利益。为单位谋取正当经济利益的行为,不可能成立任何犯罪;仅仅是为单位少数成员谋取非法利益的行为,也不成立单位犯罪。为本单位谋取非法经济利益,包括为单位本身谋取非法利益,违法所得由单位本身所有,也包括以各种理由将非法所得分配给单位全体成员。

以上为单位犯罪以及单位走私犯罪的基本特征,但是,在司法实践中单位走私犯罪和个人走私犯罪的界限还是很模糊。根据 1999 年 6 月 18 日最高人民法院颁布《关于审理单位犯罪案件具体应用法律有关问题的解释》,该解释明确以下两种情况应认定为个人犯罪:一是个人为进行违法犯罪活动而设立的公司、企业、事业单位实施犯罪的,或者公司、企业、事业单位设立后,以实施犯罪为主要活动的,不以单位犯罪论处;二是盗用单位名义实施犯罪,违法所得由实施犯罪的个人私分的,依照刑法有关自然人犯罪的规定定罪处罚。在认定单位走私犯罪和个人犯罪过程中必须以这些司法解释的规定为依据。

第二,在认定单位走私犯罪主体时,应当明确单位成员实施的走私犯罪行为在何种情况下能够归责于单位。

对于单位高级管理人员实施走私犯罪行为,走私所获非法利益归属于单位的,认定为单位走私犯罪,理论与实践中一般并不存在争议。难点在于,单位一般成员基于单位利益,实施走私犯罪行为,能否认定为单位走私犯罪。对此,我们认为,合理的法律适用对策应当是,不能机械地根据单位成员在单位中身份决定其走私犯罪行为是否可以归责于单位，必须结合其实际行使的职权、实施相关职务行为的名义、行为所产生的利益归属等判断是否构成单位走私犯罪。

实践中曾经出现如下典型案例：某公司在进口发动机的过程中，公司负责人李某指使该公司负责进出口业务的员工樊某在进口报关时，将天然气发动机（关税税率18%）伪报成柴油发动机（关税税率5%）。樊某在报关过程中，除按李某的授意伪报品名外，还擅自低报货物价格。至案发，该公司通过伪报品名偷逃税额382万余元，此外，樊某采用低报价格偷逃税额42.5万元，公司负责人李某对此并不知情。对于单位成员在公司负责人不知情的情况下，擅自决定以低报价格偷逃税款的行为，应认定为单位犯罪还是个人犯罪，理论与实践中存在一定的争议。

实践中有一种观点认为，单位成员擅自实施的走私行为，应认定为个人犯罪，因为单位一般成员的意志并不代表单位意志。单位犯罪主观上的本质特征是单位意志的整体性，而单位的犯罪意志或通过单位领导集体决策形成，或通过单位或部门负责人决策形成。一般工作人员以单位名义、为单位的利益进行的违法行为，需得到单位事后追认，否则只能认定为个人行为。作为公司的一般工作人员，其实施的走私行为既非经公司集体决策，也未由单位负责人授意，事后也没有得到单位或者单位负责人的追认，其行为不能代表单位，无法体现单位的整体犯罪意志。

实践中也有观点认为，单位成员基于单位利益的走私犯罪行为应当认定为单位走私犯罪。走私犯罪非法获利本质上表现为降低单位的纳税成本，而单位一般成员基于降低单位税赋成本实施走私犯罪，违法利益势必归属于单位，符合单位犯罪构成要件中以单位名义、为单位谋利的要求。同时，单位成员具有单位授权的职务，具有单位意志的一般性代表权，其依据职务内容实施的走私犯罪行为，显然应当将刑事责任归属于单位。

笔者支持后一种观点。司法实践中一般认为，单位故意犯罪需经单位集体研究决定或由负责人决定的，如果单位中的一般工作人员擅自为本单位谋取非法利益，事后未得到领导认可或默许的，应认定其危害行为系出于个人意志，可以个人犯罪论处。①但是，这种观点片面地理解了单位整体授权机制以及单位成员职务行为责任承担的一般规则。单位的一般业务人员在单位授予的权限范围内实施了为单位利益的违法行为，单位以及上级主管

① 参见《上海市高级人民法院刑庭、上海市人民检察院公诉处刑事法律适用问题解答》。

的授权行为实际上已经决定了其应当承担单位成员行为的法律责任,没有必要进一步追问单位是否明知或者单位负责人员是否指示单位成员实施相关犯罪行为。单位成员的职务行为能否归责于单位,应当整体定位于单位成员的职权。单位赋予单位成员职务权力的,其行为体现了单位的整体意志,除非单位有证据表明其实施了明确的法律风险防范行为,否则,无法排除单位犯罪的刑事责任。在单位走私犯罪中,单位成员牵涉整个行为过程的,应当根据其行为以及对应的职务辨识单位的整体责任,相关人员的职务行为与走私犯罪行为明确对应的,并且服务于单位谋取非法走私利益的,应当将整个单位认定为走私犯罪主体。

第三,单位走私犯罪主体本身处于一个动态变化的过程,在单位走私犯罪主体内部的成员发生结构性变化时,必须根据整体性原则认定单位走私犯罪。

单位成员的部分调整不影响单位的整体结构的完整性,但是,单位的主要成员(即单位内部具有决定、决策权的人员,包括董事长、总经理及股东等)整体发生变更,则单位走私犯罪的认定规则应当根据不同情况有所调整。例如,某公司在一批投资者、经营管理负责人的安排下实施走私犯罪,在经过一段时间之后,该公司进行整体转让,投资人、经营管理人员进行调整,公司主体以及名称虽然没有变更,但投资人以及管理人员进行了完全替换,唯一不变的是,该公司继续在新的管理层的决策下实施走私犯罪。如何认定此类单位走私犯罪,我们认为,应当以单位成员整体变革为时间基点,认定为两个单位走私犯罪主体,成立两个单位走私犯罪。

罪责自负是刑事责任确定的基本原理,在单位走私犯罪中同样应当得以坚持。前任股东、高管对后任股东、高管的走私犯罪承担刑事责任,或者后任股东、高管继受对其并不知情的前任股东、高管的走私犯罪责任,都违背了刑法中罪责自负的基本原则。并且,我国刑法对单位犯走私普通货物罪规定的是双罚制,即在处罚单位的同时,单位的直接责任人员也要承担相应的刑事责任。只有在对单位犯罪负有责任的自然人主体已经丧失承担刑事责任能力或者无法到案的情况下才能单独由单位承担刑事责任。所以,在单位主要成员完全变更时认定单位犯罪,关键要考察变更前后的实质犯罪主体、单位犯罪行为与犯罪意志是否具有整体性或者完整性。如果前后任之间的走私犯罪意志同一,即具有刑法意义上的共谋,那么变更前后的责任人员应共同对全部单位犯罪行为承担刑事责任,而不问单位本身在结构上是否存在变化。如果前后任之间的意志相互独立,则成立不同的单位走私犯罪,相关单位成员应各自对任内的行为承担责任。

三、走私犯罪故意认定

走私犯罪的主观方面只能由故意构成。走私犯罪故意的认定直接决定了刑事责任存在与否。明确走私犯罪故意疑难问题的法律适用对策，对于打击走私犯罪而言具有重要的积极作用。

（一）走私犯罪故意司法认定的基本规则

直接故意显然是走私犯罪故意的类型，关键问题在于间接故意能否构成走私犯罪。对此，刑法理论一直存有争议。

“直接故意论”认为，走私犯罪均为直接故意，是一种积极希望逃避海关监管、破坏国家对外贸易管制的行为。①这种观点进一步分析指出，涉税走私犯罪具有非法牟利的目的。非涉税走私犯罪通常也具有非法牟利的目的，如走私淫秽物品、文物等，但不是必然以牟利为目的。②

然而，根据刑法故意犯罪原理，目的犯只存在于直接故意犯罪中，间接故意犯罪没有犯罪目的。这种观点一方面认为所有的走私犯罪是直接故意犯罪，另一方面又认为并不是所有的非涉税走私犯罪都具有非法牟利的目的，这就在刑法理论上产生悖论。如果某一走私犯罪不具有犯罪目的，其主观上就难以认定是直接故意。从我国刑法规定的有关故意犯罪罪名来看，目的犯主要分为法定的目的犯和非法定的目的犯。法定的目的犯是在刑法条文中直接规定该犯罪的特殊目的，不具备该目的的就不构成相应的犯罪。非法定的目的犯是不直接在刑法条文中规定某一犯罪所需的特殊目的，而需要司法人员根据一定的原则立场予以补充。从走私罪一节的规定看，走私犯罪包括走私武器、弹药罪、走私核材料罪、走私假币罪、走私文物罪、走私贵重金属罪、走私珍贵动物、珍贵动物制品罪、走私珍稀植物、珍稀植物制品罪、走私淫秽物品罪、走私废物罪、走私普通货物、物品罪。其中，仅走私淫秽物品罪规定必须以牟利或者传播为目的，系法定目的犯，其他走私罪名是否属于非法定的目的犯，需要具体分析。走私犯罪并不尽然是为了偷逃关税，在非贸易走私中，行为人的主观目的则因案而异，例如，为了实施其他刑事犯罪而走私武器、弹药；或者走私毒品犯罪，显然不是为了偷逃关税的目的。

“直接故意与间接故意论”认为，走私犯罪的主观故意包括间接故意，司法实践中也不乏此种类型的走私犯罪。许多走私当事人虽不具有实施欺瞒

① 苗有水：《走私犯罪的认定及法律适用》，《人民司法》2002 年第 9 期。

② 苗有水、黄河、李文健、高冬竹：《〈最高人民法院、最高人民检察院、海关总署关于办理走私刑事案件适用法律若干问题的意见〉的理解与适用》，载《刑事司法指南》总第 11 辑，法律出版社 2002 年版，第 161 页。

海关的走私情节,但却参与其中,利用自身从事外贸经营、报关代理等便利条件与走私分子做交易获取非法利益,在明知自己的行为会导致走私违法犯罪的情况下,仍放任这种危害结果的发生。应当看到,这种观点是具有一定的现实依据的。走私犯罪实践中,尤其是货物贸易过程中的走私犯罪,确实有不少情形符合间接故意走私的法律特征。例如,明知进口货物的价格明显低于国内销售价格,而以进口货物价格向海关申报关税的;不直接通过走私获取利润,但是将利润支付或转移至发货单位或相关单位,收取手续费等费用的;对进口货物价格与销售货物价格系明知,两种价格之间有较大差价,但不主动向海关申报,同时协助货物进口或销售的,等等。

从司法解释的规定来看,走私犯罪应当包括间接故意。最高人民法院、最高人民检察院、海关总署《关于办理走私刑事案件适用法律若干问题的意见》第五条规定:"行为人明知自己的行为违反国家法律法规,逃避海关监管,偷逃进出境货物、物品的应缴税额,或者逃避国家有关进出境的禁止性管理,并且希望或者放任危害结果的发生,应认定为具有走私的主观故意。"可见,司法解释明确规定走私犯罪可以是放任的主观心态,这就表明司法实践中认可间接故意走私犯罪的成立。

直接故意与间接故意是根据我国刑法规定进行的故意类型划分,在刑法理论上,犯罪故意还可以分为确定故意与概括故意。对于走私犯罪的概括故意,司法解释也有所规定。最高人民法院、最高人民检察院、海关总署《关于办理走私刑事案件适用法律若干问题的意见》第六条规定:"走私犯罪嫌疑人主观上具有走私犯罪故意,但对其走私的具体对象不明确的,不影响走私犯罪的构成,应当根据实际的走私对象定罪处罚。但是,确有证据证明行为人因受蒙骗而对走私对象发生认识错误的,可以从轻处罚。"这意味着走私犯罪可以由概括故意构成,同时,走私行为人的认识错误不影响其走私犯罪的成立,但可以在量刑上进行从轻化的调整。

根据刑法概括故意认定的一般规则,即"概括故意看客观",这意味着行为人对于走私对象没有一定确定的认识与明确的指向的,应当以客观上其实际从事的走私犯罪对象以及实施的走私行为进行认定。从这个角度分析,上述司法解释的规定是符合刑法故意犯罪原理的。但是,对于认识错误是否影响走私犯罪的构成,实际上需要在法律适用上进行深度的论证。

根据刑法原理,当主观认识的对象与实际侵犯的对象具有相同属性,或者说体现了相同的社会关系时,两者同属于一个犯罪构成,不阻却故意的成立;当主观认识的对象与实际侵犯的对象具有不同属性,或者说体现了不同的社会关系时,两者属于不同的犯罪构成,对此对于原意图实现的犯罪因错误而未实现的,成立故意犯罪未遂,对于因错误而实际发生的危害事实,如有过失并且应负刑事责任的,成立过失犯罪,按想象竞合犯处断。

将上述刑法原理应用于走私犯罪,我们可以形成如下判断:当走私对象不同时,不同走私犯罪的犯罪构成之间在性质上有一定程度的重合情况,应在重合的限度内,认定具有犯罪故意。例如,行为人主观上打算走私贵重金属,但实际走私的是武器、弹药,二者虽属不同的犯罪构成事实,但在禁止走私出境的对象上是重合的,应成立走私贵重金属罪(既遂),对误走私武器、弹药的事实,不再承担刑事责任。司法解释坚持认识错误不影响走私犯罪性质的认定,本质上忽视了行为人的主观罪过,是依客观情况定罪。实际上,在这个例子中,只有综合的考虑行为人主观意图和实际行为,以走私贵重金属罪论处,才能有效地平衡主观罪过与客观行为的关系。因此,认识错误不影响走私犯罪的观点在实践适用中应当进行限制,而不能无视刑法基本原理地进行随意适用。

(二) 走私犯罪主观明知的认定规则

根据司法解释的规定,走私犯罪中的"明知"是指行为人知道或者应当知道所从事的行为是走私行为。具体而言,具有下列情形之一的,可以认定为"明知",但有证据证明确属被蒙骗的除外:(1)逃避海关监管,运输、携带、邮寄国家禁止进出境的货物、物品;(2)用特制的设备或者运输工具走私货物、物品的;(3)未经海关同意,在非设立的码头、海(河)岸、陆路边境等地点,运输(驳载)、收购或者贩卖非法进出境货物、物品的;(4)提供虚假的合同、发票、证明等商业单证委托他人办理通关手续的;(5)以明显低于货物正常进(出)口的应缴税额委托他人代理进(出)口业务的;(6)曾因同一种走私行为受过刑事处罚或者行政处罚的;(7)其他有证据证明的情形。

走私犯罪故意中的明知区别于刑法总则犯罪故意概念中的明知。走私故意犯罪中的"明知"实际上包括明知和应知两种形式。而作为犯罪故意的认识因素的"明知"是犯罪主观方面的重要内容,是犯罪构成总体性评价的一个对象。当某一行为具备了主观方面的要件,并且犯罪构成的其他要件也具备时,则该行为不仅符合犯罪构成,而且具有违法性和有责性。反之,当某一行为由于缺乏"明知"的要求,而导致主观方面欠缺时,即使齐备其他犯罪构成的要件,该行为仍然不符合犯罪构成,也就不具有违法性,更不具备有责性。走私犯罪中,作为明知的"应知"就是一种司法推定的认知,即在缺乏直接证据(一般表现为行为人的自供)证明行为人主观上是明知时,根据一定的客观情况推导出其主观上是明知。如果存在行为人应当知道而不知道的情形,这显然是被排除在"应知"之外,也就当然不能认定是"明知"。

司法解释明确规定,如果有证据证明行为人主观上是受到蒙骗,或者有证据表明行为人确实不知是在走私,推定"应知"就不能成立。

（三）包税案件中走私犯罪故意的认定

包税是进口贸易中的一种常见贸易方式,发包方为节省成本,增加利润,减少手续环节,以一定的货物单价为计算单位,计算出全部进口货物的税费总价,委托某一公司作代理,在应纳的进口环节税以外,付给代理公司一笔佣金。走私犯罪实践中,有的单位或个人利用包税的名义行走私之实,主要表现为客户只给代理公司一个远低于正常进口环节税的税费总价,任由代理公司报关缴税,而代理公司为获取利润,多会采取种种手法偷逃关税。对于如何认定进口货物的客户在包税中的走私故意是一个相对疑难的问题。对此,我们认为,间接故意的推定应当根据案件的具体情况获取核心要素的判断标准。对于走私犯罪而言,包税项目究竟属于正当行为还是走私行为,实际上存在一个合理性问题,其核心要素就是价格的合理性问题。包税价格明显低于正常的进口税费及合理利润总和,实际上意味着所谓的包税具有极大的违法犯罪风险,或者说具有显著的不合理性。这与掩饰、隐瞒犯罪所得、犯罪所得收益罪的主观故意认定具有相似性,行为人的收购价格显著偏离市场价格的,意味着相关物品的不正常性与不合理性,完全可以作为推定犯罪故意的一个重要证据。此外,在包税案件走私犯罪故意的认定中,必须进一步分析行为人在包税前、货物进口报关程序中,以及货物入境后的销售等环节,细致辨识这些环节中与正常进口货物不符的情节,从而使有罪证据围绕包税价格形成证据链。在法律适用上,我们建议,海关有必要制定相对确定的量化规则,设定一个包税价明显偏离正常价格的幅度,从而有利于更为明确地认定此类典型但又相当疑难的走私犯罪案件。

四、走私犯罪停止形态认定

不同的走私犯罪在停止形态的认定上存在显著差异,其中最为疑难的就是走私普通货物、物品罪与走私毒品罪。实践中有必要提出针对性的形态认定法律适用对策。

（一）走私普通货物、物品罪既遂与未遂的认定

认定走私普通货物、物品罪既未遂的标准,理论界有两种不同的观点:一种观点为出入国境说,即以走私行为是否出入国境作为既未遂的标准;另一种观点为逃避海关监管说,即以走私行为是否逃避海关监管作为既未遂的标准。实践中一般认为,走私普通货物、物品具有不同的行为方式,认定走私行为既未遂的标准也要具体分析。通常情况下,通关走私与绕关走私具有不同的犯罪停止形态认定标准。

对于通关走私而言，有观点认为应当采用逃避海关监管说，即若行为人是在逃避海关监管后被抓获的，为既遂，否则即为未遂。但该观点在司法实践中也引起争论，主要是在通关走私犯罪中，若将在通关现场查获的案件一律认定为走私未遂是否妥当。反对观点认为在通关现场查获走私普通货物、物品是否为未遂，应区分海关是否已接受申报和查验。如果海关已接受申报和查验，表明已实施海关监管，此后查获的案件应定既遂。对于海关尚未接受申报并查验的，或在查验过程中查获的走私案件，不管是否已被海关查验，均应认定为未遂。这是因为，根据《海关法》的规定，在海关放行以前，该货物必须接受海关监管，也就意味着未逃避海关监管，当然应定未遂。海关在查缉走私时，如果掌握情报，可故意不在通关现场查获，而在放行后查获，这样就可定既遂，对走私者的处罚相应就重，这样走私既未遂的标准完全被缉私部门控制，存在较大的不合理性。①

2000 年 7 月 30 日最高人民法院研究室《关于对海关监管现场查获的走私犯罪案件认定既遂、未遂问题的函》规定："行为人犯走私罪，在海关监管现场被查获的，应当认定为犯罪既遂。"这意味着是否在监管现场被海关查获并不影响走私普通货物罪既遂的认定。这种停止形态的认定规则应当是符合刑法犯罪停止形态原理的。这是因为，犯罪既遂是犯罪的完成形态，即犯罪的既遂形态，是故意犯罪在其发展过程中未在中途停止下来而得以进行到底、行为人的行为已经完全符合或者齐备刑法分则中所规定的某一具体犯罪构成的全部构成要件的情形。犯罪构成要件在规范评价上的齐备意味着犯罪形态上的完成。这里的齐备，具体而言，就是犯罪构成要件在规范评价上达到了饱和状态，即在具备犯罪构成要件的基础上，行为人的主观内容与客观行为相互统一使犯罪构成要件饱和，缺失一分则犯罪在形态上尚未完成，超越一分则不具有犯罪论的意义而进入了刑罚论的分析范畴。对于走私普通货物罪而言，其犯罪构成是成立该犯罪的法律规格，而走私普通货物罪的既遂是行为人齐备了刑法分则规定的具体该种犯罪构成的全部构成要件的情形。既遂就是这种犯罪构成要件的饱和状态。走私普通货物罪构成要件是否饱和，主观上要看故意内容是否完全实现，客观上要看走私犯罪行为是否进行到底。

在通关走私行为方式下，如何理解逃避海关监管行为是否进行到底是认定既遂的关键。对于通关走私而言，行为人必须办理相应的申报手续才能运输、携带货物、物品出入境。因此，只要行为人实施了伪报、瞒报、伪装、

① 陈晖：《走私犯罪论》，法律出版社 2002 年版，第 100 页。

藏匿等欺骗手段,且该手段已经实施完毕,就可以认定走私犯罪行为已经进行到底,应当认定为既遂。实践中,只有行为人向海关申报之后,海关才能对其进行监管,故凡是在海关监管场所被查获的均认定为既遂。可见,司法解释虽然没有直接提出通关走私既遂的认定标准,但也从侧面印证了应当根据犯罪停止形态认定的一般原理考量通关走私既遂标准认定问题。

对于绕关走私而言,这种类型的走私犯罪,其既遂标准应当根据是否出入国境进行判断。绕关走私入境的,进入我国国境为走私既遂;绕关走私出境的,走私的货物、物品以移出国境为既遂标准。一般而言,装载走私对象的船舶出入我国港口或航空器出入我国领土内时为绕关走私既遂的具体标准。

(二)走私毒品罪既遂与未遂的认定

由于打击毒品犯罪的特殊需要,在走私毒品罪的司法实践中,携带毒品出入境被海关抓获是最普遍的现象,在这个时间点上,如果犯罪嫌疑人处于通过边检的过程中被发现,通常认为是犯罪既遂。但是,理论上一直有观点质疑这样的实践操作模式,认为有别于刑法犯罪既遂理论。如何看待这一问题,不仅是走私毒品犯罪刑事政策研究的需要,对于评估走私犯罪惩治实践而言更具意义。我们认为,基于毒品犯罪极为严重的社会危害性,对于走私毒品入境而言,走私毒品罪的既遂可以提前至通过边检过程中,但不能无限制地拓展走私毒品罪既遂的边界。从风险控制的角度分析,通过既遂犯罪时间节点的适当提前,可以适度地周延法益的保护,从而合理控制走私犯罪对于社会的严重危害。但是,完全脱离社会风险控制所能容忍的最远范围,主张着手就是既遂的观点,严重违背犯罪停止形态原理,在实践中不应当予以适用。

五、走私犯罪特殊类型认定问题

(一)公式定价贸易下走私犯罪的认定

海关总署《关于公布海关审定公式定价进口货物完税价格的有关规定》于2006年4月1日施行。根据该规定,公式定价是指在向我国境内销售货物所签订的合同中,买卖双方未以具体明确的数值约定货物价格而是以约定的定价公式来确定货物结算价格的定价方式。根据上述规定,在公式定价方式下,对于符合下列条件的进口货物,海关以买卖双方约定的定价公式所确定的结算价格为基础审定完税价格:(1)在货物运抵我国境内前买卖双方已书面约定定价公式;(2)结算价格取决于买卖双方均无法控制的客观条件和因素;(3)自货物申报进口之日起6个月内能够根据定价公式确定结算价格;(4)结算价格符合《审价办法》中成交价格的有关规定。在实际操作中,对于符合公式定价的进口货物,进口方应当在报关单备注栏内注明公式定价,并提供相应的备案号。经海关备案的公式定价进口货物在进口申报时,结算价格已经根据定价公式确定的,海关以结算价格为完税价格;结算价格尚未确定的,纳税义务人在向海关提供税款担保后,可以先行提货,待结算价格确定后,海关以结算价格为基础审定完税价格。

公式定价贸易方式具有如下特点:一是公式定价一般存在两个申报价格。一个价格为贸易双方根据进口时的行情确定的该批货物的暂定价格,该价格用于进口的临时申报。进口方以此价格开具信用证,出口方依此价格开具形式发票用于进口方的临时报关;另一个价格为结算价格,即进口方根据双方约定的价格选择范围内的某一个价格确定底价,并以该底价按照贸易双方事先约定的公式确定最终的结算价格(该行为俗称"点价")。当然,如果在临时申报时结算价格已经确定,实际上暂定价格和结算价格已经统一就只产生一个价格。二是报关时的货物价格具有不确定性。由于买方是以公式定价方式进口货物,所以在报关时结算价格可能尚未确定。此时,进口方须在临时价格的基础上提供纳税担保后要求海关放行,待结算价格确定后再向海关进行二次申报,所缴纳的税款结合纳税担保多退少补。如果在第一次申报时结算价格已经确定,进口方就须以已经确定的结算价格向海关申报进口。三是申报过程复杂。一般贸易方式下申报进口货物,只需进行一次申报。而在公式定价贸易方式下,基本上都要进行二次申报,且二次申报时间相隔较长(要根据结算价格的确定时间进行第二次申报),最长可达 6 个月。如果第二次申报没有结束,海关正式的税单则无法出具,买方所进口的货物也就无法进行正常销售。实践中有些进口商、报关公司或者代理商为了通关便利或者节约报关时间,以尽快将货物予以销售,将原本应申报为公式定价的货物伪报成一般贸易方式,从而导致报关环节偷逃进口税款(如以暂定价格作为结算价格向海关申报,而实际上的结算价格高于暂定价格)。上述特点决定了公式定价贸易方式下走私犯罪认定存在不少疑难问题。

在伪报公式定价贸易方式的走私犯罪中,行为人通常情况下并不是直接为了低报货物的价格,而是因为存在结算价格与临时价格的时间差,且多数当事人在最初申报时并不知道结算价格究竟是高于还是低于临时价格。当事人在上述走私行为中一般不具有偷逃关税的直接故意,而是为了通关便利,节约报关时间,避免进行第二次申报导致货物销售的延迟。当事人往往具有的是概括性故意:明知伪报贸易方式后,应该预见到申报的临时价格可能会高于、低于或者等于结算价格,对少缴或者漏缴持放任态度,该故意应当称之为概括的走私故意,这是与一般贸易方式下走私行为的最大区别,也是在认定该类走私犯罪中当事人主观故意的一个重要环节。当然,并不排除当事人在一段时间内,明知货物的行情一直处于上涨趋势,仍然按照暂定申报价格向海关申报,其主观故意也就体现为直接故意。

在公式定价贸易方式下,由于申报的临时价格在前,结算价格在后,可能就会出现临时价格高于结算价格的情形。此时,当事人伪报了贸易性质,即将公式定价方式伪报成一般贸易方式,当事人就可能出现多缴税额的情况。对于多缴的税款是否应当扣除,实践中存在不同的意见:一种意见认为,既然行为人本身就是一个概括的犯罪故意,因此,多缴税款和少缴税款都是在行为人的主观认识范畴之内,应当从整体上考察行为人的客观行为,根据刑法主客观相一致的理论,应当将多缴的税款予以扣除。另一种意见认为,多缴的税款是行为人伪报贸易性质导致的必然结果,属于犯罪成本的范畴,不应当予以扣除。如果允许扣除,实践中也不具有可操作性。因为即使当事人知道自己多缴了税款,其也不可能向海关申请退税。一旦申请,当事人伪报贸易性质的行为必然暴露。我们支持后一种观点,因为多缴的税款是当事人自己选择伪报贸易性质后导致的结果,属于犯罪成本的范畴,不应当从走私偷逃的税额中予以扣除。如果予以扣除,也就意味着海关认可了其伪报贸易性质这一违法行为,这显然不具有合理性。

(二) 税率变动下走私犯罪的认定

走私犯罪案件中经常会出现出口关税频繁变动的问题,例如,钢材在1年内税率变动3次,从零关税到加征15%的关税,再到零关税,甚至进一步还享受出口退税。再如,化肥在9个月内税率变动2次,从零关税到加征100%的特别关税,再到75%的特别关税。

对此,目前在理论界存在罪与非罪两种观点,有罪的观点认为,走私普通货物罪属于空白罪状,在办案过程中,大量运用的国务院关税税则委员会、海关总署制定并下发的关于税率变动、监管条件变动的通知、公告等行政规范性文件均属于补充规范,不属于刑法意义上的法律变更,不具备溯及力。且行为人在明知的情况下,仍采用伪报品名的方式向海关申报出口,客观上造成了国家税款的损失,其社会危害性、刑事违法性和应受惩罚性依然存在,不能以新的补充规范来评价先前的行为性质,应当以犯罪论处。无罪的观点认为,补充规范的变动属于法律变更,应当根据《刑法》第十二条的规定,按照“从旧兼从轻”的原则,不作为犯罪处理。

一些单位或个人与外商的外贸合同早已签订,有的货物甚至只能出口境外(境内无法使用),政府在调整关税时又没有留出必要的时间,以致他们不得不伪报品名走私出口以避免损失。这类案件应当区别情况、具体分析、分类处理，并非都以犯罪论处，即便以走私普通货物罪追究刑事责任时，也应按照宽严相济刑事司法政策，与其他走私案件有所区分，在量刑时予以体现。如对于调整后如果仍然按照原来的操作必然导致亏本以及在调整后变本加厉、追求利益的最大化并实施走私行为的，应当明确予以区分，从而做到罪责刑相适应。

典型案例：2007年7月30日（第1票涉案走私货物）至2010年8月12日（第93票涉案走私货物）QD公司进出口部（2010年7月26日机构调整为国际贸易部）部长、被告人刘某文（单位部门负责人）个人决定并指使进出口部出口操作员、被告人袁某华（普通员工），制作真假两套合同、发票，采用低报价格的方式向海关申报出口货物（稀土）。实际成交价格对应的应缴税款2 361万余元；低报价格申报出口的已缴纳税款2 018万余元；偷逃（少缴）税款343万余元（单位走私数额）。QD公司进出口部职能为出口销售洽谈、合同签订、商业单证制作、报关等。QD公司法定代表人龚某（负责集团公司经营管理）、财务总监韦某英、财务部部长刘某源等对上述低报价格出口稀土的情况并不知情。偷逃（少缴）税款343万余元的非法利益（违法所得）客观上归属QD公司，被告人刘某文、袁某华均没有从中谋取个人利益，也没有因此从QD公司得到额外好处。

但是，根据WTO规则以及相关裁决，对稀土征收出口关税违反中国加入WTO时的承诺，存在违规收税的情况，故被告单位QD公司涉案行为对应的所谓“偷逃税款”原本就属于不应当缴纳的税款。《中国入世议定书》第一部分第11.3段的规定要求中国不得对附件6未列出的产品征收出口关税。但是，在中国征收出口关税的产品中，却存在着议定书附件6中并未列出的包括涉案稀土在内的80余种产品，而且中国按从价税率对稀土等各种产品计征的出口关税从5%到25%不等。根据经过公证并提交给法庭的WTO争端文件等证据，2012年6月，美国、欧盟、日本就中国稀土、钨、钼三种原材料出口管理措施，正式向世贸组织WTO争端解决机构提起诉讼，提出中国对上述三品种采取出口关税等，违反中国2001年加入WTO时的承诺。2014年3月，WTO初裁中国稀土等稀有金属涉案产品的出口关税等管理措施违规。2014年8月，世界贸易组织公布了美国、欧盟、日本诉中国稀土、钨、钼相关产品出口管理措施案上诉机构报告，维持专家组关于中国稀土等涉案产品的出口关税不符合WTO规则和中国加入世贸组织承诺的裁决。

可见，此类案件深刻体现出税率问题对于走私犯罪司法认定的影响。本案相关被告单位和被告人行为的发生时，我国国内的相关法规确实还规定对稀土出口要征收关税,也即当时国内相关法规的规定实际上与我们参加的国际条约规定是冲突的。对发生于此间的行为应如何认定?

根据《海关法》第五十六条的规定,中华人民共和国缔结或者参加的国际条约规定减征、免征关税的货物、物品,减征或者免征关税。我国在《中国入世议定书》已经作出了承诺,在这一议定书生效后,如果国内相关法规规定的内容与之相冲突的,理应首先适用该议定书的规定,即承认在本案被告单位和被告人在行为时已经对稀土出口实行免征关税。特别是在 WTO 裁决已经明确中国不得对稀土征收出口关税的情况下,稀土就是免征关税的货物。同时,《海关法》第五十八条规定,本法第五十六条、第五十七条第一款规定范围以外的临时减征或者免征关税,由国务院决定。显然,该条规定的是国际条约规定减征、免征关税等范围之外的临时减征、免征关税货物、物品,国务院具有决定权。《海关法》第五十六条、第五十七条、第五十八条并列规定了不同的减征、免征关税情形,完全不存在互为例外或者互相冲突的问题。

需要指出的是,国际条约与国内法律冲突时适用国际条约也是惯例。例如,《民法通则》第一百四十二条规定,中华人民共和国缔结或者参加的国际条约同中华人民共和国的民事法律有不同规定的,适用国际条约的规定,但中华人民共和国声明保留的条款除外。在《中国入世议定书》已作承诺(并经全国人大常委会批准)、WTO 有关货物贸易协定等条约内容与海关税则就中国稀土出口关税问题存在冲突的情况下,应当适用条约对稀土免征出口关税。

可见,对稀土产品征收出口关税本身就是违反 WTO 规则的违规行为,这说明 2007 年 7 月 30 日(第 1 票涉案走私货物)至 2010 年 8 月 12 日(第 93 票涉案走私货物)期间,出口稀土原本就不应当缴纳税款,在不应当缴纳的情况下,当然也就没有少缴甚至偷逃的问题。所以 QD 公司也就不应当存在所谓的偷逃(少缴)税款 343 万余元而构成走私犯罪的问题。

2015 年 4 月,财政部发布的《国务院关税税则委员会关于调整部分产品出口关税的通知》(税委会[2015]3 号)(以下简称《调整关税通知》)规定——经国务院批准,调整部分产品出口关税,具体取消了包括稀土在内产品的出口关税。

可见,《调整关税通知》实际上纠正了原来不符合 WTO 规则和违反中国加入世贸组织时不征收出口稀土关税承诺的错误。

本案被告单位的涉案行为发生后且在审判前,国务院关税税则委员会颁布了《调整关税通知》规定从 2015 年 5 月 1 日起在稀土出口环节取消关税,故被告单位的涉案行为按裁判时法不构成走私犯罪。

根据《刑法》第十二条有关溯及力问题所规定的“从旧兼从轻”原则,行为时的法律不认为是犯罪的,适用当时的法律;行为时的法律认为是犯罪的,按照行为时的法律追究刑事责任,但是如果新的法律不认为是犯罪的,适用新法。

走私犯罪是行政犯,根据二次违法性判断规则,应当以违反行政法律法规规章为前提,然后再是违反刑法相关规定,构成相应的走私犯罪。刑法溯及力“从旧兼从轻”原则中的“行为时的法律”或者“新的法律”(即裁判时法),不仅包括刑法及其他所有规定犯罪与刑罚的有关决定、解释等刑事性法律,而且包括此类直接影响罪与非罪的行政法规规章。行政法律法规规章中有关税率、应纳税品类的规定,直接影响出口贸易行为性质的认定。一旦取消关税,就意味着不存在构成走私犯罪的基础。因此,规定取消关税的行政法规、规章等对走私犯罪的罪与非罪具有决定意义,同样存在刑法溯及力问题,应当适用“从旧兼从轻”原则,当新的行政法规、规章取消相应商品出口关税,导致相关行为不成立走私犯罪的,应当适用新的行政法规、规章。

海关总署曾颁布《关于转发办理走私案件期间发生税率调整是否适用“从旧兼从轻”原则有关文件的通知》(署缉发[2004]292 号)(以下简称《海关总署通知》),该通知规定,在办理走私案件期间发生税率调整不适用“从旧兼从轻”原则;案发后,国家关税税率、税种发生的变更,不影响对该行为人的走私行为是否构成犯罪的认定。

但是,对于本案被告单位及其被告人的行为定性不适用《海关总署通知》的规定。正如前述,本案中的实际情况并不是“税率调整”的问题,而是行为时违规或者违背承诺征收关税,并在审判时已经纠正错误并取消关税的情况下,原来通过一定手段减少缴纳关税的行为是否仍然构成犯罪的问题。

本案内容与《海关总署通知》规定内容(或者一般走私案件)不同的是:

其一,本案涉及的是“取消关税”而非“税率调整”,简单地说,本案涉及的是行为性质的“质”的问题,而《海关总署通知》涉及的是走私行为的“量”的问题。

其二,本案涉案行为在发生时实际上(或实质上)就没有走私问题存在,即本案涉案行为时就不存在缴纳关税的问题,相关征收关税的规定是错误的,即本案涉案行为在行为当时实际上是国家违背入世承诺、违反 WTO 规则对出口稀土征收一定比例的关税;而《海关总署通知》规定内容的前提是行为时本身就属于走私性质,即在行为当时我国行政法律有关收取关税的规定不存在错误。

这里需要明确的是,在不应该缴纳关税时采用了低报价格减少缴纳关税的方法,对这种行为是否还应该进行惩罚,甚至需要追究刑事责任呢?答案应该是不言而喻的。从“刑事看实质”的角度分析,本案被告单位及其相关被告人的行为非但不应受到惩罚甚至构成犯罪,而且严格意义上说,通过低报减少缴纳的关税还应该退还。

其三,本案涉案行为在裁判时,由于国家对以前错误征收关税进行了纠正,(国务院关税税则委员会已经颁发了《调整关税通知》,且明确应取消稀土出口关税),即对行为时相关错误征收关税的规定进行了纠正,因而相关行为在裁判时已经不可能被认定为走私行为;而《海关总署通知》规定内容则是涉及“办理走私案件期间发生的税率调整”的情况,也即相关行为在裁判时仍然属于走私性质。在此情况下,即使行为时客观上存在错误征收关税的情况,而在裁判时实际上不可能存在走私问题,我们也理应遵循刑法上的“从旧兼从轻”原则,以取消稀土出口关税的行政法规规章为基础,重新评价本案被告单位及其相关被告人的涉案行为,即本案被告单位及其相关被告人的行为不应构成走私普通货物罪。

由此分析,我们不难得出这一结论,即本案涉案内容与《海关总署通知》规定的内容属于不同性质的问题。因此,本案不能适用《海关总署通知》的规定,而当然可以适用“从旧兼从轻”的原则。

综上,在违反 WTO 规则违规收取稀土出口关税后又颁布行政法规规章取消关税的情况下,被告单位 QD 公司涉案行为时本就不应当缴纳违背中国入世承诺的稀土出口关税,也不应当与相关世贸组织的裁定内容相悖,特别是本案审判时国家实际上也已经取消稀土出口关税,故本案被告单位 QD 公司的行为不能认为是走私犯罪。

(三) 海关核销期内擅自内销保税货物行为的性质认定

根据最高人民法院、最高人民检察院、海关总署《关于办理走私刑事案件适用法律若干问题的意见》和海关总署缉私局《关于加工贸易剩余料件或其加工的成品以一般贸易方式出口行为的定性处理问题的批复》的规定,擅自内销加工贸易保税货物案件的定性应根据案件的具体情况予以认定,对于当事人未经海关许可,擅自内销加工贸易保税货物案件的定性与核销期之间无必然联系,关键要看当事人是否存在故意高报单耗、伪报价格、假结转、假出口、假核销等逃避海关监管行为。所以,在司法实践中,一般不能以“海关核销期内”为由而否定擅自内销加工贸易保税货物行为的走私性质,例外情况为,有证据排除当事人具有逃避海关监管故意。

第二节　金融诈骗犯罪

金融诈骗犯罪仍处高发状态,始终是我国金融市场稳定和发展的重大隐患。所以,深入研究金融诈骗犯罪的刑法适用规则对于维护我国金融体系安全与保障人民经济利益而言,具有重大的理论与实践价值。

一、金融诈骗犯罪基本问题

对于作为财产犯罪的诈骗犯罪而言,其概念是指行为人通过虚构事实、隐瞒真相的方法,使他人产生错误的认识和作出错误的决定而自愿交付钱财,从而使自己获取非法的利益或者实现非法的目的的犯罪行为。诈骗的行为本质在于欺骗,欺骗的行为在社会的各个领域、各个层次都有存在。但是,法律上所说的欺骗一般仅限于经济运行领域和财产转移过程,行为人一般是出于获取非法的经济利益或者获取非法的财产占有而实施的诈骗行为。从法理角度上分析,诈骗可以分为民法意义上的诈骗和刑法意义上的诈骗。民法意义上的诈骗一般被称为欺诈。民事欺诈是指行为人以获取非法的经济利益为目的,通过虚构事实或隐瞒真相的方法,使人陷入错误的认识状态并作出意愿抉择,与人发生经济或财产往来的行为。民事欺诈的行为本质在于行为人与相对人并不否认双方业已存在的经济或民事法律关系,也不发生经济利益或财产权利的非法消灭。对于这种在双方确立经济和财产法律关系过程中所存在的欺诈行为,在民法上是作为侵权行为予以认定的,并根据民事法律加以调整。刑法意义上的诈骗是一种犯罪,它是指行为人以获取非法的经济利益和财产利益,通过虚构事实和隐瞒真相的方法,使人陷入错误意识后,非法攫取他人合法财产的行为。刑事诈骗的行为本质在于行为人非法占有他人的合法财产,侵犯了他人合法的财产所有权。所以,刑法不得不动用刑罚予以必要的制罚。

诈骗犯罪作为一种古老的社会现象,它总是与一定的社会现实生活相联系,并随着社会历史条件的发展变化而发展变化的。在传统的自然经济条件下,社会财富的归属主要以个人或家庭为单位,诈骗犯罪的对象主要是属于个体或家庭的财产,其行为特征不仅较为简单,其行为领域较为狭窄,而且其涉及的数额也较为有限。随着资本主义制度在世界范围内的确立,商品经济获得了空前的发展,商品的流通和各种经济往来日益频繁,诈骗犯罪也随之向更广泛的领域和更深的层次发展,远远突破了传统意义上的诈骗范围。而在市场经济条件下,金融领域是整个市场经济体系中极为重要的组成部分,它与整个经济市场的各个领域相互联系、相互依存,共同形成了一个统一的市场有机整体,并在整个市场经济中起着纽带和调控的作用。无论是商品市场、劳务市场、技术市场,还是证券市场、房地产市场、保险市场的存在和发展,都要通过货币的流通和资金的运行来实现,都离不开金融市场的密切配合。由此,发生在金融领域内的诈骗犯罪,就具有了比一般财产诈骗犯罪更为严重的社会危害性。从社会现实生活中所反映的诈骗犯罪来看,银行等金融机构和大量的资金、大额的有价证券,已成为诈骗犯罪的主要对象,从而形成了在市场经济条件下一种新型的犯罪,即金融诈骗。

金融诈骗犯罪是经济犯罪中发案率较高且社会危害性较大的一类犯罪。受经济体制和金融业发展等因素的影响,1979 年颁布的《刑法》中只在第一百五十一条和第一百五十二条中规定了诈骗罪,刑法条文中没有专门关于金融诈骗罪的规定。随着社会主义市场经济体制的建立和完善以及我国金融业的发展,人们日益感到仅仅依靠传统的诈骗罪规定很难有效地打击金融领域的各种形式的诈骗犯罪,有必要在刑法中专门设立金融类的诈骗罪。为此,1995 年 6 月 30 日全国人大常委会通过了《关于惩治破坏金融秩序犯罪的决定》,将集资诈骗、贷款诈骗、票据诈骗、信用证诈骗、信用卡诈骗和保险诈骗等六种行为规定为独立的犯罪。1997 年修订后的《刑法》采纳了上述决定的内容,并在上述六个金融诈骗罪的基础上,又增设了金融凭证诈骗罪和有价证券诈骗罪两个犯罪,同时,专门将金融诈骗罪作为《刑法》分则第三章"破坏社会主义市场经济秩序罪"中第五节所规定的类罪名。根据最高人民法院对罪名所作的司法解释,金融诈骗犯罪是指以非法占有为目的,通过欺诈性金融手段骗取财物且应当予以刑事处罚的行为。现行我国刑法中的金融诈骗罪应该包括八个:集资诈骗罪、贷款诈骗罪、票据诈骗罪、金融凭证诈骗罪、信用证诈骗罪、信用卡诈骗罪、有价证券诈骗罪和保险诈骗罪。

二、信用证诈骗罪

信用证(Credit card),又称跟单信用证(Documentary Credits)、商业信用证(Commercial Credits),是指开证银行根据开证申请人的要求向受益人开立的,保证凭规定单据在一定时期内向受益人支付货款的书面凭证。在信用证业务中,银行承担付款责任,因而对出口商的利益保证更加充分。根据一般的国际惯例,受益人取得信用证金额的唯一条件是提供与信用证要求严格一致的单据。而在国际贸易中,一些进口商或开证银行正是利用了这一点来设置信用证软条款,以逃避其信用证项下的付款责任。根据我国《刑法》第一百九十五条的规定，有下列情形之一，进行信用证诈骗活动的，构成信用证诈骗罪：(1)使用伪造、变造的信用证或者附随的单据、文件的；(2)使用作废的信用证的；(3)骗取信用证的；(4)以其他方法进行信用证诈骗活动的。该条前三项明确规定了信用证诈骗罪的三种行为方式，而第四项中规定的信用证诈骗罪的其他方法，是指前述三种行为方式以外的其他信用证诈骗行为，是立法者出于打击、防范的需要所作的兜底性条款，主要是指开证申请人和开证行利用设置若干隐蔽性条款的方法进行信用证诈骗活动。信用证诈骗犯罪的法律适用疑难问题主要集中在罪与非罪的界限。

（一）信用证欺诈与信用证诈骗的一般界限

信用证欺诈行为属民事、经济法规规制的范畴，是一种严重的违约行为，应当承担违约的民事责任。相关民事法律规定，欺诈指：主观存在恶意，虚构事实或隐瞒实情，使对方产生误解而"自愿"交出财物而不付对价或少付对价。而信用证诈骗属刑法规制的范畴，为犯罪行为，应追究刑事责任。区分两者的关键之一是看情节的严重程度，信用证诈骗更为严重。必须从主客观两方面来认定行为是否构成信用证诈骗，即主观上必须具有诈骗故意，有足够的证据证明行为人的基础交易或信用证交易是虚假的，其订立合同的目的是为了骗取信用证项下的款物。同时，行为人客观上必须实施了欺诈行为，如提供伪造单证、故意不交付单证项下全部或大部分货物、有关方提出异议后不采取实质上的补救措施等。上述主客观条件同时具备，方能认定为信用证诈骗行为。信用证诈骗罪的具体手段在《刑法》第一百九十五条已列明。2005 年 12 月最高人民法院发布的《关于审理信用证纠纷案件若干问题的规定》第八条规定，凡有下列情形之一的，应当认定存在信用证欺诈：(1)受益人伪造单据或者提交记载内容虚假的单据；(2)受益人恶意不交付货物或者交付的货物无价值；(3)受益人和开证申请人或者其他第三方串通提交假单据，而没有真实的基础交易；(4)其他进行信用证欺诈的情形。这些欺诈行为在行为角度都可以作为认定信用证诈骗犯罪行为的规范参考。

（二）信用证"软条款"的行为性质评价

根据国际贸易理论与实践中的通常解释，所谓的信用证软条款是相对于硬条款而言的。按照正常的交易做法，受益人（出口商）能够控制其行为符合信用证规定的条款，即信用证的硬条款。而信用证中的软条款，就是指开证申请人（进口商）在申请开立的不可撤销跟单信用证中，故意设置的某些能使受益人（出口商）处于被动境地，即出口商的供货行为是否能满足信用证条款的要求完全操纵在进口商手中，进口商或开证行随时可以以单据不符为由,解除其信用证项下的付款责任的条款。

常见的信用证软条款有以下几种:(1)信用证暂不生效条款。信用证开出后并不生效,须另行通知方能生效,即说信用证必须在满足开证申请人提出的某些条件后方能生效,开证申请人因此掌握了信用证生效的主动权。(2)信用证规定必须由申请人或其指定人验货并签署质量检验合格证书或商检证书方能生效或付款。(3)信用证对银行的付款承诺行为规定了若干前提条件,当条件无法满足时,可随时根据此条款解除信用证项下的付款责任。(4)信用证要求提供不易获得或正常情况下无法获得的单据方承诺付款。(5)信用证前后条款互相矛盾,使受益人执行一条就必须违背另一条而陷入两难境地,无法做到"单单一致"或"单证一致"。

对于信用证软条款的法律性质,理论和司法实践存在较大的争议。一种观点认为,信用证软条款就是信用证诈骗罪。①也有意见指出,在信用证中设立软条款不存在"虚构事实、隐瞒真相"的诈骗手段,即软条款不是就过去或现在某种事实的虚假陈述,而是希望受益人在未来无法执行该条款而陷于被动的一种意思表示,这种意思表示建立在对未来的某种预见基础之上,不符合公认的诈骗罪概念。②更有观点认为,软条款作为双方达成合意的信用证中的一部分,应当同等予以保护,且软条款是买方和开证方为防止出口商的毁约或欺诈的对应措施,是最能有效控制进口商品质量的单据方案。③

实际上,软条款本身并不直接具有构成信用证诈骗犯罪的性质,甚至连信用证欺诈也不一定构成。这是因为,信用证欺诈是以单据和信用证的条款严格相符为前提的,而软条款则是在信用证中规定一些特殊条款限制单据的结汇效力,其理由恰好就是信用证受益人提交的单据和信用证条款不符,是完全符合信用证机制中单单相符、单证相符的表面真实原则的。实践中有观点将软条款存在的本身视为信用证欺诈,是直接假设了受益人对软条款不明知或未了解含义而产生错误认识的大前提,却忽视了受益人对软条款很可能是熟知且认可的,在后一种情况下,软条款对受益人应当同样具有约束力。受益人不能仅以存在信用证软条款本身向开证行主张成立欺诈。然而,不能因为存在合理或善意软条款,就排除利用软条款进行欺诈的可能性。事实上在国际商贸实务中,软条款信用证是不法商人进行信用证

---

① 胡康生、李福成主编:《中华人民共和国刑法释义》,法律出版社1997年版,第459页。

② 白建军:《金融欺诈与预防》,北京大学出版社1994年版,第33页。

③ 周灏:《跟单信用证防范中的两难选择——就进口商品质量的控制谈"受益人欺诈"与"软条款欺诈"》,《经济师》2003年第5期。

欺诈的惯用手段之一。因此,在有足够的证据证明进口商是通过故意利用设置软条款而使受益人产生错误认识并作出错误意思表示,从而达到骗取受益人货物的目的的情况下,符合我国《民法通则》关于构成民事欺诈的规定,应当认定进口商的行为构成信用证的欺诈。

对于信用证诈骗犯罪司法实践而言,应当高度重视在信用证中设立软条款的行为。仅仅根据软条款的基础事实,不足以判定信用证诈骗罪的成立。我国《刑法》第一百九十五条规定了信用证诈骗罪的四种行为方式,前三种为具体的行为方式,第四种"以其他方法"进行信用证诈骗活动,根据合理的法律解释原则,也应当理解为利用信用证结算业务。所以,在前述三种方式以外,通过信用证的方式以虚构事实或隐瞒真相的手段,骗取公私财物或财产性利益的行为,构成信用证诈骗犯罪中的其他方法。由于信用证中的软条款并不必然违背基础合同的规定,也不必然缺乏合理性及可实现性。即使软条款与基础合同中的规定不符,且开证申请人利用软条款使得受益人无法收汇,受益人也可通过民事法律的手段,追究申请人违约或侵权的赔偿责任。根据软条款的本身性质和特点不足以说明利用信用证软条款就是信用证诈骗。但是,实践中亦不能绝对地排除诈骗分子将软条款作为其整个诈骗行为中不可缺少的工具。根据案件事实能够判断行为人具有非法占有的目的,且利用信用证交易方式存在的缺陷,或利用出口商急于出口、处于竞争劣势、不懂信用证条款等弱点,虚构事实隐瞒真相蒙骗受益人,并利用软条款进行拒付或非法占有受益人的货物,应当认定其构成信用证诈骗罪。

三、保险诈骗罪

保险诈骗罪是指行为人以非法占有为目的,利用虚假的保险事实进行诈骗活动,骗取保险金数额较大的行为。在客观方面,本罪表现为利用虚假的保险事实进行诈骗活动,骗取保险金数额较大的行为。本罪的具体行为形式有:(1)投保人故意虚构保险标的,骗取保险金的;(2)投保人、被保险人或者受益人对保险事故编造虚假的原因或者夸大损失的程度,骗取保险金的;(3)投保人,被保险人或者受益人编造未曾发生的保险事故,骗取保险金的;(4)投保人、被保险人故意造成财产损失的保险事故,骗取保险金的;(5)投保人、受益人故意造成被保险人死亡、伤残或者疾病,骗取保险金的。本罪的犯罪主体为特殊主体,即只有投保人、被保险人或者受益人。所谓投保人,是指对保险标的具有保险利益,向保险人申请订立保险合同,并负有交纳保险费义务的人。所谓被保险人,是指在保险合同中标明的保险对象。所谓受益人,是指投保人或者被保险人在保险合同中明确指定或者依照法律有权取得保险金的人。在有些保险合同中，投保人、被保险人和受益人可能是同一个人，在有些保险合同中，三者可能是彼此分开。

司法实践中，经常会遇到有关保险公司工作人员利用职务之便虚假理赔，骗取保险金的情况。《刑法》第一百八十三条规定："保险公司的工作人员利用职务上的便利，故意编造未曾发生的保险事故进行虚假理赔，骗取保险金归自己所有的，依照本法第二百七十一条的规定定罪处罚。"该条第二款还规定："国有保险公司工作人员和国有保险公司委派到非国有保险公司从事公务的人员有前款行为的，依照本法第三百八十二条、第三百八十三条的规定定罪处罚。"这实际上是刑法理论上所称的"注意规定"。《刑法》第一百八十三条实际上规定得相当明确，保险公司的工作人员如果实施虚假理赔的行为，应依照职务侵占罪定罪处罚。国有保险公司工作人员和国有保险公司委派到非国有保险公司从事公务的人员实施虚假理赔的行为，则依照贪污罪定罪处罚。这种情况不仅在量刑上要依照职务侵占罪或贪污罪的量刑幅度，而且所定罪名也应分别是职务侵占罪或贪污罪。注意规定主要是为了强调必须惩罚这种犯罪行为，同时也是为了进一步明确对这种行为的定性依据。

第三节　非法经营罪

一、非法经营罪的规范构造

非法经营罪是指行为人违反国家的法律、法规规定，非法进行经营活动，扰乱市场秩序，情节严重的行为。非法经营罪的核心问题是违反法律规定从事相关业务：一是未经许可经营法律、行政法规规定的专营、专卖或者其他限制买卖的物品的。专营专卖是指烟草等，限制买卖是指药品等。二是买卖进出口许可证、进出口原产地证明以及其他法律、行政法规规定的经营许可证或者批准文件的行为。三是未经国家有关主管部门批准非法经营证券、期货、保险业务的，或者非法从事资金支付结算业务的。《刑法修正案（七）》第五条新增加了"非法从事资金支付结算业务的"的规定。

二、非法经营烟草的认定

"无证"是构成涉烟非法经营犯罪的前提与基础。2010年最高人民法院、最高人民检察院《关于办理非法生产、销售烟草专卖品等刑事案件具体应用法律若干问题的解释》第一条第五款规定："违反国家烟草专卖管理法律法规，未经烟草专卖行政主管部门许可，无烟草专卖生产企业许可证、烟草专卖批发企业许可证、特种烟草专卖经营企业许可证、烟草专卖零售许可证等许可证明，非法经营烟草专卖品，情节严重的，依照刑法第二百二十五条的规定，以非法经营罪定罪处罚。”2010 年最高人民检察院、公安部《经济犯罪追诉标准二》第七十九条第(二项)规定：“违反国家烟草专卖管理法律法规，未经烟草专卖行政主管部门许可，无烟草专卖生产企业许可证、烟草专卖批发企业许可证、特种烟草专卖经营企业许可证、烟草专卖零售许可证等许可证明，非法经营烟草专卖品，具有下列情形之一的：1.非法经营数额在五万元以上，或者违法所得数额在二万元以上的；2.非法经营卷烟二十万支以上的；3.曾因非法经营烟草专卖品三年内受过二次以上行政处罚，又非法经营烟草专卖品且数额在三万元以上的。”

2003 年最高人民法院、最高人民检察院、公安部、国家烟草专卖局《关于办理假冒伪劣烟草制品等刑事案件适用法律问题座谈会纪要》第三条“关于非法经营烟草制品行为适用法律问题”规定：“未经烟草专卖行政主管部门许可，无生产许可证、批发许可证、零售许可证，而生产、批发、零售烟草制品，具有下列情形之一的，依照刑法第二百二十五条的规定定罪处罚：1.个人非法经营数额在五万元以上的，或者违法所得数额在一万元以上的；2.单位非法经营数额在五十万元以上的，或者违法所得数额在十万元以上的；3.曾因非法经营烟草制品行为受过二次以上行政处罚又非法经营的，非法经营数额在二万元以上的。”

可见，“无证”是构成涉烟非法经营犯罪所必须具备的法律条件。在上述法律依据明确规定了“无证”经营烟草专卖品才可以构成非法经营罪的前提下，不应当将“有证”的经营行为认定为非法经营犯罪。

但是，实践中对于具有烟草专卖证的行为人违背经营范围销售烟草的行为是否构成非法经营罪存在很大争议。典型案例：犯罪嫌疑人李某华持有烟草经营证件，其烟草专卖零售许可证中显示的许可范围是“本经营场所内从事卷烟、雪茄烟的零售”，但其在销售过程中实际经营仅供出口的中华牌卷烟。

根据《烟草专卖许可证管理办法》以及 2003 年国家烟草专卖局《关于适用〈烟草专卖许可证管理办法〉有关问题的通知》(国烟法[2003]435 号)第四条规定：“经营外国烟草制品零售业务的，不再按照《办法》第二十五条的规定申请领取特种烟草专卖经营企业许可证。凡根据《办法》第四章规定领有烟草专卖零售许可证的企业或个人，即可以依法从事国产和国外烟草制品的零售业务。”可见，关于烟草专卖许可证分类中的特种烟草专卖许可证在实践中早已被取消。烟草专卖许可实践中称之为“两证合一”，即经营外烟制品零售业务的,不再需要申请领取特种烟草专卖经营企业许可证,凡领有烟草专卖零售许可证的企业或个人,即可以依法从事国产和国外烟草制品的零售业务。

从犯罪嫌疑人李某华所持有的烟草专卖零售许可证中显示的许可范围——"本经营场所内从事卷烟、雪茄烟的零售"——也可以确认其具有从事包括国产、国外烟草制品的经营许可。

笔者认为,构成非法经营罪必须具有法律依据,在法律与司法解释已经明确"无证"是构成非法经营罪前提的情况下,不宜将"有证"的违规行为认定为犯罪"违反国家规定"、"未经许可"经营烟草专卖制品是涉烟非法经营犯罪的构成要件。《烟草专卖法》第三十八条至第四十三条刑事罚则明确规定的六种应当追究刑事责任的情形,都必须严格"依法"追究刑事责任。在法律与司法解释已经明确规定"无证"是成立涉烟非法经营犯罪前提条件的情况下,强行认定合法持有烟草经营许可证的犯罪嫌疑人的违规行为构成犯罪,显然丧失了证明构成非法经营罪必须出示确定的法律依据这一根本性的基础,存在适用法律错误的风险。

犯罪嫌疑人李某华"有证"不能构成非法经营罪,但其渠道外购进"专供出口"烟草制品的行为应当认定为行政违法行为并予以行政处罚。

《烟草专卖法实施条例》第二十五条规定:"取得烟草专卖批发企业许可证的企业,应当在许可证规定的经营范围和地域范围内,从事烟草制品的批发业务。取得烟草专卖零售许可证的企业或者个人,应当在当地的烟草专卖批发企业进货,并接受烟草专卖许可证发证机关的监督管理。"第五十八条规定:"取得烟草专卖批发企业许可证的单位违反本条例第二十五条第一款的规定,超越经营范围和地域范围,从事烟草制品批发业务的,由烟草专卖行政主管部门责令暂停经营批发业务,没收违法所得,处以违法经营的烟草制品价值10%以上20%以下的罚款。"可见,本案中犯罪嫌疑人李某华的行为属于《烟草专卖法实施条例》规定的、行政违法层面的超越经营范围违法批发烟草制品的行为,没有触发刑事责任的依据,而只能处以行政处罚。

三、非法经营证券的认定

我国资本市场在2015年出现断崖式急速暴跌,由牛市暴力切换至"股灾"模式。2015年6月15日至7月3日,沪指从5 178.19点跌至3 629.56点,区间最大跌幅29.9%。①中国证监会向公安机关移送22起涉嫌资本市

① 董鹏:《A股暴跌大数据:六成个股跌幅超过40%》,《21世纪经济报道》2015年7月6日第7版。

场犯罪案件，①多名券商高管被刑事调查。②但启动刑事程序并未对系统性风险控制产生更多积极影响。经过千股跌停、千股停牌、政府救市等多空胶着后，③8 月 24 日沪指跌幅一度达 8.99%，创股市涨跌停制度以来最大跌幅。④8 月 25 日沪指大跌 7.63%，失守 3 000 点。⑤9 月 14 日放量下跌 2.67%；⑥9 月 15 日缩量下挫 3.52%。⑦

本轮“股灾”生成前整个市场处于一个新的环境。在资金层面，券商融资高企与场外配资野蛮增长为资本市场加上了非常高的杠杆。

杠杆资金在相对短期内大规模介入市场是积累泡沫的动因，在市值处于高位时快速撤离是“股灾”爆发的催化剂，在迅猛的下跌的趋势中被强制平仓时更是“股灾”蔓延与“踩踏效应”的核心推手。受中国证监会监管、由券商经营的场内杠杆资金，即融资业务，其杠杆比例相对较低且信息披露充分，风险可控。来源于民间资本、互联网金融、伞形信托等渠道的杠杆资金，即场外配资，由配资机构对客户进行资金、交易等管理，软件公司提供分仓系统等技术支持，证券公司提供交易通道，以高于券商融资杠杆的配资比例由投资者从事交易；配资机构、软件公司、证券公司分别从中收取配资利息（手续费）、软件服务费、交易佣金等。场外杠杆资金体系中的交易主体、规模、流转等信息均不受监管，影响到系统性风险防控。

在场外配资规模不清、风险失控、实际发生“股灾”且亟须立即严控系统性风险的情势下，监管部门直接将场外配资认定为非法经营，⑧配资交易软件相应构成为非法经营证券业务提供技术支持。⑨根据《刑法》第二百二十五

---

① 程丹：《证监会向公安部移送 22 起涉嫌犯罪案件》，《证券时报》2015 年 8 月 29 日第 A2 版。

② 李东亮：《中信证券总经理程博明被警方调查》，《证券时报》2015 年 9 月 16 日第 A2 版。

③ 郑灶金：《十大关键词复盘 7 月巨震行情》，《证券时报》2015 年 8 月 1 日第 A5 版。

④ 张欣然：《空头席卷 A 股市场》，《证券时报》2015 年 8 月 25 日第 A2 版。

⑤ 郑灶金：《沪指连跌失守 3 000 点　创年内新低》，《证券时报》2015 年 8 月 26 日第 A9 版。

⑥ 张颖、莫迟：《四因素“刺”伤 A 股　大跌后现两大投资机会》，《证券日报》2015 年 9 月 15 日第 A3 版。

⑦ 汤亚平：《沪指考验 3 000 点　不宜盲目割肉抄底》，《证券时报》2015 年 9 月 16 日第 A8 版。

⑧ 福诚澜海等资产管理公司及个人利用信托计划募集资金，通过恒生 HOMS 系统等第三方交易终端软件为客户提供账户开立、委托交易、清算、查询等服务，并按照交易量一定比例收取费用，被中国证监会认定为非法经营证券业务，没收违法所得、罚款 1.5 亿余元。参见朱宝琛：《6 起配资业务收到高额罚单》，《证券日报》2015 年 9 月 19 日第 A2 版。

⑨ 恒生公司等开发具有开立证券交易子账户、接受交易委托、结算等多种证券业务功能的系统，在明知客户经营方式的情况下，向不具有证券业务资质的客户销售系统、提供服务，被中国证监会认定为非法经营证券业务，没收违法所得、罚款 5 亿余元。参见敖晓波：《证监会拟重罚同花顺等三公司》，《京华时报》2015 年 9 月 3 日第 23 版。

条规定,违反国家规定,未经国家有关主管部门批准非法经营证券,情节严重,构成非法经营罪。由于上述场外配资涉嫌非法经营行政处罚案件所涉及金额特别巨大、资本市场剧烈震荡的结果特别严重,资本市场刑法介入"股灾"的杠杆资金问题似乎迫在眉睫。刑法理论中亦有观点指出,中国证监会在行政处罚后应将上述单位和人员涉嫌犯罪问题移送公安、司法机关追究刑事责任,如果中国证监会处罚就此打住,就明显有以罚代刑之嫌。①那么,资本市场刑法究竟应如何规制场外杠杆资金与配资业务呢?

(一)场外配资是否具有非法经营证券业务性质的刑事司法判断规则

在刑事司法层面,处理"股灾"后场外配资的非法经营的刑事责任问题时,资本市场刑法应坚持刑事违法性的独立判断并据此确立司法判断规则。

资本市场行为的行政违法性与刑事违法性属于两种实体法律(《证券法》与《刑法》)与两种程序(行政与刑事程序)下的规范判断问题。场外配资业务被认定违反《证券法》而构成非法经营是行政处罚程序中的行政违法性判断,可作为刑事违法性判断基础,但非唯一标准。司法机关必须对场外配资业务的刑事违法性进行独立且全面的司法审查与实质判断。②从经济机理层面分析,证券公司融资业务与场外机构配资活动都是向客户出借资金供其买入证券并以该客户相关交易证券为主要担保物的行为。在这种本质上属于资金借贷的法律关系中,资金出借人与资本市场投资者之间就担保方式进行特殊安排,由资金出借人监管资金账户风险,当证券市值下降到约定比例时,资金出借人强制平仓从而使投资者自有资金及相关担保能还本付息。从行为实质层面分析,"融资"与"配资"并无本质区别,都是以证券为担保的借贷行为,不能被先在性地判断为证券业务。

场内融资这种经营活动因为是由证券公司实施且经证券监管部门批准才使其成为了一种证券业务,而证券公司之外的其他机构从事的配资是不受中国证监会监管的场外市场中的借贷行为。从《证券法》第一百四十二条③、《证

---

① 金泽刚:《证监会的处罚会不会是以罚代刑》,《南方都市报》2015 年 9 月 7 日第 A15 版。

② 根据 2011 年最高人民法院《关于非法集资刑事案件性质认定问题的通知》的规定,行政部门对于非法集资的性质认定,不是非法集资案件进入刑事程序的必经程序。行政部门未对非法集资作出性质认定的,不影响非法集资刑事案件的审判;对于案情复杂、性质认定疑难的案件,人民法院可以在有关部门关于是否符合行业技术标准的行政认定意见的基础上,根据案件事实和法律规定作出性质认定。相应的,非法经营刑事案件性质认定应当与非法集资刑事案件采用相同的判断规则。

③ 《证券法》第一百四十二条规定:证券公司为客户买卖证券提供融资融券服务,应当按照国务院的规定并经国务院证券监督管理机构批准。

券公司融资融券业务管理办法》第一条①、第三条②等规定中也可以看到——证券公司从事融资融券业务必须经过中国证监会批准的目的在于规范证券公司融资融券业务活动、防范证券公司的风险等——这种制度安排的规范逻辑是中国证监会基于对证券公司的监管与风控而就融资融券业务行使批准权,但并不能就此认定配资属于违法从事融券业务的非法经营行为。从市场与政府关系的角度解释,"融资"与"配资"的区别在于前者是受监管市场而后者是非监管市场。配资并不是实质上的证券业务,更不是《证券法》等"国家规定"明确禁止的行为。所以,配资机构在提供场外资金杠杆过程中未经批准非法从事其他证券业务的,才能在刑法实质判断层面被认定为具有刑事违法性,单纯以证券为担保的借贷活动并不能构成非法经营犯罪。

(二)资本市场领域非法经营犯罪边界的动态调整

在完善刑事立法的层面,需要反思并重新制定非法经营罪刑法条文所设定的资本市场犯罪化边界与"政策红线"。

通过以非法经营罪为核心规范的资本市场刑法的震慑,"一刀切"地排斥配资等场外杠杆资金对资本市场交易量与交易行为的影响,并非完全符合资本市场发挥资源优化配置决定性作用的制度安排。通过刑法强制手段停止场外杠杆资金接入资本市场交易数据端口,虽然形式上对风险因素进行了隔离,但实质上和法律与经济分析框架下的场外杠杆机理、资本市场系统性风险与犯罪控制效率不相契合。

场外杠杆资金及其交易行为所蕴含的资源配置决策,对资本市场效率提升具有经济价值。场外配资为资本市场投资者提供了一种市场化利率水平,使得具有一定风险承担能力的场外资金通过证券市场直接注入实体经济(参与新股申购)或间接优化二级市场流动性。同时,在原来政策调控性、权力导向性非常强的资本市场信息结构中,场外杠杆资金转化为一种市场化信息指标,使得场外资金所对应的交易量及交易行为决策变动等形成金融商品定价的有价信息,为资本市场参与者提供了丰富的资产定价判断要素,弱化了单边性的政策、行政权力影响对市场机制的扭曲。杠杆资金的深

---

① 《证券公司融资融券业务管理办法》第一条规定:为了规范证券公司融资融券业务活动,完善证券交易机制,防范证券公司的风险,保护证券投资者的合法权益和社会公共利益,促进证券市场平稳健康发展,制定本办法。

② 《证券公司融资融券业务管理办法》第三条规定:证券公司开展融资融券业务,必须经中国证券监督管理委员会(以下简称证监会)批准。未经证监会批准,任何证券公司不得向客户融资、融券,也不得为客户与客户、客户与他人之间的融资融券活动提供任何便利和服务。

度介入只是本轮“股灾”区别于其他时期市场暴跌的全新市场条件,实践中并没有证据表明场外杠杆市场风险及其催生、隐匿的资本市场犯罪风险的潜在经济损害大于其客观经济功能。事实上也正是因为场外杠杆对繁荣资本市场和优化效率的积极影响的客观性与损害金融市场稳定、滋生证券犯罪的不确定性之间难以进行量化,决定了在资本市场指数不断攀升时、“股灾”爆发之前,既有的制度安排没有对场外配资等杠杆资金进行强制性清理。

以资本市场刑法为代表的权力性的法律制度安排与金融创新为核心的资本市场发展之间的动态关系意味着市场将不可避免地探索突破制度束缚的路径。场外配资野蛮生长本身就是因为证券公司融资业务对于客户而言交易成本与法律条件较高。只要受到证券监管权力严控、由部分被许可机构垄断的融资业务无法满足市场现实需求,非法经营罪等旨在遏制场外杠杆资金介入资本市场从而控制市场风险、犯罪风险的制度安排,注定会被全新的金融机制、交易技术、市场操作、金融机构配合、民间资本等包围、攻克、避绕。例如,在中国证监会开出高达数亿元的罚单、非法经营罪的刑事法律风险迫在眉睫的情况下,“股灾”后资本市场表现稍有企稳与好转迹象,场外配资便卷土重来,利用个人证券账户出借与保证金收益互换的方式,通过人工盯盘进行最高杠杆五倍的配资。①资本市场刑法若要有效地控制场外杠杆机制的系统性风险,调控因资本市场违法犯罪行为激发、影响下的市场参与者极端非理性引发的金融不稳定,就不应直接将配资等场外杠杆资金借贷规定为非法经营犯罪,反而应调整刑法规范介入边界,在确保信息充分披露、风险可控的前提下,使得具有提升效率的市场化金融行为获得“经营”的空间。

《证券法》等资本市场刑法的前置性法律所明确规定的业务类型或者证券监管机构批准从事的经营活动,越来越难以全面覆盖互联网金融创新背景下的新型资本市场行为与商业模式。除了目前饱受争议的场外配资之外,还有不少新型互联网证券平台在经营内容上属于证券发行环节的融资与投资中介,证券交易环节的通道、信息、融资等服务,无法归入传统证券经纪、证券自营等范畴,在资格获取上又无法获得证券监督管理机构的审批,导致其经营行为可能处于触犯《刑法》所规定的非法经营犯罪的危险区域。例如,经营证券交易通道业务的互联网证券平台以免佣金和免费推送行情分析等方式,吸引海量证券交易者基于其数据线路通道执行证券买卖,探索

① 李维、姜诗蔷:《场外配资“卷土重来”》,《21世纪经济报道》2015年10月20日第15版。

利用聚合性的交易量与客户量优势从佣金返点、配资利息、资产管理等配套服务中获取利润。证券监管弱化事前审批对证券市场的行政干预已是大势所趋，①凭借免交易佣金模式、高杠杆、总体较低的交易成本等与传统证券公司竞争客户资源的新型互联网证券公司，必须通过监管部门批准获取传统证券经营牌照的必要性，实际上已经显著降低。《证券法》修订草案中新增的互联网金融平台从事股权众筹发行、"证券经营机构"等改革方案②更是预示着，证券型互联网金融机构将来可能主要根据《证券法》等行政法律法规规章完成注册、备案、登记等合法性认可程序，无需经过证券监督管理机构审批。从风险控制的角度反思，场外配资、互联网证券等与传统证券业务进行竞争的市场行为本身并不是绝对且不可控的风险来源，而是既有以非法经营犯罪为核心的法律框架，导致其无法通过正常的信息披露为监管者提供风控渠道。如果场外配资等具备了合法的竞争地位，也就没有必要生存在"影子"市场中承担信息披露违法的风险，这反倒有利于控制场外杠杆资金的风险，从而避免"股灾"前泡沫疯狂积累与"股灾"时强制平仓与信心崩溃下的互相"踩踏"。

后"股灾"时期是资本市场波动较大的特殊阶段，融资效率与投资安全经常处于复杂且深入的制度争议与矛盾对抗状态。资本市场刑事立法应以更灵动的脚步配合前置性行政法律同步调整，对证券监管事前审批弱化的环节进行非犯罪化修正。从调整非法经营证券业务犯罪规制范围的角度分析，合法从事证券业务不仅包括经过中国证监会批准从事证券经纪或者自营业务的证券经营机构，而且还可以覆盖逐渐兴起的、通过证券监管或者证券行业自律机构备案注册程序认可的互联网证券机构。在具体的刑事立法完善层面，有必要降低非法经营证券业务犯罪的刑事违法性判断标准，建议将非法经营罪中"未经国家有关主管部门批准非法经营证券……业务"修改为"未经国家有关主管部门批准或认可，非法经营证券……业务"，限缩《刑法》第二百二十五条非法经营罪的规制范围。资本市场刑法"以退为进"，更有利于强化对场外杠杆资金、互联网证券等市场创新机制进行信息披露监管的实际有效性，进而提高对"股灾"等系统性风险的防范与控制效率。

---

① 刘云亮：《权力清单制度与证券法修改》，《甘肃政法学院学报》2015 年第 4 期。

② 张婷：《证券法大修》，《新京报》2015 年 4 月 21 日第 A10 版。

第八章　民生刑法(一):暴力犯罪的刑法规制

民生泛指一个国家的公民日常生活事项,包括衣、食、住、行、就业、娱乐、家庭、社团、公司、旅游等非常广泛的范畴。从社会发展的角度理解,民生主要是指民众的生存、发展机会和能力、基本权益等一系列基本的生活与发展状态。民生刑法广义上就是为上述所有民生问题提供刑法保护的规范体系。而公民的人身与财产权益是民生的权利根本。所以,民生刑法狭义上是指《刑法》分则第四章侵犯公民人身权利、民主权利罪与第五章侵犯财产罪的相关法律规定、司法解释以及判例体系。在理论上,本章将《刑法》分则第四章中的相关犯罪类型概括为暴力犯罪,因为其行为模式均具有相当程度的暴力因素;将《刑法》分则第五章中的相关犯罪类型概括为财产犯罪,尽管部分财产犯罪同样使用暴力手段,但其侵犯的主要对象系公民的财产权利。财产犯罪属于传统犯罪,区别于经济刑法意义上的经济犯罪,后者更强调实体经济与金融市场动态运作过程中对经济关系、金融交易秩序与效率的侵害,也更强调刑法从经济与金融行为的角度建构与完善市场经济的规范保护措施。

本章重点分析暴力犯罪,但由于暴力犯罪过程中往往交织着对被害人财物的侵犯,所以会部分涉及下一章财产犯罪中的问题。暴力犯罪的特点主要表现在非法侵犯公民人身权利、民主权利行为模式的暴力性,具体包括剥夺、破坏、妨害、损害、限制等行为方式。这种暴力可以是身体暴力,也可以是心理暴力。主要包括以下几类具体犯罪行为:(1)侵犯生命、健康的犯罪:包括故意杀人罪、过失致人死亡罪、故意伤害罪、过失致人重伤罪。(2)侵犯妇女、儿童身心健康的犯罪:包括强奸罪、强制猥亵、侮辱妇女罪、猥亵儿童罪。(3)侵犯人身自由的犯罪:包括非法拘禁罪、绑架罪、拐卖妇女、儿童罪、收买被拐卖的妇女、儿童罪、聚众阻碍解救被收买妇女、儿童罪、强迫职工劳动罪、非法搜查罪、非法侵入住宅罪。(4)侵犯名誉的犯罪:包括侮辱罪、诽谤罪。(5)侵犯民主权利的犯罪:包括非法剥夺公民宗教信仰自由罪、侵犯少数民族风俗习惯罪、侵犯通信自由罪、私自开拆、隐匿、毁弃邮件、电报罪、报复陷害罪、破坏选举罪。(6)妨害婚姻家庭权利的犯罪:包括暴力干涉婚姻自由罪、重婚罪、破坏军婚罪、虐待罪、遗弃罪、拐骗儿童罪。(7)侵犯其他权利的犯罪:包括诬告陷害罪、刑讯逼供罪、暴力取证罪、虐待被监管人员罪、煽动民族仇恨、民族歧视罪,出版歧视、侮辱少数民族作品罪,打击报复会计、统计人员罪。

第一节 故意杀人罪

一、故意杀人罪的规范构造

故意杀人罪,是指故意非法剥夺他人生命的行为。本罪侵犯的客体是特定公民的生命权利。这是区别于其他侵犯人身权利罪的本质特征。在客观方面,本罪表现为非法剥夺他人生命的行为。从行为形式上分析,本罪既可以由作为构成,也可以由不作为构成。常见的作为包括刀砍、斧劈、枪击、棍打、拳击、绳勒、毒杀及火焚等,也有用爆炸、放火、电击、化学药品以及放射性物质杀人的,理论上甚至包括利用病菌杀人的。不作为构成本罪的只限于那些负有防止死亡结果发生的特定义务的人才能构成。故意杀人的行为必须是非法的,合法剥夺他人生命的行为(如依法执行命令枪决死刑犯;因正当防卫而造成不法侵害人死亡等)不构成故意杀人罪。本罪的主体是一般主体。凡是达到刑事责任年龄,并具有刑事责任能力的人均可以构成。根据《刑法》第十七条第二款的规定,已满14周岁不满16周岁的人犯本罪的,应当负刑事责任。本罪主观方面表现为故意。即行为人明知自己的杀人行为会发生引起他人死亡的结果,并且希望或者放任死亡结果的发生。刑法理论上通常又将故意杀人划分为直接故意杀人和间接故意杀人两种情况,在其他因素相差不大的情况下,直接故意杀人比间接故意杀人的危害要大。

二、故意杀人罪的司法认定

故意杀人罪是暴力犯罪乃至刑法分则中所有罪名中最为严重的犯罪。故意杀人罪刑法解释与司法判断最为重要的特征在于证据认定与定罪判断的紧密关联。传统刑法理论在阐述故意杀人罪过程中往往会重点分析刑法适用上的争议问题。本节的分析更侧重于结合案例从现实与司法实务的角度还原故意杀人罪认定过程中最为重要的内容,即证据标准的把握、事实的认定与法律的适用之间的有机联系。

(一)案例事实

上海市公安局浦东分局于2005年2月16日立案侦查徐某某等5人被

杀害一案,2月18日先后将犯罪嫌疑人杨某以涉嫌故意杀人罪拘传、刑事拘留,2月25日以涉嫌故意杀人、抢劫罪提请批准逮捕,上海市浦东新区人民检察院于同日以犯罪嫌疑人杨某涉嫌故意杀人罪批准逮捕,上海市公安局浦东分局于当日执行逮捕。

本案的侦破过程简要如下:2005年2月16日下午14时许,上海市浦东新区居民徐某某的姐夫庄某某打"110"报案称发现徐某某等人躺在家中,地上有血。上海市公安局、浦东公安分局即派员赴现场勘查,发现徐某某、徐妻、徐子、徐父、徐母共5人均在徐家中遇害,遂由浦东分局立为故意杀人案进行侦查。

经侦查人员走访,徐某某家的房客王某兰反映:2月15日中午曾见过徐某某的父母,下午3时左右听到徐妻骑电动车回家并用钥匙开门,此后未再见到;徐家底楼西侧房间2个月前出租给两男一女3个在易初莲花杨高北路分店工作的崇明人(女的1个月前已搬离),听徐妻谈起过男房客拖欠房租;2月15日晚看见底楼西侧房间亮着灯,2月16日10时左右看见男房客无故搬家。

根据王某兰反映的情况,侦查人员在易初莲花杨高北路分店找到杨某丹,杨某丹证实曾于2004年12月与表哥杨某、朋友龚某一起租住于徐家底楼西侧房间,后其搬离,杨某、龚某二人仍留住。侦查人员即赴崇明县查访,于2月17日找到龚某,龚证实杨某拖欠房租,还向房东借过钱,龚某于2月7日从徐家回到崇明过春节,杨某留在徐家,龚某还证实杨某处有榔头、水果刀等工具。因与致死被害人凶器类型相符,侦查机关据此判断杨某具有重大作案嫌疑,并在全市展开排摸比对。

2月18日,根据杨园社区联防队员李某2月16日在该社区内农工商超市见过杨某的情况反映,杨园派出所民警找到曾在该社区居住过的杨某的朋友,证实杨某于2月16日起租住于杨园镇上游村薛家宅某号。经守候伏击,侦查人员于18日15时许在上述处所将杨某抓获,并从其住处起获水果刀、徐家钥匙等物品。杨某到案后,对其因拖欠房租被房东徐某某断电而怀恨在心,于2月15日先后将徐等5人杀害的事实作了交代,并交代了扔弃作案工具榔头的地点,侦查人员随后根据其交代查获了榔头。

《起诉意见书》认定:2005年2月15日,犯罪嫌疑人杨某因拖欠徐某某房租,徐将其房间电源切断等琐事而怀恨在心,使用榔头、水果刀、美工刀等工具,先后将徐某某、徐某君、徐某毛、冯某妹、王某贤杀死,其行为涉嫌故意杀人罪。

检察机关审查后查明:上海市居民徐某某与其妻王某贤、子徐某君居住于浦东新区高行镇复兴路某楼房，徐将底楼东间出租给他人放置家具，西间于2004年12月上旬出租给犯罪嫌疑人杨某及其表妹杨某丹、朋友龚某，院内二间平房分别出租给徐某熊、王某兰夫妇（江苏省滨海县人）和程某锋（河南省泌阳县人），徐的父母徐某毛、冯某妹则与徐的大哥徐某明一家共同居住于徐某某家隔壁。

2005年春节前夕，犯罪嫌疑人杨某因拖欠房租，徐某某多次催讨且于2月8日（农历除夕）前后将其房间电源切断等琐事对徐某某怀恨在心，伺机报复。2005年2月15日上午，杨某戴上手套，携带榔头、水果刀、美工刀等凶器，使用老虎钳等工具将其房门上方的气窗玻璃卸下，翻入徐家底楼客厅，随后潜入徐家二楼东间卧室，见徐某某和徐某君正在熟睡，即用榔头击打徐某某头部，徐某某惊醒后与杨搏斗至二楼客厅，杨接连使用榔头击打徐某某头部、使用美工刀、水果刀戳刺徐某某颈部、胸部等部位，致使被害人徐某某因颈部受锐器刺切造成左颈总动脉不完全性断离致大失血死亡，搏斗中杨的左手中指根部被徐咬伤。随后，杨某听到徐某君在叫“爸爸”，为防止事情败露，即至东间卧室用水果刀戳刺其颈部，致使被害人徐某君因颈部受锐器刺切造成右颈总动脉、颈内静脉断离致大失血死亡。

当天中午，被害人徐某某的父母徐某毛、冯某妹像往常一样到徐的家里，犯罪嫌疑人杨某为掩盖杀人事实，先后在二楼客厅、楼梯口用榔头、水果刀击打、戳刺冯某妹、徐某毛的头部、颈部等部位，致使被害人冯某妹因头部受钝器打击、颈部受锐器刺切致颅脑损伤合并大失血死亡，被害人徐某毛因头部受钝器打击造成颅骨骨折、脑组织挫碎致颅脑损伤死亡。嗣后，犯罪嫌疑人杨某先将徐某毛的尸体拖到一楼半的卫生间里，后用一条床单包裹打结后拖到二楼东间卧室，又将冯某妹、徐某某的尸体拖到二楼东间卧室。随后，杨某换下沾满血迹的手套，又擦拭了二楼客厅地板上的血迹。

当天下午，徐某某的妻子王某贤下班回家，犯罪嫌疑人杨某为掩盖杀人事实，在二楼东间卧室使用榔头、水果刀击打、戳刺王某贤的头部、颈部等部位，致使被害人王某贤因头部受钝器打击、颈部受锐器刺切致颅脑损伤合并大失血死亡。

当天傍晚，犯罪嫌疑人杨某携带徐家钥匙一串、不锈钢水杯一个等物品，从底楼客厅出门并锁门后回到底楼西间，重新装上房门气窗玻璃，随后，将榔头、折断的美工刀片、作案时所穿的衣服等物品扔弃至高行镇高行村西弄附近的垃圾箱内。2月16日上午10点左右，杨某逃离徐家租房至杨园镇上游村某处。

2月18日，犯罪嫌疑人杨某在其上游村暂住处被公安人员抓获。

(二)证据情况

1. 证实杨某具有杀人动机的证据

(1) 犯罪嫌疑人杨某2005年2月18日16:25至17:55供述:我从2004年12月和表妹杨某丹、老乡龚某一起借住高行镇高行村复兴路老徐家底楼西间。2005年2月9日应该支付房租400元,老徐在前几天就向我要过,但我没钱给他,他就把我房间的电给拉了。到了年初六即2月14日,我因为没钱已经一天没有吃东西了,又想到老徐不仅催房租,还拉掉我的电,越想越气。2月15日早上,我决定报复老徐,要杀了他。

(2) 证人杨某丹2005年2月16日16:25至17:50证言:2004年12月8、9日,与杨某、龚某一起借住高行村复兴路某楼房底楼西间,杨某丹只住了一个月就搬走了,房租是杨某付的,每月350元,杨某和龚某仍住在那里。2月8日下午1点多钟,杨某到我上班的超市向我借钱,并说当晚回崇明,因我没钱借给他,他就离开了。杨某在2004年12月初就不去易初莲花上班了,白天睡觉,晚上出去玩,一直没找到工作,也没有经济来源。

杨某丹2月16日16:25至17:50证言证实:杨某这个人较冲动,做事不肯吃亏,家里条件一般。

(3) 证人龚某2005年2月17日12:00至13:30证言:我和杨某是易初莲花的同事也是同乡,我和他、他妹妹杨某丹借了高行老徐家一间房子共住,后来杨某丹搬走了,剩下我和杨某住在里面。杨某从易初莲花辞职后就没有工作了,身上也没有钱,欠了老徐2个月的房租,他给杨某丹过生日时还向房东借了200元,这样共欠房东1 000元,房东见到他就盯着他讨钱。

龚某2005年2月17日20:00至2月18日4:10证言证实:2月7日龚回崇明的时候,杨某身上一分钱都没有了,第一个月的房租是杨某支付的,后两个月的房租未付。2月10日返回老徐家,杨某告诉他已没什么吃的东西,而房东也把电给断了。杨某住处有一把奶嘴榔头、一把老虎钳、一把切西瓜的单刃刀、一把美工刀、二副手套等工具。

(4) 证人程某锋(原系徐某某家房客)2005年2月16日证言证实:听女房东讲过,杨某拖欠房租,还向房东借过200元。

上述证据表明:犯罪嫌疑人杨某关于因房东徐某某催讨房租,还将其房间断电,遂报复杀人的供述中关于拖欠房租的内容得到了龚、程两名证人证言的印证,关于被房东断电内容得到了龚的印证,具有可信性。

2. 证实被害人失踪时间的证据

(1) 证人徐某萍(系被害人徐某某姐姐)2005年2月16日证言:最后一次见到父母徐某毛、冯某妹是在2月15日上午10:45左右,她陪父母到家附近的农业银行取款后分手,当天晚上 7 点接到大弟媳的电话说父母没有回家。

(2) 证人王某玉(系被害人王某贤妹妹)2005 年 2 月 16 日证言:最后一次碰到徐某某、王某贤一家三口是 2 月 14 日下午,因王某玉乔迁新居,兄弟姊妹一起聚会,徐某某一家三口玩到当晚 12 点左右才回去。

(3) 证人顾某娥(系被害人王某贤同事)2005 年 2 月 16 日证言:王某贤 2 月 15 日上早班于 6:30 到单位,15:00 左右下班离开单位,2 月 16 日应该上早班却没来。

(4) 证人王某兰 2005 年 2 月 16 日证言:最后一次看见房东夫妇是在 2 月 14 日晚上,2 月 15 日看到房东家门一直关着,到中午 12 点左右,看到房东的父母过来,徐的父亲用钥匙开门进入,下午 3 点钟左右,我听到电动自行车的声音,还听到用钥匙开门的声音,估计是女房东回家了。此后一直到晚上,房东家门一直关闭,灯也没有亮。

根据上述证人证言,可以推断五名被害人的遇害时间有先后——被害人徐某某、徐某君遇害时间约为 2 月 15 日 6 时以后;徐某毛、冯某妹遇害时间约为 2 月 15 日 12 时以后;王某贤遇害时间约为 2 月 15 日 15 时以后。

3. 证实杨某有作案时间的证据

(1) 证人王某兰 2005 年 2 月 16 日证言、3 月 4 日辨认(杨某照片)笔录:徐某某家底楼西间出租给二男一女三个上海人(其中二个是兄妹),听房东说他们都在易初莲花打工,女的住了一个月就搬走了,一直是两个男的住在里面,其中一个上班,那个哥哥没有工作。2 月 15 日白天一直没看到两个男的,晚上看见西间亮着灯。16 日 8 点看到那个哥哥一人骑车出去,10 点左右看到他叫了一辆货车搬家,问他:“另外一个人呢?”他回答:“家里有事回去了”。

(2) 证人徐某熊 2005 年 2 月 16 日证言、3 月 3 日辨认(杨某照片)笔录:从 2 月 9 日到 2 月 15 日,看到那个不上班的上海男子一人在家,2 月 16 日 7、8 点看到他一人骑车外出,另外一个在易初莲花上班的男子则始终未见。

(3) 证人龚某 2005 年 2 月 17 日 12:00 至 13:30 证言:我于 2 月 7 日回到崇明,2 月 10 日返回房东家见杨某还住在里面,这是我最后一次见到杨某,2 月 12 日我又回到崇明,此后一直待在崇明。

(4) 证人杨某丹 2005 年 2 月 16 日 16:25 至 17:50 证言证实:正月初三、初四回崇明,没碰到杨某。

(5) 证人徐某英(系杨某母亲)2005 年 3 月 15 日证言证实:杨某从 2005 年 1 月 17 日离开崇明到浦东,再也没有回过家。

徐某英、龚某、杨某丹均证实杨某春节期间未回崇明而滞留于徐家;王某兰、徐某熊证实杨某春节期间待在徐家,2 月 15 日杨某还在,2 月 16 日外出并搬家离开,而未看见与杨某同住的龚某,故可证实 2 月 15 日这天,杨某具有作案时间。

4. 证实杨某杀人过程的证据

(1) 犯罪嫌疑人供述:2005 年 2 月 15 日早上八九点钟左右,我带了一副白纱手套以及一把木柄榔头、一把单刃水果刀、一把美工刀,用老虎钳将我住处与房东客厅间的门上方的窗户玻璃卸下,然后从窗户翻进去,直接到了二楼东边的卧室,当时,老徐和他的儿子分别睡在两张床上。我右手拿榔头打击老徐头部,徐醒来后就与我搏斗,我怕老徐喊叫,就用左手去捂徐的嘴,结果左手中指根部被徐咬了一口。接着我继续用榔头打他的头部,直到将徐打倒在二楼中间的客厅。之后,我用刀捅了老徐的颈部,捅了之后他还想起来,于是我就刀在他胸部捅了几刀,直到他不动。当时老徐上身穿深色的棉毛衫,下身穿深色的三角裤。

我杀了老徐后,就听见他儿子在喊爸爸,于是我回到卧室,当时小孩还在床上,我将他扑倒在床上,用刀刺小孩的颈部,就把他儿子杀死了。

之后,我发现美工刀断成几截在老徐的尸体旁边,于是我就找刀的断片,结果只找到两段,还有一段没有找到。接着,我就到一楼半的卫生间里拿了几张草纸包了断片放入裤袋内。

我回到二楼的客厅坐在那里,又怕老徐的老婆下班回来发现这件事,就想等她回来后杀死她,没想到先来的是他的父母。坐了没多少时间,我听见楼下有声音,老徐的父母来了,于是我就躲在二楼客厅的墙角处,先上楼的是老徐的母亲,她一到二楼客厅,我就用榔头敲她的头部,她倒地后还发出声音,我就用手扼她的脖子,又用刀捅了她的头颈,杀死了老太。

我杀死老太后,发现老徐的父亲已经快要到二楼了,于是我马上下去迎面用榔头打他的头部,他就倒在楼梯上,我还用刀捅了他的头颈。当时老头穿的是黑色滑雪衫上衣,深色长裤,头上戴了顶绒线帽,脚上是普通套鞋。杀了老头后,我就把他拖到一楼半的卫生间里,又到二楼客厅用床单和被套将老徐和他母亲的尸体拖到卧室,也把老徐父亲的尸体用一块床单包裹打结后拖到卧室。之后,我将二楼客厅的地板擦干净,又拿了老徐家里的一副手套换下了血手套。

擦洗完毕后一段时间,我就听见老徐的老婆下班回家。在她上楼前,我躲到了二楼西边房间的墙角处,她上二楼后,径直往东边的卧室走,我从后面跟上去。她当时发现我了,就往东边卧室跑,我追上去用榔头击打她的头部,她倒地后我又用刀猛刺其头颈,就把她杀死了。我把老徐的老婆杀死后我就用条床单盖在她身上,脸上也被我遮住的。之后我拿了一条床套,到卫生间将老徐的父亲的尸体包起来,对角打结后将他拖到东间的卧室。

之后,我发现三人沙发上有一件红色上装有血,于是我将这件衣服装了另一只塑料袋,将这个塑料袋放在老徐老婆尸体旁边,还有我的血手套也换下了,但具体位置记不得了。

我杀了老徐一家后,在老徐身上拿了八百多元,又在他老婆身上拿了不到一百元,还在他家抽屉里拿了一条"红双喜",几张碟片,以及他家的几串钥匙,我离开老徐家是从他家底楼大门走的,并锁上了门。当天晚上,我把自己房间气窗玻璃复原,重新用钉子钉上。我还将自己杀人时穿的衬衫、棉毛衫、外裤、袜子以及榔头和在老徐家里拿的手套一起扔在高行金高路附近的一处垃圾筒内。把水果刀藏在杨园暂住处,作案时穿的泡沫底鞋子洗净后晒在杨园暂住处。

(2) 杨某2005年2月18日18:10至18:50辨认扔弃作案工具榔头、美工刀片、手套和作案时所穿衣服、鞋子的高行镇三号桥附近垃圾箱的笔录。

(3) 杨某2005年3月23日辨认榔头、绒布棉鞋、钥匙、不锈钢杯子、水果刀、老虎钳、碟片的笔录。

(4) 上海市公安局2005年2月18日制作的(2005)沪公刑技勘字第26号《现场复勘笔录》。2月18日15时,犯罪嫌疑人杨某被抓获,根据其交代情况,对高行镇复兴路127弄12号底楼西侧房间勘查发现,东墙中间有一扇木门,呈关闭状态,门上方有一扇气窗玻璃用铁钉固定在木档上,窗玻璃上有手套印,气窗下方木档上发现有灰尘擦拭痕迹,且有钉子钉过的钉眼和一处血手套印,提取血迹一处。同时,对底楼客厅西墙的木门进行勘查,发现在气窗下方的木档亦有灰尘擦拭痕迹。

根据杨某扔弃榔头场所的交代,对高行镇高行村西弄垃圾桶进行检查,因垃圾已集中于中转处理站,在东靖路金高路交叉口的中转处理站工作人员黎某翠的协助下提取了奶嘴榔头一把。

(5) 证人黎某翠(高行镇东靖路垃圾中转站员工)2005年2月18日18:00至19:05证言、辨认榔头照片。

2月16日上午9点左右,在整理高行镇的垃圾时发现一个马甲袋,内有一把木柄榔头、衣服等物品,榔头保留了下来,衣服等物品扔掉了。

(6) 上海市公安局浦东分局《调取证据清单》证实:2005年2月18日从黎某翠处调取木柄奶嘴榔头一把。

(7)《搜查证》、搜查笔录、《扣押物品清单》证实:2005年2月18日,侦查人员在浦东新区杨园镇上游村某处主楼东侧平房犯罪嫌疑人杨某的暂住处,搜查发现了水果刀一把、老虎钳一把、绒线面泡沫底鞋一双、钥匙三串、不锈钢杯子一只等物品,并予以扣押。

(8) 上海市公安局2005年2月18日制作的(2005)沪公刑技勘字第34号《现场勘查笔录》。

发现绒线面棉鞋一双系杨某所有,左鞋底留有疑似血迹。平房内有老虎钳一把等物,床头上方壁龛内有CD包一只,CD包表面留有血迹,床头柜抽屉内有不锈钢杯一只(杯柄上留有Friend字母,杯表面留有血迹)、钥匙二串(其中带有指甲钳的一串钥匙上留有少量的滴血),房间北窗台上留有黑柄水果刀一把(全长17.5厘米),刀柄上有擦拭血迹。

(9) 证人徐某明(系被害人徐某某哥哥)2005年3月21日证言、辨认照片。

住在徐某某家隔壁,从未听徐某某说家里遗失过钥匙,经见证侦查人员用从杨某上游村暂住处提取的两串钥匙开启徐某某家房门,其中带有指甲钳的一串钥匙中的一把能打开徐某某家房门,这串钥匙就是徐某某平时带在身上的,另一串钥匙中的一把能打开底楼西间的房门。

(10) 证人徐某平(上海通汇汽车零部件有限公司员工,系被害人王某贤同事)2005年3月17日证言、辨认笔录。

2004年9月、10月及2005年1月,公司为纪念通过质量认证发给包括王某贤在内每位职工一个不锈钢杯子。经辨认,从杨某上游村暂住处提取的一个不锈钢杯子就是该公司发给职工的。

(11) 上海市刑事科学技术研究所2005年2月21日出具的沪公刑技法物字(2005)第406号《检验报告》。

对从被害人徐某某家中提取的六十余处血迹、犯罪嫌疑人杨某上游村暂住处提取的CD包、水果刀、钥匙、不锈钢杯子、左鞋底上的血迹,以及东靖路、垃圾中转站提取的榔头上的血迹进行DNA检验,证实分别为5名被害人和杨某的血迹。

(三) 证据与定罪问题

1. 故意杀人罪或者抢劫罪一罪,还是故意杀人、盗窃二罪

犯罪嫌疑人杨某供称,杀死徐某某的原因有二:一是报复,二是图财,杀死其他四人的原因是防止事情败露,并称杀人后,从徐家中带走900多元钱、一条红双喜香烟等物品。

可见,尽管证人杨某丹、龚某证实杨某在春节前后已身无分文且无经济来源,但因被害人徐某某一家五口均已被害,杨某从徐家带走现金这一情况

只有杨本人的供述,再无其他证据证明徐家遭受抢劫或盗窃,亦即没有证据证明杨某系为抢劫而杀人或杀人后"顺手牵羊"进行盗窃,故认定其行为构成故意杀人罪一罪比较符合本案的证据状况。

2. 杀人动机、精神状态与刑事责任能力

2005 年 3 月 9 日,侦查机关委托上海市精神卫生中心对杨某的精神状态作司法精神医学鉴定,并评定其刑事责任能力。《鉴定书》分析说明:杨某以往无精神病史,作案前亦无精神异常表现,鉴定时言行有序,思维连贯,情感反应适切,能详细叙述作案经过,作案过程中无精神病表现;其作案行为因现实矛盾而起,在整个作案过程中具有较好的自我保护意识,如先报复杀人,后因怕人知道而再"杀人灭口"、逃离现场、搬至别处等,均表明杨对行为的法律性质具有实质性的辨认能力,故鉴定结论为杨某在作案时和目前均无精神病,在作案中存在完整的辨认能力,具有完全刑事责任能力。可见,在无精神病、具备完整辨认能力的情况下,杨某所作的为报复和灭口而杀人的供述比较合理、可信,因"房东催讨房租"和"春节断电"两节均得到相关证人的印证,而且杨某丹、龚某的证言形成于杨某的供述之前,证明力较强。综上,犯罪嫌疑人杨某应对其行为负完全的刑事责任。

3. 故意杀人罪的证据标准

本案证据链条的基本形态:(1)作案时间具备。5 名被害人先后失踪的时间集中于 2 月 15 日,而多名证人证实杨某 2 月 15 日就滞留在被害人家中。(2)作案动机可信。杨某供称的房租、断电等细节得到多名证人的印证。(3)作案工具吻合。杨某供称的水果刀、美工刀、榔头等作案工具均已查获,均从中检出 5 名被害人的血迹,且与尸体检验报告证实的伤痕相符。(4)作案过程详细。杨某供称的杀死 5 人的顺序、地点,摆放尸体、遗留血迹的位置、包裹尸体的物品均得到现场勘查笔录、物证检验(DNA)报告的证实,且能一一对应。(5)物品来源相符。从杨某上游村暂住处查获的不锈钢杯子、钥匙均系被害人家中物品,且沾有被害人的血迹,杨某所有的鞋子上亦检出被害人的血迹。(6)证据效力可靠。潜入被害人家中的通道(气窗)、榔头的去向,均系杨某交代之后才查明、调取的。综上,杨某对杀害 5 名被害人的事实供认不讳,供述稳定、一致,而其供述的作案动机、作案工具、作案过程又与现场勘查笔录、尸体检验报告、物证检验报告、相关物证、证人证言等证据相互印证,形成了完整、闭合的证据锁链,足以确认。

4. 共犯的排除

现场勘查笔录证实,被害人徐某某家中无论院门、底楼总门、二楼阳台、各房间门窗均完好无损,未发现工具破坏痕迹,亦未发现其他人的痕迹。据此,作案人员来自内部,而房客王某兰夫妇和程某锋均住在院内平房,没有进入徐家楼房的可能,只有杨某及同住的龚某嫌疑最大。龚某的父母亲、爷爷、堂弟等人一致证实龚某春节期间除了2月11日、12日返回过浦东,其余时间均呆在崇明;王某兰、徐某熊一致证实龚某春节期间不住在被害人家里,且2月15日只看到杨某一人在被害人家里,2月16日搬家时也只有杨某一人。据此,龚某有案发时不在现场的证据,可以排除。综上,能够排除系其他人作案或与杨某共同作案的可能。

综上,杨某为泄愤,故意持械杀死五人,其行为触犯了《刑法》第二百三十二条之规定,构成故意杀人罪。

三、雇凶杀人的问题

典型案例:犯罪嫌疑人陈某因其丈夫翁某彪与被害人蔡某之母黄某芳同居多年,且翁某彪自2000年9月起曾多次提出要与其离婚,其认为是黄某芳第三者插足所致,故怀恨在心。2004年7、8月间,犯罪嫌疑人陈某从朱某辉处获悉社会上断人手脚需五六万元,杀人需二十万元的价格后,遂起意报复行凶,并允诺朱某辉由其出资而要求朱某辉为其报复,同时提供了翁某彪、黄某芳、蔡某等人的照片及翁某彪、黄某芳的电话号码。犯罪嫌疑人朱某辉经跟踪得知翁某彪、黄某芳及蔡某住处,同年9月3日由陈某出资(每月5 000元的租金)、朱某辉出面租赁了同幢楼的14楼B座房,供朱某辉踩点并伺机作案。2005年1月17日15时许,犯罪嫌疑人朱某辉发送手机短信给陈某,内容是:"我现在把事情往大的方向做!你哪怕是死也要顶住以后所发生的一切!因为以后警察会不断地来盘问你!我不想死,我也不想让你有事!"次日上午7时许,犯罪嫌疑人朱某辉至17座D座门口,适逢被害人蔡某单身一人出门上学。朱即上前用拳猛击蔡的头面部,又采用捂嘴、扼颈的方式,当场致被害人蔡某机械性窒息死亡。随后,朱某辉将蔡某的尸体从17楼左侧消防通道拖至14楼B座卫生间的冲淋房内,又穿好雨衣、裤,戴好橡皮手套,用美工刀、手工刀等凶器对尸体进行肢解,共分成头部、躯干及腿部共四块。然后犯罪嫌疑人朱某辉将尸块用事先准备好的塑料袋分装后分别放入拉杆旅行箱及被害人的书包中,于当日中午驾驶摩托车将尸块运至浙江省海盐县秦山镇秦山村秦联邓衙桥老沪杭公路分次抛弃。经鉴定,被害人蔡某系生前被他人捂压口鼻部及压迫颈部致机械性窒息而死亡后用锐器分尸。次日,犯罪嫌疑人朱某辉将杀人一事告知犯罪嫌疑人陈某,陈指使朱将其原提供的黄某芳及其女儿蔡某的照片,电话号码等抓紧烧毁。证人蔡某蓓证实:翁某彪和陈某关系不好的时候,其多次参与他们的调解,其调解时比较偏向陈某,因为其认为他们关系不好错在翁某彪,而且陈某也没有生活来源。他们之间的离婚协议也是在其调解下两人签订的。陈某基本上每次都很激动,几乎都要吵,弄得其每次都像在劝架。吵的时候也说要报复黄某芳,说过“大不了一命偿一命”,“我没好日子过,也要让她没有好日子过”。

本案中,犯罪嫌疑人陈某的行为是构成故意杀人罪还是故意伤害罪?在犯罪嫌疑人否认其雇凶杀人、辩解其雇凶伤人的情况下,应当结合证据进行判断。犯罪嫌疑人陈某曾多次扬言要报复黄某芳,证人蔡某蓓等证实翁在和陈某商谈离婚事宜时,陈某扬言要“一命抵一命”等。犯罪嫌疑人陈某之后实施了一系列的杀人准备工作,包括雇用朱某辉、租借房屋、提供被害人蔡某及其黄某芳、翁某彪等人照片。犯罪嫌疑人陈某与朱某辉之间已商议到杀人的价格及断人手脚的价格,且朱某辉作为陈某的被雇用者、被指使者,明确供述陈某要其杀害黄某芳。从犯罪嫌疑人陈某案发后的反应来看,也间接证实陈某具有指使朱某辉故意杀人的主观故意和行为。犯罪嫌疑人朱某辉在2005年1月19日告诉陈某“事情已要搞定了,人已经消失掉了”的时候,陈某并没有表现出意外,更没有责怪朱某辉,而只是问“大的还是小的”,并要朱某辉销毁相关的犯罪证据,包括其提供的照片、电话号码等物。

此外,在刑法理论上和司法实践中,只要由于教唆犯的概然性教唆而使被教唆的人产生了犯意,无论实施了何种犯罪,没有明显超出教唆范围的,都不视为实行过限。本案中,朱某辉之所以会杀害蔡某,理由只有一个:那就是陈某出钱指使其报复黄某芳。如果没有陈某的指使,朱某辉不可能杀蔡某,因为朱某辉与黄某芳、蔡某之间无冤无仇。陈某起先想报复的是翁某彪,后来转而想报复黄某芳,报复黄某芳的方法也很多,杀死黄某芳是报复,杀害其女儿当然也是报复。从案发后第二天朱某辉立即向陈某“汇报”报复情况的这个表现来看,也反映出正是在陈某的指使下,朱某辉才实施了杀人报复行为。因此朱某辉实施的杀害蔡某的行为,并没有超出陈某指使的报复杀人的范围,不应视为实行过限。

本案也不属于犯罪对象错误,朱某辉为报复黄某芳杀害了其女儿,如果朱某辉误将他人当作是蔡某而杀害,那才是对象错误。即使对象错误,根据刑法理论,行为人也同样要承担故意杀人的刑事责任。

第二节　故意伤害罪

一、故意伤害罪的规范构造

故意伤害罪是指故意非法损害他人身体健康的行为。本罪侵犯的客体是他人身体健康的权利。这里所指的身体,仅指具有生命之人的整体,包括躯体、四肢、内脏、五官器官及牙齿等。所谓他人的身体健康,是指他人人体组织的完整或者人体器官的正常功能活动。在客观方面表现为非法伤害他人身体健康的行为。所谓伤害他人身体健康,一般包括两个方面:其一是对他人人体组织完整性的破坏,如砍掉手、足、咬掉鼻子等;其二是对他人人体器官正常机能的破坏,如打瞎眼睛、打聋耳朵,造成神经机能失常等。伤害行为既包括作为,也包括不作为。同样的,不作为应以负有防止他人身体健康受损害的特定义务为前提。本罪的主体是一般主体。本罪主观方面表现为故意。故意的内容是伤害他人健康,即明知自己的行为会发生伤害他人身体的结果,并且希望或者放任这种结果的发生。

二、故意伤害罪的司法认定

(一) 典型案例

犯罪嫌疑人沈某长预谋嫖娼后不付嫖资,故准备了绳子和刀。某日凌晨,犯罪嫌疑人沈某长和被害人王某至王某暂住处进行卖淫嫖娼活动。同日3时许,犯罪嫌疑人沈某长想不付嫖资后离开,遂拿出随身携带的刀具,并用随身携带的绳子欲捆绑王某。当遭被害人王某反抗后,犯罪嫌疑人沈某长持刀刺伤被害人王某左大腿、左肩等部位。犯罪嫌疑人沈某长趁被害人王某被刺伤后躲至厨房间之机,窃得被害人王某人民币500余元、移动电话一部(价值人民币1 360元)及小灵通电话一部。公安机关通过技术侦查手段在一私房内抓获犯罪嫌疑人沈某长。经法医学鉴定,被害人王某被人用锐器砍伤,致肢体皮肤及皮下组织多处创口累计总长度达24厘米,构成轻伤。

(二) 定性分析

一种观点认为,犯罪嫌疑人沈某长的行为构成抢劫罪;另一种观点认为,犯罪嫌疑人沈某长的行为构成故意伤害罪。笔者同意后一种观点。

本案中,犯罪预谋中没有非法占有他人财物内容。犯罪嫌疑人沈某长供认其准备作案工具是为了嫖娼后拒付嫖资。从现有证据来看,在整个实施暴力、威胁的犯罪过程中,无论是犯罪嫌疑人沈某长供述还是被害人陈述王某均证实犯罪嫌疑人沈某长没有非法占有他人财物的言语表示和行为表示。

犯罪嫌疑人沈某长取得财物是在被害人被伤害后躲在厨房间后,由于非在被害人的面前取得,该行为特征符合秘密窃取。抢劫罪要求的法律构成要件是:主观上有非法占有他人财物的目的,客观上实施暴力、威胁等手段行为,当场从被害人处占有财物。结合抢劫罪要求来分析本案,不付嫖资不符合抢劫罪中规定的“财物”。在抢劫罪中,一种抢劫罪的犯罪对象是有形的财物,这一犯罪对象合法与否不影响其犯罪构成。如我国相关司法解释认为抢劫台面上的赌资构成抢劫罪,就是基于台面上赌资是有形的财物,其占有人是参与赌博的人,而能够主张权利的是国家(因为按照相关行政法规定赌资要依法被没收),行为人抢劫的财物并不因为财物的非法性而消灭了权利人(国家)对其享有的所有权,占有人对其非法的占有,行为人获取的财物依旧是他人的财物。另外一种犯罪对象是载有被害人享有债权的有形载体。如我国相关司法解释认为通过抢劫借条消灭合法债权债务的关系构成抢劫罪。这是因为这类债权是受法律所保护的权利,是合法的权利。行为人通过消灭这种合法权利的载体,从而实际上非法占有他人财物。嫖资是有形的财物,不付嫖资是不履行一种义务。由于本案中,犯罪嫌疑人沈某长还没有交付嫖资给被害人,所以其抢劫的对象不是有形的财物。由于嫖娼是我国行政法禁止并予以处罚的违法行为,所以基于嫖娼而产生的法律关系是不受法律保护,是非法的,同时由于未付嫖资,国家不能主张权利(如没收),也没有占有人。所以不付嫖资不属于抢劫罪要求的非法占有的“财物”。

对于暴力、威胁之后拿财物的行为,此情况应当分不同情况区别对待:(1)行为人采用暴力、威胁等手段以故意杀人、故意伤害、强奸为主要犯罪目的实施犯罪过程中,兼有趁机当着被害人面非法占有被害人财物的。由于杀害、伤害、强奸被害人是行为人积极追求的目的,犯罪嫌疑人对非法占有被害人的财物是一个附带的犯罪目的,此种情况应当以主罪(故意杀人罪、故意伤害罪、强奸罪)和抢劫罪,实行数罪并罚。(2)行为人采用暴力、威胁等手段以故意杀人、故意伤害、强奸为犯罪目的,实施了上述犯罪行为后,在被害人死亡、昏迷或者不在场的情况下,非法占有了被害人的财物,由于其非法占有被害人的财物的故意是起于前一个犯罪行为之后,其行为符合盗窃犯罪的特征,如果达到数额较大,则应定盗窃罪,与前罪并罚。(3)行为人采用暴力、威胁等手段在实施了故意杀人(未遂)、故意伤害、强奸犯罪行为后,为阻止被害人报案、毁灭证据等目的,而强行取得了被害人的通信、交通工具等财物,则要分别对待。如果行为人事后并未占有该财物而将其丢弃或销毁的,则不应单独定罪,可作为前一犯罪行为的一个量刑情节考虑;如果行为人事后继续使用该财物或者变卖了该财物而取得金钱的,此时行为人不仅先强行取得了被害人的财物,又具有了非法占有被害人财物的故意,这虽然与通常先有犯罪目的,后有犯罪行为的情况不一致,但是符合抢劫罪的特征,应定抢劫罪。本案中,犯罪嫌疑人沈某长非法占有财物是在被害人王某躲到厨房间的情况下,秘密窃取的,应当是盗窃行为。

综上,被害人的伤势已经构成轻伤,故犯罪嫌疑人沈某长的行为构成故意伤害罪。

第三节　强　奸　罪

一、强奸罪的规范构造

强奸罪是指违背妇女意志,使用暴力、胁迫或者其他手段,强行与妇女发生性交的行为。本罪侵犯的客体是妇女性的不可侵犯的权利,也即妇女按照自己正常意志决定正当性行为的权利。在客观方面,表现为违背妇女意志,使用暴力、胁迫或者其他手段,强行与妇女发生性交的行为。所谓违背妇女意志,是指在妇女不同意发生性交的情况下,强行与之性交。如果妇女同意发生性交,行为人的行为就不构成强奸罪。妇女意志是妇女对是否发生性关系的一种心理意愿,属于主观的范畴。判断是否违背妇女意志,不能仅仅以妇女是否抗拒做出定论,而应全面分析。本罪的主体一般是达到法定年龄。本罪主观方面表现为故意,且行为人必须具有奸淫的目的。也即不论事先预谋策划,还是临时起意,只要具有奸淫的目的,并以暴力、胁迫或其他手段对妇女实施强奸的,就构成强奸罪。如果行为人不具有奸淫目的,只是意图猥亵等,则不构成本罪。

二、强奸罪的司法认定

(一) 强奸罪的定罪与量刑

典型案例:被告人金某为了达到与被害人张某恢复恋爱关系的目的,到张某就读的某大学第六教学楼509教室,将张某带离学校。被告人金某在途中以一瓶农夫山泉饮料,对张某谎称是盐酸,又向张某显露水果刀刀尖等对张某进行胁迫,迫使张某与其到住处。被告人金某在其住处令张某脱光衣服,将张某的手脚捆绑,用数码照相机和摄像机拍摄张某的裸体照片及录像,并以此相威胁,强行与张某发生了性关系。案发后当事人之间并未达成谅解。一审判决被告人金某构成强奸罪,判处有期徒刑三年。

被害人张某和被告人金某原先虽然是恋人关系,但在案发之前,被害人张某已经和被告人金某中断恋爱关系,不愿与金某交往。案发当天,被告人金某一路上用假“盐酸”、亮刀子胁迫张某,到其家中后,又强迫被害人脱光衣服,并捆绑手脚、拍裸照羞辱被害人,给被害人造成极大身心强制,致使被害人感到害怕而不能自由表达自己的意愿,不敢抗拒,在这种情况下,被告人金某与被害人发生两性关系,显然是违背被害人意志的。因此,本案的强奸罪定性没有疑问,但是,一审判决认定被告人金某犯强奸罪,判处有期徒刑三年,似乎存在量刑不当的疑问。

被告人金某在事发之前就曾多次发短信对被害人进行威胁;之后,在事发两周前就购买了一把水果刀,用以对被害人实施胁迫;同时,还向其同学借了数码相机和摄像机,其用心可想而知;最后,在找被害人之前,还精心地调制了大小两瓶"盐酸",由此可以看出被告人金某对此次犯罪行为是有预谋的,并作了较为精心的准备,这充分证明其具有较大的主观恶性。被告人金某为达到自己的私欲,在扭曲心理的支配下,面对曾经是自己恋人的被害人,在一路上不时地用假"盐酸"、亮刀子进行威胁,到其家中后,又强迫被害人脱光衣服,后用绳子捆绑被害人的手脚、并拍裸照及要将裸照上传到网上进一步羞辱、威胁被害人,最后对被害人实施奸淫。被告人金某在整个犯罪过程中始终使被害人处于其暴力恐吓之中,其犯罪手段是较为恶劣的。被告人金某的犯罪行为对被害人无论是在生活上还是在学习上均造成了较为恶劣的影响,但是在案发后被告人及其家属并没有主动对被害人做过任何精神上或者物质上的补偿,而且也未得到被害人及其家属的谅解。因此,一审判决没有在对被告人金某的量刑中体现相应的酌定从重情节,而对被告人金某判处最低法定刑三年,与罪刑相适应原则存在一定距离,存在量刑畸轻的疑问。

(二) 奸淫幼女的认定

典型案例:2005 年 3 月 21 日 17 时许,犯罪嫌疑人杨某龙将骑车经过的被害人吴某倩(女,1991 年 4 月 18 日生,身着校服)拦下后拉至自己家二楼西房间,并用事先准备的电线电击被害人,迫使其就范,并强行与吴某倩发生了性关系。被害人吴某倩在离开案发现场时,从楼梯上摔倒受伤。经复旦大学上海医学院法医学鉴定中心鉴定:被害人吴某倩腰 2、4、5 椎体压缩性骨折及左胫骨平台骨折均已构成轻伤。经司法部司法鉴定中心鉴定:犯罪嫌疑人杨某龙患有精神分裂症,具有限定刑事责任能力。案发后犯罪嫌疑人杨某龙供述:"当时小姑娘讲自己 15 岁。"

本案案发时被害人吴某倩尚未满 14 周岁,系幼女,对于此,犯罪嫌疑人杨某龙知道或应当知道。一是犯罪嫌疑人杨某龙供述当时小姑娘讲自己 15 岁,按照当地的习俗,一般都是报虚年龄的,因此对于小姑娘的实际年龄,他知道应该在 13—14 岁;二是被害人吴某倩陈述自己当时讲过正在读初二,犯罪嫌疑人应该判断出被害人的真实年龄可能不满 14 周岁;三是被害人吴某倩当时身穿校服,长相稚气。据此,犯罪嫌疑人杨某龙应当判断出被害人系幼女。从犯罪嫌疑人实施的作案手段上来分析,其犯罪行为应属情节恶劣。

一是犯罪嫌疑人选择在傍晚时分在机耕路上将正在骑自行车放学回家的被害人拦路拖下车;二是犯罪嫌疑人趁当时周围无人之际将被害人拖拉200—300米的距离,并强行将其拖至自己家中二楼卧室实施犯罪;三是犯罪嫌疑人事先准备了电线,在被害人不从的情况下,采用电线电击的手段迫使被害人就范。综上,犯罪嫌疑人杨某龙对于实施强奸的犯罪行为有预谋、有准备,采用手段残酷,应当认定为奸淫幼女情节恶劣。

(三)强奸案中自首的认定

典型案例:李某(26岁)于"心影网吧"搭识女生艾某(15岁)和张某(15岁),三人结伴喝酒至凌晨一点,后打车至浴室休息。在进入包房后,张某离去,约5分钟后,李某趁艾某醉酒强行脱去其衣裤实施了奸淫。李某自动投案,在侦查、起诉、庭审中均主动承认与被害人发生性关系,但辩解不是强奸,因为行为时艾某是清醒的,并没有处于醉酒状态。张某、浴室服务员证言证实,扶艾某进入包厢时,艾某处于醉酒状态;被害人艾某陈述,当晚喝醉了,在迷迷糊糊中感觉下身很痛,勉强睁开眼,发现李某正在对其实施奸淫。

对于李某是否能够成立自首,刑法理论与实践中存在两种观点:

第一种意见认为,李某主动交待发生性行为的事实,成立自首。根据最高人民法院《关于被告人对行为性质的辩解是否影响自首成立问题的批复》的规定,如实供述自己的罪行,是指行为人自动投案后如实交待自己的主要犯罪事实,对行为性质的辩解不影响自首的成立。李某辩称其与艾某之间的性行为不是强奸,属于对行为性质的辩解,因其主动交待主要犯罪事实,仍成立自首。

第二种意见认为,李某始终辩解被害人处于清醒状态,是对行为时事实状况的辩解,不成立自首。李某对行为性质的辩解是基于对被害人状态的说明,而在强奸案件中,被害人状态应当属于主要犯罪事实,故其并未如实供述自己的罪行,不能成立自首。

笔者支持第二种意见。理由如下:

第一,被告人对行为性质的辩解固然不影响自首的成立,但对行为时事实状态的辩解可能影响到自首的成立。

被告人供述的事实状态与客观实际不符的,不能认定为自首。被告人认罪与否的标准在于其是否如实供认自己所实施的客观行为。不影响自首成立的辩解,其内容只限于行为性质,而不包括行为时的事实状态。前者属于价值判断的范畴,后者属于客观实存的范畴。

本案中,李某表面上是对性交行为的刑法性质进行辩解,但该辩解并非完全基于价值判断,而是在否定了被害人当时处于醉酒状态的基础上,对行为性质的一种说明。行为对象的客观情况属于行为事实而非行为性质。故李某并不是对行为性质进行辩解。如果李某仅对被害人是否自愿与其发生性行为进行主观判断,显然应当认为其属于对行为性质进行辩解。然而,李某却以被害人处于清醒状态为事实依据支撑被害人系自愿的辩解,改变了案件事实,不属于如实供述罪行。

第二,在强奸案件中,被害人的实际状况属于主要犯罪事实,被告人如实供述自己的罪行,必须包括对行为时被害人客观状态的如实供述。

成立自首并不要求被告人如实供述全部犯罪事实,行为人对一般犯罪事实进行辩解的,不否定自首的成立。只要行为人如实交待自己的主要犯罪事实,即可满足如实供述罪行的标准。但是,哪些情况属于主要犯罪事实,必须根据个罪的特点进行判断。对于强奸罪而言,根据发生性关系的事实不能直接认定被告人构成犯罪。支撑强奸罪成立的核心构成要件是在被害人不同意的情况下发生性关系。因此,被害人的实际情况在强奸案件中属于主要犯罪事实。本案中,三份证言表明被害人处于醉酒状态,而李某矢口否认,不能认定其交待了主要犯罪事实。

由于本案的被害人系初中生,年龄较小,且与李某系初次相识,进一步结合被害人的品格证据、证人证言,能够认定案发时自愿与陌生男子发生性关系的可能性明显较小。李某的辩解不足以影响案件的定性。但是,不能因为李某对行为时事实的辩解无法撼动案件事实的认定而忽略其辩称被害人清醒对成立自首的影响。与行为人发生性行为的对象是否处于酒醉状态属于强奸案件的主要犯罪事实,且行为人坚持认为被害人清醒的,就属于对主要犯罪事实的否认。至于其辩解的合理性与影响案件定性的具体程度,在所不问。

第三,被告人如实供述部分决定性事实,同时否认其他决定性事实,不能成立自首。

所谓决定性事实,是指对于检察机关是否对犯罪嫌疑人进行指控具有独立、直接的筛选功能的事实。在强奸案件中,发生性关系属于决定性事实,被害人状态(是否同意、是否清醒、是否满 14 周岁)亦属于决定性事实。承认发生性关系只是供述部分决定性事实,是涉嫌强奸罪的基本条件。行为人采用何种手段、被害人当时所处的状态是否具有同意发生性行为的可能,对于强奸案件而言属于更为关键的事实。

在对行为事实供述清楚的基础上,被告人对行为性质的辩解是辩护权的正当行使,至于辩解是否合法合情则需要法庭认定。因此,行为性质的辩解不影响自首认定。但成立自首的必然要求被告人所有决定性事实。本案中,李某辩称被害人处于清醒状态,直接否认部分决定性事实,变相否定自己的行为与强奸犯罪存在任何关系,主观上显然存在掩盖罪行、逃避罪责的意图,与合法行使辩护权截然不同,不能成立自首。

三、强奸罪刑法理论的比较与反思

强奸罪是一种与特定区域内道德伦理认知及其习惯具有紧密关联的犯罪类型。与此同时,强奸罪作为对基本性权利的侵犯,又具有跨越文化差异的共性。因此,从比较刑法理论的角度分析强奸罪,有助于从不同的视角审视这种在实践中十分疑难的犯罪行为。

本部分详细分析美国各州刑法、《模范刑法典》、刑法理论所探讨的强奸罪重点、难点问题,提炼富有理论与实践意义的法律思考,意在为中国刑法强奸罪的理论与实践提供反思的视角。尤其是在认定强奸罪实行行为时应当注意把握暴力要件,防止道德与法律的混淆,亦须正确理解"地位悬殊"原则,明确法律在特殊情况下对于特殊群体的保护。事实错误理论应当坚持"真诚并且合理"原则;同意作为强奸罪的正当化事由,要求辩方通过优势证据来脱卸罪名;"不要"就是不要规则需要在女权主义的自由激进与保守主义的拘束不前中找到平衡。

(一) 强奸罪的界定

美国各州强奸罪的定义①存在较大差异;对于强奸罪各要素的取舍不尽相同。②基本上,这可以归因于强奸罪的独有特质:该罪的实行行为本身(在该种犯罪之外的任何条件下)正是我们大多数人在日常生活中所期许的。在对强奸罪进行定义的过程中,刑法理论与实践者对反抗与矜持、暴力之下的被害与半推半就的默认、施暴与亲昵产生了极度的模糊——这确实在所难免。法典中原则性规定所造成的语焉不详、模棱两可使得复杂的问题加倍复杂。"被害人、警方、检察官、陪审员、法官,常常在定义中错过真理。"③

① 美国刑法中某罪的"定义"并非指该罪的"概念",而是主客观两类要素的有机构成:(1)犯罪行为要素(Actus Reus),包括行为、结果、附随状况等;(2)犯罪意图要素(Mens Rea),包括蓄意、明知、轻率、疏忽四种形式。符合定义的行为就是犯罪,但这并不一定承担刑事责任。如果该符合犯罪定义的行为被正当化或者免责,就无需承担刑事责任。所以,所谓"无罪"包括两个层次——根本不符合犯罪定义和该犯罪被正当化或免责。参见 Paul H.Robinson, A Functional Analysis of Criminal Law, 88 NW. U.L.Rev. 857(1994)。

② Stephen Schulhofer, Unwanted Sex: The Culture of Intimidation and the Failure of Law, Harvard University Press 2000; David P.Bryden, Reason and Guesswork in the Definition of Rape, 3 Buffalo Criminal Law Review 585; Susan R.Estrich, Real Rape, Harvard University Press, 1987.

③ David P.Bryden, Reason and Guesswork in the Definition of Rape, 3 Buffalo Criminal Law Review 585, p.591.

但是,国民渴望(也有权)在非法与合法之间找到清晰的界限。面对强奸犯对被害人的巨大伤害以及错误认定犯罪对被告人判处的严刑重罚(或保安处分①),这种需要显得尤为真切。那么,就让我们先捋出美国强奸罪的法律脉络。

1. 普通法与《模范刑法典》

强奸罪作为一种自然犯,随着人类社会伦理道德的变迁,经历了从传统向现代的转变。在这个过程中不可避免地呈现不同术语的更迭或是同一术语内涵的嬗变。普通法中的强奸罪指男性以暴力或者以即刻的暴力相威胁,违背妇女意愿,强制与其非法性交。②行为人(actor)必须是男性,被害人必须是女性。非法,意指不存在婚姻关系。性交,仅指 penile-vaginal intercourse 这一种正态性交方式。暴力或者暴力威胁必须达到足以征服妇女坚定的、实质性的抵抗的程度。实质性反抗主要用以证明妇女与婚外男子的性交并非通奸。③可见,普通法对于妇女的要求是较高的,对于婚外性行为的规制非常严格。

《模范刑法典》的性犯罪条款④遵循了"婚姻例外"和狭义的性交、暴力—反抗要件等普通法精神。所以,丈夫强制与妻子性交并不构成强奸罪;⑤非自愿的非常态性行为也不构成强奸罪,统归于"暴力或强迫的偏离性交"项下;⑥但是,《模范刑法典》继承中更有实质性的变革、优化。例如,进一步明确了犯罪行为要素,将强奸及其相关罪行⑦拆分为三种重罪。一级重罪为造成严重身体伤害的暴力强奸;二级重罪为暴力强奸;三级重罪为一切借助于能够阻止(具有通常决心的)妇女反抗的威胁而完成的性强迫(sexual imposition),或者犯罪发生时被害人并非自愿与行为人结伴也未允诺性方面的自由。⑧出于防止强奸受孕、证据证明力等多方面的考虑,"迅速报案"规则(fresh complaint rule)规定,如果被害人未能在其认识到事情性质后的三个

---

① 例如,阿肯色州(Akanssa)等根据《性犯罪者注册法》的规定,禁止已登记备案的刑满释放强奸犯居住在中小学附近(通常是方圆 2 000 英尺内);禁止从事可能与未成年人单独相处的工作。

②③ Arnold H.Loewy, Criminal Law, 4th edition, Law Press, p.61.

④ Model Penal Code § 213.0 Definitions; § 213.1 Rape and related offenses; § 213.2 Deviate sexual intercourse by force or imposition; § 213.3 Corruption of minors and seduction; § 213.4 Sexual assault; § 213.5 Indecent exposure; § 213.6 Provisions generally applicable to 213.

⑤ "A Male Who Has Sexual Intercourse with A Female Not His Wife." Model Penal Code § 213.1(1).

⑥ Model Penal Code § 213.2.将之犯罪化为"Deviate Sexual Intercourse by Force or Imposition",以区别于 § 213.1 "Rape and Related Offenses"。

⑦ "Rape and related offenses", Model Penal Code § 213.1.

⑧ Model Penal Code § 213.1(1), (2).

月内报告执法机构,当局将不予考虑。①确证规则规定,只有被害人陈述,没有其他证据确证,不能定罪处刑。②

2. 各州立法与理论争议

《模范刑法典》得到了前所未有的尊重,其影响力毋庸置疑。③但是,在强奸罪的立法上,由于关涉各州的传统、民众的性观念,甚至受到美国性革命、④女权运动的影响,州刑法并没有系统地接受《模范刑法典》的规定。对于婚内强奸的犯罪化问题,很多州在增加一定的限制性条件的前提下有了实质性的突破。例如,爱达荷州(Idaho)规定,丈夫在使用暴力、麻醉等手段强迫妻子与自己发生性关系的情况下构成强奸罪。⑤诸如"强奸法应当采取性别中立,允许出现女性被告人,男性被害人"⑥这样的观点早已不再是标新立异——几乎所有的州刑法典都有类似规定。⑦法典化过程中,各州刑法表述或者涵盖强奸罪的术语极不相同,包括性强迫(sexual imposition)、⑧性攻击(sexual assault)、⑨性作恶(sexual penetration)、⑩性殴打(sexual battery)、⑪强奸(rape)、⑫强制奸污(forcible rape)、⑬一级刑事性行为(criminal sexual conduct in the first degree),⑭等等。一些州倾向于将强制的正态性交和偏离性交合并在"性攻击"一个罪名之下,施以同样的刑罚(通常为二级重罪);而

① Model Penal Code § 213.6(4).

② Model Penal Code § 213.6(5).

③ Gerard E.Lynch, Revising the Model Penal Code: Keeping It Real, 1 Ohio State Journal of Criminal Law 219, 220(2003).

④ 美国20世纪六七十年代的性革命可谓一场无拘无束的关于爱的战争。

⑤ Idaho Statutes, Title 18 Crimes And Punishments, Chapter 61 Rape 18-6107 Rape Of Spouse, "No Person Shall Be Convicted of Rape for Any Act or Acts with That Person's Spouse, Except under the Circumstances Cited in Paragraphs 3. and 4. of Section 18-6101, Idaho Code."

⑥ Arnold H.Loewy, Criminal Law, 4th edition, Law Press, p.62.

⑦ Deborah W.Denno, Why the Model Penal Code's Sexual Offense Provisions Should Be Pulled and Replaced, 1 Ohio State Journal of Criminal Law 207, p.208.

⑧ 2005 North Dakota Century Code, Title 12.1 Criminal Code, Chapter 12.1-20 Sex Offenses 12.1-20-03.

⑨ Arizona Criminal Code, 13-1406.

⑩ Delaware Crimes And Criminal Procedure, Subchapter II. Offenses Against The Person § 761.

⑪ 参见 Florida Statutes, Crimes, 794.011.此术语从字面上分析不易掌握其实质——诸如正态性交、口交、肛交等由行为人身体组成部分侵入行为客体的生殖器、肛门等身体部分的行为,无论如何轻微;除非此种进入行为是医学公认的治疗、体检方法。

⑫ Idaho Statutes, Title 18 Crimes And Punishments, Chapter 61 Rape 18-6101.

⑬ Missouri Revised Statutes, Chapter 566 Sexual Offenses, 566.030.

⑭ South Carolina Statutes, Title 16-Crimes and Offenses, Section 16-3-652.

另一些州将强制的偏离性交区别对待，施以轻一等的刑罚（通常为三级重罪）。内布拉斯加州（Nebraska）刑法根据性犯罪的特殊性，特意规定了性犯罪这一节的立法意图，强调要通过正当程序，保护被害人的尊严，保证犯罪嫌疑人受到法律的公正处遇。①

与此同时，美国刑法学家们一刻也没有停止对于模范刑法典强奸罪规定的批判。特别是近十年来，"原本引领时尚的强奸罪条款显得日益苍老"。②女权主义法学家强烈反对"婚姻例外"原则，呼吁各州立法加快步伐，拓展强奸罪的处罚范围以全面规制夫妻之间强制的性关系；猛烈批评确证规则是用心险恶地暗示妇女们通过说谎来追究无罪的男性，全凭男性的臆断作为理论依据，而无视实证研究获得的数据。

3. 强奸罪的界定与解释

强奸罪中相关法律术语明显有一个从单纯到繁复的转变；强奸罪的规定很难在更为广泛的范围内呈现统一化的趋势。我们是否可以这样理解：首先，在普通法与《模范刑法典》初定的年代，妇女解放思潮并不如现在这般来势汹涌，强奸罪并不是纯粹的对于妇女的保护，而是一种规范化的"男性权力制度"。③女权主义的批判在各州刑法中取得了实质效果，放弃在法律中暗藏的男女不同的道德要求是大势所趋。其次，过去的岁月中，人们对于艾滋病及其危害尚未有革命性的认识；男性实施的强制正态性交行为可能导致被害妇女怀孕而偏离性交却不可能有这种严重后果。所以，强奸罪打击的对象似乎只能是侵犯女性性伙伴选择权、性生活安全权的男性；男性犯罪人、女性被害人的特殊限制也就不足为奇。人们当然会普遍认同：强制的偏离性交较正态性交危害性要略小的结论。而如今，艾滋病是严重的社会问题，偏离性交同样也会传播艾滋病。因此，正态性交与偏离性交在社会危害性方面已不存在根本性的区别，以此而成立的定罪与量刑上的差别已经不合时宜。如果一个患艾滋病的妇女持枪逼迫一名手无寸铁的男性，在没有安全措施的情况下与其性交，其危害性丝毫不亚于男性暴力强奸女性并使其受孕。

（二）强奸罪的分类

强奸罪理论分类的要旨是努力在纷乱的现实中总结人类不同形式的强奸恶

---

① State Of Nebraska Statutes, 28-Crimes and Punishments, Section 28-317 Sexual Assault; Legislative Intent.

② Deborah W.Denno, Why The Model Penal Code's Sexual Offense Provisions Should Be Pulled And Replaced, 1 Ohio State Journal Of Criminal Law 207, p.207.

③ Catharine A.Mackinnon, Feminism, Maxism, Method, and the State: Toward Feminist Jurisprudence, Journal of Women Culture and Society 1983, Vol.8.

行及其特征并使之系统化,以期使教义在实践中被卓有成效地运用。美国各派刑法理论家对于强奸罪的分类可谓百花齐放,其中较有研究价值者为选择性身体损害的强奸与并发性身体损害的强奸、陌生型强奸与相识型强奸两种。

1. 选择性身体损害的强奸与并发性身体损害的强奸

分类研究强奸罪可以从行为入手,也可以从结果入手。大陆法系基于复行为犯的理论基础,重点研究强奸罪行为的过程中一并提及强奸罪侵犯的法益;美国刑法强调对"被害人身体损害"的社会弥补,在考察犯罪行为(actus reus)的过程中探索强奸罪的结果要素。迪普斯教授将强奸罪分为选择性身体损害的强奸和并发性身体损害的强奸。身体损害具体包括 A.暴力或威胁动用暴力时对他人身体所造成的现实伤害或伤害之虞;B.非法征用(expropriation)他人对于身体从事性行为的实际控制权。选择性身体损害意指造成 A 或 B;并发性身体损害意指造成 A 和 B。暴力强奸未遂由于没有完成奸入,犯罪未得逞,所以只侵害了 A(选择性);在利用被害人醉酒、吸毒后不省人事而乘机奸污(又称为药物推动型强奸①)的情形下,由于行为人确实没有造成除性器官外的其他身体伤害,所以只侵害了 B(选择性);完成的暴力强奸(completed forcible rape)则很明显同时侵害了 A 和 B(并发性)。②

笔者认为,通过区分选择性、并发性身体损害进而对强奸罪进行分类,具有广泛的理论和实践意义:该种分类明晰了不同阶段的犯罪行为,有利于强化打击严重犯罪的力度。首先,根据性犯罪人实际侵害他人的人身权益的不同,我们可以将强奸罪的犯罪定义截短③,析出暴力强奸未遂作为一种完成的犯罪,表述为"蓄意或明知地迫使妇女处于性交或身体伤害的两难境地";④其次,将药物推动型强奸独立为"非法性征用";最后,将完成的暴力强奸以上述两罪并罚,提高刑罚等级。值得注意的是,虽然"性征用"这一民刑结合的概念仍然有待犯罪学家的进一步研究,但它确实暗示了刑法保护客体的权利本质,颇具借鉴价值。

2. 陌生型强奸与相识型强奸

以行为人与被害人的关系亲疏为标准,强奸罪可以分为陌生型强奸

---

① Nora Fitzgerald and K.Jack Riley, "Drug-Facilitated Rape: Looking for the Missing Pieces", National Institute of Justice Journal, April 2000, pp.9—10.

② Donald A.Dripps, Beyond Rape: An Essay on the Difference between the Presence of Force and the Absence of Consent, 92 Columbia Law Review 1780, p.1796(1992).

③ 关于截短的具体含义,参见陈兴良:《本体刑法学》,商务印书馆 2005 年版,第 479 页。

④ Donald A.Dripps, Beyond Rape: An Essay on the Difference between the Presence of Force and the Absence of Consent, 92 Columbia Law Review 1780, p.1797(1992).

(stranger rapes)和相识型强奸(acquaintance rapes)。陌生型强奸的行为人是与被害人不相识的陌生人。①其特点在于:行为人持械、徒手施暴或者以即刻的暴力胁迫被害人就范的可能性较高,容易发生被害人重伤、死亡等恶性后果。但是,随着DNA分析、指纹配对、司法艺术、②气味识别等刑事司法科学技术的迅猛发展、日趋成熟,强制登记在案的前性犯罪人再次作案后漏网的可能性较小;同时,在犯罪嫌疑人到案的情况下,面对证据,其狡辩会显得相当徒劳。控方完全有实力在没有犯罪嫌疑人口供的情况下成功地完成准确的指控。相识型强奸的行为人是被害人的同事、上司、邻居、监护人、监督人、情人等熟悉的人员,③由于对被害人存在最低限度的感情、怜悯,一般较少造成强奸之外的严重身体伤害。但是,此种强奸类型的特点是极易发生质变——从非暴力变为致命暴力。在发生转化后,其危害性比起陌生型强奸罪有过之而无不及。首先,此种强奸案件的被害人通常羞于报案,④导致犯罪黑数较大,有的被害人甚至多次遭强奸,痛不欲生。其次,一旦被害人有鼓起勇气、着手向执法机关报告的迹象,行为人就很有可能利用其作为熟人所拥有的有利犯罪条件,绑架人质、杀人灭口、毁尸灭迹。再次,由于在相识型强奸中暴力行为较少显现,辩护律师经常提出被害人"同意"这一强奸罪的法定抗辩事由使行为人能够成功脱罪;如果有证据表明被害人曾经自愿与行为人发生性关系,这种可能性更大。陪审团面对被害人没有明显反抗、行为人没有明显暴力的现实,单凭被害人的陈述确实很难说服自己投票决定行为人需要承担刑事责任。也许,那些比较有同情心的陪审员会暗自思量:性行为就是暴力。但是,辩护律师完全可以理直气壮地论证:行为人的"暴力"是性行为本身固有的特点,或者其行为有某种非实质性的偏离,例如些许的粗暴,但至少在犯罪行为方面不存在归咎的客观基础。所以,学者们将这种被害人的尴尬总结为:警察不相信,检察官不起诉,陪审团判无罪;就算一审有罪,上诉法院也会改判无罪。⑤

此种分类的意义在于正确分析了行为人对被害人不同的人身危险性:陌生型强奸中行为人的危险是显性的、相对稳定的,相识型强奸中行为人的

① Susan R.Estrich, Real Rape, Harvard University Press, 1987, pp.4—5.

② 在美国,司法艺术指案件调查人员通过人工绘制、图片拼对、电脑合成的方法再现犯罪嫌疑人的容貌等技术与(绘画)艺术的结合。

③ Susan R.Estrich, Real Rape, Harvard University Press, 1987, p.4.

④ David P.Bryden & Sonja Lengnick, Rape In The Criminal Justice System, 87 J.Criminal Law & Criminology 36, 149(1997).

⑤ Susan R.Estrich, Real Rape, Harvard University Press, 1987, pp.60—71.

危险是隐性的、相对波动的。随着国家加大对于犯罪控制的成本投入,在法定范围内从重从快地打击人身危险性较大的强奸犯,①陌生型强奸有望得到一定程度的抑制。但是,被害人(特别是女性被害人)实际上更容易受到熟人的性侵犯。根据美国司法统计办公署的调查,大约有70%的强奸或性攻击是被害人的亲友实施的。②而由于其隐性特质,犯罪黑数难以进行准确估计。所以,刑法对于显性危险未必无法控制,对于隐性危险未必保护得力;基于对陌生型强奸和相识型强奸特征的研究,立法机关应当规范与此关联的犯罪要素,司法机关需要明确有针对性的证据规则。

(三) 强奸罪中的强制

强奸罪的完成在很大程度上不得不考虑被害人的各方面因素,这就导致了刑法在对强奸罪进行要素分配的时候相对弱化了原本属于犯罪人的部分。美国联邦最高法院在柯克案中宣布:对强奸成年女性者判处死刑是不成比例的和过分的,宪法第八条修正案禁止此类残忍和非比寻常的酷刑。③此举更是加速了这种偏离。但是,最高法院的多数意见仍然留下了一个开放性的问题——暴力强奸未成年人适用死刑是否违宪?④在先行者诸如路易斯安那州(Louisiana),强奸儿童的罪犯是允许被判处死刑的。⑤所以,强奸犯面临的仍旧是最为严重的刑事处遇。并且,只有行为人自始至终处于刑事诉讼中,故我们仍需要认真地考察他到底做了些什么。

美国刑法理论将强奸罪的犯罪行为要素归结为行为人凭借强制力与他人性交。⑥故强奸罪的犯罪行为有两个互相衔接的客观表征。首先是“强

---

① 其合理性有待进一步研究。

② Crime Characteristics, by Bureau of Justice Statistics, Office of Justice Programs, U. S. Department of Justice.

③ Coker v.Georgia, 433 U.S. 584(1977).最初质疑死刑程序的合宪性可见福尔曼案:Furman v. Georgia 408 U.S. 238(1972);1976年后,最高法院有所退却,参见格利戈组案:Gregg v.Georgia 428 U. S. 153(1976);Jurek v.Texas 428 U.S. 262(1976);Proffitt v.Florida 428 U.S. 242(1976);Roberts v. Louisiana 428 U.S. 325(1976);Woodson v.North Carolina 428 U.S. 280(1976)。

④ [美]罗伯特·麦克洛斯基著,桑福德·列文森增订:《美国最高法院》第三版,任东来、孙雯、胡晓进译,中国政法大学出版社2005年版,第192页。

⑤ [美]罗伯特·麦克洛斯基著,桑福德·列文森增订:《美国最高法院》第三版,任东来、孙雯、胡晓进译,中国政法大学出版社2005年版,第193页。

⑥ Nevada Revised Statutes(2003), Title 15—Crimes And Punishments, Chapter 200—Crimes Against The Person, Sexual Assault And Seduction, NRS200.366 Sexual Assault: Definition; Penalties; New Hampshire Statutes, Criminal Code, Chapter 632-A: Sexual Assault And Related Offenses, Section 632-A:2 Aggravated Felonious Sexual Assault, Section 632-A:3 Felonious Sexual Assault, Section 632-A:4 Sexual Assault.

制”,其次是在持续强制中“性交”。强制要素贯穿始终,可将其细分为生理强制(或身体强制)与心理强制。

《模范刑法典》对生理强制的定义是:行为人在使用暴力或以严重的身体伤害、极度痛苦、绑架、死亡进行恐吓后将被害人奸污。①有的被害人反抗未果,有的无力反抗,但被害人至少在经受生理强制过程中有反抗的认识和意志,只是暂时丧失了对身体的控制能力。

心理强制从表面上分析较为复杂,可以是以下情形之一:(1)“主动促使”,例如行为人设计让被害人处于醉酒、吸毒等不省人事的状态;(2)“顺势利用”,例如利用未成年、心智耗弱者、醉酒者的现实困境。此外,某些州还规定,如果行为人与被害人存在某种特殊的关系并且发生了无身体强制的性行为,推定行为人基于这种特殊关系对被害人进行了心理强制。例如,22个州的刑法典已经明确将心理医生与病人之间的非暴力性交犯罪化;②马里兰州(Maryland)禁止矫正机构的工作人员与被矫正人员发生性行为。③心理强制的突出特点是:(1)被害人对于性交根本不可能进行有效认识;或者(2)行为人凭借绝对优势对被害人拥有不可动摇的控制力,使其不得不就范。

1. 生理强制的司法认定

怎样正确认定行为人对被害人施加了生理强制不无疑问。《模范刑法典》将暴力(以暴力相威胁)作为生理强制的必备要素。某些州接受了这种观点:对生理强制这一待证事实,要求检察官证明犯罪行为中的暴力要素。例如,马萨诸塞州仍然遵循“行为人违背妇女意志+施以暴力+强制其屈服”④的旧公式。这在陌生型强奸案件中一般是能够行得通的。但是,在相识型强奸案件中,行为人有时候并没有(也不需要)使用暴力。被害人会基于种种原因、面临种种矛盾,没有反抗或略有迟疑。这就会出现被害人对性的选择权确实遭到侵害而刑法没有予以救济的尴尬。行为人要与被害人发生性关系——被害人不同意——被害人反抗——行为人使用暴力——在技术上分析,这种思路是正确的。被害人不反抗,行为人当然不会使用暴力,也就不存在生理强制。但是,它在某些边缘性的案件中会明显地不利于保护被害人的权益、违背道德的要求、引起女权主义者感情上的波动。(女权

① Model Penal Code § 213.1.

② Patricia J.Falk, Rape By Fraud And Rape By Coercion, 64 Brook Law Review 39, p.93(1998).

③ Maryland Criminal Law, 3-314. Sexual Conduct Between Correctional Or Department Of Juvenile Services Employee And Inmate Or Confined Child.

④ Commonwealth v.Lopez, 745 N.E.2d 961, 965(Mass. 2001).

主义法学家指责道:强奸罪的暴力要素是对于妇女的歧视,严重偏离了法治原则。①)

在印第安纳州"体育老师强奸案"②中,17岁女学生自愿地与她的体育老师于体育课前进行较为短暂的、仓促的性交。但是该女生倍感悔恨,后来多次严词拒绝老师的要求。不幸的是,由于体育老师持续地对其施加压力(pressured)、反复要求、态度坚决、死缠烂打(但就是没有使用暴力),加上体育馆内人多眼杂,女生稍有反抗呼喊,事情必然败露。最终,该女生又多次与老师发生性关系。陪审团经法官的法律指示后作出裁断:因为体育老师事实上并未使用暴力,犯罪要素未充足,不能证明被告人对被害人施以身体强制,所以这不是强奸行为,不构成犯罪。但是,与此截然相反的是,"公众通常会认为不被同意的性交是犯罪"。③为了避免出现"不同意的性交有时并不是犯罪"这一违背大多数国民法感情的刑法命题,有些州似乎是大胆地放弃了传统理论中的暴力要件。例如,蒙大拿州(Montana)规定,强奸罪的实行行为就是"不被同意的性交",不用考虑被告人是否使用暴力。④但究竟怎样证明被害人"不同意"? 蒙大拿刑法竟然认为"暴力、恐惧和威胁能够说明存在不同意"!⑤原来,所谓的变革仅仅是在进行循环论证,⑥暴力成了对不同意的证明,其本身还是强奸行为的要素之一。我们同意这样的观点:行为人的暴力与被害人的反抗是一个问题的两个方面,暴力是明示要素,抵抗是暗示要素。⑦生理强制只能体现在这个"互动"过程中。如果存在非暴力的心理强制,我们可以通过下文所阐述的原理进行规制。但是,面对明显违背道德的现实困境却勉强地通过法律手段来解决——这是不符合现代社会谦抑性刑法理念的。刑罚的越位,将会模糊刑法的规范意义,混淆道德和法律的界限。

---

① Kim Lane Scheppele, The Re-Vision Of Rape Law, 54 U.Chi. L.Rev.1095, 1102(1987).

② Stephen Schulhofer, Unwanted Sex: The Culture Of Intimidation And The Failure Of Law, Harvard University Press 2000, p.191.

③ Stephen J.Schulhofer, Rape In The Twilight Zone: When Sex Is Unwanted But Not Illegal, 38 Suffolk University Law Review 415, p.420.

④ Montana Code Annotated 2005, Title 45. Crimes, Chapter 5 Offences Against the Person, Part 5. Sexual Crimes, 45-5-503 Sexual Intercourse without Consent.

⑤ Montana Code Annotated 2005, Title 45. Crimes, Chapter 5 Offences Against The Person, Part 5. Sexual Crimes 45-5-511 provisions Generally Applicable To Sexual Crimes(5) Resistance By The Victim Is Not Required To Show Lack Of Consent. Force, Fear, Or Threat Is Sufficient Alone To Show Lack Of Consent.

⑥ Stephen J.Schulhofer, Rape In The Twilight Zone: When Sex Is Unwanted But Not Illegal, 38 Suffolk University Law Review 415, p.415.

⑦ Susan R.Estrich, Real Rape, Harvard University Press, 1987, p.60.

2. 心理强制的司法认定

认定行为人是否对被害人施加心理强制的标准则相对较为明确，我们可以将之归纳为“地位悬殊”原则。假释监督官与被监督人、成年男子与幼女、清醒的人与严重醉酒的人之间等，均属于地位悬殊；此种状态下发生的性交都是强制的，而不是自愿的。行为人固然可以通过合法的形式取得了一个“地位”，但是，他绝对不能滥用这样的地位对被害人形成心理强制，使之成为与被害人发生性关系的有利条件。因为在这种情况下，被害人不能对是否性交形成有效的意思表示。行为人有时也会非法地创造一个明显优于被害人的地位：例如，用毒品控制被害人，如不与其发生性关系就得不到行为人为被害人提供的毒品；或者用麻醉药品、烈酒将被害人迷奸。总而言之，受到心理强制后被害人根本不具备选择同意或者不同意的能力。心理强制型强奸案并不少见，在美国发生过很多监狱长、狱警要求囚犯与其发生性关系的案例。很明显，就算行为人没有说过一句威胁的话（诸如：“你不同意，在剩下的刑期里让你生不如死。”），也足以构成对囚犯的心理强制。被害人在行为人面前是如此的脆弱。另外，心理医生与其病人性交，也是典型的心理强制。因为心理医生与病人之间的关系显著区别于其他类型的医患关系。心理医生对于有精神障碍的病人负有信义义务（a fiduciary obligation）。作为此种法律关系基础的事实关系是：心理医生具有专业知识，病人处于特殊的困境，需要医生来帮助他摆脱困扰；病人充分信任医生，医生同时受到职业准则的约束，不能滥用信任。无论病人多么热切地希望，心理医生与其发生性关系都是非法的——法律将之评价为医生对病人施加了心理强制。

某些判例显示出对于采用“地位悬殊”原则的犹豫，从而引起较大的混乱，这就从反面证明了该原则的实用性。比如，在纽约州“醉酒强奸案”中①，被害人在某酒吧畅饮醉酒后被另外四个人带到附近的一个小棚内，四人轮流与之性交。在审理过程中，被告人作了肯定性辩护（affirmative defense），提出了这样的质疑：如果说被害人不省人事，那么，处于极度醉酒的她又是怎么能够清楚地肯定自己当时是不同意的？辩护律师进一步指出，正确的逻辑应该是：（1）被害人醉酒的程度并没有如此严重以至于处于无意识的状态，所以能够回忆起当时的情景并站在法庭上声称不同意；（2）清醒的被告人与微醉的被害人之间并没有形成“地位悬殊”，不构成心理强制；（3）被害人是同意发生性行为的，所以不是强奸。最后辩护律师的意见被采

① David Stout, Man Is Acquitted in Upstate Rape in Barroom, New York TIMES, Mar. 26, 1996, A17.

纳,四名被告人无罪释放,刑法界谴责不断。①其实,如果能够正确理解强奸罪心理强制这一行为要素,应用"地位悬殊"原则,"醉酒强奸案"是能够得到较好解决的。可以做到既保护被害人权益,又符合法治的要求,让被告人心服口服,使刑事责任的归咎更趋理性。这是因为,心理强制与生理强制的区别主要在于其理念是着力保护处于某种弱势状态下的被害人——法律认为,(1)他们在这种弱势状态下从事性行为对于自身具有明显的危害,不适合表达同意性交这一重大决定;(2)既然法律为了保护弱者而不允许他们同意性交,那么任何越轨的行为人就是在强制被害人;(3)考察这种心理强制的切入点应侧重于被害人而非行为人方面。所以,从上述纽约州"醉酒强奸案"来看,关键证据在于被害人血液中酒精浓度的含量。如果该含量超过标准,足以使得正常人处于无意识状态,那么该被害人在法律上就不能够同意。只要与其发生性交,就是强制的性交。被告人处于清醒状态,被害人处于醉酒状态,两者之间地位悬殊。被告人利用了这种显然不公平的优势对被害人形成心理强制。至于被害人能不能回忆当时的场景则是另外一回事,辩护律师错误地将之与被害人对性行为的态度相混同。其实,是法律规定被害人不同意,只不过前提是被害人严重醉酒。

(四) 强奸罪中的认识错误

《模范刑法典》最有特色之处在于其论述犯罪意图时所运用的术语学(terminology)与技巧。所以,对于蓄意的(purposeful)、明知的(knowing)、鲁莽的(reckless)、疏忽的(negligent)四大经典的犯罪心理状态,我国学者进行了知、意结构形态上的全面剖析,②准确翻译了具体法例。③但是,对于强奸罪的犯罪意图却仅仅论述了"奸淫目的"的相关内容。④其实,强奸罪的犯罪意图问题是比较复杂的,集中表现在事实错误(mistake of fact)。如果错误能够阻却相关的犯罪意图,就是有效的抗辩。⑤洛伊教授指出,与四种犯罪心理状态相对应的是个罪中的不同要素,而非整个犯罪。⑥强奸罪的犯罪要素要求被告人(1)对于与被害人性交是蓄意的,其行动自觉的目的就是发生性关

---

① Stephen J. Schulhofer, "Rape-Law Reform Circa June 2002: Has the Pendulum Swung Too Far?", 989 Annals N.Y. ACAD. SCI. 276(2003).

② 储槐植:《美国刑法》第二版,北京大学出版社 1996 年版,第 78—79 页。

③ 储槐植:《美国刑法》第二版,北京大学出版社 1996 年版,第 79—81 页。

④ 储槐植:《美国刑法》第二版,北京大学出版社 1996 年版,第 220 页。

⑤ Model Penal Code § 2.04.

⑥ Arnold H.Loewy, Criminal Law, 4th edition, Law Press, p.127.这与我国犯罪主观要件明显不同。我国刑法的典型表述是:故意杀人罪的犯罪主观要件是故意;美国刑法的典型表述是:行为人对一级谋杀罪中杀人行为的心态必须是蓄意,对被害人死亡的结果就至少是鲁莽。

系;(2)对被害人不同意发生性关系是明知的或者轻率的,其认识到性交行为在实际上肯定会是被害人不同意的或者漠视被害人不同意这样的实质性风险。所以,怎样认定“被告人错误认为被害人同意性交”值得深入探讨。

在著名的“摩根强奸案”中,英国的法官提示陪审团:被告人的错误(误认为被害人同意性交)无需合理但须真诚。①此案中,摩根与另外三个伙计酒后行至摩根家,三个伙计经过摩根的同意先后与其妻子发生性关系,整个过程中妻子不断挣扎。在肯定性辩护中,该三名上诉人口径一致地提出,他们认为妻子是同意的,因为摩根告诉他们(其本人却否认),如果妻子挣扎,不必大惊小怪,她喜欢暴力的性行为,这是她古怪的(kinky)性倾向(get turned on)。英国理论认为,对被害人不同意发生性关系这一事实发生错误,不必是合理的错误。只要有证据表明,被告人是真诚地相信存在同意,就不具备强奸罪的犯罪意图。

美国多数州并不认同这种观点,代表性的案例:康涅狄格州(Connecticut)法官在“史密斯强奸案”②中指出,被告人的错误须真诚并且合理。只有存在合理的“对事实的无知”,③辨方才能够否定(negate)强奸罪所需犯罪意图的要素之一——对于被害人不同意性交至少存在鲁莽——进而成为一种有效的实体抗辩。④在某些情况下,我们根据经验法则是有充足的理由去期待行为人正确认识到妇女是(或可能是)不同意的,而行为人却抗辩——因为错误(mistake),所以疏忽(neglect),没有意识到该事实的存在。⑤在以行为为导向的理论支持下的一系列判例中,美国法官们当然坚持反驳,愚蠢的(不合理的)错误造成危害,推定至少存在鲁莽(recklessness);⑥“极端荒唐”是“善

---

① Regina V.Morgan, 1976 App. Cas. 182, 215(1975).

② State v.Smith 554 A.2d 713(Connecticut 1989).

③ [美]道格拉斯·N.胡萨克:《刑法哲学》,谢望原等译,中国人民公安大学出版社2004年版,第184页。

④ 实体抗辩包括否认以及正当化(Justification)、免责(Excuse)两种抗辩事由。否认是直接对犯罪要素的反驳。参见[美]道格拉斯·N.胡萨克:《刑法哲学》,谢望原等译,中国人民公安大学出版社2004年版,第287—309页。

⑤ 当然,被告人必须承担最低程度的“提出责任”,证明存在对于事实的错误,否则该问题将不会成为法庭的争议,陪审团不会在事实认定过程中予以考虑。其证明标准是极低的,表明存在10%的可能性即可。George P.Fletcher将之形象化为“在橄榄球场地上……带球向前移动……带到第10条五码分格线处就可以了”。(参见[美]乔治·P.弗莱彻:《刑法的基本概念》,王世洲等译,中国政法大学出版社2004年版,第19页。)关于刑事诉讼中控辩双方对于不同待证事实的不同证明标准之详细分析,参见George P.Fletcher, Two Kinds Of Legal Rules: A Comparative Study Of Burden Of Persuasion Practices In Criminal Cases, 77 Yale Law Journal 880(1968)。

⑥ State v.Smith, 554 A. 2d 713, 717—18; People V.Mayberry, 542 P. 2d 1337, 1344—47.

意错误免责”的例外。

然而,有学者对此不无担忧,撰文批评道:通过客观环境来推断女性被害人的不同意,进而将行为人对结果的无意识认定为对结果的鲁莽,这是极不公正的。如此朴素的社会观念模糊了可责性要素之间的界限,将严重损害刑法理论的严谨性和桎梏其发展空间。因为,在事实上,不管行为人的错误有多么的荒唐,他仍然有可能仅是过分愚蠢却不具有对于强奸恶果的轻率。刑法之于某些行为人,不能用一般标准来衡量他们估计事态的合理性。①

无论是现实还是可能,现阶段的技术能力无法直接探求行为人的主观世界。作为一种精神行为,司法认知对于客观世界正在演绎的另一种心理活动可能发生错误的把握。而物质证据仅仅局限于人的行为及伴随其发生的相关环境。所以,我们只能从客观的情状去分析错误是否合理、判断有无最低限度的依据。如果面对的是妇女悲哀的祈求、激烈的反抗、极度的恐慌等,那么,一个正常且理性的人是不可能认为妇女自愿与之发生性行为的。除了未成年人和精神病人,法律推定所有人都属于正常且理性。所以如果行为人不可能凭借任何最低限度的、正当可行的条件相信妇女存在同意,也就没有可能基于充足理由的发生错误——无论此等相信如何真诚。据此,可以认定错误对犯罪意图不产生实质性的影响,推定行为人具备强奸罪犯罪意图要素(至少是鲁莽)。这并未违背正当程序、最低程度的正义感。②诚然,推定有危及被告人权益之虞,但是,合乎情理地推断有利于弥合证据之间的缝隙,进而缩短实体与程序之间的距离。③某些“不证自明的”事实,在“排除一切合理怀疑”的证明标准之下,证据反倒不能完全证明了。推定的存在才使得司法结论成为可能。另外,对于大学专科知识水平以下的陪审员来说,④在相当多的情况下很难确认被告人的犯罪意图,法官适时地用客观标准(法律问题)来提示他们,能够防止明显的偏离。

(五)强奸罪中的同意

1. 同意的体系性地位

亨德森教授在一篇经典的、系统研究被害人权利的论文中早已指出,要从犯罪定义的要素(例如,强奸中被害人的不同意)入手,着力体现出被害人

① Sanford H.Kadish & Stephen J.Schulhofer, Criminal Law and Its Processes: Cases And Materials, Little Brown, 6th Edition(1994), p.322.

② Rochin V.California 342 U.S. 165, 167.

③ 邓子滨:《刑事法中的推定》,中国人民公安大学出版社2003年版,第30页。

④ 美国律师尽量筛选出较低学识的陪审员,以期他们会限于知识的匮乏而更容易被自己的说辞所打动。

在刑事实体法与程序法中影响力的扩张。①被害人同意是辩护律师经常提出的强奸罪的正当化事由，而被害人不同意在很多州法典中又都表现为犯罪要素。弗莱彻教授将这种困惑总结为：一个问题是被作为一个犯罪要素还是作为一个辩护理由来考虑，部分地取决于它的措辞。②然而，笔者认为，作为一个问题（被害人的真实意思）的两个方面，同意与不同意在实体上和程序上都有极大的不同。这就不仅仅是措辞的问题了。不同意在实体上是犯罪要素——在强奸罪的犯罪意图中，需要证明行为人对于被害人的不同意至少存在鲁莽。同意在实体上则属于正当化事由。虽然联邦最高法院拒绝将宪法的刑事正当程序条款解释成控方承担刑事案件中的所有举证责任，③但是犯罪要素与抗辩事由的区别仍然具有实质性意义——实体直接决定程序——举证责任的分配。犯罪要素（不同意）由控方证明不存在合理怀疑；抗辩事由（同意）由辩方提供优势证据即可。④所以，同意在刑法上的地位是需要辩方通过优势证据证明的正当化事由。

同意在直观上就是一种主观意志和心理状态。⑤对于它的种种争议主要源于对其进行判断主要取决于“非经验的道德标准”。⑥法律问题很单纯——“是还是不是”——简洁而明快。而心理问题则五味俱全——“是又好像不是”——晦涩难捉摸。所以，这至少证明同意的主观性很难融入犯罪要素的客观性倾向。其次，从司法实践的可行性角度来看：（1）性行为通常发生在较私人的、隐秘的空间；（2）熟人之间的性行为从外部无法加以证明，只能通过当事人的陈述进行判断；（3）公众价值评价的标准参差不齐；（4）所谓的被害人说谎的可能性很大；（5）潜在的行为人有权保持沉默或同样在说谎。⑦辩方基本上没有可能通过证据排除合理怀疑地证明被害人同意。最后，在实体与程序上区分同意与不同意，能够减轻通过宪法来限制立法机关肆意定义犯罪的现实压力。如果坚持单一化的被害人真实意思理论，在实践中，很

---

① Lynne N.Henderson, The Wrongs of Victim's Rights, 37 Stan. L.Rev. 937(1985).

② ［美］乔治·P.弗莱彻：《刑法的基本概念》，王世洲等译，中国政法大学出版社2004年版，第120页。

③ Patterson v.New York, 432 U.S. 197(1977).

④ 当然，反对意见仍然很多。布伦南、鲍威尔等大法官认为联邦最高法院根本没有必要退却，进而放弃Mullaney案得出的结论：起诉方必须排除合理怀疑地反驳一切不一致的事实。

⑤ 主观的同意理论论持这一种观点。

⑥ Heidi Hurd, The Moral Magic of Consent, 2 Legal Theory 121, 123(1996). Alan Wertheimer, What Is Consent? And Is It Important?, 3 Buffalo Criminal Law Review 557, p.557.

⑦ Alan Wertheimer, What Is Consent? And Is It Important?, 3 Buffalo Criminal Law Review 557, p.559.

有可能出现立法机关大量地重新定义犯罪,将处于犯罪要素地位的不同意整体转变为处于正当化事由地位的同意,减轻检方负担,完全让被告人承担举证责任。只有通过宪法限制才可能有效控制立法权滥用的现象(明显错误地重新定义犯罪)。①但是,二元的被害人真实意思理论却能够用实体上的繁复换取程序上的公正,直接防止立法机关对于刑事被告的过度打击而不必诉诸含义模糊的宪法条文。

2. 同意的司法认定

在明确了同意的体系性地位后,另一个重要的问题便是如何正确认定同意,廓清其实质内涵。维希姆教授试图利用逻辑的思路作出了简洁的概括。他的三段论是:(1)大前提:当且仅当 A 同意,B 的性交行为才是被法律许可的;(2)小前提:事实上 A 同意了;(3)B 的性交行为被法律允许。②所以,分析此问题仍然要从事实(同意的本质)入手。③行为理论认为被害人同意是行为,更准确地说是反抗——如果妇女在有能力反抗的客观条件下没有反抗,并且没有发生错误,那么她的外部行为就传达了同意的表征。④主体理论认为同意仅仅是被害人的内心意思,无需通过行为(反抗)外化为一种客观表征;需要从客观环境、其他形式的被害人的意思表示得到综合证明——这样才能有利地保护被害人。混合理论则毫无新意,主张同意既包括内心意思,又需要外部行为向外部传达信息。⑤笔者认为,坚持主观理论在现阶段更为成熟,在实践中也有指导具有意义。首先,同意在强奸法的语境中固然是一种具有刑法意义的行为。但是,行为的核心却是意思表示;表示的内容只是内心意思。内心意思是独立于表示行为存在的。只要能够承认内心意思的独立性,就应该确认主体说的正确性。至于行为人有无觉察被害人的表示行为、如何认识这一表示行为的问题,应当在事实错误的问题中解决,而不能在认定同意的过程中使用行为标准,再度要求从被害人的角度验证行为人行为的合法性,施加刑法的双重压力。其次,根据女权主义法学家的理论:如果想要保护被害人不受到第二次伤害,那么,将被害人的心理

---

① Mullaney v. Wilbur, 421 U.S. 684(1975).

② Alan Wertheimer, What Is Consent? And Is It Important?, 3 Buffalo Criminal Law Review 557, p.561.

③ Stephen J. Schulhofer, The General Question in Criminal Law, 7 Soc. Phil. & Pol. 105, 133 (1990).

④ People V. Warren, 446 N.E. 2d 591, 594(Ill. App. Ct. 1983).

⑤ Alan Wertheimer, What Is Consent? And Is It Important?, 3 Buffalo Criminal Law Review 557, p.566.

状态置于司法过程本身就是一种错误。①所以，现阶段进一步要求采纳行为理论，无异于在伤口上撒盐。主体理论有利于缩减行为理论与女权主义之间的差距。

"不要"就是不要规则（"no" means no）是主体理论最为重要的一个规则。②被害人明示自己不同意发生性行为；或者暗示不同意，使一个理性的人在行为人所处的环境中能够了解被害人暗示的确切含义。③然而，反对意见指出，在被害人用言语明示或者其他行为暗示"不要"的场合下，如果要完全排除同意的实际存在，仍然十分困难。对于这种基于极为保守的倾向来考察女性的心理以揭示其真实意思表示的理论，我们可以作出如下的分析：普遍的是，女性对男性的性要求说"不要"时，意味着一种非实质性的抵制，也可称为象征性的抵抗（token resistance）。④朴素的社会直觉与精英化的法律理念均证实，明示反对发生性行为的言论很难排除一切合理怀疑地得出"不同意"这一内心意思。明示"不要"不足以修正"一对一"情况下被害人陈述的空洞性。女权主义则是进入了另一个极端——义愤填膺地批判现代法律仍然是形式上保护妇女，实质上以男性的利益为导向。例如，激进的女权主义法学家麦金农教授连嘲带讽地指出，对于妇女在恐惧中未能对于强奸行为作出反应，任何善解人意的法庭都会认为这是合理得不能再合理的现象，⑤更不用说是已经明示"不要"。女权主义从根本上否认犯罪行为要素中存在这样的消极要素：以被害人的反应为证据基础的"不同意"，主张根本就不需要判断妇女是否表达了"不要"。折中的观点提出了严格责任。满足条件——（1）妇女表示了"不要"；（2）行为人接受了该信息——行为人如果与该妇女发生性关系，必须承担证明责任，通过优势证据证实该妇女在一开始的"不同意"后"回心转意"并进而"同意"。笔者认为，这种理论在坚持了需

① 女权主义法学家在讨论同意时经常面对不可避免的尴尬，他们必须非常不情愿地承认：为了保护被害人的权利，强奸罪保护的利益当然是"不同意"——国家规定强奸是一种犯罪，本质上是因为它侵犯了被害人性的选择权；辩护律师寻求合法性基础，必须成功抗辩被害人同意。

② Lynne Henderson, Just What Part of No Don't You Understand, 2 Texas Jounal of Women and Law 41, p.68(1993).

③ New York Penal Code § 130.05 Sex Offenses Lack Of Consent; 2005 North Dakota Century Code Title 12.1 Criminal Code 12.1-20-03. Gross Sexual Imposition.

④ Charlene L.Muehlenhard and Lisa C.Hollabaugh, Do Women Sometimes Say No When They Mean Yes? The Prevalence And Correlates Of Women's Token Resistance To Sex, 54 J.Personality & Soc. Psychol. 872, p.872(1988).

⑤ Catharine A.Mackinnon, Feminism Unmodified: Discourses On Life And Law, Harvard University Press, 1987, p.86.

要被害人明示或暗示“不要”的情况下,引入严格责任,向加强被害人保护的角度适当偏离,完成了较好的整合。

最后需要指出的是,被害人的某种意思表示,从道德上判断是不同意,在刑法上却只能解释为同意。在蒙大拿州“高中校长强奸案”①里,一个17岁女生与校长发生性关系,因为校长告诉她,如果不服从,就不让她毕业。校长没有动用丝毫暴力,甚至在与女生“交流”时还很“慈祥”。此案中,就算女生在性交时有一百个不愿意,校长也不能被判有罪。因为校长所谓胁迫的言行在刑法上没有任何意义,仅仅是道德败坏。该女生面对这种情况完全可以周旋,告诉家长,寻求帮助——但她却服从了校长,没有明示同意或者反对。那么,该女生的服从在刑法上只能解释为同意。当然,从道德上诠释本案,完全会得出相反的结论。与此同时,我们一定要认识到,不同意绝对不能解释成不愿意。最极端的例证是:卖淫者在很多情况下都是情非得已(有的是生活所迫、入不敷出,有的是贪图奢靡人生),但世界上没有一部刑法会认为此种不愿意是不同意发生性关系的意思表示。另一个适例是:男友某甲执意要求与女友某乙发生性关系,不然就一刀两断。女友某乙虽然极不情愿,但为了挽回感情,勉强顺从。女友某乙在道德上完全可以评价为不同意,但在法律上确实应该判断为有效同意。

① State v.Thompson 792 P.2d 1103(Montana 1990).

第九章　民生刑法(二):财产犯罪的刑法规制

财产犯罪是指故意非法占有、挪用和毁坏公私财物的行为。根据刑法分则第五章第二百六十三条至二百七十六条的规定,财产犯罪有14个条文,12个罪名,按照这些犯罪主观目的和客观行为方式的不同,可以分为以下三类:(1)侵犯财产所有权的犯罪:抢劫罪、盗窃罪、诈骗罪、抢夺罪、聚众哄抢罪、敲诈勒索罪、侵占罪、职务侵占罪。(2)侵犯财产使用权的犯罪:挪用资金罪、挪用特定款物罪。(3)破坏型犯罪:故意毁坏财物罪、破坏生产经营罪。本章重点分析财产犯罪中最为重要的抢劫罪、盗窃罪、诈骗罪、抢夺罪。

第一节　抢　劫　罪

一、抢劫罪的规范构造

抢劫罪是指以非法占有为目的,以暴力或者当场实施暴力相威胁,或者以其他使被害人不能反抗、不知反抗的方法,迫使其当场交出财物或者夺走其财物的行为。本罪侵犯的客体是复杂客体,即不仅侵犯了公私财产的所有权,同时也侵犯了被害人的人身权利。

抢劫罪的犯罪对象为公私财物。就公私财物的性质而言,抢劫罪侵犯的对象既可以是被害人合法占有的财物,也可以是被害人非法取得或非法持有的财物,如抢劫赃物、赌资,均可构成抢劫罪。关于抢劫罪的犯罪对象是局限于动产还是包括不动产,在刑法理论上和司法实践中有不同的理解,一种观点认为抢劫罪中的财物仅指动产;①另一种观点认为抢劫罪中的财物不但包括动产,还包括不动产。②一般而言,抢劫罪的对象主要是动产,而且是可以当场劫取的动产。但是我国刑法规定的抢劫罪的对象是公私财物,

---

① 王作富:《认定抢劫罪的若干问题》,《刑事司法指南》2000年第1期。

② 张明楷:《刑法学》,法律出版社2003年版,第749页。

而没有具体限定为动产。

在客观方面,本罪表现为当场使用暴力、胁迫或者其他方法,从财物的所有人或保管人手中当场劫取财物的行为。暴力、胁迫或者其他方法,是抢劫罪的手段行为;强行劫取公私财物,是抢劫罪的目的行为。抢劫罪客观方面的行为内容是区分抢劫罪与盗窃罪、诈骗罪、抢夺罪、敲诈勒索罪的关键。

二、抢劫罪的司法认定

典型案例:犯罪嫌疑人张贺跃、瞿国祥与郑凤祺(另处)经事先预谋,于2004年9月18日凌晨0时30分许携带三根自来水管并藏于包内,窜至上海市延安中路、富民路绿地内伺机抢劫。后因感觉人手不够,又将在绿地内休息的犯罪嫌疑人张卫鹏拉拢入伙,共同抢劫。稍后,四人见印度籍男子张某与一女子在绿地内聊天,遂上前以警察检查身份证件为由,抢得张某NEC-N8型移动电话一部及人民币80余元,并留下写有着公安局名、地址、姓名、电话、警号等内容的卡片,让被害人张某第二天按卡片上所写的地址领取移动电话,后逃离现场。经上海市价格认证中心静安分部价格鉴定,上述移动电话价值人民币1 500元。同日凌晨3时50分许,犯罪嫌疑人张贺跃、张卫鹏、瞿国祥与郑凤祺经商量策划,又窜至上海市陕西北路550号附近,将途经此地的被害人刘某拦住并围逼至墙角处,其中犯罪嫌疑人张贺跃、张卫鹏用随身携带的自来水管打击被害人刘某的身体及手臂,从而强行劫取刘某钱包一只后逃离现场。经查,被害人刘某钱包内有人民币210元。同日下午,上海市公安局静安分局经布控,在长安大厦将正在销赃的犯罪嫌疑人张贺跃、张卫鹏、瞿国祥等人抓获。另查,犯罪嫌疑人张贺跃还于2004年8月25日0时许,伙同祖齐兵(另处)、黄亦荣(在逃)窜至上海市浦东新区张江路华益路处,用随身携带的钢筋殴打另一被害人后,抢得人民币1 000元及海信C289型移动电话一部,后逃离。经上海市价格认证中心静安分部价格鉴定,上述移动电话价值人民币225元。犯罪嫌疑人张贺跃、张卫鹏、瞿国祥对抢劫犯罪的事实供认不讳,但均辩称在2004年9月18日抢劫被害人张某的过程中,并未明确表示自己系警察。

犯罪嫌疑人张贺跃以非法占有为目的,伙同他人多次以暴力或其他方法抢劫他人财物;犯罪嫌疑人张卫鹏、瞿国祥以非法占有为目的,伙同他人两次以暴力或其他方法抢劫他人财物,其行为已分别构成抢劫罪。需要注意的是,犯罪嫌疑人张贺跃、张卫鹏、瞿国祥对抢劫犯罪的事实供认不讳,但均辩称在2004年9月18日抢劫被害人张某的过程中,并未明确表示自己系警察。然而,犯罪嫌疑人张贺跃、张卫鹏、瞿国祥以检查身份证为由拦下被害人张某,并自称是公安局的,从而对张某进行罚款及扣押手机。当被害人张某要求取回手机时，犯罪嫌疑人张贺跃还让瞿国祥留下书写着警号等内容的卡片，让被害人张某第二天按卡片上所写的地址领取移动电话。三人的语言、行为足以使被害人认为他们的身份是警察，从而不知反抗并不敢反抗。因此，可以认定犯罪嫌疑人张贺跃、张卫鹏、瞿国祥系冒充军警人员实施抢劫。

第二节　盗　窃　罪

一、盗窃罪的规范构造

《刑法》第二百六十四条规定：盗窃公私财物，数额较大的，或者多次盗窃、入户盗窃、携带凶器盗窃、扒窃的，处三年以下有期徒刑、拘役或者管制，并处或者单处罚金；数额巨大或者有其他严重情节的，处三年以上十年以下有期徒刑，并处罚金；数额特别巨大或者有其他特别严重情节的，处十年以上有期徒刑或者无期徒刑，并处罚金或者没收财产。

本罪的构成特征主要表现在其客观行为层面，即秘密窃取数额较大的公私财物或者多次盗窃公私财物的行为。所谓秘密窃取，是指行为人采用自认为不会被财物的所有者、保管者、经手者觉察的方法，暗中窃取财物。盗窃的手段多种多样，可以是撬窃，可以是扒窃，也可以采用欺骗手段转移被害人的注意力，乘他人不注意之机秘密窃取财物。

二、盗窃罪的司法认定

典型案例：2002 年 1 月 31 日零时许，犯罪嫌疑人夏广芳伙同夏新妮、马新付、潘士玲（均另处）等人在滁州站内，从停留在该站的 23157 次货车上盗窃无烟煤 2.3 吨。当上述几人准备将盗窃的煤炭运走时，被公安人员当场抓获，犯罪嫌疑人夏广芳畏罪潜逃。经鉴定，被盗无烟煤价值人民币 1 035 元。2004 年 11 月 17 日夏广芳在萧县闫集镇闫集村东部饭店被公安机关抓获。

本案主体为一般主体，犯罪嫌疑人夏广芳的年龄已超过 18 周岁，具有承担刑事责任的能力。犯罪嫌疑人盗窃铁路运输物资，侵犯了公共财产所有权。犯罪嫌疑人夏广芳以非法占有为目的，欲将公共财物占为己有，体现了主观故意。犯罪嫌疑人夏广芳采用秘密手段，实施了盗窃铁路运输物资的行为。因此，犯罪嫌疑人夏广芳的行为符合盗窃罪的构成要件。

盗窃罪的司法认定一般而言并不复杂，但个案中也会出现很大的争议，从而引发关于犯罪界限的反思。例如，许霆盗窃案，在本质上即属于刑民实体界限模糊状态下刑事司法应当选择能动还是克制的问题。客观冷静地分析本案法院判决,不能否认其在盗窃罪构成要件解释层面具有刑法规范解释的合法性基础。虽然许霆既没有篡改密码,也没有破坏机器功能,形式上并不符合“秘密窃取”的行为要件。但其不仅利用了 ATM 机的自身错误,而且反复实施恶意取款行为,非法占有财物的目的与行为都具有接受盗窃罪规范评价的合法空间。

所以,问题并不在于司法实践或者刑事立法如何廓清罪与非罪的实体界限,而是在于如何把握刑法介入的适当性、刑法功能的实现方式以及犯罪边界的掌控。

定性争议极大的许霆盗窃案带给我们的方法论启示是——当关于出罪与入罪的两种对立解释均具有真理性因素时,坚持规范解释很难找到出路,应当转换视角,从探悉刑法规范内涵流转至追求刑法规范价值与功能,考察动用刑法规范对具有一定甚至是较大的社会危害性行为进行评价是否具有正当的价值基础。

在民事法律规范层面,利用 ATM 机技术性故障提取现金,显然属于储户违反《领用合同》的违约行为与恶意取款的侵权行为之间的竞合,金融机构可以根据合同法要求返还不当得利,或者选择在证明许霆具有过错的基础上要求侵权损害赔偿。在刑事法律规范层面,盗窃罪的构成要件与许霆涉案行为的事实存在一定紧张关系,但刑事司法着眼于 17.5 万元涉案数额所承载的社会危害性,亦可在罪刑法定的底线内进行能动性解释。在合同法、侵权法等民事法律规范具有完整涵射能力的前提下,存在紧张性解释危险的刑法规范应当秉持谦让与克制的态度,坚守刑法介入必要性原则的刑事司法理念。

再来看两个类似案件:河南洛阳的肖某本想登录自己的期货账户,却因输错密码误打误撞进入党某账户,在“赚了联系党某分钱、亏了自己没损失”侥幸心理的驱使下,“帮人”炒期货,亏损 14 万元;上海虹口的张某在无意中记下了张女士的股票账号和密码,决定拿其股票“练练手”,操作“钾肥 JTP1”权证造成 11 万元的资金损失。

上述案件均因涉嫌故意损坏财物罪被依法提起公诉。实践中对上述行为是否能够成立犯罪产生较大争议,对故意损坏财物罪的故意内容、财物内涵、损坏行为作出了截然不同的刑法解释。其实,类似争议并不是刑事司法实践中的新问题。早在多年之前,上海静安出现侵入朋友证券账户并多次进行股票、基金交易损失 19 万元的案例,最后司法机关以故意损坏财物罪定性。

在刑法解释理论激烈争辩的过程中,可曾尝试过对此类案件进行反思?

侵犯他人股票、权证、期货、基金的处分权，理应是一种侵权行为。在适用侵权法追究行为人民事赔偿责任的情况下即可补偿被害人的损失，何必要动用刑法来调整本属于侵权法调整的法律关系？进入他人账户案件炒股练手的犯罪嫌疑人张某在与记者对话中留下了一句意味深长的话——“我真的错了，但如果要坐牢，出来后还有什么能力继续承担现在无力赔偿的部分？”启动刑事司法程序后的刑罚震慑力产生了特殊预防的效果，但犯罪标签与刑罚烙印亦会对业已紊乱的社会关系造成进一步的伤害。侵权行为造成他人损失，本可以通过承担损害赔偿责任的方式进行及时恢复与修补。但刑法介入之后，侵权人成为犯罪嫌疑人、被告人乃至犯罪人，一旦接受刑罚，必将面临回归社会的阵痛；民事受害者成为刑事被害人，在犯罪人生活困难的情况下极有可能无法获得全面赔偿。恢复性司法与刑事和解成为跨越犯罪学、刑事诉讼法学、刑法学的热点问题。我们在进行理论借鉴、实践探索的同时，是否有意识地在刑事司法思维的层面进行刑法能动性向刑法谦抑性的思维模式转置？刑法的宽容与自抑，不仅可以让前置性的法律充分发挥规范功能，而且能够防止已经受到伤害的社会关系与社会利益经历又一次的痛楚。

实践中有个别被拆迁人通过诈骗手段获取补偿款或者被拆迁人群体冲击国家机关的案例。追究诈骗补偿款、故意利用被拆迁群众扰乱国家机关正常工作秩序行为的刑事责任是刑法的任务。然而，在利益变迁过程中，刑法介入是否应当区分不同情况？拆迁协议本质上属于对价商谈的“拉锯战”。被拆迁人通过虚增户口、青苗等方式多获取部分拆迁补偿款是不争的事实，但拆迁公司同样也存在压低补偿价格的不正当行为，在被拆迁人没有极度违背合同对价原则的情况下，司法机关不应根据刑法将其行为评价为诈骗，而应在合同相对方提起民事诉讼的情况下认定为欺诈。实践中曾经出现如下群体性事件：城乡接合部的居民积极配合征地拆迁，但政府向居民们许诺的补偿迟迟没有兑现，群众无法搬入新房。居民进行群体请愿，在此过程中受到机关工作人员的冷落、白眼和蔑视。等待了一天，又饿又渴又累的请愿者聚众冲入机关哄抢存放于仓库、准备发放给干部的水果，部分情绪激动的群众砸烂了机关的牌子。最后，首要分子和其他积极参加者以聚众冲击国家机关罪被追究刑事责任。但笔者认为，聚众冲击国家机关罪的构成要件本身具有相当程度的排斥功能，对于事出有因、群众利益确实遭受严重损害或者危险前提下发生的群体性事件，不能一律认定为聚众冲击国家机关罪。在利益调整的重要时期，应当着重思考刑法介入的底线。群众并没有利用被拆迁人的身份坐地要价，而是在自身利益无法保障时无奈地选择“对抗”。群体性事件固然具有严重社会危害性,但生成该种风险的根源在于某些政府职能部门没有以人为本地履行职责。刑法介入的正当性基础在于保护社会利益。严格规制渎职者与适当宽容请愿者,才是刑法实现法益保护的政策定位。

刑法之所以会频繁介入民法领域,主要是因为行为人在客观上造成了重大损失,而经济损失又是经济或财产犯罪定罪量刑的核心指标。既然涉案行为数额较大,具有严重社会危害性,刑法介入貌似具有正当性基础。不仅个案认定存在刑法过度干预问题,刑事司法解释也在一定程度上具有刑法能动的倾向。

这集中体现在知识产权犯罪司法解释。例如,2004 年“两高”《知识产权犯罪解释》第一条将假冒注册商标罪的“情节严重”规定为非法经营数额在五万元以上或者违法所得数额在三万元以上,将“情节特别严重”规定为非法经营数额在二十五万元以上或者违法所得数额在十五万元以上。2007年“两高”《关于办理侵犯知识产权刑事案件具体应用法律若干问题的解释(二)》更是明显降低侵犯著作权罪的数量门槛,将《刑法》第二百一十七条规定的“有其他严重情节”的标准降低为 500 张(份),将“有其他特别严重情节”的标准降低为 2 500 张(份),数量标准较《知识产权犯罪解释》降低了一半。尽管司法解释实质性地加强了对知识产权的刑事保护,却存在越位干预侵权法的危险——现阶段审理的大部分知识产权侵权案件都可以达到甚至是远超出知识产权犯罪的立案标准,是否都要移送公安机关立案侦查?答案显然是否定的。实践中也不存在这样操作的可能性。这就势必导致刑事立案标准虚置,不仅浪费解释资源,而且影响刑事实体规范的权威性。也就是说,即使刑法可以成功地在个案中介入侵权法领域,也不可能在整体上越权干预不应当由刑事法律调整的问题。刑法的宽容,是对公民自由的体恤,也是对非刑事法律的尊重,更是对刑罚权威的维护。从长远的角度来看,刑法介入应当谨慎与克制。这是因为,刑法的品性在于谦抑,刑法的功能在于指引行为与设定裁判规则。在认识局限与规范争议十分突出的情况下,既然刑法功能实现存在障碍,就应当适当放弃刑罚权的启动。

第三节　诈　骗　罪

一、诈骗罪的规范构造

诈骗罪是指以非法占有为目的,用虚构事实或者隐瞒真相的方法,骗取数额较大的公私财物的行为。本罪集中表现为用虚构事实或隐瞒真相的方法,使财物所有人、保管人信以为真,“自愿”地交出数额较大的公私财物。所谓“虚构事实”,是指捏造客观上并不存在的事实,骗取被害人的信任。所谓“隐瞒真相”,是指对受害人掩盖客观存在的某种事实。虚构事实、隐瞒真相的具体形式多种多样,主要有:伪造证件,冒领款物;假冒身份,骗取钱财;以帮助看管、提拿东西为名,骗取财物等。

2011 年最高人民法院、最高人民检察院《关于办理诈骗刑事案件具体应用法律若干问题的解释》第一条规定:诈骗公私财物价值三千元至一万元以上、三万元至十万元以上、五十万元以上的,应当分别认定为刑法第二百六十六条规定的“数额较大”、“数额巨大”、“数额特别巨大”。各省、自治区、直辖市高级人民法院、人民检察院可以结合本地区经济社会发展状况,在前款规定的数额幅度内,共同研究确定本地区执行的具体数额标准,报最高人民法院、最高人民检察院备案。

二、诈骗罪的司法认定

典型案例:2001 年 4 月至 2004 年 7 月间,犯罪嫌疑人季菊强、高永章、孙海青、屠全明、桑明、何秀敏、翁金华、宋周康、张肖明、季益民、贺炜、陈英杰伙同盛明祥、陆益、范文云、季菊明、陈嘉雯、王冬平、张建新、漆鸿、朱亮(上述 9 人均另案处理)、“老麻油”(谐音)、张明强、朱新观(绰号“卷毛”)、董纪昌(绰号“毛弟”)、方一鸣、徐忠文、李圣东(又名阿东)(上述 7 人均在逃)等人,为骗取他人钱财,经事先共谋,先后十八次在上海市奉贤区、闵行区、松江区、金山区等地,采用以谈生意、请吃饭等为名将被害人诱骗至饭店、宾馆或者酒店吃饭、喝茶,伺机在被害人所喝的酒水饮料中加入含有“三唑仑”成分的催眠药物,随后引诱被害人至事先开房并设计好的假赌局中参赌,在赌局中用出老千、偷换牌、提供高利贷等方法,骗取十八名被害人的钱财,共计实际骗取人民币 499.1 万余元。其中,季菊强共同作案 15 次,参与诈骗数额人民币 344.1 万余元;高永章共同作案 6 次,参与诈骗数额人民币 185 万余元;孙海青共同作案 6 次,参与诈骗数额人民币 185 万余元;屠全明共同作案 5 次,参与诈骗数额人民币 169.5 万余元;桑明共同作案 4 次,参与诈骗数额人民币 151.5 万余元;何秀敏共同作案 4 次,参与诈骗数额人民币 91.9 万余元;翁金华共同作案 4 次,参与诈骗数额人民币 91.9 万余元;宋周康共同作案 3 次,参与诈骗数额人民币 156.5 万余元;张肖明共同作案 4 次,参与诈骗数额人民币 109 万余元;季益民共同作案 3 次,参与诈骗数额人民币 84.5 万余元;贺炜共同作案 3 次,参与诈骗数额人民币 36.9 万余元;陈英杰共同作案 1 次,参与诈骗数额人民币 55 万余元。

对于本案的定性问题,刑法理论上存在赌博罪、抢劫罪、诈骗罪等多种观点。笔者认为,本案犯罪嫌疑人的行为应构成诈骗罪。诈骗罪是指以非法占有为目的,用虚构的事实或者隐瞒真相的方法,骗取数额较大的公私财物的行为。

第一,诈骗罪主观方面系直接故意,行为人主观目的是为了非法占有公私财物。本案中,被害人的陈述及各犯罪嫌疑人的供述均证实,被害人参与赌博并坐庄是应犯罪嫌疑人的引诱、要求而为,在赌博过程中,犯罪嫌疑人通过设置圈套而使坐庄人逢赌必输。据此表明,各犯罪嫌疑人通过事先共谋,诱骗被害人参赌时,即已对参赌各方胜负输赢的结果心知肚明,而被害人则对此毫不知情。故对各犯罪嫌疑人来说,其主观目的并不是共同赌博,而是借助赌博的形式,采取欺骗手段,非法占有被害人的钱财。

第二,诈骗罪客观表现为,虚构事实或者隐瞒真相的方法,骗取数额较大的公私财物的行为。虚构事实,是指捏造不存在的事实,骗取被害人的信任;隐瞒真相,是指对被害人掩盖客观上的事实,使被害人对事实产生错误认识。本案中的犯罪嫌疑人为了达到非法占有被害人钱财的目的,在与被害人接触、交往的整个过程中实施了一系列的诈骗行为,如虚构谈生意、请客吃饭的事实、用调换牌等“出老千”的手段诱骗他人参赌,等等,致使被害人在输钱之后还以为自己只是赌输了钱,而不是被骗。从被害人角度看,被害人的目的是为了能与犯罪嫌疑人谈生意或者参加宴请,而非为了参赌。因此,犯罪嫌疑人设置圈套诱骗被害人参赌的行为仅是其为了达到非法占有被害人钱财的目的而实施的欺骗手段之一,这与诈骗罪的客观表现是一致的,反映了行为欺骗性的实质。

第三,诈骗罪的犯罪客体为公私财产所有权。本案中,犯罪嫌疑人一般都事先经过共谋,然后选择特定的被害对象,诱骗这些被害人参赌,通过在“赌博”中出老千、做手脚的手段非法占有他人钱财,其行为主要是侵犯了被害人的财物所有权,而非社会公共秩序。而赌博罪的犯罪客体为社会风尚和社会管理秩序。

第四,诈骗犯罪主客观方面与赌博罪不同。对于行为人诱使他人参赌,并在赌博过程中采用欺诈手段,最终致使被诱赌者只输不赢的行为的定性,不能简单地套用最高人民法院研究室于1991年3月12日所作的《关于设置圈套诱骗他人参赌获取钱财的案件应如何定罪问题的电话答复》中“对于行为人以营利为目的,设置圈套,诱骗他人参赌的行为,需要追究刑事责任的,应以赌博罪论处”的规定以及1995年11月最高人民法院《关于对设置圈套诱骗他人参赌又向索还钱财的受骗者施以暴力或暴力威胁的行为应如何定罪问题的批复》中关于“行为人设置圈套诱骗他人参赌获取钱财,属赌博行为,应以赌博罪定罪处罚”的规定,而应当具体情况具体分析,正确理解批复的精神,毕竟上述批复和答复系最高人民法院针对这一类个案所作,在具体的办案中,应根据行为人的主观故意、实施的客观行为、行为所指向的对象是否具有特定性及所造成的危害后果等多方面的因素予以综合评判。我们认为,在对相类似的案件进行审理时,应当正确理解上述批复和答复的精神,对赌博罪中的欺骗与诈骗罪中的欺骗予以准确地界定。首先,一般而言,对于行为人实施的以不特定的行人或游客为对象,在人流较多的公共场合设置类似猜红蓝铅笔、下残局等赌局,并在赌局中设置圈套致使参赌者有输无赢的行为,应当依照上述批复的规定,对行为人以赌博罪定罪量刑。最高人民法院的有关批复中所规定的赌博罪的情形,其一般发生在车船码头、集市等公共场所,行为所指向的对象也是不特定的多数人。而本案中,犯罪行为所指向的对象都是特定的个人,这些被害人都有一定的身份和地位,犯罪嫌疑人事先也对被害人的财产情况有不同程度的了解,且犯罪嫌疑人中也与被害人在事先有一定的个人来往,有的甚至是亲戚。其次,赌博罪中的欺骗即制造虚假的事实,是要引诱他人参加赌博,其目的通过赌博达到营利的目的,而不是以非法占有为目的。换言之,赌博罪的行为人意图营利,利用了赌博参与人都积极认可的方式,因而对于在赌博中输钱的人而言,其是认可了赌博这一游戏规则,因而输钱并不违背其意志。而在诈骗罪中,被害人因受骗而交出财物,实质上是违背其意愿的。本案中犯罪嫌疑人在非法占有他人钱财的主观目的的支配下,虚构谈生意和请客吃饭的事实,对被害人隐瞒赌局已被设置圈套的真相,还以编造各种虚假理由引诱被害人坐庄,致使被害人参赌后输尽钱款。因此,犯罪嫌疑人所实施的行为,无论是从主观方面来看,还是从客观表现来看,都与我国刑法所规定的诈骗罪的特征相符合,应当对其行为认定为诈骗罪。

此外,一般赌博的输赢结果,事先是不确定的,赌博组织者往往通过抽取佣金以及有偿服务来获利,预先并不需要设好输赢的结果,输赢结果只对参与赌博的个人才至关重要。而本案正好相反,从一开始,犯罪嫌疑人就为各被害人精心设计了一个个圈套,让各被害人自动钻入他们事先设置好的假“赌局”中。在这个赌局中,除了被害人外的所有参与赌博的人根本不是在赌博,而是在作秀,个人的输赢无关紧要,除了被害人输掉的钱财外,整个赌场中的每个参赌人员的资金都不是他们个人的,而是由放高利贷的人员提供后,作为整个共同犯罪人员之间互相周转、进行运作和操纵的,目的是用于引诱被害人下注,最终使被害人输钱,即他们的这些行为根本就不是在赌博,而是利用赌博这种形式来设置圈套,非法占有被害人的钱财。

第五,本案取得财物的方式也区别于抢劫罪。抢劫罪是当场采用暴力、胁迫或者其他方法劫取财物的。所谓其他方法,是指除了暴力或者胁迫方法之外,犯罪分子对被害人施加某种力量,如用酒灌醉、用药物麻醉等方法,使被害人不知抗拒或者丧失反抗能力,而当场掠走其财物。本案中,有十余起案件的被害人虽然喝了犯罪分子在酒水饮料中掺入含有“三唑仑”的催眠药物,但其神志并未完全丧失,还能参与赌博,在事后也都“自愿”支付输掉的赌债。如王某被骗案中,被害人先后连续三次被犯罪嫌疑人下了“三唑仑”,但是王某在事发当晚还能拨打电话联系借款还债,还能使用银行卡、输入密码后取款,这一系列的情况说明本案犯罪嫌疑人并非完全是趁被害人不知抗拒或者丧失反抗能力的情况下,取得财物的。

综上,上述犯罪嫌疑人以非法占有为目的,采用虚构事实和隐瞒真相的方法,诱骗他人参与赌博,并在赌博中设置圈套控制赌博结果,骗取他人钱财,其行为应构成诈骗罪。

在诈骗罪的司法实践中,还出现过引发广泛关注的天价过路费案——

2010年10月17日,平顶山市检察院指控时建锋犯诈骗罪,向平顶山市中级人民法院提起公诉。同年11月19日,平顶山市中级人民法院公开审理此案。

法院审理查明,2008年5月4日至2009年1月1日,被告人时建锋为牟取非法利益,非法购买伪造武警部队士兵证、驾驶证、行驶证等证件,并购买两副假军用车牌照,在郑石高速公路下汤收费站、长葛西收费站、禹州南收费站、鲁山收费站多次骗免通行费,共计人民币368万余元。

平顶山市中级人民法院审理认为,时建锋以非法占有为目的,虚构事实、隐瞒真相,骗取河南中原高速公路股份有限公司免收其通行费,财物损失达360多万元,数额特别巨大,其行为符合诈骗罪的构成要件,已构成诈骗罪。

2010年12月21日,法院作出判决,时建锋犯诈骗罪,判处无期徒刑,剥夺政治权利终身,并处罚金200万元,并追缴违法所得的一切财物。

判决书显示,时建锋对检察机关指控的犯罪事实及罪名均无异议,并当庭认罪、悔罪,请求法庭从轻处罚。在开庭审判中,时建锋未请代理律师,而法官在开庭前曾专门通知过他的家属。法院判决后,也未提起上诉。

2011年12月15日,河南省鲁山县人民法院重审,法院依法对“时军锋、时建锋诈骗”案进行了公开审理并当庭宣判,四名被告人分别被以诈骗罪、伪证罪判处有期徒刑一至七年不等刑罚。

法院经审理查明：2008年年初，被告人时军锋通过武警干部李金良、张新田取得了伪造的武警部队车辆号牌、武警部队车辆行驶证、驾驶证、士兵证及作废的武警部队派车单等物品。2008年5月4日至2009年1月1日，时军锋使用上述假牌证及两辆货车，经由郑尧高速部分路段运送河沙。运行过程中车辆多次被查扣，由李金良、张新田出面协调，使得两辆货车顺利通行。经会计师事务所审计：2008年5月4日至2009年1月1日，悬挂武警号牌的两辆货车在郑尧高速公路通行共计2 363次，骗免高速公路通行费计492 374.95元。

被告人时建锋在明知拉沙车辆所用武警部队车辆号牌、证件等均系伪造的情况下，从2008年10月底开始全面参与沙场经营活动。经会计师事务所审计：2008年11月1日至2009年1月1日，悬挂武警号牌的两辆货车在郑尧高速公路通行，骗免高速公路通行费计117 660.63元。

实践中的倾向性意见是：2002年最高人民法院《关于审理非法生产、买卖武装部队车辆号牌等刑事案件具体应用法律若干问题的解释》（以下简称《部队车辆号牌刑事案件解释》）第三条规定，使用伪造、变造、盗窃的武装部队车辆号牌，骗免养路费、通行费等各种规费，数额较大的，依照刑法第二百六十六条的规定定罪处罚。因此，本案中行为人假冒军车疯狂从事非法运营且偷逃过路费368万元，应当定性为诈骗罪，数额特别巨大，判处无期徒刑，具有合法性。

诚然，严格按照《部队车辆号牌刑事案件解释》的规定进行定罪量刑，本案的判决不存在任何疑问。但是，刑法理论界与实务部门是否有必要反思该司法解释本身是否符合罪刑法定原则中更为深刻的合法性解释要义？是否有必要反思该司法解释是否符合刑法谦抑精神中的合理性解释要求？

笔者认为，对于行政犯罪，刑法司法解释必须遵循罪刑法定原则与刑法谦抑精神，理性控制越位干预行政违法行为的解释冲动，努力寻求刑法司法解释在行政违法与行政犯罪之间的合理定位。因为司法解释对行政违法行为的越位干预，本质上就是司法解释超越了行政法律法规的规范界限，将国家刑罚权强行介入行政违法领域。其不仅造成行政违法与行政犯罪界限模糊，而且超越了刑法规范本身的正当辐射范围，违背罪刑法定原则。

偷逃过路费属于行政违法行为，故其首先应在行政法律法规的规范框架内进行法律评价。司法解释若要介入并对行政违法行为进行刑法评价，必须是行政法律法规明确规定应当追究刑事责任的行为。

根据2004年国务院《收费公路管理条例》第三十三条、第五十七条、第五十八条的规定，收费公路经营管理者对依法应当交纳而拒交、逃交、少交车辆通行费的车辆,有权拒绝其通行,并要求其补交应交纳的车辆通行费。为拒交、逃交、少交车辆通行费而故意堵塞收费道口、强行冲卡、殴打收费公路管理人员、破坏收费设施或者从事其他扰乱收费公路经营管理秩序活动,构成违反治安管理行为的,由公安机关依法予以处罚;构成犯罪的,依法追究刑事责任。假冒军队车辆、武警部队车辆、公安机关统一标志的制式警车和抢险救灾车辆逃交车辆通行费的,由有关机关依法予以处理。

可见,偷逃过路费行为本身只是一种行政违法行为,应当进行行政处罚;而为了逃交过路费故意采取的殴打收费公路管理人员行为、假冒军队车辆标志行为等,构成犯罪的,应当依法追究刑事责任。前置性行政法规《收费公路管理条例》仅规定了假冒军车标志行为的刑事罚则,并没有明确规定逃交过路费行为应当追究刑事责任。故司法解释不应当将逃交过路费纳入刑事犯罪的范围。因为行政法律法规已经将此种行为排除在刑事犯罪之外,证明行政法律规范有能力通过行政处罚的强制力保证公路收费管理机制的顺畅运行,无需刑法介入。

刑法司法解释是对现有法律规定的内涵外延进行的适用性解释,不能超越法律规范的规制范围。刑法司法解释超越刑法分则个罪罪名的规制边界,将某种行政违法行为纳入评价范畴,违背罪刑法定与刑法谦抑;刑法司法解释在前置性行政法律法规没有明确规定刑事罚责的情况下,通过能动性解释,将某种行政违法行为纳入传统自然犯的规制范围,等于是在创制行政法律法规,超越了司法解释权力界限。

诈骗罪是指以非法占有为目的,用虚构事实、隐瞒真相的方法,骗取公私财物,数额较大的行为。故诈骗罪的罪质特征在于通过积极主动的欺诈方式,从被害人处取得并占有财物。而逃交过路费本质上是逃避收费,在享受了公路使用权利之后通过欺诈的方式拒绝履行义务,如果公路收费方属于平等法律主体,其行为性质明显属于违约与侵权竞合。但由于逃交过路费行为客观上扰乱了公路管理秩序,应当在补交过路费的基础上进行行政处罚。司法解释不能基于行为人采取假冒军用车辆的行为方式逃避收费,就强行将逃交过路费的行为升格为诈骗犯罪,而应当实事求是地分析其假冒军用车辆的手段行为是否符合刑法分则第七章相关危害国防利益罪的构成要件。

司法解释介入行政违法行为,必须秉持刑法适度介入的谦抑精神。在法律规范体系中,刑法处罚具有终极性,应当属于最后的法律手段。因为国家刑罚权的启动关涉全体公民的生命、自由和财产。刑法谦抑性原则致力于冲淡刑罚权具备的扩张性倾向,在提升公众刑罚认同感的同时,保障民法等非刑事法律规范正常的适用环境。审慎使用刑罚手段是社会对司法机关的基本要求。特别是在社会转型期,各方面利益冲突较为明显,对于群体行为与个体行为的规范治理,很大程度上应当依靠行政法律规范的优化建构与理性运作,不能形成动用刑法来促进社会高效管理的实践倾向或者惯性机制。

司法解释频繁介入行政违法领域,主要是因为行为人在客观上造成了重大损失,而经济损失又是经济犯罪、行政犯罪等案件定罪量刑的核心指标。既然涉案行为数额较大,具有严重社会危害性,刑事司法解释表现出较高的能动性貌似具有了正当性基础。但是,是否将具有严重社会危害性的行为纳入刑事调整领域以及通过怎样的犯罪性质认定与刑罚强度配置进行刑事责任追究,这应当属于立法权的职能范围,而非司法解释权所应当积极承担的职责。长期以来,我们在司法实践过程中已经形成了强大的思维定势——涉案行为社会危害性较大的,就应当寻找最为契合的刑法条文进行刑事归责。由于构成要件刑法解释具有天然的延展性与包容性,这种思维模式极易导致司法解释过度介入,产生刑法不当干预非刑事领域的种种司法现象。实际上,在相关行政法律规范已经对相关违法行为设置了处罚规则并且没有明确规定刑事责任追究条款的前提下,司法解释根本就没有必要发挥能动性。违法行为对国家、单位、个人等造成损失的,本可通过行政处罚、承担损害赔偿责任的方式进行及时恢复与修补。但经由司法解释论证使相关违法行为认定为犯罪之后,违法者成为犯罪嫌疑人、被告人乃至犯罪人,一旦接受刑罚,不仅耗费更多刑罚矫正资源,而且其势必面临回归社会的阵痛。特别是对于有些疑难案件,相关刑法适用问题的判断存在极大的争议,在法律论证意见形成冲突与紧张关系的情况下,司法解释理应秉持谦让与克制的态度,坚守刑法介入必要性原则的刑事司法理念。

因此,司法解释的制定与适用必须遵循谦抑性理念,保持刑法规范适当介入的限度。司法解释应当严格控制刑法介入行政违法行为的程度,只有严重危及社会管理秩序的行政违法行为,才可以纳入刑事诉讼程序进行刑事归责。同时,行政法律法规调整的范围,司法解释不必越位干预与过度介入。刑事处罚权的过度膨胀势必压缩行政执法权的行使空间。这不仅是对罪刑法定原则的违背,也容易导致行政力量陷入惰性执法状态。

第四节 抢 夺 罪

一、抢夺罪的规范构造

抢夺罪是指以非法占有为目的,乘人不备,公然夺取数额较大的公私财物的行为。本罪的规范特征主要表现为乘人不备,公然夺取数额较大的公私财物的行为。所谓公然夺取,是指在财物的所有人、保管人或者其他人在场的情况下,公然把财物夺走。抢夺罪的夺取行为必须以不使用暴力或暴力相威胁为前提,虽然抢夺行为也是一种强力行为,但它的着力点是在财物上而非被害人身体。

二、抢夺罪的司法认定

典型案例:犯罪嫌疑人曹勇敢、李文胜、李金杰在犯罪嫌疑人阮辉事先分工指令下,至浦东南路、东昌路口。阮辉见被害人李某某驾驶的黑色奥迪轿车遇红灯停在路口,且副驾驶座上有一小包,即发信号给其他三人,犯罪嫌疑人曹勇敢遂上前敲被害人李某某的驾驶室车窗,以吸引李某某的注意力,李金杰趁机拉开副驾驶室车门,拿走座位上的小包(内有现金人民币16 000元),并立即将包传递给李文胜,四人分散逃逸,李金杰被被害人李某某抓获,次日凌晨,李金杰带领浦东公安前往抓获阮辉、曹勇敢、李文胜。

笔者认为,本案事件发生地决定了取财行为必然带有公开性,故应当认定构成抢夺罪。犯罪嫌疑人是从被害人车中拿取财物,虽然其有敲车窗行为,但对于车辆这样相对狭小、封闭且私密的空间,只要被害人在车内,即使有敲窗声音分散、干扰其注意力,开车门的声音仍会为被害人发觉,随后的取物行为不可能处于被害人不知觉的秘密状态。犯罪嫌疑人基于自身缺陷(聋哑人)而对这种手段的非秘密性缺乏一定认知(不确定开门声对被害人的影响),但从其得手后立即转移赃款并四散逃逸,可推知其主观心理对取财当时被害人发觉与否存放任状态。而对被害人而言,身处交通要道,只是遭遇短暂红灯,人在车内而车内物品仍然被公然夺取,其心理遭受的威胁程度显然比未知觉情况下财物被窃的感受要严重得多,故对本案以抢夺罪认定更能体现罚当其罪的原则。

第十章　社会治理刑法：妨害社会管理秩序犯罪的刑法规制

社会治理刑法是通过具有最高强制力的刑法规范保障国家治理社会各项措施稳定且有效运行，其规制的犯罪类型就是妨害社会管理秩序犯罪，即妨害国家机关对社会的管理活动，破坏社会秩序，情节严重的行为。社会治理的目的在于维持正常的社会管理秩序，即国家为了执行其政治职能和社会职能，使得其统治方式得以持续和发展下去所必需的秩序。从广义上分析，刑法规范设定的所有犯罪都是对社会治理的刑法保障。从狭义上或者规范上分析，社会治理刑法限定于我国刑法分则第六章从第二百七十七条至第三百六十七条分为9节依次规定了妨害社会管理秩序的各类具体犯罪，其包括以下几类：(1)扰乱公共秩序犯罪；(2)妨害司法犯罪；(3)妨害国(边)境管理犯罪；(4)妨害文物管理犯罪；(5)危害公共卫生犯罪；(6)破坏环境保护资源犯罪；(7)走私、贩卖、运输、制造毒品罪；(8)组织、强迫、引诱、容留、介绍卖淫罪；(9)制作、贩卖、传播淫秽物品罪。这类犯罪的罪名比较繁杂，本章选取其中相对重要、常见却在实践中不乏争议的罪名进行细化分析。

第一节　网络犯罪

网络犯罪是随着计算机技术的飞速发展和互联网的普及应用而出现的一种新类型犯罪，它牵涉面广、社会危害性大，近年来案发数量呈快速增长的趋势。由于立法的不完善、司法解释难以全面解决疑难问题、理论争议以及网络犯罪本身特点等原因的客观存在，使得网络犯罪案件法律适用与预防控制对策具有相当的局限性。因此，研究网络犯罪对策问题具有重要的理论和实践价值。

一、网络犯罪基本问题

我国关于网络犯罪的立法主要包括：《刑法》、《刑法修正案(七)》、全国人大常委会《关于维护互联网安全的决定》、《关于审理扰乱电信市场管理秩序案件具体应用法律若干问题的解释》以及《计算机信息系统安全保护条例》、《计算机软件保护条例》等法律法规和司法解释。《计算机信息网络国际联网管理暂行规定》、《计算机信息网络国际联网出入口信道管理办法》、《计算机信息网络国际联网安全保护管理办法》、《互联网信息服务管理办法》、《电信管理条例》等规范性文件中对其他一些网络犯罪也有所涉及。根据我国刑法的规定,网络犯罪的罪名主要包括:

一是危害信息网络安全犯罪。具体是指:(1)非法侵入计算机信息系统罪。《刑法》第二百八十五条规定,违反国家规定,侵入国家事务、国防建设、尖端科学技术领域的计算机信息系统的,处三年以下有期徒刑或者拘役。(2)破坏计算机信息系统功能罪。《刑法》第二百八十六条第一款规定,违反国家规定,对计算机信息系统功能进行删除、修改、增加、干扰,造成计算机信息系统不能正常运行,后果严重的,处五年以下有期徒刑或者拘役;后果特别严重的,处五年以上有期徒刑。(3)破坏计算机信息系统数据、应用程序罪。《刑法》第二百八十六条第二款规定,违反国家规定,对计算机信息系统中存储、处理或者传输的数据和应用程序进行删除、修改、增加的操作,后果严重的,依照前款的规定处罚。(4)故意制作、传播计算机病毒等破坏性程序罪。《刑法》第二百八十六条第三款规定,故意制作、传播计算机病毒等破坏性程序,影响计算机系统正常运行,后果严重的,依照第一款的规定处罚。(5)非法获取计算机信息系统数据、非法控制计算机信息系统罪。《刑法修正案(七)》规定,在《刑法》第二百八十五条中增加第二款规定:"违反国家规定,侵入前款规定以外的计算机信息系统或者采用其他技术手段,获取该计算机信息系统中存储、处理或者传输的数据,或者对该计算机信息系统实施非法控制,情节严重的,处三年以下有期徒刑或者拘役,并处或者单处罚金;情节特别严重的,处三年以上七年以下有期徒刑,并处罚金。"(6)提供侵入、非法控制计算机信息系统专门程序、工具罪。《刑法修正案(七)》规定,在《刑法》第二百八十五条中增加的第三款中规定:"提供专门用于侵入、非法控制计算机信息系统的程序、工具,或者明知他人实施侵入、非法控制计算机信息系统违法犯罪行为而为其提供程序、工具,情节严重的,依照前款的规定处罚。"

二是利用信息网络技术实施的经济犯罪。《刑法》第二百八十七条规定,利用计算机实施金融诈骗、盗窃、贪污、挪用公款、窃取国家秘密或者其他犯罪的,依照本法有关规定定罪处罚。《关于维护互联网安全的决定》将之进一步规定为四类犯罪:利用互联网实施危害国家安全和社会稳定的行为,危害社会主义市场经济秩序和社会管理秩序的行为,侵害个人、法人和其他组织人身、财产等合法权利行为以及利用互联网实施其他行为。

网络犯罪基于其技术条件方面的特殊性,在法律适用层面具有较大的疑难性,尤其是结合知识产权犯罪、赌博犯罪、淫秽物品犯罪、财产犯罪等犯罪行为,司法认定上存在更多障碍,有必要深入研究刑法适用规则。

二、危害信息网络安全犯罪

随着计算机信息技术的迅猛发展,司法实务中不断出现严重危害计算机信息系统安全的犯罪行为。此类案件主要表现为以下几种类型:(1)病毒类犯罪。行为人制作传播计算机病毒,制作病毒软件、黑客工具等。(2)攻击类犯罪。行为人攻击、入侵、非法控制计算机信息系统等。(3)信息类犯罪。行为人非法获取、销售计算机信息系统数据、商业秘密数据等。我国刑法规定的非法获取计算机信息系统数据、非法控制计算机信息系统罪,提供侵入、非法控制计算机信息系统程序、工具罪,破坏计算机信息系统罪等对上述危害计算机信息系统安全的犯罪行为进行了法律规制,但是,由于实践中的情况较为复杂,司法机关在处理此类案件中存在较多法律障碍。为此,2011年最高人民法院、最高人民检察院联合发布《关于办理危害计算机信息系统安全刑事案件应用法律若干问题的解释》(以下简称《危害信息系统犯罪解释》),针对危害计算机信息系统安全犯罪所涉及的定罪量刑标准、单位犯罪等问题,进一步明确了相关刑事案件的法律适用标准。在网络犯罪司法实践中,有必要深入分析《危害信息系统犯罪解释》的相关规定,对与《危害信息系统犯罪解释》有关的疑难问题进行细化理解,保证《危害信息系统犯罪解释》的正确贯彻与执行。

(一)危害计算机信息系统安全犯罪定罪量刑标准的基本分析

在早前计算机犯罪实践中,由于刑法条文仅对相关犯罪"情节严重"、"情节特别严重"、"后果严重"、"特别严重后果"等定罪量刑标准进行了原则性规定,司法解释一直没有对上述开放性的犯罪构成要件进行量化限定,造成刑事司法实务部门难以处理部分危害计算机信息系统安全的违法犯罪行为。

危害计算机信息系统安全犯罪的具体定罪量刑标准长期真空的现象,从一个侧面折射出我国与科学技术紧密相关的刑事犯罪立法存在技术标准与法律标准无法及时对接的问题。由于刑法及其立法解释、司法解释、办案执法规定等无法及时跟进,包括网络犯罪、知识产权犯罪、环境犯罪等与科学技术紧密联系的刑事犯罪的概括性定罪标准或者刑罚裁量标准长期处于真空状态。

这在刑法修正案增设、修改的个罪中表现得尤为突出。例如,2009年《刑法修正案(七)》增设了非法控制计算机信息系统罪与提供侵入、非法控制计算机信息系统程序、工具罪,但由于上述两罪"情节严重"、"特别严重后果"等定罪量刑情节认定标准一直没有出台,在《刑法修正案(七)》实施的两年时间内此类网络犯罪实际上难以在实践中进行操作。

《危害信息系统犯罪解释》最重要的任务,就是针对上述问题,确定科学合理的危害计算机信息系统安全犯罪案件定罪量刑标准。《危害信息系统犯罪解释》第一条至第六条对非法获取计算机信息系统数据、非法控制计算机信息系统罪,提供侵入、非法控制计算机信息系统程序、工具罪,破坏计算机信息系统罪等犯罪的定罪量刑标准进行了全面细致的规定。其中,比较有亮点的规定是,根据计算机信息系统数据的重要性程度不同,对非法获取计算机信息系统数据罪的入罪标准予以合理区分,非法获取支付结算、证券交易、期货交易等网络金融服务的身份认证信息十组以上的构成犯罪,而非法获取其他身份认证信息五百组以上的,才构成犯罪;根据司法实践的具体情况,并考虑有效惩治和震慑非法控制计算机信息系统犯罪的需要,将非法控制计算机信息系统罪的入罪标准规定为二十台以上。①

危害计算机信息系统安全犯罪行为的社会危害性程度是定罪量刑的依据,《危害信息系统犯罪解释》从计算机信息数据的损害数量、公民或者机构身份认证信息的泄露数量、病毒、攻击工具的传播数量等层面制定数额标准,本质上属于此类犯罪定罪量刑的技术性规定,在法律适用上不存在过多疑难问题。

但是,应当注意到,《危害信息系统犯罪解释》第三条、第四条、第六条、第十一条等分别对提供侵入、非法控制计算机信息系统程序、工具罪和破坏计算机信息系统罪规定了"造成经济损失"、"违法所得"的数额标准。由于此类经济数量型定罪量刑标准不仅与危害计算机信息系统安全犯罪行为的特点紧密相关,而且涉及犯罪数额认定、因果关系判断、归责范围合理确定等刑法基本原理,在法律适用中存在诸多疑难,有必要在最新司法解释的框架下进行进一步的论证与分析。

(二)危害计算机信息系统安全犯罪经济损失的司法认定

根据《危害信息系统犯罪解释》第十一条的规定,经济损失,包括危害计

---

① 张先明:《严惩危害计算机信息系统安全犯罪保障互联网的运行安全与信息安全——最高人民法院、最高人民检察院研究室负责人就〈关于办理危害计算机信息系统安全刑事案件应用法律若干问题的解释〉答记者问》,《人民法院报》2011年8月30日第1版。

算机信息系统安全犯罪行为给用户直接造成的经济损失,以及用户为恢复数据、功能而支出的必要费用。据此,危害计算机信息系统安全犯罪行为造成的经济损失,具体包括直接经济损失与间接经济损失。

根据刑法原理,直接经济损失应当是指与犯罪行为有直接因果关系而造成的财物实际价值减损;间接经济损失是由直接经济损失引起和牵连的其他损失,包括失去的在正常情况下可以获得的利益和为恢复正常的状态或者挽回损失所支付的各种开支、费用等。所以,对于危害计算机信息系统安全犯罪行为造成的间接经济损失,《危害信息系统犯罪解释》的规定与刑法原理并非完全一致,虽然明确将信息或者数据恢复的成本支出纳入间接损失,但没有规定可期待利益损失;在直接经济损失方面,《危害信息系统犯罪解释》没有明确损失范围。上述问题有必要根据计算机犯罪的特点对经济损失认定标准予以细化明确。

与使用病毒攻击、非法入侵的计算机信息系统、网络用户终端等犯罪行为具有因果联系的经济损失,主要包括:(1)计算机、网络设备、通信设备、自动化控制设备等硬件设备损坏;(2)运行硬件设备的相关软件、系统失效或者部分失效损失;(3)计算机信息系统设备停运、软件失效后造成的运营损失。前两种损失的产生与危害计算机信息系统犯罪行为具有直接因果关系,认定为直接经济损失没有疑问,故应当属于"给用户直接造成的经济损失"的范围。对于第三种计算机信息系统遭受攻击、被非法控制后产生的运营损失,本质上是一种可期待利益损失,并非由犯罪行为直接造成,但系由直接经济损失引起和牵连,根据刑法原理,应当属于间接经济损失。但是,由于《危害信息系统犯罪解释》明确地将期待利益损失排除在危害计算机信息系统犯罪间接经济损失范围之外,司法实践中应当注意避免将此类损失计入犯罪数额。危害计算机信息系统犯罪行为间接产生的期待利益损失构成其他犯罪的,可以以相关的经济犯罪追究刑事责任。

在此类信息网络因受到计算机犯罪共计停运造成的期待利益损失不构成其他经济犯罪的情况下,被害人实际上由于网络犯罪遭受了严重经济损失,而司法解释没有将之评价为间接经济损失而在网络犯罪定罪量刑中予以考量,实际上是与刑法经济损失数额认定基本原理存在一定背离。《危害信息系统犯罪解释》没有将期待利益损失纳入网络犯罪间接经济损失的范围内进行规范评价,主要是考虑到期待利益损失数额较难界定,并且,在实践中期待利益损失一般由被害单位提供证明材料,在证据效力层面存在一定的疑问。对此,笔者认为,危害计算机信息网络安全的犯罪行为所造成的设备停运损失等期待利益损害结果,在不作为法定入罪量刑标准的情况下,可以作为酌定量刑情节,对于造成被害单位信息网络设备停运从而严重影响其正常经营秩序的,可以在网络犯罪相对应的法定刑幅度内适当上调刑罚幅度。

（三）危害计算机信息网络安全犯罪数额标准的实践把握

《危害信息系统犯罪解释》将提供侵入、非法控制计算机信息系统程序、工具罪和破坏计算机信息系统罪“情节严重”的经济数量型定罪量刑标准规定为“违法所得五千元以上或者造成经济损失一万元以上”,“情节特别严重”、“特别严重后果”的数额规定为这一标准的五倍以上。

纵观我国相关刑法司法解释规定的经济犯罪数额标准,危害计算机信息系统犯罪违法所得五千元以上、经济损失一万元以上的起刑点属于相对较低的定罪标准要求。这集中体现了刑事司法实践加大对危害计算机信息系统安全犯罪的打击力度。①设立较低的起刑点的目的显然在于全面高效地保障计算机信息系统安全和信息安全,促进我国互联网的健康发展,但这对网络犯罪司法实践提出了极高的要求。

《中国互联网状况》白皮书统计数据显示,2009年我国被境外控制的计算机IP地址达100多万个;被黑客篡改的网站达4.2万个;被“飞客”蠕虫网络病毒感染的计算机每月达1 800万台,约占全球感染主机数量的30%;公安部数据显示,近年来,我国互联网上传播的病毒数量平均每年增长80%以上,互联网上平均每10台计算机中有8台受到黑客控制,公安机关受理的黑客攻击破坏活动相关案件平均每年增长110%。②可见,在惩治网络犯罪的司法资源相对有限的情况下,危害计算机信息系统安全犯罪行为的数量与危害极大,刑事司法实践难以全面应对网络犯罪的现实挑战。较低的定罪量刑数额标准反而容易导致“情节严重”等司法标准虚置,产生弱化司法权威的负面效果。

对此,笔者建议,司法实务部门具体把握危害计算机信息系统安全犯罪的定罪量刑标准,有必要重视行政处罚与刑事司法之间的衔接,对于略微超过违法所得五千元、造成经济损失一万元的网络犯罪案件,如果没有其他严重情节,存在未成年人犯罪、初犯、偶犯等有条件适用从宽政策的情形,可以通过行政处罚的方式予以处理,没有必要一律进入刑事诉讼程序追究刑事责任。

---

① 徐日丹:《严惩危害计算机信息系统安全犯罪》,《检察日报》2011年8月30日第1版。

② 袁定波、卢杰:《“两高”有关负责人解读危害计算机信息系统安全犯罪司法解释》,《法制日报》2011年8月30日第5版。

（四）危害计算机信息系统安全犯罪与经济损失之间的因果关系判断

网络犯罪行为与信息系统用户经济损失之间的因果关系认定在司法实践中一般不存在疑问。然而,在非法获取计算机信息系统数据罪中,由于犯罪行为的直接侵害可能是支付结算、证券交易、期货交易等网络金融服务的身份认证信息,信息网络金融服务用户的经济损失不仅包括身份认证信息流失,更重要的是,还会造成证券期货交易账户、银行账户中的资金被犯罪分子盗划的巨额损失。

根据《危害信息系统犯罪解释》第一条的规定,非法获取网络金融服务身份认证信息十组以上、违法所得五千元以上或者造成经济损失一万元以上,构成非法获取计算机信息系统数据罪。司法实践中,有的犯罪分子非法获取金融服务身份认证信息未满上述数量标准,但其转卖信息后对网络金融服务用户造成的资金被盗损失超过了一万元,对此,能否认为非法获取计算机信息系统数据行为与用户经济损失之间存在因果关系而认定其构成犯罪?

笔者认为,网络金融服务用户经济损失的发生是非法获取计算机信息系统数据行为与网络盗窃行为共同造成的结果,属于刑法上的多因一果。客观上,盗窃行为是经济损失的直接原因,危害信息网络数据安全的行为是产生损失的近因。在“非法获取信息数据—利用信息盗窃—经济损失”三者之间,无需借助其他行为或者媒介的链接,就可以判断存在因果关系。主观上,非法获取他人网络金融服务身份认证等信息的犯罪行为人对于数据信息流失可能产生的经济损害结果具有概括性认知,其容忍、放任、漠视他人因身份信息流失而造成财产损失的主观内容符合间接故意的特征,在主观归责层面验证了因果客观联系的现实性。

所以,非法获取信息数据行为与经济损失之间因果关系认定的难点并不在于性质判断,而在于因果关联性强度的审查。因为只要事实上存在网络金融服务用户的财产损失,非法获取身份认证信息的行为显然难辞其咎——问题的关键在于量化考察,具体判断如何根据因果关联性的强度分配符合罪刑相识原则的刑罚。刑事司法实践中应当充分考虑盗窃行为对于网络用户资金损失的直接关联性,综合分析非法获取计算机信息系统数据行为的可非难程度,在确认其应当对经济损失承担网络犯罪刑事责任的基础上,在量刑中酌定调解其由于行为与损失之间的间接关联性而应适当减轻的罪责。

（五）单位危害计算机信息系统安全犯罪的定罪处罚

由于刑法没有对非法获取计算机信息系统数据、非法控制计算机信息系统罪,提供侵入、非法控制计算机信息系统程序、工具罪,破坏计算机信息系统罪等规定单位犯罪,对于如何解释实践中以单位形式实施的危害计算机信息系统安全犯罪以及如何合法合理地予以定罪量刑等疑难复杂问题,有必要在细致考量单位犯罪刑法理论与《危害信息系统犯罪解释》规定的基础上,针对网络犯罪的特点提出解决方案。

1. 刑法理论与司法实践之间的意见分歧

对于单位实施法律没有明文规定的犯罪行为如何定罪处罚,刑法理论与司法实践操作存在重大分歧。

刑法理论上的代表性观点认为,应当严格遵循罪刑法定原则不认定为犯罪。单位实施刑法没有规定明文规定的犯罪行为,涉及如何完善法律的问题,并非司法解释所能解决。在刑法没有作出修正或者制定立法解释以前,对司法实践中发生的此类行为,不宜对单位或者其直接负责的主管人员和其他直接责任人员追究刑事责任。①刑法明确规定了罪刑法定原则,这一原则的主旨就在于"法无明文不为罪"、"法无明文不处罚"。从犯罪行为的基本特征分析,有些行为虽然具有社会危害性,但是由于缺乏明确的法律依据,不具备刑事违法性和应受刑罚处罚性的特征,也不能作为犯罪处理。对于一些单位实施的刑法中没有明文规定为单位犯罪的行为,不论它是立法者有意为之,还是立法的疏漏,在法律作出修改、调整以前,必须坚持罪刑法定原则的基本要求。②按照这种意见,单位实施危害计算机信息系统安全行为的,无论是单位还是相关直接责任人员,均不能定罪处罚。

司法解释的一贯操作规则是提高追诉标准对相关直接责任人员定罪处罚。根据2002年最高人民检察院《关于单位有关人员组织实施盗窃行为知何适用法律问题的批复》的规定,单位有关人员为谋取单位利益组织实施盗窃行为,情节严重的,应当依照《刑法》第二百六十四条的规定以盗窃罪追究直接责任人员的刑事责任。同时,根据1998年最高人民法院《关于审理拒不执行判决、裁定案件具体应用法律若干问题的解释》第四条的规定,负有执行人民法院判决、裁定义务的单位直接负责的主管人员和其他直接责任人员,为了本单位的利益实施本解释第三条所列行为之一,造成特别严重后果的,对该主管人员和其他直接责任人员依照《刑法》第三百一十三条的规定,以拒不执行判决、裁定罪定罪处罚。可见,司法解释的一贯操作办法是

---

① 周道鸾、张军、高憬宏、熊选国:《刑法实务若干问题研究》,载《刑事审判参考(总第36集)》,法律出版社2004年版,第136—137页。

② 孙军工:《〈关于审理单位犯罪案件具体应用法律有关问题的解释〉的理解与适用》,载《刑事审判参考(总第3集)》,法律出版社1999年版,第88页。

提高追诉标准追究直接责任人员的刑事责任，故对于单位实施的危害计算机信息系统安全犯罪，也应按此操作。

2. 以单位形式实施危害计算机信息系统安全犯罪的司法认定规则

根据《危害信息系统犯罪解释》第八条的规定，以单位名义或者单位形式实施危害计算机信息系统安全犯罪，达到本解释规定的定罪量刑标准的，应当依照《刑法》第二百八十五条、第二百八十六条的规定追究直接负责的主管人员和其他直接责任人员的刑事责任。从表面上分析，上述规定实际上延续了司法解释处理单位实施纯正自然人犯罪定罪处罚规则的一贯思路，并且，基于严惩危害计算机信息系统安全犯罪的考量，采用与个人犯罪、共同犯罪相同的定罪量刑标准直接追究相关单位人员的刑事责任。但是，笔者认为，网络犯罪司法实务中不能机械地理解与贯彻《危害信息系统犯罪解释》第八条的规定，应当深入运用单位犯罪刑法原理，全面把握侵害信息网路安全犯罪的相关刑法条文关系，区分不同情形细致梳理以单位形式实施危害计算机信息系统安全犯罪行为的定罪处罚规则。

首先，应当准确把握涉案危害计算机信息系统安全犯罪行为是否具有单位犯罪的组织结构。

单位犯罪本质上是一种广义的共犯结构——单位中具有法人代表权的成员基于单位利益实施相关犯罪行为，不仅存在单位成员之间整合而成的单位集体犯罪意志，而且存在单位成员个体与单位整体之间意思沟通。构成单位犯罪应当符合此类共犯结构的法律特征。我国刑法理论一般认为，单位犯罪是公司、企业、事业单位、机关、团体为本单位谋取非法利益，由单位决策机构按照决策程序决定，由直接负责的主管人员与其他直接责任人员具体实施的犯罪。①适用《危害信息系统犯罪解释》第八条的前提是“以单位名义或者单位形式实施危害计算机信息系统安全犯罪”，司法机关必须严格审查这种情况是否符合单位犯罪的规定。

以单位名义或者单位形式实施的危害计算机信息系统安全犯罪不能一律认定为单位犯罪。根据1999年最高人民法院《关于审理单位犯罪案件具体应用法律有关问题的解释》第三条的规定，盗用单位名义实施犯罪，违法所得由实施犯罪的个人私分的，依照刑法有关自然人犯罪的规定定罪处罚。故假借单位名义实施危害计算机信息系统犯罪，根本不存在单位犯罪意志，相关成员也没有单位代表权，不是单位犯罪；以单位形式实施危害计算机信息系统犯罪，违法利益由实施相关犯罪行为的单位成员私分，单位没有获取

---

① 张明楷：《刑法学（第三版）》，法律出版社2007年版，第131页。

非法利益的,是以单位形式掩盖个人犯罪、自然人共同犯罪实质,同样不能认定为单位犯罪。对于此类以单位名义或者单位形式实施的危害计算机信息系统安全犯罪且不符合单位犯罪法律特征的情形,《危害信息系统犯罪解释》第八条规定追究直接负责的主管人员和其他直接责任人员的刑事责任,实际上是根据网络犯罪技术含量高、犯罪环节分散化的特点,按照单位犯罪事实结构分析自然人共同犯罪的一种操作办法与规范指引,旨在合理限定承担网络共同犯罪责任的范围。

其次,应当厘清侵害信息网络安全犯罪相关刑法规范的法条关系,运用竞合犯原理对危害计算机信息系统安全单位犯罪进行定罪处罚。

以单位名义或者单位形式出现的犯罪行为,只有符合单位集体意志特征且违法利益归单位所有,才能认定为单位犯罪。由于《刑法》第二百八十五条、第二百八十六条规定的相关危害计算机信息系统安全犯罪没有设置单位刑事责任条款,对于危害计算机信息系统安全行为构成单位犯罪的情形,不能直接对相关单位成员以《刑法》第二百八十五条、第二百八十六条的规定进行定罪处罚,也不能直接认定其不构成犯罪,而应当全面考量相关单位犯罪是否符合其他刑法条文规定。

根据《刑法》第二百八十七条的规定,利用计算机实施金融诈骗、盗窃、贪污、挪用公款、窃取国家秘密或者其他犯罪的,依照本法有关规定定罪处罚。这是网络犯罪与其他经济犯罪法条竞合情形下的法定处断原则。根据《刑法》第二百五十三条的规定,窃取或者以其他方法非法获取网络金融服务身份认证等公民个人信息,构成非法获取公民个人信息罪,且该条明确规定了单位犯罪的刑事责任。所以,以单位名义或者单位形式获取支付结算、证券交易、期货交易等网络金融服务的身份认证信息,构成单位犯罪的,应当按照《刑法》第二百五十三条非法获取公民个人信息罪定罪处罚,对单位判处罚金,对相关责任人员判处三年以下有期徒刑或者拘役,并处或者单处罚金。

再次,单位实施危害计算机信息系统安全犯罪且刑法相关条文均没有规定单位犯罪刑事责任的,在达到相关网络犯罪定罪量刑标准的情况下,可以对主管人员或直接责任人员进行定罪量刑,但应当充分考量犯罪利益归属于单位而未直接获取个人违法所得的事实,在量刑环节对相关责任人员进行从宽处理。

虽然刑法明确规定公司、企业、事业单位、机关、团体实施的危害社会的行为,法律规定为单位犯罪的,应当负刑事责任。对此,笔者认为,根据罪刑法定原则,法律没有规定为单位犯罪的,例如《危害信息系统犯罪解释》中涉及的相关网络犯罪,只是表明对实施此类行为的单位不能追究刑事责任,即单位主体具有刑事不可罚性。基于单位利益而由单位成员相互作用共同实施的危害信息网络安全的行为,实际上具备了自然人共同犯罪的共犯结构特征,符合《刑法》第二百八十五条、第二百八十六条规定的,追究相关自然人的刑事责任,即使不提高追诉标准,亦不违反罪刑法定原则。所以,《危害信息系统犯罪解释》第八条的规定具有坚实的合法性基础。

相对于个人或者普通共同犯罪而言,单位组织结构下实施的危害计算机信息系统安全行为的犯罪数额更大,犯罪组织性更稳定,对信息网络安全的破坏力更强,不予追究刑事责任,显然在法益保护力度上不够充分。同时,根据单位双层犯罪机制理论,在单位犯罪结构中,第一层次是单位犯罪的表层结构,第二层次是自然人共同犯罪的深层结构。①其中,表层结构体现了单位人员对于单位整体的从属性;深层结构体现出单位人员个体行为与意志的独立性。单位人员以独立身份从事实践活动,明知行为社会危害性且拥有控制能力,为了单位利益实施犯罪行为,应当对行为承担刑事责任。②

因此,单位实施的危害计算机信息系统安全犯罪不能追究单位主体的刑事责任并不意味着司法机关只能根据单位刑事责任中的双罚制条款对单位人员进行刑事归责。单位成员通过技术、信息、资金等环节的分工共同实施危害计算机信息系统安全犯罪行为,共同犯罪故意内容在为单位谋取利益层面形成意思联络与目的统一。符合单位犯罪法律条件的危害计算机信息系统安全犯罪行为尽管不能追究单位责任,却客观现实地存在着主管人员、直接责任人员之间的共犯结构与共犯关系。在单位无法直接构成相关危害计算机信息系统安全犯罪的情况下,在网络犯罪刑法解释上,可以穿越单位犯罪的表层结构,直接分析具有独立可罚性的单位成员共同犯罪的深层结构。对于达到《危害信息系统犯罪解释》规定的相关危害计算机信息系统安全犯罪定罪量刑标准的,依照《刑法》第二百八十五条、第二百八十六条的规定追究直接负责的主管人员和其他直接责任人员的刑事责任。考虑到单位犯罪本质上是基于单位利益由单位成员直接实施的犯罪行为,相关自然人本身没有直接地从单位犯罪中获取违法所得,在量刑过程中有必要比照自然人犯罪刑罚量度适当从宽处罚。

---

① 刘宪权:《中国刑法前沿问题研究》,人民出版社 2005 年版,第 100—101 页。

② 曹坚、罗欣:《双层次规范视角中的单位犯罪的共犯问题》,《华东政法大学学报》2008 年第 4 期。

三、网络赌博犯罪

赌博犯罪是一种传统的扰乱社会秩序犯罪,但是,随着信息网络技术的不断发展,网络赌博犯罪集团的持续渗入,我国网络赌博犯罪逐渐成为赌博犯罪的最主要的表现形式之一。在司法实践中,网络赌博犯罪的认定存在诸多疑难问题,有必要研究法律适用对策。

(一) 利用互联网发布赌博信息收取服务费行为的认定

网络赌博犯罪全面开展的首要环节便是网络赌博信息的发布,对于利用网络发布赌博或者博彩信息的行为如何认定,司法实践中存在比较大的争议。实践中的典型案例表现为:2009 年 1 月,被告人陈某以尚城公司(经查该公司未经工商注册登记)总经理的名义,与某网络公司签署合同,先后向该公司申请了 FIFABET. COM、WINEUROFOOTBALL. COM、YINGCHAOLIANSAI.COM 等多个网络域名和空间,由该网络公司提供代理服务器进行网站技术运行。陈某未经电信、信息产业、工商、税务等部门许可,利用上述网站分别设置足球博彩信息浏览栏目,通过大规模的网页信息,提供英格兰超级足球联赛、西班牙甲级足球联赛、意大利甲级足球联赛、德国甲级足球联赛、苏格兰超级足球联赛等多个欧洲国家热门足球联赛的比赛即时信息、俱乐部及其球员信息、欧洲各大博彩公司赔率信息、焦点赛事胜负分析等足球博彩信息。被告人陈某在自己控制的网站上发布广告,宣称其公司派驻专人常驻欧洲各大足球联赛国家打探赛事情况及可能存在的假球内幕,并通过巨额资金投入购买 Bwin、William Hill、Sportingbet 等欧洲最大的博彩公司提供的欧洲足坛内幕信息,可以保证其提供分析的准确率在 80%以上。同时,陈某还在国内足球报刊上刊登宣传广告。陈某采取会员付费制以及收取场次信息服务费的方式,通过 21 个银行账户收取足球博彩信息费,会员费每月 1 888 元至 3 888 元,收取场次信息服务费 300 元至 800 元。2010 年 2 月案发时,陈某非法经营足球博彩信息经营额达 200 余万元,非法盈利数额为 150 余万元。

对于陈某利用互联网开设网站向会员发布足球博彩信息以及收取足球场次信息服务费的行为如何认定,司法实践中存在认识分歧:第一种意见认为,陈某的行为构成开设赌场罪。本案中陈某建立的网站显然属于赌博网站,建立赌博网站的行为可认定为开设赌场,构成开设赌场罪。第二种意见认为,陈某的行为构成赌博罪。陈某向赌博者提供足球博彩信息,实际上帮助赌博者从事网络赌球活动,主观上也具有帮助他人赌博谋取利益的故意,应当认定其构成赌博罪。第三种意见认为,陈某的行为构成偷税罪。因为陈某利用互联网提供足球博彩信息,实际上不属于赌博行为,而是与赌博相关的非法产业，不能通过开设赌场罪追究刑事责任，而只能根据其偷逃税款数额追究其通过网站运营谋取非法收入行为的刑事责任。第四种意见认为，陈某的行为构成非法经营罪。陈某未经有关管理部门许可，擅自提供经营性互联网信息服务，违反国家规定，属于实施具有非法经营性质的行为，应当根据其非法经营数额以非法经营罪定罪处罚。

由于本案中陈某的行为涉及提供非法电信网络服务、逃避工商行政监管开设公司、偷逃税款、为赌球提供服务等多方面内容，牵扯开设赌场罪、偷税罪、非法经营罪等犯罪构成的此罪与彼罪关系问题，有必要予以深入分析，为实务部门打击与网络赌博有关的犯罪提供参考。笔者同意第三种意见，具体理由如下：

第一，"开设赌博网站"与"开设与赌博有关的网站"在行为性质上存在区别，前者属于开设赌场犯罪行为，后者不属于赌博类犯罪行为。

《刑法修正案（六）》对《刑法》第三百零三条赌博罪进行修改，将开设赌场分立出来另设一款，并将法定刑升高，最高可处十年有期徒刑。开设赌场罪不再要求具备赌博罪必备的"以营利为目的"构成要件。根据 2005 年 5 月 12 日最高人民法院、最高人民检察院联合发布的《关于办理赌博刑事案件具体应用法律若干问题的解释》（以下简称《赌博犯罪解释》）第二条的规定，在计算机网络上建立赌博网站，或者为赌博网站担任代理，接受投注的，属于《刑法》第三百零三条规定的"开设赌场"。基于上述规定，实践中有观点认为，在网络上建立赌博网站的，应当认定为开设赌场罪。

应当注意的是，赌博网站的解释不应当不区分情况进行一刀切的扩张性解释。赌博网站应当是对赌博者提供赌博对象、方式以及网络下注服务的网站。本案中，陈某开设的网站并不是赌博网站，而是与赌博有关的网站。因为其开设的网站本身并不提供赌球服务，也没有开设任何盘口、设定任何赔率、接受赌资等行为。陈某开设的一系列网站是为赌博者提供信息服务，从而协助赌博者能够全面了解赌球信息。司法实践中，如果查明行为人建立了赌博网站，发展一定数量的赌客，接受一定数量赌客的，存在投注资金往来，可以认定构成开设赌场罪。但是，本案中陈某的行为不符合开设赌场罪的构成要件。

同时，陈某的行为不符合赌博罪共犯的构成要件。《赌博犯罪解释》第四条规定，明知他人实施赌博犯罪活动，而为其提供资金、计算机网络、通讯、费用结算等直接帮助的，以赌博罪的共犯论处。基于此，实践中有的办案人员认为，陈某明知他人从事赌博活动而向其提供足球博彩信息，应当属于赌博罪共犯。但是，构成赌博罪共犯必须是提供资金、计算机网络、通讯、费用结算等直接帮助而非间接帮助。陈某提供足球博彩信息充其量只能是间接帮助。同时,陈某发布的足球博彩信息并不足以组织赌博活动。事实上,部分会员购买足球博彩信息后未从事赌博活动,而是购买体育彩票。因此,陈某的行为不构成赌博罪。

第二,开设网站提供足球博彩信息服务谋取利益偷逃税款,不能构成偷税罪。

《刑法修正案(七)》对《刑法》第二百零一条偷税罪作了重大修改,修改后的偷税罪的刑法规定为:纳税人采取欺骗、隐瞒手段进行虚假纳税申报或者不申报,逃避缴纳税款数额较大并且占应纳税额百分之十以上的,处三年以下有期徒刑或者拘役,并处罚金;数额巨大并且占应纳税额百分之三十以上的,处三年以上七年以下有期徒刑,并处罚金。扣缴义务人采取前款所列手段,不缴或者少缴已扣、已收税款,数额较大的,依照前款的规定处罚。

可见,根据我国刑法的规定,偷税罪的主体是纳税人,即法律、法规规定的负有纳税义务和扣缴义务的单位和个人。本案中,陈某未经工商管理部门许可,私设网站进行营利活动,属非法经营的性质,在法律上不负有纳税义务,不符合刑法规定的偷税罪主体资格的要求,依法不能以偷税罪论处。

第三,利用互联网发布足球博彩信息牟利的行为应以非法经营罪定罪处罚。

根据《刑法》第二百二十五条的规定,非法经营罪以行为人违反国家规定为构成要件,国家规定包括全国人民代表大会及其常务委员会制定的法律和决定,国务院制定的行政法规、规定的行政措施、发布的决定和命令。其中,有的规定了刑事责任条款,有的没有规定刑事责任条款。

本案中陈某的行为属于经营互联网信息服务,应当根据国务院《互联网信息服务管理办法》(以下简称《办法》)判断其行为是否属于非法经营罪中的"违反国家规定"。根据《办法》的规定,经营性互联网信息服务,是指通过互联网向上网用户有偿提供信息或者网页制作等服务活动。国家对经营性互联网信息服务实行许可制度。从事经营性互联网信息服务,应当向省、自治区、直辖市电信管理机构或者国务院信息产业主管部门申请办理互联网信息服务增值电信业务经营许可证。申请人取得经营许可证后,应当持经营许可证向企业登记机关办理登记手续。未取得经营许可证,擅自从事经营性互联网信息服务,由省、自治区、直辖市电信管理机构责令限期改正,有违法所得的,没收违法所得,处违法所得三倍以上五倍以下罚款;情节严重的,责令关闭网站。

由于《办法》并没有规定实施非法经营互联网信息服务行为情节严重应

当追究刑事责任,实践中对于陈某的行为是否应当认定为非法经营罪存在认识分歧。笔者认为,非法经营罪中的前置性法律法规中是否明确设定刑事责任条款不影响非法经营罪的司法认定。只要行为人主观上认识到其行为违反国家规定,客观上实施了非法经营活动,情节严重,就可以认定其行为符合非法经营罪构成要件。即使该国家规定中未明确规定此类行为的刑事责任,也应当依法按照非法经营罪定罪处罚。

本案中,陈某利用互联网开设网站,有偿向上网用户提供足球博彩信息谋取非法经营利润,属于非法经营行为。根据《办法》的规定,从事经营性互联网信息服务,应当办理经营许可证及登记手续并取得营业执照副本(网络版)。陈某未经有关部门许可,利用私设的网站有偿向上网用户提供足球博彩信息,非法经营数额高达200余万元,情节特别严重,严重扰乱社会正常管理秩序,属于《刑法》第二百二十五条第四项规定的其他严重扰乱市场秩序的非法经营行为,构成非法经营罪。

（二）网络赌博犯罪中帮助收取赌资行为的认定

收取赌资是网络赌博犯罪中的一个重要环节,但是收取赌资行为的表现方式有很大差异,如何予以准确认定,需要根据不同的情况确定法律适用规则。实践中出现的具有代表性的疑难案例表现为:2011年年初,张勇向王毅巍提出需要网络赌球账号,王毅巍遂将张勇介绍给"皇冠赌博"网站代理人徐荣宝。在王毅巍的陪同下,张勇和徐荣宝经商议约定,张勇可以获得该管理账号内投注金额的1.2%及参赌者所输金额的10%,作为发展下家参与网络赌球的抽头,定期结算赌资。后徐荣宝从其持有的赌博管理账号中分设出一个下级管理账号交给张勇。2011年3月至4月期间,张勇将从徐荣宝处获取的"皇冠赌博"网站管理账号中分设出两个会员账号,并发展多人参与网络赌博。2011年5月至6月,王毅巍在明知是为徐荣宝和张勇结算赌资的情况下,仍三次协助两人结算赌资人民币29万余元,其中,帮助徐荣宝给付张勇赌资现金10万余元,用个人账户帮助徐荣宝划账给张勇7万余元,用个人账户帮助徐荣宝收取张勇账款12万余元。经查,王毅巍从徐荣宝处获得好处费6 000元;徐荣宝抽头渔利数额累计30万余元;张勇抽头渔利数额累计6万余元。

根据2010年最高人民法院、最高人民检察院、公安部《关于办理网络赌博犯罪案件适用法律若干问题的意见》(以下简称《网络赌博犯罪意见》)第一条的规定,利用互联网、移动通讯终端等传输赌博视频、数据,组织赌博活动,为赌博网站担任代理并接受投注的,属于《刑法》第三百零三条第二款规定的"开设赌场"行为,抽头渔利数额累计达到3万元以上的,属于"情节严重”，构成开设赌场罪。故对于上述案件中犯罪嫌疑人徐荣宝、张勇的行为应当认定为开设赌场罪，实践中不存在争议。但是，对于犯罪嫌疑人王毅巍协助赌博网站代理之间款项结算的行为如何定性，实践中存在较大的认识分歧：

第一种观点认为，协助赌博网站代理之间款项结算属于开设赌场罪的共犯行为。在网络赌博犯罪中，通过网络赌博赢取的款物均属于赌资，上述案件中，徐荣宝和张勇同为“皇冠赌博”网站的代理人，不论是帮助上级代理徐荣宝收取张勇的赌资，还是帮助下级代理张勇收取徐荣宝的赌资，都属于帮助赌博代理人收取赌资的行为，均为赌博网站运营赌博犯罪活动提供了帮助行为。行为人无论是帮助上家收取赌资，还是帮助下家收取赌资，其行为所产生的社会危害性是同等的。所以，应当合并计算犯罪嫌疑人王毅巍三次收取赌资的数额即 29 万余元。由于其超过了网络赌博犯罪共同犯罪中帮助收取赌资 20 万元的起刑点标准，故构成开设赌场罪的共犯。

第二种观点认为，构成开设赌场罪共犯的帮助收取赌资行为应限定为协助上家收取下家赌资。网络赌博犯罪中的协助收取赌资行为，是指帮助赌博网站从赌博参与者中收取赌博资金，即收取赌资具有单向性，是指赌资从下家流向上家。故司法实践中应当根据赌博钱款的去向进行区分，单向认定收取赌资的金额。只有帮助上家收取下家赌资的行为，才属于刑法及司法解释规定的收取赌资的行为。上述案例中，王毅巍帮助徐荣宝交给张勇的 17 万余元属于“支付”赌资而非“收取”赌资。所以，在王毅巍协助赌博网站代理之间款项结算的三次收取行为中只有一次属于协助收取赌资，即犯罪嫌疑人王毅巍帮助徐荣宝收取张勇 12 万元。因为其未达到开设赌场罪共犯的起刑点，不构成犯罪。

根据《网络赌博犯罪意见》第二条的规定，明知是赌博网站，而为该赌博网站提供资金支付结算服务，收取服务费数额在 1 万元以上或者帮助收取赌资 20 万元以上的，构成开设赌场罪的共同犯罪。上述案例中的争议焦点在于，如何具体认定帮助收取赌资行为。行为人帮助收取赌资，可以涵盖赌资收付流转的双向环节，还是只能限定于帮助上家单向收取下家赌资？笔者认为，帮助收取赌资行为构成开设赌场罪的共犯，本质依据在于行为人在明知是赌博网站的主观故意基础上，客观上对赌博网站的运营提供了帮助和便利。对于赌博网站运营而言，赌博资金流转是核心环节之一，赌资流转不仅是指在参赌者输钱后获取赌资牟利，而且包括在参赌者赢钱后实际直接向其支付或者通过代理支付赌博利益。资金从赌博网站上家流向下家是稳定并发展赌博网站成员最关键的因素之一。因此，帮助收取赌资包含赌资流转的双向结算,上述案例中,犯罪嫌疑人王毅巍帮助赌资在上家与下家之间实现稳定流转,犯罪数额应当合并认定共计 29 万余元,达到犯罪标准,构成开设赌场罪的共犯。具体论证理由在于——

第一,网络赌博犯罪司法解释并未在资金流向上对帮助收取赌资行为进行限定。

在网络赌博犯罪司法实践中,赌博网站的非法运营主要涉及四个环节:(1)赌博网站的程序开发和技术维护;(2)赌博网站服务器介入互联网;(3)赌博网站的推销与广告;(4)赌博资金的结算与流转。①网络赌博犯罪中的技术、推广、资金等要素通常由不同的行为人完成,组合为赌博网站的运行基础。无论是开设网络赌博渠道,还是通过投注积极参与网络赌博,各种赌博行为均必须依靠赌资流动实现资金结算。《网络赌博犯罪意见》正是基于斩断赌博犯罪资金链条的目的,将为赌博网站提供资金结算便利明确规定为开设赌场罪的共犯行为。

根据《网络赌博犯罪意见》第二条的规定,为赌博网站提供资金结算构成开设赌场共犯,主要有两种情况:一是收取服务费数额在 1 万元以上;二是帮助收取赌资 20 万元以上。故帮助收取赌资是为赌博网站提供资金结算服务的一种表现形式。由于赌资结算势必包括参赌者给付赌资与赌博网站给付赌资,而帮助赌博网站收取下注者交纳的赌资与帮助参赌者(代理)收取非法赢取的赌资,实际上都是"帮助收取赌资",《网络赌博犯罪意见》没有必要对赌资的资金流向进行限定从而缩小"帮助收取赌资"的范围。因为这不仅没有全面地概括帮助收取赌资的实践内涵,而且不利于司法机关通过追究开设赌场共犯的刑事责任从而实现赌博网站资金链条的有效割裂。

2005 年《赌博犯罪解释》已经将结算赌资等直接帮助行为规定为赌博犯罪的共犯,同时,没有从区分赌资走向的角度限制帮助结算赌资类赌博犯罪的共犯范围。根据《赌博犯罪解释》第四条的规定,明知他人实施赌博犯罪活动,而为其提供资金、计算机网络、通讯、费用结算等直接帮助的,以赌博罪的共犯论处。虽然当时刑法没有分拆赌博罪,但上述司法解释已经明确对结算赌资的帮助赌博行为予以定罪,并且未将结算赌资进行单向或双向资金流转的区分。所以,从赌博犯罪司法解释一贯性与延续性的角度分析,帮助赌博网站提供资金结算便利不应当有资金流向的限制,作为协助赌资结算的具体表现形式,帮助收取赌资应指帮助赌博网站收取赌资或帮助参

---

① 陈国庆、韩耀元、吴峤滨:《〈关于办理网络赌博犯罪案件适用法律若干问题的意见〉理解与适用》,《人民检察》2010 年第 20 期。

赌者(代理)收取赌博网站给付的赌资。

第二,协助赌博网站、赌博代理、参赌者实现赌资流转构成开设赌场罪的共犯。

帮助赌博网站代理实现赌资结算是典型的辅助型网络赌博犯罪。①由于网上开设赌场犯罪涉及赌博网站、赌博网站代理、参赌者多方当事人,赌资的资金流向在排列组成的情况下可以呈现出多种表现形式。实践中判断帮助收取赌资行为是否属于辅助网络赌博,其关键在于分析以下核心要素:(1)行为人收取的是否属于赌资;(2)协助赌资结算的双方在赌博犯罪体系中的地位;(3)赌资结算者、协助赌资结算者之间的关系。从上述案例中的犯罪事实分析,犯罪嫌疑人王毅巍的行为完全符合辅助网络赌博的构成要素。

首先,犯罪嫌疑人王毅巍帮助收取的29万余元资金在性质上属于赌资。根据《赌博犯罪解释》第六条的规定,赌博犯罪中用作赌注的款物、换取筹码的款物和通过赌博赢取的款物属于赌资。本案中,犯罪嫌疑人徐荣宝和张勇通过网络赌博账户输赢而产生的29万余元均属于赌资的范畴。

其次,犯罪嫌疑人王毅巍帮助结算赌资的双方均为赌博网站代理人。根据《网络赌博犯罪意见》第六条的规定,有证据证明犯罪嫌疑人在赌博网站上的账号设置有下级账号的,应当认定其为赌博网站的代理。本案中,犯罪嫌疑人徐荣宝和张勇均通过下设赌博管理账号分级管理参赌者及其下注,都应当认定为赌博网站的代理。犯罪嫌疑人王毅巍介绍徐荣宝和张勇相识,并明知两人从事网络赌博活动且互相结算的资金属于赌资,仍然帮助赌博网站代理互相收取赌资。

再次,在网络赌博犯罪框架中,犯罪嫌疑人徐荣宝系上级代理,犯罪嫌疑人张勇系下级代理,犯罪嫌疑人王毅巍在赌博网站代理人之间形成直接的上家与下家关系牵线搭桥、为双方提供赌资结算便利,故三人之间构成网上开设赌场的共犯。犯罪嫌疑人王毅巍帮助行为的加功对象不仅是上级代理而且包括下级代理,其帮助收取赌资的行为从属于整个共同犯罪体系,不能割裂计算其帮助资金结算的犯罪数额。

因此,本案中赌资流转的形式表现为赌博网站代理互为结算资金,行为人帮助赌博网站代理相互收取赌资,构成开设赌场罪的共犯。

第三,网上开设赌博共犯行为的社会危害实质在于帮助赌博网站运营。

关联性是决定相关帮助行为是否构成开设赌场罪的核心判断标准。在

---

① 刘芷君:《网络赌博犯罪的刑法规制》,《法商论丛》2007年第1期。

一般的“地面”赌博犯罪的共犯结构中，受雇在赌场中实施寻找赌博场所、接送赌客、抽头记账、护场、望风、兑换筹码、坐庄参赌、提供场所等直接与赌博有关联的行为、并领取工资的，以开设赌场罪的共犯论处。①故“地面”赌场中的开设赌场共犯认定具有直观性，其原因在于帮助行为与赌博行为具有直接关连。而在网络赌博犯罪的共犯结构中，赌博网站设置层层代理在客观上使得各个帮助环节与赌博行为之间的关系间接化。这也是导致实践中有观点主张帮助收取赌资行为限定于帮助资金朝赌博网站方向流转的现实原因所在。毕竟帮助赌资从参赌者流向赌博网站与开设赌场罪实行行为之间的关联性更为直接与密切。

然而，从整个网络赌博的运行模式和社会危害性来看，对支付结算环节的打击，决不可能停留于单向层面。在任何形式的赌博中，输与赢都是必然存在的两种客观结果，参赌者赌输后赌博网站获取赌资与参赌者赢后赌博网站支付赌资都是网络赌博赖以继续运行所不可或缺的重要环节。帮助收取赌资无关乎其直接关联的当事人是赌博网站，还是赌博代理，抑或是参赌者，只要其本质上帮助赌博网站实现赌资流转，都是网上开设赌场并使之顺利运行的帮助行为。结算支付赌资的社会危害实质体现在其协助赌博网站开拓资金结算渠道、实现赌资收付流转、保障赌博犯罪顺利进行。实践中不能机械地认为帮助赌资从上家流向下家属于帮助“支付”赌资而不是帮助“收取”赌资；尤其是在上家与下家都构成开设赌场罪的情况下，帮助上下家实现赌博资金流转，显然应当认定为帮助收取赌资从而构成开设赌场罪的共犯。

四、网络淫秽信息犯罪

最高人民法院、最高人民检察院于2010年2月3日联合发布《关于办理利用互联网、移动通讯终端、声讯台制作、复制、出版、贩卖、传播淫秽电子信息刑事案件具体应用法律若干问题的解释(二)》(以下简称《解释二》)，厘清了网站建立者、直接负责的管理者、电信业务经营者、互联网信息服务提供者、广告主、广告联盟、第三方支付平台等各方在制作、复制、出版、贩卖、传播淫秽电子信息犯罪中应承担的刑事责任。《解释二》的出台有利于促进互联网的发展，保护未成年人健康成长。但是，由于司法实践中传播淫秽电子信息犯罪行为表现形式多样，实务部门对于如何根据司法解释处理此类案件仍然存在不少困惑，有必要结合实践中的案例深入分析相关疑难问题，

① 邵海凤：《〈刑法〉第303条的司法适用及立法完善——以“两高一部”关于网络赌博犯罪司法解释为视角》，《法治论丛》2011年第1期。

为办案部门提供参考。

（一）互联网信息服务提供者传播淫秽物品牟利犯罪故意的认定

从最高人民法院以及全国各级司法机关发布的手机传播淫秽色情物品犯罪案件的情况来看,实践中处理的主要是供手机用户浏览黄色信息的网站,鲜有网络基础运营商或者网络接入运营商被追究传播淫秽物品牟利罪的刑事责任。①司法认定的核心难点在于实务部门对于如何认定互联网信息服务提供者传播淫秽物品牟利罪的犯罪故意存在极大困惑。笔者尝试厘清该问题。

1. 互联网信息服务提供者传播淫秽物品牟利犯罪故意的基本形式

《解释二》第六条规定:“电信业务经营者、互联网信息服务提供者明知是淫秽网站,为其提供互联网接入、服务器托管、网络存储空间、通讯传输通道、代收费等服务,并收取服务费,具有下列情形之一的,对直接负责的主管人员和其他直接责任人员,依照刑法第三百六十三条第一款的规定,以传播淫秽物品牟利罪定罪处罚:(一)为五个以上淫秽网站提供上述服务的;(二)为淫秽网站提供互联网接入、服务器托管、网络存储空间、通讯传输通道等服务,收取服务费数额在二万元以上的;(三)为淫秽网站提供代收费服务,收取服务费数额在五万元以上的;(四)造成严重后果的。”

可见,互联网信息服务提供者为网络终端用户提供传输技术享受其他终端提供的淫秽电子信息下载或者在线视听服务的网络不法行为,如果具有犯罪故意并对淫秽网站性质达到“明知”程度,其对网站电子淫秽信息怠于采取技术措施进行监管的行为,应当认定为传播淫秽物品牟利罪。具体的刑事责任表现形式为:传播淫秽物品牟利罪不作为共犯。

互联网信息服务提供者属于为各类开放性网络提供信息传播中介服务的主体。与网络用户往往对信息的初始发送、接收、传输内容的接受享有不同程度的控制力不同,互联网信息服务提供者没有直接上传或传播信息或内容,只是起到传输平台的作用,而无实际控制力。在刑法上,互联网信息服务提供者可基于相同的犯罪故意和意思联络,网络服务用户传播淫秽物品牟利的行为符合犯罪构成的情况下,应当认定为网络用户的共犯。互联网信息服务提供者一般是为犯罪提供工具和媒介的行为主体,在共同犯罪中属帮助犯。具体来说,互联网信息服务提供者的服务行为帮助他人实现了犯罪目的,使淫秽电子信息得以在网络空间向公众传播,在他人实施的犯

---

① 刘奕湛:《最高法院公布近期手机淫秽色情信息犯罪典型案例》,《检察日报》2010年1月13日第2版。

罪行为中起到了帮助作用,应当作为帮助犯被追究刑事责任。未采取必要技术措施的行为,主观上放任犯罪发生,可被视为为他人传播淫秽物品犯罪行为提供实质帮助。

2. 互联网信息服务提供者传播淫秽物品牟利犯罪故意的核心内容

根据《解释二》的规定,互联网信息服务提供者承担传播淫秽物品牟利罪刑事责任的犯罪故意基础在于其对于网络用户传播淫秽物品的行为具有"明知"。在网络犯罪领域,互联网信息服务提供者的犯罪故意核心内容无法通过传统的刑法判断方式进行分析。判断互联网信息服务提供者是否明知网络用户传播淫秽物品,必须分析互联网信息服务提供者是否采取技术措施监督、发现以及屏蔽色情网络信息。

互联网信息服务提供者构成传播淫秽物品牟利罪属于不作为犯罪,其采取技术措施进行色情信息审查的义务来源应当基于法律规定。全国人民代表大会常务委员会《关于维护互联网安全的决定》第七条规定,从事互联网业务的单位要依法开展活动,发现互联网上出现违法犯罪行为和有害信息时,要采取措施,停止传输有害信息,并及时向有关机关报告。可见,互联网信息服务提供者有义务对色情信息采取技术措施,移除相关非法内容。这一概括性的法律规定明确了互联网信息服务提供者的技术措施义务,可以认定为作为义务的根据。在具有技术措施义务的前提下,互联网信息服务提供者没有采取措施审查色情信息的,可以推定为符合"明知"要素。

从刑法理论上分析,当互联网信息服务提供者具有监督网络用户传播网络信息行为的能力时,没有及时发现和制止网络用户传播淫秽物品牟利的行为,实际上从中获得了直接经济利益时,也应当基于不作为犯罪的归责原理承担刑事责任。从当前司法实践中的情况分析,接入运营商是"手机色情"的重要受惠者。一些接入运营商将电信、移动的部分线路买断,再将这些线路分租给其他用户,收取一定的费用。即使色情网站被关闭,他们还可以将号段资源重复投放市场再次获利。同时,基础运营商也是"手机色情"网站的重要受益者。按照目前的运营体制,手机浏览色情网站产生的费用将首先上缴给基础运营商,再由基础运营商按比例给下线承包商分成。[①]可见,从权利义务对等的角度分析,既然互联网信息服务提供者收取了网络用户交纳的费用,就必须对其信息进行技术审查,并且其在技术上也有能力进行审查。一旦其怠于行使技术审查义务,就应认定符合"明知"要素。

---

① 王政:《"手机黄祸"呈蔓延之势 四大措施可斩断其利益链》,《人民日报》2009 年 11 月 24 日第 7 版。

在司法实践中,有倾向性意见认为,必须对互联网信息服务提供者的监控能力进行深入分析,因为实在无法要求互联网信息服务提供者对于每一个视频、图片、文字等信息内容进行逐一监控,同时,单独通过作品名称监控也不现实。另外,要求互联网信息服务提供者的监控人员对每一个文件按照色情标准对其内容进行监控,实际是在要求互联网信息服务提供者承担超乎寻常的注意义务,显然有失公平。

但是,笔者认为,互联网信息服务提供者有必要以不断创新的技术手段审查网上的所有相关内容。诚然,互联网信息服务提供者的技术监管义务不应将技术可能性在内的监管能力排除在外。判断当前的技术水平能否避免网络犯罪行为是技术措施成为前置义务的前提。否则将使对互联网信息服务提供者犯罪故意的司法认定产生逻辑偏差,造成不作为情形的滥用。法律所规定的技术措施应以不会实质性增加互联网信息服务提供者的运营成本、系统网络运行负担为限,而非技术上可行的所有措施。笔者认为,如果要求互联网信息服务提供者承担超过此限度的审查义务与技术措施,实际上是不合理地增加了技术负担,使互联网信息服务提供者将有限的研发力量用于不必要的审查责任中去,从而阻碍网络技术的发展,也使互联网信息服务提供者承担了不合理的审查义务,超越了其作为网络服务者的运营能力。在承认技术负担重要性的基础上,有必要对相关技术措施设定限制性因素,合理分配互联网信息服务提供者的法律义务。

3. 互联网信息服务提供者传播淫秽物品牟利犯罪故意的认定规则

基于网络本身的性质,从技术层面加以考虑,只有在法律认为技术措施是互联网信息服务提供者前置义务时,技术可能性作为义务来源才具有构成不作为犯罪要件的刑法基础。而在存在技术可能性的基础上,互联网信息服务提供者必须具备相应的回避犯罪结果发生的能力和权利才能成立传播淫秽物品牟利罪。而在这三项条件中,技术可能性是关键条件,从犯罪构成上来说,技术可能性的缺失将阻却行为人的主观故意,因而不构成犯罪。

在刑法犯罪故意理论与不作为犯罪理论的语境下探讨互联网信息服务提供者的技术可能性问题,与民商法中的侵权责任认定不同。虽然互联网信息服务提供者不作为犯罪故意的基础是以民商法的相关理论作为分析基础的,违反民商法的义务设置规定,达到入罪标准的“社会危害性”的行为,即可能构成传播淫秽物品牟利罪的不作为犯罪。只有在互联网信息服务提供者在主观上可以采取措施防止结果发生时,而他人无法采取该种注意义务的情况下,刑法上就可以认定为互联网信息服务提供者的主观作为义务程度较高。反之,在其他人也可能采取某种技术措施防止结果发生的情况下,互联网信息服务提供者的主观作为义务程度较低。基于此,笔者认为,互联网信息服务提供者在对自己业务合法性状况承担注意义务的前提下,通过其协助传输行为实质性地提升了犯罪行为发生的风险,或未采取技术监管措施而放任了危害行为的发生,在犯罪故意构成要件层面具有刑事归责的基础。

犯罪故意以及"明知"状态的认定思路是:首先,互联网信息服务提供者未采取技术措施,此种怠于行使义务的行为可能对传播淫秽物品的犯罪结果的发生产生实质性影响力的,应当认定其主观上应当具有高度作为义务。如果互联网信息服务提供者只是产生辅助性影响,则其未采取技术措施的行为时,并非必然符合传播淫秽物品牟利罪的犯罪故意要件。其次,如果互联网用户传播淫秽物品色情内容的违法性十分明显,互联网信息服务提供者却怠于履行技术监管义务的,其主观恶性程度就较大。如果互联网用户传播相关物品色情内容的违法性并非十分明显或者明确,互联网信息服务提供者虽然负有注意义务,但当注意义务可能成为影响网站运营的实质负担时,其主观恶性程度较小,可以认为互联网信息服务提供者构成传播淫秽物品牟利罪的犯罪故意不明显,认定犯罪的正当性依据不足。再次,对于此类情况可能存在合理性争议的,《刑法》第十三条的"但书"规定在规范层面为犯罪构成要件外的刑法实质解释提供了现实依据,可以通过该条规范认为互联网信息服务提供者主观上的犯罪故意程度明显较低,没有必要作为传播淫秽物品牟利罪处理。

互联网信息服务提供者未采取技术措施的责任性质将会视情产生差异。刑事责任较之其他责任更为严厉,因而对作为义务的刑事判断标准应当更为严格。司法判断规则中的难点问题在于对监管能力和权利的认定:一是监管能力。互联网信息服务提供者注意义务及技术措施的采取应当以不会实质性增加其运营成本或系统与网络的负担为限。二是监管权利。笔者认为,可以将权利产生的基础限定为双方谨慎签署的网络服务合同,以明确注意和监管义务的界限,便于对互联网信息服务提供者未采取技术措施行为的主观恶性加以认定。对于未规定在合同项下的注意和监管内容的,在具备技术可能性和技术能力的前提下,互联网信息服务提供者应当报告相关主管机关,主管机关经确认通知互联网信息服务提供者采取技术措施进行监控和管理,后者应当执行。

因此,笔者认为,互联网信息服务提供者的主观故意判断规则应是一个层进式的判断过程。第一层次是互联网信息服务提供者具有采取技术措施的前提,即具有有限的注意义务和监管能力。第二层次是除了法律规定必须履行的监管义务外，一般情况下监管权利应当由网络服务合同约定。对于合同约定的监管内容有权直接采取技术措施加以监管。第三层是对于合同未尽之义务，则应当报告有权机关对其违法性加以认定，并执行认定的结果。以上义务设置可被视为互联网信息服务提供者网络不法行为入罪的主观归责依据，互联网信息服务提供者怠于行使上述义务，使得网络用户能够大肆传播淫秽物品牟利的，则可以认为互联网信息服务提供者符合“明知”色情信息的标准，构成传播淫秽物品牟利罪。通过严格的义务设置排除犯罪故意，可以为互联网信息服务提供者明确刑法上的技术义务要求，同时，为其提供互联网服务犯罪风险内部控制行为标准。

（二）通过手机增值业务传播淫秽电子信息“实际被点击数”的认定

《解释二》与2004年“两高”颁布的《关于办理利用互联网、移动通讯终端、声讯台制作、复制、出版、贩卖、传播淫秽电子信息刑事案件具体应用法律若干问题的解释》（以下简称《解释》）均以“实际被点击数”确定传播淫秽电子信息定罪处罚标准。但是，实务部门对于如何认定“实际被点击数”存在很大争议。

例如，林某、杨某、刘某、袁某等人投资设立上海万叶无线网络技术有限公司（以下简称万叶公司），共同通过联通手机WAP业务传播淫秽图片、视频等电子信息。2009年1月至2009年5月期间，共上传淫秽图片180张、淫秽视频短片75集，手机用户的请求访问量达6万余次。万叶公司与中国联通按照约定比例对手机用户浏览WAP业务收费信息产生的费用进行分成，中国联通确保WAP页面访问成功率大于等于60%。司法鉴定结论显示，万叶公司通过内网对上述淫秽电子信息点击量为6 000余次，同一手机通过同一IP地址向万叶公司网络服务器针对同一页面的重复点击量为4 000余次，无法成功浏览页面的无效点击数8 000余次。

上述案件中，如何确定林某等人向手机用户传播淫秽电子信息“实际被点击数”，实践中存在以下不同观点——第一种意见认为，应当按照淫秽电子信息的请求访问量（6万余次）认定“实际被点击数”。淫秽图片、视频的请求访问量反映手机用户浏览淫秽电子信息的实际情况，以此认定“实际点击数”能够准确衡量传播淫秽电子信息牟利的危害。第二种意见认为，应当按照淫秽电子信息理论上的最低成功点击数（6万余次×60%=3.6万余次）确定“实际被点击数”。网络增值服务提供商提出的手机增值业务最低60%的访问成功率乘以请求访问量，就低认定“实际被点击数”，有利于保障被告人权利。第三种意见认为，应当将淫秽电子信息的页面请求访问量扣除自点击、重复点击、无效点击数后的数量（6万余次-6 000余次-4 000余次-

8 000 余次=4.2 万余次)认定为“实际被点击数”。这种方法能够准确计算淫秽电子信息的实际流量,避免打击传播淫秽物品牟利犯罪的扩大化。

笔者同意第三种意见。主要理由如下:

第一,手机用户浏览网页电子信息的实际情况决定了不能直接将页面请求点击量认定为“实际被点击数”,不成功的访问请求点击数应当进行扣除。

对于网络公司向手机用户提供淫秽电子信息链接行为而言,计算相关淫秽图片、视频的“实际被点击数”必须是真实有效的浏览数量。对于没有进行成功访问的手机链接请求,不能计入“实际被点击数”。而页面请求点击量的统计只计算点击次数,无法明确相关点击是否属于成功的页面访问。因此,页面请求点击数量不能等同于“实际被点击数”。

由于使用手机浏览 WAP 网页在技术上具有特殊性,加之手机屏幕较小、网络访问量过大等因素,并非每次手机页面浏览点击请求都能获得成功。①针对同一淫秽电子信息的页面访问可能要通过多次点击请求才能顺利浏览。请求失败就无法浏览相关淫秽电子信息,也不会造成淫秽电子信息传播的危害后果,故应当在计算“实际被点击数”时扣除无效点击数。本案中,相关鉴定结论表明无法成功浏览淫秽信息的无效点击数为 8 000 余次,应当在“实际被点击数”中进行扣除。

第二,淫秽网站通过自己内网点击相关淫秽信息的点击量以及同一手机用户针对同一淫秽电子信息的重复点击量应当在“实际被点击数”中进行扣除。

淫秽网站工作人员通过本网站内网点击相关淫秽电子信息,由此产生的自我点击量不涉及淫秽电子信息的传播与牟利,不能作为“实际被点击数”对被告人进行归责。因此,本案中,万叶公司通过内网对淫秽电子信息 6 000 余次的点击量应当在访问请求点击总量中进行扣除。

对于同一手机用户通过同一 IP 地址多次访问同一淫秽电子信息产生的重复点击数能否计入“实际被点击数”,实践中存在不同看法。有观点认为,在此种情况下,同一手机用户观看同一淫秽电子信息,淫秽物品的接触者只有一个,无论观看次数多少,只能计算为一个点击量。反对意见认为,扣除单人多次点击同一淫秽电子信息,无谓增加司法操作难度,在司法实务中不可取。②

---

① 祝二军:《正确把握淫秽电子信息的点击数与定罪量刑的关系》,《人民司法》2008 年第 9 期。

② 于同志:《网络犯罪》,法律出版社 2008 年版,第 112 页。

笔者认为，传播淫秽物品牟利罪的罪质特征在于淫秽物品对于公众的传播性与对与行为人的盈利性。在确定传播淫秽物品牟利罪的定罪量刑标准时，必须根据传播性与牟利性的双重特征确定司法认定规则。同一手机用户使用同一IP地址访问同一淫秽电子信息的事实证明，淫秽电子信息的传播具有限定性，只对一个被传播者产生了传播效果。一个被传播者反复观看同一淫秽电子信息与看一次电子信息的社会危害性，在淫秽物品的传播性层面基本上具有相当性。虽然淫秽电子信息的传播者实际上通过多次点击量牟取了多次利益，但在传播性层面，一个被传播者对同一淫秽电子信息点击100次的社会危害性，显著低于100名被传播者各点击一次淫秽电子信息。因此，本案中，在认定淫秽电子信息的"实际被点击数"时，应当扣除4 000余次的反复点击数。

第三，互联网信息服务提供商提出的页面访问最低成功率不能作为计算淫秽电子信息"实际被点击数"的参考标准。

司法实践中有观点认为，本案中60%的页面访问成功率是互联网信息服务提供商中国联通与手机增值业务商万叶公司签订协议中明确约定的，从有利于被告人的角度分析，应当根据理论上的最低成功访问率就低认定淫秽电子信息的"实际被点击数"。

但是，笔者认为，页面最低成功访问率是一个不确定的概率范围，在手机访问WAP网页的实际操作中，实际成功访问率可能远远超过互联网信息服务提供商约定的比率。互联网信息服务提供商提出的页面成功访问率只是一个下限，属于不确定的测算标准，不能作为认定"实际被点击数"的依据。从有利于被告人的角度进行刑法解释的前提在于事实存疑。①在能够确定淫秽电子信息请求访问量以及排除无效点击、重复点击、自我点击的情况下，不能机械地适用有利于被告人的刑法解释。

综上所述，本案中林某等人传播淫秽物品牟利罪的淫秽电子信息"实际被点击数"，应当在6万余次请求访问点击数的基础上，扣除6 000余次自我点击数、4 000余次重复点击数、8 000余次无效点击数，认定为4.2万余次。

（三）传播淫秽电子信息牟利情节的认定

《解释》第一条规定，以牟利为目的，利用互联网、移动通讯终端制作、复制、出版、贩卖、传播淫秽电子信息，以会员制方式出版、贩卖、传播淫秽电子信息，注册会员达二百人以上的，或者利用淫秽电子信息收取广告费、会员注册费或者其他费用，违法所得一万元以上的，以制作、复制、出版、贩卖、传

① 张明楷：《刑法学（第三版）》，法律出版社2007年版，第42页。

播淫秽物品牟利罪定罪处罚。《解释》第二条规定,实施第一条规定的行为,数量或者数额达到规定标准五倍以上的,应当认定为"情节严重";达到规定标准二十五倍以上的,应当认定为"情节特别严重"。《解释二》根据淫秽电子信息涉及未成年人内容,降低了定罪量刑的数额标准。

可见,传播淫秽电子信息牟利情节的司法认定主要根据淫秽网站会员注册数、会员注册费、广告收益数额等因素予以判定。但是,由于当前传播淫秽物品牟利案件中,行为人开设黄色网站后同时涉及会员注册数、会员注册费收入以及广告收益,实务部门对于如何认定上述牟利情节存在一定困惑。例如,被告人李某开设黄色网站,发布大量淫秽色情图片、视频。会员注册和点击黄色电子信息不收取费用,但李某利用互联网传播淫秽电子信息时加入广告联盟,将广告信息链接到自己所建的淫秽网站,获取广告点击的经济收入。开设黄色网站期间,李某广告收入共获利 20 000 余元。经远程勘验,李某的黄色网站注册会员 7 954 名。

办案人员对于如何认定李某的牟利情节存在争议。有观点认为,李某的行为已构成传播淫秽物品牟利罪,注册会员 7 954 人,超过传播淫秽物品牟利罪"情节特别严重"标准。反对意见认为,李某开设的黄色网站虽有注册会员 7 954 人,但李某并非通过收取注册会员费谋取经济利益,不宜按照注册会员数量确定牟利情节。

笔者倾向于第二种意见。判断传播淫秽物品牟利罪行为人的牟利情节,首先应当明确按照何种牟利行为性质进行司法认定。传播淫秽物品牟利罪的牟利行为性质不仅包括通过传播淫秽物品本身直接牟利,而且包括以传播淫秽物品为手段而间接牟利。前者包括通过传播淫秽电子信息直接获取非法利益;后者包括以传播淫秽电影等视频文件、淫秽音频文件、淫秽图片等手段收取广告费、会员注册费或者其他费用而间接获取非法利益。间接牟取非法利益的行为方式又不尽相同,根据司法解释计算牟利数额的标准也不相同。

淫秽网站注册会员数是衡量牟利情节严重程度的标准之一,司法实践存在较大争议。笔者认为,必须严格区分收费注册网站和免费注册网站。收费注册网站的注册会员一般为固定会员,会员所交的费用是网站收入的来源。而免费注册网站的注册会员一般并非固定会员,通常存在多次注册和重复注册的情况,且非会员也能免费浏览网站信息,因免费注册网站的会员对网站的收入没有实质性影响,因此,从本质上讲,此类免费注册的黄色网站并不实行会员制度,不能以会员数量作为评价该类网站牟利情节的参考因素。

上述案件中，被告人李某所建网站虽有注册会员 7 954 余人，但注册会员和点击网站均不收取费用，李某并非通过收取注册会员费谋取经济利益，且非会员也能浏览该网站的淫秽电子信息，该注册会员数量对其利用淫秽电子信息增加广告点击量进而牟利并不产生实质影响，故不属于"以会员制方式传播淫秽电子信息"的情形，不能将注册会员数作为定罪量刑的标准。将被告人李某所建网站的注册会员数作为牟利情节的判断标准是不正确的。

因此，笔者认为，李某在所建网站上链接大量淫秽电子信息并在互联网和移动通信网络中传播，在加入广告联盟后利用淫秽电子信息增加广告点击量。李某实施犯罪行为的目的在于将网上推销广告作为牟利手段，其以建立网站传播淫秽电子信息为手段增加广告点击量，获取广告运营商的广告费 20 000 余元，可以认定李某传播淫秽电子信息收取广告费 20 000 余元，已经构成传播淫秽物品牟利罪，但根据司法解释的规定，并未达到情节严重或者情节特别严重的数额标准，应当在三年以下有期徒刑的幅度内进行量刑。

五、网络财产犯罪

利用网络技术实施财产犯罪是信息技术发展时代背景下的必然产物。由于网络空间的存在，财产与犯罪行为的属性存在不同的表现形式，这在客观上影响了网络财产犯罪法律适用的观点一致性，有必要通过刑法适用研究予以明确。

（一）非法获取计算机信息系统数据后解码出售行为的认定

贩卖计算机信息系统数据是实践中经常出现的网络犯罪案件，对于此类行为如何定性，实践中存在很大的认识分歧。典型案例表现为：2011 年 3 月中旬，王某登录上海甲软件有限公司运营的网络游戏的官方网站时，发现该网站存在系统漏洞。后王某使用软件以在服务器上建立隧道的方式非法侵入 A 游戏的服务器，并下载了部分游戏玩家数据库资料，主要为游戏玩家的用户名和密码。其间，陈某在明知王某上述行为后为其提供技术方面的帮助。

2011 年 3 月下旬，陈某与王某商议出售非法获取的网络游戏玩家数据库资料。后陈某通过朋友介绍认识了网名为"纵横网络"的人，双方经商议后以 5 000 元的价格成交了一个区的网络游戏玩家数据库。此后，因"纵横网络"没有继续向陈某询问购买事宜，陈某、王某遂决定另行寻找买家。

2011 年 4 月初，陈某与朋友孟某通过 QQ 联系，谈妥以 20 万元的价格出售全部网络游戏玩家数据库资料。在孟某向陈某、王某支付了 20 万元以后，陈某通过QQ将网络游戏玩家数据库资料发给了孟某。孟某经上网测试,发现数据库信息不完整,并将情况告知陈某。次日,王某再次通过已经建立的隧道,非法侵入网络游戏的服务器,下载了剩余的数据库资料,并通过QQ发给陈某,陈某将接收的数据库转发给孟某。经核查,陈某、王某非法下载并出售网络游戏玩家的用户名和密码共计400万余条。

2011年4月中旬,孟某伙同苏某等人将上述购得的数据库资料解码后,获得玩家用户名和密码并登录该网络游戏,盗取游戏玩家的游戏装备和游戏币,后通过网络出售牟利3万余元。

对本案中的陈某、王某非法侵入网络游戏服务器下载数据库资料的行为如何定性,孟某等人购买玩家数据库资料,解码后登录游戏窃取游戏装备、游戏币的行为如何认定,存在以下几种不同意见:

第一种意见认为,陈某、王某非法侵入国家事务、国防建设、尖端科学技术领域之外的服务器,下载数据资料的行为认定为非法获取计算机信息系统数据罪。孟某等人利用玩家信息登录网络游戏,窃取游戏装备、游戏币等虚拟财产的行为应认定为盗窃罪。

第二种意见认为,孟某等人登录网络游戏,窃取虚拟财产的行为应认定为盗窃罪。而陈某、王某侵入服务器下载数据的行为系为孟某等人的盗窃行为提供犯罪工具,应当认定为盗窃共犯。

因为虚拟财产可以作为盗窃对象。基于以往的司法实践,已达成较为一致的认识,即认为虚拟财产是游戏玩家通过一定的时间,付出一定的劳动,投入一定的资金后产生的价值承载体,它也是劳动价值的一种表现形式。而随着网络的发展,虚拟财产的交易已经超越了时间、地域的局限性。作为新型的劳动产物,完全符合普通财物的基本特征。同时,从犯罪的主观方面和客观行为看,对于虚拟财产的窃取往往有明确的故意和指向性,即希望通过秘密手段获得他人的劳动成果,非法占有受法律保护的合法财产,完全符合盗窃罪的本质要求。这一行为已经超出了网络安全的侵害,与非法获取计算机信息系统数据罪的保护客体存在本质区别。

第三种意见认为,陈某、王某非法侵入服务器下载数据以及孟某等人登录游戏窃取虚拟财产的行为均符合非法获取计算机信息系统数据罪的构成要件,应以该罪定罪量刑。

虚拟财产能否作为盗窃对象不能一概而论;能够被解释为刑法上的"财物"的虚拟财产必须具有确定且可以计算数额的财产性利益。本案中孟某等人窃取并销售玩家装备等难以认定为盗窃罪,但由于其作为非法获取计算机信息数据信息行为的事后销售牟利环节,不仅客观上帮助非法获取计算机信息系统数据谋取利益,而且主观上与非法获取计算机信息系统数据者形成了非法获取数据的意思联络,应以非法获取计算机信息系统数据罪的共犯论处。

司法实践中,以计算机系统或网络作为犯罪对象或工具的网络犯罪案件呈现出多发性状态,窃取网络游戏玩家信息进而窃取游戏虚拟财物的非法获取计算机信息系统数据、盗窃案件,制作、销售网络游戏外挂的非法经营案件,利用网络赌博、诈骗、非法经营黄金交易等行为对社会秩序以及公民财产权益造成较大危害。虽然经过一段时间的司法实践,对于网络虚拟财产等问题已经总结了部分法律实务经验规则,但是,在部分案件中,对此类网络犯罪案件的定性、证明标准、法律适用等仍存在较大争议。

所以,有必要结合本案例的具体分析,研究共犯原理与应用、网络中虚拟财产的财产性质、网络盗窃的司法认定、盗窃数额的认定等与网络犯罪相关的疑难问题。本案中,对于部分行为人非法获取计算机信息系统数据并将之非法销售、部分行为人对该批系统数据进行解码并转售的行为如何认定,笔者同意上述第三种意见,应当全部以非法获取计算机信息系统数据罪定罪量刑。

本案中的犯罪行为分为两个阶段:一是陈某、王某非法侵入网络游戏的服务器并下载了相关数据;二是孟某等人将这些数据进行解码并盗取游戏玩家的游戏装备和游戏币。其中涉及两种行为对象:一是网络游戏的数据信息;二是游戏装备和游戏币。存在争议的焦点问题在于这两类行为对象是否都具有财产属性,是否都可以归为盗窃犯罪的犯罪对象?

对于网络虚拟财产能否认定为刑法意义上的财产或者财物,刑法理论与实务中存在不同观点。肯定性观点认为:虚拟财产符合刑法意义上财产犯罪中财产性的要件,虚拟财产正以其无法抹杀的财产性而成为刑法所保护的对象。同时,刑法体系是相对封闭的,不能理解为只有刑法明确列举出来的才是明确规定。以财物为例,刑法不可能无穷列举,对财物的理解不能局限于列举规定。①否定性观点认为:虚拟财产不具有普遍的价值,对于沉湎于游戏的玩家而言,虚拟财产可以价值千金,但对于局外人来说,价值连城的虚拟财产可能不值一文。虚拟财产是虚拟的,只能在特定游戏环境中存在,本身不具有价值。虚拟财产的财富无法回收,当游戏服务器关闭时,玩家无法将游戏中获得的虚拟财产现实回收。②

---

① 赵秉志、阴建峰:《侵犯虚拟财产的刑法规制研究》,《法律科学》2008年第4期。

② 陈云良、周新:《虚拟财产刑法保护路径之选择》,《法学评论》2009年第2期。

网络虚拟财产是否可以认定为刑法意义上的财产或者财物显然不能一概而论。例如，近年来网络上流行的种菜与偷菜游戏，如果将这些网络中的“蔬菜水果”作为刑法意义上的财产，那么，这种偷菜行为是否属于盗窃行为？显然不能这么认为。因为虽然网络运营商在制定游戏规则的时候允许偷菜行为，但这只是一种游戏规则，而不是法律规范。结合本案的实际情况，网络游戏的信息数据不能作为刑法上的财物论处，非法侵入网络公司信息系统窃取此类信息数据，是网络犯罪而非财产犯罪的规制范围。同时，网络游戏中的这些装备的归属是根据网络运营商的游戏规则来划分的，但这种游戏规则不能取代法律规范，更不能将这种规则作为刑法规制的一种依据，因此，本案中无法将孟某等人的行为认定为盗窃行为，其本质在于游戏装备等网络虚拟财产难以认定为刑法意义上的财物。

判断网络虚拟财产是否具有刑法财物的性质，其理论前提在于区分民法意义上的财产和刑法意义上的财产。民法意义上的财产大体上包含物、债权、智力成果、使用权、租赁权等，这几类都要求财产的取得和占有具有合法性的特点，即要有具体的法律加以规定并确认其合法地位。而刑法是作为保护社会秩序、人身、财产安全等的最后一道屏障，如果是民事法律可以解决的问题，最好不要进入刑法规制范围，否则有滥用国家刑罚权之嫌。从网络游戏运行的基本情况分析，网络游戏玩家与网络游戏运营商之间本质上是一种服务合同关系，即玩家通过支付运营商认可的财物，获取运营商提供的游戏服务。网络游戏运行过程中的账号、设备、虚拟人物、游戏币等只是合同双方之间实现合同最终目的的媒介，无法认为其本身具有直接的、可用货币计量的价值。行为人通过非法方式窃取网络游戏玩家的武器设备、游戏币等，实际上是侵犯了合同（债权）的顺利实现，属于民法上的第三人侵害债权行为，理应承担的是一种民事侵权责任。对于出现在网络世界的纠纷行为或者扰乱秩序行为，在罪刑法定原则的指导下，刑法必须遵守谦抑原则，要严格控制刑法的打击范围，只有刑事法律规范明确规定的行为才可以运用刑事手段予以规制，不可以对刑法及相关司法解释进行等同类推，网络中的虚拟财产是不是刑法意义上的财产只能根据现行刑法、有关司法解释以及刑法原理作出判断。

本案中，如果涉案行为认定为盗窃罪，即肯定非法窃取的数据或者盗窃的网络游戏武器装备、游戏币等网络虚拟财产属于刑法意义上的财物，在刑法理论上仍有一个最关键的问题无法得到合理的解释——盗窃罪中财物的数额认定问题。根据最高人民法院《关于审理盗窃案件具体应用法律若干问题的解释》的规定，对于被盗物品的价格，应当以被盗物品价格的有效证明确定。对于不能根据有效证明确定的，应当区别情况，根据作案当时、当地的同类物品的价格，并按照生产领域商品、流通领域商品、有价证券、进出口商品、大宗商品等专门性的核价方法予以确定。被盗物品价格不明或者经过核价方式仍然难以确定的，应当按国家计划委员会、最高人民法院、最高人民检察院、公安部《扣押、追缴、没收物品估价管理办法》的规定，委托指定的估价机构估价。

对于本案中行为人非法侵入网络系统并获取的数据信息而言，虽然其非法销售所得为20万元，但是，行为人窃取数据时，网络游戏玩家仍然控制其相关游戏设备，不仅难以认为盗窃财物既遂，而且无法将20万元认定为盗窃数额。对于后续环节中，行为人通过解码并窃取游戏装备的数额认定而言，由于无法归类为特定商品、有价证券等进行核价，只能委托物价鉴定部门出具估价证明。但是，此类武器装备等网络虚拟财产究竟如何估价？究竟是按照同类游戏设备、游戏币的市场价格认定，还是按照被盗网络玩家投入的网络运行费用、时间等予以核定？如果选择市场价格的认定方式，还存在相关网络游戏设备、游戏币是否存在合理市场的问题；如果选择被盗玩家的投入成本进行估价，同样存在网络犯罪行为被害人数众多难以进行全面取证的问题。更为复杂的问题是，由于没有专门的网络虚拟财产价格认定机构与认定标准，价格鉴定实践中对于同类网络虚拟财产的价格认定结论往往差距极大。司法实践中甚至出现同一批涉案网络虚拟财产，司法机关先后委托三家具有价格鉴定资质单位进行估价，估价单位分别出具18万余元、29万余元、54万余元等三个相差极为悬殊的鉴定结论。网络虚拟财产数额认定的标准无法统一以及估价证据合法性基础欠缺①等从侧面证明，不具有价格确定性的网络虚拟财产不能认定为盗窃罪的犯罪对象。

对于网络共同犯罪，必须严格根据共同犯罪的构成要件予以认定，尤其是类似本案中存在网络虚拟财产或者网络信息数据的买卖关系，不能随意扩大共同犯罪的范围，除非具有明确的共同犯罪故意或共同行为；也不能随意限制共犯成立的基础，强行将购买网络信息数据的行为进行独立评价。这应当是网络犯罪共犯认定的基本法理规则。

本案中，陈某、王某最直接的犯意是盗取计算机信息系统数据后销售牟利，而不是利用这些账号玩游戏或者转让其中的武器装备或游戏币，同时他们也不关心买受方如何使用这些身份认证信息。对于陈某、王某的行为，显然属于非法获取计算机信息系统数据的实行行为。根据《刑法修正案（七）》

---

① 张凯、管宇：《盗窃网络“虚拟财产”类型案件中的证据学视角》，《科技与法律》2004年第3期。

对非法获取计算机信息系统数据罪的最新修改,违反国家规定,侵入国家事务、国防建设、尖端科学技术领域以外的计算机信息系统或者采用其他技术手段,获取该计算机信息系统中存储、处理或者传输的数据,情节严重的,处三年以下有期徒刑或者拘役,并处或者单处罚金;情节特别严重的,处三年以上七年以下有期徒刑,并处罚金。因此,对于陈某、王某的行为应以非法获取计算机信息系统罪定罪处罚。

但是,对于孟某等人而言,其最初的主观故意主观故意非常明确,即通过破解账号后销售其中具有一定市场交易价值的虚拟财产非法获利,由于实践中难以认定其盗窃的网络虚拟财产属于盗窃罪的对象,也难以计算具体的犯罪数额,导致其不构成盗窃罪。基于此,实践中有观点认为其没有直接的非法获取计算机信息系统数据的故意,不能构成非法获取计算机信息系统罪的共犯,因而无法作为犯罪处理。实践中还有一种观点认为,孟某等人明知是他人实施非法获取计算机信息系统数据犯罪行为所获取的信息数据,而予以使用、转移、收购或者代为销售,违法所得数额 3 万元,实际上达到了掩饰、隐瞒犯罪所得的刑法标准,应当按照依照掩饰、隐瞒犯罪所得罪定罪处罚。

笔者不赞同上述否定本案构成非法获取计算机信息系统罪共犯的意见。从共犯结构的角度分析,在非法获取计算机信息系统数据实行行为人对于数据购买人的主观故意不具有明知的情况下,即使后者的后续行为构成盗窃等其他犯罪,非法获取信息数据者与数据购买人之间不构成后续犯罪的共犯;计算机信息系统数据购买者明确地引起非法获取信息数据者的犯意,应当认定双方具有非法获取计算机信息数据的犯罪意思联络,信息系统数据购买者的后续行为不构成犯罪的,应当认定双方之间构成非法获取计算机信息系统数据罪的共犯。

本案中,陈某、王某非法获取的网络游戏玩家数据库资料可以有多种用途,若被运营商的竞争对手获取后,可能用于攻击或破坏该网络游戏的稳定性和安全性,造成恶意竞争;也可能被他人获取后用于敲诈勒索运营商财物的威胁手段;还可能像本案中被孟某等专门的“洗号”团伙利用,通过盗窃虚拟装备进而牟利。由于计算机信息数据库资料在明确用途前存在多种使用的可能性,如果行为人没有明知数据购买者的后续行为与意图,即使后续行为构成更为严重的犯罪,也不能认定信息数据非法获取者与购买者之间构成后续犯罪的共犯。但是,从共犯结构的另一侧面进行分析,孟某等人购买计算机信息数据的行为能否构成非法获取计算机信息系统数据罪的共犯,应当根据犯罪事实和相关证据进行细致认定,不能简单地直接否定其构成共犯的可能性。陈某等人向孟某等人第一次提供信息数据时,陈某等人的犯意具有独立性,孟某等人不可能与其构成共犯。关键在于孟某等人第一次得到涉案的信息数据之后,先是经过上网测试,发现数据库信息不完整,然后将这个情况告知了陈某,然后王某再次非法侵入了网络游戏的服务器并下载了剩余的数据库资料,第二次将数据提供给孟某等人。从这个情节可以明确掌握孟某等人与陈某等人之间的犯意联络关系属于事中共犯①之间的意思联络。因为当孟某等人要求陈某非法下载计算机信息系统数据等于是在非法获取信息数据的犯罪过程中加入了参与犯罪的主观意志,在共犯实行之中构成了明确的意思联络。此时,孟某等人具有了构成非法获取计算机信息系统数据罪的共犯基础。孟某等人后续的犯罪行为构成相关犯罪的,应当根据非法获取计算机信息系统数据罪的共犯与相关犯罪竞合从一重罪论处。但本案中孟某等人的后续行为由于盗窃网络虚拟财产的性质与数额无法进行确定的刑法评价,不构成盗窃罪,故只能以非法获取计算机信息系统数据罪的共犯论处。

至于孟某等人的行为构成掩饰、隐瞒犯罪所得罪的意见,也是不符合网络犯罪刑法原理的。掩饰、隐瞒犯罪所得罪与其上游犯罪在犯罪对象的性质上应当具有同一性,即都属于财物。②如果将购买、使用计算机数据的行为定性为掩饰、隐瞒犯罪所得,将会出现网络犯罪与传统犯罪的刑法解释悖论——(1)间接肯定陈某、王某非法获取的信息数据具有刑法上的财物性质,或者(2)肯定非财产类的犯罪所得也可以成为掩饰、隐瞒犯罪所得的犯罪对象。通过上文的详细分析可知,计算机信息系统数据并非刑法意义上的财物,一旦肯定孟某的行为构成掩饰、隐瞒犯罪所得收益罪,陈某等人非法获取信息数据的行为应当被认定为盗窃罪,而非法获取计算机信息系统数据罪的设立就失去了意义。这显然不符合非法获取计算机信息系统数据罪的刑法原理。与此同时,购买、使用计算机信息系统数据被评价为掩饰、隐瞒犯罪所得行为,等于认可非财产类犯罪所得也可以成为掩饰、隐瞒犯罪所得罪的对象,严重背离传统洗钱、窝藏类犯罪刑法原理。③因此,孟某等人的行为只能构成非法获取计算机信息系统数据罪的共犯,而不能独立评价为掩饰、隐瞒犯罪所得罪。

公民通过合法手段获取网络虚拟财产显然必须付出对应的实体财产、

---

① 郭庆茂:《事中共犯与事后连累犯的处断》,《人民司法》2010年第18期。

② 鲜铁可:《论掩饰、隐瞒犯罪所得、犯罪所得收益罪的犯罪对象》,《中国刑事法杂志》2009年第1期。

③ 刘雪梅、刘丁炳:《掩饰、隐瞒犯罪所得、犯罪所得收益罪新析》,《法学评论》2008年第3期。

时间以及精力,这些为了获取网络虚拟财产而支出的成本在网络世界之外的现实世界中具有明确的市场价格与交换价值。因此,从网络虚拟财产的获取角度分析,其与传统的动产、不动产、知识产权等财产之间不存在实质性的区别,网络虚拟财产一样具有现实性的财产属性。刑法通过设置具体的财产犯罪保护公民的合法财产权,是对现实生活中的犯罪行为的法律规制,这就决定了在没有独立设置网络刑法这一特别刑法领域之前,刑法保护的财产只能是现实生活中的财产。对于现阶段的网络财产权刑法保护而言,刑法介入的界限仍然应当以现实性为最终标准,即网络虚拟财产不能脱离现实世界的评价体系,网络虚拟财产与现实社会发生具有法律意义的联系时,可以为刑法所调整。网络虚拟财产能够用现实财产所计量是这种现实性的判断标准。所以,网络财产权刑法保护的基本界限在于,虚拟财产进入现实社会关系且具有确定市场经济价值之后,网络虚拟财产权可以成为刑法所保护的社会利益。

（二）利用计算机病毒非法控制他人证券账户行为的认定

早前的司法实践中也出现过行为人获取被害人证券账号和交易密码后恶意进行操作,造成被害人重大损失的案例,实务中一般以故意毁坏财物罪认定。但是,随着电脑病毒的不断发展,有的犯罪分子采取了网络犯罪的手段,利用计算机木马病毒侵入他人计算机证券交易系统进行恶意操作,造成定性争议。实践中的典型案例表现为:2009 年 5 月至 2010 年 3 月期间,犯罪嫌疑人林某通过向被害人陈某、辛某、叶某等 21 人的计算机种植木马病毒的方式,控制上述被害人证券账号及交易密码。犯罪嫌疑人林某通过高买低抛的方式恶意操作上述被害人证券账户的股票交易,造成被害人经济损失 50 余万元。

对于林某的行为如何认定,实践中存在较大分歧:第一种意见认为,林某的行为构成操纵证券交易价格罪。林某通过计算机病毒控制被害人股票账户账号和密码的目的是显然不是为了获取不正当利益。林某非法控制 21 名被害人证券交易系统进行股票交易,其行为实际上已经影响到证券交易价格,应当认定为操纵证券交易价格罪。第二种意见认为,林某的行为构成故意毁坏财物罪。林某通过计算机病毒秘密侵入他人的账户操纵他人股票的进出,故意造成他人账户内的资金损失 50 余万元。本案中的行为侵犯公民的私人财产所有权,扰乱社会经济秩序,社会危害性明显,符合构成故意毁坏财物罪的构成要件。第三种意见认为,林某的行为构成非法获取计算机信息系统数据罪。林某通过种植木马病毒的方式非法入侵他人计算机信息获取被害人证券账号及密码等数据信息,即使其没有对该证券账户进行交易操作,但其行为也已经构成非法获取计算机信息系统数据罪。同时,林某通过恶意交易造成被害人重大经济损失,应当认定为情节严重。

我们同意第三种意见。非法获取计算机信息系统数据罪是《刑法修正案(七)》新设立的罪名,有必要结合当前网络犯罪、病毒犯罪的案发情况进行分析。

1. 非法获取计算机信息系统数据罪的基本罪状及其构成要件

《刑法修正案(七)》第九条规定,违反国家规定,侵入前款规定以外的计算机信息系统或者采用其他技术手段,获取该计算机信息系统中存储、处理或者传输的数据,或者对该计算机信息系统实施非法控制,情节严重的,处三年以下有期徒刑或者拘役,并处或者单处罚金;情节特别严重的,处三年以上七年以下有期徒刑,并处罚金。最高人民法院、最高人民检察院相关罪名司法解释将此条规定的罪名设定为非法获取计算机信息系统数据、非法控制计算机信息系统罪。

《刑法修正案(七)》的规定对于惩治网络"黑客"的违法犯罪行为增加了刑法规制途径,对于行为人利用网络技术手段非法侵入法律规定以外的计算机信息系统,使用或者窃取他人账号、密码、虚拟财产(例如,游戏装备)等信息,或者对大范围地他人计算机实施非法控制(例如,僵尸网络)等行为均设定了有效的规制措施。

其中,非法获取计算机信息系统数据罪主要具有以下特征:行为人实施了侵入普通计算机信息系统或者采用其他技术手段,获取计算机信息系统数据。非法获取计算机信息系统数据罪概括了两种行为模式:

一是非法侵入行为模式,即行为人非法"侵入计算机信息系统",实施"获取该计算机信息系统中存储、处理或者传输的数据,或者对该计算机信息系统实施非法控制"。司法实践中,较为常见的行为方式是利用他人网上认证信息进入计算机信息系统,或者在系统中植入木马、后门程序,获取存储、处理或传输的信息数据,或对系统实施非法控制。非法控制计算机信息系统,就是行为人利用网站漏洞将木马植入到网站上,在用户访问网站时利用客户端漏洞将木马移植到用户计算机上,或在互联网上传播捆绑有木马的程序或文件。当用户连接到互联网上时,这个程序就会报告其 IP 地址以及预先设定的端口。行为人收到这些信息后,再利用这个潜伏在其中的程序,就可任意地修改用户的计算机的参数设定、复制文件、窥视硬盘中的内容等,从而达到控制用户计算机的目的。

二是非法使用技术手段行为模式,即行为人"利用其他技术手段"非法获取处理传输的数据信息。所谓"利用其他技术手段",主要是指假冒或者设立虚假网站，或者利用网关欺骗技术，行为人并不需要进入他人的计算机信息系统就可获取其他计算机处理、传输的数据信息。所谓“假冒”网站一般指冒充国家机关、金融系统已建立的网站；“设立”虚假网站一般是指以国家机关、金融系统的名义建立并不存在的网站；“网关欺骗”技术是通过ARP欺骗技术建立假网关，让被它欺骗的个人电脑向假网关发送数据而窃取。

本案中，犯罪嫌疑人林某的行为属于非法侵入计算机信息系统获取数据，即在被害人的计算机系统中植入木马程序，通过感染病毒的方式获取被害人证券账户信息及其密码，从而能够非法控制证券账户随意进行交易操作。犯罪嫌疑人林某的行为符合非法获取计算机信息系统数据罪的行为构成。在《刑法修正案（七）》尚未实施之前，行为人实施本案中的行为，司法实践中确实有不少案例按照故意毁坏财物罪进行定性。①但是，由于刑法作出了新的规定，对于利用网络技术等手段侵入被害人信息系统非法获取相关数据资料的，应当按照本罪进行定性。同时，由于本案中犯罪嫌疑人林某利用病毒技术侵入他人计算机系统恶意操作被害人证券的犯罪主观意图并不在于操纵证券市场价格并从中牟利，因此，本案能认定为操纵证券交易价格罪。

需要注意的是，构成非法获取计算机信息系统数据罪的前提是“情节严重”。本罪的情节严重主要是指通过上述手段获取了大量计算机信息系统数据、多次作案，或非法控制了计算机信息系统的许多台计算机等情况。本案中，犯罪嫌疑人林某利用病毒非法侵入21名被害人的计算机系统，可以认定为情节严重。

2. 提供非法侵入或者控制计算机信息系统专用程序、工具罪的犯罪构成分析

同时，实务部门还应当注意的是，除了应当运用好相关刑法规定打击非法侵入计算机信息系统获取数据的行为之外，还应当严厉打击为上述犯罪分子制作、提供、完善相关计算机病毒程序、网络犯罪工具的犯罪人。

《刑法修正案（七）》在《刑法》第二百八十五条中增加的第三款中规定：提供专门用于侵入、非法控制计算机信息系统的程序、工具，或者明知他人实施侵入、非法控制计算机信息系统违法犯罪行为而为其提供程序、工具，情节严重的，依照前款的规定处罚。因此，实务部门有必要对提供非法侵入或者控制专用程序、工具罪的犯罪构成形成全面的把握。

---

① 尚爱国：《擅自买卖他人股票造成损失的行为如何定性——朱建勇故意毁坏财物案研究》，载游伟主编：《华东刑事司法评论·第五卷》，法律出版社2004年版。

提供非法侵入或者控制专用程序、工具罪显然属于非法侵入计算机系统犯罪的共犯,但由于《刑法修正案(七)》将其独立规定为犯罪,使其具有独立的犯罪构成。提供非法侵入或者控制专用程序、工具罪的罪质特征在于,行为人向直接侵入计算机信息系统的犯罪人提供专门用于非法获取他人登录网络应用服务、计算机系统的号、密码等认证信息以及智能卡等认证工具的计算机程序、工具。

此外,专门用于非法控制计算机信息系统的程序、工具主要是指可用于绕过计算机信息系统或者相关设备的防护措施,进而实施非法入侵或者获取目标系统中数据信息的计算机程序,如具有远程控制、盗取数据等功能的木马程序、后门程序等恶意代码。①提供上述网络犯罪工具的行为人不论其是否以营利为目的,也不论提供的对象是否特定,均构成提供非法侵入或者控制专用程序、工具罪。

第二节　环境犯罪

我国刑法分则规定的环境犯罪,主要包括《刑法》第三百三十八条至第三百四十五条规定的污染环境罪,非法处置进口的固体废物罪、擅自进口固体废物罪、走私固体废物罪,非法捕捞水产品罪,非法猎捕、杀害珍贵、濒危野生动物罪、非法收购、运输、出售珍贵濒危野生动物、珍贵、濒危野生动物制品罪,非法占用农用地罪,非法采矿罪;破坏性采矿罪,非法采伐、毁坏国家重点保护植物罪、非法收购、运输、加工、出售国家重点保护植物、国家重点保护植物制品罪,盗伐林木罪、滥伐林木罪、非法收购、运输盗伐、滥伐的林木罪等。本节就环境犯罪中的核心罪名污染环境罪展开深入解析。

在十二届全国人大四次会议上,我国环境保护部部长专门就污染环境犯罪刑法规制问题召开记者会,明确强调加强行政执法和刑事司法联动,让违法者不仅受到行政处罚,严重的还要受到刑事处罚。统计数据显示,2015年环保部联合公安部、最高人民检察院对两起性质恶劣的案件进行了挂牌督办,同时全国共移送行政拘留案件2 079起,移送涉嫌环境污染犯罪案件1 685件。②修改完善重大环境污染事故罪是《刑法修正案(八)》加强民生刑

① 黄太云:《刑法修正案七内容解读(四)》,《人民法院报》2009年4月29日第6版。

② 徐伯黎:《环保部联合最高检挂牌督办严重污染环境犯罪案件》,《检察日报》2016年3月12日第1版。

法保护的重要举措。《刑法修正案(八)》将刑法第三百三十八条修改为:违反国家规定,排放、倾倒或者处置有放射性的废物、含传染病病原体的废物、有毒物质或者其他有害物质,严重污染环境的,处三年以下有期徒刑或者拘役,并处或者单处罚金;后果特别严重的,处三年以上七年以下有期徒刑,并处罚金。“两高”《关于执行〈中华人民共和国刑法〉确定罪名的补充规定(五)》将本条的罪名确定为污染环境罪。污染环境罪降低了环境犯罪的定罪门槛、扩大了有害物质的范围,有利于进一步强化环境安全的刑法保护。经过近年来的实践,环保部、司法机关查处了相当数量的污染环境违法犯罪行为。然而,环境污染罪在污染行为的违法性判断、犯罪结果量化认定、单位犯罪自然人刑事责任确定等问题上仍然存在较多争议,有必要充分运用刑法原理论证相关适用归责,为环境犯罪司法实务提供参考。

一、污染环境罪的违法性判断

相关单位或者个人处理危险物质严重污染环境,只有“违反国家规定”才构成污染环境罪。违法性分析是司法机关判断涉案行为是否构成本罪极为重要的工作。污染环境罪违法性判断主要涉及“违反国家规定”的范围界定与行为人对此的主观状况认定等具体问题。

(一)“违反国家规定”的范围界定

《刑法》第九十六条将“国家规定”的最低法律位阶确定为国务院制定的法规、决定、命令等。据此,刑法理论上一种合理的解释是,污染环境罪“违反国家规定”的范围包括全国人大及其常委会制定的法律以及国务院制定的法规等。然而,由于我国环境法律法规尚未形成完备的规范体系,大量环境监管任务仍然需要依靠更为细致的国家级部委规章予以调整,如果将污染环境罪“违反国家规定”限定为国务院法律文件位阶以上的规定,司法实践中将难以对涉嫌严重污染环境的行为进行违法性判断。

以渤海油田溢油事故为例——中国海洋石油总公司(以下简称中海油)与康菲石油中国有限公司(美国康菲石油公司全资子公司,以下简称康菲公司)共同开采海洋石油过程中因操作平台泄露溢油引起严重海洋环境污染。[①]对于康菲公司与中海油处置石油的经营业务行为是否违反国家规定问题,现有的法律依据是《环境保护法》、《海洋环境保护法》等,行政法规依据是《海洋石油勘探开发环境保护管理条例》、《对外合作开采海洋石油资源条例》、《防治海洋工程建设项目污染损害海洋环境管理条例》等。由于上述海洋环境法律法规制定时间较早且规定较为原则,难以对涉案单位从事海洋

① 高胜科、张有义:《追责渤海漏油》,《财经》2011年第20期。

石油开采作业过程中的各个环节是否存在违法进行有针对性的审查。而国家海洋局《海洋石油勘探开发环境保护管理若干问题暂行规定》、《海洋石油开发工程环境影响评价管理程序》、《海洋石油开发工程环境影响后评价管理暂行规定》、《海洋油气开发工程环境保护设施竣工验收管理办法》、《海洋石油勘探开发溢油应急响应执行程序》以及国家安全生产监督管理总局《海洋石油安全生产规定》等国家级部委规章对于海洋石油开采行为的环境保护、环境影响评价、工程环境保护设施、安全生产、事故应急等一系列问题进行了细致规范。上述部委规章对于各个环节海洋环境违法行为的认定提供了具体的审查依据。

可见，基于环境保护法制建设的现实，污染环境罪“违反国家规定”的判断在实践中不能脱离国家部委规章。污染环境罪中的“违反国家规定”不应局限于全国人大及其常委会制定的法律和决定、国务院制定的行政法规等规定，有必要覆盖国家有关部门规章。法律法规对于污染环境行为的违法性规定，通常是一种原则性、概括性、宣示性的禁止，司法机关很大程度上只能根据此类前置性法律规范对行为的违法性进行一般化的把握。国家部委规章是一种具体化的环境保护规则设计，在现阶段必须成为司法机关在办案过程中细致分析涉案环境污染行为违法性的重要判断依据。部委规章是法律法规的细化解释与具体应用，司法机关完全可以充分运用规章规定更为具体的优势更加精确地分析涉案环境污染行为的违法性，从而实现污染环境罪违法性司法审查的精确化。

（二）“违反国家规定”的“明知故犯”

经过《刑法修正案（八）》完善后的污染环境罪仍然延续了原环境污染责任事故罪的“违反国家规定”要件。司法机关必须证明行为人对于违反环境法律法规等国家规定具有“明知故犯”的主观状态。但“明知故犯”只是对于事实的一种法律判断，而非刑法规范意义上的犯罪构成主观要件评价。例如，任何交通肇事犯罪，行为人对于违反交通法规均存在有“明知故犯”的情节，无论是醉驾肇事还是飙车肇事概莫能外。但是，刑法中所称的故意和过失主要是以行为人对危害结果的态度作为依据的，并非是针对违法、违规而言的。[①]可见，构成污染环境罪中“违反国家规定”要件仍然包含了主观要素的认定，只是这种有关行为人主观内容的法律要素不是犯罪故意或者犯罪过失，而是行为人对于违反前置性法律规范的认知。

由于我国环境法律规定本身存在模糊、复杂、疏漏等问题，对于部分环

---

① 刘宪权：《处理高危驾车肇事案件的应然标准》，《法学》2009年第9期。

境作业的合规性问题，法律专业人士尚且存在争议，要求不具有法律专业的公司人员对单位行为的违法性具备具体的认识，显然过于苛求。构成污染环境罪，单位人员对于单位行为以及自身行为违反国家规定应当具备认知，但不要求证明行为人认识具体违反的法律规定。因此，污染环境罪中对于法律规定“明知故犯”的认定具有概括性特征。同时，司法机关可以合理推定行为人对于违反国家规定的“明知故犯”。这种司法推定的合理性依据在于：(1)相关单位从事经营行为均由专业人员操作，经营业务的特定性以及单位人员行为主体的身份与职务特质决定了司法实践中可以合理推定行为人对经营过程中的环境污染行为系违反规定具有专业性认知。(2)经营活动中的环境保护问题相对于其他社会经济活动环节而言，其合规性管理极为严格，按照环境保护法律法规的规定以及监管部门的执法要求，经营单位必须建构涉及环境评估、污染预防、事故处理等一系列问题的相对完备的合规实体规范与合规执行程序，经营主体以及单位人员在业务操作中都需要按照单位合规管理的要求进行业务操作。(3)构成污染环境罪的前提是相关单位的作业涉及放射性、传染性、有毒性、有害性物质的排放、倾倒、处置等，这种危险行为以及危险物质关系到社会公共利益以及极为广泛的公民人身财产安全，刑法规范必须对公共法益进行充分保护，任何持有或处理此类具有高度危险性物质的经营主体及其单位人员均应当被推定为对环境保护法律规范具有认知。

二、污染环境罪的结果认定

污染环境罪将原《刑法》第三百三十八条重大环境污染事故罪“造成重大环境污染事故，致使公私财产遭受重大损失或者人身伤亡的严重后果”修改为“严重污染环境”，这是污染环境罪最为重要的修改。[①]然而，“严重污染环境”要件在实践认定中存在诸多问题，有必要进行深入分析。

(一) 污染环境危险犯的法律缺位与实践应对

作为构成污染环境罪的结果要件，“严重污染环境”除了包括造成财产损失或者人身伤亡的重大环境污染事故，还将虽未造成重大环境污染事故，但长期违反国家规定处理，已使环境受到严重污染或破坏的情形。然而，上述“严重污染环境”的实质内涵决定了污染环境罪仍然延续了原《刑法》第三百三十八条重大环境污染事故罪实害犯的立法模式。尽管污染环境罪实际损害结果的范围进行了一定程度的拓展，但对于足以严重污染环境但尚未产生实际环境损害的危险行为，刑法无法予以规制。

① 黄太云：《刑法修正案(八)解读》，《人民检察》2011年第8期。

只有在“严重污染环境”的情况下，才能以污染环境罪够追究行为人的刑事责任，这意味着我国刑法不仅没有能够从环境污染行为的角度定义环境犯罪中最重要的罪名，而且未从具体危险的环节控制环境污染风险——必须等待出现环境污染的实际结果之后才能以实害犯的形式追究污染环境行为的刑事责任——刑法规范风险控制的滞后显而易见。环境污染具有潜伏性与发展性的特点，因果关系的认定也极其复杂。这就决定了以实害犯的犯罪结构设置污染环境罪在实践操作中容易形成两种不良后果：(1)为强行认定犯罪而降低司法认定的规范性与技术性标准；或者(2)大量环境污染行为无法进入刑事诉讼环节进行否定性评价而只能依靠行政处罚予以规制。

德国刑法理论中早已有观点指出，对环境犯罪确立孕育着危险行为的抽象危险犯的犯罪构成是适当的，这种行为构成可以包括具有危险性的各种典型行为，对于这种行为的责任，不要求产生具体的损害或发生有害后果的现实可能性的具体危险。①《德国刑法典》第二十九章环境犯罪中规定的水污染罪、无授权处理危险废物罪、无授权处理核装置罪、无授权处理辐射物罪、无授权处理危险物品罪等均为抽象危险犯，②直接将此类典型的环境危险行为作为犯罪处理，根本无需考虑与环境污染相关的任何要素。

我国《刑法修正案(八)》制定过程中也有不少观点认为，有必要在立法上增加对环境犯罪危险犯的规定，加大对污染环境犯罪的惩处力度，以更好地保护我们赖以生存的环境。③然而，经《刑法修正案(八)》完善后的污染环境罪并未采纳危险犯的立法模式。对于具有严重污染环境危险的行为，只能根据相关环境法律法规给予行政处罚，但当前环境保护行政执法与刑事司法之间实际上无法形成有限衔接。例如，根据《海洋环境保护法》罚则部分的规定，海洋环境违法行为行政处罚的上限为罚款20万元，而刑法对污染环境罪设置的法定刑是有期徒刑与并处或单处无限额罚金。可见，从处罚层面分析，污染环境危险行为与造成实际损害的污染环境行为的实体处罚落差过大，环境污染危险、环境污染、严重环境污染、特别严重环境污染之间没有一个从行政处罚到刑事处罚逐步递增强度的合理制裁阶梯。

在立法机关已经选择以实害犯的刑事立法模式规制环境污染行为的现

---

① [德]萨姆松：《德国环境刑法的基本原理和问题》，李建明译，《外国法译评》1994年第4期。

② StGB § 324 Gewässerverunreinigung; § 326 Unerlaubter Umgang mit gefährlichen Abfällen; § 327 Unerlaubtes Betreiben von Anlagen; § 328 Unerlaubter Umgang mit radioaktiven Stoffen und anderen gefährlichen Stoffen und Gütern.

③ 黄太云：《刑法修正案(八)解读》，《人民检察》2011年第8期。

实背景下，刑法理论不宜过度诟病立法，而应当积极思考具有可操作性的应对方案。一种可行的思路是，以刑法污染环境罪为基础，反向推动环境法律法规完善，在行政法层面提高环境污染危险行为的行政处罚力度，通过提高环境行政执法效率与环境违法行政处罚强度实现污染环境危险行为行政处罚与污染环境实害犯罪刑事制裁的有效衔接。

（二）“严重污染环境”、“后果特别严重”的认定

刑法中的污染环境应当是作为犯罪行为实际导致的各种环境污染损害结果，具体而言，应该包括环境直接损害、环境间接损害以及环境修复期间损害。(1)环境直接损害是指污染环境的犯罪行为直接造成的区域生态环境功能和自然资源破坏、人身伤亡和财产损毁及其减少的实际价值；(2)环境间接损害是指为防止污染扩大、污染修复或恢复受损生态环境而采取的必要的、合理的措施而发生的费用；(3)环境功能性损害是指受到污染的环境部分或完全恢复前生态环境服务功能的期间损害。

2008年最高人民检察院、公安部《关于公安机关管辖的刑事案件立案追诉标准的规定(一)》关于重大环境污染责任事故罪的立案标准规定，只是从传统经济犯罪损害结果评定的角度出发，将直接与间接经济损失纳入重大环境污染责任事故罪结果要件的评价范围，而没有从环境犯罪所应捍卫的法益(环境安全)出发思考重大环境污染事故罪的可归责结果。

司法实践中认定污染环境罪“严重污染环境”，必须从污染犯罪行为与环境之间的关系层面全面界定污染环境所应当进行量化评价的各项指标。这种环境犯罪损害结果全面评价原则的集中体现便是将环境功能性损害作为“严重污染环境”的量化指标之一。环境不仅应当从经济的角度衡量其直接或者间接价值，而且应当从生态环境服务功能的角度予以量化评价。环境的生态服务功能是指某种生态环境和自然资源对其他生态环境、自然资源和公众利益所发挥的作用。污染行为在对环境造成直接、间接经济损失的同时，对环境的生态服务功能同样造成了巨大损害，这部分损害结果同样应当纳入污染环境罪“严重污染环境”的犯罪结果评价范围。

根据《刑法》第三百三十八条污染环境罪的规定，导致严重污染环境结果的，处三年以下有期徒刑或者拘役，并处或者单处罚金；后果特别严重的，处三年以上七年以下有期徒刑，并处罚金。然而，由于现阶段司法解释没有及时对“严重污染环境”、“后果特别严重”的具体量化标准进行界定，污染环境罪客观上难以在实践中予以适用。

污染环境罪损害结果量化标准真空现象折射出我国经济犯罪刑事立法中的一个多发性问题——由于立法解释与司法解释没有及时跟进，刑法分

则规定中的“严重”、“特别严重”等概括性定罪标准或者法定刑加重标准长期处于真空状态。这在刑法修正案增设、修改的个罪中表现得尤为突出。例如，《刑法修正案(六)》掩饰、隐瞒犯罪所得、犯罪所得收益罪增设了“情节严重的，处三年以上七年以下有期徒刑，并处罚金”这档法定刑，但“两高”未及时就“情节严重”作出具体规定。污染环境罪“严重污染环境”、“后果特别严重”的量化评价标准的缺失将直接导致本罪适用性虚置。

司法解释有必要尽快制定污染环境罪损害结果的量化标准，全面完整地评估特定环境污染损害程序及与之对应的入罪标准、法定刑。对于污染环境犯罪行为所造成的人身损害、财产损害、生态环境资源损害、应急处置费用、调查评估费用、污染修复费用、事故影响损害和其他应当纳入评估范围内的损害，都应当经过科学论证设置数量标准，以此区分一般环境污染行为、污染环境犯罪行为以及后果特别严重的污染环境犯罪行为。

三、单位污染环境犯罪中单位成员刑事责任的确定

从早前重大环境污染事故罪实践中的情况来看，单位环境犯罪较个人犯罪而言，对环境安全与社会公共利益的破坏更为严重。①根据《刑法》第三百四十六条的规定，单位犯污染环境罪的，对单位判处罚金，并对其直接负责的主管人员和其他直接责任人员，依照《刑法》第三百三十八条的规定处罚。单位基于其违法行为承担污染环境罪的刑事责任，在司法实践中并不存在过多障碍，疑难问题在于如何确定相关单位成员的刑事责任，尤其是在上市公司等公司治理结构相对复杂的单位中，如何判断相关单位成员对于污染环境犯罪承担主管责任与直接责任更是存在较大疑问。

我国单位犯罪刑法理论与实践通常认为，直接负责的主管人员具有单位管理职务，主管或分管涉案业务，有决策权、指挥权、监管权，其明知单位犯罪，不需要直接参与犯罪实施，个别甚至不需要指挥犯罪；直接责任人员具有单位成员身份，接受单位及其上级管理，在开展业务活动中具体实施犯罪行为的一个环节，对于整体单位犯罪不需要具有明知。②可见，我国单位犯罪中单位成员刑事责任追究根据行为人的职务情况有所区别。以污染环境犯罪为例进行分析，直接负责的主管人员与环境安全有关的实际职责与明知单位违反国家环境保护规定从事业务是其承担刑事责任的基础；其他直

---

① 例如，2010年7月上市公司紫金矿业位于福建上杭县的紫金山金铜矿湿法厂发生污水渗漏事故，9 100立方米废水外渗引发福建汀江流域污染，造成沿江上杭、永定鱼类大面积死亡和水质污染。个人环境污染犯罪一般难以达到如此严重的损害后果。

② 《单位犯罪研究》课题组：《上海法院系统审理单位犯罪情况调查》，载《华东刑事司法评论(第四卷)》，法律出版社2003年版，第286页。

接责任人员实施具体的污染环境犯罪行为与导致具体污染结果是其作为承担单位犯罪自然人部分刑事责任的基础。

然而,上述理论存在归责公平性的疑问:对于行使单位代表权的管理层成员,其构成单位犯罪的法律标准较高,不仅需要考察其职责是否与单位犯罪具有关联性,而且必须证明其对于单位犯罪具有明知;对于与单位代表权关系相对不紧密的单位一般员工,其承担刑事责任只需考察其是否具体实施犯罪并评价其结果。

根据国外环境犯罪刑法理论,司法机关分析公司中直接负责的主管人员和其他直接责任人员是否具有构成污染环境犯罪的归责基础,法律论证的出发点不在于细化分析其作为单位成员本身所具有的个体化犯罪故意或过失的性质及其量度,而在于其在公司中的职位与职责。与单位人员职务密切关联的内容整体决定了刑事责任的存在与强度,个体化故意或过失的认定均派生于职位与职责要素。在公司业务中承担环境安全监管责任的管理层人员相对于其他公司人员而言更应当对公司损害环境与社会公共利益的行为承担刑事责任。①

单位构成污染环境罪的,在归咎单位成员责任时显然应当重点对单位管理层人员进行刑事谴责。从这一意义上分析,国外公司犯罪刑法理论强调管理性职责要素与公司成员归责之间的关系具有合理性。但是,在单位直接负责的主管人员确实不知悉单位污染环境犯罪的情况下,忽略其主观要素而直接根据其管理职责进行刑事责任归咎,同样有失公平。特别是对于投资关系复杂的上市公司,其董事会分管处理危险生产作业的领导对于子公司违反国家规定污染环境的事实确实可能完全不知晓。苛求明知要素,势必难以完成证明责任从而导致追究下属而放纵上级领导;只求管理性职责要素,无法满足归责主客观统一的刑法原理。

在单位污染环境犯罪中解决上述单位成员刑事责任确定困惑问题,应当从环境保护与单位业务之间的关系着手研究刑法适用规则。单位业务经营过程中的环境污染犯罪是一个过程,环境污染事件爆发节点之前的一系列行为共同导致了严重污染环境的犯罪结果。单位污染环境犯罪的发生通常都有先前隐患的"预告",或者其他环节的技术障碍,甚至已经出现了没有达到刑事犯罪情节标准的违法事件。单位直接负责的主管人员或者其他责任人员基于其岗位职责,明知单位之前存在相关违法处置放射性、传染性、

---

① Stephen Longoria, The Criminal Prosecution of Environmental Offenders: No longer a Cost of Doing Business, 60 Texas Business Journal 1118(1997).

有毒有害物质情况或者对单位之前环境违法承担行政违法责任的,即使其对于当前发生的污染环境犯罪事实没有具体的认知,也应当认定其明知单位中存在的违反国家规定的污染环境行为。同时,刑事司法实践中之所以难以认定单位管理层人员对于单位污染环境犯罪具有明知,本质上是因为单位管理人员的主观内容无法通过客观证据予以确认,解决证据问题的路径无法在刑法犯罪故意或者过失理论的规范性框架内探究,而应当拓展分析视角,采取环境行政法与环境刑法联动立法的方式,为环境犯罪刑法实践设置证据来源渠道。具体的思路可以是:在环境行政法律、法规、规章等规范性法律文件中增设环境安全生产信息披露规范,要求从事放射性、传染性、有毒有害性物质处理业务的单位在环境评估、安全生产、事故隐患、污染报告等环节进行全方位的书面信息披露,由相关单位主管人员签字盖章确认。对于伪造文件、虚假陈述等违反环境保护信息披露的行为,由监管部门予以行政处罚。同时,刑法在环境犯罪体系中增设环境保护信息披露不实罪,将情节严重的环境保护虚假信息报告行为规定为犯罪,保障信息披露法规的执行力。此类书面文件涵盖了环境保护的所有核心环节,一旦相关单位因为某些环节的环境违法行为造成严重污染环境的犯罪结果,司法机关可以向行政机关调取环境保护信息披露文件,以此作为直接负责的主管人员明知单位污染环境犯罪的证据。

第三节 毒品犯罪

毒品犯罪是违反国家毒品管制的、依照刑法分则第六章第七节应当受刑罚处罚的犯罪行为。主要包括:走私、贩卖、运输、制造毒品罪,引诱、教唆、欺骗他人吸毒罪,非法提供麻醉药品、精神药品罪,窝藏、转移、隐瞒毒品、毒赃罪,非法买卖、运输、携带、持有毒品原植物种子、幼苗罪等。本节重点就毒品犯罪中的基础罪名走私、贩卖、运输、制造毒品罪进行分析。

一、走私、贩卖、运输、制造毒品罪的基本问题

走私、贩卖、运输、制造毒品罪是指违反海关、工商、交通、运输、毒品管理等行政法规,走私、贩卖、运输、制造毒品的行为。走私毒品行为,是指违反海关法规,逃避海关监管,以各种手段使毒品进出国(边)境的行为。贩卖毒品行为,是指出售毒品,或者以出售为目的而购入毒品的行为。运输毒品行为,是指在国(边)境范围内,将毒品从一地移动到另一地的行为。应当注意区分运输与持有毒品,前者具有特定的目的,而后者是因为实践中难以查

清目的而认定行为人的持有状态构成毒品犯罪。制造毒品行为，是指对天然原料进行加工，从中提炼、配制出毒品；或者将化学原料以人工合成方法生产出毒品的行为。

作为毒品犯罪的对象，根据《刑法》第三百五十七条的规定，毒品是指鸦片、海洛因、甲基苯丙胺（冰毒）、吗啡、大麻、可卡因以及国家规定管制的其他能够使人形成瘾癖的麻醉药品和精神药品。

二、刑事特情与毒品犯罪

司法实践中，通过介绍促成毒品交易的行为普遍存在。根据介绍人在毒品交易过程中起到的作用及其与贩毒者、购毒者之间的关系，介绍行为分为介绍贩毒、介绍购毒、为毒品交易双方介绍三种形式。对于介绍贩毒以及为毒品交易双方介绍，由于行为人与贩毒者形成贩卖毒品的意思联络，并且客观上为贩毒者实施毒品交易起到了帮助作用，根据刑法规定，介绍人构成贩卖毒品罪，实践中争议较少。但是，介绍购毒行为定性则存在诸多疑难。

介绍购毒是指行为人为买毒者介绍何处有人贩毒、如何联系贩毒者、相关毒品的价格等毒品购买信息或者直接将买毒者带往毒品交易地点的行为等。由于介绍购毒行为的情况比较复杂，此类行为的罪与非罪、此罪与彼罪问题难以一概而论。与此同时，毒品犯罪案件侦查过程中大量使用刑事特情人员，这就导致向公安特情人员介绍购买毒品案件的定性问题很大争议。

实践中出现如下案例：2011 年 4 月 10 日，购毒人李某（系刑事特情人员）向公安机关检举朱某贩卖毒品，并称可通过徐某向朱某购得毒品。4 月 15 日，在公安机关侦查人员控制下，李某通过电话联系徐某，提出想要购买两套冰毒，徐某答应帮其向朱某联系购买事宜。徐某随后电话联系朱某，告知其有朋友要购买两套冰毒。朱某同意交易，并要求徐某带其朋友于当天晚上至 A 地点交易。当晚 20 时许，徐某带李某至 A 地点，并共同进入朱某驾驶的红色 QQ 轿车，朱某坐驾驶座、李某坐副驾驶、徐某坐后排。朱某随即拿出两包塑料袋包装、共计 54.17 克冰毒给李某。李某看过后交给朱某，朱某放在轿车排挡处。李某和朱某谈妥该次交易的冰毒总价格为人民币 21 000 元。随后李某以需到银行取钱支付购毒款为由，让朱某驾车至 B 地点，三人尚未下车，即被守候伏击的民警抓获。民警当场从朱某轿车排挡处查获上述两包冰毒。经查，没有证据证明介绍购毒者徐某从该笔交易中获得或者被许诺获得任何利益。

对于本案犯罪嫌疑人徐某向刑事特情人员介绍购买毒品的行为如何定性，实践中存在较大观点分歧。这主要是因为向公安特情人员介绍购买毒品行为的定性问题交织了毒品犯罪、共犯、刑事特情等多重法律问题。因此,有必要结合案例,根据介绍购毒者的主观目的与客观行为、公安特情具体情况以及毒品交易客观状况等因素进行层进式的细致分析,厘清相关问题,以供司法实践参考。

(一)介绍刑事特情购毒行为定性问题的争议

对于类似于上述案例中的介绍刑事特情人员购毒行为如何定性,实践中主要存在以下几种意见——

观点一:犯罪嫌疑人徐某构成贩卖毒品罪(共犯)。具体理由是:徐某介绍李某购毒的同时,也是在帮助朱某贩毒,徐某在主观上明知朱某贩卖毒品的情况下,将购毒人员李某带至交易地点与朱某交易毒品,客观上帮助了朱某贩卖毒品,具有在毒品买卖双方之间倾力介绍、撮合、促成毒品交易的行为性质,应当以贩卖毒品的共犯定罪。

观点二:犯罪嫌疑人徐某构成非法持有毒品罪(共犯)。具体理由是:徐某并非主动帮助卖毒方朱某向购毒人员推销毒品、介绍买主,而是在购毒人李某主动联系的情况下,才将购毒人带至交易地点购买毒品。虽然徐某的行为在客观上帮助了朱某贩卖毒品,促成了毒品交易,但是其主观上没有帮助朱某进行贩卖毒品的故意,贩毒人朱某与介绍人徐某之间并不存在贩毒共谋。同时,李某购买毒品并非为了继续实施贩卖等毒品犯罪,且徐某没有从介绍购毒中谋取利益,无法认定徐某构成贩卖毒品等犯罪。但由于本案毒品交易中的毒品数量超过《刑法》第三百四十八条规定的数量最低标准的,故购毒人李某的行为成立非法持有毒品罪,徐某对于李某的犯罪行为具有帮助故意,实施了介绍购毒的帮助行为,应当将徐某的行为认定为非法持有毒品罪的共犯。

观点三:犯罪嫌疑人徐某独立构成非法持有毒品罪。具体理由是:介绍购毒人徐某带领购毒者进入毒品交易环节,贩毒者、购毒者、介绍购购毒者在相对封闭的轿车内进行毒品交易,应当视为三人共同对正在交易的毒品进行支配与控制,故可以认定徐某持有毒品,由于其没有贩卖毒品等其他毒品犯罪的主观故意,且其介绍购买毒品的对象为刑事特情人员,故徐某应当独立构成非法持有毒品罪。

观点四:犯罪嫌疑人徐某不构成犯罪。具体理由是:本案中购毒人李某系公安特情人员,其并无持有该毒品的主观故意,虽然李某客观上控制支配涉案毒品,但是其公安特情人员的身份与行为决定了其没有任何毒品犯罪的主观故意,不能将李某以非法持有毒品罪论处。而作为介绍人的徐某虽然客观上起到了帮助李某购得毒品的作用,但由于购毒者李某不构成犯罪,徐某与李某丧失了构成共犯的基础,故徐某的介绍购毒行为不应以非法持有毒品罪论处。

为刑事特情介绍购买毒品案之所以在行为性质认定上存在较大分歧，主要是因为司法实务中对以下焦点问题存有不同认识或者困惑：第一，介绍购买毒品行为在客观上帮助了毒贩或者促进了毒品流动，是否应当以贩卖毒品罪评价此类行为的社会危害性？第二，相关毒品犯罪司法解释没有明确介绍贩毒、介绍购毒、为毒品交易双方介绍等介绍行为的定性规则，如何根据毒品犯罪刑法基本原理予以明确？第三，毒品犯罪案件中大量使用刑事特情，如何根据具体案件判断刑事特情对相关毒品犯罪的定罪影响？第四，在介绍购毒者与毒品交易者共处交易环节的情况下，如何判断其是否持有毒品？解决上述争议焦点，关键是在厘清向他人介绍购买毒品行为基本定性规则的基础上，细致研判特殊介绍对象（刑事特情）以及介绍人具体行为对于犯罪性质认定的影响。

（二）向他人介绍购买毒品行为的基本定性规则

行为人明知购毒者购买毒品后，准备实施走私、贩卖、运输毒品等毒品犯罪，仍然为该以实施毒品犯罪为目的的购毒者介绍购买毒品的，构成相关毒品犯罪。因为上述情况表明介绍购毒人与实际购毒者之间存在实施相关毒品犯罪的共同故意，且介绍人为购毒者提供了介绍购买毒品相关信息的帮助行为，无论介绍人是否从中谋利，对其均应以购毒者后续实施的相关毒品犯罪的共犯论处。

行为人不以牟利为目的，为购毒者介绍用于吸食的毒品，根据毒品数量是否超过《刑法》第三百四十八条的最低标准判断是否构成非法持有毒品罪。

根据2008年最高人民法院《全国部分法院审理毒品犯罪案件工作座谈会纪要》的规定，有证据证明行为人不以牟利为目的，为他人代购仅用于吸食的毒品，毒品数量超过《刑法》第三百四十八条规定的数量最低标准的，对托购者、代购者应以非法持有毒品罪定罪。代购者从中牟利，变相加价贩卖毒品的，对代购者应以贩卖毒品罪定罪。故代购用于吸食毒品的行为明确地根据共犯原理进行刑事归责。虽然介绍与代购在民法上属于不同性质的民事法律行为，但在刑法上，介绍他人购买与为他人代购用于吸食的毒品，本质上都是购买毒品的帮助行为。介绍者与代购者一样，其成立非法持有毒品罪的基础在于与购毒者或者托购者形成共犯关系。

纵然从相关司法文件中能够解释不以牟利为目的的介绍购毒行为不构成贩卖毒品罪，但司法实践中仍有观点指出，从卖毒者一方来看，介绍人实际上也是在帮助卖毒者将其毒品出售给买毒者，在帮助买毒者的同时也间接帮助了卖毒者,而且介绍人主观上对此也是有明确认识的,在意志上也是希望通过自己的帮助行为使得卖毒者能够将毒品卖给买毒者,完全符合贩卖毒品罪共犯的主客观要素。[①]笔者不同意上述观点。为购毒者介绍用于吸食的毒品,介绍购毒行为一般不应以犯罪论处。介绍人为他人提供毒品货源信息,联系介绍购买毒品的行为,虽然在客观上促进了毒品交易,给贩毒分子购买毒品的活动提供了一定的帮助,但介绍人主观上是为了帮助吸毒者买到吸食所需的毒品,其主观目的在于帮助他人实现毒品消费而非卖出毒品,故介绍人不存在帮助贩毒者贩卖毒品的主观故意。强行以介绍购毒行为在客观上帮助贩卖毒品者实现毒品交易来定性,实际上是通过客观行为推定介绍人的主观意志内容,这种推定不仅与有明确证据证明的向购毒者介绍毒品信息的行为人主观意志内容相悖,而且不符合从某一事实可以推断另一事实的经验规则。以介绍购买毒品行为在客观上帮助了毒品贩卖为由将其认定为贩卖毒品罪,不符合刑法共同犯罪原理与刑事证明原理。

所以,为购毒者介绍用于吸食的毒品,只要在毒品数量达到《刑法》第三百四十八条规定的最低标准情况下,购毒者、介绍人才构成非法持有毒品罪。当然,如果介绍人从购毒者处通过收取好处费等牟利,实际上属于加价向购毒者销售毒品,系变相贩卖毒品,应当认定为贩卖毒品罪。从上述案例中的情况分析,徐某向他人介绍购买毒品,其毒品数量超过非法持有毒品罪的追诉标准,符合介绍购毒成立非法持有毒品罪的基本定性规则,能否进一步确认其构成犯罪,还应当继续考察其介绍购毒的对象(刑事特情人员)对于定性的影响以及徐某在毒品交易过程中是否还存在其他具有刑法评价意义的具体行为。

(三)向刑事特情人员介绍购买毒品行为的性质认定

行为人不以牟利为目的,向公安机关特情人员介绍购买毒品,即使毒品数量达到《刑法》第三百四十八条规定标准的,也不宜以非法持有毒品罪追究刑事责任。但介绍人在促成毒品交易过程中实施了具有独立性的持有毒品行为,且毒品数量达到《刑法》第三百四十八条规定标准的,应当认定为非法持有毒品罪。

运用刑事特情侦破毒品犯罪案件是打击毒品犯罪的有效手段。公安机关指挥、控制特情接近、贴靠侦查对象,促使侦查对象暴露已有犯罪意图的犯罪行为或者犯罪证据,特情是侦查谋略的一部分,不构成犯罪。因此,刑事特情人员根据公安机关要求与贩毒者进行毒品交易,其自始不具有任何

① 宁积宇:《贩卖毒品罪共犯疑难问题探析》,《河南公安高等专科学校学报》2009 年第 4 期。

毒品犯罪的故意与行为,不构成非法持有毒品罪等毒品犯罪。介绍购毒行为构成非法持有毒品罪的基础在于与购毒者形成共犯关系。根据《刑法》第二十五条的规定,共同犯罪是指二人以上共同故意犯罪。行为人应公安特情人员要求向其介绍购买毒品信息,虽然客观上实施了毒品犯罪的帮助行为,但由于公安特情人员不构成任何毒品犯罪,介绍人与公安特情无法构成共犯,故向公安特情人员介绍购买毒品行为不具有构成非法持有毒品罪的基础。

向他人介绍购毒仅提供毒品来源信息,一般不直接接触毒品,作为购买毒品的帮助行为,其只有在共犯关系下才能够成立非法持有毒品罪。但是,司法实践中应当注意的是,不排除介绍人在促成毒品交易过程中占有毒品的可能性(特别是在介绍人带购毒者至毒品交易地点购买毒品时)。在这种特殊情况下,无需以共犯关系为基础追究介绍购毒者的刑事责任,介绍人完全可以独立构成非法持有毒品罪。所以,即使行为人介绍购买毒品的对象是刑事特情人员,只要介绍人实施了持有毒品行为,也不影响其独立构成非法持有毒品罪。

实践中有观点认为,购毒人如果是公安特情人员,其并无持有该毒品的主观故意,即使其在交易过程中持有毒品,根据主客观相一致原则,不能将公安特情人员以非法持有毒品罪论处,而向公安特情人员居间介绍购买毒品的行为人主观上的内容表现为帮助他人购得毒品,这种从属性的主观故意依附于公安特情人员的主观内容。一旦公安特情人员因为不具有非法持有毒品的故意而无法认定为非法持有毒品罪,作为从属性故意的介绍购毒人显然不应以非法持有毒品罪论处。其实,这种意见仍然纠结在共犯的框架内解决介绍购毒人的刑事责任问题,其根源在于没有深刻把握非法持有毒品罪的立法要旨与证成条件。

从刑法法条关系的角度分析,在毒品犯罪刑法规范体系内,非法持有毒品罪是毒品犯罪中的兜底条款。在非法持有毒品犯罪行为中,行为人大多是为了走私、贩卖或者运输等而持有毒品,只有当司法机关不能证明行为人具有走私、贩卖或者运输毒品的故意时,才对行为人处以非法持有毒品罪。①刑法设置非法持有毒品罪,其目的在于严格禁绝毒品,不允许任何非法持有毒品,同时,基于侦查机关查处比非法持有毒品犯罪更为严重毒品犯罪的需要,考虑到此类毒品犯罪取证困难的技术难题,将毒品的查证属实与持有人的确证列为非法持有毒品成立的两个基本要素,使此罪的确立不具证据上

① 李林:《非法持有毒品罪研究》,《西南政法大学学报》2008年第4期。

的困难。①非法持有毒品罪是难以适用其他毒品犯罪追究持有毒品状态下行为人刑事责任时的一种简便化选择，其合理性在于大量持有毒品转化为现实性的其他毒品犯罪的高度危险性。从风险刑法理论的角度进行分析，现代社会的发展增加了社会运行过程中的行为风险，风险社会对传统刑法机能提出了全新的挑战和要求，刑法应当从单纯的法益保护转向公民安全感的维护与社会控制。与毒品流通有关的行为实际上对社会管理秩序造成了重大的危害风险，在司法实践无法证明具体的走私、贩卖、运输毒品等毒品犯罪时，非法持有毒品罪显然是刑法积极应对毒品流通对社会可能造成风险的一种有效形式。

对于走私、贩卖、运输毒品等犯罪行为，控方必须证明毒品的来源、去向，行为人主观的起因、经过，证明难度较大；而持有型毒品犯罪实际上是事实状态的固定与主观内容的简化性证明。根据2000年最高人民法院《全国法院审理毒品犯罪案件工作座谈会纪要》的规定，非法持有毒品达到《刑法》第三百四十八条规定的构成犯罪的数量标准，没有证据证明实施了走私、贩卖、运输、制造毒品等犯罪行为的，以非法持有毒品罪定罪。故同时具备以下三个条件即构成非法持有毒品罪：(1)主观上明知是毒品；(2)客观上非法持有该宗毒品；(3)无证据表明行为人实施其他毒品犯罪。这表明非法持有毒品罪的可罚性在于，行为人持有毒品超过用于吸食的常理标准，其大量持有毒品行为本身具有贩卖、运输毒品的高度危险。行为人明知是毒品而持有，达到法律规定的数量标准，即可认定为非法持有毒品罪。

在非法持有毒品的行为认定上，应当以是否实际控制毒品为标准认定介绍人在促成毒品交易过程中是否持有毒品。司法实践中，毒品被现实地带入交易环节，即贩毒者已将毒品带到购买者面前着手交易的，该种处于交易状态下的毒品应当视为在买卖双方的共同控制支配之下。这种刑法上的控制支配权范围仅局限于贩毒者与购毒者，不能据此直接认定在交易现场的介绍购毒者对毒品也具有控制支配权。只有在介绍购毒者在交易环节实施了保管、看护、接触等独立控制行为时，才能够认定其持有毒品。本案中，虽然贩毒者、购毒者、介绍购毒者与涉案毒品共处于相对封闭的空间内，但从毒品所处的位置(汽车排档处)、涉案人员所处的位置(贩毒者在驾驶座、购毒者在副驾驶座、介绍购毒者在后排)、介绍购毒者的言行(没有证据表明其在毒品交易环节对毒品质量进行担保、帮助查看毒品等)等一系列毒品交易环节的具体情况分析，介绍购毒者徐某与涉案毒品之间不存在任何实际

① 金晨欣：《论非法持有毒品罪》，《江西公安专科学校学报》2010年第1期。

控制关系,无法认定其持有涉案毒品。

综上所述,行为人不以牟利为目的,为刑事特情人员介绍购买毒品,不构成非法持有毒品罪;在促成毒品交易过程中独立控制涉案毒品,数量达到《刑法》第三百四十八条规定标准的,应以非法持有毒品罪追究刑事责任。结合上述案例中的具体情况分析,徐某不具有牟利的主观目的,其单纯为刑事特情人员介绍购买毒品的行为,由于无法认定其与刑事特情人员形成共犯,不能以共犯基础认定其构成非法持有毒品罪。进一步考察犯罪嫌疑人徐某是否在促成毒品交易过程中实施持有毒品行为,可以明确地发现徐某只是与公安特情人员一同至毒品交易环节与场所(毒贩的汽车内),处于交易环节的毒品完全由贩毒人与购毒人共同控制与支配,作为介绍人的徐某没有实施任何独立的看护、保管、接触毒品的行为,不能认定其非法持有毒品。因此,虽然本案中的毒品数量超过了非法持有毒品罪的追诉标准,但仍然不能将徐某的行为评价为非法持有毒品罪。

三、以毒品冲抵部分价款行为的认定

司法实践中经常会出现在交易过程中以毒品折抵部分价款的行为。典型案例:郑某在某酒吧内向刘某购买手枪一支,双方约定交易价格为 3 500 元。郑某当场支付刘某现金 2 100 元,提出能否以 1.7 克左右冰毒(甲基苯丙胺)冲抵余款 1 400 元。刘某同意并收下冰毒后,公安机关将郑某、刘某当场抓获。

对于郑某的行为如何定性,实践中存在不同看法。第一种意见认为,郑某构成非法买卖枪支罪与贩卖毒品罪,应当数罪并罚。第二种意见认为,郑某构成非法买卖枪支罪。不同时构成贩卖毒品罪的理由在于:郑某并没有明知毒品而予以非法销售,而是以毒品换取其他违禁物品,不符合贩卖毒品罪的行为要件。第三种意见认为,郑某构成非法买卖枪支罪。不认定为贩卖毒品罪与非法买卖枪支罪数罪并罚的理由在于:贩卖毒品属于手段行为,购买枪支属于目的行为,两者形成手段与目的型牵连关系。非法购买枪支(一支)的法定刑重于贩卖冰毒(1.7 克),应当根据牵连犯的处断原则以重罪非法买卖枪支罪定性。

笔者支持第一种意见,具体论证如下:以毒品冲抵购买枪支的部分价款符合贩卖毒品罪的行为要件。贩卖毒品是指明知是毒品而非法销售或者以贩卖为目的而非法收买毒品的行为。以毒品冲抵部分购枪价款是否属于贩卖毒品,实际上涉及如何理解非法销售毒品的问题。根据文义解释,贩卖意指买进货物再卖出以获取利润,销售意指卖出商品。单纯采取文义解释显然无法将郑某的行为认定为贩卖毒品行为。但是,笔者认为,解释贩卖毒品行为显然不能局限于文义解释,而应当从实质上进行目的解释。贩卖毒品行为的本质特征在于有偿转让毒品,即行为人将毒品交付他人后获取对价。对价的具体形式不局限于金钱,还可以包括其他物品、债权等财产性利益。行为人将毒品流入社会后获取了经济上的利益,与卖出毒品换取金钱的传统贩卖模式具有相同性质与程度的法益侵害性,所以应当认为郑某“以毒易货”的行为符合贩卖毒品罪的行为要件。

贩卖毒品行为与非法购买枪支行为存在主观上的牵连,但并未完全符合刑法上的牵连关系。因此,郑某不构成牵连犯,不能以重罪非法买卖枪支罪一罪论处。

认定牵连关系必须综合考虑行为人的主观因素和客观因素。牵连关系的主观因素的认定应当以一个犯罪目的作为标准。正是基于一个犯罪目的,行为人主观上才有牵连意图。郑某实施贩卖毒品行为的目的显然在于购买枪支,故贩毒行为与购枪行为形成了主观上的牵连关系。然而,在客观上,郑某实施的两个犯罪行为并没有形成牵连关系。对于牵连关系客观因素的认定,应当以犯罪构成要件作为判断标准。只有行为人的手段行为与目的行为(或者原因行为与结果行为)在刑法上包含于一个犯罪构成客观要件之中,才能认定为符合牵连关系的客观要素。

例如,伪造公文行为与诈骗行为之所以可以形成刑法上的牵连关系,除了行为人在主观上具有单一化的非法占有犯罪目的之外,在客观上,伪造公文行为符合诈骗罪中“虚构事实、隐瞒真相”的客观要件。这意味着作为手段行为的伪造公文可以被作为目的行为的诈骗罪行为要件中的客观内容所包含。

然而,在本案中,郑某通过贩卖毒品冲抵部分购枪价款,虽然在主观上只具有一个购买枪支的犯罪目的,并且,在事实上,贩毒行为与购枪行为形成了社会生活中通常意义上的手段行为与目的行为之间的关系。但由于贩毒行为显然无法被非法买卖枪支罪构成要件中的客观要件所包含,所以不能认定形成牵连关系,无法以牵连犯论处。综上,郑某构成非法买卖枪支罪与贩卖毒品罪,应当数罪并罚。

第四节　风 化 犯 罪

风化犯罪是一个道德特征非常明显的犯罪类型,其在概念上主要是指向那些败坏社会风气、挑战社会公序良俗以至于破坏群体最低度生活秩序的犯罪行为。根据我国刑法分则的规定,主要包括刑法分则第六章第八节规定的组织、强迫、引诱、容留、介绍卖淫罪,即组织卖淫罪、强迫卖淫罪、协助组织卖淫罪,引诱、容留、介绍卖淫罪、引诱幼女卖淫罪,传播性病罪,以及第九节规定的制作、贩卖、传播淫秽物品罪,即制作、复制、出版、贩卖、传播淫秽物品牟利罪、为他人提供书号出版淫秽书刊罪,传播淫秽物品罪、组织播放淫秽音像制品罪,组织淫秽表演罪等。由于本章前文已在网络犯罪中分析了淫秽信息犯罪的相关问题,本节集中论述与卖淫有关的风化犯罪行为,其重点则是组织卖淫罪。

组织卖淫罪的实行行为具体表现为招募、雇佣、管理、控制。由于容留、介绍、协助组织卖淫与组织卖淫极有可能在上述四方面形成行为竞合,实务部门对于组织卖淫罪与其他卖淫嫖娼犯罪的区别问题一直存有困惑。在查办卖淫嫖娼刑事案件过程中,笔者发现,当前涉嫌组织卖淫的行为人,特别是娱乐场所的负责人,在招募、雇佣、管理、控制等行为方面均一定程度地偏离了传统组织卖淫行为的基本模式,导致组织卖淫罪、容留卖淫罪、介绍卖淫罪的定性极易出现混淆,有必要对组织卖淫的具体行为方式展开细化分析。

一、组织卖淫中"招募"的认定

行为人不直接招募卖淫者,而是招募卖淫嫖娼中介者(娱乐场所内专门为客人介绍陪坐对象的人员),能否构成组织卖淫中的"招募"?实践中有观点认为:组织卖淫中"招募"的行为对象限定于卖淫者;招募卖淫嫖娼中介者等在卖淫嫖娼中处于中间环节的人员,其行为指向共同介绍卖淫,而不属于组织卖淫。但笔者认为,不能完全排除招募卖淫嫖娼中介者等卖淫中介人员构成组织卖淫中"招募"的可能性。卖淫者的"坐台"、"出台"的对象、时间、价位由卖淫嫖娼中介者具体安排,招募卖淫中介者在实质上等于招募卖淫者,不能将行为人故意省却与卖淫者接触的成本耗费直接在刑法上弱化评价为共同介绍卖淫行为。关键在于通过证据区分行为人确实为组织卖淫招募卖淫嫖娼中介者还是与为卖淫中介提供活动场所共同介绍卖淫——(1)行为人安排娱乐场地吸收卖淫嫖娼中介者进入,由后者联系卖淫者提供性服务,各环节按份收取嫖资的,属于为组织卖淫而招募;(2)行为人为了提高其娱乐场所的消费金额,通过支付消费提成的方法邀请卖淫嫖娼中介者争取客源,明知相关人员在场所内实施卖淫行为而予以纵容的,符合组织卖淫中的"招募"特征。

二、组织卖淫中"雇佣"的认定

部分卖淫者固定地在某一娱乐场所"上班",从事"坐台"(陪客人喝酒、聊天、唱歌等）服务，客人提出性服务要求，娱乐场所管理人员会安排其“出台”（卖淫），并收取“出台”费20%左右的管理费。此种情况能否认定娱乐场所负责人与卖淫者之间形成组织卖淫的雇佣关系，实践中存在争议。一种观点指出，娱乐场所并未支付卖淫者报酬，双方没有形成雇佣所要求的经济往来关系。反对意见指出，卖淫者反向支付娱乐场所管理费是色情行业的操作惯例，不能以此否定雇佣关系，卖淫者相对稳定地在娱乐场所提供性服务的，应当认定为形成雇佣关系。笔者认为，应当在梳理雇佣关系与相互利用关系区别的基础上辨识组织卖淫中的雇佣行为。娱乐场所依赖卖淫者的“出台”招揽更多客人消费并从卖淫者处获取介绍“出台”的好处费，卖淫者利用娱乐场所的环境条件获取“出台”机会赚钱，应当属于相互利用关系。卖淫者不经娱乐场所安排自行联络客人收取嫖资不用上交管理费的，更能从侧面证明娱乐场所与卖淫者在经济与工作上并未形成雇佣关系，卖淫者可以相对独立地从事色情活动。娱乐场所登记在册、发放制服和卡号的工作人员或者服务人员应客人要求提供性服务并按规定上交嫖资提成的，应当认定双方形成组织卖淫中的雇佣关系。

三、组织卖淫中“管理”的认定

娱乐场所的负责人一般不直接对卖淫者进行管理，而是在总体上监督下级工作人员，由后者具体管理卖淫者。实务部门普遍认同负责人—管理者—卖淫者的“分层式管理”属于组织卖淫中的“管理”，但涉案人员在庭审中通常否认形成管理与被管理关系，导致难以通过证据在法律上确定娱乐场所对卖淫活动进行了“分层式管理”。笔者认为，应当以娱乐场所负责人的内部行为为核心、外部行为为印证，判断其是否为组织卖淫而实施管理行为。从对内行为的角度分析，负责人向下属交待实施卖淫活动的注意事项、对重要客人的性服务进行特别提示、在娱乐场所为卖淫者设置专用通道供其出入等，属于内部管理。从对外行为的角度分析，负责人通过行贿方式收买某些治安专管民警以使后者放纵卖淫不予查处、在公安机关治安检查前通风报信，或者在卖淫行为被他人发现后亲自或者指使下属出面协调解决的，属于外部管理。具有上述内部管理行为，结合外部管理行为进行补充验证，即使没有各个环节行为主体关于是否存在组织卖淫管理关系的供述，亦可在客观上认定娱乐场所负责人并非实施正常业务管理，而是为组织卖淫进行管理。

四、组织卖淫中“控制”的认定

传统卖淫嫖娼犯罪司法实践一般认为，组织卖淫中的控制行为意指采取暴力、胁迫或者其他方法对卖淫人员进行人身、行为、精神、金钱等控制。

但上述认定标准更接近于对强制行为作出界定，并未对控制行为的核心内涵进行明确阐释。现阶段从事色情行业的娱乐场所的负责人通常不对卖淫者进行任何人身强制，卖淫人员是否来娱乐场所“坐台”、“出台”悉听尊便，没有硬性规定。笔者认为，应当着重从行为人对卖淫行为与卖淫收入是否具有控制力的角度分析组织卖淫中的“控制”。抽离娱乐场所负责人的行为将导致根本无法实施卖淫行为的，应当认定负责人对卖淫行为具有整体控制力。负责人安排场地、设置管理机构、招揽客人、通过贿赂治安民警提供庇护等积极作为，在卖淫嫖娼犯罪的因果链条上能够被评价为起到了核心作用，属于通过各种方式控制多人卖淫，至于是直接控制还是间接控制在所不问。娱乐场所及负责人为卖淫人员从色情服务中收取费用提供依赖性支持的，应当认定其对卖淫活动具有利益控制力。组织卖淫行为不一定要求负责人对淫资收入进行直接控制，混迹于娱乐场所的管理者、员工、卖淫嫖娼中介者、卖淫人员的收入与卖淫活动的利益直接挂钩，在经济上与娱乐场所及其负责人的利益形成依赖共同体时，负责人撤出相关行为直接导致卖淫人员断绝淫资收入的，能够进一步体现其利益控制性。在上述利益共同体中，行为主体的制约力量是不对等的，娱乐场所的负责人完全可以放弃这批卖淫人员而招募另外一批卖淫人员，其控制行为决定了其他人员的利益有无及其分配多寡。

第五节　赃物犯罪

赃物犯罪是传统刑法上的概念，属于非常典型的下游犯罪，现在已被全新的罪名所替代。《刑法修正案（六）》第十九条对《刑法》原第三百一十二条窝藏、转移、收购、销售赃物罪的罪状进行重大修改，将对象要件从“犯罪所得的赃物”拓展至“犯罪所得及其产生的收益”，在保留封闭式的“窝藏、转移、收购或者代为销售”行为要件的基础上增加开放式的“以其他方法掩饰、隐瞒”行为要件。“两高”《关于执行〈中华人民共和国刑法〉确定罪名的补充规定（三）》（以下简称《补充规定（三）》）将罪名确定为掩饰、隐瞒犯罪所得、犯罪所得收益罪。由于掩饰、隐瞒犯罪所得、犯罪所得收益罪在罪名适用、构成要件认定、法定刑配置方面区别于原来的赃物犯罪，现阶段的司法实践中，实务部门对本罪的相关适用性新问题存在一定困惑。本节着重就掩饰、隐瞒犯罪所得、犯罪所得收益罪司法实践中争议较大的几个问题展开分析，希望能对实践有所裨益。

一、居间介绍盗窃者与被害人买卖赃物是否构成掩饰、隐瞒犯罪所得罪

在早前销赃犯罪司法实践中,居间介绍买卖赃物的,按照收购、销售赃物罪的共犯论处。①但对行为人居间介绍盗窃者与被害人买卖赃物的,相关的解释性文件并没有明确认定规则。现阶段,在掩饰、隐瞒犯罪所得、犯罪所得收益罪的司法实践中出现如下案例——胡某窃得陈某停放于小区门口的货车一辆。犯罪嫌疑人朱某偶悉胡某的盗窃行为。后被害人陈某找到朱某,希望其帮忙寻找被盗车辆。朱某表示:“钱总是要付的,不能坏了人家的规矩。”在得到陈某的认可后,朱某打电话询问胡某:“那辆车子没有处理掉的话,我朋友想花 2 万元买回来,反正卖给谁都一样。”胡某同意。陈某交付 2 万元将被盗车辆赎回。朱某从胡某处获取好处费 4 000 元,从陈某处获取好处费 5 000 元;赃车估价 10 万元。

实践中有观点认为,朱某的行为不构成掩饰、隐瞒犯罪所得罪。本案中的被害人明知买回的是自己被窃取的货车,朱某并没有予以掩饰、隐瞒。居间介绍行为虽然为盗窃者销赃提供了便利,但客观上减少了被害人在盗窃案件无法侦破或者赃物无法追缴时的经济损失。被害人的同意弱化了刑法介入的必要性,不宜将朱某的行为认定为掩饰、隐瞒犯罪所得罪。

然而,笔者认为,从构成要件该当性、保护法益侵害性、刑法介入正当性等方面进行层进式分析,应当认定朱某居间介绍盗窃者与被害人买卖赃物的行为构成掩饰、隐瞒犯罪所得罪。

从构成要件的形式判断层面分析,居间介绍行为构成掩饰、隐瞒犯罪所得罪。《刑法修正案(六)》第十九条将原《刑法》第三百一十二条窝藏、转移、收购、代为销售的封闭式行为体系变更为开放式行为体系。构成要件行为不再局限于窝藏、转移、收购、代为销售。凡是具有“掩饰、隐瞒”特征的行为,均符合掩饰、隐瞒犯罪所得、犯罪所得收益罪的客观要件。加之以“犯罪所得及其产生的收益”替代“赃物”,与洗钱罪的规制范围实现了有效衔接。行为人明知货车系盗窃所得,客观上帮助盗窃者将犯罪所得转换为现金收益,并且分别向犯罪人与被害人收取好处费,属于以居间介绍的方式掩饰、隐瞒犯罪所得,符合掩饰、隐瞒犯罪所得罪“以其他方法”的实质内涵。至于被害人是否明知赃车的犯罪所得性质、是否同意回购具有本权的财物,不影响居间行为的犯罪性质。司法机关不能按照以往赃物犯罪的共犯规则追究

① 1998 年最高人民法院、最高人民检察院、公安部、国家工商行政管理总局《关于依法查处盗窃抢劫机动车案件的规定》第五条第三款规定,明知是赃车而介绍买卖的,以收购、销售赃物罪的共犯论处。

居间者帮助犯的刑事责任，而应当将居间介绍买卖赃物行为直接评价为以其他方法掩饰、隐瞒犯罪所得。被害人收购本人被盗财物属于不具有犯罪性的自助行为，不构成掩饰、隐瞒犯罪所得罪的实行犯；盗窃者销售赃物属于不可罚的实行行为，亦不构成掩饰、隐瞒犯罪所得罪的实行犯。由于不存在实行犯，缺少追究帮助行为刑事责任的客观基础。

从保护法益的实质判断层面分析，居间介绍盗窃者与被害人买卖赃物的行为严重妨害了刑事司法程序的正常运作。构成要件的形式判断是成立犯罪的前提，法益侵害的实质判断是疑难案件出罪入罪的匝道。掩饰、隐瞒犯罪所得、犯罪所得收益罪归位于刑法分则第三章第三节妨碍司法罪，设置该罪的规范意义在于保障司法机关对犯罪所得或其收益的正常追缴、为对违法犯罪案件的查处。虽然掩饰、隐瞒赃物的行为使犯罪所得回归至被害人，在具有不能破案可能性的前提下，“挽回”了部分损失。但应当注意到，居间买卖赃物的行为直接导致侦查机关无法通过报案的法定程序获取盗窃信息，使得司法机关根本无法查处盗窃犯罪，严重影响了刑事司法权力的正常运转。设置掩饰、隐瞒犯罪所得、犯罪所得收益罪的规范价值在于运用国家刑罚权阻断犯罪所得的后续流向，间接控制上游犯罪。通过居间行为在犯罪人与被害人之间进行非法协调，在扰乱实体刑罚权与刑事诉讼程序功能发挥的前提下谋取个人收益，具备法益侵害性的实质内容。

从刑法介入的正当性基础层面分析，应当追究居间介绍盗窃者与被害人买卖赃物行为的刑事责任。现阶段刑法理论注重多视角、宽领域地审视社会危害性，以此判断刑法适用是否秉持谦抑性原则。刑事司法实践亦强调涉案行为同时具备社会性与危害性，刑法才应当介入，并注意把握介入的适度性原则。①居间介绍盗窃者与被害人买卖赃物的行为妨碍了司法机关对于犯罪的行使追诉权，具备了危害性因素。然而，该行为的直接效果局限于盗窃者、被害人、居间人的狭窄范围，并且，由于被害人主动提出私了，实质性地缓释了社会性因素。这便产生刑法介入是否存在正当性的疑问。在危害性具有相当限定性的情况下是否仍然应当追究行为人掩饰、隐瞒犯罪所得罪的刑事责任？笔者认为，以社会性与危害性的区分性视角诠释涉案行为的社会危害性，具有一定合理性。但社会性与危害性对犯罪性质认定的影响力处于不同位阶。危害性是定性过程中首先且主要应当考虑的问题；当危害性与社会性发生冲突时，价值选择的结果应当是社会性让位于危害

① 参见周宜俊：《刑法介入的适度性原则》，载游伟主编：《华东刑事司法评论（第四卷）》，法律出版社 2002 年版，第 1—22 页。

性。否则，被害人无奈妥协型的私力救济将严重动摇刑事司法的权威性，对具有危害性的行为进行妥协，在经过多轮恶性循环之后，利益受损害最严重的仍然是被害人。行为人明知是犯罪所得而介绍犯罪人与被害人进行“和解”，通过非法居间行为扰乱司法程序，业已具备刑法介入的正当性基础，应认定为掩饰、隐瞒犯罪所得罪。

二、上游犯罪尚未定罪能否先行认定掩饰、隐瞒犯罪所得、犯罪所得收益罪

实践中，部分上游犯罪案件的共同犯罪行为主体属于犯罪集团，涉及数个犯罪，案件事实相当复杂，查处难度大，诉讼进程较为缓慢，而涉嫌掩饰、隐瞒犯罪所得、犯罪所得收益罪的核心事实却相对简单；部分上游犯罪的行为人在逃，而掩饰、隐瞒犯罪所得、犯罪所得收益罪的行为人已经抓获归案。在上游犯罪尚未定罪的情况下，能否先行认定洗钱行为？

多数办案人员认为：上游犯罪与隐瞒、掩饰犯罪所得、犯罪所得收益罪的案发状态、查处方式及审判进程不同，只要有证据证明发生了上游犯罪，行为人明知系上游犯罪所得及其产生的收益，仍然实施窝藏、转移、销售等掩饰、隐瞒行为的，就应认定隐瞒、掩饰犯罪所得、犯罪所得收益罪成立，上游犯罪是否定罪对其并不具有影响。上述意见源自传统赃物类犯罪与窝藏类犯罪实践操作模式。①并且，《刑法修正案（六）》施行后，实践中业已出现上游犯罪的行为人尚未定罪，先行认定洗钱罪的案例。②但实践中亦有部分反对意见指出：认定掩饰、隐瞒犯罪所得、犯罪所得收益罪等下游犯罪必须以上游犯罪的成立为前提。上游犯罪尚未定罪即对掩饰、隐瞒犯罪所得、犯罪所得收益罪的行为人进行定罪量刑，不仅违背了两种犯罪在构成要件上的客观联系，而且存在对上游犯罪的行为人进行有罪推定的疑问。

出现上述分歧的主要原因在于：(1)掩饰、隐瞒犯罪所得、犯罪所得收益罪与上游犯罪的实体关系尚未廓清；(2)我国刑事诉讼法没有明确规定并案诉讼制度。实体关系的混乱与程序规则的缺失直接导致掩饰、隐瞒犯罪所得、犯罪所得收益罪案件诉讼程序的实践操作极不统一。

在明晰梳理掩饰、隐瞒犯罪所得、犯罪所得收益罪与上游犯罪实体关系

---

① 传统赃物类犯罪与窝藏类犯罪司法实践的主流观点认为，上游犯罪是否经审判机关确定为犯罪不影响下游犯罪的认定。参见黎宏：《窝藏被判无罪的人能否构成窝藏罪》，《检察日报》2006年4月6日第3版。

② (2007)虹刑初字第719号。该案是《刑法修正案（六）》以及《反洗钱法》施行后全国法院审理的第一起洗钱罪案例。详细的案例分析参见肖晚祥、苏敏华：《上游犯罪行为人尚未定罪，如何认定洗钱罪》，《人民司法·案例》2008年第2期。

的基础上,笔者建议:(1)原则上应对洗钱罪与上游犯罪采用并案诉讼;(2)在上游犯罪的行为人暂时无法到案的情况下,可以对洗钱罪进行分案诉讼,但应采用取保候审等非羁押性强制措施,并根据后续诉讼情况作出不同处理。

虽然掩饰、隐瞒犯罪所得、犯罪所得收益罪与上游犯罪不是共犯关系,但在实体上形成共生关系,两者具有并案诉讼的基础,没有上游犯罪,就无法派生掩饰、隐瞒犯罪所得、犯罪所得收益罪。根据《刑法》第三百一十二条规定,掩饰、隐瞒犯罪所得、犯罪所得收益罪的行为对象与主观意图直接指向的是违法所得及其收益。上游犯罪的成立是掩饰、隐瞒犯罪所得、犯罪所得收益罪构成要件的要素之一,必须在上游犯罪查证属实的情况下才能进一步认定下游犯罪。有学者指出:行为人只可能明知上游犯罪的行为事实,不可能明知上游犯罪的法律性质。如果将"明知"理解为必须了解原生行为已经达到犯罪程度或者符合犯罪成立条件,实在强人所难。①实践中有观点进一步主张,在分析上游犯罪与下游犯罪关系的过程中,应当从普通意义上将上游犯罪理解为事实,而不是从规范角度将上游犯罪理解为法律意义上的有罪。②基于此,在程序上严格要求上游犯罪业已定罪的才能认定掩饰、隐瞒犯罪所得、犯罪所得收益罪,在规范解释上似乎不具有合理性。然而,上述观点仅从行为人的角度理解掩饰、隐瞒犯罪所得、犯罪所得收益罪的犯罪构成,并未从定罪过程规范实质评价的角度进行分析。证明行为人明知上游犯罪的行为事实,固然是完成了对象要件要素之一的证明责任,但在整体上以掩饰、隐瞒犯罪所得、犯罪所得收益罪追究刑事责任,则必须继续分析涉案行为的综合情节,判断其刑事可责性。上游犯罪不成立是掩饰、隐瞒犯罪所得、犯罪所得收益行为"情节显著轻微危害不大"的除罪情况。而先行认定掩饰、隐瞒犯罪所得、犯罪所得收益罪,显然无法排除上游涉案行为不构成犯罪的情况,先行认定下游犯罪的有罪判决有可能在实质判断层面与因情节显著轻微危害不大不认为是犯罪的规定相抵触。

从程序法的角度进行分析可知,上游犯罪行为人尚未定罪却先行认定掩饰、隐瞒犯罪所得、犯罪所得收益罪,有违无罪推定原则,不利于保障上游犯罪行为人的权利。笔者发现,如果基于掩饰、隐瞒犯罪所得、犯罪所得收益罪案件中的证据能够认定上游行为在客观上符合上游犯罪构成要件的,

---

① 参见吴占英:《妨害司法罪理论与实践》,中国检察出版社 2005 年版,第 164 页。

② 参见肖晚祥、苏敏华:《上游犯罪行为人尚未定罪,如何认定洗钱罪》,《人民司法·案例》2008 年第 2 期。

部分刑事判决书便在掩饰、隐瞒犯罪所得、犯罪所得收益罪的构成要件部分阐释上游行为构成犯罪。虽然该份法律文书仅对掩饰、隐瞒犯罪所得、犯罪所得收益罪具有效力，但其说理部分蕴含着对未决行为的实体认定；尽管没有对上游行为进行具有法律意义的有罪宣告，却势必对滞后于掩饰、隐瞒犯罪所得、犯罪所得收益罪的上游犯罪的司法认定产生不利影响。在实践操作中，即使掩饰、隐瞒犯罪所得、犯罪所得收益罪的判决书对上游犯罪没有既判力效果，司法人员也容易按照思维定势推断上游犯罪在事实与法律上的确定性，从而倾向于得出不利于上游犯罪行为人的实体结果。有较多办案人员认为，如果上游犯罪的行为人尚未列为被告人，无罪推定根本没有适用的余地，更谈不上违背无罪推定原则。然而，刑事诉讼从立案阶段就已启动，在程序上随即应当推定上游犯罪的嫌疑人无罪。故司法实践中应当摒弃上述观点。

掩饰、隐瞒犯罪所得、犯罪所得收益罪的司法认定依赖于上游犯罪案件的结论，上游犯罪的定性问题直接关涉掩饰、隐瞒犯罪所得、犯罪所得收益罪的案件事实。因此，笔者认为，将上游犯罪与掩饰、隐瞒犯罪所得、犯罪所得收益罪合并进行诉讼，能够在全面把握共生犯罪的同时查明派生犯罪的前提性事实，准确认定犯罪，防止出现撼动刑事诉讼法无罪推定原则的情况。上游犯罪案件的司法实践经验表明，犯罪所得的流向是上述犯罪的重要证据之一，与上游犯罪有关联的掩饰、隐瞒犯罪所得、犯罪所得收益罪能够在证据上进行彼此印证，强化案件事实。掩饰、隐瞒犯罪所得、犯罪所得收益罪与上游犯罪的并案诉讼既是合法归责的实体要求，也是补强证据的程序要求。

在上游犯罪的行为人暂时无法到案的情况下，由于上游犯罪的定性存在不确定性，导致掩饰、隐瞒犯罪所得、犯罪所得收益罪的定性也存在不确定性，应当将上游犯罪与下游犯罪分案处理。根据与上游犯罪行为有关的证据情况，适用不同的处理程序：

（1）涉嫌上游犯罪的行为符合毒品犯罪、贪污贿赂犯罪等七种特定犯罪客观构成要件。即使现有证据足以认定符合洗钱罪上游犯罪的范围，由于上游犯罪未到案，不能排除上游犯罪行为人无罪的可能性，先行认定洗钱罪成立明显有违公众的法感情。故对涉嫌洗钱罪的行为人可以先行采取非羁押性强制措施；强制措施经过期限且上游犯罪行为人仍未到案的，应当依法撤销强制措施；强制措施期限内上游犯罪人到案的，应当及时并案处理。

（2）难以判断涉嫌上游犯罪的行为是符合洗钱罪规定的七种特定上游犯罪的客观构成要件，还是符合其他犯罪的客观构成要件。上游犯罪的法律性质明显处于不确定状态，下游犯罪可能构成洗钱罪，也可能构成掩饰、隐瞒犯罪所得、犯罪所得收益罪，故亦应按照上述第一种情况的操作办法处理。

（3）涉嫌上游犯罪的行为符合七种特定犯罪之外的其他犯罪的客观构成要件。对此应当认定构成掩饰、隐瞒犯罪所得、犯罪所得收益罪。

（4）现有证据证明涉嫌上游犯罪的行为不构成犯罪，即使上游犯罪案件的行为人尚未到案，亦不能认定构成掩饰、隐瞒犯罪所得、犯罪所得收益罪。

三、单位组织实施掩饰、隐瞒犯罪所得、犯罪所得收益行为的认定

司法实践中不仅存在自然人窝藏、转移、收购、代为销售犯罪所得及其收益的行为，而且出现部分公司、企业有关人员基于单位利益，组织实施掩饰、隐瞒犯罪所得及其收益的案例。对于单位掩饰、隐瞒犯罪所得、犯罪所得收益行为是否应当以及如何进行定罪处罚，实务部门存在严重分歧。

一种观点主张：法律规定为单位犯罪的，才能追究刑事责任。《刑法》第三百一十二条并没有将单位实施的掩饰、隐瞒犯罪所得、犯罪所得收益行为规定为犯罪，根据罪刑法定原则，单位与相关直接责任人员均不构成犯罪。对于涉案行为，可以根据行政法律法规进行行政处罚。

反对意见指出：虽然单位不能成为掩饰、隐瞒犯罪所得、犯罪所得收益罪的主体。但是，单位有关人员为谋取单位利益，组织实施掩饰、隐瞒犯罪所得、犯罪所得收益的行为，实际上是共同犯罪的一种特殊形式，应当依法追究相关直接责任人员的刑事责任。

笔者认为，单位有关人员为谋取单位利益组织实施掩饰、隐瞒犯罪所得、犯罪所得收益行为，情节严重的，应当根据《刑法》第三百一十二条的规定，追究直接负责的主管人员或者其他直接责任人员的刑事责任。层进式法理论证如下——

第一，尽管刑法没有将某些犯罪规定为单位犯罪，但相关司法解释已经明确了单位有关人员基于单位利益实施拒不执行判决裁定、盗窃等行为的，可以根据刑法分则相关条文追究直接责任人员刑事责任。

最高人民法院《关于审理拒不执行判决、裁定案件具体应用法律若干问题的解释》（以下简称《拒不执行判决、裁定罪解释》）第四条规定，负有执行人民法院判决、裁定义务的单位直接负责的主管人员和其他直接责任人员，为了本单位的利益实施相关拒不执行判决、裁定行为，造成特别严重后果的，对该主管人员和其他直接责任人员依照《刑法》第三百一十三条的规定，以拒不执行判决、裁定罪定罪处罚。从类比解释的角度分析，拒不执行判决、裁定罪与掩饰、隐瞒犯罪所得收益罪具有极为明显的共性特征，即均属于侵犯司法秩序类犯罪，并且在法条结构上处于前后连续的两条刑法分则规范。因此，《拒不执行判决、裁定罪解释》对于单位组织实施的掩饰、隐瞒犯罪所得、犯罪所得收益罪的刑法解释具有极大的参考价值。

此外，最高人民检察院《关于单位人员组织实施盗窃行为如何适用法律问题的批复》（以下简称《单位盗窃批复》）规定，单位有关人员为谋取单位利益组织实施盗窃行为，情节严重的，应当依照《刑法》第二百六十四条的规定以盗窃罪追究直接责任人员的刑事责任。《单位盗窃批复》从司法解释的角度进一步强化了单位主体实施非单位犯罪直接追究相关责任人员的实践操作模式。

第二，司法解释在个罪层面作出上述规定，在解释论上符合单位犯罪与共同犯罪的刑法原理，拓展适用至掩饰、隐瞒犯罪所得、犯罪所得收益罪，具有合法性与正当性。

《刑法》第三十条规定，公司、企业、事业单位、机关、团体实施的危害社会的行为，法律规定为单位犯罪的，应当负刑事责任。因此，法律没有规定为单位犯罪的，例如掩饰、隐瞒犯罪所得、犯罪所得收益罪，只是表明对实施此类行为的单位不能追究刑事责任，即单位主体具有刑事不可罚性。而基于单位利益而由单位组织实施的掩饰、隐瞒犯罪所得、犯罪所得收益行为，实际上存在自然人的犯罪行为与犯罪意志，符合《刑法》第三百一十二条的规定，追究相关自然人的刑事责任，并不违反罪刑法定原则。

相对于个人实施的掩饰、隐瞒犯罪所得、犯罪所得收益行为而言，单位组织实施上述行为的涉案金额更为巨大，犯罪行为的组织形式与破坏力更为强大，社会危害性更为严重，不追究相关涉案人员的刑事责任，显然在法益保护的实质性解释层面具有不合理性。但是，完全基于社会危害性理论论证定罪处罚的正当性基础，法理依据明显不足。关键是还需要根据刑法原理证明直接追究单位成员刑事责任的合理性。

根据单位犯罪刑法解释上的双层犯罪机制理论，单位犯罪存在着一个特别的“双层犯罪机制”，第一层次是单位犯罪的表层结构，第二层次是自然人共同犯罪的深层结构。[①]当前，有学者进一步深入解释：表层结构体现出单位成员对于单位的依附性；深层结构体现出单位成员的行为与意志具有独立性，单位成员以独立的人格参与社会实践，在明确地认识行为性质并具有控制能力的前提下，基于单位利益实施危害社会的犯罪行为，理应对行为本身承担刑事责任。[②]

---

① 刘宪权主编：《中国刑法理论前沿问题研究》，人民出版社2005年版，第120页。

② 曹坚、罗欣：《双层次规范视角中的单位犯罪的共犯问题》，《华东政法大学学报》2008年第4期。

可见，即使单位组织实施的掩饰、隐瞒犯罪所得、犯罪所得收益罪不能追究单位主体的刑事责任，但这并不意味着只能基于单位刑事责任而对相关单位成员定罪处罚。单位成员实施掩饰、隐瞒犯罪所得、犯罪所得收益罪，彼此分工合作，其犯罪行为与犯罪故意统一于谋取单位利益这一犯罪目的，客观地存在着单位成员之间的共犯关系。所以，在单位无法构成掩饰、隐瞒犯罪所得收益罪的前提下，在刑法规范判断上，完全可以剥离单位犯罪的躯壳，直接追究具有独立可罚性的单位成员共同犯罪的刑事责任。

第三，单位有关人员组织实施掩饰、隐瞒犯罪所得、犯罪所得收益的，必须达到情节严重的程度，才能追究相关责任人员的刑事责任。并且，在刑罚裁量上，一般应当适用《刑法》第三百一十二条的第一档法定刑（三年以下有期徒刑、拘役或者管制，并处罚金或者单处罚金）。

《拒不执行判决、裁定罪解释》与《单位盗窃批复》对单位拒不执行判决、裁定或者单位盗窃追究单位成员刑事责任，在犯罪构成上都设置了限制性的客观处罚要件——“造成特别严重后果”以及“情节严重”。可见，上述司法解释均对此类涉案行为的客观处罚条件相对一般性的自然人犯罪而言提升了一个档次。这种限定是相当合理的，基于单位组织掩饰、隐瞒犯罪所得、犯罪所得收益追究单位成员刑事责任的，同样应当调整犯罪构成上的客观处罚条件，将第二档量刑规范中的“情节严重”调整为构成犯罪的客观处罚条件。与单纯为谋取个人利益而实施掩饰、隐瞒犯罪所得、犯罪所得收益罪的行为不同，单位实施上述行为时，单位成员谋取的是单位利益，虽然在自然人共同犯罪的语境下不应实质性地影响定罪量刑的基础性司法认定规则，但是，在直接责任人员的犯罪构成上予以从严把握，从而更好地把握刑罚的打击面与适用度，显然更符合罪刑相适原则。

第十一章　腐败治理刑法(一):贪污贿赂犯罪的刑法规制

贪污贿赂犯罪是腐蚀职务廉洁性与扰乱市场公平竞争秩序的毒瘤。所谓贪污贿赂犯罪,是指国家工作人员、国有单位等利用职务上的便利,非法侵占国有财产,非法收受或索取他人财物,为他人谋取利益,以及为谋取不正当利益而非法给付国家工作人员、国有单位、非国家工作人员等以财物,挪用公款等,依照刑法应受刑罚处罚的行为。作为腐败犯罪中的一种严重、常见、复杂且疑难的犯罪类型,贪污贿赂犯罪对社会经济的健康发展具有巨大的危害。然而,随着我国市场经济持续且深入的发展,贪污贿赂犯罪不断出现一些新情况、新问题,现有的贪污贿赂犯罪刑法理论研究较难及时地反映出贪污贿赂犯罪的全新特点与趋势,很多新型贪污贿赂犯罪案件经常会出现刑法适用上的障碍、困惑及难题。因此,就刑法领域看,对贪污贿赂犯罪进行全新、系统、深入的研究,①对于腐败治理显得十分重要。

第一节　贪污贿赂犯罪刑事立法与司法解释

一、刑事立法

1997 年修订的《刑法》不仅在刑法分则第八章“贪污贿赂罪”中规定了贪污罪、挪用公款罪、受贿罪、单位受贿罪、行贿罪、对单位行贿罪、介绍贿赂罪、单位行贿罪等贪污贿赂犯罪,而且在刑法分则第三章“破坏社会主义市场经济秩序罪”第三节“妨害公司企业管理秩序罪”中规定了职务侵占罪、公司、企业人员受贿罪与对公司、企业人员行贿罪。1997 年《刑法》实施之后,立法机关以刑法修正案的形式对贪污贿赂犯罪进行了四次修改与完善。

---

①　本章主要研究公共领域的腐败治理刑法问题,但由于私营领域的职务侵占罪、非国家工作人员受贿罪等构成要件与贪污罪、受贿罪等具有相当程度的重合,本章也会在商业贿赂犯罪等领域分析私营领域的腐败犯罪刑法问题。

2006年《刑法修正案(六)》将公司、企业人员受贿罪的主体与对公司、企业人员行贿罪的行贿相对方身份范围拓展至“其他单位的工作人员”，相应的罪名修改为非国家工作人员受贿罪与对非国家工作人员行贿罪。修改后的《刑法》第一百六十三条非国家工作人员受贿罪规定：“公司、企业或者其他单位的工作人员利用职务上的便利，索取他人财物或者非法收受他人财物，为他人谋取利益，数额较大的，处五年以下有期徒刑或者拘役；数额巨大的，处五年以上有期徒刑，可以并处没收财产。公司、企业或者其他单位的工作人员在经济往来中，利用职务上的便利，违反国家规定，收受各种名义的回扣、手续费，归个人所有的，依照前款的规定处罚。国有公司、企业或者其他国有单位中从事公务的人员和国有公司、企业或者其他国有单位委派到非国有公司、企业以及其他单位从事公务的人员有前两款行为的，依照本法第三百八十五条、第三百八十六条的规定定罪处罚。”修改后的《刑法》第一百六十四条对非国家工作人员行贿罪规定：“为谋取不正当利益，给予公司、企业或者其他单位的工作人员以财物，数额较大的，处三年以下有期徒刑或者拘役；数额巨大的，处三年以上十年以下有期徒刑，并处罚金。单位犯前款罪的，对单位判处罚金，并对其直接负责的主管人员和其他直接责任人员，依照第一款的规定处罚。行贿人在被追诉前主动交待行贿行为的，可以减轻处罚或者免除处罚。”

2009年《刑法修正案(七)》增设利用影响力受贿罪，将国家工作人员的近亲属或者其他与该国家工作人员关系密切的人利用该国家工作人员身份、地位和影响力收受贿赂的行为，以及离职的国家工作人员或者其近亲属以及其他与其关系密切的人利用该离职国家工作人员身份、地位和影响力收受贿赂的行为，一并纳入受贿犯罪体系。修改后的《刑法》第三百八十八条第二款与第三款利用影响力受贿罪规定：“国家工作人员的近亲属或者其他与该国家工作人员关系密切的人，通过该国家工作人员职务上的行为，或者利用该国家工作人员职权或者地位形成的便利条件，通过其他国家工作人员职务上的行为，为请托人谋取不正当利益，索取请托人财物或者收受请托人财物，数额较大或者有其他较重情节的，处三年以下有期徒刑或者拘役，并处罚金；数额巨大或者有其他严重情节的，处三年以上七年以下有期徒刑，并处罚金；数额特别巨大或者有其他特别严重情节的，处七年以上有期徒刑，并处罚金或者没收财产。离职的国家工作人员或者其近亲属以及其他与其关系密切的人，利用该离职的国家工作人员原职权或者地位形成的便利条件实施前款行为的，依照前款的规定定罪处罚。”

2011年《刑法修正案(八)》新增对外国公职人员、国际公共组织官员行贿罪,将为谋取不正当商业利益而贿赂外国公职人员或者国际公共组织官员的行为规定为犯罪并予以刑事处罚。这是我国坚决履行《联合国反腐败公约》(以下简称《公约》)的重要举措。《刑法修正案(八)》将对外国公职人员、国际公共组织官员行贿罪设置在《刑法》第一百六十四条项下作为第二款予以规定,在法定刑、单位犯罪、主动交代行贿可以从宽处罚等方面与对非国家工作人员行贿罪适用完全相同的规定。再度修改后的《刑法》第一百六十四条规定:"为谋取不正当利益,给予公司、企业或者其他单位的工作人员以财物,数额较大的,处三年以下有期徒刑或者拘役;数额巨大的,处三年以上十年以下有期徒刑,并处罚金。为谋取不正当商业利益,给予外国公职人员或者国际公共组织官员以财物的,依照前款的规定处罚。单位犯前两款罪的,对单位判处罚金,并对其直接负责的主管人员和其他直接责任人员,依照第一款的规定处罚。行贿人在被追诉前主动交待行贿行为的,可以减轻处罚或者免除处罚。"

2015年《刑法修正案(九)》对贪污贿赂犯罪进行了相当幅度的修改:(1)修改贪污受贿犯罪的定罪量刑标准。现行刑法对贪污受贿犯罪的定罪量刑标准规定了具体数额。这样规定是1988年全国人大常委会根据当时惩治贪污贿赂犯罪的实际需要和司法机关的要求作出的。从实践的情况看,规定数额虽然明确具体,但此类犯罪情节差别很大,情况复杂,单纯考虑数额,难以全面反映具体个罪的社会危害性。同时,数额规定过死,有时难以根据案件的不同情况做到罪刑相适应,量刑不统一。根据各方面意见,拟删去对贪污受贿犯罪规定的具体数额,原则规定数额较大或者情节较重、数额巨大或者情节严重、数额特别巨大或者情节特别严重三种情况,相应规定三档刑罚,并对数额特别巨大,并使国家和人民利益遭受特别重大损失的,保留适用死刑。具体定罪量刑标准可由司法机关根据案件的具体情况掌握,或者由最高人民法院、最高人民检察院通过制定司法解释予以确定。同时,考虑到反腐斗争的实际需要,对犯贪污受贿罪,如实供述自己罪行、真诚悔罪、积极退赃,避免、减少损害结果发生的,规定可以从宽处理。(2)加大对行贿犯罪的处罚力度。主要是:第一,完善行贿犯罪财产刑规定,使犯罪分子在受到人身处罚的同时,在经济上也得不到好处。第二,进一步严格对行贿罪从宽处罚的条件。拟将"行贿人在被追诉前主动交待行贿行为的,可以减轻处罚或者免除处罚"的规定,修改为"行贿人在被追诉前主动交待行贿行为的,可以从轻或者减轻处罚。其中,犯罪较轻的,检举揭发行为对侦破重大案件起关键作用,或者有其他重大立功表现的,可以免除处罚"。(3)严密惩治行贿犯罪的法网,增加规定为利用国家工作人员的影响力谋取不正当利益,向其近亲属等关系密切人员行贿的犯罪。(4)完善了预防性措施的规定,对因利用职业便利实施犯罪,或者实施违背职业要求的特定义务的犯罪被判处刑罚的,人民法院可以根据犯罪情况和预防再犯罪的需要,禁止其自刑罚执行完毕之日或者假释之日起五年内从事相关职业。

在1997年《刑法》颁布之后大约十年的时间里,贪污贿赂犯罪刑事立法保持了相对稳定性,虽然在这期间刑法理论界与实务部门不乏完善贪污贿赂犯罪法律规定的呼声,立法机关始终没有对贪污贿赂犯罪进行任何修改。中国在这十年间经历了社会高速发展与经济飞速增长,以惩治贪污贿赂犯罪为核心的反腐败形势处于相对稳定的态势,决定了贪污贿赂犯罪刑事立法保持相当程度的稳定性具有一定的合理性基础。但是,刑法规范的稳定并不能掩盖贪污贿赂犯罪立法上的问题——实践中,部分既不属于国家工作人员又不属于公司、企业人员的行为人实施的贿赂案件无法通过刑法予以规制,严重影响了正常的市场经营秩序与公司企业等经济组织的管理秩序;与国家工作人员交往密切的"近亲属"、"身边人"、"关系人"等利用国家工作人员的职务影响大肆收受贿赂,为他人谋取不正当利益,严重撼动了国家公权力的权威性与公信力;我国政府签署以及立法机关批准《公约》之后,我国刑法一直没有显示出通过法律完善实现与国际反腐败立法实践接轨的迹象……

正是基于贪污贿赂犯罪刑事立法在上述方面存在较大的完善空间,从2006年起,我国立法机关通过刑法修正案连续四次对贪污贿赂犯罪刑事立法进行调整,不仅直接修改了非国家工作人员贪污贿赂犯罪的主体范围,增设了利用影响力受贿罪与对外国公职人员、国际公共组织官员行贿罪,而且进一步激发了刑法理论与实务中要求拓展贿赂范围、取消为他人谋取利益要件、取消为谋取不正当利益要件、与《公约》全面接轨等一系列立法建议。可以预期的是,立法机关对于贪污贿赂犯罪刑法完善的建议似乎不会无动于衷,连续修改贪污贿赂犯罪刑法规范恐怕也不可能是一个暂时、偶尔的现象,根据现阶段刑法修正案的制定节奏,贪污贿赂犯罪刑法修正有可能进入了一个相对频繁的立法通道。

二、司法解释

贪污贿赂犯罪司法解释以及相关解释性规范文件与刑事立法保持着相适应的实践节奏。1997年《刑法》实施之后,贪污贿赂犯罪司法解释的工作导向整体上定位于为惩治贪污贿赂犯罪设定基本的办案标准。1999年最高人民检察院《关于人民检察院直接受理立案侦查案件立案标准的规定(试行)》为检察机关查处、起诉贪污贿赂犯罪提供了量化标准。2003年最高人民法院印发的《全国法院审理经济犯罪案件工作座谈会纪要》(以下简称《经济犯罪纪要》)对受贿犯罪若干实践疑难问题进行了相对系统的解答,但其中的司法规则基本上属于对典型贪污贿赂犯罪实践把握与法律适用的指导性意见归纳。2006年《刑法修正案(六)》之前的贪污贿赂犯罪司法解释制定可谓"波澜不惊",而司法实践中一直不乏全新的贿赂违法犯罪形式,实务部门受困于刑法规范的字面含义,在没有相关司法解释的情况下,难以认定相关疑难贿赂案件。然而,在2006年《刑法修正案(六)》实施之后,贪污贿赂犯罪司法解释的研究与制定工作逐渐进入高潮。

2007年"两高"《关于办理受贿刑事案件适用法律若干问题的意见》(以下简称《新型受贿意见》)针对交易型受贿、干股型受贿、理财型受贿、特定关系人受贿等各种新类型受贿刑事案件中的主要法律适用问题,研究制定了司法认定标准。①2008年"两高"《关于办理商业贿赂刑事案件适用法律若干问题的意见》办理商业贿赂刑事案件所面临的比较突出的问题提供了统一的司法判断规则。2009年"两高"《关于办理职务犯罪案件认定自首、立功等量刑情节若干问题的意见》进一步规范了职务犯罪案件自首、立功等量刑情节的认定问题。②2010年"两高"《关于办理国家出资企业中职务犯罪案件具体应用法律若干问题的意见》根据企业改制过程中贪污贪污贿赂犯罪案件中存在的一些新情况、新问题,提出了办理此类刑事案件具体应用法律的若干问题与司法适用意见。③

2016年4月18日,最高人民法院、最高人民检察院联合发布《关于办理贪污贿赂刑事案件适用法律若干问题的解释》(以下简称《贪污贿赂解释》),调整了贪污罪、受贿罪、行贿罪、挪用公款罪、利用影响力受贿罪乃至职务侵占罪、非国家工作人员受贿罪、对非国家工作人员行贿罪等一系列犯罪的定罪量刑数额标准,并就贿赂犯罪中的"财物"、"为他人谋取利益"、受贿犯罪故意、行贿犯罪情节较轻等诸多贪污贿赂犯罪司法实践中的疑难问题制定了认定规则,对惩治腐败犯罪、统一法律适用标准、规范司法办案提供了司法规范指引。④

《刑法修正案(七)》增设利用影响力受贿罪、《刑法修正案(八)》新增对

---

① 参见陈国庆、韩耀元、邱利军:《〈关于办理受贿刑事案件适用法律若干问题的意见〉的解读》,《人民检察》2007年第14期。

② 参见陈国庆、韩耀元、王文利:《〈关于办理职务犯罪案件认定自首、立功等量刑情节若干问题的意见〉理解与适用》,《人民检察》2009年第7期。

③ 参见裴显鼎、刘为波:《国企改制中职务犯罪相关法律适用问题》,《法律适用》2011年第6期。

④ 徐日丹:《统一法律适用标准严肃查处贪污贿赂犯罪案件》,《检察日报》2016年4月19日第1版。

外国公职人员、国际公共组织官员行贿罪、《刑法修正案(九)》新增对有影响力的人行贿罪,此类全新形式的贪污贿赂犯罪的主体认定、行为构成判断、定罪量刑情节等问题均有待细化分析,如果司法实践中长期缺少具体认定标准,显然会导致新罪名的适用性虚置。同时,在贪污贿赂犯罪刑罚适用方面,非监禁刑适用率高一直是职务犯罪刑法理论与实务密切关注的问题。贪污贿赂犯罪刑事司法实践亟需有权解释部门出台缓刑、免刑适用意见,明确非监禁刑的适用标准。因此,以利用影响力受贿罪、对外国公职人员、国际公共组织官员行贿罪为核心的一批全新的贪污贿赂犯罪司法解释以及与贪污贿赂犯罪非监禁刑适用有关的司法解释的出台,同样是可以预期的。贪污贿赂犯罪司法解释也进入了一个相对频繁的制定周期。

三、腐败治理刑法与司法解释频繁制定修改的反思

贪污贿赂犯罪刑事立法与司法解释的制定与实施进入一个相对频繁通道,但反贪污贿赂犯罪的实效与局面并没有明显改观,这种规范数量激增与反腐败效果一般的现状反映出一系列法律与社会的现实性问题,值得我们对贪污贿赂犯罪刑事法治实践进行反思:

首先,贪污贿赂犯罪刑事立法与司法解释频繁的修改与制定,是对社会公众对于腐败行为反感与权力运行失控不安的一种政策回应。不管是偶然还是必然,贪污贿赂犯罪刑事立法与司法解释制定相对稳定与相对能动的分界点是2007年左右。这也是美国次贷危机深化进而引发全球金融危机的时间。国外有关实证研究表明,金融危机造成的失业恐慌、物质水平下降、发展前景不明朗等结果会使社会公众对于腐败行为的反感度明显上升。①虽然我国学者并没有对金融危机与民众对腐败行为的反应之间的关系进行实证研究,但公众对以贪污贿赂犯罪为代表的腐败犯罪的关注程度②表明,社会公众对于职务廉洁性的整体不安心态,决定了刑事政策显然应当对腐败犯罪的规范结构与内容进行调整,从而对与社会公众的普遍心态与呼唤有

---

① V.Vaiman, P.Davídsson & T.O. Sigurjonsson, Revising a Concept of Corruption as a Result of the Global Economic Crisis, In the Organizational Immunity to Corruption, Building Theoretical and Research Foundations(A.Stachowicz Stanusch ed.), Polish Academy of Science Commission Regional Departure Katowice, 2010; Carmen Radu, Liviu Craciun & Costel Ionascu, The Relationship between Financial Crisis, Corruption, and Corporate Social Responsibility in Romania, 1 Management & Marketing 65, 2010.

② "两会"期间的调查表明,社会公众讨论的关键词无外乎"腐败"与"房价",社会公众最期待的是"反腐败"与"降房价",而房价高企与贪污贿赂犯罪等腐败行为之间实际上又有着密切关系。参见谈燕、沈轶伦、王海燕:《焦点:反腐 分配 社保》,载《解放日报》2009年3月3日第2版(两会专刊);王海燕、谈燕、栾吟之:《网友最关注:反腐败、物价、房价》,载《解放日报》2008年3月3日第3版(两会专刊)。

所回应。随着社会生活专业化、技术化、网络化运行程度的不断加深,人们越发需要依靠国家权力的公正运行来维护社会秩序与控制社会风险,但职务行为受到贿赂腐蚀之后,其本身反而成了一种社会风险,进而加强了社会公众的不安全感。因此,立法机关与司法机关通过贪污贿赂犯罪刑事立法与司法解释以应对强化惩治贪污贿赂犯罪的现实需要。

其次,贪污贿赂犯罪刑事立法与司法解释的频繁制定意味着社会公众、立法机关以及司法机关对于适用刑法及其解释性文件惩治贪污贿赂犯罪的高度依赖性。贪污贿赂犯罪始终是腐败行为体系中众多毒害性的问题之一。然而,由于反腐败实践对于公共部门及其工作人员利用职务便利为他人提供利益或者谋取私利的行为治理不力,公司企业等私营部门及其工作人员在商业活动中使用商业贿赂谋取不正当商业机会也无法得到工商行政管理层面的行政控制,导致立法机关必须通过强化刑法控制对商业贿赂、公务贿赂进行最严厉的惩治与治理。随着互联网信息传输的发达,大量贿赂违法犯罪案件经由媒体向社会公布,社会公众能够更加直观、真切、全面、深度、及时地了解贿赂违法犯罪的危害。因为社会公众只能基于朴素的法律感情评价反腐败的现状,而归咎于"法律不健全"是其对贪污贿赂犯罪数量与恶性屡禁不减最重要、最自然的反应。社会公众强化贪污贿赂犯罪刑法应对的朴素思想反作用于立法机关、司法机关,推动了贪污贿赂犯罪刑事立法与司法解释的能动性发展。同时,由于基层法官、检察官对个案进行刑法解释的权限缺失与能力不足,贪污贿赂犯罪司法实践很大程度上必须依靠司法解释进行指导。上述三方面的因素在互动过程中强化了贪污贿赂犯罪立法与司法解释的加速推出。

再次,履行国际公约的义务客观上推动了贪污贿赂犯罪刑事立法与修正的频率提升。除了熟知的《公约》之外,联合国《公职人员守则》、《反腐败实际措施手册》、《公职人员国际行为守则》、《反对国际商业交易中的贪污贿赂行为宣言》、《打击跨国有组织犯罪公约》等一系列文件对惩治贪污贿赂犯罪提出了最低限度的国际性标准。贪污贿赂犯罪实体法国际标准的形成与发展,客观上要求我国立法机关修改刑法,完善商业贸易与国际交往过程中贪污贿赂犯罪的法律规定与相关刑事案件的处理技术。

第二节　贪污贿赂犯罪定罪量刑标准的法律与经济分析

《贪污贿赂解释》中最为重要、疑难且引人注目的内容无疑是重构定罪量刑数额标准。这一重大数额调整不仅直接影响贪污罪、受贿罪等贪污贿赂犯罪的刑法规制效率，而且对一系列职务犯罪乃至整个经济犯罪的数额标准体系产生实质性效应，更牵涉社会发展过程中腐败犯罪及其治理的法律与经济实质问题。传统刑法理论框架与解释视角，在说明、诠释、论证《贪污贿赂解释》重构定罪量刑数额标准问题时容易引发争议或者陷入困境，甚至会难以直面腐败犯罪及其政策反应的法律现实与经济本质。所以，有必要由点及面地从《贪污贿赂解释》重构定罪量刑数额标准切入审视“两高”最新司法解释，以层进式的“问题意识——分析阐释——解决方案”的逻辑进路，以法律与经济分析的跨学科视角，拓展性地反思司法解释调整贪污贿赂犯罪定罪量刑标准所内涵的多重合理性疑问，揭示腐败犯罪在特定经济发展阶段的实质特征与刑法规制困境，从契合贪污贿赂犯罪实际情况与本质特征的角度出发，有针对性地提出能够有效提升腐败犯罪刑事治理效率的策略建议与细化司法规则。

一、最新贪污贿赂犯罪司法解释数额标准疑难问题的刑法解释困境

《贪污贿赂解释》对《刑法修正案（九）》修改完善后的贪污罪、受贿罪基本定罪量刑数额标准作出具体规定：3 万元至 20 万元的，构成数额较大；20 万元至 300 万元的，构成数额巨大；300 万元以上的，构成数额特别巨大；数额不满“数额巨大”、“数额特别巨大”，但达到起点一半，同时具有规定较重情节的，应当认定为“严重情节”或“特别严重情节”。①同时，《贪污贿赂解释》将挪用公款进行非法活动予以刑事追诉、“数额巨大”的数额分别界定为 3 万元以上、300 万元以上；进行营利活动或者超过三个月未还的“数额较大”、“数额巨大”分别规定为 5 万元以上、500 万元以上。②利用影响力受贿罪参照受贿罪的标准执行。③非国家工作人员受贿罪、职务侵占罪、挪用资金罪等私营领域职务犯罪的数额标准亦对应上述数值按照 2 倍或者 5 倍的标准予以执行。④“两高”相关负责人在进行权威解读时强调，《贪污贿赂解释》突出依法从严是惩治贪污贿赂犯罪的一贯原则，从严厉追究贪污受贿犯罪行为、赋予终身监禁的制度刚性、加大经济处罚力度、对“财物”和“为他人谋取的利益”等贿赂犯罪构成要件进行明确解释、对行贿犯罪从宽处罚的适用条件进行必要的限定、从重打击滥用职权损害国家、人民利益的受贿犯罪等

① 《贪污贿赂解释》第一条、第二条、第三条。

② 《贪污贿赂解释》第五条、第六条。

③ 《贪污贿赂解释》第十条。

④ 《贪污贿赂解释》第十一条。

各个方面体现依法从严的精神。①

然而,一个存疑的问题是,就贪污贿赂犯罪定罪量刑量化尺度而言,《贪污贿赂解释》显著调高了数额标准,是否存在腐败犯罪刑法规制相对弱化的问题。具体而言,尽管不能直接认为惩治腐败犯罪力度在定罪量刑数额标准层面有所减弱,但经《贪污贿赂解释》填充《刑法修正案(九)》设置的数额较大、数额巨大、数额特别巨大的具体临界点3万元、20万元、300万元,实实在在地较1997年《刑法》规定的5 000元、5万元、10万元,分别放大了6倍、4倍、30倍。《贪污贿赂解释》在定罪量刑数额标准上的重大调整,对贪污贿赂犯罪、经济犯罪刑法理论与实务,乃至社会共同体对具有严重社会危害性行为惩罚策略的理解,均引发了在传统刑法解释框架下难以获取圆满回应的诸多疑难问题。

其一,在全球各国强化惩治腐败犯罪、我国坚决遏制腐败现象的背景下,如何对《贪污贿赂解释》调高相关犯罪数额标准进行合理的解释?

纵观全球惩治腐败犯罪的刑事立法与司法实践,各个发达经济体、国家、地区都没有对贪污贿赂犯罪的入罪标准设置实质性的数额界限。德国《刑法典》第三百三十二条受贿罪规定:公职人员或者具有特定公共服务职能人员,提出、允许自己被他人承诺给予、接受,给予其本人或者第三人的利益,以此作为其实施或者未来实施一定职务行为的对价,违背或者可能违背其职责的,应当处以6个月至5年监禁;企图实施上述行为亦应处罚。②根据美国《联邦贿赂法》的规定,直接或者间接腐败性地向公职人员给予、提出给予、承诺任何有价对象,以此影响公职人员的公务行为,或者影响公职人员使其实施、帮助实施、许可欺诈行为,或者影响公职人员使其滥用职权或者玩忽职守,属于公务行贿犯罪;③公职人员直接或者间接腐败性地收受、要求、承诺收受任何有价对象,以此实施相关受影响的公务行为,或者实施、帮助实施、许可他人的欺诈行为,或者滥用职权或者玩忽职守,属于公务受贿犯罪。④欧洲议会《关于腐败的刑法公约》第二条至第十二条规定的11种各类贿赂、利用影响力交易等犯罪,均明确要求成员国禁止职务行为与任何不正当好处之间的交换关系。⑤发达经济体、国家、地区的刑事监管框架都绝对

---

① 乔文心:《"两高"发布司法解释明确贪污受贿定罪量刑标准》,《人民法院报》2016年4月19日第1版。

② Strafgesetzbuch(StGB) § 332 Bestechlichkeit.

③ 18 U.S.C. § 201(b)(1).

④ 18 U.S.C. § 201(b)(2).

⑤ Council of Europe—ETS no.173—Criminal Law Convention on Corruption, Article 2, 12.

禁止基于职权而获取任何形式或者数量的好处、利益、对价，故实践中也不会存在调高贪污贿赂犯罪定罪量刑数额标准的问题。那么，我国刑事立法与司法实践通过《刑法修正案(九)》调整贪污贿赂犯罪定罪量刑模式、《贪污贿赂解释》调高相关犯罪数额标准，其合理性究竟是建构在何种基础之上的呢？

"两高"相关负责人在发布《贪污贿赂解释》答记者问中的权威说明是，随着经济社会的发展变化，1997年《刑法》所确定的定罪量刑标准已不适应这种发展变化。①调整贪污贿赂犯罪数额标准是建构在充分论证经济社会发展变化和案件实际情况的基础之上的。②但权威说明并没有阐释经济社会发展与原有贪污贿赂犯罪数额标准之间产生紧张关系的具体内容。刑法理论与实践中的权威解释指出：贪污贿赂犯罪仍然维持五千元的定罪数额，事实上早在十多年前在某些经济发达地区就已经难以执行。③贪污、受贿数额在一万元左右受到刑事追诉的案件极为少见。从实际受到刑事追究的贪污、受贿案件看，数额低于两万元的主要是因为其他犯罪牵连出来的，且多被判处免予刑事处罚。④自1997年《刑法》规定贪污受贿犯罪5 000元起刑点迄今，我国经济社会的发展变化巨大，人均GDP自1997年至2014年增长了约6.25倍，而适用了近20年的贪污受贿犯罪5 000元的起刑点却仍未变化，已严重不符合当初设定这一起刑点时所掌握的社会危害程度，因而适当提高这一起刑点数额乃势在必行，而且提高幅度太小也不解决问题。⑤

可见，根据刑法理论与实践中的权威解释，作为一种法律与经济现象的贪污贿赂腐败行为及其刑事控制，与一个社会的经济发展水平紧密相关。具体而言，以GDP为核心指标的经济增长与社会变迁导致在当前的经济环境与司法实际情况下，数额更高的贪污贿赂犯罪行为与早前数额较低的犯罪行为社会危害性相当。所以，调高贪污贿赂犯罪定罪量刑数额标准才能实现罪刑均衡。进一步按照该逻辑推演，刑事立法与司法解释调高贪污贿赂犯罪数额标准根本不存在惩治腐败犯罪更轻的疑问，而应当是至少保持了原有的刑事处罚强度。然而，传统刑法解释在此处无法有效说明的是如

---

① 最高人民法院：《"两高"发布办理贪污贿赂刑事案件司法解释》，http://www.court.gov.cn/zixun-xiangqing-19562.html(访问日期：2016年4月25日)。

② 徐隽：《贪污受贿罪定罪量刑有了新标准》，载《人民日报》2016年4月19日第11版。

③ 陈兴良：《贪污受贿罪数额的合理调整》，载《人民法院报》2016年4月19日第2版。

④ 刘为波：《贪污贿赂罪刑罚体系的修正与适用》，《中国审判》2015年第20期。

⑤ 赵秉志：《略谈最新司法解释中贪污受贿犯罪的定罪量刑标准》，《人民法院报》2016年4月19日第3版。

何准确衡量贪污贿赂犯罪或者经济犯罪行为在特定经济条件下的社会危害性,即为什么 GDP 增长了约 6 倍,贪污贿赂犯罪数额标准调高 6 倍,就可以大致获得相当的社会危害性评价? 根据《贪污贿赂解释》,贪污贿赂犯罪行为所获取的经济利益是可以折算为货币或者需要支付货币的利益。[①]对于比较不同时期货币购买力更为精准的通货膨胀率,或者劳动力价格水平(收入)等指标,显然更适合作为调整贪污贿赂犯罪数额标准的评价尺度。更为重要的是,尽管中国作为新兴市场国家在全球经济体中绝对处于快速增长的地位,但作为世界经济重要组成部分的发达国家在过去二十年中同样也经历了一定程度的增长,那么为何在发达经济体的刑法体系中没有出现以数额标准对腐败犯罪进行"质"与"量"兼备的规定并且在一定时期或者特定阶段[②]会调整这种定罪量刑数额标准? 这些问题都有必要超越传统刑法解释的局限,在法律与经济分析的框架下对犯罪与刑罚问题进行更为深入的反思与更为全面的解释。

其二,既然《贪污贿赂解释》显著调高了相关犯罪的定罪量刑数额标准,为何以盗窃、诈骗等为代表的财产犯罪,以操纵证券市场、内幕交易、利用未公开信息交易等为代表的金融犯罪,其犯罪数额标准没有对应性、匹配性地进行整体调高?

根据盗窃罪司法解释的规定,盗窃公私财物价值一千元至三千元以上、三万元至十万元以上、三十万元至五十万元以上的,应当分别认定为《刑法》第二百六十四条规定的"数额较大"、"数额巨大"、"数额特别巨大"。[③]根据诈骗罪司法解释的规定,诈骗公私财物价值三千元至一万元以上、三万元至十万元以上、五十万元以上的,应当分别认定为《刑法》第二百六十六条规定

---

① 《贪污贿赂解释》第十二条。

② 根据 1988 年全国人大常委会《关于惩治贪污罪贿赂罪的补充规定》第二条规定,对犯贪污罪的,根据情节轻重,分别依照下列规定处罚:(1)个人贪污数额在五万元以上的,处十年以上有期徒刑或者无期徒刑,可以并处没收财产;情节特别严重的,处死刑,并处没收财产。(2)个人贪污数额在一万元以上不满五万元的,处五年以上有期徒刑,可以并处没收财产;情节特别严重的,处无期徒刑,并处没收财产。(3)个人贪污数额在二千元以上不满一万元的,处一年以上七年以下有期徒刑;情节严重的,处七年以上十年以下有期徒刑。个人贪污数额在二千元以上不满五千元,犯罪后自首、立功或者有悔改表现、积极退赃的,可以减轻处罚,或者免予刑事处罚,由其所在单位或者上级主管机关给予行政处分。(4)个人贪污数额不满二千元,情节较重的,处二年以下有期徒刑或者拘役;情节较轻的,由其所在单位或者上级主管机关酌情给予行政处分。可见,1997 年《刑法》是首次将贪污贿赂犯罪定罪量刑数额调高,《贪污贿赂解释》推进的本轮调整是我国惩治腐败犯罪刑事立法与司法实践对历史的遵循与延续。

③ 2013 年最高人民法院、最高人民检察院《关于办理盗窃刑事案件适用法律若干问题的解释》第一条。

的“数额较大”、“数额巨大”、“数额特别巨大”。[①]在原有刑法与司法解释的定罪量刑规范体系中，贪污贿赂犯罪的数额标准非常严格，甚至在部分法定刑档次层面实质性地低于盗窃、诈骗等财产犯罪的数值。但《贪污贿赂解释》调高相关犯罪数额标准后，再对照上述财产犯罪数额尺度，就会发现贪污贿赂犯罪数额标准已经数倍高于财产犯罪。同样的，根据内幕交易犯罪司法解释的规定，证券交易成交额在五十万元以上，期货交易占用保证金数额在三十万元以上，或者获利或避免损失数额在十五万元以上的，构成情节严重；情节特别严重的标准为上述数额的五倍。[②]利用未公开信息交易罪参照上述数额标准定罪量刑。[③]根据金融犯罪刑事司法中的实际情况，大量存在犯罪获利百万元、千万元乃至数亿元级别的案件，而内幕交易、利用未公开信息交易的情节特别严重的标准仍然设置在非法获利 75 万元的水平，相较于贪污贿赂犯罪 300 万元的数值，明显较低。

从强化保护公民财产权益、市场经济与金融秩序的角度分析，传统财产犯罪与现代金融犯罪等侵犯的是市民社会与私有市场的产权与利益，刑法与司法解释对之设置更低的犯罪数额标准，能够提供更为全面与深入的法律保护。但是，根据从严治吏、严惩腐败犯罪的政策定位，《贪污贿赂解释》针对腐败犯罪行为主体设置更高的数额标准，相对于没有国家工作人员特殊身份的财产犯罪、金融犯罪主体而言，在一定程度上会出现放纵、从轻的质疑。传统刑法解释框架中的意见冲突意味着需要运用更为宽泛的法律与经济视角分析，同属经济刑法体系下的贪污贿赂犯罪、财产犯罪、金融犯罪如何在数额标准设置层面求得协调、均衡并获得社会公众的认同。

其三，《刑法修正案(九)》修改贪污贿赂犯罪定罪量刑模式，《贪污贿赂解释》调高相关犯罪数额标准，这一系列腐败犯罪刑事立法与司法上的制度安排与调整，对于惩治与震慑腐败犯罪的现实效率、政治国家对于经济社会的治理、国民对于刑事法律制度的预期与认知等会产生怎样的影响？

在《贪污贿赂解释》发布之前、《刑法修正案(九)》以“数额+情节”模式替代原有的贪污贿赂犯罪定罪量刑数额后，贪污贿赂犯罪的数额裁判规则一直处于真空状态。由于 1997 年《刑法》规定的定罪量刑数额标准已被取

---

① 2011 年最高人民法院、最高人民检察院《关于办理诈骗刑事案件具体应用法律若干问题的解释》第一条。

② 2012 年最高人民法院、最高人民检察院《关于办理内幕交易、泄露内幕信息刑事案件具体应用法律若干问题的解释》第六条、第七条。

③ 中华人民共和国最高人民法院刑事判决书(2015)刑抗字第 1 号；刘婧：《最高法院对马乐利用未公开信息交易案再审改判》，《人民法院报》2015 年 12 月 12 日第 2 版。

消,腐败犯罪刑事司法实际上失去了定罪量刑的量化基础,相当数量的贪污贿赂犯罪案件通过各种延期的方式悬置,等待《贪污贿赂解释》对相关犯罪数额标准的具体填充。此次《贪污贿赂解释》实际施行之后,短期内可能会出现大批量的贪污贿赂犯罪审结。尽管权威的实践部门与刑法理论解释都没有认可《贪污贿赂解释》出台后腐败犯罪案件会得到相对轻缓的处罚,但司法解释在客观上的影响还是可以通过真实的判决结果为社会公众所感知与辨识。

以《刑法修正案(九)》实施后少数未等待最新司法解释出台就作出的受贿罪判决结果为例——(1)原国家体育总局拳击跆拳道运动管理中心副主任赵磊利用职务上的便利,非法收受他人财物 30 万元,为他人谋取利益。北京市高级人民法院最终以受贿罪判处赵磊有期徒刑三年,在案扣押 30 万元予以没收。①(2)原云南省副省长沈培平于 2000 年至 2012 年期间,利用其担任云南省腾冲县委书记、原思茅市人民政府市长等职务上的便利,为腾冲县恒益矿产品经贸有限责任公司等单位在兼并、销售与开发矿石资源、协调运输超载、矿区群体性事件处置等事项上提供帮助,非法收受财物共计折合人民币 1 615 万元。北京市第一中级人民法院认定其构成受贿罪,结合如实供述、认罪悔罪、重大立功等各种情节,最后判处有期徒刑十二年。②

从上述判例的实际结果分析,相对于 1997 年《刑法》设定的定罪量刑标准,其最终刑罚强度显然是相对更轻。相应的,在《贪污贿赂解释》正式施行的当前,相当数量的判例都会以相类似的效果在腐败犯罪刑事司法实践中批量出现。传统职务犯罪刑法理论至少在目前并没有对《贪污贿赂解释》可能引发的这些现象与实质进行针对性的解释,也没有充分评估其对国家反腐败治理、国民心理的影响。因此,有必要通过更为深入的法律与经济分析反思实践中贪污贿赂犯罪数额不断攀升、刑事立法司法作出艰难应对的实质根源,从而反思提高惩治与震慑腐败犯罪效率的刑法规制策略。

二、最新贪污贿赂犯罪司法解释调整数额标准的解析

《贪污贿赂解释》调高相关犯罪数额标准不仅在刑法适用层面直接影响定罪量刑结果,而且会引发犯罪规制、腐败治理、社会不同发展阶段国民对法律制度变化的认同等一系列法律与经济疑难问题的反思。传统刑法解释在面对这类问题时容易陷入困境。这就需要使用法律与经济分析方法动态运用两种思维路径分析同时构成法律(刑法)问题与经济问题的贪污贿赂犯

① 李铁柱:《国家体育总局一官员获刑 3 年》,《北京青年报》2015 年 11 月 28 日第 8 版。

② 王巍:《受贿 1 615 万　云南原副省长获刑 12 年》,《新京报》2015 年 12 月 4 日第 A12 版。

罪行为及其刑事立法与司法解释:(1)以《贪污贿赂解释》定罪量刑数额标准为文本框架,分析作为经济现象的贪污贿赂犯罪行为以及司法解释在刑法规制层面的效率,旨在探索当前腐败犯罪的实质特征与制度安排的优化策略。(2)以经济原理为工具分析作为法律(刑法)问题的贪污贿赂犯罪及其刑事法治实践,促进刑事立法、司法规则沿着优化腐败犯罪惩治效率、获得更大社会公众认同的方向迈进。

如果局限于刑法适用层面进行分析,《刑法修正案(九)》调整贪污贿赂犯罪定罪量刑模式、《贪污贿赂解释》显著提升犯罪数额标准,确实能够有效地解决不少刑法制度的内部性问题。刑法理论与实践中的代表性观点指出,在原有的刑法规范框架下,贪污受贿犯罪数额10万元以上的,其适用的刑罚主要是10年以上有期徒刑、无期徒刑、死缓三档,随着近年来贪污受贿数额不断刷新纪录,三档刑罚之间的数额标准已非常模糊,这使得不少贪污受贿数额相差悬殊的案件在量刑上难以拉开档次,不能充分体现罪责刑相适应原则,严重影响了一些案件裁判的社会效果。①对于犯罪数额达到一定标准(10万元)以上的贪污受贿案件,从10万元到几百万元乃至上亿元,数额差异达到百倍甚至千倍,但其量刑区间却是相同或基本相同的,刑罚没有明显的幅度和梯次之分,严重有损现代刑事法治的公平正义观念,也进一步凸显贪污受贿定罪量刑数额标准在实践中的困局。而调高贪污贿赂犯罪数额标准就能够有效地解决腐败犯罪司法实践中存在的类似问题。②

可见,当前刑法理论与实务中的典型逻辑链条表现为:经济水平发展——贪污贿赂犯罪数额飙升——既有刑法与司法解释体系出现罪刑失衡——调高贪污贿赂犯罪数额标准——刑法制度内部的疑难问题得以解决。但是,这种表面顺畅的逻辑进路掩盖了腐败犯罪及其刑法规制实践中的深层次问题。原有的刑法规范与司法解释定罪量刑标准出现“爆表”现象,实际上深刻揭示了刑法制度的尴尬与困境——面对经济社会迅猛发展下的贪污贿赂犯罪个案水平、整体规模、危害程度,传统刑法规范建构的惩治腐败犯罪文本框架、刑罚体系等均已失控,实践中极为普通的贪污贿赂犯罪行为的金额都会轻松达到贪污贿赂犯罪最高量刑档次,大量巨贪反复“刷新”贪污贿赂犯罪数额记录。对此,刑法与司法解释不得不相应调高数额标准,适度缓解刑事司法实践在法律适用过程中的难以实现均衡量刑的压力。调高贪污贿赂犯罪数额是刑法制度层面的被动反应,而非主动通过制度安

---

① 刘为波:《贪污贿赂罪刑罚体系的修正与适用》,《中国审判》2015年第20期。

② 赵秉志:《贪污受贿犯罪定罪量刑标准问题研究》,《中国法学》2015年第1期。

排上的优化设计与科学建构提高腐败犯罪刑法规制效率。

同时,刑法与司法解释对贪污贿赂犯罪案件数额大规模飙升现象作出被动反应,很大程度上源自制定数额标准体系的逻辑紊乱与技术匮乏。长期以来我国经济犯罪数额标准的制定逻辑往往是基于当前司法实践中同类型案件所呈现出来的数额分布情况,按照一定比例大致划定轻、中、重三个层次,取平均数或者中位数后相应配置起刑点数额与量刑数额。针对此次《贪污贿赂解释》数额制定依据,刑法理论上就有观点指出,根据前推十年在一定区域范围内同种犯罪案件的实际数据,按照数额分布比例进行换算确定出三种数额标准。假如十万件贪污罪案件,根据数额大小进行排列,贪污三万元以上二十万元以下的案件是五万件;贪污二十万元以上三百万元以下的案件是三万件;贪污三百万元以上的案件是两万件。在这种情况下,将数额较大的标准确定为三万元以上二十万元以下;将数额巨大的标准确定为二十万元以上三百万元以下;将数额特别巨大的标准确定为三百万元以上,就可以将贪污案件按照一定的比例较为均衡合理地配置在不同的量刑区间。数额标准实行若干年后,当以上三个层次的犯罪之间的比例发生重大变动时,就应当对数额标准进行适当地调整,而调整的根据仍然是实际案件的分布与比例,调整的结果主要取决于案件变动的实际状况。①但是,司法解释制定贪污贿赂犯罪数额标准,本质上应当基于腐败犯罪行为对于社会产生的危害性划定入罪起点与刑罚阶梯,通过定罪与刑罚的适用对现实中发生的各类腐败犯罪案件予以公平的报应、有效的震慑,从而实现刑法制度对于经济社会的治理与调控。而统计已经发生的腐败犯罪案件数额并以此调整定罪量刑数额标准,一方面没有任何刑罚原理与政策导向的支撑,另一方面在逻辑上本末倒置——将原本应当是司法解释数额标准调控腐败犯罪倒置为腐败案件数额决定定罪量刑标准。此外,特定类型案件的历史数量分布、数额统计后的取均值或者取中位数,似乎过于机械,也几乎难以发掘其中蕴含的刑事法律科学的技术含量与任何有效的实证调查,很难在技术上获得认同。事实上,特定时期的本国货币购买力、人均可支配收入、劳动力价格水平、社会公众对于腐败数额的容忍度等均可以作为衡量腐败犯罪社会危害性的综合性技术指标,继而以一定的刑罚原理、制度逻辑、实证依据制定贪污贿赂犯罪数额标准,并没有必要单纯基于当前腐败犯罪案件数额情况作出被动反应。

值得进一步反思的是,调高贪污贿赂犯罪数额标准短期内并不能解决

① 陈兴良:《贪污受贿罪数额的合理调整》,《人民法院报》2016年4月19日第2版。

刑事司法实践难题，长期看更无益于提升惩治腐败犯罪效益。基于《贪污贿赂解释》目前的数值设定，贪污贿赂犯罪数额超过300万元构成“数额特别巨大”，或者超过150万元且具有“其他较重情节”因而构成“其他特别严重情节”，应当适用贪污贿赂犯罪最高法定刑档次。这意味着犯罪数额300万元以上的贪污贿赂犯罪，刑罚每增加一个级别的水平，其对应的犯罪数额会非常巨大，①故仍然存在行为危害性与最终量刑结果难以实现有效均衡的问题。刑法理论上有观点将这种数额越小处罚越重、数额越大处罚越轻、有利于重罪而不利于轻罪的现象，合理化地解释为当刑罚的严厉性到达一定程度时，刑罚的区分度就逐渐降低。例如，杀死一人与杀死十人的法律评价无法再进行区分，以数额作为定罪量刑的标准，同样存在这个问题。②但是，严重暴力犯罪达到适用严厉刑罚的一定临界水平之后，其犯罪行为的社会危害性如果继续增长，通常只是极少数甚至是极端情形，刑罚区分度低在刑事司法实践中覆盖范围比较狭窄。而以贪污贿赂犯罪为代表的经济犯罪，其犯罪数额达到当前严厉刑罚的临界水平（300万元）之后，仍然会有大量规模的犯罪案件超越该数值标准，刑罚区分度低的问题会普遍性地存在于惩治腐败犯罪司法实践之中。由于我们目前正处于经济社会发展的特定阶段、调整贪污贿赂犯罪数额标准的窗口、惩治腐败犯罪的关键时期，所以就必须调高贪污贿赂犯罪数额标准在法律与经济层面的影响予以更为审慎的反思。此外，随着社会发展、经济指数、通货膨胀水平的进一步攀升，《贪污贿赂解释》规定的定罪量刑数额标准在今后可能还需要进行实质性上调，这种基于经济增长而触发的犯罪数额标准调整模式显然不能成为刑事立法与司法惩治腐败犯罪长期性的政策反应模式。

当然，在《刑法修正案（九）》、《贪污贿赂解释》已经作出调高贪污贿赂犯罪数额标准这一选择的现实下，更为理性的解释路径与实践操作，应当转化为面对现实、充分利用上述反思性审视所带来的启示，通过深层次的法律与经济解释，放大司法解释的积极因素，准确定位薄弱环节进行制度修正与规则补充。

根据犯罪与刑罚的经济分析基础原理，刑法规范的犯罪震慑效果取决

---

① 例如，根据《贪污贿赂解释》对贪污罪、受贿罪规定的数额标准，犯罪数额3万元至20万元的，法定刑是三年以下有期徒刑，刑罚每增加一年对应5万元；犯罪数额20万元至300万元的，法定刑是三年以上十年以下有期徒刑，刑罚每增加一年对应40万元；犯罪数额300万元以上的，法定刑是十年以上有期徒刑、无期徒刑，无期徒刑的数额标准显然应当界定在1 000万元或者数千万元的级别，那么刑罚每增加一年对应数百万元。

② 陈兴良：《贪污受贿罪数额的合理调整》，《人民法院报》2016年4月19日第2版。

于处罚概率(发现、逮捕、起诉、定罪、量刑)与刑罚适用(法律规范框架下的刑罚措施等处遇与制度体系外的名誉资格等损失)。①在贪污贿赂犯罪刑法规范的经济分析体系下全面理解这一经典论断,应当覆盖两个方面:(1)刑法制度设置较低的刑罚同样能够有效震慑贪污贿赂犯罪。只要案发水平保持在相对较高的水平,刑罚轻重对于潜在贪污贿赂犯罪主体的震慑相对于普通犯罪或者经济犯罪并不是决定性影响或者首要考量要素。具有实施贪污贿赂犯罪条件的行为主体的主要经济社会状态都来源于权力、身份、职务、地位及其对应的影响力,案发或者法律处罚机制的触发就足以完全抹煞贪污贿赂主体的既有生存状态与发展条件,刑罚轻重只是处于相对后位的权衡因素。(2)刑法制度配置较高的刑罚确实能够有效弥补较低反腐败执法与司法水平所导致的震慑效能降低。在反腐败执行机制与贪污贿赂犯罪刑罚适用没有出现过度偏见的前提下,即使责任触发概率较低,明显高于社会预期标准的贪污贿赂犯罪法定刑配置亦会震慑潜在的行为主体并使其收敛权力寻租。

上述刑法经济分析及其在贪污贿赂犯罪架构中的拓展解释,对于当前包括贪污贿赂犯罪司法解释制定与应用在内的反腐败实践的启示价值是,实质性提高处罚概率与合理降低刑罚水平并不会严重影响反腐败刑事司法的实际效率。根据 2016 年 3 月 13 日在第十二届全国人民代表大会第四次会议上《最高人民检察院工作报告》披露的数据,2015 年全国检察机关共立案侦查职务犯罪案件 40 834 件 54 249 人;查办贪污贿赂、挪用公款 100 万元以上案件 4 490 件,同比上升 22.5%;查办涉嫌犯罪的原县处级以上干部 4 568 人,同比上升 13%,其中原厅局级以上 769 人;依法对 41 名原省部级以上干部立案侦查,对 22 名原省部级以上干部提起公诉;查办受贿犯罪 13 210 人,查办为谋取不正当利益"围猎"干部等行贿犯罪 8 217 人;查办国家机关工作人员渎职侵权犯罪 13 040 人。②根据最高人民法院的统计数据,2013 年至 2015 年,全国法院一审受理贪污贿赂案件 81 805 件,审结 69 017 件,生效判决人数 73 158 人,深刻彰显与有效落实中央惩治腐败犯罪的政策。③可见,从官方统计信息与社会公众直观感受来看,当前中国贪污贿赂犯罪刑事司

---

① Gary S.Becker, Crime and Punishment: An Economic Approach, 76 Journal of Political Economy 169—217(1968).

② 曹建明:《最高人民检察院工作报告——2016 年 3 月 13 日在第十二届全国人民代表大会第四次会议上》,《检察日报》2016 年 3 月 21 日第 1 版。

③ 最高人民法院:《"两高"发布办理贪污贿赂刑事案件司法解释》,http://www.court.gov.cn/zixun-xiangqing-19562.html(访问日期:2016 年 4 月 25 日)。

法实践的刑罚概率应当处于相对高位，应当继续坚持这一高压反腐态势，《刑法修正案（九）》完善贪污贿赂犯罪定罪处罚量化要件、《贪污贿赂解释》提高数额标准作出基本适应经济社会发展的适度调整，不会从根本上影响贪污贿赂犯罪刑法规范的震慑效应。只要惩治腐败犯罪在经济效率评估层面保持整体上的稳定性，国民与社会公众认同感相应不会受到实质性的撼动。

在通过法律与经济分析正面解释《贪污贿赂解释》调高定罪量刑数额标准合理性、有效论证抑制其负面影响的基本路径的基础上，便可纵深性地拓展至反思该司法解释对于整体经济犯罪数额标准设置与完善的现实影响问题。

局限于传统刑法原理中的犯罪行为、社会危害性等概念来看，贪污犯罪与财产犯罪、金融犯罪等其他经济领域的犯罪，在行为性质、行为结构、行为结果等方面存在实质性差异，社会危害性评价尺度显然不同，那么入罪的数额标准、量刑阶梯对应的数额上升标准等也就具有相应的差异，司法解释调整相关犯罪数额标准的幅度、时机当然也不尽相同。但若聚焦于犯罪行为所侵害的经济实质分析，无论是基于职务便利实施的贪污贿赂犯罪，还是基于传统犯罪“技能”实施的盗窃、诈骗等侵财行为，抑或是基于资金、信息等优势竞争地位实施的金融犯罪，本质上都是对产权的侵害以及特定产权内涵经济价值的非法攫取。例如，贪污犯罪是对国有产权的侵害与攫取；受贿犯罪是通过腐败交易关系出卖职务行为交换请托人所持有利益的产权；挪用犯罪是不以占有目的的侵害国有、私有资金的部分产权（使用权）；盗窃、诈骗等财产犯罪是对私有产权的侵害与攫取；内幕交易、利用未公开信息交易等金融犯罪是对能够影响金融商品市场价格的信息产权的侵害与攫取……所以，经济犯罪的经济实质具有整体上的共性，即产权侵害性，这也决定了经济犯罪的定罪量刑，其核心指标只能是被侵害或者被非法攫取产权的货币化体现——数额。在法律与经济解释层面，不同类型的经济犯罪完全可以在定罪量刑数额标准上设置一个相对统一的评价体系。

事实上，在当今全球犯罪与刑罚立法例中极具代表性的美国《联邦量刑指南》，就是将贪污贿赂犯罪与财产犯罪的量刑基准、量刑阶梯等设置了相对统一的数额标准架构。根据美国《联邦量刑指南》第 2C1.2 条的规定：（1）行贿罪或者受贿罪的量刑基准为第 9 档犯罪水平（offense level），根据行为人的犯罪历史分类或者犯罪前科评估，分别对应 4—10 个月监禁直至 9—15 个月监禁的量刑区间；（2）如果行为人属于公职人员，量刑基准为第 11 档犯罪水平，分别对应 8—14 个月监禁直至 9—15 个月监禁的量刑区间；

(3)如果行贿或者受贿数额超过6 500美元,其量刑基准根据第2B1.1条盗窃、毁损财物、欺诈等犯罪的对应数额标准予以确定。[①]根据《联邦量刑指南》第2B1.1条的规定,盗窃、毁损财物、欺诈、伪造等犯罪数额分别大于6 500美元、1.5万美元、4万美元、9.5万美元、15万美元、25万美元、55万美元、150万美元、350万美元、950万美元、2 500万美元、6 500万美元、1.5亿美元、2.5亿美元、5.5亿美元的,分别提升4个、6个、8个、10个、12个、14个、16个、18个、20个、22个、24个、26个、28个、30个量刑档次。[②]

从我国近年来刑法解释与刑事司法实践的客观趋势分析,包括财产犯罪、贪污贿赂犯罪、金融犯罪、破坏社会主义市场经济犯罪(狭义经济犯罪)在内的所有经济犯罪定罪量刑数额标准,确实也有必要在整体上经历一轮实质性的调整。走私犯罪司法解释实际上已经开启了这一数额调整时间窗口。《刑法修正案(八)》取消了走私普通货物、物品罪中的具体数额规定,将其定罪量刑的数额标准留给司法解释来解决。根据2014年最高人民法院、最高人民检察院《关于办理走私刑事案件适用法律若干问题的解释》(以下简称《走私解释》)的规定,自然人走私普通货物、物品偷逃应缴税额10万元、50万元、250万元分别为偷逃应缴税额较大、巨大、特别巨大的起点数额,较之于修正前刑法确定的5万元、15万元、50万元的数额标准。《走私解释》较大幅度上提数额标准,其主要的推动因素就是经济社会发展水平、居民可支配收入等不断提高。[③]既然《贪污贿赂解释》在经济水平不断提升的背景下继续推进犯罪数额标准的上提,就有必要对经济犯罪的数额标准相应地进行整体性的适度调整,或者至少释放出这样的司法信号,否则容易造成社会公众认知上的困惑——经济水平提高后,为什么贪污贿赂犯罪主体的刑罚水平在全新的司法解释架构下予以实质性地均衡调控,而没有公共职务身份的财产犯罪、金融犯罪等普通经济犯罪主体仍然在原有经济条件下的刑法与司法解释体系下进行相对更严的评价?这既不利于腐败犯罪刑法规制震慑效应的发挥与治理效率的提升,更难以获得社会公众对于刑事法治实践公平与效率的广泛认同。

所以,尽管我国经济犯罪定罪量刑标准没有必要完全参照美国《联邦量刑指南》建构相对统一的数额体系,但贪污贿赂犯罪、财产犯罪、金融犯罪等在经济实质层面共通的产权侵害性,以及以《贪污贿赂解释》为代表的司法

---

① United States Sentencing Guidelines §2C1.2(2015).

② United States Sentencing Guidelines §2B1.1(2015).

③ 裴显鼎、苗有水、刘为波、郭慧:《〈关于办理走私刑事案件适用法律若干问题的解释〉的理解与适用》,《人民司法》2015年第3期。

解释正在推进的数额标准提升趋势，决定了财产犯罪、金融犯罪等广义上的经济犯罪应当经历一轮数额标准的对等提升。

三、最新贪污贿赂犯罪司法解释实践适用下腐败犯罪惩治效率的提升策略

《贪污贿赂解释》调高相关腐败犯罪定罪量刑数额标准，除了需要在法律与经济分析层面阐明其合理性基础、完善经济刑法及司法解释整体规范体系之外，刑事法治理论与实践更为重要的工作在于合理控制其现实存在、不容回避的客观影响，即同等数额条件下贪污贿赂犯罪的刑罚强度较之前出现了明显的下降。尽管《贪污贿赂解释》以从严处罚为导向明确了终身监禁、不得减刑假释等数额特别巨大、情节特别严重、影响特别恶劣、造成损失特别巨大的适用情形，①但对于常态性的贪污贿赂犯罪行为，仍然有必要重视《贪污贿赂解释》全新数额标准实施之后的实际结果及其对社会行为心理的影响。

根据社会公众对《贪污贿赂解释》文本和腐败犯罪刑事司法实践真实情况的直观认知，贪污受贿20万元以下的，在没有减轻处罚的条件下即可适用三年以下有期徒刑并具有缓刑的适用空间；贪污受贿300万元以下的，在符合自首等可以具有减轻、从轻处罚效果的刑法条件下，同样可以具备缓刑的适用空间；贪污受贿数百万元的（300万元以上），在符合减轻处罚的条件下，可以适用三年至十年有期徒刑的法定刑档次；贪污受贿千万元以上级别的，纵然会面对无期徒刑、终身监禁乃至死刑的刑罚风险，但亦有可能在符合减轻、从轻处罚条件的情况下获得十年左右的量刑结果。而国家统计局《2015年国民经济和社会发展统计公报》数据显示，全国居民人均可支配收入21 966元；按常住地分，城镇居民人均可支配收入31 195元，农村居民人均可支配收入11 422元。②若将《贪污贿赂解释》数额标准、刑罚风险与全国居民人均年收入进行比较，数据鸿沟十分巨大且耐人寻味。因此，亟须在深度把握当前腐败犯罪及其治理实践经济本质的基础上，通过贪污贿赂犯罪惩治效率的提升，获得社会公众对于刑法与司法解释文本的理解、腐败犯罪刑事司法实践效果的认同、刑事法治权威的尊重。

其一，贪污贿赂犯罪涉案数额不断攀升是经济社会迅猛发展的产物，也是公共权力、监管职能介入市场的深度不断升级的体现，更是权力滥用所可

---

① 《贪污贿赂解释》第四条。

② 国家统计局：《2015年国民经济和社会发展统计公报》，http://www.stats.gov.cn/tjsj/zxfb/201602/t20160229_1323991.html（访问日期：2016年4月25日）。2012年城乡居民家庭人均收入数据是国家统计局网站可供公开查询的该类目的最新数据信息。

能带来腐败经济效应的写照。《贪污贿赂解释》调高相关腐败犯罪数额标准只能是一种刑法规制上的被动性政策反应。腐败犯罪治理实践应当利用好贪污贿赂犯罪司法解释反思所揭示的问题与启示,从市场与权力的经济根源切入,严格限制权力介入市场的范围与深度,提高腐败犯罪惩治效率。

尽管在进一步深化改革的背景下,行政许可、审批、监管等权限介入市场竞争领域的范围已经受到了相当程度的控制,①但是市场的纵深度不断升级导致仍然保留的行政权力、监管职能也随着经济发展而得以不断强化与壮大,一旦出现权力寻租,腐败利益的数值水平显然不可同日而语。政府监管深度介入市场的现实局面意味着公共权力履行过程中涉及众多类型、数量的经济领域与社会治理空间,市场交易与宏观经济仍然大量依靠政府机构进行管理,刑事调查与司法实际上只能在一定程度上应对各类权力控制与行政监管下、非法利益攫取空间惊人的腐败犯罪风险。

强大的政府权限以及由于刑法规定明确性较低与司法解释规则阐释力度不足所造成的广泛裁量空间容易造成监管权力滥用。在市场竞争与权力边界没有进行重新调整的情况下,以贪污贿赂犯罪刑法与司法解释为核心的制度安排可能演变成一套被动与僵硬的震慑机制。提高贪污贿赂犯罪的查处概率本身也存在相当的不确定性与科学统计上的操作障碍性。既然国家权力介入经济监管、市场管理而形成的寻租空间存在非常明确的、难以控制的滥用风险,提升腐败犯罪规制效率最为有效的策略就是限制、减少、调整政府行为直接介入市场管理的程度、次数、措施。所以,控制贪污贿赂犯罪或者降低公务人员基于权力腐败兑现资本得利的最为有效的方式,只能是限缩公共权力介入市场的深度与广度。政府权力逐渐退出对市场运作问题的直接介入,专注于预防与控制市场系统性风险、国计民生重大问题,而非具体的市场风险与特定经济、金融、社会问题的管理,能够实质性截断政府机构及其工作人员滥用权力获取高额经济回报的渠道。即使《贪污贿赂解释》规定的定罪量刑数额标准提升了,但公务人员实施权力腐败的空间缩减了,实际上完全能够抵消贪污贿赂犯罪刑法规制效率的部分减损,甚至是整体上提升腐败犯罪治理的最终效益。

其二,在《贪污贿赂解释》实质性提升定罪量刑数额标准的背景下,腐败犯罪刑事司法规则应当在财物的定性与定量、“为他人谋取利益”要件的解

---

① 例如,2015 年《国务院关于取消和调整一批行政审批项目等事项的决定》、2016 年《国务院关于第二批取消 152 项中央指定地方实施行政审批事项的决定》大幅度地削减了行政审批事项,坚定不移推进行政审批制度改革,加大简政放权力度,健全监督制约机制,加强对行政审批权运行的监督,不断提高政府管理科学化规范化水平。

释等入罪条件、犯罪数额量化要素层面作出真正意义上的扩张性解释，进一步地限缩数额标准提升后对腐败犯罪惩治效率可能带来的负面影响。

在《贪污贿赂解释》的新闻通讯与"两高"相关负责人权威说明中，都强调了最新司法解释对"为他人谋取利益"、财物等核心定罪量刑要素进行了扩张性解释①：（1）贿赂犯罪中的财物包括财产性利益，其具体包括可以折算为货币的物质利益和需要支付货币才能获得的其他利益两种。前者如房屋装修、债务免除等，其本质上是一种物质利益。后者如会员服务、旅游，由于取得这种利益需要支付相应的货币对价，故在法律上也应当视同为财产性利益。②（2）承诺为他人谋取利益，明知他人有具体请托事项，以及履职时未被请托但事后基于该履职事由收受他人财物等情形，都属于"为他人谋取利益"具体表现形式。国家工作人员索取、收受具有上下级关系的下属或者具有行政管理关系的被管理人员的财物，价值三万元以上，可能影响职权行使的，视为承诺为他人谋取利益，应当以受贿犯罪定罪处罚。③刑法理论中的代表性观点亦认为，《贪污贿赂解释》的上述条款对贪污、受贿构成要件作扩大解释，更易于检察机关成功起诉贪污、贿赂犯罪，更有利于法院适用刑法有关条款定罪判刑。④

但是，对比早前的司法解释，《贪污贿赂解释》设置贿赂犯罪对象财物的司法判断规则，似乎并没有明显体现出扩张性解释的实质特征。2008 年最高人民法院、最高人民检察院《关于办理商业贿赂刑事案件适用法律若干问题的意见》（以下简称《商业贿赂解释》）早已明确了财产性利益的属性定位与以实际支付货币计算财物数额的量化规则。⑤所谓房屋装修、债务免除、旅游、会员服务等能否认定为财物、如何计算数额，实际上已经在刑法理论与实务中进行了充分的探讨与相对统一的认定结论。⑥当前腐败犯罪刑事司法实践亟需的是具有实质扩张性内涵、能够顺应经济发展态势、贿赂形式多样化发展客观实际的贿赂犯罪财物定性与量化判断规则。

笔者建议，在具体适用《贪污贿赂解释》认定财产性利益时，应当基于职

---

① 徐日丹：《"两高"发布贪污贿赂刑事案件司法解释》，《检察日报》2016 年 4 月 19 日第 1 版。

② 《贪污贿赂解释》第十二条。

③ 《贪污贿赂解释》第十三条。

④ 阮齐林：《依法从严惩治贪污贿赂犯罪》，《人民法院报》2016 年 4 月 19 日第 2 版。

⑤ 《商业贿赂解释》第七条规定：商业贿赂中的财物，既包括金钱和实物，也包括可以用金钱计算数额的财产性利益，如提供房屋装修、含有金额的会员卡、代币卡（券）、旅游费用等。具体数额以实际支付的资费为准。

⑥ 刘宪权、谢杰：《贿赂犯罪刑法理论与实务》，上海人民出版社 2012 年版，第 27—38 页。

权与产权交换关系的经济实质,采用“对价规则”把握具有贿赂犯罪腐败交易关系本质的财物及其数额计算,从而保证刑法有效覆盖各种类型的财产性利益。具体而言,在正常的经济交往中,受托人获取不以直接性财物(货币、证券等)为载体的投资信息、劳务、服务、论文、专利、出国考察旅游等,应当向享有产权的交易主体支付对价。受托人零对价或者以明显不相当的对价获取利益,实际上是取得了不应有的产权,或者节省了应当支出的成本。市场行为的经济过程应当体现对价规则,接受相对方产权的行为主体没有从本人的产权中给付对价,显然必须以具有倾向性的职务行为弥补对价空缺。此时,为他人谋取利益与零对价或者对价节省之间的腐败交易关系从模糊状态逐渐显现为清晰状态。在贿赂犯罪的语境下,应当付出对价而基于倾向性的职务行为不予付出或者明显少付出,与利用职权不应当获取他人产权而实际获取,具有相等的违法性内涵,均归属于权钱交易。给付或者收受不以直接性财物为载体的产权或财产性利益能否以贿赂犯罪追究刑事责任,关键在于是否可以通过价格评估机制核定对价的数额,即可以用货币计量的市场价格。这种市场价格评估机制可以是事后有权机构的价格鉴定,也可以是贿赂犯罪行为实施过程中的实际支付价格。

此外,《贪污贿赂解释》基本上延续了传统腐败犯罪刑法理论与实践已经确认的“为他人谋取利益”与收受财物之间对应性关系的证明规则,①但其突破性增设了推定规则,即具有管理关系、收受3万元财物,可能影响职权行使,推定为“为他人谋取利益”。《贪污贿赂解释》设置的“为他人谋取利益”推定规则充分体现出了刑法严格规制贪污贿赂犯罪的精神,有利于充分中和数额标准上升的效应。但其在实践适用中具有诸多难点,有必要以扩张性解释为导向,对该司法判断规则予以更为细致的说明:

第一,“为他人谋取利益”推定中的逻辑结构。《贪污贿赂解释》第十三条第二款具有三个层次的规范结构。第一层次为客观条件,即财物收受者与给付者之间具有上下级关系的下属或者具有行政管理关系,同时财物金额达到了3万元的水平。第二层次为风险评估,即司法解释认为基于社会公众一般认知水平,具有上级与下级、行政管理与被管理这两种特定关系的当事人双方之间发生的3万元以上的利益输送,能够形成影响职权行使的现实风险。第三层次为司法推定,即司法解释根据客观条件的确认与禁止风险的评估,推定符合“为他人谋取利益”要件,而无需证明受托人是否实际许

① 张明楷:《论受贿罪中的“为他人谋取利益”》,《政法论坛》2004年第5期;刘宪权、谢杰:《贿赂犯罪刑法理论与实务》,上海人民出版社2012年版,第54—59页。

诺、认可、明知、实施“为他人谋取利益”。

第二,“为他人谋取利益”推定中的客观要素把握。“具有上下级关系的下属或者具有行政管理关系的被管理人员”应当进行宽泛与扩张的解释。上下级关系包括但不限于直接上下级,同一单位的上司与下属关系,同一系统的领导、中层、普通干部岗位等各种能够在统一行政层级体系下进行上级与下级区分且具有实质制约关系。行政管理关系应当是基于广义的法律、法规、规章等确认的监管关系。

第三,“为他人谋取利益”推定中的具体风险判断。“可能影响职权行使”是基于收受与给付财物者实质制约关系与3万元以上财产性利益输送的客观事实而认定的一种影响职务廉洁性的具体风险。控方无需再提供其他证据证明这种具体风险的存在,但辩方可以提供证据反驳,主张职权的行使并没有实际受到实质制约关系与利益输送的影响,从而截断“为他人谋取利益”的推定链条。

总之,《贪污贿赂解释》调整定罪量刑数额标准不可避免地会引发刑法理论、实务乃至社会各界对腐败犯罪惩治效率、经济犯罪数额标准体系整体平衡性、贪污贿赂犯罪刑法规制强度等问题的质疑。通过法律与经济分析的方法与视角进行反思,我们可以看到,尽管调高贪污贿赂犯罪定罪量刑数额标准在一定程度上与全球腐败犯罪治理实践及其发展趋势并不完全契合,但我国经济社会发展的地方性特征与腐败犯罪的现实状态促使刑法与司法解释不得不通过数额标准的调整解决刑罚体系严重失衡的内部性问题。既然《贪污贿赂解释》调高数额标准会引发腐败犯罪刑罚强度水平的降低风险,就应当通过维持或者提升当前高强度的腐败犯罪刑法规制概率,对这种风险进行对冲从而实现刑罚整体效率的平衡。贪污贿赂犯罪、财产犯罪、金融犯罪等在经济实质层面共通的产权侵害性,《贪污贿赂解释》基于经济水平的发展而启动了调整定罪量刑数额标准的司法趋势与时间窗口,决定了财产犯罪、金融犯罪等广义上的经济犯罪也有必要进行数额标准的对等提升。从经济解释的角度分析,作为一种实质上被动的政策反应,《贪污贿赂解释》调高相关腐败犯罪数额标准揭示了公共权力、监管职能介入市场的深度不断升级、权力腐败寻租利益规模空前的现实。因此,提高腐败犯罪惩治效率的根本在于严格限制权力介入市场的范围与深度。同时,必须直面数额标准提高对腐败犯罪惩治效率可能带来的负面影响,应当通过贪污贿赂犯罪构成要件、数额认定层面的扩张性解释最大限度地化解这种风险。

第三节　贪污犯罪

一、贪污罪的规范构造

贪污罪是指国家工作人员利用职务上的便利,侵吞、窃取、骗取或者以其他手段非法占有公共财物的行为。本罪侵犯的客体是公共财物的所有权和国家工作人员职务行为的廉洁性,同时也对国家机关、国有单位的正常管理秩序造成侵犯。本罪的对象一般是公共财物。根据《刑法》第九十一条的规定,公共财产包括国有财产;劳动群众集体所有的财产;用于扶贫和其他公益事业的社会捐助或者专项基金的财产。在国家机关、国有公司、企业、集体企业和人民团体管理、使用或者运输中的私人财产,也以公共财产论。由于刑法规定贪污犯罪可以由国家机关、国有公司、企业、事业单位委派到非国有公司、企业、事业单位、社会团体从事公务的人员构成,其利用职务便利所侵吞、窃取、骗取或者其他手段非法占有的财产,是非国有公司、企业、事业单位、社会团体的财产,因此,此类贪污罪的对象也就不限于公共财产。在客观方面,本罪表现为利用职务上的便利,侵吞、窃取、骗取或者以其他手段非法占有公共财物的行为。本罪的主体是特殊主体,即国家工作人员和受委托管理、经营国有财产的人员。本罪的主观方面表现为故意,并应具有非法占有公共财物的目的。行为人虽然实际占有公共财物。

二、贪污罪的司法认定

(一)传统贪污罪的认定

典型案例:2001年12月至2004年7月,犯罪嫌疑人潘玉芳在担任上海闾蕴孜龙实业发展有限公司总经理期间,利用职务便利,将公司收取的龙柏集贸市场部分摊位费截留,共计人民币1 774 841.04元,除302 489.00元用于公务支出外,其余公款人民币1 472 352.04元被其侵吞。其中潘玉芳以个人借款的名义转借给公司529 893元,其被免职后曾到公司索要此款,未得逞。

潘玉芳系受中共闵行区龙柏街道工作委员会、闵行区龙柏街道办事处委托,任上海闾蕴孜龙实业发展有限公司总经理,负责管理经营国有资产的人员,符合贪污罪的主体要求。中华人民共和国国有资产管理局1991年2月20日《关于用国有资产开办的集体企业或经营单位产权归属问题的通知》规定:"完全用国有资产开办登记注册为集体所有制性质的企业或经营单位,由国家投资及投资经营的收益所形成的资产属国有资产。"上海闾蕴孜龙公司营业执照上体现为有限责任公司，但经查证，其实质是由龙柏街道全额投资的企业，根据该文件规定，上海闻蕴孜龙公司的投资及收益（收取的摊位费）均应属国有资产，所以潘玉芳的行为侵犯了国有财产的所有权。从本案的事实、证据，能够认定其具有贪污的主观故意，其侵吞摊位费的客观行为也印证了其主观上是有贪污故意的。犯罪嫌疑人潘玉芳利用经营管理国有资产的职务便利，采用截留的方法侵吞国有资产 147 万余元，符合贪污罪客观方面的特征要求。

（二）新型贪污罪的认定

《新型受贿意见》对于当前司法实践中经常遇到的、存在异议的新类型受贿案件刑法适用问题进行了罪与非罪的界定。然而，在案件查处过程中发现，现阶段不仅存在新类型受贿案件，而且出现了向特定关系人低价销售国有单位房屋、安排特定关系人在国家工作人员所在单位领取不正常薪酬、以国有单位名义购买房屋并长期占有等新型贪污案件。由于上述涉案行为区别于传统直接侵占国有财产的贪污模式，且《新型受贿意见》规定的新型受贿司法认定规则无法直接拓展适用于贪污案件，有必要充分运用刑法解释理论深入研究新型贪污案件司法认定中的相关疑难问题，对涉案行为进行准确定性。

1. 向特定关系人低价销售国有单位房屋能否认定为贪污罪

根据《新型受贿意见》第一条与第七条的规定，国家工作人员利用职务便利为请托人谋取利益，受益请托人向特定关系人以明显低于市场的价格销售房屋的，以受贿论处。司法实践中不仅存在以房屋交易形式掩盖受贿犯罪实质的行为，而且出现了较多国家工作人员利用职务上的便利向特定关系人低价销售本单位房产的案件。由于贪污罪、为亲友非法牟利罪的法条关系相对复杂、司法认定标准较难掌握，加之实务部门对于如何以及在何种程度上将《新型受贿意见》有关交易型受贿、特定关系人受贿所蕴含的刑法解释规则拓展至贪污案件存在认识分歧，司法机关难以统一国家工作人员向特定关系人低价销售本单位房产的定性规则，导致罪与非罪、此罪与彼罪的界限模糊。有必要运用刑法解释理论予以集中探讨。

特定关系人的实质内涵为共同利益关系人，外延包括近亲属、情妇、情夫等，而亲友的内涵与外延相对特定关系人而言更为宽泛。因此，实践中有观点指出，国家工作人员在销售本单位开发的房地产项目过程中，利用职务上的便利压低价格实施有针对性的销售行为，即以明显低于市场的价格向近亲属、情妇（夫）等具有共同利益关系的人销售房产，以国有财产受损为代价使后者从购销关系中牟取非法利益，应以为亲友非法牟利罪论处。但笔者认为,上述定性意见在解释论上存在障碍,应当以贪污罪的构成要件对此类行为进行整体评价。

根据《刑法》第一百六十六条的规定,构成为亲友非法牟利罪必须符合行为要件——"以明显低于市场的价格向自己的亲友经营管理的单位销售商品"。低价销售行为所指向的对象限定在亲友经营管理的单位。而国家工作人员直接向特定关系人低价销售房产,不存在国家工作人员所在的国有单位与特定关系人所管理的单位之间的业务关系,无法以为亲友非法牟利罪论处。

对此,实践中有观点进一步指出,向特定关系人管理的单位与直接向特定关系人低价销售房产在社会危害性上显然没有任何实质性的区别,在规范评价上均属于为亲友非法牟利。

笔者认为,上述刑法解释具有较大缺陷,其症结在于未能明确为亲友非法牟利罪与贪污罪之间因评价对象不同而存在的罪质差异。设置为亲友非法牟利罪的规范目的在于打击国家工作人员利用管理国有单位经营业务的职务便利,使亲友基于商业经营行为牟取因国有单位部分利益损失而"溢出"的非法利润的行为;设置贪污罪的规范目的在于打击国家工作人员利用职务便利直接侵吞国有单位资产的行为。国家工作人员构成为亲友非法牟利罪的前提是亲友所管理的单位与国有单为存在业务关系并实际付出了经营成本,国家工作人员滥用权力导致亲友获取了偏离市场规律的利润。国家工作人员向特定关系人低价销售本单位房产,对于国有单位而言是经营行为,对于特定关系人而言则属于个人投资置业,整个行为过程中不具有对应的经营关系。国家工作人员压低价格向特定关系人销售房产,应当属于直接侵吞国有财产,符合贪污罪的行为要件。

国家工作人员只有以明显低于市场的价格向特定关系人销售本单位房产才能构成贪污罪。低价销售行为没有显著背离市场价格的,不能以贪污论处。刑法理论与实务部门业已对低价买方受贿案件中的"明显"认定标准问题进行了深入分析,归纳出了绝对数额①、相对比例②、数额比例结合③、成本价格④、加权平均价格⑤等多种认定方法,但对各种标准的合理性争议仍

---

① 吴卫江、陈超:《低价购房、收受干股:严惩》,《检察日报》2007年8月1日第1版。

② 夏思扬:《对交易型受贿有必要规定价格比》,《检察日报》2007年8月10日第3版。

③ 刘志远主编:《新型受贿犯罪司法指南与案例评析》,中国方正出版社2007年版,第10—11页。

④ 张玉娟:《交易型受贿"明显偏离市场价格"的司法认定》,《检察日报》2007年8月26日第3版。

⑤ 孙奕军:《交易型受贿若干疑难问题的司法认定》,《中国刑事法杂志》2008年五月号,第42—43页。

然持续不断。[①]这些观点固然为低卖房产型贪污案件的司法认定提供了广泛的参考标准，但由于各有缺陷，无法作为司法机关认定明显低于市场价格的唯一依据。

笔者认为，“明显低于市场的价格”的尺度确定问题，应当属于司法机关根据案件具体情况合理行使自由裁量权问题与实质违法性解释问题，刑法理论可以设定一个基础性的判断规则，却不宜进行深度限定。国家工作人员向特定关系人低价销售单位房产尚且处于偏离市场价格的不正当优惠的幅度内的，可以通过可撤销合同、背信侵权等民事手段弥补国有财产损失；国家工作人员低于市场价格售房的减价数量，达到社会一般观念或者社会相当性标准无法容忍的程度的，说明其在刑法实质解释的层面表现出利用职务便利非法占有国有财产的严重社会危害性，侧面印证了构成要件形式解释的充足性，应当以贪污罪论处。

由于现阶段房地产销售价格设定的规范尚不健全，部分项目在销售过程中存在价格混乱的问题，突出表现为公司董事会作出决议，对与公司存在经济往来且具有较稳定友好合作关系的客户，相关负责人可以在总的授权数额内分配优惠额度。由于此类优惠在操作中账内明折明扣，不能作为商业贿赂处理。实践中，部分国家工作人员在得到国有单位董事会授权之后，直接将优惠额度分配给特定关系人，使其得以购买明显低于市场价格的房产。

对此，实践中有观点认为应当根据贪污罪追究国家工作人员的刑事责任。但笔者主张，既然单位进行了概括授权，就应当根据国家工作人员的执行情况确定其是否存在非法占有国有资产的行为与故意——(1)特定关系人确实与国有单位存在正常业务往来，国家工作人员向其低价销售房屋没有超越董事会权限，虽然在符合“关系户”条件的主体中进行了有针对性与有倾向性的选择，但不能据此认定其执行授权行为具有非法占有国有财产的故意。(2)国家工作人员故意增设环节，使特定关系人所管理的单位成为国有单位与其他单位经营活动中介，并以此为基础将特定关系人作为“关系户”低价销售房产的，属于违法犯罪的继续运作。既然特定关系人元作为国有单位“关系户”的地位是国家工作人员基于犯罪目的而利用职务便利非法增置的，向特定关系人低价售房显然属于腐败行为的延续，应当认定为贪污

---

① 参见孙国祥：《以交易形式收受贿赂的方式与界限解读》，《人民检察》2007年第8期(下)；薛进展、谢杰：《以交易形式受贿中“度”的把握》，《华东政法大学学报》2007年第5期；孙国祥：《新类型受贿犯罪疑难问题解析》，中国检察出版社2008年版，第98页。

行为。(3)国家工作人员赋予根本不具有“关系户”条件的特定关系人优惠额度的,属于超越权限非法占有国有财产,应当以贪污论处。

2. 安排特定关系人于国有单位“工作”领薪是否构成贪污罪

当前司法实践中不仅处理了部分国家工作人员利用职务上的便利为请托人谋取利益,要求或者接受请托人以给近亲属、情妇(夫)等特定关系人“挂名”领取薪酬的新型受贿案例,①而且还出现了国家工作人员利用职务上的便利安排特定关系人在本人所在国有单位“工作”领取薪酬的案件。

实践中有部分意见主张将此类情况视为新型贪污案件,按照新型受贿案件的认定思路进行类比解释,以贪污定性。但由于司法解释并没有明确此类行为能否以贪污罪论处,导致实务部门存在较大的认识分歧。笔者根据涉案行为的不同表现形式进行深入分析,确定国家工作人员以及相关特定关系人是否构成贪污罪。

表现形式一:安排特定关系人在国有单位“挂名”领薪。

《新型受贿意见》第六条确定了特定关系人挂名领薪以受贿论处的司法认定规则。基于此,实践中有观点认为,国家工作人员以为特定关系人在本人所在的国有单位安排职务或者工作岗位为名,并不实际工作的,应当认定为侵吞公共财产,构成贪污罪。但也有反对意见指出,《新型受贿意见》第六条设定的是受贿犯罪的认定规则,其判断依据在于将符合权钱交易本质的行为纳入受贿犯罪的规制范围,而贪污罪的认定与受贿罪具有本质区别,不能进行拓展性适用。

笔者认为,《新型受贿意见》第六条特定关系人“挂名”领薪构成受贿的司法判断规则是针对受贿犯罪的行为特征而作出的刑法解释,不能直接拓展适用于贪污案件。国家工作人员安排特定关系人在本人所在国有单位不实际工作却领取薪酬是否构成贪污罪,仍然需要从贪污罪的行为特征出发重新进行刑法解释。

贪污罪的行为本质表现为个人通过各种非法占有方式直接地攫取国有财产,这是其区别于为亲友非法牟利罪、国有公司、企业、事业单位人员滥用职权罪、私分国有资产罪的核心内容——后几种具有侵占因素的职务犯罪行为均不同程度地具有间接性、变化性、多样性的特点。只有明确贪污行为侵占国有财产的直接性,才能正确地把握贪污罪的罪质因素,做到准确定

---

① 典型案例为郑筱萸受贿、玩忽职守案,其中的部分事实涉及家属“挂名”领薪。参见最高人民法院刑事审判第一、二、三、四、五庭主办:《刑事审判参考(总第 59 集)》,法律出版社 2008 年版,第 140—193 页。其他特定关系人“挂名”领薪案件的分析资料,参见刘志远主编:《新型受贿犯罪司法指南与案例评析》,中国方正出版社 2007 年版,第 215—229 页。

性。而国家工作人员安排特定关系人在本国有单位担任职务或者分配岗位只是徒有虚名,在没有实际工作的情况下,特定关系人领取薪酬实质上是以零劳动成本换取国有单位的工资、奖金、福利等按劳分配的财产性收益,变相侵吞国有财产的行为性质与主观故意较为直接且明显,应当认定国家工作人员构成贪污罪。

表现形式二:特定关系人获得薪酬明显高于正常标准。

实践中,部分特定关系人在被国家工作人员安排进入国有单位后,实际参与了工作,但其获取的薪酬明显超过该职位的正常薪酬。对于此种情况能否认定为贪污罪,实务部门难以形成统一意见。主张从严惩处腐败犯罪的观点认为,实际领取薪酬与正常薪酬明显不成比例的,显然属于利用职务便利通过安排特定关系人进入国有单位侵吞劳动分配收入,差额部分应当认定为贪污罪。但亦有较多意见指出,实际领取的薪酬与正常薪酬之间是否存在严重偏离在实践中很难把握,在具有侵占性质的差额部分的具体数额无法精确认定的情况下,不能认定构成贪污罪,也不宜追究刑事责任。

笔者认为,国家工作人员安排特定关系人在本人所在国有单位工作领取明显偏离职务性质与工作总量的薪酬,达到社会一般观念无法认同或者容忍的严重程度,具有可罚性,应当纳入刑事责任的考量范围。关键问题在于以贪污罪对此类行为定性是否在解释论上具备坚实的法理基础。国家工作人员安排特定关系人实际工作但明显领取过多薪酬,在社会危害性的程度上显著区别于不实际工作却领取薪酬,正是社会危害性上的量化差异决定了两种行为的罪质不同。从构成要件的符合性角度进行分析,领取薪酬明显高于职位正常收入的行为侵犯国有财产法益具有间接性,与直接侵吞国有财产的贪污行为之间存在一定差距,更符合国有公司、企业、事业单位人员滥用职权罪的构成要件——国家工作人员利用职务便利安排特定关系人在本单位领取高薪具备明显的滥用职权性质,徇私舞弊的主观意图相对清晰。因此,以国有公司、企业、事业单位人员滥用职权罪评价此种行为在刑法适用理论上更为合理。值得强调的是,由于当前工资奖金结构较为混乱、企业之间薪酬差距很大,司法实践部门尚且缺乏有效的方法确定相关岗位的正常薪酬,在对实际工作但领取薪酬明显超过正常标准是否构成犯罪的判断过程中,应当严格把握、慎重处理,只有相关证据确凿地证实国家工作人员利用职务便利给特定关系人安排工作领取明显过高的薪酬,持续时间较长、数额达到30万元的立案标准、造成恶劣影响的,才能以国有公司、企业、事业单位人员滥用职权罪定性。

表现形式三:专门为特定关系人设置岗位领取薪酬。

有的特定关系人在国家工作人员的安排下于国有单位工作并领取正常的薪酬,但该份工作本身是国家工作人员利用职务上的便利增设的,对于国有单位的业务开展而言不具有实质性意义。反贪部门查案中发现过此类情况——某国有企业总经理在沿海某市设立办事处,除由其情妇负责接待本单位出差人员等事务之外,没有其他工作人员在该办事处工作;情妇每月领取 5 000 元薪酬。

实践中有观点认为,没有国家工作人员利用职务便利设置工作岗位,特定关系人不可能从国有单位获取薪酬,故应当以贪污论处。反对意见认为,特定关系人毕竟支出劳动对价且获取薪酬没有偏离正常水平,不能定性为贪污。

笔者认为,既然国家工作人员安排的特定关系人在本国有单位实际从事工作,结合当地的收入水平其领取的薪酬数额相对合理,就不应当认定国家工作人员构成贪污罪。尽管特定关系人的收入以国家工作人员利用职务上的便利为前提,且特定关系人的工作基本上不是因为国有单位实际需要或者特定关系人具有相当的工作能力和条件,但国家工作人员利用职务便利安排工作本身不具有侵犯国有财产的直接犯罪性,不能基于国家工作人员的不正当职务行为而直接认定特定关系人领取的薪酬具有侵犯国有单位财产的性质。当然,如果国家工作人员利用职务便利增设国有单位根本没有任何必要的工作岗位,安排多个特定关系人在较长的时间内工作并领取薪酬,使国有单位支出数额巨大的工资、奖金的,应当认定为国有公司、企业、事业单位人员滥用职权罪,根据行为性质显然可以判断其具有徇私舞弊情节,应当从重处罚。

3. 长期占有国有单位房屋但未变更权属登记能否认定为贪污(既遂)

《新型受贿意见》第八条第一款规定:国家工作人员利用职务上的便利为请托人谋取利益,收受请托人房屋、汽车等物品,未变更权属登记的,不影响受贿的认定。但是,现阶段司法实践中不仅出现了此类不对受贿对象进行登记过户的案件,还查获部分长期非法占有国有单位不动产但并不登记转移产权的案件。

典型案件表现为:王某(国家工作人员)担任某国有企业总经理,利用全面负责公司经营管理的职务便利,在未征得上级单位批准的情况下,向本公司有关人员谎称总公司已批准其购买住房。1997 年 1 月,王某擅自用公司公款人民币五十五万元,以本单位为产权人进行权属登记,购买花园别墅一幢。2003 年 8 月,在该国有企业申请破产过程中,王某作为破产工作领导小组副组长，故意向上级单位和法院隐瞒该幢别墅。2003 年 11 月，法院裁定该国有企业破产，终结破产程序，未得到清偿的债权不再清偿。该幢别墅一直由王某及家人居住至 2007 年 12 月。案发后，上级单位才获悉王某擅自购买且隐瞒该幢别墅的事实。

在侦查阶段，检察机关反贪部门与提前介入的侦查监督、公诉部门就此类行为的定性问题存在较多争议；进入审判阶段，检察院与法院认识分歧很大——

第一种意见认为，王某构成挪用公款罪。该幢别墅的产权人仍然是国有企业，并未过户至王某及其家人名下。王某属于利用职务便利挪用公款，擅自购买房屋，归个人使用，符合挪用公款罪的构成要件。

第二种意见认为，王某构成贪污罪（未遂）。王某未经上级总公司同意擅自使用本单位公款购买别墅，且在破产程序中隐瞒资产、核销购房款，具有非法占有目的。未将单位产权登记过户至个人名下，属于贪污未遂。

第三种意见认为，王某构成贪污罪（既遂）。王某长期非法占有用单位公款购买的别墅，上级单位无法监控且破产程序未予清算该项资产，国有企业不仅在破产前没有实际控制别墅，在破产注销后更是无从主张产权，故应当认定为贪污既遂。

笔者主张，国家工作人员利用职务便利长期排他性地占有国有单位房屋，即使没有变更权属登记，亦应当认定为贪污罪（既遂）。权属未变型受贿的解释性规范表明，刑法上非法占有的实现并不以物权法上变更登记的有效性为前提，《新型受贿意见》第八条第一款所设定司法判断规则并不局限于受贿案件。持续性地非法占有公共财物但未变更权属的，虽然在规范层面难以将国家工作人员确定为产权人，但其在事实上对公共财物形成了排他性控制，符合贪污罪（既遂）的法律特征。

实践中有不少反对意见指出：受贿罪的行为对象可以是权属未变更的财物，但贪污罪显然是对公共财产所有权的侵犯，不能经由类比解释适用受贿罪的规则。然而，笔者认为，权属未变型受贿的判断规则蕴含着非法占有财物刑法认定的基本标准，可以延展性地适用于贪污案件，但应根据贪污罪行为构成的特点进行具体调适。

从法益层面展开分析，贪污罪与挪用公款罪的区别集中表现为：前者侵犯的公共财产的所有权，后者侵犯的是公共财产的使用权。但必须强调的是，上述职务犯罪刑法理论的实质性解释是从事实的角度切入的。判断所有权与使用权是否受到国家工作人员腐败行为的侵蚀，其落脚点在于事实上的产权关系，而非法律上的产权关系。未经许可违法使用公款购房或购车并将之登记在本人或特定关系人名下,当然属于贪污行为。但不能由此推论:没有将单位产权登记过户为个人产权就不属于贪污行为。因此,在逻辑上应当明确,物权法上的权属变更行为是符合贪污罪行为要件的充分非必要条件,未变更权属登记的,同样不影响贪污罪的性质认定。

在通过初步解释证成未进行权属变更登记不能直接排除贪污性质的基础上,必须进一步从客观行为角度明确国家工作人员占有公共财物的主观内容以证明其贪污性质,消除权属未变更的法律状态是对贪污罪定性所具有的不确定影响。贪污罪的核心判断标准在于是否能够通过账目查证行为人排斥公共财物权利人对产权的控制。上述案例中的王某擅自使用公款购买房屋供本人使用但不进行过户,附加向上级领导汇报时隐瞒公款使用情况、申领支票时欺骗财物人员、上报公司资产时隐匿资产、个人及其家人长期占用房屋进行排他性地使用等事实,能够准确反映行为人步步为营逐渐侵占公共财产的主观目的,符合积极利用各种手段达到非法占有公共财物的意志内容。司法机关能够从入账手段与核销情况分析得出使用公款购买的房屋业已脱离登记产权人实际控制的,应当认定行为人实际占有公共财物。虽然权属未变决定了其处分权受到法律限制,但并不否定其事实上的占有状态,符合犯罪既遂形态的条件。实践中部分国家工作人员擅自使用公款以单位名义购房后独立控制后,故意不将之过户至本人名下,就此认定其为犯罪未遂,显然不符合刑法解释的合理性原则。

结合长期贿赂犯罪刑事司法的实践经验与当前贿赂犯罪的腐败交易特点,"两高"通过司法解释在操作规范上确认了未办理权属变更登记的房屋、汽车可以作为受贿罪的犯罪对象。虽然《新型受贿意见》是针对受贿罪的解释性文件,也为正确办理贪污案件提供了重要的规则指引。权属未变型受贿认定规则的指导性要旨在于明确:刑法判断强调实质与事实,民法判断注重形式与法律;①刑法判断以相关的民法判断为基础,但可以结合客观事实进行合法的超越。②将权属未变型受贿的司法认定规则拓展适用至贪污案件,采用的是在坚持罪刑法定原则前提下的类比解释而非类推,符合刑法解释的合法性要求。最高人民法院于 2003 年 11 月 13 日《全国法律审理经济犯罪案件工作座谈会纪要》指出:贪污罪是以非法占有为目的的财产性职务犯罪,应当以行为是是否实际控制财物作为贪污罪既遂与未遂的标准。而

---

① 参见韩耀元、邱利军:《适用"两高意见"须注意十二个问题》,《检察日报》2007 年 7 月 17 日第 3 版。

② 薛进展、谢杰:《对"两高"最新受贿罪司法解释的反思》,《法学》2007 年第 10 期。

关键的问题便在于如何根据具体情况判断是否处于实际控制状态。

笔者建议按照以下规则认定权属未变型贪污案件——(1)国家工作人员利用职务上的便利以公款购买房屋或汽车,产权人为单位,尚未将产权过户登记在本人或特定关系人名下,却由个人进行排他性使用的,不影响贪污的性质认定。(2)认定使用公款购买房屋或汽车尚未登记过户的贪污行为,应当注意既遂与未遂的形态区分。具体认定时,主要应当考虑以下因素进行判断:使用公款购买房屋、汽车时有无职权部门的许可或者是否经过领导集体讨论;购买是否秘密进行,有无向财务人员说明;账目是否做平,是否存在伪造原始凭证、涂改付款凭证、虚报冒领、重复报账、开“大头小尾”发票等掩盖事实的行为;实际使用的主体与时间;有无单位破产等实际完全无法控制公共财物的客观情况。

因此,在上述案例中,虽然单位在名义上属于产权人,但王某通过种种行为掩饰隐瞒擅自使用公款购房买车事实且外部无从知晓长达十年的排他性占有状态的,应当认定为贪污罪(既遂)。

4. 增设环节套取国有资产行为如何认定贪污罪

当前司法实践中出现的新型贪污案件区别于传统侵吞国有财产行为模式,通常牵涉多个环节,与受贿、滥用职权等职务犯罪存在界限模糊,行为定性与数额计算争议较大,有必要充分运用刑法原理进行论证。我们认为,对于属于个人增设环节套取国有财产的行为,应当以贪污罪论处。

司法实践中出现如下案例:于某(国家工作人员)系甲会计财务服务公司(国有公司)审计部主任兼审计员,负责对乙集团公司承接的“A市政配套工程项目”进行审计,审计内容分为建设费用和管理费用两部分,审计费20万元。于某以审计内容过多为由,提请上级同意聘请外部会计师事务所参与审计。在上级批准且征得乙集团公司同意后,于某将已经审计完毕的管理费用部分划出,交由丙会计师事务所重新审计并出具该部分的审计报告。审计工作结束后,乙集团公司支付甲会计财务服务公司审计费12万元,支付丙会计师事务所8万元审计费。另查明,于某属于丙会计师事务所的非注册会计师。事务所收取8万元审计费后,按照40%的比例向于某支付“介绍费”3.2万元,并以发票报销形式冲账。

于某的行为构成何罪,犯罪数额如何计算,实践中存在三种不同观点——

第一种意见认为,于某构成受贿罪,犯罪数额为3.2万元。于某利用职务上的便利,将国有单位的审计业务划交丙会计师事务所,收取“介绍费”3.2万元,属于在经济往来中违反国家规定收受回扣,应当以受贿罪论处。

第二种意见认为,于某构成贪污罪,犯罪数额为 8 万元。于某将审计完毕的管理费用部分划交其挂职的丙会计师事务所重复审计并瓜分审计费,属于共同增设环节套取本应由国有单位收取的审计费,应以共同贪污论处。于某显系主犯,应对其参与贪污的 8 万元承担刑事责任,实际分得的 3.2 万元作为量刑时的酌定从轻情节。

第三种意见认为,于某构成贪污罪,犯罪数额为 3.2 万元。于某的主观故意在于利用职务便利以国有单位审计费损失为代价,增设中间环节重复审计,以“介绍费”为名套取 3.2 万元审计费归个人所有。虽然造成国有单位资产流失 8 万元,但其并未与丙会计师事务所形成贪污 8 万元的共同故意。

笔者持第三种意见。具体理由在于:

第一,增设环节,聘请会计师事务所对已经完成审计的项目进行重复审计并支付审计费,再从事务所支取提供业务来源的“介绍费”,属于套取国有财产的贪污行为,而非收取回扣的受贿行为。

在增设环节套取国有财产的行为过程中,国家工作人员切断国有单位与其业务单位之间的经济联系,植入外部单位,将本应由国有单位收取费用的业务项目,交由外部单位重复劳动并套取利益。其结果便是国有单位已经支出成本的应得对价转移至国家工作人员增设环节的外部单位。国家工作人员再利用种种假象的掩盖,通过后续行为从外部单位间接套取国有财产。

本案中,于某在已经完成了“A 市政配套工程项目”的情况下,利用职务上的便利虚构事实,以审计工作量过大为由欺骗上级领导,划出管理费用部分由丙会计师事务所重复审计,分取甲会计财务公司的 20 万元审计费中的 8 万元。在最后的环节,于某从会计师事务所收取的审计费中提出 40%的“介绍费”。

从表面上分析最终环节的行为,于某为会计师事务所提供业务,收取回扣,属于受贿。但从整体行为过程与资金流动上看,于某实施了两个套取行为,且最后获取的 3.2 万元资金完全出自国有单位——从国有单位的 20 万元审计费中套取 8 万元,再从重复审计获得的 8 万元费用中套取介绍费 3.2 元。可见,于某并非收取会计师事务所贿赂,而是“羊毛出在羊身上”——侵吞国有单位审计费。

第二,于某向会计师事务所提供国有单位实际已经审计完毕的业务后,后者在重复审计的基础上提供审计报告,证明于某与会计师事务所之间不存在共同贪污的意思联络,不能认定共同贪污 8 万元,而只能认定于某个人贪污 3.2 万元。

共同贪污的犯罪故意是指复数行为主体之间通过意思联络，知道自己的行为是在互相配合对方侵占国有财产，认识到贪污实行行为与共犯行为（帮助、教唆）的性质及其该行为将导致国有资产流失的结果，希望或者放任结果发生。部分行为人不了解他人真正意图，或者部分行为人的犯罪故意所指向的内容在罪质上区别于他人主观意图，不能认定形成共同关系。

本案中，于某并没有将自己已经审计完毕的管理费用部分直接提供给丙会计师事务所并以后者名义完成审计工作，而是由丙会计师事务所重复劳动并收取费用。可见，没有证据能够证明丙会计师事务所在明知于某意图通过丙会计师事务所这道环节套取本单位应得审计费的情况下提供帮助。双方虽然通过各自行为从国有单位套出了8万元审计费，但由于不存在意思联络，并不形成共同贪污关系。故应当认定于某实施的是个人贪污犯罪，实际贪污数额为3.2万元。

第三，贪污罪数额计算规则的核心要点在于把握“个人贪污数额”，即使国有财产损失数额高于“个人贪污数额”，仍然应当根据主客观一致的原则认定行为人的贪污数额。

根据《刑法》第三百八十三条的规定，贪污罪以“个人贪污数额”确定量刑轻重。在个人贪污犯罪中，个人贪污数额应当是指行为人实际侵吞的国有财产数额。在传统贪污案件中，实际侵吞的国有财产数额与国有财产损失一般对等或者相差无几。但在新型贪污案件中，行为人基于降低案发可能性的考虑，设置种种障碍或者诸多环节掩盖侵吞国有财产的实质，在对抗侦查的同时，在中间环节消耗大量国有财产，以高额的国有资产流失为代价换取其中的部分财产作为其实际侵吞的犯罪所得。

实践中有观点指出，对于此类行为，应当以国有资产损失的数额计算贪污犯罪数额。我们认为，贪污数额的计算规则不能超越刑法主客观一致的归责原理。在主观上，行为人的目的在于通过设置诸多环节以求能够在国有资产流失过程中贪污部分财产；在客观上，行为人实施的行为实际上也无法侵吞所有流失的国有资产。因此，个人贪污数额仍然应当坚持以实际侵吞数额进行计算。但是，行为人在贪污过程中滥用职权造成公共财产重大损失，达到起点刑标准的，对国有资产损失部分，应当另以滥用职权罪论处；尚未达到起刑点标准，应当在认定个人贪污数额并确定法定刑档次的基础上，将滥用职权造成国有资产损失的数额作为酌定从重情节予以考虑，以实现罪责均衡。

上述案例中，于某以国有单位财产损失8万元为代价实际贪污3.2万元，应当将贪污数额认定为3.2万元，8万元的损失作为酌定情节从重处罚。

第四节　贿赂犯罪

从1997年《刑法》实施至今,关于贿赂犯罪构成要件方面的研究始终是重点、热点与难点。刑法理论上一般认为,贿赂犯罪侵犯的客体是职务行为的廉洁性。在客观方面,受贿犯罪表现为利用职权便利为他人谋利收受或者索取他人财物;行贿犯罪表现为向有职务的行为主体给付财物以谋取不正当利益。贿赂犯罪在主体上具有多样性的特点,受贿罪的主体是国家工作人员,非国家工作人员受贿罪的主体是非国家工作人员,利用影响力受贿罪的主体是国家工作人员、离职国家工作人员的近亲属或与其关系密切的人以及离职的国家工作人员,单位受贿罪、单位行贿罪只能由单位构成,行贿罪、对单位行贿罪、对非国家工作人员行贿罪、对外国公职人员、国际公共组织官员行贿罪等犯罪的主体是一般主体且单位也可构成。贿赂犯罪的主观方面表现为故意,并且,行贿犯罪必须具备谋取不正当利益的主观目的,取得或者查明行贿人谋取不正当利益的特定目的往往是司法实践中认定其能否构成犯罪的关键。但是,刑法理论与实务界对于贿赂范围的把握、国家工作人员与非国家工作人员的认定、受贿犯罪职务与谋利要件、行贿犯罪不正当利益要件等贿赂犯罪核心构成要件的理解等问题始终存在着相当大的争议。

一、贿赂犯罪的对象

应当从现行贿赂犯罪刑法规定的"财物"概念中发掘实质与动态的内容,结合贿赂犯罪的本质,揭示贿赂的范围。财物包括金钱与物品,这是静态的理解;财物可以用来交换其他形式的好处,这就是动态的解释。贿赂代表着一种交换关系,贿赂犯罪的本质就是权力与财物之间的腐败性交易关系。受贿人最终接受的好处,无论其载体表现为何种形态,只要能够与行贿人支出财物形成互为对应关系的,就应当认定为贿赂。因此,以权钱交易为本质属性的贿赂犯罪是以"财物"为纽带的利益转移,我们可以根据其运动轨迹将之归纳为三种表现形式,分别加以讨论并归纳解释原理。

表现一:贿赂的给予和收受双方具有明确的财物递接形式。

行贿人付出的是财物,受贿人收到的也是财物,贿赂犯罪的对象在腐败交易过程中没有发生任何物理变化。这是与现有贿赂犯罪刑法规范具有明确符合关系典型形态。虽然在财物的递接过程中,受贿人可能通过关系密切人等实施收受行为，行贿人可能通过指示其他人实施给付行为，但完全能够根据共犯理论嫁接行为双方贿赂犯罪的刑事责任。

表现二：贿赂的给予者付出财物而收受者没有获取财物的截断形式。

这种情况集中表现为行贿人支付金钱换取某种财产性或者非财产性利益，受贿人没有直接得到相应的金钱，而是得到其他非财物形式的利益。由于财物在流转过程中发生了物理形态变化，认定贿赂存在一定困难。然而，受贿人获取的是以金钱为对价换得的利益、资格、享受或欲望的实现。虽然没有从行贿人处得到直接的财物，贿赂犯罪对象流转至受贿一端时，其最初的金钱形态与收受者的直接关系被截断，但受贿人实际得到了用金钱变化而来的利益，无论其表现形式是旅游还是出国留学，是股权抑或公司的共同经营资格，均为静止状态下的金钱经由行贿人使用后的动态财物，仍应归属于贿赂犯罪的对象范围。贿赂截断形式与财物直接往来的唯一区别在于将金钱转变为利益的行为主体不同。但不管是行贿人还是受贿人将金钱兑换为利益，在贿赂犯罪刑法规范解释层面不应当得出不同的评价结果。

表现三：贿赂的行为双方均没有财物给付与收受的模糊形式。

给付者没有通过直接支出现金或实物的方式将财物或利益送交收受者，收受者当然不可能获取财物，财物流转的交易关系被整体掩盖。例如，请托者提供本人或者本单位的著作、商标、专利等知识产权以便受托者发表或转让权利获取收益；提供本人的劳务；提供房产、证券期货市场的盈利信息使受托者投资获益等。由于模糊形式相对截断形式在直观上更加偏离"财物"的规范性内涵，表面上似乎难以将之纳入贿赂犯罪的对象范围。对此，笔者认为，应当采用"对价判断规则"与"风险判断规则"，分理出符合贿赂犯罪本质特征的行为对象——

"对价判断规则"。在正常的市场交往中，职务收受者获取不以财物为载体的劳务、论文、专利等，应当向享有产权的交易主体支付对价。行为人没有支付对价，实际上是取得了不应有的产权，或者说节省了应当支出的成本。市场行为的整体过程应当体现对价原则，接受相对方产权的行为主体没有从本人的产权中给付对价，显然必须以具有倾向性的职务行为弥补对价空缺。此时，为他人谋取利益与对价节省之间的腐败交易关系从模糊状态逐渐显现为清晰状态，故不应当否定负载对价要求的利益属于贿赂犯罪的对象。在贿赂犯罪的语境下，应当付出产权而基于职务便利的谋利行为不予付出，与利用职权不应当获取他人产权而实际获取，具有相等的违法性内涵，均归属于权钱交易。给付或者收受不以财物为载体的产权或利益能否以贿赂犯罪追究刑事责任，关键在于是否可以通过价格评估机制核定对价的数额——可以用金钱计算的市场价格。

"风险判断规则"。市场行情的判断能力与分析信息是通过资本运作获取利润的核心要素。部分国家工作人员在利用职务为他人谋取利益的前提下并没有获取请托人的财物或者财产性利益,而是按照相对方提供的投资信息进行资本运作,从房产买卖、证券期货交易中赚取高额差价利益。从形式上分析,投资信息不是财物,故提供或者接受投资信息不是行贿或者受贿。实践中一般基于国家工作人员全额支出投资成本的事实排除没有任何财物往来行为的贿赂性质。但笔者认为,请托人向受托人提供对资本运作获利具有控制力、对资本运作风险具有排斥力的投资信息的,应当将获利部分纳入贿赂犯罪的规制范围。投资信息与投资利益在因果链条上的控制与被控制关系否定了国家工作人员在资本运作获利过程中的作用,提供排斥投资风险的市场信息实质上等于转移利益。当处于可能状态的利益通过市场交易转化为现实金钱时,财产利益的模糊状态与不确定数额亦同时转化为明晰形态,具有以贿赂犯罪进行刑事归责的事实基础。

实务部门在判断提供或者接受投资信息行为性质时,应当注意区分以投资信息换取职务谋利行为的腐败交易是"权钱交易"还是"内幕交易"。

属于权钱交易载体的投资信息排斥风险,国家工作人员按照信息指引进行资本运作即可获取收益。例如,某房地产开发商住宅项目A的一期均价为1.1万元/平方米,基本售罄,仅存数套开发商有意控制不售的房屋;二期均价为1.4万元/平方米,预售完毕且大量订购者无房可买。开发商将一期存房以与其他购房者平等的价格(1.1万元)出售给市规划局监督检查处副处长杨某,后者以1.3万元/平方米的价格转卖获取差价利益。

属于内幕交易载体的投资信息虽然具有非公开性、价格影响性等特征,但其包含着市场风险,按照信息利好指引购入证券或者根据信息利空指引抛售证券,不能当然地获取经济利益或者规避市场风险。司法实践中出现如下典型案例:某药业股份公司(上市公司)拟与某证券公司签订资产置换协议,将近年来累计的应收账款4 476.026 5万元(坏账可能性极高的不良资产)置换某房地产公司90%股权(业务增长较快的优质资产)。该上市公司董事会秘书将上述内幕消息泄露给市房地局某领导,后者大量购买该上市公司股票,在资产置换协议披露后逢高抛出。笔者认为,在资产置换协议最后能否签订、置换资产初期评估是否属于优质、市场反应等问题均具有不确定性的情况下,利好信息无法排斥股票价格波动的市场风险,国家工作人员接受投资信息获取交易利益的行为应当定性为内幕交易而非权钱交易。

二、性贿赂

在早前的司法实践中，能否根据刑法处理性贿赂就一直困扰着实务部门，刑法理论对于性贿赂问题亦展开深入探讨。性贿赂能否作为贿赂犯罪处理问题持续成为贿赂犯罪刑法适用疑难问题，实践部门分歧较大。意见无法统一的结果便是将性贿赂完全剔除在贿赂范围之外，被动等待立法机关修改刑法。①2007 年 7 月 8 日"两高"《关于办理受贿刑事案件适用法律若干问题的意见》所规定的新型受贿模式并没有涵盖性贿赂，坚持性贿赂属于刑法贿赂范围的观点在实践中处于极度狭窄的生存空间。

当前刑法解释论的主流意见认为：性贿赂不能定性为贿赂的法定范围。(1)性贿赂与现有刑法关于贿赂属于财物的规定不符；(2)性贿赂无法归入经扩张性解释后的财产性利益的范围内；(3)难以根据受托人所接受性服务的数量认定贿赂犯罪数额。②

面对刑法解释可能无法应对惩治贿赂犯罪实践挑战的现实困境，较多学者从社会危害性③、犯罪化趋势④、刑事政策⑤等角度证明应将贿赂范围扩大至非财产性利益，建议我国刑法顺应世界反腐败立法趋势，将性贿赂在内的一切不正当好处都以贿赂论处，从立法论层面彻底根除关于性贿赂的持续性争论。

但是，放弃刑法解释、从立法完善的角度修改贿赂犯罪条文是不是当前解决性贿赂实践困惑的应然选择与出路？

笔者认为，在刑事立法尚未就贿赂范围作出任何规范变更的情况下，司法机关依然应当首先运用刑法自身具备的解释功能解决实践难题。否则，相当数量的行为将无法纳入刑事诉讼进行处理，刑法解释的不当宽容将导致贿赂形式不断演进，逐渐强化对公权力廉洁性的腐蚀。惩治贿赂犯罪的司法实践也将捉襟见肘、裹足不前，无法通过刑法适用应有的能动性解决社会现实变动与刑法规范稳定的落差与脱节。只有在对现行刑法进行充分解释之后无法运用刑法规范规制性贿赂，才应进一步考虑在立法论的层面提出完善法律的意见，合理规制性贿赂行为。

如果对现行刑法进行静态的文义解释，性贿赂等非财产性利益显然无法纳入贿赂范围。性贿赂虽然有请托人给付金钱的特点，但对于受托人而

---

① 薛进展：《论商业贿赂的范围及其数额认定》，《华东政法大学学报》2007 年第 3 期。

② 刘宪权、阮传胜：《"性贿赂"行为犯罪化不足取》，《法治论丛》2003 年第 2 期。

③ 韩艳春：《论"性贿赂"立法》，《行政与法》2004 年第 3 期。

④ 龙一平：《惩治腐败与性贿赂的立法化》，《行政与法》2004 年第 8 期。

⑤ 游伟：《性贿赂立法的必要与可能》，《检察风云》2005 年第 3 期。

言根本未曾接受任何金钱或财产利益。然而,当我们以更为广阔的视角考察性贿赂,就不难发现性贿赂与免费旅游等请托人资助受托人的行为具有相同的刑法意义。司法实践中的性贿赂大多是行贿人支付钱款雇用他人提供性服务,以使受托人在权力运作过程中为其谋取利益。在金钱——性贿赂——谋取利益的整个行为流程内部,权钱交易的本质完全没有变化:行贿人付出的是金钱,得到的是受托人通过职务行为赋予的交易机会;受贿人付出的是利用职务便利后的帮助行为,得到的是请托人提供的以一定金钱为代价的性服务。对于请托人代替受托人支付性服务、包养情妇(情夫)费用的,更是属于直接权钱交易的典型贿赂。

可见,只要拉长分析问题的视角,无需过多借助有违背罪刑法定原则之嫌的所谓扩张性解释就能发现——性贿赂与提供免费旅游、资助子女出国求学一样,都是通过金钱置换成其他非直接财产性利益载体,规避赤裸裸金钱贿赂的表面形式。通过客观透析性贿赂的生成环节,笔者认为,除了请托人自己为受托人提供性服务难以通过刑法解释归入贿赂犯罪对象范围之外,将以金钱为背景、体现贿赂犯罪权钱关系腐败交易本质的性贿赂认定为刑法中的贿赂,并不具有解释论上的障碍。虚置刑法解释的能动作用而疲惫等待刑法修改,将在腐败犯罪实体法规范转轨过程中放纵一批具有严重法益侵害性的行为。

所以,性贿赂并没有整体排斥在现行刑法设定的犯罪圈之外。根据实践中的情况,性贿赂表现为——(1)请托人出资雇用他人与受托人发生性关系;(2)请托人与受托人发生性关系。第二种情况属于权色交易,基于刑法贿赂犯罪对象局限于"财物"的现实,无法通过刑法解释将之纳入贿赂犯罪圈。经过刑法解释论的考查后可知,性贿赂立法论的犯罪化选择实际上需要解决如下问题——设置全新的刑法规范对权色交易行为进行刑事处罚是否具有正当性。

请托人基于占有稀缺性商业交易机会等不正当利益而主动向受托人投怀送抱,是对自己性权利的非道德性处分,并没有涉及权力腐败运行问题,不具有纳入刑事处罚范围的正当性。虽然提供性贿赂的行为与卖淫行为在模式上具有一定差异,但刑法规范对其形成一致性的判断结果——不评价。请托人通过性贿赂谋取的不正当利益涉嫌其他经济犯罪的,可以通过刑法分则的其他规范追究刑事责任,提供性贿赂的行为没有应罚性。同时应当注意到,对合犯属于必要共同犯罪,而贿赂犯罪并非共同犯罪,故性贿赂提供者不属于行贿人的法律认定不影响受托人的行为性质。

但是,对于权力者而言,接受请托人性贿赂,利用职务上的便利为其谋取利益,撼动了职务行为的廉洁性,完全应当设置全新的刑法规范,设定"性贿赂犯罪"的独立构成要件。

第一,性贿赂入罪符合社会对于刑法发挥作用的期许,是对社会民众长期以来反感、谴责权色交易的理性回应。

性贿赂问题的实质不在于性的问题,而是性背后的"权"的问题。性贿赂犯罪化的目的并不在于运用严厉的刑罚手段谴责不正当的性行为,而是要通过刑罚的终极力量遏制利用职务上的便利为他人谋取利益,以此换取对方的同意,满足自己的性需求。性贿赂入罪,通过确立刑法规范进行宣示,预防和惩治具有相关权力的行为主体实施以获取性行为为导向的具有倾向性的职务行为,而不是惩治性行为本身。对于通过性诱惑职务帮助者以获取升职、商业利益的行为,民众痛恨的是这种"不正当竞争";对于利用职务便利换取性行为的现象,民众无法容忍的是权力异化为实现私欲工具的残酷现实。至于不正当性行为本身,法律观念上的谴责是处于第二位的。

第二,性贿赂入罪代表了预防与惩治腐败犯罪刑事立法不断严密的制度演进方向而非倒退。

性贿赂与通奸、性乱等在违背性操守层面具有同一性。但是,性贿赂区别于通奸、性乱的独立性特征在于其负载了倾向性职务行为与性行为之间的对价关系。因此,在刑法对于超越夫妻关系的双方同意的性行为的容忍度不断提高的社会历史条件下,性贿赂犯罪化的正当性基础并不在于对性伦理道德的违背,而在于为了追逐性享受而背弃职务行为的公正性。

性贿赂入罪,并不代表刑法谴责其涵盖的不道德性关系的当然内容,而是说明刑法谴责权力腐败。接受性贿赂与利用职务上的便利为他人谋取利益后接受财物的行为具有同一性(权力腐败)与相异性(前者获取性,后者获取财物)。腐败犯罪刑事立法的不断严密,应当表现为强化权力腐败行为刑法处遇的同等性。同属于权力腐败,权钱交易已经犯罪化,作为权色交易的性贿赂亦应当"一罪俱罪",实现刑法规范的一致性。否则,腐败犯罪立法持续处于性贿赂非罪、财物贿赂有罪的立法不对等状态,可能出现腐败行为的倾斜性恶化。

第三,增设"性贿赂犯罪"后肯定会出现操作性障碍,但这不应当成为刑法无能为力,消极面对性贿赂问题的理由。

有观点指出:在目前的贿赂犯罪中,刑法规定对贿赂犯罪的定罪处罚是以一定财物的价值、价格甚至是使用价值作为定性定量的依据的。由于无法将性放到贿赂犯罪的对象当中作为"物品"进行估价拍卖、议价买卖,定罪量刑显然缺乏依据。即使将"情节严重、情节特别严重"作为"性贿赂犯罪"

的客观处罚条件,作为与受贿数额较大、巨大并行的定罪量刑的标准,但由于情节严重是价值评价的问题,在现实生活中难以量化。①

诚然,认定"性贿赂犯罪"在司法实践的技术应用层面存在障碍是不争的事实,不仅实施性贿赂行为情节严重的标准难以量化,如何界定性贿赂中的性行为,同样存在很大法律争议与道德论辩。但是,此类刑法技术性障碍究竟是否属于无法克服的问题? 答案应当是否定的。在刑法分则四百多条罪名中,充斥着难以在现实生活中量化的标准,这也是疑难案件司法认定存在争议的原因所在。即使在总则规定中,仍然存在"显著轻微"(但书规定)、"明显超过"(正当防卫)等界限不甚明朗、可能出现操作障碍的标准。因此,对于诸如"情节严重"、"情节特别严重"、"情节恶劣"、"明显"等在实践中难以量化的价值评判标准,应当通过司法解释所具有的权威力量,强制设定量化尺度寻求刑法规范的实际运用,或者通过赋予法官自由裁量权使其根据案件具体情况作出判断,以此保证刑法规范不被虚置。"性贿赂犯罪"与其他刑法规范一样,不可能完全脱离价值评价,单纯在形式上为司法实践框定一个明确的判断标准。性贿赂犯罪能够在实践中正常运行,关键是需要实务部门的实践操作或者有权机关的司法解释,来具体填充构成要件中不甚明朗的部分构成要件要素。

主张性贿赂入罪,并不排斥其他惩治和预防腐败行为的制度设置。特定国家工作人员隐私权的适当弱化、国家工作人员财产申报制度、舆论监督、纪检监察、行政处罚等监督手段的制度创新或者持续强化,都应当与性贿赂犯罪化同时存在。通过不同强度的制度设置,层层深入地对具有不同程度社会危害性的性贿赂行为进行法律规制。性贿赂犯罪化并不意味着"一有问题,在其他手段还未用上、还未用尽,就想到刑罚这一社会防卫的最后的极端的手段"。增设"性贿赂犯罪"是对腐败犯罪惩防体系的完善,而非放弃作为最后公权介入的刑法所应当时刻秉持的谦抑。

三、受贿犯罪的主体

(一)与国家工作人员有关的刑法及司法解释规定

我国刑法及司法解释耗费了相当数量的规范成本,专门就国家工作人员问题进行规定。《刑法》第九十三条对国家工作人员作出了一般性规定:本法所称国家工作人员,是指国家机关中从事公务的人员。国有公司、企业、事业单位、人民团体中从事公务的人员和国家机关、国有公司、企业、事业单位委派到非国有公司、企业、事业单位、社会团体从事公务的人员,以及

① 杨兴培:《"性贿赂"不宜入罪的三个理由》,《检察日报》2008年8月14日第3版。

其他依照法律从事公务的人员，以国家工作人员论。从立法技术角度看，“其他依照法律从事公务的人员”的规定属于国家工作人员的拦截条款，即凡是不在《刑法》第九十三条所列举的范围，但又属于依照法律从事公务的人员，都属于准国家工作人员。2000年全国人大常委会《关于〈中华人民共和国刑法〉第九十三条第二款的解释》规定：“村民委员会等村基层组织人员协助人民政府从事下列行政管理工作，属于刑法第九十三条第二款规定的‘其他依照法律从事公务的人员’：（一）救灾、抢险、防汛、优抚、扶贫、移民、救济款物的管理；（二）社会捐助公益事业款物的管理；（三）国有土地的经营和管理；（四）土地征用补偿费用的管理；（五）代征、代缴税款；（六）有关计划生育、户籍、征兵工作；（七）协助人民政府从事的其他行政管理工作。”因此，村民委员会等村基层组织人员在协助人民政府从事行政管理工作时利用职务便利收受贿赂，可以构成受贿罪。2003年最高人民法院《经济犯罪纪要》第一条第三项进一步规定了“其他依照法律从事公务的人员”应当具有两个特征：一是在特定条件下行使国家管理职能；二是依照法律规定从事公务。具体包括：（1）依法履行职责的各级人民代表大会代表；（2）依法履行审判职责的人民陪审员；（3）协助乡镇人民政府、街道办事处从事行政管理工作的村民委员会、居民委员会等农村和城市基层组织人员；（4）其他由法律授权从事公务的人员。

对于国有公司、企业中的受贿罪的主体，《刑法》第一百六十三条第三款还进行了专门规定：国有公司、企业中从事公务的人员和国有公司、企业委派到非国有公司、企业从事公务的人员利用职务上的便利，索取他人财物或者非法收受他人财物，为他人谋取利益，数额较大的，或者在经济往来中，违反国家规定，收受各种名义的回扣、手续费，归个人所有的，依照本法第三百八十五条、第三百八十六条受贿罪的规定定罪处罚。《刑法》第一百八十四条第二款也专门规定：国有金融机构工作人员和国有金融机构委派到非国有金融机构从事公务的人员，在金融业务活动中索取或者非法收受他人财物，为他人谋取利益的，或者违反国家规定，收受各种名义的回扣、手续费，归个人所有的，依照本法第三百八十五条、第三百八十六条受贿罪的规定定罪处罚。2010年最高人民法院、最高人民检察院联合发布的《国家出资企业职务犯罪意见》对国家出资企业中的国家工作人员认定规定了更为细致的司法规则。根据《国家出资企业职务犯罪意见》第六条、第七条的规定，经国家机关、国有公司、企业、事业单位提名、推荐、任命、批准等，在国有控股、参股公司及其分支机构中从事公务的人员，应当认定为国家工作人员。具体的任命机构和程序，不影响国家工作人员的认定。经国家出资企业中负有管理、监督国有资产职责的组织批准或者研究决定,代表其在国有控股、参股公司及其分支机构中从事组织、领导、监督、经营、管理工作的人员,应当认定为国家工作人员。国家出资企业中的国家工作人员,在国家出资企业中持有个人股份或者同时接受非国有股东委托的,不影响其国家工作人员身份的认定。国家出资企业包括国家出资的国有独资公司、国有独资企业,以及国有资本控股公司、国有资本参股公司。

此外,最高人民法院、最高人民检察院及其相关部门就具体类型的职务人员是否构成国家工作人员进行了大量的批复、答复,其中与受贿罪主体密切相关的,主要包括以下司法解释、文件——2000年最高人民检察院《对〈关于中国证监会主体认定的请示〉的答复函》的规定:中国证券监督管理委员会为国务院直属事业单位,是全国证券期货市场的主管部门。其主要职责是统一管理证券期货市场,按规定对证券期货监管机构实行垂直领导,所以,它是具有行政职责的事业单位。据此,中国证券监督管理委员会干部应视同为国家机关工作人员,可以构成受贿罪主体。2001年最高人民法院《关于在国有资本控股、参股的股份有限公司从事管理工作的人员利用职务便利非法占有本公司财物如何定罪问题的批复》规定,在国有资本控股、参股的股份有限公司中从事管理工作的人员,除受国家机关、国有公司、企业、事业单位委派从事公务的以外,不属于国家工作人员。2003年最高人民检察院《关于佛教协会工作人员能否构成受贿罪或者公司、企业人员受贿罪主体问题的答复》规定:"佛教协会属于社会团体,其工作人员除符合刑法第九十三条第二款的规定属于受委托从事公务的人员外,既不属于国家工作人员,也不属于公司、企业人员。"根据刑法的规定,对非受委托从事公务的佛教协会的工作人员利用职务之便收受他人财物,为他人谋取利益的行为,不能按受贿罪或者公司、企业人员受贿罪追究刑事责任。2003年最高人民检察院法律政策研究室《关于集体性质的乡镇卫生院院长利用职务之便收受他人财物的行为如何适用法律问题的答复》规定:"经过乡镇政府或者主管行政机关任命的乡镇卫生院院长,在依法从事本区域卫生工作的管理与业务技术指导,承担医疗预防保健服务工作等公务活动时,属于刑法第九十三条第二款规定的其他依照法律从事公务的人员。对其利用职务上的便利,索取他人财物的,或者非法收受他人财物,为他人谋取利益的,应当依照刑法第三百八十五条、第三百八十六条的规定,以受贿罪追究刑事责任。"

可见,国家工作人员是包括受贿犯罪在内的职务犯罪中的一个极为重要的概念,司法解释对于国家工作人员认定问题相当重视。但是,由于我国行政体制与干部人事管理制度的复杂性,实践中对于具体职务人员是否构成受贿罪主体较为困惑。上述有关受贿罪主体繁杂的规定从一个侧面体现出运用刑法理论对国家工作人员进行整体把握与基本定位的重要性。

（二）国家工作人员的实质内容：公务

对于如何把握国家工作人员的实质，刑法理论上出现过“身份论”、“职能论”、“身份职能论”、“公务论”等众多的解释性意见。

“身份论”主张以是否具有国家工作人员的身份作为认定刑法上国家工作人员的实质依据，其中主要又以是否填写过干部履历表作为判断的标准。①“身份论”本质上是经济体制发展初期的特定产物，单纯以国家干部身份论证国家工作人员刑法主体定位，显然无法作为法律判断的核心依据。然而，即使1997年刑法实质性地提升了“从事公务活动”对于国家工作人员司法认定的重要意义，刑法理论上显然难以摆脱“身份论”的影响，仍然主张以一种“身份论”的修正形式为核心判断国家工作人员的主体定位，即以是否经过合法委派为标准分析相关涉案人员是否具有国家工作人员身份。例如，有观点认为，被国有单位委派到非国有单位从事公务的人员，与其原来是否具有国家工作人员身份关系不大，无论先前是否具有国家工作人员身份，是不是原委派单位职工，是不是为了委派从社会临时招聘的人员，只要具有合法委派的身份，即应以“以国家工作人员论”。只是这里有两层关系：一是被国有单位聘用的关系，就是代表国有单位而成为国有单位的一员；二是再委派到非国有单位从事公务，即代表国有单位，在非国有单位从事组织、领导、监督、管理活动，实质有国有单位与非国有单位成员的双重身份。②可见，此类意见虽然摒弃了委派之前国家工作人员的身份决定性，但委派本身又是一种身份赋予，明显陷入了循环解释的逻辑困境。③

“职能论”强调公司、企业人员在“国家工作人员”认定上的“行使管理职能”性。只要职务具有公共实务管理职能的实质，就应认定为国家工作人员。④但公共管理的丰富内涵决定了“职能论”可能会过分拓展国家工作人员的刑法边界。

“身份职能论”认为，由于不同的国家工作人员的概念中几乎都提到国

---

①　参见刘仁文：《刑法中“国家工作人员”概念的立法演变》，《河南大学学报（社会科学版）》2010年第6期。

②　参见李永清：《关于国家工作人员范围界定的探讨》，《西南政法大学学报》2000年第5期。

③　当然，不能完全否定“身份论”具有一定的合理内核，因为其强调了行为人对于国家权力所具有的代表属性，这应当是合理的。纵然其考察视角局限于身份的代表性显然不符合当前的社会经济现实，但也有必要认可其蕴含的凸显公务代表权重要性的理念。

④　参见林镜兰：《国家工作人员范围之界定》，《政法学刊》2005年第6期。

家工作人员是从事公务的人员,而从事公务活动又需要一定的资格、身份。因此,从事公务活动与从事公务活动的身份是国家工作人员的两个基本特征。①这只是"身份论"与"职能论"的简单组合,没有超越上述意见的解释困境,也没有提出更为创新的分析视角。

"公务论"主张,新《刑法》第九十三条第二款的"以国家工作人员论"又被称为"准国家工作人员",体现了立法者想把国家工作人员尽量往从事公务人员靠近的立法意图。②不能将在国有单位从事管理职务的工作人员全部认定为国家工作人员。只有受国家机关、国有公司、企业、事业单位委派到非国有单位中从事公务的人员才属国家工作人员。其中,委派必须符合主体特定性(国有单位)与目的特定性(从事公务);从事公务必须具有国家代表性与公共事务管理性。③可见,所谓的公务还是职能的修正表述,且"公务论"继续延续委派这一形式标准,本质上只是"身份职能论"的变异形式。

通过对刑法理论有关国家工作人员实质理解的概览性分析可知,国家工作人员难以在身份、职能属性、公务性质层面进行准确定位,导致刑法理论实际上无法为国家工作人员的实质把握提供确定性标准。笔者认为,根据《刑法》第九十三条的规定,无论是国家机关工作人员,还是国家工作人员,抑或所谓的准国家工作人员,其构成包括受贿罪在内的职务犯罪主体的实质基础在于"从事公务"。这是刑法上的"国家工作人员"区别于行政组织法上的"公务员"、"国家干部"等概念的本质特征。这意味着即使行为人在国家机关、人民团体等公务机构中工作且具有国家(机关)干部身份,但只要其岗位职责不具有公务性质,就不属于刑法上的国家工作人员。

关于如何具体把握从事公务的内涵,2003 年《经济犯罪纪要》规定了相对具体的司法规则:从事公务是指代表国家机关、国有公司、企业、事业单位、人民团体等履行组织、领导、监督、管理等职责。公务主要表现为与职权相联系的公共事务以及监督、管理国有财产的职务活动。如国家机关工作人员依法履行职责,国有公司的董事、经理、监事、会计、出纳人员等管理、监督国有财产等活动,属于从事公务。那些不具备职权内容的劳务活动、技术服务工作,如售货员、售票员等所从事的工作,一般不认为是公务。因此,从事公务是代表国家对公共事务所进行的管理、组织、领导、监督等活动。从事公务具有两方面的特点:一是具有管理性,即对公共事务进行管理;二是

---

① 参见孙国祥:《关于国家工作人员的几个问题》,《南京大学法律评论》1997 年秋季号。

② 参见赵秉志:《论国家工作人员的界定》,《法律科学》1999 年第 5 期。

③ 参见李宇先、伍小鹏:《国有控股、参股公司国家工作人员的司法认定》,《时代法学》2009 年第 1 期。

具有国家代表性，即这种活动是代表国家而进行的，它是一种国家管理性质的行为，而不是代表某个人、某个集体、团体的行为。公务活动是国家职能的一种体现或是国家权力的一种体现。

（三）国家工作人员的形式侧面：委派

从司法实践中查处的受贿罪案件来看，较多案件发生在非国有单位，也就是说，国家机关、国有公司、企业、事业单位委派到非国有公司、企业、事业单位、社会团体从事公务的人员在国家工作人员实施的受贿罪中占了相当比重。此类基于受委派从事公务而构成国家工作人员的主体，除了应当具备从事公务的实质要件之外，还需要经过委派的形式确认。因此，委派构成了国家工作人员司法认定中的一个非常重要的形式侧面。

一般意义上的委派就是委任、派遣，即派人担任职务。《刑法》第九十三条第二款所规定的委派是指受国家机关、国有公司、企业、事业单位、人民团体的委任、派遣，到非国有公司、企业、事业单位、社会团体中从事公务。委派应当具备以下形式条件：(1)委派的主体必须是国有单位，包括国家机关、国有公司、企业、事业单位。并且委派必须是以国有单位的名义作出，基于个人之间的合意达成的委托不具有法律效力，受委派人也不能认定为国家工作人员。(2)委派必须符合特定的形式要件，即委派方与被委派方均有同意的意思表示，且这种意思表示必须以书面的形式予以确认。同时，委派一般表现为提名、推荐、任命、批准、研究决定等，但是，委派的具体任命机构与程序，不影响国家工作人员的认定。(3)委派内容合法，即委派的内容没有超出委派方的职权范围。越权委派不具有合法性，受委派人不能由此被认定为国家工作人员。(4)委派目的是任命被委派者到被委派单位代表国有单位从事领导、监督、管理活动，而不是直接从事生产、劳动、服务等活动。(5)委派关系具有隶属性，即委派关系成立后，委派人与受委派人之间就形成了一种行政上的隶属关系，受委派人接受委派人的领导、监督、管理，在受委派事项范围内，两者之间是领导与被领导、监督与被监督、管理与被管理的行政隶属关系，而不是民法上的委托代理关系。

四、受贿犯罪的职务要件

（一）“利用职务上的便利”的认定

刑法理论与司法实践对受贿罪“利用职务上的便利”的认识与理解存在一个过程。所谓“利用职务上的便利”，最高人民法院、最高人民检察院早在1989年《关于执行〈关于惩治贪污罪贿赂罪的补充规定〉若干问题的解答》中就已经明确规定，是指利用职权或者与职务有关的便利条件。“职权”是指本人职务范围内的权力。“与职务有关”，是指虽然不是直接利用职权，但利用了本人的职权或地位形成的便利条件。国家工作人员不是直接利用本人职权,而是利用本人职权或地位形成的便利条件,通过其他国家工作人员职务上的行为,为请托人谋取利益,而本人从中向请托人索取或者非法收受财物的,应以受贿论处。据此,受贿罪的“利用职务上的便利”有两种情况:其一,利用本人职权的便利条件。这种权力是行为人依据其职务可以直接处理事务的权力。与社会中广泛存在的权力意义或者劳务活动中的权力不同的是,受贿罪中的职权是指对国家和社会等公众事务或者对国有公司、企业、事业单位事务管理的管理性权力,通常表现为对某些事务有决策、审批、支配等的权力。司法实践中,利用本人的职权便利为他人谋取利益而收受他人财物,是典型的受贿。其二,利用与职务有关的便利条件。由于行为人不是利用本人的职权为他人谋利,而是利用本人的职权或地位形成的便利条件为他人谋利,因此其为他人的谋利,通常只能通过有制约关系或者隶属关系的其他国家工作人员来进行。

1997年《刑法》修订之后,理论上有观点认为,《刑法》第三百八十五条受贿罪中的“利用职务上的便利”,仍然应当包括“直接利用本人职务上的便利”和“利用与职务有关的便利条件”两种情况。如果利用与本人职务有关的便利条件通过第三者的职务便利为请托人谋利而受贿的,也应解释为属于《刑法》第三百八十五条规定的范围;如果纯粹利用与本人职务无关的、第三者的职务上行为,则应理解为《刑法》第三百八十八条规定的斡旋受贿。① 这种观点继续肯定了在与行为人职务有关的情况下,间接利用其他国家工作人员职务行为可以构成“利用职务上的便利”。但是,不同意见认为,1997年《刑法》第三百八十五条中的“利用职务上的便利”,是专指利用本人职务范围内的权力,即自己职务上主管、负责或者承办某种公务的职权所形成的便利条件。②“利用职务上的便利”,按照严格解释刑法用语的要求,只能解释为行为人本人职务范围内的权力便利,职务便利与本人职务必须是直接的联系。③将利用他人的职务上的便利行为解释为“利用职务上的便利”,实际上是一种类推解释结果,显然超出了人们的正常理解与“可预测范围”,而没有说明“他人的职务”与本人的职务是否有关。④对此,1999年最高人民检察院《关于人民检察院直接受理立案侦查案件立案标准的规定(试行)》规定:

---

① 参见陈兴良:《受贿罪研究》,载陈兴良主编:《刑事法判解》(第3卷),法律出版社2001年版,第10—14页。

② 参见孙谦主编:《国家工作人员职务犯罪研究》,法律出版社1998年版,第91页。

③ 参见孙国祥:《新类型受贿犯罪疑难问题解析》,中国检察出版社2008年版,第55—56页。

④ 参见肖中华:《贪污贿赂罪疑难解析》,上海人民出版社2006年版,第150页。

受贿罪“利用职务上的便利”，是指利用本人职务范围内的权力，即自己职务上主管、负责或者承办某项公共事务的职权及其所形成的便利条件。有学者认为，上述立案标准实际上认可了“利用职务上的便利”仅限于本人职务而不能利用他人职务的意见。①

笔者认为，受贿罪立案标准将“利用职务上的便利”解释为利用“自己职务上主管、负责或者承办某项公共事务的职权及其所形成的便利条件”，并不能明确利用职务便利能否包括利用其他国家工作人员职务行为。这是因为，无论是本人职务还是本人职权形成的便利条件，实际上都可以通过领导、管理、监督、控制其他下属人员职务行为的方式予以实现，不能仅仅根据上述立案标准强调“本人”而臆断“利用职务上的便利”绝对地排斥利用其他国家工作人员的职务便利。从这一层面分析，受贿罪中的职务便利是否包括其他国家工作人员职务便利仅是问题的表面，关键在于如何准确界定收受贿赂者本人职务便利的范围。“利用职务上的便利”作为一种权力滥用模式，其在腐败行为的运行架构上显然存在三种表现形式：(1)受贿人利用本人职务直接为行贿人谋取利益；(2)受贿人利用本人职务能够控制的其他国家工作人员的职务行为间接为行贿人谋取利益；(3)受贿人同时使用上述两种形式为行贿人谋取利益。所以，只要是受贿人的职务行为推进了行贿人利益的谋取，无论是其直接的职务便利，还是间接的职务关联，均不影响“利用职务上的便利”的认定。《经济犯罪纪要》采用了相同的理解：《刑法》第三百八十五条第一款规定的“利用职务上的便利”，既包括利用本人职务上主管、负责、承办某项公共事务的职权，也包括利用职务上有隶属、制约关系的其他国家工作人员的职权。担任单位领导职务的国家工作人员通过不属自己主管的下级部门的国家工作人员的职务为他人谋取利益的，应当认定为“利用职务上的便利”为他人谋取利益。

总体而言，受贿罪“利用职务上的便利”包括以下内容：一是利用经办权和管理权。国家工作人员因经办和管理一定的公共事务，都拥有一定的职权，而这些职权可以被用来为行贿人谋利，一般的国家工作人员索贿和受贿大都是利用这种职权。这也是利用职务上的便利最常见的表现形式。二是利用领导权和指挥权。居于领导岗位的国家工作人员在本单位或者本系统内，对本单位或者同一系统的下属有一定的领导权和指挥权，而这些权力可以被用来为他人谋取利益。三是党政机关的主要负责人利用其对下级或居于下位的国家工作人员的领导权、监督权和制约权。

① 参见肖中华：《论受贿罪适用中的几个问题》，《法学评论》2003 年第 1 期。

（二）利用“职权或者地位形成的便利条件”的认定

根据《刑法》第三百八十八条第一款的规定,国家工作人员利用本人职权或者地位形成的便利条件,通过其他国家工作人员职务上的行为,为请托人谋取不正当利益,索取请托人财物或者收受请托人财物的,构成斡旋受贿。根据该条第二款的规定,国家工作人员的近亲属或者其他与该国家工作人员关系密切的人,利用该国家工作人员职权或者地位形成的便利条件,通过其他国家工作人员职务上的行为,为请托人谋取不正当利益,索取请托人财物或者收受请托人财物,构成利用影响力受贿罪。故国家工作人员“职权或者地位形成的便利条件”是斡旋受贿、利用影响力受贿等间接形式受贿犯罪中极为重要的构成要件。

对于如何理解利用“职权或者地位形成的便利条件”,刑法理论与司法实践中曾经存在相当大的争议,概括起来主要存在“制约关系论”、“非制约关系论”以及“特殊关系论”三种观点。

“制约关系论”的核心观点是,“职权或者地位形成的便利条件”包括国家工作人员对其他国家工作人员职务上的制约关系。例如,有学者认为,利用职权或者地位形成的对其他国家工作人员的制约关系,包括纵向的制约关系和横向的制约关系。其中,纵向制约关系是指上级领导人员对其下级国家工作人员在职务上的隶属关系;横向制约关系是指不同单位之间、同一单位的不同部门之间、这一国家工作人员与那一国家工作人员之间存在的职务上的制约关系。①也有学者认为,行为人利用自己的职权或地位形成的对其他国家工作人员的制约关系或工作联系,如上下级之间的隶属关系,或单位与单位之间的工作联系,都属于利用职权或地位形成的便利条件。②更有学者指出,利用“职权或者地位形成的便利条件”一般都表现为行为人凭借其本人在职务上对下属单位和人员的领导、监督、管理的地位,利用下属单位及人员的职务上的行为,为请托人谋取利益,而本人从中向请托人索取或者收受贿赂。③

“非制约关系论”的核心观点是,利用“职权或者地位形成的便利条件”与“利用职务上的便利”的重要区别就在于前者的行为人与被其利用的国家工作人员之间不存在职务上的制约关系。例如,有学者认为,将利用职权或地位形成的便利条件理解为行为人与第三人必须有职务上的制约关系会大

① 参见赵秉志主编:《新刑法全书》,中国人民公安大学出版社 1997 年版,第 1265 页。
② 参见郎胜主编:《中华人民共和国刑法释解》,群众出版社 1997 年版,第 515 页。
③ 参见肖中华:《论受贿罪适用中的几个问题》,《法学评论》2003 年第 1 期。

大限制斡旋受贿罪的适用范围，不符合立法精神，实践中应予否定。①行为人要求在职务上有制约关系的其他国家工作人员为请托人谋取利益，是第三百八十五条所规定的直接受贿中"利用职务上的便利"的一种表现形式，不包含在第三百八十八条斡旋受贿的"利用本人职权或者地位形成的便利条件"之内。否则，就会出现要求职务有制约关系的其他国家工作人员为请托人谋取利益的行为，既可适用第三百八十五条又可适用第三百八十八条的结果。②但是，"非制约关系论"主要是针对"制约关系论"的批判与否定，至于如何具体解释利用"职权或者地位形成的便利条件"的内涵，仍然提出可供实践操作的标准。

"特殊关系论"的核心观点是，利用"职权或者地位形成的便利条件"集中体现为国家工作人员与被其利用的国家工作人员之间存在着一种特殊的影响关系。对于这种特殊影响关系的具体内容，有学者认为，主要是指职务高低不同、职务性质不同的国家工作人员之间的一种影响关系，或者存在于职务活动中无利害冲突或者还有互惠互助的国家机关单位工作人员之间的一种协作关系。③也有学者认为，在利用"职权或者地位形成的便利条件"中，行为人与第三人不存在职务上的制约关系，第三人如果不按行为人的要求为职务行为，一般不会带来不利的结果，因此，第三人在是否按行为人要求为请托人谋取不正当利益的问题上，其意志总体上是比较自由的。但是另一方面，"权"与"威"是密切相连的，有权就有威，职务越高，权力越大，其威势也往往越大，这种因职务而产生的威势就是职务影响力。④

笔者认为，"特殊关系论"更具合理性，其不仅能够明晰直接受贿与间接受贿（斡旋受贿、利用影响力受贿）之间的规范界限，而且明确地提出了职务影响、职务联系、职务协作等认定"职权或者地位形成的便利条件"具体内容的标准。

在司法实践中，显然不能将利用本人职权和地位形成的便利条件理解为利用本人和其他国家工作人员之间的制约关系。如果双方之间有制约关系，行为人利用这种关系并通过对方的职务行为为请托人谋取不正当利益，索取或者收受他人财物的，应构成直接受贿而非间接受贿，应该依照《刑法》第三百八十五条的规定定罪量刑。同时，不能将利用本人职权和地位形成

---

① 参见张兆松：《论斡旋受贿罪若干有争议问题》，《中央政法管理干部学院学报》1999 年第 2 期。

② 参见陈国庆主编：《新型受贿犯罪的认定与处罚》，法律出版社 2007 年版，第 144 页。

③ 参见马克昌：《论斡旋受贿犯罪》，《浙江社会科学》2006 年第 3 期。

④ 参见朱孝清：《斡旋受贿的几个问题》，《法学研究》2005 年第 3 期。

的便利条件理解为利用亲友关系。在利用亲友关系为他人谋取不正当利益的情况下,既然行为人没有利用职务上的便利,这种行为就没有侵犯国家工作人员职务行为的廉洁性,因而也不构成受贿犯罪。只有将"职权或者地位形成的便利条件"解释为国家工作人员基于职务产生的与其他国家工作人员之间的权力影响、工作联系、职能协作等与权力运作有关的内容,才能深刻体现了国家工作人员本人"职权或地位"的重要性,同时也能明确行为人利用其他国家工作人员的职务行为为他人谋取利益本质上由"便利条件"而非职权行为所促成。司法实践基本上是按照"特殊关系论"认定"职权或者地位形成的便利条件"的。例如,《经济犯罪纪要》规定,利用职权或地位形成的便利条件是指:行为人与被其利用的国家工作人员之间在职务上虽然没有隶属、制约关系,但是行为人利用了本人职权或者地位产生的影响和一定的工作联系,如单位内不同部门的国家工作人员之间、上下级单位没有职务上隶属、制约关系的国家工作人员之间、有工作联系的不同单位的国家工作人员之间等。

笔者认为,利用"职权和地位形成的便利条件"主要包括以下几种表现形式:

第一,上级单位的工作人员对下级单位的非制约性的影响关系。上级单位的工作人员与下级单位的工作人员之间并非都属于制约性关系,如果上级单位的工作人员说服、要求下级单位实施或不实施某种行为,为请托人谋取不正当利益,并索取或收受他人财物的,应当属于利用"职权和地位形成的便利条件"。结合司法实践中的具体情况,这种非制约性的关系大体包括:一是上级单位的普通工作人员利用本人职权和地位形成的便利条件,可以游说、影响下一级工作人员做出一定的职务行为,为请托人谋取不正当利益。比如上级法院的一般工作人员,游说、影响下级法院承办案件的法官对有罪的某犯罪嫌疑人做出无罪判决,并索取请托人贿赂5万元。①行为人虽然属于上级法院的法官,但是由于不是处在特定的领导岗位,如上级法院院长或刑庭庭长等,因此,其对下级法院法官没有职务上的制约关系。但下级法院法官之所以最终答应了他的要求,是因为他是上级法院的工作人员,上级法院对下级法院的特殊影响关系起了决定作用,尽管他是上级法院的一般工作人员,但也能对下级法院的工作产生一定的影响。而行为人利用这种影响,为请托人谋取不正当利益的,就属于利用本人职权和地位形成的便

① 参见杨兴国:《贪污贿赂罪法律与司法解释应用问题解疑》,中国检察出版社2002年版,第190页。

利条件为请托人谋取不正当利益。二是上级单位的某职能部门的负责人利用本人职权和地位形成的便利条件,可以游说、影响下级单位的非对应职能部门做出一定的行为,为请托人谋取不正当利益。如上级检察院干部教育处处长李某说服下级检察院审查起诉部门的负责人对有罪的犯罪嫌疑人张某做出不起诉的决定,事后,张某为了表示“感谢”,送给李某 5 万元。由于职能的不同,李某无权指使下级检察院的审查起诉部门对张某做出不起诉的决定,但是,由于李某是上级检察院的工作人员,其所在单位的性质决定了他能够对下级检察院的工作产生一定的影响,李某利用这种影响为请托人谋取不正当利益,就属于利用本人职权和地位形成的便利条件为请托人谋取不正当利益。

但是,如果上级单位的主要责任人命令、指使、要求下级单位实施或不实施某种行为的,或者上级单位的某一职能部门的负责人命令、指使、要求下级单位对应职能部门实施或不实施某种行为的,由于他们具有一定程度的制约关系,因此,如果行为人的行为符合《刑法》第三百八十五条规定的受贿罪条件的,应以该条规定的受贿罪定罪处罚。例如,在慕绥新受贿案中,沈阳市原市委副书记、市长慕绥新三次共收受该市铁西区政府经办人所送人民币 5 万元;慕绥新利用其分管财政局的职权便利,要求财政局局长解决铁西区因家具城扩建而引起的财力紧张问题。财政局局长在铁西区《关于请市财政给予适当财力支持的报告》上签了字。对于该起受贿案件,法院判决慕绥新构成《刑法》第三百八十五条规定的受贿罪,而没有按斡旋受贿予以认定。①

第二,利用下级对上级职务上的影响关系。下级国家工作人员对上级国家工作人员虽然不具有职务上的制约关系,但他可以影响上级的职务行为。如果下级国家工作人员利用这种关系,通过上级国家工作人员的职务行为为请托人谋取不正当利益,亦可认定为利用“职权和地位形成的便利条件”。下级利用对上级职务上的影响关系主要有两种情况:一是领导身边的工作人员,如秘书、警卫人员等,说服领导为请托人谋取不正当利益;二是同一系统的下级国家工作人员,利用职务和地位,说服、影响上级国家工作人员,做出一定的职务行为,为请托人谋取不正当利益,而索取或收受请托人财物。②

---

① 参见辽宁省大连市中级人民法院慕绥新受贿罪、巨额财产来源不明案刑事判决书([2001]大刑初字第 153 号)。

② 参见杨兴国:《贪污贿赂罪法律与司法解释应用问题解疑》,中国检察出版社 2002 年版,第 191 页。

第三,某一职能部门的国家工作人员利用对其他职能部门之间非制约性的影响关系。如果某职能部门的国家工作人员利用其所属职能部门对其他职能部门的制约性影响,通过被制约职能部门国家工作人员的职务行为为请托人谋取利益,应当属于"利用职务上的便利"。而如果行为人利用的是非制约性的影响关系,为请托人谋取不正当利益,应该属于利用"职权和地位形成的便利条件"。行为人利用这种关系为请托人谋取不正当利益的,可以分为三种情况:一是利用同一单位平级的同事关系产生的非制约性关系。例如,张某系中国工商银行某县支行办公室主任。某公司经理伍某为购买一批小汽车需巨额贷款找张某帮忙,张某明知本县工行无此贷款权限,但在收受伍某5万元好处费后,找本行信贷股股长王某帮忙,王某又找某镇信用社私自拆借了一部分资金,加上本行的资金,满足了伍某的违规贷款要求。[①]该案中,王某即是看在张某是本单位另一部门负责人这一"地位和影响",利用王某本人的职务便利为请托人谋取了不正当利益。二是利用同一行政区域内的不同职能部门之间的非制约性的影响关系。例如,文化局主要负责人甲受请托人之托,说服公安局局长违反有关规定,为请托人开"网吧"颁发在公共场所开办娱乐场所的特许证。在该案中,应该认定文化局负责人甲利用了本人职权和地位形成的便利条件为请托人谋取不正当利益。三是利用不同行政区域各职能部门之间的影响关系。不同行政区域的各职能部门之间由于工作上的关系可能存在着影响关系,行为人利用这种影响关系,通过对方为请托人谋取不正当利益,可以认为是利用本人职权和地位形成的便利条件为请托人谋取不正当利益。例如,甲县公安局局长请求乙县公安局局长将正在审查的涉嫌诈骗犯罪的吴某释放,事后,甲县公安局局长收受吴某"感谢费"5万元。[②]该案中,甲县公安局局长正是利用了与邻县公安局存在着工作上的协作关系为请托人谋取利益。

五、受贿犯罪的谋利

受贿犯罪"为他人谋取利益"属于主观要件还是客观要件,在刑法理论上曾经存在分歧。"主观要件说"认为,腐败交易的本质决定了互相谋利必然是贿赂双方心理的沟通与默契,并不要求受贿人实施具体行为,只需主观上明知职务行为与贿赂之间形成对价关系。[③]"客观要件说"认为,"为他人

---

① 参见鲜铁可:《受贿罪的证明方法》,载姜伟主编:《刑事司法指南》(总第10辑),法律出版社2002年版,第150页。

② 参见杨兴国:《贪污贿赂罪法律与司法解释应用问题解疑》,中国检察出版社2002年版,第191页。

③ 孟庆华:《受贿罪研究新动向》,中国方正出版社2005年版,第212页。

谋取利益”是对受贿罪客观行为的要求，而不是对行为目标的限定，行为人着手实施或者已经取得利益，才构成“为他人谋取利益”。[①]“折中说”认为“为他人谋取利益”既属于客观要件，又属于主观要件，两者有机结合，不可割裂。

应该看到，受贿犯罪“为他人谋取利益”要件的性质定位决定了实践中是否需要证明国家工作人员谋利与受财形成明确的对应关系。如果“为他人谋取利益”属于主观要件，受贿人存在谋利意图，实际收取请托人财物，谋利与受财即概括地形成了对应关系，无须进一步证明两者之间客观上的因果关系与确定的权钱对价。如果“为他人谋取利益”属于客观要件，谋利与受财行为无法通过受贿人的犯罪主观内容实现概括性连接，则必须证明谋利与受财存在明确的客观联系——以滥用权力为代价形成利益，以行贿人欲求的利益换取财物。

2003年最高人民法院《经济犯罪纪要》对上述争议作出了具有定分止争作用的规定：为他人谋取利益包括承诺、实施和实现三个阶段的行为。由此可见，“为他人谋取利益”是一种行为，可以是已经为他人谋取利益，也可以是正在为他人谋取利益，还可以是没有为他人谋取利益，但承诺要为他人谋取利益。国家工作人员只要具有为他人谋利的承诺表现，就符合“为他人谋取利益”要件。即便行为人收受了他人给予的财物后没有实际为请托人创造利益，甚至可能还在背地里挖墙脚，阻碍他人取得利益。所以，“为他人谋取利益”是客观要件，谋利与受财具有明确的对应关系是受贿犯罪成立的客观基础。

同时，在受贿犯罪中，“为他人谋取利益”要件的存在意味着实践中必须证明收受财物行为与为他人谋取利益行为之间具有对应性关系。由于“为他人谋取利益”的取证难度大，关于此项事实的查证要耗费较多司法资源，大大增加了惩治受贿犯罪的成本，近年来刑法理论与实务界有很多观点都认为，受贿犯罪“为他人谋取利益”要件应予取消。[②]

然而，在没有对受贿犯罪“为他人谋取利益”要件进行深入解释的基础

---

① 童伟华：《受贿罪的构造》，兰州大学出版社2004年版，第81页。

② 周振晓：《受贿罪“为他人谋取利益”要件应予取消》，《检察日报》2007年12月13日第3版；黄健：《“为他人谋取利益”不应成为商业贿赂犯罪的构成要件》，《中国检察官》2006年第10期；卢建平：《贿赂犯罪十问》，《人民检察》2005年第13期；王作富、但未丽：《〈联合国反腐败公约〉与我国贿赂犯罪之立法完善》，《法学杂志》2005年第4期；朱建华：《受贿罪“为他人谋取利益”要件取消论》，《现代法学》2001年第4期；游伟、肖晚祥：《论受贿罪构成要件中的“为他人谋取利益”——现行立法及其与理论、司法的冲突研究》，《政治与法律》2000年第6期。

上,就以影响司法效率为由主张删除“为他人谋取利益”要件,显然是不正确的。笔者认为,受贿犯罪中的“为谋取不正当利益”要件具有重要作用,不应当予以取消;对于“为他人谋取利益”要件在刑法适用上的障碍与困难,可以通过深入论证司法认定规则的方式进行合理化解。具体分析如下:

第一,我国刑法受贿犯罪的规定与《公约》不存在实质性冲突,且在构成要件配置层面更为精细,没有必要通过取消“为他人谋取利益”要件实现与国际接轨。

主张取消“为他人谋取利益”要件的观点认为,我国刑法规定与《公约》要求存在一定差距,从受贿犯罪的犯罪构成上来看,与《公约》的区别显得更为显著。①但是,若从实质解释的视角进行比较分析,并不能得出上述结论。以私营部门中的受贿犯罪为例,根据《公约》第 21 条的规定,各缔约国均应当考虑采取必要的立法和其他措施,将经济、金融或者商业活动过程中下列故意实施的行为规定为犯罪:以任何身份领导私营部门实体或者为该实体工作的任何人为其本人或者他人直接或间接索取或者收受不正当好处,以作为其违背职责作为或者不作为的条件。可见,《公约》将受贿犯罪的本质归纳为不正当好处与职务行为之间的对价关系。而我国《刑法》第一百六十三条亦将非国家工作人员受贿罪的社会危害性抽象为请托人给付财物与受托人提供利益之间的权钱交易关系。故我国刑法受贿犯罪的规定在本质上符合《公约》要求。从与《公约》接轨的角度论证取消“为他人谋取利益”要件的合理性并不符合刑法规定的实际情况。

第二,单纯呼吁取消受贿犯罪“为他人谋取利益”要件,实际上并不符合我国反腐败的立法现状、法律文化与司法实践应对能力。

主张取消受贿犯罪“为他人谋取利益”要件重要的理由之一,在于其他国家和地区的刑法典都没有对受贿犯罪设置“为他人谋取利益”的要件限制。例如,德国、日本刑法对于受贿犯罪的条文设计采取了抽象危险犯的立法例。根据《德国刑法典》第三百三十一条渎职受贿罪的规定,公职人员、法官、仲裁员在职务上自己或者由第三人承诺收受、收受他人好处,公职人员处三年以下监禁,法官或者仲裁员处五年以下监禁。②《日本刑法典》第一百九十七条第一款受贿罪规定,公职人员,在其职务上,收受、要求或者约定贿赂的时候,处五年以下有期徒刑。③日本刑法理论与实务均主张,收受贿赂行

① 周振晓:《受贿罪“为他人谋取利益”要件应予取消》,《检察日报》2007 年 12 月 13 日第 3 版。

② StGB §331 Vorteilsannahme.

③ [日]大谷实:《刑法讲义各论》,黎宏译,中国人民大学出版社 2008 年版,第 580 页。

为泛滥,社会将丧失对职务行为的信赖,社会活动的正常开展就会受到侵害,或者产生妨害社会活动正常开展的危险。①因此,根据德日刑法的规定,无论是否接受、实施请托事项,只要存在受贿行为,就已经对职务行为的廉洁性制造了不被法律允许的危险,成立受贿犯罪。

然而,应当注意的是,大陆法系刑法规定成立受贿犯罪不要求以“为他人谋取利益”、“以放弃义务为对价”、“违背职务行为”等客观结果或者具体危险为要件,不仅是为了加强对公职人员的规范要求,高度控制公权力非正常运行的国家与社会风险,而且与其反腐败法律规范体系、廉政法律文化是互为协调一致的。无论是英美法系还是大陆法系,法律规范对于受贿犯罪采取“零容忍”——以极低的数额标准设定受贿犯罪与正常社会交往的界限,超越这个数额界限,直接定性为商业贿赂犯罪,没有情节是否严重的回旋余地。而我国刑法受贿犯罪的立法设置并没有采取抽象危险犯的立法例,而是为受贿犯罪选择了具体危险犯的个罪定位。因为“为他人谋取利益”实际上包括承诺、开始谋取、实际谋取等不同阶段,对法益的侵犯由具体危险转化为现实危险,最后变成实际损害。构成受贿犯罪以“为谋取他人利益”为前提,目的将刑法启动设置于接受财物行为可能成为职务行为对价这一具体危险存在的前提之上,虽然导致刑法的风险防范能力显著降低,但确实起到了控制打击面的政策效果。由于我国廉政规范体系与廉政文化从来没有设定受贿犯罪“零容忍”的基础定位,直接取消受贿犯罪“为他人谋取利益”要件,违法与犯罪之间的隔离栅被破坏,大量收受贿赂的违法、违纪案件将转化为犯罪处理,可以预期的一种结果是,司法资源将会严重透支,实务部门难以根据这样的法律规定有效地查办受贿犯罪案件,从而造成法律规范与司法现实之间出现显著裂痕,严重影响司法权威。所以,在法律规范体系、廉政文化、司法资源尚未做好准备的情况下,没有必要贸然取消受贿犯罪“为他人谋取利益”要件。

第三,受贿犯罪“为他人谋取利益”要件具有规范设置的合理性,在刑法解释上具有较强的针对性与包容性,能够筛选出严重脱逸社会相当性的犯罪行为,调整刑法的打击面与介入度。

根据《经济犯罪纪要》的规定,为他人谋取利益包括承诺、实施和实现三个阶段的行为。这意味着“为他人谋取利益”是一个延续性过程,受贿人只

① 具体观点参见[日]大谷实:《刑法讲义各论(新版第2版)》,黎宏译,中国人民大学出版社2008年版,第574页;最高裁判所判决平成七年2月22日,《最高裁判所刑事判例集》,第49卷第2号,第1页;最高裁判所判决昭和三十四年12月9日,《最高裁判所刑事判例集》,第13卷第12号,第318页。

要对行贿人进行谋利承诺,就符合"为他人谋取利益"要件。承诺不仅包括明示承诺,而且包括暗示承诺。有的行为人受财后没有任何明示承诺,坚守"言多必失"原则。但"沉默—受财"的系列行为可以证明存在暗示承诺,应当以受贿犯罪论处。承诺不仅是指真实承诺,也可以表现为虚假承诺。行为人没有为他人谋取利益的主观意图,假意承诺为他人谋利并收取财物的,同样构成受贿犯罪。当然,对于完全没有条件为他人谋取利益,虚张声势、隐瞒真相,以提供利益为诱饵获取他人财物的行为,可以诈骗犯罪论处。因此,不能认为"为他人谋取利益"要件是受贿犯罪认定的现实障碍。

配置合理的受财数额标准,进而有效降低定罪"门槛",是主张取消"为他人谋取利益"要件的观点普遍提出的立法建议。但笔者认为,上述建议存在双重弊端——(1)打击面失控;(2)核心构成要件机械化。"为他人谋取利益"是衡量职务廉洁性是否被侵犯的终极尺度,是判断受贿行为是否严重脱逸社会相当性的判断基准,其刑法解释具有一定空间,能够针对个案情况适时做出司法应对。用单纯的受财数额加以替换,不仅存在统一性数额确定困难的技术问题,而且由于量化标准不具有合理调整的空间,势必无法对构成要件进行动态考察。

第四,我国刑法为受贿犯罪配置"为他人谋取利益"要件本身并没有重大缺陷,关键问题在于如何通过刑法解释机制准确分析"非法收受他人财物"与"为他人谋取利益"之间的联动关系。

呼吁取消"为他人谋取利益"要件,很大程度上是考虑到有了该要件便难以追究"感情投资型"贿赂。实践中行贿人经常通过"感情投资"的方式给付国家工作人员、非国家工作人员财物,长期与其保持赠送高档消费品、逢年过节给付钱款的交往关系与感情联络。行贿人利用过节、祝寿、婚丧嫁娶、探病、上党校等机会重金收买国家工作人员、非国家工作人员时并不追求直接的经济回报,贿赂双方无须约定当下就提供职务帮助,而是在取得长效"信任"与稳定"合作"的基础上,心照不宣、顺其自然地谋取利益。

但是,深入分析后可知,出现上述刑法适用难题的症结并不是由于存在"为他人谋取利益"要件,而是因为"感情投资"型贿赂的谋利与受财完全错开,"非法收受他人财物"与"为他人谋取利益"很难被证明存在明确对价关系。笔者认为,行为人超越"礼尚往来"的限度接受他人财物,不能因为贿赂过程中请托事项不明而排除"感情投资"的犯罪性,应当从行为人是否存在受贿犯罪概括故意与为他人谋取利益主观意图的角度分析构成要件的联动关系。只要在客观上完成符合受贿犯罪数额标准的受财行为,行为人的职务便利已经承诺、实施或兑现为行贿人的利益,即使没有关于贿赂财物确定的对应性供述，财产流转的客观事实与贿赂意图的主观内容将原本存在错位的受贿犯罪受财与谋利要件有效联结，能够追溯性地印证国家工作人员、非国家工作人员具有为他人谋利的概括故意。

所以，贿赂犯罪刑法规范固然存在着错位、零散、模糊等现象，影响了认定犯罪的准确性和清晰度，造成实务部门在刑法适用过程中出现相当大的困难。但我国刑法对受贿犯罪设置的"为他人谋取利益"等要件本身是具有相当合理性的，解决问题的关键是要廓清受贿犯罪构成要件的相关概念，释明其内涵，提升刑法解释机能，以实现对受贿犯罪的准确认定。

六、贿赂犯罪的不正当利益

在早前的贿赂犯罪理论研究与司法实践中，对于如何在规范上正确解释行贿犯罪不正当利益要件始终存在较大争议。1999 年最高人民法院、最高人民检察院《关于在办理受贿犯罪大要案的同时要严肃查处严重行贿犯罪分子的通知》（以下简称《行贿犯罪通知》）第二条规定：谋取不正当利益，是指谋取违反法律、法规、国家政策和国务院各部门规章规定的利益，以及要求国家工作人员或者有关单位提供违反法律、法规、国家政策和国务院各部门规章规定的帮助或者方便条件。但是，《行贿犯罪通知》的出台并未消解行贿犯罪不正当利益要件的认识分歧与观点争议。有学者认为，《行贿犯罪通知》对于"为谋取不正当利益"的解释过于狭窄，行为人为了谋取正当利益，给予国家工作人员以财物的行为，也属于一种权钱交易行为。国外刑法以及旧中国刑法均未要求行贿罪出于"为谋取不正当利益"的目的。现行刑法的规定本来就缩小了行贿罪的处罚范围，如果再对"谋取不正当利益"作限制解释，则不当缩小了处罚范围。因此，谋取任何性质、任何形式的不正当利益都属于"谋取不正当利益"。例如，行贿人虽然符合晋级、晋升的条件，但为了使自己优于他人晋级、晋升而给予有关国家工作人员以财物，应认定为行贿罪。①不同意见认为，《行贿犯罪通知》对不正当利益作了扩大解释，根据司法解释，不正当利益不仅指获得的利益本身不正当，而且利益本身虽然正当，但是要求国家工作人员违反法律、法规、规章规定而谋取的，也属于不正当利益。《行贿犯罪通知》扩大了刑法典所规定的"不正当利益"的范围，故扩大了刑法处罚行贿罪的范围。②

为了解决刑法理论与司法实践中的意见分歧，《商业贿赂意见》第九条规定：在行贿犯罪中，"谋取不正当利益"，是指行贿人谋取违反法律、法规、

---

① 参见张明楷：《刑法学（第三版）》，法律出版社 2007 年版，第 888 页。

② 参见陈兴良：《规范刑法学》，中国政法大学出版社 2003 年版，第 684 页。

规章或者政策规定的利益,或者要求对方违反法律、法规、规章、政策、行业规范的规定提供帮助或者方便条件。在招标投标、政府采购等商业活动中,违背公平原则,给予相关人员财物以谋取竞争优势的,属于"谋取不正当利益"。《商业贿赂意见》对行贿犯罪不正当利益要件进行了全新的刑法解释,对于认定行贿犯罪具有极为重要的意义。

《商业贿赂意见》第九条拓展了"谋取不正当利益"的范围,增加规定两种类型的不正当利益:(1)谋取违反规章、政策规定的利益;(2)要求对方违反规章、政策、行业规范的规定提供帮助或者方便条件。可见,谋取不正当利益仍以违法性(违规性)判断为基础,第一种不正当利益类型属于违法性(违规性)利益,第二种不正当利益类型属于违法性(违规性)帮助。违法性(违规性)的前置规范基础可以拓展至党的政策、地方政府规章、行业规范。特别需要指出的是,行业规范应当是由全国性行业协会根据法律授权或者职责制定的规范行业行为的准则。在解释上将"行业规范"的制定主体范围限定于全国性行业协会是合理的,有利于统一违反行业规范提供帮助或者方便条件的认定,避免地区性行业协会规范差异而导致行贿犯罪法律适用上的地域性差异。

《商业贿赂意见》第九条根据惩治贿赂犯罪的客观需要,对不正当利益范围进行了适当调整。由于认定违法性(违规性)利益与违法性(违规性)帮助应当以前置性规范判断为依据,故在刑法适用上并不存在特别的困难。难点问题是,认定违法性(违规性)帮助的前提条件是行贿人向职务帮助者提出"要求",必须明确认定行贿人提出"要求"的判断规则。

谋取违反法律、法规、规章、政策规定的利益,是从行贿人的角度对谋取不正当利益进行刑法解释,而要求国家工作人员或者有关单位提供违反法律、法规、国家政策和国务院各部门规章规定的帮助或者方便条件,同样是以行贿人的行为作为判断依据,而非从受贿人是否实际提供帮助的角度分析不正当利益问题。"为谋取不正当利益"是行贿犯罪的主观构成要件,强调的是行贿人实施某种行为的目的,只能从行贿人的角度出发分析谋取不正当利益,而不能从受贿人的角度进行解释。所以,如果行贿人谋取的利益本身并没有违反国家规定,受贿人在接受行贿人财物后提供了违反法律、法规、规章、政策、行业规范规定的帮助或者方便条件,但行贿人没有提出要求的,不能认定为"谋取不正当利益"。这意味着受贿人是否实际利用职务便利提供违法性帮助对于认定行贿犯罪"谋取不正当利益"并不具有决定作用,关键是必须确定——(1)行贿人明示要求受贿人提供违法性帮助;或者(2)在受贿人业已提供违法性帮助的情况下,行贿人具有"明知"的犯罪主观构成要件要素。

贿赂犯罪的刑事归责不能将认定行贿人主观内容的行为完全受制于其所不能掌控的受贿人的行为状况。如果受贿人的行为是合法的，行贿人就不是“谋取不正当利益”；如果受贿人违反法律，行贿人就是“谋取不正当利益”——这显然违背了犯罪故意理论。仅仅因为受贿人实施了违反法律的行为，就认定行贿人“谋取不正当利益”，缺乏刑事证明的正当性与关联性。刑法理论上有观点认为，当行为人主观上认为自己谋取的是不正当利益并在这种谋取正当利益的故意支配下向国家工作人员送予财物，而事实上谋取的是正当利益时，属于法律上的认识错误，不能因为行为人的误解而认定为行贿犯罪；当行为人主观上认为自己谋取的是正当利益并在这种谋取不正当利益的故意支配下向国家工作人员送予财物，而事实上谋取的是不正当利益时，属于事实上的认识错误，应当排除犯罪故意，不能构成行贿犯罪。①上述意见虽然符合刑法原理，但司法实践中的难题并不在于行为人的主观认识是否阻却行贿犯罪故意，而是在于根本难以认定行贿人具体的主观认识。在事实认定上，基本上只能依靠行贿人的供述来判断其对于不正当利益的认识情况。笔者认为，行贿人给付贿赂的事实足以表明其对受贿人为其谋取不正当利益具有明知或者一定的预期，给付贿赂具有推定明知的效果。故只有在行贿人提供确实的证据证明自己明示受贿人不要提供为法律、法规、规章、政策、行业规范所禁止的便利，才能证明谋取不正当利益的追求在行贿人的主观上是缺位的。

《商业贿赂意见》第九条第二款将招投标与政府采购从商业环节中抽离，独立规定该种环节发生贿赂案件“谋取不正当利益”的认定规则，行为人违背公平原则提供贿赂以谋取竞争优势的，应当认定为属于“谋取不正当利益”。对于该项认定规则，当前司法实践中主要存在两种不同的理解。有观点认为，《商业贿赂意见》第九条第二款的规定意味着，在招投标与政府采购环节中，只要使用了行贿手段就是谋取不正当利益，使用行贿手段等同于谋取违法性帮助。不同意见认为，从行贿行为直接认定属于为谋取不正当利益的主观要件，在法理上并没有依据。对此，笔者认为，《商业贿赂意见》第九条第二款独立规定了招投标与政府采购环节中的商业贿赂犯罪案件“谋取不正当利益”要件的认定规则，显然具有区别于该条第一款的判断模式。“两高”有关部门负责人在答记者问中亦强调《商业贿赂意见》第九条第二款

① 刘树德、田兴洪：《医疗购销领域商业贿赂罪适用解析》，法律出版社 2007 年版，第 239—241 页。

属于"特别增加规定"。①因此,在司法实践中不能否定招投标与政府采购环节"谋取不正当利益"判断的特殊性,即不以第一款所列举的违法性(违规性)利益或者违法性(违规性)帮助为前提。在招投标等特定商业环节,行贿犯罪"谋取不正当利益"的认定标准较其他普通环节案件而言显然更低。这主要表现在招投标等特定环节的不正当利益判断不强调以法律或者规范为前置性违法性(违规性)判断为条件。值得重点强调的是,《商业贿赂意见》第九条第二款认定规则的特殊性并不意味着行贿即属于谋取不正当利益。行贿犯罪"谋取不正当利益"要件核心的判断基础在于行贿人是否在"违背公平原则"的情况下通过给付财物"以谋取竞争优势"。招投标法与政府采购法属于反不正当竞争法律规范体系,其法益在于保护公开竞标的合理竞争秩序。故投标单位采用给付贿赂手段具有违背公认的商业道德与公平原则、扰乱竞争秩序、损害竞争参与者合法权益的法益侵害性,推定符合"谋取不正当利益"要件。但是,投标单位证明其符合投标条件,尽管其向招标单位负责人、评标小组成员等送去了财物,但如果职务人员并没有泄漏投标秘密,或者没有暗中提供帮助,或者没有实施倾向性的投票行为,行贿单位在竞标中符合最优中标条件,投标单位就不能属于《商业贿赂意见》第九条第二款中所指的"给予相关人员财物以谋取竞争优势",因为其竞争优势是客观存在的。如果行贿行为与中标结果没有因果关系,行贿目的并非在于投标单位意图妨碍竞争,而是因社会不良风气的客观存在而求得心理安稳,则中标结果不能认定为不正当利益。绝对地以行贿手段的非法性来推论谋取利益的不正当性,等于完全否定了行贿犯罪"谋取不正当利益"的构成要件,故不能采纳该种认定规则。在此类行贿犯罪案件的司法认定中,应当允许行贿人提出证据反驳推定,以有效控制打击面,避免将没有明显妨害公平竞争的行贿人作为犯罪处理。

由于斡旋受贿、利用影响力受贿罪中"谋取不正当利益"的实质内容与行贿犯罪相一致,《商业贿赂意见》第九条及对其细化理解后的司法规则,可以为受贿犯罪不正当利益要件的认定提供依据。另外,《商业贿赂意见》第九条基本上能够覆盖贿赂犯罪不正当利益实体内容的规范性理解,但由于其主要是从商业领域贿赂犯罪的角度解释不正当利益要件,对于公务环节的贿赂特点会有所忽视。所以,行贿罪、单位行贿罪、对单位行贿罪、斡旋受贿、利用影响力受贿罪等同时具有公务贿赂与商业贿赂特点的贿赂犯罪"谋

---

① 参见《最高人民法院、最高人民检察院有关部门负责人就〈关于办理商业贿赂刑事案件适用法律若干问题的意见〉答记者问》,《人民法院报》2008 年 11 月 25 日第 4 版。

取不正当利益”更为完整的规范解释应当是:谋取违反法律、法规、规章或者政策规定的利益,或者违反法律、法规、规章、政策、行业规范的规定提供帮助或者方便条件。在招投标、政府采购等商业活动以及选拔任用干部等行政管理活动中,违背公平原则,收受相关人员财物而予以提供竞争优势的,属于“谋取不正当利益”。

对于行贿犯罪“为谋取不正当利益”是否需要与“给予国家工作人员以财物”形成明确的对应性关系,实践中争议较大。该问题类似于受贿犯罪中“为他人谋取利益”是否要求与“索取他人财物”或者“非法收受他人财物”形成明确的对应性关系。正如前文所述,受贿犯罪“为他人谋取利益”属于客观行为,谋利与受财之间应当在客观上互为对应与联系。但是,与受贿犯罪“为他人谋取利益”要件不同,行贿犯罪“为谋取不正当利益”应当属于主观要件,故只要存在谋取不正当利益的犯罪意图,又具备现实的行贿行为,即可概括性地连接构成要件的对应关系,无须进行特定且明确的对应性认定。

“为谋取不正当利益”与给付贿赂概括性对应关系的判断规则可以具体适用于“感情投资”型行贿犯罪的司法认定。实践中,请托人经常通过“感情投资”的方式给付国家工作人员财物,长期与其保持赠送高档消费品、逢年过节给付钱款的交往关系与感情联络,但并不追求直接的经济回报,也不要求受托人当下就提供不正当利益的职务帮助,而是在取得长效“信任”与稳定“合作”的基础上,适时明示或者暗示谋取不正当利益的诉求。在时间上,“感情投资”的谋取利益与给付贿赂完全错开;在空间上,行贿犯罪中的给付财物要件与谋取不正当利益要件之间很难被证明存在明确的对价关系。

根据“为谋取不正当利益”与给付贿赂概括性对应关系的判断规则,笔者认为,不能因为贿赂过程中的请托事项不明确而排除“感情投资”的行贿犯罪性质;应当以贿赂物品的数额价值为基础,认定请托人是否存在行贿犯罪的概括故意与谋取不正当利益的主观意图。超过一定数额标准的“感情投资”超越了正常人际交往的范畴,明显具有通过贿赂手段谋取不正当利益的犯罪意图。无论请托人给付财物的感情投资行为与谋取不正当利益间隔多远,对犯罪故意、行为性质以及谋取利益与给付贿赂的概括联系均不产生任何影响。只要在客观上完成财物(累计数额较大)的交付行为,受托人的职务便利已经承诺、实施或兑现请托人的不正当利益,即使没有关于贿赂财物与谋取不正当利益之间存在确定对应性的供述,财产流转的客观事实与贿赂意图的主观内容将原本存在错位的行贿犯罪主观构成要件与客观构成要件有效联结,能够追溯性地印证行贿人对于谋取不正当利益具有概括性认识。关键问题是必须在司法实践中设定清晰的数额界限，明确国家工作人员日常交往中财物赠与的最高限额(双方有财产往来的应当予以扣除)，超过最高限额的“感情投资”若被查证客观上存在不正当利益的暗箱操作，除非行为人提出阻却犯罪故意的反驳证据，即推定请托人具有行贿犯罪的概括故意，行贿行为与不正当利益概括对应，符合行贿犯罪的构成要件。

第五节　新型受贿犯罪

《新型受贿意见》针对各种新型、隐蔽、复杂的受贿案件及时提出了司法认定规则，不仅健全了惩治腐败犯罪的规范体系，而且表明了党和国家惩治腐败犯罪的坚定决心和维护社会正义的必胜信念。《新型受贿意见》所列出的十种权钱交易受贿形式都是当前受贿认定中难以界定的问题，也是现阶段受贿犯罪分子用于规避法律的受贿形式，有利于司法机关依法查处国家工作人员利用职务便利为他人谋利收取财物的行为。我国刑法有关受贿罪的规定并没有细致区分“间接受贿”、“期权受贿”等多种受贿行为模式，故《新型受贿意见》不仅在罪刑法定的框架下弥补了现行刑法规定的理解障碍，而且根据受贿犯罪的变化形式，迅速更新惩治腐败的手段，体现出刑法解释技术的不断升级。然而，经过一段时间的司法实践与理论探讨，新型受贿刑法适用问题逐渐显现，直接影响受贿性质认定与犯罪数额计算。本节在深入分析《新型受贿意见》的基础上，提出新型受贿犯罪刑法适用问题的司法判断规则。

一、以交易形式受贿问题

对于交易型受贿中的疑难问题，实践中出现了较多针锋相对的意见。[①]观点分歧在一定程度上影响了交易型受贿案件司法认定的统一性；操作性规则的缺失导致实务部门难以精确处理案件。因此，有必要对房产交易受贿案件市场价格的认定、“明显”标准的确定、优惠购买与交易型受贿的界限、受贿人违法所得的追缴等交易型受贿司法认定的疑难问题，作出符合罪刑法定原则的刑法解释。

(一) 房产交易受贿案件中市场价格的认定

对于与低价购房受贿案件定性和定量均密切相关的市场价格认定问

---

① 参见孙国祥：《以交易形式收受贿赂的方式与界限解读》，《人民检察》2007年第8期(下)；薛进展、谢杰：《以交易形式受贿中“度”的把握》，《华东政法大学学报》2007年第5期。

题，刑法理论与实务部门关注程度不高。多数观点认为：房屋的市场价格可由价格事务所进行评估，司法机关可以直接将估价结果作为基点，判断实际交易价格是否存在明显偏离及其与市场价格之间的差额，故市场价格的认定并不存在困难。①然而，笔者认为，上述意见忽略了以低价购房形式受贿作为新型受贿犯罪所具有的独立性特征——以房产交易为权钱交易的载体。房产交易具有不同的表现形式，这就决定了司法机关必须区分不同情况确立市场价格的判断规则。低价购房型受贿案件市场价格认定不单纯是一个估价技术问题，更大程度上是运用刑法原理确立受贿犯罪定罪处罚量化基点的实体法适用问题。结合近年来的低价购房型受贿案件司法实践，本文针对业已出现的市场价格认定难点进行分析。

1. 低价购买新商品房受贿案件中市场价格的认定

在新商品房交易过程中，房地产开发商或经销商所设定的市场销售价并不具有决定意义，通常仅具有参考价值，真正决定新商品房买卖对价金额的是交易中普遍存在的折扣价格。如果低价购买新商品房受贿案件以基准地价、标定地价、房屋重置价格、市场标价等指标为依据评估市场价格，势必与真实的市场价格存在较大偏差，亦与《新型受贿意见》第一条第三款“市场价格包括商品经营者事先设定的不针对特定人的最低优惠价格”不相符合。新商品房交易折扣幅度不定，开发商或销售公司内部根据经办人员的职务高低设定不同的优惠权限。因此，笔者认为，应当以新商品房销售方的“最低优惠价格”作为“市场价格”，判断国家工作人员实际支付价格是否符合“明显低于”的要求。以“最低优惠价格”作为定性与定量的基点，不仅能够避免控辩双方对于市场价格的鉴定结论是否正确合理的技术性争论，而且充分考虑了新商品房交易价格的实际操作惯例，不会引发受贿犯罪打击面失控问题。

新商品房折扣极不规范，最低优惠价格具有随意性，以此作为市场价格判断受贿性质与计算受贿数额，存在司法认定客观性与公正性缺失的危险，且容易放纵犯罪。因此，需要就以最低优惠价格认定市场价格的规则设定限制条件——(1)查实交易时销售方内部最低优惠价格具有明文规定；或者(2)虽然销售方没有内部明文规定的，但查证公司经办人员口头陈述的最低优惠价格，同时查实同期、同质、同地段新商品房的最低优惠价格能够对证言进行补强的。不符合上述限制条件，不能根据《新型受贿意见》第一条第三款直接将最低优惠价格确定为市场价格。

---

① 薛进展、谢杰：《对“两高”最新受贿罪司法解释的反思》，《法学》2007年第10期。

2. 低价购买二手房受贿案件中市场价格的认定

低价购房型受贿中有相当数量案件的犯罪对象是二手房——行贿人将自己当前所有的房屋低价转让国家工作人员或者根据国家工作人员的意向购买房屋后再低价出让。《新型受贿意见》第一条第二款规定,受贿数额按照交易时当地市场价格与实际支付价格的差额计算。而低价购买二手房受贿过程中存在两个"交易时",即行贿人购买的第一次交易与受贿人购买房屋的第二次交易。两次交易存在时间差,房屋的市场价格会有所波动。应当以哪次交易确定市场价格的时间基点?能否直接将第一次交易价格作为市场价格计算差额?

办理低价购房受贿案件伊始,实践中普遍认为:应当以受贿人购买房屋的时间作为"交易时"评估市场价格;以受贿行为发生时的财物价值认定市场价格,符合主客观一致的刑法原理,亦能准确反映受贿犯罪的社会危害性。①但是,现阶段有不同意见认为:不能机械理解《新型受贿意见》第一条第二款的"交易时"而将之局限于受贿时;应当首先考虑直接以行贿人购进房屋的价格认定市场价格;只有在行贿人购进价格证据明显不足或市场行情明显变化时,才有必要以受贿行为发生时作为市场价格的评估基点。②1998年最高人民法院《关于审理盗窃案件具体应用法律若干问题的解释》第五条规定,被盗物品的价格,应当以被盗物品价格的有效证明确定;对于不能确定的,应当区别情况,根据作案当时、当地的同类物品的价格计算。盗窃罪司法解释确定的价值认定方法——以购进价格为依据,以行为时的市场价格为补充——对于受贿犯罪司法实践也是基本适用的。

笔者认为,低价购买二手房受贿案件应当坚持以贿赂双方交易时确定市场价格,而不能优先采用购进价格为市场价格。盗窃罪司法解释的财物价值认定规则以被害人的实际财产损失为核心计算盗窃数额,能够正确反映盗窃行为的社会危害性。贿赂犯罪属于对合犯,应当以行贿人与受贿人主观意志与客观行为互为一致的财物价值认定犯罪数额。行贿人的购进房屋价格代表的仅是行贿成本,而非行贿犯罪给予国家工作人员的实际利益。行贿成本可能高于亦可能低于受贿数额,故不能成为确定犯罪数额的依据。受贿人低价购买二手房的同时意味着行贿人低价转让二手房,以贿赂双方买卖房屋的时间界定"交易时"并以此评估市场价格,最能体现贿赂犯罪双

① 谢杰、王振栋、李伟:《如何界定交易型受贿犯罪数额计算的基准时间》,《检察日报》2007年11月5日第3版。

② 黄祥青:《如何认定低价购房类受贿犯罪》,《上海审判实践》2007年第12期。

方的主观恶性程度。由于房屋价格受市场波动影响较大,在行贿人购进房屋价格与贿赂双方交易时市场价格不具有内在一致性的前提下,不能选择将购进价格作为市场价格。

3. 低价购买特殊房产受贿案件中市场价格的认定

实践中部分请托人在通过拍卖、抵销债务等方式合法获得价格低廉的房屋、商铺等不动产所有权后,加价转让国家工作人员,但该实际转让价格明显低于请托人与受托人交易时的市场价格。例如,请托人根据合同抵销取得其债务人房屋所有权,均价 3 000 元/平方米,后以 4 000 元/平方米的价格转让受托人,而当时房屋的市场价格为 5 000 元/平方米。有的办案人员认为:应当严格按照贿赂双方交易时的市场价格判断受贿性质、计算犯罪数额。也有意见指出:请托人以合法途径获取廉价房屋,既然完全符合市场规律,就应当将购进价格认定为市场价格;国家工作人员以高于购进价格受让房屋,不属于"明显低于市场的价格"。

笔者认为,请托人通过拍卖、债权债务抵销等方式购进房屋后转让国家工作人员,区别于低价购买二手房受贿,属于特殊房产的交易型受贿,其市场价格的认定应当遵循独立的判断标准。直接以请托人购进价格确定市场价格,可能放纵部分故意转让和接受他人应得财产利益的贿赂犯罪。机械地按照请托人与受托人交易时的市场价格进行司法认定,亦可能将部分贿赂性质并不明显的交易行为纳入刑法规制的范围。这势必与《新型受贿意见》第一条打击交易型受贿重点性、准确性、谦抑性原则的要求相悖。①所以,应当在特殊房产受贿案件市场价格确定过程中植入对公平交易因素与风险变动因素的考量——(1)国家工作人员虽然以明显低于市场的价格购买房屋,但由于买卖标的属于拍卖、债务抵销所得房屋,此类特殊房产相对一般的新商品房、二手房而言,有一部分的市场流通性较为有限,请托人转卖他人需要附加寻找交易对象的额外成本,实际交易价格超过请托人购进价格的,应当承认其公平性。以行为双方交易时的市场价格衡量国家工作人员的实际支付价格并不合理。(2)有的请托人与受托人明知特殊房产购进价格与当前市场价格存在较大落差,并且,该宗房产以市场价格甚至高于市场价格转手没有实际障碍。请托人基于谋求利益将不存在交易风险或附加成本的财产性利益转移给受托人,后者以利用职务便利为他人谋取利益为对价享受实际支付价格与当前市场价格之间差额利益的,请托人在房屋交易

---

① 参见刘为波:《关于办理受贿刑事案件适用法律若干问题的意见的理解与适用》,载张仲芳主编:《刑事司法指南(总第 31 集)》,法律出版社 2007 年版,第 161 页。

中从受托人处获取部分利益的同时让渡了部分利益,特殊房产的"加价买卖"仍然没有脱离权钱交易的本质,以交易时的市场价格定性与定量,具有合理性。

(二) 房产交易受贿中"明显"标准的确定

对于低价买房受贿案件"明显低于市场的价格"标准,实践中提出了相对比例说①、绝对数额说②、数额比例结合说③、交易成本说④等判断规则。但上述观点均存在不同程度的操作障碍。

相对比例说最大的缺陷在于无法统一折扣比率。"明显低于"属于主观标准与实质判断,相对比例的司法确定属于客观标准与形式判断,控辩双方极易在主观与客观、实质与形式之间发生双重冲突。如果司法机关通过另行解释或者会议纪要的形式硬性规定折扣标准(例如明确八折属于"明显低于"),固然便于统一认定规则,但之于个案判断仍然无法实现个别正义。

绝对数额说不能针对性地运用于低价买房的新型受贿方式。在均价较高或者面积较大的情况下,房屋总价必定相对较高,开发商略微优惠若干百分点,国家工作人员获利数额便相当可观。绝对数额设定太高,容易放纵受贿,绝对数额过低,又可能无效回归至"低于"标准,均会导致偏离《新型受贿意见》"明显低于"标准的结果。

数额比例结合说提出应当根据案件具体情况全面考虑不正常交易相差的金额数与比例数:国家工作人员只收一单的,相差金额至少应在5 000元以上;多次采用交易形式收受贿赂的,每笔不一定要求达到5 000元,但也不能要求太少;必须结合当地物价和收入水平衡量相差的比例,不能绝对化、片面化。可见,数额比例结合说不仅存在用受贿数额标准替换明显偏离市场价格标准的问题,而且集合了相对比例说与绝对数额说的操作障碍。

交易成本说认为以等于或低于房屋成本的价格购买房屋的,属于"明显低于"。这意味着把"明显低于市场的价格"替换为"等于或低于成本的价格",虚置了"明显"标准,将市场价格与成本价格之间的部分剔除在刑事归

---

① 参见夏思扬:《对交易型受贿有必要规定价格比》,《检察日报》2007年8月10日第3版。

② 实践中业已出现按照这种观点定罪处刑的案例。参见吴卫江、陈超:《低价购房、收受干股:严惩》,《检察日报》2007年8月1日第1版。

③ 参见刘志远主编:《新型受贿犯罪司法指南与案例评析》,中国方正出版社2007年版,第10—11页。

④ 参见张玉娟:《交易型受贿"明显偏离市场价格"的司法认定》,《检察日报》2007年8月26日第3版。

责之外。①而此段模糊价位的犯罪性正是处于需要适用“明显低于市场的价格”予以司法判断的中间地带。

笔者认为，查办低价买房受贿案件，必须重点查证房产开发商内部的优惠销售记录，通过加权平均法计算内部优惠价格，国家工作人员在此价格以下购买房屋，属于“明显低于市场的价格”，应以受贿论处。

根据《价格法》及相关价格规范性文件的规定，房地产开发商具有自主定价的市场主体权利，但该价格必须向当地价格管理部门备案。价格管理部门根据地段、楼盘质量等标准，以上述备案价格为基础计算相同档次房产的市场价格，定期发布房地产市场调节价，并确定偏离幅度。②因此，房地产开发商的备案价格不一定与市场价格完全相符，但必定在偏离幅度的范围之内，属于合法价格。超越市场偏离幅度的房产价格属于非法价格，国家工作人员以该价格购买房屋，在价格法的层面构成违法，但司法机关并不能就此直接认定该非法价格属于“明显低于市场的价格”。由于超越市场偏离幅度的房产价格具有受贿行为的潜在痕迹，在经过价格法违法性标准的一次判断之后，还必须接受《新型受贿意见》“明显低于市场的价格”犯罪性标准的二次判断。

“明显低于”与“低于”在数量上的界限相当模糊，其中涉及的价格技术性分析与量化判断超出了司法机关的能力范围。故司法机关不能直接求证相关非法价格是否属于“明显低于市场的价格”，必须在“明显低于”与“低于”之间另行确定一个可比价格作为衡量明显低于市场价格的数量指标。可比价格不能遵循市场价格的核定模式——以非特定化的方式从类似开发商的类似楼盘中予以确定，而是应当以特定开发商的特定非法价格为中心进行判断。

购买房地产开发商低价房屋的并不仅仅只有某一国家工作人员，完全可能另有相关人员以超越市场偏离幅度的非法价格购买房产。检察机关反贪部门在查案过程中，应当着重查询房地产开发商售房价格记录，分离出所

---

① 在起草《新型受贿意见》过程中，已有意见主张以成本价格作为判断受贿性质的基准，但成本价格不当抬高了交易型受贿的定罪门槛，依此标准，很大一部分的受贿罪将不能得到依法追究。参见刘为波：《关于办理受贿刑事案件适用法律若干问题的意见之解读》，《人民法院报》2007年7月17日第6版。此外，交易型贿赂的判断规则主要运用于大宗商品买卖案件，实际成本价格较难确定且负载较多“隐性成本”，与市场价格差距悬殊。因此，以成本价格为尺度衡量是否明显偏离市场价格缺乏相对合理性，不能作为判断依据。

② 参见《价格法》第三条、《价格监测质量管理暂行办法》第五条以及各地《价格备案暂行办法》。

有超越房地产销售备案价格偏离幅度的"内部优惠价格",通过加权平均的方法计算均值。落位于市场价格与内部优惠均价之间的交易价格,属于低于市场的价格,不能以受贿论处;国家工作人员以低于开发商内部优惠加权平均价买房的,属于经由市场价格、内部优惠均价双重考察的非法价格,既满足了"低于"标准,又充分了"明显"条件,符合"明显低于市场的价格"的要求,应以受贿论处。以内部优惠加权平均价为标准认定"明显低于市场的价格",不仅能够准确筛选最具受贿性质的底价买房交易,而且有利于合理控制打击面,防止将所有以"内部优惠价格"购买房屋的行为人纳入追究受贿罪刑事责任的范畴。

值得注意的是,实践中除了存在低价买房案件之外,还出现了大量以房屋置换形式进行交易获取高额差价利益的案件。《新型受贿意见》第一条第一款第三项规定,以其他交易形式非法收受请托人财物的,以受贿论处。故以价值相差悬殊的房屋进行产权置换可以纳入交易型受贿规范进行犯罪性评价——关键在于如何确定判断标准。

有学者认为,"其他交易形式"的本质特征必定在于针对特定人设定明显偏离正常水平的优惠价格。①但实践中有不同观点指出,诸如房屋置换等以其他交易形式受贿的案件,并不存在由"物"到"钱"可资比对的市场价格,无法按照"明显"低于或者高于的数量标准进行认定。我们赞同前一种观点。交易型受贿予以严厉打击的主要是那些以很低,甚至是象征性价格收受请托人价值巨大的房屋或者汽车的行为。②坚持"明显"标准不仅有利于贯彻宽严相济、合理控制受贿犯罪打击面的刑事司法政策,而且符合交易型受贿的本质特征——违背价值规律,以合法的合同形式掩盖真实的贿赂目的。介于偏离市场与明显偏离市场间的模糊地带,并不属于交易型受贿规范的介入空间。

(三)犯罪数额计算的基准时间

《新型受贿意见》第一条规定,交易型受贿案件的犯罪数额应当按照交易时当地市场价格与实际支付价格的差额计算。"交易时"成为了计算交易型犯罪数额的时间基准。然而,交易型受贿的行为对象是房屋、汽车等物品,当地市场价格具有较大波动性。进一步界定"交易时"将对受贿人的量刑起到决定性作用。

---

① 张铭训:《新型受贿案件法律适用若干问题研究》,《中国刑事法杂志》2007年第6期。

② 参见韩耀元、邱利军:《适用"两高意见"须注意十二个问题》,《检察日报》2007年7月17日第3版。

第一,应当根据物权法关于物权合同与物权变更生效的规定,区分不动产与动产贿赂,对“交易时”的具体节点作出界定。刑法解释是对现有法律规定内涵和外延进行的适用性解释,必须符合法律本身的规定,不能超越法律规定的范围,包括民事、商事、行政法律规范。笔者认为,对交易型受贿进行解释尤其需要强调解释的合法性,因为房屋、汽车等财物的收受及其产权交易的内涵和外延都需要非刑事法律规范界定,刑法解释原则上不能突破既有的民法、商法、行政法理论。只有在按照非刑事法律规范判断后法律事实与客观行为效果完全脱节的情况下,才能够适时适量突破,以求得刑事司法的公正。

第二,对于国家工作人员高卖低买房屋的不动产受贿案件,应当将“交易时”界定为合同成立时。房屋买卖经历签订合同、交付房屋、产权登记等交易时间。在上述三个核心环节转换过程中,房屋价格会发生实质性变化,故分别选择定约时、交付时或过户时作为交易型受贿案件的“交易时”,当地市场价格与实际支付价格差额的计算结果会有很大不同。实践中对于“交易时”的具体确定存在以下两种观点:(1)以办理房屋权属登记为“交易时”的节点。因为只有当房屋产权登记转移后,受贿人才取得了房屋产权,受贿行为才得以完成。(2)以房屋交付作为计算当地市场价格的时间基点。因为房屋交付使用后,受贿人才在事实上占有房屋,方可认为行贿人与受贿人的权钱交易完成。然而,笔者认为,以登记或交付作为交易时间节点缺乏可操作性。有的受贿人收受“期房”后,转手倒卖给第三方,亦有受贿人收受房屋后并不办理房屋权属变更登记转而出租牟利。此类受贿人始终未办理房屋产权登记,请托人也未将房屋交付给受贿人使用,按照上述观点无法进行受贿数额计算。我们认为,应以贿赂双方房屋交易合同成立时为交易时间节点。交易型贿赂案件中的腐败交易,集中表现为行贿人与受贿人之间的犯罪性意思表示。贿赂双方的犯罪合意以房屋、汽车等贵重物品为对象,犯罪行为以买卖合同为表面形式,以贿赂为实质内容。因此,应从买卖合同出发揭露权钱交易的犯罪流程。《物权法》第十五条规定,当事人之间订立有关设立、变更、转让和消灭不动产物权的合同,除法律另有规定或者合同另有约定外,自合同成立时生效;未办理物权登记的,不影响合同的效力。所以,房屋买卖合同成立时,受贿人与行贿人已经具备贿赂犯罪意思表示,应认定为“交易时”。

第三,对于国家工作人员高卖低买汽车等动产,应当将“交易时”界定为动产交付时。《物权法》第二十三条、第二十四条规定,动产物权的转让自交付时发生效力,但法律另有规定的除外;机动车等物权的转让,未经登记不得对抗善意第三人。普通动产以交付为物权转让的生效要件,只要国家工作人员实际接受普通动产贿赂,交付行为随即完成,物权发生变更,国家工作人员取得完整的财产权,应以交付时间作为"交易时"计算当地市场价格与实际支付价格的差额。对于汽车等特殊动产而言,物权变更登记仅是对抗要件而非生效要件,物权是否发生变更仍然以是否交付为标准,同样应以特殊动产贿赂交付时间作为时间基点计算交易型受贿的犯罪数额。只要有证据证明贿赂双方实施物权实际交付的法律行为,即可将之确定为"交易时"。

(四)以优惠价格购买商品与以交易形式收受贿赂的界限

根据商品经营者事先设定的各种优惠条件,以优惠价格购买商品的,不属于受贿。但交易本身就是以获取利益为目标价值的市场行为,合法性交易与犯罪性交易的界限十分模糊。因此,在受贿犯罪司法实践中,直接从购销行为内部抽离以交易形式收受贿赂予以查处并不可行。笔者认为,"低买高卖"的交易型受贿发生在商品购销环节,明确区分以优惠价格购买商品与以交易形式收受贿赂必须落位于市场交易的核心——价格。以优惠价格购买商品对应于优惠型交易价格;以交易形式收受贿赂对应于贿赂型交易价格。我们尝试通过分析两种价格的特征廓清以优惠价格购买商品与以交易形式收受贿赂的界限。

第一,优惠型交易价格具有事先设定性,贿赂型交易价格具有见机调整性。优惠型交易价格通常按照经营者事先确定的折扣操作,而不是由主管人员根据情况直接拍板。优惠价格相对一般价格必然发生结算方式、数额、渠道的变化,需要处于经营主体购销环节的内部成员按照事先制定的程序规范进行,共同完成、照章办事。贿赂型交易价格具有较大的随机性和任意性,一般价格向"优惠"价格进行交易环节转换的方式极为粗糙,缺少领导与分工。基本上由经营者根据交易对象(国家工作人员)的具体情况灵活调整价格优惠幅度、结算时间与平账方式。优惠价格的事先设定性排除了交易双方通过差价给付或者收受贿赂的行为故意;明显偏离市场标准的见机调整性价格印证了国家工作人员间接从中谋取非法个人利益的犯罪意图。

第二,优惠型交易价格具有不特定性或者相对特定性,贿赂型交易价格具有绝对特定性。贿赂型交易价格固然明显偏离市场价格,而优惠型交易价格也有可能明显偏离同类商品市场一般价格。但是,优惠型交易价格的交易相对人是不特定的,或者根据经营者规定的条件在一定幅度内享受折扣。对于不特定的优惠交易价格而言,凡是愿意支付相关对价者均可参与商品买卖、享受优惠待遇;对于相对特定的优惠交易价格而言,相对特定的受众群体在优惠幅度内进行合法交易。因此,(1)国家工作人员不符合优惠条件或者不具有优惠身份而享受优惠价格的，属于以贿赂型价格进行腐败交易；①虽属于相对特定性优惠价格的受众群体但超出最低优惠价格进行商业交易的国家工作人员，在符合利用职务便利为他人谋取利益的前提下，应将超出最低优惠价格的部分计入受贿数额。贿赂型交易价格并不及于一般受众，其享受者局限于经营者认为需要依托其权力谋取经济利益的国家工作人员及其亲属、情妇(夫)或其指定的其他人员。贿赂型交易价格针对特定对象的属性主要表现为：(1)销售广告、公司折扣规范中的优惠价格只是名义宣传，销售人员并无实际权力控制，通常须由销售主管、公司经理等高级管理人员确定优惠的对象。(2)从事市场交易的直接办事人员有权在一定额度内给予不特定的交易相对方价格优惠，例如，房屋销售工作人员的最高优惠额度为50元/平方米，销售部经理为150元/平方米，销售公司总经理为300元/平方米，开发商负责人为500元/平方米。超过该额度的，须根据交易对象的身份地位、交易价格的折扣数量层级上报、层级确定。(3)经营者不在交易价格上直接给予国家工作人员等特定对象优惠，而是通过此次交易有针对性地派送优惠券、折价券、代币卡、VIP购物卡等非普适性礼券利益，使其在下次交易中获得区别于一般交易对象的巨额优惠权利。②

第三，优惠型交易价格具有有因性，贿赂型交易价格具有无因性。优惠是商品购销中的让利，是经营者在销售商品时，以明示并如实入账的方式给予对方的价格竞争优势，表现为支付价款时对价款总额按一定比例即时予以扣除或者支付价款总额后再按一定比例予以退还。从本质上考察，优惠是经营者所采取的一种价格营销策略，即通过让利达到促销，存在符合市场价值规律的价格优惠原因。而贿赂型交易价格是非法价格行为，违背诚实信用，罔顾市场规律，私通暗洽，通过暂时性地亏本买卖换取权力腐败而形成的排他性回馈。从形式上分析，价格优惠普遍发生在符合商业惯例的经营活动中，基础性原因或事实包括：(1)买方当期付款，缩短卖方资金回流周期；(2)降价处理积压商品，收回部分成本；(3)买方承担运输、仓储费用，或

---

① 例如，内部职工股、内部职工购买房屋等"内部价"均明显低于市场价格，在符合法律规定的情况下，同样属于合法价格。但国家工作人员不具有内部职工身份却购买相关股票、房屋的，因不符合相对特定优惠价格的交易条件而区别于《新型受贿意见》"以优惠价格购买商品不属于受贿"，不能适用该条除罪规定。

② 至于实践中现实存在的房地产开发商向主管部门所属的国家工作人员"定向优惠"销售房屋问题，虽然在形式上具备贿赂型交易价格相对特定化的属性，但仍应当结合具体情况判断是否构成受贿罪与单位受贿罪。参见刘志远主编：《新型受贿犯罪司法指南与案例评析》，中国方正出版社2007年版，第12—13页。

者承诺缩减部分售后服务,节省卖方附随性开支。[①]而贿赂型交易价格不存在优惠的合法合理原因,买卖合同权利义务关系不对等、缺乏商业惯例依据、无视价格法律法规。贿赂型交易价格的无因性从商品市场流转的角度证明了国家工作人员与经营者之间腐败交易的对价关系。

(五)追缴交易型受贿违法所得的操作规则

受贿数额具有确定性,赃款追缴在刑法适用层面不存在障碍。然而,相当数量的交易型受贿的犯罪对象是房屋,具有升值潜力。交易时至案发时贿赂物品市场价格上涨,或者受贿人将之出租获取收益,将会产生违法所得。对于是否应当追缴以及如何判定交易型受贿违法所得,实务部门存在认识分歧。

《刑法》第六十四条规定,犯罪分子违法所得的一切财物,应当予以追缴或者责令退赔。在实施交易型受贿后,行为人因对贿赂财物行使"收益权"而获取"犯罪增值利益",是否属于"犯罪分子违法所得"?实践中有观点指出:国家工作人员以交易形式收受贿赂的犯罪行为直接指向实际支付价格与市场价格之间的差额,对财物增值利益仅具有模糊预期;司法机关难以证明受贿人对交易后不确定的增值利益存在犯罪故意。因此,交易型受贿后物品增值收益不属于"犯罪分子违法所得"。

笔者认为,应当以交易型受贿与增值利益之间的因果关系为核心分析"犯罪分子违法所得"在贿赂案件中的涵盖范围。刑法规范要求追缴受贿人的"违法所得",意味着不能局限于犯罪行为所指向的贿赂财物,而应进一步包括与犯罪行为具有因果关系的增值利益。基于刑法解释的正义诉求,司法机关必须从《刑法》第六十四条关于犯罪物品处理的语义中准确框定因果关系范围。追缴行为落位于"一切"财物,说明立法机关允许对因果关系判断进行有限制的拓展,不受直接因果关系的桎梏。在没有其他介入因素的前提下,受贿犯罪是交易后因财物升值、租金孳息、加价转卖而获取收益的近因,没有超越"一切"的限度,应当纳入"犯罪分子违法所得"的范围予以规范评价。

实践中有观点指出:交易型受贿后的物品增值利益应当全部予以追缴。主要理由在于:(1)"交易形式"只是贿赂双方规避法律制裁的途径,受贿人虽有个人财产支出,但实际上是为权钱交易作掩护。(2)增值利益并非受贿人的善意取得,不符合"善意取得不予追缴原则"[②]。(3)整体剥夺受贿犯罪

---

① 关于法定特殊优惠价格,参见《反不正当竞争法》第十一条。

② 李振奇、朱平:《赃款赃物没收追缴程序初探》,《人民司法》2003年第5期。

全部经济收益,符合从严惩治腐败犯罪的现实需要。

然而,笔者认为,上述意见仅可在一定范围内予以适用。交易型受贿区别于传统受贿的独立性特征在于国家工作人员收受贿赂可能包含一部分合法成分与对价成本。基于交易型受贿行为方式的特殊性,违法所得追缴规则也应具有特殊性。司法机关必须针对受贿犯罪的权钱交易本质,以宽严相济刑事司法政策为导向,严格区分实际交易情况进行个案判断。象征性支付房屋或汽车对价的,应当将交易型受贿后物品增值利益全部予以追缴;支付相当数量对价却仍属明显低于市场价格的,应当根据"控制力"规则核定追缴数额。

1. 资金控制力规则

在肯定受贿犯罪在客观上对交易后物品增值利益具有影响力的同时,不能否认受贿人实际支付资金属于商品的部分对价,亦会对其衍生收益产生控制力。受贿行为的犯罪性无法概括整体增值利益具有纯正的违法性。例如,房屋市场价格为100万元,国家工作人员支付45万元向请托人购买,后房屋增值20万元。明显低于市场价格的45万元房款具备纯正的交易因素,是房屋增值的部分资金基础,应当按比例(45%)计算其对应的增值数额(9万元),在追缴总额中予以扣除。因此,交易型受贿物品市场价格经过一定时间后自然增值的,追缴数额应为增值数额乘以受贿数额在交易时市场价格中所占比例。

2. 运作控制力规则

交易型受贿物品不仅能够基于时间因素产生自然升值,还可因受贿人将贿赂物品转让或者出租而产生交易性增值。例如,国家工作人员以15万元购买市场价格为70万元的进口汽车后,又以75万元转让第三人。5万元利润属于受贿人再度进行市场交易取得的经济收益,能否全部认定为交易型受贿违法所得予以追缴?笔者认为,关键在于辨识交易性增值受控于受贿人的介入运作还是行贿人的物品选择。(1)受贿人商业运作能力较强而派生增值利益的,中途切断了受贿行为与增值利益的近因关系,不能计入追缴数额;(2)请托人选择市场稀缺物品进行贿赂的,附带创制了增值空间,无须受贿人介入运作,该部分交易性增值应当计入追缴数额;(3)确实无法区分的,根据有利于被告人原则,应不予追缴。

二、以干股形式受贿问题

近年来的司法实践出现了采用给付公司干股进行贿赂的案件,由于贿赂双方没有金钱往来,受贿犯罪的性质认定与数额计算存在一定困难。有必要以《新型受贿意见》第二条为基础,结合《公司法》关于股份及其转让的规定,就干股受贿刑法适用若干疑难问题进行细化分析,为实务部门深入认识与依法认定干股受贿提供思路。

（一）干股概念与特征的认识

司法实践对于干股概念与特征的认识存在一定混乱。有观点认为,干股是无须支付对价的奖励股,只享有分配红利的权利,对股份本身并不具有所有权。①有观点指出,干股是不投入股金,不参与经营,但对股份享有所有权并分享红利的股份,也称“权力股”。②有观点从公司管理的角度分析干股概念:干股分为管理干股与技术干股,是股东无须投入资金而获得的股份,作为获得股份的对价,股东投入公司的是专业管理服务、高级技术支持,该部分股份对应的权利可以由当事人自行约定。③还有观点从资本风险的角度指出:干股是股东没有投入资本、没有参加运营、没有分担资本风险,却能够分享利润的特殊资本。④《新型受贿意见》第二条将干股的概念界定为“未出资而获得的股份”,明确了干股的基础性特征——未实际出资。但《新型受贿意见》并未指出干股是否具有与一般股份相同的登记程序、是否具有转让限制等其他重要特征。

笔者认为,依法办理干股受贿案件的前提是,在了解公司治理股权赠送措施的基础上对刑事司法中干股概念与特征作出正确判断。作为受贿罪行为对象的干股,意指收受人未出资而获得的具有相应资金对应、可定期收取红利的合法股份。

首先,根据国外公司治理与股权激励经验,干股原是公司治理模式中激励管理者的一种薪酬制度,由董事会作出决议,给予高级管理人员一定的股份分红权,在经过一定期限后,该笔干股可以转化为可供交易的股份,管理者有权进行转让。⑤我国公司治理实践基本沿袭国外经验模式,干股享有者在公司担任相应职务或者提供关键技术,拥有相应股本分红权,经过约定年限后,获取全部股权,且干股所有权可以转让或继承。

其次,干股并非凭空产生或公司对当事人随意许诺。诚然,对于获赠人

---

① 薛进展:《论商业贿赂的范围及其数额认定》,《华东政法大学学报》2007 年第 3 期。

② 最高人民法院刑事审判第二庭:《国有公司经理在公司职工承包的下属经营部中“搭干股并分红”的行为如何认定》,《人民法院报》2003 年 1 月 6 日第 6 版。

③ 李成杰、侯铁红:《干股薪酬制探析——兼评审理公司纠纷征求意见稿第 33 条》,《经济工作》2005 年第 8 期。

④ 薄燕娜:《股东出资形式多元化趋势下的劳务出资》,《政法论坛》2005 年第 1 期。

⑤ Frank B.Cross & Robert A.Prentice, The Economic Value of Securities Regulation, 28 Cardozo Law Review 333, 346(2006).

而言,取得干股没有支付对价,但该项干股仍然是有资金对应与依托的,由公司负责支出股金。干股来源于股东赠与、吸纳新股、公积金转增股,是基于既有股份取得股权进而分红的权利载体,经由贿赂双方转让行为实现受贿人私利最大化。

再次,实践中出现国家工作人员接受企业"干股",但这些企业并不是公司,根本就不存在股份,"干股"就是受贿的借口。部分企业虽然是公司形式的市场主体,但国家工作人员收受的"干股"其实本身没有股份载体,只是贿赂双方约定的年底分红,同样属于收受钱款的托辞。此类"干股"既没有《新型受贿意见》所指干股的表面形式,也不具备干股的本质特征。

(二) 干股转让与股份价值的理解

按照干股价值计算受贿数额的转让行为分为两种——登记转让与实际转让。《公司法》第七十四条规定,有限责任公司转让股权后,应当注销原股东的出资证明书,向新股东签发出资证明书,并相应修改公司章程和股东名册中有关股东及其出资额的记载。《公司法》第一百四十条规定,股份有限公司转让股份后,由公司将受让人的姓名或者名称及住所记载于股东名册;法律对上市公司股东名册变更登记另有规定的,从其规定。

结合《公司法》关于股份转让登记的规定可知,登记原则上并不是股权转让的生效要件,而是对抗要件,起到公示确认作用。业已登记的,干股产权转让于收受人名下;尚未登记但签署股权转让协议的,属于干股实际转让。股份转让权利变动的根本原因在于当事人的意思表示。贿赂双方股权转让行为的效力不能由转让登记来决定。即使收受干股没有经过登记,只要有证据证明发生实际转让的,也应当认定为受贿。一些特殊行业的股权转让需要经过审批机关的批准,股东资格的变更必须经登记机关的确认,这类公司的股权转让以登记为生效要件。①在这种情况下,应当注意把握刑事法律认定与商事法律判断的关系——刑法侧重客观事实的认定,公司法侧重商事技术的规定,故未经登记但达成合意的干股转让行为在公司法上并未生效,但在刑法上却发生了事实转让,也应当认定为受贿。

《新型受贿意见》将计算股份价值的时间节点确定为"转让行为时"。故如何有效获取干股转让行为发生时间的证据是反贪部门在查办案件中必须予以高度重视的问题。应当集中搜集产权交易中心办理股权过户手续的时间记录、股东名册变动的登记时间、股权转让合同生效时间、贿赂双方关于股权转让行为时间的供述等证据。实践中有观点指出:国家工作人员接受

---

① 甘培忠:《企业与公司法学》,北京大学出版社2006年版,第309页。

盈利状况良好的上市公司干股,一般均在日后的交易中获取丰厚收益,较之于"转让行为时"而言,以案发时的股份价值计算受贿数额更能体现绝大多数受贿人非法获利的实际情况。①然而,刑法适用过程中的财物价值计算原则上均以行为时作为犯罪数额计算的基准时间;即使是股票等犯罪对象,实践中亦根据犯罪行为时的平均成交价值计算数额。②《新型受贿意见》规定了干股受贿数额计算的基准时间,应当依法适用。

《新型受贿意见》第二条并没有具体规定计算股份价值的价格依据。笔者认为,应当根据公司性质确定干股价值。(1)有限责任公司是闭合性公司,属于人合与资合相结合的市场经营实体。有限公司的设立须经投资者合意确定投资比例从而形成股本总额。根据公司法规定,有限责任公司的投资证明是出资证明书,不能流通,其股权并不能在产权市场进行交易,不存在市场价格。收受有限责任公司干股的股份价值应当将转让行为时干股所占总股份的比例乘以公司注册资本额后得出的价格计入受贿数额。(2)《公司法》第一百三十九条规定,股份有限公司股东转让其股份,应当在依法设立的证券交易场所进行或者按照国务院规定的其他方式进行。各省市人民政府批准设立的产权交易场所负责包括股权在内的各类财产交易的市场管理与协调。因此,股份有限公司的股份能够在产权市场进行交易,收受股份有限公司的干股应当以转让行为时产权交易市场的价格计入受贿数额。(3)收受上市公司在调整原有股本结构、股权转让、增资扩股过程中形成的干股,能够在证券市场通过交易变现,应以贿赂双方转让行为时该股份在证券市场的价格计算受贿数额。

(三)干股受贿未遂的认定

《新型受贿意见》第二条后段规定,股份未实际转让,以股份分红名义获取利益的,实际获利数额应当认定为受贿数额。在对《新型受贿意见》进行解读后,实践中有观点指出:此段规定表明,国家工作人员未通过股权转让控制干股产权的,此笔干股价值便不再予以认定,若其根据贿赂双方约定的干股比例实际收取红利的,仅以红利数额计入受贿数额。但笔者认为,《新型受贿意见》将国家工作人员所获红利认定为受贿数额,并不绝对排除将未实际转让的股份认定为受贿未遂的数额。实践中部分国家工作人员收受的股权达到几千万股,但基于时间原因或者其他沟通障碍无法及时将股权过

---

① 参见黄祥青:《如何认定收受干股类受贿犯罪》,《上海审判实践》2007年第9期。

② 参见1998年3月10日最高人民法院《关于审理盗窃案件具体应用法律若干问题的解释》第五条。

户至名下由其自由支配,同时亦没有收取任何红利。按照上述观点解读《新型受贿意见》,此类国家工作人员无法定罪处罚,显然与受贿未遂的实践判断规则不符,也与依法惩治受贿犯罪、加大受贿犯罪处罚力度的反腐败刑事政策相悖。

笔者认为,干股受贿未遂应当具有区别于其他新型受贿犯罪的独立认定规则。首先,国家工作人员与请托人达成合意收受干股但并未进行股权转让的,应当认定为受贿未遂。受贿未遂是指国家工作人员着手实施受贿罪构成要件行为,由于意志外原因而未得逞。我国刑法理论与实务在如何认定受贿罪的既遂和未遂问题上存在"承诺说"、"谋取利益说"、"实际受贿说"、"收受贿赂与谋取利益说"等观点争议。①但笔者认为,干股受贿的故意内容是利用职务上便利为他人谋取利益以便非法收受他人干股,客观行为的目的就是控制干股的实际产权。应当以行为人是否实际上取得或控制、占有收受到的干股为标准进行受贿既未遂的判断。国家工作人员已经通过股权受让或实际控制被索取或者收受财物的,属于受贿已得逞;干股因意志外原因未实际转让,即属于受贿未遂。其次,干股受贿未遂数额应当结合实际收取红利的受贿既遂数额,根据不同的情况分别采用不同的处理方法。在一般情况下受贿既遂的危害应重于受贿未遂,通常由既遂数额吸收未遂数额。但是在干股受贿中,未遂数额(干股价值)可能远高于既遂数额(红利数额),完全采用既遂吸收未遂的处理方法,难以达到刑罚目的。

司法机关应当考虑以下三种干股受贿未遂的认定方式:(1)干股受贿未遂数额大于既遂数额,且获取红利数额未达到5千元以上的,直接以干股受贿未遂数额即干股的股份价值定罪处罚;(2)干股受贿未遂数额与红利既遂数额均未达到5千元以上的,但因受贿行为而使国家或社会利益遭受重大损失的,也应当以受贿罪追究刑事责任;(3)干股受贿未遂数额与既遂数额均达到立案标准的,根据未遂数额与既遂数额所处法定刑档次的高低,在正确区分孰轻孰重的基础上,采用重刑数额吸收轻刑数额的原则进行处罚。

(四)干股受贿犯罪数额的认定

传统贿赂犯罪理论对干股受贿数额的认定方式存在争议:有的认为应将交易双方约定的干股比例乘以公司注册资本计入贿赂数额;有的则认为应以商业受贿人凭借干股收取的红利计算贿赂数额。②实践中,检察机关对干股受贿案件亦提起公诉——例如,指控国家工作人员利用职务上的便利,

① 刘志高:《认定受贿罪既遂与未遂的两极标准》,《人民法院报》2005年6月7日。

② 薛进展:《论商业贿赂的范围及其数额认定》,《华东政法大学学报》2007年第3期。

在发包某区基础建设工程项目过程中为建筑工程公司获取分包业务提供便利,在无需出资的情况下,接受该建筑工程公司30%的股份。但是,由于公司股份缺乏真实性与稳定性,而司法机关难以对干股受贿的犯罪数额进行准确计算,导致最终因财产性利益缺乏数额基础无法认定为受贿犯罪。

为了解决股份受贿数额计算问题,《全国法院审理经济犯罪案件工作座谈会纪要》(以下简称《经济犯罪会议纪要》)第三条第七项"涉及股票受贿案件的认定"中规定:(1)国家工作人员利用职务上的便利,索取或非法收受股票,没有支付股本金,为他人谋取利益,构成受贿罪的,其受贿数额按照收受股票时的实际价格计算。(2)行为人支付股本金而购买较有可能升值的股票,由于不是无偿收受请托人财物,不以受贿罪论处。(3)股票已上市且已升值,行为人仅支付股本金,其"购买"股票时的实际价格与股本金的差价部分应认定为受贿。

由于上述规则未能对登记转让与实际转让进行区分,《新型受贿意见》第二条在《经济犯罪会议纪要》的基础上对干股受贿数额计算方法作了进一步的完善。但是,现阶段检察机关在查办干股受贿案件过程中出现了犯罪数额认定的若干疑难情形,亟须根据《新型受贿意见》第二条提出干股受贿数额计算的细化规则。

1. 股份价值与红利数额悬殊

《新型受贿意见》第二条规定,股份登记转让或者实际转让的,应当按照股份价值计算受贿数额,所分红利按照受贿孳息处理。但是,实践中有部分干股受贿案件,国家工作人员登记或者实际受让的股份数量相对较小,从请托人处获取的红利数额却相当之大。例如,某建筑工程公司转让国家工作人员干股,其股份价值为5万元,每年支付红利4万元,国家工作人员5年共收取红利达20万元。如果机械地适用《新型受贿意见》,只能将"小头"(股份价值)计入受贿数额,排除"大头"(红利数额),国家工作人员实施受贿犯罪的实际收益与其承受以犯罪数额为依据的刑罚成本之间势必出现严重不对等,显然与罪刑相适原则相悖。实践中有观点指出,红利价值超过股份价值会产生股权转移的受贿数额反而低于股权未转移的受贿数额的不平衡情况,适当的处理方式是没收作为受贿孳息的红利。①

笔者认为,在国家工作人员登记或实际受让的股份数额与分取红利相差悬殊的情况下,除了应当按照股份价值计算干股受贿数额之外,不能直接

① 刘华:《〈关于办理受贿刑事案件适用法律若干问题的意见〉的学习与理解》,《上海审判实践》2007年第7期。

将全部红利按照受贿孳息处理。检察机关应当在红利中辨识出具有孳息性质的部分与具有独立贿赂性质的部分——根据公司年度利润与干股在公司股份所占的比例分取的红利,该笔数额属于受贿孳息,不能计入犯罪数额;超出比例收取“红利”的,该笔款项虽具红利之名,却有贿赂之实,不能混同于受贿孳息,应当与股份价值一并计入犯罪数额。

2. 以干股为名获取钱财的受贿

《新型受贿意见》第二条规定,国家工作人员业已登记或者实际受让股份的,应当按照股份价值计算受贿数额。但司法实践中,不仅有出资规范的公司提供干股,而且存在较多空壳公司向国家工作人员“转让”干股。这些空壳公司的股东在成立公司过程中通过虚报注册资本或者调头寸垫资后抽逃出资等手段,逃避出资义务。因此,其转让给国家工作人员的干股根本没有实际资金对应,也就不存在可资计算受贿数额的股份价值。然而,此类给付干股贿赂的空壳公司经营情况正常、公司收益良好,定期根据公司章程的约定,按照国家工作人员登记或者实际转让所得的“股份”比例分配红利。

若以静止的视角解读《新型受贿意见》第二条,在行贿公司具有虚假出资而导致受贿股份真实性缺失的情况下,由于不存在股份价值,检察机关无法计算受贿数额。国家工作人员通过股权转让并基于非真实性股份所收取的红利,又属于受贿孳息,同样不能计入犯罪数额。但该种静态解释与受贿犯罪刑法原理并不相符。作为受贿罪的犯罪对象,干股贿赂必须以财产性利益为内容,而并无实际出资的空壳公司给付国家工作人员的“股份”,没有任何现实资金或者财产性利益对应。在司法实践中主要表现为公司负责人与受托人口头商定送干股,但没有进行登记,或者虽然经过登记但受托人实际上无法实现股东应有的控制力。此类缺乏财产利益性质的行为对象,既不属于贿赂,也不能称其为股份,因而不存在登记转让或者实际转让的现实依据与法律效果。笔者认为,在受贿股份真实性缺失的前提下,所谓的股份只是给付国家工作人员高额红利的借口,检察机关应当直接将所分红利计入犯罪数额;国家工作人员未分得红利的,由于股份没有对应价值,并未获取财产性利益,不能作为受贿处理。股权转让登记或者实际转让的,按照股份价值计算犯罪数额,只能适用于股份真实的公司,不能适用于出资实质瑕疵的空壳公司。

3. 扩股过程中接受干股

公司资本并不是绝对不变的,处于高速发展阶段的增长型公司会通过扩股方式拓展规模。反贪部门查案过程中出现如下案例:国家工作人员 A 实际向 B 公司投入 50 万元自有资金,B 公司注册资本 500 万元,A 即取得

10%的股权,每年收取红利5万元。后B公司扩股,总股本增至1 500万股。国家工作人员A的股份价值按比例增长为150万元,每年收取红利15万元。但是,国家工作人员A对增加的100万元股份价值并没有实际出资。是否应将该项干股计入受贿数额?分取的红利如何处理?

笔者认为,应当根据国家工作人员的出资情况与公司增资情况分析干股性质与计算犯罪数额。

(1) 国家工作人员作为业已出资的合法股东但非公司人员,在公司扩股过程中接受干股的,应当根据扩股性质判定受贿数额。如果属于增资扩股,则所有公司股东应当根据其股权比例增加出资,国家工作人员没有出资却实际获取增加部分的股份价值,属于干股受贿,应将增加的股份价值计入受贿犯罪数额,多收取的红利属于受贿孳息。如果属于资本公积金转增扩股,则公司股东无需按照股权比例增加出资,国家工作人员获取增加部分的股份价值由公司资本公积金派生而来,本质上是公司在扩股前未向股东分配的利润积累,多收取得的红利亦是股东投资公司后合法利益,不属于受贿。

(2) 国家工作人员在没有实际出资的情况下获得股份进而取得公司股东身份的,股东增资扩股过程中仍然未实际出资却根据干股比例增加股权的,属于干股受贿的犯罪延续,应将所有干股计入受贿数额,分取的红利作为受贿孳息。增资扩股过程中实际支付对应价款的,该部分股份不属于干股,不能以受贿论处。在公积金转增扩股过程中继续凭借干股按比例获取增加股份的,基础股份的受贿性质决定了增加部分同样具有受贿性质,应当将所有股份价值一并计入受贿数额。

(五) 低价受让股份的性质认定

国家工作人员利用职务上的便利为请托人谋取利益,低价受让请托人股份,虽然支付部分股金,但受让价格低于股份价值,谋取差价利益,符合权钱交易的本质特征,应当以受贿论处。然而,究竟是认定为干股受贿,还是以交易型受贿论处?实践中有观点指出:根据“两高”《新型受贿意见》第二条的规定,干股的本质特征在于受股人未实际出资。既然国家工作人员实际支付了股权对价,仅在数量上存在偏差,就不能定性为干股受贿;支付股金的价格明显低于股份价值的,可以认定为交易型受贿。

但是,笔者认为:国家工作人员低价受让股份,符合干股受贿的行为特征,不能以《新型受贿意见》第一条“明显低于市场的价格”的标准判断受贿性质,而应当根据《新型受贿意见》第二条追究其刑事责任。

第一,规范地对低价受让股份进行受贿类型定位,精确地选择《新型受贿意见》相关条文作为归责依据,对于受贿性质认定具有重要影响。交易型受贿与干股受贿具有截然不同的犯罪性质认定标准。交易型受贿在定性判断过程中植入定量规则——只有“明显”偏离市场价格的交易才具有贿赂性质；实际支付价格与市场价格之间仍然存在部分行为游离于受贿犯罪之外、仅属违法违纪的空间。而干股受贿完全以行为模式进行受贿性质考察，未出资而登记受让或实际受让股权的，直接以受贿论处，并未附加“明显”偏离股份价值的限制条件。所以，《新型受贿意见》第一条的规范制约范围相对第二条而言更为狭窄，若对低价受让股份进行错误的受贿类型定位，可能放纵部分受贿犯罪。

第二，低价受让股份符合干股受贿的本质特征，适用《新型受贿意见》第二条能够准确判定其行为性质与犯罪数额。《新型受贿意见》第二条将干股定义为“未出资而获得的股份”。从语义解释的角度进行静态分析，缴纳部分股金的，不能认定为干股。因此，若国家工作人员以每股 8 元的价格受让每股股份价值为 10 元的股份 1 万股，属于有自有资金对应的股份，表面上并不属于《新型受贿意见》第二条所规定的干股。然而，若对上述低价受让股份行为进行整体性考察，国家工作人员每股少支付 2 元，实际上使其节省 2 万元的股权转让对价。这意味着国家工作人员获得的 1 万股中有 2 000 股是完全没有资金支撑的，这部分股份就属于“未出资而获得的股份”。从主观层面分析，国家工作人员获利意图明确定位于股份价值，受贿故意直接指向收益总额；从客观层面分析，国家工作人员通过股权转让合同在形式上包容了无偿受让部分股权。尽管缴纳部分股金的行为模糊了未出资而获得股份的行为目的，但只要在股权转让合同中能够析出没有对价支持的部分股份，不仅能够在客观上确认股份的贿赂性质，而且可以从犯罪故意的角度侧面印证干股受贿的本质。

第三，股份不属于“物品”，在股权交易过程中无法对合同价格与市场价格进行比对，不应将低价受让股份置于商品交易环节进行犯罪性评价。《新型受贿意见》第一条针对以明显偏离市场的价格购买或者出售房屋、汽车等大宗贵重物品的行为，设定交易型受贿的性质认定与数额计算规则，主要是基于商品交易属于特定物买卖，其市场价格具有可测量性。而股权交易属于资本运作或者产权置换，股权转让合同双方关注的核心是股份价值，股权转让合同的价格只可能偏离股份价值，并不存在可以与合同价格进行比对市场价格。并且，股份不是“物品”，属于种类物而非特定物。故《新型受贿意见》第一条仅可适用于“物品”交易。以非正常价格实施股权交易的，不能对“物品”进行拓展性解释，适用交易型受贿的判断标准进行司法认定。低价受让股份应当直接以是否偏离股份价值为基础，判断差额部分是否属于未出资而获取的股份,不应以是否明显偏离市场价格为标准,判断股权转让是否属于交易型受贿。

三、以理财形式受贿问题

《新型受贿意见》第四条明确了"委托理财"型受贿案件的司法认定规则:(1)国家工作人员未实际出资而获取"收益",以受贿论处,受贿数额以"收益"额计算;(2)虽然实际出资,但获取"收益"明显高于出资应得收益的,以受贿论处,受贿数额以"收益"额与出资应得收益额的差额计算。对于第二种情形,应当如何判定"明显高于出资应得收益"?"委托理财型"受贿案件中的"明显"是否与交易型受贿案件中的"明显"具有相似的判断标准?国家工作人员接受请托人提供的相关信息,自己出资进行资本运作而谋取经济利益,是否应当以受贿论处?如何计算受贿数额?我们对上述问题进行逐一解析。

(一)"委托理财"型受贿"明显高于出资应得收益"的具体认定

首先,司法机关应当对"应得收益"进行基础定位。判断国家工作人员从请托人处获取"收益"是否明显高于委托理财应得收益,前提是准确认定出资应得收益。委托理财型受贿中应得收益的确定并不如交易型受贿中市场价格那样容易确定。市场价格的确定属于技术测算问题,司法机关可以委托价格事务所对房屋、汽车等贿赂商品进行估价。股票、期货等委托理财应得收益的确定属于证据问题,关键是要掌握请托人收取国家工作人员实际投资后进行理财操作的实际情况:(1)请托人为国家工作人员的资金单独开立资金账户与证券账户的,可以通过查询相关账户中的交易记录计算委托理财的盈亏情况,直接根据资金记录确定应得收益。(2)请托人将国家工作人员资金与自有资金混同于一个资金账户进行资本运作,司法机关无法通过账面信息直接查实国家工作人员资金的应得收益。有效的替代性解决办法是——在计算账户内所有收益的基础上,按照资金投入比例区分两项资金的对应收益,由此确定国家工作人员的应得收益。

其次,司法机关必须准确把握"明显高于"的限度。委托理财型受贿明显高于应得收益的判断规则具有区别于交易型受贿明显偏离市场价格的独立性特征。实践部门对于明显偏离市场价格的司法认定提出了相对比例说、绝对数额说、成本价说、立案标准说等观点。①但是,在证券价格波动较大的整体市场环境下,判断明显高于应得收益无法简单参照上述规则。对于

① 张玉娟:《交易型受贿案件"明显偏离市场价格"的司法认定》,《检察日报》2007年8月26日第3版。

权证、期货以及即将陆续登场的股指期货等证券衍生产品的资本投资而言，其保证金交易的杠杆效应导致投资收益与风险呈倍数放大，进一步加深了从价格技术角度认定明显高于等实质判断的实践难度。①笔者认为，原则上应根据请托人接受委托后资本运作情况分析国家工作人员获取“利润”的真实性质，以此判断是否属于明显高于应得收益：(1)查明请托人向国家工作人员承诺能够确保收益或者分担损失，接受委托理财进行资本运作后实际出现亏损，请托人根据事先约定支付收益或者补足损失的，该部分利益违反合同法、证券法以及相关证券规则的规定，②不具有委托理财合同的法律效力，属于明显高于应得收益的受贿利益。(2)在查询请托人操作证券期货投资的资金账户与证券账户后，若发现其接受国家工作人员的资金后尚未开展投资、投资尚未收益或者实际出现亏损的情况下，国家工作人员仍然收取“利润”的，得利部分应当属于明显高于出资应得收益。(3)查明请托人确实进行了投资运作并且其取得的巨大投资收益，在账户上具有客观反映的，即使国家工作人员接受利润的数额巨大，亦不能认定为明显高于应得收益，因为其在客观上不具有贿赂性质。

第三，应当重视否定高额收益受贿性质的例外情况。委托理财利润明显高于出资应得收益的基础事实并不是构成受贿犯罪的终局性证明。国家工作人员若提出证据表明其是在认识委托理财存在合理利润的前提下收取理财利益的，可以排除犯罪故意，否定收取投资“利润”行为的受贿性质。受贿罪属于故意犯罪，根据犯罪故意理论，对贿赂财物的认识或者明知是构成受贿犯罪主观要件的当然内容，如果基于正当理由在收受利润过程中对收益来源与合理数额产生认识错误，或在此之后对贿赂财物的性质不存在“明知”并进而生成事后故意，即使国家工作人员接受明显高于出资应得收益的“利润”，也应认为其没有受贿犯罪故意从而不构成受贿犯罪。例如，请托人欺骗国家工作人员，谎称委托投资理财已经取得丰厚收益。并且，证券期货市场确实处于“牛市”阶段，2007年上半年沪市半数上市公司股票价格涨幅

① 薛进展、谢杰：《以交易形式受贿中“度”的把握》，《华东政法大学学报》2007年第5期。

② 《证券法》第一百四十四条规定，证券公司不得以任何方式对客户证券买卖的收益或者赔偿证券买卖的损失作出承诺。证监会《关于规范证券公司受托投资管理业务的通知》第一条第一项，第四条第二、十一项规定，证券公司必须与委托人签订受托投资管理合同，以委托人的名义设置证券账户和资金账户，并通过委托人的账户进行受托投资管理；合同中须列明具体的委托事项，受托人根据合同约定的方式管理受托投资；投资的收益和损失归于委托人，受托人有权收取受托投资管理佣金，但不得向委托人承诺收益或分担损失。《合同法》第五十二条规定，违反法律、行政法规的强制性规定的，合同无效。请托人与受托人之间的“保底条款”由于涉及合同核心利益，又属于违法条款，导致整个委托理财合同缺乏合法性基础。

翻倍,百余只股票涨幅超过200%的证券市场。①请托人甚至提供了伪造交易记录瞒骗国家工作人员,致使收受者并不明知该财产并非派生于其实际出资。在这种情况下,司法机关不能认定明显高于出资应得收益的“利润”具有犯罪性。

通过对利润真实性质的考察与例外情况排除受贿故意,能够从正反双重层面将“明显高于应得收益”这一困难重重金融技术问题合理转换为可供司法机关切实把握的刑法理论问题。

有必要指出的是,反贪部门在查案过程中发现:部分国家工作人员在利用职务上的便利为请托人谋取利益后,出资委托请托人进行理财,每年获取固定收益,收益率高于却从未超越同期银行贷款利率四倍。根据《合同法》第二百一十一条与最高人民法院《关于人民法院审理借贷案件的若干意见》第六条的规定,银行同期贷款利率的四倍之内的利息应属合法。故认定上述实际出资获取收益的行为属于明显高于出资应得收益的受贿行为,并无规范依据。

基于此,实践中多数办案人员指出:必须坚持《新型受贿意见》委托理财型受贿的明显标准,银行贷款利率四倍之内的收益回报符合市场规律与法律规定,不能以受贿论处。但笔者认为:司法机关应当在全面理解《新型受贿意见》第四条的基础上作出受贿犯罪的定性判断与数额计算,不能直接排除国家工作人员实际出资获取收益未明显超过应得收益行为的受贿性质。

《新型受贿意见》第四条针对两种委托理财型受贿的行为方式设置了司法判断规则:(1)国家工作人员未实际出资,借委托他人投资证券、期货或者其他委托理财的名义变相收受他人财物;(2)虽然请托人将国家工作人员实际出资用于投资活动,但国家工作人员所获“收益”与实际赢利明显不符。然而,在实际出资的情况下,并不是所有的国家工作人员都要求请托人进行真实的资本运作,也不是所有的请托人都会使用该项出资进行证券期货投资。《新型受贿意见》第四条并未就实际出资却不存在理财行为的情形作出规定。国家工作人员交付几十万、上百万资金后堂而皇之地每年收取15%至20%的巨额投资回报,请托人收取出资并不实际操作的,行为双方的所谓委托理财关系、出资、接收资金均指向一个目的——掩饰谋取不正当利益与收受贿赂的腐败交易关系。在这种条件下仍然认为“明显”超过应得收益才能以受贿论处,实际上是将请托人从事资本运作与根本没有实施理财行为进行不当混同,机械地、片面地理解了《新型受贿意见》第四条明显标准的适

---

① 连建明:《半年股市:赚钱并震荡着》,《新民晚报》2007年6月30日第10版。

用对象。

国家工作人员以本人或者特定关系人名义交付请托人理财本金索取或收受没有明显偏离同期银行贷款利率的固定收益,能否以受贿论处,关键在于综合个案证据,以客观的、联系的视角厘定以投资回报为名的受贿行为。

1. 从投资规律的角度判断委托理财的真实性

正常的委托理财属于民事合同,投资与融资双方地位平等、意思表示真实,投资项目明确,收益具有不确定性,投资者应当承担风险。以委托理财为名的受贿行为,国家工作人员通常自拟理财协议、自定回报率,双方没有具体的投资项目与资本运作计划,没有短期、中期、长期投资的期限区分,投资方不存在风险。国家工作人员获取的收益不符合投资获利的基本特征,属于变相受贿,交付资金的行为是隐瞒受贿实质的幌子,在刑法规范的评价层面没有影响定性的实际意义。

2. 从要件联系的角度判断获取收益的关联性

同期银行贷款利率三倍至四倍的回报率在委托理财金融产品中极为罕见,对于私募资金而言亦属相对较高的收益率。在国家工作人员利用职务上的便利为请托人谋取利益的情况下,可以初步判断,有了职务行为才有偏离一般水平的高额收益回报,谋利要件与受财要件形成基础性的对价交换与事实性的因果关系。反贪部门查明请托人在谋取利益的基础上才同意与国家工作人员建立起委托理财关系,其接受实际出资是基于国家工作人员地位与职务的考虑,即能证明获取收益与职务行为的关联性;进一步查明请托人没有与其他主体从事过委托理财业务或约定类似高额回报,国家工作人员实际交付资金并未流向证券期货等投资领域的,更可补强言词证据,锁定高额收益的受贿性质。

3. 从承诺内容的角度判断双方约定的合法性

查案中发现部分国家工作人员与请托人约定每年最低回报率,即在所谓的委托理财关系中设定"保底条款"。《合同法》第五十二条规定,违反法律、行政法规的强制性规定的,合同无效。《证券法》第一百四十四条规定,证券公司不得以任何方式对客户证券买卖的收益或者赔偿证券买卖的损失作出承诺。证监会《关于规范证券公司受托投资管理业务的通知》第一条第一项,第四条第二、十一项对此进行细化规定:证券公司必须与委托人签订受托投资管理合同,以委托人的名义设置证券账户和资金账户,并通过委托人的账户进行受托投资管理;合同中须列明具体的委托事项,受托人根据合同约定的方式管理受托投资;投资的收益和损失归于委托人,受托人有权收取受托投资管理佣金,但不得向委托人承诺收益或分担损失。可见,国家工作人员与请托人之间的“保底条款”属于违法条款,由于其涉及合同的核心利益,导致整个委托理财关系因缺乏合法性基础而归于无效。所以,国家工作人员与请托人约定同期银行贷款利率四倍之内的保底收益率,违反合同法、证券法以及相关证券规则的规定,不具有委托理财合同的法律效力,属于掩饰权钱交易关系的表面形式。

(二)“亲自理财”型受贿的实践判断规则

《新型受贿意见》第四条设置了国家工作人员以委托理财的表面形式掩盖受贿实质内容的认定标准。首先,委托理财的当事人构成财产信托关系,前提是委托人将自有财产交由他人进行资本运作。而未出资却获取证券期货等投资“收益”,属于“空手套白狼”,明显是收受请托人财物的受贿行为。其次,实际出资且获取“收益”明显高于出资应得收益,尽管符合委托投资理财的外部特征,但其获取不正常巨额收益的行为违背了证券、期货、房地产等市场的投资回报规律,过高“收益”部分显然亦是请托人主动转让的财产。所以,以委托理财名义获取“收益”,无论是《新型受贿意见》中前一情形的普通形式的受贿,还是后一情形的变相形式的受贿,都完全符合受贿罪的构成要件。

但更值得强调的是,《新型受贿意见》第四条规制范围局限于国家工作人员以委托理财表面形式掩盖受贿或者变相受贿的犯罪行为,但现阶段受贿罪司法实践中,国家工作人员经常大肆接受请托人提供的收益机会,亲自进行资本运作,赚取高额投资回报。例如,请托人将钢材期货合约于较低价位转让国家工作人员,建议其等待即将出现的钢材期货市场价格调整,适时抛盘。后国家工作人员果然得以有机会于高位抛售兑现。司法解释重点关注“委托理财”型的受贿异化形式,但并未直接指导各级司法机关重视接受收益机会、“亲自理财”型的受贿变化模式。由于接受收益机会后亲自理财区别于通过委托理财等手段获取直接收益,贿赂双方并没有经济利益往来的直接关系,司法机关难以直观地确认受贿性质与数额。

我们尝试通过符合受贿罪构成要件的刑法解释,以市场风险判断为核心规则,对接受收益机会后的“亲自理财”型受贿作出司法认定——国家工作人员接受收益机会,实际上取得了财产性利益的期待权,获得了本不应也无力获取的财产性利益,正是这种“不义之财”的客观表征,决定了接受收益机会应当按照受贿定性。但是,刑事司法实践对于接受收益机会的受贿性质认定问题应当慎重,不能将所有的接受收益机会行为都认定为受贿。

第一,国家工作人员接受有商业运作风险的收益机会不能认定为受贿。例如,请托人凭借敏锐的证券市场基本面判断能力、技术面分析能力,囤积大量市值极其低廉却具有较大升值空间的股票、期货，预计伴随着交易量的逐渐放大，其价格可在今后的数月内取得突破，便在较低的价位转让给国家工作人员，为其日后高价脱手提供盈利机会，借此谋取不正当利益。但交易主体对证券市场不可能具有确定性控制力。①国家工作人员获取经济利益或者规避财产损失有极高风险，还需要借助商业运作或价格判断能力赚取投资收益。因此，不能将接受具有高度风险性的证券、期货等收益机会认定为受贿。

第二，国家工作人员接受没有市场风险的收益机会，应当认定为受贿。例如，请托人将其开发的楼盘以远低于市场价格（甚至低于成本价格）的“内部预售价”转让国家工作人员，以期其在另一宗国有土地使用权出让环节中低估市值。此后国家工作人员抛盘盈利。这意味着国家工作人员接受请托人的主动让利或故意亏本，应以受贿论处。再如，A 股份公司董事会决议收购 B 上市公司 35%的股权，在收购信息尚未披露前，国家工作人员从 A 股份公司董事甲处获悉该内幕信息，接受董事甲建议提前大量购入 B 上市公司股票。收购计划披露后 B 上市公司股票当日涨停，国家工作人员抛售获利。此类收益机会市场风险为请托人直接控制，无须任何风险注意或者投资管理，贿赂性质明确。

第三，国家工作人员是否进行初始投资决定了受贿犯罪数额的计算方式。接受收益机会本身并不会产生经济利益，取得收益需要初始投资。部分收益机会获得者承担了初始投资，受贿数额只能限定在其通过该收益机会运作而获取的利益增值部分。部分收益机会获得者根本没有进行任何初始投资，完全由请托人垫付出资投入。若垫付初始资本具有明确的借贷关系且国家工作人员在收益实现后予以归还的，受贿犯罪数额仍应限定在投资增值部分；若国家工作人员将垫付初始资本与自己资本运作后的收益全部囊括不予归还的，受贿犯罪数额就应当包括请托人的投资部分与国家工作人员的资本运作获利部分。

四、以其他形式受贿问题

《新型受贿意见》第八条至第十条规定了权属登记未变型受贿、离职型受贿等问题，此类解释性规范主要对实践中对受贿犯罪构成要件、形态进行偏离的行为，提出操作规则。我们将其列入以其他形式受贿部分进行集中分析，针对其涉及的具有特殊性的相关刑法原理展开论述。

---

① Billy Kloos, Jacob Alter & Meredith Stone, Securities Fraud, 43 American Criminal Law Review 921, 925(2006).

(一) 权属登记未变型受贿犯罪数额的认定

《新型受贿意见》第八条第一款规定:国家工作人员利用职务上的便利为请托人谋取利益,收受请托人房屋、汽车等物品,未变更权属登记的,不影响受贿的认定。实践中对于如何理解"不影响受贿的认定"产生分歧,导致权属登记未变型受贿的犯罪数额计算出现操作障碍。

第一种观点指出:"不影响受贿的认定"蕴含着性质认定与数额认定的双重含义;司法机关应当直接以国家工作人员收受房屋、汽车等物品时的市场价格计算权属登记未变型受贿的犯罪数额,不必为此设定独立的数额判断规则。

第二种观点指出:"不影响受贿的认定"只能理解为对收受房屋、汽车等物品但未变更登记的行为也应依法以受贿论处,并不能拓展性地解释为直接将财物所有权价值计入犯罪数额;"不影响"属于定性谓词,只适用于受贿与否的犯罪性质判断,而计算受贿数额属于定量规则,无法内置于"不影响"的逻辑射程;受贿数额必须结合具体事实分类讨论。

我们在认同第二种意见的基础上,尝试以体系解释与前置性法律规范分析为视角,细致阐释如何判定权属登记未变型受贿的犯罪数额。

第一,通过分析内部条文关系、梳理《新型受贿意见》同类规范的行文结构与规则配置,能够证明权属登记未变型受贿的定量规则存在进一步的解释空间。(1)内部条文关系。局限于《新型受贿意见》第八条第一款对"不影响受贿的认定"进行语义分析,可以得出两种截然相反却均有相对合理性的结论。这种对立解释在逻辑学与解释论上并不存在任何价值。出现解释障碍,应当转换解释对象与方法,将视角流转至该条后款进行体系性考察。《新型受贿意见》第八条第二款在结构上与第一款形成递进关系,在内容上集中论述受贿犯罪与民事借用的界限。解释性规范的内部关系证明《新型受贿意见》第八条属于定性规则,没有包含定量内容。(2)外部条文关系。新型受贿区别于传统受贿的独立性特征在于其与合法民事行为或正当社会生活紧密交织。权属登记未变型受贿与交易型受贿、干股分红型受贿、合作投资型受贿、委托理财型受贿等在规范上均属于典型的民刑实体交织案件,在定性与定量层面均应当配备新型判断规则。从外部结构的角度分析,《新型受贿意见》第一条至第四条针对民刑规范实体交织的共性特点设定了独立的受贿数额判断规则,《新型受贿意见》第八条却未明确规定如何计算受贿数额。这应当理解为存在实践解释的空间,而非按照传统受贿司法认定的典型思维,直接将财物所有权价值计入犯罪数额。

第二,计算权属登记未变型受贿的犯罪数额,应当以物权法为规范依据，前置判断合法性原则为导向，设定具体判断规则。（1）不动产未过户的受贿数额。贿赂双方未对房屋权属进行变更登记，国家工作人员无权且无法合法转让不动产，物权法框架下的所有权形态尚不完整，故司法机关原则上应将交付时至案发时的房屋使用权价值计入受贿数额。如果请托人有明确的赠送的意思表示，受托人实际占有房屋且没有任何归还行为，才可构成超越物权法规范的例外情况——以交付时房屋所有权价值计算犯罪数额。（2）特殊动产未过户的受贿数额。物权法第二十四条规定，机动车等物权的转让，未经登记不得对抗善意第三人。因此，对于机动车等特殊动产而言，权属变更登记仅是对抗要件而非生效要件，物权是否发生变更仍以是否交付为标准。司法机关原则上应以交付时特殊动产贿赂的所有权价值计算受贿数额。国家工作人员在请托人交付后至案发前归还且排除民事借用可能的，应以交付时至归还时特殊动产的使用权价值计算受贿数额。

第三，不动产贿赂“使用权价值原则、所有权价值例外”与动产贿赂“所有权价值原则、使用权价值例外”，能使权属登记未变型受贿的犯罪数额判断规则摆脱解释论上的困境与疑问。（1）刑法上的占有与民法上的占有。受贿犯罪主流理论认为：刑法上的占有是对财产事实上的支配状态，民法上的占有是对财产法律上的所有状态；权属登记未变型受贿的犯罪数额显然应以财物所有权价值计算。但上述观点始终存在如下疑问：占有在民刑实体规范层面具有二元属性，是否合理？刑法侧重事实判断，民法侧重效力确认，是否合法？财物由受贿人占有却以所有权价值计算犯罪数额，是否正确？本书坚持的受贿数额认定规则以物权法前置判断为基础，原则情况遵循民法认定标准，例外情况考虑刑法认定标准，不存在民刑实体规范的实质性冲突问题，符合刑法解释合法性原则的要求。（2）停止形态与数额计算。实践中有观点认为：盗窃或抢劫汽车，既不需要也不可能实现盗抢行为人办理合法的车辆过户手续，完全可以财物所有权价值计算犯罪数额，故是否进行权属变更同样不能对受贿数额认定构成障碍。我们认为，上述意见忽略了犯罪数额计算的逻辑前提——犯罪停止形态。在盗窃、抢劫等财产犯罪中，权利人对财物失去控制，犯罪既遂成立，以所有权价值计算犯罪数额符合刑法原理。在受贿犯罪中，国家工作人员是否控制财物属于既遂的决定性标准，也是能否直接以所有权价值认定特殊动产贿赂数额的事实基础。正确的解释进路应当是正视权属登记未变对受贿数额认定的现实影响，通过特殊动产交付行为的物权变动效果与贿赂性意思表示分析物权是否业已变更、特殊动产是否可能脱离受贿人控制、行贿人能否随时进行处分，以此判断是否成立受贿既遂,进而选择数额计算方式。①

(二) 受贿后处分行为的是否影响数额认定

《新型受贿意见》第九条表明,国家工作人员收受请托人财物后,及时退还或者上交的,说明其主观上没有受贿故意,因此排除犯罪性。收受财物后因自身或与其受贿有关联的人、事被查处,为掩饰犯罪而退还或者上交的,受贿犯罪已经实施完毕,且主观上没有悔罪之意,应构成受贿罪。单纯结合《新型受贿意见》第九条的标题"关于收受财物后退还或者上交问题"与下文论证内容予以考察,本条司法解释相当精准,司法实践的可操作性亦较强。但是,《新型受贿意见》并没有立足于更高的层次分析国家工作人员受贿后的处分行为是否影响受贿性质认定与犯罪数额计算。一线办案人员普遍反映受贿后的处分行为是否影响犯罪数额计算仍旧是司法实践中的突出难题。

刑法理论与实务界曾广泛讨论"受贿赃款用于公务支出是否应予扣除",基本上坚持个人处分贿赂款物是犯罪以后的行为,不应在犯罪数额中

① 我们进一步认为,权属未变型受贿的判断规则蕴含着非法占有财物刑法认定的基本标准,可以延展性地适用于贪污案件,但应根据贪污罪行为构成的特点进行具体调适。从法益层面展开分析,贪污罪与挪用公款罪的区别集中表现为:前者侵犯的公共财产的所有权,后者侵犯的是公共财产的使用权。但必须强调的是,上述职务犯罪刑法理论的实质性解释是从事实的角度切入的。判断所有权与使用权是否受到国家工作人员腐败行为的侵蚀,其落脚点在于事实上的产权关系,而非法律上的产权关系。未经许可违法使用公款购房或购车并将之登记在本人或特定关系人名下,当然属于贪污行为。但不能由此推论:没有将单位产权登记过户为个人产权就不属于贪污行为。因此,在逻辑上应当明确,物权法上的权属变更行为是符合贪污罪行为要件的充分非必要条件,未变更权属登记的,同样不影响贪污罪的认定。在通过初步解释确立未进行权属变更登记不能直接排除贪污性质的基础上,必须进一步从客观行为角度明确国家工作人员占有公共财物的主观内容以证明其贪污性质,消除权属未变更的法律状态是对贪污罪定性所具有的不确定影响。贪污罪的核心判断标准在于是否能够通过账目查证行为人排斥公共财物权利人对产权的控制。擅自使用公款购买房屋或汽车供本人使用但不进行过户,附加向上级领导汇报时隐瞒公款使用情况、申领支票时欺骗财物人员、上报公司资产时隐匿资产、个人或其特定关系人长期占用房屋或排他性地使用汽车等事实,能够准确反映行为人步步为营逐渐侵占公共财产的主观目的,符合积极利用各种手段达到非法占有公共财物的意志内容。从入账手段与核销情况分析得出使用公款购买的房屋或汽车业已脱离登记产权人实际控制的,能够认定行为人实际占有公共财物,虽然权属未变决定了其处分权受到法律限制,但并不否定其事实上的占有状态。结合长期贿赂犯罪刑事司法的实践经验与当前贿赂犯罪的腐败交易特点,"两高"通过司法解释在操作规范上确认了未办理权属变更登记的房屋、汽车可以作为受贿罪的犯罪对象。虽然《新型受贿意见》是针对受贿罪的解释性文件,也为正确办理贪污案件提供了重要的规则指引。权属未变型受贿认定规则的指导性要旨在于明确:刑法判断强调实质与事实,民法判断注重形式与法律;刑法判断以相关的民法判断为基础,但可以结合客观事实进行合法的超越。将权属未变型受贿的司法认定规则拓展适用至贪污案件,采用的是在坚持罪刑法定原则前提下的类比解释而非类推,符合刑法解释的合法性要求。

扣除。但实践中竟然出现了“劫富济贫”的案例:受贿人收取财物后将之捐献给慈善机构,造福于公益事业。此外,国家工作人员将受贿所得用于业务支出的事实并非少数。实践中的有观点指出:“劫富济贫”式的受贿行为非但没有任何社会危害性,反而有利于发展慈善福利、遏制贿赂的泛滥;受托人将受贿所得用于业务支出,自已并没有实际取得财物,行为本身不具有腐败性,亦未侵犯职务廉洁性,并非自用的贿赂部分应当在犯罪数额中进行扣除;刑法应当区分不同情况,独立判断处分行为是否影响犯罪数额计算。反对意见认为:刑法理论应贯彻到底,既不能对同一犯罪行为多次评价,也不能在定罪阶段中融入对事后处分行为的考察;处分行为不影响受贿罪的成立,充其量只能成为刑罚裁量的酌定情节。折中观点主张:原则上不认可受贿财物并非自用部分应当进行扣除的操作方式,但当且仅当行为人收受的是各种名义的回扣、手续费,且收受后用于本单位业务交往,未归个人所有的,才不认定为受贿。①

多年来的刑事司法实践表明,受贿所得后并非自用部分的犯罪数额计算问题一直困扰着司法工作人员。随着 2006 年惩治商业贿赂专项工作的展开,该问题再度成为热点,实践部门正在通过努力不断总结更为细致的判断规则。例如,最高人民法院有关工作人员撰文指出:只有在被告人将财物用于公务或者公益性支出时公开了该财物的来源或性质的,才可不以犯罪论处;如果行为人私自将收受他人的财物用于公务或公益性支出而未予公开的,就只能在量刑时作为从轻情节考虑。②部分地方司法机关亦在内部的协商研讨中指出:私自将收受财物用于公务支出的,一般应当依法认定相应的受贿数额,但可以酌情从宽处罚;但是,行为人收受财物用于公务支出后,及时公开说明财物性质与理由的,可以在犯罪数额中予以扣除。③上述实践性观点操作性较强,只是缺乏刑法解释的合法性与合理性论证。

受贿所得财物的处分行为是否影响犯罪数额的认定?凭借综合运用刑事政策、刑法总则、刑法分则理论对此问题展开解释,笔者认为,受贿后所得财物,不论其用于个人开支还是用之于业务活动或者社会公益活动,原则上均不影响客观行为的受贿本质,犯罪数额也不能予以扣除,仅在例外情况下可阻却其受贿的犯罪性质,不计入犯罪数额。

首先,从宏观的刑事政策角度分析,治理受贿犯罪,应当立足于“严”这

---

① 龚培华、肖中华:《刑法疑难争议问题与司法对策》,中国检察出版社 2002 年版,第 605 页。

② 李安、蒋安杰:《医生开处方收回扣就是受贿》,《法制日报》2006 年 8 月 28 日,第 5 版。

③ 参见 2006 年 7 月 28 日上海市高级人民法院刑二庭、上海市人民检察院公诉处《商业贿赂犯罪法律适用研讨会纪要》。

一基点,不能有“法不责众”的思想,应当从有利于严密法网、严格治吏的角度去科学解释相关的法律法规。[①]对于受贿人以已经将收受的贿赂财物用于“公关”支出和社会福利为由,为自己行为的正当性进行辩护的,应当运用受贿犯罪刑法原理和司法规则进行有效应对,不能一律对其犯罪数额进行扣除。

其次,根据犯罪构成原理,充足所有构成要件的受贿行为已经全面符合了刑法设定的受贿罪的实体性规格,其事后的处分行为不能撼动受贿犯罪构成的稳定性与确定性。受贿赃款的流向、处分与运动都是受贿既遂之后的表现。所以根据行为人在控制贿赂所财物后的业务支出行为,不能得出行为人主观上没有非法占有财物目的的必然结论。将事后用于业务支出的贿赂财物从个人受贿犯罪数额中进行扣除,会在很大程度上模糊该项费用的最终性质,混淆个人受贿与单位受贿的明确界限,容易变相导致强行将个人收受的贿赂确认为单位所接受,根本上违背了单位犯罪构成理论。[②]

再次,从刑法分则受贿罪的规定来看,要求行为人索取或收受他人给予的财物。只要实际取得财物,即符合受贿罪的客观构成要件,刑法条文并没有要求司法机关证明行为人“个人使用”该笔贿赂款物。虽然行为人有证据证明将贿赂用于业务支出、社会福利事业,实质上缩减了犯罪所得的利益,但事实上的犯罪数额减少并不是刑法分则个罪要件进行规范评价时所应当考虑的对象。当然,行为人若存在将贿赂财物上缴“廉政账户”、如数退回行贿人、公开说明用于业务活动、社会福利事业等事后行为,属于“不予扣除”原则中的例外情况。只要行为人能够主动地将收受的财物及时上交、予以退还、公开说明,可以将其上缴、退还、公开的财物数额予以扣除。因为行为人上述“及时”、“主动”的行为,表明其在接受他人财物时并无受贿故意或者犯罪故意尚待确定。在及时主动说明并非个人自用贿赂财物之后,司法机关已无确实充分的证据证明犯罪故意的存在。因此,无论是原则性的不予扣除,还是例外性的予以扣除,刑法解释均以符合犯罪构成、个罪特征等刑法原理为基点。

(三)离职型受贿“约定”要件的认定标准

《新型受贿意见》第十条规定,国家工作人员利用职务上的便利为请托人谋取利益之前或者之后,约定在其离职后收受请托人财物,并在离职后收

---

① 游伟:《治理商业贿赂不能“法不责众”》,《人民日报》2006年8月3日,华东新闻版。

② 然而,行为人将贿赂财物纳入部门“小金库”予以使用的,虽然不将其直接认定为个人犯罪,但当符合单位受贿罪的数额标准时,以单位受贿罪依法追究刑事责任。

受的,以受贿论处。此条规定将“现货寻租”变“期货寻租”的隐蔽行为规定以受贿罪论处。2000 年 7 月最高人民法院《关于国家工作人员利用职务上的便利为他人谋取利益离退休后收受财物行为如何处理问题的批复》(以下简称《批复》)对此问题曾经有过相关规定:国家工作人员利用职务上的便利为请托人谋取利益,并与请托人事先约定,在其离退休后收受请托人财物,构成犯罪的,以受贿罪定罪处罚。《新型受贿意见》在遵循《批复》精神的基础上,将《批复》的“事先约定”要件拓展为谋利之前或者之后的约定,旨在满足办案实践的需要。但是,贿赂双方关于离职后收取财物的约定当然地发生在利用职务便利谋取利益的前后,如何在实践操作中充分发挥《新型受贿意见》所设定的谋利前后约定要件对查证工作的指导作用?

尽管职务帮助者经常通过离职后收受财物的方式逃避刑事追诉。但实践中大部分国家工作人员与请托人不会在利用职务便利谋取利益的过程中约定离职后再收受贿赂。在职期间,国家工作人员长期与请托人保持为其谋取利益的交往关系与感情联络,但并不追求直接的经济回馈,无需请托人当下便提供贿赂财物,而是长效“信任”与稳定“合作”的基础上,于离职后“心照不宣”地接受请托人的财物。时间上,国家工作人员利用职务便利谋取利益与收受贿赂完全错开;空间上,受贿罪的谋利要件与受财要件很难被证明存在权钱交易对价关系。反贪部门查处案件中如何调查在谋利之前或者之后的约定?如何根据事实判断当事人的约定?如果机械地理解当事人约定这一限制性要件,势必无法在时间与空间上有效地连接被贿赂双方故意割裂的受贿罪构成要件,导致无法追究离职后收受贿赂行为的刑事责任。

值得注意的是,《新型受贿意见》也已经认识到了约定要件的操作性弊端。因此,《新型受贿意见》第十条第二款补充规定例外性规则:国家工作人员利用职务上的便利为请托人谋取利益,离职前后连续收受请托人财物的,离职前后收受部分均应计入受贿数额。反贪部门工作人员可以就此抽离出特定时间节点与特定行为方式,重点查证离职受财行为在客观上是否具有离职前后与连续收受的事实,以此推断国家工作人员在离职前与请托人是否存在约定。

然而,尽管特定形式离职受财的司法判断规则无须直接证明当事人之间的约定,但也仅能解决特殊情况下的认定难题,无法在整体上适用于离职受贿的行为性质判断与犯罪数额计算。笔者认为,不应将缺乏当事人在谋利前后约定收取贿赂表面证据的案件排除在受贿罪查处之外;应当重点查证贿赂物品的数额价值,以此为基础,认定受贿人是否存在受贿犯罪的概括故意。现阶段司法实践亟须设定清晰的数额界限,明确国家工作人员离职后财物赠与的最高限额(双方有财产往来的应当予以扣除),收受超过最高限额的财物,若进一步查证国家工作人员在职时客观存在不正当利益的暗箱操作,除非国家工作人员提出明确阻却犯罪故意的反驳证据,即推定国家工作人员具有受贿罪的概括故意,谋利行为与收受财物形成腐败权钱交易的对应关系,构成受贿罪。无论国家工作人员收受财物行为与利用职务便利谋取利益时间相隔多远,无论国家工作人员离职多久,对犯罪故意与行为性质不会产生影响。只要在客观上完成贿赂财物(累计数额较大)的交付行为,国家工作人员的职务便利实施或兑现为请托人的不正当利益,即使没有关于贿赂财物确定的对应性供述,财产流转的客观事实将原本存在错位的受财行为与谋利行为有效联结,亦能追溯性地印证国家工作人员对为他人谋利后受财具有概括认识。

此外,司法实践中出现了与国家工作人员存在一定亲属关系(例如叔侄等非近亲属关系)的请托人在国家工作人员在位时谋取了不正当利益,在国家工作人员离职后安排其在本单位,不要求工作但支付薪金。由于权钱交易关系与亲属家庭关系互为交织,颇难认定受贿人与行贿人在离职前后进行过贿赂性约定。笔者认为,关键要从脱离于贿赂双方亲属关系之外的经济关系及其变动分析谋利与受贿之间的对应关系,以“变量控制”规则为核心进行证据搜集——设定亲属关系为常量,给付财物行为为变量。如果查实国家工作人员与亲属之间在没有金钱往来的情况下,亲属的业务量没有明显变化,而在给付国家工作人员贿赂之前与之后,业务量明显放大,说明变量(给付贿赂)介入与否对于亲属的经济利益具有事实上的关联性,满足概括性对应关系的要求,应当认定属于离职型受贿的“约定”要件。

第六节　商业贿赂犯罪

商业贿赂不仅败化社会风气和诚信文化,而且严重破坏社会主义市场经济秩序,妨碍公平竞争,影响投资环境,直接损害广大消费者合法权益,更是催生其他经济犯罪和腐败犯罪的温床。因此,国家把治理商业贿赂作为反腐败工作的重点。然而,现阶段部分行业存在高度国家垄断、国有单位绝对优势等竞争不充分的疑问,使得市场竞争机制未能得到充分发育,给商业贿赂培育了广阔的发展空间,各类市场经营者针对大型国有企业、规划、建设、土地、工商、税务等行政主管部门实施了林林总总、眼花缭乱的商业贿赂。对商业贿赂犯罪的打击不力与商业贿赂手段的不断升级铸造了在商业领域存在商业贿赂这样一个难以铲除的毒瘤。与此同时，长期以来刑法理论与实务对贪污贿赂犯罪重视有加，对贪污贿赂犯罪的法律适用研究汗牛充栋，但对商业贿赂犯罪惩治现状却了解甚少，对商业贿赂犯罪进行专门性的刑法适用研究相对匮乏，这将对商业贿赂犯罪的有效治理产生极大的负面作用，使司法机关对商业贿赂犯罪的打击力度与现实需要产生严重脱节。

2008年11月20日，最高人民法院、最高人民检察院联合发布了社会各界广泛关注的《商业贿赂意见》。《商业贿赂意见》的出台有利于司法机关合法有效惩治商业贿赂犯罪，维护社会主义市场经济的公平竞争秩序。基于明确商业贿赂犯罪案件统计范围、公安司法机关反腐败职能合理分配以及提升惩治商业贿赂犯罪实效等价值考量，①2008年《商业贿赂意见》第一条明确规定商业贿赂犯罪涉及刑法规定的以下八种罪名：(1)非国家工作人员受贿罪(《刑法》第一百六十三条)；(2)对非国家工作人员行贿罪(《刑法》第一百六十四条)；(3)受贿罪(《刑法》第三百八十五条)；(4)单位受贿罪(《刑法》第三百八十七条)；(5)行贿罪(《刑法》第三百八十九条)；(6)对单位行贿罪(《刑法》第三百九十一条)；(7)介绍贿赂罪(《刑法》第三百九十二条)；(8)单位行贿罪(《刑法》第三百九十三条)。根据前文分析，商业贿赂犯罪不仅是指发生在市场经营者之间的非国家工作人员受贿罪与对非国家工作人员行贿罪，而且包括国有单位作为市场交易主体与其他单位在经济往来中发生的受贿罪、行贿罪、单位受贿罪、单位行贿罪、对单位行贿罪、介绍贿赂罪等，更可以是国有单位或国家工作人员在商业与经济管理过程中发生的上述刑法第八章中的贿赂犯罪。因此，《商业贿赂意见》关于商业贿赂犯罪罪名范围的界定具有合法性与合理性。同时，应当注意到，《商业贿赂意见》发布于2008年，在其之后，《刑法修正案(七)》、《刑法修正案(八)》先后增设了利用影响力受贿罪与对外国公职人员、国际公共组织官员行贿罪。这两种贿赂犯罪新罪名可以或者完全发生于商业活动中，所以，现阶段商业贿赂犯罪应当涉及刑法规定的十个罪名，包括对外国公职人员、国际公共组织官员行贿罪(《刑法》第一百六十四条)及利用影响力受贿罪(《刑法》第三百八十八条)。在深入分析《商业贿赂意见》的基础上，本节针对商业贿赂犯罪刑法适用过程中的若干疑难问题提出细化判断规则，期待对商业贿赂犯罪司法认定有所裨益。

---

① 参见徐盈雁：《最高人民法院、最高人民检察院有关部门负责人就〈关于办理商业贿赂刑事案件适用法律若干问题的意见〉答记者问》，《检察日报》2008年11月25日第3版。

一、商业贿赂的范围与数额

(一) 礼券、消费卡等贿赂的认定

礼券、购物卡、消费卡受贿已经成为司法实践中一种普遍的收受财物刑事。例如,2010 年 12 月,北京市朝阳区法院调研发现,在该院近 5 年审结的 13 起涉购物卡犯罪案件中,用购物卡行贿的案件有 6 起。这证明购物卡已成为行贿受贿的新宠。从媒体报道的受贿案件中,收受购物卡的贪官不在少数。2010 年 7 月 1 日,安徽省滁州市委原常委、宣传部部长张传权因犯受贿罪、巨额财产来源不明罪,被判处有期徒刑八年。法院审理认定,张传权受贿多是在传统的节假日完成,其受贿的 290 余万元中,包括价值 17.7 万元的购物卡。浙江省嵊州市政协原副主席杜洪苗受贿的特点更为典型——"过节不收现金,只收购物卡"。杜洪苗 16 次受贿,有 15 次收受的是购物卡,而且均发生在春节、中秋节期间。杜洪苗因犯受贿罪,被判处有期徒刑十年。礼券、消费卡、购物卡等受贿行为具有较大的社会危害,其本身不仅具有匿名性、方便性等特点,而且从社会行为心理上分析,行贿人认为给领导送钱太直接,送大件物品又太扎眼,送购物卡既觉得能拿得出手,又让收礼者觉得没有直接收现金那么"烫手",导致送卡理直气壮,收卡心安理得。① 礼券、购物卡、消费卡受贿的泛滥显然会造成行贿受贿双方对于腐败行为的"合理性"形成顽强的心理防卫机制,对反腐败工作造成重大阻碍。

在司法实践中,礼券、消费卡等财产性利益是否属于商业贿赂范围以及如何计算贿赂数额,一直存在较多分歧,笔者认为应当区分情况分别认定。

第一,原则上以行贿人实际支出资费计算受贿数额,并适当考虑受贿人是否实际得到行贿人所付出的财产利益。有些情况下,礼券表面价值并没有完全为受贿人所得到,缺失部分不能以商业贿赂犯罪论处。例如,某些礼券、代币卡虽然在载体表面上标价为 1 000 元,行贿人实付出了 600 元来购买该礼券,且该份礼券的使用伴有特定限制,诸如不可参与商家整体打折等优惠活动,相对于用现金或信用卡支付消费的客户来说,实际上也只能够享受到 600 元的货物或者服务,故在计算商业贿赂数额时,不能直接计算为 1 000 元,而应当将没有现实获取并体现腐败交易关系的数额(400 元)予以扣除。

第二,能够确定市场价值的财产性利益,可以认定为贿赂。例如,交通卡、一卡通等礼券,其市场价值明确具有可计算性,直接可以按照礼券内预

---

① 参见孙艳敏:《送礼收礼花样翻新 小件奢侈品成贪官"最爱"》,《检察日报》2011 年 2 月 1 日第 5 版。

先充值的价格予以认定商业贿赂数额。当前司法实践中的估价鉴定工作均由价格事务所承担,辩方对其出具的估价报告的合理性提出较多质疑。因此,对于司法机关难以明确认定市场价值的礼券,我们建议在现阶段司法实践中于司法行政机关下设立专门机构,为司法机关计算特定财产性利益商业贿赂形式的市场价格。引入以专门司法行政机构为核心的价格评估机制,不仅能够为涉嫌商业贿赂犯罪的被告人提供实质性的法律技术保障,而且能够为司法机关认定商业贿赂以及计算犯罪数额提供重要参考。有必要注意的是,礼券、购物卡等有价凭证通常都有使用期限,而有的礼券、购物卡收受者由于种种原因,实际没有使用,导致礼券、消费卡等在案发时已经过期。对于此类可具有金钱可计算性的礼券、购物卡、消费卡等凭证的数额能否计入受贿数额,司法实践中认识不一。有观点指出,购物卡是一种可匿名使用取得财产凭证,只要行贿人在购物卡有效期内向受贿人行贿,受贿人在接受购物卡时就被推定认可并接受了该购物卡所代表的物质利益,此时受贿行为就已成立即遂。至于后来由于受贿人的原因导致卡片过期、丢失等使卡片未被使用,属于受贿人对自己既有物权的使用、管理不善,不能等同于受贿行为没有发生,只要受贿人当初收受购物卡的金额达到了受贿罪的追诉标准,就应定罪处罚。①笔者认为上述操作办法比较合理,因为从案发情况来看,大量收受购物卡、礼券等职务者,一般伴随着其他数额巨大的现金受贿,其对于购物卡、礼券受贿实际上已经处于麻痹状态,有必要将过期未用的购物卡数额计入受贿数额,以求对其消费卡受贿行为社会危害性进行全面评价。

第三,必须正确分析礼尚往来的本质。根据《商业贿赂意见》第十条的规定,办理商业贿赂犯罪案件应当注意区分贿赂与馈赠的界限,主要可以结合发生财物往来的背景、往来财物的价值、缘由、时机和方式、接受方是否利用职务便利等因素进行综合判断。因此,正常的礼尚往来性质的赠送小额礼券不应认定为商业贿赂,相关数额应当予以扣除。但是,有的行为人向交易对方提供"中奖月饼"(精美月饼礼盒,内附预先设定的豪宅礼券、进口汽车礼券或高档酒店消费卡等奖品),以庆祝佳节名义掩盖商业贿赂实质的,由于此类财产性利益已经远远超越礼尚往来、节日馈赠的界限,礼券数额确定,完全为受贿人享有,属于商业贿赂。

(二)旅游、装修等资助型贿赂的认定

跨国公司通过免费旅游形式的从事商业贿赂的案件为社会公众广泛知

① 郭和文:《经济犯罪案件中"购物卡"相关问题探析》,《中国人民公安大学学报(社会科学版)》2009年第6期。

晓。例如,在美国司法部及证交会的有关“朗讯案”的报告中,该公司便是打着“工厂参观”和“培训”的旗号,安排近千人次的中国政府官员、电信运营商高管前往美国、欧洲、澳大利亚等地游玩。但事实上,到2001年朗讯已经将大部分生产业务外包,因此不可能有供客户参观的朗讯工厂。我国实践中查处的免费旅游受贿案件较少,但一旦成为有罪判决便受到公众广泛关注,例如,河南的免费旅游受贿第一案——康新江系河南省某村村长,在负责村集体拆迁补偿向某公司讨要土地补偿款过程中,对公司声称是其帮忙平息了群众闹事,并多次提出让该公司安排其和村支部书记王高林到美国旅游。该公司负责人担心不答应康新江的要求,该村民又出来闹事,影响工程的进度,加上康新江和王高林确实在协调公司与村民矛盾中做了不少工作,于是就答应了康新江的要求。2000年4月,该公司到北京某旅行社办理了康新江和王高林(其已任某镇镇长助理)去美国旅游的手续。二人出国的身份是该公司副总和工程师,在美国旅游的12天内共花去该公司89 270元。新郑法院审理后认为,被告人康新江在该村土地被征用后的土地补偿费用管理过程中,利用职务上的便利,向他人提出并接受安排旅游;被告人王高林身为国家工作人员,接受他人安排旅游,为他人谋取利益,其行为均构成受贿罪。①

《商业贿赂意见》将免费旅游界定为商业贿赂,并非意味着与免费旅游相关的所有费用一概认定为商业贿赂犯罪数额。第一,行贿人出资购买全程往返机票,酒店食宿费用,旅游景点门票,受贿人单独享有旅游服务的,属于个人全部取得的财产性利益,应当认定为贿赂。第二,在行贿人陪同受贿人旅游的情况下,如果没有证据确定受贿人在旅游中财产性支出比例,就不能将该次旅游认定为贿赂;如果有证据能证明旅游中的某项费用主要或完全由行贿人支付,可以认定为贿赂。目前实践中出现的行贿人与受贿人共同出游,以推定平分旅游费用支出的方式计算受贿额,从严厉惩治商业贿赂犯罪角度而言是必要的,但在证据层面显然存在瑕疵。我们主张,应当按照证据表明的受贿人实际得到的服务费用计算商业贿赂犯罪数额。第三,家属、情妇(夫)等特定关系人与受贿人一同享受他人提供的旅游消费的,应当将共同享受旅游的消费数额视为商业受贿人个人享有的财产性利益,全部计入商业贿赂犯罪数额。

利益资助的另外几种表现形式主要包括:为职务帮助者自己所购买的新房提供免费装修,为职务帮助者的子女进入重点学校提供赞助费或者为

---

① 参见左世友、马西宾:《河南旅游受贿第一案始末》,《检察日报》2008年3月20日第5版。

其出国深造提供学习费用。从受托人的角度分析，虽然请托人付出了金钱，但无论是新房装修还是子女入学赞助，受托人得到的并不是金钱，而是居住环境的改良与子女进入重点学校或者出国留学的资格。笔者认为，与上述免费旅游一样，免费装修、入学、出国等形式的资助实质上属于金钱变换而成的享受或者资格，虽然形式上不具有一般性商业贿赂的金钱或财产的直接样态，但内容上仍然无法摆脱金钱利益经中间环节周转而成型的变相贿赂本质。装修、求学、出国都应当由职务帮助者个人在市场上进行购买，请托人将之一手包办，显然是代替受托人支付享受、消费、资格的对价。金钱或财产是静止状态下的商业贿赂，没有经过形式变化，而提供装修、资助入学、出国是金钱使用动态下的商业贿赂。当然，将为职务帮助者的子女进入重点学校提供赞助费、出国深造学习费用认定为商业贿赂计入犯罪数额的前提必须是受贿人对此具有概括性的认识，对于明显超过受贿人认识范围的商业贿赂数额，不应当计算为犯罪数额。

（三）银行卡贿赂的认定

《商业贿赂意见》第八条针对司法实践中争议较大的收受银行卡受贿数额认定问题提出了认定规则：不论受贿人是否实际取出或者消费，卡内存款数额一般应全额认定为受贿数额；使用银行卡透支的，如果由给予银行卡的一方承担还款责任，透支数额一并认定为受贿数额。由于司法实践中收受银行卡形式的商业贿赂犯罪案件频繁发生，个案表现形式各有差异，实务部门对于《商业贿赂意见》第八条规定的如何认定个别收受银行卡案件受贿数额存在认识分歧，有必要结合《商业贿赂意见》进行细致分析，区分情况计算受贿数额。

1. 卡内存款数额是否一律计入受贿数额

在《商业贿赂意见》出台之前的司法实践中，较多观点坚持认为应当以受贿人实际获取的金钱利益计算受贿数额。对于收受银行卡的商业贿赂犯罪案件，如果受贿人实际并未使用银行卡进行任何消费的，倾向于在受贿数额中予以扣除。其理论依据主要在于，应当以收受者的主观故意是概括的还是确定的来进行区别对待，如果行为人是概括故意，应当按照客观数额定罪，如果是确定的故意，则应按照主观认识的数额定罪。[1]司法实践中，事实上确实有部分受贿人收取银行卡后随手置于办公室，也不问具体数额，从不进行使用，直至案发才陈述早已忘记有过收受银行卡的行为。

《商业贿赂意见》出台后，坚持该种观点的相关意见质疑《商业贿赂意

① 李翔：《对商业贿赂犯罪司法解释的若干质疑》，《政治与法律》2009年第6期。

见》第八条受贿数额认定规则的合理性,认为不论是否实际取出使用将卡内存款数额全额认定受贿数额违背主客观一致原则。受贿人实际并未取得金钱利益的,不应当采取全额认定的方法计算受贿数额。其实,上述观点片面理解了《商业贿赂意见》关于卡内余额全额认定规则的要旨,有必要予以进一步说明。

首先,《商业贿赂意见》实际上已经完全排斥了以"实际获取"利益计算受贿数额在司法实践中的适用空间,而应当将"实际支付"利益数额计入受贿数额。根据《商业贿赂意见》第七条的规定,商业贿赂范围包括金钱、实物以及可以用金钱计算数额的财产性利益,具体数额以"实际支付"的资费为准。可见,《商业贿赂意见》已经明确了原则上应当从行贿方支出的角度计算商业贿赂数额,因为在行贿人实际支付相关数额且受贿人对此明知的情况下,以实际支付资费(在收受银行卡案件的情况下即为卡内存款数额)认定受贿数额完全符合主客观一致的归责原理。故以行贿人实际向受贿人提供的金额认定犯罪数额是最新司法解释对商业贿赂范围及数额认定作出的合法合理的原则性规定,实务部门应当予以贯彻。

其次,《商业贿赂意见》第八条前段规定使用的措辞是"一般应全额认定",显然表明司法实践中并不排除不全额认定卡内存款数额的特殊情况。笔者认为,对于下列情况,不应当将卡内存款全额认定为受贿数额,而应当以受贿人实际使用或者控制的银行卡存款数额计算受贿数额:(1)受贿人收受银行卡时不知卡内具体存款数额,用完一定数额的卡内款项后及时退还或者上交银行卡的(非因自身或者关联案件被查处为掩饰犯罪而退交);(2)行贿人超过受贿人要求或者双方约定数额,单方面在卡内预存款项,受贿人实际未使用的,超额部分不应当作为卡内存款全额认定受贿数额。

但是,当前商业贿赂犯罪理论研究与实践中,有相当部分的意见认为,"存款数额一般应全额认定"的原则,不符合经济犯罪数额认定的刑法原理,与司法实践长期坚持的判断规则无法形成一致性的法理沿革。支撑上述观点的主要理由在于:根据1998年最高人民法院《关于审理盗窃案件具体应用法律若干问题的解释》(以下简称《盗窃犯罪解释》)第十条的规定,盗窃信用卡的犯罪数额计算,应当根据行为人盗窃信用卡后使用的数额予以认定。《盗窃犯罪解释》提出的一系列数额认定规则融合了刑法主客观相一致原则的合理内核,是实务部门计算经济犯罪数额的常用参照标准。盗窃信用卡按照实际使用数额计算犯罪数额,而收受银行卡按照卡内存款全额认定犯罪数额,两种司法认定规则存在明显的冲突,将导致经济犯罪数额认定在个罪层面出现规则的不一致,影响司法解释的实体公平性。

上述意见是从使用数额与存款数额的表面认定标准差异得出的司法解释规则不统一的观点。实际上,《盗窃犯罪解释》与《商业贿赂意见》体现了经济犯罪数额认定规则的一致性。笔者认为,《商业贿赂意见》第八条提出的收受银行卡案件卡内存款数额一般应全额认定为受贿数额的司法规则,符合刑法主客观相一致原则,合法性与合理性兼备。

对于盗窃信用卡、收受银行卡等经济犯罪案件,司法实践中操作性极强且符合刑法原理的犯罪数额认定规则可以概括为:"概括故意看客观、确定故意看主观"。这意味着行为人对其所盗窃的信用卡、收受的银行卡的数额不具有明确的认知,仅存在占有卡内财物的概括故意的,应当以其实际使用的数额认定犯罪数额;行为人明知卡内数额的,直接以其确定的犯罪故意所指向的卡内数额计算犯罪数额。

对于盗窃信用卡案件而言,行为人窃得信用卡及其密码时,对卡内的存款数额通常并不具有明知,仅具有概括地非法占有卡内财产的模糊故意。并且,行为人不取出钱款,被害人的财产损害处于现实的危险状态,没有直接转化为实际的法益侵害结果。根据"概括故意看客观"的规则,盗窃数额按照其实际使用数额是合理的。

对于收受银行卡案件而言,其行为性质属于商业贿赂犯罪,案件类型与行为故意明显区别于盗窃信用卡——

(1) 受贿人经行贿人告知,明知卡内存款数额的,一旦其收受银行卡,就意味着其受贿故意的具体内容已经完全确定,直接指向卡内存款全额。受贿人是否实际使用银行卡对于受贿犯罪数额的认定并不重要。根据"确定故意看主观"的规则,以卡内存款数额全额认定受贿数额显然符合主客观相一致原则。

(2) 即使行贿人没有明确告知受贿人或者双方没有约定银行卡内的存款数额,也不意味着受贿人的犯罪故意绝对停止于概括故意。只要受贿人实际使用部分存款,就可以认为其明知或者应知卡内存款数额。如果受贿人没有将银行卡退还或者上交,其行为故意就已经从概括故意转化为确定故意,应当将其犯罪故意指向的卡内存款数额全额认定为受贿数额。因为行为人在收受银行卡之后,卡内钱款实际上已经完全由受贿人进行排他性的控制,属于受贿人占有下的存款,而盗窃信用卡则不然。尽管盗窃人同时获取了信用卡及密码,但与实际取得卡内全额存款仍然存在较大差距,其后续的使用行为存在巨大的案发风险。所以,盗窃信用卡应当以使用数额计算盗窃数额,而收受银行卡,即使行为人只使用了部分存款,也应当将卡内存款全额认定为受贿数额。

(3) 受贿人收受银行卡,有证据表明其确实不知卡内存款数额,也没有任何后续使用行为的,证明其受贿故意停止在概括故意阶段,根据"概括故意看客观"的规则,既然受贿人没有实际提取卡内金额的行为,不能将卡内存款全额认定为受贿数额,而只能以受贿未遂处理。这也就是《商业贿赂意见》在措辞上使用"一般"应全额认定的原因。如前文所述,商业贿赂犯罪司法实践中,如果确实有部分行贿人将交通卡、消费券、银行卡等夹杂在一起送给受贿人,受贿人收取后随手置于办公室等场所,既没有询问数额,也没有进行使用。此类收受银行卡案件,属于存款数额"一般"应全额认定的"例外"。

虽然《商业贿赂意见》第八条收受银行卡案件"存款数额一般应全额认定"的司法认定规则,与盗窃信用卡按照使用数额计算犯罪数额的传统经济犯罪数额认定规则在微观层面具有很大差异,但两者均符合刑法原理,具有司法解释的一致性。

2. 收受具有透支功能的银行卡如何计算受贿数额

《商业贿赂意见》第八条后段规定,使用银行卡透支的,如果由给予银行卡的一方承担还款责任,透支数额也应当认定为受贿数额。但是,由于《商业贿赂意见》并没有直接规定收受具有透支功能的银行卡但受贿人并未使用该卡进行透支的情况,对此如何认定受贿数额,实践中存在两种分歧意见。

一种观点认为:《商业贿赂意见》第八条前段仅规定将卡内"存款"认定为受贿数额,透支额度并非存款;后段也没有规定在未使用透支额度情况下的数额认定规则。故不能将透支额度数额计入受贿总额。不同意见认为:收受具有透支功能的银行卡的行为意味着同时接受了行贿人给付卡内实际存款与透支额度,透支额度的数额与卡内实际存款在使用价值上具有等同性,应当计入受贿总额。

笔者认为,对于下列情况,即使受贿人没有实际透支使用银行卡透支额度的,仍然应当将透支额度数额计入受贿数额:(1)行贿人以自己名义开户并将该银行卡交付受贿人使用,且告知受贿人该银行卡具有透支功能及其具体额度的;(2)行贿人以自己名义开户并将银行卡交付受贿人使用,行贿人虽未告知银行卡的透支功能与额度,但受贿人在使用卡内存款过程自行了解该银行卡透支功能及其具体额度的;(3)行贿人以受贿人名义卡户并存入一定费用,且与受贿人约定,日后该卡透支额度内的费用均由行贿人进行还款,但案发时受贿人尚未进行透支使用的。

具体理由在于,收受具有透支功能的银行卡,由于实际持卡人在透支数额的授信额度内可以像存款一样进行透支使用,故对于以行贿人名义开立的银行卡，受贿人事先明知透支额度或者事后了解不予退还的，具备了占有透支额度的故意。同理，虽然以受贿人名义开具银行卡账户，但相关证据证实贿赂双方约定由行贿人归还透支款项的，证明此种行为与占有卡内存款具有同样的社会危害性与主观恶意，即使受贿人实际并未使用，其犯罪故意也已经指向了透支额度的数额，也应当对透支额度数额承担商业贿赂犯罪的刑事责任。当然，刑法理论上也有意见质疑笔者提出的操作办法——无论是给予人告知或者收受者通过其他途径获知信用卡具有透支功能，虽然收受人可以透支使用，但是，这种透支使用只是一种可能性，而且可以透支使用的钱的性质与给予人自己存入的钱不是等同的概念，可以透支仅仅是一种银行卡的信用功能，不能就此认定收受人就对透支额度内的钱具有占有的故意，因此，可透支额不能认定为受贿数额，只能以收受人实际透支的额度作为认定标准。①

对此，笔者认为，上述质疑局限于信用卡透支功能的静态意义，没有结合贿赂双方的心理与信用卡透支功能的动态互动发现其中的刑事可责性因素。在受贿人接受具有透支功能信用卡时或者事后通过种种原因知晓信用卡的相关透支额度，如果其没有占用或者使用该种信用额度的故意，其显然应当予以返还或者不予使用。但是，笔者前文提出的三种具体情形实际上表明信用卡收受者明知透支额度且形成了使用上述透支额度的明确故意。同时，由于信用卡的开户人为行贿人或者行贿人的实际控制人，从信用卡及其透支额度使用的法律关系而言，受贿人完全不用承担使用后还款的任何法律义务，这意味着相关信用卡额度使用实际上完全处于收受人的控制范围，收受人的行为单方面地决定了信用卡额度何时何地将被其使用。从刑法法益理论上进行分析，职务行为的廉洁性已经处于一种极度的风险，而这种风险是不被刑法所允许的。

与此同时，应当注意的是，《商业贿赂意见》第八条对受贿人收受银行卡后透支使用的应将透支数额计入受贿数额专门设定了前提，即只有在“给予银行卡的一方承担还款责任”的条件下，才能够直接将透支数额计入受贿总额。因此，受贿人自行还款的，不能将透支使用数额认定为受贿数额；给予银行卡的一方业已代替受贿人承担还款责任的，应当计入受贿数额。

但是，除了上述受贿人自行还款与行贿人代为还款两种情况之外，实践中还存在处于中间状态的情形——由于透支后二个月左右的时间之内，可享受免息待遇，透支者并不急于还款，故透支日与最后还款日通常相隔一段

① 李翔：《对商业贿赂犯罪司法解释的若干质疑》，《政治与法律》2009年第6期。

时间。故可能出现受贿人已经透支使用,受贿人与行贿人在一段时期内均未实际承担还款责任就已案发的情况。在刑法上应当如何认定该笔透支数额?是从严认定为受贿数额,还是从宽在受贿数额中予以扣除?笔者认为,基于《商业贿赂意见》第八条设定了"给予银行卡的一方承担还款责任"的先决条件,在适用过程中应当予以严格解释。既然《商业贿赂意见》没有明确规定此类特殊情况的适用规则,对于行贿人与受贿人双方实际上均未承担还款责任的,如果没有证据证实双方约定由行贿人还款的,就应当将从有利于被告人的角度出发,将透支数额在受贿数额中予以扣除。

(四)特殊汽车牌照、手机号码的认定

司法实践中,有的商业贿赂犯罪案件的行为方式表现为行贿人将一辆上好特殊牌照号码(例如A6888、B6666等)的汽车送给国家工作人员,汽车计入贿赂犯罪数额自不存在疑问,但对于行贿人特殊牌照号码的费用能否记入贿赂犯罪数额,实践中存在较大争议。类似问题也存在于赠送手机的贿赂犯罪案件中,行贿人将手机连同特殊手机号码(例如尾数为8888、6666等)捆绑赠送给受托人的,特殊手机号码的费用是否应当记入贿赂犯罪数额?

一种观点认为,汽车、手机属于财物的范畴,但依附于汽车的牌照或者附带于手机的号码本身难以认定为财物。行贿人的购得费用一般难以查证,并且,由于特殊汽车牌照、特殊手机号码的费用没有统一的定价标准,属于拍卖价格或者市场自发炒作的价格,以此种价格认定犯罪数额可能与实际使用价值偏离程度过大,不宜计入贿赂犯罪数额。

不同意见认为,既然在房屋、汽车贿赂案件中不能只计算毛坯房、裸车的价格,而且应当将房屋、汽车的内部装饰价值均计入贿赂犯罪数额,那么赠送汽车或者手机附带特殊牌照、手机号码也应当采取相同的数额计算方法,否则将会导致类似贿赂犯罪行为模式的不同犯罪数额处理结果。

笔者认为,商业贿赂案件中特殊汽车牌照、特殊手机号码的费用应当记入犯罪数额。行贿方付出了金钱,虽然没有直接交付受贿方,但将金钱周转成通过特殊汽车牌照、特殊手机号码表现的现实利益或者享受资格。受托人不支付金钱却享有对方通过金钱换取的利益,应当属于接受贿赂。

根据《商业贿赂意见》第七条的规定,商业贿赂中的财物,既包括金钱和实物,也包括可以用金钱计算数额的财产性利益,如提供房屋装修、含有金额的会员卡、代币卡(券)、旅游费用等。可见,只要具备金钱可计算性的财产性权益,均可以纳入贿赂范围,关键是确定行贿人给付的特定利益项目的金钱数额。根据《商业贿赂意见》第七条后段的规定,商业贿赂的具体数额以实际支付的资费为准。因此,行贿方与受贿方供述一致或者行贿人单方供述实际支付资费且有其他证据印证的特殊汽车牌照、特殊手机号码的费用应当计入贿赂犯罪数额。行贿人属于购买的,具体数额以购得资费计算;行贿人是经营者,自行向受托人提供特殊汽车牌照或者手机号码的,以类似牌照、手机号码的经营价格认定数额。对于无法查证实际支付资费的,笔者认为,应当委托指定的估价机构根据类似特殊牌照、特殊手机号码的市场中间价确定犯罪数额,而不能直接排除此笔贿赂财物的数额计算。

(五)贵重消费品贿赂的认定

实践中,部分受贿人利用职务上的便利为他人谋取利益,并通过收受他人香烟或者烟票的形式为本人谋取私利;有的行为人直接用收受香烟或者烟票的方式取代收受现金的传统贿赂模式,为自己积累了相当数量的财产。香烟等贵重消费品受贿俨然已经成为一种区别于一般手段的敛财方式。

例如,犯罪嫌疑人于某,原系某局办公室主任兼稽查队长。在任职期间,于某利用负责行政管辖区域内零售许可证的依法审核、发放以及市场稽查管理的职务便利,通过在审核、发放许可证上给予照顾、对经营场所稽查时放松执法等手法,先后多次收受多名请托人贿赂的财物。其中,现金共计12.2万余元,“中华”、“熊猫”牌香烟共计400余条。嗣后,于某将上述香烟按市场价变卖,得款人民币15万余元。案发后,经有价格事务所评估,400余条香烟价值为12.9万余元。再如,犯罪嫌疑人龚某,原系某局局长。在龚某收受的赃物中有大量的烟票。其中,有一家企业为谋求请托,一次赠送龚某100条软“中华”烟票,龚某利用这些烟票兑现6万余元。

《商业贿赂意见》第八条规定,商业贿赂中的财物,既包括金钱和实物,也包括可以用金钱计算数额的财产性利益,如提供房屋装修、含有金额的会员卡、代币卡(券)、旅游费用等。具体数额以实际支付的资费为准。但是,实务部门办案人员对于如何根据《商业贿赂意见》第八条的规则认定上述收受他人香烟或烟票的行为存在一定认识分歧。

第一种观点认为,香烟以及能够提取香烟的烟票不属于贿赂中的财物,收受香烟或者烟票的行为不能定为受贿犯罪。作为贿赂犯罪对象的财物,显然包括实物,但行贿受贿所指向的实物应当是体现价值并长期使用的贵重物品,如房屋、汽车、珠宝、家用电器等。香烟或者烟票实际上只能是礼品,是生活中礼尚往来并可供日常生活使用的普通消费。收受烟、酒与收受水果、月饼、书籍等礼品具有同质性,在社会上十分普遍,难以作为贿赂犯罪处理。

第二种观点认为,收受他人香烟或者烟票且予以变现而非个人消费的,应当认定为受贿犯罪,变现金额即为受贿数额。香烟作为一种普通的日常消费品,收受人没有在市场上变现,难以体现权钱交易的性质,应当认定为收受礼品。但是,行为人一旦将香烟变现,香烟实际上已经出现了一般消费品的性质,而成为融通资金的工具。职务收受者通过香烟变现获取金钱时,与行贿人之间形成权钱交易关系,应当认定为受贿犯罪。

笔者认为,大量收受他人香烟或者烟票,属于收受财产性利益行为,是否将香烟或者烟票变现,不影响受贿性质,但具体数额的计算有所不同。没有变现的,能够查明行贿人支出数额的,以该数额认定,无法查明行贿人支出数额的,受贿数额以价格评估部门鉴定的价格认定;收受者将香烟或者烟票变现,受贿数额一般以变现数额认定。

第一,香烟或者烟票能够用金钱计算数额,符合财产性利益的本质特征,应当认定为贿赂犯罪中的"财物"。

从早期的公务贿赂犯罪司法实践情况来看,也存在一定数量的职务者收受香烟的案件。当时否定香烟或者烟票能够成为贿赂犯罪的财物的理由,主要是基于严格解释贿赂犯罪对象的考虑。然而,《商业贿赂意见》已经将财产性利益纳入贿赂的范围,并且明确规定了财产性利益的本质特征——金钱可衡量性。香烟或者烟票具有明确的市场价格,可以用金钱计算数额,并且,部分高档香烟价格很高且供不应求,具有极高的交换价值,收受高档香烟就等于是获取了巨额财产性利益。

现阶段对于将收受香烟行为认定为受贿仍然存在疑虑,主要是基于社会生活中烟酒礼品馈赠较为普遍,一概认定为受贿将会造成打击面过大。对此,笔者认为,应当通过犯罪数额标准的合理设计筛选出具有明显权钱交易性质的收受香烟行为。实务操作中,可以适当提高香烟受贿数额的追诉标准,建议各地区根据实际情况,在原受贿追诉数额标准的基础上提高5—10倍。

第二,从贿赂犯罪行为主体之间的腐败交易关系以及犯罪心态角度分析,将大量收受香烟或者烟票的行为作为受贿犯罪处理,在解释论上具有充分的合法性与合理性。

请托人通过一定数量的金钱支出,从烟草销售市场上购入香烟或者烟票,给付受托人之后换取对方通过职务行为为其谋取的不正当利益。受托人通过具有倾向性的职务行为换取香烟。将香烟变现的,财产性利益直接转化为现金利益,没有变现的,香烟本身即负载着巨额的财产性利益。从行为双方腐败交易的内部关系层面进入分析,我们不难看出,请托人与受托人之间明显是将金钱与职务行为进行互换,形成权钱交易的对价关系。对于大量收受香烟的行为,应当认定为受贿犯罪。

从受贿者的犯罪心态分析,由于惩治职务犯罪的力度不断强化,直接收受金钱比较敏感,风险极大。潜在的腐败分子通过想方设法通过自认为隐蔽、安全的方式收受财物。基于法律的威慑,不敢明目张胆收受金钱、房产、汽车等财物,而采取收受香烟的手段间接达到敛财目的。通过"礼尚往来"的表面现象掩饰香烟受贿的本质,成为受贿者的一种犯罪行为选择。从行贿者的犯罪心态分析,某些职务者收受贿赂比较"谨慎",难以直接给付金钱,但赠送香烟或者烟票却相对容易获得职务者的认可。赠送香烟或者烟票无疑成为行贿方打开"缺口"捷径。请托人为了达到谋取不正当利益的目的,无论是直接赠送现金,还是通过金钱购买香烟间接行贿,在所不问。因此,针对贿赂双方渴望通过相对隐蔽的香烟贿赂方式逃避法律追究的心态,有必要严密法网,强化贿赂犯罪刑法规范对此类行为的规制,避免造成香烟受贿泛滥。

第三,大量收受他人香烟或者烟票的,其受贿数额应当根据行为人是否将香烟变现等具体情况分别予以认定。

根据《商业贿赂意见》第八条贿赂犯罪数额以行贿人实际支付的资费为准的规定,行为人收受香烟或者烟票后,没有在市场上转让变现的,应当首先以查证属实的行贿人实际支出价格计算受贿数额。只有在行贿人实际支出数额无法查证的情况下,才可根据香烟或者烟票的数量计算其财产性利益数额,作为替代性的受贿数额计算依据。具体的价格应当由价格事务所出具价格鉴定报告。行为人将收受的香烟或者烟票变现的,原则上应当以变现价格计算受贿数额。因为香烟的变现价格相对于行贿人支出价格与鉴定报告对香烟的评估价格更能客观且精确地反映受贿人犯罪故意所实际指向的最终数额。但是,行为人以明显低于市场的价格变现香烟的,不应以变现价格认定受贿数额,而应以价格鉴定报告评估的市场价格认定受贿数额。

二、商业贿赂犯罪"经济往来"系列条款

《刑法》第一百六十三条第二款、第三百八十五条第二款、第三百八十七条第二款、第三百八十九条第二款及第三百九十一条规定的非国家工作人员受贿罪、受贿罪、单位受贿罪、行贿罪及对单位行贿罪等都涉及"经济往来"。由于"经济往来"本质上是市场经济主体之间的市场经济活动,不涉及国有单位及其工作人员对经济活动的监督、管理、审批等公权介入,故发生在"经济往来"中的贿赂犯罪均为商业贿赂犯罪,"经济往来"中的贿赂犯罪刑法条文均为纯粹的商业贿赂犯罪刑法规范。上述刑法条文规定的"经济

往来”中的贿赂犯罪在规范表述方式上具有明显的特殊性,而《商业贿赂意见》第一条只是简单地将之纳入商业贿赂犯罪的罪名范围,并没有对其进行更为深入的阐释,造成刑法理论与实务部门对于如何理解这些条文的构成要件存在较大的困惑与分歧。笔者将之统称为商业贿赂犯罪“经济往来”系列条款进行专题研究,尝试厘清其构成要件的整体配置及其构成要素的实然内涵。

(一)商业贿赂犯罪“经济往来”系列条款的构成要件配置

从贿赂犯罪法条适用情况来看,商业贿赂犯罪“经济往来”系列条款的适用率极低。即使是发生在“经济往来”中的商业贿赂犯罪,实务部门仍然选择以《刑法》第一百六十三条第一款、第三百八十五条第一款、第三百八十七条第一款、第三百八十九条第一款等条文认定贿赂犯罪,极少出现以商业贿赂犯罪“经济往来”系列条款定罪的判决。这意味着商业贿赂犯罪“经济往来”系列条款在很大程度上存在着规范虚置问题。产生这一现象的原因主要在于刑法理论与实务界对商业贿赂犯罪“经济往来”系列条款的构成要件配置存在很大的认识分歧。

从刑法条文的具体规定分析,《刑法》第一百六十三条第一款、第三百八十五条第一款、第三百八十七条第一款等受贿犯罪明示性地规定了“利用职务上的便利”、“为他人谋取利益”等构成要件,《刑法》第三百八十九条第一款、第三百九十一条第一款前半段等行贿犯罪明示性地规定了“为谋取不正当利益”这一构成要件。反观《刑法》第一百六十三条第二款、第三百八十五条第二款、第三百八十七条第二款规定的受贿犯罪以及《刑法》第三百八十九条第二款及第三百九十一条第一款后半段规定的行贿犯罪,仅明示性地列举了“经济往来中”、“违反国家规定”、“回扣、手续费”等构成要件,并没有明示强调成立“经济往来”中的受贿犯罪需要以“利用职务上的便利”与“为他人谋取利益”为前提,也没有明示规定成立“经济往来”中的行贿犯罪需要以“为谋取不正当利益”为基础。《商业贿赂意见》对于商业贿赂犯罪“经济往来”系列条款的构成要件配置问题也没有进行解释。对此,刑法理论上有观点认为,《刑法》第三百八十五条第二款规定,国家工作人员在经济往来中,违反国家规定,收取他人财物的,即构成受贿罪。同时,《刑法》第三百八十九条第二款规定,在经济往来中,违反国家规定,给予国家工作人员以财物,数额较大的,或者违反国家规定,给予国家工作人员以各种名义的回扣、手续费的,以行贿论处。法律规定对于受贿人没有职务便利与谋取利益的要求,对于行贿人没有目的性的要求,只要求在经济活动中收受或给予好处,即以受贿或行贿论处。因此,“经济往来”中的商业贿赂犯罪,不以利用职务便利、谋取不正当利益为必要前提。①不同意见认为，根据相关司法解释的规定，对于为谋取不正当利益而行贿，构成行贿罪、向单位行贿罪、单位行贿罪的，必须依法追究刑事责任，②可见，“经济往来”中的行贿犯罪应当以“谋取不正当利益”为要件。商业贿赂犯罪“经济往来”系列条款是对各自所在条文规定的普通贿赂犯罪刑法条文的补充，适用“经济往来”系列条款必须以充足“利用职务上的便利”、“为谋取不正当利益”或“为谋取不正当利益”等要件为前提。

正是由于各方观点争议难以形成一致性意见，实务部门对于本来应当适用商业贿赂犯罪“经济往来”系列条款的案件，转而适用非“经济往来”贿赂犯罪刑法条文予以认定。但是，刑事立法成本的高度投入本应当经由刑事司法实现刑法规范收益。③我国立法机关精心设计的商业贿赂犯罪“经济往来”系列条款成为了空虚的摆设，没有起到刑法规范的预防性、警示性、实用性效果，实际上是对立法资源的极大浪费，亟须在理论上明确商业贿赂犯罪“经济往来”系列条款构成要件配置问题，使系列条款在司法实践中得以有效适用。

商业贿赂犯罪“经济往来”系列条款构成要件配置的解释疑难集中在以下两个具体问题：《刑法》第一百六十三条、第三百八十五条、第三百八十七条中第二款规定的受贿犯罪，是否以“利用职务上的便利”、“为他人谋取利益”为构成要件？《刑法》第三百八十九条第二款与刑法第三百九十一条后半段规定的行贿犯罪，是否以“为谋取不正当利益”为构成要件？其实，分析商业贿赂犯罪“经济往来”系列条款构成要件配置此一重要的实践问题，可以从判断上述条款是法律拟制抑或注意规定这一理论问题入手。如属注意规定条款，应当具备上述要件；如属法律拟制条款，则无需上述要件。

笔者认为，商业贿赂犯罪“经济往来”系列条款属于注意规定，适用该条规定认定受贿犯罪，必须以“利用职务上的便利”、“为谋取不正当利益”等为前提，适用该条规定认定行贿犯罪，应当以“为谋取不正当利益”为基础。

---

① 俞振德、贾宇等：《国家工作人员居间介绍并收受回扣的行为应如何处理》，《人民检察》2007年第18期。

② 1999年最高人民法院、最高人民检察院《关于在办理受贿犯罪大要案的同时要严肃查处严重行贿犯罪分子的通知》第二条规定：对于为谋取不正当利益而行贿，构成行贿罪、向单位行贿罪、单位行贿罪的，必须依法追究刑事责任。“谋取不正当利益”是指谋取违反法律、法规、国家政策和国务院各部门规章规定的利益，以及要求国家工作人员或者有关单位提供违反法律、法规、国家政策和国务院各部门规章规定的帮助或者方便条件。对于向国家工作人员介绍贿赂，构成犯罪的案件，也要依法查处。

③ Richard Adelstein, Institutional Function and Evolution in the Criminal Process, 76 Northwestern University Law Review 1, (1981).

1. 法律条文的形式化解构

对于同属受贿犯罪或者行贿犯罪的一个条文中的一般条款与“经济往来”系列条款,如果两者具有不同的犯罪构成,必须具有坚实的法律论证基础。然而,通过对刑法条文进行形式化解构,我们可以发现,“经济往来”系列条款并非法律拟制而是注意规定。法律拟制是指将针对构成要件 T1 所用的规定适用于构成要件 T2,而事实上构成要件 T2 与 T1 并非属于同一事例,只是立法机关将 T2 视为等同于 T1,指示法律适用者同化 T1 与 T2 的法律效果。①法律拟制的独立解释功能是由该条款与典型条款之间的并列关系决定的。注意规定是指在刑法已经作了相关规定的前提下,提醒司法工作人员注意,以免忽略的规定。②注意规定的纵向警示功能是由该条款与典型条款之间的递进关系决定的。

《刑法》第一百六十三条、第三百八十五条、第三百八十七条、第三百八十九条的第一款与第二款之间,以及《刑法》第三百九十一条第一款前半段与后半段之间,明显是一种递进关系。商业受贿犯罪本质上是一种职务犯罪,职务犯罪的本质就在于违背职责要求实施职务行为,谋取私利或者造成重大损失。同时,商业受贿犯罪尽管发生在商业交易环节,但其犯罪实质内容仍然表现为利用职务便利为他人谋取利益与个人私利之间的权钱交易关系。所以,无论以何种形式出现,受贿犯罪的构成前提必须是利用职务上的便利为他人谋取利益。“经济往来”中的商业受贿犯罪只是受贿犯罪的一种表现形式,不能超越受贿犯罪的基本内涵与本质特征。同理,行贿犯罪本质上是通过给付贿赂实现不正当的利益诉求,不正当利益不仅是行贿犯罪的根本动因,而且是刑法控制行贿犯罪打击面的核心要件限制。可见,“利用职务便利”、“为他人谋取利益”或者“为谋取不正当利益”是相关行为成立受贿犯罪或行贿犯罪的根本,丧失了这些基础,就不能称其为贿赂犯罪。“经济往来”中的商业贿赂犯罪显然不能丧失上述罪质基础。

明确了贿赂犯罪的构罪基础,我们可以更为清楚地认识到,“经济往来”中的商业贿赂犯罪是贿赂犯罪基础形式的一种递进形式,这种递进关系不仅表现为生成环节的特殊性(在经济往来中),而且凸显为法律禁止的明示性(违反国家规定)与贿赂形式的特殊性(回扣、手续费)。在一般的公共事务管理过程中,不允许以职务行为为依据收受费用,但在经济往来中,符合法律规定的费用是可以予以合理收取的。在《刑法》第一百六十三条第一

① ［德］卡尔·拉伦茨:《法学方法论》,陈爱娥译,商务印书馆 2003 年版,第 142 页。

② 张明楷:《刑法学(第二版)》,法律出版社 2003 年版,第 520 页。

款、第三百八十五条第一款、第三百八十七条第一款等普通贿赂犯罪条文中,刑法对贿赂财物的形式没有提出特殊要求。而在商业贿赂犯罪"经济往来"系列条款中,刑法明确要求贿赂财物的形式是"回扣、手续费"。所以,商业贿赂犯罪"经济往来"系列条款并非与贿赂犯罪普通条款并列的刑法条文,其本质上是刑法对发生在经济往来中的违法给付或收受回扣、手续费行为的递进性规范禁止。《刑法》第一百六十三条第一款、第三百八十五条第一款、第三百八十七条第一款规定基本的商业受贿犯罪的构成要件;《刑法》第三百八十九条第一款、第三百九十一条前半段规定基本的商业行贿犯罪的构成要件。而商业贿赂犯罪"经济往来"系列条款规制的是发生在特定的商业环节中,违反了特定的前置规范(国家规定),产生了特定的腐败交易产物(回扣、手续费)。刑法通过注意规定的形式强调基本条款与"经济往来"系列条款之间的递进关系,后者除了应当符合基本犯罪构成要件之外,还应当补充生成环节要件与违法性要件,深化贿赂财物形式的法律要求。

综上,普通的贿赂犯罪条文与商业贿赂犯罪"经济往来"系列条款是一种递进关系,后者不能超越前者设定的"利用职务上的便利"、"为他人谋取利益"或"为谋取不正当利益"等贿赂犯罪的基本要件限制。

2. 法律条文的体系性诠释

通过对刑法条文的体系性诠释,同样能够证明"经济往来"系列条款注意规定的属性。我们以《刑法》第三百八十九条第二款规定的行贿罪为解释起点。假设该条款构成要件配置不明确,根据刑法体系解释规则,应以明确的、紧密关联的刑法条文对其进行解释。《刑法》第三百九十三条单位行贿罪规定,单位为谋取不正当利益而行贿,或者违反国家规定,给予国家工作人员以回扣、手续费,情节严重的行为。对此,刑法理论上与司法实践中有观点认为,运用刑法体系解释方法进行分析,可以发现"为谋取不正当利益"等要件不是"经济往来"系列条款的法定构成要件。《刑法》第三百九十一条规定,为谋取不正当利益,给予国有单位以财物的,或者在经济往来中,违反国家规定,给予各种名义的回扣、手续费的,构成对单位行贿罪。"或者"前后成并列关系,"经济往来"中给付国有单位贿赂构成对单位行贿罪,无须以"为谋取不正当利益"为前提,"经济往来中"给付国家工作人员贿赂成立行贿罪不应与之冲突。"经济往来"行贿犯罪刑法条款没有配置"为谋取不正当利益"要件,作为对合条文的"经济往来"受贿犯罪刑法条款相应的也不需要以"利用职务上的便利"、"为他人谋取利益"为构成要件。①

---

① 参见张志平:《"在经济往来中"的商业贿赂犯罪刑法适用情况调查与研究》,载张仲芳主编:《刑事司法指南·总第39集》,法律出版社2009年版,第123—126页。

笔者认为,这种理解是不正确的。“或者”前后两项内容在整体上形成选择关系的基础在于其属于同种类型的要素。《刑法》第三百九十三条“或者”之前是“单位为谋取不正当利益而行贿”,其包括了主体、目的、行为等三种要素类型;“或者”之前是“违反国家规定,给予国家工作人员以回扣、手续费”,实质上只是对行为要素的法律要求。由此可见,机械地根据“或者”这一连词而主张“或者”前后内容构成选择关系是一种片面的解释。更为全面的理解是,《刑法》第三百九十三条在构成要素结构联系上不仅规定了“或者”,而且规定了“而”,这两个连词应当通过联动的视角予以考察。《刑法》第三百九十三条规定的“为谋取不正当利益而行贿”是目的要素与行为要素的组合,紧接其后规定的“或者违反国家规定,给予国家工作人员以回扣、手续费”,实际上意味着违法国家规定给付国家工作人员回扣、手续费是“行贿”并列的一种行为类型。正如前文所述,行贿本身就是违法行为且不需要对贿赂财物的形式进行限定,而回扣、手续费有合法与非法之分,需要强调以这种形式出现的财物给付行为设置一定的要素限定。从这个意义上分析,《刑法》第三百九十三条目的与行为要素搭配应当表现为两种形式:一是为谋取不正当利益而行贿;二是为谋取不正当利益而违反国家规定,给予国家工作人员以回扣、手续费。所以,从罪状结构的角度分析,《刑法》第三百九十三条单位行贿罪可以被拆分为四部分要素:①主体要素:单位。②目的要素:为谋取不正当利益。③行为要素:a.行贿;b.违反国家规定,给予国家工作人员以回扣、手续费。④可罚性要素:情节严重。

这就证明,在单位行贿罪中,虽然典型的单位行贿行为与单位违法给予回扣、手续费行为仅在给付贿赂的形式以及附带性条件方面具有一定区别,其核心构成要素均相同,构成单位行贿罪均应当以“为谋取不正当利益”为要件。单位行贿罪与行贿罪的区别仅仅在于主体要素,在其他方面完全相同。所以,无论是一般行贿行为,还是“经济往来”中给付回扣、手续费的行为,都需要具备“为谋取不正当利益”的目的限制。

同理,《刑法》第三百九十一条对单位行贿罪罪状中的“或者”前后的两种行为要素(而非“或者”前后的所有要素内容)形成并列关系,即对单位行贿罪的行为可以表现为“或者”之前的“给予国家机关、国有公司、企业、事业单位、人民团体以财物”,也可以表现为“或者”之后的“在经济往来中,违反国家规定,给予各种名义的回扣、手续费”。因此,成立对单位行贿罪必须具备“为谋取不正当利益”要件。

在同为向单位给付财物的情况下,行贿罪、单位行贿罪、对单位行贿罪都可以与单位受贿罪形成对合关系,单位受贿罪势必应当在构成要件上与上述行贿犯罪形成一一对应，即行为类型上表现为单位收受贿赂与单位在经济往来中收受回扣、手续费，这两种行为构成单位受贿罪的基础在于“利用职务上的便利”与“为他人谋取利益”。单位受贿罪与受贿罪、非国家工作人员受贿罪在构成要件上的实质性区别仅在于犯罪主体要件不同。①所以，经过等量代换，《刑法》第一百六十三条第二款、第三百八十五条第二款规定的“经济往来”中的商业受贿犯罪同样是注意规定，必须以“利用职务上的便利”与“为他人谋取利益”为构罪基础。

3. 法律条文的目的性探究

在罪刑法定的框架内通过合乎刑法规范目的的解释，亦可印证商业贿赂犯罪“经济往来”系列条款是注意规定。从立法目的的角度分析，《刑法》第三百八十五条第一款、第三百八十七条第一款、第三百八十九条第一款及第三百九十一条前半段规定的贿赂犯罪，其滋生的客观基础在于国家权力腐败。无论是行政人事方面的权力，还是经济监管管理的权力，国有单位或者国家工作人员都是监管主体，请托人都是处于不平等相对人一方，前者利用职务便利为他人谋取利益交换后者提供的财物。商业贿赂犯罪“经济往来”系列条款规定的贿赂犯罪只发生在经济交往这一特定的社会领域，权力主体与请托主体在法律上具有等同的地位，都是平等的市场主体。国有单位或国家工作人员利用职务便利为他人谋取的利益，是排斥正当竞争的优势地位，请托人给付财物换取的不正当利益，是可能谋取巨额利润的商业机会。可见，公务贿赂犯罪发生于纯粹的国家权力运作环节，“经济往来”中的商业贿赂犯罪案发于市场平等交易环节，公务贿赂犯罪直接腐蚀了公务权力的公正性与廉洁性，侵犯了公务活动以及公务性权力运行的秩序，其社会危害性显然更为严重。刑法明示性地规定公务贿赂犯罪应当具有利用职务上的便利、为他人谋取利益、为谋取不正当利益等要件。根据“举重以明轻”基本解释法则，社会危害性更严重的公务贿赂犯罪既然需要配置更为严格的构成要件，作为相对轻微的商业贿赂犯罪，其入罪条件应当更为严格，更应当以职务便利、谋取利益、为谋取不正当利益等要件限制入罪范围。

通过综合利用各种刑法解释方法，我们可以明确商业贿赂犯罪“经济往来”系列条款的构成要件配置，即成立“经济往来”中的受贿犯罪，应当在符合“利用职务上的便利”、“为他人谋取利益”要件的基础上，具备法律明示的“违反国家规定”、“收受回扣、手续费”等要件；成立“经济往来”中的行贿犯

① 职务便利、谋取利益等要件上的细微区别均由主体区别衍生而来，虽然在具体内容上有所差异，但其整体结构与基本内涵是相同的。

罪,应当在符合"为谋取不正当利益"要件的基础上,充足刑法明示的其他相关构成要件。所以,准确适用商业贿赂犯罪"经济往来"系列条款,必须进一步细化相关特殊构成要素的理解与阐释。

(二)"在经济往来中"的认定

在商业贿赂犯罪"经济往来"系列条款中,环节要件、违法性要件和行为要件组成了成立该系列条款区别于普通贿赂犯罪刑法条文的标识性特质。商业贿赂犯罪刑法规范的合法适用,有赖于实质性地发挥这三大构成要件筛选功能,而"在经济往来中"是其中的首道环节。

准确判定行贿与受贿行为是否发生于"经济往来",对于判断是否成立商业贿赂犯罪以及如何适用刑法条文具有极为重要的实践价值。例如,国家有关行政监管部门及其国家工作人员,在土地出让、建设规划等项目审批过程中,利用职务便利,索取、收受他人财物,为他人谋取利益的,不属于"经济往来"中的受贿,应当适用刑法第三百八十五条第一款的规定追究刑事责任。但是,国有单位或者国家工作人员招投标、工程项目外包、劳务购买等过程中,在账外暗中收受各种名义的回扣、手续费的,或者违反国家规定,收受各种名义的回扣、手续费,归个人所有的,则属于"经济往来"中的受贿,应当分别适用《刑法》第三百八十七条第二款或者第三百八十五条第二款的规定,以单位受贿罪或受贿罪追究刑事责任。同样,在非国家工作人员受贿罪中,公司、企业或者其他单位中的高级管理人员,利用职务上的便利,在非国有单位内部人事安排、职位调整、业绩考核过程中,索取或者非法收受他人财物,为他人谋取利益,则不属于"经济往来"中的受贿,应当适用刑法第一百六十三条第一款以非国家工作人员受贿罪追究刑事责任。如果是在对外签订合同、发包业务、购买商品或服务等过程中,违反国家规定,收受各种名义的回扣、手续费,归个人所有,则属于"经济往来"中的受贿,应当适用刑法第一百六十三条第二款以非国家工作人员受贿罪追究刑事责任。在商业贿赂犯罪"经济往来"系列条款的适用过程中,必须对"经济往来"的内涵与外延进行准确界定。

经济往来中的商业贿赂犯罪是依附于不正当竞争的腐败交易,受贿人将商业利益转移给行贿人,后者付出贿赂,并将该"扭曲成本"转嫁给下级市场实现非法双赢。经济往来犯罪性腐败交易关系的起点与终点均是行为双方同时拥有的经济利益,它直接构成了商业贿赂犯罪各类基础性犯罪行为的目标。因此,"在经济往来中"主要是指本单位与外单位或者个人进行民商事合同的签订,政府采购、招标投标契约的履行,或者其他形式的商业交易活动,与本单位无关的经济活动,不属于"在经济往来中"。

经济往来是一个动态的商业过程,不但包括一般形式的商业交易,还包括政府采购、竞争性谈判等特殊的商业模式。属于一般交易性质的经济往来是指发生在平等市场主体之间的商业经营活动，主要包括业务招标、广告宣传、物资采购、资源配置、产权交易等。交易双方具有对应的权利与义务，按照诚实信用原则进行民商事法律行为。一方给予一定数量和质量的商品或服务，对方根据合同偿付法定或约定的对价，有"来"亦有"往"。特殊商业形式的经济往来是指发生在国家与普通市场主体之间的政府采购、行政合同、竞争性谈判等商业交易，主要表现为城市和农村的基础性设施建设、法定商品或服务的交易、行政垄断性行业运营等。虽然交易双方享有平等的法律地位和民事主体资格，但是为了在法律规定的特殊情况下保护国家利益，国家在合同成立之前拥有广泛的交易相对方的选择权，在合同成立并生效之后能够予以单方面撤销、解除。

国家机关与各类经济主体之间的管理与被管理活动不是经济往来。正如相关论者指出的，国家机关、国有事业单位等从事的微观经济管理活动虽然涉及"经济"，但本质上是具体行政行为，具有公共事务管理性，不能将之认定为纵向的经济往来。①国家经济管理活动充分表明了经营者与政府部门及其国家工作人员之间不是平等的市场主体，而是行政主体与行政相对人的关系。相关国有单位或者国家工作人员利用主管经济活动某一方面的职权，为行政相对人在经济活动中谋取利益，收受行政相对人的财物，虽然也是一种商业贿赂犯罪的表现形式，但由于贿赂双方之间的腐败行为没有发生在经济往来过程中，涉案行为仍然应当根据贿赂犯罪一般条款予以评价。政府部门及其国家工作人员经济管理的职务行为与经营者商业活动的范围、利润、远景休戚相关，某些经营者利用商业贿赂犯罪手段打通关节，腐败的国家工作人员借机谋取私利，破坏国家的经济管理秩序。由于我国政府部门宏观调控的规模和力度依然起着相当重要的作用，实质性地影响着商业竞争的过程与结果。具体表现为行政机关对商业活动管理严格、审批权限密集、对市场价格进行强硬性规定、适时干预企业经营决策、包揽行业协会的职能。②所以，政府在事实上已经成为各种形式经济往来和商业活动的管理者，但并不能就此将经济管理活动等同为经济往来。"经济往来"与"经济管理"的贿赂犯罪环节区分，不仅能够为司法实务部门明确普通商业贿赂犯罪刑法条文与商业贿赂犯罪"经济往来"系列条款的显著性规范界限，而

---

① 林亚刚主编：《贪污贿赂疑难问题研究》，中国人民公安大学出版社 2005 年版，第 190 页；陈正云、文盛唐主编：《贪污贿赂犯罪认定与侦查实务》，中国检察出版社 2002 年版，第 71 页。

② 参见程宝库：《商业贿赂：社会危害及其治理对策》，法律出版社 2006 年版，第 221—222 页。

且能够深刻地反映出行政监管部门以及各类行业主管部门虽然没有直接作为市场主体参与经济活动,但其监管触角延伸至市场准入、发展、调节等全方位的具体监控,这也是滋生商业贿赂犯罪的主要根源之一。

(三)“违反国家规定”的认定

犯罪的违法性始终被认为是理所当然的特征。①纵观我国刑法分则的规定,大量个罪的成立以违反相关法律、法规等规范性法律文件为前提,但其空白罪状的表述方式迥异——(1)有的概括地表述为“违反国家规定”(例如,《刑法》第一百三十七条工程重大安全事故罪)。由于《刑法》第九十六条在总则部分对国家规定的范围进行了确定性的解释,“国家规定”的最低法律位阶为国务院制定的法规、决定、命令等。(2)有的直接提示了具体的法律(例如,《刑法》第三百三十条妨害传染病防治罪,“违反传染病防治法”),实务部门可以直接对相关个罪违法性的前置规范进行定位。(3)有的归纳了规范性法律文件的类别与位阶(例如,《刑法》第三百二十五条非法出售、私赠文物藏品罪,“违反文物保护法规”),同样可以相对明确地确定相关个罪违法性的前置规范。(4)有的则仅规定了前置性规范的类别,但没有明确其法律位阶(例如,《刑法》第一百二十六条违规制造、销售枪支罪,“违反枪支管理规定”)。由于法律位阶的明确是司法机关对相关个罪进行违法性判断的前提与依据,刑法即使规定了相关规范性文件从属的类别,也难以清晰界定相关规定的范围。(5)有的刑法条文甚至直接表述为“违反规定”(例如,《刑法》第一百八十条利用未公开信息交易罪,“违反规定”)。这种所谓的“规定”最低可以理解为何种位阶的法律,能否包括单位内部规章制度,在刑法解释上都是存在争议的。

商业贿赂犯罪“经济往来”系列条款设置了“违反国家规定”这一违法性要件,其违法性判断依据通过刑法条文明示的方式被吸收到犯罪构成的罪状表述之中。根据犯罪二次违法性理论,刑法具有二次性规范的属性,犯罪具有二次性违法的基本特征。②在认定犯罪的过程中,涉案行为的违法性依据根植于前置性规范,违法行为只有在超越其他法律规范的情况下,才能通过刑法规范进行二次评价与检讨。商业贿赂犯罪“经济往来”系列条款中“违反国家规定”的字面意思相对而言比较清楚,按照上述第一种情况,“违反国家规定”应当以刑法第96条为解释依据,即违反全国人民代表大会及其常务委员会制定的法律和决定,国务院制定的行政法规、规定的行政措施、发布的决定和命令中关

---

① [德]李斯特:《德国刑法教科书(修订译本)》,徐久生译,法律出版社2006年版,第202页。

② 参见杨兴培:《犯罪的二次性违法理论探究》,载本书编辑委员会主编:《社会转型时期的刑事法理论》,法律出版社2004年版,第415页。

于在经济活动中禁止收受各种名义的回扣和手续费的规定。

刑法的价值在于保护法律所预先设定的具体的社会利益。[①]故在明确了“违反国家规定”的范围之后，应当进一步考察“国家规定”的具体内容。只有在搜索到“国家规定”具体内容的基础上，才能根据前置性规范判断在经济往来中收受或给付回扣、手续费行为的违法性。《反不正当竞争法》[②]、《商业银行法》[③]、《保险法》[④]、《建筑法》[⑤]、《药品管理法》[⑥]以及国务院《关

---

① ［德］克劳斯·罗克辛：《德国刑法学总论（第1卷）：犯罪原理的基础构造》，王世洲译，法律出版社2005年版，第12页。

② 《反不正当竞争法》第八条规定：经营者不得采用财物或者其他手段进行贿赂以销售或者购买商品。在账外暗中给予对方单位或者个人回扣的，以行贿论处；对方单位或者个人在账外暗中收受回扣的，以受贿论处。经营者销售或者购买商品，可以以明示方式给对方折扣，可以给中间人佣金。经营者给对方折扣、给中间人佣金的，必须如实入账。接受折扣、佣金的经营者必须如实入账。

③ 《商业银行法》第五十二条规定：“商业银行的工作人员应当遵守法律、行政法规和其他各项业务管理的规定，不得有下列行为：（一）利用职务上的便利，索取、收受贿赂或者违反国家规定收受各种名义的回扣、手续费；（二）利用职务上的便利，贪污、挪用、侵占本行或者客户的资金；（三）违反规定徇私向亲属、朋友发放贷款或者提供担保；（四）在其他经济组织兼职；（五）违反法律、行政法规和业务管理规定的其他行为。”第八十四条规定：“商业银行工作人员利用职务上的便利，索取、收受贿赂或者违反国家规定收受各种名义的回扣、手续费，构成犯罪的，依法追究刑事责任；尚不构成犯罪的，应当给予纪律处分。”

④ 《保险法》第一百零六条规定：“保险公司及其工作人员在保险业务活动中不得有下列行为：（一）欺骗投保人、被保险人或者受益人；（二）对投保人隐瞒与保险合同有关的重要情况；（三）阻碍投保人履行本法规定的如实告知义务，或者诱导其不履行本法规定的如实告知义务；（四）承诺向投保人、被保险人或者受益人给予保险合同规定以外的保险费回扣或者其他利益；（五）故意编造未曾发生的保险事故进行虚假理赔，骗取保险金。”第一百三十九条规定：“保险公司及其工作人员阻碍投保人履行如实告知义务，或者诱导其不履行如实告知义务，或者承诺向投保人、被保险人或者受益人给予非法的保险费回扣或者其他利益，构成犯罪的，依法追究刑事责任；尚不构成犯罪的，由保险监督管理机构责令改正，对保险公司处以五万元以上三十万元以下的罚款；对有违法行为的工作人员，处以二万元以上十万元以下的罚款；情节严重的，限制保险公司业务范围或者责令停止接受新业务。”

⑤ 《建筑法》第十七条规定：“发包单位及其工作人员在建筑工程发包中不得收受贿赂、回扣或者索取其他好处。承包单位及其工作人员不得利用向发包单位及其工作人员行贿、提供回扣或者给予其他好处等不正当手段承揽工程。”

⑥ 《药品管理法》第五十九条规定：“禁止药品的生产企业、经营企业和医疗机构在药品购销中账外暗中给予、收受回扣或者其他利益。禁止药品的生产企业、经营企业或者其代理人以任何名义给予使用其药品的医疗机构的负责人、药品采购人员、医师等有关人员以财物或者其他利益。禁止医疗机构的负责人、药品采购人员、医师等有关人员以任何名义收受药品的生产企业、经营企业或者其代理人给予的财物或者其他利益。”第九十条规定：“药品的生产企业、经营企业、医疗机构在药品购销中暗中给予、收受回扣或者其他利益的，药品的生产企业、经营企业或者其代理人给予使用其药品的医疗机构的负责人、药品采购人员、医师等有关人员以财物或者其他利益的，由工商行政管理部门处一万元以上二十万元以下的罚款，有违法所得的，予以没收；情节严重的，由工商行政管理部门吊销药品生产企业、药品经营企业的营业执照，并通知药品监督管理部门，由药品监督管理部门吊销其《药品生产许可证》、《药品经营许可证》；构成犯罪的，依法追究刑事责任。”

于严禁在社会经济活动中牟取非法利益的通知》①等国家规定都明确要求任何单位或个人,在商业交易中根据惯例获取的回扣、手续费必须按照财经制度全部列入单位收入,不准归个人所有。“违反国家规定”是对经济往来过程中的商业贿赂犯罪客观违法行为判断的一种特别提示,而并非刻意强调本罪只需以具有一定规范形式的文件而不需要规范性法律文件对涉案行为进行违法性判断。由于商业贿赂犯罪合法与违法的界限认定非常困难,必须通过对“违反国家规定”的细致分析实现商业贿赂违法与犯罪界限的清晰界分。犯罪的成立应当具有统一性,故法律、法规、部门规章等国家统一性规范性法律文件是认定经济往来过程中商业贿赂犯罪的前置性规范。

在商业贿赂犯罪司法实践中,首先要注意避免异化“经济往来”系列条款中“违反国家规定”这一违法要件的实践意义——并不是所有违反国家规定的回扣行为都受到刑法规制。因为行政法律规范中的某些商业贿赂违法并没有被刑法典界定为必须以最强度的国家刑罚予以终结的恶行。例如,非国有保险公司对合法代理商支付手续费超标的,超标部分视为商业贿赂;对非法代理商支付手续费的,无论超标与否全部属于商业贿赂。②但是《刑法》第一百六十四条根本没有对经济往来中支付回扣、手续费作出规定。无论非国有保险公司支付的手续费如何严重超标,均不能构成对公司、企业人员行贿罪。

其次,还应当防止随意解释“违反国家规定”的适用范围。有一种观点主张,凡在经济往来中收受各种名义的回扣、手续费归个人所有的,尽管违反国家规定,但符合地方政府、主管部门、企业有关规定的,一般也不能对个人以商业贿赂犯罪论处。③笔者认为,上述意见将法律位阶较低的规范性文件以及非规范性文件置于位阶较高的国家规定之上,显然属于法律适用随意的错误操作。地方政府、主管部门或企业内部的有关规定不能变动既成事实的违法性。

最后,商业贿赂犯罪“经济往来”系列条款中“违反国家”的范围,不受到

① 国务院《关于严禁在社会经济活动中牟取非法利益的通知》第六条规定:“企事业单位在经营活动中,根据国家规定收取的手续费,必须按照财金制度全部列入单位收入,除国家另有明文规定的外,不得分给个人。”第七条规定:“任何单位、个人,在国际贸易等活动中根据国际惯例收取的回扣,必须按照财经制度全部列入单位收入,不准归个人所有。”

② 国家工商行政管理总局《关于超出国家规定标准支付、收取保险代办手续费行为定性处理问题的答复》。

③ 参见杨兴国:《贪污贿赂罪法律与司法解释应用问题解疑》,中国检察出版社2002年版,第216页。

其他构成要件刑法解释的影响。《商业贿赂意见》第九条规定:在行贿犯罪中,"谋取不正当利益",是指行贿人谋取违反法律、法规、规章或者政策规定的利益,或者要求对方违反法律、法规、规章、政策、行业规范的规定提供帮助或者方便条件。可见,对于行贿犯罪中的"谋取不正当利益"要件,商业贿赂犯罪司法解释在行贿目的的违法性(违规性)内涵方面进行了明确说明且范围有所扩大。司法实践中有观点指出,《刑法》第三百八十九条第一款的"谋取不正当利益"要件的广义违法性内容及其判断标准,可以推而广之,适用于《刑法》第三百八十九条第二款"违反国家规定"的判断。笔者认为,《刑法》第三百八十九条第二款规定的"经济往来"中的商业行贿犯罪,其违法性范围具有特定的内容,应当严格根据刑法第九十六条进行解释,只包括全国人民代表大会及其常务委员会制定的法律和决定,国务院制定的行政法规、规定的行政措施、发布的决定和命令,地方性法规、部门规章、政策、行业规范不包括在内。并且,《刑法》第三百八十九条第一款"谋取不正当利益"的违法性指向不正当利益的认定,《刑法》第三百八十九条第二款的"违反国家规定"指向的是给付回扣、手续费的贿赂行为的性质认定,两者不能混同。

(四)"账外暗中"与"回扣、手续费"的认定

根据《刑法》第三百八十七条单位受贿罪的规定,在经济往来中,在账外暗中收受各种名义的回扣、手续费的,以受贿论,依照前款的规定处罚。故回扣、手续费是否在"账外暗中"收受是单位受贿罪成立与否的关键要素。"账外暗中"本质上是对"违反国家规定"的具体展开。"账外"指根本不记账或者不入正规的会计账目;"暗中"指秘密收取,不在经济合同或商业发票中表现。①根据《反不正当竞争法》第八条的规定,交易双方在账外暗中给予或者收受回扣的属于商业贿赂。所以,"入账"与"公开"是交易双方必须遵守的法律标准,任何一方没有完全做到"入账目"与"公开",该方的回扣行为即构成商业贿赂。1996 年国家工商行政管理总局《关于禁止商业贿赂的暂行规定》第六条坚持了《反不正当竞争法》的行为标准,并且在"入账"的基础上进一步提高了法律要求,规定商业折扣必须"如实入账",即财务账目必须名实相符,经营账与收支账客观反映实际现金流向。

然而,商业贿赂犯罪"经济往来"系列条款在字面上亦仅规定了"账外暗中"的回扣属于商业贿赂,并没有要求如实入账。在司法实践中,是不是应当理解为商业贿赂犯罪"经济往来"系列条款对失实记账行为网开一面?笔

① 孟庆华:《受贿罪研究新动向》,中国方正出版社 2005 年版,第 117 页。

者认为,会计法、审计法、税收管理法等关于财务制度的法律规范要求的“入账”必然是“如实”,否则就属于做假账,以此掩盖商业贿赂等违法犯罪行为。刑法中的“账外暗中”同样应当被解释为但凡不以公开的方式如实入账的回扣均为商业贿赂。所以,商业贿赂犯罪“经济往来”系列条款设定了四重行为标准:(1)既不如实入账,也不公开明示;(2)虽不如实入账,但公开明示;(3)虽如实入账,但不公开明示;(4)既如实入账,又公开明示。前三种情况构成“账外暗中”要件,均属于商业贿赂犯罪的规制对象。

值得强调的是,单位将在经济往来中收受的回扣、手续费明确记载于单位正规财务账目的,不构成《刑法》第三百八十七条第二款规定的单位受贿罪。因为明确反映在民商事合同、协议中并计入大账的回扣、手续费在本质上是商业活动交易一方的合法优惠,虽然没有采用价格办法处理,但完全符合国家财务会计制度,亦未侵犯其他市场竞争对手的正当权益。至于单位账外暗中收受回扣的,其结果必然是进入单位“小金库”为小团体所支配、挥霍,或者单位收受贿赂的利益在一定范围内被单位人员所私分或非法占有。

收受或者给付“回扣、手续费”是“经济往来”中商业贿赂犯罪的核心实行行为,故必须对“回扣”与“手续费”进行正确的理解。

司法实践中存在形式各异的“回扣”,但商业贿赂犯罪“经济往来”系列条款中的回扣仅指商业交易过程中,经营者于账外暗中在合同约定的价格之外退还给相对方或其负责人的款项。

第一,商业贿赂犯罪中的回扣是价外回扣,不包括价内回扣。价内回扣是交易双方以公平合理的市场价格达成购销合意,经营者为维系交易关系,主动设置“扣率”,从己方利润中提取一部分回馈对方或其直接负责人员的款项,属于让利行为。价内回扣的给付方是该笔款项的原始产权人,出于长期的商业战略考虑将部分收益让渡给相对人。价内回扣冲减当期经营利润,计入销项依法抵扣应纳税额。而价外回扣是经营者为获得不正当的竞争优势或交易条件,暗箱操作,在价格行为之外非法设置的“返点”,是谋取相对方职务行为的犯罪成本,属于贿赂行为。价外回扣的出账和入账全都是暗度陈仓,不是合同明示的金额和结算方式,不反映在依法设立的经营账和收支账上。独立经手价外回扣的,往往进入个人腰包;多人熟悉内幕的,通常流入“小金库”。价外回扣具有隐秘性,纯粹是打通交易环节的“润滑剂”,破坏了公平竞争的市场秩序,是商业贿赂犯罪“经济往来”系列条款的打击对象。

第二,商业贿赂犯罪中的回扣区别于居间、行纪行为中的佣金。佣金是因居间人或者经纪人为交易双方代买代卖商品、提供服务、撮合交易、牵线搭桥而向其支付的一种劳务报酬。①市场经济条件下，中间人对搞活经济、促进商品流通、调剂余缺、加速资金周转、减少商品积压与繁荣市场具有重要作用。《反不正当竞争法》规定："经营者销售或者购买商品，可以以明示方式给中间人佣金。"佣金与回扣的主要区别在于：佣金是中间人合法所得的劳务报酬，而回扣则是一种商业贿赂行为；佣金既可由买方单独支付，也可由卖方单独支付，更可以是由双方按比例支付，而回扣则不存在双方互为给付，只能是从事商品交易的一方给付，另一方收受；佣金的享有者作为居间人独立于商品交易之外，为双方的商品交易提供机会，而回扣的取得者就是从事商品交易的当事人。

第三，商业贿赂犯罪中的回扣区别于经营过程中的折扣。根据《关于禁止商业贿赂的暂行规定》的规定，折扣是商品购销中的让利，指经营者在销售商品时，以明示并如实入账的方式给予对方的价格优惠，包括支付价款时对价款总额按一定比例即时予以扣除和支付价款总额后再按一定比例予以退还两种形式。从本质上考察，折扣是经营者所采取的一种价格营销策略，即通过让利达到促销。而商业贿赂犯罪中的回扣是以不正当竞争目的为导向的非法价格行为，即违背诚实信用，罔顾公平竞争的市场秩序，通过私通暗洽促成长时间的排他性回馈和垄断性利益。从形式上分析，折扣普遍发生在符合商业惯例的经营活动中，例如：(1)买方当期付款，缩短卖方资金回流周期；(2)降价处理鲜活、季节性、积压、断码等商品；(3)买方承担运输、仓储费用，节省卖方附随性服务开支。而属于商业贿赂的回扣不存在合同权利义务关系的流转、商业惯例的依据、价格法律法规的合法性基础，只是逐渐内化成型的商业活动"潜规则"的外部表现。

实践中具有手续费性质的贿赂名目繁多，包括"辛苦费"、"劳务费"、"好处费"、"介绍费"、"信息费"、"感谢费"、"活动费"、"奖励"等等，令办案人员无所适从。笔者认为："经济往来"系列条款中的手续费指市场主体为了承揽业务谋取商业利益，给予相对方或其负责人作为完成交易程序的金钱报酬。

其一，手续费区别于回扣。回扣款项来源于买方实际支付的货款、劳务费。而手续费由渴望获得交易机会的一方支付，可以是在财务结算之前，也可以在商品、款项到位之后。手续费是经营者对交易对象顺利完成商业程序的回馈，泛滥根源在于支付手续费的一方能够通过此项交易机会衍生的持续性商业运作谋取远高于贿赂成本的高额利润。

---

①　王作富主编：《刑法分则实务研究》，中国方正出版社2001年版，第1760页。

其二,必须廓清受贿性手续费与侵占性手续费的界限。司法实践中经常出现高级管理人员通过正当程序将本单位资本投入特定的证券投资基金,以此收受基金公司给付的手续费。司法实践中有一种看法认为,手续费由单位资本而产生,属于“羊毛出在羊身上”;非法收受手续费的行为侵犯了单位产权,应当认定为贪污罪或职务侵占罪。但是,仅仅认识到手续费产生于单位资本并没有真正辨明核心问题。笔者认为,如果手续费是单位资本在证券投资基金运作过程中所获孳息的一部分,那么收受该款项便具有侵占性;如果手续费是基金公司在正常结算资本运作收益前提下额外给予行为人的好处,那么接受该笔费用即具有受贿性。受贿性的手续费是获取资本运作权的诱饵。

三、医疗教育领域商业贿赂犯罪

在我国医疗教育领域,医疗机构人员、教育机构人员等收受各类医疗产品、教育产品销售方提供的回扣在行业中盛行。同时,医生、教师等在开具处方、教学活动中收取各种费用的行为也屡禁不止。由于医疗教育与群众利益密切相关,这类商业贿赂犯罪行为严重败坏社会风气与社会和谐,社会危害性极大。但是,刑法理论与实务部门对于如何根据我国刑法贿赂犯罪条款追究医疗教育领域商业贿赂犯罪刑事责任问题一直存在极大的理解障碍与认识分歧。原刑法第一百六十三条公司、企业人员受贿罪的主体仅限于公司、企业的非国家工作人员,而并不包括事业单位的工作人员,这实际上形成了刑法调整的盲点,特别是在司法实践中对于医院、学校等事业单位的非国家工作人员的受贿行为就无法加以处罚。《刑法修正案(六)》将《刑法》原第一百六十三条规定的公司、企业人员受贿罪在主体上进行扩大,规定“其他单位”工作人员同样可以成为受贿犯罪的主体,《刑法》第一百六十三条的罪名也修改为非国家工作人员受贿罪。《商业贿赂意见》第二条对“其他单位”进行了细致的解释:“其他单位”,既包括事业单位、社会团体、村民委员会、居民委员会、村民小组等常设性的组织,也包括为组织体育赛事、文艺演出或者其他正当活动而成立的组委会、筹委会、工程承包队等非常设性的组织。自此,医疗教育机构人员成为受贿犯罪主体已经不再是问题。当然,由于医疗教育领域商业贿赂犯罪情况非常复杂,《商业贿赂意见》第四条与第五条区分不同情形,对医疗机构人员、教育机构人员利用职务便利收受回扣行为的性质认定设置了司法适用规则。在理解与适用《商业贿赂意见》相关规定时,刑法理论与司法实践中仍然存在很多不同意见,有必要在深度分析刑法与司法解释条文、明确医疗教育机构职务权限内容与行为主体定位的基础上,对医疗教育领域商业贿赂犯罪疑难问题提出有针对性的刑法适用规则。

（一）医疗教育领域商业贿赂犯罪的构成要件配置

根据《刑法》第一百六十三条第一款的规定，公司、企业或者其他单位的工作人员利用职务上的便利，索取他人财物或者非法收受他人财物，为他人谋取利益，数额较大的，构成非国家工作人员受贿罪。同时，根据《刑法》第三百八十五条第一款的规定，国家工作人员利用职务上的便利，索取他人财物的，或者非法收受他人财物，为他人谋取利益的，是受贿罪。贿赂犯罪刑法理论通说认为，刑法规定的受贿犯罪具有索取财物与收受财物两种行为模式，对于受贿罪而言，索取财物直接构成犯罪，不以为他人谋取利益为要件；对于非国家工作人员受贿罪而言，索取财物与收受财物一样，必须以为他人谋取利益为要件。

但是，《商业贿赂意见》第四条关于医疗领域商业贿赂犯罪刑事责任问题的规定，在构成要件规范表述的结构上与刑法条文存在差异，而正是这些看似琐碎的文字差别，导致刑法理论上有不少观点对《商业贿赂意见》提出了质疑。根据《商业贿赂意见》第四条第一款和第二款的规定，医疗机构中的国家工作人员，在药品、医疗器械、医用卫生材料等医药产品采购活动中，利用职务上的便利，索取销售方财物，或者非法收受销售方财物，为销售方谋取利益，构成犯罪的，依照《刑法》第三百八十五条的规定，以受贿罪定罪处罚。医疗机构中的非国家工作人员，有前款行为，数额较大的，应当依照《刑法》第一百六十三条的规定，以非国家工作人员受贿罪定罪处罚。从司法解释规范分析的角度来看，医药产品采购过程中的受贿犯罪行为表现为“利用职务上的便利，索取销售方财物，或者非法收受销售方财物，为销售方谋取利益”。行为人属于医疗机构中的国家工作人员的，构成受贿罪；行为人属于医疗机构中的非国家工作人员的，构成非国家工作人员受贿罪。

对照刑法相关受贿犯罪规定，可以发现商业贿赂犯罪司法解释存在以下问题：其一，《商业贿赂意见》第四条在规定了构成受贿罪的行为之后，非国家工作人员受贿罪的行为以“有前款行为”的方式予以援引，实际上就是将受贿罪与非国家工作人员受贿罪的客观行为要件作等同化表述。这与刑法相关受贿犯罪区别规定受贿罪与非国家工作人员客观行为要件配置存在差异。其二，将《商业贿赂意见》第四条与受贿罪刑法规定进行对照，前者在“索取……财物”与“为……谋取利益”之后均缺少虚词“的”。这两个虚词“的”在《刑法》第三百八十五条中实际上起到了重要作用，正是在“的”的配合下，《刑法》第三百八十五条中的“或者”才能明确地将“索取他人财物”与“非法收受他人财物，为他人谋求利益”分隔为两种独立的受贿犯罪行为模式。反观《商业贿赂意见》第四条,“索取销售方财物”与“非法收受销售方财物”之间同样通过“或者”予以区分,表达一种行为上的选择关系,但是,由于在“索取……财物”与“为……谋取利益”之后缺少“的”,“为……谋取利益”在要件配置上的实体定位是不明确的。从语法的角度分析,“或者”可以理解为“索取……财物”与“为……谋取利益”之间的选择关系,也可以理解为“索取……财物”与“非法收受……财物,为他人谋求利益”之间的选择关系。①其三,将《商业贿赂意见》第四条与非国家工作人员受贿罪刑法规定进行对照,前者在“索取……财物”与“或者非法收受……财物,为他人谋求利益”之间多了一个逗号,根据上述分析,“为他人谋取利益”要件在配置上存在两种理解。而在非国家工作人员受贿罪的刑法条文中,由于“或者”之前不存在逗号,“为他人谋取利益”明确地应当解释为索取贿赂与收受贿赂都应当具备的要件。当然,《商业贿赂意见》第五条教育领域商业贿赂犯罪刑事责任问题的规定存在相同的问题。

对于《商业贿赂意见》第四条与第五条存在的上述问题,刑法理论上有不少观点提出了尖锐的质疑。有的论者指出,《商业贿赂意见》中对于医生构成非国家工作人员受贿罪的模式显然超越了原来该罪构成模式的限制。根据刑法文本中第一百六十三条规定,即使是在“索贿”的场合,也仍然需要以“为他人谋取利益”为要件,而《商业贿赂意见》中取消了该要件,降低了该罪的构成门槛,扩大了适用范围。《商业贿赂意见》第四条的解释属扩大性解释,与刑法文本第一百六十三条规定相矛盾,违背了罪刑法定原则,应属于无效解释。②还有论者认为,《刑法》第一百六十三条中“索取”和“非法收受”之间并没有逗号,这意味着非国家工作人员受贿罪与受贿罪的认定区别在于:非国家工作人员受贿罪的认定,“索取”和“收受财物”行为都需要满足“为他人谋取利益”的条件,才能定罪。现在《商业贿赂意见》的规定就带来了刑法适用上的混乱,根据其规定,医疗机构的非国家工作人员索取销售方财物后,不需要“为销售方谋利益”的条件就可以定罪。这种解释与原来刑法文本规定存在重大冲突,绝不能为了满足“社会可以接受”或者“社会公众

---

①　当然,从《商业贿赂意见》第四条第一款规定的内容来看,“或者”之前还有“医疗机构中的国家工作人员”、“在药品、医疗器械、医用卫生材料等医药产品采购活动中”、“利用职务上的便利”等三个要素。其中,主体与环节要素是受贿罪的必备元素,显然不可能与行为要素形成选择关系。同时,“利用职务上的便利”是受贿罪作为职务犯罪的必备特征,亦不可能作为一种选择性行为要素,因此,只需要分析“或者”之前的“索取销售方财物”与“或者”之后的“非法收受销售方财物,为销售方谋取利益”这些行为要素之间的关系。

②　郑高键、郜占川:《商业贿赂犯罪疑难问题的司法适用》,《社科纵横》2010年第1期。

利益需求”而牺牲刑法文本中对犯罪构成的定型性作用,甚至破坏刑法的整体法秩序利益。《商业贿赂意见》第四条第二款和第五条的第二款的规定均背离了刑法文本含义,不能适用,或者如果适用,该款规定也仅仅是明确了在主体上医生、教师可以成为非国家工作人员受贿罪的主体。①

应当看到,理论上对《商业贿赂意见》的质疑仅仅是对司法解释规定在规范结构理解上的一种阐释,虽然并非全面,但客观上反映出《商业贿赂意见》在语法运用与规范措辞上是不够严谨的。商业贿赂犯罪司法解释在条文制定上出现如此重大的疏漏,必须引起重视。细致分析司法解释与刑法条文在受贿犯罪“为他人谋取利益”要件配置上的理解差异,其意义就在于凸显出语法应用与措辞失范对于刑法分则个罪犯罪构成解释的重大影响,提醒司法解释的制定者必须在拟定司法适用规范过程中保持高度的严谨性。

当然,明确指出《商业贿赂意见》在上述条文的拟定过程中确实存在语法疏漏,并不意味着根源性地否定商业贿赂犯罪司法解释在刑法适用上的指导价值。事实上,刑法理论与实务界对于受贿犯罪“为他人谋取利益”要件的配置已经形成了共识,司法解释在规范表达上的歧义显然不足以也无权修改受贿犯罪的构成要件,况且,《商业贿赂意见》第四条与第五条的本意也不在于此。刑法理论上的一些观点试图全盘否定《商业贿赂意见》相关解释性条文的效力,或者直接认定为无效解释,是完全没有必要的。这样的理论定位不仅没有考虑到司法解释的制定成本,更没有在深层次上理解《商业贿赂意见》第四条与第五条的内容与要旨。在医疗教育领域,医疗机构与教育机构中的国家工作人员与非国家工作人员,收受医药产品销售方以各种名义给予的回扣以或者在教材、教具、校服或者其他物品采购中收受回扣问题在实践中表现得比较突出。《商业贿赂意见》第四条与第五条主要是规定医疗教育领域商业贿赂犯罪在采购管理环节、职务便利特征、行为主体区分方面的刑事责任认定规则。关于受贿犯罪“为他人谋取利益”要件的必备性问题,在医疗教育领域的商业贿赂犯罪案件中并没有改变,仍然应当按照《刑法》第一百六十三条、第三百八十五条的相关规定进行认定。实际上,《商业贿赂意见》第四条与第五条在规定了主体、职务、环节等构罪要素之后,都作出了“依照刑法第三百八十五条的规定,以受贿罪定罪处罚”、“依照刑法第一百六十三条的规定,以非国家工作人员受贿罪定罪处罚”等表述。这也证明医疗教育领域商业贿赂犯罪的相关司法解释规定是特殊环节受贿

① 李翔:《对商业贿赂犯罪司法解释的若干质疑》,《政治与法律》2009 年第 6 期。

犯罪认定规则的一种提示、指导与强调,受贿犯罪构成要件的配置仍然必须依照刑法的规定予以准确把握。

(二) 医疗机构人员商业贿赂犯罪的认定

实践中,医疗机构人员收受财物的行为主要表现为三种形式:其一,医疗机构行政管理人员在负责采购医疗用品过程中收受产品销售方给付的财物;其二,医疗机构医务人员在开具处方过程中接受药品销售单位请托,有针对性地在处方中开具相关单位的药物与用品,根据开单量收取药品回扣;其三,医疗机构医务人员在实施手术过程中,收取患者“红包”。

针对医疗机构人员各种类型的收受财物行为,《商业贿赂意见》第四条对医疗机构人员商业贿赂犯罪性质认定问题作出了具体的规定,解决了刑法理论与司法实践中长期存在争议的一系列问题。《商业贿赂意见》第四条的核心内容在于根据医疗机构人员主体身份与职务便利情况分别确定商业贿赂犯罪的具体罪名:(1)利用医疗用品、器械采购活动中的职务便利收受销售方给付的商业贿赂,具有国家工作人员主体身份的医疗机构人员定性为受贿罪,非国家工作人员主体身份的医疗机构人员定性为非国家工作人员受贿罪。(2)医务人员利用处方权的职务便利收受医药产品销售方给付的商业贿赂,无论主体身份是何种性质,均以非国家工作人员受贿罪定性。上述规定将医疗机构中的职务便利划分为两类,一是医药产品采购的行政管理职务便利,二是开处方的职务便利。具有国家工作人员主体身份的医疗机构人员在医药产品采购活动中的管理职责属于从事公务,利用该职务便利收受销售方回扣的,应当以受贿罪论处;不具有国家工作人员主体身份的医疗机构人员在医药产品采购活动中同样属于承担管理职责,但由于其不具有从事公务的性质,只能以非国家工作人员受贿罪论处。执业医师开具处方的行为具有职务性质但不属于从事公务,其利用开处方这一职务便利收受医药产品销售方回扣的,应当一律以非国家工作人员受贿罪论处。

在医药产品采购活动中,医疗机构工作人员接受药品、医用设备、医用耗材等生产、经营企业或经销人员以各种名义支付的回扣、手续费,应当认定为受贿罪或非国家工作人员受贿罪。在认定这种形式的医疗领域商业贿赂犯罪过程中,应当注意重点把握三个问题:

其一,非国家工作人员受贿罪溯及力问题。《刑法修正案(六)》拓展了《刑法》原第一百六十三条公司、企业人员受贿罪的主体范围,“其他单位”工作人员利用职务便利非法收受他人财物,为他人谋取利益的行为,应当以非国家工作人员受贿罪论处。医疗机构中的非国家工作人员,在《刑法修正案(六)》实施之前,不属于公司、企业人员,其在医疗产品采购活动中,利用职务便利收受销售方财物的行为尽管具有商业贿赂的性质,但由于主体身份不符合刑法规定,在刑法上不作为犯罪处理。此类行为虽然根据《刑法修正案(六)》的规定已经构成犯罪,但对于发生在新法实施之前的行为,应当根据刑法溯及力“从旧兼从轻”原则,适用旧法,不能认定为犯罪。在《刑法修正案(六)》实施之后,医疗机构中的非国家工作人员利用采购活动中的职务便利收受医疗产品销售方回扣的行为,才能以非国家工作人员受贿罪论处。

其二,医药产品采购活动中职务便利认定问题。药品、医疗器械、医用卫生材料等医药产品采购活动中的职务便利,一般表现为院长、副院长等医疗机构中的领导、高级管理人员以及直接负责医疗机构采购、财务等行政管理事务的国家工作人员或非国家工作人员,利用领导、决策、管理、负责、实施药品或者仪器采购的权力,收受药品或医疗仪器销售方财物,从事有倾向性的采购行为。然而,在医疗产品采购实践中,医疗机构业务科室的科长、主任等负责人员,也会以不同形式参与采购活动,例如,上报日常业务开展中需要使用的医疗器械、在医疗产品采购招标项目中作为专家担任评标委员会成员、作为医疗机构代表之一在采购合同上签字等。这些医疗机构中的医务人员是基于业务能力与地位参与采购活动,能否认定其具有医疗产品采购的职务便利?对此,笔者认为,应当根据医务人员对于某项医疗产品采购是否具有推荐权、管理权、决定权等职权作用来判断其是否具有医疗产品采购的职务便利。如果医疗机构中的科室主任、科长等是以专家身份为采购管理人员分析医疗器械的技术参数、性能、临床表现等,或者向具有决定权的行政领导介绍专业知识和资讯,或者从业务与工作的角度向采购项目负责成员汇报医疗产品使用情况,这意味着医务人员对于医疗产品采购活动没有职权性的作用影响,即使其在事实上参与采购或者是采购全局工作中的一个环节,但仍然不具有医疗采购活动中职务便利的属性。如果医务人员担任医疗产品招标项目中评标委员会成员,对于是否采购某项医疗产品具有决策权,或者其上报药品或器械的品牌和数量对于医疗采购管理程序具有推荐权,这意味着医务人员代表医疗机构从事商业交易,对于是否以及如何使用医疗机构资产购买医疗产品具有职权作用,应当认定其具有医疗采购活动职务便利。

其三,个人受贿与单位受贿界限问题。由于药品、医疗器械、医用卫生材料等医药产品采购活动一般涉及医疗机构中的多道环节,这种类型的商业贿赂犯罪有相当部分表现为单位受贿,即国有医疗机构在医药购销过程中于账外暗中收受药商给予的回扣、手续费。因此,对于采购药品获取的回扣、手续费等没有归相关管理人员个人所有的,不能直接认定为受贿罪或非国家工作人员受贿罪;对于国有医院收受回扣的,即使相关贿赂财物以奖金形式发放到个人的,仍然应以单位受贿罪论处,对国有医疗机构判处罚金,同时追究主管人员以及直接负责人员的刑事责任。

对于医生通过开处方收受药品销售方回扣的行为如何定性,刑法理论与实务界长期以来存在极大的争议。有的意见认为,应当将具有国家工作人员身份的医生开处方提成的行为认定为受贿罪。但也有意见认为,医生开具处方是一种智力劳动而非职权行使,不能认定为受贿犯罪等职务犯罪,可以通过行政处罚、处分等方式进行处理。《商业贿赂意见》第四条第三款对此问题规定的司法适用规则起到了定分止争的作用:医疗机构中的医务人员,利用开处方的职务便利,以各种名义非法收受药品、医疗器械、医用卫生材料等医药产品销售方财物,为医药产品销售方谋取利益,数额较大的,应当以非国家工作人员受贿罪定罪处罚。在认定医务人员利用处方权收受商业贿赂的行为性质时,应当明确以下要点:

其一,处方权不是具有公务性质的权力,医生开具处方不是从事公务。

对于国有医疗机构医务人员处方权的性质,刑法理论上一直有观点认为,国有事业单位从事公务的人员是国家工作人员,而国有医院是代表国家向社会提供公益性服务的事业单位,执业医师以国有医院的名义为病人开具处方,正是"从事公务"的应有之义。①相关论者进一步提出了很多理由:国有医院对药品的管理涉及采购、保管、销售等环节,其中销售环节包括处方开药、药房配药、病人用药。药房仅仅是根据处方销售药品,故决定药品销售情况的是医生的处方。虽然医院的药事委员会决定进入药房供医生选择使用的具体药品,但最终使用什么药、用多少药才能"药到病除",决定权仍然归属于医生的处方行为。医院的药事委员会负责药品采购,而医生则可视为药品的实际销售人员,具有药品的销售权,故其开具处方的行为是国家药品管理中的一个重要组成部分,应当认定为从事公务。②医生开处方是对药品管理的权力延伸,本质上属于从事公务的职务便利。③开具处方就是药品管理工作的一部分,是国家公权力的体现,故国有医院的医生属于在国有事业单位中从事公务的人员,其利用开处方的职务便利收受回扣的行为成

---

① 参见杨威:《"从事公务"问题刍议——由医生利用处方权收取回扣行为定性问题引发的思考》,《中国刑事法杂志》2004年第6期。

② 参见朱孝清:《也谈医生收受药品回扣的定性》,《人民检察》2004年第11期。

③ 参见赵秉志、廖万里:《医生利用处方权收回扣是否构成犯罪》,载赵秉志主编:《刑法时评》(2004年卷),中国人民公安大学出版社2005年版,第373页。

立受贿罪。①医生开处方收回扣认定为受贿罪具有法律依据。因为,1998 年《执业医师法》第二十七条、第三十七条的规定,医师不得利用职务之便,索取、非法收受患者财物或者牟取其他不正当利益;实施上述行为,构成犯罪的,依法追究刑事责任。可见,在立法机关看来,医生的医疗行为属于公共管理的职务行为,索要贿赂的,应当构成受贿罪。②

然而,上述观点显然错误地理解了处方权的权能属性、国家药品管理权的范围以及相关行政法律规定的精神。笔者认为,处方权不具有公共事务管理的权能属性,医师开具处方不是一种从事公务性质的职务行为。首先,处方权的本质是药品使用的选择权。根据《处方管理办法》第二条的规定,处方是指由注册的执业医师和执业助理医师在诊疗活动中为患者开具的、由取得药学专业技术职务任职资格的药学专业技术人员审核、调配、核对,并作为患者用药凭证的医疗文书。可见,处方是医生对病人用药的书面文件,处方权是医生针对病人的病症开具使用治疗药物的权限,其本质上是对药品的选择权,不具有公共事务管理的属性。其次,国家药品管理权根本不包括执业医师处方权这一项内容。根据《药品管理法》的规定,国家药品管理权是对药品的研制、生产、经营、使用行为的监督管理,具体包括药品生产企业管理,药品经营企业管理,医疗机构药剂管理,新药研制、试验、批准等管理,麻醉药品、精神药品、医疗用毒性药品、放射性药品的特殊管理,药品进出口管理,药品储存与检验管理,药品包装管理,药品价格和广告的管理等一系列与药品安全有关的监督管理活动。商业贿赂犯罪司法实践中,不能将药品管理权限无限延伸,将医院与执业医师根据专业技能选择药品的权限,即处方权,也认定为是国家对药品的管理权。处方权是医疗机构诊疗活动的一个重要组成部分,不能与作为公共事务管理内容之一的药品管理权相混淆。再次,《执业医师法》没有规定执业医师开处方收受财物的行为性质属于在从事公务过程中收受贿赂的受贿罪。从《执业医师法》第二十七条这一行政法上的禁止性规定来看,其确认了执业医师在执业活动中具有一定的职务便利,并禁止利用执业中的职务便利获取财物等不正当利益,完全没有规定执业医师的执业行为(包括开处方)是具有公共事务管理性质的职务行为。同时,《执业医师法》第三十七条是行政法中的刑事罚则,是对执业医师收受贿赂构成犯罪的规范指引,相关行为能否最终确认为构成受贿罪,显然是完全基于刑法的具体规定而进行的司法判断。因此,无论如何也

---

① 参见王涛:《国有医院医生"开处方收回扣"行为的认定》,《犯罪研究》2009 年第 3 期。

② 参见黎宏:《医生收受处方回扣应属受贿》,《检察日报》2004 年 6 月 28 日第 3 版。

不能得出《执业医师法》规定了医师开处方是从事公务且利用开处方的职务便利收受财物行为根据刑法规定构成受贿罪的结论。

其二,开具处方收受回扣是利用职务便利收受贿赂的行为,不能等同于单纯通过医疗劳务行为收取好处的行为。

刑法理论上的一种代表性观点认为,医生处方权空有“权力”之名,却无“权力”之实。因为,根据《执业医师法》的规定,医生从事的是医疗技术业务,属于高智商劳务;处方权也不是职权,而是从事医疗业务的资格。医生收钱开药利用了替病人诊断、择药的工作便利或者职业上的便利,而非职务上的便利,不能认定为任何形式的受贿犯罪。①

然而,在《刑法修正案(六)》将公司、企业人员受贿罪修改为非国家工作人员受贿罪之后,理论上有相当数量的意见试图否定上述观点,将开具处方解释为职务行为。有论者认为,不论是开具处方、进行手术前或者是其后收受贿赂,都属于利用自身诊疗行为的职务便利,索取他人财物或者非法收受他人财物,为他人谋取利益,如果数额较大,客观方面符合公司、企业、其他单位人员受贿罪行为的实质要求,不仅侵犯了公司、企业的正常管理秩序,而且侵犯了公平竞争的市场秩序,成立非国家工作人员受贿罪。②应当看到,这种意见的缺陷是比较明显的,其一方面认为开具处方是一种诊疗行为,另一方面又认为诊疗行为本身是一种职务行为,前后存在极大的矛盾。因为诊疗行为是医生根据专业技术判断病情并对症下药(手术)的执业行为或工作行为,绝对不能将业务等同于职务。同时,这种意见也没有认识到,诊疗行为发生在医疗关系之中,是医生与患者之间的一种法律关系,如果存在贿赂问题,医生收受贿赂的对象是病人或其家属。这根本不可能存在侵犯公平竞争的市场秩序问题。

理论上还有一些观点尝试重构受贿犯罪“利用职务上的便利”的解释规则。例如,有论者认为,医生利用处方权收受了销售医药产品方的财物的行为虽然不是行使公共职权,也不是职务行为,但不可否认其存在某种工作职责的便利成分。因为医师作为专业人员在当事人处于受诊地位时,医师给予的建议具有不同于一般的影响力,医师在此正是滥用此种影响力。医疗机构中的医务人员利用开处方收受医药产品销售方财物,可以视作利用职

---

① 参见赵秉志、廖万里:《医生利用处方权收回扣是否构成犯罪——兼论我国刑法中受贿罪的立法完善》,《法制日报》2004年7月22日第9版。

② 参见陈京春、王婧华:《临床医生收取红包行为的性质》,《华东政法学院学报》2006年第5期。

务便利，认定为非国家工作人员受贿罪。[①]更有论者认为，如果对“利用职务上的便利”的理解，仍限于管理性质的活动而将提供劳务、技术服务等工作上的便利排除在外，则势必难以将医生开处方这种与职务无关的医疗技术活动按照商业受贿犯罪来定性处理。应当将商业贿赂犯罪中的“利用职务上的便利”诠释为“利用从业之便”，其内涵应涵盖劳务、工作上的便利，不应强行区分职务和劳务。所以，处方权是经医生根据自己的专业知识、业务水平、病人的具体病情开出治疗药品的从业行为，医生利用业务便利收受回扣的，就是利用职务便利收受贿赂，应当认定为非国家工作人员受贿罪。[②]但是，上述观点显然违背职务犯罪刑法基本原理。无论是受贿罪还是非国家工作人员受贿罪，其作为受贿类职务犯罪的一种犯罪类型，最基础的特点在于这种行为的本质是利用职务便利谋取私利，脱离了职务也就根本性地丧失了构成受贿犯罪的基础。受贿罪与非国家工作人员受贿罪“利用职务上的便利”只在是否具有公务属性上存在差异，在管理属性上具有完全相同的内涵。因此，不具有管理属性的工作行为、职业行为、业务行为等，即使其技术含量再高，也不能视为职务行为。

笔者认为，医生掌握的是专门的医学技术，应当属于专业人员；医生资格证虽由国家颁发的，但仅是行业的准入凭证，不是职务的体现。故获得处方权后开药行为具备技术性职务的外观，属于医疗行为，形式上是向社会公众提供一项公共服务。从公共服务产品的提供者（医生）与接受者（患者）关系的角度分析，医务人员开处方是医疗业务行为而非职务行为。

但是，这只是处方权行使的一个侧面。医生开处方以后取得的回扣是药品供应商提供的，因此，在决定使用何种药品、使用多少药品的医生与销售药品方之间，医生开处方以后取得回扣的行为并不是一种医疗行为。因为医疗行为是针对医患关系而言的。对于药品供应商来说，医生开处方实际上是一种采购行为。药品供应商之所以给医生回扣，是因为医生使用了他们的药，这就证明了医生的开药方行为是一种药品采购行为，集中体现了医生行使职务赋予的权力。因此，在医生与药品销售方之间，处方权是一种不具有公共事务管理的采购、使用药品的职务行为，医生利用处方权收受了销售医药产品方的财物的行为，其中明确地存在权力与金钱之间的腐败交

---

① 参见焦阳、唐燕：《医疗卫生领域商业贿赂犯罪采购活动与处方权行为特征》，《中国检察官》2010年第9期。

② 参见陈晨：《商业贿赂中医务人员“利用职务上的便利”的再思考》，《天津市政法管理干部学院学报》2009年第1期。

易内容,医务人员利用开处方的职务便利收受药品销售方回扣的,应当认定为非国家工作人员受贿罪。

医务人员利用开处方的职务便利收受回扣在性质上区别于医生开刀收取“红包”。前者属于利用职务便利的,而后者是一种单纯的医疗劳务行为。在医生开刀收取“红包”行为中,财物给付者是病人或者病人家属,医务人员与财物给付者之间是医患关系。医务人员收受财物的基础是其提供医疗服务的水平与技术,不是行使权力的问题;病人及其家属给付“红包”是对医生手术治疗行为的一种肯定、回报或者鼓励等,不是对职务权力廉洁性的腐蚀。所以,医务人员开刀收取“红包”没有利用职务便利的因素,不能作为受贿犯罪处理。

其三,利用开处方的职务便利,不仅是指利用本人开具处方的职务便利,而且包括利用与开具处方有关的管理职务。

执业医师利用开处方的职务便利收受药品器材销售方提供的财物,最为典型的表现形式就是本人开具处方,根据使用的药品数量与销售方按照一定的“扣率”进行结算,收受回扣。对此,可以直接根据《商业贿赂意见》认定为“利用开处方的职务便利”。但是,实践中还存在着利用与开具处方有关的管理职务收受药品销售方回扣的情况。因为,在医疗机构中,科室主任、科长等部门负责人员甚至院长等具有高级、中层行政管理人员直接从事临床医疗并不在少数。上述人员具有一定行政管理权限的执业医师利用采购等行政职务上的便利,收受药商、医疗器械销售者的回扣,具有国家工作人员身份的,属于利用公权性的职务便利,构成受贿罪;具有非国家工作人员身份的,构成非国家工作人员受贿罪。这在实践中并不存在司法认定障碍。较为疑难的问题是,科室主任等具有行政职务的医师利用处方指导权等与开具处方有密切关系的管理权限收受药品销售方回扣的,如何认定行为性质?

实践中的典型案例表现为:程某系甲医院B区分院内分泌科主任(国家工作人员),全面负责科内事务管理。程某事先与医药销售代表约定回扣比例,承诺在科室尽量安排医师使用有回扣的药品,由医药销售代表根据全科医师开具的药品数量每月结算回扣数额。在实际操作时,程某在对医师开具处方进行管理与指导的过程中,并不强行指定科室内的医生一定要使用有回扣的药品,而是要求下属医生对症开药,但是,程某会向医师具体且细致地介绍有回扣的药品,以此加深印象,从而提高有回扣药品使用量。2007年1月至2008年12月期间,程某根据内分泌科开具药物的品种与数量,收受多个制药公司医药销售代表回扣共计10万余元,存入个人账户;接受某药业公司邀请免费赴日旅游四天，旅游费用2万余元，旅游期间收受该公司经理给付的4万日元“零花钱”。

对于科室主任收受药品回扣的行为如何定性，实践中存在极大分歧。第一种意见认为，程某不构成犯罪。因为，程某虽然具备国家工作人员主体身份，但其没有在参与医院药品采购活动中，利用科室主任行政管理权收受回扣，不构成受贿罪。同时，没有证据表明回扣数额与程某利用自己作为医师处方权开具药品数额具有明确的对应关系。程某实际上是利用科室内所有医师行使处方权开具药品收受回扣，客观上没有为医药公司谋取利益，也不符合非国家工作人员受贿罪的构成要件。第二种意见认为，程某构成非国家工作人员受贿罪。程某对于全科医师处方权行使状况具有管理与监督职责，利用其他医师开具的处方收受回扣，应认定为《商业贿赂意见》第四条第三款规定的“利用开处方的职务便利”，以非国家工作人员受贿罪论处。笔者认为第二种意见是正确的，利用与开处方有关的管理权收受药品销售方回扣的，可以认定为“利用开处方的职务便利”。具体理由是：

首先，与开处方有关的管理权是一种职务便利。

案例中，医药代表正是基于程某内分泌科主任的职务及其职权对其他医师是否开具药品及数量具有管理职能而给付回扣。同时，程某确实全面负责科室管理，对全科处方进行指导、对药品特质进行介绍、对处方质量进行监控，其职权内容与范围决定了医药代表在甲医院A区分院的销量受制于程某。因此，程某收受医药代表贿赂的基础在于其利用了全面负责内分泌科处方管理的职务之便，具有利用职务上的便利的行为特征。

其次，开处方的职务便利可以表现为利用本人开处方的职务便利，也可以是利用职务上具有隶属、制约、管理关系的其他执业医师开具的处方的便利。

根据《商业贿赂意见》第四条第三款规定，医疗机构中的医务人员，利用开处方的职务便利，以各种名义非法收受药品、医疗器械、医用卫生材料等医药产品销售方财物，为医药产品销售方谋取利益，数额较大的，以非国家工作人员受贿罪定罪处罚。“利用开处方的职务便利”在解释上应当遵循受贿犯罪职务便利要件解释的一般规则。根据《经济犯罪纪要》的规定，受贿罪中“利用职务上的便利”，既包括利用本人职务上主管、负责、承办某项公共事务的职权，也包括利用职务上有隶属、制约关系的其他国家工作人员的职权。据此，非国家工作人员受贿罪中“利用职务上的便利”包括利用本人职务上主管某项事务的职权和利用职务上有隶属、制约关系的其他非国家工作人员的职权。“利用开处方的职务便利”是非国家工作人员受贿罪“利用职务上的便利”的一种特殊表现形式,同样应当包括医生利用本人开处方的职务便利,以及利用本人职务上具有管理、隶属、制约关系的其他医生开处方的职权。

结合上述案例事实分析,没有任何证据表明其本人故意开具有回扣的药品及其具体数量。因此,不能认定程某的行为属于利用本人开处方的职务便利。但是,程某作为科室主任,在职务上对其他执业医师具有管理、隶属、制约关系,其在其他执业医师开具处方过程中进行有针对性的药品介绍,并且利用其他医师开具的有回扣的药品与药品销售代表结算回扣,符合利用本人职务上具有隶属、制约关系的其他医师开具处方的行为特征,应当认定为其“利用开处方的职务便利”。

最后,向医药销售代表承诺安排尽量多开药,符合“为他人谋取利益”要件。程某自己并没有开处方收取回扣的行为,而是利用其他医师开有回扣药品处方的结果,以此收取医药代表给付的回扣。基于此,实践中有观点认为,程某事实上并没有实施为他人谋取利益的行为,最终实现医药公司用药利益的是其他医师而非程某,受财与谋利的行为主体分离,不应认定程某构成受贿犯罪。笔者认为,上述观点错误理解了“为他人谋取利益”要件。根据《经济犯罪纪要》关于受贿犯罪谋利要件认定的共识性意见,为他人谋取利益包括承诺、实施和实现三个阶段的行为。只要具备其中一个阶段的行为,就具备了为他人谋取利益的要件。本案中,程某已经向医药代表承诺安排科室内的医生尽量多开有回扣的药品,这一承诺行为已符合了“为他人谋取利益”要件,事后其如何具体地实施谋取利益,并不影响定性。

（三）教育机构人员商业贿赂犯罪的认定

《商业贿赂意见》第五条规定:学校及其他教育机构中的国家工作人员,在教材、教具、校服或者其他物品的采购等活动中,利用职务上的便利,索取销售方财物,或者非法收受销售方财物,为销售方谋取利益,构成犯罪的,依照《刑法》第三百八十五条的规定,以受贿罪定罪处罚。学校及其他教育机构中的非国家工作人员,有前款行为,数额较大的,依照《刑法》第一百六十三条的规定,以非国家工作人员受贿罪定罪处罚。学校及其他教育机构中的教师,利用教学活动的职务便利,以各种名义非法收受教材、教具、校服或者其他物品销售方财物,为教材、教具、校服或者其他物品销售方谋取利益,数额较大的,依照《刑法》第一百六十三条的规定,以非国家工作人员受贿罪定罪处罚。从上述司法解释规定的结构与内容上分析,教育机构人员商业贿赂犯罪性质认定的司法规则与医疗领域商业贿赂犯罪认定具有一致性。但是,在具体分析教育领域商业贿赂犯罪刑事责任问题的过程中,有必要就教育机构人员构成商业贿赂犯罪的活动环节、主体身份、职务性质等问题进行刑法思考。

第一，教育机构中的国家工作人员或者非国家工作人员构成受贿犯罪，不局限于教育采购活动中利用职务便利收受回扣的行为，还应当包括在其他商业活动中的商业贿赂犯罪行为。

教材、教具、校服或者教辅资料等其他物品，在各级教育行政管理机构以及学校日常行政管理事务中，属于数量巨大的采购项目，实践中通常由教育行政管理机构负责人或特定部门工作人员或者学校的有关负责人、管理人员等进行决策、管理、执行。由于教育采购项目市场巨大且利益丰厚，销售方为了获取大单交易项目，常常以回扣、手续费等名义给付相关管理人员、经办人员财物。故学校等教育机构中的商业贿赂犯罪行为主要发生在教材、教具、校服或者其他物品的采购等活动中。《商业贿赂意见》第五条第一款与第二款针对教育采购环节的商业贿赂犯罪认定问题进行了规定。在适用《商业贿赂意见》上述规定时，可以直接根据采购活动中相关负责人员的主体身份与职务内容予以定性：国有学校及其他国有教育机构中具有国家工作人员身份的人员，例如，教委等教育行政管理机构的负责人、学校的校长、副校长等高级行政管理人员，利用主管教育采购活动的职务便利，收受销售方回扣的，应当认定为受贿罪；国有学校及国有教育机构中的非国家工作人员，或者民办学校等非国有教育机构中的非国家工作人员，利用采购管理职务便利，收受销售方回扣的，应当认定为非国家工作人员受贿罪。值得强调的是，教育领域商业贿赂犯罪并不仅仅发生在与教育采购活动中。当前，学校等教育机构已经深刻地介入了工程建设、科研投资、产业经营、资产重组、股权转让、保险理财等方方面面的商业与金融交易领域，学校为师生购买保险，学校基建项目招标，学校作为投资主体成立公司参与市场经营或者投资科研项目进行技术攻关等等，早已成为教育机构中极为常见的商业活动。所以，学校及其他教育机构中的国家工作人员，在商业活动中，利用职务上的便利，索取相对方财物的，或者非法收受相对方财物，为其谋取利益的，构成犯罪的，应当依照刑法第三百八十五条的规定，以受贿罪定罪处罚；学校及其他教育机构中的非国家工作人员，有上述行为，数额较大的，依照《刑法》第一百六十三条的规定，应当以非国家工作人员受贿罪定罪处罚。

第二，教师的教学活动本质上并非职务行为，不存在利用教学活动职务便利的情况，但是，教师经授权参与教育采购活动并从中收受回扣的，可以认定为非国家工作人员受贿罪。

教师是在各级各类学校和其他教育机构中专门从事教育教学工作,履行教育教学职责的专业人员。担任学校及其他教育机构中的教师,必须取得教师资格,即符合一定的学历条件,通过国家教师资格考试,经认定合格并具有教育教学能力。可见,教师是一种从业资格,显然不是国家工作人员,教师的教学活动也不是从事公务。国有学校或者其他教育机构中不具有行政管理权的教师不能成为受贿罪的主体。当然,各级各类学校等教育机构中的教师,可以作为《刑法》第一百六十三条非国家工作人员受贿罪中规定的“其他单位”的工作人员,认定为非国家工作人员。

刑法理论与司法实践中的一种代表性观点认为:教师的教学活动虽然不是从事公务,但属于职务行为。①正是基于这样的理解与认识,《商业贿赂意见》第五条第三款规定,学校及其他教育机构中的教师,利用教学活动的职务便利,以各种名义非法收受教材、教具、校服或者其他物品销售方财物,为教材、教具、校服或者其他物品销售方谋取利益,数额较大的,依照《刑法》第一百六十三条的规定,以非国家工作人员受贿罪定罪处罚。从司法解释的规定分析,教师的教学行为与医生的开处方行为具有相同的性质,在教学活动中收受回扣与在医疗活动中收受回扣一样,都是属于利用职务上的便利收受贿赂的受贿犯罪行为。

然而,笔者认为,教师教学与医生开处方具有显著区别,《商业贿赂意见》第五条第三款“利用教学活动的职务便利”这一提法存在重大缺陷。正如前文所述,医生开处方之所以可以认定为职务行为,根本原因在于处方行为内含着两个不同性质的行为与两种关系——开处方是诊疗行为,在医生与病人之间形成医疗关系;开处方还是医疗产品选择与使用行为,在医生与医疗产品销售者之间形成购销关系。作为医生开处方行为的一个侧面,诊疗行为显然只能属于业务行为,而作为开处方行为的另一个侧面,药品选择与使用行为构成职务行为。因此,开处方蕴含着职务行为的内容,医生在开处方过程中收受医疗产品销售方的回扣,可以认定为“利用开处方的职务便利”。教师的教学活动则不然。根据《教师法》第八条的规定,教师应当贯彻国家的教育方针,遵守规章制度,执行学校的教学计划,履行教师聘约,完成教育教学工作任务。可见,教师实施教学活动是履行教育教学的工作任务。教学活动是“教育”与“学习”的互动过程,老师通过教育工作推动与促进学生掌握学习内容,学生通过学习行为理解与获取老师传递的知识信息。教

---

① 参见逄锦温:《〈关于办理商业贿赂刑事案件适用法律若干问题的意见〉的理解与适用》,《人民司法》2008 年第 3 期。

学活动中只内含着老师传授知识与学生学习知识的师生关系。教学只具有工作的属性,而没有职务的因素。所以,从逻辑上分析,《商业贿赂意见》第五条第三款"利用教学活动的职务便利"的表述存在明显缺陷,其将根本没有职务内涵的"教学活动"修饰为"职务便利",实际上是将职务便利要素强加于教学活动之上,并不符合教学行为的应然属性与本质特征。理论上有观点认为,"利用教学活动的职务"是指从事教学活动的教师利用其在购买教材、教具、校服或其他物品的商业行为中拥有的对学校财务的决策权、支配权等管理、经受特定经费的权力而对销售方形成特殊地位。①这种看法已经完全背离了教学活动的实质内涵,是在将教学活动曲解为采购、财物决策管理权的基础上论证教学活动具有职务属性,其解释结论显然无法成立。

从整体上理性分析《商业贿赂意见》第五条第三款的规定,我们可以看到,司法解释规定教师利用职务便利收受回扣的行为应当认定为非国家工作人员受贿罪,主要是针对教师在学校教材、教具、校服或者其他物品采购中收受回扣的行为进行入罪化解释。这种结论在总体上是正确的,只是在司法解释的规范表达上具有瑕疵。实践中,教师收受教材、教具等物品销售方回扣的行为,集中表现为三种形式:一是在学校等教育机构中担任行政管理职务、具有采购职责的教师,在教材、教具等物品采购活动中收受回扣;二是不担任行政职务、不具有采购管理权的教师,在采购程序中,对于学校是否采购教材、采购何种教材等具有推荐权、建议权、指导权、决定权等权力影响,在这种参与学校采购活动中收受回扣;三是不具有行政职务与任何职责的普通教师,在教学活动中,指定学生购买特定教材或者教辅材料,从中收受教材、教辅销售方回扣。对于第一种情况,实际上是同时具有行政职务与教师资格的学校工作人员利用职务便利在采购活动中收受回扣,可以直接根据《商业贿赂意见》第五条第一款与第二款的规定,根据其主体身份与职务属性,认定为受贿罪或非国家工作人员受贿罪。对于第二种情况,虽然教师在形式上不具有管理职务与采购职责,但参与了采购活动并在其中具有推荐、建议、决定等实质性权力,本质上属于授权进行采购,客观上具备了职务要素。相关教师在参与采购教材等活动中,实施有针对性的推荐、建议和决定,从中收受销售方回扣的,应当认定为非国家工作人员受贿罪。但是,由于这种基于授权而产生的职务便利与教师具体的教学行为无关,故不能称之为"利用教学活动的职务便利"。对于第三种情况,相关教师在形式上

① 参见黄华平、张伟珂:《教师之商业贿赂犯罪研究——兼议"两高"〈关于办理商业贿赂刑事案件适用法律若干问题的意见〉》,《中国人民公安大学学报(社会科学版)》2009年第4期。

没有管理权能,实质上没有获得与采购活动有关的授权,不具有任何形式的职务便利。教师利用教学活动强行指定学生购买教材、教辅等材料收受物品销售方回扣,属于利用教学工作便利谋取私利,是一种行径恶劣的不正之风,应当由教育行政主管部门予以行政处分,但不能作为商业贿赂犯罪处理。综上分析,《商业贿赂意见》第五条第三款实际上意图解决的是教师利用参与采购活动的职务便利收受回扣行为的定性问题,但不合理地将教学活动规定为职务行为。笔者建议,实务部门在对该司法解释条款进行理解与适用时应当保持克制与谨慎,只有在教师实质上获得授权参与学校教材、教具、校服或者其他物品采购活动,收受回扣,并有针对性地推荐、建议或者决定购买有回扣的教材、教辅等,才可以认定为非国家工作人员受贿罪。

第三,应当严格区分教育机构人员利用采购职务便利收受回扣行为与利用行政管理职务便利或者教学工作便利收受财物行为之间的界限。

教育领域贿赂违纪、违法、犯罪行为不仅表现为教育机构人员利用职务便利收受物品采购销售方回扣行为,还包括教育机构人员利用招生、学制管理的职务便利收受财物的违法犯罪行为,以及教师利用教学工作便利为学生安排座位、班干部、补课等收受学生家长财物的违纪行为。司法实践中必须严格区分教育领域商业贿赂犯罪与公务贿赂犯罪、贿赂犯罪与违纪行为等界限。

《商业贿赂意见》第五条是针对教育领域商业贿赂犯罪刑事责任问题的规定,该条规定中没有提及的非法收受财物问题,并不意味着就一律不构成受贿犯罪。教育行政管理部门、国有学校以及其他教育机构人员利用教育行政管理职权非法收受他人财物,为他人谋取利益的,应当认定为受贿罪。例如,湖南省耒阳市教育局主管人事的原副局长贺洪兴,利用为教师调动工作的职务便利,先后26次收受他人钱财共计25万余元。①再如,辽宁某高校计算机系助教刘某,利用学校计算机试题及答案管理的职务便利,非法收受38名补考学生的财物共计2万余元,将试题和答案泄露给补考学生使这些考生顺利毕业。②这种教育机构人员利用教育行政管理、学校教学管理的职务便利收受财物的行为,是对国家赋予的教育公共事务管理权限的滥用,应当认定为公务贿赂犯罪。

同时,教师在教学活动中收受学生及其家长财物的行为一直受到社会

---

① 参见谭剑、陈文广:《"耒阳教师调动门"　责任人被判11年》,《新华每日电讯》2010年9月29日第2版。

② 参见姚晓滨:《辽宁一大学教师收学生钱被判受贿》,《检察日报》2008年1月4日第1版。

强烈反感以及法学界的重点关注。教师违规收费行为表现形式多种多样，有的教师接受家长关照孩子的请托，收受家长财物，为学生安排视角良好的座位、给予重点辅导、担任班级或学校干部、参加各类竞赛、在考试评比中予以加分、给予优秀评价、推荐保送等；有的教师要求并安排学生参加课外学习培训，并根据安排人数收受校外培训机构给付的回扣；有的教师利用课余时间开设有偿补课项目，接受本人教学班级中的学生参加补课。由于这类行为严重损害人民教师的形象和正常的教育工作管理秩序，严重损害学生的健康成长，严重损害教育事业的健康发展，社会上一直有呼声要求将之作为受贿犯罪处理。①刑法理论上也有观点认为，教师利用教学活动便利为培训学校发动、组织生源，收受培训学校给予的财物，数额较大的，从主、客观方面均符合非国家工作人员受贿罪的特征，应以非国家工作人员受贿罪论处；胁迫、欺骗学生及其家长，要求学生参加有偿补课并收受财物的，同样应当以非国家工作人员受贿罪论处。②应当承认，教师实施的各类违规收费行为具有严重的社会危害性，不仅严重违背教师的职业道德，而且涉及违法，理应按照行政法律法规予以治理与整顿。但是，由于上述行为都是教师利用教学活动实施的违规收费行为，不能作为商业贿赂犯罪处理。因为，受贿犯罪是一种职务犯罪，其刑事责任的存在完全建筑在行为主体具有职务便利且利用这种职务便利谋取个人利益的基础之上。教学活动始终是一种教育教学工作而非职务行为。因此，教师利用教学活动收受财物不具备构成贿赂犯罪的客观基础。当然，如果教师在教学活动中使用欺诈、胁迫等手段非法获取财物，符合其他经济犯罪、财产犯罪的构成要件的，可以根据刑法其他条款进行定罪量刑。

---

① 参见郭松民：《对医生教师"吃回扣入罪"还不能过于乐观》，《法制日报》2008年11月27日第3版。

② 参见赵文明：《教师收取回扣到底该如何论处》，《法制日报》2009年8月3日第4版。

第十二章　腐败治理刑法(二):渎职犯罪的刑法规制

渎职犯罪是指国家机关工作人员在履行职务或者行使职权的过程中,滥用职权或者玩忽职守,妨害国家机关的正常管理活动,致使公共财产、国家与人民利益遭受重大损失或者情节严重的行为。刑法分则第九章渎职罪规定了滥用职权罪、玩忽职守罪,故意泄露国家秘密罪、过失泄露国家秘密罪,徇私枉法罪、民事、行政枉法裁判罪、执行判决、裁定失职罪、执行判决、裁定滥用职权罪、枉法仲裁罪,私放在押人员罪、失职致使在押人员脱逃罪,徇私舞弊减刑、假释、暂予监外执行罪,徇私舞弊不移交刑事案件罪,滥用管理公司、证券职权罪,徇私舞弊不征、少征税款罪,徇私舞弊发售发票、抵扣税款、出口退税罪、违法提供出口退税证罪,国家机关工作人员签订、履行合同失职被骗罪,违法发放林木采代许可证罪,环境监管失职罪;食品监管渎职罪,传染病防治失职罪,非法批准征收、征用、占用土地罪、非法低价出让国有土地使用权罪,放纵走私罪,商检徇私舞弊罪;商检失职罪,动植物检疫徇私舞弊罪;动植物检疫失职罪,放纵制售伪劣商品犯罪行为罪,办理偷越国(边)境人员出入境证件罪、放行偷越国(边)境人员罪,解救被拐卖、绑架妇女、儿童罪、阻碍解救被拐卖、绑架妇女儿童罪,帮助犯罪分子逃避处罚罪,招收公务员、学生徇私舞弊罪,失职造成珍贵文物损毁、流失罪。可见,渎职犯罪涉及罪名范围极为广泛,刑法适用问题也因此呈现出千变万化的样态。本章就渎职犯罪的客观行为、结果、因果关系、法条关系等渎职犯罪刑法理论与实务核心疑难问题进行研究。

第一节　经济损失类渎职罪行为的认定

在经济损失类渎职犯罪行为要件的认定过程中,司法机关往往较为注重定性判断,忽视定量分析。笔者认为,有必要强调定量分析规则的重要性,以此解决经济损失类渎职犯罪行为要件司法认定中存在的认识分歧。

此外，有必要就多发性渎职犯罪案件中的徇私行为、通风报信行为的认定作专门分析。

一、职责内容的定量分析

构成经济损失类渎职犯罪的基础在于，国家机关工作人员对避免相关重大事故的发生、保障经济社会安全运转具有监管职责。然而，由于现阶段的监管机制尚不健全，导致“人人有职、人人无责”的乱象。①例如，我国对安全生产实行多头监督管理的机制，除了各行业的直接主管部门之外，安全生产监督管理部门、工商行政部门、公安部门等分别从各自职能范围和角度对相关行业进行证照颁发、安全检查等监督管理。共同监管导致职责重叠，如何在监管职能交错的情况下量化分理特定国家机关工作人员的职责，明晰渎职行为指向的具体内容，存在相当的难度。

笔者认为，司法机关应当以政府部门的职能配置、内设机构、人员编制规定等书面文件为基础确定国家机关工作人员的职责。在规范性文件明确特定职权内容的前提下，国家机关工作人员超越权限范围不正当履行或者介入其他机关、部门职权领域的，即属于渎职行为。相关行政管理文件的职责规定比较笼统，无法直接确定职权内容的，应当从职能部门工作中针对特定管理事项所下发的文件、会议纪要、审批程序细则等方面查证监管部门的具体职责。特别是对于滥用职权型渎职行为造成经济损失的案件，并非局限性地表现为越位干预其他部门的职权范围——其核心在于不正当管理、执行本部门无权处分的事项。例如，某些部门的机构职能被概括规定为“对矿产资源开发、利用与保护实施监督管理”，没有明确是否有权直接纠正或者制止开矿安全隐患行为的职责，但工作实践中对于具有安全隐患的矿产开发行为，该部门应当函告本单位执法监察部门，以便监察部门采取进一步的处理措施。主管领导或直接责任人员超越工作范围直接监管矿产开发行为，发现危险隐患不予函告执法部门而自行处理的，应当认定为滥用职权。

必须强调的是，基于证明标准的充分性要求，司法机关从监管部门的工作实践中总结的职责内容，应当通过被告人或者处于该部门的国家机关工作人员对岗位职能的具体描述与解读等言词证据予以补强，以此全面地证实国家机关及其工作人员的职责内容。

二、履职情况的定量分析

国家机关工作人员在何种程度上超越或者背弃监管职责是渎职行为要件的又一量化指标。在经济损失类渎职犯罪的司法实践中，国家机关工作

---

① 黄建良、曾晓安：《职责不明怎能对重大责任负责》，《检察日报》2000 年 7 月 27 日第 2 版。

人员完全超越权限、背离职责或者在权限范围内完全非法履行职责的案件并不占多数,相当数量的案件表现为国家机关工作人员具有部分监管职责或者正当履行了部分职责。例如,地质矿产主管部门的下属职能机构发现安全生产危险并提出整改意见,但在其要求无法得到落实的情况下没有上报或者函告其他执行部门采取专门行动对非法生产活动进行查处,而是自行决定在本机构内部予以处理。正常履行职务与亵渎职权互为交织的案件无法直接认定是否存在渎职行为。这就要求司法机关对涉案的国家机关工作人员履职情况进行深入的定量分析。

笔者认为,量化把握履行职务情况的核心在于考察国家机关工作人员如何处理其根据部门或岗位所配置的决定权。只提意见却不实质处理的行为特征集中反映了国家机关工作人员没有认真、全面地履行职责,在量的层面充足了渎职罪的行为要件。实践中,涉嫌玩忽职守的被告人通常辩称,自己所在的职能部门内设机构不仅对违法行为的处理没有行政执法权,也没有专门下文要求其他职能部门及时进行监管等具有决定效力的权力,并且其在本职工作中已竭尽所能防止重大经济损失的发生。然而,缺乏最终决定权并不能成为主张充分履行职责的事实依据。虽然职能部门的内设机构对违法行为的调查与处罚不具有直接的建议、通报权,但具有启动行政程序的责任,即需要及时起草有关文件,经部门领导批示后予以下发。职能部门内设机构的责任人提出纠正意见,却没有跟踪意见是否得到落实,任由违法现象持续,直至重大事故发生,尽管不能完全否定履行了部分职责,但更重要的是,不能认为其认真、全面、有效地履行了职责,故应追究其玩忽职守罪的刑事责任。

三、徇私行为的认定与处理

最高人民法院《全国法院审理经济犯罪案件工作座谈会纪要》指出,徇私舞弊型渎职犯罪的“徇私”应理解为徇个人私情、私利。国家机关工作人员为了本单位的利益,实施滥用职权、玩忽职守行为,构成犯罪的,依照《刑法》第三百九十七条第一款的规定定罪处罚。

对于上述操作规则,当前的司法实践中存在不同的看法。有观点认为,国家机关单位中的直接负责的主管人员和其他直接责任人员为了谋取本单位、本部门的利益,或者小团体、小集体的私情、私利的,应当直接认定为“徇私”。

笔者认为,实践中将“徇私”行为理解为徇个人私情、私利的行为应当是合理的,拓展解释徇私,在操作层面缺乏必要性,完全可以区分不同情况设置司法认定规则。徇私行为应当限定为国家机关工作人员为了徇个人的私情、私利,具体包括贪图钱财色欲、袒护亲友、泄愤报复等。对于谋取本单位、本部门的利益，或者小团体、小集体的私情、私利，进而滥用职权构成犯罪的，应当对直接负责的主管人员和其他直接责任人员以滥用职权罪追究刑事责任。谋取本单位利益后从中获取个人利益的，应当认定为徇私行为。

四、帮助犯罪分子逃避处罚罪中"通风报信、提供便利"的认定

帮助犯罪分子逃避处罚罪中的"通风报信、提供便利"行为样态可以概括为向犯罪分子泄漏信息与向犯罪分子提供便利条件，其行为目的均为帮助犯罪分子逃避处罚。通风报信所泄漏的信息包括与查禁犯罪活动有关的一切信息，其行为方式可以是电话、传真、书信、通过第三人传信等。提供便利可以是提供钱物、住所、交通工具、通信设备等。

在具体认定中，应当参照最高人民检察院《关于渎职侵权犯罪案件立案标准的规定》列举的行为模式：(1)向犯罪分子泄漏有关部门查禁犯罪活动的部署、人员、措施、时间、地点等情况的；(2)向犯罪分子提供钱物、交通工具、通信设备、隐藏处所等便利条件的；(3)向犯罪分子泄漏案情的；(4)帮助、示意犯罪分子隐匿、毁灭、伪造证据，或者串供、翻供的等。

对于"通风报信、提供便利"是否必须利用职务上的便利，实践中存在不同观点。有的认为，只有具有查禁职责的主体利用职务便利实施通风报信、提供便利行为的，才符合帮助犯罪分子逃避处罚罪的行为要件。也有观点认为，利用工作便利也可符合本罪的行为要件。更有观点认为，只要具有查禁职责的主体实施了通风报信、提供便利行为就已经符合了本罪的行为要件，没有必要进一步考虑其是否利用职务便利或者工作便利。

笔者认为，利用职责实施渎职行为应当是渎职罪的基本特征，职责内容显然包括职务与工作，因此，帮助犯罪分子逃避处罚罪中的通风报信、提供便利行为必须以利用职责便利为前提。当然，在认定职责便利的过程中，应当进行全面考量。首先，职责便利应当具有具体性。行为人必须是利用本单位对具体犯罪具有的查禁职责便利。例如，税务机关对于偷税、抗税、骗税有关的犯罪案件具有查禁和移交的职责；工商机关对于与生产销售有关的犯罪案件具有查禁和移交的职责。相关单位没有查禁犯罪职责的，行为人便不负有查禁犯罪的职责，即使其向犯罪分子通风报信、提供便利，帮助其逃避处罚的，不能认定为帮助犯罪分子逃避处罚罪。其次，职责便利应当具有一定的开放性。具有职责便利的主体不能仅仅局限于案件的承办人员。只要属于对于犯罪行为具有查禁职责的国家机关的工作人员，无论其是否属于承办人，都应当认定其接受国家委托具有查禁职责。因为承办人具有职务便利，但本单位的其他人员显然具有工作便利，同样可以归属于职责便利的范畴。再次，职责便利具有限定性。职责便利的范围应当严格限定在国家机关日常运作管理环节。如果行为人利用亲友关系、同学关系获悉查禁犯罪分子相关信息后通风报信、提供便利,帮助犯罪分子逃避处罚,显然没有发生在国家机关日常运作环节,即使符合主体要件,仍然不属于渎职罪中的通风报信、提供便利行为,不能认定为符合帮助犯罪分子逃避处罚罪的行为要件。

第二节　渎职犯罪结果的认定

一、滥用职权违法办理户籍造成损失的认定

国家机关工作人员滥用职权违法办理户籍是渎职犯罪案件中的多发性情况。实践中对于如何认定损失结果存在一定困惑。笔者认为,滥用职权违法办理户籍损失中不仅存在造成户籍制度混乱的非物质性损失,而且存在物质性损失,应当区分认定,一并作为渎职罪危害结果衡量渎职行为的社会危害性。

由于违法办理户籍使得相关人员违规享受优惠政策的,应当将由此对国家造成的危害结果计入渎职罪直接经济损失。造成户籍管理混乱的事实作为非物质性损失的情节在量刑中予以体现。例如,某区某镇劳动保障事务所办事员胡某,在办理该镇被征地人员就业和社会保障工作中,接受他人请托,弄虚作假,违规为张某等 9 人办理户籍农转非的手续,导致该镇政府为张某等 9 人缴纳小城镇社会保险 50 多万元。本案中,应当先将 50 万元多缴纳的保险费用以直接经济损失计入渎职罪危害结果,以此标准认定滥用职权罪。在量刑过程中进一步考虑违法为 9 人办理城镇户口,造成户籍管理混乱的事实,适当予以从重处罚。

违法办理户籍没有造成国家直接经济损失的,应当综合考量非物质性损失是否达到严重扰乱相关管理的程度。例如,某年全国普通高校招生前夕,高考移民组织者罗某找到户籍民警和某,在罗某贿赂下,和某违反户籍管理规定,为董某等 5 名江西籍考生违法办理维西县巴迪乡村民户籍。在维西县公安局复查这 5 名考生真实户籍时,和某继续隐瞒真实情况,出具虚假户籍证明,致使这 5 名江西籍考生得以顺利在维西县报名参加高考,其中,4 名考生在被高校录取后被取消学籍。本案中,和某为 5 名“高考移民”违法办理户籍,严重扰乱户籍管理制度与国家考试管理制度,且最后造成 4 名考生案发后被取消学籍,容易引发上访事件,对社会秩序形成现实危害,应当认定为滥用职权罪造成国家、社会重大非物质性损失。

二、契税损失能否计入非法低价出让国有土地使用权罪经济损失数额

计算损失数额是危害土地资源渎职犯罪案件司法认定的核心问题之一。在非法低价出让国有土地使用权罪的司法实践中,国有土地资产流失数额可以通过国有土地转让应缴出让金与国家机关工作人员滥用职权低价出让国有土地使用权后实际收取出让金之间的差额进行认定。对于契税损失是否应当以及如何计入损失数额,实践中存在不同看法。

笔者认为,非法地价出让国有土地使用权罪的直接损失并不单纯表现为国有土地资产流失数额,还应当包括出让价格差额部分所少缴的契税。

根据2006年最高人民检察院《关于渎职侵权犯罪案件立案标准的规定》的规定,非法低价出让国有土地使用权,造成国有土地资产流失价额30万元以上,或者造成国有资产流失30万元以上的,均应当予以立案。因此,国家工作人员徇私舞弊,滥用职权,低价转让国有土地使用权违法差额部分所对应的应予缴纳且实际少缴的契税,应当与土地资产流失价额共同列入国有资产流失项下,计算损失数额。

应纳税额计算公式为:应纳税额=计税依据×税率。根据《中华人民共和国契税暂行条例》第四条第一项的规定,契税的计税依据是国有土地使用权出让、土地使用权出售、房屋买卖的成交价格。成交价格是指国有土地使用权转让合同确定的价格,包括受让人应交付的货币、实物、无形资产或者其他经济利益。国家工作人员压低成交价格,使原本应当作为计税依据的转让价格无法征收契税。所以,司法机关应当根据各省、自治区、直辖市的契税征收管理实施办法确定契税征收适用的税率,以国有土地使用权核定价格为计税依据,计算应纳契税数额。扣除非法低价转让国有土地使用权过程中已缴纳的部分契税,即为契税损失。

应当注意,必须严格规范契税损失的认定程序。首先,由土地稽查部门根据国家土地法律法规,区分商业用地与住宅用地,对非法低价转让、出让的国有土地使用权核定的标定地价并提供鉴定结论;然后,由税务机关根据核定的标定地价确定应缴契税并提供鉴定结论;最后,由司法机关根据应缴契税与实缴契税确定税收损失。

三、盈利数额能否在经济损失中予以扣除

渎职罪司法实践中经常出现如下情况:接受相关国家机关委托在大型企业担任负责人的国家机关工作人员在国有资产运营过程中一般同时负责多个项目的经营管理,部分项目由于行为人严重不负责任致使国有公司遭受重大亏损,但部分项目实际获取高额利润。例如,某国有投资公司总经理在未经集体讨论、可行性论证的情况下开展对外投资项目,地产开发项目盈

利 1 500 万余元,合作经营项目亏损 3 200 万余元。能否将其在获利项目上的盈利数额扣减渎职犯罪中的重大损失的数额,司法实践中存在较大分歧。

实践中有的观点指出:国家机关工作人员应当认真、全面地履行职责,产生重大损失即已符合经济损失类渎职犯罪的结果要件,既不能用当前业绩抵消重大损失,也不能通过事后盈利弥补亏损的方式扣减渎职犯罪的数额。

反对意见论辩:经济损失类渎职犯罪的司法认定应当根据经济运行的特点追究涉案人员的刑事责任。商业投资具有较大风险,基于一次渎职行为就以全部经济损失作为涉案犯罪数额进行追诉,忽略盈利数额与收回损失行为的法律意义,等于在实质上要求国家机关工作人员只能赚钱不能亏损,打击面显然过宽。

笔者认为,不能一刀切地在重大损失数额中直接扣除或者不予考虑盈利项目的收益。盈利项目与亏损项目具有关联性的,应当以盈利数额扣减重大损失数额。经营活动中的权力运行具有关联性,单一项目上的经济损失可以通过关联项目上的利润收益弥补。而非经济性质的国家权力管理行为具有强制性,渎职行为所产生的损害结果不可能通过其他正当履行职务的合法行为进行弥补。所以,承认具有关联关系的投资项目之间可以按照损益相抵原则计算渎职罪重大损失数额,符合经济类渎职犯罪的行为特征与基础构造。

关键是必须要明晰系列投资行为中多个项目之间关联关系的判断标准:(1)属于一个投资体系的多个项目具有关联性。例如,资本运作组合中外汇投资亏损与期货投资获利可以进行损益相抵。(2)相同投资领域的独立项目之间不具有关联性,但同一母项下的不同子项之间具有关联性。例如,“滨江水岸”与“鸿发花苑”同属于房地产开发领域,但分属两个独立项目,故“滨江水岸”地产项目的重大亏损数额不得以“鸿发花苑”地产项目的盈利进行弥补;“阳光都市花园一期”与“阳光都市花园二期”属于一个房地产开发母项目下的不同开发阶段,故“阳光都市花园一期”地产项目的盈利可以在“阳光都市花园二期”的亏损中予以扣减。(3)不同投资领域的项目之间不具有关联性,但若归属于同一合作关系项下则具有关联性。例如,外贸业务盈利不得抵销国内销售亏损,但上述贸易项目属于国有资产与其他合作主体共同投资的子公司的经营行为,可损益相抵。

四、尚未结算项目能否纳入重大损失

实践中,在国家机关工作人员使用国有资产所进行的市场交易中,业已结算的部分可以根据成本与收益之间的差额计算经济损失的数额,但问题是能否将尚未结算的部分纳入重大损失的认定范围。

有观点指出,尚未结算意味着交易处于盈亏未定状态,损害结果并未发生,不能作为重大损失追究渎职罪的刑事责任。

笔者认为,尚未结算是指具体盈亏数额未经国有公司核算程序进行确认,不能等同于重大损失没有发生,其中包含经济损失的,应当计入渎职罪的犯罪数额追究刑事责任。尚未结算部分经济损失的数额,应当根据投资性质区分情况予以认定——

(1) 实业投资。对已销售的商品对价享有债权,但由于债务人已经法定程序宣告破产且无法清偿债务、债务人去向不明等情况无法实现债权的,尚未结算部分整体计入重大损失数额。未销售部分的亏损数额,根据已销售部分的亏损比例计算经济损失数额,不能排除在重大损失之外。

(2) 资本运作。国有资产进行证券、期货、外汇等资本运作尚未平仓部分的经济损失,不能根据业已平仓部分的亏损比例确定犯罪数额,而应当将账面损失计入经济损失数额。

五、重大损失审计报告时间节点的把握

国家机关工作人员渎职行为所产生的重大经济损失通常是一个持续过程,立案侦查阶段确定的经济损失数额在审查起诉、审判阶段可能进一步扩大或者追回部分损失,故必须确定重大损失犯罪数额的起算点。实践中一般以立案时为计算重大损失的基准时间。立案后的扩大损失排除在犯罪数额之外;追回的损失不予扣除,但在量刑时作为酌定情节予以从轻处罚。①

但是,我们经过调查发现,重大损失数额计算基准时间确定问题在实践操作中存在一定混乱,集中表现为审计报告认定重大经济损失的截止时间滞后于立案侦查时间。辩方普遍对重大损失数额计算的准确性提出抗辩,要求排除审计报告的证据可采性或者重新进行审计。

笔者认为,审计报告应当合法、准确、严格地确定计算重大损失数额的时间基准。重大损失是国家机关工作人员渎职犯罪的核心要件,审计报告是量化重大损失的关键性证据,其所确定的计算犯罪数额的基准时间,必须与立案侦查时间保持一致。犯罪数额起算时间混乱将导致重大损失要件认定存在随意性,直接影响追究国家机关工作人员渎职犯罪刑事责任客观基础的稳固性。司法机关应当严格审查审计报告认定重大损失的截止时间,发现起算点的确定存在重大瑕疵的,应当委托审计部门重新进行审计。

① 贾济东:《渎职罪构成研究》,知识产权出版社 2007 年版,第 187 页。

第三节　渎职犯罪因果关系的认定

一、因果关系量化分析的基础定位

渎职犯罪因果关系的认定存在较大障碍。例如,重大事故的发生是事故单位超强度作业、赶超工期、偷工减料等违法行为,加之政府职能部门不认真履行监管职责所共同造成的结果,属于刑法理论上的多因一果。职能部门的国家机关工作人员是否应当承担部分刑事责任,能否豁免其中特定被告人的刑事责任,实务部门长期以来对于此类案件中渎职行为与结果之间关系的认定深感迷茫,各种因果关系理论相持不下,难以形成定论。①

有必要转换分析问题的视野,从量化的角度分析渎职犯罪语境下的因果关系。作业单位的违法行为是发生重大损失的直接原因,而监管部门的玩忽职守行为是发生重大经济财产损失的近因。在"具有监管职责—不认真履行职责—发生重大经济损失"三者之间,无须借助其他媒介或因果理论的链接,即可根据现存事实判定存在刑法上的因果关系。判定渎职犯罪因果关系的重心并不在于定性,因为只要发生重大经济损失,违法操作的直接责任者与玩忽职守的监管责任者均与危害结果具有因果关系。其重心在于定量,即应当着力分析如何根据因果关系的强度具体分配刑事责任,实现罪责刑相适应。司法机关应当考虑监管部门及国家机关工作人员在重大经济损失中所处的地位及其管理职能,综合考量被告人渎职行为的可责难行程度,以此确定特定责任者因果关系的量化定位,在量刑中予以体现。

二、市场介入因素对经济损失结果的影响

渎职犯罪生成于市场环节,不能否认市场中客观存在的大量介入因素与重大损失结果之间影响与被影响的关系。但究竟如何在刑法上评价市场介入因素对渎职罪经济损失之间的关系,司法实践中分歧极大。

理论上有观点认为,在刑法因果关系发展过程中,由于某种因素的介入导致原来因果联系的方向发生不同程度的变化,致使因果关系中断。这种中断必须符合一定的条件:一是介入因素是异常的;二是介入因素对最后危害结果起直接作用。但反对意见认为,引入中断理论来对过失渎职犯罪的

---

①　具体的分歧意见,参见贺恒扬:《渎职犯罪刑法偶然因果关系的认定(上)》,《中国检察官》2006年第10期;贺恒扬:《渎职犯罪刑法偶然因果关系的认定(下)》,《中国检察官》2006年第11期;敬大力:《渎职罪》,中国人民公安大学出版社2003年版,第94页;胡池:《国家工作人员失职犯罪界定与定罪量刑研究》,中国方正出版社2000年版,第49页。

因果关系加以判断是不合适的。中断理论的提出是由于在因果关系理论方面主张条件说的学者企图制约不适当地扩大因果关系范围的结果。①

实践中有观点认为,渎职行为是造成重大经济损失的直接原因,原材料价格波动、政府宏观调控、供求关系紊乱等市场介入因素是造成重大损失的间接原因。国家机关工作人员严重不负责任是产生经济损失的根据,市场介入因素与重大损失之间的客观因果关系不能推导为刑法因果关系,不影响重大经济损失的数额认定。

也有观点认为,渎职的犯罪行为与市场介入因素均有可能成为重大损失的直接原因,不应当将根据重大经济损失数额设定的刑罚完全分配给渎职行为。在多因一果的渎职犯罪案件刑事责任追究过程中,刑法应当将市场介入因素评价为造成重大经济损失的原因,在量刑时作为酌定从轻情节予以体现,分摊重大经济损失的刑事责任份额。

笔者认为,不同的市场介入因素对渎职犯罪中的重大损失具有不同的因果影响力。(1)市场中的固有风险因素不影响渎职行为与重大损失之间因果关系的关联性程度。负责资产运行管理的国家机关工作人员的基本职责在于抵御市场风险,因此,原则上不能将风险因素作为切断因果关系的抗辩理由。供求关系、商品材料价格、行业状况、证券期货市场等变动情况属于市场行为过程中的固有风险,国家机关工作人员应当根据职责认真履行义务,预见或者及时规避市场固有风险。渎职行为造成国有公司投资项目对市场风险没有进行预先准备、抵御市场风险能力极低或者轻信能够避免亏损的,市场固有风险不能作为产生重大损失的刑法上的原因而分散失职行为的部分刑事责任。(2)市场中的不可抗力因素能够切断渎职行为与重大损失之间的因果关系,但在出现不可抗力后,由于国家机关工作人员严重不负责任致使损失扩大的,渎职行为与扩大部分的损失之间具有因果关系。在经济往来中,特别是涉及国际贸易、外汇市场的投资活动,存在较多不能预见、不能避免、不能克服的客观情况(战争、骚乱、罢工、金融危机等),不仅应当阻却国家机关工作人员的犯罪过失,而且切断失职行为与重大损失在规范上的可责性联系。但是,国家机关工作人员在知悉金融危机等突发性事件发生后,应当采取适当措施防止经济损失的扩大,没有采取适当措施致使损失扩大的,显然属于独立的渎职行为,应当接受独立的规范评价并确定其与扩大损失的因果关系。

① 包健:《如何认定过失渎职犯罪的因果关系》,《检察日报》2007年5月6日第3版。

第四节　渎职犯罪法条关系的认定

法条关系是渎职罪刑法适用中相当疑难的问题。刑法分则个罪之间的法条关系可以分为内部法条关系与外部法条关系。内部法条关系包括刑法分则各章罪名内部具体个罪条文之间的关系以及每一罪名内部各款之间的关系。外部法条关系主要是指刑法各章各个罪名之间的关系。我国刑法不仅专章规定国家工作人员受贿犯罪与国家机关工作人员渎职罪,而且规定了非国家工作人员受贿罪与大量国有公司企业人员渎职犯罪。因此,收受贿赂为他人谋取利益涉嫌渎职犯罪的罪数与处断标准问题,是牵涉众多受贿类犯罪与渎职类犯罪且极为复杂的罪数认定与外部法条关系难题。刑法实务中存在较多税务人员收受财物利用职务便利为纳税人少征、不征应缴税款、海关人员收受贿赂放纵走私、环保监管人员收受财物严重不负监管责任造成环境污染、商检、检疫人员收受贿赂徇私舞弊伪造检验检疫结果等案例。刑法理论与司法实践对于此类广泛存在的受贿且渎职行为的罪数认定问题远未形成一致且具有坚实论证基础的意见,有必要进行深入阐释。渎职罪专章规定了 40 余条罪名,滥用职权罪与玩忽职守罪等普通罪名与其他特殊渎职犯罪之间的渎职罪内部法条关系亦不明朗,刑法理论与实践中存在较多认识分歧,同样需要予以明确。

一、渎职罪外部法条关系

(一) 受贿且渎职行为罪数认定问题的分歧

行为人利用职务便利收受贿赂,为他人谋取利益涉嫌渎职犯罪的,究竟是应当数罪并罚,还是择一重罪处断,刑法理论与实务长期以来一直是众说纷纭。实践中出现如下案例:某国税局税务专管员张某,在明知朱某对客户宣称能够免缴、少缴二手商品房交易营业税并收取“好处费”的情况下,接受甲房产中介公司朱某请托,承诺利用职务便利提供相关帮助。后朱某向张某提供伪造的房产证复印件、二手房交易合同等文件,张某为徇私利,故意不予审核伪造的文件,先后将应当全额征收营业税的 51 套房产违规审核为免征或者按差价缴纳营业税的房产,致使国家税款流失 214 万余元。经查,张某共收取朱某财物 3 万余元。对于张某的行为如何定性,司法实践中存在极大的认识分歧,主要有以下两种观点:第一种意见认为,张某构成徇私舞弊不征、少征税款罪和受贿罪。张某徇私舞弊滥用职权,帮助二手房交易客户及房产中介偷逃税款,同时触犯徇私舞弊不征、少征税款罪与偷税罪,根据想象竞合犯从一重罪处断原则，应认定为徇私舞弊不征、少征税款罪，结合其收受财物事实，应与受贿罪数罪并罚。第二种意见认为，张某构成受贿罪。张某的犯罪主观方面与客观行为构成相当复杂，但实际上其连续实施的部分行为可以概括为一个整体犯罪行为。张某在表面上触犯偷税罪、徇私舞弊不征、少征税款罪、受贿罪等多个罪名，然而，根据想象竞合犯与重合犯的刑法原理，其行为只充足一个犯罪构成，应以徇私舞弊不征、少征税款罪定性。

在刑法理论上，对于受贿且渎职行为应当如何认定罪数，归纳起来共有以下五种意见：

1. 法益包容一罪论①

根据我国1979年刑法的规定，受贿罪统归于渎职罪项下，不具有独立的罪质特征，立法在犯罪本质层面完全将受贿罪设置为滥用职权的渎职犯罪。这就证明受贿罪与渎职罪两罪在立法沿革上具有相同或者至少是极为相近的法益定位。从更为新近的法益理论进行深入分析，受贿犯罪与渎职犯罪同属职务犯罪，在社会危害性层面的同质性，两罪本质上均属于对信托权益的侵犯，实质上评价的是一个法益，出现犯罪行为竞合时，应当按照重罪定性。

2. 牵连犯一罪论②

受贿且渎职之间形成目的行为与手段行为的牵连关系，按照牵连犯从一重罪的处断原则，应当以重罪定性。从法律规范现实设置的角度分析，《刑法》第三百九十九条第四款规定司法机关工作人员贪赃枉法实施徇私枉法罪、枉法裁判罪，同时符合受贿罪构成要件的，应当按照重罪定罪处罚，这就从立法层面明确承认了受贿且渎职行为属于牵连犯并应当从一重罪论处的认定规则。

3. 法条竞合一罪论③

受贿犯罪主体范围包含渎职犯罪，为他人谋取利益要件包含渎职行为要件，受贿犯罪与渎职犯罪形成全部法包容部分法的法条竞合关系，应当从一重罪论处，否则有违禁止重复评价的刑法原理。

---

① 卢乐云：《业务受贿与背信：能否数罪并罚》，《人民法院报》2007年12月19日第6版。

② 肖中华：《渎职罪认定中的几个共性问题探析》，《法学论坛》2001年第5期；王作富、刘志远：《论徇私舞弊不移交刑事案件罪的司法适用》，《中国刑事法杂志》2000年第3期；陈兴良：《刑法疏议》，中国人民公安大学出版社1998年版，第660页。

③ 缪树权：《渎职罪疑难问题研究》，中国检察出版社2006年版，第146页；冯亚东：《受贿罪与渎职罪竞合问题》，《法学研究》2000年第1期。

4. 想象竞合一罪论[①]

受贿犯罪构成要件相对复杂,为他人谋取利益要件同时符合渎职犯罪客观要件,在观念上产生竞合,属于实质一罪,应当根据想象竞合原理从一重罪论处。例如,行为人受贿后又对依法应当移交司法机关追究刑事责任的刑事案件不予移交,同时符合了受贿罪与徇私舞弊不移交刑事案件罪的犯罪构成,符合"一行为数法"的想象竞合犯的罪数形态特征,应当从一重罪论处。

5. 实质数罪论[②]

受贿犯罪与渎职犯罪定罪标准不同,属于互为独立的犯罪。受贿与渎职即使存在交织重叠,也应根据犯罪构成的差异使用不同的刑法分则规范进行数罪并罚。此种观点实际上已经成为司法实践的绝对主导意见。例如,1998 年《最高人民法院关于审理挪用公款案件具体应用法律若干问题的解释》第七条规定,因挪用公款索取、收受贿赂构成犯罪的,依照数罪并罚的规定处罚。从犯罪实质特征的角度分析,挪用公款行为本质上属于渎职罪的犯罪行为体系与罪质范围。受贿且挪用公款行为数罪并罚的定性规则实际上承认了受贿且渎职行为属于实质数罪的观点。2001 年《最高人民法院刑事审判第一庭庭长会议关于被告人受贿后徇私舞弊为服刑罪犯减刑、假释的行为应定一罪还是数罪的研究意见》更是明确采纳该种观点,认为受贿后徇私舞弊为服刑犯减刑、假释的行为,同时符合受贿罪和徇私舞弊、减刑假释罪的犯罪构成,应当认定为受贿罪和徇私舞弊减刑、假释罪,实行两罪并罚。受贿罪与徇私舞弊减刑、假释罪的犯罪构成是明显不同的,两罪既非法条竞合关系,也非刑法意义上的牵连关系。受贿兼有徇私舞弊减刑、假释的,同时符合两个罪的构成,应当认定为两个罪。

(二)受贿且渎职行为罪数形态观点纷争的评析

受贿且渎职行为不属于牵连犯。受贿行为与渎职行为的结合主要表现为在利用职务上的便利索取或者收受贿赂后滥用职权、玩忽职守。在逻辑上,确实可以认为渎职属于手段受贿属于目的,形成牵连关系。但是,成立

---

① 刘宪权主编:《刑法学(第 2 版)》,上海人民出版社 2008 年版,第 246 页;孙国祥主编:《贪污贿赂罪疑难问题学理与判解》,中国检察出版社 2004 年版,第 382 页;高铭暄、马克昌主编:《刑法学》,北京大学出版社 2002 年版,第 658 页;何秉松主编:《刑法学教科书》,中国法制出版社 1997 年版,第 425 页。

② 常宇:《受贿罪与渎职罪关系的再认识》,《法学》2000 年第 3 期;张穹主编:《贪污贿赂渎职侵权犯罪案件立案标准精释》,中国检察出版社 2000 年版,第 240 页;敬大力:《渎职罪》,中国人民公安大学出版社 1999 年版,第 332 页。

刑法上牵连犯的前提是存在事实上的数罪，而且应当是能够单独成立犯罪的独立数罪，基于数罪之间在犯罪构成上的支配与被支配、服务与被服务的牵连关系，从而形成牵连犯这一特殊的罪数形态。受贿且渎职行为在事实上仅充足一个犯罪构成（受贿犯罪或者渎职犯罪），在行为上没有数罪的事实特征，只是在罪名上牵涉了受贿罪与渎职罪之间的重合特征。并且，否定受贿且渎职行为属于牵连犯，不会造成职务便利要件的重复评价。

对于受贿且渎职行为不能根据法条竞合从一重罪论处。法条竞合犯是法条之间的包容与被包容关系，其前提在于普通法条能够在外延上包含特别法条。而受贿犯罪与渎职犯罪之间难以确定何者为普通法条，何者为特殊法条。实践中一直有观点认为，受贿犯罪为他人谋取利益要件能够包容渎职犯罪的行为要件，故受贿犯罪构成要件包容渎职犯罪，两罪形成法条竞合。①此种意见试图以受贿罪“为他人谋取利益”要件包括谋取合法利益和谋取非法利益说明受贿罪可以包容徇私舞弊类渎职犯罪，最后证明受贿罪与渎职罪之间属于法条竞合关系。其实，渎职犯罪中的徇私要件可以包括私利、私情、本单位本部门利益等多种形式，完全可以包容受贿犯罪收受他人财物要件。在受贿犯罪与渎职犯罪的部分构成要件能够互为包容的情况下，不能将受贿且渎职行为认定为法条竞合犯。

想象竞合犯是一行为触犯数个罪名。从形式上分析，行为人为请托人非法谋利行为既是受贿罪客观构成要件的一个组成部分，同时又是渎职罪的客观行为，谋利行为事实上触犯了数个罪名发生竞合。受贿且渎职行为似乎是触犯了受贿犯罪与渎职犯罪两个犯罪。但是，该种行为模式实际上并不符合想象竞合犯的实质特征。想象竞合犯的犯罪构成表现为“一罪多余、两（数）罪不够”，即以一罪认定某一行为会导致部分构成要件剩余未评价而以两罪认定又会导致一行为重复评价。例如，行为人在公共道路上用汽车撞击特定仇人同时亦将周围无辜的不特定行人撞死撞伤。这属于典型的想象竞合犯，以故意杀人罪认定的话，尚有以危险方式造成公共危害的结果与行为故意的构成要件评价遗漏，若以故意杀人罪与以危险方法危害公共安全罪两罪认定，又会造成单一化的不计后果撞车行为的重复评价。受贿且渎职行为却是一个完全不同的行为结构。虽然为他人谋取利益行为同时触犯受贿犯罪与渎职犯罪，但整个渎职且受贿行为体系同时且完全符合受贿犯罪与渎职犯罪的构成要件，明显不具备想象竞合犯的上述特征。

受贿犯罪与渎职犯罪的法益应是具有不同内涵的社会利益，而不能被

① 吕德虎：《受贿罪与渎职罪法条竞合如何处理》，《检察日报》2007年5月6日第3版。

统一归纳为信托权并基于一元化的实质违法性择一重罪论处。受英美刑法的影响,实践中有观点认为,受贿犯罪与渎职犯罪实质上是行为人滥用信托权益,背弃信义义务,滥用国有单位或者非国有单位委托其行使的权力。刑法设置受贿犯罪与渎职犯罪是要保护信托权益不受侵犯。从英美刑法对于受贿犯罪、渎职犯罪等职务犯罪保护法益的相关论述以及立法上采纳的意见来看,信托权益保护确实是职务犯罪的核心法益。①但是,我们不能简单地认为受贿犯罪的法益就是国有单位或者非国有公司、企业、其他单位等管理性权力廉洁的不可收买性,但亦不可过于突破我国刑法理论将其保护法益均解释完全等同化的信托权益。渎职犯罪绝大多数以发生"重大损失"为要件,在信托权益受到现实侵害的情况下才能追究刑事责任;受贿犯罪中的"为他人谋取利益"要件决定了行为人为请托人谋取合法利益,其受财行为仍然对信托权益构成威胁,应当追究刑事责任。所以,尽管两罪的保护法益在一定程度上均可解释为信托权益,但具有不同的实质违法性内容。

我国刑法相关立法规定的沿革能够证明,受贿且渎职行为经历了实质数罪到一罪论处的转变。在1997年新《刑法》实施之前,受贿且渎职行为被评价为实质数罪。例如,1988年全国人大常委会《关于惩治贪污罪贿赂罪的补充规定》第五条第二款规定,因受贿而进行违法活动构成其他罪的,依照数罪并罚的规定处罚。然而,1997年新《刑法》实施以及相关修正案逐渐颁布之后,受贿且渎职行为实际上已经被立法评价为一罪。例如,《刑法》第三百九十九条第三款规定,司法工作人员贪赃枉法,实施徇私枉法或者枉法裁判行为,同时构成受贿罪的,依照处罚较重的规定定罪处罚。

当然,刑法理论与实践中的主流观点认为该规定属于注意规定而非法律拟制,对于受贿且渎职行为的罪数认定一般问题没有原则性规范价值。②立法单独规定对司法工作人员徇私枉法、枉法裁判同时又有受贿的只定一重罪,而对国家机关工作人员受贿兼有其他徇私舞弊渎职行为却没有作这样的规定,这恰恰表明《刑法》第三百九十九条第四款是一种注意规定而非法律拟制,注意规定只能适用于特定情形,不具有普遍意义。③但是,笔者认为,判断《刑法》第三百九十九条第四款究竟归属于注意规定还是法律拟制,及其司法适用特定性或者普遍性的关键仍然在于辨别犯罪构成实质数量的单数或者复数属性。收受他人财物并滥用职权或者玩忽职守的行为从受贿

① 谢杰:《美国刑法中的商业贿赂犯罪与信义义务》,载《人民法院报》2006年5月8日B1版。

② 张明楷:《刑法学(第二版)》,法律出版社2003年版,第952页。

③ 2001年《最高人民法院刑事审判第一庭庭长会议关于被告人受贿后徇私舞弊为服刑罪犯减刑、假释的行为应定一罪还是数罪的研究意见》详细论述了该种观点及其理由。

罪与渎职罪两方面分析，本质上只存在一个犯罪构成的基础事实。对于司法机关工作人员而言，贪赃受贿后枉法的行为应当以重罪论处的规则应当是普适性罪数认定规则在特定罪行组合结构中的个别体现，折射出的显然是具有法定性的受贿且渎职行为的总体认定标准。另外应当强调的是，司法机关工作人员肩负着维护社会公平正义的重大使命与责任，司法权的规范运行是实现正义的最后屏障，故司法机关贪赃枉法行为的社会危害性理应重于其他国家机关工作人员的贪赃渎职行为。依照罪刑均衡的立法原则，司法机关工作人员受贿且渎职行为的刑罚应当更重。但是，按照实质数罪论的观点，如果一般国家机关工作人员受贿且渎职以数罪并罚论处，势必导致司法机关工作人员同类行为反而受到相对轻缓的处罚，这在罪刑关系均衡配置上是无法得到合理解释的。

同时，我们不应当忽略另一个极为重要的立法证据：《刑法》第一百六十八条第三款明确规定，国有公司、企业、事业单位工作人员，徇私舞弊构成滥用职权或者失职犯罪的，依照国有公司、企业、事业单位人员失职罪或者国有公司、企业、事业单位人员滥用职权罪从重处罚。根据刑法体系解释的规则，非国家机关工作人员受贿且渎职行为应当从一重罪论处，完全可以直接推理国家机关工作人员同类行为具有相同的罪数判定规则。由此可见，对于受贿且渎职行为的罪数认定问题，刑法规范已经从数罪论向一罪论转变，回归到了犯罪构成是认定罪数基础的刑法知识论前提。但由于相关司法解释与司法实务文件仍然坚持数罪论，一定程度上进一步加深了罪数认定的困惑。

（三）受贿且渎职行为的罪数形态剖析

笔者认为，应当将受贿且渎职行为归类为重合一罪的罪数形态。重合一罪是极为特殊的犯罪类型，它并不意味着犯罪行为本身的特征与结构导致法条关系具有特殊性，而是指由于刑法分则具体个罪犯罪构成系统具有内在的复杂性，以不同的犯罪构成规范视角审视涉案行为，可以发现涉案行为同时符合两个以上罪名的犯罪构成要件，但事实上仅具有一个犯罪构成的犯罪形态。重合一罪的概念明确了刑法分则具有重合关系的个罪适用的界限，要求因特定行为特征导致两个以上罪名形成动态重合的情况下应当认定为一罪，阻止基于一个行为及由此派生的个体化事实受到双重或者多重评价。对于特定的犯罪行为而言，其行为整体虽然对应于单数犯罪构成，却可以内化为两个以上的部分行为。但是，刑法不能基于此先把整体行为人为分割为部分行为，再通过分则罪名确定复数犯罪构成（例如，把严重暴力的抢劫财物行为分割伤害行为与抢劫行为，将之评价为故意伤害罪与抢劫罪两罪),而是应当将犯罪行为作为整体考量其对应的犯罪构成。

受贿且渎职行为作为一个整体的犯罪流程,实际上可以内化为利用职务便利行为、为他人谋利的渎职行为、收受财物行为等多个部分行为,但由于其具有"构成要件性行为单数"(tatbestandliche Handlungseinheit)的法理属性,只能被评价为在一个犯罪行为体系下符合一个犯罪构成——符合受贿罪的构成要件或者充足渎职罪的构成要件——两者只可取其一。构成要件性行为单数是指法定构成要件把复数性的自然意志行为连接成法律社会影响性上的一个评价单位,只成立一个刑法意义上的行为。①受贿罪、徇私舞弊类渎职犯罪是典型的复行为犯,同时又完全具备组合型犯罪构成要件(zusammengesetzte Delikstatbestände)②的特征,故受贿且渎职行为显然属于构成要件性行为单数。受贿且渎职行为体系中的部分行为直接地、内在地相互连接,以至于作为个体的利用职务便利行为、为他人谋利的渎职行为、收受财物行为不能被单独处理。如果将其人为地切割开来分别认定为受贿罪或者渎职罪,本质上是对这种社会行为流程的不自然的分裂,同时又存在重复评价的疑问。

无论是在刑法分则规定的法条关系上,还是在刑事司法实践的案例数量上,重合一罪的犯罪构成类型化模式并不属于罕见现象。例如,实践中多发的假冒注册商标罪与生产、销售伪劣产品罪之间就属于典型的重合一罪的法条关系。两罪的行为目的与表现形式均为制造某种非法商品进行销售牟利,所不同的是,假冒注册商标罪是把假冒的注册商标标注在商品的外包装上,生产、销售伪劣产品罪是把伪劣物质填充在商品的内部。外在的假冒注册商标行为与内在的生产伪劣产品行为组合成了一个完整的伪劣产品,形成互为依存的行为关系。行为人虽然实施了外贴假冒注册商标行为与生产、销售伪劣产品这两个刑法分则不同罪名所规定的犯罪行为,但上述两个行为的属性应当定位为部分行为而非整体行为。究其实质而言,假冒注册商标行为与生产、销售伪劣产品行为仅是一个整体犯罪行为的两个部分行为而已,并没有产生两个互为独立的犯罪构成行为。重合一罪不仅有两罪重合的犯罪类型,而且存在三罪甚至更多的犯罪类型组合模式。例如,销售的非法商品包含伪劣的物质、假冒的注册商标、假冒的专利标示等,就涉及了多罪的重合关系。应当注意的是,重合一罪区别于复合一罪。后者是两

---

① [德]约翰内斯·韦塞尔斯:《德国刑法总论:犯罪行为及其构造》,李昌珂译,法律出版社2008年版,第463页。

② 组合型犯罪构成要件意指保护多个法益的不法类型。参见[德]克劳斯·罗克辛:《德国刑法学总论(第1卷):犯罪原理的基础构造》,王世洲译,法律出版社2005年版,第222页。

个或者两个以上的犯罪构成经刑法规定成立法定一罪的犯罪类型,其本质在于刑法将独立的两个犯罪构成组合成一罪。①例如,《刑法》第二百四十条规定,奸淫被拐卖妇女,构成十年以上有期徒刑或者无期徒刑量刑档次的拐卖妇女罪。

对于收受他人贿赂为他人谋取利益行为而言,该种行为类型在受贿犯罪与渎职犯罪构成要件的法律评价上应当具有重合性。德日刑法罪数论中通常认为充足一个构成要件的事实为一罪。②我国刑法的罪数判断主流理论也始终坚持,不同的犯罪构成要件是区分一罪与数罪的根本标准。③行为人出于一个犯意,实施一种犯罪行为,侵害一个犯罪客体,构成一罪;行为人出于数个犯意,实施数种犯罪行为,侵害数个犯罪客体,构成数罪。基于该判断原则,实践中较为普遍的倾向性意见是,受贿罪的主体为国家工作人员,渎职罪的主体为司法工作人员;受贿罪的客观方面表现为利用职务之便收受他人财物,为他人谋取利益的行为,渎职罪的客观方面表现为利用职务之便实施滥用职权或者玩忽职守的行为;受贿罪的主观方面为收受他人贿赂的故意,徇私舞弊类渎职罪的主观方面是故意徇私情而使国家、社会、集体、公民个人利益造成损失等各类严重后果。因此,受贿罪与渎职罪属于完全不同的两个犯罪构成,在构成要件上具有明显的独立性,完全不存在竞合、牵连、重复、复合、交叉、包容等法条关系,受贿且渎职行为应当认定为两罪。然而,按照这样的构成要件比较模式探讨个罪犯罪构成要件之间的关系,显然是静止的分析方法,其结果必然是可以机械否定个罪之间任何形式的法条关系。笔者认为,受贿犯罪中收受贿赂要件实际上与渎职犯罪中的徇私要件(在部分渎职犯罪中属于定罪要件,在部分渎职犯罪中属于从重量刑要件)重合。受贿犯罪中为他人谋取利益要件(特别是谋取非法利益)与渎职犯罪中滥用职权、玩忽职守行为要件重合。受贿犯罪与渎职犯罪在主体、主观要件层面均具有完全的重合性。

犯罪构成要件上的重合性决定了受贿犯罪与渎职犯罪是重合一罪;受贿且渎职行为虽然涉及两个罪名,但只符合一罪的犯罪构成,并没有出现犯罪构成数量上的复数性特征。重合一罪的本质在于评价视角的复数性,而非犯罪构成事实的复数性。

从受贿犯罪构成要件的视角分析,收受他人财物、实施具有倾向性的

---

① 刘宪权主编:《刑法学(第2版)》,上海人民出版社2008年版,第246页。

② 参见[德]李斯特:《德国刑法教科书》,徐久生译,法律出版社2006年版,第383页;[日]小野清一郎:《犯罪构成要件理论》,王泰译,中国人民公安大学出版社2004年版,第190页。

③ 刘宪权:《罪数形态理论正本清源》,《法学研究》2009年第4期。

职务行为、为他人谋取利益显然是受贿犯罪构成要件中的应有内容。收受他人财物和为他人谋取利益行为表面上呈现为两种行为,甚至其中任何一种行为都可能单独构成犯罪,例如,索取财物的受财行为可以独立构成受贿罪,为他人谋取非法利益可以独立构成枉法裁判罪、私放在押人员罪等渎职罪。但是,刑法分则规范的要件设置明确要求受贿罪包括受财行为、职务便利行为及为他人谋取利益的行为要件体系。刻意肢解受贿罪的部分行为并置于其他犯罪的构成要件进行刑法判断,显然存在重复评价的问题。

否认将受贿且渎职行为认定为数罪违背禁止重复评价原理的观点认为,在非法收受他人财物为他人谋取利益的情况下,由于为他人谋取利益只是受贿罪的主观要件,并不要求受贿人已经为他人实际谋取了非法利益。故受贿人利用职务便利所实施的渎职行为是独立于受贿罪构成要件之外的行为,根本不存在重复评价问题。①实际上,上述将为他人谋取利益要件定位为受贿罪主观构成要件的观点是错误的。根据 2003 年《全国法院审理经济犯罪案件工作座谈会纪要》第三条的意见,为他人谋取利益包括承诺、实施和实现三个阶段的行为,对行贿人进行谋利承诺实际上还是为他人谋取利益的行为表现,仍然归属于客观构成要件中的行为要素。因此,收受财物行为与为他人谋取利益行为都是构成受贿罪所要求的行为体系中的部分行为,共同构成受贿罪的行为整体,内化于受贿罪一罪中的一个犯罪行为体系。

从渎职犯罪构成要件的视角分析,收受财物的徇私利、滥用职权、造成重大损失同样也是渎职犯罪构成要件的当然内容。徇私舞弊型渎职犯罪中的徇私要件包括谋求非法收受他人财物的私利,各类渎职犯罪中的实行行为包括利用职务上的便利为他人谋取非法利益。徇私与渎职是徇私舞弊类渎职犯罪不可缺少的两个组成部分。所以,对于渎职犯罪而言,收受他人财物并实施渎职行为为其谋利仍然是一个犯罪构成应当具有的全部内容。

当然,司法实践中有观点对此存有疑虑,认为徇私舞弊类渎职犯罪中的

---

① 2001 年《最高人民法院刑事审判第一庭庭长会议关于被告人受贿后徇私舞弊为服刑罪犯减刑、假释的行为应定一罪还是数罪的研究意见》持该种意见,对之后的司法实务产生了重要影响。基于对违背禁止重复评价原则的疑虑,在早前的司法实践中,海关人员受贿后放纵走私、税务人员受贿后不征少征应缴税款等多发性受贿且渎职行为普遍以受贿罪一罪论处。但在该份会议研究意见在《刑事审判参考》2001 年第 3 辑发表后,下级司法机关在实践中基本上都以两罪论处为原则处理受贿且渎职行为。

徇私要件显然是主观要件而非客观要件，对于受贿且渎职的行为来说，应当存在受贿故意与徇私故意两个犯罪主观要件，渎职行为与受贿行为两个犯罪客观要件，具备两个犯罪构成，应当按照数罪并罚论处。①诚然，徇私是渎职犯罪主观构成要件是完全正确的意见，但将收受他人财物的客观行为与寻求个人私利的主观故意完全割裂从而否定受财行为与渎职行为同属于渎职犯罪两个部分行为的结论是不足取的。犯罪主观构成要件不是脱离于客观实际的臆想，主观要件的证明必须以行为人的客观事实及其伴随状态作为认定依据。例如，使用凶器猛刺被害人要害部位可以认定为存在杀人故意，使用凶器猛刺被害人非要害部位可以认定为存在伤害故意。同样，在渎职罪的司法实践中，当行为人收受他人财物的客观事实能够固定的时候，司法机关便可以认定其渎职行为在主观上具有徇私的故意，反之，则难以认定其具有徇私的犯罪故意。收受他人财物是证实渎职行为具备徇私故意的关键，把收受财物的客观事实与徇私故意强行分离，进而否认受财行为与渎职行为是徇私舞弊类渎职犯罪的两个部分行为，实际上是割裂主客观内在联系的认定方式。

由此可见，基于分则个罪之间共同评价特定行为之后形成的犯罪重合关系，受贿且渎职行为只具备一个犯罪构成，属于实质一罪。

（四）受贿且渎职行为的处断标准

由于我国刑法在处理形式数罪实质一罪时普遍采用从一重罪的处断原则，受贿且渎职行为符合重合一罪的罪数形态，受贿且渎职行为应当按照重罪定性成为首选的处断方案。但是，按照重罪定性实际上容易在实践中造成两种极端倾向：

1. 受贿罪整体覆盖渎职罪

由于受贿罪处罚依照贪污罪的数额标准进行法律适用，且多数受贿案件犯罪数额均在五万元以上，受贿案件的法定刑档次通常为五年至十五年有期徒刑。而情节严重的渎职罪法定刑通常为三年以下有期徒刑，情节特别严重的渎职罪法定刑通常为三年至五年有期徒刑，至多为五年以上十年以下有期徒刑。②故在以一罪认定受贿且渎职行为的案件中，司法机关容易倾向于以受贿罪为重罪定性，对于渎职行为及其结果一笔带过，忽略渎职罪

① 参见陈斌、刘继过、丁猛等著：《渎职犯罪司法适用》，法律出版社2006年版，第198页；2001年《最高人民法院刑事审判第一庭庭长会议关于被告人受贿后徇私舞弊为服刑罪犯减刑、假释的行为应定一罪还是数罪的研究意见》。

② 只有在极个别的情况下渎职罪情节特别严重的，处十年以上有期徒刑，例如，私放在押人员罪。但司法实践中此类案件极为少见。

的法律评价,造成受贿罪整体覆盖渎职罪的定性结果成为司法实务的常态。①

2. 单纯认定渎职罪而回避受贿罪的法律评价

对于收受五万元以下财物的受贿且渎职案件,由于行为人具有滥用职权、玩忽职守造成损失的情节,如果以受贿罪的法定刑进行法律适用,显然应当在七年以上十年以下有期徒刑的档次进行量刑,即使考虑自首、立功等从轻、减轻因素,仍然较难适用缓刑。但是,如果以渎职罪的法定刑考量此类案件,即使具有受贿徇私的加重情节,其法定刑通常停留在五年以下有期徒刑的档次,至多为五年以上十年以下有期徒刑,考虑到退赔赃款、弥补重大损失、自首、立功的因素,通常可以适用缓刑。故司法机关容易倾向于仅在判决书说理部分简要提及受贿事实但不进行构成受贿罪的法律评价,直接将全案认定为渎职罪一罪,并适用缓刑。

造成上述极端倾向的法律原因主要在于:(1)我国刑法渎职罪整体法定刑配置低于受贿罪;(2)虽然2006年最高人民检察院《关于渎职侵权犯罪案件立案标准的规定》对渎职罪案件设定了起刑点标准,但实践中对情节严重、情节特别严重等加重情节没有司法解释规范标准,造成渎职罪加重法定刑档次在实践中很少适用,基本处于虚置状态。

实际上,从一重罪的定性规则并不绝对地成为所有实质一罪的处断标准。根据何种标准选取罪名认定实质一罪,还是应当基于各种实质一罪的自身特点予以判断。受贿且渎职行为这一重合一罪形态的特点集中表现为通过受贿罪与渎职罪的犯罪构成审视整体犯罪行为,能够得出同时符合受贿罪与渎职罪的结论。既然如此,就应当选取法律评价更为精确的罪名适用受贿且渎职行为,而非择一重罪的简单化处理。判断何种罪名法律评价更为精确的标准应当是罪质特征——涉案受贿且渎职行为更符合渎职罪的罪质特征,就以渎职罪定性,反之,则以受贿罪定性。根据罪质特征判断受贿且渎职行为构成受贿罪还是渎职罪,应当是当前受贿罪与渎职罪法定刑配置架构下的最优选择方案。

---

① 经过对上海市刑事司法系统近年来办理的渎职犯罪案件进行调查,我们发现,当前司法机关工作人员徇私舞弊渎职犯罪案件中已经在一定程度上出现了上述倾向。由于渎职罪的产生涉及案发单位管理混乱等内部问题,认定司法机关工作人员徇私舞弊渎职犯罪的阻力极大。受贿罪相对于渎职罪而言,在表面上仅反映行为人个人腐败问题,社会恶劣影响较小,通过司法审查进而认定受贿犯罪的各方面阻力较小。这也是造成受贿罪覆盖渎职罪的非法律性深层次原因之一。一旦受贿且渎职行为重合一罪从重罪论处的理论推广适用至一般国家机关工作人员案件,受贿罪整体覆盖渎职罪的倾向难以避免是可以预见的。

罪质是犯罪质的规定性，代表犯罪构成主客观要件统一表现的犯罪性质。①罪质不仅能够具体化地解释刑法所保护的社会利益，而且可以在揭示各种犯罪行为侵害法益方向的基础上为司法机关有针对性地适用个罪罪名惩治犯罪行为明确思路。罪质特征不能抽象地从静止的犯罪构成规范层面进行归纳，而有必要以具体犯罪最为典型的社会危害性表现形式出发予以梳理。受贿罪的罪质特征表现为权钱关系之间的腐败交易，这就决定了司法机关应当从权力受金钱腐蚀程度的角度剖析受贿犯罪案件。渎职罪的罪质特征表现为由于放弃权力的正当行使而导致社会利益遭受重大损失。从上述罪质分析来看，受贿罪集中打击基于权力腐败谋取巨额私利行为，渎职罪集中惩治基于权力滥用导致巨额损失行为。由于受贿且渎职行为融合了受贿罪与渎职罪的双重罪质，有必要根据具体案情确定特定涉案行为的罪质特征。

对于收受十万元以下财物滥用职权或者玩忽职守造成重大损失的受贿且渎职案件，其罪质特征在于以国家社会人民的重大损失为代价换取蝇头小利，以徇私舞弊型渎职罪认定罪名更为符合犯罪行为所展现出的社会危害本质，更能精确地定位受贿且渎职行为侵害的核心法益。受贿事实显然弱化为徇私舞弊渎职罪的构成要件而没有必要放大独立的受贿罪进行独立评价。应当注意的是，司法机关不仅应当将受贿行为作为徇私情节作为加重法定刑档次的要素予以评价，而且应当进一步考虑将收受贿赂五万元以上十万元以下的因素作为渎职罪情节特别严重予以评价，保证能够适用渎职罪各类罪名的最高量刑档次，实现罪刑均衡。

对于收受十万元以上财物滥用职权或者玩忽职守造成重大损失的受贿且渎职案件，罪质特征发生了实质性变化。罪质特征的质变是由受贿数额这一罪量特征量变引起的。罪量限定罪质，如果罪量特征超越一定范围，罪质特征同样发生质的变化。收受贿赂十万元以上属于重度受贿，表明行为人权钱交易造成的社会危害严重撼动了职务行为的廉洁性，徇私舞弊型渎职罪的构成要件无法精准予以包容并形成完整的法律评价，受贿罪量已经超越了渎职罪否定性评价与刑法谴责的能力边界。受贿十万元以上的事实在犯罪数额的层面直接决定，司法机关从腐败交易的角度进行刑法谴责的必要性大于从权力运作失控角度进行否定评价。并且，从罪刑关系的角度分析，受贿十万元以上的法定刑为十年以上有期徒刑，再将受贿事实作为徇私情节置于渎职罪的框架内进行罪名确定，显然导致重罪轻判。此时，以量

① 张明楷：《刑法学（第三版）》，法律出版社 2007 年版，第 61 页。

化后的渎职行为造成重大损失作为受贿罪从重或者加重情节是一种恰当的司法认定路径。

二、渎职罪内部法条关系及应用

在刑法分则第九章渎职罪中,《刑法》第三百九十七条规定了普通渎职罪——滥用职权罪、玩忽职守罪,同时《刑法》第三百九十八条至第四百一十九条规定了特殊渎职罪。尽管《刑法》第三百九十七条第一款和第二款设定了"本法另有规定的,依照规定"的渎职罪内部法条关系处理原则,但刑法分则第九章渎职罪罪名众多、构成要件形态复杂、内部条文关系交错,司法实践中对于普通渎职罪与特殊渎职罪之间法条关系的理解存在一定的困惑。

渎职罪内部法条关系解释障碍这一刑法解释理论问题直接生成刑法实践难题——实务部门对于行为人不构成特殊渎职罪的情况下能够反向适用普通渎职罪条文问题存在极大的认识分歧。因此,有必要在梳理渎职罪内部法条关系的基础上明确相关司法认定规则。

(一)渎职罪内部法条关系的意见分歧及简要评析

司法实践中有观点认为,普通渎职罪与特殊渎职罪之间属于法条竞合关系。行为人同时符合滥用职权罪、玩忽职守罪与其他特殊渎职犯罪构成要件的,应当适用特殊渎职犯罪定性;不符合特殊渎职犯罪但符合滥用职权罪、玩忽职守罪要件的,以普通渎职犯罪定性。①

但也有观点主张应当区分不同情况进行认定——就渎职罪主体要件而言,特殊渎职犯罪主体要件完全包含在国家机关工作人员的范围内,因此,对于主体要件不符合特殊渎职犯罪的,但符合滥用职权罪、玩忽职守罪构成要件的,应当按照滥用职权罪或者玩忽职守罪追究刑事责任。行为、结果不符合特殊渎职罪构成要件的,只有在普通渎职罪法定刑低于或者等于特殊渎职罪时,才可反向适用普通渎职罪。对于属于行为犯的特殊渎职罪而言,如果不符合特殊渎职罪构成要件,整体不能反向适用普通渎职罪。②

实践中还有观点认为,对于行为不符合、行为和主体均不符合特殊渎职罪,但符合普通渎职罪,普通渎职罪法定刑高于或者等于特殊渎职罪的,可以普通渎职罪定性。主体不符合特殊渎职罪构成要件,但符合普通渎职罪构成要件的,可以后者定性。

其实,上述观点均未对渎职罪内部法条关系的基础问题进行分析,没有

---

① 缪树权:《渎职罪疑难问题研究》,中国检察出版社2006年版,第151页。

② 最高人民检察院法律政策研究室、渎职侵权检察厅编著:《渎职侵权犯罪案件立案标准适用指南》,中国人民公安大学出版社2006年版,第50—55页。

根据特殊渎职罪构成要件的实质特征确定其与普通渎职罪的关系，影响定性结论的准确性。笔者认为，应当对特殊渎职罪进行细化区分，从渎职行为犯、渎职结果犯、渎职主体特殊等角度分别归纳其与普通渎职罪的法条关系，充分考虑渎职罪法定刑配置关系，最终确定在行为人不构成特殊渎职罪且符合普通渎职罪构成要件时，能否认定为滥用职权罪或者玩忽职守罪。

（二）渎职罪内部法条关系梳理

根据刑法法条关系原理，在通常情况下，普通法条与特殊法条之间构成逻辑上的属种关系，特殊法条的构成要件以普通法条的构成要件为前提。故行为人不构成特殊法条但符合普通法条构成要件的，显然可以反向适用。但是，由于我国刑法渎职罪普通法条和特殊法条之间的关系相对复杂，无法直接归纳为单纯的属种关系，有必要区分不同情况明确渎职罪内部条文关系。

1. 包容性竞合关系

特殊渎职罪与普通渎职罪形成包容性竞合关系时，特殊渎职罪完全以符合普通渎职罪构成要件为前提。特殊渎职罪将普通渎职罪构成要件中的一个或者几个要素进行特别限定，导致特殊渎职罪构成要件更为严格。

下列特殊渎职罪在主体、行为、结果要件方面进行特别限定，与普通渎职罪之间形成包容性竞合：执行判决、裁定失职罪；执行判决、裁定失职罪；滥用管理公司、证券职权罪；徇私舞弊不征、少征税款罪；徇私舞弊发售发票、抵扣税款、出口退税罪；违法提供出口退税证罪；国家机关工作人员签订、履行合同失职罪；环境监管失职罪；传染病防治失职罪；不解救被拐卖、绑架的妇女儿童罪；失职造成珍贵文物损毁、流失罪。从法定刑配置上看，上述特殊渎职罪的法定刑均高于或者等于普通渎职罪第一档法定刑。

下列特殊渎职罪以情节严重为构成要件，但根据渎职犯罪案件立案标准，情节严重的认定以渎职结果标准为主，结果型渎职罪情节犯可以与普通渎职罪形成包容性竞合关系——故意泄漏国家秘密罪；过失泄漏国家秘密罪；民事、行政枉法裁判罪；枉法仲裁罪；徇私舞弊不移交刑事案件罪；非法批准征用、占用土地罪；非法低价出让国有土地使用权罪；放纵走私罪；放纵制售伪劣商品犯罪行为罪；招收公务员、学生徇私舞弊罪。其中，法定刑低于普通渎职罪的为放纵制售伪劣商品犯罪行为罪；招收公务员、学生徇私舞弊罪。

2. 交叉性竞合关系

分析刑法分则第九章渎职罪构成要件可知，并非所有特殊渎职罪均以构成普通渎职罪为前提，部分特殊渎职罪与普通渎职罪形成交叉竞合关系。

只有交叉部分才以普通渎职罪构成要件为前提的问题。

特殊渎职罪行为犯在行为要件层面严于普通渎职罪,而结果又并非其构成要件,故在结果要件层面宽于普通渎职罪。在符合特殊渎职罪行为要件又具有符合普通渎职罪结果要件要素的情况下,特殊渎职罪行为犯与普通渎职罪结果犯之间构成交叉性竞合关系。就没有交叉的部分而言,实际上特殊渎职罪行为犯与普通渎职罪之间已经不存在普通法条与特殊法条的逻辑关系。

特殊渎职罪行为犯包括:徇私枉法罪;私放在押人员罪;徇私舞弊减刑、假释、暂予监外执行罪;商检徇私舞弊罪;动植物检疫徇私舞弊罪;办理偷越国(边)境人员出入境证件罪;放行偷越国(边)境人员罪;阻碍解救被拐卖、绑架妇女、儿童罪;帮助犯罪分子逃避处罚罪。在刑罚配置上,上述罪名中只有阻碍解救被拐卖、绑架妇女、儿童罪低于普通渎职罪第一档法定刑。

下列特殊渎职罪以情节严重为构成要件,但根据渎职犯罪立案标准,符合特殊行为标准的,即可认定符合情节严重标准——民事、行政枉法裁判罪;放纵走私罪;放纵制售伪劣商品犯罪行为罪;招收公务员、学生徇私舞弊罪。行为型渎职罪情节犯与普通渎职罪之间,在符合前者行为要件与后者结果要件的部分形成交叉性竞合。

(三) 渎职罪内部法条关系原理的具体适用

渎职罪内部法条关系的准确梳理是适用相关罪名追究渎职罪刑事责任的前提。在行为人不符合特殊渎职罪构成要件但符合普通渎职罪构成要件的情况下如何适用渎职罪罪名,关键是在于根据法条关系判断是否能够反向适用普通渎职罪条文。应当根据下列规则进行司法操作——

特殊渎职罪与普通渎职罪形成包容性竞合,决定了渎职行为只有在符合普通渎职罪构成要件的基础上,进一步具备特殊渎职罪所设定的特殊构成要件时,才能够适用特殊渎职罪。所以,当行为人不构成特殊渎职罪但符合普通渎职罪构成要件时,原则上可以进行反向适用。

但是,该项原则应当根据特殊渎职罪与普通渎职罪之间的刑罚配置情况合理限制其适用边界。如果特殊渎职罪第一档法定刑低于普通渎职罪第一档法定刑的,就不能反向适用普通渎职罪条文。既然特殊渎职罪在构成要件和刑罚双重层面设定了更为严格的标准,一旦行为人不构成特殊渎职罪,根据“举重以明轻”解释原理,显然不能反向适用构成要件更简单而刑罚却严厉的普通渎职罪法条。

特殊渎职罪行为犯、行为型渎职罪情节犯与普通渎职罪形成交叉性竞合关系,在交叉部分,特殊渎职罪的适用同样以符合普通渎职罪法条为前提。这意味着行为人不构成此类特殊渎职罪但符合普通渎职罪构成要件的,在交叉部分的范围内,除了特殊渎职罪第一档法定刑低于普通渎职罪之外,仍然可以反向适用渎职罪条文。对于落位于交叉部分之外的特殊渎职罪,行为人不能构成特殊法条的,不能反向适用普通渎职罪。

图书在版编目(CIP)数据

中国刑法的规范解释:各罪问题、实践争议与理论辨析/谢杰,刘海清著.—上海:上海人民出版社,2018
ISBN 978-7-208-15181-9

Ⅰ.①中… Ⅱ.①谢… ②刘… Ⅲ.①刑法-法律解释-中国 Ⅳ.①D924.05

中国版本图书馆 CIP 数据核字(2018)第 101936 号

责任编辑 秦 堃
封面设计 甘晓培

中国刑法的规范解释
——各罪问题、实践争议与理论辨析
谢 杰 刘海清 著

出 版 上海人民出版社
(200001 上海福建中路 193 号)
发 行 上海人民出版社发行中心
印 刷 常熟市新骅印刷有限公司
开 本 720×1000 1/16
印 张 45.5
插 页 4
字 数 800,000
版 次 2018 年 6 月第 1 版
印 次 2018 年 6 月第 1 次印刷
ISBN 978-7-208-15181-9/D·3217
定 价 160.00 元